沖縄文教部／琉球政府文教局 発行

復刻版

# 文教時報

## 第2巻

第1号～第9号
（1952年6月～1954年6月）

編・解説者 藤澤健一・近藤健一郎

不二出版

# 『文教時報』第2巻（第1号〜第9号）復刻にあたって

一、本復刻版では琉球政府文教局によって一九五二年六月三〇日に創刊され一九七二年四月二〇日刊行の一二七号まで継続的に刊行された『文教時報』を「通常版」として仮に総称します。復刻版各巻、および別冊収載の総目次などでは、「通常版」の表記を省略しています。

一、第2巻の復刻にあたっては左記の各機関および個人に原本提供のご協力をいただきました。記して感謝申し上げます。

琉球大学附属図書館、沖縄県公文書館、那覇市歴史博物館、藤澤健一氏

一、原本サイズは第1号から第6号まではB5判小サイズ、第7号・第8号はB5判サイズです。

一、復刻版本文には、表紙類を含めてすべて墨一色刷り・本文共紙で掲載し、各号に号数インデックスを付しました。なお、表紙の一部をカラー口絵として巻頭に収録しました。また、白頁は適宜割愛しました。

一、史料の中に、人権の視点からみて、不適切な語句、表現、論、あるいは現在からみて明らかな学問上の誤りがある場合でも、歴史的史料の復刻という性質上そのままとしました。

（不二出版）

## ◎全巻収録内容

| 復刻版巻数 | 原本号数 | 原本発行年月日 |
|---|---|---|
| 第1巻 | 通牒版1〜8 | 1946年2月〜1950年2月 |
| 第2巻 | 1〜9 | 1952年6月〜1954年6月 |
| 第3巻 | 10〜17 | 1954年9月〜1955年9月 |
| 第4巻 | 18〜26 | 1955年10月〜1956年9月 |
| 第5巻 | 27〜35 | 1956年12月〜1957年10月 |
| 第6巻 | 36〜42 | 1957年11月〜1958年6月 |
| 第7巻 | 43〜51 | 1958年7月〜1959年2月 |
| 第8巻 | 52〜55 | 1959年3月〜1959年6月 |
| 第9巻 | 56〜65 | 1959年6月〜1960年3月 |
| 第10巻 | 66〜73／号外2 | 1960年4月〜1961年2月 |
| 第11巻 | 74〜79／号外4 | 1961年3月〜1962年6月 |
| 第12巻 | 80〜87／号外5、7、8 | 1962年9月〜1964年6月 |
| 第13巻 | 88〜95／号外10 | 1964年6月〜1965年6月 |
| 第14巻 | 96〜101／号外11 | 1965年9月〜1966年7月 |
| 第15巻 | 102〜107／号外12、13 | 1966年8月〜1967年9月 |
| 第16巻 | 108〜115／号外14〜16 | 1967年10月〜1969年3月 |
| 第17巻 | 116〜120／号外17、18 | 1969年10月〜1970年11月 |
| 第18巻 | 121〜127／号外19 | 1971年2月〜1972年4月 |
| 付録 | 『琉球の教育』1957（推定）、1959／別冊＝『沖縄教育の概観』1〜8 | 1957年（推定）〜1972年 |
| 別冊 | 解説・総目次・索引 | |

## 〈第2巻収録内容〉

『文教時報』 琉球政府文教局 発行

| 号数 | 表紙記載誌名 | 発行年月日 |
| --- | --- | --- |
| 第1号 | 文教時報 | 一九五二年六月三〇日 |
| 第2号 | 文教時報 | 一九五二年八月二〇日 |
| 第3号 | 琉球文教時報 | 不詳 |
| 第4号 | 琉球文教時報 | 不詳 |
| 第5号 | 琉球文教時報 | 一九五三年六月三〇日 |
| 第6号 | 琉球文教時報 | 一九五三年八月三一日 |
| 第7号 | 沖縄文教時報 | 一九五四年二月一五日 |
| 第8号 | 沖縄文教時報 | 一九五四年三月一五日 |
| 第9号 | 沖縄文教時報 | 一九五四年六月一五日 |

---

(注) 一、第3号で46頁と表記されている頁が2頁続いているが、この頁表記はいずれも誤記である。

(不二出版)

# 『文教時報』復刻刊行の辞

わたしたちは、沖縄現代史のあゆみをどこまで知っているだろうか。この問いを掲げつつ、第二次大戦後、米軍によって占領されていた時期（一九四五―一九七二年）、沖縄・宮古・八重山（一時期、奄美をふくむ）において、文教担当部局が刊行した『文教時報』を復刻する。

同誌は沖縄文教部、つづいて琉球政府文教局が刊行した。前者では示達事項を中心とした指導書であり、後者では教育行政にかかわる情報、教育についての調査・統計、教室での実践記録や公民館を中心とした社会教育関連記事など、盛り込まれた内容は幅広い。総じて教育広報誌といえる同誌は、発行期間の長さと継続性から、沖縄現代史を分析するうえで、もっとも基礎的な史料のひとつと目される。しかし、これまで同誌は全体像についての理解を欠いたまま、断片的に活用されるにとどまってきた。

その背景にはなにがあるのか。まず、発行が群島ごとに分割統治されていた時期から琉球政府期にいたるまで四半世紀におよび、雑誌としての性格が変容していることがある。くわえて多くの機関に分蔵されるとともに、附録類、号外や別冊など書誌的な体系が複雑に入り組みつかみにくい。このために本格的な調査が進まなかった。今回、わたしたちは所蔵関係にかかわる基礎調査をふまえ、添付書類までもふくめた全体像の把握に体系的に取り組んだ。その成果をこうして全一八巻、付録に集約して復刻刊行する。解説のほか、総目次や執筆者索引などから構成される別冊をあわせて刊行する。今回の復刻により、教育行政側からみた沖縄現代史について、それを総覧できる史料的な環境がようやく整備されることになる。

統治者として君臨した、米国側との関係、また、沖縄教職員会をはじめとした教員団体との関係、さらに「復帰」に向けた日本政府や文部省との関係、さらに離島や村落の教育環境など、同誌は変動する沖縄現代史のダイナミズムを体現するかのような史料群となっている。沖縄の「復帰」からすでに四五年にいたるいま、沖縄研究者はもとより、教育史、占領史、政治史、行政史など複数の領域において、本復刻の成果が活用され、沖縄現代史にかかわる確かな理解が深まることを念じている。物事を判断するためには、うわついた言説に依るのではなく事実経過が知られなければならない。あらためて問いたい。沖縄現代史のあゆみはたしてどこまで知られているか。

（編集委員代表　藤澤健一）

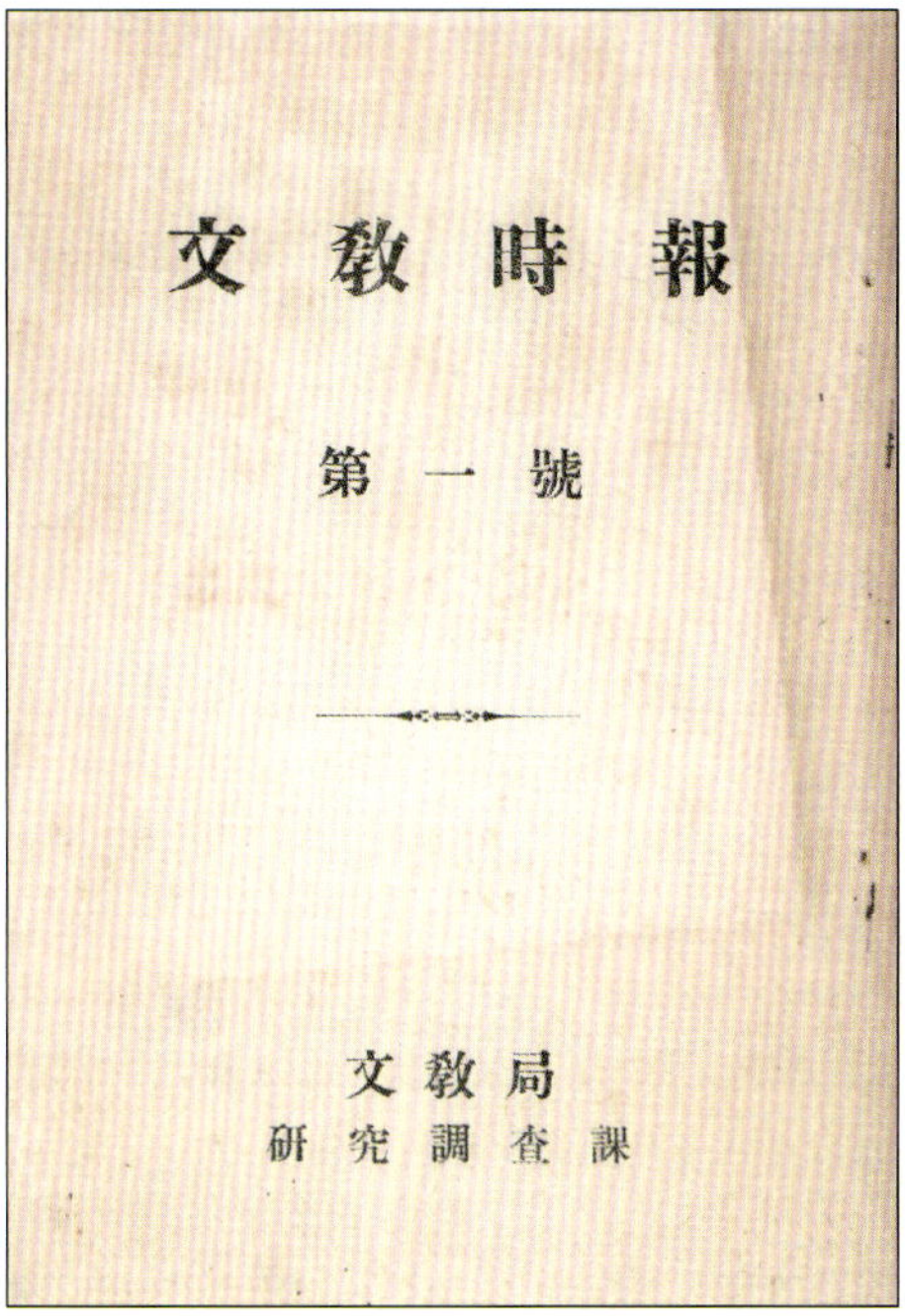
文教時報
第一號
文教局
研究調査課

1号

琉球
文教時報
第三號
文教局
研究調査課

3号

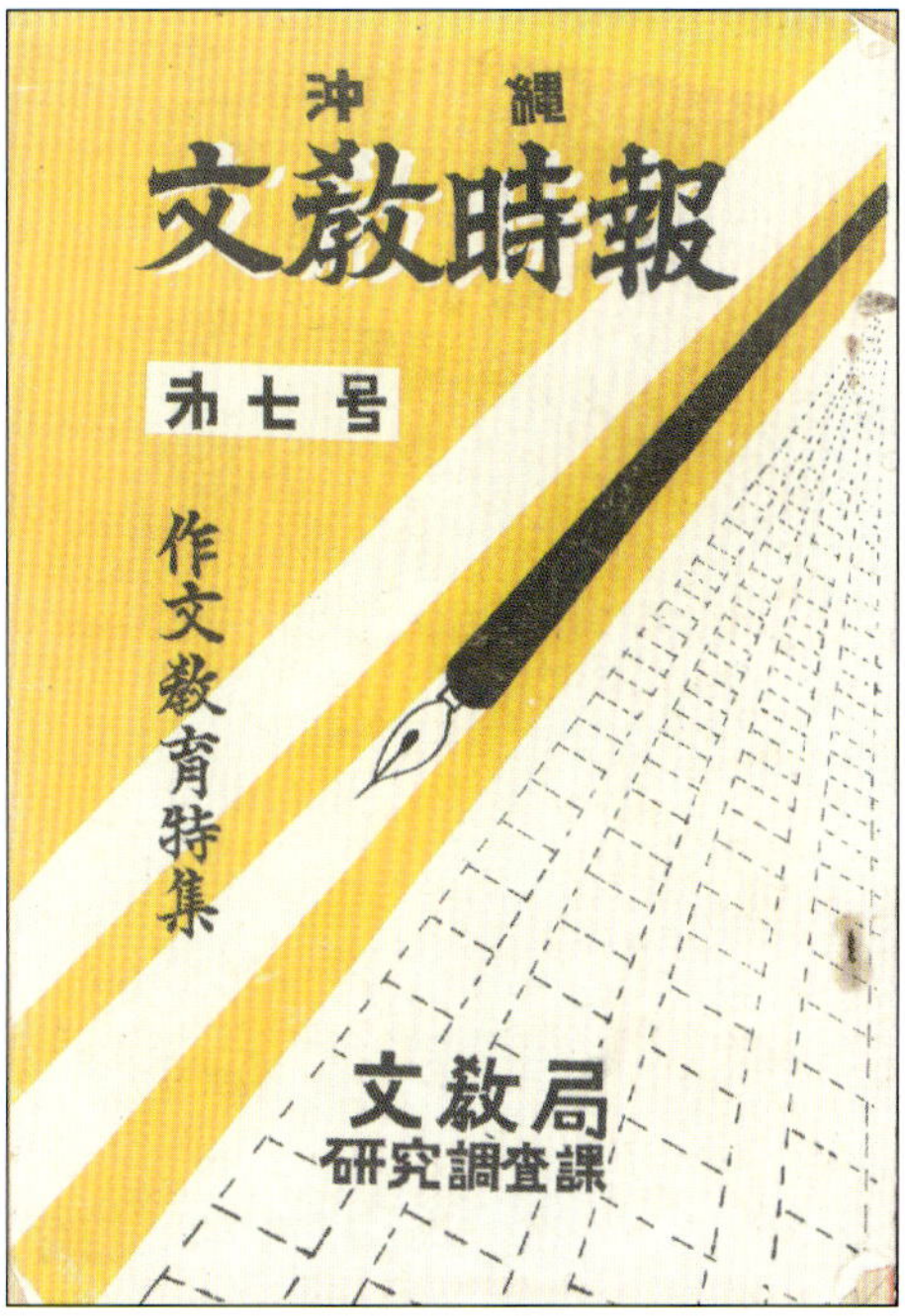
沖縄
文教時報
第七号
作文教育特集
文教局
研究調査課

7号

沖縄
文教時報
第八号
産業教育特集
文教局
研究調査課

8号

# 文教時報

## 第一號

文教局
研究調査課

# 目次

# 創刊號に寄せて

文教局長　奥田愛正

## まえがき

昨年六月十九日、臨時政府の假文教局に入り、同政府の一行政機構としての文教局設置について、民政府デフエンダフア教育部長と指導官マシウス氏の援助を受け、当時の立法院文教常任委員会大浜、吉本、新三参議並に調査官奥島君等と鳩首凝議し、群島組織法に抵觸しない、そして恒久的政府樹立に至る迄の準備的機関として、主に「琉球における、民主的行政組織並に教授、管理及び免許の一般的基準の設定に関する調査研究を行う」という單に調査研究の事務を掌る機関としての設置法の公布を見たのが、九月十九日で四ヶ月の長い日子を要した。

そこで、設置法により、学校教育課長小波藏、庶務課長園田、社教課長金城の三氏を決定した矢先、十月五日には、四月一日から統合政府樹立というビー書簡があり、愈々琉球教育法の制定という重大局面に立たされたので、民政府との語らいで四群島の文教部長琉大学長外教育関係者を招き、指導官マコミック氏同席の下に二回に亘り会談をし、大体の方向を見出した。

当時、新政府創立を前に、立法院議員の公選にからまり、立法院の休会が傳えられ、加之琉球政府発足と時を同じくして、新制度の施行により、教育を運営する意図で、教育法の布令案が提示されたので、同案につき二ヶ月に亘り、各方面と慎重研討をし、全琉市町村長協議会を最後に研討を了えた。

斯くして、琉球教育法は二月二十八日民政府布令として公布、即日発効し、続いて区教育委員選擧法の公布を見、めまぐるしく、せうそうの中に準備を了えた。三月末に、中央教育委員の暫定任命があり、五月には区教育委員の公選更に中委による連合地区の指定、続いて教育長の選任が行われ、教育機構の整備を見、二回に亘る中委の定例会と其の活動、近くは教育長の第一回会合を了え、愈々区教育委員会の本格的活動が始められる段階に到達した。

以上これ迄の続過を述べた。

## 區教育委員会の育成

教育行政の地方分權制は歴史的な變革である。この變革に伴う運営上の混乱、財政上の隘路などいろいろと実施面にきびしい道を歩むのであるが、この制度が住民と社会を深く信頼した制度であり。それだけ教育の発展を目ざす住民の努力が必要である。従つて新制度により行政上一新局面を開いたが、その適正な運用により教育行政の刷新に貢献するか否かは全く未知数で、教育委員会関係者や父兄その他一般住民に、本制度の精神、目的や内容を充分理解知悉せしめ、その運用に誤りなきを期せねばならない。

現在は勿論將來の問題を展望するとき、多くの困難な課題を発見するのであるが、その根幹となるのは、住民の教育に寄せる関心を昂め、そして財政的な自立性を獲得し、その本來の目的達成に住民の良識ある支持を得ることであると確信する。

教育は今やわれわれの手に委ねられたのである。このことはわれわれが自覚すると否とにかかわらず、われわれが重大な直接責任をひきうけたことになるので、公正な民意によつて、教育界の困難な問題が解決されねばならないことを強く認識せねばならない。そこで、教育委員諸氏が、その崇高な奉仕の信念と、努力により、琉球教育の振興のために、不屈の精力を傾注せられんことを心から祈るものである。

### 校舎復旧、施設の充実

当面する重要課題である。戦後七年未だに五〇パーセント足らずの復舊率。殊に沖縄群島の三七パーセントは全く驚く外ない。いかに優れた教育者があり、立派なカリキュラムの計画があつても、教室や施設なしでは、画餅に等しい。委員会の主要目標はここに結集しているといつてよい。校区民の絶大な援助を願い早急復舊に努力したい。

### 教員の資質、待遇の向上

元來教育の改善は教育者の「人」に期待される。教育者は環境に支配されることなく、自己の教育者的人格の完成に努力し、その高貴な使命に宗教家的学者的情熱を以て精進しなければならない、又政治的な立場からは教育者を安んじてその使命に精進できるような経済的及び社会的環境におかなければならない。ここにおいて政府は教育者の待遇を改善し、一般公務員に優る給與をなし、教育者の自立的地位を確立し、ひいては教育界に人材を誘置することが緊急事だと思う。

尚職業教育、保健教育については既に課を設け、刷新充実を図りつつある。又学校教育と並行して、社会教育の振興もゆるがせにする事はできない。われわれが真に民主的な教養のある住民となるためには、成人も常に教育を受けねばならないのであつて、それに必要な施設も整えなければならないことは勿論であるが直ぐには手に負えない。

更にこれ等の事に関しての政策を定め、計画を立てるために、その基礎となるべき正確な調査統計を整備する事も必要である。

から考えてくると、委員会がわれわれの助言によつて、今後なさなければならない事は実に山積しているのであつて、うたた日暮れて途遠しを痛感するが、千里の道も一歩よりであるから、前途に希望を持ち、教育振興のためにたゆまない努力をつづけていかねばならない。全住民の協力を渇望する。（六、二四）



## 図書紹介

### 初等教育の原理

文部省著

三三六ページ　定價一五〇円

本書は、経験の少ない教師に、初等教育の大要を示し、初等教育の意義と價値を知り、初等教育に献身しようとする熱情をもつてもらいたいという考えから書かれたものである全体は十二章と要約とからなつている。おもな内容を見れば、新しい時代と教師、これまでの小学校教育、教育は社会の改善にどんな役割りを果すか、新教育の基本原理、教育の心理的基礎、教育課程研究の動向、効果的な学習教育法、効果的な學校経営ガイダンスプログラムの内容、教育計画の改善を目ざしての評價、学校内における協力的運営、重要な教育法規や財政……である。

さらに、本書にはいつそう進んだ研究をせられる人の便のために、参考書があげられている。（木宮）

（昭和二六年六月発行　東洋舘出版社）

# 身辺雑記

豊平良顯

（1）

私はいつも妻子にこう語つている。私の月給だけでお前達を養つている、その氣負いを、私は毛頭抱いていない。それから家庭の営みを独裁する暴君でもありたくない。妻の炊事、洗濯、育児なども労賃に換算すれば恐らく私の月給を上廻るに違いない。子供達のお使い、ふき掃除、水汲み、自ら学資を稼ぐアルバイトなども我が家の收入に換算出來る。だから経済的にも夫妻同權だ。子供達も決して親のスネかじりではない。さらに私は、衣、住、食は勿論その他の総てのことを、妻子と相談してからでないと対処しない、さうした理念に基いてわが家の秩序は保たれている。

（2）

連綿と続いた封建的な親類つきあいが、結婚当初から、私達夫妻を当惑させた。いらざるおせつかいが、おおすぎるのである。お祭りや、お祝いごとにからんで、私達夫妻をどんなに威圧し、苦しめたことか。それから隣つきあい、延いては町内とのつきあいにも封建的なものがあつて経済的な無駄や精神的なおせつかいがおゝすぎ、私達夫妻をこりこりさせる。それにいちいちかまつたのでは、わが家の被害が甚大である。

そこで、悲壮な決意を固め、わが家の自主性を呼称して、親類との、それから隣組や町内会との、無駄な繋りをたちきり、反発して、いまなお持久戦を継続中である。そうでもせぬと、こつちが自滅する恐れがあるから、私達夫妻の態度は終始一貫して變節することがない。

（3）

軈てつぎつぎに子供が産まれる。成長する。その子供達が、それから妻が、いつの間にか私を一家の支柱と頼み、家長めいたものにまつりあげたのである。推されてみれば、否應なしに貫録がつく。いくばくかの識見がいるので、勉強を余儀なくされる。頭が科学的に、文化的に少しづつこえていく。当然のこと乍らいま更の如く、わが家の非科学性、非文化性、非合理性が目にちらついて、何とか改革しなくてはなるまい、その発心が起きる。然るに、その一つを改めるにも、先立つものは金である。貧しいサラリーでは到底やつていけぬ。諦觀のホゾを固めもするが、諦めてばかりおれぬ厳しい現実に直面して、やおらみこしをあげ、文化性に基くわが家の合理化をめざして、改革に乗り出すまでには長い期間を要したし、亦いつ成就するかの目当もつかない。

ローマは一日にしてならず、の諺が身にこたへる。

（4）

負債してではあるが、ブロックの住宅を建てたことは、わが生涯の傑作と言えよう。仮小屋では、台風が防げぬし、家族全員の命を奪われる恐れがないでもない。その負債を返す為に、玆十数年間の耐乏生活も、妻子に因果を含めておいたから、先づ心配はない。私は勿論、妻も子供達も、粗衣と粗食に甘んじて、とにかく平氣を装うている。散髪も月一度にしろ、机、腰掛も廃物を生かして各自で、或は兄弟協力して作れ、下駄も自給自足しろ、野菜、鶏卵なども自給自足だ。その他可能と思われるものは学校での、学業をいかして頭をつかい、手をうごかして、成る可く科学的に、文化的に、創造しなくてはならぬ、と私は子供達に授ける。

子供達にとつて、それは、学校生活と家庭生活の一体化を意味し、学校で教わる知識や、技術や、体力を実際に役立てたい狙いでもある。たとへば、子守や、水汲みや、ふき掃除や、住家の小破修理、お米の配給とり、それから家族に病人が出たときの徹夜の看病にも、耐えるといつた実際に役立つ然も愛情こもる体力でないと、健やかな体力といえども、でくの棒にひとしい、と私は子供達に理屈をこねるのである。

（５）

が然し、無理を強いることはしない。家庭奉仕の強弱、優劣があつても、私は決して評價をつけない。妻の多忙は特大であるが、子供達も実力相應に、微力を傾けている。從つて私は満足この上もない。否、氣に喰わぬこともあるにはあるが、いつかはものになると思い、皆が、自主的に、屈託なく、一家の秩序を支えてくれることを、望んでやまない。

そこで、私はいい氣になつて、善良で、民主的な家長をもつて任じ、わが家の経済と文化政策を構想し、どしどし断行する。とにかく私と妻と子供達が、それぞれ自分達の問題をそれから家全体の問題を、自ら進んでとりあげ、これを究明し、前進的に解明して、不断の改造を図り、家庭に於ける勤労の仕方、衣食住の方法、余暇のすごし方、その他さまざまな家庭生活のやり方を、継続的な体驗によつて、自学自習し、わが家の福祉を、築きたいのである。

わが家を知的に独立せしめて、貧乏を退治し、文化の恵みを享受したい。が然し窓を、社会と世界にむけて、ひろく展望することを私は決して忘れない。内は福でも、そとが鬼では困る。若し第三次世界大戦が起きたら、たのしいわが家もなかろうと思われる。言うなれば、世界平和への希求が、何よりの先決である。

## 宮古訪問雑感

指導主事　金城　順一

文教局指導課発足第一回の宮古指導訪問が去る六月十日から約二週間の豫定で行われたがこの指導日程を終えての感想の一端をのべると

一、校舎の復舊ぶりが沖縄群島に比較してすばらしく良い。戦前の様な本建築が、しかも廊下づきの立派な校舎が大部分を占めているという事は何と言つても宮古群島教育界の最大の強味である。この校舎にふさわしい新しいしかも力強い教育が五百の教職員の努力によつて日々推進されるであろう事を確信するものである。

二、これと同時に新設中校の校地が教育的見地から立地條件その他を考慮して理想に近い場所が選定された事は、教育環境学の立場からいつてもまことに結構な事であると信ずる。

三、小中高校とも全職員が真摯な態度で戦後の教育に取組んでいる事は喜ぶべき事であるが新教育の面から見て倘取上げて研究すべき問題が多々ある事を再考して貰い度い。例えば学習指導の形態、教科以外の活動及び特別教育活動の全面的研究並びに実践、能力別編成の問題、生活指導又はガイダンスの研究、児童生徒の自発活動を促進する方法、カリキユラムの構成研究、生産教育等がある。

## 八重山の訪問感想

指導主事　大城眞太郎

短い期間の訪問ではあつたが八重山の教育現況を視ての感想を述べると

一、校舎の復舊は群島政府時代政府当局並に一般父兄の熱意によつて沖縄と比較にならない程立派に出來上つている。

二、校地校舎教室等の環境の整備に職員児童生徒が絶えず氣を配り、よい教育環境を作ることによつてよい生活経驗を持たし情操豊かな人間性の育成に力を注いでいる。

三、教育の計画組織と指導技術の面に新しい教育の姿を真摯な態度で求め又実践している態度はたのもしい、子供達も素直でのび〳〵と明るい感じがした。

四、交通不便並に離島が多いために小さな單位の学校や複式の学校が多くその研究は次第に活発になりつゝある。今後その面の研究を益々深め沖縄の教育に寄與する多くの資料を提供してくれることを期待する。

五、教育講習会の時に西表並に離島遠くは、はるばる與那國からも悪條件を押し切つて教師が多数参集したことは教育に対する熱意の度が伺われて嬉しかつた。

## 文教局機構表

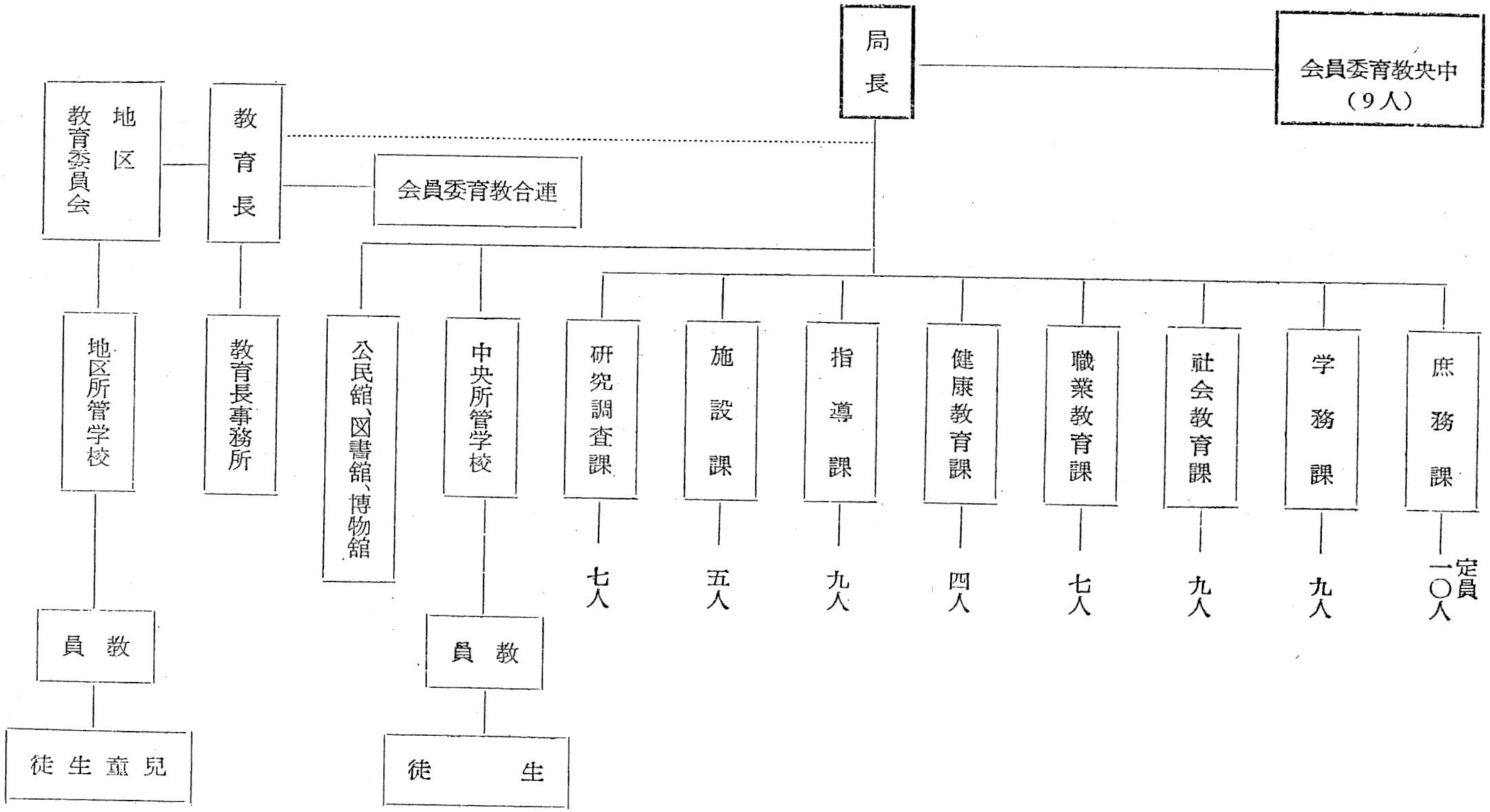

局長
中央教育委員会
（9人）
地区教育委員会
教育長
連合教育委員会
地区所管学校
教育長事務所
公民館、図書館、博物館
中央所管学校
研究調査課
施設課
指導課
健康教育課
職業教育課
社会教育課
学務課
庶務課
七人
五人
九人
四人
七人
九人
九人
定員一〇人
教員
児童生徒
教員
生徒

## ◎学務課事務分掌表

| 所管事項 | 職名 | 氏名 |
| --- | --- | --- |
| 教育行政全般<br>教育財政 | 課長 | 小波藏政光 |
| 教員人事に関する事項<br>教育長人事に関する事項 | 主事 | 島袋正輝 |
| 教育委員会に関する事項 | 主事 | 佐久本嗣善 |
| 教員俸給基準<br>免許に関すること | 主事 | 糸洲長良 |
| 学校教育補助金割当 | 主事 | 石川盛亀 |
| 留学生に関すること<br>育英会 | 主事 | 福里文夫 |
| 教員養成、現職教育、資質向上<br>特殊児童教育 | 主事 | 長嶺春 |
| 直轄学校小、中、高校に関する事項<br>（職業高校を除く） | 主事 | 長崎仁 |
| 教育諸團体に関する事項<br>生徒児童の福祉に関する事項<br>教育行事に関する事項 | | 欠員 |

## ◎庶務課事務分掌表

| 所管事項 | 職名 | 氏名 |
| --- | --- | --- |
| 局、課全般についての統轄 | 課長 | 園田親儀 |
| 局長の官印、保管に関する件<br>局内人事に関する件<br>報告文書に関する件<br>局内行事の設定並びに他課との連絡<br>主要文書の保管<br>行政日誌、渉外に関する件<br>車輌に関する件 | 主事 | 中村盛和 |
| 豫算決算について<br>会計支出について<br>各かい庁豫算割当示達について<br>豫算執行、官署原簿整理 | 主事 | 林純雄 |
| 教育長事務所の支拂について<br>各市町村区教育補助金<br>各学校建築補助金について | 主事補 | 富山正憲 |
| 文書の発送に関する件<br>諸帳簿の保管<br>用度に関する事項<br>職員厚生に関する件<br>給仕の指導監督<br>諸印（局長以外）の保管<br>車輌に関する事務の件 | 主事補 | 田島賢康 |
| 本局直轄学校支拂について<br>経理文書の整理 | 書記 | 大浜善亮 |
| 公文書の受付、浄書印刷<br>電報の受付、発送<br>諸調査に関する事項<br>他係に属せざる事項 | 書記 | 上原光男 |

| | | |
|---|---|---|
| 公民館、図書館、博物館其の他支拂について<br>記帳の助勢 | 書記 | 津口繁夫 |
| タイピング印刷<br>新聞雑誌の整理保管<br>公文書の受付、局課の美化 | 書記 | 普天間美枝子 |
| 通訳、飜訳に関するもの | 飜訳 | 大城真順 |
| 局内の美化に関する件<br>接待雑務に関する事項 | 給仕 | 池村千代子<br>桃原理子 |

## ◎指導課事務分掌表

| 所管事項 | | 職名 | 氏名 |
|---|---|---|---|
| 1新教育の促進と実践について課の運営活動 | | 課長 | 中山興真 |
| 1教育計画と組織<br>2P・T・A<br>3学校経営一般 | 指導の全体的計画、豫算運営、地方研究團体との連絡、文書の処理 | 主事 | 大城真太郎 |
| 1カリキユラム構成<br>2学習指導法<br>3國語 | 実験学校の指導計画、一般研究学校の指導計画その他の研究行事、課内研究計画 | 主事 | 喜久里真秀 |
| 1特別教育活動<br>2英話 | 出張命令簿の整理 | 主事 | 上間亀政 |
| 1教育評價<br>2指導要録<br>3数学 | 現職教育講習計画、其の他講習並各種会合の世話 | 主事 | 比嘉信光 |
| 1教育心理<br>2聽視覺教育<br>3社会科 | 図書、雑誌、新聞、公報等の整理保管、各種研究資料蒐集整理保管 | 主事 | 西平方金 |
| 1学校図書館<br>2幼稚園教育<br>3社会科 | 備品消耗品の整理、指導報告の整理、諸記録の記入保管 | 主事 | 玉置壽芳 |
| 1ガイダンス<br>2低学年教育<br>3複式学級の指導<br>4理科 | 原議の保管整理<br>課内日誌の記入保管 | 主事 | 金城順一 |

## ◎研究調査課職務分掌表

| 所管事項 | 職名 | 氏名 |
|---|---|---|
| 教育行政の基礎的研究<br>課内事務の統轄<br>道徳教育、純潔教育研究 | 課長 | 比嘉博 |
| 豫算編成、課内行事の計画<br>出張立案計画、日誌の記入保管<br>ガイダンスの調査研究<br>國語教材の研究、資料蒐集<br>國語カリキユラムの立案計画<br>教育実態調査の立案計画<br>教科書目録作製委員会に関する事項 | 主事 | 守屋徳良 |

| 所管事項 | 職名 | 氏名 |
|---|---|---|
| 教育評價測定の調査研究<br>社会科教材の研究、資料蒐集<br>「学習指導要録」の立案計画<br>特殊教育の基礎的研究 | 主事 | 安里盛市 |
| 学校運営学校評價の基礎調査研究<br>聽視覺教育の調査研究<br>理科カリキュラムの構成研究<br>公文の受発整理保管に関する事項<br>理科教材の研究資料蒐集 | 主事 | 安谷屋玄信 |
| カリキュラムの理論と構成法の研究<br>社会科カリキュラムの立案計画<br>文教時報発刊に関する事項<br>各種印刷に関する事項 | 主事補 | 平良仁永 |
| 数学教材の研究資料蒐集<br>数学カリキュラム立案計画<br>課内の備品、消耗品に関する事項<br>図書の購入保管貸出に関する事項 | 主事補 | 與那嶺進 |
| | | 欠員 |

## ◎施設課事務分掌表

| 所管事項 | 職名 | 氏名 |
|---|---|---|
| 教育施設全般の復興計画及指導助言 | 課長 | 山川宗英 |
| 教育施設全般の復舊計画<br>同　豫算の資料調製<br>同　指導助言<br>教科書配給計画 | 主事 | 端山敏輝 |
| 学校復舊、附属建物の年度計画<br>学校建築補助金割当資料の研究及調製<br>建物施設の調査 | 主事補 | 與儀喜省 |
| 教育備品の現状調査<br>同　年度計画<br>同　補助金割当の研究資料調製 | 主事補 | 中山重信 |
| 学校建築、附属建物の標準規定制定<br>教育備品の基準制定 | 主事補 | 平瀬洋之助 |

## ◎健康教育課事務分掌表

| 所管事項 | 職名 | 氏名 |
|---|---|---|
| 課の統轄並に企画運営 | 課長 | 照屋実太郎 |
| 教員及一般の研修に関する事項（高校一般）<br>保健体育に関する事項<br>行事に関する事項<br>図書に関する事項 | 主事 | 比嘉徳政 |
| 教員の研修に関する事項（小学校）<br>安全教育に関する事項<br>体力検査に関する事項<br>運動用具その他設備に関する事項 | 主事 | 安慶田能央 |
| 教員の研修に関する事項（中校）<br>保健衛生に関する事項<br>学校身体検査に関する事項<br>学校給食に関する事項<br>文書に関する事項<br>経理に関する事項 | 主事 | 嘉川納豊 |

## ◎職業教育課事務分掌表

| 所管事項 | 職名 | 氏名 |
| --- | --- | --- |
| 人事、豫算<br>職業教育の統轄 | 課長 | 祖慶剛 |
| 農業関係の指導助言 | 主事 | 山内繁茂 |
| 工業及機械方面の指導助言 | 主事 | 大庭正一 |
| 農業関係指導及び事務関係 | 主事 | 松山忠雄 |
| 学校現況調査<br>職業学校の事務指導<br>各校購入品の斡旋 | 書記 | 下地寛 |
| 小中学校家庭科指導助言 | | 欠員（女） |
| 実業高校家庭科指導助言 | | 欠員（女） |

## ◎社会教育課事務分掌表

| 所管事項 | 職名 | 氏名 |
| --- | --- | --- |
| 課全般についての統轄<br>所管の人事詮衡<br>関係部局との連絡（琉大校外教育部、生活改善係、情報局） | 課長 | 金城英浩 |
| 社会教育一般についての企画<br>行事の計画運営<br>豫算の運営<br>沿革史<br>文化財保存事業に関すること（博物館）<br>労働者教育 | 主事 | 玉木芳雄 |
| 公民舘運営指導<br>成人團体の指導<br>社会教育資料の蒐集<br>奄美群島との連絡に関すること | 主事 | 喜島範俊 |
| 社会教育主事の研修<br>図書舘及び読書指導<br>職業技術教育企画指導<br>八重山宮古群島との連絡に関すること | 主事 | 慶世村英診 |
| 成人学校運営指導に関すること<br>社会教育資材の配給に関すること<br>課に関する文書の起案<br>視聴覚教育に関すること | 主事 | 大宜味朝恒 |
| 青少年会の指導<br>健康教育課と合議<br>社会体育レフレエイション<br>図書の配給 | 主事 | 屋良朝晴 |
| 婦人團体指導<br>婦人の授産指導<br>私立成人学校に関すること<br>課の公文書の受付整理保管 | 主事 | 仲宗根澄 |
| 婦人團体指導（家庭教育振興）<br>宗教團体との連絡<br>課内の福祉に関すること<br>新聞雑誌の整理美化 | 主事 | 嶺井百合子 |
| 視覚教育の企画指導<br>社会教育資材の配給<br>飜訳タイプに関すること<br>社会教育の頒布 | | 欠員 |

# 中央教育委員会概要

一、中央教育委員氏名
二、中央教育委員会議事録
三、地区教育委員選擧概況

## 一、中央教育委員氏名

議長 豊平良顯
委員 宮城久栄
〃 與那原孫佑
〃 平田清佑
〃 天野鍛助
〃 照屋ひで
〃 砂川恵敷
〃 田畑守雄
〃 竹田房徳

## 二、委員会議事録

第一回委員会四月十四日—二十二日

四月十四日（月）

1、午前十時於主席室辞令交付式と主席の挨拶
2、文教局長挨拶
3、マコーミック氏挨拶
4、教育問題の懇談

四月十五日（火）

1、教育問題について懇談
2、立法院文教厚生委員長未決のため午後休会

四月十六日（水）

1、立法院文教厚生委員長宮城久栄氏決定せられ本日より中央教育委員会正式発足す
2、ルイス准將に会見
3、デイーフエンダーフア氏挨拶あり
4、仮議長天野鍛助氏によつて会議規程の審議議長副議長の選擧終了
5、会議日程の決定
6、教育現狀報告(各課長から報告)

四月十七日（木）

1、教育法、委員選擧法の説明
2、マコーミック氏講話（連合地区について）

四月十八日（金）

1、一九五三年度豫算案審議
2、午後二時南部地区学校建築狀況視察十一校

四月十九日（土）

1、教員給與ベースに関する意見交換と富名越官房長の説明聽取
2、一九五三年度豫算案審議
3、政府立中央圖書館設置場所選定首里市に決定
4、連合地区に関する公聽会
時刻 午後四時
場所 元沖縄群島政府総務部室
出席 沖縄群島市町村長代表 宮里金次郎氏
沖縄教職員会長 屋良朝苗氏
沖縄校長協会長 阿波根朝松氏
沖縄青連会長 安座間磨志氏
意見は各代表とも十地区を主張した。

四月二十日（日）



1、中北部学校建築狀況視察（一〇校）

四月二十一日（月）

1、一九五三年度豫算案審議（重点目標を設けて審議す、目標左記の通り）
(1) 学校校舎及び教育施設の復舊促進
(2) 教員養成及び資質向上の強化
(3) 教員待遇の改善
(4) 職業教育の刷新充実と定時制高校教育の拡充
(5) 義務教育費の政府負担による教育財政の確立
其の他目標は順を附さずに適当に考慮することに決定した
2、連合地区の設定
教育長が各教育区や学校に指導助言が便利となり教育効果をあげるために十四地区に決定した

四月二十二日（火）

1、人事発令案の審議
2、教職員俸給査定基準表
尙研究を要するので次期廻し
3、教育長暫定資格規準決定（左記

の通り）
戦前の小本正が中等学校教員免許状が高等学校教員免許状のうち一つを持つている者であつて五ヶ年以上の教育職経験者で最近三ヶ年のうち一ヶ年以上の教育経験を有するもので政党に籍を有しない者
4、育英会法審議
尙研究を要するので次期廻し
5、午後四時閉会
第二回委員会五月二七日—三一日
五月二十七日（火）
1、連合教育地区の改正
第一回委員会に於て設定の沖縄十四地区は世論が絶対反対につき再審議の結果全委員一致で從來の十地区へ改正した
2、会議日程の決定
3、一九五三年度豫算案審議（修正豫算案審議）
五月二十八日（水）
1、主席との懇談（一九五三年度教育豫算について）
2、一九五三年度豫算案審議
3、成人学校規程案審議
4、校舎建築方針案の審議（左の通り決議）
一九五三年度校舎建築方針
(1) 一九五三年度の校舎建築は普通教室の新建築のみとする
(2) 教育地区への校舎建築資金の補助額は教育区民の負担が過重にならないよう中央教育委員会で適当に考慮する
(3) 政府立の学校の校舎建築費は全額政府負担とする
(4) 校舎建築資金の割当額は教育区別に既設本建築の教室数と必要教室との比率によつて中央教育委員会が配分する
こゝでいう既設本建築の教室数とは附属建物（便所、宿直室、納屋、畜舎等）を除いたすべての既設本建築を普通教室と見做したものをいい必要教室数とは小中学校に於ては学級数高等学校に於てはホームルーム数をいう
(5) 高等学校は一教育区と見做して配分する
(6) 教育区の校舎建築の工事は琉球教育法の第十章第五條の規定によつてその区教育委員会が監督の責任を負う
(7) 校舎の設計は中央教育委員会が之を示す
(8) 校舎の建築は中央教育委員会の認可を要す
(9) 設計を變更するには中央教育委員会の認可を要する
(10) 政府所管の工事に就ては一九五二年五月二十一日付財主第二號行政主席名の公文により工務局に於てその監督の責任を負う
(11) 教育区の工事に就いての指導助言竣工検査は文教局が行う
五月二十九日（木）
1、デイフエンダーフア氏との面談（校舎建築並に職業高等学校豫算に対する補助請願について）
2、那覇首里兩市内の学校並に博物館の建築狀況視察
五月三十日（金）
1、自動車学校資材支給に就て懇談
2、子供博物館建設について懇談
3、貧困兒童生徒の教科書貸與規定案の審議
4、文教局の課の設置について審議
五月三十一日（土）
1、教育長並に連合地区職員の選定
2、推薦教科書目録作製委員任命
3、育英会法案審議
4、身体検査規程案審議
5、会計係なき区の措置について法規により区委員会で任命することに決定した
6、教育会計支出要領並に豫算形式審議
7、開洋高等学校移轉に関する件
8、人事発令案審議
9、教員俸給査定に関する請願について（大島教職員組合より）
午後六時閉会

## 三、区教育委員選挙概況

民主的教育制度運営上最も大切な区教育委員会を構成するところの区教育委員並に会計係の選擧は五月四日から十一日までの間に全琉教育区に於て実施された、その狀況は区によつて異るが平均五四、四％となつており有權者の半数が選擧している投票率の不振な理由として候補者数と当選数が同一であることを区民が教育委員会の仕事に対して未だ充分には認識しなかつたことなどがあげられる、全琉の定員委員数二三六名に対して候補者二六六名
各区委員氏名（選擧による）

# 教育委員会について

学務課長　小波藏政光

人民による人民の為の人民の政治が民主主義の精随であるから、人民による人民の為の人民の教育が民主教育の本質であろう。吾々の教育は人民による教育でなくて特權階級（貴族、軍閥、官僚等）がその実權を握つた教育であつた。人民の為でもなく一部支配者の為の教育であつた。人民の教育でもなく、その意志と遊離し、それを支配する支配者の教育であつた。

琉球の教育は次第に民主化されて來たけれども、今回の名実共に公共的、独立的地方分權的な教育委員会制度の確立によつて始めて真に民主的教育が行われ個人の（新に教職員の）自由が確保されるのである。

教育によつて利益を受けるのは、生徒やその父兄だけでなく、実に社会や凡ての人である。社会の繁栄も堕落も、住みよい世の中も、住みにくい世の中も、一つには、教育の結果である。世を益する発明家や奉仕者も、世を暗くする殺人や強盗犯も教育の所産であり、その影響は凡ての人に及ぶ。こゝに教育の公共性があり、教育委員会の公共的性格がある。従つて又教育委員に旺盛なる公共精神、社会奉仕の精神が要望されるのであります。

教育はこれまで種々の權威や勢力の支配圧迫を不当に受けてきた。吾々は教育の独立性を育成したい。それで中央教育委員会が生れ市町村議会と財政的にも独立した区委員会が誕生した。従つて教育委員会には公平、正義、寛容等が要望せられると共に、不当な圧迫を排除する勇氣が望ましい。教育委員会は大巾の權限を與えられているので、中央に於ても地方に於ても、種々の野心家の不当な支配を受けないように、皆で見守り育成したいものである。

民主教育は個人の尊嚴を認め、その價値、自由、創意工夫を尊重する。一教室に於て、個々の生徒が、夫々の個性、要求に應じて育成されるように、各社会が夫々の要求や可能性や情況に即して地方色が発揮出來るためには地方分權が必要である。遠い中央で地方の事情に十分に通じない一部の人々に權力を與える盲印的な劃一的な行政を避けて地方人民にその代表たる教育委員会に実權を持たせて、教育を人民と直結し、地方の自発性や自治性を高めて頂き度いのである。中央の權限は、特殊の少数の教育機関の直轄と、琉球全般に必要な各般の基準の設定や、諸種の認可事項、各委員会に必要な財政補助等でありまして、其他の全權限は地方に委されています。文教局は調査統計普及指導と中央委員会に対する専門的助言が主体で、殆んど実權を持つていません。各方面の分業的な専門家を集めて、廣く全琉的に指導力を発揮したいものです。

地方の委員会は、全琉教育の立場から中央の定めた基準たる法規の範囲内で全く自由に、主權者たる人民の意志や創意工夫に應じて教育を運営するのであります。物的施設や人的組織や教課教材や財政面や渉外関係等について、独自の発展を各委員会が遂げられる事が望ましいのであります。

今日では教育委員会には教育長は附き者になつていますが、委員会は主として政策樹立や各般の裁決を為し、教育長は委員会に専門的助言推臑を行い、又委員会の決定したものを直接執行するのであります。教育と産業や生活や文化を一層緊密に結びつける為に、教育専門家でない各般の人から成る委員会の廣い視野が必要であります。教育委員会は各方面からその社会の実態を調査分析檢討して、その社会の教育に対する要求を見出し、現在及び將來の可能性を考慮して教育政策や計画を立てるのであります。現在の狀態や、或は政策執行後の狀況等を絶えず評價して政策や計画を改善することも必要であります。実態調査や評價や政策決定等に当つては、教育長その他から十分に具体的資料や助言を得て、討議を盡して、委員会としての結論に到達するのが望ましいのであります。委員には教育の専門的知識は要しませんが、人間や教育や社会に関心を持ち、常識と良い判断力を持つことが必要であります。

教育長は管下各区の実態や要求や可能性をよく調査評價して資料を調整し、それぞれに即した適切な助言をなし、決定した政策計画を各区の実情に即して最も効果的に執行する重大任務を帯びます。教育長は成るべく他人を介しないで直接に各委員会や学校と接觸して、綜合的に各種の問題や困難を発見し、その解決に助力を與え、要すれば中央の特殊の専門家の助言指導を求めるわけである。

〃教育委員の信條〃の中には、教育長の不断の助言報告資料を得て決定し、報告管理には教育長に責任及び權威を與え、不平不滿の責は全委員及び教育長に通じ、常に個人としてでなく委員会全体として働くこと等をあげて、よい委員の特質としてであります。

# 読書の方向

研究調査課長　比嘉　博

戦争の後に哲学、宗教が勃興して教育の方向に大變革があり新時代が生れる事は過去の歴史が示している。太平洋戦争の場合も多少の特異性はあるが大体はその例にもれないようである。本土では終戦後㈠エロ雑誌、㈡娯樂雑誌、㈢政治、思想教育、㈣科学、哲学、宗教という順に移行して、四九年頃から㈢、㈣の方向がアイフエル講習の刺戟を機会にボツボツ教育界に読まれるようになり、今や哲学教育の全盛期に突入しようとしているやに聞いているが琉球の現狀は本土より後れて残念ながらまだまだ一般的には娯樂雑誌時代の域を脱しない狀態のようである。試みに書籍商に聞くと那覇に月六千部位の娯樂雑誌が移入され、多い月は一万部位に及ぶらしい、教育思想、政治方面の雑誌、單行本に到つては淋しい程に、ほんの僅かしか読まないようである。勿論娯樂物大いによいのでしようが、平行してそろそろ琉球の教育界にも教育、科学哲学方面の読書時代が到來してもよい時期ではないかと期待するものである。特に若い青年教育者、女教員の各位に大きい希望を寄せるものである。戦後の不安時代、混沌から慰安を求める時世では自然娯樂方面に心が向うのは当然であつた。その惰性が仲々カタイ本を手にする勇氣が出ないのは人間の弱点でアプレ的読書界を作つたのでありましようが時代は何時までも惰眠を許さず押し進んでいる。教育事実が社会的現象であり歴史の所産である以上、單に教育学や教育行政の理論的原理の演繹だけで行けるものならば御易い御用でしよう。対象が生命ある被教育者、社会人であり、生命の中にこそ知性、行為、審美性、技術、社会性等々が全人的に綜合的成長伸展するものであるからには政治、経済、宗教、産業、思想等あらゆる社会事象の全基盤の上に帰納的に批判的に打ち立てられた学校運営、学級運営であり、指導であつて始めて正常な教育進展の姿であると思はれる。教育は方程式通りは必ずも万事には結果が生れて來ない場合がある。そこに苦心もあり努力もある。物を対象とする他の仕事と異なる所以であり又樂みもある。右のような立場から吾が琉球の教育者諸賢に、教育、思想科学、哲学方面の読書を御すゝめし期待するものである。希くは六千教員が例外なしにカタイ本や雑誌の一冊位は常住手にし本土並に教育、哲学時代の一日も早からん事を望むものである。

# 新学年に於ける算数・数学指導の準備

指導主事　比嘉信光

新学年を迎え、心もあらたまり、新しい希望に胸をふくらませている事と思います。学年や学期の初や、こどもが轉入学してきたときには、指導するまえに、先づ準備として、そのこどもの現在の様子をはつきりつかむことが必要である。これは、今学年の指導をどこから始めたらよいかとか、どこに指導の重点をおいたらよいかを決めるためである。たとえ、同じことについて指導したとしても、学級全員が同じような理解をもち、同じようなところに困難を感じているとはいえない。そこで教師は一人〳〵のこどもについて数量的な判断力や、思考力または処理する時に用いられる計算や、測定などについての進歩の狀態を知り、こどもの実態をつきとめることが必要である。これがあつて、はじめて、一人〳〵のこどもに最も適切であるように、指導計画をたてることが出來る。

このようなねらいを達成するために、学力検査の問題や教師の作つた問題を用いることが出來る。その結果からみて、出來ないことがわかつたら、その原因を診断するために、診断テストを用いるのである。その他、次のことがらを面接法、口頭テスト、質問紙法、観察法等によつて參考にするとよい。

一、こどもや兩親に対してあてた質問書
二、前学年に於けるいろ〳〵な記録
三、前学年の担任教師やその他の先生方との話合い
四、遅れているこどもや、その兩親との話合い

とにかく、進んでいる子供は進んでいるところから、遅れている子供は遅れているところから、それ〳〵もつているところを出発点として、学習指導していくための準備が必要である。

学力検査の問題は容易に求めることは出來ないが、かえつて教師の作つた問題で前学年の学力を調べたほうがより効果があると思う。その時の留意点を擧げると

一、前学年の算数、数学指導内容によつて問題を作る。(算数、数学指導要領參照)
二、数学的理解を評價する(例、加法や減法の意味がわかつているか(一年―三年)
三、社会的目標についての理解や技能についても觀察や話合いなどにより評價する(例、測定の單位を用いる事が出來るか(二年―六年)

四、評價の目的としている事項以外の副次的要素があるだけ混入しないように、発問の形式を工夫して評價が客観性をもつようにする。

このような教師の作つた問題で、出來ないものには、その原因を診断するために更にくわしく診断テストを行う必要がある。その留意点を擧げると。

一、計算力を調べるテストは段階を細かく分析して行うこと。（例えば加法、減法、乗法、除法、小数などと分けること）

二、一段階に一つの新しい要素が入るように段階をくぎること。（例えば基数に基数を加えてくり上がらない場合とか、又はくり上がる場合にくぎる）

三、診断テストを使つて、どのこどもが、どんな点について指導を必要としているかを明確に出來るような問題を作る。

その結果をまとめて、

一、指導計画や指導法を反省して修正したり、改善したりする。

二、教材や教具の選択や活用のしかたが適切であつたかを反省して見て、これがいつそううまく使えるようにする。

三、子供にも結果を知らしめ、自分の進歩や停滞の様子を知り、みずから進んで学習していくようにする。

四、兩親、校長にも報告して協力を求める。

ことが必要である。先づ何よりも檢査方法の良し悪しにこだわらないで教師みずから出來る程度で学力を調べ、その事実の上に立つて、子供一人〳〵を伸す新しい指導法を生み出し、力強く指導してもらいたいと念じています。

# 交友関係の調査とその方法

研究調査課主事　安　里　盛　市

『子供を知る』事は教育の仕事にたずさわている者の最大の関心事でなければならない。

そして、この知るための努力とそれに伴う科学的な方法が考えられなければならない。

『人を見るこつ』と云う事があるが直觀的に人を見抜く、という謂に外ならない。我々はこのような安易な方法のみに依存して大事な兒童生徒を知り得たと思い、その上に立つて彼等の指導を成し得たと満足することができるだろうか。

最近の兒童研究の理論と、事例研究の結果とによつてもはやかゝる安易な方法にのみ頼ることがいかに危險な結果を招くかということが分かりつゝある。我々はもつと仔細に子供を觀、科学的な方法によつて子供を理解することが必要である。科学的というと、いかにもしかつめらしく聞えるであろうが、要するに資料の蒐集、整理、分析、統合、そして最後に全人格の図繪を描く、といつたようなことが考えられる。これには専門家の仕事に属する事もあるが、こゝに取り上げた標題はむしろ毎日子供に接しているクラス担任の教師によつて、簡易に、而も興味深くできる事であると思うので以下これについて種々の資料に基いて紹介する事にしたい。

## 一、調査の目的

1、学級社会の成員構造を明らかにする。

兒童生徒の学習や行動に影響を與えるものの中で学級内における交友関係は極めて重要なことがらである。交友関係の變化によつて著しく成績が低下したり、善良な生徒が問題行為を起すような事はよくあり勝ちなことである。かゝる行動が起らない前に豫め学級全員の交友関係、即ち学級社会の成員構成を知つておく事は教師にとつて非常に必要なことである。

2、個々の兒童生徒の同僚に対する適應不適應を知る。

今日の教育は兒童生徒の一人一人の全人格の成長発達を援助するものである。過去の教育の狭い知的方面の重視から人格のあらゆる方面の成長発達を指導する立場への移行である。

アメリカの白亜館協議会は『人格』を定義して

『もし人が自我と自分の生活條件を一貫した満足感を以て受け入れることができ、又他人からも友人や協力者として受け入れられ更に又相当の自信と喜びを以て社会に於ての自分の責務を引受け、自ら興味を抱き社会にも利しているならば、その人は調和のとれた有効な人格といわれるであろう。』といつている。

これによつて望ましい人格の特質が把握されるであろうが、人格を何か実体として把むには、それが行動に表現されたところで把む外はない。即ち適應不適應の概念を使用しなければ適当に表現され難いと云うことにある。こゝにおいて我々は個々の兒童生徒の社会的適應、不適應を知る手近かな方法として交友関係の調査の必要を感ずるのである。

3、子供は自由に話したり、遊んだりする仲良しの友達と共に居る時は安定感を感ずるものである。そしてこの安定感の有無は人格を円満にするか、ゆがませるかに重大な関係があるのである。そこでクラスの兒童達のグループ活動の指導において子供達の間の交友関係を知つてうまく組み合わす事は自由な子供の活動を促し安定感を抱かせるのに不可欠のことである。

## 二、調査の方法

以上三つの点から交友関係の調査が決して無意味でないことを述べたが、以下その調査の方法について、橋本重治著『教育評價法』を中心として具体例を取り擧げて見る事にしたい。

### ○相　互　評　價

此の交友関係を明らかにする方法は生徒の相互評價によることがもつとも手近でどの教師にも興味深くやる事ができる。

新しい教育の立場から自己評價と並んで特異の地位を占める評價工夫は生徒相互評價であろう。但しこれには大前提がある。それは生徒相互間の信頼関係やまじめな学級雰囲氣がなければならない。互に中傷し合うような雰囲氣のある学級ではむしろ避ける方がよい。結果が信頼おけないという点はまだしも、教育的影響に至つては正に角をためて牛を殺すの譬えにもなり兼ねない。

### ○ゲスフーテスト

生徒の相互評價にもいろいろの技術が工夫されているが、その中もつとも有名で廣く用いられているのはゲスフーテストである。そしてその結果によつて友人関係を図示したものをソシオグラムという。そのソシオグラムの作り方にはいろいろの方法があるが、例えば質問紙よつて、



『この学級内でいつもよく遊ぶ好きな友達を書きなさい。』

『もし自分の好きな人と一しよに机を並べてよいなら誰と並びたいか、その並びたい人の名前を二人でも三人でもよいから書きなさい。』

『もし友達として選びたくない（嫌いな）人があつたらその名前を書きなさい。』

等の問を発し次の様な表にまとめてみる。

| 生徒名 | 好きな人 | 誰々から好かれているか |
|---|---|---|
| A | N. G. | N. |
| B | S. K. | ナシ |
| C | N. Q. | N. Q. |
| D | L. I. | L. |
| E | P. | P. |
| F | | |

その結果に基づいて、例えば一つ

のソシオグラムの形式として半紙一枚大の用紙に大きな円を描き、その周囲に学級全生徒の名前を配列記入する、そして一人一人の生徒の名前の位置からそれが友達とする生徒へ矢印のついた線を引く、これを次々に圖のように記入し進めばその学級の交友関係、孤独児童、人氣のある児童、或は学級内小グループの形成関係等が一目瞭然となる。

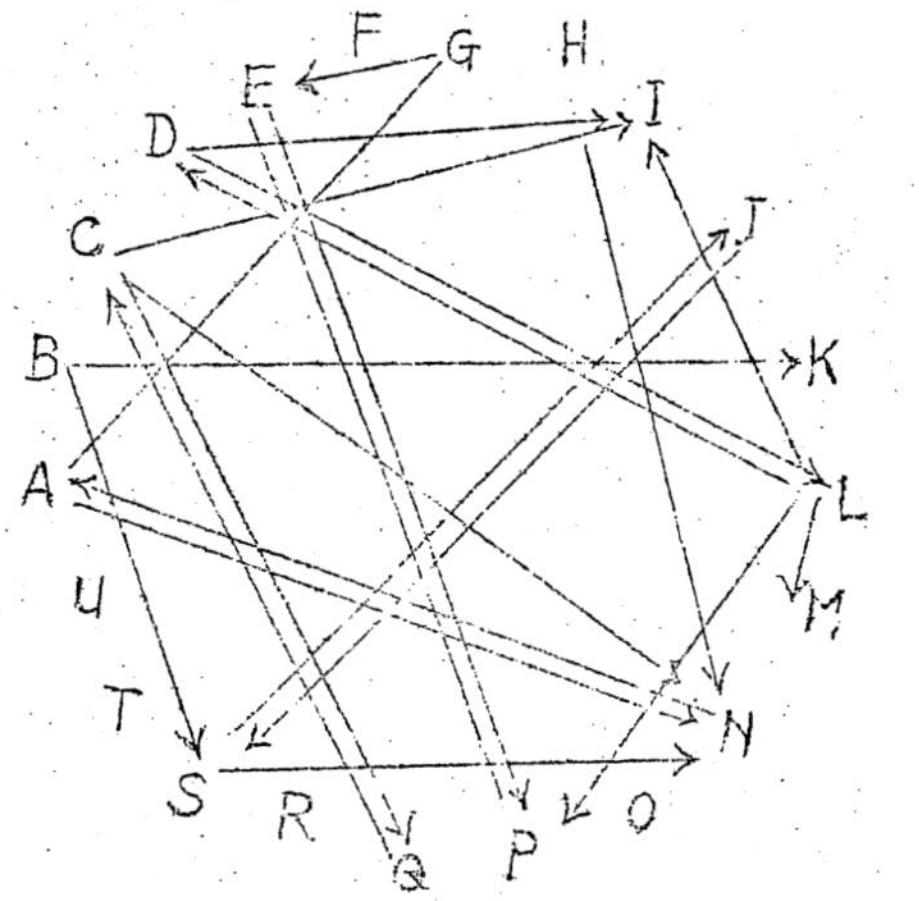


## 三、結果の利用

　この構成図が一、二ヶ月では容易に變動しないが半年とか一年の間に次第に變容してゆく過程を研究することによつて生徒の動態が明らかとなり何らかの問題を理解する鍵となり指導の指標となるのである。例えば、四月に実施した調査によると生徒Nは四人の級友から支持され、Hは誰からも支持を受けていなかつたとする、ところが九月の調査はNは二人の支持者を失い、反対にHは三人の支持者を得たとした場合Nの人氣が凋落した原因、Hの人氣が上つた原因を追究しそれらを諸種の要因に分析して行くと彼等の社会における人物評價の基準が分ると共に個人個人のガイダンスの貴重な資料が得られるのである。

　子供の社会における交友関係は人格の形成に重要な関係があるから之を善導する事によつて大きな教育的効果を期待する事ができるのである生徒の坐席を變更する事によつて社会的不適應を豫防したり友達のない子供に友を見つけてやつたりする事が可能となるのである。

　ところでこゝに一考しなければならないのは、でき上つた資料が果して信頼のおけるものであるかどうかという事である。いかなる膨大なち密な調査でも、それが信頼のおけないものであるとするならば、その利用に至つては一片の價値もないのである。即ちその資料の持つ價値はその資料の持つ信頼度の如何に関係して來るものである。このような觀点から我々の企図した交友関係の実態が果し、このゲスフーテストによつて確実に把握できるものだろうか、果してその結果に信頼をおいて之を利用してよいだろうか、前にも述べたように之を実施するに当つて前提となるのは何と云つても児童生徒が偽りを云わぬことである。偽りの回答をいくら集計し、図示したところで何らの値打ちもないのである。

　それには平素師弟間の信頼関係を樹立しておく事がもつとも大切であるが、一般的に云つて、高学年よりも小、中学年の方が年令的に見て素直さがあり、割に信頼のおける結果を得る事ができると云われている。中学二年以上になると教師に対する信頼感がよほど確立されていないと虚偽の回答に接することが多いといわれ、従つてその結果の信頼度もかなり低いと見なければならない。要するに信頼度の高い資料を得るための種々の工夫がなされなければならない。

　次に考えなければならないことはこの相互評價の外に他の評價用具を豊富に併用することである。一つの物の実態を把握するのに唯一つの方法にのみ依存することは結果において一方的な独断に陥るおそれがある。あらゆる角度からあらゆる方法によつて把握されたもの程、客觀性が増してくるのである。この意味において級友関係の実態を握るにも相互評價による外に生徒の自己評價、教師による行動觀察、チエックリスト、評定尺度、面接法、質問紙法等多様な用具を駆使してその多方面から得た資料を綜合して解釋することが望ましいことである。それにしても交友関係を知る上についてのゲスフーテストの價値は高く買われてよいと思う。教師の前では平素の態度を變える子供でも級友の間にあつては赤裸々の自己をさらけ出すものであり、又彼等仲間の交際場面は多方面にわたつて居りその多方面の場面で觀察し得た彼等の心の中に描かれた級友の姿こそ反えつて教師の頭の中に描かれた子供達の姿より一層真実性があり信頼のおける場合が多いのである。

以上のことは調査の内容が級友間の適、不適應を知る事のみの問題でなく相互評價に於ける一般的特質であり長所ともいうべきであり、この小論の内容からは多少脱線したうらみがあるが、極めて大切な事であるので述べる事にした。尚教育評價の全般についてはぜひ橋本重治著、教育評價法を一讀されんことを希望する。

最後に再言したいのは、この調査によつて兒童生徒同志が互に他を中傷し合い、他の非を教師に告げる事に興味を覚えるようにでもなつたら反えつて平地に波瀾を招くようなものでその教育的弊害に至つては、はかり知れないものがある。従つて教師は平常学級の雰囲氣を信頼と善意に満ちた望ましい姿に育てゝいくように努力する事が望ましい。そうしてこそ此の調査の教育的効果も期待し得るのである。

研究報告

# 学習不振兒指導の機会とその具体的方法

研究調査課

## まえがき

この研究報告記録は昭和二十六年度特殊教育研究集会廣島会場の特殊兒童班小学部第二小班の記録である今後の研究資料として活用され特殊教育振興の一助となれば幸せである（研究調査課記）

## 1、学習不振の定義

一般的には自己の能力の標準まで学業成績をおさめていない場合が真の意味の学習不振兒である。然し更に

(イ) 一定の水準に達していない兒童

(ロ) 平均学力よりも比較的劣つている兒童

(ハ) 個人能力において各科目の成績が著しく不均衡の兒童等についても学習不振兒として包含する

## 2、原因の分析

原因については先天的なもの、後天的なもの、更に兩者の原因の重複しているものとして次のようなものが考えられる。

イ、身体的（身体虚弱及び疾病、身体器官の欠陥等）

ロ、知的能力（知能、特殊知能の欠陥、才能の欠如等）

ハ、情緒的、社会的（不安、劣等感、恐怖、学校への反感、怠惰無関心等）

ニ、家庭（父母の態度、無関心家庭の雰囲氣等）

ホ、学校（学校組織、教育方法、教師の指導、級友との関係一般的雰囲氣等）

ヘ、社会（地域社会の雰囲氣、教養の度、学校に対する関心、態度、風紀等）

## 3、診　断

学習不振兒の診断については次のような方法がある。

(イ)、医学的診断　之は専門医師によつて行わるべきである。

(ロ)、教育的診断　知能テスト、性格テスト、行動の観察（兒童相談所、健康相談所、教師、家庭の観察、心理学者等）

## 4、指　導

イ、指導の機会　学習不振の原因発生をできるだけ早期に発見するように努め好機を捉えて適切な指導がなされなくてはならない。実際的指導の機会としては次のようなことが考えられる。

○学校—始業前、授業中、放課後等

○家庭—訪問、授業参観、通信簿等

○社会—放課後、週末、休暇、校外生活指導、地域ＰＴＡ集会等

ロ、指導上の留意点（教師としては）燃ゆる熱意と鋭い客観的科学的観察、検査

○温く深い愛情

○練達した技術

○忍耐力

（教　材）

○発達段階に即應した基礎的学習教材や具体的教材を多く取入れる

○知覚運動的学習は正確と反覆練習が大切である。

○記憶的学習では色々な感覚を通じて指導する。

○カリキュラムの構成にあたつては能力に即應するよう、その内容、分量、確度、速度を考慮する。

（指導法）

○劣等感の廃除

○叱責よりもほう賞

○特技の発見と伸長

○常に安定感を考慮したグループ的指導

○学級活動の一部について必ず分担を与える（責任感）

○用具教科の指導は除々に行う

○成功のよろこびを味わす

○級友が常に理解と同情をもつて協力し安定感を与えるように指導する。

（家　庭）

○家庭と学校との緊密な連絡により、学校協力の認識、理解協力を図る。

○家庭環境の改善　家庭教育の指導を重視する等。

（社　会）

教育環境の整備

○学校教育に関する理解を深め協力を強化する。幼、小、中の連絡

○地域社会の関心と協力等

ハ、指導上の組織編成

○学級内で能力別に指導する。

○学年内で能力別に指導する。

○学年内で特別学級を編成して指導する。

○学年で特定科目に限り学級編成を解体して能力別に指導する。

以上の結論は事例史を中心として研究討議して得たものである。

—文部省初等中等教育局編　特殊教育研究集会報告集録より—

# 本年度指導課

# 指導目標設定の資料

指　導　課

左記の事項は教育学関係の学術書にあるような原理論的な問題を系統的に取りあげたのでなく、現在の学校経営（その他の運営）の実態の中に見出される問題のうち、比較的重要なものであり、又反省の結論としてしぼられた問題を綱目的に取りあげたのである。尚、これらの問題は指導主事の目に映つた事柄をまとめたものであるので、実際指導の場合は各学校、各地区の実情に即して行うのは論ずるまでもないが、この資料もおりなして活用していただくように切望します。

一、一般経営の立場から

1、実体に即する具体的目標の設定

(1) 校長の経営方針を各教員へ滲透させていただきたい

(2) あらゆる教育運営は、細密な企画と合理的な組織をもち常時努力してその成果につい

て反省と評價をして欲しい。

(3) 本質的究明の上に立つ自主的経営への反省をしていただきたい。

(4) 教育法規並びに教育事務について具体的合理的処理

2、地域を一環とする教育計画並びに実踐上の組織化と、その緊密な連繋の上に立つ運営

(1) 初、中校の縦横の連繋（でき得れば高校まで）

(2) 初、中、高の研究團体の活動の促進

(3) 人物的資源の最大限の活用

(4) 安全教育の強化

(5) 特別児童の積極的指導

(6) P、T、Aの活動促進

(7) 悪條件解決への積極的意欲の助長

3、生活指導の立場から

(1) よりよき社会人としての基礎的訓練

躾や礼法の指導

新しい道徳建設の努力

4、教育行事の検討（簡素化、合理化）

5、ほう賞の方法及び内容の検討

6、特別教育活動の育成

7、重点的施設の拡充と教育資料の蒐集及びその活用

特に実踐記録やデーターの蒐集と活用

8、情操教育への関心とその強化

9、教育評價の具体化、客觀化（個人、学級学校）

10、不就学、常欠児への防止対策とその処理

二、学級経営の立場から

1、学級王國的立場から学年、学校的立場への止揚

2、教科中心主義立場から生活中心指導への轉換

右のような教育運営の目的を達成するためには、児童生徒のうちにひめられた能力を十分のばし、又その欲求をかなえてやるように細かい心遣いが行きとどいており、常時一人一人への関心と指導と評價がおりなして営まれることが望しい。

三、教科経営の立場から

1、カリキュラムの構成と活用

進歩的カリキュラムへの関心

2、学習の実踐記録の蓄積とその活用

3、学習又は指導の具体的目標の設定と継続的指導

4、教育の方法形態についての技術的研究

5、学習評價についての研究

6、特定教科を重視するとか、亦特別施設をなす場合は、高い廣い視野から十分検討して、全経営の中に盲点を残さないように留意してほしい。

四、教師修養の立場から

1、自己の修養研鑽に絶えず精進努力してほしい

2、職員文庫の充実を圖りたい

3、学校生活に於ては、けじめのある態度をとっていただきたい

4、言葉遣いについての関心と、その修練醇化に努力してほしい

5、教育雑誌の購読と輪読会及び研修会の活潑な運営

6、自主性の昂揚と建設的意見の発表意欲を培い、更にその実踐力を養いたい

7、随時随所にふさわしいエチケットを持ち、美しいたしなみと高い教養をやしないたい

五、P、T、Aの立場から

1、P、T、Aについての啓蒙

2、P、T、Aの組織についての指導

3、P、T、Aの活動の促進

# 教育の現況とその反省

琉球政府が本格的に発足し、それと共に各群島政府の指導課も全琉的に発展綜合せられ、ようやくその陣容も整つた。

もともと指導課の創設は、社会のとりわけ教育界の要請によつて、生れいずべくして生れただけに、逞しい門出をして、その活動と運営に期待をかけられつつ一年有余をけみしたのである。

私たちは、指導主事の機能を十分発揮し、そして教育界の要望に答えるために、一つには日本の制度を参考にし、更に、過去一箇年有余の足跡を省み、その活動と対象の実態を検討して、その中に問題のありかを見出すために、数日にわたつて意見をかわし本年度及び將來への指導助言のデータをあつめたのである。

懇談の内容は指導課自体による自己批判と、その対象と、尙その相関々係に立つ運営指導の面について、話がすすめられたのであるが、それを要約してみると次の通りである。

一、指導主事の活動及び運営はどうであつたか。

1、方針及び目標としては

(1) 指導課の発足当初であつたので、主事制度の理解と関心を高めることに努めた

(2) 現場は勿論、一般社会の教育的雰囲氣を醸成して、運営を容易ならしめるように努めた。

(3) 指導の單位を学校においてそれに即した指導助言を第一義にしたが、他の方法もおりなして進めた。

2、實際をかえりみて

(1) 一度でも指導訪門を受けた学校は、二回三回と数を重ねて指導を求めて來たが、かつて一度も要望しなかつた学校は、最後までその要望が少なかつた。

(2) 一般的には各学校からの要求をみたし得なかつた。それは各学校からの要求が幾何学級数的にふえたこと、今一つは一日一校指導するとしても沖縄本島の場合は二五〇日余りもかかるからである。

(3) 指導助言の内容は、一般に抽象的な事柄が多かつたが、新教育の過渡期の方法としては、止むを得ないものがあつた、本年度は主として具体的な実際問題について研究したい。

(4) ある学校を訪問する場合、最寄りの学校の先生方が期せずして參加を申しこんだことから推断すると、各先生方が絶えず機会をとらえて研鑚したい意欲が伺われる。

(5) 担当教科の指導に傾きすぎて、新教育の底に流れているものの探究に暇をかすことができなかつた。

(6) 担当教科は勿論であるが、それ以外の教科に対する見方や考え方や、又新教育の拠つて立つ根源になるものの本質的研究を今一層深くほり下げていきたい。

(7) スクールケイスワークの技術については、もつと研究していきたい。

二、効果的方法としては

(1) 学校側としては、常に研究のテーマになる素材を持つていてその上に指導助言を受けることがのぞましい。

② 教科に限らず教育問題については、その細大の如何にかかわらず卒直に話していただきたい

(3) 各自自主的なものは勿論持つていなければならないが、謙虚な心を持つて他人のよさを絶えず受け入れて、自己の伸展をもたらすように努めたい。

(4) 各指導主事の研究テーマは、勿論異つてよいわけであるが、時に共通の問題をあらゆる角度から検討する機会を、今までよりももつと多くもちたい。

(5) 通信や文書やラジオ等による指導も強化したい。

二、学校側に立つてどうであつたか

1、学校側の狀況は、

(1) 新教育に対する見方考え方は、ある程度まとまりがついたようである。

(2) 指導主事制に対する理解はできたようであるが、その活用に於ては、学校及び地区によつて相当の差異がある。

(3) 学校は学校なりの研究テーマを持つていて、各教員がそれを十分熟知して、同一焦点に向つて各人の持つているあらゆる力を結集して行く組織と情熱がほしい。

(4) 行事に対しては、教育的な計画性がほしい。

2、先生方の狀況は

(1) あらゆる教育活動は、もつと地道に進んでほしい。

(2) 正しい筆順で、文字を正しく書き、正しくよむように努力していただきたい。

(3) 板書を今一層正しく美しくかくように修練してほしい。

(4) 教育書は勿論、新聞、雑誌をよむようにしてほしい。

(5) 教育事務の処理にうといようである。

(6) あらゆる教育運営は、明確な目的と企画と組織をもち、継続的に、努力してもらいたい。

(7) 関係法規や公文書について関心を持ち、全教員にその内容が徹底してわかるようにしていただきたい。

(8) 児童生徒の生活を教育眼をもつて絶えず凝視して、暖いそして細かい心遣いで指導していただきたい。

(9) 学習上の基礎的問題を重視して、その解決に努力してほしい

(10) 女教員の持つている天賦のよさを十分発揮してもらいたい。

(11) 校長や教頭は、教員に対して積極的に常時指導の手をのべてほしい。

(12) その学校に於て特に強調されるような問題については、生徒児童の行動環境の実態とにらみあわせつつ、積極的に研究してほしい。

三、地域の教育に対する熱意は、

(1) 地域的に相当の差異がある。

(2) 今後の学校経営は、とりわけP・T・Aの力に負う所が大きいが、現況としては、学校が主軸となつて燃えあがらさなければならない。

(3) そのためには、学級を中心としたP・T・Aの前進が必要である。然しその基礎工作としては、個々の父兄の理解と協力から出発し、更に学級から学年にそして学校に進展させて行くような漸進的な而も継続的な指導がほしい。

(4) 環境の力が、児童生徒の学力にどれほどプラスとなるかは論ずるまでもないが、一九五〇年第二回目から三回目にかけてのテスト(沖縄本島)の結果は、僻陬の地であつても、学力の向上に先生の努力と協力が如何に大きいかが判明した。

(5) 家庭訪問とか、父兄等、地域や父兄母姉を対象とする教育行事については教育的に計画的に実施するように留意してほしい

---

## 一校一研究、一人一研究 一人一製作等の奨励について

一、目標　教育界全般を通じて六千教育者の教育研究機運を作興し新教育の線に沿う教育実践の基盤を醸成し以て相共に全琉の教育進展に資し度い。

二、組織　一校単位。職員グループ単位、個人別、数校の協同、同好会等如何なる単位でもよいと思います。

三、研究題目はぼう大な計画でなくても毎日の教育実践の中からでも平凡と思われるものでも紙一枚の研究結果でも調査でも貴重で敬意を表したいものであります。

四、一校一研究、一人一研究、一人一製作(教具類)一人一調査等は例示にすぎません。

五、小さい結果でも紙一枚でも結構ですから研究調査課宛御送附下さいますようお願いします。

六、地区教育会、各校P・T・Aから幾何かの豫算でも御恵與下さいまして御奨励いただけばしあわせに存じます。

## 図書紹介

### 小学校各教科の学習指導法

木宮乾峰
五十嵐清止 共編

学習指導法についての著作は、相当数多く出されている。しかし、多くは、一般論であつたり、特殊な教科に限られている。すべての教科にわたつて、指導法を一冊の本にまとめたものとしては、類書が殆んどないといつてよいであろう。小学校の教師は、一人ですべての教科の指導に当るのがたて前なのだから、こうした書物は、教師にとつては便利であろう。

この本は、第五回、第六回のアイフエル（教育指導者講習会）のうち、小学校「教育課程及び指導法」の班に参加された人々が、アイフエル期間中の研究やその後の研究を基にして執筆されたものを木宮氏と五十嵐氏とが編集したものである。第一部はカリキユラム関係のことが書かれ、全体の三分の一を占め、第二部は各教科の指導法が書かれ、全体の三分の二を占めている。アメリカの教育学者や日本の教育学者がアイフエル期間中に指導に当つた関係からでもあろうが、論旨は概ね正しいといえる。しかしある部分については、もうひといきつつこんで書いてもらいたいと思われるところもある。頁数の関係から、この希望は無理なのかも知れない。（四二二頁、定價三〇〇円、東京都千代田区神田淡路町二ノ一三東洋館出版社）

（初等教育課）

## 編集後記

△かねて懸案の文教時報がやつと発刊の運びに到りました。この册誌が第一線の先生方並教育関係の方々にとつていくらかでも益することが出來れば幸と存じます。

△研究調査課で研究調査した事、文教局各課で先生方に提供したい事、更に各学校、各先生方が研究なさつている事もひろくお知らせするのが本誌の使命であります。

△第一號は局の機構、各課各人の職務分掌、中央委員会の記事等で研究物が少い感がいたしますが、次號からは研究物並に各種資料の掲載に力をそゝぎ度いと思います。

△現場の先生方の生々しい体験記録、研究物等を大いに期待しています、どし〳〵投稿して下さい。（文教局研究調査課宛）

△微力ながら諸先生方と共にこの誌を育てゝいつて、琉球教育推進のために資したいと思います。御協力御援助をお願いしてやみません。


一九五二年六月二十日印刷
一九五二年六月三十日発行

発行所 琉球政府文教局
研究調査課
（非賣品）

印刷所 合資会社 ひかり印刷所
那覇市三区十二組

# 最近発行の初等教育関係文部省刊行物一覧

| 書名 | 発行年月日 | 型・ページ数 | 定価（邦價） | 発行所 | 発行所の所在地 |
|---|---|---|---|---|---|
| 学習指導要領　一般編 | 二六、七、一〇 | A五、一〇七 | 三四、〇〇 | 明治図書出版株式会社 | 東京都中央区入船町三の三 |
| 小学校学習指導要領　社会科編 | 二六、七、一〇 | A五、五四 | 一六、五〇 | 日本書籍株式会社 | 東京都文京区久堅町一〇八 |
| 小学校学習指導要領　國語科編 | 二六、一二、二〇 | A五、三九一 | 九三、〇〇 | 中央書籍株式会社 | 東京都目黒区上目黒三の一九〇八 |
| 小学校学習指導要領　算数科編 | 二六、一二、五 | A五、三三四 | 七二、〇〇 | 大日本図書株式会社 | 東京都中央区銀座一の五 |
| 小学校学習指導要領　理科科 | 二七、二、二〇 | A五、四六二 | 九〇、〇〇 | 大日本図書株式会社 | 東京都中央区銀座一の五 |
| 小学校学習指導要領　音樂科編 | 二六、一二、一 | A五、一七六 | 四〇、〇〇 | 教育出版株式会社 | 東京都千代田区神田神保町二の一〇 |
| 小学校学習指導要領　図画工作科編 | 二六、一二、一〇 | A五、八一 | 三一、〇〇 | 中央書籍株式会社 | 東京都目黒区上目黒三の一九〇八 |
| 小学校学習指導要領　体育科編 | 二四、九、一三 | A五、一三三 | 二五、八〇 | 大日本図書株式会社 | 東京都中央区銀座一の五 |
| 小学校における家庭生活指導の手びき | 二六、一一、二〇 | A五、一八四 | 一〇〇、〇〇 | 明治圖書出版株式会社 | 東京都中央区入船町三の三 |
| 初等教育の原理 | 二六、六、二五 | A五、三一八 | 一五〇、〇〇 | 東洋館出版社 | 東京都千代田区神田淡路町二の一三 |
| 小学校における学習の指導と評價（上） | 二五、一一、一〇 | A五、一九二 | 三〇、六〇 | 明治図書出版株式会社 | 東京都中央区入船町三の三 |
| 小学校社会科学習指導法 | 二五、四、三 | A五、一五三 | 一八、六〇 | 中教出版株式会社 | 東京都千代田区西神田二の一〇 |
| 教育用音樂用語　樂典編 | 二五、一二、二〇 | A五、六〇 | 一五、五〇 | 東洋館出版社 | 東京都千代田区神田淡路町二の一三 |
| 教育用音樂用語　第二編 | 二七、二、二五 | A五、七〇 | 三三、〇〇 | 東洋館出版社 | 東京都千代田区神田淡路町二の一三 |
| 視聴覚教材利用の手びき | 二七、二、二五 | B二〇取七一 | 二六〇、〇〇 | 教育弘報社 | 東京都文京区駒込浅嘉町七〇 |
| 小学校教師のために | 二六、一一、一五 | A五、一九九 | 一七〇、〇〇 | 光風書房 | 名古屋市昭和区白金町二の八 |
| 小さな学校の経営の手びき | 二六、七、一五 | A五、一五五 | 一三〇、〇〇 | 東洋館出版社 | 東京都千代田区神田淡路町二の一三 |
| 小学校保健計画実施要領 | 二六、二、二六 | A五、一三四 | 四〇、〇〇 | 中央書籍株式会社 | 東京都目黒区上目黒三の一九〇八 |

# 文教時報

2

## 第二號

文教局
研究調査課

# 目次

# 子供は大切されているか

那覇地区教育長　眞栄田義見

新教育は個性尊重の教育であるとは唯でも口にするし又ほんとうにそうなのである。

しかし実際の学校の生活では子供がめいめい尊重されているかと考えるとどうも尊重されないことが多いらしい。

新教育という意識で物を考えたら誰でも氣づく非教育的な学習と組織の力に引きずられてその間違いが機械的に反省もなしに繰り返えされる事が多いようである。

先日某校の話を聞いた。PTA総会で一番学校にして欲しい事の世論調査をしたら何はおいても健康教育、身体を作つてくれという事だつたらしい。

これはどの学校の父兄でも同じ氣持ではないかと思うが学校側は生徒の健康教育にどれだけの施設をしているかこれこそ大事な人の子を尋重する第一歩であろうが学校側はそのためにどれだけの関心と注意が拂われているか。

そこでその学校では長い間の習慣を反省して、

学校では毎年のPTA豫算から一万円以上の金が選手のために支出されているが『もう今後選手を競技に出すことを止めます。そしてその金で運動器具を購入し体育施設を十分にして全生徒の体位向上に努力します』とはつきり強い決意をしたということである。

慣習に従うことは無難で波らんを起しません。

野球、排籠球、陸上競技のシーズンが來たら選手のために沢山の時間とお金の無駄が使われる。選手のためには無駄ではないが、爾余の何千の生徒のためには無駄という言葉が使われても云い過ぎではない。

勝つたら勝つたで祝賀会、負けたら残念会、選手指導への課外指導手当等々の失費が嵩むし、之が年中行事の習慣として誰もがあやしまないのです。この習慣を無反省にくり返しているのが教育界の大方です。

学校は丈夫な子を育てる所である兒童の誰でもがすべり台にすべり、鉄棒にぶら下がり、ボールを投げる機会が與えられねばならない。選手はその生徒の中から自然に発生して來るだろうし、それが強い選手になれるのである。

次にその学校の世論調査に於いて父兄の要求する第二番の要求は読み、書き、計算、の基礎的学力が欲しいという事であつたらしい。

世の父兄は誰でも自分の子供が社会生活の出來る最低の読み、書きが出來る事はどんな職業の人でも欲する筈である。住民の税により住民自身の幸福と進歩のために建てられた学校の門を出た兒童は当然その能力相應に読み、書き、計算の一通りが出來るようにならねばならない。

けれども教壇には矢張り習慣の安易さに引きずられて無反省の月々が繰り返される場合が多いようである

教室内の学習活動が常に限られた生徒だけ活動している。半分位の生徒が活動し半分位の生徒が理解したら仕方のない事だとして満足する。この後の半分の生徒は捨てられる。この半分は卒業しても新聞も読めないような狀態でふり捨てられるというのが今までの教室の学習の狀態であつた。

然し之は個性尊重の新教育の理念からは健康な子供を作ると同じような反省が為されねばならない。

折角教育基本法にはどんな人でもその人の能力に應じた教育の機会が與えられねばならないと規定されているのに半数の子供が教育活動に参加しない、相手とされないお客様として無視される教育は民主々義の理念に立つ新教育の精神から深く反省されねばならない。

学校は子供達全部のためにある。一部の子供のためにあるのではないしかるに毎日の学校生活は一部の生徒の学習満足のためにあるような事を平氣でやつているというよりか習慣の惰性でやつている。考えてみるとこれは恐しい事である。一部の生徒が満足するという事は一部生徒は不満足の狀態にあるという事である一部生徒は絶えず成功感、満足感、成就感を味わつて一部生徒は絶えず劣等感、卑屈感を味わつているのです。此の卑屈と劣等感の生活が六年乃至九年續いて学窓から社会に入る子供達はどんな社会生活をするか、自らを卑下し自らを劣等視して自信を持ち得ず社会生活に失敗するばかりか、しまいには反社会的行動、非社会的行動をやり出して社会の不幸の成因となる事があるのである。

子供は誰でも大切にされねばならない。子供を大切にするためにはどんな子供にも、そしてどの時間にもその子供の能力相應の成功感、満足感を與えられねばならない。

しかし習慣に支配されている今の教壇には子供を大切にするために考える事をせず習慣に圧倒される事が多いようである。

そこで我々の偉大なる学年制、学級編成の方法はこれこそ新教育の理念から考えて絶対的なものかどうか考えねばならない。

只暦年令が同じというだけで同じ教室に收容して一律の教え方をしていゝものかどうか、此の機械的な暦年令中心の編成が兒童の個性尊重を無視することになるなら、いろんな困難な條件があるだろうがそれにうち克つて新しい子供を大切にする編成方針を考え出さねばならない。

新教育の精神は教育の大衆化である。一二割の秀才のために残余のものが犧牲にならねばならない英雄主義の特權階級を作る教育とは袂別せねばならない。

私の聞いた話では舊藩時代の教育が今より個性が尊重されていたらしい。

先ず三字経や小学の素読を命じられる、素読ができて始めて講談の先生から講談を聞いたのである。暦年令による区別は全くなくその能力と個性による進級があつたらしい。

私の訪問した学校から推して大抵の学校ではその相当学年の読み、書き、計算ができない子供がその級の五〇%に達すると思われる。此の基礎学力が無い者の上にきずかれる高次学年の課程は全く進級する事の悲劇以外の何者でもない。

父兄は待望する。読み書きの出來る子を作つてくれと。

読み書きのできない子に社会生活の理解や問題解決の能力というものは無論十全には與えられない。

生活化もいゝ、然しごつこ遊びやまゝごと遊び程度の生活化に対して大きな反省がなされねばならない。生活化の前の大きな学習過程であるドリル学習を忘れてはならない。

知的な練習、練磨、鍛錬が必要である事を忘れてはならない。

二三の学校で始業前の写本の時間を見た事がある。あの精神を一つにこめて毎日字を書いたら有形無形の大きな収獲があるだろうと思わされた。

二

私は子供の尊重されない教育の尻を偉大なる学年編成という制度と習慣に持つて來たようであるがカリキュラムについても我々は考えねばならない。

カリキュラムは新教育の背骨である。

古い教育の押しつけられた課程、唯國家の要求を中心とした押しつけられた課程に比べて吾々のカリキュラムはどんなにすぐれた考え方で構成されていることか。

地域社会の幸福と発展の為に地域社会の経済、産業、文化、政治等のあらゆる要求が取り入れられている。そしてその上兒童の発達や心理に應じて配列される。教師や生徒兒童が参加して作つた案に兒童生徒に遊離しない生活に根をおろしたカリキュラムではあるが、しかし出來上つたカリキュラムを五十名の生徒に單一に與える事を考えた時ゾットする。

此のカリキュラムがしつくりと当てはまる生徒が何人居るか、大多数の生徒はその知能、その心理に全く合わない所の往年の文部省製の劃一的な課程を与えられたのど全く同じ狀態になるのである。と考えたら子供を大切にする考え方からはもつと考えてくれと云わざるを得ないのである。

カリキユラムは校長の経営の大本ではあるが之は学校中心の大まかなものに過ぎない。

これに対して個々の生徒を中心にした所の計画がなければならない。

個々の生徒の個性能力を伸ばすための計画に依つて單一なカリキユラムの持つ所の欠点を救わねばならない。こゝにおいて十全なガイダンス計画に依つてどんな生徒でも救い上げる方法が無ければならない。

ガイダンスの精神はどんな生徒にも無限の愛情を差し伸べる精神である。

どんな生徒にも偉いところがあるんだとその偉さを発見する精神である。

低脳兒にも遅進兒のためにも泣いてやる精神である。

教室でいじけさせられている生徒を見た時にガイダンスの精神は奮然と抗議する事の出來る精神である。

カリキユラムだけでは學校は経営できない。

兒童本位の計画であるガイダンスを先生方の情熱によつて育て上げて下さい。

そして学校でも教室でもみんなの子供が大切にされねばなりませんし大切にしましよう。

そして終りに中央公論七月號の『中学生』という創作をお讀みする事をおすゝめします。

そこに出て來る偉大なる低脳兒長太郎のめに泣き、そして学校を改めて考えましよう。

# 職業指導のために どんな経営組織がほしいか

職業教育課　主事　大庭正一

## 一、職業指導には協力組織が必要である

中学校高等学校の学校評價の基準と手引によると、生徒指導についてつぎのような問が散見できる。

○生徒指導のための組織があるか

(1)生徒指導専門教師、生徒指導係或は生徒指導委員会がおかれてある。

(2)ホームルーム教師の生徒指導上の任務がはつきりときめられている。

(3)一般教師の任務がはつきりときめられている。

(4)校医その他の職員の任務がはつきりときめられている。

(5)PTAに指導員会が作られて指導係教師とよく連絡している。

○各部面の連絡がよく考えられた組織であるか

(1)指導係教師はホームルーム教師クラブ顧問教師などと常によく連絡している。

(2)指導係教師は生徒委員会の指導にあたつている。

(3)指導係教師は生徒会活動の企画に寄與している。

○進路計画を適切に行うための考慮が拂われているか。

(1)職業指導主任、進学指導主任が定められている。

(2)公共職業安定所その他の連絡方法が定められている。

(3)職業指導、進学指導に関してはホームルーム教師の任務が定められている。

職業指導は関連する部面が非常に廣範囲にわたるものであるから、ひとりの人の力ではどうにも効果が期待できない。多くの人の協力の組織の力で運営されなければならない。この協力組織がうまくできて、その運営のよろしきを得るかどうかが職業指導が効果的に行なえるかどうかの鍵であるとみてもさしつかえない。次に示すものは中学校の職業指導の構想である。

# 職業指導の構想

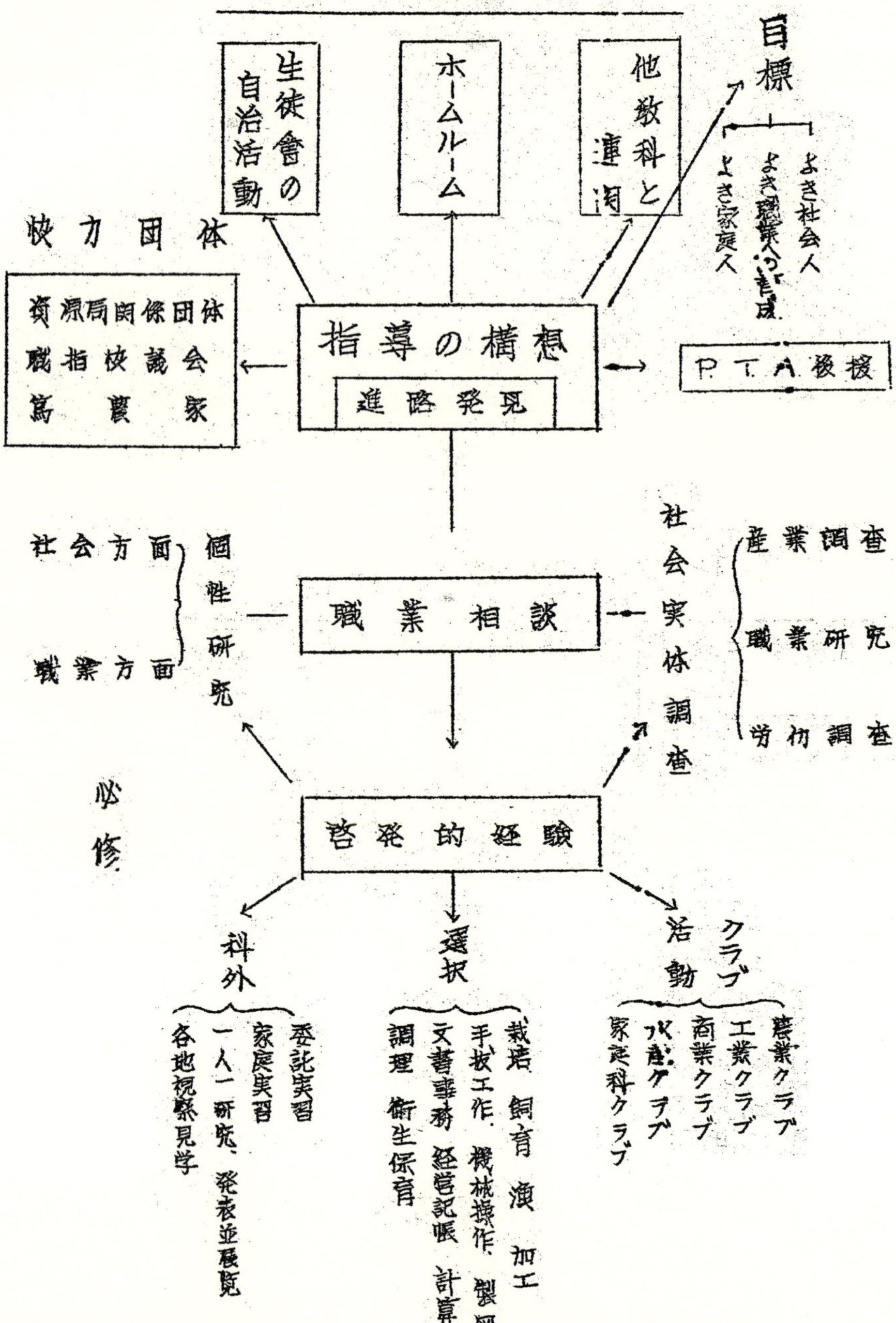
生徒會の自治活動
ホームルーム
他教科と連関
目標
よき社会人
よき職業人の育成
よき家庭人
協力団体
資源局関係団体
職指協議会
篤農家
指導の構想
進路発見
P.T.A.後援
個性研究
社会方面
職業方面
職業相談
社会実体調査
産業調査
職業研究
労働調査
必修
啓発的経験
科外
委託実習
家庭実習
一人一研究、発表並展覧
各地視察見学
選択
栽培 飼育 漁 加工
手技工作、機械操作、製図
文書事務 経営記帳 計算
調理 衛生保育
クラブ活動
農業クラブ
工業クラブ
商業クラブ
水産クラブ
家庭科クラブ

## 学校内の指導組織

| 校長 | | | | | |
|---|---|---|---|---|---|
| 職業指導主任 | | | | | |
| 部 | 職業研究部 | 生徒調査部 | 職業関係教科教育部 | 相談部 | 補導部 |
| 部員 | 数名 | 〃 | 〃 | 〃 | 〃 |
| 任務 | 郷土の職業調査統計<br>各種産業の分布状況、環境調査<br>將來の職業の動向 | 生徒の各種個性調査ならびに統計 | 指導内容、方法、研究、施設、指導資料 | 進学、就職相談、斡旋、資料収集、就職進学準備書類作製 | 卒業後の文書や訪問による指導、累年動向表作成 |

## 学校外との連絡運営の組織 第1例

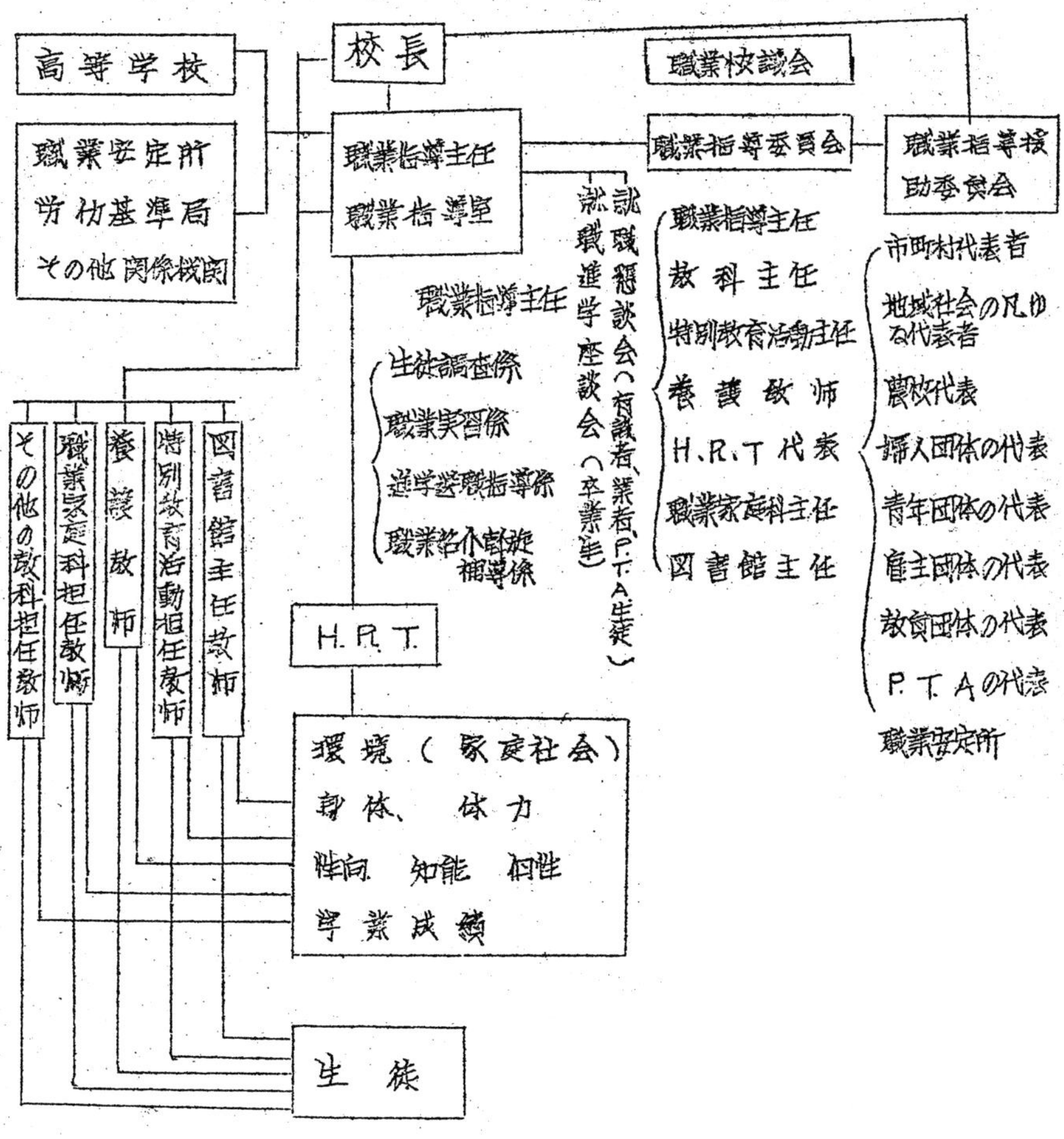

# 学校外との連絡運営の組織　第二例

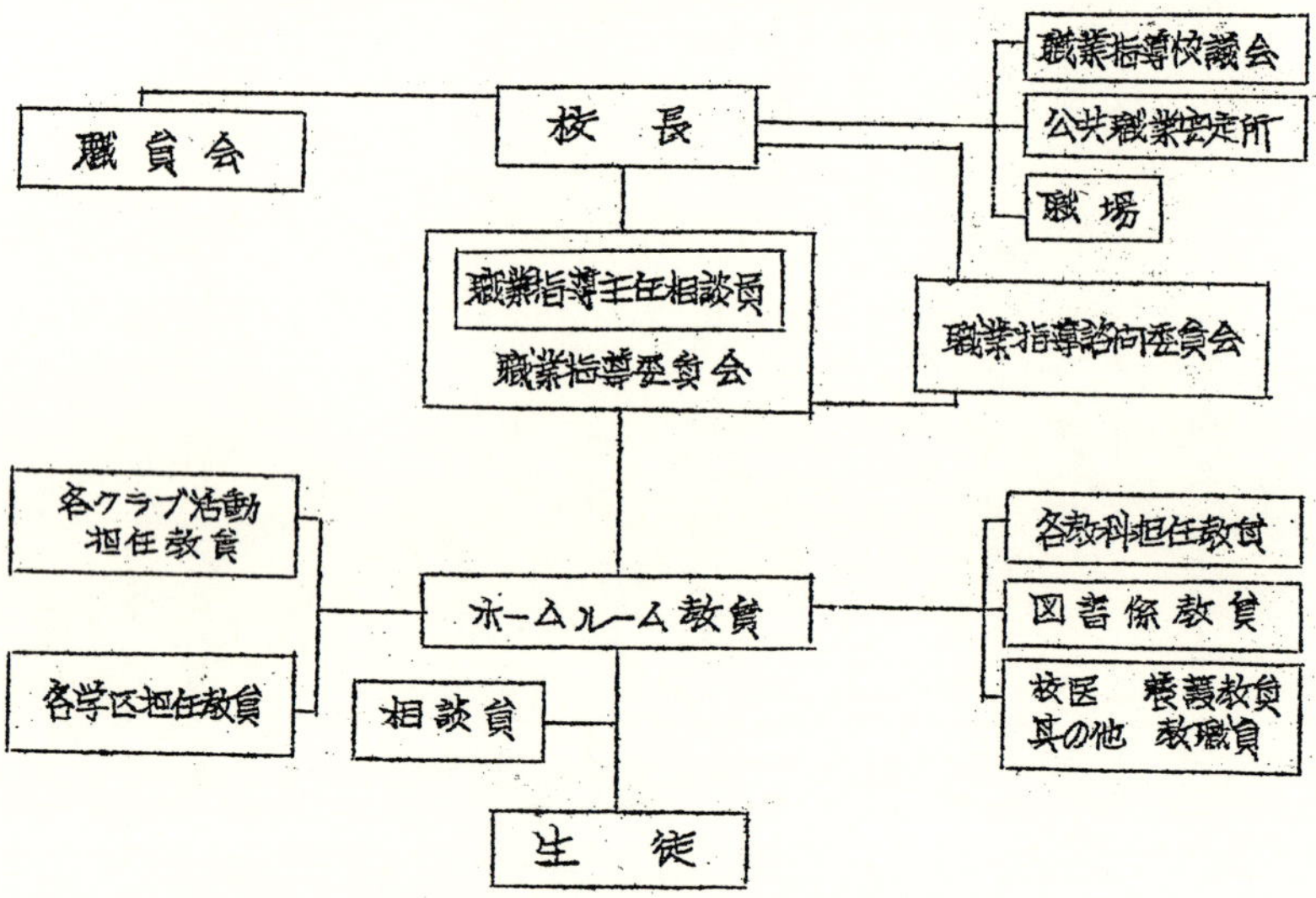


職業指導委員会はつぎの事業を援助する。

(1)生徒の適性ならびに社会の要求にもとずく職業指導に関すること

(2)実習場の経営斡旋に関すること

(3)職業関係教科の教育課程、職業指導の手引の編纂に関すること

(4)職業指導運動の普及及び発達助成に関することなどである

委員会の構成員の例をあげると次のとおりである。

| 職域 | | 委員数 | 委員長 | 副委員長 | 幹事 |
|---|---|---|---|---|---|
| 産業界代表 | 農業 | 1 | | | |
| | 工業 | 4 | 1 | | |
| | 水産業 | 1 | | | |
| | 商業 | 1 | | 1 | |
| | 家庭 | 1 | | | |
| 職業指導担当者 | 指導主事 | 3 | | 1 | 2 |
| | 校長、教員 | 5 | | | 3 |
| | 職業安定所 | 2 | | | 2 |
| | P. T. A. | 1 | | | |
| | その他の職業指導者 | 1 | | | |
| 有識者専門 | 大学教授 | 1 | | | |
| | その他 | 1 | | | |
| | 計 | 22 | 1 | 2 | 7 |

こうした委員会は産業教育振興法に示されている「地方産業教育審議会」の母体となるなり、或はこれと密接な関連をもつて運営されることがきわめてのぞましいことであると思う。

二、職業指導には実施計画がなければならない

…次の機会に…

# 知能検査の結果とその利用について

研究調査課

昨年七月十六日沖縄群島全初等学校四学年に実施した知能検査の結果については新聞紙上を通じて、その概略については報告しておきましたが、一層くわしい結果を知る事はその結果の利用と相俟つて大事な事だと思う。又大島、宮古、八重山の各群島でも今後検査を実施する場合その結果を沖縄群島のそれと比較することは有意義だと思うので今回文教時報を通じて発表することにした。

新しい資料を得ることも大事なことであるが、既存の資料を生かすこともより大切なことだと思われるので、すでに時効を過ぎた感がないでもないが今一度整理棚の中から答案用紙を引き出して個々の児童の教育の上に役立てられんことを希望致します。

実施報告

一、新制田中B式知能検査の構成

| 下位検査 | 名称 | 能力 | 検査時間 |
|---|---|---|---|
| 検査1 | 迷路 | 全体を見透す力 | 二分三〇秒 |
| 〃2 | 立方体の分析 | あたえられた材料を組立て、完成した体制を構成する能力 | 二分 |
| 〃3 | 幾何学的圖形構成 | 問題解決の手段の選択、工夫の能力 | 二分三〇秒 |
| 〃4 | 置換 | 選択反應の能力、学習能力 | 三分 |
| 〃5 | 異同辯別 | 視覺体制の確立、記憶、注意力 | 二分 |
| 〃6 | 数系列完成 | 関係の認識、法則の発見などの推理力 | 三分 |
| 〃7 | 図形抹消 | 辯別力、反應の速さ | 二分 |

二、検査当日の一般的條件

1 時期　七月十六日

2 時刻　午前九時三〇分より十一時までの間

3 天氣　晴

4 氣温　攝氏二八度（那覇）

三、検査の結果

1 測定人員　一〇、九九五人

2 知能偏差値頻数分配表と分布図

| 級　間 | 中央値 | 頻　数 | % |
|---|---|---|---|
| | | 人 | |
| 0—4 | 2.5 | 16 | 0.1 |
| 5—9 | 7.5 | 27 | 0.2 |
| 10—14 | 12.5 | 61 | 0.6 |
| 15—19 | 17.5 | 229 | 2.1 |
| 20—24 | 22.5 | 464 | 4.2 |
| 25—29 | 27.5 | 854 | 7.8 |
| 30—34 | 32.5 | 1207 | 11.0 |
| 35—39 | 37.5 | 1802 | 16.4 |
| 40—44 | 42.5 | 1964 | 17.9 |
| 45—49 | 47.5 | 1880 | 17.1 |
| 50—54 | 52.5 | 1295 | 11.8 |
| 55—59 | 57.5 | 662 | 6.0 |
| 60—64 | 62.5 | 335 | 3.0 |
| 65—69 | 67 5 | 127 | 1.2 |
| 70—74 | 72.5 | 47 | 0.4 |
| 75—79 | 77.5 | 14 | 0.1 |
| 80—84 | 82.5 | 6 | 0.1 |
| 85—89 | 87.5 | 4 | 0 |
| 90—94 | 92.5 | 1 | 0 |
| 総　数 | — | 10995 | — |
| 平　均 | 41.7 | — | — |

（出現頻数(%)… 何人現われたかを百分率で示したもの）

右の図によって測定人員一〇九九五人の知能成績の分布状況は平均点一、七を中心に左右同一の傾斜を示し大体において正常分配曲線を描いているということができる

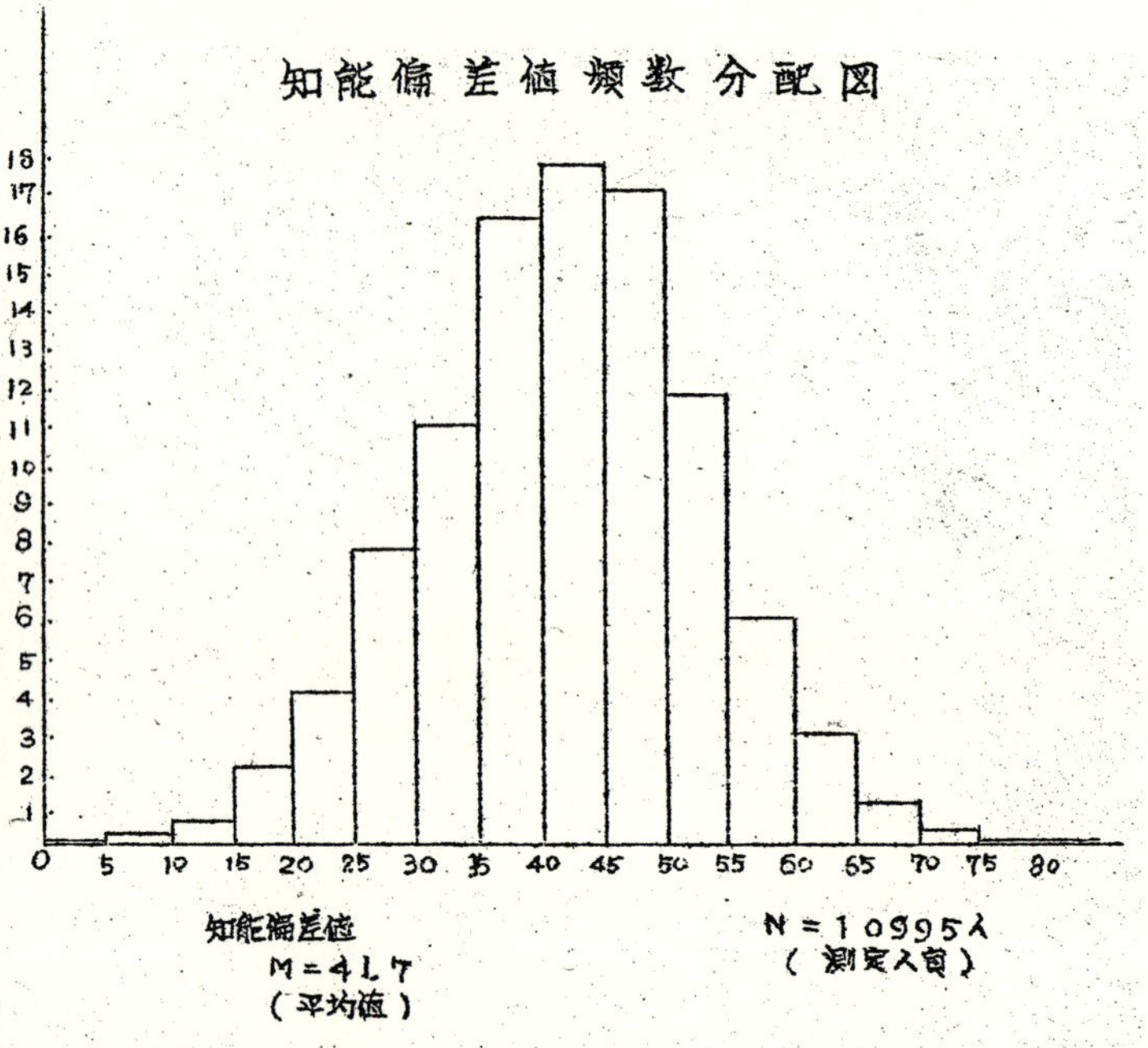


更に知能は男女の間にどのような差異が見られるか那覇地区を見本に取って見ることにしたい。

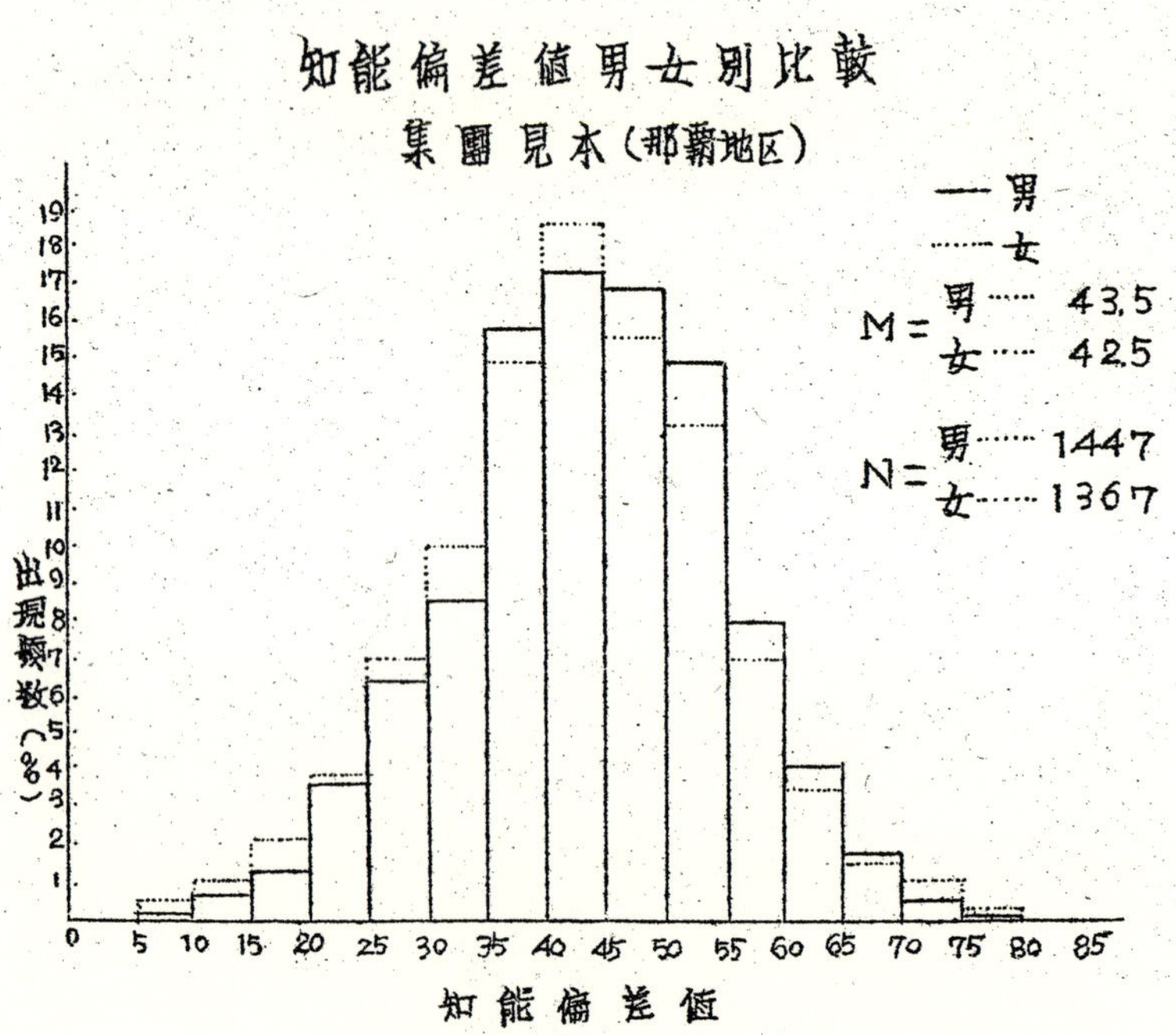

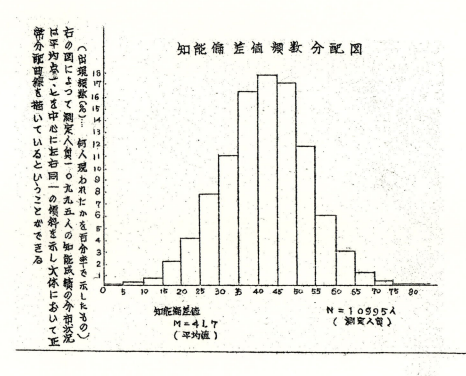

一般に知能には男女の差は認められないと云われているが、此の程度の差は、日本で実施された結果においても現われている。

| 知能偏差値 | 知能段階 | %沖縄 | %理論上 | 評價段階 | |
|---|---|---|---|---|---|
| 75以上 | 最　優(最上知) | 0.2 | 1 | 秀 | +2 |
| 65—74 | 優　(上　知) | 1.8 | 6 | | |
| 55—64 | 中の上(平均知上) | 9 | 24 | 優 | +1 |
| 45—54 | 中　(平均知) | 29 | 38 | 良 | 0 |
| 35—44 | 中の下(平均知下) | 34 | 24 | 可 | −1 |
| 25—34 | 劣　(下　知) | 19 | 6 | 不可 | −2 |
| 24以下 | 最　劣(最下知) | 7 | 1 | | |

### 3 知能偏差値の品等表

次に理論上から考えられた知能偏差値の品等表に当てはめて見ると上の表のようになる。

この場合この表を見る時に注意しなければならないのは、各段階に属する割合はあくまで統計上の理論から割り出されたもので決して全國平均でないということである。これを誤まると、如何にも沖縄の兒童の知能が非常に劣つていると解釋されてしまうのである。

この誤解を防ぐために東京で行われた同じ田中式B式知能検査の成績をあげておきたい。

### 4 東京都小学校兒童知能テスト成績平均値

| | |
|---|---|
| 大田区—43 | 文京区—45 |
| 品川区—45 | 千代田区—49 |
| 目黒区—46 | 中央区—47 |
| 港区—46 | 台東区—46 |
| 澁谷区—45 | 隅田区—44 |
| 杉並区—47 | 足立区—43 |
| 中野区—45 | 葛飾区—41 |
| 練馬区—42 | |
| 板橋区—44 | |
| 北区—45 | |

## 結果の利用

### 一、知能検査の限界について

知能検査の價値については一般に二様の觀方がある。即ち盲信論と不信論である。前者は検査の結果を絶対的なものとして決定づけようとする立場であり、後者は「あんなもので何が分るか。といつた態度をとるもので何れも誤つた考え方である。知能テストを含むすべての標準検査は夫々限界があり、この限界内で利用し活用すべきものである。

知能検査の創始者ビネーは『知能は環境と教育によつて變化させらを得ると考えたがビネー法の最初の英訳の代表者ターマンは知能の決定者として遺傳に重点をおきむしろ知能の恒常説をとつた。このターマンの見解に從えば、知能は純粋に素質的なものと考えられ、決定的なものとならざるを得ない。ところが最近の研究はむしろI.Qの比較的恒常性を認めながらも、その變動の可能性れ承認する方向に向いていると云える知能は素質であると共に環境との関係で行動を通じて獲得されるものとの考えが認められている。この考え方は最初のビネーの考え方に復帰した形であるが、だからといつて決して知能検査の教育的價値を毫も否定するものでない。教育はその対象に何らかの變化を期待するものである限りI.Qが變化するということはむしろ教育の可能性を意義づけるものである。

検査の結果は出発であつて決して成果ではない。検査の結果にもとづいて指導の方針を決定し、個々の兒童生徒の問題点を診断し、治療の方法を考えるところまで押し進めて行つてこそ、その利用價値もあるのである。

知能を決定的なものと見ず、教育環境の力によつて變え得るものであるとしても学業成績よりはもつと恒常であり素質的である。

此の限界をはつきりと認めてかゝる事が知能検査の結果を正しく利用するに当つての先決條件でなければならない。

### 二、結果の利用について

『知能検査は現在どのような目的に用いられているか。』ということに対し、アメリカで行われたハイスクール一八七校の回答の結果は次の通りである。

| | |
|---|---|
| 1組分け | 八二・三% |
| 2個人的忠告 | 七六・四% |
| 3個人の評價 | 五〇・七 |
| 4診　断 | 四六・五 |
| 5個人教授 | 二七・八 |
| 6市内調査 | 一九・七 |
| 7福祉に利用 | 一一・七 |
| 8教育計画樹立 | 一一・七 |
| 9職業指導 | 八・五 |
| 10兒童理解に利用 | 八・五 |

これによつて見ると現行の知能検査の結果がどのように利用されているかゞ分るが、これを教育のために役立てる面から整理してみると、次の五項目にまとめることができる。

1学習指導に役立てる。
2特殊兒童鑑別の資料を得る。
3進路指導の資料を得る。
4学級編成、分團学習の基準を求める。
5教育課程構成の基礎資料を得る

一学級の生徒の能力には各々差があるということは常識でも分ることであるが、知能検査を実施してみると、個々の能力の差の意想外に大きい事に驚かされる。同一学級の中に一年程度の能力から四年程度の能力を持つ兒童を一しよに集めて、同一のカリキユラム、同一の教科書により、同一の方法によつて、一齊教授を行つてそれ程不自然さを感じなかつた我々が検査の結果によつてこの事実を発見した時、果してこれでよいのだろうかと大きな疑問を抱くようになる。そこから現代教育の主張が生れてくる。卽ち個人差に應ずる学習指導であり、それは必然的に学級編成のあり方への要求となり更に進学、選職等の進路指導にまで及んで來るのである。

此のような諸問題の考察の基礎は何と云つても兒童生徒の各個の能力を測定することでなければならない。知能検査は、この要求を満してくれる最も信頼すべき科学的尺度を提供するものである。

学級編成以下の事項については項を改めることにして、先ず從來の年令基準による一学級内において如何にして個々の能力に應ずる指導をするかと云う事からとりあげてみたい

(1)学業成績の判定

從來兒童生徒の学業成績は他と比べる事によつて評價する方法がとられていたが前に述べた通り個人差に應ずる教育が強調される限り單に此のような相対評價だけでは教育的にさして意味がないという事になる。

能力の異つた兒童を同一年令又は同一学年の基準に一齊に到達せしめるということは困難なことである。むしろ個人々々について夫々の持つ能力に対しどれだけの学業成績をあげ得たかを判定し、能力と学業成績との差を求めてそこから個々についてそれぞれの能力限界まで学習の効果を引き上げて行く指導が企図されなければならない。

よく問題になる学業不振兒についても從來漠然と一般に学業成績の悪いものと考えられ、その判定の基準はどちらかと云えば矢張り学年の標準成績点を用いていたのではなかろうか。そしてその標準成績は、單一のカリキユラムや教科書から引き出してきたものではなかつただろうかこの限りにおいては不振兒の指導はその兒童の能力の如何を問わず、学級の標準と考えられるところまで無理にでも引き上げてゆけばよいということになる。然しながら学業不振という言葉を、学習指導上の用語として使用する以上、それは知能に比べて学業の著しく劣つている兒童と解釋するのが正当である。

そこで知能検査が学業成績判定のための有力な資料として重視されてくる。

この知能検査の結果から個々の兒童の学業成績基準を定めるに当つての方法について概説することにするが詳細については『田崎仁著、知能検査の実際』を参照されたい。

A標準学力検査が施行されていない場合

(イ)成績順位と知能順位を比較する方法

此の場合の学業成績順位は全学科の合計点や、平均点をそのまゝ用いないで体育、音樂、図工等の技能的学科を除いた残りの学科によつて決めること。理由はこれらの技能的学科と知能との相関々係は一般にないものとされているからである。

(ロ)教師作製の客観テストを用いる方法

先ず採点の結果から上位のものと下位のものをそれぞれ一〇％づつ除いて、残りの八〇％の者の平均を出し、それをその学年の標準成績点とする。これを基礎に次のような統計的操作を加えて、教育年令を求め更に成就指数を求めるのである。

$$教育年令=\frac{個人の得点}{標準成績点}\times平均年令$$

$$成就指数=\frac{教育年令}{精神年令}\times100$$

例えばある児童が次のような成績を得たとする。

生活年令(C'A) 10才5ヶ月(125月)

精神年令(M'A) 11才8ヶ月(140月)

標準成績点(M)　72點

この学年の平均生活年令 10才2ヶ月(122月)

この児童の教育年令及成就指数は次の通りである。

$$教育年令=\frac{78}{72}\times122=132=11才$$

$$成就指数=\frac{132}{140}\times100-94.3$$

この児童の学業成績は同年令のものと比較した時は相当以上であるが、知能点まではこぎつけていないということが分り、こゝに指導の目安が明らかとなつてくるのである。

尙新制田中B式知能検査の知能偏差値による場合には、同知能検査の手引の一四頁『知能点を精神年令に換算する表』によつて、知能偏差値を一應精神年令に換算すればよい。B標準学力検査が施行されている場合

(イ)成就指数による方法

日本では偏差値が多く用いられているのでこの方法は略することにする。

(ロ)偏差値による方法

これは知能偏差値の場合と同様に次の公式を用いるのである。

$$学力偏差値=\frac{個人の得点-標準得点}{\frac{1}{10}標準偏差}+50$$

この公式によつて学業成績の偏差値が分ればその値から知能偏差値を引いて成就値を現わす事ができる。

成就値＝学力偏差値－知能偏差値

この成就値が個々の児童生徒の学業成績の判定を行うのに用いられている最も科学的なものとされている。

成就値では正負の値で学業成績を判定することができる。即ち差が十の場合は知能以上の学業成績をあげたことになり、一の場合は尙一層成績をあげ得る可能性のあることを示している。尙一々の計算をするとなると、なかなか、やゝつこしいのであるが現行の標準学力検査ではその手引書の中に早見表が附せられているのでこれを利用すると簡單にできるのである。

以上の方法によつて個々の児童生徒の学業成績の判定を行い、その結果知能検査の成績が学力検査の成績より極端に悪い場合は次の事がらが検討されなければならない。

(イ)その児童生徒が知能検査を正直に遂行したか。

(ロ)検査当時の條件に障害となるようなことはなかつたかどうか。

(ハ)知能以外の身体的精神的な異常はないかどうか。

これによつて若し再検査の要があれば、これを行つてしつかり確めること。

次に学力検査成績が知能検査成績よりも悪い場合、特にそのへだたりが大きい場合が学業不振児である。この学業不振児の原因を調べてその対策を講ずるところまで押し進めて行くことが最も大切な事である。

それには個人的、家庭的、社会的或は学習指導上の欠陥等とあらゆる角度からそれぞれの児童生徒について臨床的な事例的研究が望ましい。

(ニ)特殊児童の鑑別の資料を得る。

特殊児童と云つても、身体的、精神的、社会的の三つの面からその範囲は実に廣く、その判定のためには種々の方法によらなければならない視覺障害児、聽覺障害児、肢体不自由児、自体虚弱児、言語障害児、精神薄弱児、社会的不適應児等々、これらの一つ一つに應ずる鑑別のために調査測定が考えられている。こゝでは知能との相関度の高い精神薄弱児の鑑別について述べることにする精神薄弱児の鑑別は実験心理学的には普通、知能指数によつて幾つかの段階に分けているが、その鑑別基準を教育大学講座、特殊教育、二二頁掲載のゝをあげてみることにする。

白痴　知能指数　二五以下 }厚生省特別施設
痴愚　〃　二五―五〇 }
魯鈍　〃　五〇―七五―特別学級
中間児　〃　七五―九〇―特別指導又は特殊学級
学業不振児　知能に比べて成績の著しく悪い者―特別指導

このような基準によつて精神薄弱児を鑑別することは極めて容易なことであるが問題は一應このように段階づけて後にあるようである。従來右のような判定基準による精神薄弱児の鑑別に対しては種々の異議が称えられている。卽ち精神薄弱は單なる知能の欠陥だけを有するものではないこと、精神薄弱自身の特異な精神構造を看過するものであること、及び精神薄弱の精神生活の発達の可能性に対して拠点を與えないこと等々である。精神薄弱が單なる知能だけの問題でないことは專門家の間では常識となつているようであるが、この方法の限界を認識してその適用法を誤らなければ知能検査の結果も信用し得る補助手段であるということができるであろう。

## ㈢進路指導

知能検査の成績を盲信する人は、とかく知能万能主義に陥り、すべてを知能によつて判定し、格づけをしようとしたがるものである。ところが知能と他の学業成績や性格、職業適性、進学適性等との相関度は夫々異るものであり、決して一般知能の水準のみによつてそれらのものが一率に規制され得るものではない。学業成績と知能成績との相関はもつとも高いものとされているが、それとても最も相関度の高い教科で〇・六位で、知能以外の努力、興味、性格等の諸要素の影響もまた決して忘るべきでないことが分る。

知能の低い者に教育を受けさせる事は無理だと考えたり、社会人としても劣等だと考える事は大きな誤りである。牛島教授は、『知能を知つたことによつて教育活動を断念したり、ちゆうちよすることなく、知能検査を出発点として教育指導に奮起して欲しい』と云われている。知能の低い児童がいたらその特殊性能を早く見出し、それを活用するように指導すべきである。

人は顔形が違うようにその素質、性能においても夫々異るものであるから、吾々が生徒の進路について指導する時にも各人の性能に適した方向を選ぶことが大切である。

| 轉業群 | 知能偏差値 | 一般的特徴、及び職業水準 | 教育程度 |
|---|---|---|---|
| A | 75以上 | 創造的統率的努力に適する知能<br>高級專門的職業水準 | 大学に於て優秀なる成績をあげ得る能力 |
| B | 65―74 | 行政的、事業的、指導的努力に適する知能<br>專門的職業水準 | 大学に於て平均的成績をあげ得る能力 |
| C | 55―64 | 小規模の行政的、指導的位置に適する知能<br>抽象的能力を要する高級熟練機械作業をなす優秀なる能力技術的轉業水準 | 高等学校、短期大学を終り得る能力 |
| D | 45―54 | きまりきつた熟練機械作業に適する知能<br>複雑な抽象的能力を要する作業はほとんどできない。<br>熟練職業水準 | 中学校を平均成績で終り得る能力 |
| E | 35―44 | ある種のきまりきつた熟練作業に適する能力<br>半熟練及び低級熟練職業水準 | 中学校を終り得る能力 |
| F | 25―34 | 單純なるきまりきつた作業のみ適する知能<br>監督指導を要すること多大、<br>文書による指示を理解し得ず、不熟練或は最低熟練職業水準 | 小学校を卒業し得る能力 |
| G | 24以下 | はなはだ單純なるきまりきつた作業のみをなし得る能力及びそれ以下、自ら方向決定をなすこと全く不可能最低不熟練職業水準或は適職なし | 小学校三年程度以下特別学級或は特別教育機関 |

各人の適性を検査するには知能検査のみに依るべきでなく、適性、興味、性格、環境等から綜合判断すべきである。然し知能も重要な要素であることはいうまでもない。幸に今日知能や知能検査に対する考え方が變化しつゝある。IQの恒常性は修正されつゝあり、最早知能は知的素質と考えるよりも学習や仕事のための精神能力として更に一層徹底しては適性として考えられるようになつた今日の知能検査はこのような適性を検査しようとする方向をとりつゝある。新制田中B式知能検査の七個の下位検査もこのような意味でそれぞれ適性を発見するために役立てられるのではなかろうか。

知能段階に應じた進路や能力については種々の表が用意されているが勿論これらの資料のみによつて將來の進路が決定さるべきでなく、本人の希望、興味、家庭の経済狀態、社会の要求等によつて考えらるべきであることは論をまたない。参考までに日本教材研究所編『知能検査のしおり』中に掲載された、一般知能による学校職業選択規準表を轉載することにする。（前項の下欄）

㈣学級編成分團学習の基準

★分團学習

学習分團の編成は教科の性格その時の学習の目的、作業内容によつてその編成基準を臨機に變えなければならない。等質組にするか異質組にするかの問題はこのような立場から決定さるべきで、決して固定さるべきでない。故にその編成には知能検査の成績の外に次のような資料が参考とされなければならない。

⑴学業成績
⑵友人関係
⑶身体及び身体機能
⑷家庭環境、地域的関係
⑸趣味、特技、性格

これらの資料の何れをより重視するかは、その時の學習の目的性格によつて違わなければならない。

⑵学級編成

個人差に應ずる学習指導のための学級編成が從來のように暦年令にならないで知能成績による方が科学的であり合理的であるということは肯定されなければならないたゞ実際に手をつけるに当つては尚各面からの検討をしなければならない。特に学級が一つの社会と見なされ、教育が社会生活への適應を目標とする限り学級集團の編成はなるべく一般社会の実際の構成と近似せしめなければならないということになる。社会を構成している人間は決して等質でなく、各種の能力に差のある異質者であつて、かゝる異質者の協同によつて社会生活は、たくみに運営されて行くものである。このような面から、或は他の面、例えば学級編成の基準は知能のみにおかるべきか？、児童生徒の不当な優越感劣等感を如何にするか？、劣等学級の協同学習の困難等々、知能別学級編成に対しては反対する向きもあるようだが、この反対理由についてもなお検討の要がありはしないだろうか、学習の目的と内容とによつては從來の学級編成を解体して特殊編成にすることも考えられてよいのではなかろうか。例えば國語、算数の基礎力養成をねらいとする学習指導に於ける能力別編成の如きである。但しこの場合の能力を測るには知能検査の結果による成績の外にそれぞれの教科の基礎力調査の結果が重視されなければならない。

優越感と劣等感の問題については単なる大人の推測でなしに兒童の実態の調査と兒童心理の究明の上に立つて事実を確める必要があるのではなかろうか。安つぽい父兄や教師の感傷と偏見によつて兒童の実態を見失い、その能力を無視し、温室の空氣になじませ、侮いを將來に残すことになつては、それこそ非民主的ではなかろうかヒューマニズムを基調とする兒童尊重は真に兒童の一人一人の力をそれ相應に伸ばすということでなければならない。

㈤教育課程の構成

教育課程が兒童生徒の身心発達に適合するように構成されなければならないことが強調されてくると知能

と学業の発達の程度を客觀的に示してくれる知能検査や学力検査の結果は教育課程構成上最も信頼すべき資料となるのである。

知能檢査の結果を教育課程構成のために利用しようとする場合に必要な資料は

(1)平均知能年令又は知能点の学年による變化

(2)學校全兒童の知能指数又は知能偏差値の分配

である。

以上知能検査結果の利用について概説したのであるが更に各校で実施された結果をあらゆる面に利用する上のてがゝりを得るために研究問題を最後に附記して御參考に供したいと思います。

研究問題

1担任学級（学年）兒童の知能檢査の結果の平均と標準成績とを比較せよ。

2男子と女子とを同様の方法によつて比較せよ。

3知能点によつて、全学校兒童の知能の発達を標準兒童と比較せよ。

4父兄の職業と知能偏差値との相関々係について研究せよ。

5知能検査成績と学力との相関々係について研究せよ。

6知能と学力との差の著しいものについてその原因を調査せよ。

7知能檢査の結果最優の段階にあるもの及び最劣の段階にあるものについて事例的に研究せよ。（家庭環境、遺傳、性格、身体狀況、学業など）

8知能檢査を教育指導に應用して成した事例を集録せよ。

9知能と人格との関係について研究せよ。

10知能と身体発達の関係について研究せよ。

11環境の著しく變化した兒童の知能検査成績の變化について研究せよ

参考図書

△田崎仁著、知能検査の実際
△牛島義友著、教育のための標準検査
△橋本重治著、教育評價法
△教育大学講座、特殊教育
△兒童心理叢書1.兒童研究法
△日本教育研究所編、知能檢査の栞

# 口をきかない子供

埼玉縣大宮市立大宮小学校
福島吉郎

一、五年生進級の頃

家や近所では誰とでも口をきくA君も、学校の門を一歩入ると一言も口をきかないめずらしい子供である。その頃受持教師はよく仲間の教師に「誰かA君をこの学校内でウン、アー、でもよいから声を出させたら丼を奢る」といつた。K教師は或る休み時間、彼が廊下を歩いているのを見て、早速とんで行き後から突然「アッ」といつてA君の肩に手をかけたが、受持教師の豫想通り彼の口から何の驚きの声も発せられないで、とうとう丼は御馳走になれなかつた、それ以後「無口のA君」の名は子供だけでなく職員の間にも評判になつた。

教室内では勿論一言も発しないで本も読まず、名前を呼ばれても「ハイ」の返事も出來ない。私は始めこの子供は口蓋破裂者で口が開けないかと思つて校医に頼んで見てもらつたが異常はない。又は啞か聾でないかとも思つて五、六米離れた所に彼を南側に向けて立たせて置いて、小さなさゝやき声で「吉田茂」などと言つてすぐ紙片に書かせた、すると下手な字であるが間違なく書いた。私は内心困つた表情をして考えていたのかも知れない、すると兒童の中の一人が「先生A君は二年生の頃から一寸も口をきかないのだから駄目だよ」と何の不思議も感じないらしい当然のように言つた他の仲間も尤もらしい様子であつた。

然し掃除の時「教室の隅をよく拭く子は感心な子だ」と言うと何時も默つて南側の觀察台の机の下に

頭を突込んで拭いていた、それから早速学籍簿を見ると、全体の成績は中位知能検査一〇一で特に体操は上位で、図画は二年生まで＋1でよかつたが、三年から急に下つて、−2になつていた。身体的に異常は認められないが魚類は食べないで偏食であると書いてあつた。学力テストをして見ると知能のわりに成績は総てよい方でない。昼休みの天氣のよい日は、何時も定つて給食当番以外のものは外で自由に遊ぶことになつていたが、彼は一度も外へ出て遊ばず、野球をしている友の元氣な姿を窓際で一人しよんぼり眺めているか、又は教室で飼つている小鳥を眺めていることが多い。無理に外へ出すと必ず便所の南側で一人ぼんやり立つている。

顔貌はやせ型で血色悪く、常に皮ふは寒々と鳥肌立つていて、如何にも栄養失調らしく不健康に見えた。学業成績のわりに、図工は器用で、上手だつたし、駈足は組でも五番目に早い。本校では毎年の運動会に学級対抗をするのが例になつていた。これは運動会で一番の人氣があつた。その時は何時も文句なしに選手として組の中より堂々と選び出された。このA君にとつて、学校生活の中で一番樂しみは何をさしおいても、この運動会の一日であつたことだろう。新学期が始まつたかと思つていると、匆ち子供達が待つている、春の遠足がやつて來た。他の子供達は嬉しげに、朝早くから校庭で辨当等の入つた、リュックを背負つて駈巡り、先生の登校を遅しと待つているが、彼は校庭の隅の方で何時來たのか分らないように、默つていた。いよいよ出発となると仲間の威勢のよい連中のリュックや水筒を二つ三つ背負わせられて、默々と牛のように歩いているのも見られた。

二、一二年当時の生活

彼の家庭は父四十五才で終戦後失職し、現在は某工場に働いているが、日傭である。内氣の為か毎朝働きに出掛ける時、近所の人に挨拶するのがいやだからというので、遠い裏通を通つて駅に通つている。母は三つ下の四十二才勝氣で父と變つて見える。兄、妹の五人の中二男として生れる。生育歴には別條は認められない。その日暮しの彼の家庭では、両親共教育に関心をもつ余裕はないのか、父兄参観には一度も顔を見せたことがない。一年に入学した当時に教師の質問に答えたり教室の仲間に謎々を出したり、休み時間は友と廊下で鬼ごつこをして、ガラスをかくこともあつた。又退屈な授業も終つて、体操で外に出て行く時等、誰が後で引張つているなと思つて振向くと、A君が教師の洋服につかまつていることがあつて、特別に口をきかないで困ることはなかつた、と一年当時の受持は云う。がたゞ弱つたと思つたことは昼食の時毎日定つて新聞紙で自分の顔をかくして食べた、と歎いて話してくれた。そのように情緒的にも、社会的にも特別の問題はなく過ぎて、やがて二年生に進級した。

学校生活になれて、教師とも親しんで勉強し遊ぶようになると「今日は又リレーをしようよ」「先生図工をさせてよ」と…教師へ積極的に近よつて來た。國語の時間等小さい声であつたが、本を読むことは度々あつた。

三、新しい先生

三年になると学校の方針で担任教師は全部變ることになつている。学校に入学する前の彼は「学校の先生なんて、どんなに恐しい人なのだろうと考えていたが、それ程恐しくもないや、いやそれどころか学校つて随分面白い樂しい所だナ」と思つたことであろう。その先生と別れて今度新しい先生に教えていたゞくことになつた。新しい女の先生の珍しさと、好奇心で入学式の日は何時もと同様朝早く学校に來た。

A君の受持は三十を越えた一人者の女の先生であつた。何事も几帳面で頭もよく研究授業は実にすばらしい授業をして参観人をアッといわせる手腕家であつたが、子供はあまり好きの方ではなかつたようである。

秩父嵐の寒い北風の吹きすさむ休み時間でも、子供一人も教室に残さず外の運動場に出して、自分一人が温いストーブに両手を揭げてがん張つている時もあつた。

又或る日轉入兒童の問題で彼の教室を訪ねると、子供達は、雛段の雛様のようにきちんとして十五分間の立話にも、一人の子も身動きもしなかつた。訓育の徹底の程が思いやられた。

## 四、指導経過

### 1、家庭訪問

A君を担任して一ヶ月後、一應の教室経営も子供達の学校での生活振も分つたので、或る日私はA君の家庭訪問を目的で何時もより二十分早く学校を出て自轉車で帰つた。A君の家の近くに行くと、三人の年下の近所の子供と目の色を變えてビー玉をして遊んでいた。「A君の家へ來たのだがわからないから教えてくれないか」と、いつて彼を自轉車の後に乗せて口笛を吹きながら走つた。暫く行くと「A君の家はどつちだつけな」と誰にいうとなく一人言を二回繰返した。A君はいまだ学校の延長と思つてか默つていた。私は彼が駈足が早くて大好だと知つていたから「明日の体操はリレーをしようかな」といつた。すると今度はいよいよ左右の分れ道に來た。「こつちか、こつちか」とわざとハンドルをゆつくり右左にやつて見た。その時急にA君は「左だよう」と無意識にいつてしまつた。私は「しめたあ……」と心の中で思つた。彼を受持つて一ヶ月後始めて彼の声をこの耳できいたのである。丁度親が始めて生れた可愛い子供の産声をきいた時のように、ほんとに天にも飛上りたい程嬉しかつた。

やがて彼の家についた。暑かつた日のせいか、薄暗い六畳と四畳の濕めつぽい疊の臭が、強く鼻を突いた。父親は玄関で夕刊を見ていたが、私の姿を見ると急いで奥の六疊に姿を消して、帰りまで姿を見せなかつた。母親は裏から浅黒い顔をして、先から用件の話を始めた。「前の先生はA君は学校へ來ると一口も口をきかないから、是非ハイの返事位出來るようにさして下さいョ、といわれましたがネ、家では親にも兄妹近所の友達にもよくしやべりますョ、前の先生のいうことはへんですョ」と頭から信じないように荒々しい句調で否定して話した。

「お母さんA君は、さつきも私と口をききましたよ」と、いつて入学前の様子を聞こうと思つたのだが、あまりの嬉しさで聞くことも忘れて帰ろうとしたら、

「唯、前の先生はとても、おつかないよと前のSちやんとよく話していましたョ」とつけたして話した。

### 2、出席簿

次の日の朝早速組の子供に私は「A君は昨日先生と平氣で口を聞いた。今まで皆はA君の声が小さいから聞えなかつたのだろう」と真面目に皆の前で話して「これから出席簿順に名を呼ぶから、自分の名を呼ばれたら、「ハイ」と元氣よく答えるのだ」といつて、一齊に三回ハイの豫備練習をした。順に呼んでいよいよA君の前まで來た。他の子供達の耳が皆A君の方に向けられているように思えて内心恐しい氣がした。だが思いきつて大きな声で「A」と呼んだ。「ハイ」と蚊のなくような声を出したのだろう、口が動くのが見えた。私は彼の返事がいゝ終らぬ中に「A君よく出來た」といつたら周囲の子供は先生の話はうそぢやないといつて、ほんとうに驚いた。その後「ハイ」の練習は毎朝毎朝出席簿によつて、A君の為に一定期間繰返した。始めの二十日間は全く小さい声で、返事をしているのかいないのかわからない位であつたが、口を小さく開いていたから返事をしていたのだろう。

然し、一度も彼には一言の注意もしないで全兒童に、「返事は呼んだ人に分らないと、役に立たない

よ」と、だけ注意を反復した。簡單なことであるがハイを度重ねる毎に、彼の緊張した顔は、何時しか自信に満ちた声になり、一学期の終る頃には、彼の顔まで、笑顔にほころびているように見えた。朝始業前子供の名前を呼ぶことはA君の為だけでなく、五〇人の子供達、一人一人の身体や行動が皆自分の手の中にかたくにぎられて一日の生活が間違いなく出発出來るような氣がして、其の後も続けている。

3、國語の時間

彼の座席は前から二列目で私の教卓の前、廻りの子供は同程度の成績で、彼の性格に似通つたおとなしい子供に變えた。何時も他の教師に用事がある時は彼に頼んだ。彼が私の目の前に居るので、他の子供達も何の不思議も、嫉妬も感じないので安心した。A君だけ何時も特別指導していることが他の子供に分ることは互にいけないこと〻思い、國語の読みの指導も、彼を指命する時は定つて前後左右から指命した。文は一息で読める程度で句読点から句読点まで〻ある。その度に「小さい声だがはつきり読めた。」「本の持ち方がうまい。」と大勢の前で賞讃した。始めは危い橋を渡つているように、ふるえ声で読んでいたが四ヶ月後の暑い夏休みも近ずく頃には、短い文ならすらすら読めるようになつた。

4、金賞の図画

A君の図画は何時も黒色緑色のクレヨンを多く使用すること、乗物の自動車、汽車、電車を画くのが特徴であつた。鉄橋の下から此方へ突進して來る汽車を画くのが得意で三年生の時五回続けて画いたこともあつたと当時の女の先生が教えてくれた。

初夏の頃、校庭の木々が新緑からいよいよ新鮮な濃い緑に變つた頃教室の中で一日過すより、空氣のよい大宮公園で写生を半日させて過す方が樂しいと思つて、各自写生板を用意させて辨当持ちで写生会に出掛けた。彼の画いた図画は坂道を画用紙の真中にまつすぐ立て〻まるで太い木が突立つているように見えた。その兩側の松の緑は実に初夏らしい色を塗つて画けた。散歩している人の繪もまるで赤い蟬が木にとまつているように見えて、私は子供らしい繪だなと一人心の中で考えた。次の批評会の時間に「A君の圖画は松の葉の明暗がうまくかけて、一生懸命かけたから上手だ」との理由で、展覽会の時によく貼る金紙を右上に貼つて、掲示板の一番高く貼出した。A君はうれしそうにニヤリと黄色い歯を出して笑つた。

それからは毎日曜必ず一枚の繪を画いて、月曜日には私の机の上に默つて丸めて置いていつた。その度によい点を見つけて、赤鉛筆で批評を書入れて返した。

今年の秋の校内大展覽会には神様が救つてくれたか見事に、図画が金賞、工作が銀賞をもらつた。展覽会の前日大学から來に審査の先生が無造作に長い竹棒で「アレコレ」と、賞紙を貼つてA君の図画が金賞になつた時、默々として圖画を画ているA君の姿がボーと目の前に浮かんで來て、何故か私の眼から涙がとめどなく流れて來た。この金賞、銀賞があのA君の新生の門出のように思えてならない。腹の底から「これでA君も救えた」と思つた。

次の日、あいにく小雨の降りそうな日だつたが、学校に一度も顔を見せたことのない母親と一緒にA君は何時までも金賞の図画と銀賞の工作を二人眺めていて、何時までも立去ろうとしなかつた。

5、飼育班長

以前よく彼は組で飼つている十姉妹の小鳥を一人でしよんぼり觀ていることがあつたから飼育班の班長に命じた。その班の仲間は帰りが一緒で都合がよい五人を選んだ。班長になつてからは、一日も休まず、毎日水くれと、餌の殻拭きと補給は忘れたことがない。よくやつてくれることは有難いが同じ班の仲間に頼まず自分一人で、朝も帰りもやつていたので私も困つたと思つて、「A君は自分一人でやつて偉いが、班長は班の者に相談して交替でやるようにするのも班長の仕事だよ」といつた。その次の日隣の家のS君に「今日は水をとりかえて來いよ」といつているA君の声を離れた前の教卓で聞いた。今も二羽の十姉妹は元氣に成長している。間近い三月の春頃には、可愛い仲間もふえるだろう。そうしたら飼育班長に分けてやることも出來るのだ。

6、放課後の会話

受持つて三ヶ月後「ハイ」の返事も、一息読みの自信もついた頃A君の為に自分の意志表示の練習を試みるので飼育班の仲のよい友六人を他の子供達の帰つた静かな教室に残した。先づ私から面白い話を聞かせるといつて話し出した。

「私の小学校頃の先生は今と違つて、紋つきの着物を着て袴をはき長い棒を持つて教壇の上に立つてまるで仁王様のように子供をにらめつけながら教えたのだ……」冗談まじりに話した。

子供は自分に身近の昔の様子を実によく聞きたがるものである。私はよく「何々だからこうやれ」でなく、今受持つている子供はこうだからこうしてもらいたいと思うと、よく子供達身近の昔の話の仲に折込んで話してやることがある。効果百パーセントで面白いと思う。

私が三年生の頃、教えていただいた先生は、重箱先生といつて顔はま四角で色はまつ黒、何時も秤のさをゝ右手にもつていて、一寸でも他見をすると、忽ちそのさをでピシャリと頭をやられるので、子供は重箱先生の足音がすると皆姿勢を正して、目を閉じて側に默つてしんみり聞いていたA君は、

「僕達のおそわつたM先生もとても、おつかなかつたよ」といつた。

「図画でも工作でも先生の云う通りやらないと、どんなに上手に出來たと思つても、こんな下手な図画どうして画くのと、いつて取上げてしまうんだ。」

「そうかなあA君取上げられたことがあつたかい」と私は訪ねた。

「三年の時お母ちやんと、東京の家へ電車に乗つていつたから電車を画いたら、三年生にもなつて、どうしてこんな電車画くのかと、いつて取上げられちやつた」と述懐した。

私は心の中で、あゝこれも大きい原因の一つだなと考えた。

その彼が五年生の終りには、進んで答えるようになつて、学課の成績も一学期毎にめきめき向上した。欲目でないが鳥肌立つたA君のほゝまで赤味がさして來たように思う。來年も又あのA君を受持つたら、きつと学校委員までやらせて見ようと思つている。無口のA君を救つて口をきけるようにした事はうれしい事だが、それにも増して、他の子供達が皆「僕達の先生はA君のような無口を口がきけるようにした偉い先生だ」と信頼してついて來てくれる事はほんとに有難いことである。

研究資料

# 学校評價基準資料 活用のための手引

研究調査課

前に各学校に送付した学校評價基準資料の手引を紹介しまして、その御活用を希望致します。

一、学校評價基準資料の組み立て

この基準資料は八の「大項目」即ち教育課程、教科指導、生徒指導、教職員、施設、管理、生徒活動、特殊教育から成り立つている。この大項目は数個の「中項目」に分れ、さら

に中項目は数個の「小項目」に分けられる。この小項目は学校教育の望ましい在り方を詳細に分析し、具体的な條件や行動の形で表わされる。

小項目には更に数個の着眼点が與えられる。着眼点は小項目で示された目標に対する到達度を見ることの出來る証拠の示唆である。したがつて小項目までは学校教育の望ましい在り方が示されるわけであるから、評價実施にあたつて小項目までは變更されないが、着眼点は学校の実情に應じて、ある程度の追加や修正はあるべきであろう。

評價にあたつては着眼点に示された條件や行動の実際を査察判定し、これを綜合して小項目ごとに目標への到達度を評定する。ついで小項目ごとの判定の結果が中項目へ、中項目ごとの判定の結果が大項目へと集約されてその学校の全般的な狀態を示す資料が得られるのである。

## 二、評價の要領（留意事項）

1、機動性のある適用

学校及地域の特殊性に留意し、基準を一様におしつけることなく、その学校の基本的な事情をよく檢討し時には着眼点を適宜に追加修正して学校の事情に適應させるようにすることも必要である。

2、綜合的見地に立つ評價

基準は学校教育の目標を詳細に分析したものであるが、実際の学校教育活動は一定の方針や條件の下に有機的な全体を構成しながら進められる。要するに個々の具体的な教育活動は独立したものではなく、全体を支えているものとして意義がある。故に学校の実情を無視して個々の目標を同じように強調するならば学校は重点指向を乱され、学校評價が学校を援助するよりは却つて妨害する結果にもなるであろう。評價に当つては学校のおかれた條件と背景を十分理解しその学校の立場に立つて觀察することが肝要である。

3、客觀性への努力

どの評價にも客觀性が要求されるのはいうまでもないが、学校評價では特に客觀的な結果を求めるために証拠第一主義をとらなければならない。為に説明に左右されないで、実際の記録や資料を檢討し、不審な点についてはじめて説明を求める。

次に自校評價も協同評價の場合も一つの小項目を一人だけで評定せずに必ず二人以上で別個に評價しこれをつき合せて各小項目を評定する。

4、熟練した判断

評價者は有力な教育者で、教育上の經驗も廣く、出來れば学校評價の経驗をもつ者であることが望ましい。

5、和やかで建設的な雰囲氣

説明に頼らずに証拠第一主義をとる態度は、摘発やアラ探しの態度に近づきやすい。評價される側にこのような氣持をもたすことでは学校評價は失敗である。

協同評價に於ても終始なごやかな雰囲氣の中に、その学校の教育をよくするためにという一点に兩者の氣氣が一致し、友愛と信頼の中に評價が建設的な態度ですすめられなければならない。

## 三、評点のつけ方

㈠　着眼点の評定に用いる記號（三段階法）

○…その地方の普通一般の学校でみられる程度よりは明かにすぐれている場合。

○…その地方の普通一般の学校で見られる程度の場合。

○…その地方の普通一般の学校でみられる程度よりは明かに劣つている場合。

この判定の参考になる尺度は別頁に參考案を示しますから各學校ではすべての着眼点について、適切なる評定尺度を作成されてそれによつて判定される方が適当であります。

㈡　小項目の評定に用いる記號（五段階法）

5…最優秀　その地方の学校のうち、その点が最もすぐれている約1割の学校においてみられる程度にできている場合。

4…優秀　上記の学校に約2割の学校においてみられる程度にできている場合。

3…普通　上記の学校につぐ約4割の学校、即ち約4割の中をもつ普通程度の学校に於て見られる程度にできている場合。

2…要努力　上記の学校につぐ約

2割の学校においてみられる程度にできている場合。

1…要検討　その地方の学校のうち、その点が最も劣つている約1割の学校においてみられる程度にできている場合。

小項目の評定は着眼点の評定の結果を綜合してすることになるが、その基準を＋、〇、－の数によつて一律に定めるのは賢明でないであろう。それは例えば、同じく「＋」に評定された着眼点でも他のマイナスを補つて余りある場合もあるし、他のマイナスを補うに足りない場合もあるからである。又その反対の場合もあるであろう。

上記の事項を考慮に入れて、左の案を利用されることも一つの方法である。

案…着眼点のプラス一個を＋1、マイナスの一個を－1、ゼロを〇として加えて得られる数に應じて左の表による。

| 着眼点の数 | 着眼点の評定の結果より小項目を評定する方法 | | | | | | | | | | | | | | | | | | |
|---|---|---|---|---|---|---|---|---|---|---|---|---|---|---|---|---|---|---|---|
| 2 | | | | | | | | -2 | -1 | 0 | +1 | +2 | | | | | | | |
| 3 | | | | | | | -3 | -2 | -1 | 0 | +1 | +2 | +3 | | | | | | |
| 4 | | | | | | -4 | -3 | -2 | -1 | 0 | +1 | +2 | +3 | +4 | | | | | |
| 5 | | | | | -5 | -4 | -3 | -2 | -1 | 0 | +1 | +2 | +3 | +4 | +5 | | | | |
| 6 | | | | -6 | -5 | -4 | -3 | -2 | -1 | 0 | +1 | +2 | +3 | +4 | +5 | +6 | | | |
| 7 | | | -7 | -6 | -5 | -4 | -3 | -2 | -1 | 0 | +1 | +2 | +3 | +4 | +5 | +6 | +7 | | |
| 8 | | -8 | -7 | -6 | -5 | -4 | -3 | -2 | -1 | 0 | +1 | +2 | +3 | +4 | +5 | +6 | +7 | +8 | |
| 9 | -9 | -8 | -7 | -6 | -5 | -4 | -3 | -2 | -1 | 0 | +1 | +2 | +3 | +4 | +5 | +6 | +7 | +8 | +9 |
| 小項目評点 | | 1 | | | 2 | | | | | 3 | | | | 4 | | | | 5 | |

㈢　中項目の評点　小項目の評点を算術平均によつて小数第一位まで算出する。

㈣　大項目の評点

評点は中項目までとして、大項目の評点は出さない方がよいという意見がある。それは評点が正当な信頼度を超えて過大に重要視される弊があるからである。

こゝでは一應、大項目の評点を出す場合の用意として、中項目相互間の重みの差を考えて別記の集計表に示すように、中項目ごとに配点した。

この配点と各中項目の評点との積の和を四捨五入して小数点までとつた数値を大項目の評点とした。

中項目の配点合計は大項目ごとに二十点になるようにしてあるから大項目は一〇〇点満点で表わされることになる。

学校全体の評点を出すことは弊害があるばかりでなく、その意味もうすいので全体の評点を出すことは考慮しなければならない。

### 大項目評点の方法（例…教科指導）

| 中項目 | 小項目評点 | | | | | | | | a 計 | b 除数 | c 中項目評点 | d 配点 | e (積) |
|---|---|---|---|---|---|---|---|---|---|---|---|---|---|
| 教科指導の準備 | 4 | 4 | 2 | | | | | | 10 | 3 | 3.3 | 3 | 9.9 |
| 指導の実際 | 3 | 2 | 3 | 4 | 3 | | | | 15 | 5 | 3.0 | 5 | 15.0 |
| 学習活動 | 3 | 4 | 3 | | | | | | 10 | 3 | 3.3 | 5 | 16.5 |
| 学習環境 | 3 | 2 | | | | | | | 5 | 2 | 2.5 | 3 | 7.5 |
| 学習の評價と利用 | 4 | 2 | 3 | | | | | | 9 | 3 | 3.0 | 4 | 12,0 |
| | | | | | | | | | | | | | |
| | | | | | | | | | | | | | |

備考　b=小項目の数　　大項目評点　61. / 60.9　p

c=a÷d

e=c×d

p=e　の各欄の数（大項目評点）

### 着眼点評定のための尺度設定要領（參考例）

（　）教育課程……大項目

（　）計畫と構成……中項目

（　）教育課程が各教科について作られているか……小項目

| 着眼点 | 方法 | 尺度 | 備考 |
|---|---|---|---|
| （　）すべての教科にわたつて作られている。 | 記録ぜられた資料による。 | 十…ほとんどすべてについて作られている<br>○…凡そ半分くらいの教科について作られている。<br>一…あまり作られていない。 | 作られていればよいから、こゝでは内容にはなれない。教科書や紙に書いてある場合は作られていないとみる。 |
| （　）教育課程はすべて年度はじめまでに作られた | 記録せられた資料により各教科担任と面接する | その都度考えてつくつているものを○とし、他は十とする。 | 前項で一のものはこゝでもすべて一とする。 |
| （　）教育課程の年間または学期の計畫がたてられている。 | 記録せられた資料による。 | 前々項と同じ | 前々項が具体化されたもの |
| （　）同じく月または週の計畫が立てられている | 記録せられた資料による。 | 同右 | 各週でなく、二週、三週別にまとめていてもよい。 |
| （　）教育委員会の方針と学校の教育目標がよく生かされている…小項目 | | | |
| （　）教育委員会の教育方針によつて教育目標を検討する処置がとられている。 | 委員会よりの連絡事項について校長や教員に聞く。 | 十…それによつて教育課程を検討している<br>○ 検討することになつているがしないこともある。<br>一…あまりしない | 委員会よりその通達なきときは改訂学習指導要領を同等としてみてもよい。 |

以上のようにしてすべての着眼点に評定尺度を設けることが評價を正確便利にします。

# 学校評價基準資料の追加について

研究調査課

前に送付致しました学校評價基準資料の大項目に「特殊教育」を追加されまして御利用されることを希望します。

（　）特殊教育

（　）特殊教育計画

（　）特殊児の発見と鑑別が計画的になされているか。

（　）身体檢査を行うに当つて、特殊児が発見出來るようになつている。

（　）就学前の発見を計画している。

（　）知能テスト、性格テスト等を計画的に利用している。

（　）教育委員会の教育方針の中に特殊教育計画がおりこまれているか。

（　）委員会の教育方針の中に特殊教育を検討する処置がとられているか。

（　）教育の方法と特殊の施設がなされている。

（　）計画に必要な諸調査がなされているか。

（　）能力について十分調査されている。

（　）家庭生活における諸調査が十分なされている。

（　）特殊教育のための地域社会の調査がなされている。

（　）適性発見のための諸調査がなされている。

（　）遺傳についての諸調査がなされている。

（　）教育内容には適切な考慮がはらわれているか。

（　）個人的特殊性に考慮がはらわれている。

（　）発達の段階に即して内容が適切である。

（　）指導の実際

（　）指導の形態は適当であるか。

（　）能力に即應して内容を調査しつつ指導している。

（　）指導形態が効果的に生かされている。

（　）適切な心づかいがはらわれているか。

（　）残存能力の保護と活用がなされている。

（　）劣等感の軽減に留意されている。

（　）治療復元がなされている。

（　）補償行動による欠陥の克服がなされている。

（　）遺傳豫防対策が講ぜられている。

（　）補導は適当になされているか。

（　）職業的相談と訓練が施されている。

（　）職業斡旋と卒業後の世話がなされている。

（　）教師

（　）特殊教育に対する理解と熱意があるか。

（　）診断及処置のための必要な、中央、地方的手段を心得ている。

（　）専門家の助言を受け入れている。

（　）特殊教育に熱意をもつている。

（　）特殊児に対して適切な心づかいをはらつているか。

（　）愛情のある態度や言葉づかいをもつて指導している。

（　）すべての特殊児に自己発表の機会を與えている。

（　）正常児と特殊児の融和、協力について考慮している。

## 次號豫告

去る二月、沖繩群島の全高等学校一齊に、略式客観テストによる入学試験を行いましたが、次號は「入試特集號」として、その問題集、成績一覧表、成績に対する感想等をのせる豫定にしています。

# 体育指導への希望

健康教育課主事　比嘉徳政

新教育は総ての面で過去の教育の一大變革である。体育が『運動と衞生の実践を通して人間性の発展を企圖する教育である』と意義づけられ、体育指導が教育の一分野としての指導てなくてはならないことは今更申すまでもない事である。過去の見聞を通して私見の二、三を擧げて將來への希望にしたい。

㈠　企画的組織的指導をしたい

指導者中心の指導から兒童生徒中心の指導へ強制的指導から自発的指導へ、受動的指導から能動的指導へと新しい指導の方向へ発展した点等これからの体育指導を如何にすべきかと指導者の多くがなやんで來た一つの問題であつた。新しい方向への指導は各教科と歩調をそろえる必要があり、教育の一分野としての体育指導は企画的であり、組織的であり有案的でなくてはならない。即ちその学校の実態に即した適切な指導計画に基き常に兒童生徒の心身の発達に應じた指導の方法、指導の段階指導の順序、結果評價の方法が合理的に研究されなければならない。兒童中心、興味中心の指導は新しい方法として多くの指導者に採用されているが、指導者の中には、一時間の授業に何の案ももたずに臨み、兒童生徒に此の時間はどんな運動をしようかと相談の上、兒童生徒が右と言えば右の教材を取材、左と言えば左の教材を取材する指導者もあると聞くが全く危険な方法である。私達は教育としての体育の目的達成のため個々の指導者に系統的な指導計画をもち、取材した教材を教育的に効果あらしめるよう指導することが肝要であり、如何に興味深く指導するかという事は私達に残された大きな研究課題である。

㈡　徒手体操を如何にすべきか

戰前は体操が中心教材であつたが今日スポーツが中心教材になつた理由は体育の目的目標達成の為の必然的指導のあり方であると言えよう。徒手体操が生理解剖学の原理に立脚した最も科学的身体活動であり、矯正運動として又あらゆるスポーツの技術向上の為になくてはならない補助運動であることを忘れてはならない。現在体育時に於て主運動の如何を問はずラジオ体操で始まり、ラジオ体操で終る傾向が多いことは誠に遺憾である。

準備運動は主運動に対する心身兩方面からの準備であり其の分量は次の場合に異るのである。

1、兒童生徒の現状
2、前の時間との関係
3、主運動の性質及び分量
4、天侯及び季節

整理運動は主運動に依つて高められた総ての生理作用をなるべく速かに常態に復帰せしめ興奮した精神を静めるために行うのであり、その分量も主運動の性質と分量に依つて異るのであるから一律のラジオ体操のみで準備及び整理の目的達成は出來ない事は事実である。私達は徒手体操をよく理解してその研究に努め普断の指導に万善を期したいものである。

㈢　自信ある指導をしたい

『信は力なり』と云うが指導の任に当る者は自信を得るまでの努力が必要である。即ち常に教材と、取組んで教材の研究と同時に指導法の研究に努力したい、先輩の言や著書が合理的科学的方法と思い、依頼心を起し自己の研修、自己の錬磨を忘れてはならない。勿論参考にすることは大切であり又やらなくてはいけない。尚自己の研修と同時に児童生徒を知る事を忘れては、その実態を把握することは出來ないばかりか指導の実をあげることはむずかしい、子供達の実態調査の上に立ち、ゆたまざる研修と錬磨こそ自信ある指導への原動力であり、指導者が常に心掛けなければならない事だと思います。

# 研究教員便り（上原　実氏）

拝啓（中略）

來日して早や三ヶ月にもなりますが日本の教育状況が沖縄のそれに比べて物凄く恵まれているということであります。特に講和発効後は新教育に対しても峻厳な批判検討を加え、日本の教育の在り方は我々自体で作らなければいけないという考え方が、何時何処へ行つても感ぜられるのは只私一人ではないと思います。学習形態の在り方、カリキユラムの構成、國史教育、道徳教育等々に、相当な變革を來すのではないかと思う節もあります。

それにつけても学校の設備、父兄の教育に対する関心（社会環境の教育に対する直接又は間接的な協力活動）教員の質的向上（免許法並に教職員に対する保護政策）等が取りわけ強く感じられ、安定した落着いた教育体制は実に羨しき限りです。これからの沖縄教育は一日も早くこの様なドッシリ落着いた環境を作るのが急務の様にも感ぜられます。沖縄の現状を顧ます時、先生方が落着いて教壇実践の諸問題に取組むことが出來ない所謂経済的な不安定が起因するのではないかと思われます。その点日本の教職員は大きな心強いものがあります。恩給法、家族手当勤務地手当、年二回の賞與（今年から）退職金、病氣療養手当、所に依つては研究費、出産休暇等々があります。然し沖縄に於いても徐々にこの面が改善されつゝあることは何よりも嬉しく存じますが今後益々先生方の御盡力をお願いして止みません。

次に御依頼の研究物の件ですが横浜市教育研究所で発行された去年度と一昨年度の分を別便でお送りしてあります。今年度の研究の結果はまだ出て居りません（テーマは各教科指導の手引について）が所長さんに依頼してあります。研究所の方々も沖縄に対して極めて同情的で「出來ることなら何でもします」といつて居られます。（中略）

研究物の発行は年一回位でその他は一寸したがり板のプリントをちよい〳〵出して居るとの事です。研究物はそのまゝは使えないだろうと思いますが何かの御参考にでもなれば幸甚に存じます。

沖縄教育進展の為に益々自重自愛御奮斗あらんことを切にお願いしつゝ筆を擱きます。

六月二十三日

横浜市北方小学校　上原　実

比嘉　博先生

# 徳之島訪問雑記

主事　守屋徳良

二週間の日程で徳之島の教育界をつぶさに見せて貰うために、色々とプランを樹てゝ出かけたのでしたが収穫期で休校中のため、目的を果すことが出來ず、恩師、先輩、同僚の先生方に失礼したことをすまなく思つております。

全琉何処も同じでしようが、乏しい待遇でありながら愛する子等のために、根限り力の限りを捧げて学園を明るく〳〵、住みよいなごやかな場にしようと努めている教師の多いのに頭の下がる想が致しました。

道徳教育や静かなる愛國心養成が

祖國でも昨今の教育問題のようですが、徳之島の教師達の中にこの問題をすでに実踐にうつしておられるところがあつて頼母しく感じた。中でも母間、亀津では小中校の兒童生徒が日曜日の朝部落の清掃に奉仕している姿に接したとき、この聖い営みは子供が意識するしないにかゝわらず、他日郷土を、國を興す正しい意味の愛國心に變ることだと尊く思いました。特に亀津では二十数年の永い歴史を持つ由で美しい一つの傳統を形成しているとのこと。

教ふべき力なき身を顧みて
子等よゆるせと淋しさに泣く

これは第二次大戦中本土の一女教師の歎きでしたが、教ふべき力なき身をという所を「教うべき暇なき身をかえりみて」とでも置換えると、今の良心的な教師の永嘆となることでありましよう。

「先生」と慕い寄る子等のあの明かるい瞳に教師たるもの誰か奮斗を誓わざる。勢力のほとんどすべてを出しつくして子等の朗らかな「さよなら」に送られて、一歩わが家の門に入ると又そこに疲れ果てし妻や、瘠せ細つたわが子のいたましい姿を見せつけられる時ここでも亦骨身を削る茨の道の連続である。身も心も張りを失つて虚脱無為無氣力のどん底に沈みかてゝ加えて病の脅威をすら感ずる。適正な待遇の下に心ゆくばかり教育の業に生甲斐を味わせてやりたいおもいにかられる。少ない俸給が順調に渡らず借金の利子にまで苦しめられているのには氣の毒で同情にたえない。一日も早くすべての政府機構が円滑に運営されて民衆に幸福をもたらすよう祈つて止まない。民も政府もお互に睦み合う美しい琉球実現のために努力しよう。

徳之島七ヶ町村連合の教育委員会を傍聴させていたゞきましたが、その子弟を愛する建設的な教育意見に対しては力強く感じました。地域社会改造のためにこれら先覺の方々が教師と手を取合つて起上る時、すべての教育問題は愛情を良識と善意によつて氷解しないものはないであろう。徳州教委のつゝがない生長を祈るや切である。

徳州教育に対する感想の一、二を列擧すると

(1) 職員の大部分が若い男教師で占められているので、これら若い先生方が真実に後進を愛するならば教育の向上は期待出來る。

(2) 校長の中に同僚の現職教育を計畫的に実行にうつされておられる方があるのは頼母しい。すべて校長が教師の先頭に立つて指導啓発の手をさしのべて貰いたい。一生の仕上げとして教育界のために一はだ抜いで貰えたら教育界革新の原動力となると信ずる。

(3) 歩みの跡が部厚い研究物の山をなしているのを見るとよくもまあ尊い先生方だなあとその労苦に無限の感謝が湧く。こんな資料を日々の教室に利用する工夫がなされたら教育は一層輝を増すことだろうと思つた。校長や教頭の方々は一かどの學者になる氣位がないと今後の学校経営は至難となるであろう。

(4) 校舎は終戦当時より幾らかよくなつている程度で、出來上つた校舎も仮小屋と大差のない弱々しいのがある。良心的な仕事を。

(5) どの学校にも中堅教師に優秀なのが一人、二人はいる。力強い限りだ。これを生かす校長や若い教師であつて欲しい。教師という点では平等でも、その知的教養には非常な差異がある。十年一日の如く、石の上にも三年という修行を積んだ人々の意見をきくことは自己の教育的識見をみがくこよない好機である。

(6) 生徒に愛され慕われる教師はすぐれた教師である。通りすがりに学童をつかまえてきいてみるとほゞその学校の雰囲氣がわかる。勿論誤つた見方偏した見方もあるのでそれにのみよるわけにもいかないのだが、教育はほめる仕事である。仲すいとなみである。だから和やかなうるおいのあるものでなければならない。どの教師も温い心情の持主、村々から子供から同僚から愛されるよう心掛けねばならぬ。誠を通じて慕われている真実の教師は他村出身者が多いようだ。教員の交流はどうしても必要である。郷里のために闘魂の限りをつくしている教師もあるにはあるが。（おわり）

一九五二年八月十日印刷
一九五二年八月二十日発行

発行所　琉球政府文教局
研究調査課

印刷所　ひかり印刷所

# 琉球

# 文教時報

第三號

文教局

研究調査課

# 目次

巻頭言

# 三つの反省

指導課長 中山興眞

## 傳統の力

われわれのやつている教育の現場でのいとなみやてぎわというものは、永い傳統の歴史をもつている。それは代々の教育実践の先覚から次々に受けつがれて、無意識のうちに、われわれがそれを行つているもので、相当に根強いものがある。

朝礼、生徒の集会、授業、作業…等に於ける形態、すゝめ方、その場における教師の所作やことばづかい等の中にみられる。

朝礼場や生徒集会場では、形の整いを極度に氣にして、体形というものを固定している。風の方向は變つても子供の位置、そのひろがり、その向きにはそれに應じた工夫もないから話や傳達や注意はあつてもそれが全員には徹底しない。幸い子供は「きこえない」ことを訴えないからそのまゝ進行していく。決められた形で豫定した順序で進めて行つたらその行事は完了したものと安心するのである。画一主義から生み出された形式や方法がそのまゝ受けつがれているのである。話をするなら、その話がどの子供にも納得のいくようにすることが必要であり、それがねらいでなければならない。また子供に対してはきこえなかつたり、わかりなかつたりした場合、「きこえません」「わかりません」と表示することのできる態度を養つてやらなければならない筈である。

授業や作業の場でも「わかつた人」「わかりましたか」を連発して生徒の擧手を求めたり、「はい」と答えさせ、その概数をとらえて次に進行していく。

そのような形式的活動の中では、おのずから挙手すべき子供とその圏外にあつて擧手の義務を感じない子供、或はその中間的な子供という三種類の子供ができ上る。そして挙手權を得た子供はそれを保持するために努力もするであろう。時にはごまかしの手も工夫するであろう。挙手權を失つた子供は常に如何なる場合でも関係のないことゝして安全な地域に遊んでいるのであり、偉大な忍耐力を養つているのであろう。また中間の子供は断片的に、氣分的にその日その日を無自覚の中にうろつくことになる。

## 子供にたすけられている

教育の現場での状況を第三者の立場で觀ていると、「子供はいゝ」「教師は子供にたすけられている」という感じを素直にうけることが多い。こうすればすぐできるのだが、こういえばあの子もこの子もすぐ納得するはずだが、こゝを押えれば簡單にすみ、みんなにつこりと笑つて解決できるのにと思うことがしばしばある。

それは子供に何を求めているか、いま何が必要か、そしてそれはどの程度のものか、何れが先かということを教師が考えたり、觀察するだけのゆとりをもつていればおのずから生れてくる技術である。教師は余りに所謂教師型に徹しすぎて「與えよう」とするから、自分の豫定や計画にこだわつたり、おし通そうとねばつたりする。その代り問題を解きほごす「かなめ」はとらさせないでことがらを教科書式に逐條的にすすめていこうと頑張る。そこには教師の熱情も汗だくだくの難行場として出現するのみである。子供は少しも興味はない。その状態が強ければ強いほど「わかろう」とか「考えよう、工夫しよう」とすることよりも「おぼえよう」とする受動的態勢を強化するようになる。

このような時、参觀人でもあれば教師の熱と真劍さは高潮し、あせり方はいよ〳〵極度に達するのであるが、子供は教師の意氣に感じてか、或は同情心からか、うまくわかつたような動作や表現をしてくれる。教師への尊い協力である。たすかるのは教師であり、えらいのは子供である。

## ことばの空砲

学校の先生ほど用心深い方はいない。それは「幼い子供を」という細い心づかいから生れた心の作用が習慣化したものと考えられる。その起りは尊いものである。

ところがこの尊い用心深さは、くどいお世話となつて現われてくる。必要以上に細々と説いたり、同じことをくり返して極度に念を押し過ぎたり、大声の連発となつたりするものである。簡潔とか單純のするどさや、迫力はどこにもない。一律担々の平凡と化し、生氣のないだるさ氣分をかもすのみである。なるほど一律とか画一を願い、注入を尊び、鍛錬の高度の徹底を期した過去の教育法に於ては重宝なものであつたかも知れない。しかし、自主自律をねらい、個々を生かし、創造心と工夫の態度に培わねばならない現代の教育活動に於ても尙このようなことが反省されなくてよいものかどうか。

教師のことばには限度というものがあるべきだと思う。必要なことば、即ち実砲というものはそんなにたくさんあるべきではない。必要以上の多くの教師が語つたり、発したりすることは、きき手たる子供にどのような印象と影響をあたえるか。無駄口の連発は教室における騒音である。耳ざわりである。バス内に於ける車掌の無意識な注意の連発を思えばわかる。嫌なものである。そして権威を感じない。

子供はその騒音の中から必要な大切な一語を拾うために苦心をするであろう。が遂に根つきてこれを避けたくなる。教師のことばに権威を感じなくなる。「話したぢやないか」と後日問いただされてもぼんやり思いおこして「きいたようなおぼえがする」という程度である。忘れてもいざという時又念を押して下さるからきき流していても心配はないのである。

また、連発の騒音の中では思考も創意も工夫もそのなすべきいとまがない。次々に追いまくられていては雑音の中の混乱しかわいてこない。しかもこの混乱の中にまとめようと氣はもんでも、またまた次の騒音がおいかけてくる。結局子供は、できないもの、わからないもの、活動しないものとして評價づけられて終るのである。この状態が一年、二年とくり返されている間に子供の消極性はだん〳〵成長し、自発性はいよ〳〵枯死してしまうのである。

子供に考える時間、工夫する時間を與えねばならない。教師の用心や親切心はそのために使わるべきものである。教師のことばもそのために打たるべきものでその量に於て自ら制限がなされねばならぬ。しかしことばの質は更に大きな力がある。ことばは着実に子供の心底にひゞき力づよく打つものでなければならない。そして問題の核心にふれ強く印象づけ、子供の思考と工夫を容易にし、その糸口を発見せしめ又子供に勇氣と自信をあたえるものでなければならない。

何回くり返しても効果のないことばは空砲である。彈薬の空砲は相手に損傷を與えることなく効果がないだけだが、ことばの空砲は相手を損傷するものであり罪悪である。

教師の用心深さやくどさは遂に子供の成長を枯死せしめるものであり教壇に於て教師のことばの少いほど子供の活動は旺盛となり、自発性が育つものだということを実践に試みて体得じたいものだ。生々とした教室、伸々とした子供の活動はきつとそこから生れるものと信ずるから。

# 東京のこと

城前校　島袋栄徳

## 1　日本人としての意識

一九五二年四月二十八日の講和発効で、法的に國籍が日本にあることは誰でも認識はして居りますものの、終戦後七ヶ年余の惰性で、ややもするとこの〃日本人である〃と云う意識は復帰運動のかけ声が絶えず聞えて來る割に少しも徹底していないのではないでしょうか。無意識の中に自ら外國人である様な言動をする事はないでしょうか。

去る四月第一回の研究教員として全琉から二十名上京し、同じ様に皆名刺を作つて使用していましたが、たまたま五月上旬高嶺明達氏にお会いする機会を得ましていろいろお話を伺つて居ります中に、話が次第に民族の基本的なものに及ぶと、私達は一生けんめいになつてしまつて、どうも戦後の沖縄の青少年達は自分が日本人であると云う民族意識がうすく、日本に対する祖國感もうすれた様な氣がすると申し上げましたところ、高嶺明達氏は、ずばりと、「大体教育の指導者である君達が悪いよ、君からもらつた名刺に何と書いてあつたか、〃日本派遣研究教員〃と書いてあるが一体君達は何処の國から派遣されたのか、日本人であるなら日本派遣とは一寸おかしいではないか。」と大笑されました。小さいことの様でこんなところに私達の不徹底な日本人意識がうやむやになつているのだと思うとはつとしてまだ残りの多い名刺を早速つくり更えてしまいました。

去る八月アジヤ各國の赤十字青少年の合宿訓練の時、係の人が日本人はこちら、外國の方は向うの方へ集つて下さいと云われた時に、沖縄の子供達がまごまごしていたということは沖縄の子供達の日本人としての意識の浅薄さを物語る様な氣がしてなりません。係の人が何といおうと、日本人はこちら、といわれた時に意氣揚々とそこにかけ參ずる態度があつてこそ完全な日本人になり得る道も拓けて來るのではないでしょうか。全琉の指導者の方々は勿論、直接指導の任にある教職員の皆様、一丸となつて戦後の青少年は勿論全住民に、「私達は日本人である。」との自覺をはつきりと持たそうではありませんか。

## 2　東京の復興状況

三月三十一日横浜に上陸し電車で東京に乗り込んだ瞬間、復興の物すごさに目を見はりました。終戦直後の東京はどこを向いても思い浮べる事さえ出來ません。スフのモンペやズボンをはいて右往左往していた人々はモダンな背広や美しい和服に着更えてすつかり生氣をとりもどした様です。銀座、新橋、澁谷、新宿、池袋等々の繁華街は豫想以上に華やかに塗り變えられ八方に通ずる舗装道路は人の洪水、車の氾濫、地上地下の目まぐるしい様子はスローモーションの沖縄人をすつかり緊張させてしまいます。

丸ビルを始め戦前をしのぐ大きなビルデイングが立並び今も盛に建物が増えるばかりで今一番困つている庶民住宅も各区にモダンな鉄筋コンクリートの都営住宅が完成しつゝあり、ここ二、三ヶ年で解決するだろうと、その道の方は話して居られました。

東京の復興の遠さに感心している私に「復興という言葉は本土のことで沖縄はすべてを失つたのだから正に〃島造り〃じやないか、それにつけても根本的な解決の方法は復帰することにある。」と在京の先輩はしみじみと語られた。又々祖國への復帰を痛感せざるを得なくなつた。

## 3　沖縄に対する関心

戦後は確かに沖縄に対する関心度は昂まつて來た。然し沖縄に対する認識は必ずしもそれと正比例しているとは思われません。学校に赴任して最初に受けた質問は「沖縄は大變いいところだそうですね。ハワイの様だというんじやありませんか」と。いいと言う事にしたことはありませんから、「そうですね。」と一月をそのつもりで過ごして五月の或る放課後、持參した校舎の写真を披露に及ぶと「まさか戦争直後の写真じやありませんか。まさかね。」と皆びつくりするやら驚くやら、今更の様に戦争は大變だと叫ばれる方まであつて、放課後の職員室は沖縄の校舎の話で大賑わいでした。お蔭で〃日本児童文化新聞〃からも訪ねて來られて、校舎の写真を借りて行かれる等で急にあちこちから「校舎がそんなでは大變ですね。」と関心をよせて下さる様になりました。教職にある方も一般の方々も沖縄の良い面と悪い面をお話しますと大變同情を深くして下さいます。九月に入つて帰郷の準備等して居ります時に、遠く北海道の先生方からも「戦後の沖縄の様子が始めてわかりました。大へん御苦勞様です。お察しします。」と激励の手紙が参りました。やつぱり血を分つた同民族の大きな愛情なのだと心の底から感激致しました。琉球校舎復舊の全國運動もその大きな愛情によつて実を結ぶことを確信します。

## 4　在京先輩の御活躍

ここで更めて申し上げるまでもなく、直接関係のある文部省はじめ現に教育界に居られる諸先輩、その他官界、実業界と実に多方面に御活躍なさつて居られます。中でも私達に関係の深い小学校、中学校を廻りました時に殆どの先輩方が、その学校の中心になつて居られる事が分つて大へん力強く感じました。五月二十五日に新宿文化会館で〃あけぼの婦人会〃が催されました。〃婦人会として郷土の為になすべきこと〃との議題でお話を進めて居られましたが、遥かなる東京で沖縄の事についてかくも真剣に協議して居られるのかと深い感激に打たれました。

十月四日には丸ビルで、最近計画されている校舎復舊の全國運動についての第一回評議員会がありましたが、万場一致で運動参加を可決し球陽会、文化協会、学徒援護会等が各面から協力しておし進めて行かれるとの事でした。校舎復舊の目的達成の為に最善の努力を下さつている在京先輩方に対しても私達は尚一層の努力をすべきだと思います。

## 5　学　校　教　育

私達の最も関心の深い学校については、戦前からの校舎や戦後出來た校舎をずいぶん見て廻りましたが、何れも素晴しい設備で殊に新校舎の近代設備は羨しさを越して、同じ日本人でありながら沖縄のテント教室、茅葺教室はどうしたものかと憤りに似た氣持さえおこるのでありました。

### (イ)　設　備

九月十日に參觀した千代田区立永田町小学校の特別施設を御紹介しますと、

○NRK（永田ラヂオ教室）

放送局の様に防音装置のされた放送室でテープレコーダーに学級別に録音したものを毎昼食時間に二学級分放送しています。設備費は区から五万円、自由党から十万円、父兄の寄附五十五万円で、計七十万円だとのことです。

○講堂の体育館

三階建校舎を講堂と体育館のところだけは二階に区切り、天井を高くして上は講堂、下は体育館にしてあります。一人掛の固定椅子が六百（児童分）映写の設備も完備している講堂は見事なものです。

○衛　生　室

レントゲン科、歯科その他の設備は病院さながらです。

○給 食 設 備

地下に大きな倉庫や調理室があつて、専任の栄養師が居り、毎日の給食のパンもそちらで製造されていました。

○プ　ー　ル

二十五米の四コースで小規模ながら、清水が一杯して子供達が色彩の美しい海水着で泳いでいました。

以上の設備の素晴しさは永田町小学校なる故でもありましようが、都内の学校をあちこち見まして、その殆どがそれに近い設備を持つているのにはびつくりしました。

社会科の授業等でテープレコーダーを置いて討議された事が直ちに録音され時間の終りに各自の声がきかれ、それによつて学習の反省をしている等、沖縄の子供達に比べて幸せの限りです。

## (ロ)　学校の人的組織

教員組織は数的にも、質的（資格）にも日本の中央だけに非常に恵まれています。数的に大宮小学校を例に取りますと、学級数二十六、フリー教員が校長、校務主任の外に専科が六名（音、体、家、図工、理、養護）計三十四名、それに用務員（世話人）四名、給食係七名、警備員（宿直係）三名 総計四十八名という大世帯になります。資格の点では殆ど全部が有資格者で、地方の師範学校を出た方も何か専攻の教科を持ち研究熱にもえた教員が多く、高師や戦前の大学を出て小学校に奉職される方の多いのも特色だと思います。

## (ハ)　児　童

恵まれた環境、設備の中で育つ児童達はのびのびと明るい感じを受けます。赴任した翌日から、沖縄から來た先生をつかまえて質問したり、いたわつたり、はげましたり、大人顔負けのお話しぶりは、物言わぬ児の問題になやむ私達とはまるで縁遠い様な氣が致しました。

恵まれた環境と書きましたが、中には市内の繁華街の中心にある学校や歓樂街に隣接した学校もありましたが、沖縄の特飲街の近くの学校やほこりを浴びて建つている學校に比べると、なお條件がよく本や雑誌で見たよりは打つべき手は打つてある様に見受けられました。

家庭学習が徹底して、塾、家庭教師を利用する等、知識的な学科の進度が遅れるという心配は全然ありません。

## (ニ)　教員の待遇

○本　俸

○扶養手当……•妻又は夫六百円、•子供一人六百円二人以上は四百円加算、• 六十才以上の親四百円

○勤務地手当　（本俸＋扶養手当）の二十五パーセント。以上三つが定期月收入

○ボーナス…… 六月、十二月、各々定期月收入の五十パーセント

○貸 付 金…… 六月、十二月、各々定期月收入の五十パーセント。

貸付金とは、書類面では返済の形をとり、実際は各人の臨時收入となる。

教員の定期月收入の具体例を大宮小学校にとりますと次の通りです。

| | 勤務年数 | 本俸 | 扶養手当 | 勤務地手当 | 月総收入 |
|---|---|---|---|---|---|
| 学校長 | 三三 | 二四、四〇〇 | 一、八〇〇 | 六、五五〇 | 三二、七五〇 |
| 男教員 | 二〇 | 一九、六〇〇 | 二、〇〇〇 | 五、四〇〇 | 二七、〇〇〇 |
| 同 | 一〇 | 一三、五〇〇 | | 三、三七五 | 一六、八七五 |
| 同 | 五 | 一〇、六五〇 | 六〇〇 | 二、八一三 | 一四、〇六三 |
| 女教員 | 三〇 | 二三、六〇〇 | | 五、九〇〇 | 二九、五〇〇 |

| | | | | | |
|---|---|---|---|---|---|
| 女教員 | 二〇 | 一八、四〇〇 | | 四、六〇〇 | 二三、〇〇〇 |
| 同 | 一〇 | 一一、〇〇〇 | 六〇〇 | 二、九〇〇 | 一四、五〇〇 |
| 同 | 五 | 九、九五〇 | | 二、四八八 | 一二、四三八 |

（註）・学藝大卒の初任給　七千八百円
・三ヶ月乃至半年毎に昇給す。
・毎月五日と二十日の二回に分けて俸給が支給される。

（一九五二、一一、五）

# 夏の学校（小学校）（一年生）

1952〔8・8 / 9・7〕

奄美大島名瀬市
奄美小学校
福　山　　功

## (1)　夏季学校開設まで

### ※動　機

奄小一学年一学期最終ＰＴＡ座談会「夏休間の学習と躾について」から話が進み、全学級から希望者を募集して夏季学校を開設することになり、私は各種事情から名瀬に居残りの関係でこれを引き受けることになつた。

私はこの瞬間、大きな希望を見出したような氣がした、それは、私の平常の夢を思いきり実現する機会が與えられたからである。

上に学校長をいただき、その下で一学級を担当している私共にとつては、学校経営の大きな枠内ではあつても各種事情にしばられて、いつも平凡な流れにとらわれ勝ちである。

夏季学校は法的にも、学校社会的にも全く束縛されない、自由な營みが許されるから、進んで引き受けたのである。

自由の裏には責任がある――これは私の信念であるが大きな自由は大きな責任が存在することに、なんだかわくわくしながら構想を描いてみた、先ず第一頭に浮んだことは「夏の学校」に対する父兄の関心であつた。それでこれに対する一般の希望（輿論）を調査することにした。

### ※調　査　概　要

1、今まで年令別に学級編成してあつたのを、本会開設により混成すると諸種の問題が起るだろう
2、面白く遊ばせて下さい
3、おさらいの面倒を見て下さい
4、一學期の躾を保たせたい
5、家に置いとくと悪い遊びにふけるから
6、一学期の成績が悪いから補習授業をお願いする
7、他の組とも学ばせたい
8、父兄の百言より先生の一言がよい
9、先生に凡てをおまかせする

全く親心の展示会で、子の親としての私も全く共鳴する項目ばかりである。――真教育の立場からすれば是非もないことであろうけれ共――私の平常もつている夢に栄養剤を注射したかつたからである。

私は早速自分の所感と計画の概要を刷物にして御協力方をお願いしたのである。「刷物は次の通り」

父兄の皆様に

一九五二、七、三一　　福　山

あこがれの夏休み！（魚つり、ままごと、帰省旅行等）とにかく清い童心の奥底には、わくわくする――言葉で表現できない喜びと、樂しみ

とをもつて夏休みをむかえているはずである。
今まで何曜日何時限何科の勉強と、或るわく内で学習してきた子供にとつては夏休みは籠から放たれた小鳥の心それである。この自由のきく夏休み、楽しみにしている休みに、父兄が彼等の生活を規格化するということが良い事か、悪いことか猛省すべきではなかろうか。

但し彼等は本能の向くままの要求であつて、現在を楽しむことのみしか念頭にはない。現在を楽しく遊び、学習することが將來の基礎となるべき生活規範を與えることは大人の責任ではなかろうか。

本集いの趣旨もこゝに根底がある—私の夢は日本の大都会に完成された子供の遊園地（小型汽車もあれば電車、自動車、飛行機、ボート、植物園、動物園、映画等子供の興味本能をゆすぶる視聴覚五体を楽しませる）に家族同伴で一日を楽しく遊び、学ぶのそれでありたい。

それに私の立場は廣大な遊園地で迷子を出さないように、次から次へと案内してやる、相談役、補導者としての存在でありたい。

これは現在の名瀬市では単なる夢ではあつても——それに程遠いとしても、遊んだり、学んだりする場は設営できないものかしら!! 法規時数にしばられない、伸び伸びとした遊び、学習の場を考えてみました。

※グループ……同好グループに編成、約六班—班長をおき毎日の日課は話し合いできめる（班長中心に）

※場の構成——幼稚園教室開放（四〇坪）

A 教室（二〇坪）

〇おんがく……オルガン、蓄音機、ラジオ（学校のもの借用）

兒童用楽器開放——（カスタネット、木きん、シロホン、タンブリン等）

〇長期研究グループ研究物

ふな、げんごろう—飼育びん、バッタ、虫、ちようちよ—飼育箱、からいも、発芽かんさつ—びん、花鉢

〇遊び道具開放——積木、いろいた、風船、花火（費用?）とび縄、各種ボール、三輪車、スケーター、模型電車、汽車…があればなあ!

B 教室（二〇坪）

〇班別学習座席

〇図書棚……学校のもの、文化会館移動図書館のもの借用の繪本、ざつし

⊙お願い……繪本、雑誌のよみ古しがございましたら、私が責任保管いたしますから借して下さいませんか。一年向きのが少ないので困つています。月おくれでも可

〇黒板……落書ではなく学習用に自由に使用させるもの

右の貧弱な設営ですが幾分でも興味をもつて迎えられるよう御協力方願います。

次は兒童のための日課表です。定時のものは（おさらい、たいいく、おんがく、えにつき）、書いてありません。文化会館やおさらいなどに関連して、組み合したのですが、下の準備は忘れさせないように、その日の朝もたせて下さいませ。

註＝講習会などのような教育行事の日は休日にしたいと存じます。其の他は毎日出校させて下さい。（九時開始豫定）

| 日＼項 | 行事 | 文化会館プログラム | せんたくがくしゅう | じゆんび |
|---|---|---|---|---|
| 31 | 音楽講習 | | 休 | |
| 八月1 | 同 | 奄小一映画 | 午後四時 | |
| 2 | 同 | | 休 | |

| | | | | |
|---|---|---|---|---|
| 3 | 同 | | 休 | |
| 4 | 習字講習 | | 休 | |
| 5 | 同 | | 休 | |
| 6 | 同 | | 休 | |
| 7 | 同 | | 休 | |
| 8 | | | くみわけ、おべんきようの仕方 | |
| 9 | | | ラジオをきく、どうわ | |
| 10 | 四谷区出校日 | 奄小一映画（午後二時） | くみわけ、おべんきようの仕方、反省、飼育 | ざる、びん |
| 11 | | | 繪本をみましよう、ちくおんき・かんしよう | |
| 12 | （小原先生講習豫定） | | いろいろなむしあつめ | びん |
| 13 | | | 休（豫） | |
| 14 | | | おしばあつめ、らじお、ちくおんき | はさむほん |
| 15 | | | おはなし、おんがくかい | おんがくのほん |
| 16 | | | づが、紙芝居 | がようし、クレヨン |
| 17 | 東区出校日 | | らじお、ちくおんき | |
| 18 | | 奄小一映画（午後四時） | おはなし、繪本をみましよう | |
| 19 | | | きのはでむしつくり（はをはさんだ本） | 画紙、のり、はさみ |
| 20 | | | みづあそび、ままごと遊び | ままごとどうぐ |
| 21 | | | おはなし、こうさく（ねんど） | ねんど |
| 22 | | | らじおをききましよう、おりがみ | いろがみ、他のかみ |
| 23 | | | こうさく（ちぎりがみ） | いろがみ、のり、画紙 |
| 24 | 永田橋区出校日 | | おしばなつくり（いろいろなはなあつめ） | 画紙、のり、はさみ |
| 25 | | 奄小一映画（午後四時） | らじおをききましよう、紙芝居 | |
| 26 | | | えほんをみましよう | |
| 27 | | | らじおをききましよう、おりがみ | 西洋紙か、色がみ |
| 28 | | | おはなし、ちくおんき | |
| 29 | | | こうさく | 画ようし、はさみ |
| 30 | | | 紙芝居 | |
| 31 | 朝日区出校日 | | むしのえをかきましよう | 画紙、クレヨン |
| 1 | | | すきなえをかきましよう | 右同 |
| 2 | お盆（迎） | | 紙芝居、ちくおんき、きりがみ | 色紙 |
| 3 | お盆 | | えほんをみましよう、おはなし | |
| 4 | お盆（送） | | お盆のえをかきましよう | 画紙、クレヨン |
| 5 | | | 紙芝居、ちくおんき、せいり | |
| 6 | | | おさらいのてんらんかい | |
| 7 | | | いろいろなもののてんらんかい、じゆんび | みんなもたせて下さい |

右は大体のその日の準備を記入しただけで、毎日は班長中心に、或は全体の氣分に應じて計画したいと存じます。表に書きました趣旨を活かすためにも各方面からして御希望がございましたら、口頭でも、書かれても自由に、御知らせ下されば幸いです。

## (2) 方　針

……(尙刷物に附言してみたい)

教師の位置は、案内役であり、補導者であり相談役でありたい、と述べてきたのであるが、

兒童は一体どんな問題が発見されて相談を持ち込んで來るだろうか、これが問題となつてくるとおもう。

解らないということが解つて始めて、兒童が解決しようという意慾にかられて教師に補導を求めてくる。卽ち生活の場に飛び込んで始めて問題にぶつつかるのであつて、事前に真実な問題は起り得ないとおもう。

◎問題を與えるような場

◎強いられてするのではなく、自ら求める学習の場

◎遊びの中に自己を見出すような場

◎協力によつて解決の出來るような場

等々の場を構成して、その中で團体生活をさせながら更に彼等の力によつて新しい生活の場を更生していけるようなものでなければならない。

このような理念を裏付けるものは、経営の根

氣と対外者の協力が絶体必要になつてくる。

## (3) 計畫と協力

愈々計畫立案してみて、余りにもその乏しさに驚いたのであるが、先ず在るものは最大限に活用し、尙父兄に協力を求める方針で実施した。

## ※所　見

終戰後の学校教育の場が如何に荒んだ殺風景なものか。新教育だ、個性開放だ、伸展だと理論はならべながら、果してどんなものに多くの学校豫算が消費されているだろうか、一應反省すべきであろう。

甚だしくは、現存する兒童圖書さえも(破損するから又は紛失するから)とかで死藏されてはいないだろうか。

拡声機、ラジオを設置しながら、週番長ののど保護のためにばかりあるのか、(ラジオプログラム)のひとときを聞く時間の特設(レクレーション或は学習として)の余裕さがあるだろうか。

兒童のためにあるものであるなれば、すべからく開放し、尙必要と思うものは当局にどし

〈訴えると共にPTAの問題として提案さるべきである。

## ※学校・父兄の協力

◎觀察研究に……はぶ、蝶の標本、海えび、器物が集つた。

◎風船、花火の寄贈があつた。

◎計数器が手に入つた。

◎積木の資料が集つた。

◎図書(繪、雜誌)が集つた。

- 幼稚園―九册
- 小学校―一五册
- 文化会館―廿册
- 父兄から―廿册

} 六四册

◎レコードが集つた。

- 幼稚園―五枚
- 小学校―四枚
- 一般―五枚

} 一四枚

◎紙芝居の種本が集つた。

- 幼稚園―五册
- 小学校―六册
- 文化会館―七册

} 一八册

◎いろはがるたが四組集つた。

其の他「刷物中の計畫以外」にもあるが省く。

自分の責任において借用中のもので心をくだいた。

## (4) 日　課

### 1　午前九時開始

備品の保管の関係で錠がけにしてあるので午前八時半頃までに戸を開放しておいた。

### 2　活動は開始される

これは当番制ではなく自発行動をまつて（経営の目標もここにもあつた）

◎お掃除……塵拾い、散水
◎雑誌のならべ方……修理
◎積木の整理
◎飼育……水かえ、餌
◎かんさつ栽培……発芽状況、花鉢を日光にあてる。ありの巣つくり（びん入り）
◎今日の刷物の配布

### 3　正九時―約一時間

おさらい　繪日記

この時間は定時のものとして必修とした。こゝで共通的な間違いや難解のものは一齊補導をなし完成させ捺印或は賞として花丸を與えた。課題中には校外で研究するものもある。例えば

葉ぱ集め　虫集め　貝あつめ　川海にいるものを集め飼育する　粘土採集など

尚課外（家庭）で勉強した教科の提出（自由捺印花丸）

能力によつて完成時間の差ができるので、早いものは次の選択学習にうつる。

こゝにも私共の平常のなやみがあつた。即ち國語時間中、與えた課題解決に対して優劣児の速度があり、優児をもて余し無意味に近い課題や遊びにのみ過さざるを得なかつた。こゝに何か得られないものか……。

### 4　選択学習

◎積　木
◎よみもの（繪雑誌）
◎ボール遊び
◎いろはがるた
◎計数器遊び
◎いろいたならべ
◎風船あそび　◎しろほん、木琴練習
◎ラジオを聞く（こどもの時間十時―十時三十分）
◎飼　育
◎栽　培
◎觀　察
◎なわとび遊び
◎ままごと遊び
◎しやぼんだま遊び

必修時の済んだものは、個人、班同志で自由に選択学習する。私は両教室の入口に座し、出來得るだけの相談役を務める。

※この様な施設や尚自学自習させる様な各種の施設をなしておいたら平常優秀児にあきをおぼえさせないで進んだ学習が出來るであろう。せまいながらも教室施設の研究をしてみたい。

### 5　学習氣分の轉換

選択学習でやゝ興ざめした頃合いに、全体集合をする。

◎歌いたいもの（おるがんで）
◎紙芝居
◎蓄音機（鑑賞）
◎お話（童話）
◎体　操

右の準備、計画されておいてあるものから、全体の意向を聞く、多数の意見のものに落付くがこの時間は團体としての行動を目指すので各個に別れた選択学習時のようにはしない、どこまでも團体的、集團生活の新しい訓育が目標であるからである。

※　実際（この期間で実際やつたもの）

(1)　音　樂

⊙教材―一年生。ちようちよ（拍子）…小樂器利用…これは数回。ぶんぶんぶん。こいのぼり。たまいれ（小樂器利用）。ひよこ。はとぽつぽ。しやぼん玉。たなばたさま。くつ

がなる（小樂器を利用）。おつきさま。すべり台。日の丸。ゆりかごの歌。

⊙のど自慢小会

(2) 蓄音機（鑑賞）

月夜の牧場、みどりのそよ風、南京豆、てるてる坊主、しやぼん玉、見てござるい遠足、三びきのこぶた、ナイトさん小人さん、赤い郵便馬車、僕等の遊園地、あひるの散歩、かかしはいい子、帰りのお馬、土人さんのおどり、村祭、波、虫の声、ひらいたく、日の丸、蓄音機の故障のため残りは出來なかつた。

(3) 紙芝居

ジャックと豆の木、この子を殘して、ちようちようのおてがら、光を子等に、エヂソン、いたづらこんちやん、おおかみの大しくじり、可愛い先生、がんの仲間、五色の鹿、親ゆびひめ、山びこ

(4) お話（童話）

熊とりす、もも太郎…三回に分けて、善子さんの或日、かえるといど（イソップ宝玉集）かごのことり、きつねとやぎ、ウサギのふみきり番、ボールの虎狩り、おしやか様とカンダタ…二回で、しらいとの話…二回で、ねずみとピアノ

右のうち、(3)、(4)が回数が多かつた。

この時間は補導者の計画、準備がなければならない点で愼重を期した心算であつた、後は兄姉や父兄も入室するといつた盛況であつた。

兒童の興味時間もそう長いこと続かない、選択学習にもあきて、何をやつてよいやら、解らないところさえも解らないという兒童が出てくるから、この頃合いが一番取上げる時間ではないかと思う。

ところが例外もあつた。

「いい頃合いだと集團時間に入ろうと集合させたが三人だけ一心不乱に積木をやつている。見れば驚く程の構想も大きいし、よく出來ている。それは、黒潮丸だといつて三人共作で、長さ一米位に巾六十糎位のもので、仲々創作工夫百%というところなので集合をやめて三人を應援しながら見學させた。この後の積木の構想が一變したことも特筆すべきである。」

私共はよく先生案に引きつけたがるもので、ここにも反省させられるところがあつた。

型にはまつた時間ではなく、常に全体の空氣や個人の目の輝きを鋭く觀察して全体や個人の指標を與えてやつてきた。

## (5) 反省

教育が兒童生活の成長発達を助成する営みである以上、教育の対象である兒童が凡ての根本として計画し組織されなければならないはずである。新教育が叫び出されるや、櫻田プラン、奈良プランを燒きなおして我が校プラン顔をしたがる、こんなところにその地域の兒童は置き忘られ勝である。

親切にかみくだいて流動物として補給する法と、資材や調理法を提供して自らの力で調理攝取するような教育法（平凡な事例ではあるが）の二面について、機会があれば試してみたいと念願していた。はからずも本機会を得て、期間は短い、深度は浅い実驗ではあるが、平常を反省して、得るところがあつたと喜んでいる。

### 1 選択学習中の讀書について

前に述べたようにこの時間は絶対に強制したり、指図したりすることがなく、自由に開放された時間である。

自由な天地ではあつても指図や親切に馴れてきた兒童には、何をどうすればよいか、まごついているのもいるだろう。又は性格上超内向性の兒童もいるだろう。この多数多様の兒童に対してはその原因を探究しなければならない。そして教師自らも反省すべきである。

◎與えたものは大人觀から價値あるものではなかつたか

◎彼はこの他に何を慾しているか、など。

## 実験1

児童はどんな読物を慾して
いるか

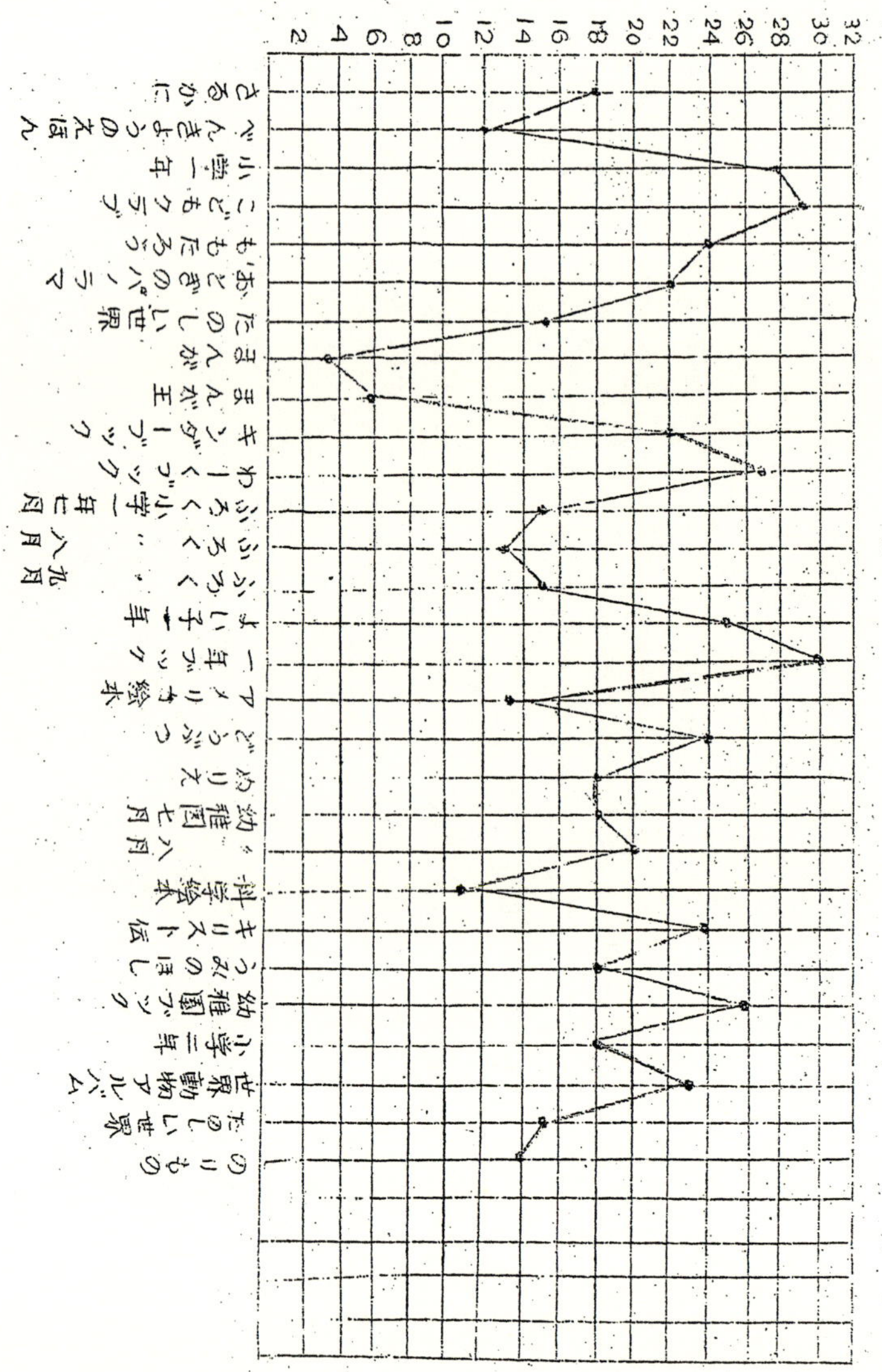

集つた六十四册の雑誌を拡げて自由に見たい本を私に届けてからよむことにした。一―六四號までの番號を附し台帳に記録し、月計は左の通りであつた。この表から何を教えられたか(紙数の関係で全册を省き特異なものを記入してある)

※繪だけのものには余り氣を向けない。物語りとか、童話のような文字を多く取り入れたものに多く集るようである。相当文字も習つた今頃、課外のよみものを読むうれしさをもつているようである。

| | 好き員数 | 理由 | 内容概要 |
|---|---|---|---|
| よい子一年 | 4 | しりとりあそび…2　花火…1<br>どうわ（たけのこたろう）…3<br>まんが…1　七夕…1 | 童話…5　花火・しりとりあそび・<br>まんが…4　七夕…1<br>理科…1　はつぱあそび…1 |
| 小学一年 | 3 | どうわ（しかとぶどうの木）…2<br>まんが…2　ずこう（ねんど）…1 | どうわ…4　まんが…6　繪日記…1<br>理科…1　図工（粘土）…1<br>字のおけいこ…1 |
| こどもクラブ | 4 | ジヤツクと豆の木…4<br>どうわ（浦島太郎）…4 | どうわ…2　まんが…4<br>メンタルテスト |
| べんきようのえほん | 1 | たのしいどうわ<br>（なかよしのたま）…1 | どうわ…1　メンタルテスト<br>（浦島太郎の單行本みたいなもの） |
| 一年ブック | 3 | どうわ…2　まんが…1<br>社会…1　図工…1 | どうわ…6　まんが…3<br>文字遊び…1　社会…3<br>理科・図工・メンタルテスト・算…2 |

◎童話を多く好むということがわかる。

学校図書、学級学年文庫を設立する場合の参考にもなるとおもう。一年生の例ではあるが、高学年に進むにしたがつて趣味、興味、学習参考等もあるし或は学級の特質から割出して事前に兒童会などを通じて科學的調査の上になすことが、必要であることが感受される。

**実驗2**　本の破損を如何にして少なくするか

実際——六十四册中

◎小破（表紙や中味が破けたりするもの）……五册

◎大破（表紙がとれたり、中味が抜けたりバラバラになつたもの）……三册

◎紛失……なし（返却までには修理ずみ）

計画、準備の際、一部父兄や同僚から忠告を受けたので内心豫想の本代を計算もしてみたものであつた。

使用前に、おざなりの訓話じみた約束などもやつてみた。「守りましようね……はい」……これは反動的に出た音声で何も役立たないであろう。

※私は破損防止策として「破損と生活」との関係を子供たちに理解させたいというのが目標であつた。

私は破つた人のせんさくを絶体にやらない方針でいる。破損されているのを発見して全員を集める、その時の発問が大切であろう。

⊙誰が破つたのでしよう？

△自分はしなかつたと声明したがるくせを作る。

△先生○○さんよと告口をさせる機会を作る。

△本にさわるとこわい同罪になると感違いをする。

で決して効果はなく反対に読書慾をそぐことになるとおもう。

⊙ここの本の主はだれですか。

破られてすみませんね、どうしましようと強調すると兒童は自然に修理でもしてお返ししようと感づいてくる、そこを取り上げてほめてやると、次からは発見次第に修理もするようになる。

△まだこの本を読んでいない方は誰れ〳〵ですか。

※自分の実生活に近いもの

学習（教科）と関係深いものを内容に盛られている本が人氣がある。

※人氣の五册について（上、中、下兒各五名に）興味の全容について面接調査をしてみた。

ここだけは読めませんね、どうしましょう。

等と集團生活の中での独断な行為が他に如何に迷惑になるものかを感づかせる方法をとつたほうが効果はよいと確信している。

私はこれと同じ方法で硝子障子のない教室なので保温と明りを得ようと紙障子を自作してやつたことがある。(一九五一、一〇—一)

同僚が小言の元つくりだと忠告した事があつたが北風の冷たさを防ぎつつ、ここが実生活の新しい訓育だと考えて実行した。

破られたことは勿論、その場合犯人はせんさくしないで破けた附近の子供を頭をなでながら、ここから入る穴風で冷たいでしようね、誰か暇の方は修理してあげましようね……という式でやつてみた。

奄美校職員が知つておられる通り、一冬を無きずで通した体験をもつている。

## 2　遊具と利用

低学年では特に教室か適当なところに児童の自由に遊ぶ道具を備えてみたいものである。学習の関係のあるものも、ないものも備えて遊ぶ中に集團生活の美徳を養う機会が得られるし他学習の基礎も練られていくものだと思う。

遊具の利用度調べは次の通りである。

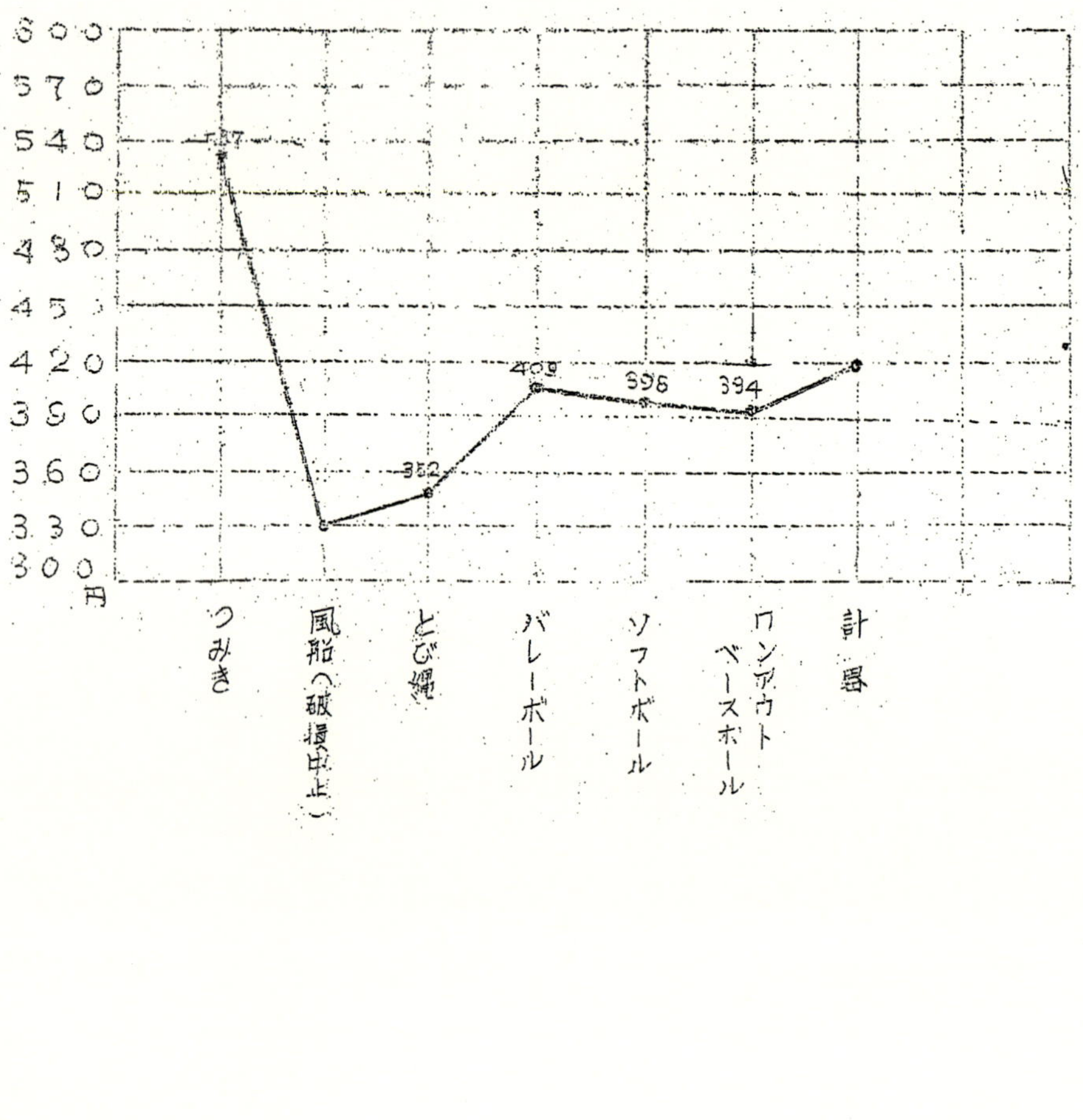

## 実験3　貧弱な遊具を使つてどんな遊びを創作していくか

1　遊具では断然積木が人氣をあげている

⊙共作で黒潮丸を作つた。船体だけでなく大小の積木を組合せて曲線的に、立体的に而もその構想が壮大であり子供らしさの最もあらはれたすばらしいものであつた（長さ一米、巾五〇—六〇糎もあつた）

港町にいる兒童で朝夕スマートな日本船をながめその印象が斯く表現されたものであらう。

第二の驚きは甲板から上部（船長部屋、マスト、エントツ）ができたことであつた。

船腹には校庭から石と板片をさがして充ててあつたすばらしい構想と技術に驚き全員見学させた程である。

⊙平面的なものでは

校舎、校庭、池、砂場、スベリダイ、校門など奄美校の模型を作つてある。

入学当初—学校めぐりをした頃を思ひ出し偉大な創作、工夫の進歩に感じいつた。

其の他の遊具でもいろ／＼な遊びを創作していたが省略する。

先づ與えてやらせることによつて学ばせるのである。「こゝをどうしたらよいかなあ……」と一心不乱に考案しているとき、與える暗示こそ兒童の創作発見の動機となるものである、模倣から入るということも一考案を要する。

※先づ與えて当らせて自己を発見させることであると確信する。

3　小樂器と利用

小樂器を揃えておけばこれをどの程度興味をもつて利用し、どの程度練習軌道にのるかを知りたい。

初日では珍しがつて無茶く茶の乱打であつたが数日してから家庭で練習してあつた洋子ちやんが「はとぽつぽ」をたたいてからは、そうぞうしさはなくなつた。十日目頃からはドレミフアを打つもの、既習教材の一節あたりをどうやらたたくものも数名でてきた。

洋子ちやんのようにうまくたたきたいという意慾が出た者に手ほどきをしてやると非常に熱心に練習を始めた。私自身音樂に興味をもたないのでその手ほどきも充分ではなかつたが、終頃からは十三名は自分のすきな教材をうまくこなせるようになつた。上手な子供をとらえてやるか、音樂主任と連絡とつていけばその成果は見るべきものが大であると確信する、利用度は次の通りである。

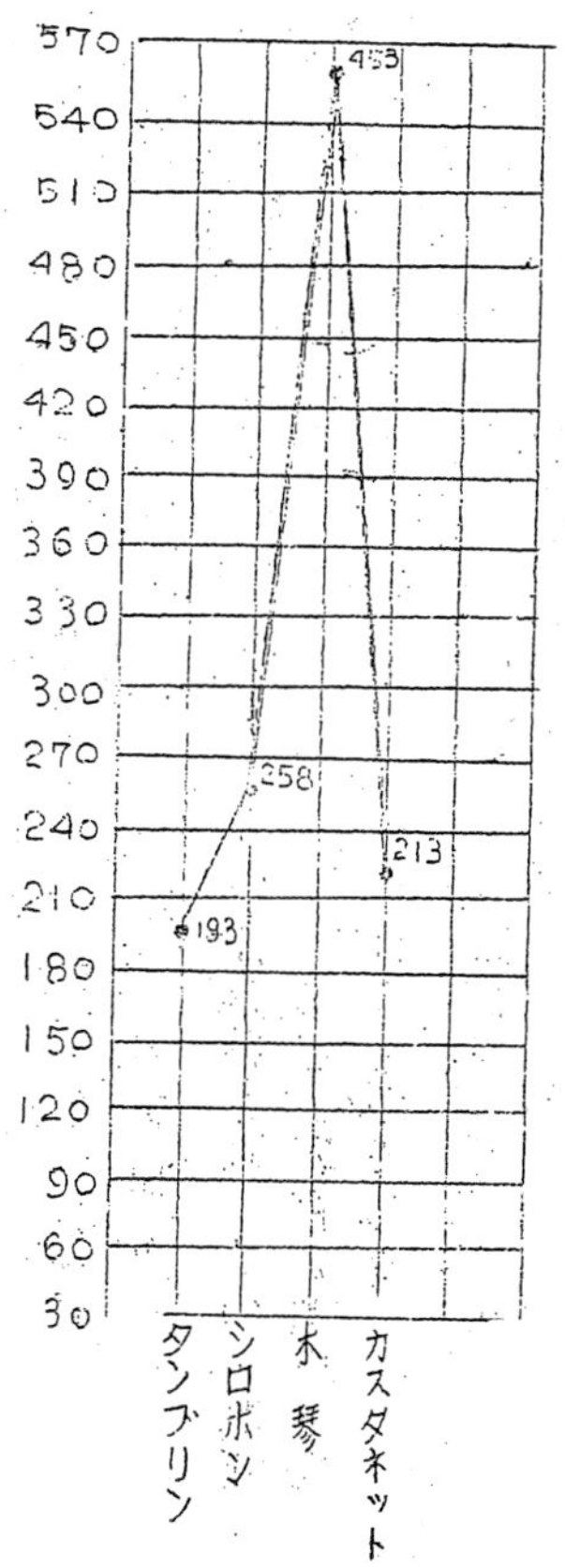

## (6) まとめ　夏の学校は何を教えたか

### 1　子供の生活をもつと洞察せよ

教育の一般目標の凡てを教科の学習だけでは充分に到達することは困難である。

では、低学年ではどんな時間に、どういう方法でこれを補うことができるか。

教科の編纂を見ても分るように特に一年では文字の学習に入らない前の各教科は繪のみである、遊びのみである。

繪から生活を引き出し、繪で生活を指導する、又ごつこ遊びによつて教科の基礎学習をねらつているようである。斯かる觀点から兒童の立居振舞を凡て学習であるとすれば、その学習の手助けとなる、環境を整備しなければならない。生活するのは兒童が主体であるから、整備にあたつては、主体である兒童の生活をはつきりと觀察し、洞察していなければならない。

子供は活動本能があつて、繪をかく、破壊する、建設するというように一瞬時もじつとしていない。この生活の根源をなす活動本能を正しく導いて行くように整備していかなければならないとおもう。

黒板に落書きをされて閉口していると言う先生は一歩さがつて反省しなければならないだろう。その本能のはけ口が運悪く黒板を利用しただけで兒童には罪はないはずだ、黒板を先生のものとのみ考えるところに間違いがある。

要するに彼等の生活を洞察し、必要や興味を補つてやるのが教師の立場だとおもう。

### 2　先づ與えよ　而らば汝與えられん

前にも述べたように学校圖書も体育器具もラヂオ、拡声機も、すべからく学校備品は兒童のためにあるはずである（直接間接に）。

開放するものは思切つて開放し、利用されるものはどしどし利用させる学校の度量がなければならない。余りにも経済とにらめつこばかりしては駄目だとおもう、又婆心が強く百才の母が七十才の娘に説教するような、余りにも親切すぎて任し切らない所にも缺点があろう。手段方法を研究すれば一年生でもひとかどの係や主任として責務が果し得るものである。

汗を與えよ、而らば稔らん……とは農家の金言であると共に、教育畑にも通用する言葉ではないだろうか。

この根氣、この愛、この度量こそ兒童の学校、兒童の学級を生み出すもとになるとおもう。

### 3　記録をとれ　その累加記録の中にこそ教育の糸口は発見されるものである

勘では駄目である、記録はそれが如何に平凡なものでも、その蓄積されていく過程において教育の糸口は次から次へと繰り出される。

◎同心円めぐりで進歩があるか
◎漸進しているか
◎創作があつたか
◎退歩しつつないか

等、何が彼をそうさせたかという因果関係も見出されるであろう。

物事の一角を觀て談ずるの愚はやめよう。因果関係は累加記録によつてのみ解決出來るものである。

斯くしてこそ、いつも新鮮な、うるおいのある明朗な学校、学級といえるであろう。

一九五二、九、六記

研究資料

# 三年生單元
# 「お魚」

那覇久茂地校　社会科研究部

目標

一日も早く新鮮なお魚を私たちの食膳に賑わしてくれる、お魚屋さん、漁夫の方々の漁撈法、貯藏法、衛生等の工夫を研究し、御苦心に対して感謝の念を会得させる

## A　市場見学

（お母さんと一緒にお魚を買いに行く）

一、販賣方法

1、市民がいただくお魚は何処で販賣される

2、どんなにして販賣しているか

△マグロなどの大きなお魚は

△グルクン、飛魚、ジヤコなどの小魚は

3、市場での容器は何にか、なぜこれにしてあるか

4、腐れないために如何に工夫しているか

5、他県のお魚屋と比較してみる……挿繪

6、賣つている人はどこの方が多いか

二、衛生上から見てはどうか

1、市場内は全体としてどんなに衛生上注意しているか

2、賣場の衛生はどうか

3、賣る人の服装、道具は衛生上どんなに苦心しているか

4、はえなどがつかないためにどんなに工夫しているか

5、臭氣を無くするために工夫しているか

三、種類について

1、大きなお魚にはどんなものがありますか

2、小さいお魚にはどんなものがありますか

3、最近どんなお魚が多いか

4、次のは何月頃が出廻るか

いか、かつお、グルクン、マグロ、スク、其の他

5、川魚にはどんなものがある

6、那覇市場のお魚はどこから多くくるか

△深入りはしない。

一〇六頁挿繪の話し合い。…暗い頃から漁に出て、膳にのぼるのは夕になる。問題を挿繪から検討してみる

四、カマボコ市場

1、どんな形のカマボコがあるか

2、形、色、によつて使い道が違うか

3、何で作られるか

△カマボコ工場を見学いたしましよう

△製造法をならいましよう…原料

4、どんなお魚が多く使われるか

5、どこの人が多いか

6、カマボコの罐詰があつたが何処から來たのか

7、カマボコの値段の變化は何に關係する

△お尋ねする時の礼法、物の上手な買い方

五、海から取れるもの（食用で）。できるもの

1、動物にはどんなものがあるか

魚、貝、かに、其の他

2、海藻類にはどんなものがある

3、肥料になるものには

4、海のものから出來るものにはどんなものがあるか

5、罐詰（海産物）のレッテルを集めましよう

6、海人草についてお話をうかゞいましよう

7、真珠、ボタン、サンゴについて調べましよう

△百八頁の挿繪參照

◎お魚が多く市場に出ると肉、豆腐が安くなると言われますなぜか

## B　漁連のせり市見学

（一〇四頁―百九頁參照　挿繪を読み話し合い　見学の方法を計画す）

### 一、せり市

1、お魚はどこから運ばれるか
2、せり市の値段のつけ方はどうしてやるか
3、何にお魚を入れてあるか
4、冷藏庫はどんなになつているか
5、買手はどんな方か

### 二、運搬の方法

1、市場其の他には何で運ばれるか
2、他県のせり市と比べましよう…挿繪
3、糸満から那覇には何で運ばれるか
戦前はどうだつたか…話をきく
4、糸満女の戦前の魚賣り姿
△百五頁の挿繪參照…読む

### 三、貯える方法

1、お魚を貯えるには如何なる方法があるか
2、生のまゝ貯えるにはどんな方法がある　氷、塩づけ、其の他
3、乾燥させて貯えるには
4、罐詰、デンプはどうか
5、鰹節はどうして作る
△見学の交渉方法
お礼状を送る　通信の勉強

## C　糸満へ遠足

（九三頁―九五頁參照）

### 一、糸満の港で

△漁船帰える浜の様子を見学する
1、魚をあげる時の浜の人の動き…百三頁參照
くり舟、　漁船
2、出船…九八頁參照
3、漁夫の体格はどうか
4、作文、写生をする

### 二、山てん森に登つて

（九二頁挿繪読み話し合い…糸満と比較）
1、港の船の様子はどうか
2、どんな種類の船があるか…
3、漁業に関係した施設はないか
冷藏庫　其の他
4、暴風警報の傳達の施設はどうか
5、漁家と農家との家の構え方はどうか
6、ながはまの海岸とはどうか
7、写生をする
△漁港としての景觀の把握

### 三、漁業上の悪條件

1、戦前に比べて魚が少いのはなぜか
2、久茂地川の戦前小さな魚が取れたのに今はなぜ少いだらうか
3、ダイナマなど使用するのはなぜ悪い
4、川で薬や電気を使用するのはどうか
5、氷が得にくいのはどうか
△船底板一枚の下は地獄の意味は

### 四、漁撈法などについて

1、海岸ではどんなにして魚を捕るか
つき竿、つり糸、投網、たて網もり、其の他の網
2、つり針とあみの種類を調べてみましよう　釣道具店見学
3、昔の人はどんなにして魚を捕えたか　九六頁挿繪参照
4、かつを釣、いか釣、ふか釣、しび縄、名護のいるか、などの話をきく
5、大大的な漁撈法をうかゞう、トロール船追込漁業蠻工船
6、漁船見学普通船と比較
△九六頁―百二頁まで…本からまとめる方法
△漁村の子としては深く研究したい、都市の子としては、上級生になつて研究

### 五、魚が沢山とれるためには

1、くり舟か人力から機械力に變つたことはどうか。
2、水が得やすいことは
3、氣象觀測、造船術、通信機の発達は
4、沈没船があることは
5、森林とお魚との關係
6、水産試驗場の使命
7、其の他

### 六、爬龍船

（みなとおどり參照）
1、何日やるか
2、何のためにするか
3、その歴史についてお話をうかゞう
4、繪に描いてみる
5、爬龍舟の日漁村の家庭では何かあるか
6、爬龍舟の思い出を話し合う
7、漁村の娯樂にはどんなのがあるか

## D　むすび

社会科で相当錬えられた、三年生の学校で如何に社会科の教科書を利用するか頭の中に入れて計画してみました　これが上級に進んでは「漁業」として取扱い　世界の漁業、沖繩漁業まで発展せしめたい。

# 夏休み実務「訓練実施記録」

宮古女子高等学校

## 一、計　画

1　目標　各官庁、会社、團体等に三年生（卒業学年）を依頼して次の指導要項により社会生活の実際を体験せしめると共に実務の見習をなさしめ各生徒との自覚と教養を高め教育の基底たらしめる。

2　指導要項　経営の目的、経営の方法組織、庶務、会計等業務の実際及各種業務の連繫関係実務、勤務、礼儀作法其の他

3　期日　自七月二十八日―至八月七日（十日間）

4　配置個所及生徒数

| | | |
|---|---|---|
| 1 | 総務支局 | 二名 |
| 2 | 商工支局 | 二名 |
| 3 | 運輸〃 | 〃 |
| 4 | 資源〃 | 四名 |
| 5 | 財政〃 | 三名 |
| 6 | 工務〃 | 二名 |
| 7 | 情報〃 | 〃 |
| 8 | 統計〃 | 〃 |
| 9 | 法務支局 | 二名 |
| 10 | 警察署 | 〃 |
| 11 | 厚生協会 | 一名 |
| 12 | 民生事務所 | 二名 |
| 13 | 教育長事務所 | 〃 |
| 14 | 企業免許事務所 | 〃 |
| 15 | 文教図書株式会社 | 一名 |
| 16 | 裁判所 | 二名 |
| 17 | 共栄無盡会社 | 三名 |
| 18 | 平良市役所 | 〃 |
| 19 | 中央郵便局 | 三名 |
| 20 | 宮古島測候所 | 二名 |
| 21 | 税務署 | 〃 |
| 22 | 琉米文化会館 | 〃 |
| 23 | 水産連合会 | 三名 |
| 24 | 農業連合会 | 二名 |
| 25 | 食糧会社 | 三名 |
| 26 | 植物検疫所 | 一名 |

5　其の他

イ　依頼文書の発送

ロ　職員の面接依頼―（実際指導上の具体的話合）

ハ　七月二十七日実務訓練実施に対する学校長訓話及受持教師の諸注意

ニ　職員生徒引率配置及挨拶

## 二、指導の実際

イ　（例）　宮古漁業協同組合連合会の指導要項及感想文

1　事業課の指導記録　（別紙）

2　感想文　（別紙）

ロ　生徒の実務訓練日記（別紙）

ハ　受持教師の感想文

1　三年生在籍五十八名中二名不参加（二名は多良間島出身）家庭及学校生活しか知らない生徒五十六名達が不安と期待に胸をときめかせて社会人の職場へ飛びこむのである。

「私、今日就職しましたのよ」そんなユーモアが飛び出す。來年三月の卒業後の問題が彼女らの切実な問題として胸の中に去來し始めているのである。

2　依頼した各官庁、團体、会社等が学校教育と社会を結ぶこの教育に充分なる理解と協力を寄せられた事に対し誠に感謝に堪えない。受入態勢を前日より整え十日の指導計画書（指導材料、指導分担者等）を明細に立てられてあつた事は教師側がむしろ驚いた位であつた。

3　引率配置から第一回巡視、終了帰校と其の間における生徒たちのおど／＼した不安な態度から馴れきつた態度へそして明朗な、はき／＼した態度へ變化して行く様子が其の度に手に取るように見えて嬉しかつた。これらの尊い体験が今後の教育にプラスされる面は大きなものがあろう。

4　各所よりの明細な感想録及び生徒の日記文は実務訓練の價値を評價して余りあると思う。学校教育ではなし得ない教育を夏期休暇を利用して短時日ではあつたが、なし得たことを幸に思う。

5　社会に直結する教育を、よりよき社会人を教育しよう。この十日に於ける生徒一人〱の失態、或は始めて知つた事柄、苦しかつたこと、悲しく思つたこと、楽しかつた、嬉しかつた事、そうしたものが教師の学校教育への大きな反省の資料となつたことは誠に幸であつた。　（担任　本村玄典）

# 実習生指導記録

自一九五二年七月二八日
至一九五二年八月　七日
（宮古漁業協同組合連合会事業課）

七月二十八日　月　対照（下地）

指導事項　販賣事業

海産物（貝類、海人草）買取方に就いて指導をなす指導要領

1　帳簿記入　浜帳より集荷台帳への轉記をなさしめる。文字は明瞭に特に数字の書き方に注意する。

轉記したら必ず印をつけることを忘れないこと。記載が済んだ後、浜帳と台帳を再度照合する。

2　買　取

貝類の名称と其の用途に就いて説明

買取値段と販賣値段に就いて過去と現在の状況を知らす。

業者（賣手）に対應する時の態度

規格外の貝（稚貝）に対する注意（水産資源の愛護と原料としての價値の上から）

死貝の見分け方、見方

買取品の処理

3　代金支拂いに就いて

浜帳より計算票へ轉記、賣手に数量と金額取扱者をはつきり知らすこと、会計係まで案内する。

4　出金傳票の起し方　何故傳票を起さねばならぬか。

記載上の注意　会計係との照合

七月二十九日　火

指導事項　販賣事業　其他

昨日に続いて買取方と之が計算、記載法を習得せしめ之に附随する算盤計算を指導する。

指導要領

1　出勤より全職員の出勤するまでに年少者としてなすべき仕事に就いて其の順序を教える。

△お湯沸かすべく薬かんをかける

△お湯が沸くまで各テーブルの上を整理する

△テーブルを拭く

△事務所内の清掃をなす

△茶器を洗いお茶を入れて先輩の出勤を待ち出勤順にお茶をすゝめる

右の事項につき当番の島尻さんに毎日の仕事なることを話す

2　八時三十分まで新聞其他を読み友人と語り合う

3　勤務時間（八時三十分より）

△貝殻倉庫で貝の種類効用、良品と不良品の見分け方、水揚高價格等に就き話し合う

△倉庫に於て種々の水産用品の説明をなす

△賣店にて其の設置の目的、賣上仕入等説明

△貝殻選別を実地に行う（島尻さん）

△海産物の買入より傳票処理までを実際になさしめる

△計算練習、台帳により集荷数量と金額の集計を算盤にてなさしめる

七月三十日　水

出勤までに当番の下地さん朝の仕事を完了して待つて居た（七時四十五分）

八時三十分まで実習生二人、女事務員に手傳つて職員、來客への接待、屋外の清掃をなす。

八時三十分仕事に就く

1　昨日集荷の貝殻類の選別処理

△この仕事は本会に於いて最も嫌はれる仕事である

△これでも我々の生活には大切な仕事であり特に外貨の獲得には最も大切な仕事である

△不潔なる貝殻を手にとつてウジ虫を手に之の取扱いには誰でも最初の内は顔をそむけるものである

△この種の仕事は只下級労働者ば

かりのなすべきものでない

△事業にたづさわる身は出來得る限り自分で仕事をなし利潤を計るべきこと

△事業は男ばかりなすべきものでなくむしろ女に最も適していること

△男は冗費が多くそれに反し女は貯蓄心が強いから事業の成功は女が好條件にある

以上は貝類の手入をしながら職員と実習生の話し合いでした

2　海人草移出

本日出港の旭丸で海人草を本会沖縄出張所へ移出するので之に就いて荷造りから船積までを実際に指導する

△移出、輸出の話

△輸出するに少量のため沖縄向移出をする

△梱包の仕方（移出の時と輸出の時）実習生を指導し彼等になさしめる

△計畫　台帳への記帳

△送り状の認め方

△積荷証明書の作成　その必要性

△荷物の出庫　後の整理

本日実習生は午前中勤務、午後は学校へ集合の由

七月三十一日　木

一、七時二十分島尻実習生出勤例の通り執務前の仕事をなす

一、指導事項　販賣事業

帳簿記入　買取　代金支拂　出金傳票の起し方　会計係との照合等について前に下地実習生に対しての要領で指導す

下地実習生本日病氣のため缺勤

八月一日　金

一、午前中海産物の買取より記帳傳票整理まで島尻実習生に委す

一、午後與那覇会計課長に随い池間組合に於ける鰹節製造の見学に出発せしめる

一、下地実習生病氣缺勤

八月二日　土

一、池間組合の鰹節製造見学のため出張中の島尻実習生午前九時半帰会直ちに勤務に就く

一、午後は久松学区の校舎並に道路竣工祝賀会に島尻実習生を伴い列席す

午後七時帰会途上に於て実習生を帰宅なさしむ

八月三日　日

一、指導事項　海産物の加工

高瀬、廣瀬、玉貝等宮古近海より多量に生産される貝類より身を抜き取り輸出される様な貝殼に仕上げその肉を食用にするまでの過程に就いて三人の実習生と作業をなす

1　指導要領

身付貝の買取方　△身抜貝より値段の安い理由

△貝殼にするまで何割程度減ずるか

△その肉がどれ程に賣られるか

△その割によつて身付貝の値段が算定される

作業（不潔なる作業なれば服裝等適宜に考慮する）

△玉貝のフタの落し方

△身の抜き方、貝柱を切り、カギで取り出す、後を残さないこと

◎肉の処理

△汚物を除去する

△洗い方（アクの除去に注意）

△料理法に就いては説明のみに止り実習の暇なし

△後片付け、作業場の整理、用具の清淨

高瀬、廣瀬に就いては身抜きに際し怪我のおそれがあるために実習を省く

一、山口貞子実習生本日より当会勤務をなす

八月四日　月

指導事項なし、日頃の仕事を生徒に委ね自習をなさしめる

八月五日　火

一、午前十時より午後六時まで八時間島尻、山口両実習生海洋訓練を受ける（警察舟艇）

引率者　與那覇好次郎会計課長

漲水港出発—池間漁港着—鰹納屋見学—池間港出発—八重干瀬漁場巡視—大神島近海経由—白川田沖折返し—池間漁港寄港—漲水着

一、目的

漁場視察、漁獲法見学、爆薬物使用者取締

下地実習生事務所にて雑務を担当す

八月六日　水

実習生に販賣に関する事務一切を委ね外勤に当る

晩事務所の点検を試みる、綿密に執られた事務に満足す

八月七日　木

一、海人草の入庫

各漁船より集荷した多量の海人草を倉庫に入れる

カウンター（計数器）の使用法を説明する

午前中―下地　午後―島尻

感　想

朝に彼等を迎え夕に彼等を送つて十日間を過した。

普通一般の家庭の子女ならば六、三の義務教育を終えて実社会に出て二ケ年を過し三年目に入つた年輩の彼等である。その間には彼等は社会の何れかに属する仕事の一、二は体得したに違いない。

もつと教養を高め廣く知徳を磨いて將來有為の社会人として実社会に貢献することを目標に更に三年の高等教育を受けるべく学校へ入つたことは確かである、彼等が今本会に於いて実務訓練を受けるのもこの目標に到達せんとする彼等の意欲であり生活カリキユラムを目指しての教師の作意である。故に私もこゝ十日間は彼等を対照とする一人の教師としての誇りを感ずると共に重大なる責任を感ずるのである。その意味に於いて私は彼等を迎えてから彼等を送るまでの一日々々を少くとも私と接する時間内に於て私の担当する事務を通して彼等の一擧手一投足に至るまで注意深く觀察して來たのである。

本島水産面の指導をなすには長い時日とこれに対する設備を必要とする。不幸にして私に與えられた仕事の合間々々を利用して設備のないこちらで教育をなすので生徒に於ては何等の得る所は無かつたとしても私は自分でやつただけのことを学校に報告すべき責任からこの書を認めたのである。

十日間の実務訓練を終えて帰つた生徒に対し「漁連に勤務しての感想」を聞いたら彼等は「楽しかつた、そして苦しかつた」とヘンテコな答をなすことを私は豫想する、何故ならば彼等は常に明朗であり如何なる苦しいきたない仕事に対しても真剣そのものでしたからである。今私は彼等を觀察した事をありのまゝに申し上げて学校の御参考に供したい。

一、出勤時間前の仕事

1　七時半又はそれ以前までには出勤している

八時半の勤務時間までには一時間以上の暇がある。その時に彼等はなすべき仕事を見付けるのに一生懸命でした。

2　事務卓上の整頓、拭掃除、内外の清掃、茶器の洗滌、職員來客への接待

之は毎朝勤務時間前に彼等は自分の仕事として真面目に勤め常に明朗にこの仕事に服した。

仕事を永続しても之を嫌はず、にこやかに働く彼等に対して教えたと云ふより教えられたと云つた方が当つている氣がした。

二、勤　務

1　事務に対しカタクナルと云うきらいがあつたが馴れるに從いテキハキさばくやうになつた。

2　使いに行く時は帰つて來た事や先方での出來事を知らせてくれ度いと思つた。

3　事務員の一人だから事務所内で同僚を呼ぶに小父さんではいけないでせう。名前〇〇さん又は会長さん、専務さんの如くありたい。

4　女事務員だけのグループを作る様な時がたまに見えたが必要以外にはそんな事は禁物だ。

5　字の書き方を（硬筆）勉強する必要がある。

記帳の時の字が大き過ぎる、小さく明瞭に書く様にしたい。

6　一、二、三、十、壹、貳、參、拾の字を注意してほしい。

7　計算を早く正確にするため算盤の練習が急務である。

8　積極的に何れの課でも廻つて事務を研究する様にありたい。

以上細い所を書きましたがそれは小さい事で彼等の総ての点によく訓練されている事に対し満腔の敬意を学校に捧げてこの稿を結びます。

# 先島教育管見

研究調査課主事　守　屋　徳　良

亜熱帯の草木におおわれた先島の山々、濃い緑が目にしみるようだ。平良も石垣も戦災の片影だに認められず、落着いた中にも新らしい時代への力強い前進が感じられる。

鈴蘭燈も華かな平良西里通りの賑い、その名にふさわしい石垣を廻らした家の密集する自轉車の多い石垣市、行けどもつきぬ果てない曠野を偲ばせる石垣島南部の平原、この平地の東北部肥沃な地域には沖縄から移住した開拓團が孜々として新な村つくりに精進している。石垣から大浜にむかう車からは悠々と草を喰む牛のたたずまいや、馬の背にゆられる乙女の姿が繪の如くに望まれる。

さんご礁に囲まれた島故に船は遥かの沖合いに錨を下ろさねばならない。はしけは澄切つた海水を泡立たせながらすい／＼と進んでいく。空も水もすがすがしい限りだ。建並ぶどつしりした家、その赤瓦の屋根に影をうつす木々の色のあざやかさ。そこに憩う人々の面ざしの和やかさよ。げに先島は木々の深い緑と強烈な光、平和と情熱の交錯する琉球のパラダイスである。

椰子の葉の揺れる宮古教育長事務所を振出しに市内の学校を一巡させて貰う、農校、水産、中校は共に新敷地に木の香も新たな校舎がたち並んでいる。農校の諸施設は職業学校としてはぜひ必要なものばかり。垣花校長先生の夢を開かせていただく。水産も中校も校地の整備に大童である。炎天の下中校生学舎を美しく住みよい場にしようと汗だくの姿は見ていて氣持がよい。平一、普高、女子高校は戦前の完備した学校の面影を想起させることしきり、とりわけ女子高校の校門からの景觀は、こゝに学ぶ乙女心のやさしさ愛らしさを誇るかの如、内庭の花園の手入れの行き届いていること、校庭の向うの林の見事さ。教室で学習している生徒の満足げな、先生を信じ切つたようなまなざしなど今も尚脳裡に浮んでくる。環境は人を造るという。宮古の学園の周囲を彩る草木の何と美しいことよ。教育長與那覇先生はじめ宮古教育界の方々の人のよさよ。善意と良識に立つ宮古教育に大いなる期待がもたれる。宮古の教育陣は内に力を貯えながらしかもよく謙虚な態度で人の言をとり入れようと努める。この在り方こそ伸びる者の姿であろう。

宮古の教育界にも色々問題はあるようだ。

(1) 差別待遇撤廃―全琉一本建ての俸給
(2) 現職教育の即時実施
(3) ＰＴＡ会費の問題―宮古教育界は明鏡止水の境地に在つて、中央でのさしくりはてんで問題としていない。

同好組織による教育実踐意欲の高揚に拍車をかけている点、研究的教師を中心にした自力に依る再教育の具現等その苦心は多とすべきものがある。叡知を結集して立上がる宮古の教育界の前には前記の難問といえどもいつしか氷解するでことであろう。

運動会のシーズンに入つた八重山の学校を訪れての第一印象は、校舎のよさと校地の整備された美觀である。石垣中、登野城小、高校、農林、石垣小とどれも沖縄本島などではちよつと見ることの出來ない偉觀である。とりわけ農林は、われわれが心に描き夢にあこがれる学校のあるべき姿を備えている、ここにある一木一草といえども何をか考えて配置してあるらしい。外觀に比して内容施設は農校として充分であるかどうか、素人の私にはわかりかねるが。

石垣小の諸調査物に教師の汗と知慧の結晶を見て頭の下がる思いがした。同校の図書室の設備も苦心されている。

大浜町では白保の運動会を見せて貰つた、体育を通じて子供を育てゝ行こうとされるスポーツマン校長山城先生は、学校教育を教師の一國によつて片付けずに父兄母姉をも共に指導者として生かそうと苦心されている点でよい示唆を受けた。卽ち競技種目の一々について感想を求められている父兄は、見つゝ考え、考えつゝ深刻に演技を見せられるので、競技に深い理解を持たされ、かくも細部にわたつて指導の手を延べられる教師の労も思い無限の信頼を抱くことにもなるであらう。

石垣中の運動会は見ごたえのある種目が多かつた。生徒の体位が揃つて見事である、タンブリングは首里中のそれと共に何かしら体操学校の生徒をつれて來て実演させたみたい。

大浜中では授業をのぞく機会を得た、こゝでは研究物を前にして教育過程についてのお話しを伺う、社会科をコアにして授業をすゝめている由、又これと並行して、数学、國語、理科は時間を特設してドリル指導をなしているとのことであつた。経驗カリキユラムと教科カリキユラムを併用しているらしい。研究心に富んだ先生が多いということであつた。

なべて八重山の教育界は自信を持つて日々の教育を推進しているということであつたが見てうなずけるものがある。校長先生方には人格的に優れた方が多く、そういつた先生方にお会いしていると教えられ力づけられる想いで一ぱいであつた。何かしら知的優越というよりは人のよさとして、磨かれた魂の持主として慕わしい存在として、わけて孤島に名もなき存在として愛情の限りを注いでいるゆかしいペスタロッチーに無限の感謝を捧げたい。真実の勝利を信じて御精進を祈るばかりである。自信を持つということについて、自信を持つて仕事にかゝるのとそうでないのとでは到達点で非常な開きを結果する、自信を持つということは大事なことである。自信を持つということは力を持つていることで、力の象徴として人をして仰がしめる。力ある者は力あることについて揚言せずとも人はいつしかこれを感得する。だが力あるものが、すぐれた知者が謙虚に他の言をきく時、更にその力を増すことはいうまでもない。宮古のような共同研究の組織を持つて助け合うならば八重山教育は一層の輝を加えることになるであらう、それは強力の協力であるが故に。

私自身実践の場を離れているために先島の教育実践面についての批判はさけるが、実践面に今一段の努力を望んで止まぬ。教育に終結がない以上この念願は不当ではあるまい。すべての研究も調査も読書も、思索も実践卽ち教育技術の練磨に資する為のものである。知性と情意をかね備えた教師は教育技術を駆馳して実践の場を子供の育つ場たらしめる。新教育において技術を重視する所以のものはそれが教育の全野をおうが故である。生徒を学習の場に誘うことも、興味を與えることも、問題解決に努力を沸わせることも、教育目標に到達させる言為の一切はこれを教育技術と解していゝであろう。現場にある教師は教育技術の修練にいそしまねばならぬ。

終戦後いち早く新教育の実践に勇敢に乗出した八重山教育界が、七年の実践のあとを振返る時、幾何の進歩をとげたかといふことは八重山教育者として常に反省してみる要があると思う。これはひとり八重山のみでなく全琉の教師が思をいたさねばならない点であらう。民話と平和と、情熱の島八重山、幼児も標準語をあやつる程教育が社会に浸透していて教育環境としては羨しいものがある。宮城教育長さんはじめ校長先生方の強い教育的良心は市民にもじかに反映して、教育豫算についての公聴会のあの真劍な態度、独断に馳せず、興奮の中にも真実を、いさかいの中にも和を求めて歩み寄られるあたり、民主化された八重山の姿を見せていただいた。それは活氣に満ちた中に教育を愛する人々の深刻な洞察をも伴つて。

琉球教育の直面する問題は余りにも多い。一々列擧するの煩をさけるが焦眉の一事は環境の整備である。子供の周囲を美しく、さわやかにしてうるおいを持たせるということである。花卉を植え、樹木を育てゝその中で真実の教育を行じようというのである。校舎の整備は早急には実現しそうもないが、花園をつくり校地を整えることは敎兒の不斷の努力が続けられるといつしか実現する。全琉の学校や家庭が今一歩々々この線に沿うて進みつゝあることは喜ばしいことである。先島の各校はこの点では琉球の第一線を行くものだと申さねばならない。氣持よく整備された教育環境にふさわしい教育内容の充実を願うや切である。先島の諸先生、新教育開拓のためによりよき先島再建のために御健斗下さい。望遠鏡でのぞくべきところを顯微鏡でのぞいたり、又その逆の見方をしているかも知れない、おゆるしを乞ふ次第である。（一〇、二〇）

あ と が き

通りすがりに寄つた宮古の教育については見聞した点をそのまゝ書いた。八重山には一週間お世話になつて先生方と語り合うことが出來たので多少批評めいたものになつて礼を失したかも知れない。暴言多謝

# 私の学級

宮古 伊良部小学校

國仲惠彦

## ☆私の学級の記録

一、私の学校

一年当時の成績を基準にして学校、父兄との相談の上で優劣編成をした。優、中、劣三組の中で遅進兒と見做された学級であつて、在籍四十三名である。

二、学級の特色

この学級の兒童は智能の普通以下と思われる子供たちを集めた組である関係上、普通の子供から、低能兒に到るまでその差は至つて廣範に分れていて、学習指導上も困難が多い。父兄は学校に対する関心が浅く、兒童に対しても無関心であり、兒童もまた、学習意欲もあまりなく、教師に対しても親しみがない。その性格は左の通りで種々様々である。

△温和10 △喧嘩づき13 △乱暴9 △怒り易い9 △従順10 △礼儀正しい4 △注意散慢32 △ごうまん6 △仕事はよくする5 △言葉使いが悪い11 なきむし6 △無口11 △おしゃべり5 △盗癖2

兒童の身体的な狀況も多種多様であり、学習活動に大なる影響がある。

| | |
|---|---|
| 中耳炎の病歴を有する者 | 2 |
| 中耳炎 | 1 |
| トラホーム 赤目 たゞれ目 | 6 |
| 腹痛を時々おこす者 | 3 |
| 発育不良 | 4 |
| てんかん | 1 |
| 痴呆 | 2 |
| ばい毒 | 1 |
| 跛足 | 1 |
| カリエス既往症 | 1 |
| 幼時語を使用する者 | 1 |
| 鼻口障害 | 1 |
| 左利き | 4 |

編成当時の基礎調査による五十音 及び数字の読み書きの程度は、

（5月10日調べ）

なまえ（ひらがな）

| | 確実 | 不確実 | 全然だめ |
|---|---|---|---|
| よむ | 10 | 27 | 6 |
| かく | 8 | 24 | 11 |

数字十まで

| 数字 | よめないもの | かけないもの |
|---|---|---|
| 1 | 4 | 4 |
| 2 | 5 | 7 |
| 3 | 5 | 13 |
| 4 | 7 | 9 |
| 5 | 7 | 10 |
| 6 | 7 | 17 |
| 7 | 10 | 12 |
| 8 | 8 | 16 |
| 9 | 10 | 31 |
| 10 | 7 | 18 |

| | よむ（不確実） | | よむ | | よむ |
|---|---|---|---|---|---|
| あ | 17 | と | 17 | え | — |
| い | 16 | な | 18 | よ | 18 |
| う | 15 | に | 19 | ら | 17 |
| え | 19 | ぬ | 24 | り | 20 |
| お | 15 | ね | 24 | る | 17 |
| か | 16 | の | 16 | れ | 21 |
| き | 15 | は | 19 | ろ | 19 |
| く | 16 | ひ | 18 | わ | 17 |
| け | 22 | ふ | 18 | ゐ | 22 |
| こ | 16 | へ | 21 | う | — |
| さ | 15 | ほ | 20 | ゑ | 21 |
| し | 16 | ま | 16 | を | 16 |
| す | 19 | み | 15 | ん | 13 |
| せ | 17 | む | 19 | | |
| そ | 21 | め | 17 | | |
| た | 16 | も | 20 | | |
| ち | 18 | や | 15 | | |
| つ | 15 | い | — | | |
| て | 17 | ゆ | 23 | | |

読書力調査（國語二年上）　七月調べ

| ページ | 読める児 |
|---|---|
| 至P 4 | 6 |
| 至P 5 | 8 |
| 至P 6 | 5 |
| 至P 7 | — |
| 至P 8 | — |
| 至P 9 | 3 |
| 至P 10 | — |
| 至P 11 | 1 |
| 至P 12 | — |
| 至P 13 | — |
| 至P 14 | — |
| 至P 15 | — |
| 至P 16 | — |
| 至P 17 | — |
| 至P 18 | 1 |
| 至P 19 | 1 |
| 至P 20 | 1 |
| 至P 21 | — |
| 至P 22 | — |
| 至P 23 | — |
| 至P 24 | — |
| 至P 25 | — |
| 至P 26 | — |

※計二十五名の兒童以外は、一字讀は出來ても續けて言葉として、文としてまとめることは不可。

※人員四十三名

五十音調査　七月調べ

| | よめない | かけない | | よめない | かけない | | よめない | かけない | | よめない | かけない |
|---|---|---|---|---|---|---|---|---|---|---|---|
| あ | 七 | 九 | に | 一六 | 一七 | や | 一五 | 一七 | ふ | 一六 | 二 |
| き | 一四 | 一七 | な | 一〇 | 一四 | り | 二三 | 二五 | め | 一七 | 一九 |
| す | 一三 | 一五 | い | 八 | 一五 | お | 一四 | 一七 | よ | 一七 | 一八 |
| て | 一四 | 一八 | く | 一四 | 一七 | ま | 一〇 | 一五 | へ | 二四 | 二六 |
| の | 八 | 八 | せ | 一七 | 二 | る | 一七 | 三 | も | 一九 | 二八 |
| ん | 一〇 | 一三 | と | 一五 | 一七 | ゐ | 二〇 | 二九 | ほ | 二六 | 三六 |
| か | 七 | 九 | わ | 一五 | 一九 | は | 一五 | 一八 | | | |
| し | 一五 | 一五 | う | 一八 | 二三 | み | 九 | 一五 | | | |
| つ | 一五 | 一七 | け | 二 | 二五 | ゆ | 二四 | 三 | | | |
| ね | 七 | 一九 | そ | 一九 | 二三 | れ | 二七 | 二四 | | | |
| さ | 八 | 一三 | ら | 一七 | 二〇 | を | 一六 | 二五 | | | |
| ち | 一四 | 一八 | ゐ | 二六 | 二七 | ひ | 一九 | 二四 | | | |
| ぬ | 二六 | 三〇 | え | 一九 | 三 | む | 一九 | 二七 | | | |
| た | 二 | 一五 | こ | 一五 | 一八 | ろ | 二〇 | 二三 | | | |

※五月調べの際は五十音表を掲示して讀みの調査をしたが、それでは不確実であるため、今度は右のような順で調査してみたが案外よかつたようであるが「あ」を最初にもつてきたのはよくない。

※人員四十三名

算数基礎調査　七月調べ

| | | 出來る者 |
|---|---|---|
| 十まで | 数える | 38 |
| | 書む | 38 |
| | 読く | 33 |
| 百まで | 数える | 23 |
| | 読む | 17 |
| | 書く | 8 |
| 十まで | 加法 | 13 |
| | 減法 | 7 |
| 算<br>基数＋基数で繰り上る場合の計 | | 3 |
| 計算<br>答が十以上になる基数を減じた場合二十以下の数から | | 4 |

なまえの書ける者　※確実に

| | |
|---|---|
| ひらがな | 32 |
| 漢字 | 1 |

九月調べ

五十音

| | |
|---|---|
| 全部読める | 7 |
| 全部書ける | 7 |

九月調べ

| | | | | | | | | | | | | | | | |
|---|---|---|---|---|---|---|---|---|---|---|---|---|---|---|---|
| | あ | い | う | え | お | か | き | く | け | こ | さ | し | す | せ | そ |
| 読める者 | 42 | 38 | 32 | 28 | 33 | 40 | 34 | 34 | 28 | 31 | 38 | 35 | 32 | 31 | 31 |
| | た | ち | つ | て | と | な | に | ぬ | ね | の | は | ひ | ふ | へ | ほ |
| 読める者 | 36 | 31 | 35 | 33 | 32 | 36 | 33 | 22 | 27 | 40 | 30 | 29 | 32 | 21 | 22 |
| | ま | み | む | め | も | や | ／ | ゆ | ／ | よ | ら | り | る | れ | ろ |
| 読める者 | 37 | 39 | 27 | 31 | 28 | 35 | ／ | 23 | ／ | 29 | 28 | 25 | 30 | 24 | 28 |
| | わ | ゐ | ／ | ゑ | を | ん | ※半濁音は一人も読めない。※濁音を読める者 19名 | | | | | | | | |
| 読める者 | 32 | 22 | ／ | 17 | 30 | 40 | ※拗音は全然よめない。 | | | | | | | | |

※調査人員四十三名

算数基礎調査

| | | |
|---|---|---|
| 百まで | 数える | 36 |
| | よむ | 14 |
| | 書く | 10 |
| 二百まで | 数える | 3 |
| | よむ | 2 |
| | かく | 1 |
| 三百まで | 数える | 4 |
| | よむ | 2 |
| | かく | 2 |
| 基数＋基数で繰り上りのない場合 | | 28 |
| 基数＋基数で繰り上りのない場合 | | 8 |
| 10以下の減法 | | 8 |
| 20以下の加法 | | 23 |

## ☆私の学級に於ける遅進の原因に就いて

一、家庭環境による原因

この学校に於ける遅進の原因は主に家庭環境に拠る処が大である様に思う。

1 父のない子

優秀組の一組は約八％であるがこれに対して三組の遅進児組は十二％である。

2 継父のある子供

一組に於ては実父が百％であるが三組は十三％の継父を有し、その中別居が十八％である。

3 大ていこの学級の子供たちの中には家族の者が同一な血をひいた者が少い、父の異なる兄弟を持つ子供たちが十八名もおる

4 親が不在勝ちの子供

生活に追われ、殆んど全部の子供たちの親は家を留守にしてかけまわつている。その数は三十七名、彼等は全部、行商、仲買を職として子供の教育には無関心である。

5 その他　生後轉居した者二十三名、父が妾をもつている者五名、父母そろつていても家族の中で病人が多い家庭、陰うつな家庭の子供等が多い、これらも大きな遅進の原因ではないかと考える。

二、身体的な原因

難聴一、視力障害六、脳性疾患だと思われる者三、ばい毒性の子供二、七才の時背柱カリエスに罹り一年生の時漸く癒つた子供、幼時両親の不注意で片足が跛足の子供左利き三、言語障害二。

三、性　格

男生徒は殆んど乱暴で手におえず温和しかつた子供も他の乱暴者に感化されて仕舞う場合もある位である。学科の殆んど出來ない子供がおしやべりさせると、五年生位の子供の話よりもいろ／＼な事を話すことがある。又、叱れば目をむいて反感を露骨に表し、賞めれば急にはにかみやになつてしまつたり、人の喧嘩を自分が引き受けたりする子供がいる。女生徒は無

ロな所在のわからない子供が多く泣き虫で、信頼心がつよく、仕事を言いつけてもやらないものが多い。

四、知　能

知能測定によつて編成された学級ではなく、一年当時の成績によつて編成された関係で伸びる可能性のある子供もたくさんおる、今後の知能検査によつて明らかにしたいと考える。

五、基礎調査

一般に家庭の児童教育の無関心から家庭学習を全然やつていない関係で学校での学習の効果もなく、一進一退して余り進歩しない。

六、学校からの後援

学校の豫算が充分でなく、学習用具や教師の参考物等が入手出來ない関係上、どうしても思うようにならない。彼等の多くは貧乏で学用品をそろえることも出來ず、教科書も殆んど買つていない。

遅進兒を救済するためにはどうしても資金が必要であると考える。

七、能力別学級編成について

私はわずかの日数ではあるが、遅進兒の集團と生活してみて、次のように考えさせられた。

1　確かに効果的であるが、併しながら人数が多すぎてはいけないと思う。彼等は不断の觀察と熱心な指導が必要である。一人の教師で四十二、三名の子供たちをみるよりは、各学級で分散して一人の教師で五、六人をみた方がよい結果を得られるものと考える。

2　彼等に対する出資も多くの場合は相当大きなものであるが、五、六人だとすると、教師のふところから出してもそんなに苦痛ではない筈である。

3　朱に交れば云々の如く、伸びるべき子供も環境に支配されてしまつて意欲を消失するおそれがありはしないかと心配する。

4　競爭意識がなくなつてしまう

5　或程度のひがみがある、勿論知能の高いものからおさえられることはないが三組では自分が優秀だと自重して學習しない子が生じて來る。

## ☆私の学級に於ける学習指導の方法

私は特に讀み、書き、計算の基礎指導に重点をおいて指導していますので、その方法を簡單に述べて見度い。

一、指導の手掛り

1　この学級の担任を命ぜられて私は早速兒童の本態をつかむために先ず彼等の遊びに注意して觀察した。

△テーブル（教卓）の上に雑誌や教科書をのせておくと奪い合つて先を競つて手あたり次第にめくり、挿繪を見る事に興じていた。

△チョーク箱からチョークを取り出し、教師の目を盗では、そこら中一ぱいに落書をやるが何を書いているのかさつぱり分らず、たゞ線の乱立に過ぎない。

△うたをうたうことが好きな兒童が多い、授業中もいろ〳〵な流行歌の曲がひびいてくることがある。

△けんかが余りにも多すぎて教師が近づいても平氣でしている。

△なんでもないことによく笑う

△遊ぶ有様を見ていると、遊びの技術の上手な事におどろくそのグループの中にはキャプテンがかならずついている。

△他の教室をのぞく、少しでも目を離すと、とんでいつて窓にもたれて、ながめている。

2　右のような觀察で私は兒童が

(イ)　子供は繪本に飢えていること

(ロ)　なにか自由にかいてみたい

(ハ)　歌いたい

(ニ)　自由にあばれたい

(ホ)　精力を発散したい

(ヘ)　キャプテンが必要

(ト)　他人のことが知りたい

という風ないろ〳〵のことが考えられて來た。

3　併しながら繪本の設備がなく黒板も不足、遊び場所といえばその設備も不充分な田舎の学校ではどうすることも出來ない。従つてこれらを今後の学習指導で補い度いと又補わねばならないと考えた。

二、学習指導方法

1　先ず繪本のかわりに、まずいながらも五十音の頭字のつく動物の繪を画いた、そしてその上方に頭字を入れて教室のかべにはりつけて見た。からすだとりだという風に、はしやいでいるときには実に面白そうだつたが二時間もたたない中に下火になつた、丁度その頃から字を練習させたら効果はあがつたようでした。

2　繪入りの五十音カードを作つて試みて見た、裏に字を書き表には繪をかいて、これを使用するとぐん〳〵読める者が多くなつてきた。

3　カード（五十音全部）を床上にならべ、カルタ取りの方法で遊ぶのもよかつた。最初は教師が読みあげ、次からは児童にさせるとよくできた。男女別に二組に分れて行う。

4　長さ八十糎、巾二十糎位の細長い板に釘を打ちつけ、カードの上部に穴をあけて釘にかけられるようにしておく、これを使用して、二字を組み合せてことばつくりの競争をさせると、面白い遊びが出來た。二字以上とだん〳〵進めていくと読みも上達してきた。

5　こくご教科書の読みについては、さきの表に示した如く、ずいぶん入りにくく児童個々の読書力に相当の差があるのでその指導も困難であるが、先ず教科書のさしえについて話し合い、それについて板書したり、実際にそれらの動作をさせたりして直感によつて文字に関心を持たせ、文章を憶えさせることにつとめているが、教科書所有者が少いので全部の児童を平等な立場で指導することは極めて困難である。併し、教科書が大切なものであることがわかつたらしく、後期用教科書の購入申込者が多くなつた。何とかして二年の課程は修了させようと努めている。

6　算数指導に於ては実物、直観物による指導を基にして考えさせるようにしているので、だんだん理解も早くなつてきた、併しながら、紙上での計算はまだ〳〵困難な子が多く、書くこと計算することは今後続けて努力しなければ、普通に達するまではずいぶん遠い様である。

7　算数指導上特に感ずる点は、教科書にあるもんだいを読むことが出來ないことである。このもんだいを理解させるためには、どうしてもこくご指導に力を入れたいと思う。

8　算数でも國語でもその骨子となる処、すなわち二年生としての科程は修了させたいと努力している。

三、今後の学習指導の計画

1　読書力に重点をおき少くとも二年國語下巻までは修了させるように努める。

2　家庭学習に力をそゝぎたい、そのためには何とかして用紙を入手して、プリントによる学習をさせ、父兄の児童教育に対する関心を向上させるように努める。

3　個別指導を最高度に強化して児童の実態を細密に研究して学習指導に供し度い。

4　ノートの使用法について、その学級に向くように研究したい

5　図画や工作を多く取扱つて、彼等の創作意欲を向上させる。

6　能力別学習に力を入れる。

7　性格異狀児の矯正に努めること、及び性格異狀児の早期発見

×　×　×

☆あとがき

本編の主題は特殊な學級を受けもつた一教師の尊い実踐記録であるが筆者自身も指摘している通り、このような真剣な営みの中にも倘残された幾多の問題がひそんでいるということを忘れてはならない。

筆者の苦心は如何にして與えられた四十数名の特殊な（遅進児と見做された）子供達を救うかという事にある。此の限りにおいては、むしろ頭が下る思いで紙上でもつてとやかく申し上げるのは失礼になるかと思われる。

たゞこゝに問題になるのは、此のような指導上の要請から生れた學級編成についてである。

即ち能力別学級編成に伴つて陥り勝ちな弊害についてである。そこでこのような觀点から少こしく述べてみたい。

筆者は『私はわずかの日数ではあるが、遅進児の集團と生活してみて次のように考えさせられた。』と前置きし、『確かに効果的ではあるが人数が多すぎてはいけないと思う。彼等は不断の觀察と熱心な指導が必要である。一人の教師で四十二、三名の子供たちをみるよりは各学級で分散して、一人の教師で五、六人をみた方がよい結果を得られるものと考える。』と述べているが、このような能力別編成における遅進児学級が、一齊教授には便であるが、個別指導に不充分であることを裏づけ、更に能力別に十分効果のある指導をなし得る教師という事も問題としてあげてある。いくらかの子供が「ひがみ」を持つということも起り得ることがらである。その他幾多の問題が考えられてくると思うが、その最も根本的な欠陥は社会的訓練の問題である。

学級が單なる知識、技能の受授の場であるだけでなくて、能力、性格身体等各々異なつた者同志が協同生活を営む事によつて得られる社会人としての成長がより重大な意味を持つものである。此の点で能力別編成は、彼等の自然的な社会集團を解体して、人為的な不自然なグループに編成して、あらゆる教科を取り扱い更に生活指導をもそこでするということは、学校教育のねらいとする社会化の点から一面を強調することによつて他の重大な面を忘れる結果となりはしないだろうか。特に社会科の如き協同学習による社会化への効果を、どのようにして補うか、更に生活教育の面ではどうだろうか。

ともあれ、現実の学校教育の要請は何らかの方法で個々の能力に應ずる適切な指導を期待している。そこで我々は豫想される弊害を避けつゝ効果的な能力別編成の方法を工夫しなければならない。即ち個々の能力に應ずる指導の組織の中で如何にして社会化への要請に應ずる事が出來るか、換言すれば個別化と、社会化の調和を如何にしてはかるかということである。

それには組織や方法を固定することなく、学科により目的により絶えず方法を變化させ、生徒の成長のために最善の環境を準備する事を意図すべきである。

その一例として、移動式能力別学級編成をとりあげてみることにする

1　能力別編成（國語、算数）と一般学級編成（他のすべての教科）の二本立にする。

2　学級を固定しないで、各人の学習の進展に應じて編成がえをする。

3　各学級集團に即應する教育内容を用意する。即ち

(イ)　各人の学習能力によつて達し得る学習目標を立てる。

(ロ)　能力に相應しい学習活動をえらび組織立てること。

(ハ)　個人に適した指導法を考えること。

4　社会的訓練の問題

基礎学力の指導についてのみ、能力別を実施し、二本立によつてその陥り易い欠点を補正する

5　學級内においても更に分團組織をする事によつて個別指導を一層徹底せしめる。

此の場合分團の編成は、兒童生徒の (1)讀書力、(2)必要、(3)素質と興味、(4)同好関係によつて移動性を持たし、兒童生徒の夫々の面における成長のために、効果的な環境を與えてやるように工夫する事が大切である。

以上はその一例に過ぎないが、要は学校教育の基本的機能—民主化、個別化、社会化—の線から離れる事なく現実の要請に如何にして答えるかという事を工夫すべきである。

能力別学級編成はいうまでもなく個人差に應ずる学習指導の一形態として生れて來たものであるが、それのみが唯一の方法ではない。その他一般學級編成の中でいくつかの学習分團を組織することもその一つである。然しながらその最も基本的な形態は個別学習であることを忘れてはならない。これら種々の方法の中何れを取るかは、受け持つ教師が夫々の個性と力量と指導技術如何によつて決められるべきであつて軽々しく強要さるべきでない。

生徒に個人差があるように教師にも個人差がある。生徒の側に個人差に應ずる学習の方法があるならば、教師の側にも教師自身の個人差に應ずる指導法を選択する權利がある。要は目ざす目標に達するための自己に適する最上のコースを選ぶということにつきる。そのコースは学級集團の特性と教師の力量によつて夫々異つて然るべきではなかろうか。つゝしむべきは他人の空まねであり、形式化である。（研究調査課、安里盛市）

# 社会教育振興上の問題

金城英浩

## 一、社会教育の重要性

新しい郷土の設計は、民主的で平和な住みよい郷土の建設でなければならないという事は我々住民の一人一人に與えられた重要な課題である。そしてこの課題を解決し実現する為には根本において教育の力に俟たなければならない事は何人も之を否定する事はできないであろう。然し教育といえば誰しも、直に学校教育を以て足れりとする傾向があり、一般的に学校教育中心にかたよりすぎて教育の二大分野をなしている、社会教育を軽視する風潮のある事は否めない事実である、新しい民主社会の建設には、学校教育も勿論、重要ではあるが、それと平行して学校以外の勤労青少年や一般成人に対する教育機関としての、社会教育の振興も亦重視されなければならない事は火をみるより明かな事である。日本に於ては、軍閥政治家達の認識不足の為文部省社会教育局が昭和十七年に行政整理の対象となつた事は、真に歎かわしい事であつたが、終戦後、米國教育視察團の勧告により、直ちに社会教育局が復活され昭和二十四年文部省の大改組の際、七局が五局に減ぜられても、社会教育局のみは拡充強化されたばかりでなく、社会教育関係法も次々と制定され、民主的文化國家建設の基盤を培つている事は、いかに國民育成の上に社会教育が重要視されているかどうかゞわれるのである。

## 二、琉球に於ける社会教育の現状

沖縄においては、終戦後、米軍政府の力強い勧告によつて、琉球成人教育課が新設され、初代課長に現琉大副学長安里源秀氏が任命され、年々相当額の軍補助がなされ、社会教育が推進されてきた。そして混沌たる社会情勢下によく運営されてはきたものゝ、社会教育の現状は、社会一般の無理解の為、学校教育と比較して著しく立遅れの状態である様に思われる。社会教育が何故にかくも立遅れたのか、何故に不振であるかその原因を究明し、之が対策と振興上の諸問題について考察してみたいと思う。

## 三、社会教育不振の原因と対策

終戦後に於ける我が琉球の社会情勢は、その政治的地位の不明確と、生産の伴わない跛行的消費経済及び社会道義の頽廃など、社会教育の場としては、悪條件が具わりすぎているばかりでなく、更に又次にあげる社会教育の振興を拒むような諸問題がある。

第一に社会教育に対し一般的に認識不足である。

いわば、社会教育は、自己教育であり、相互教育であるが、やゝもすると、与えられる教育、或は恩恵的教育であるが如く誤認され、指導者の中にも学校教育を偏重するあまり、社会教育を軽視する者さえもあり、真の人間形成が学校に於てよりも、社会に於て、より多くなされるという、至つて平明な事実を忘れている者が多いことは真に認識不足も甚だしく、われ／＼が大いに反省しなければならない。

第二に指導者の不足である。

社会教育は、その領域が頗る廣大で従つて、その指導者たる者は、豊富な識見と、専門的、技術的、指導能力を持つていなければならない。日本の社会教育法に示されているように、社会教育主事の資格條件は相当高度な要求をしているのであるが、琉球の現況では、あまりに適格者が少く、行政担当者にも、地方第一の指導者にも、その研修の機会を大いに与え質的向上を計ると共に、量的確保をする様努力し、青年会、婦人会、PTA等の社会教育團体の中堅的指導者の訓練養成も亦必要欠くべからざるものがあると考える。

第三に施設の貧困（財政上の問題）

社会教育は凡ての國民が総ゆる場所で、総ゆる機会を利用して、実際生活に即した、文化的教養を高め、職業技術を修得でき得る様な環境の醸成が必要であつて換言すれば、環境の整理充実を計る事である。即ち有能な指導者の確保と同時に物的施設を整備充実させる事である。社会教育は外面的に派手な、まるで線香花火式の一時的効果をねらうものではなく内面的に洗練されたセンスと常住的文化的刺戟を常に住民に与え、その施設を通して住民が訓練され、完備された施設を、わが物として、住民が自由に利用するようになつてこそ社会教育の活動は、活潑に促進されるのである。我々は施設中心の社会教育が如何に重要性をおびているかを再認識しなければならない。然るに琉球の社会教育施設はどうだろうか、真に貧弱きわまるものであり、何しろ急迫した今日の財政状態では施設を充実させる事は、なか／＼困難で急速に多くを望む事は不可能な事であるが、然し我々は総ゆる困難を克服して一歩一歩充実した施設を整えていくよう努力しなければならないと思う。この意味に於て、特に政府は社会教育財政を確立し、地方教育区の財政的援助の道を講ずべきではなかろうか、さらにこゝに強調したいのは、公民館を各市町村に設置すべき機運を作る、公民館運動を力強く展開させることである。現在公民館は市町村の任意設置であるがそれは社会教育のセンターとして、綜合的社会教育機関としての文化運動の使命を果させたいと思う、すでに奄美大島では公民館は相当な効果を挙げている。

第四に社会教育関係法規の早期制定である。

琉球教育法には第一章基本法の中の八節社会教育と、学校教育法の中の成人学校という項のみで、学校教育法に相対する社会教育法がないのは甚だ遺憾な事である。日本に於ては昭和四年以来二十年の輿論が実を結び、社会教育法、図書館法、博物館法、文化財保護法が制定され、法的根拠によつて堂々と力強く、それらは推進されているのであり、わが琉球に於ても亦、法的根拠をもたしめなければならない、現下の社会的情勢に於ては急を要する事であり、法的根拠をもたしめる事によつて、より力強い教育の推進がなされるのである。

第五に教育計画の刷新である。

廣範囲にわたる、社会教育の指導内容及び方法を如何に計画すべきか。社会教育は、原理の教育よりも應用の教育であり、専門的よりも綜合的教育に重点がおかれ、觀念の教育よりも実践の教育で常に社会的必要性や生活の現実と直接結びつくように組織し、しかも関係各局、或は各團体との緊密な連絡調整を図らねばならない。その為には民衆の輿論を教育内容方法に反映させなければならない。その施設としては、教育委員会に助言を与える社会教育委員を設置し、若しくは、社会教育振興協議会の設置などが最も望ましいことである。

第六に社会教育関係團体の育成について。

社会教育関係團体としての青年会婦人会及びＰＴＡ等の自主的團体に対しては、戦前の官製的組織や國策遂行の道具に供するような統制や干渉を加えないで、どこまでも、その自主性、独立性を尊重して常に指導助言の機会を与え、側面的に協力して、その健全なる育成に努める事は社会教育振興上の重要な問題であるといえよう。

第七に勤労青少年に対する教育の強化である。

新制中学を卒業した者の約四割弱は高校に進学し、残り約六割強は、職場に働いている現狀にかんがみ、これらの青少年に対する教育強化の問題は最も重要であり、まして青少年不良化の傾向の甚しい現在に於ては尚さら必要である。現在日本で実施されている「青年学級」は、これら青少年自体の問題として、教育面にクローズアップされつゝあるようである。我が琉球に於ても青少年教育として、都市における夜間高校の設置、地方農村における「青年学級」の充実は是非、実現させなければならない問題である。

第八に視聴覚教育の振興について。

「百聞は一見に如かず」といわれている様に、視聴覚教育は今や社会教育活動の方法として、必要欠くべからざる事は多くの人々の認める所であつて映画やラヂオの普及による教育は単なる娯楽機関としてではなく目から耳から入る効果的、社会教育活動として、大いに研究し、振興させねばならない。

第九に社会教育資料の充実である。

教育行政の確立遂行に当つては、科学性があり、合理性であることが強調され、その為には研究調査の必要は勿論、最も確実なる資料の蒐集に基いて、教育プランを樹立する事が、如何に重要であるかはいうまでもない。然るに学校教育に比して遙かに立遅れて出発した社会教育に於てはまだ〳〵啓蒙期の域にあつて、行政的にも機構的にも未分化の狀態におかれている今日では資料の充実作製という事は尚さら重要な事ではなかろうか。

第十に文化財保護の強化について。

日本に於ては、すでに文化財保護法が制定され有形無形の文化財保護活用に力を注いでいる。わが琉球には古來、世界に誇るべき幾多独特の古文化財があり、尚、学術上貴重な天然記念物等も相当にあつたが、戦災による潰滅と散逸は真に遺憾な事である、さきに発足をみた琉球文化財保護会は、これら琉球文化財の保護育成のため、その活動が大いに期待されているが、その反面指導者層の中にはこの重大な事業が不急なものであるかに錯誤し、之を軽視する者もいるが、今にして散逸している文化財を蒐集し、又無形文化財の保存育成に力めなければ悔を百年に残す結果になるであろう。われ〳〵の祖先の遺した偉大な文化を今こそ、みんなの力で維持確保しなければならない、そのため、政府としては、相当な財政的援助をして、この事業の遂行に全面に努力すべきであると考える。

## 四、む す び

以上社会教育振興の諸問題について考察してきたが、社会教育は、今尚、教育の未開拓地で、それだけに困難な事業であり、同時に亦、重要な仕事である。社会教育は実に「民衆の手による民衆の教育」といわれているがこういう意味での社会教育の域に達するまでには、まだ道遠しの感がする。社会教育は亦「民主々義の母であり、娘でもある」と云われているが琉球の民主化の進行と相平行して社会教育の進展するものであろうと考えられる。特に琉球に於ける社会教育の振興は、学校教職員の協力に俟たねばならない。廣く教育の目的を達成する為に「地域、社会、学校」として、真の教育的効果をあげるためにも、諸兄の社会教育に対する深い理解と、尚一層の御協力を切望してやまない。

# 学校讀書実態調査

文教局 研究調査課

沖繩全島、児童、生徒の読書の実態調査を行いましたところ次の様な結果を得ましたので、児童、生徒の今後の読書指導の資料として、関係者各位にお知らせ致します。

第一表は図書を表のように十九種類に分類し、小学校、中学校、高等学校と各学年毎に総延人員を出しそれに対する分類別の読者人員及び百分率を表したものである。

第二表は多数愛読図書調べで、（小学校未集計）中学校、高等学校の生徒について、特にその学校に於いて多数の生徒が愛読している圖書二十册を送致したものでo

生徒延人員（高校）一一、三七〇名、中学校、六一、六二九名に対する愛読者数と百分率を示したものである。順位は紙面の都合で各々二十位迄列記してあります。

第一表　読書実態調査

よんだ生徒数

| 学年＼分類 | 冒険探偵小説 | 愛情ロマンス小説 | 悲劇小説 | 喜劇小説 | 科学小説 | 社会小説 | 童話 | 童謡 | 傳記 | 純文藝物 | 自然科学 | 人文科学 | 詩歌 | ユーモア | 教育 | 哲学 | 宗教 | 藝術 | スポーツ | 合計 |
|---|---|---|---|---|---|---|---|---|---|---|---|---|---|---|---|---|---|---|---|---|
| 一年 | 75 | 2 | 0 | 1 | 8 | 0 | 232 | 83 | 17 | 0 | 28 | 1 | 0 | 81 | 14 | 0 | 1 | 0 | 47 | 590 |
| % | 13 | | | | | | 39 | 14 | 2 | | 0 | | | 14 | | | | | | |
| 二年 | 313 | 21 | 46 | 88 | 10 | 27 | 933 | 237 | 109 | 0 | 21 | 1 | 0 | 110 | 9 | 0 | 2 | 1 | 41 | 1969 |
| % | 16 | | 2 | 4 | | | 47 | 12 | 6 | | 1 | | | 6 | | | | | 2 | |
| 三年 | 757 | 26 | 139 | 102 | 33 | 22 | 1365 | 347 | 509 | 0 | 68 | 3 | 101 | 348 | 16 | 0 | 21 | 9 | 103 | 3969 |
| % | 19 | | 3 | 3 | | | 34 | 9 | 15 | | 2 | | 3 | 9 | | | | | 3 | |
| 四年 | 1587 | 95 | 576 | 470 | 55 | 119 | 2065 | 430 | 1330 | 54 | 168 | 8 | 250 | 883 | 33 | 0 | 73 | 15 | 295 | 8506 |
| % | 18 | | 7 | 6 | | | 20 | 5 | 16 | | 2 | | 3 | 10 | | | | | 2 | |
| 五年 | 2239 | 293 | 1179 | 944 | 608 | 127 | 2953 | 705 | 2115 | 88 | 216 | 22 | 524 | 870 | 80 | 0 | 136 | 52 | 455 | 13606 |
| % | 16 | 2 | 9 | 7 | 4 | 2 | 20 | 5 | 15 | | 2 | | 4 | 10 | | | | | 3 | |
| 六年 | 2991 | 471 | 1643 | 1557 | 864 | 289 | 3567 | 951 | 2826 | 222 | 236 | 112 | 893 | 943 | 96 | 10 | 202 | 132 | 736 | 18741 |
| % | 16 | 2 | 8 | 8 | 4 | 1 | 19 | 5 | 15 | 1 | 1 | | 4 | 5 | | | 1 | | 4 | |
| 中一年 | 4181 | 966 | 2584 | 1687 | 1310 | 592 | 3966 | 1195 | 3108 | 264 | 255 | 146 | 1655 | 1034 | 86 | 3 | 429 | 171 | 1054 | 24786 |
| % | 17 | 4 | 18 | 7 | 5 | 2 | 16 | 5 | 13 | 1 | 1 | | 7 | 4 | | | 2 | | 4 | |
| 二年 | 3838 | 1242 | 2790 | 1416 | 1251 | 664 | 3677 | 971 | 2756 | 495 | 278 | 175 | 1135 | 1091 | 61 | 2 | 501 | 125 | 985 | 23454 |
| % | 16 | 5 | 12 | 6 | 5 | 3 | 16 | 4 | 12 | 2 | 1 | | 5 | 5 | | | 2 | | 4 | |
| 三年 | 3864 | 1736 | 2834 | 1207 | 1433 | 1027 | 1896 | 780 | 3279 | 713 | 488 | 206 | 1356 | 871 | 124 | 19 | 493 | 161 | 1024 | 23511 |
| % | 16 | 7 | 12 | 5 | 7 | 4 | 8 | 3 | 14 | 3 | 3 | | 6 | 4 | | | 3 | | 4 | |
| 高一年 | 1441 | 481 | 1312 | 511 | 344 | 413 | 672 | 172 | 1126 | 514 | 210 | 151 | 671 | 476 | 219 | 110 | 338 | 160 | 327 | 9748 |
| % | 15 | 5 | 13 | 6 | 4 | 4 | 7 | 2 | 12 | 5 | 2 | 2 | 7 | 5 | 2 | 1 | 3 | 2 | 3 | |
| 二年 | 928 | 566 | 1128 | 481 | 285 | 482 | 455 | 96 | 807 | 697 | 215 | 170 | 581 | 247 | 314 | 201 | 359 | 192 | 290 | 8494 |
| % | 11 | 7 | 13 | 6 | 3 | 5 | 5 | 1 | 10 | 8 | 3 | 2 | 7 | 3 | 4 | 2 | 4 | 2 | 3 | |
| 三年 | 467 | 724 | 390 | 385 | 187 | 506 | 323 | 63 | 502 | 924 | 470 | 254 | 698 | 215 | 276 | 231 | 374 | 151 | 183 | 7823 |
| % | 6 | 9 | 11 | 5 | 2 | 6 | 4 | 0 | 6 | 12 | 6 | 3 | 9 | 3 | 4 | 3 | 5 | 2 | 2 | |

第一表により、各学年別の著しい特徴を挙げると次の通りである。

一、冒険探偵小説

小、中、高校を通じて、最も多く読まれているが高校三年に至つてさすがにぐつと減つている。高校一、二年にも相当数読まれているのは探偵小説が入つている故であろうか。

二、童　話

小学校一、二、三年が山で漸次減少中学校三年に至つて激減している。

三、童　謡

小学校一年を山にして漸次減じている。

四、傳　記

小学校四年頃からぐつと増え、高校一年迄その状態を維持し、高校二年三年と漸減している。

五、愛情ロマンス小説

小学校、五年から少数ではあるが読み始められ、中学、高校と学年に進むにつれて漸次増加して行く。

六、悲劇小説

小学校、四年頃から次第に増加し中学一年を山にして高校まで多く読まれている。

七、喜劇小説

小学校、四年頃から中校、高校、同じ状態を推持している。

八、科学小説

小学校五年からぐつと増え、中学

第二表　　多数愛読図書調　（高等学校之部）　延人員11,370人

| 順位 | 図書名 | 著者 | よんだ生徒数 一年 | 二年 | 三年 | パーセント | 計 |
|---|---|---|---|---|---|---|---|
| 一位 | 坊ちやん | 夏目そう石 | 491 | 363 | 352 | 10% | 1206 |
| 二位 | あゝ無情 | ビクトル ユーゴー | 298 | 200 | 125 | 6% | 523 |
| 三位 | 沖縄の悲劇 | 仲宗根政善 | 160 | 263 | 147 | 5% | 570 |
| 四位 | ハムレット | シェクスピヤー | 138 | 195 | 231 | 5% | 564 |
| 五位 | 女の一生 | モーパッサン | 63 | 129 | 249 | 4% | 441 |
| 六位 | たく木詩集 | 石川たく木 | 104 | 189 | 117 | 4% | 410 |
| 七位 | 我輩は猫である | 夏目そう石 | 96 | 91 | 220 | 4% | 407 |
| 八位 | キュリー夫人 | 清閑寺健 | 135 | 113 | 37 | 2% | 285 |
| 九位 | 野口英世 | 池田宣政 | 167 | 87 | 31 | 2% | 285 |
| 十位 | 母を尋ねて三千里 | 塚原健二郎 | 132 | 76 | 34 | 2% | 242 |
| 十一位 | リンカーン | 池田宣政 | 77 | 79 | 39 | 2% | 195 |
| 十二位 | 真実一路 | 山本有三 | 41 | 55 | 91 | 2% | 187 |
| 十三位 | 若きウェルテルの悩み | ゲーテ | 45 | 47 | 83 | 2% | 175 |
| 十四位 | 波 | 山本有三 | 40 | 18 | 110 | 1% | 168 |
| 十五位 | 復活 | トルストイ | 38 | 37 | 87 | 1% | 162 |
| 十六位 | 姫百合の塔 | 石野径一郎 | 40 | 53 | 61 | 1% | 154 |
| 十七位 | ヴェニスの商人 | シェクスピヤー | 38 | 88 | 25 | 1% | 151 |
| 十八位 | 罪と罰 | ドストウェンスキー | 16 | 33 | 91 | 1% | 140 |
| 十九位 | 戦争と平和 | トルストイ | 23 | 40 | 54 | 1% | 117 |
| 二十位 | 草枕 | 夏目そう石 | 39 | 55 | 49 | 1% | 117 |

三年が山である。

九、社会小説
小数ではあるが小学六年頃から読み始められ、中校、高校と漸増している。

十、純文藝物
中学二年から始り、高校に至つて次第に増え、高校三年で激増している。

十一、自然科学
中校三年頃から増加して、高校三年でぐつと増えている。

十二、人文科学
小学校、中学校に於いては、見るべきものなく、高校に至つて始めて読まれている。

十三、詩　歌
小校三年頃から読み始められ、中校に至つてぐつと増え、高校に行くにつれて、漸増。

十四、ユーモア小説
小、中、高校を通じ變動見られず

十五、教育、哲学、藝術
小、中校ではあまり読まれず、高校に於いて始めてよまれている

十六、宗　教
小学校六年頃から読み始められ中校、高校と漸増している。

十七、スポーツ
小、中、高校を通じて同じように読まれているが、特に中学校に於いて多く読まれている。

第二表　　多数愛読図書調（中学校之部）

| 順位 | 図書名 | 著者 | 一年 | | 二年 | | 三年 | | |
|---|---|---|---|---|---|---|---|---|---|
| 一位 | 野口英世 | 池田宣政 | 765 | 4% | 798 | 4% | 854 | 4% | 4% |
| 二位 | 家なき子 | 三宅房子 | 571 | 3% | 681 | 3% | 637 | 3% | 3% |
| 三位 | リンカーン | 大江満雄 | 539 | 3% | 523 | 3% | 476 | 2% | 3% |
| 四位 | あゝ無情 | 久米正雄 | 316 | 2% | 515 | 2% | 695 | 3% | 2% |
| 五位 | 冒険王 | | 518 | 3% | 450 | 3% | 429 | 2% | 2% |
| 六位 | 中学生の友 | | 415 | 2% | 458 | 2% | 517 | 2% | 2% |
| 七位 | 母を尋ねて三千里 | 塚原健二郎 | 451 | 2% | 424 | 2% | 445 | 2% | 2% |
| 八位 | ガリバー旅行記 | 那須辰造 | 412 | 2% | 374 | 2% | 404 | 2% | 2% |
| 九位 | 少年倶樂部 | | 478 | 3% | 354 | 2% | 338 | 2% | 2% |
| 十位 | 十五少年漂流記 | 太田黒克彦 | 438 | 2% | 380 | 2% | 321 | 1% | 2% |
| 十一位 | 少女サロン | | 339 | 2% | 323 | 2% | 385 | 2% | 2% |
| 十二位 | 少女倶樂部 | | 271 | 1% | 370 | 2% | 354 | 2% | 2% |
| 十三位 | 福沢諭吉 | 高石真五郎 | 310 | 2% | 305 | 1% | 373 | 2% | 2% |
| 十四位 | 少女 | | 369 | 2% | 280 | 1% | 291 | 1% | 2% |
| 十五位 | 女学生の友 | | 272 | 1% | 327 | 2% | 309 | 1% | 1% |
| 十六位 | 小公子 | バーネット | 270 | 1% | 256 | 1% | 294 | 1% | 1% |
| 十七位 | ベートベン | 大庭幸子 | 341. | 2% | 258 | 1% | 213 | 1% | 1% |
| 十八位 | あの道・この道 | 吉屋信子 | 251 | 1% | 246 | 1% | 279 | 1% | 1% |
| 十九位 | 譚海 | | 186 | 1% | 241 | 1% | 338 | 2% | 1% |
| 二十位 | エヂソン傳 | 深沢正栄 | 232 | 1% | 225 | 1% | 308 | 1% | 1% |
| 合計 | | | 18,546 | | 20,852 | | 22,231 | | 61,529 |

（表頭：順位／図書名・著者／よんだ生徒数）

第二表により高校で最も多く読まれているのは、先ず第一に夏目そう石の坊ちやんで、愛読者数三〇六名愛読者総延人員に対する百分率は一〇パーセントになつている中学校の部に於いては池田宣政の野口英世が第一位で愛読者総延人員六一、六二九名に対して、（八五四）で四パーセントを示している。

# 校長候補考査問題

## 論文

題目

一、新教育に於ける学級経営のあり方

一、小学校、中学校に於ける褒賞について

一、女教師の天賦の特質を発揮せしめる方法

右の内から一題を選んで書け。

問(1)

次の文の1、2、3、4、5の中、法規上正しいものに○をつけなさい。

公立学校で使用する教科書の採用は、

1学校長が職員会に諮つて決定する。

2教育長の職権で決定する。

3文教図書株式会社と相談して決定する。

4 文教局職員の指示により決定する。

5教育委員会が教育長の助言を得て決定する。

問(2)

生徒指導要録について次の各項目に対し、イ、ロ、の考え方がある。イ、ロ、の中各項目毎に望ましいものに○をつけなさい。

その取扱いについて

イ誰にでも勝手に見せてよい。

ロ秘密書類として厳重に取り扱う。

その記入態度について

イ年度末になつてから資料を作り記入する

ロ日常、資料を蒐集して年度末に記入する

その活用について

イ子供の指導のために活用する。

ロ証明書発行のために使用する。

問(3)

太郎は中学二年生であるが、運動は拙く、いくら努力してもスポーツではうまくやれそうに思はれない。これが彼の頭痛の種である。彼はこれまで度々自分はつまらない者だという歎息をもらしている。身体検査やその他種々の調査をした結果によると、この子の運動能力の貧弱なのは、身体的な原因によることがわかつた。太郎を指導するには、左の三項目の中、どれが最も適当な方法であると思うか。最適な方法と思うものをa、b、c、から選んで、それを○でかこみなさい。

aおそかれ早かれ自分はどんなに努力しても他の者より拙いのだと自覚する時が来るものである。その時期にそのことを経験するまで、内心の苦闘に任しておけばよい。

b受持教師はこの子をよく研究して、何か他の方面で勝れたことを発見して、そのことに精進するように指導し助力すべきである

c教師は、この子が運動競技に堪能になるように命じ、多少の無理は押しきつて錬成すべきである。

問(4)

児童生徒の指導組織として、生徒会のあり方についてa、b、cの中、最も望しいと思うものを○でかこみなさい。

生徒会は、

a選擧された児童生徒によつて組織された機関であるので、その決議権は絶対的なものであり、又、職員の干與すべきものではない。

b選挙された児童生徒によつて組織された機関であるが、その決議權は、校長によつて任された範囲内に於てのみ有効である。

c選挙された児童生徒によつて組織されているため、全校生徒の代表と認め、又その與論の支持の上に立つているものと思われるので、職員会の諮問機関としての機能を果すべきである。

問(5)

次の問題が正しければ（　）の中に○を、正しくなければ×をつけなさい。

（　）幼稚園から小学校三年位までの子供は、一般的に釣合いのとれた繪を描こうとする関心をもつている。

問(6)

次の文の［　］の中に適当な語を入れて、筋の通る文にしなさい。

小、中学校に勤務するすべての雇傭者の任命及び契約は、［　　］の指名に基いてのみ［　　］が行うと琉球教育法に規定してある。

問(7)

次の文の①②③④⑤の（　）の中に、左記用語中1から①の、2から②の順序で適切な語を選んで入れ、筋の通る文にしなさい。

新しい小学校では、児童個々の①（　）を重視し、自主的な目的活動による②（　）を刺激し、集團意識又は③（　）を高め、創造的④（　）の機会を多くし、更に兩親に対しても、子供と学校に対する⑤（　）を自覺させるようになつてきた。

1権利　　必要　　管理
2興奮　　着眼　　学習
3協同精神　　超越精神　　職業意識
4自己決定　　自己表現　　自己陶酔
5監督　　責任　　寄附

問(8)

次の問題が正しければ（　）の中に○を、正しくなければ×をつけなさい。

（　）練習の轉移の問題について近代の心理学が明かにした結論の一つは、記憶力とか判断力とかいう能力は存在しないということである。

問(9)

次の文の［　］中に適当な語を入れなさい。

舊い教育では、教育は学校教育と同義語のように考えられ、学校教育では教師のみ教育に当る如く考えられていた。新しい教育では、学校教育でさえ、教師も児童も家庭も地域社会の人々もみんなが協力して努力するところに、よりよい成果が期待し得ると考える。

「よりよいガイダンスは、［　　］と［　　］［　］と［　　］の共力によつて成立する。」と、いわれるのも、この考え方からである。

問(10)

次の事項の内容の説明でイ、ロ、ハの中、最も正しいと思うものを○でかこみなさい。

特別教育活動とは、

イ教科活動に対して副次的な教育活動のことである。

ロ問題児を取り扱うことを第一義とする教育活動のことである。

ハ教科以外の一切の教育活動のことである。

問(11)

次の上と下の欄の事項を――線で結んで、法規上正しくなるようにしなさい。

| | |
|---|---|
| 教員は如何なる場合でも児童生徒に対して、 | これを認め奨励し、実践しなければならない。 |
| 教育の機会均等上、 | 特定の政党を支持し又は反対してはならぬ。 |
| 男女共学は、教育上、 | 人種・信條・身分・門地等で差別してはならぬ。 |
| 地域社会の教育向上のためには、 | 体罰を加えてはならぬ。 |
| 民主的教育上、政治的知識は尊重するが、 | 廣く社会教育を重んじなくてはならぬ。 |

問(12)

民主的学校経営者としてのよい校長の態度を左記各項から選んで、その番號を○でかこみなさい。

1あらゆる問題を自分一人で解決できると考える。

2他人の経驗を十分活用する。

3人々にそれぞれ應じた仕事を任せる。

4教育運営を束縛する雑務を整理し、創意的指導者としての務を果たす。

5表面では他人の考えを退けながら、実際には取り入れて、自分の考えらしくよそう。

6校内職務分掌や教育運営のための組織があるときは、ある程度それに任す。

7他人の人格を尊重すると同時に、自分も矜持をもち、卑屈にならない。

8よく納得させて、積極的に従うように他人を導く。

10物事を早くかたづけるためには、教師や兒童の立場も無視して専断する。

11人を表面に出して、人々に成功の満足を味わわしめる。

問(13)
次の三つのタイプのうち、どちらが最も生徒を大切にしている望しい校長と思うか。a、b、cの何れかに○をつけなさい。

a基礎的な学力を與えるのが小、中校に於ては最大の責任である。そして各生徒の能力に應じたカリキュラムを與え、どの子にも満足した学習ができるように最大の努力を拂い、生活化ということもドリルの上に築かれて始めて教育的價値が高まるものであることを信念として持ち、地味な道を歩く。

b生活経驗を尊重するということを目標として、例えば子供銀行、四H運動が提唱されたら直に職員生徒の全力をこの方面に傾注して、学習方面に障害があつても、新教育の目的は生産化や生活化にありと信じ、毫も学力低下を意に介せず一生懸命である。

c協調と融和をモットウとして、学校として積極的目標を持たず、職員は思い思いのことをやりながらも平和である。すべては教頭任せ職員任せの経営である。

問(14)
次の上の二項目の中、何れかと関係の深い事項を下欄の1、2、3、4、5、6から選んで―線で結んで下さい。

単元は
教授案は

1普通、数時間、数日間、数週間つづく。

2普通一般の使用のために考案される。

3教科のある小部分である。

4個人が使うために書かれる。

5普通は一時間程度で終る。

6まとまつた生活経驗を盛つてある。

問(15)
次の文で(1)(2)(3)で示した事項の中、最も適切と思はれるものに○記號をつけなさい。

青年期のはじめ頃にあらわれる男女の反撥の多くの理由のうち、中心的な理由は、
(1)競爭心が高まる
(2)一時的に嫌いになる
(3)性的感情の適当な表現の仕方を知らない
ことである。

問(16)
次の文の[　]の中に左記123の語から適当なものを選んで入れ、筋の通る文にしなさい。

民主的社会は、構成する個人の自由平等の思想と基本的人権の尊重を根本條件とするが、しかし、若し各個人に対社会的[　]が欠けていたら、その社会は[　]ではあり得ない。

1公平　2理想的　3責任感

問(17)
次の問題が正しければ(　)の中に○を、正しくなければ×をつけなさい。

(　)一般的に言つて小学校低学年兒童のに於ては、幼兒の思考の特質である具体的思考の特色は残存しないといつてよい。

問(18)
教育課程実施に当つて、次の各項毎のイロハについて望ましいものに○をつけなさい。

a学年の一般基準が…{イ必要である。ロ必要でない。

b 授業時間割は
- イ教師の独断でやつてよい
- ロ子供の興味や活動意欲を十分考慮に入れてやる。

c 教育課程は…
- イ同一学年の学級は同じでよい。
- ロ学級によつて異なるべきである。
- ハ個々の子供に應じて作る

問(19)

受持の生徒の中に家庭生活の頗る不幸な子供がいた。この子は混乱した氣持で学校に來て、しばしば級友に対して乱暴をし、教師に対しても挑戦的である。教師はその子供を氣の毒に思つたので、どうしていいか思いなやんだ、そして次の三つの中、最も適切な方法を選びたいと思つている。a、b、cの各項の中の最もよい方法と思うものに○をつけなさい。

a この子を特別な事例として深い愛情をもつて学校に於てこの子を幸福にしてやるように取り計い、できるだけ学校生活から満足が得られるように指導してやる。

b この子が特別扱いを受けているということを、他の子が知ることを恐れて、他の生徒と同様なことを行うように、この子にも要求する。

c この子に対して嚴格な取扱いをする、反社会的行動があれば罰をする。個人の氣持などには係りなく、共同生活のためにみせしめにする必要があるからである。

問(20)

戦前までは「教授法」について多くの研究が行われたが、現在は「学習の方法」ということが強調されなければならない。教授法という教育用語の意義は、教師が児童に技能や習慣や知識を與えたり、性格的な行動を變えたりする何ものかを與える能動的な働きをしたということである。現在は児童が学習する狀態に研究が集中している。児童こそ能動的な働きをするものであり、そうでなければならないのである。児童は学習に於ける決定的要素であり、又中心の焦点である。教師が学習の舞台を作り、その條件を整える役割を果したならば、学童はおのずから学習することを欲し、時間と勞力を節約して学習をすすめるであろう。

右の文を読んでそれに対する判断を1、2、3、4、5で示してある。これに対して(イ)(ロ)(ハ)の事項に対する項目と思われるものの上に(イ)(ロ)(ハ)の文字を入れよ。

イ戦前も現在も共通するもの
ロ戦前は強く主張された
ハ戦後、強く主張された

( )1学習に於ける決定的要素は児童である。
( )2よりよい児童に育てあげてゆく。
( )3児童の興味や欲求の如何にかかわらず、能動的な働きかけは教師がなす。
( )4如何に教えるかというよりも、如何に学ばしめるかということを重視する。
( )5教育の價値は、教師がどれだけの知識を児童に注入し得たかということによつて判定する。

問21

次の上段と下段の事項を—線で結び、法規上正しくなるようにしなさい。

○小学校設置の義務は
○義務教育年齢の子女の就学を妨ぐる著しい嫌疑者あるときは、
○公立学校の教員の俸給は、
○公立学校の授業料及び其の他の費用に関する事項は。

○学校長は警察に報告しなければならない。
○区教育委員が負う。
○文教局の助言を得て、教育長が決定する。
○教育長の助言を得て、区教育委員会が決定する。
○中央教育委員会の認可を得て区教育委員会がこれを定めなければならない。

問(22)
1ある生徒が学級の一般水準に達しないとき
2ある生徒が急に内氣になつて不幸に見える時
3急に欠席しがちになつたとき
4急に学習態度がわるくなつたとき
右に該当する兒童生徒がいた時、それを指導する上に最も重視すべき事項を左のイロハニの中から選んで○をつけなさい。
イ出席簿を見る、
ロ面接をする、
ハ生徒指導要録を見る、
ニ身体検査表を見る、

問(23)
次の問題で(1)(2)(3)の番號で示した事項の中、最も適当と思うものに○をつけなさい。
就学年齢に達する頃には、兒童は想像的危險即ち起るかも知れない危険を
(1)期待する　(2)恐れる　(3)豫め避ける
ようになり、その傾向は年齢とともに、
(1)減少する。　(2)増大する。　(3)消滅する。

問(24)
次の文の（　）の中に左記の語から適当なものを選んで入れ、筋の通る文にしなさい。
命令　評價　達成　援助　指導　實際的　構成

教育課程の（　）は、本來、教師と兒童生徒によつて作られるといえる。教師は、校長の（　）のもとに、教育長、指導主事、種々の教科の専門家、兒童心理や青年心理の専門家、（　）の専門家、更に、兩親や地域社会の人々に直接間接に（　）されて、兒童生徒とともに学校に於ける（　）な教育課程を作らなければならない。

問(25)

学校がコミニティスクール（郷土社会学校）としての使命を果すため、望ましいあり方を左記1、2、3、4、5、6、7の中から選んで、それに○をつけなさい。

1その地域の文化や諸施設の進歩に対して、大きな責任を果そうとする。

2教育計画の中に、郷土社会の人的、物的資源のあらゆるものを活用する。

3兒童の生活を無視しても、地域の人々のために奉仕しなければならない。

4郷土的教科を通じて郷土への理解を與えればよい。

5一般的教科の補足をなすために郷土教科を教えるのである。

6他の社会及び過去の社会とも密接な連関をさせる。

7地域社会とのみ結びつけて、他の社会と結びつかせる必要はない。

# 一九五三年度　校舎建築に就いて

施設課

## 一、校舎建築予算

校舎難の早期解消は教育界は勿論、社会一般の最も切実なる要望であり、従つて新しく発足した琉球政府に大きな期待がかけられたことは当然である。然しながら結果からいうと期待が大きかつただけに、豫算額の僅少に失望も又

大きかつたといえよう。文教局の当初要求額三億三六〇万円が政府査定で一億円に減り、更に軍の査定で八〇〇〇万円に細つたが、幸いに立法院で一二〇〇万円増額されて九二〇〇万円に落ち着いたわけである。これは勿論政府の財源と軍補助の関係でどうにもならなかつたとは思われるが、戦後七年にもなつて茅葺の掘立小屋で我慢している十一万余の児童を考える時余りにも少な過ぎると痛感せざるを得ない。

これだけの豫算で公立学校に一教室二一万六〇〇〇円の補助を与えて三九五教室が出来、政府立学校の二三教室と併せて四一八教室が作られる。これだけ作つて現在の復舊率四八・五一%が五六、七%になり八%だけ増すことになる。假りに毎年八%づつ増しても假校舎を解消するのに五ヶ年半要するわけで、戦前並みに特別教室や附属建築まで完成するには前途遼遠で夢のような話にしか過ぎない。校舎復舊の急務が叫ばれても、豫算面に具現されなければ無意味である。各関係者が協力して豫算獲得運動を展開せねばならない。

## 二、校舎建築五ヶ年計画

発足間もない文教局は校舎建築に関する正確な資料がなく、その後約二ヶ月を要してやうやく全琉の復舊状況を知ることが出来たが、豫算案の作成上早急に年次計画を樹てる必要に迫られて、臨時政府時代に集められた資料によつて次のやうな五ヶ年計画を樹てて豫算請求の資料とした。

### 学校建築第一次五ヶ年計画

A 学校建築は一九五三年度（会計）より一九五七年会計年度までに應急最低基準に到達する様最大の努力を拂いたい。

B 五ヶ年を二期に分けて第一期を一九五三年—一九五五年の三年とし第二期を一九五六年と一九五七年の二年とする。

C 第一期に於ては現在の一学級に対し一教室宛、別に一学校一―二教室宛を建築し授業に差支えない程度のものとして三、二五九教室を完成する。

D 第二期に於いては應急最低基準による不足教室一、六四三教室を完成する、その基準は小学校に於いては児童一人当〇、七坪、中学校は一坪、高等学校では一、五坪 職業高校に於いては二坪とする。

E これに要する経費は

第一期に於ては 九七七、七〇万円

第二期に於ては 四九二、九〇万円を要する

F これを年別に示すと

| 期 | 会計年度 | 坪数 | 教室数 | 建築費 | 備考 |
|---|---|---|---|---|---|
| 第一期 | 1953 | 27,150 | 1,086 | 325,800,000.00 | 一教室 25 坪 1坪 12,000 円の計算とする |
| | 54 | 27,150 | 1,086 | 325,800,000.00 | |
| | 55 | 27,175 | 1,087 | 326,100,000.00 | |
| | 計 | 81,475 | 3,259 | 977,700,000.00 | |
| 第二期 | 1956 | 20,550 | 822 | 246,600,000.00 | |
| | 57 | 20,525 | 821 | 246,300,000.00 | |
| | 計 | 41,075 | 1,643 | 492,900,000.00 | |
| 合計 | | 122,550 | 4,902 | 1,470,600,000.00 | |

※ 1953年度 直轄学校は全額政府が負担する。
地方教育区の主管学校は一般労務費 0.08 を地元負担として計算する。

300,000円×26=7,800,000円〔78教室の$\frac{1}{3}$〕……直轄学校

276,000円×1,060=292,560,000円 ……………公立学校

計 300,360.000円

※3,259 教室の算出に就いて

5,114 ＋ 432 ＋ 141 ＝ 5,687
(学級数)(学校数)(15学級以上の学校数)(学級数十職員室数)
(職員室)

5,687 － 2,428 ＝ 3,259
(既設教室)

## 三、一九五三年度校舎割当

第一回の中央教育委員会で一九五三年校舎建築方針が決定されたので、それに基づいて各学校長から報告された資料をまとめて表にした。これを第三回中央教育委員会に提示して、割当方針、割当方法を決定して貰い、別表のような割当が可決された。

その前に戦災校舎の大修理も含める案が出て審議されたが、中途に於て修理は法規上出來ない事を民政府情報教育部ハークネス氏から指摘されてやむを得ず新建築のみに限定されたのである。

校舎復舊の状況を群島別に表示すると次の通りである。

### 校舎復旧状況 (一九五三年七月末)

公立学校

| 群島名 | 学校数 | 最低基準必要教室数 | 在籍 | 既設本建築教室数 | 既設教室坪数 | 必要教室数と既設教室数との比 | 最低基準による必要坪数 | 既設坪数と最低基準との比 |
|---|---|---|---|---|---|---|---|---|
| 沖縄 | 216 | 3.160 | 132,977 | 1,216 | 24,504.67 | 38.48 | 112,793.7 | 21.72 |
| 大島 | 146 | 1,224 | 46,991 | 701 | 16,498.875 | 57.27 | 39.067 | 42.23 |
| 宮古 | 34 | 373 | 15,605 | 299 | 6,940 | 80.16 | 12,778.9 | 54.46 |
| 八重山 | 23 | 233 | 8,678 | 194 | 4,396.5 | 83.26 | 7,189.3 | 61.15 |
| 計 | 419 | 4.990 | 204,251 | 2,410 | 52,340.045 | 48.30 | 171,833.9 | 30.46 |

政府立学校

| | | | | | | | | |
|---|---|---|---|---|---|---|---|---|
| | 13 | 108 | 4,060 | 63 | 1,473.25 | 58.33 | 8,120 | 18.14 |
| 総合計 | 432 | 5,098 | 208,311 | 2,473 | 53,813.295 | 48.51 | 179,953.9 | 29.90 |

最低基準必要坪数　1人当り
小学校 0.7坪　中学校 1.0坪　普通高等学校 1.5坪　職業高等学校 2.0坪

## 一九五三年度校舎建築方針

一、一九五三年度校舎建築は普通教室の新建築のみとする。

二、教育地区への校舎建築資金の補助額は教育区民の負担が過重にならないよう中央教育委員会で適当に考慮する。

三、政府立の学校の校舎建築費は全額政府負担とする。

四、校舎建築資金の割当額は教育区別に既設本建築の教室数と必要教室数との比率によって中央教育委員会が配分する。

こゝでいう既設本建築の教室数とは附属建物(便所、宿直室、納屋、畜舎等)を除いたすべての既設本建築を普通教室と見做したものをいい、必要教室数とは小中学校に於いては学級数、高等学校にあってはホームルーム数をいう。

五、高等学校は一教育区と見做して配分する。

六、教育区の校舎建築の工事は琉球教育法の第十章第五條の規定によってその区教育委員会が監督の責任を負う。

七、校舎の設計は中央教育委員会が之を示す。

八、校舎の建築は中央教育委員会の認可を要する。

九、設計を變更するには中央教育委員会の認可を要する。

十、政府所管の工事については一九五二年五月二十一日付財主第二號行政主席名の公文により工務局に於いてその監督の責任を負う。

十一、教育区の工事に就いての指導、助言、竣工検査は文教局が行う。

## 校舎割当方針

一、各教育区への補助額は全工事費の九割としその工事費は

一坪一二、〇〇〇円、一教室二〇坪で二四〇、〇〇〇とし、一教室二一六、〇〇〇円以下の補助額とする。

二、政府立学校の建築費は全額政府負担とし、その工事費は

一坪一四、〇〇〇円、一教室二〇坪で二八〇、〇〇〇円、ブロック建にするのを原則とする。

三、各教育区への補助金の割当は全琉%よりも低い教育区に厚く、全琉%以上の教育区に薄くし、できるだけ早目に各教育区の復舊率の差を少なくする。

四、割当の範囲を廣くして出來るだけ多くの教育区の復舊率を高めるようにする。

五、高等学校、組合立学校は一教育区とする。

六、移民部落と人口増加の著しい教育区の学校の新築は特別に考慮する。

## 校舎割当方法

一、全琉の平均パーセント以下の教育区に対しては次のように割当てる。

1 二五%以下の教育区には最も厚くし、現在の沖縄の平均%（三八・四八）を目標にする。

但し最低基準教室数の著しく少ない教育区はその目標を越えたところもある、それは一教室を減ずるとそれによつて率が著るしく減ずるのでやむを得ない。

2 二五%以上三十%未満の教育区は四〇%を目標に引上げた。

この場合二五%以上三〇%未満の既設教室数と最低基準教室数との平均%が二六・七%であるので約一四%を増して四〇%を目標にする、然し増加率の均衡を考えて三九%から四三%に及んでいる。

3 三〇%以上四〇%未満の教育区は四三%を目標にする。

この場合既設教室数と最低基準教室数との平均%が三三%であるので平均一〇%引上げることになる。

然し前後の均衡上一〇%より少く上つたところもある。

4 四〇%以上の教育区は出來るだけ現在の全琉平均%に近づけるようにする。

この場合最低基準教室数の著しく少ないところはとびぬけて上るところもある、一教育区に二教室以下は割当てない方針であるので計算上やむを得ない。

二、全琉の平均%（四八・五一）以上六六%未満の教育区には二教室を割当てゝ範囲を拡げた。

三、大浜町の移民村には特に二教室を割当てた。

四、那覇と真和志は人口が著しく増加しその為に在籍も激増するので引上げる率も特別に考慮する。

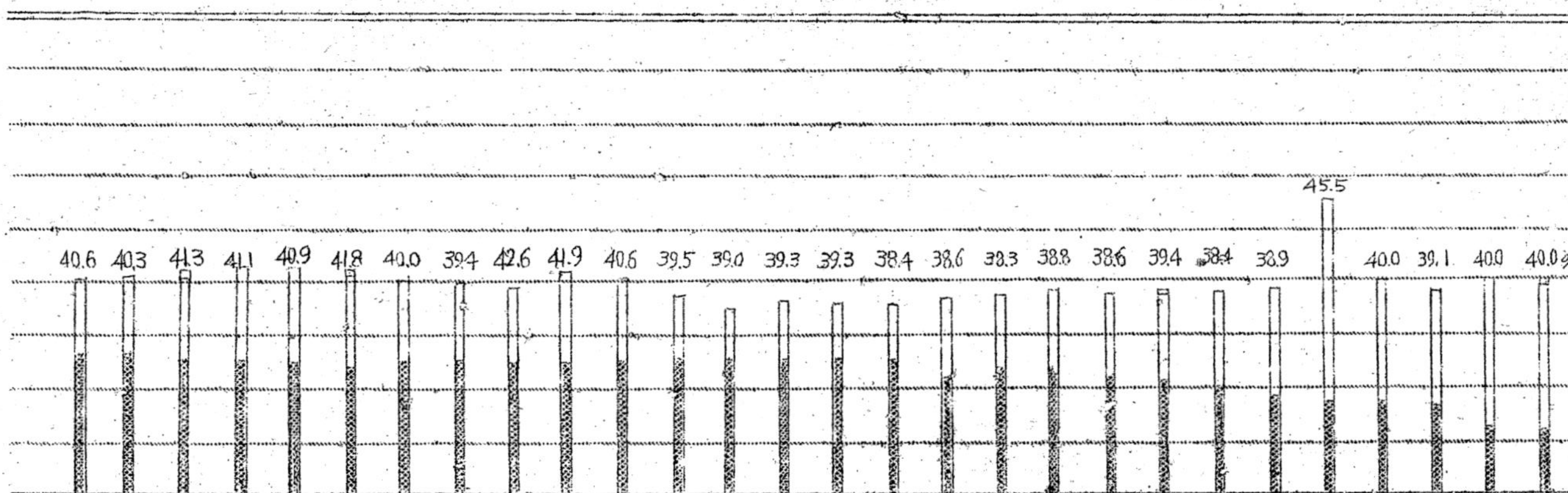


| 教育区名 | 学校数 | 在籍 | 最低基準教室数 | 既設教室数 | 現在復旧率 | 教室割当数 |
|---|---|---|---|---|---|---|
| 粟國 | 一 | 五三二 | 一五 | 二 | 一三・三 | 四 |
| 糸満高校 | 一 | 五八九 | 一五 | 二 | 一三・三 | 四 |
| 石川 | 四 | 三、三六二 | 七四 | 一二 | 一六・二 | 一七 |
| 仲里 | 四 | 一、六三七 | 四五 | 八 | 一七・八 | 一〇 |
| 辺土名高校 | 一 | 四一九 | 一一 | 二 | 一八・二 | 三 |
| 具志頭 | 三 | 一、二九三 | 三一 | 六 | 一九・四 | 六 |
| 上本部 | 四 | 一、五八五 | 三九 | 八 | 三〇・五 | 七 |
| 具志川(久米島) | 四 | 一、四四七 | 二六 | 八 | 三一・一 | 七 |
| 佐敷 | 二 | 一、六二〇 | 三六 | 八 | 三二・二 | 六 |
| 高嶺 | 二 | 七八二 | 一八 | 四 | 三二・二 | 三 |
| 本部 | 七 | 四、二九七 | 一〇七 | 二四 | 三二・四 | 一七 |
| 読谷 | 五 | 三、八三五 | 八八 | 二〇 | 三三・七 | 一四 |
| 越来 | 五 | 三、八六八 | 九一 | 二一 | 三四・二 | 一三 |
| 與那原 | 二 | 一、五〇三 | 三三 | 八 | [illegible] | 五 |
| 宜野座 | 四 | 一、二二〇 | 三三 | 八 | 三四・二 | 五 |
| 北中城 | 三 | 一、七一〇 | 四一 | 一〇 | 三四・四 | 六 |
| 恩納 | 五 | 一、六一六 | 四八 | 一二 | 三五・〇 | 七 |
| 勝連 | 五 | 二、一五六 | 五九 | 一五 | 三五・四 | 九 |
| 知念 | 四 | 一、二九五 | 三一 | 八 | 三五・八 | 五 |
| 那覇 | 六 | 九、六〇七 | 二〇二 | 五三 | 三六・二 | 三三 |
| 嘉手納 | 二 | 一、七三三 | 三八 | 一〇 | 三六・三 | 五 |
| 具志川 | 七 | 六、四七〇 | 一五〇 | 四〇 | 三六・七 | 二〇 |
| 三和 | 四 | 一、七〇四 | 四三 | 一二 | 三七・二 | 六 |
| 東風平 | 二 | 二、〇二三 | 四四 | 一二 | 三七・三 | 六 |
| 美里 | 五 | 三、一〇二 | 七三 | 二〇 | 三七・四 | 一〇 |
| 兼城 | 二 | 一、二三二 | 二九 | 八 | 三七・六 | 四 |
| 糸満 | 二 | 二、五八七 | 五七 | 一六 | 三八・一 | 七 |
| 名瀬 | 三 | 六、〇〇二 | 一三八 | 三六 | 三八・一 | 六 |

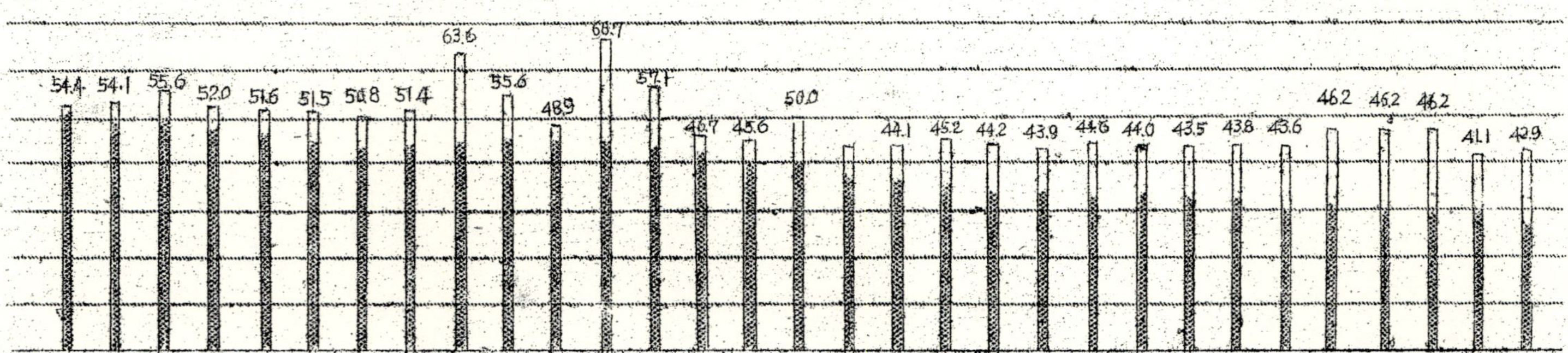


| | | | | | | |
|---|---|---|---|---|---|---|
| 國頭 | 二 | 五一・五 | 三五 | 六八 | 二、六六八 | 九 |
| 北谷 | 二 | 五〇・〇 | 二四 | 四八 | 二、一六〇 | 三 |
| 伊江 | 二 | 五〇・〇 | 一八 | 三六 | 一、五六三 | 二 |
| 知名 | 二 | 四九・三 | 三七 | 七五 | 三、〇〇五 | |
| 東天妃 | 二 | 四八・四 | 三一 | 六四 | 二、三二四 | 七 |
| 與論 | 二 | 四六・八 | 二三 | 四七 | 一、六四五 | 四 |
| 小禄 | 三 | 四五・九 | 二八 | 六一 | 二、七一六 | 二 |
| 大里 | 二 | 四五・七 | 一六 | 三五 | 一、五〇五 | 三 |
| 読谷高校 | 二 | 四五・五 | 五 | 一一 | 四六四 | 一 |
| 伊是名 | 二 | 四五・五 | 一五 | 三一 | 一、三二四 | 二 |
| 中城 | 三 | 四四・七 | 二一 | 四七 | 二、〇〇九 | 三 |
| 久米島高校 | 二 | 四四・四 | 四 | 九 | 三五一 | 一 |
| 野嵩高校 | 二 | 四二・九 | 六 | 一四 | 五六〇 | 一 |
| 名護 | 三 | 四二・三 | 三〇 | 七一 | 三、一一八 | 四 |
| 大宜味 | 三 | 四〇・四 | 二三 | 五七 | 二、〇五四 | 五 |
| 東 | 二 | 四〇・〇 | 八 | 二〇 | 七九四 | 四 |
| 南風原 | 二 | 三八・九 | 一四 | 三六 | 一、六四一 | 二 |
| 喜界 | 四 | 三八・二 | 二六 | 六八 | 二、六四九 | 七 |
| 今帰仁 | 六 | 三五・八 | 二九 | 八一 | 三、三五一 | 六 |
| 早町 | 四 | 三四・九 | 一五 | 四三 | 一、五七五 | 五 |
| 西原 | 四 | 三四・三 | 一四 | 四一 | 一、六八〇 | 二 |
| 天城 | 八 | 三三・九 | 二五 | 七四 | 二、七八六 | 八 |
| 豊見城 | 六 | 三二・〇 | 一六 | 五〇 | 二、〇〇八 | 四 |
| 宜野湾 | 一〇 | 三一・八 | 二七 | 八五 | 三、六二二 | 五 |
| 屋部 | 四 | 三一・三 | 一〇 | 三二 | 一、二八九 | 三 |
| 羽地 | 七 | 三〇・九 | 一七 | 五五 | 二、二六〇 | 五 |
| 石川高校 | 二 | 三〇・八 | 四 | 一三 | 五五三 | 一 |
| 渡嘉敷 | 二 | 三〇・八 | 四 | 一三 | 三三一 | 一 |
| 座間味 | 二 | [illegible] | 四 | 二五 | 四一四 | 二 |
| 与那城 | 二 | [illegible] | 二五 | 六五 | 二、四五六 | 五 |
| 前原高校 | 二 | [illegible] | 二四 | 五四 | 二、五七〇 | [illegible] |

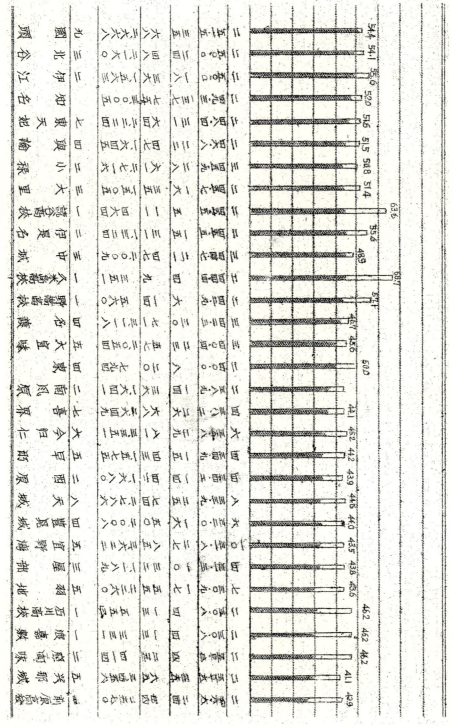

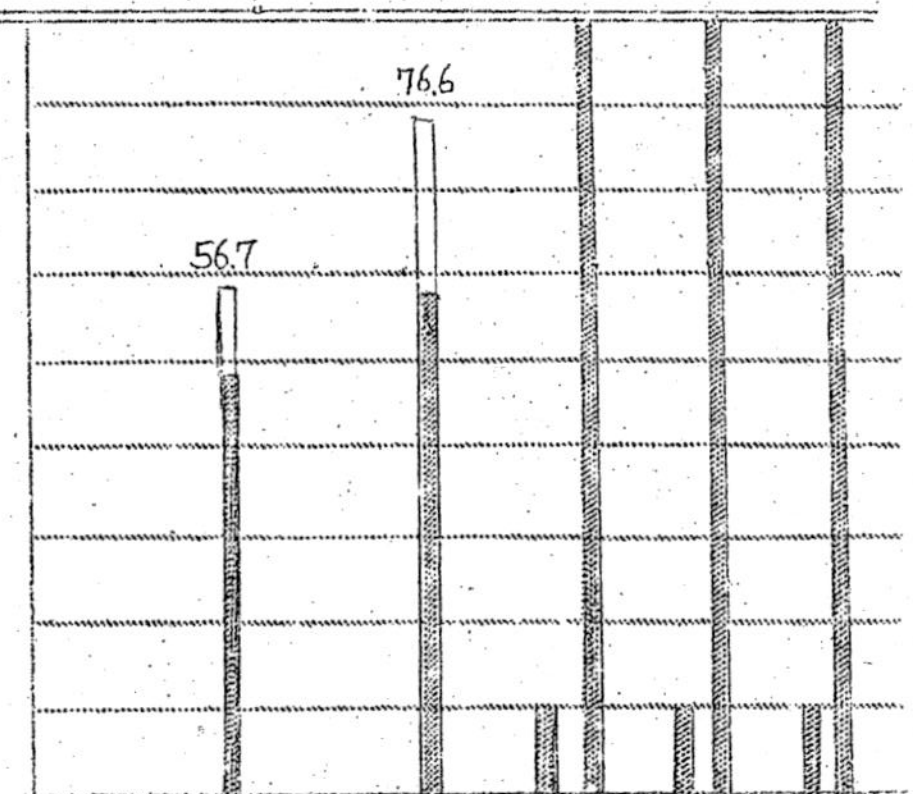


| | | | | | | |
|---|---|---|---|---|---|---|
| 宮古農 | 一 | 一四五 | 五 | 五 | 一〇〇・〇 | |
| 宮古水 | 一 | 一七三 | 七 | 七 | 〃 | |
| 八重山農 | 一 | 二二一 | 八 | 八 | 〃 | |
| 政府立学校計 | 一三 | 四〇六〇 | 一〇八 | 六三 | 五八・三 | 三三 |
| 全琉合計 | 四三三 | 一〇八、三二一 | 五〇九八 | 二四七三 | 四八・五 | 四一八 |

備考

一、在籍は一九五二年四月末現在

二、文教局で査定した教室数を最低基準教室数とした。

三、既設教室数とは自力建築を除く本建築教室数である。

但し使用不能で要改築の教室は算入してない。

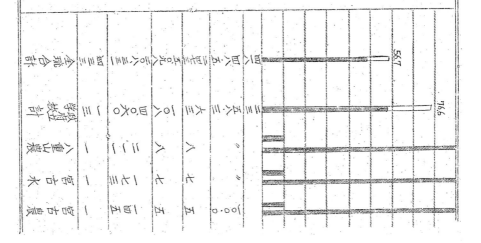

## 建築割当順位

| 順位 | 教育区名 | 教室数 | 順位 | 教育区名 | 教室数 | 順位 | 教育区名 | 教室数 | 備考 |
|---|---|---|---|---|---|---|---|---|---|
| 1 | 商業高校 | 5 | 31 | 名瀬 | 8 | 61 | 野嵩高 | 2 | 順位決定について<br>1公立学校は率の低い方から順位をつけた。<br>2十教室以上割当てられたところは二回に分て順位をつけた。<br>3政府立の学校は学校の事情を考慮して適当にはめた。<br>4実際建築のときは豫算令達額によつて区切られるので現在は明示出來ない。後日連絡する。 |
| 2 | 工業〃 | 4 | 32 | 前原高 | 2 | 62 | 久米島高校 | 2 | |
| 3 | 大島農〃 | 2 | 33 | 與名城 | 9 | 63 | 中城 | 3 | |
| 4 | 粟國 | 4 | 34 | 読谷 | 7 | 64 | 伊是名 | 2 | |
| 5 | 糸満高校 | 4 | 35 | 座間味 | 2 | 65 | 読谷高 | 2 | |
| 6 | 石川 | 11 | 36 | 渡嘉敷 | 2 | 66 | 大里 | 3 | |
| 7 | 仲里 | 10 | 37 | 石川高 | 2 | 67 | 小祿 | 2 | |
| 8 | 辺土名高校 | 3 | 38 | 本部 | 8 | 68 | 與論 | 2 | |
| 9 | 具志頭 | 6 | 39 | 羽地 | 7 | 69 | 東天城 | 2 | |
| 10 | 上本部 | 7 | 40 | 石川 | 6 | 70 | 知名 | 2 | |
| 11 | 久米島具志川 | 7 | 41 | 屋部 | 4 | 71 | 伊江 | 2 | |
| 12 | 佐敷 | 6 | 42 | 越來 | 6 | 72 | 北谷 | 2 | |
| 13 | 高嶺 | 3 | 43 | 宜野湾 | 10 | 73 | 國頭 | 2 | |
| 14 | 本部 | 9 | 44 | 豊見城 | 6 | 74 | 胡差高 | 2 | |
| 15 | 読谷 | 7 | 45 | 北農 | 4 | 75 | 真和志 | 4 | |
| 16 | 越來 | 7 | 46 | 中農 | 3 | 76 | 金武 | 2 | |
| 17 | 與那原 | 5 | 47 | 伊仙農 | 2 | 77 | 伊仙 | 2 | |
| 18 | 宜野座 | 5 | 48 | 具志川 | 10 | 78 | 笠利 | 2 | |
| 19 | 北中城 | 6 | 49 | 天城 | 8 | 79 | 喜界高 | 2 | |
| 20 | 恩納 | 7 | 50 | 西原 | 4 | 80 | 久志 | 2 | |
| 21 | 勝連 | 9 | 51 | 名瀬 | 8 | 81 | 西方 | 2 | |
| 22 | 知念 | 5 | 52 | 早町 | 4 | 82 | 與那國 | 2 | |
| 23 | 那覇 | 20 | 53 | 今帰仁 | 6 | 83 | 伊平屋 | 2 | |
| 24 | 嘉手納 | 5 | 54 | 那覇 | 13 | 84 | 鎮西 | 2 | |
| 25 | 具志川 | 10 | 55 | 喜界 | 4 | 85 | 浦添 | 2 | |
| 26 | 三和 | 6 | 56 | 南風原 | 2 | 86 | 和泊 | 2 | |
| 27 | 東風平 | 6 | 57 | 東 | 2 | 87 | 亀津 | 2 | |
| 28 | 美里 | 10 | 58 | 大宜味 | 3 | 88 | 大浜 | 2 | |
| 29 | 兼城 | 4 | 59 | 名護 | 3 | | | | |
| 30 | 糸満 | 7 | 60 | 開洋 | 3 | | | | |

# 便利な教育百貨店 公民館について

社会教育課主事　清村英診

社会教育行政の在り方は教育的環境を整備することにあると思う。即ち人が人を教えるやり方ではなく人の接する環境が自ら教育の効果をもたらすようなやり方でなければならない、即ち学びたいと思う時に学び楽しみたいと思う時に楽しみ、利用したいと思う時、利用する等、われわれの生活に即應し得る施設を整備する事に重点がおかれなければならないと思う。こういつた施設で一番氣のきいた施設は何といつても公民館ではなかろうか。

日本では終戦翌年七月文部次官通牒で國民の教養を高め道徳的知識的並に政治的水準を引上げ、又町村自治体に民主主義の実際的訓練を與えると共に科学思想を普及し、平和産業を振興する基を築くといつたような当面の課題を解決するためには、町村に公民館を設置せしめることが最上の良策を考えその奨励をしておる。しからば公民館というものはどんなものであるか以上の事柄でもうなづけるように、常時町村民が氣軽に集つて談論し、読書し、生活上産業上の指導をうけ、お互の交友を深める場所でいわば郷土における公民学校図書館、博物館、公会堂、町村民集会所、産業指導所などの機能を兼ねた文化教養の機関でそれは又青年会、婦人会等の町村に於る文化團体の母胎ともなり、各團体が相提携して町村振興の底力を生み出す場である、即ち町村家庭のいろり部屋であり便利な教育百貨店である。そしてこういう便利な施設は上からの命令で施設されるのではなく真に町村民の自主的な要望と協力とによつて設置され町村自身の創意と財力とによつて維持運営されていかなければならないものである。

大島には群島政府時代各町村に公民館が設置され二名の専任主事が政府豫算で配置されている外その事業費の一部がまかなわれている。

本島や宮古、八重山では未だ設置されていないが自分達の課題を自分達の手で解決するためにも、その設置の機運はすでに熟しているものと思う。

これは現在六・三制遂行のため学校建築に政府も地方も住民も父兄も力一杯になつているときなにも新しい建物を望むというわけではない。勿論現在の町村財政では新築など到底できない相談であるが、然し既存建物を利用するなり学校に併置するといつたことは考えられないこともない。日本でも公民館を奨勵して一年目に全國市町村の一九%が設置をし、そのうち四〇%が学校に併置、五五%が既存建物を利用し、新築は僅かに五%にしか過ぎない、次に記す公民館の生ひ立ちは僕等に大きなしさを與えるものがある。

「私の部落でも公民館を作ることになりました、今まで余り利用されていなかつた青年館を轉用することになりました。そこでまず女子青年達が毎日当番をきめて掃除をし、毎週日曜日には生花を飾るようにし、又部落のどの家よりも明るい電燈がつけられるようになりました、老人のために設けられた茶道具も非常によろこばれました。

もうこれだけで居心地のよい公民館に人々が集るようになりました。そこで心ある人達が中心になつてその運營が協議されその結果は土地の人々の必要をみたす二つの計画が決定されました。この部落では新聞をとつている家が一五%にも達せず、多くの人は新聞を読んでおりませんでした。そこでまず新聞縦覧所が設けられました。ラヂオは数軒しかとつてないので彼等はその費用を部落の人々に計りこれも備えつけました新聞とラヂオ、きれいに掃除された部屋と明るい電燈、美しい生花、ただこれだけが私達公民館の生い立ちです」

日本ではこのようにしてできた公民館を保護するため社会教育法が制定され、その保護のやり方も從來の補助金政策ではなく奨励金として交付している。即ち振わないところに沢山支出するさそい水的な補助でなく、自ら多額の経費を負担しているところに沢山支出するという仕組になつている。

そこで公民館は町村自身の創意と財力とによつて維持運営されてゆくことが理想であるが、どのようにして財源をみつけるかという段になるのであるが、これを福岡県の例を見ると歳入として市町村費、寄附金、團体分担金、維持会費、事業収入、その他となつており、各々のパーセンテージは市町村が四〇%、三〇%が県補助、寄附金五%、團体分担金八%、維持会費八%、事業収入七%その他二%となつている。

こう考えてくると本島でも離島でも大かたの町村は青年館とか区事務所といつた建物をもつている。この既存建物に公民館としての組織を與えることはそう困難なことでもなく財政上の難点もその解決は差して重大問題でもないと思われる。要はほんとに町村民にとつて最も有効な教育施設であり便利な教育百貨店であるという認識と、是非町村民幸福のためにお互ひで作らなければならないという情熱がこの施設を解決する鍵になると思う。

# 第二回琉球研究教員配置名簿

| 氏名 | 配置先 | 学校名 | 学校長氏名 | 学校所在地 | 現任校 |
|---|---|---|---|---|---|
| 山城亀延 | 東京 | 都立両國高等学校 | 小倉隆 | 墨田区江東橋一の四 | 知念高校 |
| 長嶺春 | 〃 | 港区立氷川小学校 | 小米井東 | 港区赤坂氷川町四 | 学務課 |
| (改姓)作井忠雄 | 〃 | 豊島区立高田中学校 | 欠員 | 豊島区目白町一の一〇五七 | 職業教育課 |
| 多嘉良行雄 | 〃 | 品川区立第四日野小学校 | 恵義栄 | 品川区西大崎四の五五六 | 大道小校 |
| 竹下ミツ | 〃 | 台東区立育英小学校 | 志波末吉 | 台東区浅草橋三の三一 | 那間小校 |
| 山田勝造 | 〃 | 中央区立築地小学校 | 向山嘉章 | 中央区築地三の二 | 赤木名小校 |
| 知名定善 | 〃 | 品川区立大原小学校 | 関谷徳治 | 品川区東戸越五の一六 | 宜野座中校 |
| 又吉盛善 | 〃 | 港区立白金小学校 | 大石譲 | 港区芝白金今里町六二 | 宮森小校 |
| 兼島朝太郎 | 〃 | 杉並区立大宮小学校 | 沢田朝序 | 杉並区堀の内二の四四一 | 城北小校 |

| | | | | | |
|---|---|---|---|---|---|
| 泉　四郎 | 東京 | 中野区立桃園第二小学校 | 鈴木正儀 | 中野区立文園町一〇 | |
| 大山安弘 | 〃 | 台東区立下谷中学校 | 平良恵路 | 台東区入谷町一五四 | |
| 保久村昌申 | 神奈川 | 横浜市立城郷校 | 大塚光徳 | 横浜市港北区鳥山町八の四 | 糸満小校 |
| 田原初雄 | 〃 | 川崎市立富士見中学校 | 高島松柏 | 川崎市富士見町一八〇 | |
| 上勢頭勇 | 〃 | 鎌倉市立御成小学校 | 三浦郷親 | 鎌倉市大町六二五 | 高良中校 |
| 松田州弘 | 〃 | 平塚市立春日野中学校 | 添田保 | 平塚市平塚一四四〇 | 前原教訓 |
| 大城徳次郎 | 〃 | 小田原市立本町小学校 | 小島峰吉 | 小田原市幸一の八五三 | 邊士名小校 |
| 宮里清四郎 | 福岡 | 福岡市立春吉中学校 | 園井浩雄 | 福岡市薬研町 | 糸満中校 |
| 平敷静男 | 千葉 | 松戸市立第二中学校 | 戸谷公弘 | 松戸市小山六八五 | 西原中校 |
| 仲真良盛 | 〃 | 千葉大学教育学部附属第一中学校 | 飯田朝 | 千葉市市場町二六 | 中城中校 |
| 松田盛康 | 茨城 | 東茨城郡飯富村立飯富中学校 | 田中行雄 | 茨城県東茨城郡飯富村飯富四四七六 | 古堅中校 |
| 與那覇義政 | 奈良 | 奈良市立若草中学校 | 久保田晴次 | 奈良市法連町 | 福嶺中校 |
| 石原ヨシ | 〃 | 奈良市立春日中学校 | 井熊貞一 | 奈良市西木辻町 | 大里中校 |
| 山内昌敬 | 〃 | 生駒郡伏見町立伏見中学校 | 行本行正 | 奈良県生駒郡伏見町西大寺 | 兼次中校 |
| 森　重元 | 静岡 | 静岡市立城内小学校 | 古屋信行 | 静岡市城内 | 亀津小校 |
| 安里武泰 | 〃 | 三島市立西小学校 | 山川伊平 | 三島市本町 | 登野城小校 |
| 安里永昌 | 〃 | 引佐郡三ヶ日町立三ヶ日中学校 | 野沢次郎松 | 静岡県引佐郡三ヶ日町 | |
| 山口沢正 | 埼玉 | 北足立郡ワラビ町立ワラビ中学校 | 梅沢九十九 | 埼玉県北足立郡ワラビ町五三 | 知念教育庁 |
| 寺地長弘 | 熊本 | 熊本市立西山中学校 | 加恵静雄 | 熊本市島崎町 | 具志川中校 |
| 徳山長秀 | 〃 | 菊地郡隈府町立菊地中学校 | 瀧川芳道 | 熊本県菊地郡隈府町 | |
| 山城清輝 | 〃 | 阿蘇郡里川村立阿蘇中学校 | 上田　徹 | 阿蘇郡里川村 | コザ中校 |

# 新教育は如何様にして生れたか

研究調査課　比嘉　博

戦後新教育という言葉が生れて教育界を始め一般社会が意識的にせよ、無意識的にせよ、新教育の線に向つて進みつゝある事は、真に結構である。日本本土では平和條約を契機として、新教育は反省期に入り再検討の時期にはいつたようで、或る論者は教育は常に新教育でなくてはならない、寧ろ真教育でなくてはならないと、教育が今日も明日も全く同一の姿であるべきではない。常に生成発展する事は必然であり改めて新の字を使用しなくても教育の言葉に既に内在しているというのである。至極もつともな事であるが併し永い間の日本教育は軍國主義の悪夢にわざわいされ政治に吸収され、教育行政もそれは全部軍事目的から打算されて國策実現のための方便でしかなかつた。学校は軍事教練の場、青年学校、國防婦人会、大政翼賛会等の美名に一束されて、教育が不当の支配に服し全く道具にされた事実から敗戦という外部的原因（教育自体の成長でなく）によつて開放された。人間性の在り方も個人の尊厳も今まで影をひそめていた、道理も新しい息吹きで浮き上つた。それは歴史の必然で、その意味で新教育はまさに意義深く全琉六千の教育者はもとより社会一般が歩調をそろえて勇敢明朗に進むべき時ではなかろうか、も早や教育に対して何等の重圧も束縛もなく何物の方便でもなく身軽に進む時が來た。教育法規は全面的に變り教育委員会制度が実施された今日、琉球の教育は本土のそれと比べて歩みの遅いうらみがないでもない。それで新教育の幾分の推進の參考にもとの老婆心から拙いながらも以下所見をのべることにした。

アメリカの教育が今日の姿に築き上げられるまでには幾多の歴史的變遷、心理学的、哲学的、経済的苦心の累積の結果としての成長のたまものでローマは一日にして成らずの例にもれない。アメリカの教育の由つて生れた源を探つて見る事もあながち無駄でもなかろう。

結論からいうならばアメリカ教育の土台をなすものは第一ギリシア教育以來の理想主義対現実主義若くは自然主義、全体主義対個人主義、超越論対内在論、教師中心対兒童中心の永い歴史のカットウの累積した産物であり、第二はアメリカにおいて発達をした実用主義の哲学、第三は行動主義心理学、生物学、社会学、第四は資源開拓を中心として発達したスケールの大きい資本主義、第五はピユリタニズムの生長発展したアメリカ國民性等の潜在的條件が渾然一体となつて築き上げられたものと見る事が出來よう。

## (一)　新教育の心理学的基礎

アメリカ教育の由つて生れた直接のもの特に方法的根底をなすものは、アメリカに発達した機能心理学及び行動心理学の底流である。由來心理学が自然科学として研究されるようになつたのは最近の事で始めは哲学的、觀念的の研究であつた。随つて未発達、未開拓の面が多分に残されているし分派も多種多様であるが、こゝでは独乙を中心として、大陸に発達した構成心理学と比較研究して見る、構成心理学はヴント（Wilheln. Wundt 1832—1920）が代表者である。彼は近代実験心理学の始祖ではあるが研究の方法が分析的で心理作用を分析してその個々の研究をよせ集めて全体を構成した。即ち感覚、知学、觀念、記憶、想像、思考、感情等の夫々の單位に分析してその一つを他と切りはなして抽象的に研究したので主として内省法（自己觀察法）を中心とし觀念的で多少哲学的の香が未だ残つている。分析の上に立つので系統的組織的で出來上りは実に見事でこの点大きい進歩で科学としての心理学はヴントによつて築かれたと見てよかろう。やがてヴエーベル、フエヒネル等によつて分析的ではあるが精神物理学的方法（自然科学的方法）を取り入れて実験心理学の第一歩をなした感覚の実験的研究、反應時間の測定研究等がその例である。所がその欠点はやはり觀念的、抽象的、非実際的であつた。われ〲の心の働きは実際は分析した一單位が他と関係なしで働く事は少ないもので、今は感覚の作用、今は思考の働き、想像記憶等と全く別々に作用する事は毎日の生活にはメツタに無い、幾つかの單位が同時又は継時的に複合して作用するものである。こゝに着眼して機能心理が出來た機能心理学の立場では意識又は心の働きを生活機能の表現であると説明し、更に行動心理学にまで進んだものである。機能心理及び行動心理学の始祖はヴヰーアム・ゼームス（Willam. James 1842—1910）といわれている。彼は「教師のための心理学」の講演中に心理学と教育との関係を論じ、技術としての教育に欠く事の出來ない科学は心理学であり、兒童は環境に対して反應する行動的有機体であるから教師は兒童を行動化するように努力すべきであり、印象は必ず表出を伴うもので、教育は行動の習慣と行動の傾向を体制化する所に成立すると唱えて行動主義心理学の上に教育説を打ち立てたのである。後にアメリカ人ワアトソン（Watson 1878—）は凡ての行動は生理的基礎づけが先であるとして学習の根拠に生理的行動を重視した。此等の説を総合すると心の働き即ち意識を機能又は行動と見る。ワアートソンの説により精神作用を身体と切りはなして研究する事のみでは充分でなく身心一体として研究すべきを暗示している。行動心理学の立場では例えば読書、書写、歩行、演奏、視暗算、ソロバン、タイプライター等の心の働きは構成心理学の分析された精神作用の單位研究の結果の合計だけからは出て來ない。例を読書という行動（心理作用）に取つて見ると読書は視覚、聽覚、記憶、想像、思考等の心の働きと生理的には眼筋の働きによる眼球運動、発音器管の緊張並に運動、声帯の振動、默読の場合の内読運動（声は出さないが発音器管は緊張し声帯が緊張し振動する）更に横文と縦文の場合の差等色々の方面から研究して見ると心身を一体とした有機的連関の下に総合的の一つの作用で即ち読書という行動であるから分析された單位の單なる合計からは読書の心理作用の全貌は解明する事は出來ない。

（視覚＋聽覚＋記憶＋……）×X＝読書

の式が成り立つもので單位の集積が読書とイーコールではない。新教育に作業中心、労作教育実験、実測、試行錯誤、自学自習等の重視される理由はこゝに根拠がある。

新教育で知能テストや適性検査、標準学力検査が重視されるのも行動心理学に出発している。知能検査は知能発達の程度の大体を見る事が目的で、結果として被験者の知能指数が出て來るが学習の成果との比較係数によつて各被験者の努力の程度餘地の大体を知る事が出來るのであるが、その方法として用いている迷路通過のテストがあるがこの行動は視覚、筋覚、統覚注意力、判断、記憶等の複雑した心の働きの複合作用で各部分の総和のみでは出來ない。立法体の分解、置換、図形抹稍、異同辨別等の行動何れも同一の例である。

知能テストが日本で実用されたのは大正の末期からで最初技術的に研究不充分で心理学者の遊戯とまで評されたが次第に研究されて今日は常識となり職業指導、作業曲線、産業心理等の実用に供せられ、個人差の重視、個性尊重、能率等と教育上の重要位地を示すようになつて來たが何れも因を正せば行動心理学に源を発している。

次に学力考査の方法も二十年前は構成心理学に立脚して分析的に行はれていたものが行動心理の影響で総合的に行はれるやうに變つて來た。例を國語に取るならばカナツケ（読み）、書き取り、解釋、單文作成等と機械的に分析して行われたのが綜合的となりアチブメント等に方向が變つて來た。

今日のアメリカ教育のプロゼクト法、ダルトンプラン、カリキユラムの構成、科目から教科へと變つた等何れも行動心理学に直接の土台が見出せる。所で行動心理学は心理学として完全無欠とは勿論いえない。心理学が自然科学であるならば自然科学的方法たる觀察、實驗、統計を採用しなければならないが、複雑微妙な心理作用を総合のみで解決する事は困難でやはり分析し、総合し兩々相まつて所期の成果を收めねばならぬ。この点に着眼して今日ではゲシタルト心理学が生れている。普通形態心理学と釋しているがゲシタルトという語はドイツ語で、全体性とか全体的の意味でドイツ人ヴエルトハイマー（Werthaimer M 1880―）コフカ（Kaffka 1886―）ケーラー（kahler. W. 1887―）等によつて唱えられ全体的立場に於いて實驗的に研究し、場面の諸條件を重視している精神発達の過程をもこの心理学は日本で戦前の全体主義の基礎として悪用された傾向があつたが決してそんなものではない。今日教育界で心理学といえば普通この全体的心理学を指している。この方面の著書を紹介して特に新進の教育家に御すゝめする。

文部省教育心理学　昭二四年　學藝図書会社
坂本一郎教育心理学　同　岩崎書店
依田新　教育心理学　同　同
武政太郎教育心理学　昭二四年　教育科学社

心理学は新しい学問で未開拓、未発見の部面が他の科学よりも多い。又研究の対象も複雑微妙な心の働きであり研究も困難で、結果もその正確さに於いて他の科学に及ばない。化学方程式の様にうまくはいかない。しかし八分通りの結論を得、所謂蓋然的結論でしかなく学問の性質上止むを得ない。究極の結論は將來に残されている。だからといつて現在の心理学を無視せず現在に於いて最上のものをキヤツチする事が吾等教育實際家の課題であり、兒童の行動をよく視察し記録する事が心理研究の第一歩であろう。（つゞく）

## 編輯後記

○研究調査課の職員が標準テストの講習でまわつているため編集がおくれて申訳ありません。

○ぼつ〳〵先生方の研究記録が送られて來たことは喜びに耐えません。まず四、五点だけ掲載致しました。

○研究教員の方々にも交互に書いていただく計画ですが、とりあえず城前の島袋先生に書いてもらいました。

○第三號は豫告致しておきましたように「入試特集號」として豫定していましたが原稿不揃いのため次回にまわす事に致しました。

○文教時報について御意見がありましたら研究調査課宛お知らせ願います。

○東天城村山小学校文田栄作先生から「健康な体をつくりましよう」という紙芝居の種本が送られて來ていますが掲載出來ないのが残念です。御紹介しておきます

# 中等教育に関する文部省刊行物一覧

| 書名 | 発行年月日 | ページ数 | 定價(日本) | 発行所 |
|---|---|---|---|---|
| 教育心理 | 24.11.21 | A5 434 | 125.00 | 学藝図書株式会社 |
| 中学校・高等學校通信教育要覧 | 23. 9.20 | A5 51 | 14.00 | 学校図書株式会社 |
| 新制中学校・新制高等学校望ましい運営の指針 | 24. 4.10 | A5 172 | 34.90 | 教育問題調査所 |
| 新制高等学校教科課程の解説 | 24. 4.30 | A5 140 | 33.50 | 教育問題調査所 |
| 中学校高等学校の生徒指導 | 24. 7. 7 | A5 382 | 95.80 | 日本教育振興会 |
| 中学校 圖書工作科学習資料 色彩編 | 24. 5.25 | A2 10枚 | 453.10 | 大日本図書株式会社 |
| 同 上 解説 | 〃 | A5 15〃 | | |
| 中学校 図画工作科学習資料 木工編 | 〃 | A2 10〃 | 162.70 | 大日本図書株式会社 |
| 同 上 解説 | 〃 | A5 15〃 | | |
| 中学校・高等学校管理の手引 | 25. 3.3 | A5 357 | 81.90 | 教育問題調査所 |
| 中学校・高等学校指導主事の職務 | 25. 5.20 | A5 304 | 142.00 | 日本教育振興会 |
| 中学校・高等学校における一般学習指導法 上 | 25. 7.10 | A5 320 | 60.00 | 教育問題調査所 |
| 同 下 | 55. 8.20 | A5 478 | 85.00 | 教育問題調査所 |
| 図画工作科鑑賞資料 彫刻編 | 25. 4.15 | A2 15枚 | 204.30 | 大日本図書株式会社 |
| 同 解説 | 〃 | A5 95〃 | | |
| 図画工作科鑑賞資料 繪画編 第1集 | 25. 8.25 | A2 10〃 | 301.80 | 大日本図書株式会社 |
| 同 解説 | 〃 | A5 80〃 | | |
| 圖画工作科学習資料 圖案編 | 25. 9.25 | A2 10〃 | 375.50 | 大日本図書株式会社 |
| 同 解説 | 〃 | A5 8〃 | | |
| 図画工作科学習資料 建築編 | 25.12.25 | A2 19〃 | 252.10 | 大日本図書株式会社 |
| 同 解説 | 〃 | A5511〃 | | |
| 音樂図集 | 24.11.25 | A2 30枚 | 593.50 | 日書、東書 大書、中教 |
| 中学校・高等学校 学校評價の基準と手引 | 25. 6.20 | A5 207 | 200.00 | 実教出版株式会社 |
| 学校柔道指導の手引 | 25. 6.18 | B5 140 | 65.00 | 明治図書出版株式会社 |
| 学習指導要領 一般編 | 25. 7.10 | A5 107 | 34.00 | 明治図書出版株式会社 |
| 中学校・高等学校学習指導要領 音樂科編 | 25. 6.25 | A5 217 | 110.00 | 教育出版株式会社 |
| 中学校・高等学校学習指導要領 保建体育科体育編 | 25. 7.25 | A5 239 | 115.00 | 大日本雄弁会講談社 |
| 中学校・高等学校学習指導要領 國語科編 | 25.10. 1 | A5 320 | 89.00 | 北陸教育書籍株式会社 |
| 中学校・高等学校学習指導要領 藝能科書道編 | 25.11. 1 | A5 104 | 44.00 | 中部図書株式会社 |
| 中学校・高等学校学習指導要領 数学科編 | 25.11.25 | A5 300 | 77.00 | 中部図書株式会社 |
| 高等学校定時制課程体育指導の手引 | 25.11.15 | A5 104 | 250.00 | 中央書籍株式会社 |
| 中学校・高等学校学習指導要領社会科編 I | 25.12. 5 | A5 64 | 15.00 | 明治図書出版株式会社 |

琉　球
# 文教時報

第四号

文教局

研究調査課

# 目次

# 就任のことば

文教局長　眞栄田義見

どういう風の吹き廻しか文教局長の椅子に坐つて了つた。坐つて丁度八日目の今日の氣持は半ばの後悔と半ばの得意といつた形、半ばの後悔は教育長という職務への未練である。教育者の生き甲斐は教壇にある。子供達の眼が自分に集中されて、自分の思うこと、考えることがそのまゝ白紙の魂に印されて行くという人間創造にかゝわる仕事は尊いものだ

　子供の精神と肉体の成長に大きな影響を与えて、その事が大きな社会の形成の要素を作つて行く事を考えた時には空恐しくてかりそめには出來ないことであるが、それだけ又、張りのある生き甲斐の有る仕事でもある。

　古い卒業生や新しい卒業生の集りなどでの話し合いで、自分が全く記憶にもない事柄がその生徒達の生き方の上に何らかの影響を與えて勇氣づけた事が話題に上ると、先生という仕事の有難さをしみじみ考えさせられることがある。我が一生の光榮の日は、或は教壇に立つた日ではなかろうかと思うと、教壇に立たない教育者がさびしくもなるのである。教壇に立たない時の自分は馬鹿な真似もする平凡な男である。

　教壇に立つた時の自分は悟り切つた、聖者の様な心境でしみ〴〵として話したことである。Aという生徒の姉は專門学校出という経歴も持つていながら白人の妾に囲われているそうだ。Bという生徒の家は戦後の成金で父が二号も三号も持つているそうだという特殊の家庭の中にある生徒から、はち切れる元氣と善良さを持つている生徒に至るまでの五十何名がある。戦後の社会と家庭が混沌としていればいる程、その中に大きくなる子供達の運命というものへのいたわりと愛情が自分をいよ〳〵聖なる説教者という氣持にして、教壇の一時間はしみ〴〵とした生き甲斐を感じた事である。自分自身が、窮猿、林をさまようというたよりない氣持で一杯であるのに、教壇に立てば、そういつた頼りなさや、風情を絶ち切つて一人の聖者にする教壇の有りがたさが考えられてならない教育者が教育者であるためには教壇に立つ以外にはないのである。教育者が教壇を離れた時には孟子の云う所の教育者としての天下の三楽の一つである天下の偉材を育てる楽しみを自ら放棄する事である。と思いながらも私は校長をやめて教育長になつたのである。出世という封建的な習慣は教壇人として一生を終る事よりも教育行政家になるのを出世にして了うのである。こうして現場の指導者が出世街道を辿つて行くようである。

　イギリスのパブリックスクールの先生はケンブリッヂ大学、オックスフォード大学を出た立派な人達がなるそうであるが、なつたが最後、死ぬまでその教職について、轉任運動をしたり、出世運動をしないそうである。一生涯、一中學校の先生として満足して子供の指導をするイギリスの先生の有がたさ、指導される生徒の幸福が思いやられる。

　アングロサクソン人が世界の紳士となつたのは此の学校と先生によつて育てられたのである。と考えて來たら教壇のみが最高の出世であるという習慣と制度が琉球にも確立されたらどんなに子供達のために有難い事であろう。

　教育長という仕事は此の教壇につながつているだけにまだ教育者としてのやり甲斐のあるありがたさを持つている。

　教壇のさまざまな問題を、余りにも多過ぎる問題を現場の先生方と話し合つて、その解決の方向に一歩でも近づく事が出來るのはうれしい事である。学力低下対策についての話合をすると、それが明日の教壇には

何とか曲りなりにも現われて來る。算数や國語の学習の問題が取り上げられて教壇が今日より明日へと充実して行く仕事を現場の先生方と歩調を合わせてやる事がまだまだ教育者としての教壇の歩みと手をつないでいるだけに教育者らしい所があるのである。学校を訪問して先生方と話合つた教室や、校庭や、先生方の顔が思い出されてくる。

今の教育長制度は自分の数年の経験からすると、いゝ制度という事が出來る。中央集權的制度の及ばないいゝ所がある。

大抵の学校には地道にコツ／＼勉強して児童の成長に生き甲斐を見出している良心的な教育者がいる。児童の成長の場としての楽しい学校経営のなされている学校がある。学校の校庭に入ると、ピン／＼とはね廻つている生徒がいる。整理された花壇がある。すく／＼と伸ぶ植樹がある。教室には金をかけた施設はないが、作品や製作品で行き届いた教室経営のなされている教室がある。どこを見てもしみじみとした学校経営である。此所で育つ子供がどんなにしあわせである事か、こういう人こそは教育的人物評價の上から高く認めねばならない。

こういう人が教育長になつて、こういう人を中心として、心結ばれる育指導が出來た時に教育は一段と向上するだろう。

あの学校は、こゝに長所がある。此の教員は此の方面の指導力は大きいと地区内の教員の顔をすつかり知りつくして了う。知る事は愛情への出発といわれる。互の理解の下に、愛情と善意で結ばれる所の教育指導が今の教育長制度である。それだけ教育長という仕事はいいもので、それだけにまだまだ未練が出て來て何でこんな有難い仕事から離れて來たかという後悔が局長の椅子に坐つても出て來るわけである。

さてもう一つの感想である。半ばの得意といつた形は、之もほんとうの感じである。局長になつたら人間が變つたみたいに、反り身になつて威張りたくなる。というのは人が威張らしてくれるのである。まことに官僚制度というものは官僚にはいいものゝ様である。

私は戦前、県庁の教学課で、中学校関係の行政事務を執つた事があるあの時は威張れば威張るほど偉く見えるといつて虚勢を張つた人がよく出て來たものである。こつちが悪くても、相手が悪い様に叱りとばしさえすれば、へい、といつて恐れ入つた時代である。教員は教学課へ入る事はえん魔庁にでも入つた様におずおずしたものである。だから教員は最も弱い者にされていたのである。

それに比べて戦後の民主主義の時代はまことにいいものである。四民平等の自覚が各層にしみ込んで來ている。官僚も官僚の機構内では上下の階級で威張れるが、民の前に出ると昔日に比べてまことに影のうすいものである。最も意を強うするものは教員の自覚である。官僚の圧迫にいぢけていた戦前の教員に比べてまことに無量の感慨がある。

ぺこぺこして人の御機嫌ばかり取つているいぢけた教員から強い人間的勇氣を持つた生徒を育てる事はむづかしい事である。

待遇や地位の向上には正当な要求である限り、勇敢に戦い取らねばならない。組合運動的自覺に立つて数の圧力で押して行く事は必要である併しその反面教育研究については大事な子供を預かる職責にかんがみて十分にやつて貰いたいことである。幸に教育民主化の立場、地方分權の立場からの委員会制度も、琉球の実情に即した地道なものにしたい。教育長や、我々は、教員が最も活動出來る所の物的、精神的な條件を作り出すべく懸命に努力するつもりである。教育の振興は常に第一線の教員各位の奮起に待つ以外に方法はない。現場の先生方こそは教育の最高の担い手である。我々は現場の先生への最良の教育條件を作り出すサービス機関である。全琉六千教員と一体となつて琉球建設の基盤である所の人間の育成に邁進したい。琉球教育界は様々の問題を持つている。只それは六千教員の民主的自覚の上にのみ解決出來る。尊敬と信頼を相互に持つて進みたい。

# 高等学校入学考査の諸問題

文教局次長　小波藏政光

入学試験場の風景は痛ましいものがある。あの愛らしい少年、少女や附添の父母の希望を叶えてやりたいものだが志願者全員を高等学校に収容出來ないので様々の問題が起つて來るのである。第一に成長の最も大事な時期にある受験生が、一夜漬けの勉強に熱中する為に心身が過労におちる事が懸念される。その過労度やその他の悪結果を測定する事が困難で、今の所僅かに一部の実例以外は不明である。唯でさえ学力低下の叫ばれている今日、大いに受験勉強でもさせて、学力を補充するのは結構であるという論者もある。

要は各生徒に應じた程度、方法で学力を補充するのは結構であるが一夜づけの無理な学力補充をした生徒が有利にならないように、更にもつと進んでその必要がなくなるような選抜方法を考える事が肝要である。

この学力補充が、先日報ぜられたように、私設学習所の形態を取り、夜間学習や教師の過労となり、学校教育の能率低下を來し、企業化して行くならば問題は益々複雑になり、その弊害はおそるべきものがある。更に私設夜間講習所に於て、学力向上を急ぐ為に、恐るべき結果も起るであらう。如何に学力があつても、他人と協力出來ない孤高な人や、不道徳な人は望ましくない。従つてこの点も入学考査に當つて十分考慮に入れて、学校教育全般の立場から選抜する必要がある。

志願者全員を収容出來ないのは、琉球財政の貧困による事は勿論である。昔の教育は、一部特權階級、例えば貴族、武士、士族金持等の教育であつて、一般大衆や全國民のものではなかつた。現代は全國民の、無償の教育を公営して、全國民に教育の門戸を開放し、その教育に均等な機会を與えようと努力している。然し乍ら日本に於ても全日制高等学校の生徒数は中学校の生徒数の二五%に過ぎないし、定時制を合算しても三二%である。琉球に於ては昨年中学三年の生徒数の三三%を、今年も殆ど同率を、高等学校に入學させているのである。現在約九〇〇名の職員を持つているが、更に九〇〇名程度の職員を高等學校に與え得れば、即ち年額約五千万円の豫算の増加が出來れば、緊急最低基準の約半分、日本の基準の約二十%程度であり、基礎的な設備、備品も皆無に近い状態で、教員俸給も実質的には日本の約半額程度の現狀では、高等學校に志願者全員を収容するのは、夢に過ぎない。選抜考査を行うのは誠に止むを得ない事である。高等學校の経費は、総教育費の約十四%が日本全國の平均である。琉球に於ては、今会計年度は約十七%を占めている。琉球には小規模の學校が数多いのも一原因であらう。教育費が一定で、校数が多ければ収容生徒数は減るし、學校数を減ずれば、生徒数は増加出來ることになる。

選抜考査を行う事が不可避の事とすれば、之を如何に適正に行うかゞ最大の問題である。知能検査も勿論完全なものではないが、相當に信頼性があると云われている。之を九年の義務教育を了えるまでに二、三回でも実施し、記録しておけば、大いに参考になると考えられるが、之も莫大な経費を要する。標準學力検査の毎年の成績があれば、入學考査も甚だ簡單に出來ると思われる。之も然し標準化する迄に幾多の研究、努力、経費が必要である。それで差当り略式客観テストを行うのが、今のところ最上の方法と考えられるのである。要は中學校の正規の教育が、高等学校の選抜考査によつて、歪められないように考える事である。中学校は一應の完成教育である。自らの独自の判断によつて行為して、團体や他の不当な支配に盲従しない自主的な個人の育成、公民教育や、職業教育が、もつと重視されるべきではあるまいか、その意味で前年の沖縄群島の選抜方法を反省して、大体それに従つて行えば所期の目的が達成せられると考えたのである。

# 入試問題作製経過

一月九日＝沖縄本島高等学校長会より入試問題の作製を依頼された。
一月十三日＝沖縄本島の教育長、高校長代表、高校区代表中学校長一名宛を集めて入試についての意見交換をする。
一月二十日＝入試問題作製委員を依嘱する。
國語3、社会4、英語3、数学4、理科4、音楽3、体育4、図工3
職業家庭8
同日第一回局内委員の打合せ会を行う。
1、昨年度入試問題の反省検討
昨年度の入試問題を内容、形式から反省検討を加え、他県の昨年の入試問題を併せて検討研究する
2、出題方針について、
A　中学校教育の精神をゆがめないよう。
B　将來への指導を兼ねること。
C　公正な選抜が行われるよう考慮する。
以上三つの大方針を決め、更にくわしい方針として左の事項をとり上げた。
イ、中学校三年卒業程度の基礎的学力を見ることの出來るもの。
ロ、問題はできるだけ平易にする。
ハ、記憶力のみを重視しないようにできる問題。
ニ、中学校の普通の教育をうけておればできる問題。
（準備教育の不要な問題）
ホ、問いはわかり易く、漢字はできるだけやさしいものをつかう。
ヘ、印刷技術上困難な問題はなるべくさける。
ト、体育は実技を加える。
チ、各科の指導目標に應ずること。
リ、智能だけにたよらないような問題。
ヌ、常識だけでは解決出來ない問題。
3、出題の領域について
A、原則として中学一年から三年までを範囲とする。但し小学校に及んでもよい。
B、教科書からもテストの資料は取るが、そのまゝは出題しない。更に教科書だけにとらわれないで、教科書以外からもとる。
4、問題の形式について
A、略式客観テストのあらゆる方法を充分とり入れる、
B、二者選一法はなるべく除く。
5、問題の数及び時間について
A、テストの総時間は四〇分の四回とする。
B、一教科小問三〇問とし、配点は三〇點とする。原則として小問一問について一点とし、二点以上つける時は問題数をへらして総計三〇点とする。
C、一教科十八分位でできるような問題とする。
以上の事について局内の委員だけで、明日の全体委員会にかける案をつ

くる。

一月二十二日＝第一回合同委員会

入試問題作製委員長中山指導課長挨拶

昨年度入試問題についての反省検討について安里主事より説明をする。

前日作つた案を発表し全員で協議研究した結果、昨日の案のとうり進めることに決定する。

一月二十三日＝本日から各教科に別れて仕事を始める。本日は先ず各教科共出題計画表をつくる。

一月二十四日＝各科委員会

昨日作つた出題計画表について問題の資料をあつめる。

一月二十五日＝各科委員会、問題作製

一月二十六日＝右同

一月二十七日＝右同

一月二十八日＝右同

午后全体委員会をし、明日までに仕上げるよう打合す。

問題の仕上げ、提出についての注意として、

イ、漢字は教育漢字を使用すること。

ロ、原典、出典を明かにすること。

ハ、用語の用い方は現行教科書によること。

ニ、易しいものから難しいものへの順序で番號をつけること。

ホ、提出は三〇問とし、別に補欠問題を四、五問準備すること。

右について話し合う。

一月二十九日＝各科委員会

数学、社会、図工、音楽作製完了。

本日で高等学校側の委員は解散し、局内の委員だけで今後の仕事を進める。

一月三十日＝英語、体育作製完了、

今までの教科毎の委員を解き、問題検討のため局内の委員を左の三班に編成する。

一班＝問題の内容と形式を検討する。

二班＝問題文と文字を検討する。

三班＝問題の組合せをする。

一月三十一日＝國語、理科、職業家庭完了。

全体打合せ会

1、体育の実技実施要領の検討

2、内申審査要領助言案の検討

3、面接要領助言案の検討

問題検討

二月一日＝問題検討

二月二日＝問題検討

二月三日＝問題組合せ、浄書

二月四日＝浄書完了。検討

二月五日＝原紙切り。検討、印刷開始

二月六日＝原紙切り、印刷完了。検討

二月七日＝プリント綴完了。検討

二月八日＝検討完了。発送準備完了。

二月九日＝問題発送完了

# 出題計画について

出題計画に当つては昨年の問題を分析検討しその反省に基いて立案することにした。

昨年も出題計画は一應立てたつもりであるがそれは各教科の要素をおさえ出題が一方にかたよる事なく、その分布を均等にするという一点だけに注意したのである。評價の目標は各教科の教材要素の面の外に精神機能の面からも考慮しなければならないので今回は特に此の面に注意を向けることにした。そこで昨年の問題を機能別に分類して見た。その結果は第1表の通りである。

第1表　　機能別出題分類

| 目標／科目 | 理解 | 知識 | 技能 | 問題解決 | 態度 | 鑑賞 | 合計 |
|---|---|---|---|---|---|---|---|
| 國語 | 18 | 4 | 21 | | | | |
| 数学 | 6 | 5 | 31 | 1 | | | |
| 理科 | 6 | 32 | 13 | | | | |
| 社会 | 1 | 51 | 4 | 1 | | | |
| 図工 | 13 | 15 | 5 | 1 | | 5 | |
| 音樂 | 9 | 19 | 13 | | | | |
| 体育 | 10 | 11 | | | 4 | | |
| 家庭 | | 37 | | | 12 | | |
| 農業 | 5 | 45 | | | | | |
| 水産 | | 46 | | 3 | | | |
| 商業 | | 28 | | | 2 | | |
| 英語 | | | | | | | |
| 計 | 68 | 293 | 87 | 6 | 18 | 5 | 477 |
| 百分比 | 14% | 61 | 18 | 1 | 4 | 1 | |

分類の基準　橋本重治著『教育評價法』による

機能分類は橋本重治著『教育評價法』によつた。

理解を更に内容によつて分析すると

1. 概括し組織立てる能力
2. 事態の説明判断
3. 比較や評價の能力
4. 意見感想理想の叙述
5. 相理相論の正しさ

等になるが、これらを一括して出題数をまとめてみた。

知識は全教科にまたがる廣範なものでこれ以上繁雑な分析をすることなく大きくまとめた。技能は特に基礎的な技能で

1. 読み、書き、計算
2. 会話、討議等の社会的技能
3. 図表、図書、器具等の使用技能に分析することが出來る。

問題解決力は創造的思考力ともいわれ

1. 問題発見とその解決手段を見つける能力
2. 資料を解釋し、その資料の信頼度、限界、関連の認識や資料

実に基いて仮説を立てたり、概括したりする能力

3. 知識、原理を実際の場合に適用する能力

4. 證明を吟味し評價する能力等の内容を持つものである。

態度は

1. 信仰、價値觀

2. 学習態度、社会的態度

3. 行動特質習慣

4. 興味趣味活動等に分析される。

鑑賞については

1. 圖画、工作、裁縫等の作品

2. 音樂、体操等の表現等の内容を持つものである。が実際の評價に當つては態度と共にペーパーテストによる方法では最も困難な部門で出題数も徴々たる結果となつている。

以上の機能分類に從つて、夫々の問題が、どの機能に属するかを判定し、各教科毎にその総計を出したのであるが、勿論この機能分類も方法上の便宜からであつて個々の問題については、これらの機能が幾つか複合された形として出ているのであつて、どちらか唯一つにかたずけられる性質のものではない。

その結果は全教科を通じて知識、理解、技能面の出題が殆んどといつてよい位で問題解決力や鑑賞に至つては極く少数に留つている。

新しい学力觀に從えば、むしろ問題解決力を強く要求しているのである。

『学力』という言葉から受ける感じは、学問の力といつたような、実生活と直接の結びつきが影をひそめたように受け取られるものであるが、真の学力は生活や環境との機能的関係において捉えられなければならない。即ち生活や環境にうまく適應し、そこに存する問題を處理し解決する綜合的な能力でなければならないとされ知識、理解、技能にしてもこのような真の学力として役立つという意味において、その重要性が認められなければならない。アカデミックな教養それ自体として留まつて万一、自分並に他人の人生と生活を豊かにするはたらきをもたない学力ならば社会的意味がないと云われている。

このような新しい学力觀に立つた時にもつと此の面の学習を期待しなければならない。そこで本年度の出題計画は此の面の問題をもつと増さなければならぬということになつた。

次に昨年度の問題をテスト形式別に分類してどの形式が多く採用されているかを調べてみた。その結果は第2表の通りで

第2表　　形式別出題分類

| 形式別<br>科目別 | 再生法 | 完成法 | 選二<br>一<br>法者 | 選複<br>一式<br>法者 | 選多<br>択<br>法称 | 完選<br>成<br>法択 | 組合せ法 |
|---|---|---|---|---|---|---|---|
| 國語 | 3 | 1 | | | 30 | | 8 |
| 数学 | 29 | | | 1 | 7 | | 9 |
| 社会 | | | | | 18 | | 25 |
| 理科 | 1 | | | 3 | 25 | 5 | 16 |
| 図工 | | 1 | 4 | 7 | 10 | 4 | 12 |
| 体育 | | | | | 5 | 7 | 10 |
| 音樂 | 15 | | 6 | 1 | 5 | 6 | 23 |
| 家庭 | | | | | 14 | 3 | 28 |

| | | | | | | | |
|---|---|---|---|---|---|---|---|
| 農業 | | | 5 | | 14 | 8 | 13 |
| 水産 | | | | 9 | 5 | 13 | 25 |
| 商業 | | | | 6 | 2 | 20 | 6 |
| 英語 | | | | | 52 | | |
| 計 | 48 | 2 | 15 | 27 | 187 | 66 | 175 |
| 百分比 | 9% | 0.4 | 2.8 | 5.2 | 36 | 13 | 34 |

多肢選択法が断然多く、組合せ法がこれに次ぎ完成法と選択法の複合された形式の順になつている。國語、数学、音樂に再生法が多く使われているのは、これらの教科の性質と再生法というテスト形式からして當然の結果で、本年度もこれらの教科に関する限り、同様な採用率を保持することに変りはない。二者選一法は選択肢が二つしか用意されない関係上偶然適中率が高く採点に当つて、結果の修正をしなければならない繁雑さがあり、なるべくこれを避けたかつたが、どうしても選択肢が二つ以上作れない時に採用されたため、これだけの出題が見られたものと思われる。多肢選択法がもつとも多く採用されたのは、偶然適中率を最少限にくいとめるに都合のよい形式であると同時に高度の精神能力、例えば思考力、判断力、推理力等をも評價できる形式で、当初からこの形式を多く採用する方針をとつたためである。本年度もこの方針をとることにした。組合せ法が豫想以上に多く採用されたのはこの形式の問題が作り易い点にあつたと思う。

以上機能とテスト形式の面から昨年度の問題を検討することによつて本年度出題計画を立てる場合の參考にした。その結果は第3表、第4表のとおりである。

出題計画表は別表の通りで各教科毎にその教科の要素と、機能面とを縦と横の網の目に配し更にテスト形式の採用についても最初から或程度の見当をつけて當つた。

第3表　　機能別出題分類

| 機能分類 / 教科 | 知識 | 理解 | 技能 | 問題解決力 問題発見解決法 | 問題解決力 資料解釋 | 問題解決力 知識原理の適用 | 問題解決力 批判能証明の力 | 社会的態度 | 鑑賞能力 |
|---|---|---|---|---|---|---|---|---|---|
| 國語 | 5 | 6 | | 1 | | 1 | | | |
| 数学 | 4 | 5 | 14 | | 4 | 3 | | | |
| 社会 | 17 | 3 | 1 | | 6 | 1 | | 2 | |
| 理科 | 11 | 5 | 1 | 3 | 4 | 1 | 5 | | |
| 図工 | 14 | 14 | | | | | | | 2 |
| 体育 | 5 | 4 | | 4 | | | | 1 | |
| 音樂 | 6 | 13 | 10 | | | 1 | | | |
| 職家 | 20 | 4 | 12 | 2 | | | | 1 | |
| 英語 | 5 | 13 | 9 | | | | | | |
| 計 | 87 | 67 | 47 | 10 | 14 | 7 | 5 | 4 | 2 |

第4表　形式別出題分類

| テスト形式 / 教科 | 選択法 | 組合せ法 | 再生法 | 完成法 | 選択完成併用 |
|---|---|---|---|---|---|
| 國語 | 12 | 2 | | 1 | |
| 数学 | 9 | | 19 | 2 | |
| 社会 | 23 | | 3 | | 3 |
| 理科 | 18 | 3 | 1 | 4 | 4 |
| 図工 | 26 | | | 3 | 1 |
| 体育 | 9 | 4 | | | 1 |
| 音樂 | 18 | 4 | 4 | | 4 |
| 職家 | 29 | 2 | 1 | 4 | 7 |
| 英語 | 21 | 2 | 3 | 2 | |
| 計 | 165 | 17 | 31 | 16 | 20 |

# 教科（國語）　出題計画表

| テスト分類 / 教科の要素 | 学年程度 | テスト目標 知識 | 理解 | 技能 | 問題解決力 問題発見解決法 | 資料解釋 | 知識原理の適用 | 批判証明の能力 | 社会的価値態度観 | 鑑賞能力 | テスト形式 選択法 | 組み合せ法 | 再生法 | 完成法 | 選択完成の併用 | 配点 |
|---|---|---|---|---|---|---|---|---|---|---|---|---|---|---|---|---|
| 文章力（語感） | 中1 | | 1 | | | | | | | | 1 | | | | | |
| 読解力 | 中2 | | | | 1 | | | | | | 1 | | | | | |
| 読文力 | 3 | | 1 | | | | | | | | 1 | | | | | |
| 構成力 | 2 | | | | | | | 1 | | | | 1 | | | | |
| 文章力 | 1 | 1 | | | | | | | | | 1 | | | | | |
| 語章力 | 3 | 1 | | | | | | | | | 1 | | | | | |
| 読文力（大意） | 3 | | 1 | | | | | | | | 1 | | | | | |
| 読文力（把持力） | 3 | | 1 | | | | | | | | 1 | | | | | |
| 文章力（文法） | 2 | 1 | | | | | | | | | 1 | | | | | |
| 文章力（構成） | 3 | | 1 | | | | | | | | | 1 | | | | |
| 言語力（解釋力） | 3 | | | 1 | | | | | | | 1 | | | | | |
| 文章力（判断力） | 3 | 1 | | | | | | | | | 1 | | | | | |
| 読文力（節意） | 2 | | 1 | | | | | | | | 1 | | | | | |
| 語法 | 2 | | | | | | | 1 | | | | | | 1 | | |
| 文学史 | 3 | 1 | | | | | | | | | 1 | | | | | |

## ☆國　語　科

一、何を念願しつつ國語科の問題を作つたか。巷間、高校入試の方法と内容の如何に因つて、中等教育の学習のあり方に、相當その影響を與えるものであると云われ、又略式客觀テストを採用する場合、國語科の学力とりわけ読み解く力がなければ、如何なる科目の問題解答も、児童の持つている能力を、十分発揮することはできないとも謂われている。それで國語科の問題作製委員はこの所説と事実に一應耳を傾け

(1)國語科のテストを通じて、読みの機能が十分暢ばされる学習が営まれることを切望し、(2)新教育の思潮の上に立つ國語教育の目標に、力強い足どりで進み、その機能が遺憾なく磨かれるように精進し、(3)又、沖縄の國語教育の実情を考慮に入れ、問題の内容を示唆によつて、視野の廣い國語教育が行われるように、一層の精進と協力を期待し、(4)結果から見れば、國語科のあらゆる要素が盛られるようにし、(5)そして各児の持つ保有学力が、凡ゆる面に発揮できるようにと念願しつつ、問題を作製した。然し、結果から見ると、一つには時間の制約と、一つには國語科の学力の判定が、文字言語だけにかたよつて、学力の全貌を知ることはむずかしく、所期の念願が総て叶えられたわけではない。

二、問題作製の取材範囲とその理論的根拠

國語教育は、人間存在の根源的なあり方に立脚した、哲学的任務をおびて居り、又その目標が、日常生活の言語文化の樹立―人間形成への止揚として―を期して居ることから見れば（概念的形態も一應は肯定するが）、生態的言語活動を重視する國語教育でなければならない。つまり、人間の根源的なあり方としての言語―生命ある言語活動を主体とする教育でなければならない。従つてテストの取材範囲は、教科か中校の國語科教科書に限定すべきでない。所が、児童の学習上の負担もおもんばかられるので、現在中校の國語教科書を主体にし、更に他の國語科教科書からも取材した。然し取材の対象は、できるだけ小校から輪状的に発展した、而も学習生活の実態に即するものを選んだ。

三、問題要素の比重と問題のよりどころ

(1)新教育の思潮の上に棹さす國語教育の様相として、言語活動の新しい面を重視することは勿論であるが、読解力や読文力と離れては、その機能を伸ばし得るものではない。活潑な言語活動が行われる雰囲氣の醸成も必要條件ではあるが、根本態度としては、どこまでも読解力や読文力の基礎の上に立つものでなければならない。人間の知識の構造から考えても思考と感動と言語活動とは密接な関係を持ち、截然と区別のつくものではない。それで、國語科の新生面を開拓して戴くことを念願しつつ、読文力、読解力や、又語感や語法をテストする問題を比較的多く出題した。

(2)略式客觀テストの形式を用いて國語力のテストを実施する場合、困難と思われるものは、作文力の優劣の判定と、論文体形式の問題の解答を求める場合である。（これについては既に教育的批判がなされているので、論評を省くことにする。）この弱點を十分顧慮して論文体形式の長文を出題した。

(3)児童の家庭に於ける言語生活は、依然として方言の使用度が多いと思われる。「その時その場所に最も適切な言葉は、唯一つしかない。」ということを前提にして考える時、標準語を媒介としてコミニユケイションを行う場合、それによる語感及び語法の育成は、相当困難なものであり、又國語教育の大きい課題として考えてよい。沖縄全小中校の一齊テストの國語科の成績でも既に明かである。この課題を漸次　決する意図から、語法及び語感に関する問題を相当数出題

した。

(4)國語科の学力低下の実証として、屢々取りあげられる問題は、文字力（読字力・書写力・判別力・應用）である。文字力の理解のない場合読み解く力が鈍ることは論証するまでもない。とまれ、現行教科書が表意文字として漢字を使用（たとい制限されてあるにしても）している以上、文字力の涵養は、依然として大きい使命を持っており又語句の解釋力や、語の聯想・統覺・想起・充當・構成・廣狹・應用等の力がない場合も、学力低下の一原因になると思われるので、如上の見地からこの種の問題も取りあげた。悲し、入試問題としてこの種の問題が取材されたことにとらわれて、國語教育の様相が、明治年間に強調された、文字や語句の指導を重視した訓詁学的な学習に堕することなく、新しい國語教育の思潮の上に立つて、言語活動を重視する國語教育の開拓に精進することが望しい。

(5)古文関係の問題は、量も質も亦形式も平易にした。それは、一つには中校に於ける國語教育では、古文の取扱いは、それに親しませる程度のことを要求して居り、又、一つには、古文の取扱いが語句の解釋に終始する授業に走つて、却て古文に対する興味を失なわすことを恐れたからである。

## 教科（数學）

| テスト分類 / 教科の要素 | 学年程度 | テスト目標 | | | | | | | | | テスト形式 | | | | |
|---|---|---|---|---|---|---|---|---|---|---|---|---|---|---|---|
| | | 知識 | 理解 | 技能 | 問題解決力 | | | | 社会的価値態度観 | 鑑賞能力 | 選択法 | 組み合せ法 | 再生法 | 完成法 | 選択完成の併用 |
| | | | | | 問題解決発見法 | 資料解釋 | 知識原理の適用 | 批判証明の能力 | | | | | | | |
| 1. 数 | | | | | | | | | | | | | | | |
| 公倍数 | 中1 | | 1 | | | | | | | | 1 | | | | |
| 負数の大小と概念 | 中2 | | 1 | | 1 | | | | | | 1 | | | | |
| 平方数 | 中3 | | | | | | | | | | | | | 1 | |
| 2. 四則 | | | | | | | | | | | | | | | |
| 分数の減法 | 中1 | | | 1 | | | | | | | | | 1 | | |
| 〃 〃の除法 | 1 | | | 1 | | | | | | | | | 1 | | |
| 無理数の加法 | 3 | | | 1 | | | | | | | | | 1 | | |
| 大きい数の概算 | 1 | | | | | | 1 | | | | 1 | | | | |
| 3. 計量 | | | | | | | | | | | | | | | |

| | | | | | | | | | | | | | | | |
|---|---|---|---|---|---|---|---|---|---|---|---|---|---|---|---|
| 体　積（三角柱） | 2 | 1 | | | | | | | | | | | 1 | | |
| 面　積（縮　尺） | 2 | 1 | | | | | | | | | | | 1 | | |
| 〃　〃（代数的） | 2 | | | | | | 1 | | | | 1 | | | | |
| 4. 比及び比例 | | | | | | | | | | | | | | | |
| ％と歩合 | 1 | | | 2 | | | | | | | | | 2 | | |
| 反比例のグラフのよみ | 2 | | 1 | | | | | | | | 1 | | | | |
| 比例の数量関係 | 2 | | 1 | | | | | | | | 1 | | | | |
| 5. 表. グラフ | | | | | | | | | | | | | | | |
| 一次函数の書き方 | 3 | | | 1 | | | | | | | | | 1 | | |
| 帯グラフ | 2 | | | | | 2 | | | | | | | 2 | | |
| 座標のよみ | 3 | | | 1 | | | | | | | | | 1 | | |
| 三平方の定理（座標より） | 3 | | | 1 | | | | | | | | | 1 | | |
| 6. 代数的表現 | | | | | | | | | | | | | | | |
| 文字の理解計算 | 2 | | | 2 | | | | | | | | | 2 | | |
| 方程式の解き方 | 2 | | | 2 | | | | | | | | | 2 | | |
| 連立方程式の解き方 | 3 | | | 2 | | | | | | | | | 2 | | |
| 7. 図形の表現 | | | | | | | | | | | | | | | |
| 縮図は計量へ | | | | | | | | | | | | | | | |
| 展開図は図工へ | | | | | | | | | | | | | | | |
| 8. 簡単な図形 | | | | | | | | | | | | | | | |
| 廻転体 | 中3 | | 2 | | | | | | | | 2 | | | | |
| 相似形 | 3 | | | | | | 1 | | | | | | 1 | | |
| 三平方の定理（座標へ） | | | | | | | | | | | | | | | |
| 9. 事務 | | | | | | | | | | | | | | | |
| 指数 | 3 | | 1 | | | | | | | | | | | 1 | |
| 元利合計 | 3 | | | 1 | | | | | | | 1 | | | | |
| | | | | | | | | | | | | | | | |
| 計 | | 4 | 5 | 14 | | 4 | 3 | | | | 9 | | 19 | 2 | |

| 要素 | 問題<br>時間　番号 | ならい |
|---|---|---|
| 1. 数 | | |
| 公倍数 | 4−23 | 理解、発見、 |
| 負数の大小の概念 | 1−11 | 負数の大小の理解、 |
| 平方数 | 4−24 | 平方数の簡単な出し方、$\frac{1}{10}$の2乗の理解、 |
| 2. 四則 | | |
| 分数の減法 | 3−2の(1) | 技能 |
| 〃　〃の除法 | 3−2の(2) | 技能 |
| 無理数の加法 | 3−2の(3) | 技能 |
| 大きい数の概算 | 1時間 10 | 概数の除法による問題解決、 |
| 3. 計量 | | |
| 体積(三角柱) | 1−12 | 底面三角形の高さの発見、三角柱の体積の求め方、計算技能、 |
| 面積(縮尺) | 3−4 | 長方計の面積の出し方、縮尺の理解、技能 |
| 〃　〃(代数的) | 2−7 | 正方形の一辺の発見、求める面積=正方形−円の理解、技能 |
| 4. 比及び比例 | | |
| %と歩合 | 2−5 | %と歩合の理解及び技能 |
| 反比例のグラフのよみ | 3−3 | 反比例のグラフの理解及び読み、 |
| 比例の数量関係 | 2−9 | 二つの量、$x$と$y$の数量的関係より比例の発見比例式の表現力、 |
| 5. 表.グラフ | | |
| 一次函数の書き方 | 1−16 | 一次函数のグラフの書き方、 |
| 帯グラフの読 | 1−15 | 帯グラフの読み方、グラフよりの計算技 |
| 座標のよみ | 4−26(1) | 能座標の読 |
| 三方方の定理 | 4−26(2) | 三平方の應用により二点間距離を出す、 |
| 6. 代数的表現 | | |
| 文字の理解計算 | 1−13 | 文字の理解と、正、負の数の計算技能 |
| 方程式の解き方 | 4−25 | 解き方の理解、技能、 |
| 連立方程式の解き方 | 2−6 | 連立方程式の解き方の理解、技能 |
| 7. 図形の表現 | | |
| 縮圖は計量へ | | |
| 展開図は圖工科へ | | |
| 8. 簡単な図形 | | |
| 廻轉体 | 1−14 | 廻轉体と12の球、円錐の理解、 |
| 相似形 | 2−8 | 相似形の理解、相似比の応用、技能、 |
| 三平方の定理(座標へ) | | |
| 9. 事務 | | |
| 指数 | 3−5 | 指数の理解 |
| 元利合計 | 3−6 | 元利合計の理解、複利表の見方、技能 |

# 教科（社会）

| テスト分類 / 教科の要素 | 学年程度 | テスト目標 知識 | 理解 | 技能 | 問題解決力 問題発見解決法 | 資料解釈 | 知識原理の適用 | 批判証明の能力 | 社会的態度価値観 | 鑑賞能力 | テスト形式 選択法 | 組み合せ法 | 再生法 | 完成法 | 選択完成の併用 |
|---|---|---|---|---|---|---|---|---|---|---|---|---|---|---|---|
| 家庭と学校生活 家庭生活合理化 | 中1 | | | | | | | | 1 | | 1 | | | | |
| 〃 P. T. A. の意義 | 中1 | | 1 | | | | | | | | | | | | 1 |
| わが國土 都市 | 1 | 2 | | | | | | | | | 2 | | | | |
| 世界の衣食住 アジアの氣候 | 1 | 1 | | | | | | | | | 1 | | | | |
| フイリツピンの産業 | 1 | 1 | | | | | | | | | | | | | 1 |
| デンマークの産業 | 1 | 1 | | | | | | | | | | | | | 1 |
| 交通通信 文明の発祥 | 1 | 1 | | | | | | | | | 1 | | | | |
| 新航路開拓 | 1 | 1 | | | | | | | | | 1 | | | | |
| 都市と農村 農業協同問題 | 2 | | | | | | 1 | | | | 1 | | | | |
| 都市の発達 | 2 | | | | | 3 | | | | | | | 3 | | |
| 近代工業 阪神工業地帯 | 2 | 1 | | | | | | | | | 1 | | | | |
| 近代工業 産業革命 | 2 | 1 | 1 | | | | | | | | 2 | | | | |
| 天然資源 林産資源 | 2 | | | | | 2 | | | | | 2 | | | | |
| 職業の意義 職業選択 | 2 | | | | | 1 | | | | | 1 | | | | |
| 職業と教育 | 2 | 1 | | | | | | | | | 1 | | | | |
| 民主主義 ――の本質 | 3 | 1 | | | | | | | | | 1 | | | | |
| ――の発達ヨーロツパ | 3 | 1 | | | | | | | | | 1 | | | | |
| ――の発達 日本 | 3 | 1 | | | | | | | | | 1 | | | | |
| 政治 立憲政治の本質 | 3 | 1 | | | | | | | | | 1 | | | | |
| 民主々義の形態 | 3 | 1 | | | | | | | | | 1 | | | | |
| 経済生活 消費生活 | 3 | | 1 | | | | | | | | 1 | | | | |
| 文化遺産 江戸時代の庶民教育 | 3 | 1 | | | | | | | | | 1 | | | | |
| 時代概念 | 3 | 1 | | | | | | | | | 1 | | | | |
| 世界平和 平和運動の理念 | 3 | | | | | | | | 1 | | 1 | | | | |

## 一　時　限

6番　家計の計画

單元『経済生活を改善するにはどのように改善したらよいか。』の中

(1)日常生活を計画的に営むことがどんなに大切であるか。

(2)よい経済生活をいとなもうとする意慾と能力の二つの目標に基づいて出題した。更にテストの形式を工夫することによつて、生徒の問題解決力、即ち合理的に問題を理解しようとする態度と能力を評價しようとした。

7番の1. 平安時代の文化

『文化は時代と共に歴史的に變化することの理解』ということが『文化遺産』の單元目標の中にかかげられている。問題は極く平易な内容を持つものであるが、これによつて時代觀念の有無を見ることができる。

7番の2　消費者の收入と購買力

(1)経済生活の事実について、生活指導が行われているか。

(2)簡單な経済用語が理解されているか。

(3)健全な一家の経済生活について、眞劍に考える態度ができているか。

7番の3　民主主義思想のはじまり、

ヨーロッパに於ける民主々義思想の歴史的発達の段階を理解し、思想史の時代觀念が確実であるかを見る。

8番の1　立憲政治の形態

政治形態としていろいろ擧げられるのであるが、その各々の特性を理解し、立憲政治の実際上の運営の仕方につて、充分な理解と知識をもつているかを見る。

8番の2　P・T・Aの意義

『P・T・Aについて理解し、民主社会に於ける教育のあり方を認識する。』ねらいで出した。

9番　家庭生活の合理化

『家庭生活を合理化し科学的に改善しようとする態度を養う。』という目標から出した。

## 二　時　限

2番の1　文明の発祥地　2江戸時代の庶民教育　3産業革命のおこり

何れも歴史的事実の知識の有無を見る問題である。

2番の4、阪神工業地帯

(1)工業の種類が実際に即して、具体的に理解されているか、

(2)日本の工業の重要性、特に繊維工業の重要性が理解されているか。

3番の1　就職と進学の問題についての知識を見る

3番の2　デンマークの産業

『世界諸地域の農牧生産の方式を理解する。』という要素にもとづいて出題した、この問題は、小学校の教科書にも出ているので、多くの生徒がわかつているものだと思つて選んだ。

3番の3　民主々義とリンカーン

民主々義のために努力した歴史的人物の主なる人々の業蹟を知り、且つ、民主主義の本質と理想を正しく理解しているかを見る。

4番　農村問題の解決

現在の都市や農村の改善を要する點、或は解決しなければならない問題の所在を認識し、その解決の手段を考える態度と能力を評價しようとした。農業協同組合に関する知識があるかないかを見る單純なものでなしに、既得の知識原理を実際問題に適用する能力として評價しよ

うした。

## 三 時 限

33番　民主的な政治
現今の混沌とした世相のさ中にあつて、民主政治の正常な発達を助けるためには、実践上どんな心構えが必要であるかをきく、

34番　職業の選択
⑴将來職業を選ぶときに必要となる諸條件についての理解。
⑵自分が將來進むべき方向について常にまじめに考える態度と習慣。
以上二つの單元目標に基づいて出題した。單に選職の條件を知つているか、知つていないかということでなしに、一つの具体的な問題場面を設定して、資料を解釋し、既得の知識に基いて判断し、問題を解決するという方向に、テストの形式を工夫することによつて知識、資料解釋力、知識原理の適用能力等を綜合的に評價しようとした。

35番　フイリピンの産業
『世界諸地域の農牧生産の方式を理解する』という要素にもとづいて出題した。マニラ麻の名前とむすびつけて生徒達に親しまれた所と思う。

36番の1　新航路の開拓と羅針盤
地理上の発見は世界諸地域の結びつきに大いに貢獻したが、更に地理上の発見は多くの発明によつて容易ならしめた。このような地理的因果関係の理解を見ようとした。

36番の2　日本に於ける民主主義の発達
明治維新以後に於ける日本の民主主義思想の発達のために努力した人物及びそれの妨害をした人物や團体についてどの程度の知識を持つているかを見る。



37番　都市の発達
都市の発生、発達の條件を理解しているか、読図力はどうかというねらいをもつている。地図と條件の與え方をもつと複雑にすることによつて、高度の問題解決力を見ることもできるが、ごく初歩の程度にとどめた。

## 四 時 限

19番　日本の平和運動
世界平和に対する冀求と、平和運動についてどのような心がけをしているかを見る。

20番　日本の造林
林産資源の育成と愛護は、郷土にとつて重要な問題である。この問題についての理解、態度、習慣は單元の目標として指導要領にもかゝげられているが、評價に当つては資料を與え、この種の資料を解釋する能力の有無を見ることにし、もつぱら機能的面からとらえる事にした。

21番　日本の都市
日本の都市を地図の上で読む能力を見ようとした。問題は極く平易なもので、特に琉球の人が、よく知つている二つの都市に限定した。

22番　アジア氣節風帯の氣候
『アジア氣節風帯の氣候を理解する』という目標により出題した。アジア氣節風については、アジアの産業、都市の発達と密接な関連をもつもので、是非知らねばならぬ基礎的なものであると思つてこの問題をえらんだ。

## 教科　(理科)

| テスト分類＼教科の要素 | 学年程度 | テスト目標 | | | | | | | | | テスト形式 | | | | |
|---|---|---|---|---|---|---|---|---|---|---|---|---|---|---|---|
| | | 知識 | 理解 | 技能 | 問題解決力：問題発見解決法 | 問題解決力：資料解釈 | 問題解決力：知識の原理適用 | 問題解決力：批判の証明能力 | 社会的価値観態度 | 鑑賞能力 | 選択法 | 組み合せ法 | 再生法 | 完成法 | 選択完成の併用 |
| 季節と天氣 | 中1 | | 2 | | | | | | | | 2 | | | | |
| 地球の表面 | | | | | | | | | | | | | | | |
| 水　（電解） | 1 | | 1 | | | | | | | | 1 | | | | |
| 生物の生育 | 1 | 1 | | | | 2 | | 2 | | | 3 | | | | 2 |
| 地下資源 | 1 | 2 | | | | | | 3 | | | 2 | 3 | | | |
| 天体 | 1 | | | | | 2 | | | | | 2 | | | | |
| 食物 | 2 | 1 | | | | | | | | | | | | | 1 |
| 飲食物と被服 | | | | | | | | | | | | | | | |
| 家 | | | | | | | | | | | | | | | |
| 熱と光 | 2 | | 1 | 1 | | | | | | | | | | 1 | |
| 電氣 | 2 | | | | | | 1 | | | | | | 1 | | |
| 機械 | 2 | | 1 | | 3 | | | | | | 1 | | | 3 | |
| 生物の改良 | 3 | 3 | | | | | | | | | 3 | | | | |
| 天然資源 | 3 | 3 | | | | | | | | | 3 | | | | |
| 光学機械 | | | | | | | | | | | | | | | |
| 交通機械 | | | | | | | | | | | | | | | |
| 通信〃〃 | 3 | 1 | | | | | | | | | | | | | 1 |
| 科学の貢献 | | | | | | | | | | | | | | | |

# 理科

一、理科指導要領に示されている中学校理科の指導目標に準拠し、地域性を加味して無理のないように出題する。

二、中学校における正常なる教育を発展助長せしめるように留意し、このために特別な準備教育を必要としないようにする。

三、中学校における理科教育の使命並びに高校入試本來の目的に鑑み、物理、化学、生物、地学の各分野に亘るようにし、基本的な問題を主とする。

四、中学校における理科指導の実態に即すると共に、共通的欠陥と思われる実験指導の少い現在の盲点を是正するため、基礎的な実験に関する問題を出す。

五、自然科学としての理科の特殊性に鑑みて、あまりにも経験主義的な学習の弊をなくするために、科学的体系を重視し、法則に忠実であるような態度を見る問題も配慮する。

## △問題について

### 第一時限

17 凸レンズの作図に関する技能を見るための問題であるが、光とレンズに関する知識と理解を有する生徒には容易な問題であり、光学の基礎的な問題であろう。

18 客観的問題場面テストとして知識、原理の適用と簡單な批判的能を見るために出題した。

19 日常生活によく利用される機械としての吸上ポンプについての理の程度を見る。



### 第二時限

10 電氣に関する最も基礎的な、電池の連結法（直列と並列）について理解の程度を知ろうとする。

この問題は小学校の二、三年位で既にあそびとしてもやらせるようになつており電氣の基本的教材である。

11 てこや竿秤に関係した力學の手近かな問題として、距離と力についての知識を見ようとする。

12 初等天文の應用に関する、時間と方位の判定の問題で、日常の学習に觀測を行つている生徒には至つて簡單な問題であろう。北極星を中心とする北斗七星の廻轉方向と一廻轉に要する時間を知つている生徒や、北極星に対してどのように方位を判定するかを知つている生徒にはたやすく理解出來ると思う。

13 水の電解に関する知識、理解の程度を見ようとするもので、学習のなかに実験を試みた生徒には容易な問題である。

14 客観的問題場面テストとして実験の結果に対する批判的能力、態度特に実験の結果から結論を導き出す時の愼重な態度があるかどうかを見る。

実験の結果に対する解釋の場合、実験の結果以上の結論、換言すれば、その実験の結果だけからでは、未だ明かにされていない分野まで結論として導き出すことがよくあるので、この点を特に見るために出題する。

### 第三時限

7 (1)は種痘に対する初歩的知識の有無、(2)は沖繩の建築物に密接な関係のあるシロアリについての関心の有無を知るためである。

8 水が熱に対して不良導体であるという事を理解しているかどうか

について見るためであるが、学習における実験の重要性を強調したともいえる。

9　簡単な機械の例として滑車を取り上げ、それについて、力の節約は出來ても、仕事の量には變りない事、即ち人が滑車に対して為した仕事は滑車が物体に対してなした仕事に等しいことを充分理解しているかを見るためである。

10　地域社会への関心の程度を知るために、例をトラバーチンにとり地球内部の構造を知る手段に地震波をえらばしたが、経験学習のみに頼り過ぎてはならないという理科学習のあり方も示唆するためであつた。

## 第四時限

3　各種の氣体の採取に関して、多くの実験につかわれる事柄であるので、実験学習を行つている生徒には容易に解決出來る問題であろう。

4　中学三年の單元として指導要領には示されている。「音のちがいは何によつて起るか」ということがこの問題の見ようとするところである。

指導要領には、いろいろな樂器について音の出る部分を観察研究して、音の高さと振動数をしらべたり、弦の長さと音階を調べることになつているので、その理解の程度を知るためである。

## 教科　(英語)

| 教科の要素 ＼ テスト分類 | 学年程度 | テスト目標 知識 | 理解 | 技能 | 問題解決力 問題発見解決法 | 資料解釋 | 知識原理の適用 | 批判証明の能力 | 價値観社会的態度 | 鑑賞能力 | テスト形式 選択法 | 組み合せ法 | 再生法 | 完成法 | 選択完成の併用 |
|---|---|---|---|---|---|---|---|---|---|---|---|---|---|---|---|
| ※ きゝ方、話し方 | | | | | | | | | | | | | | | |
| 1 きいて答える | 1 | | | 4 | | | | | | | 4 | | | | |
| 2 きいて書く | 1 | | | | | | | | | | | | 1 | | |
| 3 きいて内容を把握 | 2 | | | 1 | | | | | | | 1 | | | | |
| 4 発音記號をよむ | 1 | 1 | | | | | | | | | 1 | | | | |
| 5 抑揚 | 1 | 2 | | | | | | | | | | | 2 | | |
| ※ 続み方 | | | | | | | | | | | | | | | |
| 1 発音 | 1 | 2 | | | | | | | | | 2 | | | | |
| 2 内容把握 | 2 | | 5 | | | | | | | | 3 | | | 2 | |
| 3 意味 | 1 | | 2 | | | | | | | | 2 | | | | |

| | | | | | | | | | | | | | | | |
|---|---|---|---|---|---|---|---|---|---|---|---|---|---|---|---|
| ※書き方 | | | | | | | | | | | | | | | |
| 1 かき方 | 1 | | 1 | | | | | | | | 1 | | | | |
| 2 文の完成 | 1 | | 3 | 2 | | | | | | | 3 | 2 | | | |
| 3 和文英訳 | 1 | | | 2 | | | | | | | 2 | | | | |
| ※綜合 | 2 | | 2 | | | | | | | | 2 | | | | |

# 英語科

## (一) 出題傾向

(1) 文部省 Suggested Course of Study に示された英語教育の目標を達成するのに必要な学習がなされているかをテストする。

(2) 平易を旨とし、素材はなるべく1年．2年程度から採ることを心掛ける。

(3) 素材は現行中学校テキストから多く求め、Goleden Keys to English及びJack and Bettyの何れにも収録されているものに多少の修正を加えた。但し一、二題は一方のテキストのみから而もそのまま取材したものもある。

(4) 一般目標及び特殊目標中重要でありながら等閑に附されるおそれのある事柄に留意した。

## (二) 個々の問題のねらいについて

(1) (a) 各時限とも第1問題は Hearing 又は Hearing と Writing を同時にテストするものになつている。Hearing のテストは普通の速度で一回だけ発問するのが理想だと考えたが、昨年度の三回の発問から急に一回にするのもどうかと思い漸進主義をとつて二回にしたが「speek としての英語を聞いてわかる技能を発達させる」ためには、是非一回だけの発問を励行していきたいと思う。

(b) 第3時限の第1問題は Hearing と Writing とを併せてテストするねらいであるが、Course of Study の一般目標に「書き方の技能を発達させるに方つて、習得した聞き方の技能が、書き方の技能の習得に必要な基礎及び基準として役立つものとなる」ことを要求されているので、兩者を併用したのである。

更にこの問題は Writing のみの面からみれば次のねらいが含まれている。
特殊目標に「英習字において、一般に認められている規則や技術を守る習慣（第1学年）」「大文字を正確に用いる能力(第2学年)」が要求されているが、生徒の作業をみると前者も後者も実際には不満足のことが多い。但しこのテストで前者をみるのは無理であるが、平素の学習指導に方つて、意を用いて頂く刺戟になればと願つている。

(2) 読み方に関するテスト

(a) 出題計画表をみると、「きゝ方、話し方」の部に、「発音記號をよむ」、「抑揚」という要素がある。同時にこれは読み方の技能に関する事項であるので、便宜上本項で扱うことにする。
読み方の技能に関する事項は中学校の英語では特に意を用いて指導すべきものと思うが適切な指導を欠ぐと生徒の技能は向上しない。これのテストはペーパーテストでは困難であるが、読方の知識をテストすることによつて、技能向上の促進を測るねらいで第1時限35（発音記號）、第2時限31（抑揚）の問題をとつたが Entonation-Group に関するテストも可能であると思う。

(b) 第4時限14は母音の発音の知識をねらつているが Eourse of Study の特殊目標に、「文字を見てわかり、文字の音をきいてわかる能力（第一学年）」が要求されている。

(C) 第1時限37、第2時限33、第3時限27は内容の把握力を狙つているが、何れの問題も学習指導に方つて、Eral zntraduction や Test Questions に於いて絶えず訓練されている事柄であると思う。

(d) 第1時限36は日本語で意味をとらせるのであるが、全体の意味をとらせることは選定法では一考を要する點があるので、部分的に語句を抽出してテストした。

(3) 書き方に関するテスト

(a) 第2時限32は正確な spelling を狙つているが同時に持殊目標「語とそれらの内容を描いた繪とを結びつける能力（第一学年）」を狙つている。けれども sky 又は airの spelling を要求したことの適否については一考を要すると反省している。Golden Keys と Zack and Belty について調べた結果、その兩語の瀕度が極めて低いことを知つたのは、問題が印刷に附される頃で、他に適當な問題を考究する暇がなかつたのでそのままにした。果せる哉結果はよくないようだ。

(b) 第3時限28は、英語では Passiue を用いることが日本語よりも多いので、その structure に習熟することも中学校に於いては必要と考えて出題した。

(c) 第4時限15は組合すことによつて文を完成することを求めているもので、語群は切り離すことなく、一單位として練習することが望ましいと思われるので、語群のまま提示した。

(4) その他

特殊目標「英語で地図を設明する能力（2学年）」に基いて第3時限26 を提出したが、日常卑近なものに関する語イについてもみることを狙いとしている。

# 教　科　（図工科）

| テスト分類 ＼ 教科の要素 | 学年程度 | テスト目標 知識 | 理解 | 技能 | 問題解決力 問題発見解決法 | 資料解釈 | 知識原理の適用 | 批判能力証明 | 社会的価値態度観 | 鑑賞能力 | テスト形式 選択法 | 組み合せ法 | 再生法 | 完成法 | 選択完成の併用 |
|---|---|---|---|---|---|---|---|---|---|---|---|---|---|---|---|
| 描　画 | 中1 | | 3 | | | | | | | | 2 | | | 1 | |
| 色　彩 | 中1 小6 | 2 | 1 | | | | | | | | 3 | | | | |
| 図　案 | 小 5.6 | | 4 | | | | | | | | 3 | | | | 1 |
| 図　法 | 中2 | | 3 | | | | | | | | 3 | | | | |
| 鑑　賞 | 中1 | | | | | | | | | 2 | 2 | | | | |
| 紙　工 | 小 4.5 | 1 | | | | | | | | | 1 | | | | |

| | | | | | | | | | | | | | | | |
|---|---|---|---|---|---|---|---|---|---|---|---|---|---|---|---|
| 粘土工 | 小6 | 2 | | | | | | | | | 2 | | | | |
| 竹工 | 中1 | 2 | | | | | | | | | 2 | | | | |
| 木工 | 中1.2 | 4 | 1 | | | | | | | | 3 | | | 2 | |
| 製図 | 中1 2 3 | 1 | 2 | | | | | | | | 3 | | | | |
| 金工 | 中3 | 2 | | | | | | | | | 2 | | | | |

## A 出題の方針

1. 描画偏重にならず指導要領に示された七つの指導内容（描画、色彩、図案、製図工作配置配合、鑑賞）によつて多方面に学習活動が行われているかどうかを見る。
2. 基礎的な学習が充分であるかどうかを見る。
3. 概念的理論的な学習でなしに常に生活との関聯の上にたつて学習が進められているかどうかを見る。

## B 各問の趣旨

△一ノ24

鑑賞の学習として、有名な美術家の業績或は其の作品について誰がも知つていなければならない程度の学習経験があるかどうかを見るため

△一ノ25　二ノ20

色彩の学習は小学校から一つの指導内容として取上げられているが実際には等閑視されているのではないだろうか。現在の生徒にとつて学年相應の要求は過去の学習経驗から無理であらうが小学校程度の基礎的な學習は是非行わなければならない。

一ノ25の問は色彩學習の基礎になる明度についての學習経驗が（小三、四程度）あるかどうかをみるため

二ノ20の問は色彩に関する學習経驗が日常生活に活かされているかどうか（生活との関聯をもたない色彩指導は價値が少い）を見るため

△一ノ26

制図の初歩的な學習は（展開図投影図）は小學校から行われ製作に当つては必ず工作図をかいてから作るように指導されなければならない。こうした意図で展開図の理解と投影図の基礎的な學習経驗があるかどうかをみるため

△二ノ34 四ノ8

図案はそれだけでは意味を持つものではなくそれが何か（実用的）に活かされるべきものである形式的な模様の學習のみに終始して所謂「用」に対して無関係な図案學習であつてはならない。こうした意図で二つの問を出した。

△三ノ16

陰影に対する觀察力があるかどうか写生に於て「よくみて描く」という大事な基礎的経驗が身についているかどうかを見るため

△三ノ17

(1)目の位置（高さ距離）を自覚して写生しているかどうか

(2)画面構成についての基礎的な学習経験があるかどうか

以上

## 教科（保健体育）

| テスト分類 / 教科の要素 | 学年程度 | テスト目標 知識 | 理解 | 技能 | 問題解決力 問題発見解決法 | 資料解釋 | 知識原理の適用 | 批判証明の能力 | 社会的態度価値觀 | 鑑賞能力 | テスト形式 選択法 | 組み合せ法 | 再生法 | 完成法 | 選択完成の併用 |
|---|---|---|---|---|---|---|---|---|---|---|---|---|---|---|---|
| 体育の目的 | | | 1 | | | | | | | | | | | | 1 |
| 陸上競技 | | 1 | | | | | | | | | | 1 | | | |
| バレーボール | | 1 | | | | | | | | | | 1 | | | |
| バスケットボール | | 1 | | | | | | | | | | 1 | | | |
| 水泳 | | | 1 | | | | | | | | | 1 | | | |
| スポーツ精神 | | | | | | | | | 1 | | 1 | | | | |
| 傷害豫防 | | 1 | | | | | | | | | 1 | | | | |
| 結核 | | 1 | | | | | | | | | 1 | | | | |
| 姿勢 | | | 1 | | | | | | | | 1 | | | | |
| 視力 | | | | | 4 | | | | | | 4 | | | | |
| 徒手体操 | | | 1 | | | | | | | | 1 | | | | |

## 保健体育科

從來の学校体育に於ては積極的鍛練面が重要視され、稍もすると消極的保健面が忘れられがちであつた。教育の一分野としての体育の目的は前者と後者が相俟つて初めて達成されるものであり、更に体育指導全般を通して一部に遍することがない様にアチーブテストと実技に分け、アチーブテストで知識と理解面をテストし、実技に於て技能面を検査することにした。以下簡單に個々の問題のねらいを述べたい。

△一の28

スポーツを実施するにあたつて、準備運動を十分に行うことは安全教育の立場からも極めて大切なことである。生徒達がよく理解して実施しているかを見たいのがねらいである。

△一の29

徒手体操がスポーツ実施上極めて必要なものであると言うことを理解しクラブ活動や其他余暇を利用してスポーツを行う時、教師がいなくても準備運動が順序よく実施出來るかどうかを見るのがねらいである。

△二の24

何事も行う時にはその目的を知ることが必要である。体育が健全で有能な心身をつくり、よい社会人になるために行なわれていると言うことをよく理解した上で実施しているかどうかを見るために出題した。

△二の25

スポーツは明朗で愉快な氣持で行なわれるべきである。スポーツの対外試合等では審判員に対しては抗議の方法をあやまり、面白くない雰囲氣になつた例もあるので、スポーツを行つている人も、見ている人も審判員に対する正しい態度をもつていなくてはならないために出題した。

△三 の 18

学校身体検査は健康教育のよい資料である。身体検査の結果、どこに欠陥があつても自分の身体に無関心であると言うことは、検査は單に報告のための検査であり、教師のための検査である。生徒達が身体検査を通して養護面の知識をもつているか、どうかを見るために出題した。

△四 の 21

現在沖縄の學校でツベルクリン皮肉反應検査は行なわれていないので三時限の十八番の身体検査表から除いたのであるが結核豫防については社会問題として大きくとりあげられている今日、結核に対して関心をもつているどうかを見るために出した問題である。

△四 の 31

学校体育指導要綱に示された理論の中、各種運動の解説の部から体育の実践を通してどの程度理解しているかを見るために出した問題である。

△柔軟度の検査

徒手の体操は体の柔軟性、関節の可動性を養成するのに最も適した身体活動である。

戦後スポーツが中心教材になつた為徒手体操が軽視された感がある、生徒達の正常な発達と健康の保持増進を計るため各学校でどの程度徒手体操を取り入れ、又生徒達が実施したかを見るために出題した。

跳躍力の検査（サージェントジャンプ）

この検査は陸上競技の型特に跳躍等の機敏性を要する種目と関係が深く最少の時間内に最大に近い筋の伸縮力を求めるもので、爆発的な筋の伸縮を通して機敏性と支配力を検査するために出題した。

△懸垂力の検査

戦後設備等の関係で一般に懸垂力が低下しているので懸垂運動の奨励及び懸垂力と持久力を見るために出題した。

△走力の検査

走は各種のスポーツの中、最も多く含まれている基本的な運動能力あるので出題した。

# 教科（職業家庭）

| テスト 教科の要素 分類 | 学年程度 | テスト目標 知識 | 理解 | 技能 | 問題解決力 問題発見解決法 | 資料解釋 | 知識の適用原理 | 批判の能力証明 | 社会的価値態度觀 | 鑑賞能力 | テスト形式 選択法 | 組み合せ法 | 再生法 | 完成法 | 選択完成の併用 |
|---|---|---|---|---|---|---|---|---|---|---|---|---|---|---|---|
| 第一類、施肥と技能 | 1 | | 1 | | | | | | | | 1 | | | | |
| 各類共通、学習態度 | 1 | | | | | | | | 1 | | 1 | | | | |
| 第一類、作物の分類 | 2 | 1 | | | | | | | | | 1 | | | | |
| 〃 経営の知識 | 3 | 1 | | | | | | | | | 1 | | | | |
| 〃 経済的知識理解 | 3 | | | | 1 | | | | | | | | | 1 | |
| 〃 栽培（甘藷） | 2 | | | 2 | | | | | | | 2 | | | | |
| 第二類 工作 | 2 | 2 | | 2 | | | | | | | 2 | | | 2 | |
| 〃 鋸の引き方 | 1 | | | 2 | | | | | | | 2 | | | | |
| 〃 定期の使用法 | 2 | | | 2 | | | | | | | 2 | | | | |
| 〃 点と線の引き方 | 3 | | | 1 | | | | | | | | | | 1 | |
| 〃 和裁（標のつけ方） | 2 | 3 | | | | | | | | | | | | | 3 |
| 〃 洋裁（布の見積り方） | 2 | 2 | | | | | 1 | | | | | | | | 2 |
| 〃 手藝（デザイン） | 3 | | | 1 | | | | | | | | 1 | | | |
| 第三類 経営記帳販賣仕入 | 3 | 1 | 1 | | | | | | | | 1 | 1 | | | |
| 〃 豫金取引 | 3 | 2 | | | | | | | | | 2 | | | | |
| 〃 商業の知識 | | 1 | | | | | | | | | 1 | | | | |
| 〃 事務の取扱方計算の仕方 | | | | | 1 | | | | | | | | 1 | | |
| 〃 文書事務（規約） | | 1 | | | | | | | | | 1 | | | | |
| 〃 書類作製 | | 2 | | | | | | | | | 2 | | | | |
| 第四類 調理の仕方 | 1 | | | 2 | | | | | | | 2 | | | | |
| 〃 食品の榮養價献立 | 1 | | 1 | | | | | | | | 1 | | | | |
| 〃 育児の仕方 | 1 | 1 | | | | | | | | | 1 | | | | |
| 〃 家庭用薬品の使い方 | 2 | 1 | | | | | | | | | 1 | | | | |
| 〃 家庭生活の有無 | 2 | | | | | | | | 1 | | 1 | | | | |
| 〃 食生活の有り方 | 2 | | 1 | | | | | | | | | | | | 1 |
| 〃 住生活のあり方 | 3 | 1 | | | | | | | | | | | | | 1 |
| 〃 台所の改善 | 3 | | | | | | 3 | | | | 3 | | | | |
| 〃 家庭経済 | 3 | 1 | | | | | | | | | 1 | | | | |

## 職業家庭科

職業家庭科のねらいは、なるべく多くの種類の仕事を経験させることによつて、生徒各自が自分の適性や興味を見出し、進路の大体の見通しのついた者には、それに役立つ知識、技能を習得せしめるにある。その学習内容は、仕事、技能、技術に関する知識、理解、家庭生活、職業生活についての社会的、経済的知識、理解の四項目からなつている。仕事については、四つに分類され、第一類は、農業、水産関係、第二類は、工業関係、第三類、商業、事務関係、第四類、家庭関係の集團になつているのである。それを六項目、一二、中項目、三〇更に細分して一二、四の小項目になつているが、それを全部学習するのではなく。

第一学年では、四分類六項目以上

第二学年では、二分類四項目以上

第三学年では、二分類四項目以上、なお一分類又は二分類にわたつて三項目でもよい。

となつている。以上の主旨に基いてカリキユラムを作製し、実際指導にあたらなければならない。

今度の入試出題については色々と疑義もあるであろうが、全琉を対象として、而も本教科のねらいをそらすことなく、指導方針を出題の傾向によつて指示しようとする意図が存している。勿論一二、四の要素を農村向、都市向に分け、更に男女差に特色づけ、学校のカリキユラムを生かし、地方の実情を考慮に入れて満足出來る問題を出すには困難である

入試の配点は、一教科三〇点になつているので、一八点を一般的なものから男女共通問題を出し、残り一二点は、問題一五問から六問を選択して解答させるようにしたのである。

以上の方針に従つて出題したのであるが夫々の出題のねらいを各種別に説明したい。



### 第一類

第一時限　三一番　人糞尿の施肥については、学校経営の教育的見地から、学校便所の改善施設、糞尿の處理の點や、その作業等に一層細心の注意が必要である。傳染病、寄生虫の傳播の問題や外人向清淨蔬菜の栽培等の社会的、経済的面から愼重に取扱われなければならない。目下の重要問題として識者の注意を喚起しようとしたのである。

次に四時限　選択八番は、琉球経済の復興の面から物資の移入防止を考えなければならない。学校教育の立場からこのような経済面にすぐ協力できるのは、四Hクラブ運動の生産プロゼクトである。その内でも養鶏の奨励によつて、手早く鶏卵の移入を防止しようとするのであるが、隘路打開としてのサゼッションを与えたのである。

第二時限　二六番、職業家庭科の実習について、今年度中学三年の在籍、一九、〇七七人の三割、五、七三〇人が直轄学校と公立学校の入学定員となつているので、残りの七割、一三、〇〇〇余人がすぐ実業につかねばならない実情である。やゝもすれば高校入学準備のために轉業家庭科の主旨がゆがめられたり、出世主義や、秀才教育の從來の舊弊をくり返してはならない。進学しようと、すぐ轉業人となろうと、『將來りつぱな社会人、轉業人、家庭人になるためには、学校でやる実習はいずれも大切である。』を正解としたわけである。

### 第二類

第一時限　三三番

(1)物体の表現法を見る問題として出題

(2)機械製図では画面に対して直角に投影する正射投影法をつかつている。これは図のように空間を四つに分け、その一つの部分物体をおいた時の影をえがく方法によくつかわれるのでその基本となる。第一角

から第四角までの表現が実線と点線で、どの程度表現できるかをみた

第三時限　二二番

(1)線の引き方の技術を習得しているかどうかを見ようとして出題した

(2)定規にあてて線を引く時は、線を引く方向に七五度位かたむけて引く。又線の始めと終りが同じ太さになるように、一定のはやさで同じ強さの力で引くようにする。そのためには、(イ)鉛筆の削り方　(ロ)鉛筆のあて方　(ハ)定規で線を引く時の方向等の要領が指導されて居らねばならないが、(ハ)の中の一例を出題した。

選択問題　二番

(1)日常生活に必要な工具の使用法と仕事の能率を理解しているかどうかを見ることにした。

(2)鋸歯は挽くことによつて次第に木材に喰い込むように作つてあるから、常に鋸の自然の切れ味に任せて使用すべきものである。強く力を入れて、押えても労するだけで効果はない。そこで縦挽、横挽の見分け方の技術が必要である。

選択女子向　九番

洋裁の裁ち方、縫い方の実習に関係する問題であつて、シングル幅の裁ち合せる考え凡その計算をさせるものである。

四番　和裁の裁ち方の問題であつて実際にやつた経験を再認させるものである。

一三番、女児服、手藝等のデザインの基礎をどんなものに、どんな所に用いられるかを問うたものである。

第三類

第一時限

三〇番の(1)　企業形態の基礎的理解を要求、新聞、街頭の看板等常に目につく事柄で、関心があれば直ちにできる事である。

(2)お金の貸借関係の表現、常識問題、他人からお金を借りるのに何が必要か、商業の初歩知識の理解力という方面を目標においた。

第二時限　三〇番

金融の基礎的理解を要求、物價變動の激しい沖縄の事情において、物價と貨幣の関係をどの程度生徒が理解しているかを問う

第三時限　二三番

商業における商品販賣算出につき、基礎的理解力を要求

選択　三番　企業形態の基礎的知識を要求する。

五番の(1)　商品注文の要領

我々が日常品物を買うのに又品物を注文するのに、どんな店を選ぶべきか、『信用ある店』ということが、どの程度生徒に理解されているかを目標とする。

(2)　商業の知識、之は商業の意義がどの程度、習得されているかを見るものである。

一〇番の(1)　預金の理解

当座預金と云えば、小切手、小切手と云えば当預が直ちに思い出せるだけの知識があるかどうか、教科書にも出ているので、その程度を見た。

(2)卸賣と小賣との相違

第四類

一、共通問題

四類は家事的な女子向き課程であるが、職業家庭科の教育基準の示すところによると、一学年においては、四分類六項目以上にわたつて学ぶよう計画することになつているので、男女とも、当然四類から学ぶことになる。然し男女の特性によつて内容のとり方には、相違があるが、家庭生活の理解に関する項は、男女共通に学ばなければならない従つて理解面（その要素をあげると、家庭生活のあり方、衣食住の経

理、家庭経済、保育、休養と衛生等）から共通の問題をえらんだ。更に四類における基礎的な『仕事や知識』は男女同一に学習される事が望ましいので、これも共通問題として出題した。

二、選択の問題

(1)職業家庭科は、実生活に役立つ人間を『しごと』を通じて学習する学科であり、地域社会の必要と学校や生徒の実情によつて特色を持つものであるが、女子としての最低教養は何れの土地に於ても、ほゞ同じであると思うので、なるべく地域を通じ、共通な問題から選ぶようにした。しかし地方事情に即するものであつても、家庭生活の向上発展を目指し、啓発的経験の意義をもつものでなければならない。生徒に生活向上の意慾を持たせ、理想的な生活への希望をもたすよう努力し、又設備の充実等も計らねばならない。出題の方針も、こういつた目標に沿うよう努めた。

(2)仕事を通して学ぶ学科であり、実習して初めて真に理解することが出來、又これを應用して行く能力も養われる。故に單なる知識では出來ないような問題をえらぶようにした。

(3)第四類にとりあげるべき大きな問題に家庭生活の科学的なあり方ということがある。これは生活向上の第一歩と考えます。沖縄においては、特に家庭生活面が低調である、即ち、非文化的、非科学的といはれるところである。われわれの生活習慣、態度、設備等、誇りうるものはないと云つてよい位である。生活における科学的な態度を、その最初の経験をなす、中学校の段階において、しつかり身につけたく思う。現在の生活の有り方から考えればむつかしいと思われる問題も、こうした科学的な物の考え方の足りない処から來ると思われるので、生活向上の第一歩としても是非強調しなければならない点ではないだろうか。

## 教科（音樂）

| 教科の要素 ＼ テスト分類 | 学年程度 | テスト目標 | | | | | | | | | テスト形式 | | | | | 配點 |
|---|---|---|---|---|---|---|---|---|---|---|---|---|---|---|---|---|
| | | 知識 | 理解 | 技能 | 問題解決力 | | | | 価値観社会的態度 | 鑑賞能力 | 選択法 | 組み合せ法 | 再生法 | 完成法 | 選択完成の併用 | |
| | | | | | 問題発見解決法 | 資料解釋 | 知識原理の適用 | 批判証明の能力 | | | | | | | | |
| 速度記號 | 中1 | 1 | | | | | | | | | 1 | | | | | 1 |
| 〃　標語 | 中1 | 4 | | | | | | | | | 2 | 2 | | | | 4 |
| 階名 | 1 | | 4 | | | | | | | | | | 4 | | | 4 |
| 拍子記號 | 1 | | 3 | | | | | | | | 3 | | | | | 3 |
| 變記号 | 1 | | 1 | | | | | | | | 1 | | | | | 1 |
| リズム | 1 | | | 1 | | | | | | | 1 | | | | | 1 |
| 鑑賞 | 1 | 1 | | 1 | | | | | | | 2 | | | | | 2 |
| 創作 | 1 | | | 4 | | | | | | | | | | | 4 | 4 |
| 樂曲の形式 | 1 | | | | | | 1 | | | | 1 | | | | | 1 |
| 和音 | 1 | | | 4 | | | | | | | 2 | 2 | | | | 4 |
| 譜表とけん盤 | 1 | | 5 | | | | | | | | 5 | | | | | 5 |
| 合計 | | 6 | 13 | 10 | | | 1 | | | | 18 | 4 | 4 | | 4 | 30 |

第一時限

問題　21

リズムは音楽構成の骨骼的要素であり音楽の生命である。

リズムに対する知識や理解力の程度は音楽学習活動の全般を決定するものである。

この重要要素たるリズムに関する知識と理解及び技能を調べるのが本問題の趣旨であるが、この問題の解決にはワルツ、行進曲の意味がわからねばならぬし、それらの楽曲を表現しようとする曲想を生み出す最も適切なリズムが何であるかが求め得なければならない。

問題　22

本問題は前問題との関連において速度記号に対する理解とその適用の方面を見るために提出されたものである。

速度は楽曲の根本的な性格を決定するもので、生活との関連の最も深い行進曲の速度を身につけておく事は自ら他のいろ／＼な速度を判定する基準にもなることと思われる。

問題　23

拍子は楽曲を整備する要素である。

四分の四拍子、四分の三拍子、八分の六拍子の基本的な普通の教材に出てくる代表的なものから選んで拍子に対する理解を見る為に出した問題である、拍子の理解はリズムと切離しては考えられないので本問題は前の二問題と関連したものである。

第二時限

問題　15

記譜上の諸記號についての知的理解を試る問題である。

シャープやフイーネは小学校四年から出て來る極めて簡單で常識的なものであるが、このような記號が教材取扱いの際に注意深く指導され確實な知識となるようにしたいものである。

問題　16

速度を正確に指導するには實際にはメトロノームを使用して体得せしめることが望ましいのであるが、中学校では記號と標語を併用しその比較によつてそれぞれの相互の位置関係を知ることは又速度についての認識の根本的問題である。

問題　17

譜表上の變記号の位置についての理解をしらべた。調子記號と音名というのがわからなければ、解答は出來ない問題である。

問題　18

譜表と鍵盤との関係についての理解を調べるために作製されたのである各種音階や音程の指導、器楽の取扱いには鍵盤との関係の上に立たなければ理解の徹底を望むことはできない。

第三時限

問題　11

音階と階名との関係を見るために提出されたものである。階名指導には固定ド唱法、移動イ唱法の二通りあるが、固定ド唱法を採用するにしても音階調性、和音、作曲の指導には移動ド唱法の取扱いがなされねばならない。

各種音階の理解があれば容易にわかる問題である。

問題　12

(1)体育並にレクレーションとしてスクエヤーダンスが盛んに取り入れられているが、本曲はこのスクエヤーダンスによく採用され、聞きなれているフオースター作曲の「オースザンナ」であり、又小学校教材にも（五年、春）取り入れられている曲である。

創作指導の初歩的な形態として選択完成併用の形式で提出された問題で

あるがハ長調の読譜力があれば容易に解答出來る問題である。

(2)唱歌形式としての一部形式、二部形式、三部形式は樂式の最も基礎であり、小学校から取扱われねばならない。

第四時限

問題 5

曲を見てその感じを問う鑑賞に関するものである。

ト長調 視唱力があれば、教材の「駈け足」という曲であることがわかるが、リズムや拍子のみからも元気の良い感じを表現した曲であることがわからなければいけない。

問題 6

音樂の三要素たる和音に関する知識を技能を見る問題で殊に主要三和音の基礎的な問題である。

和音は旋律的な動きによつて必然的に生れたものであり、その取扱は旋律との関連においてなされなければならない。

問題 7

旋律の視唱力と作曲者についての知識を調べる問題である。

## 面接要領

(1) 面接は、内申書の裏付けをするため行うという意味に於いて、内申書を確認し、又はその不審の点や疑義を正すために行うようにする。

(2) 教科的になつたり、又は採点されていると思わせるような資料や、発問法をさけること。

(3) 不必要な緊張感、又は恐怖感を生徒に與えるような雰囲氣をさけること。



(4) 一人の生徒がなるべく多くの面接委員に、接するように計畫することが望ましい。

(5) 生徒を一定の場所に入れて、外部との接觸をさけなければならないような、面接の方法は取らないがよい。

## 体育実技の検査について

1 体育の実技は(イ)柔軟度(ロ)跳躍力、(ハ)走力(ニ)懸垂力について行う。

2 天候に恵まれ上の四種目が全受験者同條件に於て実施された場合は(イ)(ロ)(ハ)の三種目について採點する。

3 若し天候、グランド等の悪條件のため(ハ)が同條件に於いて実施し得ない時は(イ)(ロ)(ニ)の三種目について採点する。

4 種目ごと上を5點、中を4点下を3點と配點し、最高15點最低9點とする。

5 身体的欠陥者に対する處置

(イ)の検査は全員可能、若しこの検査に應じ得ない者については再身体検査を要す。

(ロ)の検査も全員可能、若しこの検査に應じ得ない身体なら考慮を要す(片足片手の場合も可能である)。

(ハ)の検査不可能(下肢不具者)な者に対しては2點を與える。

(ニ)の検査不可能な者(上肢不具者)に対しては2點を與える。

6 体育実技の検査を受ける時の服装は男子はパンツ、女子はパンツ、又はブルマーとする。

7 下記様式の採點票を準備する。

8 年令の算定は28年2月1日現在とする。(例14年5月のときは14才

とする）

| 体育実技採點票 | | | | | | | | | | | |
|---|---|---|---|---|---|---|---|---|---|---|---|
| 番号 | 氏名 | 年令 | 性別 | 柔軟度 | | 跳躍力 | | 走力 | | 懸垂力 | | 合計 |
| | | | | 成績 | 點数 | 成績 | 點数 | 成績 | 点数 | 成績 | 點数 | |
| | | | | 糎 | | 糎 | | 秒 | | 回 | | |

## イ 柔軟度の検査

実施要領

準備

(1) 1m平方の用紙に1cmかんかくの平行線を引いた紙を用意する。

(2) 丁規代用の巾5cm 長さ30cmの板を用意する。

方法

各検査場に検査者、記録係、補助員各一名宛配置する、

(1) 準備された紙を教室の四角の一方の壁にはりつける。

(2) 受驗者を床に坐らせ（長座姿勢）腰部が紙のはられていない面に密着し下肢が紙のはられた面に接する様にする、

(3) 検査者は用意された紙の目盛によつて受驗者のヒザガシラの高さを確認し、その高さを記録係に示す。

(4) 受驗者は前屈始めの合図で長座姿勢のまゝ両手を両下肢の上を滑らしながら出來るだけ深く前屈姿勢をとる。

(5) 検査者は受驗者の前屈姿勢における〃ひたい〃の高さを直に確認しその高さを記録係に示す。（丁規はヒタイの中央部にあてる）

(6) 記録係は(5)の高—(3)の高＝xcmの計算をなすこのxcmがその受驗者の柔軟度である。

採點　男子　女子

| | 男子 | 女子 | |
|---|---|---|---|
| | x＝0 — 8cm | x＝0 — 5cm | 5點 |
| | x＝9 — 20cm | x＝6 — 15cm | 4點 |
| | x＝21 — | x＝16 — | 3點 |

注意

(1) この検査を実施するには前後屈度を同時に実施すべきであるが配點上今度は前屈度だけについて実施したる旨を十分検査の上に注意を拂ふべきである。

(2) 検査実施前受驗者各自で十分前後屈の準備運動をさせる

(3) 1糎未満は切捨てる

## 跳躍力（サーヂエントジヤンプ）の検査

被驗者は壁に面して色インクか墨を上に擧げる方の指先につけてジヤンプをできるだけ高い所で側定用紙にその指を觸れ印をつけさせる、次いで壁に面し、片手をできる丈伸し、壁にはられた側定用紙につけ、指先の最も高い點をしるし、先につけたしるしとの差を糎單位で計側する。

準備

1、側定用紙（巾20cm 長さ60cm）

2、赤又は青インク若しくは墨

3、物指（棒状ので可）

4、計側員一名、補助員一名、記録員一名

方法

1、前記の要領で一名宛三回試技させ、最もよいものをとる、

2、豫め要領を数回別の場所にて練習させる。

3、記録は記録用紙に三回中最も良いものの成績のみを記入する

4、姿勢は正面或は横向随意とし、助走或は二重踏切をしない

| 採點 | 上 | 中 | 下 |
| --- | --- | --- | --- |
| 男子 | 39cm以上 | 38－27cm | 26cm以下 |
| 女子 | 33cm以上 | 32―23cm | 22cm以下 |
| | 5點 | 4點 | 3點 |

備　考

1、糎以下は切捨てる

注　意

静止時において、指先で印をつける時は〃ひじ〃を屈げさせることなく、けんこう骨を壁の方におしてやる。

## 走　力　の　検　査

(1)　種目 50m

直線コース 50mを2名乃至3名づつ走らせて計時する

(2)　準備

イ　二乃至三の 50m 直線コース

ロ、走者と同数の正確なストップウオッチを準備して検査前に點検しておくこと

ハ、出発合図員、計時員、記録員

ニ、出発合圖用旗、連絡用笛決勝用テープ

(3)　方法

イ、出発合図員は計時員と連絡の後合図用旗を上にあげながら「用意」と声をかけ走者が静止の状態になつた時「ドン」と呼んで旗を同時に下ろす。

ロ、計時員は決勝線の所に位置し定められた走者の所要タイムを正確に計時する、

ハ、1回の走者の数は信頼すべきストップウオッチ、及び計時員の数と同じ数とする、

(4)　配點規準

| | 上 | 中 | 下 |
| --- | --- | --- | --- |
| 男子 | 8秒以内 | 8.1秒―8.9秒 | 9秒以上 |
| 女子 | 8秒6以内<br>(8.6秒) | 8.7秒―9.9秒 | 10秒以上 |
| | 5點 | 4點 | 3點 |

## 懸　垂　力　の　検　査

鉄棒又は横木により男子は懸垂屈腕回数、女子は屈腕懸垂時間を計測する。

(1)　準備

イ、鉄棒又は横木（全受験者同一器具を使用させる）

ロ、女子の場合はストップウオッチ

ハ、計測員の一名、補助員四名、記録員一名

(2)　方法

イ、懸垂屈腕では鉄棒の1間に2名宛行わせる

計測員の「用意」の合図で被検者は夫々定められた個所に順手で懸垂する、落ちついた時計測者の「はじめ」の合図で屈腕を行わせる被検者1名につき計測者1名をあて、正しく屈腕された回数（体を振り動かすことなく頭部を正常の位置において行われあごが鉄棒の上まで引きあげた時を1回とする）を数える……あごが棒の上までいたらない場合は 0.5回と数える、その他の場合は数えた回数のまゝとする。

ロ、屈腕懸垂の計時は同様に四名づつ行う、計測者の「用意」で被検者はあごが鉄棒よりも上にあるように、屈腕懸垂する準備をする、

（鉄棒又は横木の地面より高い時は腰掛その他の補助物を用いる）

計測者の「はじめ」で地面又は補助物から足をはなして正しい屈腕懸垂の姿勢をできるだけ長く保持する、計測者は「はじめ」と呼ぶと同時にストップウォッチを押して直ちに時計を見ながら「1秒2秒3秒……10秒」と秒の経過を知らせる、計測補助員は受持の被検者についてそのあごが鉄棒の線より低くなるのを見てその時の計測員の秒経過通知に最も近い数を記録員に報告する、

ハ、記録は記録用紙に懸垂の成績欄に男子では5回という風に記入し女子の場合は5秒6秒という風に記入する

| | 上 | 中 | 下 |
|---|---|---|---|
| 男子 | 8回以上 | 7—4回 | 3.5回以上 |
| 女子 | 26秒以上 | 25—15秒 | 14秒以下 |
| | 5點 | 4點 | 3點 |

## 入学試験実施後の反省

今年度の入学試験実施についてはあらゆる方面から直接間接多くの批判がなされ、直接テスト問題作製や考査方法の全体的計画をなし、指導助言したものとしては貴重な反省の資料を得る事が出來た事を有難く思つています。

立場がかわれば批判の観点も違うので今年度実施した略式客観テストはどんな性法のものであるか、それに対して一應皆が或程度の理解を持つ事が大切な事だと思う。

人間の智能や学力、性格、適性等を絶対的に測定する方法は今のところない。併し出來る限り科學的に正確に測定しようとする色々の方法が研究されつゝある、略式客観テストは学力を科学的に測る方法として最も手軽に経費がかゝらず、教師自身でも問題を作つて実施出來る方法である。

今年度のテスト問題がどういう方針でどんな過程を通つて作成されたものであるかは他の面で述べた通りであるが、テスト問題並に考査法全体に対する反省をなし今後よりよい入試考査が実施出來るようにしたい。

1　質の面に於いて昨年の問題より今度の問題は深さと複雑性を持たしたけれども略式客観テスト自体が持つ欠陥の全部を是正する事が出來なかつたのは多くの批判がある通りである、併し略式客観テストの意味を充分理解した上の批判が望しい。

2　問題の量と時間に就いては問題の形式にもよるけれども今度の問題は大体一分小問、一問半になつている、即ち十二、三、問を四十分で解くようになつている。

一般の標準よりは稍々低く量と時間が考慮されているけれども、時間が足らなかつたという声があつた。去年の問題が標準よりぐつとさげて是と時間を決めたため、それと比較して色々批判が出た事と思うが今度の問題でも一分間小問二問程度迄引ぎ上げなければ一般標準には達しないと思う。

全体の生徒が全部の問題を試答する程度という事を考えたけれども、試験場に臨むと色々の状況に支配されるために全然手を觸れる事が出來ない問題が時間に制限されてある事を豫想していた。出來るだけ標準に近づけるようにしなければならないと思う。けれどももう五分位は時間を与えた方がよかつたと思う。

3　今度の問題で、作制委員会で最も論議の中心になつたのは職業家庭の選択問題の課し方であつた。混乱を起させない方法としてプリントを別にし、特別に表紙に注意書きもなし結果の處理法に就いても充分

注意を拂つておいた。けれども矢張り多くの欠陥が表われて來た。もつと適切な方法を工夫して選択制を生かすようにしなければならないと思う。

4 「問」は出來るだけ易しく、それのために問題解決の障害にならないようにと努めたけれども矢張り漢字が多く表現の仕方ももつと工夫しなければならない点がある。

5 印刷もガリバン刷でなく正式に活版にすると文字の不明の点も少くなると思うけれども漏えい等の恐れもあるので現在としては業者に印刷させる事はさけなければならない状態にある。

過去二ヶ年間、文教局が中心になり問題を作つたけれども左の觀点から高等学校側に問題作製を移した方がよいと思う。

1 自主的に教育を進める点から
2 高等学校側が中学の教育過程に対して理解を深めるという点から
3 地域並学校の特殊性を生かす点から
4 新しい教育技術を各教師が身につけて普段の教育を科学的に進める点から

尚入試対策に就いては年度の始めに大まかな方針を決めて中学側も落付いて安心して普段の教育が進められるようにしたいと思う。

## 成績の結果について

本年度の沖縄全島高等学校志願者総数、六三六六人についてその成績を各学校からの報告にもとづいて、整理、集計し、図表にあらわしてみた。

受験者平均得点　得点分配の範囲は全受験者について調べたもので、得点頻数分配表、



同分配図　問題別正等率は、全受験人員の $\frac{1}{5}$ を抽出して調べたものである。

受験者平均得点は第5表のとおりで、男子が女子よりいくらか上位を占め、テストと内申では内申の方が遙かに上廻つている、

第6表の得点分配の範囲を見ると、内申では満点と最高点が一致し、テストの最高点二四八点との差が大きい。

第5表　受験者平均得点　　(270点満点)

| 性別 | 男 | 女 | 平均 |
|---|---|---|---|
| テスト | 129 (47,7) | 119 (44,1) | 124 (45.9) |
| 内申 | 205 (75,9) | 206 (76,2) | 205,55 (76.1) |

註 ( ) 内の数字は満点を100とした時の換算点を示す。

第6表　得点の範囲　　(270点満点)

| 性別 | 最高点 | 最低点 |
|---|---|---|
| テスト | 248 (91,8) | 21 (7.7) |
| 内申 | 270 (100) | 59 (21,9) |

第7表、第8表はテスト、内申の得点頻数の分配表である。級間は一五点で『頻数』とは、出現回数のことである。第8表に例をとつて説明すると、九〇点から一〇四点迄の間の点数を獲得した生徒が一五四人で調査人員一二二二人に対する一二・六%を占めているということになる

第7表　第8表

内申得点頻数分配表

| 級　間 | 頻数 | % |
|---|---|---|
| 45—59 | 1 | |
| 60—74 | 0 | |
| 75—89 | 0 | |
| 90—104 | 13 | 1.0 |
| 105—119 | 16 | 1.2 |
| 120—134 | 26 | 2.1 |
| 135—149 | 38 | 3.0 |
| 150—164 | 73 | 5.6 |
| 165—179 | 107 | 8.3 |
| 180—194 | 167 | 13.2 |
| 195—209 | 221 | 17.5 |
| 210—224 | 204 | 16.1 |
| 225—239 | 213 | 16.8 |
| 240—254 | 121 | 9.6 |
| 255—269 | 60 | 4.7 |
| 270 | 5 | 0.4 |

N＝1265　満点＝270
M＝205.5
S.D＝33.4
V＝16.24

学力テスト得点頻数分配表

| 級　間 | 頻数 | % |
|---|---|---|
| 15—29 | 1 | |
| 30—44 | 2 | 0.2 |
| 45—59 | 14 | 1.1 |
| 60—74 | 49 | 4.0 |
| 75—89 | 89 | 7.3 |
| 90—104 | 154 | 12.6 |
| 105—119 | 184 | 15.1 |
| 120—134 | 229 | 18.9 |
| 135—149 | 172 | 14.1 |
| 150—164 | 130 | 10.6 |
| 165—179 | 104 | 8.5 |
| 180—194 | 48 | 3.9 |
| 195—209 | 26 | 2.1 |
| 210—224 | 14 | 1.1 |
| 225—239 | 5 | 0.4 |
| 240—254 | 1 | |
| 255—269 | 0 | |

N＝1222　満点＝270
M＝124
S.D＝40.0
V＝32.25

此の表によると、テストにおいて一二〇点から一三四点迄の間の点数を獲得したものが最も多く、こゝから上下に遠ざかるにつれて次第に少くなつていくことが分る。内申においては一九五点から二〇九点迄の間の得点者が最も多く、それ以下の得点者が著しく減じているのに反し、それより上位の得点者の数は一向減らないということが分る。表の下にあるNは調査人員、Mは平均点、S.Dは標準偏差、Vは脱逸度係数のことである。S.Dは平均点を中心として、各得点のひろがりを統計的に算出したものでS.Dが低ければ低い程各得点が平均値附近に集中し、受験者の質がほゞ等質であるか、又は問題が平易であるか、或はテスト時間に余裕があるか、その何れかであるということになる。S.Dが高ければ高い程、前述の場合と逆になる。

以上、分配表にあらわれた数字にもとづいて、頻数分配曲線を描くと第一図のとおりとなる。

第1図　テスト、内申得点分配曲線

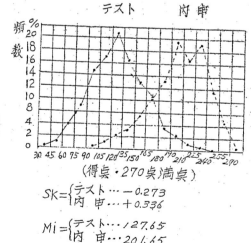

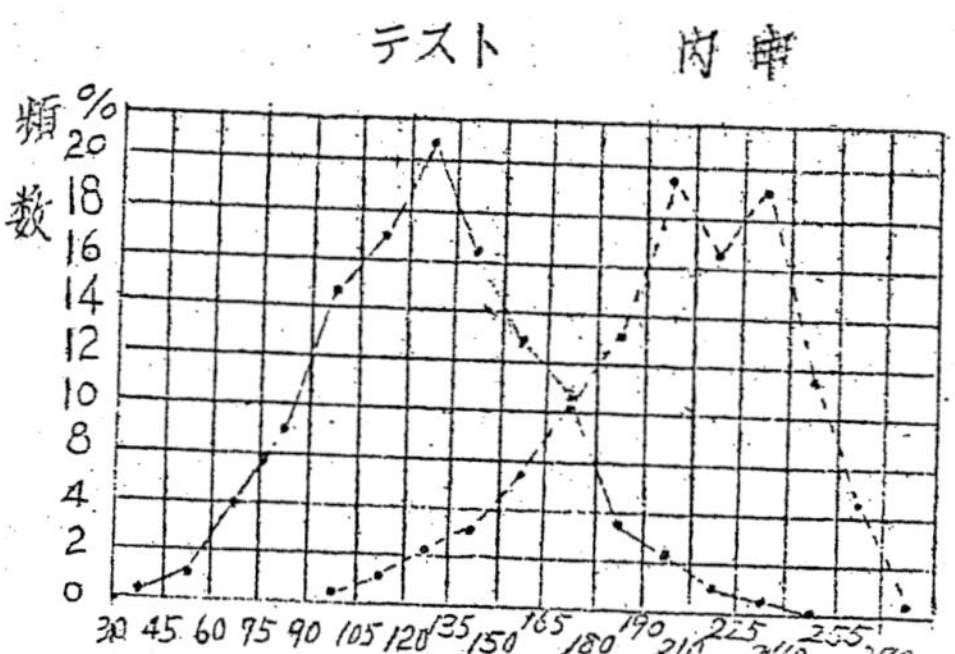


(得点・270点満点)

SK＝{テスト…－0.273, 内　申…＋0.336}

Mi＝{テスト…127.65, 内　申…201.65}

横軸に得点、縦軸に頻数をとつて、各得点段階毎の出現回数を百分率でグラフに表わしたものである。此のグラフによつて、テストと内申の成績とを比較してみると、先ず得点がテストより内申の方が遙かに高いということは第7表、第8表によつても分るとおりである。然し、こゝで最も重要なことは曲線のえがく全体の形である。テストが平均点附近を中心に、概ね左右相称の山型をなしているのに比べ、内申においては、山の頂点が二つもあらわれ、更に平均点附近を中心に曲線が右に急で左に緩になつているということである。

何ら人為的な手を加えないで自然の狀態における集團の多数について測定した結果を分配図に表わした場合に、その分配曲線は、平均を中心として左右が全く相称的な形をとり概ね釣鐘型になる。これを正常分配曲線という。

今回の入試に於ける学力テストの成績は概ね正常分配曲線に近いとみて差しつかえない。さていかなる原因で分配曲線が非相称的になるか、統計法の教えるところによると、

1、見本の数の少いこと

2、特殊の選択の結果であること

3、測定法の不完全なこと。教育テストなどで

(イ)問題が容易に過ぎたり、困難に過ぎる場合

(ロ)問題数の少い時

(ハ)各問題に配當せられる点数の不平等なこと

(ニ)採点法が不適当なこと

(ホ)時間の與え方が不適當なこと、

等が分配曲線を歪めしめる原因になることが多いとしてある。從つて以上あげた事項が反対の場合には逆に正常分配曲線に近くなるということが云えるのである。

これによつて内申点の分配曲線をみた場合、その歪みの原因になつたと思われる最大のものは、前述の第二項に該当する。即ち一部の選らばれた受験生のみについての成績を表わしたものであるからである。從つて中学校の全卒業生について統計をとつた場合には著しく形がちがつて來るものと思われる。

テストについては説明するまでもなく、それが概ね正常分配曲線を描



いているという事実と、既に述べた歪みの原因となる三つの事項と関連させて判断することが出來ると思う。

第一図の下にあるMiは中間数、Skは歪みの度を示すものである。Skの値が〇の場合には、平均値、中間数、最大頻数が一致し、正常分配曲線を描き、負数の場合には左に歪み、正数の場合には右に歪んでいるということになる。

次にテスト成績と内申成績との相関係数を出してみると、全高校で〇・四七、E校の場合〇・四六S校〇・六五N校が〇・六九で昨年に比べて著しく低いことが分かる。

相関係数とは、二個の現象間に於ける共変の度を数量的に表わしたもので、例えば、今回の入学試験に於けるテスト成績と、内申成績との場合、テストに於て優れた者が内申に於ても優れる傾向があるならば、此

第2図 順位の変化と相關系数の値の変値

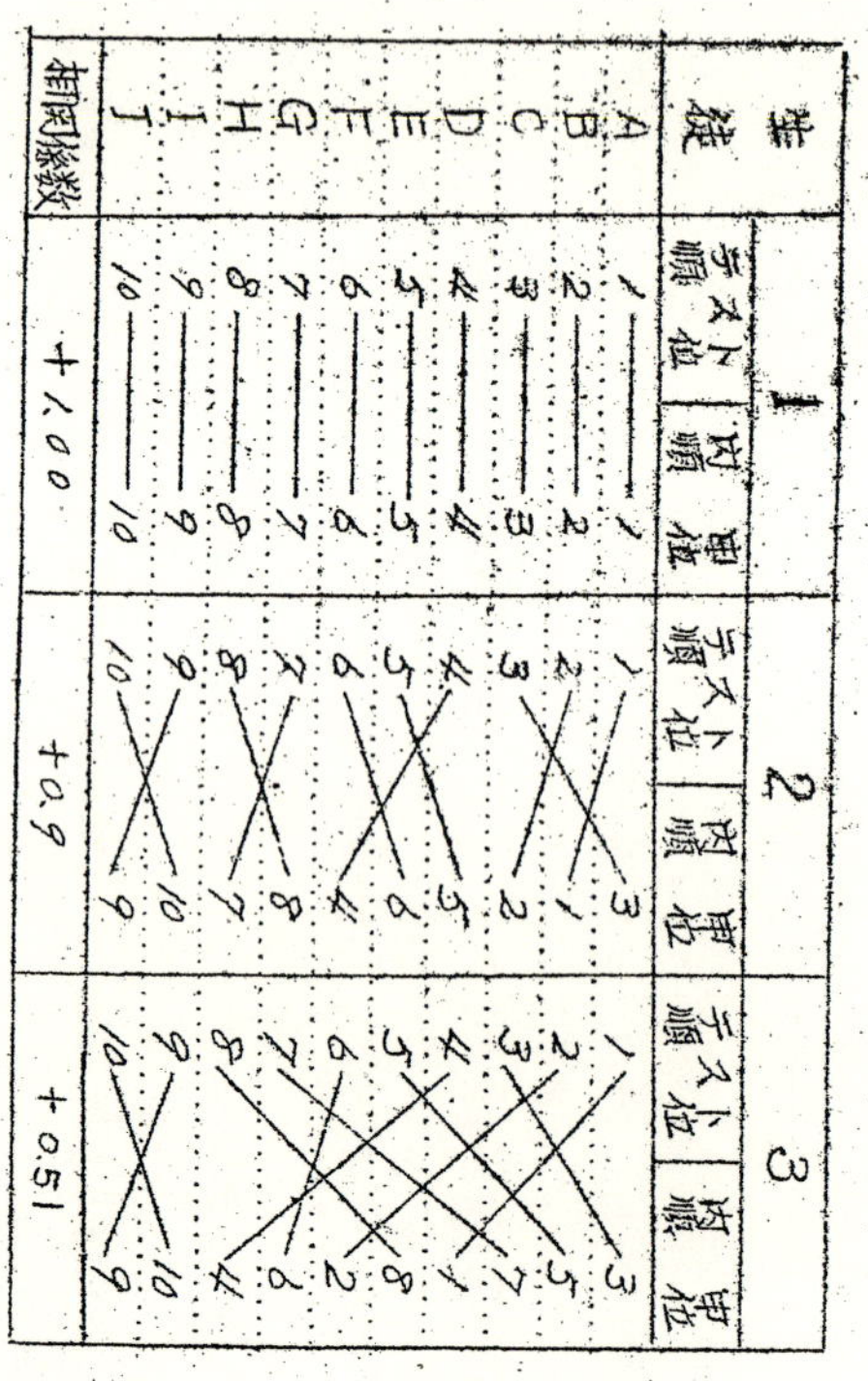

の二種類の成績間には相関々係があるといえる。此の相関の度合が、どの程度のものであるかを数量的に現わしたのが相関係数である。

系数が〇の時が、両者の間に何らの相関々係がない場合であり、+1の時が最も密であると云える。これをもつと分り易くするために、順位の變化と係数の値の變化を図示すれば第二図の通りである。

次に各問題毎の正答人員の百分率を示すと第九表以下の通りである。『正答率』とは受験者一〇〇人に対する正答を與えた人員の比で、第九表に例をとると、一時限の第二問は一〇〇人の中、八四人が正しい答を出したということになる。これを教科別にまとめてみると、國語五六%社会科四九%、数学二九%、理科四三%、英語四一%、音樂四二%、図工五〇%、体育六〇%、職業家庭五三%となり、國語、体育の成績が最も良く、数学が著しく悪くなつている。此の正答率は、生徒のがわから云えば問題の難易を示すということになるし、問題を基準にして考えると各教科の学習効果の成否を示すといえるであろう。何れにしてもテスト作製者にとつては、テスト構成に対する反省と示唆を與え、学習指導者にとつては指導上の反省となり、又將來の指針ともなるのである。是非問題を参照されて、各教科を要素別に、機能別に診断し、今後の学習指導の方針、力点を打ちたてる参考資料として有効に活用されることを望みます。

### 学力テスト成績分析表 （1952年度高校入試）測定人員1222人

第9表 （國　語）

| 問題番号 | | | 正答率 |
|---|---|---|---|
| 1時 | 2 | | 84 % |
| | 3 | (1) | 60 |
| | | (2) | 62 |
| | 4 | | 74 |
| | 5 | けいけん | 83 |
| | | けいぼ | 45 |
| | | こんい | 35 |
| 2時 | 34 | すばらしいながめ | 34 |
| | | おもしろみ | 52 |
| | 35 | (1) | 69 |
| | | (2) | 70 |
| | 36 | (1) | 66 |
| | | (2) | 33 |
| | | (3) | 28 |
| | 37 | | 48 |
| | 38 | | 40 |
| 3時 | 29 | 象徴 | 65 |
| | | 雑音 | 88 |
| | | 便乗 | 34 |
| | 30 | (一) | 67 |
| | | (二) | 59 |
| | 31 | | 23 |
| | 32 | | 30 |
| 4時 | 17 | (1) | 57 |
| | | (2) | 82 |
| | | (3) | 52 |
| | 18 | わかれ | 71 |
| | | たちまち | 59 |
| | | 明かるい | 83 |
| 平均 | | | 56 |

第10表 （社　会）

| 問題地号 | | | 正答率 |
|---|---|---|---|
| 1時 | 9 | | 28 % |
| | 7 | (1) | 54 |
| | | (2) | 61 |
| | | (3) | 23 |
| | 8 | (1) | 44 |
| | | (2) | 70 |
| | 9 | | 34 |
| 2時 | 2 | (1) | 74 |
| | | (2) | 19 |
| | | (3) | 68 |
| | | (4) | 64 |
| | 3 | (1) | 30 |
| | | (2) | 56 |
| | | (3) | 86 |
| | 4 | | 65 |
| 3時 | 33 | | 57 |
| | 34 | | 23 |
| | 35 | | 36 |
| | 36 | (1) | 39 |
| | | (2) | 35 |
| | 37 | (1) | 59 |
| | | (2) | 37 |
| | | (3) | 65 |
| 4時 | 19 | | 77 |
| | 20 | (1) | 28 |
| | | (2) | 50 |
| | 21 | 横浜 | 50 |
| | | 神戸 | 49 |
| | 22 | | 52 |
| 平均 | | | 49 |

第11表　（数　学）

| 問題番号 | 正答率 | 題問番號 | 正答率 |
|---|---|---|---|
| 1時10 | 50% | 9 | 41 |
| 11 | 51 | 3時 2 (1) | 28 |
| 12 | 25 | (2) | 44 |
| 13 (1) | 30 | (3) | 5 |
| (2) | 20 | 3 | 31 |
| 14 球 | 55 | 4 | 4 |
| 円角錐 | 34 | 5 | 16 |
| 15 (1) | 40 | 6 | 9 |
| (2) | 20 | 4時23 | 40 |
| 16 | 26 | 24 | 36 |
| 2時 5 (1) | 31 | 25 (1) | 38 |
| (2) | 17 | (2) | 17 |
| 6 | 36 | 26 (1) | 28 |
| 7 | 25 | (2) | 23 |
| 8 | 27 | 平　均 | 29 |

第12表　（理　科）

| 問題番号 | 正答率 | 問題番号 | 正答率 |
|---|---|---|---|
| 1時17 | 18% | (2) | 81 |
| 18 弱りにくい | 60 | 8 (2) | 13 |
| 理　由 | 71 | (イ) | 7 |
| 19 | 37 | 9 力 | 58 |
| 20 (1) | 59 | 綱 | 40 |
| (2) | 56 | 10 (1) | 33 |
| (3) | 43 | (2) | 45 |
| 2時10 | 22 | 4時 2 (1) | 70 |
| 11 | 56 | (2) | 23 |
| 12 (1) | 30 | (3) | 47 |
| (2) | 41 | (4) | 44 |
| 13 | 47 | 3 | 21 |
| 14 | 39 | 4 上 | 40 |
| 3時 7 (1) | 73 | 下 | 37 |
| | | 平　均 | 43 |

第13表　（英　語）

| 問題番号 | 正答率 | 問題番号 | 正答率 |
|---|---|---|---|
| 1時 1 (1) | 85% | 32 | 10 |
| (2) | 75 | 33 (1) | 54 |
| (3) | 83 | (2) | 38 |
| 34 (1) | 31 | 3時 1 How | 41 |
| (2) | 54 | thank | 26 |
| 35 | 42 | 25 | 29 |
| 36 (1) | 26 | 26 (1) | 26 |
| (2) | 12 | (2) | 20 |
| 37 | 25 | 27 | 39 |
| 2時 1 | 73 | 28 | 47 |
| 30 | 50 | 4時 1 | 55 |
| 31 (1) | 66 | | |
| (2) | 38 | 平　均 | 41 |

第14表　（音　樂）

| 問題番号 | 正答率 | 問題番号 | 正答率 |
|---|---|---|---|
| 1時21 | 44% | (5) | 33 |
| 22 | 36 | 3時11 変ホ | 46 |
| 23 (1) | 53 | ニ長 | 36 |
| (2) | 38 | 変ロ | 33 |
| (3) | 15 | ト長 | 40 |
| 2時15 (1) | 75 | 12 (1) | 16 |
| (2) | 27 | (2) | 42 |
| 16 (1) | 51 | 4時 5 | 43 |
| (2) | 47 | 6＝小節 | 35 |
| 17 | 21 | 四小節 | 26 |
| 18 左カヲ (1) | 53 | 7 (1) | 74 |
| (2) | 38 | (2) | 73 |
| (3) | 54 | | |
| (4) | 46 | 平　均 | 42 |

第15表　(図　工)

| 問題番号 | | | 正答率 |
|---|---|---|---|
| 1時 | 24 | (ロ) | 85 % |
| | | (ハ) | 81 |
| | 25 | (1) | 31 |
| | | (2) | 25 |
| | 26 | 三角柱 | 48 |
| | | 円錐 | 35 |
| | | 角錐台 | 73 |
| | 27 | | 40 |
| | 32 | (ロ) | 38 |
| | | (ニ) | 51 |
| 2時 | 19 | | 37 |
| | 20 | | 29 |
| | 21 | | 38 |
| | 22 | | 53 |
| | 23 | (ハ) | 49 |
| | | (リ) | 31 |
| | | (ヌ) | 56 |
| 3時 | 13 | (ハ) | 64 |
| | | (リ) | 59 |
| | 14 | | 23 |
| | 15 | | 15 |
| | 16 | | 73 |
| | 17 | (1) | 48 |
| | | (2) | 55 |
| 4時 | 8 | | 41 |
| | 9 | | 56 |
| | 10 | (イ) | 83 |
| | | (ホ) | 73 |
| | 11 | (1) | 61 |
| | | (2) | 42 |
| 平均 | | | 50 |

第16表　(体　育)

| 問題番号 | | | 正答率 |
|---|---|---|---|
| 1時 | 28 | | 63 % |
| | 29 | | 49 |
| 2時 | 24 | (ロ) | 35 |
| | | (ニ) | 36 |
| | | (イ) | 28 |
| | 25 | | 48 |
| 3時 | 18 | (イ) | 67 |
| | | (ホ) | 77 |
| | | (ヘ) | 78 |
| | | (ト) | 67 |
| 4時 | 12 | | 62 |
| | 13 | (1) | 67 |
| | | (2) | 89 |
| | | (3) | 63 |
| | | (4) | 92 |
| 平均 | | | 60 |

第17表　(職　業)

| 問題番号 | | | 正答率 |
|---|---|---|---|
| 1時 | 30 | (1) | 31 % |
| | | (2) | 27 |
| | | (3) | 48 |
| | 31 | (ロ) | 64 |
| | | (ニ) | 56 |
| | 33 | | 13 |
| 2時 | 26 | | 91 |
| | 27 | | 74 |
| | 28 | | 77 |
| | 29 | (ロ) | 55 |
| | | (ハ) | 45 |
| 3時 | 19 | | 87 |
| | 20 | | 92 |
| | 21 | | 50 |
| | 22 | 左 | 61 |
| | | 右 | 64 |
| | 23 | | 31 |
| | 24 | (ハ) | 28 |
| | | (リ) | 26 |
| | | (チ) | 37 |
| 4時 | | | |
| 平均 | | | 53 |

# 保健体育実技測定結果の統計

本調査は一九三年度の高校入学試験に於ける保健体育科実技の成績の結果を男、女の比較グラフにしたもので、勿論この調査は琉球の生徒の体力の基準でもない。各年齢毎の受験生の数もまち〳〵であるし、又調査の対象も各中等学校から能力及体力面にも比較的良い生徒であるからである。

本調査に於ける科目（柔軟度、サージェントジャンプ、懸垂力）は今年度の入学試験に初めて取り入れたので、その成績がどの様な結果になり男子と女子の体力がどの程度の差があるかを知るに参考になれば幸に思うのである。

1、表中の数字は各年令に於ける平均値を示す。

2、男子は ——線、女子は ……線、

3、（　）内は一ヶ年間の発達を示す、

跳躍力（サージェントジャンプ）

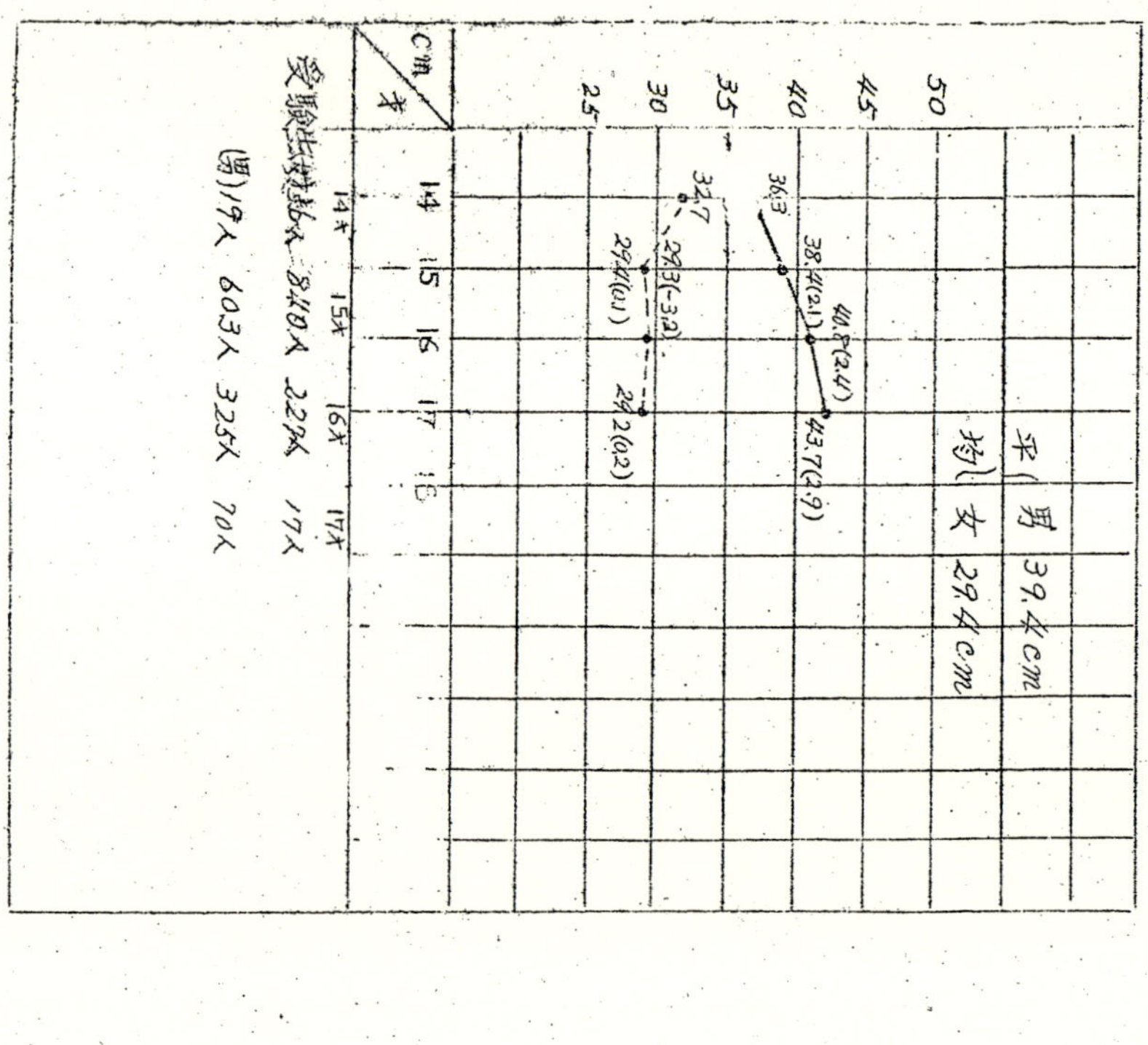

柔　軟　度

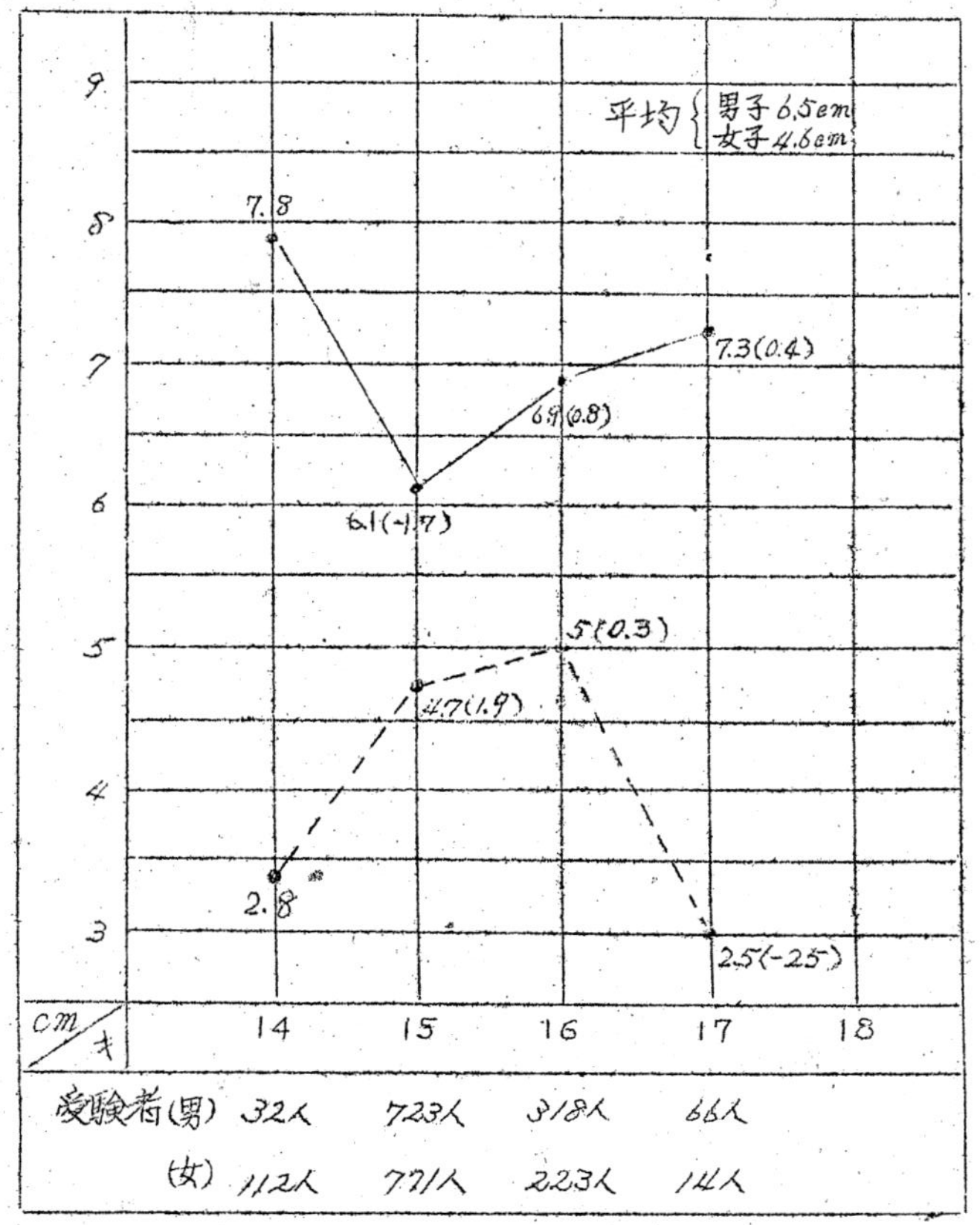

平均 男子 6.5cm 女子 4.6cm
7.8
6.1(-1.7)
6.9(0.8)
7.3(0.4)
2.8
4.7(1.9)
5(0.3)
2.5(-2.5)
cm
才
14 15 16 17 18
受験者(男) 32人 723人 318人 66人
(女) 112人 771人 223人 14人


懸　垂（女　子）

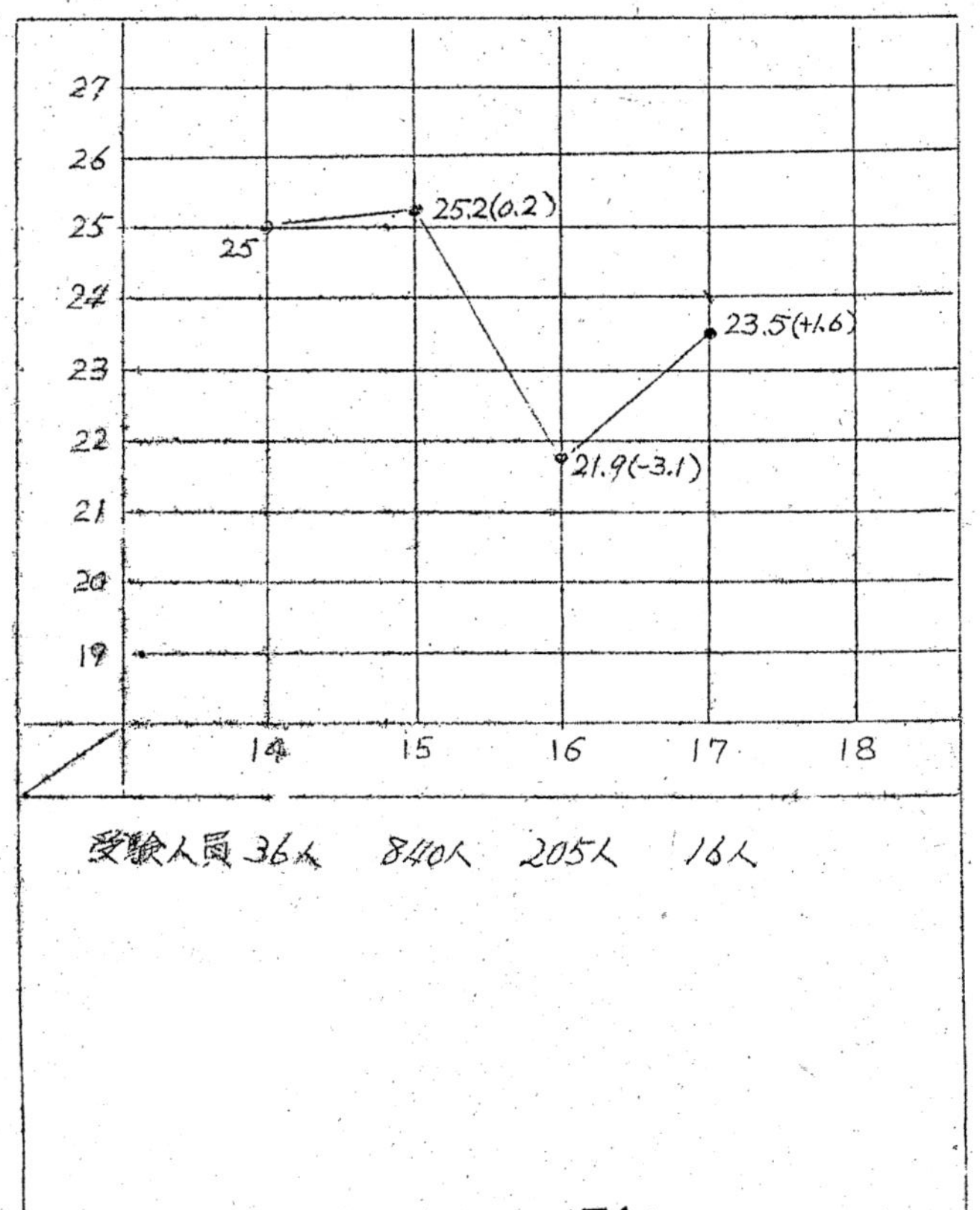

25
25.2(0.2)
21.9(-3.1)
23.5(+1.6)
14 15 16 17 18
受験人員 36人 840人 205人 16人


図1

懸　垂（男子）

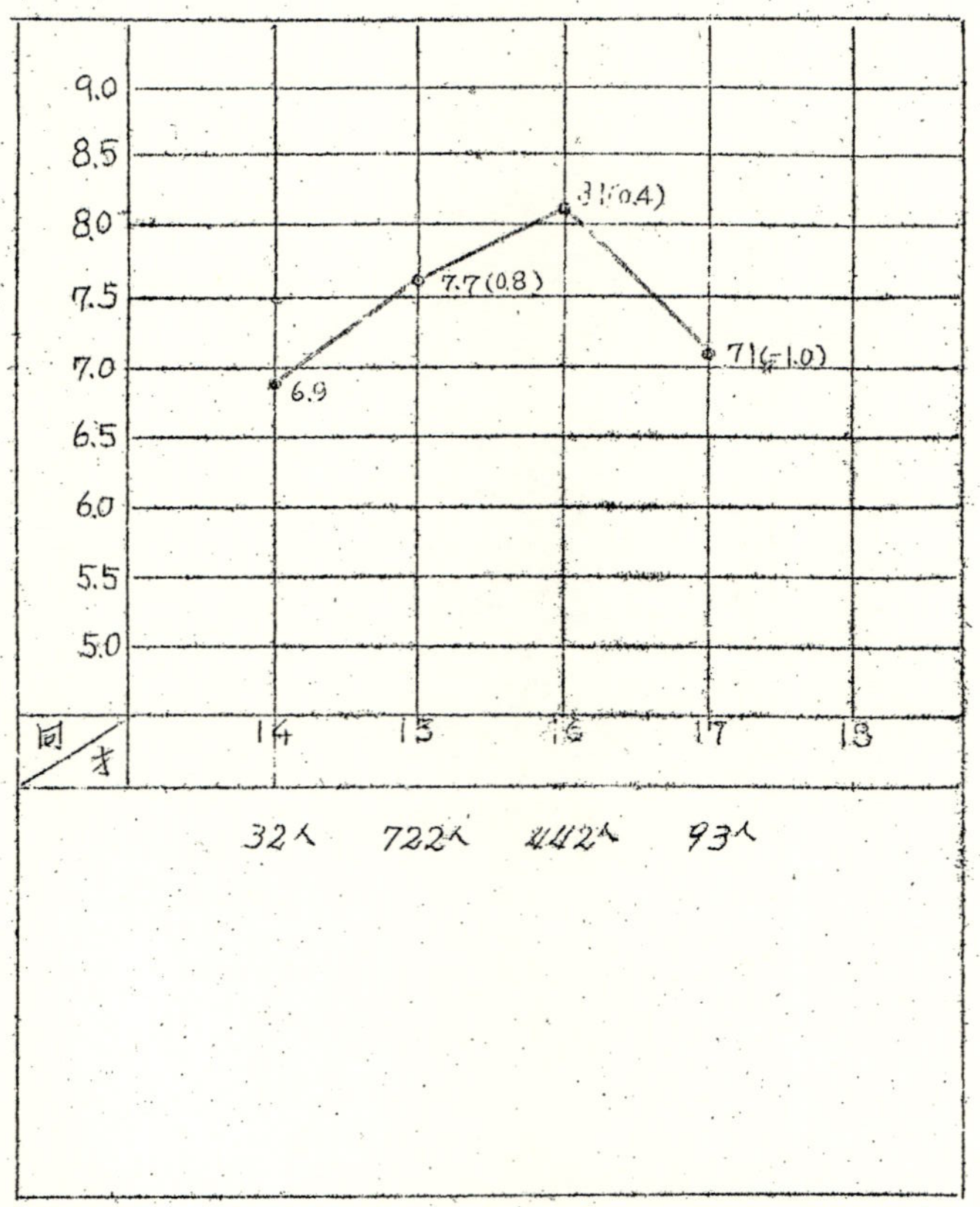
9.0
8.5
8.0
7.5
7.0
6.5
6.0
5.5
5.0
8.1(0.4)
7.7(0.8)
7.1(−1.0)
6.9
才
14
15
16
17
18
32人
722人
442人
93人

# 高等学校入学試驗問題

# 高等学校入学試験問題

## 第一時限

1. 先生の問に対し、下の (1) (2) (3) の答の中から、最も正しいものをそれぞれ一つずつ選んで、その記號を○でかこみなさい。

① (イ) *Yes, it is.*
　(ロ) *No, it is.*
　(ハ) *No, I am not.*

② (イ) *Yes, it is.*
　(ロ) *No, it isn,t.*
　(ハ) *No, I have not.*

③ (イ) *It is a bag.*
　(ロ) *It is a book.*
　(ハ) *Yes, it is.*

二、次の人名と関係の深い書名を下から選んで、その記號を○でかこみなさい。

清少納言

(イ) 草　枕。
(ロ) 母を尋ねて三千里。
(ハ) わがはいは猫である。
(ニ) 枕草子。

三、次の上と下の言葉を、すじがとおるように――線で結びなさい。

わけへだてなく　　世話する。
しつとり　　　　　うかんでいる。
　　　　　　　　　ぬれている。

4. 次の文を読んで――線の所のわけを左に三つあげてあります。イ、ロ、ハの中、最も適切なものを一つ選んで、それを○でかこみなさい。

春の野山をかざる草花は、自然のまゝにつゝましく、命をのばしています。

「美しさを競うように」と、人はよく言いますが、それは人間がかつてに言つた言葉で、草花は、けつして、美しさを競つているのではありません。すみれはすみれとしての命をだいじにしています。たんぽぽにしても同じことです。自然の命をだいじにのばし、つつましくさいて、そこに春の野全体の美しさが生まれているのです。

人間の世の中も、きつとそうだろうと思われます。

(イ) 私たちの社会生活上肝要なことは、自分のこのみに應じて、いろとりどりの服装をして、春の野山の花のように、よそいをこらして、美しくきかざることが望ましい。

(ロ) 私たちの社会生活上心がけねばならないことは、各人の能力は異つていても、その最善をつくして働き、互に助け合つてこそ、始めて美しくそして正しい世の中ができるのである。

(ハ) 私たちの社会生活には、競争ということは当然起りうることだから春の野山のようにつつましくくらす必要はない。

5. 次の——線を引いた言葉を漢字で三とおりかいてあります。その中で、正しいものを一つ選んでその記號を○でかこみなさい。

けいけん {(イ) 経驗 (ロ) 経險 (ハ) 軽驗} の深い人だ。

けいぼ {(イ) 敬募 (ロ) 敬慕 (ハ) 敬暮} されていた。

こんい {(イ) 根意 (ロ) 墾意 (ハ) 懇意} の間がらである。

6. 正雄君の家では、家族の話し合いで、一定の收入を上手に使うことによつて、無駄のない生活をしようということになつた。そのために、次の三つのことをしようと思うが、どの順序に仕事をすすめた方がよいか。その順序を，1.2.3. の番號で、（　）の中に示しなさい。

（　）一箇月の豫算をたてる。

（　）家計簿によつて今までの支出の状況をしらべる

（　）どこにむだがあるかを話し合う。

7. 次の文の｛　｝の中、正しいもの一つを選んで、その記號を○でかこみなさい。

(1) 平安時代はその前の {(イ) 江戸時代 (ロ) 室町時代 (ハ) 鎌倉時代 (ニ) 奈良時代} の文化を受けついで、都には貴族文化が榮えた

(2) 消費者の收入が少くなれば，

購買力は {(イ) かわらない。 (ロ) 向上する。 (ハ) 低下する。 (ニ) おちつきがない。}

(3) ヨーロッパ大陸の民主主義思想のはじまりは、

{(イ) アメリカ独立以後 (ロ) 第二次世界大戦爭以後 (ハ) フランス革命 (ニ) ギリシヤ時代 (ホ) ルネッサンス (ヘ) ローマ時代} でそれが歴史的に発達して、今日に至つた。

8. 次の文の［　　］の中に、下の言葉の中から、正しいものを選んで、その記號を書き入れなさい。

(1) 國の政治が憲法に從つて行われる政治の仕組を［　　］というそこでは、立法權は國会が、行政權は内閣が、司法權は裁判所がそれぞれ分けて受けもつことを定めている。

(イ) 専制政治　(ロ) 民主政治　(ハ) 立憲政治　(ニ) 貴族政治

(2) 教育という重大な仕事は、政府や数名の教育委員や、学校の先生だけにまかしておくのでなく、学校区域の一般の人々が、関心をもつて協力しなくてはならない。この趣旨にもとづいてできたのが［　　］である。

これは、子供をまもり、よい環境を与えて、幸福な生活ができるようにするのが目的である。

(イ) 教育長　(ロ) P. T. A　(ハ) ホームルーム

(ニ) 生徒会　(ホ) 4Hクラブ

9. 次の五つの文の中で、「家庭生活の合理化」ということに反するものを、一つ選んで、その記号を○でかこみなさい。

(イ) 共同炊事などのように、各家庭が共同でできるものは、できるだけそうする。

(ロ) 時間の余裕を見出して、その時間を楽しむ。

(ハ) ふだんの生活はきりつめて、行事の時は、お金を沢山つかつて盛大に行う。

(ニ) 豫算生活をしてむだをはぶく。

(ホ) 能率をあげる方法を考えて、仕事をし、労力のむだをはぶく。

10, 沖縄の面積は、およそ1111Km2で、人口は679200人である。1Km2当りの人口は、大体いくらか。次の数の中から適当なものを一つえらんで、その数字を○でかこみなさい。

(6人、 60人、 600人、 6600人)

11. 次の数の中で、一番大きい数を、○でかこみなさい。

$-26$、　$-1\frac{1}{3}$　$-0.3$　$-\sqrt{9}$　$-1$

12. 次の図形の体積を求めなさい。

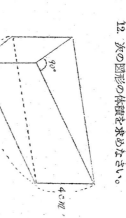

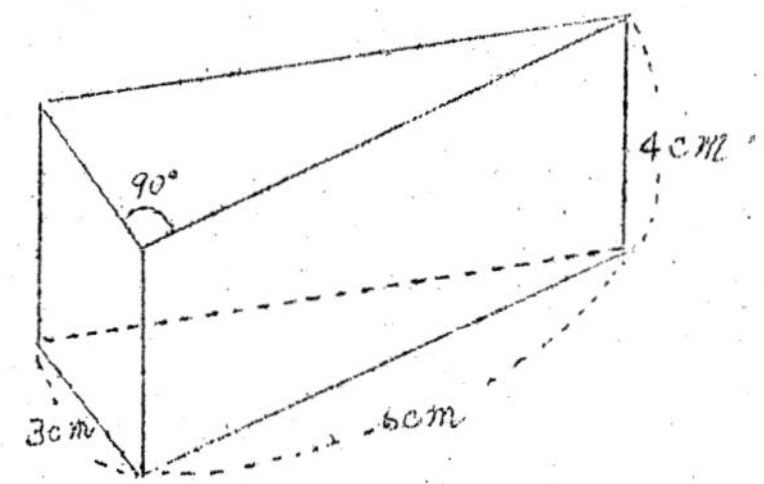


答 ［　　Cm$^3$］

13. A= −3.　B= −4　C= 2のとき、次の式の値を求めなさい。

① $A\ (B+C)\ =$ (　　　)

② $\dfrac{A^2 B}{C} =$ (　　　)

14. 下の図形を、直線Aのまわりに一回轉してできる立体の名前を、下の言葉の中から選んで、(　　)の中にその記号を書き入れなさい。

(　　　)

(　　　)

(イ) 円　(ロ) 三角錐　(ハ) 円錐　(ニ) 円柱　(ホ) 球　(ヘ) 三角形

15, 下のグラフは、沖縄の生計費を表わす帯グラフである。このグラフを見て、次の問に答えなさい。

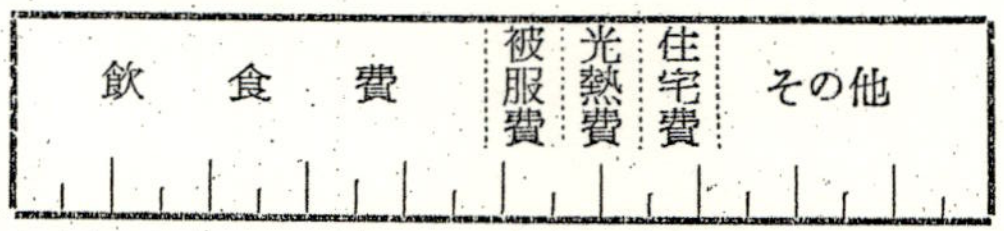


(1) 飲食費は全体の何割何分か。　　答（　　　）

(2) 月給4000円の人の被服費はいくらか。　　答（　　　）

16, 下のグラフ用紙に Y＝ 2X －3 のグラフを書き入れなさい。

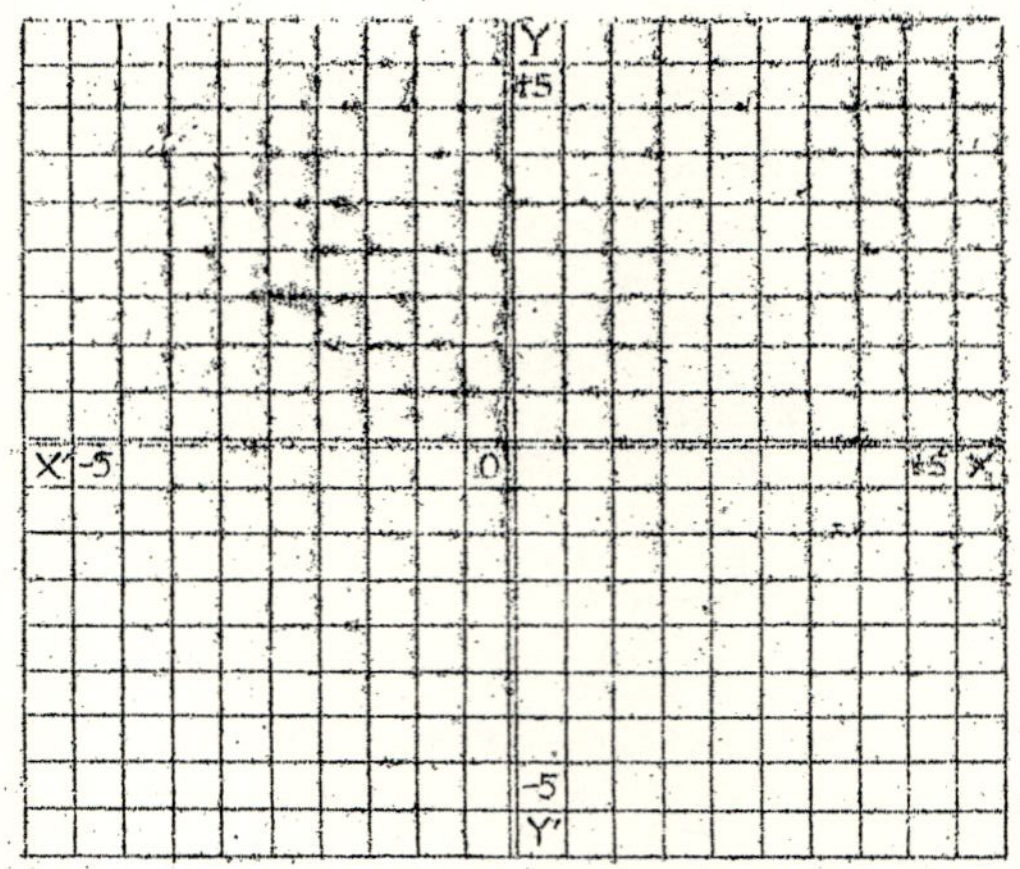


17. 次の図で、凸レンズの焦点よりやや離して、物体(矢印)を置いたときの像をえがきなさい。(〇はレンズの中心、Fは焦点)

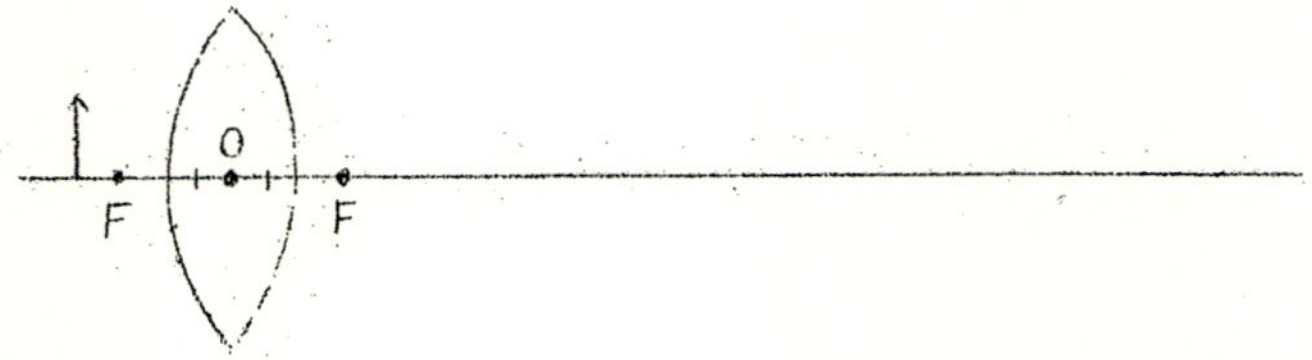


18. 次の図のように、3匹ずつのフナをかつておく場合、フナの弱りにくいと思うものの記号に〇をつけ、さらに、下の四つの理由から適當なものを、一つだけ選んで、その記号を（　　　）の中に入れなさい。

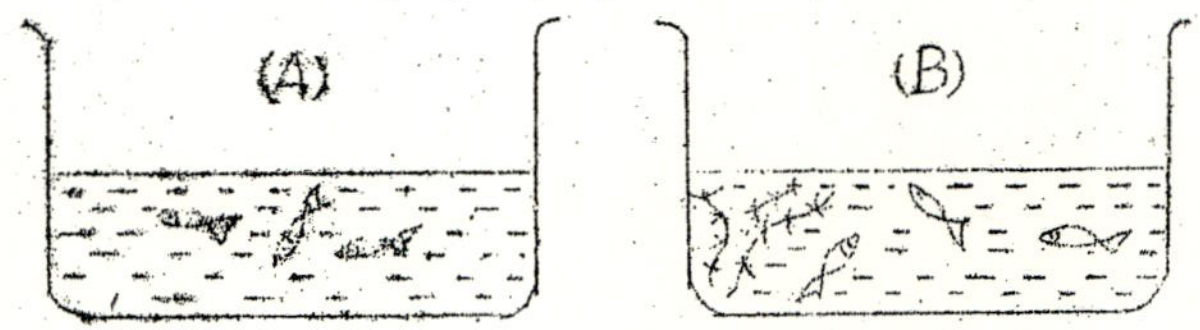


（注意）いれものの大きさ、水の量は同じで、(B)には水草が入っている。

（イ）　(A) の方が弱りにくい。
（ロ）　(B) の方が弱りにくい。　　その理由は（　　　）
（ハ）　どちらも同じである。

（理由）

（イ）水の量が同じなら、弱りかたも同じである。

（ロ） 水草を入れると、水がくさるので弱りやすい。

（ハ） 水草を入れると、炭素同化作用のため、水中の酸素がます。

（ニ） 水草のない方が、水がよごれないで弱りにくい。

19. 左に示したのは、吸上ポンプの図である。

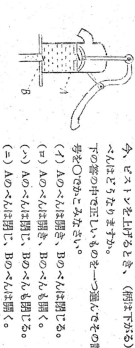

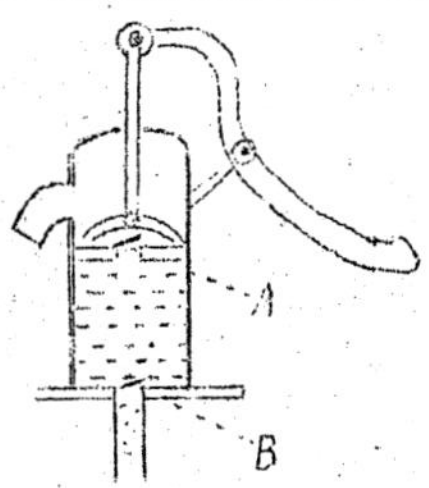


今、ピストンを上げるとき、（柄は下がる）べんはどうなりますか。

下の答の中で正しいものを一つ選んでその記号を〇でかこみなさい。

（イ） Aのべんは開き、Bのべんは閉じる。

（ロ） Aのべんは開き、Bのべんも開く。

（ハ） Aのべんは閉じ、Bのべんも閉じる。

（ニ） Aのべんは閉じ、Bのべんは開く。

20. 次の各組のイ、ロ、ハ、ニ、ホの中、四つは何かの点で似ているが、残りの一つだけは、どこか他の四つとちがつている。そのちがつているものの記号を、〇でかこみなさい。

(1) （イ）金、（ロ）銀、（ハ）鉄、（ニ）水銀、（ホ）鉛、

(2) （イ）硫黄、（ロ）銅、（ハ）金、（ニ）アルミニユーム、（ホ）鉛、

(3) （イ）金、（ロ）銀、（ハ）真ちゆう、（ニ）アルミニユーム、（ホ）鉛、

21. 次の三つのリズムの中、行進曲に最も適するものは何か。その記号を、〇でかこみなさい。

（イ） 

（ロ） 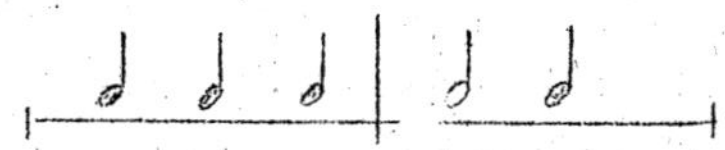

（ハ） 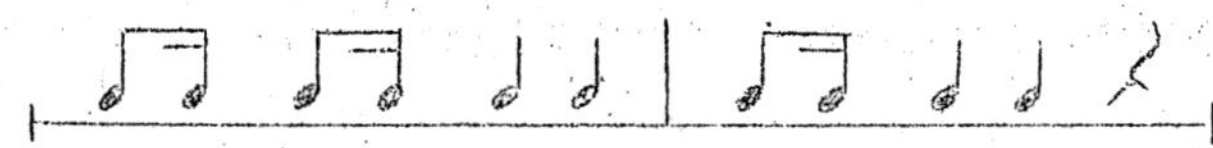

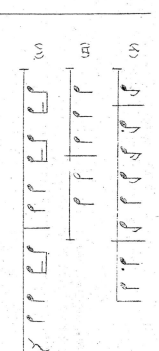

22. 次のいろいろな速度記号の中、行進曲に適している速さはどれでしようか。その記号を〇でかこみなさい。

（イ） 𝅗𝅥 ＝90　（ロ） ♩＝120　（ハ） ♩＝88

（ニ） ♩＝60　（ホ） ♪＝156

23 次の(1)、(2)、(3)の、旋律の拍子記號を書き入れなさい。

(1) 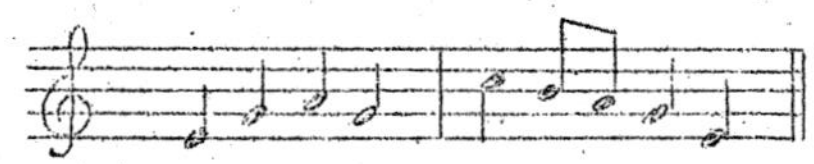

(2) 

(3) 

24　ミレーは19世紀のフランスの画家で、農民のそぼくな生活を、そのまま描いたものが多い。下のものから、彼の作品を二つ選んで、その記號を○でかこみなさい。

(イ) マドンナ　(ロ)（おちぼ）落穂拾い　(ハ) 晩鐘（バンショウ）
(ニ) キヤンネの農園　(ホ) モナリザ

25　種々の色をよく比べて見るとそれぞれ明るさの度合（明度）や、あざやかさの度合（彩度）がちがうことがわかります。次の問に対する下の答の中、最も適當なものを一つ選んで、その記號を○でかこみなさい。

(1)　一番明度の高い色はどれですか。
（四色とも純色です）
(イ) あお　(ロ) みどり　(ハ) あか　(ニ) むらさき

(2)　一番彩度の高い色はどれですか。
（四色とも純色です）
(イ) きいろ　(ロ) だいだい　(ハ) あか　(ニ) あかむらさき

26　A図は三つの立体の投影図です。B図の中から、その立体の展開図に當るものを、それぞれ一つずつ選んで、その番號を、投影図の下の（　　）の中に書き入れなさい。（展開図は、のりしろをのぞいてあります。）

A図
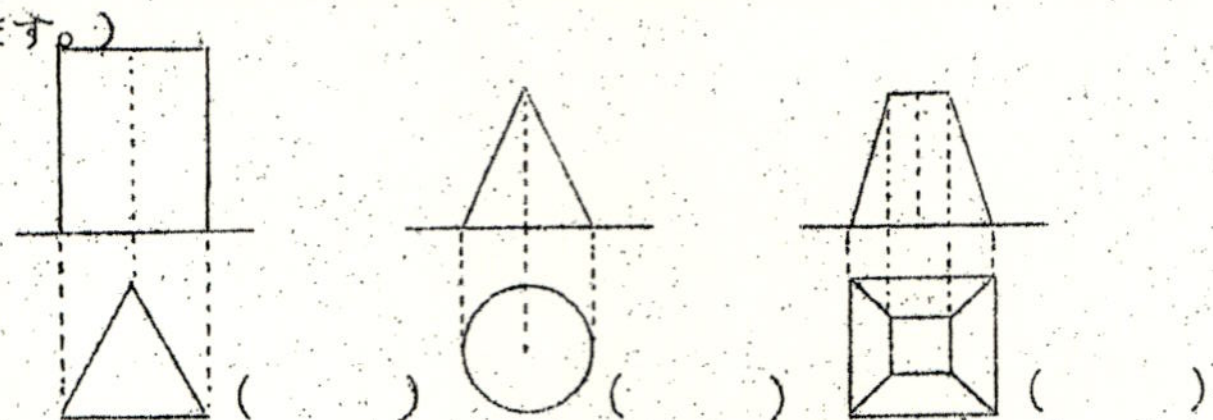

B図
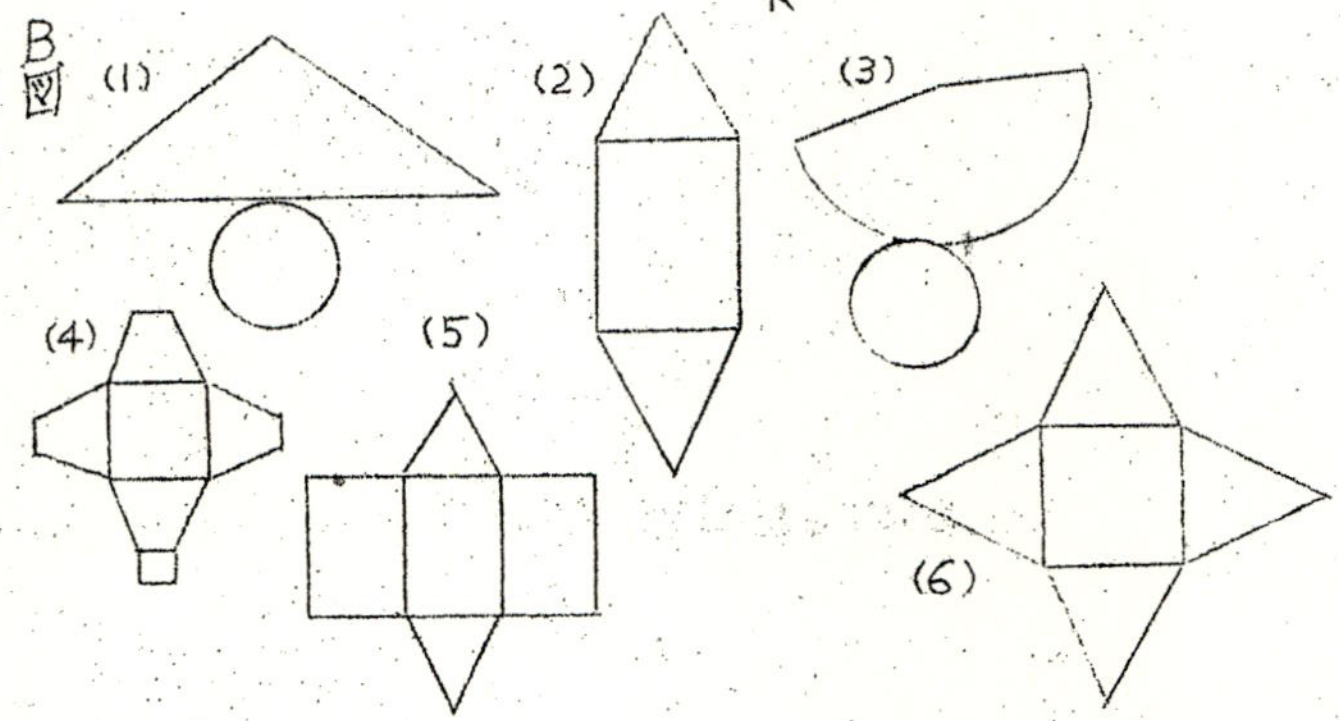


27　次の図は、茶わんの構造をあらわしています。A図の名称を右側から選んで、その記号を○でかこみなさい。

（A）
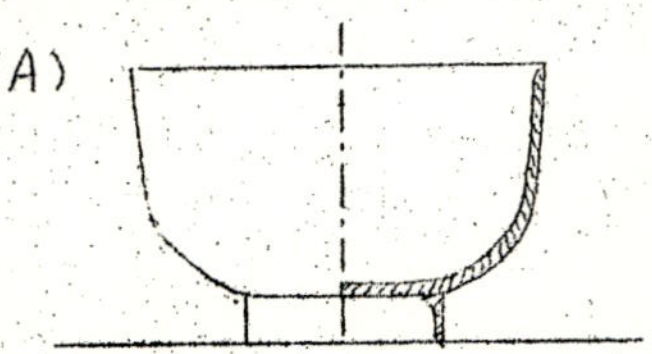

(イ) 正　面　図
(ロ) 平　面　図
(ハ) 側　面　図
(ニ) 断　面　図

28　次のことは、スポーツを行う上に大切なことであるが、けいれんやアキレス腱をいためたり、或は、捻挫等の外傷を起すことがある。これを豫防するのに最も大切なことはどれですか。その記號を○でかこみなさい。

(イ) 目標をしつかり定めて練習する。
(ロ) 十分に準備運動を行なつてから練習する。
(ハ) 定期的に健康診断を受ける。

(ニ) 足にサロメチールやヨードチンキをぬつて練習する。

29 準備運動として、徒手の体操を行う場合、下の四つの運動の順序の中、最も適当なものを選んでその記號を○でかこみなさい。

(イ) (上下肢)—(体側)—(胸)—(首)—(背腹)—(胴体)—(上下肢)

(ロ) (体側)—(首)—(上下肢)—(胸)—(胴体)—(背腹)—(体側)

(ハ) (上下肢)—(首)—(胸)—(体側)—(背腹)—(胴体)—(上下肢)

(ニ) (上下肢)—(胴体)—(首)—(背腹)—(体側)—(胸)—(上下肢)

30 次の問題を読んで、下の答の中から、最も適當なものを一つ選んでその記號を○でかこみなさい。

(1) 山本君は卸賣業を始めようとして、数人の友達から出資をしてもらい、無限責任社員と有限責任社員で組織する会社をつくろうと思いました。下に書いてある会社名の中どれを選んだらよいですか。

(イ) 株式会社　(ロ) 有限会社　(ハ) 合名会社　(ニ) 合資会社

(2) 次の六とおりの辨当の中、最も榮養の組合わせのすぐれているものはどれか。その記号を○でかこみなさい。

(イ) 米飯、人参のいり煮、たくあん、

(ロ) パン、ジヤム、野菜サラダ、

(ハ) 七分(づき)搗米飯、卵やき、牛肉の油いため、

(ニ) 七分搗米飯、いわしの天ぷら、ほうれん草のごまあえ、

(ホ) 七分搗米飯、かまぼこ煮まめ、

(ヘ) 白米飯、半熟卵、梅干、

(3) 他人からお金を借りる場合は、下のどの書類が必要ですか。正しいもの一つを選んで、それを○でかこみなさい 。

(イ) 支拂書　(ロ) 請求書　(ハ) 借用書　(ニ) 預り證

31 人糞尿を肥料として使用するとき、下のことがらの中、どれが最も適当ですか。二つ選んでその記號を○でかこみなさい。

(イ) 便所からくみ出したまま施す。

(ロ) よく腐熟したものを適當にうすめて施す。

(ハ) 作物の根元に、一度にたくさん施す。

(ニ) 作物の根元近くに穴をほり、その中に入れ、穴を土でうめる。

(ホ) 毎日施す。

32 次のことがらで、正しいものを二つ選んで、その番號を○でかこみなさい。

(イ) 粘土は、かわいても体積はちぢまない。

(ロ) やわらかい粘土にしめつたぞうきんをかけておくと、かたくならない。

(ハ) 粘土の作品に竹などのしんを入れると、かわいてもわれない

(ニ) 粘土をよくねつてから工作すると、かわいてもわれない。

33 下の図は、空間を四つに分けた図です。この圖で足らないところを実線や点線で引きなさい。

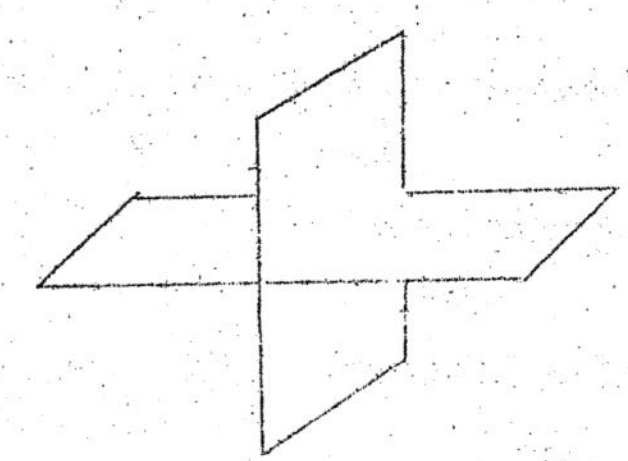

34. 次の文の（　　）の中の言葉の中、正しいものを選んで、それを〇でかこみなさい。

① *Jack and ned* (*are is was*) *brothers.*

② *There is a box* (*to at on*) *the desk.*

35. 次の発音記号の表わしている文を下から選んで、その記号を〇でかこみなさい。

〔K n ju: plei ba:sketb :l〕

㋑ *Can we play baseball?*

㋺ *Can we play footdall?*

㋩ *Can you play basketball.?*

㊁ *Can to play basketball.*

36. 次の文の一線を引いた(1)、(2)のところを日本語になおすと、下の答の中、どれにあたるか、正しいものを選んで、その記号を〇でかこみなさい。

*Perhaps many ob you have heard*(1) *alout the Empire state Building which has more than one hundred stories.*(2)

（注意） *stories = storeys*

(1)
（イ）聞く。
（ロ）聞いたことがある。
（ハ）聞くだろう。
（ニ）聞くかもしれない。

(2)
（イ）百階以上。
（ロ）百以上の話。
（ハ）百以上の店。
（ニ）百ぐらいの階段。

37. 次の文を、意味の上から順序よく並べると、下の（イ）、（ロ）、（ハ）の中どれがよいか、よいと思うものの記号を〇でかこみなさい。

① *I have breakfast at seven.*

② *Then I wash my face and hande.*

③ *Then I go to school.*

④ *I get up at six in the morning.*

（イ）(1) (2) (4) (3)　（ロ）(4) (2) (1) (3)　（ハ）(4) (1) (2) (3)

# 第二時限

1. 先生がいう英語と、同じ文の記號を〇でかこみなさい。

㋑ *a man who draws pictures is called an artist.*

㋺ *a man who studies science is called a scientist.*

㋩ *a man who treats teeth is called a dentist.*

2. 次の文の｛　｝の中で、正しいものを一つ選んで、その記號を〇でかこみなさい。

(1) 世界で最も早く文明が開けた國は、｛(イ) イタリヤ　(ロ) アメリカ　(ハ) エジプト　(ニ) 日本　(ホ) スイス｝であつた。

(2) 江戸時代の寺小屋では、主に {(イ) 貴族 (ロ) 僧侶 (ハ) 武士 (ニ) 庶民} のための教育を行つた。使用された。

(3) 産業革命は、最初に {(イ) イギリス (ロ) 日本 (ハ) フランス (ニ) アメリカ (ホ) ソ連} で起つた。

(4) 大阪、神戸附近は、日本の四大工業地帯の一つで、主として {(イ) 製鉄工業 (ロ) 紡績工業 (ハ) 機械工業 (ニ) 化学工業} 等の繊維工業が盛んである。

3. 次の文の [　　] の中に、下の言葉の中から、正しいものを選んで、その記號を書き入れなさい。

(1) 世の中には、上級学校に進学できる学力を持ちながら、家庭の都合で、進学できない生徒が少くない。そのような人々のために、働きながら勉強できるように、いろいろな施設や制度がつくられている。その一つに [　　] がある。

(イ) 職業紹介所　(ロ) 労働組合　(ハ) 失業保険
(ニ) 通信教育　(ホ) 職業安定所　(ヘ) 教護院

(2) [　　] は19世紀に戦争によつて肥沃な地方を失い、ひどい苦しみにおちいつた。しかし、國民が協力して、農業のやり方を合理化し、らく農に生きていく道を見出した。現在では、多量のバターや鶏卵を輸出している。

(イ) イギリス　(ロ) スイス　(ハ) オランダ　(ニ) デンマーク

(3) 「人民の、人民による、人民のための政治」という言葉は、民主主義の理想をはつきり言い表わしたものとして、世界の人々に記憶されているが、これは [　　] の言葉です。

(イ) ワシントン　(ロ) ルソー　(ハ) ジェファーソン
(ニ) リンカーン　(ホ) マルチン・ルター

4. 或る村では、自分達の村がおとろえていく原因として、次のようなことがらをあげた。

(1) 経営が小規模で、個人の資本が乏しい。
(2) 手足まといになる子供が多く、婦人が思うように働けない。
(3) 水利の便が悪く、稲作が思うようにできない。
(4) 農場が荒れて、荷車の利用がむづかしい。
(5) 市場に遠く、農作物の販賣に不便である。さて、これらのすべての問題を解決し、村を起すために、いろいろのことが考えられるが下の（イ）（ロ）（ハ）（ニ）の中から最も適当だと思われるものを一つ選んで、その記號を○でかこみなさい。

（イ）勞働組合をつくる。　（ロ）消費生活協同組合をつくる。
（ハ）農業協同組合をつくる。　（ニ）商業協同組合をつくる。

5. 次の [　　] の中に適當な数を書き入れなさい。

(1) 100の [　　] %は20である。
(2) [　　] 円の2分は30円である。

6. 次の連立方程式をとけ。

$$\begin{cases} X+Y=5 \\ 2X-Y=1 \end{cases}$$

答 $\begin{cases} X=(\quad) \\ Y=(\quad) \end{cases}$

7. 下の圖で、影をつけた部分の面積を、右の（イ）（ロ）（ハ）（ニ）の中から選んで、その記號を○でかこみさい。

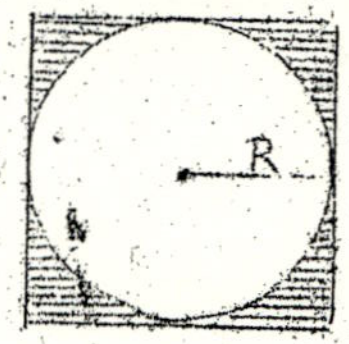


(イ)　$2R^2 - \pi R^2$

(ロ)　$4R^2 - \pi R$

(ハ)　$4R^2 - \pi R^2$

(ニ)　$4\pi R^2 - 4R$

8. 下の三角形において、DEは BCに平行である。DE の長さはいくらか。

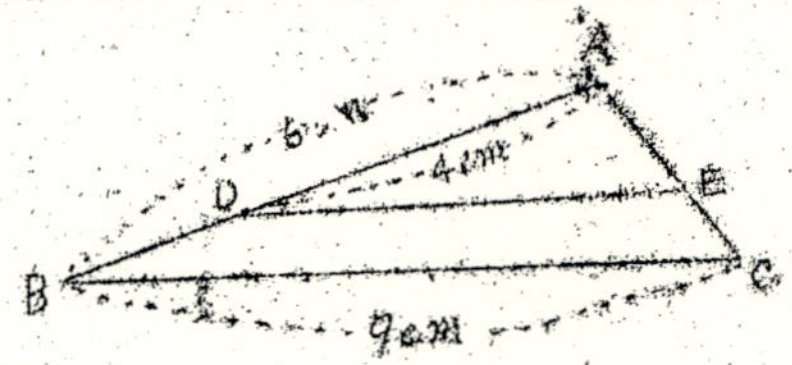


（答　　　　cm）

9. 二つの量XとYとが下の表の通りの関係にあるとき、XとYとの関係式の正しいものを（イ）（ロ）（ハ）の中から選んで、その記號を○でかこみなさい。

| | | | | | |
|---|---|---|---|---|---|
| Z | 0 | 1 | 2 | 3 | 4 |
| Y | 0 | 3 | 6 | 9 | 12 |

（イ）$Y = 3X$

（ロ）$Y = 3X+1$

（ハ）$Y = \frac{3}{X}$

（ニ）$Y = \frac{X}{3}$

10. 3ボルト用豆電球、をもつとも明かるくともすには、1.5ボルトの電池2個をどのように豆電球とつなぎますか。
下の図に線を引いて示しなさい。（側面は、（ぜつえん）絶縁されているものとする）

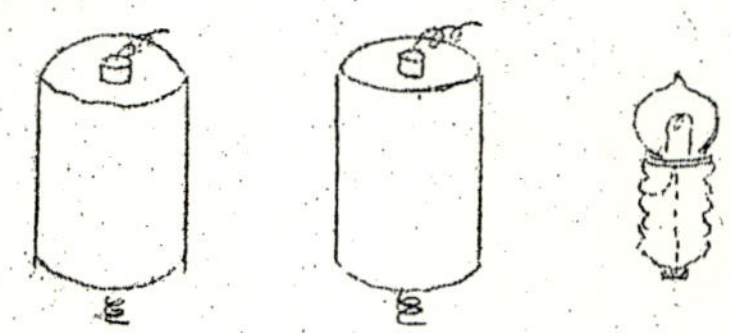

11. 次の図の二つの力がつり合うためには、何グラムの力が必要か、下の図の○Gの中に書き入れなさい。

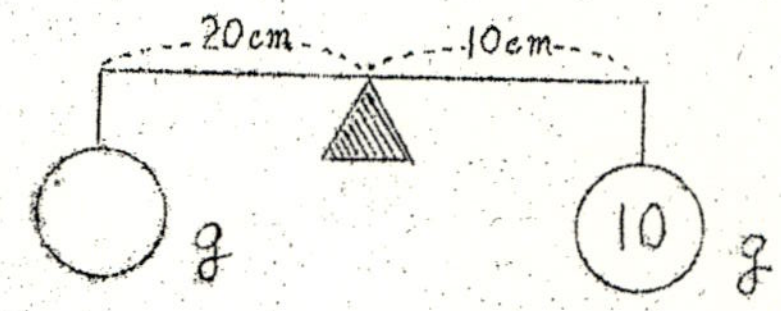


12. 下の図は二月一日の夜、北極星を中心にして、北斗七星の位置を、二回觀測して書いたものです。この図によつて、次の問の答の中で適当なものを選んでその記號を○でかこみなさい。

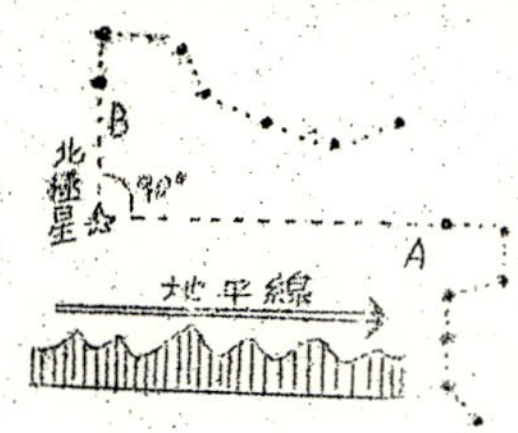

(1) Bを觀測した時刻は、Aをかんそくした時刻より約何時間後ですか。又は、約何時間前ですか。

答
- (イ) 約4時間前
- (ロ) 約6時間後
- (ハ) 約8時間後
- (ニ) 約6時間前

(2) 矢印（——→）の方向はどちらですか。

答
- (イ) 東
- (ロ) 西
- (ハ) 南
- (ニ) 北

13. 下の図は、水の電氣分解を示してある。水には稀硫酸（きりゆうさん）を少し入れてある。）
問に對する四つの答の中、正しいものを一つ選んで、その記号を○でかこみなさい。

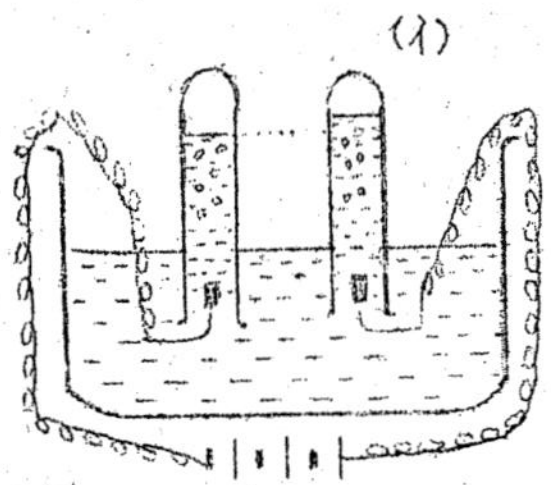


問 (イ) の管の氣体は何か。

答
- (イ) 酸素（さんそ）
- (ロ) 水素（すいそ）
- (ハ) 窒素（ちつそ）
- (ニ) 炭素（たんそ）

14. 炭素同化（たんそどうか）作用の実けんを、下の図のようにやつたら、次のA. B. C. のことがらがわかつた。

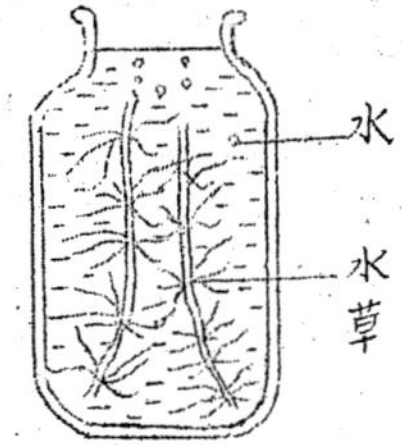


A. 日光のあたる所では、水草の切口から、たくさんのあわが出た。

B. これを日かげにおいたら、あわの出方がへつた。

C. これを温めていくと、だんだんあわの出方が多くなり、お風呂の温度ぐらよりあつくなると、あわは少くなつた。

以上の実けんだけから考えて、わかつた事を下の（イ）（ロ）（ハ）（ニ）（ホ）（ヘ）の中から二つ選んで、その記號を○でかこみなさい。

(イ) 水草から出るあわは、炭酸ガスである。
(ロ) 炭素同化作用のはやさには、温度が関係する。
(ハ) 炭素同化作用は、温度が高いほどさかんである。
(ニ) 炭素同化作用には、光の多少が関係する。
(ホ) 炭素同化作用には、葉緑素が関係する。
(ヘ) 炭素同化作用によつて、でんぷんができる。

15. 下の左側の記号の意味を、右側から選んで、その記號を（　　）の中に書き入れなさい。

(1) 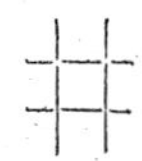 （　　）

(2)  （　　）

(イ) 樂曲のおわり
(ロ) 高さをもとの高さにもどす。
(ハ) 音や休みをのばす。
(ニ) 音を半音だけ高くする。

16. 次の文の｛　｝の中で正しいものを選んで、その記號を○でかこみなさい。

(1) Modevato は AIlegvoより
　　モデラート　アレダロ
｛(イ) はやい
　(ロ) おそい

(2) ♩ = 96 は ♪ = 132より
｛(イ) はやい
　(ロ) おそい

17. 次の樂譜の中から、嬰ヘ音を見つけ出して、その上に○印をつけなさい。

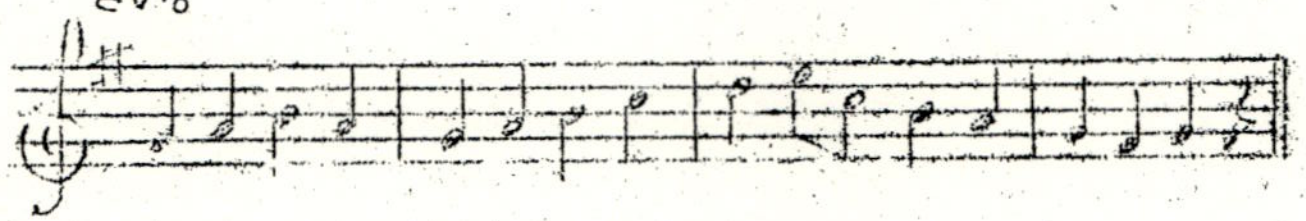

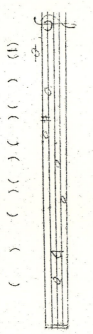

18. 下の譜表の音符をあらわす音は、何番のけんばんにあたるか。
（　）の中にその番號を書き入れなさい。

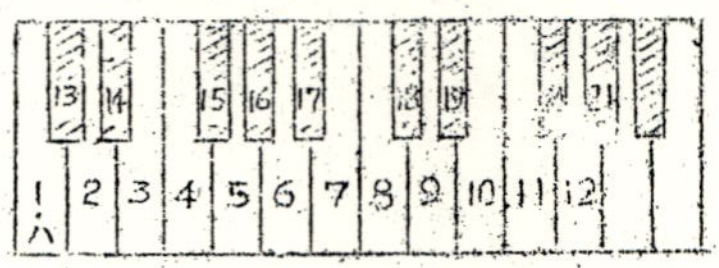

(1)　(　)(　)(　)(　)　(　)

19. 小刀で紙をまつすぐ切るには、次の道具の中で、どれが最も適當か下の言葉の中から一つ選んで、その記號を○でかこみなさい。

(イ) ものさし　(ロ) 三角定規　(ハ) 裁（たち）定規
(ニ) 下定規

20. よし子さんが、布を買いにお店へ行きました。お店には、明度の高い寒色系の色のものと、極めて明度の高い無彩色の色のものが、たくさんならべてありました。季節はいつ頃でしょうか。
下の答の中から，最も正しいものを一つ選んで、その記號を○でかこみなさい。

答　(イ) 春　(ロ) 夏　(ハ) 秋　(ニ) 冬

21, 下の図は三枚組の接（せつ）合の見取図です。
(A) のまちがいの部分を (B) へ正しく書きかえなさい。

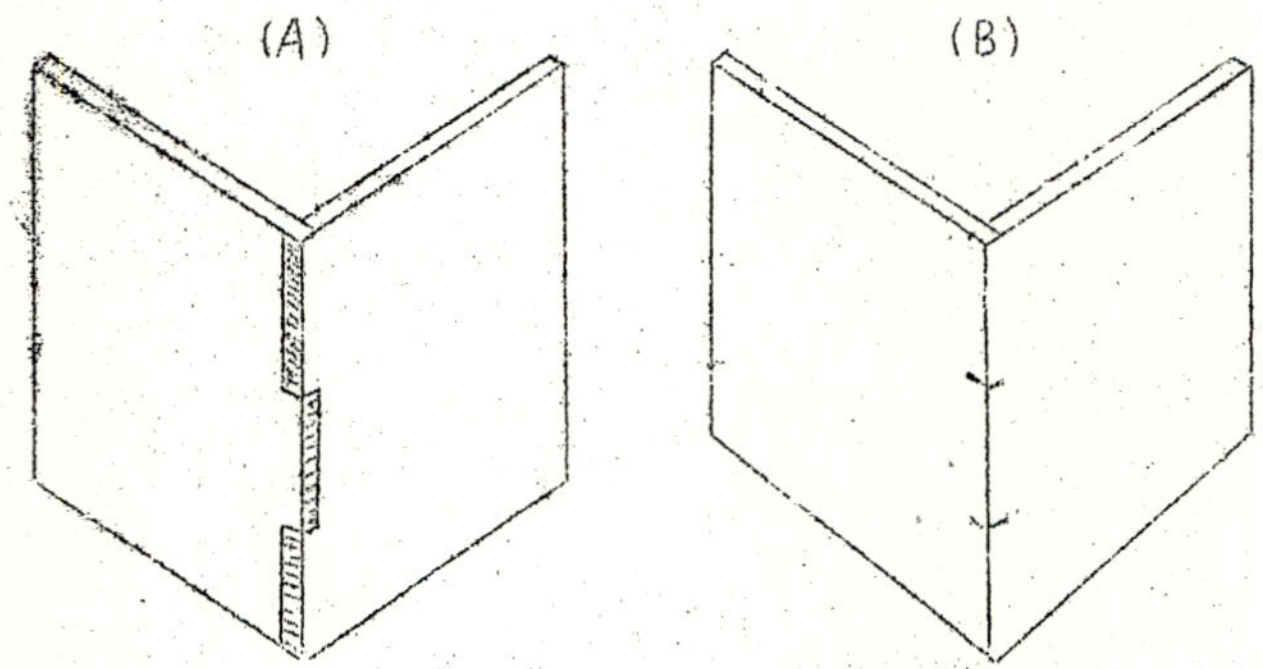

22. 上の投影図は、下のどの立体をあらわしていますか。記號を○でかこみなさい。

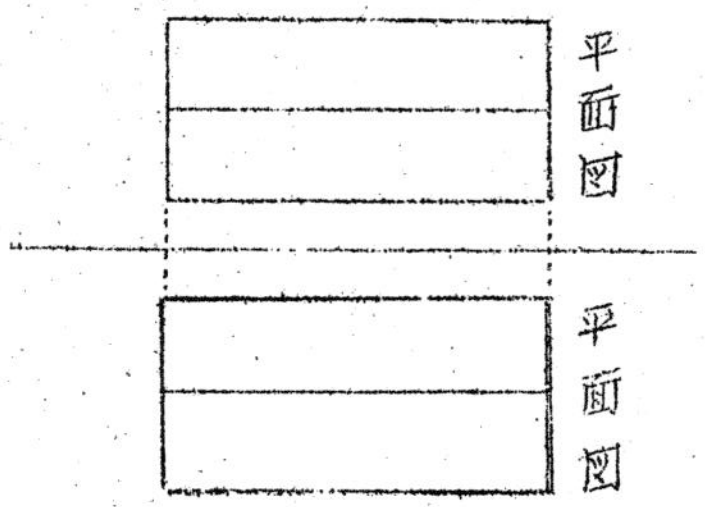


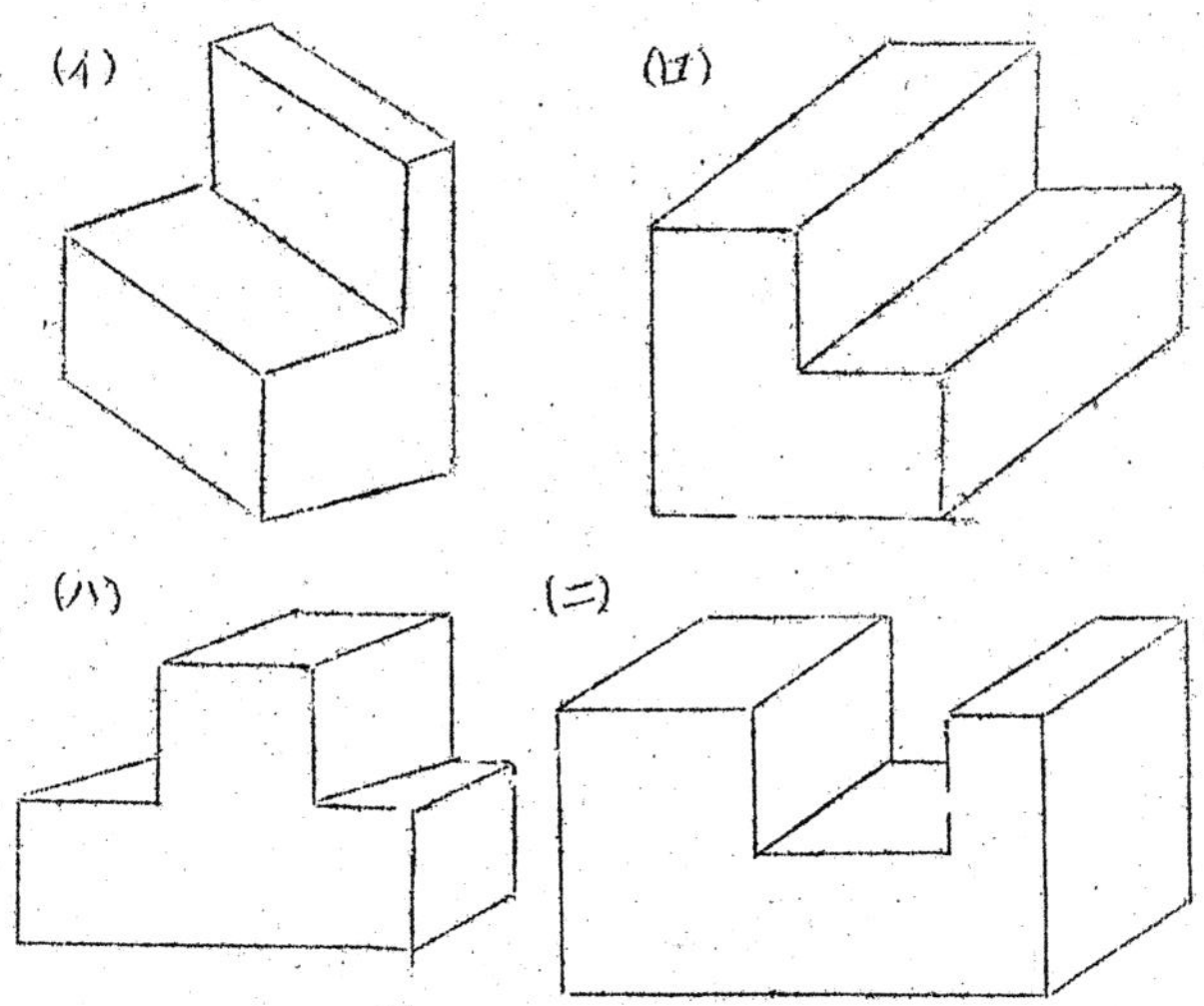


23. 運動会のポスターを書くことについて、皆の意見を集めたら、次のとおりです。一番必要なことがらと思うものを、三つ選んで、その記號を○でかこみなさい。

(イ) 運動会の内容を書いた短い文をいれる。
(ロ) 運動会の内容を繪で表わす。
(ハ) 運動会の文字と開催の日時を入れる。
(ニ) 遠くからもはつきり見えるようにする為、強い色ばかりでかく。
(ホ) いろいろの色を多く使う。
(ヘ) 美しいポスターにする為、ローマ字を入れる。
(ト) 学校の場所、番地、電話番號を書く。
(チ) 人目を引き易くする為、斜の線を多く入れる。
(リ) 強い効果を出す為、明度差の大きい配色を工夫する。
(ヌ) 校名を入れる。

24. 次の文を読んで、下の語句の中から、適當なものを選んで、その記號を（　　）の中に書き入れなさい。

体育の目的は、各自のからだにふさわしい（　　　）を生活にとりいれることによつて、健全で（　　　）なからだをつくり、しかも運動するうちに（　　　）を養い教養を高めて、社会生活上自分の責任を全うすることのできる人間をつくることにある。

(イ) よい性格　　(ロ) 運動　　(ハ) 技術　　(ニ) 有能
(ホ) 娯樂

25. 競技会で、審判に誤りがあつた時、次の態度のうち、適當と思うものを一つ選んで、その記號を○でかこみなさい。

(イ) 應援團長が審判に抗議する。

（ロ）氣づいた選手が、直ちに審判に抗議する。
（ハ）監督や主將を通じて、審判に抗議する。
（ニ）競技者自身で審判に抗議する。

26. 職業家庭科の実習について、次の五つの意見が出ました。どの意見が最も正しいか。正しいものを選んで、その記號を○でかこみなさい。
（イ）自分の父は大工だから、木工の実習以外する必要はない。
（ロ）將來りつぱな社会人、職業人，家庭人になるためには、学校でやる実習は、いずれも大切である。
（ハ）よい社会人になるためには、社会科だけを学べばよい。
（ニ）高等学校に進学したい人にとつては、普通教科が大切であつて実習はやる必要はない。
（ホ）どうせ、女子は家庭で働くのだから、家事の実習だけ一生けんめいにやればよい。

27. 下の図は、かまどの種類を四つかいたものです。その中、最もよいと思うものを選んで、その記號を○でかこみなさい。

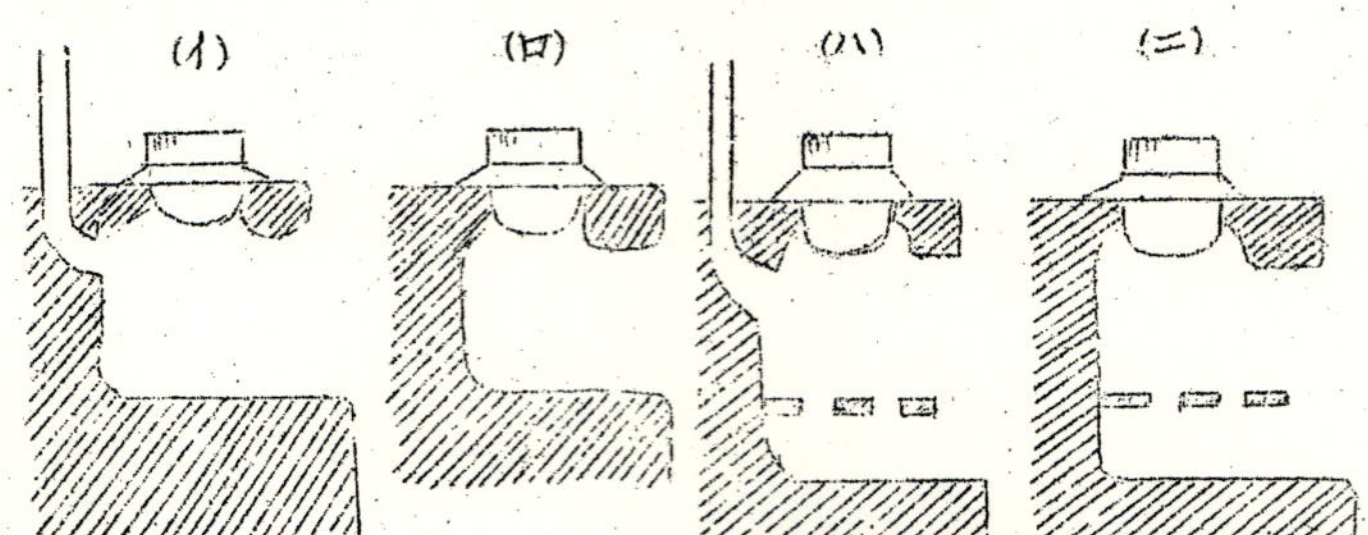


23. 正雄が母の一日の仕事をしらべたら、非常に家事の負担が多く、休養や教養の時間が少ないことが、わかつた。それで家族が集まつて話し合いをした。下にある話し合いの中、適切なものを一つ選んで、その記號を○でかこみなさい。
（イ） 各自思い思いの仕事をする。
（ロ） 家族が、仕事を分担してやる。
（ハ） 自分の分担以外の仕事はしない。
（ニ） 男も女も、全く同じ仕事をする。

29. 次の文を読んで、下の語句の中から、適当なものを選んで、その記號を（　　　）の中に書き入れなさい。
琉球の農村の日常の食事は、栄養的にみると、炭水化物が多く（　）が少いので、これらのものを十分にとるため（　　　）の増産を家庭で奨励しなければならない。
（イ）砂糖　（ロ）動物性蛋白質（たんぱくしつ）　（ハ）家畜
（ニ）植物性蛋白質　（ホ）穀類　（ヘ）榮養　（ト）消費

30. 次の文の｛　｝の中で、正しいものを一つ選んで、その記號を○でかこみなさい。
物價が、10倍になつたということは、貨幣（へい）のねうちが
｛（イ） 變らない
（ロ） $\frac{1}{10}$ になつた
（ハ） 10倍になつた｝ ということである。

31. 次の文を読むとき、調子の上るものには↑を、下るものには↓を、文の終りの（　　）の中に入れなさい。

例. *Do you see a ball on the floor?* (↑)

① *my father is a merc hant.* (　　)

② *Oh, how warm it is!* (　　)

32. 次の繪をみて、右側の文の——の所に、適切な語を入れなさい。

*you see a bird in the tree.*

*The other birds are not in the tree. They are in the* ________

33. 次の文を默讀して、下の問に對し、正しい答を選んで、その記號を○でかこみなさい。

*Jack Smith is John's father.*
*He has his store in the city.*
*Every norning he goes there.*
*He works there all day.*
*He comes home in the evening.*

① *whose father is Jack Smith?*

(イ) *He is Bettys father.*

(ロ) *He is Johns father.*

(ハ) *He is Bens father.*

(ニ) *He is Emlys father.*

② *when does he go to his store?*

(イ) *He goes there in the afternoon.*

(ロ) *He goes there in the evening.*

(ハ) *He goes there in the morning.*

(ニ) *He goes there at night.*

三四、左にある上の言葉の意味に合う熟語を、下から一つ選んで、その記號を○でかこみなさい。

(例) すぐれているところ　(イ)長所　(ロ)短所　(ハ)所見

すばらしいながめ……(イ)光景　(ロ)壯觀　(ハ)背景

おもしろみ…………(イ)淡白　(ロ)味覺　(ハ)妙味

三五、次の歌を讀んで、左の答の中、正しいものを一つ選んで、その記號を○でかこみなさい。

わが宿のいささむら竹吹く風の
　音のかそけきこの夕べかも

(1)この歌は

(イ)源氏物語　(ロ)万葉集　(ハ)徒然草　に出ている。

(2)この歌を讀んだ感じは、

(イ)重々しくて、どつしりした感じがする。

(ロ)とてもしづかな氣分が感じられる。

(ハ)輕快な感じがする。

三六、次の(一)(二)(三)の文の——線を引いた言葉の、正しい品詞名を考え左の表の中に○で示しなさい。

(1)今夜こそ、象のおどりがあるにちがいない。
(2)不平を鳴らしている。
(3)小石が、ころころと谷川にころがつた。

| ことば＼品詞 | 名詞 | 代名詞 | 動詞 | 形容詞 | 副詞 | 助動詞 |
|---|---|---|---|---|---|---|
| 象 | | | | | | |
| いる | | | | | | |
| ころころ | | | | | | |

三七、次の文を読んで、文中の[　]の中に、左側にあるイロハの言葉の中から、適当なものを一つ選んで、その記號を書き入れなさい。

ぼくの心の中には 常に「なぜ。」という言葉がつきまとつていてはなれない。それは、一つの習慣のようにさえなつている。何を見ても、何を聞いても、すぐ、「なぜ。」という言葉が心の中で頭をもたげるのだ。そして、それを解明し、それに解決を與えることが、ぼくにとつては何より楽しいのだ。「なぜものが見える。」「なぜ風がふく。」「なぜ鏡にうつる。」なぜなぜの連續である。何でもない、ごく当然のことでも、「なぜ」に会うと、たちまちふしぎでたまらなくなり、だんだんわからなくなる。そして、それを知りたいと思ふ欲望で心がはずんでくる。そのくせ、ほんとうに納得のいくものは少なく、ほとんど疑問のままとり残されているといつてもいいほどだ。

父はよく、

「そういう態度は[　]の道の第一歩だ。しかしお前のように何もかも疑問に思い、あれも知りたい、これも知りたいと心をみだしてもむだなことだ。一つのものを徹底的に追求してみることだ。それが糸口になつて、未知の世界がひらかれていくのではないかな。」といつて注意する。

(イ) 文学　(ロ) 宗教　(ハ) 科学



三八、次の文をまとめた答えを、左に(イ)(ロ)(ハ)で三通り示してあります。その中、最も適当なものを選んでその記號を○でかこみなさい。

いつたい新聞の魅(み)力はどこにあるのだろう。それは第一に活字になつていることで、この点で新聞はラヂオよりもまさつている。誰でも耳で聞いたことや手で書いたものより、活字になつたものの方を信用する。ここに一つの危險もあるので、活字にさえなれば、どんなに正しくないことでも、真実を傳えているかのように思いこまれやすいのである。ここに新聞の大きな責任がある。正しいことを傳える場合これほど有力なものはない。しかし正しくないことを傳える場合、これほど害を及ぼすものもない。誰でも信用してしまうからである。「新聞に書いてあつた。」という言葉は社会で非常に重きをなすものである。

(イ)新聞の魅力は、社会に対して責任を負うているからである。
(ロ)新聞の魅力は、活字になつているからである。
(ハ)新聞の魅力は、報道が早いからである。

# 第 三 学 期

1. 次の文の――線の所に、先生の言うのを聞いて書き入れなさい。

_______ *are your family?*

*They are fine,* _______ *you.*

2. 次の計算をしなさい。

(1) $3\frac{2}{5}-1\frac{2}{3}=$ □

(2) $1\frac{3}{4}\div 2\frac{5}{8}=\frac{\square}{3}$

(3) $\sqrt{5}+\sqrt{20}=$ □

3. 下のグラフの中で、反比例のグラフはどれか、記號で書き入れなさい。

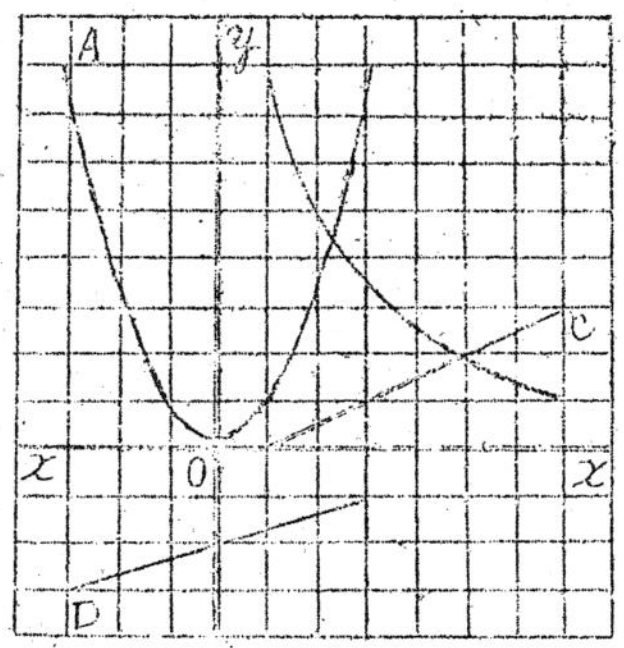


4. 下の長方形の土地の實際の廣さを求めなさい。

2 cm
4cm

縮尺 $\frac{1}{2000}$

答 □ m2

5. 次の表は７月から10月までの、ある品物の値段の變化と、指數を示したものである。

空らんを、うめなさい。

| 月 | 7 月 | 8 月 | 9 月 | 10月 |
|---|---|---|---|---|
| 値　段 | 22円 | 26円 | 38円 | 円 |
| 指　數 | 100 | 118 | 173 | 200 |

6. 10000円を年利率6分で１年ごとに利息を元金に加えるとすると、７年間預金すれば、元利合計はいくらになりますか。

次の複利表から求めなさい。

複利表（元金１に對する元利合計）

| 期＼率 | 5　分 | 6　分 |
|---|---|---|
| 1 | 1.050000 | 1.060000 |
| 2 | 1.102500 | 1.123600 |
| 3 | 1.157625 | 1.191016 |
| 4 | 1.215506 | 1.262477 |
| 5 | 1.276282 | 1.338226 |
| 6 | 1.340096 | 1.418519 |
| 7 | 1.407100 | 1.503630 |
| 8 | 1.477455 | 1.593848 |
| 9 | 1.551328 | 1.689479 |
| 10 | 1.628895 | 1.790848 |

答（　　　　円　　　錢）

7. 次の文の｛　｝の中で、正しいものを一つ選んで、その記號を○でかこみなさい。

(1) 種痘は｛(イ) 腸チフス　(ロ) 天然とう　(ハ) ジフテリア　(ニ) けつかく｝を豫防するために行う。

(2) ｛(イ) ナンキンムシ　(ロ) アリ　(ハ) カマキリ　(ニ) シロアリ｝は材木を食いあらす害虫である。

8. 次の問の中、正しいものを左側から選んで○をつけ、それと関係の深いことがらを、右側から一つ選んで、――でむすびなさい。

「下図の如く試験管に水を入れ、水面近くを熱する時」

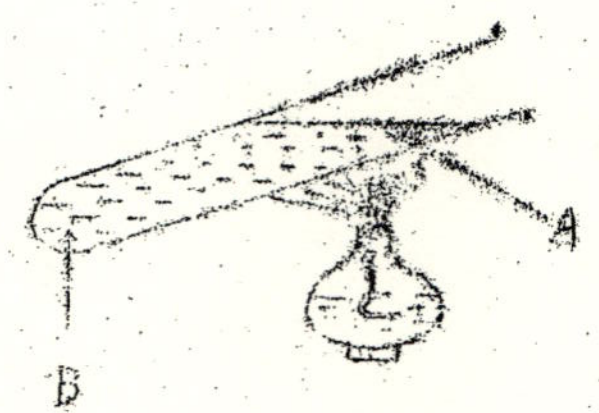


(1) AもBも熱くなる。　　(イ) 水は熱の不良導体だから。
(2) Aだけあつくなる。　　(ロ) 水は対流がよくおこるから。
(3) Bだけあつくなる。　　(ハ) 熱の輻射(ふくしや)によるから。

9. 次の図は、滑車を使つて、物体を引き上げたり、ささえたりする場合を示したものである。
図のように物体をささえるときの力の大きさは何kgか。又1m引き上げるには、綱を何m引げばよいか。[　　] の中に書き入れなさい。

(但し滑車の重さ、綱の重さを考えない。)

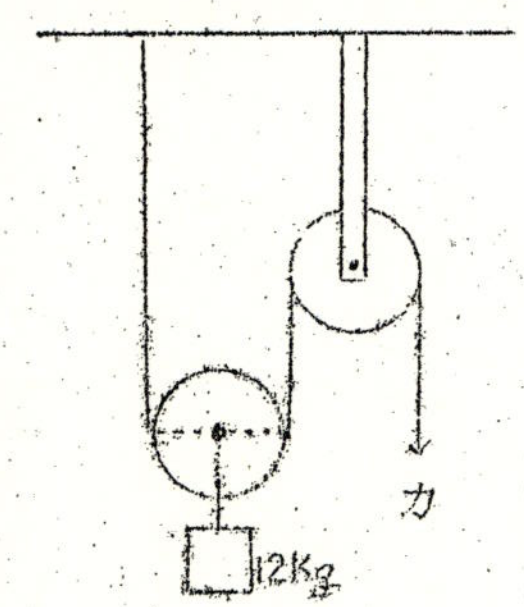


答｛力は [　　　] kg　綱は [　　　] m｝

10. 次の文の｛　｝の中で、正しいものを一つ選んで、その記號を○でかこみなさい。

(1) 琉球の有名な鑛物資源であるトラバーチンは、｛(イ) 花こう岩　(ロ) 石灰岩　(ハ) 火山岩　(ニ) 砂岩　(ホ) れき岩｝

(2) 地球の内部の構造は｛(イ) 光の波　(ロ) 海の波　(ハ) 地震の波　(ニ) 音の波｝の傳り方を調べて知ることができる。

11. 次の音符は、いろいろな音階によつて、階名（ドレミ）がちがいます。○の中に、適当な階名を入れなさい。

例……ハ長調では、ソ

変ホ長調では、○　　ニ長調では、○

變ロ長調では、○　　ト長調では、○

12. 次の旋律のあいた小節に適当なふしを、下の(イ)(ロ)(ハ)(ニ)の中から選んで、その記號を（　）の中に入れて、そうして下の問(2)に答えなさい。

(2) 上の曲は何部形式か。下の(イ)(ロ)(ハ)の中、正しいものの番號を○でかこみなさい。

(イ) 一部形式　　(ロ) 二部形式　　(ハ) 三部形式

13. 次の工具の中から、刄物でないものを二つ選んで○でかこみなさい。

(イ) のこぎり　(ロ) のみ　(ハ) さしがね　(ニ) たがね　(ホ) はさみ

(ヘ) かんな　(ト) 切出小刀　(チ) なた　(リ) 金づち

14. 木材の工作をするには、どんな順序がよいか。

○の中に順序を数字で書き入れなさい。

○板を大体の大きさに切る。　　○設計図を書く。

○板をけずる。　　○くみたてる。

○板を正しい寸法にしあげる。

15. 下の図のように二枚の杉板を接合（せつごう）するとき、どの長さの釘（くぎ）を使つたらよいか。適当な長さを一つ選んで○でかこみなさい。

(イ) 19mm　(ロ)32mm　(ハ)44mm　(ニ)76mm　(ホ)114mm　(ヘ)152mm

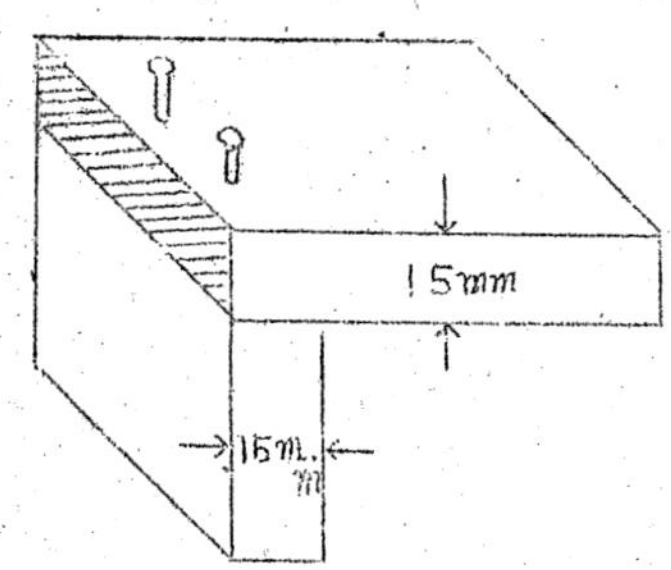

16. 下の四つの繪の中、陰影のつけ方で、正しいものが一つあります。その繪の記號を○でかこみなさい。

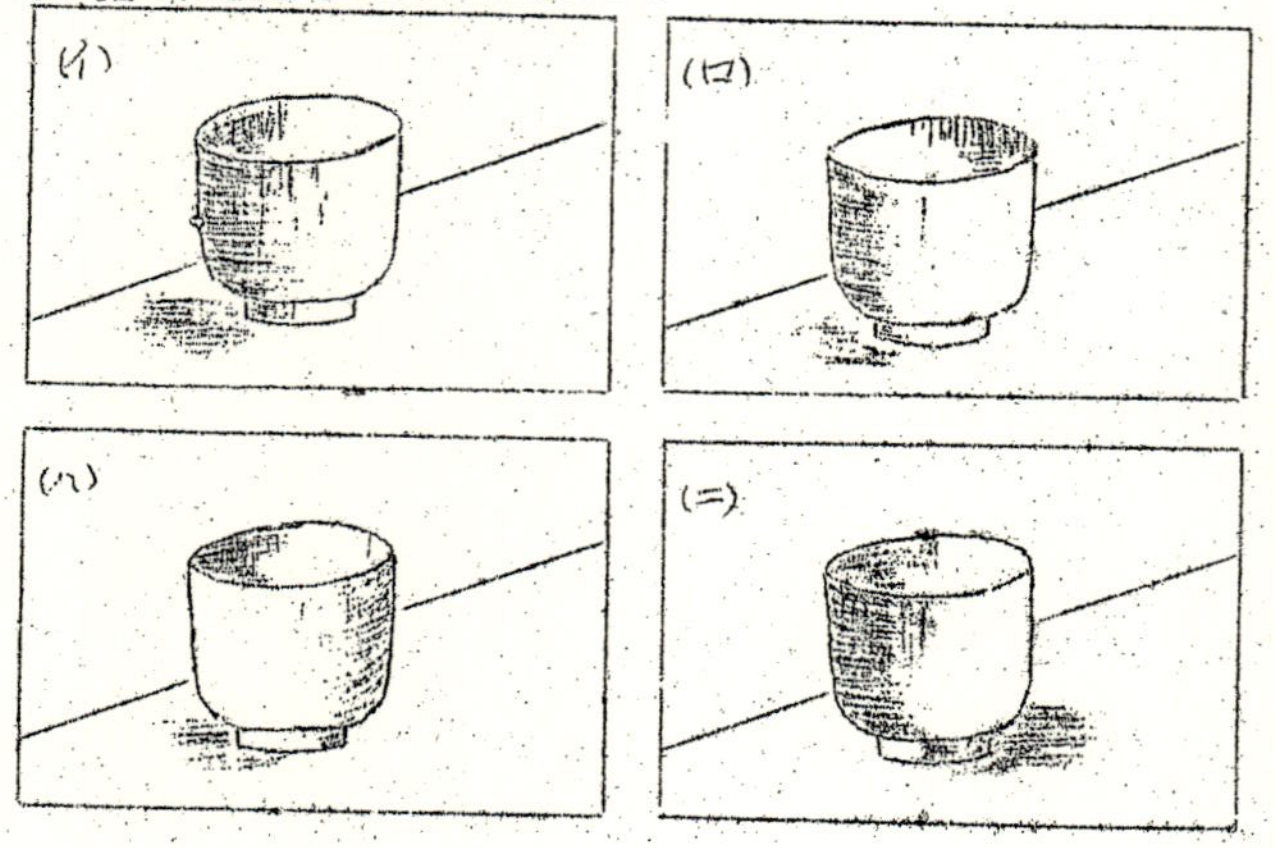


17.

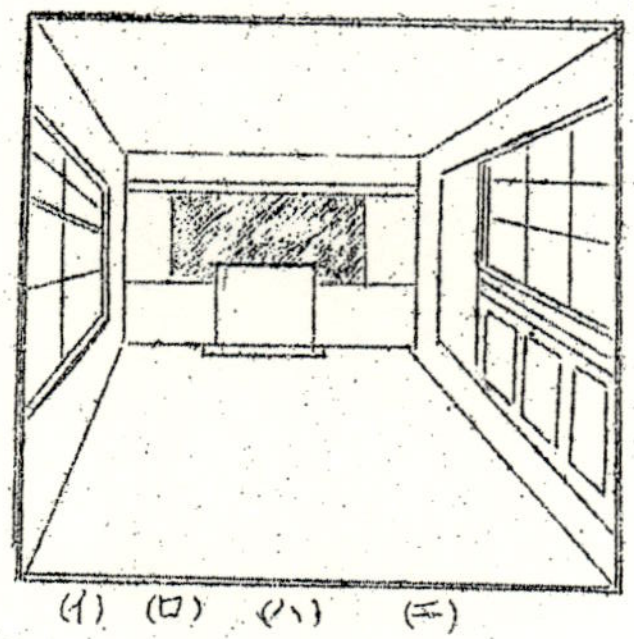


(1) 一郎君のかいた教室の繪です。一郎君はどんな位置からかいたでしょう。繪の下の記号の中から、適当と思う位置の記號を○でかこみなさい。

(2) 明君の繪です。構図のとり方について皆から次の様な批評（ひひよう）がありました。その中で一番正しいと思うものを、一つだけ選んで、記號を○でかこみなさい。

(イ) 地平線が低く過ぎ遠近感にとぼしい。地平線をもつと高くしたら遠景の山も、もつと遠い感じがでる。

(ロ) 地平線が低いから、空に雲をかいて画面の變化と、空の厚味を工夫すべきである。

(ハ) 前景の樹木が画面を二等分してよくない。樹木を左か右かによせたらよい。

18. A君は 自分の身体検査票を見て、次のように考えております。正しいものを四つ選んで その記號を○でかこみなさい。

学徒身体檢査表

| | | | | |
|---|---|---|---|---|
| 学校名 | | ○　○中学校 | | |
| 氏名 | | A | 1938年1月15日生 | 家の職業農業 |
| 年令 | | 満　14才 | | |
| 檢査年月日 | | 1952年4月20日 | | |
| 榮養 | | 可 | | |
| 背柱 | 形態 | 円背 | | |
| | 疾病 | | | |

| | | | |
|---|---|---|---|
| 目 | 視力 | 左 | 0.3 (1.0) |
| | | 右 | 0.2 (1.0) |
| | 屈折異常 | 左 | 近視 |
| | | 右 | 近視 |
| | 色神 | | 有 |
| | 眼病 | | 軽トラホーム |
| ツベリクリン皮肉反應 | | | |
| その他疾病及異常 | | | |

(イ) 凹レンズを用いためがねをかけよう。

(ロ) 將來は自動車の運轉手になりたい。

(ハ) 学校では、はずかしいからめがねをかけない。

(ニ) きらいなものは食べなくてよい。

(ホ) 自分のハンカチや手拭（てぬぐい）を友達にかさないようにしよう。

(ヘ) 胴体の体操を多くして、常に背をのばすようにしよう。

(ト) 眼の治りようをしたい。

(チ) 毎日、すきな運動をする。

19. 風邪（かぜ）のため発熱した時、下記の薬品の中、どれを使用したらよいか。適当なものを一つ選んで、それを○でかこみなさい。

(イ) アスピリン。　(ロ) サントニン。　(ハ) クレオソート丸。

(ニ) ひまし油。

20. 次の野菜の中で葉菜類を一つ選んで、その記號を○でかこみなさい

(イ) かぼちや。　(ロ) 西瓜（すいか）　(ハ) 人參（にんじん）

(ニ) 大根。　(ホ) ほうれん草。

21. いわしのかんずめが、私達の手に入るまでの經路を、順次に（　）の中に番號で書き入れなさい。

（　）漁かく。（　）小賣店。（　）消費者。

（　）おろし商。（　）かんづめ工場。

22. 定期で線を引く時の方向を、──→で示してあります。どの方向が正しいか。正しい方向に引いた線の（　）の中に、○記号を書き込みなさい。

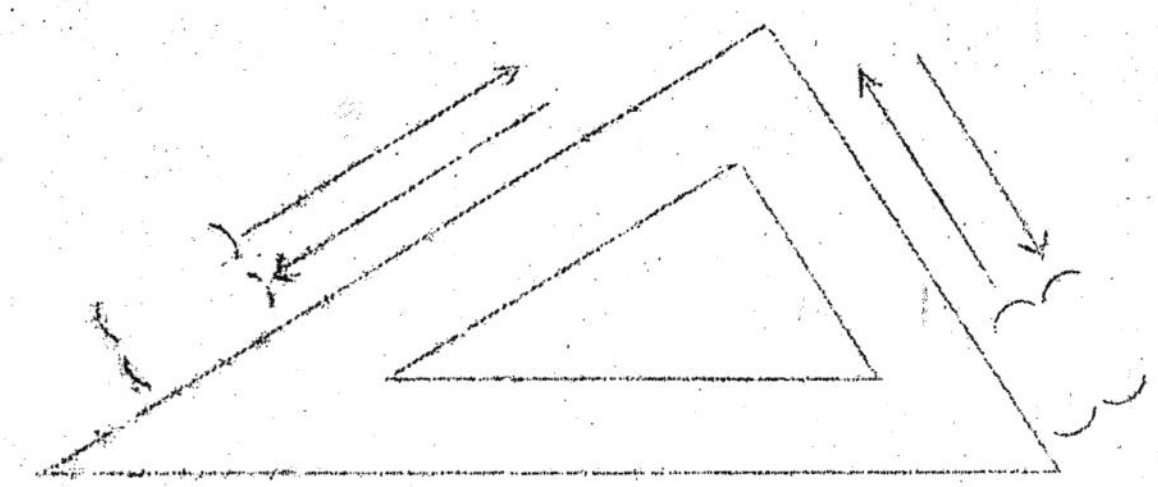

23. 或る店で、朝200円分の卵を買入れ、その日一日の賣上れた金額は170円であつた。しかし、未だ賣殘つた卵が60円分（買入れたねだん）

あつた。今日の卵の利益はいくらあつたか。

答 [　　　　円]

24. 次の文の（　　）の中に、下の言葉の中から、適当なものを一つ選んで、記號を書き入れなさい。

すまいは（　　）にして日當りがよく、便利な部屋を（　　）とし（　　）が気持よく生活できるようにしなければなりません。

(イ) 子供本位　(ロ) 來客本位　(ハ) 家族本位　(ニ) 主人　(ホ) 主婦
(ヘ) 客間　(ト) 玄関　(チ) 家族　(リ) 居間　(ヌ) 子供部屋

25. 下の答について上の問の中、正しいものの記號を○でかこみなさい

問 ㋑ *Do you like Oranges?*
㋺ *Will you like thim?*
㋩ *Would you like Oranges?*
㋥ *Dlid you like Oranges?*
答 *Yes, I like them.*

26. 次の図は、ある町の略図です。(1)(2)の問に答えなさい。

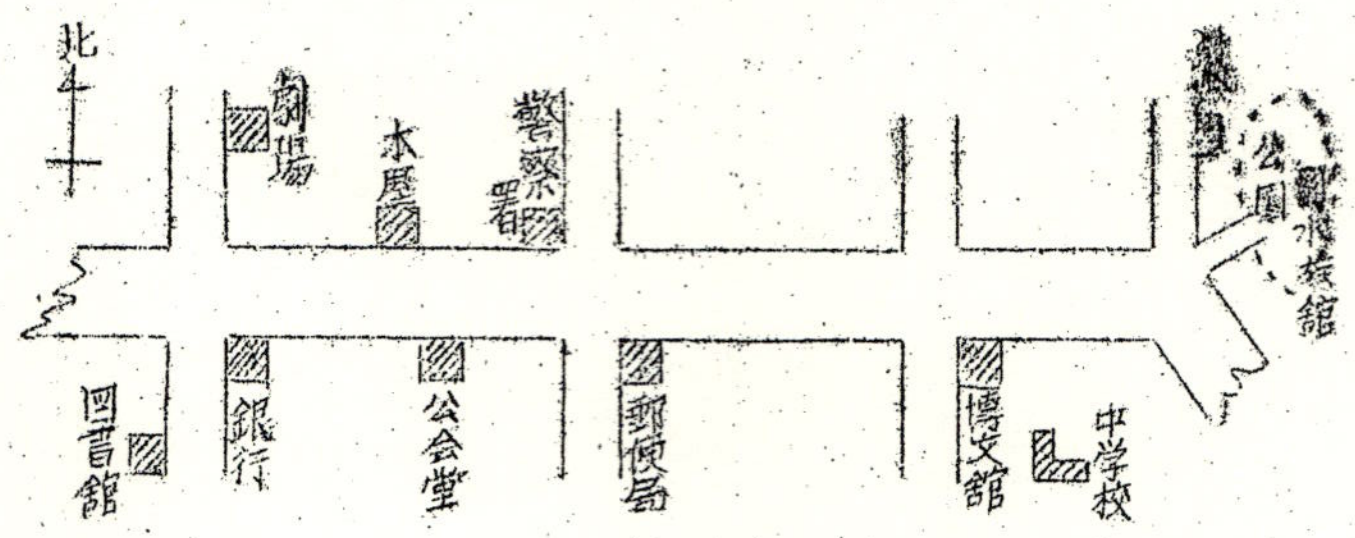


(1) 次の文の｛　｝の中、適當な語の記號を○でかこみなさい。

*You can see a park in the* ｛㋑ *western* ㋺ *northern* ㋩ *southern* ㋥ *eastern*｝ *part of the town.*

(2) 次の――線の語群の中、図と比較して不必要なものを一つ選んで══で消しなさい。

*There are the police-station, the theater, the bank, the town hall and the post-office along the main street.*

27. 次の文の｛　｝の中、適当な語を選んで、その記號を○でかこみなさい。

*Frank is fowteen. Mary is sixteen.*

*Frank is* ｛㋑ *older* ㋺ *young* ㋩ *younger* ㋥ *old*｝ *then Mary.*

28. 下の文に対して、「受身の形」になおした文を四つあげてある。正しいものの記號を○でかこみなさい。

*Columbus discovered America.*

㋑ *Columubs was discovered by America.*
㋺ *America discovered Columbus.*
㋩ *Columbus was discovered America.*
㋥ *America was discovered by Columbus.*

二九、次の言葉の、正しい読みかたを選んで、〇でかこみなさい。

例、文庫　[ぶんこ]　もんこ。ぶんこう。

象徴　じようちよう。　しようちよう。　ぞうちよう。

雑音　ざつおん。　さうおん。　ぞういん。

便乗　べんじよう。　べんらい。　びんじよう。

三〇、次の一、二の文の中仮名づかいの正しいものを一つ選んで、記號を〇でかこみなさい。

一、(イ) 私は山え行つた。
(ロ) 私は山ゑ行つた。
(ハ) 私は山へ行つた。

二、(イ) たおれて　はなちを出した。
(ロ) たおれて　はなぢを出した。
(ハ) たおれて　はなじを出した。

三一、これは一つづきの文章の順序をかえて書いてあります。すじの通る文章になるように、(　)の中に1、2、3、4、5の番號を書き入れなさい。

(　) それはキユーリー夫人である。
(　) いくたりか、その名譽をかち得た人々があつたが
(　) 今日までただひとりしかない
(　) ノーベル賞が制定されてから
(　) 同一人で二回も受賞の榮にあずかつたのは

三二、次の㈠と㈡の詩を読んで、(イ)、(ロ)、(ハ)の中、最も適切なものを選んでそれを〇でかこみなさい。

㈠

光にすいて見える。
一まいの木の葉をみつめながら、
私は思う。
なんと細かな葉脈のあみ、そのちつ序、
静かないとなみとその活力、
それら無数の木の葉は、
一本の大木につらなつて、
永遠の大地に根ざし、
自由の大氣に生きているのだ。

㈡

畑で、朝の仕事にとりかかつた農夫、
自轉車のペタルをふんでお使いに行く男の子、
小手をかざして地平線を見る漁夫、
それらの人々が、
みんなばらばらだということがあろうか。
私は思う。
それぞれに一すじの葉脈、一まいの葉、
ひとりびとりが社会につらなり、
社会を育てていく、
一体の心、わかい力。

問　㈠の詩にある一本の大木と云う言葉のあらわす氣持は㈡の詩にある。

(イ) 社会という言葉のあらわす氣持にている。
(ロ) 一すじの葉脈という言葉のあらわす氣持にている。
(ハ) わかい力という言葉のあらわす氣持にている。

33. 次の問について、下の答のうち最も正しいものを一つ選んで、その記號を○でかこみなさい。

「民主的な政治を行うには」

(イ) すぐれた一部の人々に、政治の全部をまかす。

(ロ) 政黨の政策を批判（ひはん）してはならない。

(ハ) 再軍備をして、國民の安全と幸福をまもるようにする。

(ニ) 國民の総意を代表する人々に、政治を行わせる。

34. 田中君は、自分の身体各部のはたらきを、自分で判断（はんだん）して 5．4．3．2．1．點の五段階で採點し、次の表を作つた。

| 項　目 | 5點（上） | 4點 | 3点（中） | 2點 | 1點（下） |
|---|---|---|---|---|---|
| 視力 | | | ○ | | |
| 聽力 | | | ○ | | |
| 手の力 | ○ | | | | |
| 手や腕の器用さ | | | | | ○ |
| 腕の力 | ○ | | | | |
| 言語能力 | | | ○ | | |
| 算数の能力 | | ○ | | | |
| 脚の力 | | ○ | | | |
| 知能 | | | ○ | | |
| 事務能力 | | | | ○ | |
| 運動速度 | | | ○ | | |
| 機械を使う能力 | | | | ○ | |
| 注意の深さ | | | | | ○ |

問、上の表を見て、下に書いてある職業の中で、田中君に最も適しないと思うものを一つ選んで、その職名を［　　］でかこみなさい

道路工夫、　車掌、　船員、　時計修理工、　店員、

かじや、　農耕者、

35. 次の［　　］の中に、下の語句の中から、適当なものを選んで、その記號を書き入れなさい。

［　　］は、斜面に水田がつくられていて、土地利用の進んでいる所もあるが、未開発の所も多く、米は少し足りない。しかしここは、マニラ麻や、さとう、コプラ、たばこなどの重要な産地で、主としてアメリカへ輸出する。

(イ) ジャワ。　(ロ) インド半島。

(ハ) フイリツピン諸島。　(ニ) マライ半島。

36. 次の文の｛　｝の中の語句で、正しいものを一つ選んで、その記號を○でかこみなさい。

(1) 15世紀における新航路の開拓を容易ならしめた理由の一つは、｛(イ) 世界地図　(ロ) 海図　(ハ) 蒸氣機関（じょうききかん）　(ニ) 羅針盤（らしんばん）｝が普及したためである。

(2) 明治維新以後の日本に於ける民主主義の発達を妨（さまた）げたものの一つは、｛(イ) 勞働者　(ロ) 福沢諭吉　(ハ) 板垣退助　(ニ) 官僚（かんりょう）｝であつた。

37. 次の地図を読んで，下の三つの問の答を（　　　）の中から選んでそれを○でかこみなさい。

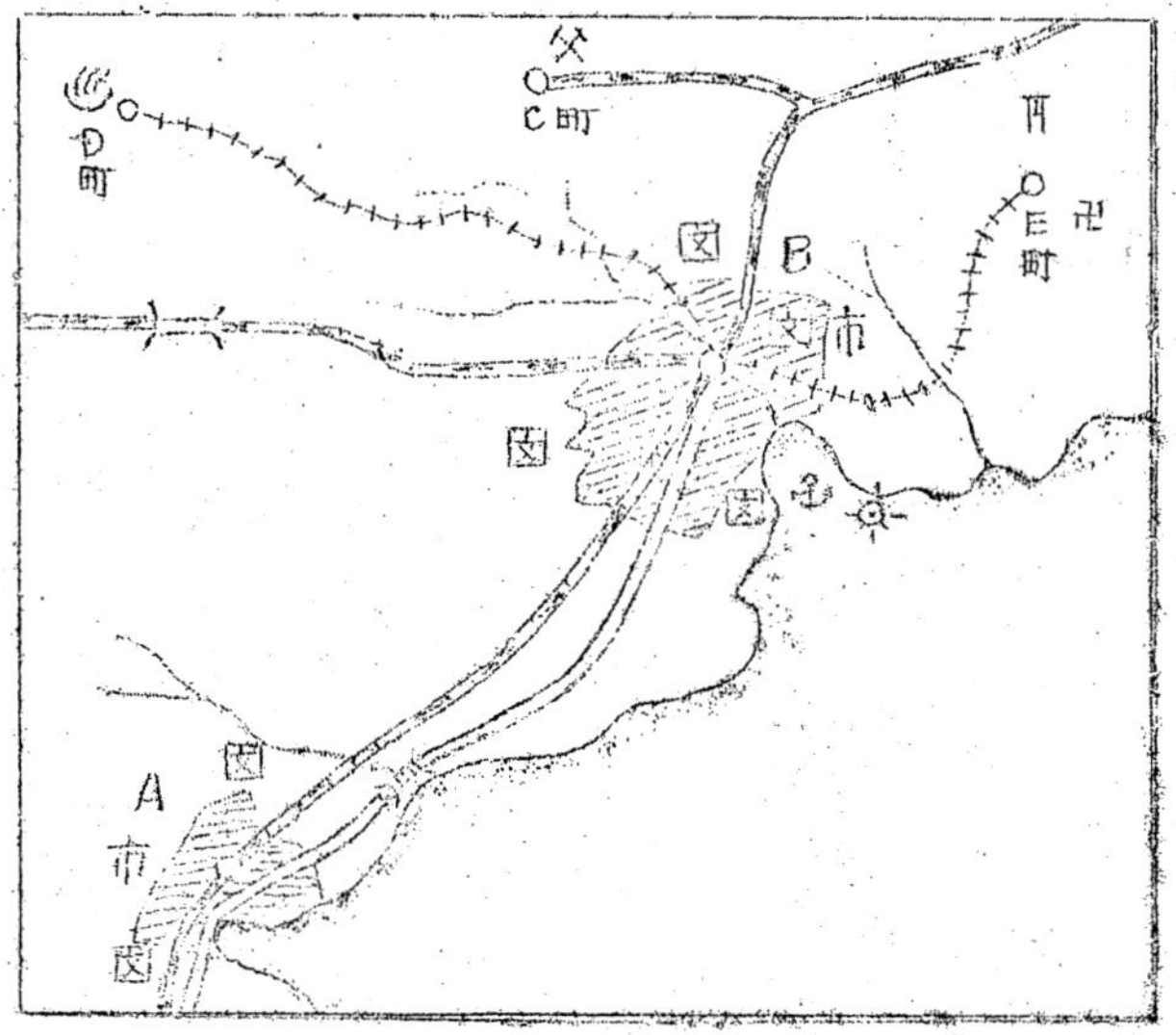


(1) 交通の要地として発達したと思われる町はどこか。
(A市　B市　C町　D町　E町)

(2) 炭坑町として栄えたと思われる町はどこか。
(A市　B市　C町　D町　E町)

(3) 温泉町として栄えたと思われる町はどこか。
(A市　B市　C町　D町　E町)

## 第四時限

1. 先生が英語で言う問に対し、次の答の中、正しいものの記号を、○でかこみなさい。

　㋑ *Yes, I am a pupil.*

　㋺ *I an a pupil.*

　㋩ *You are a teacher.*

2. 次の文の(1)(2)(3)(4)の［　　］の中に、下の言葉の中から、それぞれ適當なものを選んで、その記号を書き入れなさい。

(1) 氣温が高く、濕（しつ）度が高い日は、［　　］

(2) 日射の量が緯度（いど）によつて差のあることは、一般に緯度の低い地方は、［　　］ことによつてもわかる。

（イ） むし暑い。　（ロ） ほしものが早くかわく。
（ハ） 氣温が低い。　（ニ） 氣温の變化が少ない。
（ホ） 氣温が高い。

(3) ［　　］の法則を用いて、よい品種を作り出していくことを、［　　］といいます。

（イ） 品種改良　（ロ） 進化　（ハ） 優(ゆう)性
（ニ） 劣(れつ)性　（ホ） 遺傳

(4) 消化した養分は、おもに［　　］から吸收されます。

（イ） 心臟（ぞう）　（ロ） 胃　（ハ） 大腸　（ニ） 小腸
（ホ） 肝臟

3. 下の表は、アンモニヤ、塩素、水素の性質を、あらわしたものである。

下の図は、それらの氣体をびんに集めるときの装置の一部である。その性質を考えて、装置の下に集める氣体名を書きなさい。

| | | |
|---|---|---|
| アンモニヤ | は、水に溶ける。 | 空氣より軽い。 |
| 塩　素 | は、水に溶ける。 | 空氣より重い。 |
| 水　素 | は、水に溶けない。 | 空氣より軽い。 |

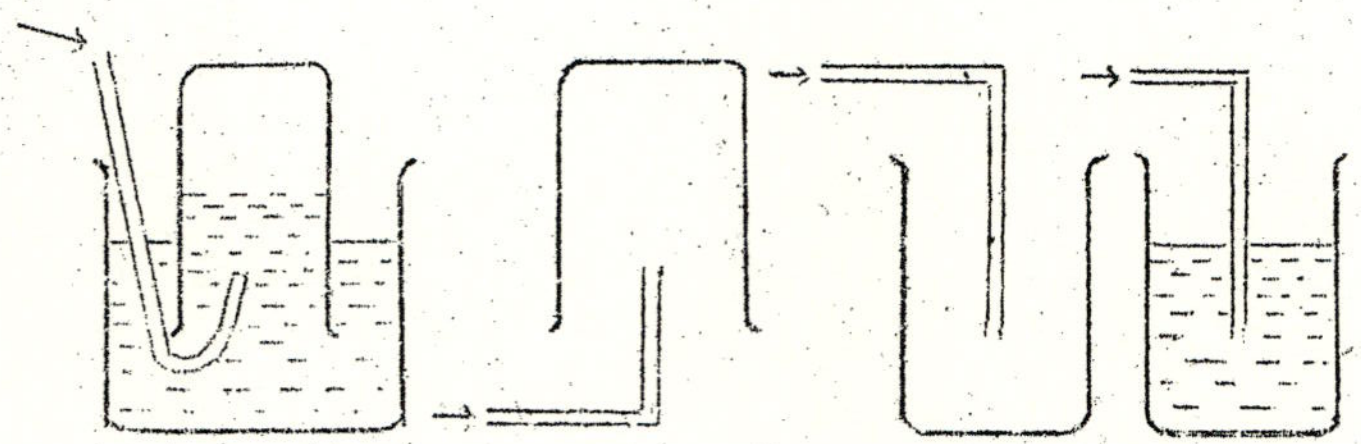

（　　）　（　　）　（　　）（　　）

4. 次の文の｛　｝中から、適當なものを、それぞれ一つずつ選んで、その記号を○でかこみなさい。

三味線のどれか一つの弦（げん）（せん）を｛イ　強くはじくと　ロ　弱くはじくと　ハ　指で弦を押えてはじくと　ニ　指で弦を押えないではじくと｝高い音がでます。

その理由は、｛イ　振幅が大きいから　ロ　振動数が少ないから　ハ　振動が小さいから　ニ　振動数が多いから｝です。

5, 次の曲はどんな感じがしますか。下の四つの言葉の中で、最もよく感じのあらわれているものを一つ選んで、その記号を○でかこみなさい。

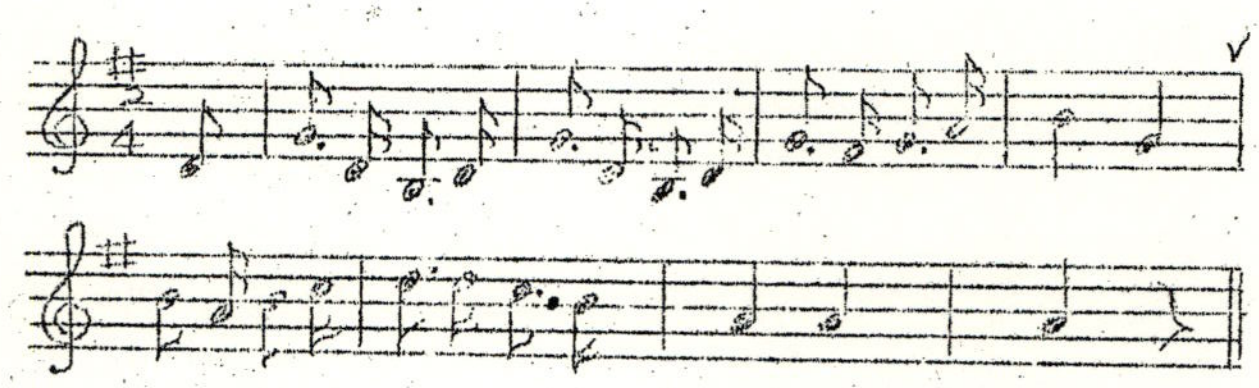

（イ）優美(ゆうび)　（ロ）静か　（ハ）悲しい　（ニ）元氣がよい

6. 下の譜表は、旋律に和音をつけたものです。和音の正しい小節の下の（　）の中に○をつけなさい。

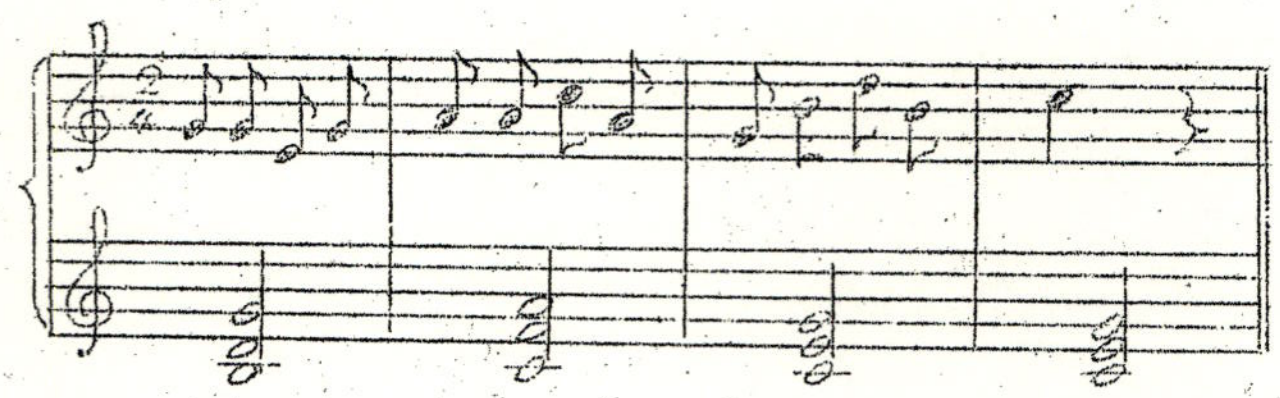

（　）　（　）　（　）　（　）

7. 次の旋律を心の中で歌つて、下の問に対して、正しいものを選んで、その記号を○でかこみなさい。

(1) この曲は何の一部ですか。

(イ) 仰げば尊し。　(ロ) 荒城の月　(ハ)埴生(はにふ)の宿

(2) 作曲者は誰ですか。

(イ) モーツアルト　(ロ) ベートーベン

(ハ). 山田耕作　(ニ) 滝廉(たきれん)太郎

8. 次の文の □ の中に、下の言葉の中から適当なものを一つ選んでその記号を書き入れなさい。

着物、洋服、カーテン等の模様(もよう)には、主に □ が使われています。

(イ) 単独模様　(ロ) 二方連続模様　(ハ) 四方連続模様

9. 左の展開図は右のどの立体を表わしているか、その記号を○でかこみなさい。

展　開　図

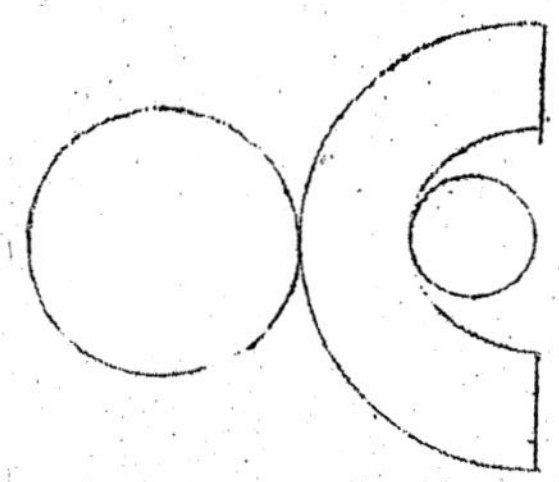

(イ) 角錐(すい)

(ロ) 円錐

(ハ) 円錐台

(ニ) 半円

(ホ) 円柱

10. 次のことがらの中、竹の性質をあらわしているものを二つ選んで、その記号を○でかこみなさい。

(イ) 竹はたてにわりやすい。

(ロ) 竹の皮は、みがいてもつやがでない。

(ハ) 竹は、材木よりやわらかい。

(ニ) 竹は、中がくうであるためにおれやすい。

(ホ) 竹は、だん力がある。

11. 次の文の □ の中に、下の言葉から、適当なものを選んで、その記号を書き入れなさい。

(1) 鋼鉄(はがね)を、うす赤く熱して、急に水の中でひやすと □ これを焼入(やきいれ)という。

(2) 刃物をたびたび熱にあてると、次第に質が □ これを焼戻(やきもどし)という。

(イ) かける　(ロ) やわらかくなる　(ハ) さびる

(ニ) かたくなる　(ホ) とける　(ヘ) われる

12. 次のことがらの中で、結核の感染(かんせん)を早くみつける方法として、適当と思うものを、一つ選んで、その記号を○でかこみなさい。

(イ) 血清注射をする

(ロ) ツベルクリン反應の検査をする

(ハ) 肺活量をはかる

(ニ) B. C. G. の接種をする

(ホ) 100mを力走して、脈(みやく)はくをはかる。

13. 次の左側の運動種目と関係の深い用語を右側から選んで、その記号を（　　）の中に書き入れなさい。

| | |
|---|---|
| (1) 陸　上　競　技（　　） | (イ) フリースロー |
| (2) バレーボール（　　） | (ロ) カツト |
| (3) バスケツトボール（　　） | (ハ) タンプリング |
| (4) 野　　　　球（　　） | (ニ) クロール |
| | (ホ) リレーゾーン |
| | (ヘ) ホームラン |
| | (ト) ネツト、プレー |

14. 次の(イ)(ロ)の中にそれぞれ一つずつ、他の語と、その母音の発音が違うのがある。その單語を○でかこみなさい。

例. *hope, bone,* [*come*] *home,*

㋑ *car, arm, part, warm,*

㋺ *country, sound, found, count,*

15. 次の各語群を並べて、正しい文になおすには、如何に並べたらよいか。正しい順序にその記號を下の表に書き入れなさい。

例 ㋑ *the garden* ㋺ *this is* ㋩ *of my house*

① ㋑ *are there* ㋺ *in a week* ㋩ *how many days?*

② ㋑ *do you like* ㋺ *tea* ㋩ *better than coffee?*

| 例 | (ロ) | (イ) | (ハ) | |
|---|---|---|---|---|
| (1) | | | | ? |
| (2) | | | | ? |

16. 次の（1）（2）の日本文の意味を表わす英文を一つずつ選んで、その記號を○でかこみなさい。

(1) あなたは、毎朝何時に起きますか。

㋑ *what time would you get up every morning?*

㋺ *what time do you get up every morning?*

㋩ *what time did you get up every morning?*

㋥ *what time you get up every morning?*

(　ベンは、この前の火曜日に東京に行きました。

㋑ *Ben goed to Tokyo last Tuesday.*

㋺ *Ben did go to Tokyo last Tuesday.*

㋩ *Ben goes to Tokyo last Tuesday.*

㋥ *Ben went to Tokyo last Tuesday.*

17 次の文を讀んで(1)(2)(3)のそれぞれについて｛　｝の中で、正しいものの記號を○でかこみなさい。

その日は朝から雨だつた。晝からずつと二階の自分のへやで、妻もいつしよに、画家のSさん、宿のあるじのKさんたちとトランプをして遊んでいた。へやの中にはたばこの煙がこもつて、みんなも少し疲れてきたトランプも飽きたし、菓子も食いすぎた。三時頃だ。ひとりが立つて窓の障子をあけると、雨はいつかあがつて新緑のかおりを含んだ氣持のいい山の冷え冷えした空氣が流れこんできた。たばこの煙が立ち迷つている。みんなは生き返つたように互に顔を見かわした。

(1) ｛(イ) へやの中で遊んでいる人は三人である
　　 (ロ) へやの中で遊んでいるのは四人である。

(2) (イ) 一日雨がふりつづいた。
(ロ) 朝は雨だつたが、いつかはれていた。

(3) (イ) 新緑のかおりという言葉は山にかかつている。
(ロ) 新緑のかおりという言葉は空氣にかかつている。

---

18 次の文の｛　｝の中で、正しいものを一つ選んで、その記號を○でかこみなさい。

ぼくがこの学校に轉校してきたのは二年生の冬だつた。

友だちと｛(イ) 遊び、(ロ) わかれ、(ハ) ともに、｝見しらぬ土地にきて、とほうにくれていたぼくは、｛(イ) そろそろ (ロ) たちまち (ハ) あるいは｝あたたかい友情の輪にかこまれ生れ変つたような｛(イ) 明かるい (ロ) くらい (ハ) 美しい｝氣持になつたのを、つい、きのうのことのように思い出す。

21. この地図を見て次の問に答えなさい。

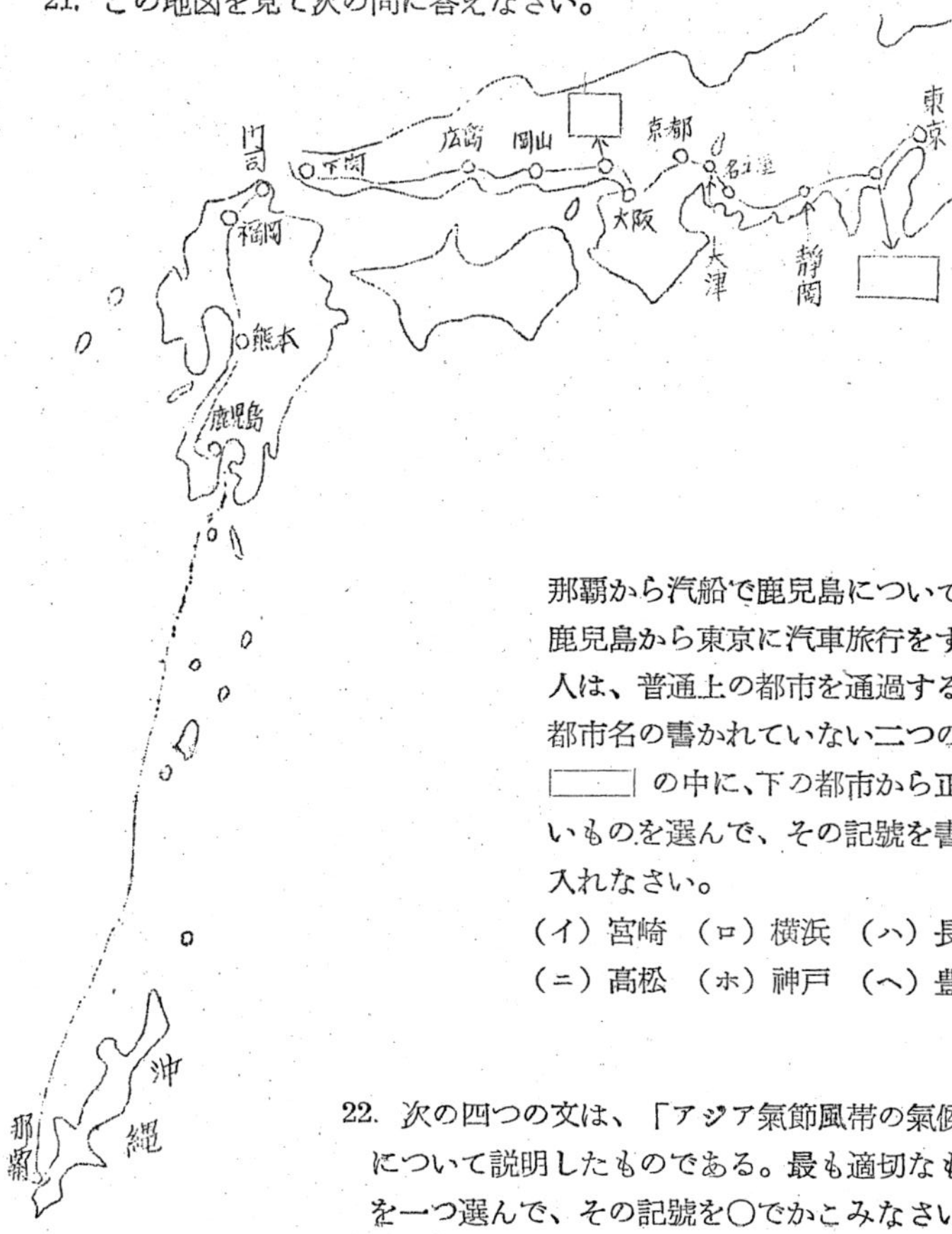


那覇から汽船で鹿児島について、鹿児島から東京に汽車旅行をする人は、普通上の都市を通過する。都市名の書かれていない二つの□の中に、下の都市から正しいものを選んで、その記號を書き入れなさい。

（イ）宮崎　（ロ）横浜　（ハ）長崎
（ニ）高松　（ホ）神戸　（ヘ）豊橋

22. 次の四つの文は、「アジア氣節風帯の氣候」について説明したものである。最も適切なものを一つ選んで、その記號を○でかこみなさい。

(イ) たえず西風が吹いて、海上の空氣を陸地にもちこむので、沿岸地方では、海上と同じような大氣の狀態になる。

(ロ) 冬は（西風のえいきようをうけて、雨がよくふるが、夏は、高氣圧におおわれて、いるので、さばくのように乾燥(かんそう)して暑く、雨量も少ない。

(ハ) 夏は（海から大陸に向かつてしめつた風が吹きこみ、冬は、反対に大陸内部から海に向かつてかわいた風が吹く。

(ニ) 夏は、内陸方面から海に向かつて風が吹き、冬は、反対に海洋方面から内陸に向かつて風が吹く。

23. 下の数の中から、２と７の公倍数を選んで、それを○でかこみなさい。

81.　82.　83.　84.　85.　86.

24. 次の平方表の空らんに、適当な数を書き入れなさい。

| 数 | 平方数 |
|---|---|
| 31 | |
| 31 | 961 |
| 310 | 96100 |

25. 次の方程式をときなさい 。

(1) $\frac{2X}{3} = 6$　答　X =（　　）

(2) 4（Y＋1）＝2Y　答　Y =（　　）

26. 下のグラフを見て、次の問に答えなさい。

(1) A点の座標を求めなさい。　答（　　）

(2) AB間の距離はいくらか。（1目盛は1Cmである）

答（　　Cm）

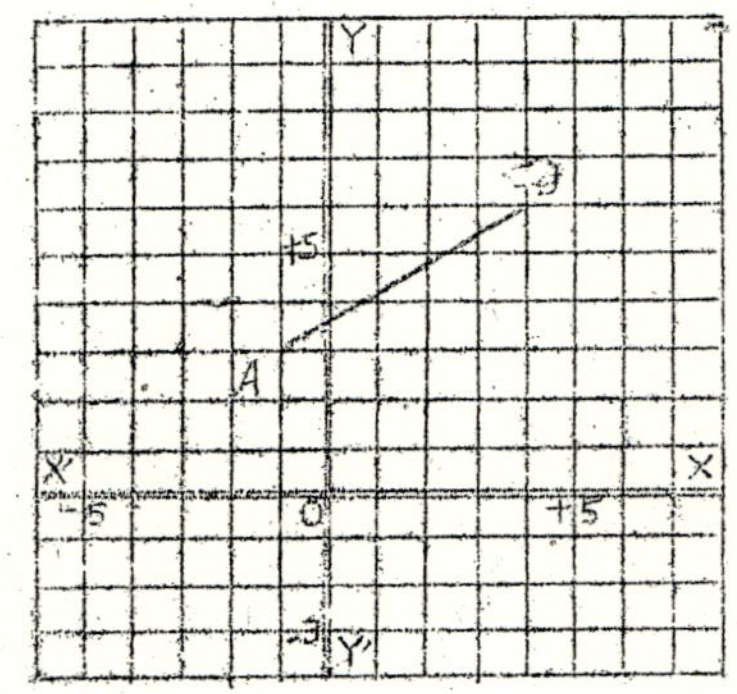


## 第四時限（職業家庭科選択問題）

注意 { このプリントには、十五の問題があります。この中から六問題だけ選んで解答して下さい。それ以上解答してはいけません。

1. 中学二年のA君が、同一実習地を作つて、四月以後二年間にわたる栽培計画を作り、組の人々に相談しました。下の計画の中から、適當と思うものを一つ選んで、それを〇でかこみなさい。

（イ）　茄子(なす)――じやがいも――トマト――たばこ

（ロ）　茄子(なす)――白菜――菜豆(いんげん)――人參(にんじん)

（ハ）　甘蔗(かんしよ)――とうもろこし――大麦(おおむぎ)
　　　――甘藷((かんしよ)

2. 鋸には、縦挽鋸(たてびきのこ)と横挽鋸(よこびきのこ)がある。下のイ、ロ、ハの場合、どの鋸(のこ)を使えばよいか
（　　）の中にタテ、ヨコと書き入れなさい

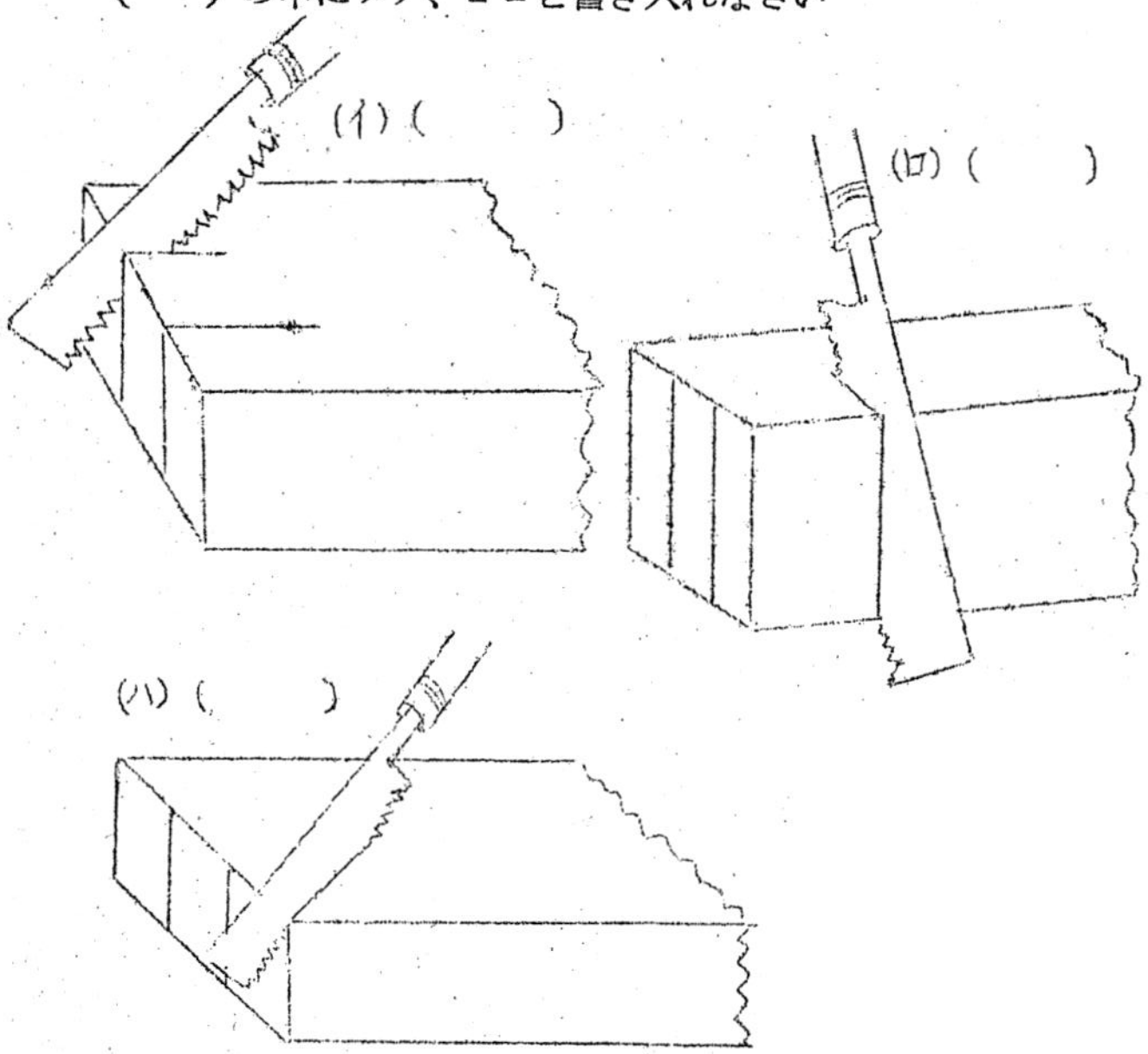


3. 農業協同組合定款、或は、沖縄貿易株式会社定款というのがありますこの定款という言葉を別の言葉でいうなら、何といいますか。次の言葉から一つ選んでその記號を〇でかこみなさい。

イ、法人　　ロ、組合法　　ハ、條約　　ニ、規約

4. 次の図は、着物の袖のしるしつけです。右側の名前から、適当なものを選んで、その記號を1. 2. 3. の（　　）の中に、書き入れなさい。

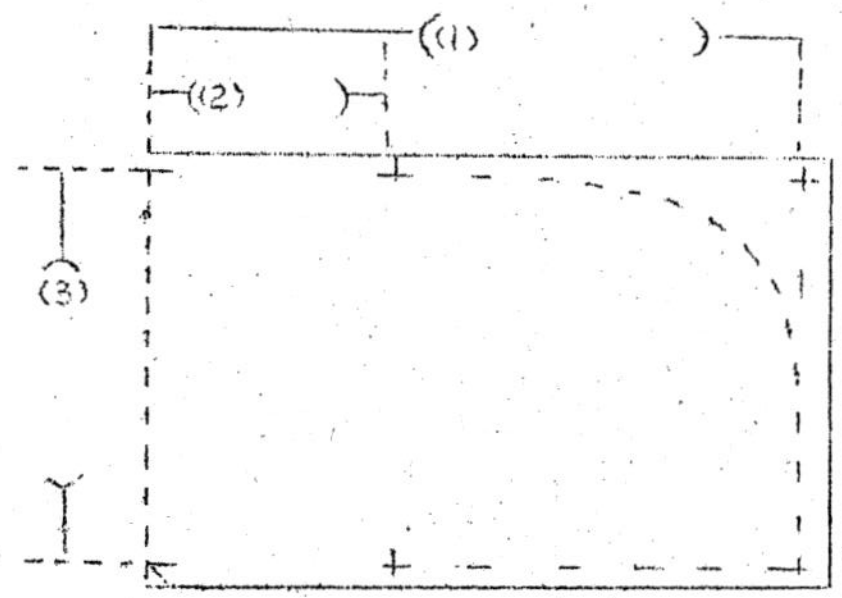

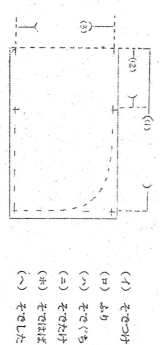

（イ）　そでつけ
（ロ）　ふり
（ハ）　そでぐち
（ニ）　そでたけ
（ホ）　そではば
（ヘ）　そでした

5. 次の文の（　　）の中に、下の言葉の中から、適当なものを選んで、その記號を書き入れなさい。

(1)　商品を注文するには、都合がよく（　　）のある店を選ぶことだ。

(2)　原料を上手に仕入れたり、製品をうまく販賣するためには（　　）に関する知識が必要である。

（イ）計算　　（ロ）商業　　（ハ）お金　　（ニ）景氣
（ホ）信用　　（ヘ）農業

6. 下の投影図を見て、見取図の（　　）の中に、寸法を書き入れなさい。

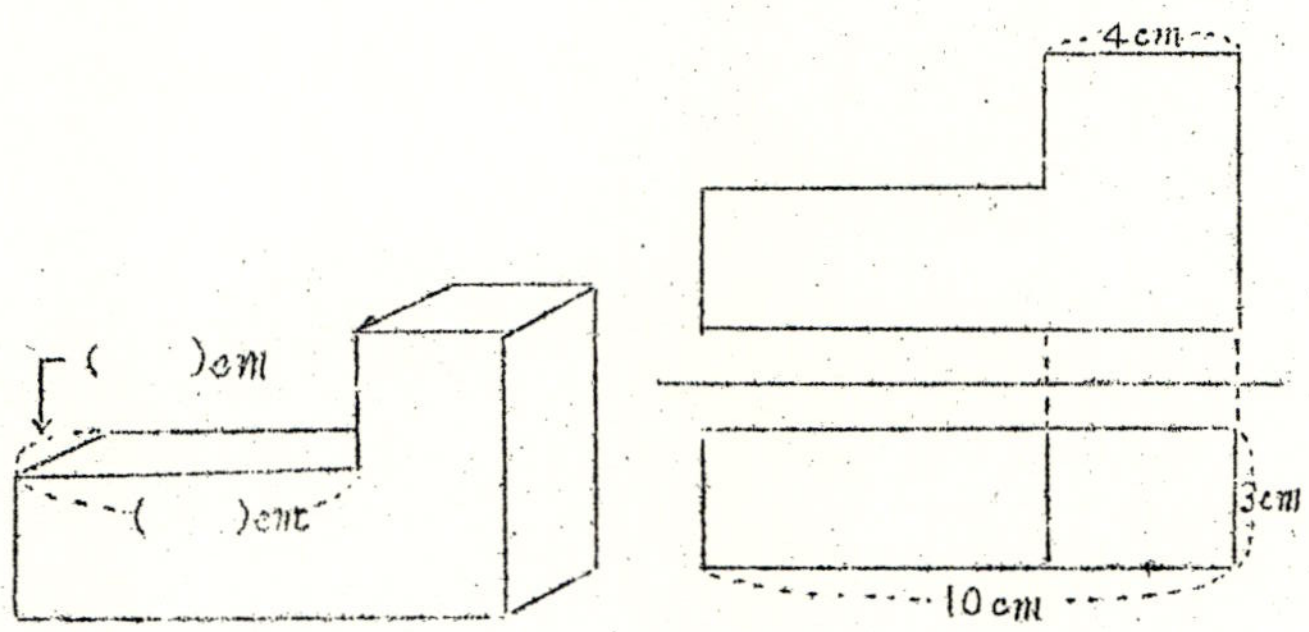


7. 次の文の中で、最も適当と思われるものを一つづつえらんで、その記號を○でかこみなさい。

(1) 買物の上手な人とは、

イ、安くさえあればたくさん
ロ、高い程品質がよいと思つて
ハ、計画を立てて必要性の多いものから
ニ、流行を第一に考えて
　　｝買う人である。

(2) 幼児のおやつは、

イ、子供がほしがつてなく
ロ、偏食をさけることができる
ハ、主食の節約ができる
ニ、三度の食事だけでは不足する
　　｝から與えます。

8. 次の文の［　　］の中に、下のことばの中から適当なものを選んで、その記號を書き入れなさい。

最近、日本からたくさんの鶏卵が移入されているのは、琉球で生産されるだけでは、一般の需要をみたし得ないからである。

［　　］や名古屋種のような［　　］を飼育し、大豆粕（かす）やさかな屑（くず）のような蛋(たん)白飼料を輸入し、人工孵卵(ふらん)の施設を充実して、たやすくよいひなが入手できるようにすれば、養鶏が盛んになつて、卵の移入をふせぐことができるであろう。

イ、レグホーン　　ロ、在來種　　ハ、プリマウスロツク
ニ、卵　用　種　　ホ、肉用種　　ヘ、卵肉兼用種

9. 花子さんは、右の図のような、夏のワンピースをつくりました。下の（イ）（ロ）（ハ）（ニ）（ホ）（ヘ）の中から、正しいものを一つ選んで（　　）の中に書き入れなさい。

胸　囲　72cm
背たけ　33cm
着たけ　80cm
そでたけ　16cm

とすると、用布はシングル幅（74cm）で、約（　　）ヤール必要である。

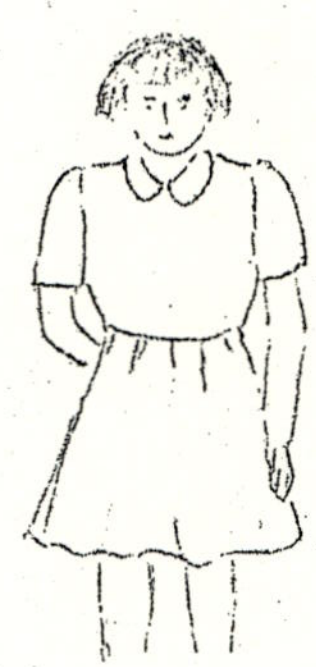

（イ）4　（ロ）3.5　（ハ）3
（ニ）2.5　（ホ）1.5　（ヘ）1

10. 次の文の｛　｝の中、正しいものを一つ選んで、その記號を○でかこみなさい。

(1) 銀行に｛（イ）當座預金　（ロ）定期預金　（ハ）通知預金｝がなければ、小切手を振り出すことはできません。

(2) 卸(おろし)賣と小賣との違いは｛（イ）店の大きさ　（ロ）取引の金額の大小　（ハ）取引の相手｝によります。

11. 次は、甘藷（さつまいも）の栽培の順序を示したものである。下の言葉の中から、適當なものをえらんで、□の中に、その記號を書き入れなさい。

畦(うね)立 → □ → 追肥 → □ → 收穫

（イ） 基肥（もとごえ）　（ロ） 土入　（ハ） 植付(うえつけ)

（ニ） 消毒　（ホ） 土寄せ　（ヘ） 除草

12. 次の(A)、(B)の問に答えなさい。

(A) 次に蒸(ムシ)しパンの作り方が書いてあります。

(4)と(5)と(6)のそれぞれの（　）の中から、正しいものを一つずつ選んで、その記號を○でかこみなさい。

(1) まず蒸し器を火にかける。

(2) 小麦粉にふくらし粉をまぜて、ふるいにかける。

(3) 水に砂糖、塩をまぜる。

(4) (3)に(2)を入れて（(イ)充分(じゆうぶん)にこねて、(ロ)さつとまぜて、(ハ)ゆつくりこねて）適當な型（かた）にまとめる。

(5) 蒸し器に湯氣（ゆげ）が立つて來たら、（(イ)ぬれぶきん、(ロ)かわいたふきん、(ハ)紙）をしいてその上にのせる。

(6) 約20分ほど（(イ)強火、(ロ)弱火）で蒸す。

(B) 次の（　）の中の數量はみそ汁の水とみその分量を表わしたものです。正しいもを(イ)(ロ)から一つずつ選んで、その記號を○でかこみなさい。

1人分1わんとして

赤みそ、(イ) 3g　（ロ）20g　（ハ）40g　（ニ）50g

水　（イ）50cc　（ロ）150cc　（ハ）250cc　（ニ）300cc

13. 次の(1)、(2)は、右の(イ)から(ヘ)までの中、どれに多くつかわれますか多くつかわれるものの記號を（　）の中に書き入れなさい。

(1) スモツキング（　）

(2) ヘムステツチ（　）

（イ） 運動服の胸

（ロ） 手さげかばん

（ハ） 女兒服のかざり

（ニ） テーブルセンター

（ホ） 子供エプロン

（ヘ） ズボンの裾（すそ）

14. 下の図は台所の設計図です。

(1) この三つの台所の圖の中、能率的、衞生的に、最もよいと思うものの記號を、○でかこみなさい。

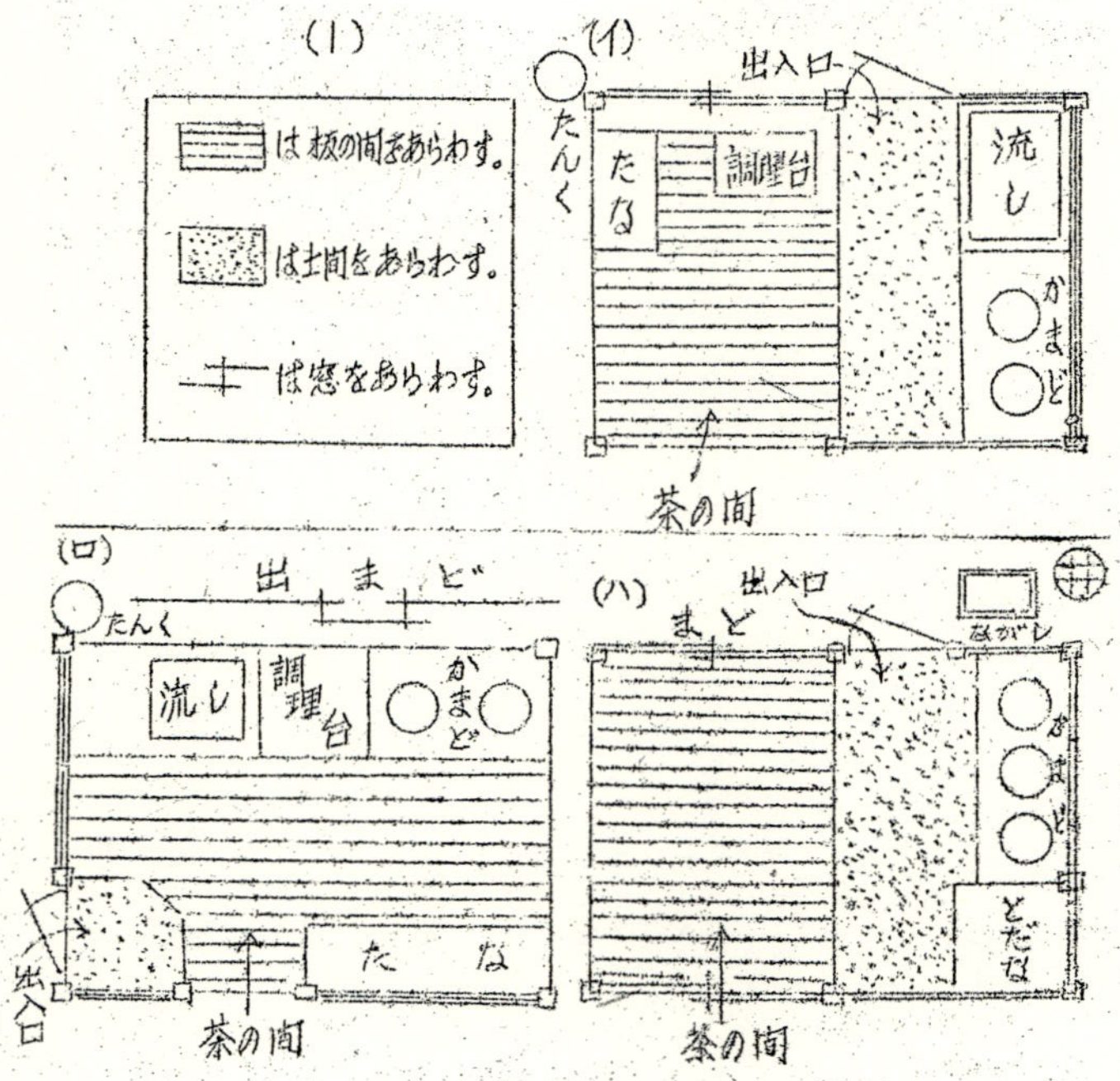


(2) 流しや調理台の高さは、普通身長150cmの人で何cm にしたらよいでせうか。次の中から、適当と思われるものの記號を、○でかこみなさい。

(イ) 60cm　(ロ) 75cm　(ハ) 85cm　(ニ) 90cm

15. 次の左の材料と、関係のふかいことがらを、右から選んで（　）



の中に、その記號を書き入れなさい。

(1) ベニヤ板（　）

(2) かしの木（　）

（イ） かおりがあつて、水にも強い。
（ロ） 幅のひろい板で、よういにそらない。
（ハ） 質がわるい木である。
（ニ） カンナの台にもつかわれる。
（ホ） 屋根板につかわれる。

## 英語聞き方テストの実施について

1. 英語聞き方テストの試問者を、豫め、指名して下さい。一人の試問者で、最大限三つの試験場は担当できると思います。
2. 試問者は、豫め、試問の読合せをして、発音、抑揚等統一していただきたいと思います。読みの速さ、強さに注意し、一語一語区切つて読むことのないようにねがいます。
3. 試験場監督者は、「開始」の合圖の直前、「第1番の問題は係の先生が見えてから答解するように」、受驗者に注意します。
4. 試問者は、試驗場に入つたら、まず「第1番の問題」と注意を與えて、問題に目を通す餘裕を與えた後、「只今から先生がいう英語をよくききなさい。」といつて、英語を同じこと二回いいます。

## 試　問　事　項

第一時限目の1.

一册の本（辞書、雜誌、ノート等をさける）を左手に持ち、右手で指さしながら、

(1) *Is this a book?*　〔「(1)を解答しなさい」と注意する。〕

(2) *Is this a bag?* 〔「(2)を解答しなさい」と注意する。〕

(3) *What is this, then?* 〔「(3)を解答しなさい。〕

第二時限目の1.

*A man who draws pictures is cooed an artist.*

第三時限目の1.

*How are your family?*

*They are fine, thank you.*

第四時限目の1.

*Are you a pupil or a teacher?*

# あとがき

◇学校、生徒、父兄は勿論の事、一般の関心を集めた高等学校入学者選抜も終つたがその結果についても、同様な関心が持たれていることゝ思い、こゝに文教時報、第四号、入試特集号をお送りすることにした。

各高等学校から送られた資料をまとめて、統計的に処理してみたゞけで、結果の解釈や細部にわたる検討については時間の余裕を持ち得なかつたが、その面の研究は今後にまつことにして、一応統計にあらわれた結果について、巻末の問題を参照して検討していただきたい。

◇此の仕事を進めている最中、時を同じくして、文教局長人事が取沙汰されていたがこゝに真栄田新局長を迎え、本号に『就任のことば』を掲げる事が出来たのを読者と共に喜びたい。

◇愈々新学年を迎え、本年度の教育運営に新しい希望を託して邁進する時がやつて来た。

読者諸賢の御健闘を期待致します。（一九五三、四、二一記）

琉球

# 文教時報

第五号

文教局

研究調査課

# 文教時報　目次　第５號

‖本土の教育 沖縄の教育　特集‖

# 一九五三年度重点目標について

中央教育委員会

一、校舎復舊及び教育施設の復舊促進
二、教職員の待遇改善
三、教職員の資質の向上と育成
四、教育財政の確立
五、職業教育の振興刷新（定時制高校教育の拡充）
六、民主教育の強化（委員会制度、地方分權、一般行政からの独立）

## 文教局の大方針

### 一　校舎建築の完成

校舎復舊の問題は、教育復興の根本問題として、終戰直後からの琉球住民の熱願であり、悩みであり、又制度や機構の変革の都度発足する政府や為政者も重要施策の一つとして取り上げ廣く住民に声明し、公約もして來たことであります。

我が委員会でも昨年度は特別重要政策とし、その実を擧げるべく施設課を設置し、九、二〇〇万円の豫算の承認を得て目下その実施中であります。がこれが出來上りましても全琉の應急最低必要教室数（目標教室数）の約五六・七％の復舊程度であり、九、二〇〇万円による引上率は僅かに八・二％にしかなりません。今後毎年この程度で進めるとしましたらその完成に約五年を要する計算となり、その間に於ける教育の空白から生ずる結果は民族興亡の恐るべき問題といわねばなりません。

こゝに於て此の校舎復舊の問題は今や全琉住民の極度の悲願となり、祖國本土に於ても組織化された民間運動が強力に展開されているようでありまして、こゝに改めて強調する以所であります。

### 二　教職員の待遇改善

教育理論や教育制度の如何を問わず、時代と場所とを問わず、教育という本質に根ざすところ教育事業の中心、中核は何と申しましても教師であることは間違いのないことであります。

然るところ教職員たりと雖も人間として生活しつゝ公務に専念する公民であります。その上教職は社会運營上の必須な諸種の専門職の一つであるのであります。この様に教職員は一個の公民たるのみならず、教育の中核体であり、社会運營上の専門職にたずさわるものであります。よつてこの條件にふさわしい地位と物的待遇を獲得することは政治政策の重点でなければなりません。

思うに教育者は永年、特に終戰後、経済的不遇の位置に置かれ、自ら光栄ある要職と確認しつゝも、生計の不安と動揺に堪えられず止むを得ず轉職せざるを得ない者が多数に上りましたことは遺憾なことであり、教育振興、否、民族興隆のため、まことに憂慮すべき問題でありました。世論は教職員の待遇改善を叫び、政府はその對策を講じ、幾度かの改善を經て今日漸く或程度の生活を支え得る程にはなりましたものの未だに生活の最低を保障するまでに至らないのを遺憾に思います。

その結果は適所適材の配置、公正均等なる教員組織の方途を阻む狀態となつております。今後に殘された問題は、基本給の増額、各種手當制度の樹立等であります、がこれらの改善、政策の實施は眞に教育振興の基礎的條件と確信するものであります。

## 三　教職員の資質の向上と育成

教育制度の改革、教育内容並に方法、形態の革新は、教育實踐の大革命であり、教師そのものゝ大轉換となつています。

教師の質の改造はもとより、その資格附與の條件、制度上の變換は簡單なものでなく特に敗戰以來の養成機関の不備から生じた低下と欠乏は世論の示すところであり、これが對策は年々出來る限りの道を講じて參りました。とくに本年度は日本文部省の理解ある御協力のもとに、琉球大学と文教局が相提携し、各種に亘る講習会の實施、教員訓練学校の強化、研究教員、視察教員の派遣、各種研究集会等の計画を進めております。

## 四　職業教育の振興刷新

学校教育に於ける職業教育の位置が高く叫ばれていることは教育の時代的動向でありまして近代社会國家の必然の要請であります。

昨年度文教局におきましてはこの要請に應えるべく特に職業教育課を設置したのでありますが、琉球に於ける産業政策の觀点に立脚した職業教育の質的量的の調査研究の不十分と經費の貧困さのためその機能を發揮し得なかつたことは遺憾とするところでありますが、その重要性を一層強化することは必要なことでありまして、今年度は全教育の一環の中に職業教育を強化深長せしめることが合理的であり、効果的であることを省み、職業教育課の特設を廃し、その行政管理面と指導面とを画然と区別し、單純強化を図ることにしたのであります。尙生徒兒童の在学中の指導に止らず、卒業後の補導育成とその就職への協力も政府對策の重要事項として取り上げねばなりません。

## 五　教育民主化の强化

民主的社会の建設は先ず教育の力にまたなければならない。現今の社会狀勢にてらして民主的教育は最も重要な問題で政府の重要政策である。

民主教育は民主的教育行政の基礎の上に健全に發達するものでありまして、先ず教育行政が一般行政から分離するということが大切な事である。民主的政治の發達は政黨政治の健全な發達に源をなすものであり、一般行政が政黨政治と密接な關係を以て行われることは政治の常識であり、こゝに教育行政が一般行政から独立すべき理由があると思う。かゝる觀点から地方分權の主旨による教育委員会法を立法し、教育委員会に教育行政を與えて教育行政の自主性をたかめ、教育の民主化を強化したい。

## 六　教育財政の確立

以上六つの目標をかゝげましたが、かゝる目標も財政の裏附けがなければならない。

教育の重要性にかんがみ財政の確立のため政府は教育職員俸給法、教育補助金等の立法を要請するとともに、地方財政に對する稅制を確立し、地方教育費の充實を図りたい。

# 座談会

# 研究教員の観た本土の教育

出席者（順序不同）

知念高等学校　山城亀延
糸満小学校　長嶺ハル
大道小学校　多嘉良行雄
糸満小学校　保久村昌伸
糸満中学校　宮里清四郎
宜野座中学校　知名定善
西原中学校　平敷静男
大道小學校　松田州弘
辺土名小学校　大城徳次郎
知念地区社会教育主事　山口沢正
北中城中学校　安里永誠
城北小学校　兼島朝太郎
具志川中学校　幸地長弘
高良中学校　上勢頭勇
大里中学校　石原ヨシ
石川地区指導主事　島袋栄徳
本部中学校　仲松源光
伊豆味中学校　大城盛吉
中城中学校　仲真良盛
壺屋小学校　金城順亮
北部農林高等学校　玉城深二郎
首里中学校　平良良信
与那城小学校　金城フミ
知念高等学校　与那嶺仁助
古堅中学校　松田盛康

文教局
局長　真栄田義見
次長　小波蔵政光
研究調査課長　比嘉博
その他指導課、研究調査課各主事

司会
指導課長　中山興信

中山　皆さんは琉球教育復興の趣旨の下に、多くの困難を排して研究してこられました。私達としましては皆さんが持ち帰られました結果を琉球の教育の各方面にわかち合い有効に役立てたいとかねてから考えておりましたが、今日それが実現したわけであります。今日は時間が極めて短いですけれども、差しあたり皆さんの御感想を承わり、それを何らかの方法によつて全琉の先生方に傳えると共に、これを機会に、これから次々と帰つてこられる方々も加え一つの組織をもつて皆さんの研究の結果を結集して琉球教育の推進力たらしめたいと思います。私の方で司会をせよとの事でありますのでよろしくお願い致します。先ずプリントの要項の順序によりまして進めたいと思います。

★カリキユラムの構成とその運営

中山　新教育において真先に叫ばれて研究にとりかゝつたのが此の問題であります、が未だ此の問題が解決されずに今に至るまで色々と論議されているようであります。そこで本土に於ける先生方のこれに対する関心、実際の状況について話を進めていたゞきたいと思います。

仲真　千葉県では県の教育研究所で基準カリキユラムを作製し、四月の始めに各学校に送り、各学校では、それにもとずいて学校独自のカキユラムを作製し教科書の採用もこれに準じております。此の基準カリキユラムは、1基準能力表　2基準單元表　3資料單元表　4教科基準　の四部からなつて居ります。何故このような基準カリキユラムを必要とするかということについて、研究所では、次のように答えて居ります。

　教育が中央集權から解放され、大幅の自主性が認められたところから、若干の行き過ぎが起り、やゝもすると学校自体の狹い地域性に立てこもり勝ちになるというところから全体的な横の連絡がとれない。これではいけないという現場からの声が起り、その要望に應じて基準を設定することになつた。

安里　長野県でも県の基準やカリキユラムができ、それを基準として各郡市案、各村案、各学校案とそれ〳〵上位團体の案に準じて作製され、一昨年に至つて、それが展開カリキユラムにまで完成されたが、去年から今度は逆に下の方から上に持ち上つて修正を施している。

松田　神奈川方面では相當な豫算を組んでやつているところが多い、横須賀市で六〇万円、横浜一六〇万円、大阪では三〇〇万円の豫算で今年から手をつけるとの事でした。此の様な財政の裏づけの無いところでは文部省の指導要領によつてやつているようでした。横須賀では去年度で完成しそれを教壇の実踐に生かすための指導シリーズを作り兒童にも配布していた。結局財政的な裏づけがない限り実際面に浸透させる事はできないのではなかろうか。

　社会科の場合でありますが、全國主事会議の討論の内容として、一貫性をもたせるために文部省が中心となり、全國的な基準を作りそれに基づいて地方性を生かす必要があると話していた。二十九年度に間に合わせて全國的基準カリキユラムを構成する計画があるようです。

中山　千葉県では基準カリキユラムにもとづいて教科書を選定するようになつているとの事ですが何か委員でも挙げるのですか。

仲真　各学校で選定して居ります。勿論文部省が示してある基準から離れないようにしております。

中山　唯今の話で文部省に於て全國的な基準カリキユラムを作る氣運にあるとの事ですが、現在のところ各府県においても、それが見られるのですか。

山口　大体千葉と同じであります。

大城　京都でも各郡区から小中校別に代表を出して基準カリキユラムを作つて各学校ではこれを基準にして作つている。

與那嶺　東京都では第一次案として出していたが一昨年六月に第二次案を出した。それは一次案を実驗学校に実施し檢討した結果に基いて改訂したものである、その構成員は各地区各研究團体から推薦された人達に指導主事を交えたメンバーであつたようだ。

中山　構成についてはこの程度にしておいて次に運営面についてはどういうふうになつて居りますか、どの程度に活用されて居りますか。

安里　長野の先生方はどちらかと云えば、もてあましているといつた恰好ですネ、カリキユラムはあるが実際は教科書を読んだりしています。その理由は、新教育の理念を未だ〳〵把握していないところにあると思います。図書館等充分な設備を必要とするという点もあろうと思いますが。

金城　非常に見事な運営をしているところもありましたが、結局そういつた学校に限つて資料が多いという事ですネ。

中山　唯今の話では資料が豊富なところはうまくいつているということになれば結局教師の努力ということが大きな問題となつてくるのですが、そのようなところではどのようにして資料を集めているのですか。

松田　神奈川の指導課の山本という先生の話でしたが、年鑑に出ている会社等に直接葉書を出して、商品のカタログ、見本、写真等を貰い受けているそうです。八〇%までは無料で送つて戴いたとのことでした。

金城　神戸の例ですが、或小学校ではあらゆる資料が資料單元集となつて出來て居り、各單元を終了するのに必要な資料がすべて集められている。一つの單元の資料を集めるのに一ヶ年も要したとの事であつた。

　今一つの例は、自然觀察をさせる学習活動の場合、どこそこの小川に行けば、どんな自然觀察ができ、そこに行けば何人位が觀察可能であり、道順、危險な場所とか、ちやんと図示されている。工場見学の場合でも、どの工場へ行けばどんなことが分り、何名位收容可能で、時間は何時間程度で、どの人に会えばよいか等々、実に至れり盡せりである。そのために学校は一ヶ年間にわたる連絡を最初にとつておき、各教師がその都度電話等によつてお願いする必要もなく、子供達も、自分達が行つて見たい時には何時でも自由に行けるようになつている。

中山　結局は計画的だということになりますね。

宮里　福岡の博多湾ですが、こゝは歴史的にも地理的にも豊富な資料を提供するところですが、理科的な資料が册子になつて一つ一つの資料が表になつてあらわれている。電池会社等と先生方が友達になつている、会社の方でも宣傳にもなるので喜んでいる。その他、生徒は手引を持つて自分で研究できるようになつている。

金城　福岡の箱崎小学校では玄関の入口に郷土の特産物が飾られている。

安里　運營のうまくいつていない理由の一つには、すべての学習活動を学校だけでやろうとすることにもある。時間外に有意義にやつているところでは成功している。

松田　全般的に見て、運營上の問題は本土においても未だ熟していない。机の抽出にしまい込んでいる狀態にあるのではなかろうか。

山城　東京教育大学では、教科、コア、廣域の三つのカリキユラムについて実驗的研究を継續しているが、コアをやつている先生方は、廣域や、教科カリキユラムの長所を充分に把握してやつているし、廣域や、教科カリキユラムを取つている先生方は反対にコアの長所、欠陷を充分認識してかゝつている。実驗の結果は殆んど同じであるとの事である。要するに此の問題は形よりも、本当に真劍に取組むという事が大事であろうと思う。

仲真　県の基準を作つて地方に與えても、教師の能力差によつて、その活用は違つてくる。資料單元を県で與えているが、カリキユラムの運營は、学校経營や教師論の問題だと思う。

山城　高等学校の現狀ですが、東京都の方では各学校に基準を示してあるが、殆んどの学校が忠実にやつていない。構成者と実踐者の間にへだゝりがあつたのではなかろうか。各学校では、教科によつて、各教師独自の方法で実踐していた。ある單元には主として理解ある單元には主に生活経驗をとり入れるというふうに……。

中山　琉大にお見えになつている梅根、小見山両教授も、文部省の指導要領を読みこなしているのはそう多くはないだろうと云つておられた。それは別として各學校で作つたカリキユラムを如何に活用するか、その困難性はどこにあるか、又此の現狀から來る氣分はどうなつているか。

平敷　本箱の中にしまい込んでいるのが多いと

の事であつたが、教科書とカリキユラムの関係をどう結びつけていくかということを見出すことに問題がひそんでいるのではなかろうか。

國語の場合ですが教科書は重要な資料となつていることは云えると思います。

松田　社会科の場合ですが、現在うまくいかないという理由は教科書が大きな障碍になつているのではなかろうか、我々が本土に着いた頃は如何に運営するかということに関心が向いていたようだが最近では基礎学力を如何にするかという方面に中心が移行したようである。

中山　とにかくカリキユラムに從つてやつているのであるが、そこに出てくる苦労、面倒さから來る新教育に対する消極的な考えに陥る事はないでしようか、例えば学力低下と新教育を結びつけるとか。

某所での話でしたが、毎日々々プランを立てゝいるのであるが『プランと実際とは別だ、仕方が無い。』と平氣で答えた先生が居たのであるが、それに対して一言の批判もなかつた。

真栄田　カリキユラムを作るにしても結局運営するのは現場の先生方である。現場の先生方の能力ということを考えた場合、悲観的な考えがあるが、東京と琉球を比較した場合、そういつたことはないと思う。カリキユラムの地方化ということが行き過ぎになつて、後は先生まかせになるという事であるが、これを救う道は資料の蒐集にあるという話を聞いた時、現場の先生方に資料迄も與えなければ此の問題を解決する道は無いということになりますね。

松田先生の話によると全國的なものにしようとの事ですが、その考え方は主流となつていますか、それとも一部の意向ですか。

松田　現場のかけ渡しになるような一貫したものを作りたいとの意向のようであります。

真栄田　結論として、我々の問題として取りあげた時作つたカリキユラムを机の抽出に入れてしまつて、かびがつかないようにするためには如何にすればよいのであるか、ということになるのではないでしようか。

平良　何か問題があると直ぐカリキユラムを引き出して調べたり等しているところを見たのであるがよく活用していると思いました。目録に明日の豫定と本日の反省とを書いておくとか、或は一月一回の学年打合わせでカリキユラム通り進行しているか否かを反省している。これがそのまゝ來年のカリキユラム構成の準備となるのである。

大城　カリキユラムの地域性とか特殊性ということも餘り小さい範囲にこだわることなく、もつと廣域の地域性でなければならないとの声が聞かれた。

社会科の統一したカリキユラムを作つてほしいというのも、日本人として、東洋人として廣域の地域というものを重視したいとの要望からのようである。

松田　運営上の問題で、教科書の問題がある。教科書そのものが問題をすべて解決してしまつている。結局子供の一応読んでしまつたもの、反対にそれさえも読めないもの相手にして展開して行くのだから、それが何かとわざわいとなつてくる。

安里　然しそれは実際の展開に当つて教師の取扱いによると思うが……。

松田　それをのみ込んでおればよいが。

安里　問題を分担して解決させる時でも、生徒自身に出させ、計画を立てさせ、それができれば自分達でどんどんやつていく。教師は指導して行く。発表の段階になつて教科通りいくものもあるし、その通りいかないものもある。

もう一つは能力別の問題であるが、やゝもすると出來る生徒だけでやつてしまう。そこでうまくいかないからといつて、元の默阿彌にもどつてしまう。然しよくやつているところでは、それぞれの能力に應じて可能な仕事を與えて成功している。教科書がじやまになるとはいえないのではなかろうか。

金城　ある先生が『教科書は視覺教材として取り扱う。讀めない子供を強いて讀まそうとするからむつかしくなる。写眞、図表等を見せることによつて問題を発見させる。いわゆる問題を生む資料として教科書を使用させる。』と云つておられた。

今一つ実際を見たのは教科書を辞引にして使わしていることである。生徒の教科書を見ると各部分を要約したものが見出しになつてついている、その要約するという仕事も又社会科の大事な学習である。これらは國語の面から充分意味があることだと思う。

平敷　社会科における問題解決学習と、その基礎ともなるべき地歴との關係はどうなつていますかね。

金城　熊本では地歴の方が相當系統的に盛られている。始めの段階では最初から系統的に地歴の要素を盛るということでなしに、大体どの学年ではどの位の事が分るだろうとの想定で立案したのであるが、次の年にはその地歴の要素だけを抜き出して、それが偏つていないか、理解困難でないかを反省してこれを修正するといつた具合にやつていた。

平良　附屬中学で、將來地歴は分科した方がよいのではないかとの話であつたが、中学ではそういうふうになるのではなかろうか。

仲松　現在文部省がどういう考えを持つているか、文部省中等教育課社会科主任、保柳睦美氏は、沖縄ならばこんな單元でいつたらどうかと云つて示されたのが次に掲げるものである。

一　年

單元　1 沖繩
2 日本列島
3 日本を取り巻く地域
4 欧米の生活（アフリカをふくむ）
5 世界の縮小

二　年

1 沖繩の歴史（日本列島、大陸との關係を重視して）
2 日本の歴史（原始、古代、封建）
3 日本の歴史（近代）
4 世界のうごき（その一）
5 〃 （その二）

三　年

1 近代産業の発達
2 民主々義の発達（政治を含む）
3 文化遺産
4 經済の発達
5 世界の平和

次いで一問一答に入り、完全に分科したらとの問に対し、それはいかない、分科論者が分科を唱えたら社会科にならん。問題解決学習が中心である。然しそのためには解決のための道具を必要とする。いかなる名工でも刄物が無ければどうにもならん。此の點から言つて基礎的知識は是非必要である。そのための隘路をどこから打解していくか、地理的な性格を帯びた單元のどこで地図の見方を教えるか、それを具体的にカリキュラムに織り込まなければならない。と話されていた。

松田　教科書が邪魔になるというのも、そういう意味である。資料シリーズ式に持つていけば教師が資料を握つていてそれを單元のどこの処で生かすかと工夫し、カリキュラムの中に織り込んでおけばよい。

平敷　私が質問した意図も、地歴の色合が濃厚であつたからです。今の仲松さんの話でよく分りました。

仲松　東大の教授の話でしたが、教科書中心で結構です。唯教科書のまゝを流すのでなしに、その内容に批判を加えて行く。なぜか？教科書はそう書いてあるが、現実はどうか？なぜそうなつたのかと一々批判を加えて行けばそれで結構だと、一つの面白い見解だと思つた。地域性というものを見つめつゝ教科書を批判して行くが、その地域も狹い地域でなしに廣く日本というところでおさえていくとも話されていた。

中山　カリキユラムの問題については未だ色々と問題があると思いますが、これについては別の機会にゆずることにしたいと思いますが……

真榮田　今までの話を聞いて色々と問題や立場の相違ということも考えられると思いますが、皆さんは絶えず現場の立場になつてあまり觀念的に考えないで、現場に立ち帰えつて考えてもらいたい。日本ではどこでもカリキユラムが作られている。その上に色々な問題が取りあげられている。琉球には、それさえも充分には作られてないという事実、そこを考えてもらいたい。

中山　金のかゝらぬ資料の蒐集ができますか。

一同　できますとも。

仲松　カリキユラム委員を擧げて沖縄でも作るべきであると、文部省の方も強調して居られました。

松田　お願いしたのは本土では各市でさえも予算を編成しているのですから、琉球の方でも政府で豫算化して戴きたい。

大城　カリキユラムはどうしても指導課が中心になつて全琉の基準案を作る必要があると思います。

## ★學校行事の持ち方

中山　二番目の学校行事の持ち方についてお願いしたいと思います。どのように学校行事が計画され運営されているかといつた方面について。

長嶺　私の居つた学校では学校運営委員会を設置してあります。各学年から一人づつの委員が出て学校経營方針を基にして学校行事を計画し、出來上つた計画案を職員会にかけて決定して居りました。行事を行う時に各部の委員（例えば文化部等）がプランを立ててそれを職員会にかけて居ります。

山口　行事の有り方については絶えず合理化簡素化ということが考えられているようです。例えば競技会や運動会等で学校を休んで全校が應援に行つたり、練習のために授業をさくということは全く見られません。クラブ活動や正規の授業時間で常にやつている。旅行、遠足の場合でも豫め委員会や學級で計画し生徒自身が豫備調査を行い。プリントにし生徒会で配る等、総べて教育的効果をねらつて計画運營されているようでした。

大城（徳次郎）　神奈川の小田原の例ですが、生活カリキユラムを取り、学校祭りという單元の中に学校行事が取り入れられ一ヶ月にわたつて展開されている。

安里　長野は週五日制を採用して本年度で七年目だとの事でした。その理由は学校行事の簡素化というところにあるようです。月曜から金曜迄は行事のために絶対に授業をさかない。非常に計画的、能率的民主的に計画運営されている。計画委員会から教務へ学年始めに提出して年間計画を立てゝいる。県や郡市の社会的行事も固定しているので、年間計画が立ち易い、土、日曜は主に職員研修日に當てゝいる。

仲松　音樂クラブ等、毎日練習しているし、図画、工作も何時見ても廊下や教室に成績品が貼られ而もそれが絶えず取りかえられているので、展覧会にもすぐそれから出品すればよいようになつている。特別教育活動をうんと振興することが中学校教育の中心問題だと思う。沖縄でも特別教育活動を振興しない限り学校行事の問題は解決できない。運動会も期日が切迫するといくらか授業をさく事も見られるが、不断の成果をそのまゝ出している。教師が出張の場合でも補欠授業案なるものを教務に出してから出かけて行くといつた周到ぶりである。

出張回数を統計にとつてみたら、全体で二一〇日の出張で平均毎日一人ということになり一ヶ年で一人一三乃至一四日授業していないことになる。そこで三五週以上は授業困難だからというので年三〇週にし、五〇分授業にしたいとの事であつた。

家庭訪問については、その期間もおかず又授業もさいていない。受持は一年から三年まで持ち上りである。講堂があるため何かの行事のために教室をあてがう必要もない。PTAの会合は夜間を利用する。対外的な会合は部員だけ参加し、ホームルームの時間に報告するだけである。引率の先生も一人で、日曜日の練習試合にも全校は行かない。

山城　沖縄でも体育行事は非常に検討しなければならない。（多数同意を表す）

松田　学校単位の交換試合を都市毎にやつていた。面白いことに應援は相手側を激励をしていた。

小波藏　学校行事の簡素化は非常にかんたんのようだがこれをどう実行するかということが問題だ。

中山　沖縄でもつとも大きな問題ですね。

仲松　学校長の自主性！これだと思う。

大城　宣傳慾というものが今の学校には強過ぎる。

玉城　文教局主催の行事を学校対抗にせず選手權大会にしたら。

屋部　二年前に選手權をやつたことがあるがその後の体育行事の打合会の時、校長側は選手權、体育主任は対抗を主張して対立したが、校長側の理由が單に豫算の問題であつたので主任側の方に押された風になつてしまつた。

中山　指導課で明日、研究会をもつて全琉に一ヶ年間の行事について助言したいと思つているが今の意見は非常に参考になりました。

與那嶺　本土並に校内競技が盛んになるような施設があつたらよいと思う。勿論対抗競技についても考えなければならないが、今直ちにこれを廃止するという場合どうなるだろうか。

眞榮田　那覇の校長会でも話があつた。対抗競技に要する費用を運動設備の費用にまわせば充分できるとの事でした。

屋部　それもいろいろ検討してみましたが、父兄側は遠征するからこそ費用を出すのであるということでした。

大城　一ヶ年間すべての出場を中止して、その金で皆のために運動用具を購入しようと校内で決めたけれども、いざとなると真向から反対された。

與那嶺　保健体育の目的からしても設備々品を充実して対抗競技を漸次へらして行くということが大事だと思う。いきなり本土のまゝをこちらに適用するということはどうかと思う。私の学校ではその方針で行くということに話し合つた。

小波藏　選手權案は私が出したのであるが、今年はバレー、來年は水泳とだんだんレベルを上げるということについては選手權も意味もあるが、そのためには量の問題が伴わなければならない。全体のレベルを高める事なくして良い選手は得られるものでない。

屋部　去年は文教局案としては行事費が無いからという理由であつた。

小波藏　文教局の行事費というのは僅かであるが、それよりも学校の使う費用が大變である。

## ★教員の研修状況、研究集会の有り方、現職教育の現状

中山　教員の研修、研究集会のあり方、現職教育の現状を一括してお話し合い願いたい。

仲真　今から申し上げることは全般的に云えるかどうかわかりませんが実例を申し上げます。市川市真間小学校では各教科研究会があり、数学部会は月二回開かれ、各学年の数学

担任の疑問を部会に持ちかけ、部会はその問題を研究、それに対する対策を考えて数学主任が授業をうつてみる。その結果によつて、問題を解決していつている。実によい方法だと思いました。次に各個人々の研究が非常に深く一つのテーマを持つて専門化している。或先生は特殊学級に関する研究を七人の生徒について一ヶ年にわたつてやつている。とうとう千葉の教育研究所がその研究を取り入れることになつた。千葉の教組、教育長、研究所が一体となつて現場の研究を発表させる機会を与え、その中から研究所が取り入れている。そしてその研究の結果はパンフレットにして配布している。

平良　刺戟が多く、機会や施設にめぐまれている。こちらでは勉強しようと思つても思うようにいかない。通信教育が発達して年寄の先生方までこれを受けている。免許状更新のため認定講習が行われ火曜、土曜日がこれに当てられている。講師には教育大学や学藝大学の教授が当つている。

保久村　週一回の研習日を決め、各学年で取り扱つた単元について、その日でもつて解決するようになつている。午後二時頃から始まつて八時頃まで泡を飛ばしていたが、それでも解決できないので帰りの電車の中で曇つた窓ガラスを黒板代用にして討論を継続しているのにはたまげてしまつたが、後でよくよく落ち着いて考えてみると、それには経済的な裏づけがあつての事だということが分つた。ボーナス、諸手当がついて経済的に不安がなく思い切つて研究や指導に当つている。

與那嶺　教員を一ヶ年間大學に派遣して研究させている。去年は八十六人で、現職のまゝ俸給を貰いながら、研究補助費や旅費を支給している。

玉城　静岡の田舎の方では、東京の一流の大学の先生方をお招き講習会をやつている。交通不便なところでは通信教育を受けている。県としては各部の研究会を活潑に運営していく。例えば農業研究部会では県の農業実態調査をなしその上に立つて県の農業教育は如何にあるべきかを結論し、教育長に進言している。

金城　校内に研究事業促進部を置いて月の研究授業について打合せをする。研究テーマに即して末端方面の研究をする。

軌道に乗せるまでには学校としても研究主任をおいて授業を担当させず、もつぱら研究に没頭している。その下には部員の先生が居つて研究の結果を授業の実際に移すといつたようにし組がとられて來たようです。

松田　研究集会は永續的組織になつて正会員と準会員からなり夫々会費を納入している。その外、市の方からも研修費として補助している。研究発表会も会費制を取り正会員以外は会費を出す。パンフレットも実費をとつている。こうして積み立てられた金は講師招聘の費用に使つている。

山城　高等学校の方は各教科の研究をうんと深めて教壇を充実させたいとの校長の意向で週五日制をとり、土曜日は研修日に当てゝいる。研究の結果は雑誌に発表したり、本にして出したり等している。各大学の方からも研究に対する注文や要望があり、自然に研究しなければならぬようになつている。

兼島　東京都の音樂研究会ですが、本県出身の浦崎、兼村、山里の先輩がずい分活躍されていた。

平良　沖縄に帰つて來て本を読もうと思つても時間が見出せないで弱つている。その大半が子供から金を集める事務に追いまわされている。とにかく事務から解放されていない。あちらでは、そういつた一際の事務は全部書記が取り扱つている。

大城(主事)　教科書の販賣方式にはずい分困つているようだ。

大城　学校運営の組織が管理面と、教育活動の面がはつきり区別され、教員は直接の教育活動の面のみに働いている。我々の教科書係の先生は朝から晩までそれだけで手一杯である。京都での一例ですが学校の玄関に『商用は午後四時後に』と書いた札がかけられている。外部からの頼みに対しては校長は、はつきりした態度を示している。

こちらでは何でも「教育的」という言葉に結びつけて安引き受けしている。

真榮田　相當重大な問題だと思う。赤い羽根運動だけでなしに、ポスター、論文等の依頼等いくらでもある。

仲松　埼玉県教育研究所では、原稿募集要項の中に色々と研究テーマの例をかゝげてあるので、研究所の現場に対する要求ということがよく分る。研究集会の場合には会員の誰かが提案して議長を選ぶことをはかる。報告事項と討議事項がはつきりと区別され、討議事項についても沖縄のように、発表校対会員といつたようなことでなし、各人が意見を発表して討論をする。先生方の見解が廣いということもうらやましい。校長は殆んど全日本の学校を見てまわつている。こちらの研究教員も半ヶ年にして多数やつた方がよいと思う。

仲真　千葉県には文部省指定の実験学校が多いが、何れもその研究テーマは具体的である。例えば、二位数と二位数の乗法の場合に兒童はどこに誤謬をおかすか、その原因は、そしてその対策は、といつたこまかいところを取り上げてやつている。それも二、三年間も継續してやりその成果がどこの学校に持つていつてもまちがいのないところまで徹底的に究明している。発表会は一ヶ年に一回やつているが討議の際等ひどくやつつけるのであるが當事者の方はひろい氣持でその批判を受け入れ、自分達の研究に資している。

上勢頭　三、四年がかりで研究をすゝめている。例えば「反復練習によつて如何に人格完成に役立つだろうか」というテーマに対して、実験を試みつゝ、毎日生徒の身体面や、情操面の変化を綿密に調査測定して科学的にやつている。

平敷　具体的なデーターを基礎にして着実な研究をしているが、沖縄では理論が先行している。障碍となるべき実態の徹底的な究明から始まり、その上に計画を立てゝ行くという根強さがある。現場の教員ならではできないような問題と取組んでいる。

金城文　十月に第四回関東地区教員研究集会に參加致しましたが、各教科毎に分れ五日間にわたつて熱心に研究討議が続けられ、六日目に発表会がありましたが、その発表の形式でドラマ式のものがありましたが非常に興味深く展開されて居りました。

## ★ＰＴＡについて

中山　ＰＴＡの活動狀況についてお話し合いを願います。

長嶺　運動会にＰＴＡの方がバザーを開いてその利益金で職員を慰勞していました。更に学校行事についてもＰＴＡのまとまつた意見が反映されています。お正月の行事について學校でお儀式を擧げた方がよいか家庭行事として家庭で樂しく過ごさせるかで討論をしているようでございましたが、結局家庭の方での行事があるのだから学校でのお儀式はいらないということに決めているようでした。

中山　ＰＴＡについてはあらためて我々が論議する必要はないと思いますが、自主的に運営されているかどうか、についてお伺い致します。

山口　組織の面で二本立てのところと一本立てのところがある。二本立ての場合は正会員と準会員に分けているようです。活動方面は板につきつゝある。最初のうちは学校側からの働きかけが強かつたようだが、段々自主的になりつゝあるようです。

松田　予算面では後援会式になつているが内容

になると、いくつかの委員会を組織してやつている。私のところでは学校側も苦労していました。

平良　新教育に対する認識を深めるために父兄の一日入校をやつていた。生徒の教科書を持参してそれで教育を受ける。沖繩でも新しい教育については一應は学校側から認識を深めて行く必要がある。

仲眞　PTAについては郡部と市部とで一般的な相違があるようです。市部の方ではPTAの意見が学校教育に反映するようになり、父兄の力が段々強くなり、中には人事問題にまで介入し、收拾がつかなくなつたところもあつたようです。

仲松　都市にあつてはPとAあつてTなき会だとまで云われた事があるが田舎に行くと沖繩の後援会と大差ないところが多い。

山口　教育用語についてでありますが、父兄にも理解してもらえるようにくだいて使いたいものだ。

金城　私の聞いた範囲では「父母教師の会」と云つているところが多いようでした。

中山　色々あると思いますが、要はこれを健全に育てゝ行く事にあると思います。そのためには教師の方が中心となつてこれに対する認識を深めることが大切であると思います。

PTAについてはこの辺で打切りまして、視聴覚教育についてお話を承わりたい。沖繩でも最近関心が持たれたがまだ／＼といつた感が致します。

多嘉良　映写機は全國で六〇％の普及率で、これから見てもこちらがずいぶんおくれていることが分ります。最近ではテレヴイジョンも登場し、東京で四校がこれを教育に取り入れている。幻燈機は小学校一年から操作が出來るようになつています。

中山　学校の毎日々々の視聴覚教育の運営についてはどんな状況ですか。

松田　視聴覚連盟を組織して各学校もこれに加入している。映画の推薦、フイルムの契約、映画梗概の配布等を事業としている。

上勢頭　音楽方面では五線のついたピアノができ、視覚と聴覚に同時にうつたえるようになつている。

中山　映画、テレビ、幻燈、紙芝居以外にどんなものが利用されて居りますか。

安里　長野の方では掲示教育が非常に発達しています。

大城　近畿地区の研究会の第八部、視聴覚教育のグループでの意見でしたが、莫大な費用をもつてやることは総べての学校に希むべくもない。忘れられた部門、例えば学校の現に持つているものを活用するということが考えられなければならない。立木、或は廊下に大小いくつかの砂袋をおいて、これによる数量教育等と歩きながら自然に取り入れられるようになつている。このように興味をそゝつてやつていくといつた面が取り上げられていました。学級内の小黒板を見ると、子供の興味の方向、学習活動の方向がすぐ分るようになつていました。

中山　宮古教育会主催による先生方の意匠製作品展の報告を受けて居ります。主として教具の方でありますが、その中に此の方面に相當タッチする部面があるのではないかと思います。このようにして先生方が工夫することによつて必ずしも高價なものを必要としないということになるのではないでしようか。

仲眞　私の居つた学校では、主として掲示教育に力を入れて居りましたが、それも、兒童の心理的な場を構成するように、指導前一週間前から掲示して居ります。それも殆んど生徒が作製して居ります。無計畫なものでなくて單元計畫の中に学習活動と連絡してやつています。

大城　梅根先生の著書の中に、掲示教育を大きく取り扱つて居られたようですが、地方でもその教育的價値を再確認する運動が行われているようでした。

平良　掲示板が一ヶ月もそのまゝ取りかえられずになつていないか。押ピンのとれているものはないか、しおれた花が生けられたまゝになつていないか、死んだ魚が浮いたまゝ残されていないか。生徒と共に考えてやられているか、等とその運營については非常な氣の配り方である。

高等学校の 掛図類は 殆んど 生徒の 作品である。

## ★特別教育活動について

中山　時間がありませんので、次に進みたいと思います。特別教育活動についてどうぞ。

幸地　組織上の問題では、進学指導が行われる関係上、三年からの役員が少く、困つているようです。運營の面では時間不足で特に教師が雑務に追われてどうにもならんと云つていた。今一つは藝能科、科学方面の教師が少く適当な指導者が得られない。等いろ〳〵な隘路があるようです。

仲松　中学校の教育全般を見て、教科面は大した事はないと思つたが、特別教育活動には大分教えられるところが多かつた。これを抜きにしては中学校教育は全然考えられない。これが無ければ小学校と一しよにしてもよいと思う程である。沖繩において開拓すべき教育の分野はこれだと思う。

組織面については、生徒会と、クラブと二本立になつている。体育部と、文藝部は全生徒が入つている。その外に趣味以外の部活動というものがあつて、学校生活の向上に奉仕している。

行事をもつと簡素化して是非開拓しなければならぬと思う。

長嶺　生活学習という名にして、個性を伸ばすという面と奉仕生活を兼ねた組織になつて居りました。四年以上が参加し各自の希望で六班に分れ、一班が七―八〇人程度のグループになつて居りました。校長は説明のない教育ということを強調して居られました。

平良　児童会について申しますと、子供が自主性に富み、発表力旺盛である。先生方もその中に入りこんで一緒に討議している。ホームルーム時間には 児童が 前日家に帰えつてから、今朝学校に來るまでの事を発表させて、それについて先生が指導している。晝食時間は主として、しつけの時間にあてゝいる。沖繩では此のしつけの面がおろそかになつている嫌いがある。

松田　自主的であるという外にできるだけ社会の要素をそのまゝ取り入れて行くということに工夫している。委員長の選擧にしても選擧管理、選擧運動等大人の社会で行われている通り実施している先生方もこれに干渉がましいことはやらない。

中山　干渉はしたいと云つても、どこかでは指導しているのではないですか。

仲松　干渉は全然していませんね。

松田　最初は学級活動からはじめて三年間を経ている。生徒の作つた規則の中に、候補を校長が認可するようにちやんとうたつてある。

山口　生徒に徹底的に討論させて、先生はオブザーバーの立場に立つて居りますね。

大城　小学校の方では此の教科以外の活動を協同活動と称して学校教育活動の大きな三つのコースの中に取上げられ、カリキユラムが編まれている。その三つのコースというのは、問題解決学習コース、系統学習コース、共同活動コースである。

とにかく小学校においても相当重視され、決して教科学習の補充という意味でないということを申し上げておきたい。

宮里　クラブ活動は評價の対象にしていないために非常に自由な雰囲氣の中でやつている。卒業式のやり方でもその流れが、そのまゝあらわれてくる。

中山　此の辺で、此の問題を打ち切る事に致しますが、とにかく指導要領でも重視されて居りますが、仲松君からの提出もあつた通り、子供の自発性、創造性等、此の方面の分野は大いに考えなければならないと思います。どうも長い間有難うございました。

## 局長挨拶

今回行政組織法の改正に伴う政府組織の整備でどういう風の吹きまわしか、私文教局長の重要な椅子にすわるようになつたのでありますが、問題を沢山持つているところの教育界に飛び込んで來て果して問題解決の能力があるかどうか甚だ疑問に思つて居ります。或は身の程知らずのそしりを受けるか或は貧乏くじを引いたということになりますか、いろいろな事情でとうとう文教局職員の友情というものを頼つて入つて來たのであります。様々な問題を解決し處理して行くのには、どうしても皆様の御協力が無くてはできないと思つて居ります。私は一身を賭して皆様と共に進んで行きたいと思つて居ります。

どんな場合でも教權を維持していきたい。教育の振興は現場の教育の振興以外にはないと信じています。現場の先生方が充分に活動出來る條件を作つていくのが私達の任務であると思います。幸、小波藏次長が居られますので安心してやつていけると思います。更に中山指導課長、比嘉学務課長、山川庶務課長、金城社会教育課長といつた、琉球教育界すぐつての人物が居られますので非常に力強く思つて居ります。

私は教育界だけが問題を持つているだけでなしに、我々の社会全般が又色々な問題を背負つていると思います。琉球の運命を解決する重要な時期だと思います。琉球の歴史が嘗つてない若しくは今後もあり得ない、琉球民族として一歩誤れば不淵の禍を後に残すかも知れない重大な時機であります。そういつた最も困難な時代に教育者の持つ使命は実に大きいのであります。もつと判断力のあるもつと知性のある、どういう場合に處しても悔いのない処置を取ることのできる人間を養成するという事が教育者の使命だと思います。パンパン、土地立退等、色々な社会的政治的問題の錯綜している現実の琉球、そういつた中で、現在の歴史的立場が如何にあるかを意識しつゝ、その渦中にあつて誤らないだけの判断力を持ちつゝ進まなければなりません。歴史の認識、認識的態度に立つていたゞきたいと思います。自分の立つている歴史的立場を客觀的に眺め、認識的態度に立つて、自分をふくめて、それを客觀し、歴史的つながりから未來の立場に至るまで、歴史的認識の立場から、強さを持つて進んで行つてもらいたいと思います。渦中に立つてのある種の激越的態度に対する冷やかな認識、一歩を誤れば我々の子孫に悔を残すような複雑な現実の中に立つて毅然として立つて行く態度、權力にも、金力にも屈しない、而も尙且つ正しい道は何であるかをはつきりと認識することのできる、知性を持つていたゞきたい。もつとも困難な時代に於いて我々はその中に立つ一人一人であります。この危機の中で教壇に立つ光栄を私は感ずるのであります。沖繩の教育界をえりすぐつたもつとも知性の高い皆様と共に此の段階に立つ事を光榮に思い、力の限りやりたいと思います。色々な問題がある毎に皆さんと一緒になつて解決していきたいと思つて居ります。

# 新学年に臨む指導課の態勢

指導課

## △一九五三年度 指導指針

一、指導の態度

1 教育の民主化を図るために民主的方法により教育効果の向上に協力したい。

2 地域並に学校と連繫ある組織を通じて運營したい。

3 個々の学校、個々の教員の特色を伸してその優性を発揮せしめるようにしたい。

4 指導助言は求めに應ずることを原則とし、訪問は偏することなく均等に行いたい。

5 文書又は資料を通じての指導助言並に推薦図書の紹介を重視したい。

二、指導の目標

○児童生徒の実力養成
○児童生徒の生活指導の徹底
○教師の資質の向上
○聽視覺教育の振興
○望しい勤労觀に立つ職業教育の振興
○健康教育の強化
○自主的態度の養成

三、指導の力点

1 児童生徒の実力養成

○自発活動の育成助長
○学習時間の充実
○学習指導形態の工夫
○学習施設の充実
○複式学習の研究
○作文教育の振興
○學校行事の合理化
○教育計画の確立と継続的実践評價並にその記録
○入学試験準備授業の撤廃

2 児童生徒の生活指導

○正しい判断力による自主的行動の養成
○豊かな情操の啓培
○道徳教育の強化
○特別活動の実践強化（教科以外の活動）

3 教師の資質の向上

○教師の自已研修
　特に教科についての基礎力の培養
○校内研修会の計画的継続的実施
○自主的研究組織の強化
○学校行事の合理化
○服務規律の嚴守
○個々の教師の特質能力の活用発揮

4 聽視覺教育の振興

○原理の研究
○資料の製作及蒐集と活用

○教室経営の合理化

5　望ましい勤労観に立つ職業教育の振興

○近代社会に於ける生産と勤労についての理解

○科学的能率的勤労態度の養成

○生産的勤労と郷土の産業振興との関係についての理解

○自主的勤労意欲の昂揚

○実生活の充実向上を図る

6　健康教育の強化

○学校衛生運営組織の強化

○学校環境の健康的整備

○児童生徒の心身の安全

○衛生生活への馴化徹底

○基礎の上に立つ体育指導

○姿勢容儀の端正等文化人たるの品格の育成

○自ら進んで健康を維持増進する習慣の養成

○体育運動競技参加への機会均等

○教職員の保健の充実向上

7　自主的態度の養成

○正しい判断力の養成

○個人の尊重

○責任ある行動

○自立心の培養

○理想の確立

## △学校行事について

一、計画的であり評價し記録を持たねばならない。

○学校行事はすべて学校教育経営或は全教育活動の一環として年度の始めに於いて設定せらるべきである。

○新しい教育に於て吾々が学び取つた大きな収穫は教育のあらゆる面に科学性を持たすという事である。

○すべての教育運営は組織化され、計画的であり一貫性を持たねばならない。

○教科学習以外のすべての学校活動は特別教育活動（教科）以外の（活動）として、組織化され、計畫性を持つて行われる事が要請せられる。

○行事を学校教育経営から遊離し、又は別個の立場で計画運営するとしたら、その教育的意義が薄弱なものになるばかりでなく、往々にして、全教育運営の障碍となることがある。

○設定の手續きについては、学校教育の方針、目標に基き全職員が参加すべきである。

○行事はすべて、各々の趣旨に基いて、設計せられ、それ自体の目標に導かれて營まれなければならない。

○趣旨は又学校に於ける教育計画の全的立場に於いて要請せられなければならない。

○行事の実践の結果につては、目標に照らして、的確な評價なされ、丹念詳細なる記録におさめられ、行事それ自体の成長の基盤ともなり、学校教育伸展の根基ともならねばならない。

○要するにすべての学校行事は、このような考慮の下に学校（児童、生徒）の成長を念じつゝ的確綿密な計画と正確な評價と丹念詳細な記録を求めるものである。

二、其の他の留意点

○出來るだけ全員が参加出來るような組織と計画が望ましい。

○児童、生徒心身の発達段階に即應するように計画し、児童生徒の過度の負担となつたり、教科学習活動を減ずるような事は望ましくない。

○児童、生徒のために計画実施されることを原則とし、みだりに対外的情実に捉われないように。

○特定の児童、生徒のために他を犠牲にしないように。

△研究分担と事務分掌　○印は主任

課長　中山興真

| 部 | 部員 | 研究事項 | 担当者 |
|---|---|---|---|
| 経営一般 | ○大城真太郎<br>山内繁茂<br>屋部和則<br>比嘉信光<br>大庭正一<br>松田俊子 | 1 教育計画の樹立について | 大城真太郎<br>屋部和則 |
| | | 2 高等学校入学者選抜について | 大庭正一 |
| | | 3 実験学校並に各種研究会について | 大城真太郎 |
| | | 4 現職教育並に各種講習会について | 比嘉信光<br>山内繁茂 |
| | | 5 P.T.Aについて | 大城真太郎 |
| | | 6 職業教育について | 山内・大庭<br>松田俊子 |
| 保健体育 | ○屋部和則<br>金城順一<br>前川郁子<br>與那嶺仁助 | 1 健康教育について | 屋部・金城<br>前川郁子 |
| | | 2 安全教育について | 屋部和則<br>與那嶺仁助 |
| 教育評価 | 伊札茂<br>○比嘉信光<br>玉起壽芳 | 1 教育評価について | 伊札茂 |
| | | 2 教育統計について | 比嘉信光 |
| | | 3 指導要録について | 玉起壽芳<br>比嘉信光 |
| 生活指導 | ○西平秀毅<br>玉起壽芳<br>山内繁茂<br>金城順一<br>前川郁子 | 1 道徳教育について | 山内繁茂 |
| | | 2 特別教育活動について | 玉起壽芳 |
| | | 3 ガイダンスについて | 西平秀毅<br>金城順一 |
| | | 4 特殊教育について | 西平秀毅<br>前川郁子 |
| 学習指導 | ○伊札茂<br>当銘睦三<br>大城真太郎<br>大庭正一<br>松田俊子 | 1 單元学習について | 伊札茂 |
| | | 2 複式教育について | 當銘睦三 |
| | | 3 学級経営について | 大城真太郎 |
| | | 4 教育課程について | 大庭正一 |
| | | 5 幼低学年の指導について | 大城真太郎<br>松田俊子 |
| 視聴覚教育 | ○金城順一<br>西平秀毅<br>当銘睦三<br>永山政三郎 | 1 学校図書館について | 永山政三郎 |
| | | 2 視聴覚教育について | 西平秀毅<br>当銘睦三 |
| | | 3 放送教育について | 金城順一<br>永山政三郎 |

教科研究分担

| 教科 | 主事氏名 | 教科 | 主事氏名 |
|---|---|---|---|
| 國語 | 伊札茂 | 図工 | 当銘睦三 |
| 数学 | 比嘉信光<br>大城真太郎 | 音楽 | 中山興真 |
| 社会 | 西平秀毅<br>玉起壽芳 | 英語 | 永山政三郎 |
| 理科 | 金城順一<br>大庭正一 | 職業家庭 | 山内繁茂<br>前川郁子<br>大庭正一<br>松田俊子 |
| 保健体育 | 屋部和則<br>與那嶺仁助 | | |

事務分掌

| 種別 | 事項 | 主事氏名 |
|---|---|---|
| 企画運営 | 1 豫算運營に関する件<br>2 行事の企畫とその運營 | 金城順一<br>大城真太郎<br>大庭正一<br>屋部和則<br>松田俊子<br>前川郁子 |
| 庶務 | 1 公文書の處理<br>2 旅費の請求出張伺簿の記入<br>3 諸記録の記入保管<br>4 原議簿の保管整理<br>5 日誌の記入保管<br>6 指導訪問録の記入保管 | 松田俊子<br>永山政三郎<br>玉起壽芳<br>松田俊子<br>玉起壽芳<br>與那嶺仁助<br>大庭正一 |
| 連絡 | 1 地方研究團体との連絡<br>2 実験学校研究学校に関する件<br>3 現職教育について<br>4 地方指導主事との連絡<br>5 日本本土派遣教員に関する件 | 山内繁茂<br>大城真太郎<br>比嘉信光<br>西平秀毅<br>永山政三郎 |
| 研究録編纂 | 1 圖書、雑誌、公報の整理保管<br>2 各種研究資料の整理保管<br>3 推薦図書教育書に関する件<br>4 教育資料の編纂 | 前川郁子<br>當銘睦三<br>金城順一<br>伊札茂 |

## 学校訪問

# ことばの教育を通して

## ―田場小学校研究会参観記―

主事　守屋徳良

### 一

戦後九年、教育の現場にも色とりどりの華が咲き出るようになつた。

祖國に袂を別つて以來、一時は茫然自失、惰性のまにまに流されていた琉球教育界にも、自覺、反省の日が訪れて來た。それは遅々とした足どりではあつたが。

祖國への復帰には幾多の隘路が行手をさえぎり、あまつさえ実利のいましめは、琉球の民衆を物の一面へとおしやつて……。

しかし、たとしえもない苦難の月日は、われわれに物ではとりかえることの出來ない、心の領域のあることを教えてくれた。祖國とのむすぼれを外にしては、壁に直面した琉球の発展はあり得ない。といつた実感が心ある人々、わけても教育陣營を支配するようになつた。

それが教育の分野では言葉の問題としてとり上げられた。そのいばらの道に思切つて第一歩を印したのが田場の言語教育である。

### 二

二十名の職員と八百の兒童をようする田場が、山城校長の愛護の下に、教兒共にくつわを並べて言語教育の分野の開拓に、精進している雄々しい姿は、同じ悩みを悩むわれわれに、何を考えさせ、何をか感得させ、何をか意思させる機縁となつた。

古くして新しきもの！

これこそ琉球における言語教育の姿でなくて何であろう。戦後の教育界は、單純に過去の総てを否定、一洗してかかつたといつてもよい。舊きもののすべてが必らずしも悪いものとばかりも言えず、新らしきものの一切がことごとくいいものともいえない。むしろ舊いものの中にすてがたい價値を持つために永劫に存續せしめなければならないものがある。

実に言語教育こそ、琉球においては、古くして今も尚、新らしきを失わぬ課題である。

山城先生は、「言語教育」をテーマとしたことについて、

第一に沖縄人の向上発展の意味から、

第二に文教部時代の沖縄教育の努力点であつたから、

第三に沖縄の教育を日本と直結するために、

第四に私達は日本人であると言う自覺に生き

ねばならぬ。

と、語られる。

こうした觀点から、子供がせめて学校生活では標準語の使用が可能であるように、それがいつとはなしに家庭、地域社会に浸透するようにとの願いから出発しておられる。そのために子供の実態を根氣強く掘り下げ、見つめつゝ、毎日の授業面でも、又児童会を通しその他各面でよい言葉の活用を図ることに苦心の限りを盡しておられる。

そして現に田場の部落には多くの標準語使用家庭があるということである。教育が社会に及んでいる実情を尊いものに思う。

又先生は心と言葉の連関に及び、正しい言葉の驅使はいつしか教え児の明るさを增したと述べられている。正しい言語の指導を通して明るい人生觀を持つた子供を育成したのだ。教育界に船出してこの方三十幾年、正しい言葉をと念じつゝ今日に至つた老校長の「標準語を通して心に日の丸を掲げよう。」という一語には目がしらが熱くなる。実質的な祖國復帰の近道は、正しい言語教育にあることをしみじみ想わせられた。

## 三

「素直な子、働く子。」という校訓のもとに教え児は明かるく、はつらつとした教育行を通して正しい人間像の形成にばく進している。先生方の指導の営みは実に愛情をなみなみと子供に注いで止まない。生徒の教師を見る瞳の可憐なこと、信ずる者同志の打てばひびくあの心のつながり。発動的な姿。活氣の溢れた教室が羨ましい。

石山教授は、教師の型を次の三つに分けているが、田場の先生方は校長先生も含めて最もすぐれた藝術家型、良心型の教師を志向しておられるらしい。

「教育研究家型（教員型）はまじめな進歩的教師群で、教育を神聖な天職と考え、愛する子供のために、教育營為に精進する人々で新教育はかゝる人々によつて推進される。」これに対して「組合型（斗士型）の教師は労働としての教育を考え、教員組合に自ら指導的地位を占め教員の社会的、経済的地位の向上のために戦術と、言論と行動とをもつて敢斗する教師群である。」「教員型には敬服はするが、時として研究家ぶるし、斗士型には感謝するもしかし争のない世界、誰とも仲良くして子供達と暮していくことは望めぬ。」「第三の型（藝術家型）は心のどこかに人と争わず、子供達とのび〳〵と暮していく教師群である。教育を藝術的にやつていく心構えでおる。子供を見る眼に、子供と共に物ごとに觸れていく調子に、何となく藝術家と共通なところがある。真正面から固くなつたり、激しくなつたりしないが、それでいて鋭いところがあり、急所をついており、しかもさりげなく無雑作に振るまつている。」（現代教育論）

田場の先生方はなべて第三の型といえる、それはすべての教室が明るく、堅苦しさが見当らない。勿論教育技術に今一歩という点はある。だが教師が睦み合い、なごやかな瞳を交わしている姿は、教育技術の欠をおぎなつて余りがある。

田場の先生方は又よい意味での謙虚さを備えた教員型でもある。私はもつたいぶらない教員型を愛する。謙虚に人の意見を受け入れる教員型をと願つている私なのだから。田場の先生方が子供の実態に即した、研究調査をもとにするという新教育の鉄則を充分生かされて、言語教育を効果的に推進するための資料を、充分用意しておられることからもうなずける。この資料に立脚して、それに子供と、社会と、教育目標をかん案して地味ではあるが、力強い研究成果を收めている。

## 四

一月二十一日 水

① 朝の自習

校門での第一印象、清楚そのもの、それは清められた聖域に參ずるおもい。子供の澄みきつた声、校庭に往きこう子供の姿はみがきすまされた舞台の人のように美的である。子供達のはつらつとした「お早よう…。」を受けつゝ職員室に入ると、そこには山城先生の人となりを象徴するかのような、「謙虚」の額が目にしみる。

② 職員朝会

張切り過ぎて堅くなつてはおしまいだと教頭の先生は、くだけた激励の辞をおくられる。それまでは胸をおさえて幾らか面をこはばらせていたうら若い女の先生もにつこり、なごやかな氣どらない出発だ。笑つて出発。

③ 相談の時間

希望に胸をふくらませながら今日の計画について話合い。

④ 授　業

子供がのびのびした雰囲氣の中で、発動的な学習の営みをしている。正しい言葉をと念ずるこの学校の施設は、生活言語の習得をもとにして工夫されていて、コンセットの教室でありながら、子供の生活に直結したものをと念じながら、恐らくは平凡な営みを続けたことであろう。その平凡が積み重なつてこの非凡な結果を持ち來たしたと考えてさしつかえあるまい。一週二人宛研究授業をしてみがき合つたとの事であるが、成程とうなずけるものがある。深い愛情を注ぎつゝ、自信たつぷりな先生方の構え、これに答える子供のはりつめた元氣一ぱいな姿、そこには目に見えぬ火華が散つている。目標に向つて衆知を集め、総力を擧げての問題解決の營みは、子供に実力をつけずにはおくまい。それは同時に目標を確認し、考え抜き、生命体としての子供に温かく、興味と必要を起させながら自己をほり下げるあの取扱いは、必然に教師をも向上せしめずにはおかないであろう。先生はよい子を育て、子供はよい先生を作る。

⑤ 兒童会、学級お話会

三年以上の委員が織りなす発言は明せきでよく要を得ている。よく他の言をきゝつゝ、自己の信ずることをも正しく美しい言葉で、少しも臆せず述べている。こうして学校の生活を明かるくする責任をわかち合つていく。低学年の学級お話会も兒童会とねらいを同じくするもの、子供なりに実力を発揮している。

⑥ 清　掃

こうもきちんとした学校が琉球にもあつたかと只目をみはるばかり、これは一朝一夕のにわかものではない。掃除の行届いていることは勿論だが、集められたちりがその都度焼却されて—校庭の数箇処にドラム罐のちり焼き場が用意されている。

⑦ 学年別研究会

低、中、高学年の三グループに別れての共同研究である。新しい研究会の生命はこの出來るだけ小單位にわかれて、会員の全員もしくは多数が発言の機会を持つことにあるのだが、これまでの会合ではこの方面がおろそかにされ勝であつた。この意味から三組になつての話合いをプログラムに組んだのは、田場の学校が謙虚に徹底的に他に学ぼうという美しい研究態度の表われであり、又一日をつぶして参観される先生方に学年相應のもしくは、研究題の解決の機会を与えようとなされた思いやりの心でもある。

ここでは如何にすれば兒童生徒を励ましつゝ

面白がらせつゝ伸ばして行けるかということを中心として話題がくりひろげられた。

(イ) 文字や語句の取扱は生命ある文として子供に与える。バラバラに切りはなした字句では子供の國語力は伸びない。

(ロ) 能率的な國語学習の在り方

反復と関心がよりよい成績をあげる。

(ハ) 特殊児童の取扱い

父兄との協力、教師としてはこんな子によつてよりよき師にみがきあげられる。

(ニ) 作文指導について等。

⑻ 全体の研究討議

(イ) 研究発表

○現段階における國語教科書の取扱い。

○読書指導と図書館経営について。

○発音矯正について、

発表は何れも言語教育における苦悶―希望をはらんだ生みの苦しみの公開である。こゝでも感じたことは、人間を動かすものは知性ではなく情熱であるということだつた。資格や経験も尊いには違いないが、それにも増して若い女教師のひたむきな情熱が授業を発表を力あるものにしていたから、女教師の教壇は一きわ目立つている。

(ロ) 指導助言

文教局指導課長中山先生は、山城校長の過去の業績を讃えつゝ先生の温顔の奥にひそむ教育に対する強い情熱を解剖された。琉球教育の再健と言語教育の密接な関係にふれ、この問題の解決に勇敢に取り組まれた先生方の労を高く評價され、一層の精進を要請された。

## 五

教育環境として恵まれた校地、古來山河の美は偉大な人を生むと言われるが、村外れの高台に、雄麗な自然のふところに抱かれる魂の殿堂、そこに自然の工におとらぬ人の努力による樹木の成長、花園には草木の苗木が育つている。子供達の容儀が整つているように校内の物品があるべき所にあるべき姿で生かされている。清楚に秩序を保つて。田場に学ぶ子の中から文化的で、平和と秩序と勤労を愛する有為の人物が輩出することを信じる。

× × ×

教育の分野は廣い。しかし一事が万事という言葉の通り、一つに徹することはすべてに通ずるゆえんである。

文化は永く人生は短かし。
日暮れて途遠し。

の諭の如く問題の解決は永遠の課題である。戦前戦後を通じて一貫した研究課題にとり組み、すぐれた成果をあげられた山城校長こそ、琉球における言語教育の權化である。田場はしぶみと底力をたゝえて例えば大地からはえた大木のようにゆるぎない迫力をひしひしとわれわれに与えた。

夕闇迫まる田場をあとにしながら―言語教育問題の解決に乗出した田場では、言語のみでなく、礼儀も、その他多くの教育問題が一應解決に達しているように想われた。

これは校長の善導もさることながら、職員の献身的な協力の賜物であるに違いない。物に恵まれない教師が現在の苦難をおし切つて、日没まで研究一途に生きたその後姿に、山城校長は手を合わせたそうであるが、こんなに職員と校長が一筋に教育道に精進している学校は多いことであろう。

だのに社会は、為政者は教育者に対して何んな救の手を打つたか?。あれを思いこれを思う時高く評價されない教育界がいとおしくて…。

# 誰のための先生となるか
## ―政治と経済と教育―

無着成恭

教科書代もやつとの思いで拂つているA子の家にいつた。そこで養蚕の先生とあつた。

　養蚕の先生は
「こんなにぬれていては、くされるな。」

といいながら、雨にぬれた桑の葉を見ていた。

「オコサマに喰わせないでおくわけにもいかないし、この雨ではぬれていてなんでも喰わせなければならないなつす。」

と、A子のおかあさんは、せわしく手を動かしながら桑をやつていた。

「まつたく」―そういつて蚕の先生は、さじを投げたように「天氣のわるいのと、おやじのわるいのはなんとやら、で、なんともしようないものなつす。」といいながら、私と向い合つてイロリに坐つた。


ついで紹介しておけば、蚕の先生というのは一〇年程前までは村出身の人が指導していてくれたのであつたが、今は、農業協同組合と養蚕組合でたのんでいるのである。そしてその先生も、県の農業改良課とか、また県養連という大きな行政機構の末端に位しているのであつた。よく研究してみないとわからないが、農業改良普及員などゝ同じ役割を果しているように思われる。

　さて、なんといつても最初に話題になるのは金のことである。去年の晩秋蚕のあと
「來年の春蚕のねだんはうんといいぞ」

といわれたはずだつた。

からはじまる藤三郎の四〇行からの詩「まゆのねだん」など思い出しながら、

「今年の春蚕はいくらぐらいでますか。」

と聞いたのだつた。

「さあ、まだわからないけれど、一四、〇〇〇から、五、〇〇〇もでたらいい方でないですか。」

といつて一息タバコをフーッとはきだした。

一貫当一、五〇〇円位というのである。

「それでも農家ではトントンでないですか。だつて一、五〇〇円として五〇貫とる家でも、七五、〇〇〇円でしょう。それで半年暮らさなければいけないんですもの。」

「そうだ、農家の暮し方からみれば、どつちみち、間に合わないのや。」

と、投げ出すようにつぶやいた。

「なんぼまに合わなくても、作らなければや一文も入らないし、やつぱり作らんなねのつだな。」

と蚕棚の間からA子のおかあさんが口をはさんだ。

「いつたい、昔と今では、蚕の品種がものすごく改良されてよくなつているんでしょう。」

と私から話題を變えてみた。

「それあそうだ、この一〇年で。蚕の品種は改良に改良され繭の質は倍もよくなつている。繭の目方は同じでもサナギが小さくなれば、糸の量が多くなるわけだろう。そういうふうに改良さ

れてきているんだ。それだけに蚕を飼う技術もむつかしくなつてきているんだ。」

だから、養蚕の先生もうんと勉強して、技術的にも優秀でなければなれないのだ、というのであろう。——農業改良普及員の中の二、三人は、県庁で難しい試験を受けなければなれないのだ。といつてあるくのを知つている。——してそれは事実にちがいないのであるが、

さて、

「繭の質は倍もよくなつたんだけれど、農家の生活は、一〇年前とおんなじだネ」

といつたら

「そうだなあ、アッハッハッハッハッ」

と蚕の先生は笑つてしまつた。私も仕方なしにアッハッハ」と笑つた。

繭の質が良くなるということ——これは人類が幸福への道を歩いている証拠だ。繭の質がよくなることと正比例して、農家つまり養蚕家の生活がよくならなければいけない性質のものだ。そうでなければ、養蚕の先生は先生の役割をはたしていないことになる。

はつきりいえば養蚕の先生は、誰一人とし——私の知つている範囲では——先生としての役割をはたしていない。たしかに養蚕の先生は、技術的に益々難しくなつてきている蚕の飼い方を誠意をこめて指導してくれている。そしてよい繭を作らせてくれる。蚕の先生の仕事はそこまでなのだろう。とすれば「先生としての役割をはたしていない」と断定したのは私の独断に過ぎないのであろうか。

「なぜ、いい繭を作つても、農家の生活はよくならないのだろうネ?」

とまたあらためて聞いてみた。

「世の中がそういうふうにできているんだよ。アッハッハ……」と再びわらわれてしまつた。しかしその笑い声にしたところで、「自分は誰のための先生なのか」という自覚を持つた高笑いではないように思われた。

繭の質がよくなるということ——それは、自然科学の世界であり、自然科学的に人類の生活が一歩前進したことだ。さて次の問題は何か。それは、自然科学的に前進した筈だのに、現実の生活は同じように原始的であるということだ。それは一体どこに原因があるのだろう。それを考える糸口として、一体誰が繭の質が良くなることを切望しているのか。という問題につきあたる。すなわち、繭の質がよくなることは生活がよくなるということになれば、すべての養蚕家は、繭の質がよくなることを切望するにちがいないからだ。ところがA子の母親に聞けば、

「まゆの質なんか、どんなによくなつたつて同じことだ」というのである。繭の質がよくなることは、すべての人類の願いでなければならぬはずなのに、繭を作つている当人が、

「よくなつても、わるくなつても、おんなじことだ。そう變るものでない」というのは、どういうことなのであろうか。

日本の教育者は、いつまでも、政治と経済とに目をふさぎ「お天氣のわるいのと親父のわるいのにつける薬がない。」といいながら、アッハッハと笑つてよいものだろうか。私たちは今こそ、誰のための先生であるかを自覚し、政治の目的も教育の目的も、一つのものとなつたとき、教育の営みは、政治をりつぱにし政治の働きは、教育を益々前進させるものであるという確信のもとで努力しなければならぬときであろう。

そのときは教員の首切りなどということはなくなるにちがいない。（山形県山元中学校教諭）

## ―座談会―

# 沖縄の教育を語る

## 小見山教授を囲んで

小見山　莫然と沖縄の教育を語るという所でやつていたゞきたい。さしあたつて現在どういう所が困るかという所から、小波藏次長さんから一つ

小波藏　問題はいろいろあるが、例えば今大きく叫ばれている校舎や施設の問題或は教員の資質や待遇の向上、悪い待遇の為の多くの轉職者、そして現職教育の困難性など。これらはすべて施策を進める経済的な裏付がなく教育財政の貧困が原因する。戦争により民力は愈々貧困になり教育の基礎構造が徹底的に破壊され、だめになつている。

それに戦後は類を見ぬ戦争の惨禍だけでなく、祖國と切り離されて米國の軍事占領下という特殊な事情もあり、モラルの問題でも社会全般に及ぼした。多数の米人からよい所も学んだが、悪い所も学び易く、それが多分に影響した。

小見山　現場の先生から

眞栄城　財政や施設面は先ずおいて教員の質の問題からいうと、沖縄の教員の半分以上が戦後の短期養成の教員で、形をとゝのえる事だけだつたので、戦前のような教員構成は思いも及ばない。都市地区でさえ図画、工作、音楽などといつた技術方面を専攻する教員が得られない。技術を持つていると俸給で食えぬ教員生活よりはと逃げてしまう。そこに穴があり、一昨年本土を視察して沖縄の藝能教育のみすぼらしさを益々痛感させられた。

小見山　組合方面から考えて、

新里　教員の質の低下には此の島は各方面から悩みがある。今度の戦争で失つた教員が七〇〇名を越す。その後輩の教員の卵である男女兩師範の戦死者が四〇〇名を越す。その上に戦後の極端な貧困財政からくる教員の待遇の惨めさは、去年迄の離職者が二〇〇〇名を越し教員数の五〇％以上を占める。その上に優秀な教員や、教員の卵の多数の戦死と、師範全学校の自然消滅による短期教員養成所の問題で必然的にこうなつた。

眞栄城　学校にしても、教師も、生徒も、校舎を建てたり、机、腰掛をそろえたりで、精一杯だつた。そろそろ内容方面に目が向けられると言つたところだ。

砂辺　小見山先生に直接指導を受けて感謝して

時　一九五三年五月十二日
所　沖縄教職員会事務局長新里清篤氏宅
出席者
司会　東京教育大学教授　小見山栄一
文教局次長　小波藏政光
〃　指導課長　中山興真
那覇地区指導主事　砂邊正孝
首里中学校長　眞栄城朝教
那覇中学校教諭　國吉順質
沖縄教職員会事務局長　新里清篤

いる。我々は教育の原理面からの探究が不足していた。勿論今迄研修、経験に充分原理面を探究する指導を受ける機会が少かつたからであるが、私達は今新教育の原理面から考えて、そこに流れる原理をつかめるような端緒を得た氣がして意氣込んでいる。例えば特別教育活動は別個の立場と思つていたが、それがカリキュラムの一立場であり、学習の如何なる位置にあるかゞわかつて來る。沖縄の教員全部が、こういう機会を持ち、教育の原理からとつくんで基礎をしつかり見極めるべきだと思う。

新里　現場を永いこと離れているが、戦前と戦後の教員の研究態度はどうですか。

真栄城　質の低下というより個人的な生活の問題で今迄じつくりと各自がとつくんでいない。それで殊に短期で養成のむつかしい藝能方面の教師が得られなかつた。最近は違つて相当研究意慾が出てきている。

中山　本土と違つて全島がすべて破壊され、無一物となつたため数年間は物が中心の社会であつた。どうにかして自分の食べる物、着る物、住む物を見つけるという事に精一杯で、それの解決が根本とされた。教員もその例にもれず、究修する余裕も見出せない惨めな立場におかれ、自然に質的にも低下してきた。現在も校舎の問題、待遇の問題もあるが、然し次第に内に向けられて來た。物よりも何と云つても人の問題だと云うことになつて來て一段と進んで來た。

　社会も一応の落ちつきを示して來た氣がする。然し教員自体の問題にしても、戦前と戦後には種々の意味で様相が違つており、経済的な問題や、これ迄の七年間近くもの惰性が未だ充分教員を内的に立ち上らせていない感がある。殊に大部分が戦後の教員であるために、教員の妙味を味える迄に至つていない。

真栄城　教育の醍醐味というか、そういつたものを充分味わえる教員も、又その機会も少くなつた。

中山　経験が浅い、機会が少ない。私達現場で講習するにあたつて考えることは、講習会も昔の通りに受取ろうとする風が多分にある様な氣がするがどうでしようか。

砂辺　もがいている。とつくもうとしているが、いとぐちがつかめないという所

國吉　最近卒業した先生は、夜十二時頃迄も研究しているが、押え所が充分つかめず、今一歩というところで堂々めぐりをしている感がする。児童心理を充分つかんでいないことから起る。又終戦後の社会の狀況がまだ反映していて、つかむべきか、放すべきか、の機会を知らない。それに戦前と戦後は子供達もずい分違つた。

小見山　どういつたところが違つたか

國吉　じつくり打込んでやるとか、着実性が少くなつた。

小波藏　その反面、戦後の空氣を吸うて明るく朗かになつた。

真栄城　戦前の子供は小説をよく読んだものだが、現在は漫画が多い。

砂辺　然しその傾向も次第によい方面に向いつゝある。

中山　何といつても子供達が明るく、のびのびして來たのは良い。学校でどなる声も聞かない。

砂辺　中校に行けばもう自分の意見を持つている。

小波藏　生徒会を育てゝ自立的にすることだ。

小見山　終戦直後に体罰などについての問題はなかつたか。

小波藏　問題は少かつた。

真栄城　学童疎開の引卒教員が、戦後九州で経験した教科書を燒かれたり、朝礼をして問題になつたりしたこと等も手傳つて、全般的な風潮となつて体罰は少かつたと思う。

小見山　沖縄の家庭と本土の家庭では体罰は、

新里　こちらが多い方ではなかつたろうか、体

罰の可否の問題も終戦直後私達の間で論議されたが、爾來事件という程のをきかない。

真榮城 小さい子には甘くて、学校に行く頃になるときつい。相談づくでやれる事でも面倒がつて、すぐ手を出す。最もこれは戦前のことで今は家庭でもあまり体罰は見受けんが

新里 集團的な争はどうか。

國吉 戦前は学校対抗の争があつたが、今は全然ない。これは大きな進歩であり、子供同志文通をしたりしている。社会科のおかげだと思う。

中山 他校の生徒はお客さんという氣を持つている。

砂辺 友愛とかいつた氣が非常に強くなつた。戦争の経驗がさせたと思う。疎開をしたり、戦災で同じ苦しみを味わつたりで、

國吉 今度の赤十字平和デーで、未だ一度も那覇に來たことのない國頭の子供を招待し二三日ゆつくり那覇の町を見てもらおうと云うことになつて、招待したい希望者を募つたら、百二、三十名もいた。向うの関係があつて十七、八名しか來なかつたが、子供達は自分の家へ連れていこうと奪い合だつた。経局くじびきになつたが、当らん生徒はがつかりしていた。

砂辺 戦争中北部に避難していた子も多かつたから、恩返しの氣持も濃厚にある。

中山 疎開の功徳と云えば、私の郷里に近い祖慶という部落は戦前、独特の言葉を使つていたが、戦争中、首里、那覇から大部疎開者が來たため、その言葉は全然なくなつた。二十四、五才以下で以前の言葉を使うものはいない。

小波藏 学校の生徒は、非常に明るく、平和的になつたが、社会一般は戦後、自由というよりも放縱という所から未だ充分抜け出ておらず、何らの權威も認めず、仕放題の氣がある。お互同志で決めたものにも權威を認めないがそれが学校にどう反映しているか。

新里 古い權威が失われて、新しい權威が生れるまでの悩みだ。

小波藏 すべてを失い、法律もない、混屯とした狀態で、盗んだり、法を侵したりしてでも食つて生かねばならん時代から、今や教育法規を整備する時代にまでなつたが、あの混屯時代の影響が、どう今の教育に作用しているか。

真榮城 今迄全体集合では烏合の集であつたが今年の入学式から非常に違つて來た。外力が加わつたかと思つたがそうでもない。去年に比べて成績も良いし、立ち直りつゝある氣がする。二、三年前までは非常に難しかつた。

標準語問題でも納得しなかつたが、次第に本土との連りが深くなるにつれて著しく變つて來た。

中山 子供達の理性を育てゝいかんといかん。ペルリ百年祭の米琉親善ということも、米國の良さのみ勉強して琉球の良さを失わしては駄目である。その誇りを相手側にも認めさせる事のできる子供をつくらんといかん。

小見山 沖縄は非常にむつかしい地位にあるが、將來の設計は

小波藏 根本的には自主性を如何に養うかの問題。

小見山 反米的なことは無いか

小波藏 取り立てゝその色合いは見えない。高校以上は分らんが、

真榮城 自主性とか云つたものが今年あたりから、生徒にも相当はつきりあらはれて來た。

小波藏 これは根本的な問題である。自立経済は戦前にも出來ぬし、戦後はなお困難であろう。前途を考える時、今の所光明が少い。

小見山 学校を出た青年はどうか。

小波藏 土地は殆んど軍事基地化しているし、それに、汗をしなくてもどうやら食つていける軍作業というのがあるので、失業は当分少いが、田舎に残つているのは老人と女だけで、落ちついて、じつくり家業にとつくんで

いない。その日暮しのような気がする。

新里　沖縄の置かれた地位がそうさせた。前には本土のことを「内地」というと、沖縄は植民地でないと怒つたものだが、今は祖國と云つたり、本土といつたり、或は他府県といつたり、内地と云つたり、表現する言葉もない位政治的に不安定な地位に置かれている。その中に沖縄の苦悩の全部が織りこまれている。

小波藏　軍作業に五、六万の青年が吸收され、然も低賃金と、敗戰國の社会様相から、パンパンや、盗みも出た。此の頃は大部よくなつたようであるが、

眞栄城　一昨年迄は『早く卒業して軍作業にでも出て一家を支えたい。』『学問の權威も一つも認められない。』『むしろ教養のあるものが、余計社会的に落ちぶれた生活をする。』という風だつたし、常欠の子等も出席を勧誘するのに非常に骨が折れた。今年は貧困で常欠に近い子が成績は良い方であるので、卒業させようとしたが親がもう一度、出させてくれという例が二、三あつた。もう戰後の物質万能から一歩進んだ。

小波藏　軍作業を頼りにしておれなくなつた。

國吉　日本留学、米國留学、琉球大学と言う様な事も子供達に明るい希望を與えている。

小見山　逆コースということが叫ばれているが沖縄ではどうか。

小波藏　未だそこ迄はいつていない。これから現われると云う顯著な例もない。

眞栄城　本土では敗戰というても、戰災を全部が受けた訳でもなく、舊い傳統なども残つて唯押えられた丈だが、こゝでは物も精神もすべてがたゝきこわされて影も形も失つてしまつたから、

新里　メーデーとか過激な變革や、行き過ぎの行動もなかつた。亜熱帯性の気候のせいか、そのため殊更に反動のあらわれる余地もない。

小波藏　本土ではスマートにアメリカに飛びついて行つたろうし、又講和後はその反動や、更に戰前の風潮も出て來た。こちらでは、それ程の變化はない。アメリカ一辺倒にもならなかつたし、講話後も反米一辺倒も少い。

中山　本土のようにGHQによつて強く禁止されたり、抑圧された面がない。助言はあつたが、その為かも知らん。

中山　兒童生徒が明るく溌剌としているのと同じ様に学校の先生にも、それはあるんでなかろうか。戰前と戰後は女の先生は確かに進んだ。

小波藏　新しいものが生れたらしい。

中山　皆努力している。女の先生で、その学校でも男の優秀な先生に劣らぬ人がずいぶん出て來た。

砂辺　大いに意見を述べている。

新里　教員に限らず一般的に自主性は強くなつて來た。選擧でも戰前は村長に、右へならえだが、今では自分というものというものを持つている。

眞栄城　事務分掌でもよい仕事を女の先生がどしどしやる。

中山　最近、文教学校等の短期養成所を卒業したのが伸びつゝある。

小波藏　実を入れる教育期間が無かつた。教員を養成するのに、高校を卒業して最低二ヶ年は教育期間を要すると考えられる。

眞栄城　戰後の沖縄の教師養成過程はこれから吸收をする。油が乗るという時期に学校を出てしまう。

中山　元は教師としての基礎力を與え、その上で養成したが、戰後は元の教生期間だけの養成しかない。

小波藏　かたい言葉で云えば師魂が無い。

新里　先に一般的に變つたと云つたが、教員が強くなつた。一例を擧げると、今度北部の選擧違反容疑で女の先生が、とつつかまえられた戰前なら真つ青になる所だが、その先生は『法規第何條の何項で私を呼んだのか』と逆に

警官をとつちめている。戦前には全くない新しい教師像である。給與問題にしても若い先生が一人一人自分の意見を持つて、政府の高官連と鋭く太刀打している。今新しい教師のタイプが生れつつあると思う。

中山　與論村での話だが、教育委員や、教職員組合合同の研究会の席上、或る教員が、くわしく問題を取上げて質問した頃は、ずいぶん遅くなつていたので、或る教育委員が『かんたんに』と云うたら、質問をしていた教員が『何事か、私達は離島にあつて平生恵まれていない。今日は指導主事の指導を受ける千歳一週の機会でないか』ときめつけていた。

小見山　悩みの島から、明るいほの〲としたものが出て來たと思うが、この辺でどなたかに結論を、

新里　明るい現象というのは一時的の現象である。終戦直後沖縄で生き残つた人は、殆んど全部捕虜として取り扱われ、衣服も住宅も焼かれ、飯をたくのも、アメリカの罐詰の空罐であつた。疎開から帰つて來た人々によつて少しづつ鍋釜類が持ち帰られたが、現在に至るまでの苦しみは衣食住共に並々ならぬものがあつた。現在一應落ち着いているかに見えても心の中では、どうなるかという不安が、たえずある。後一年で軍作業が無くなつたら憂慮すべき事態も起らんかと不安定な気持でいる。この不安定な気持を押えているのは近く祖國に復帰出來るんではないかという希望だけだ。

小波蔵　それが無いと自力だけではお先真暗だ。

新里　御覧になつた事と思いますが、中部は殆んど基地である。そこから派生するものが何であるかは御推察できると思います。なお今日は那覇、首里の先生方のみ集つていただいているので軍作業地帯や、農村の事は充分お知らせ出來なかつた。中部の基地を見れば、いつ爆弾に見舞われるかも知れぬという沖縄本島の人々の気持が充分分ることゝおもう。

中山　終戦後八年間で、これ位復興したことは思えば感慨無量である。この暗い八年間、我々を慰め、励ましたものは祖國からの情報や闇船による図書、雑誌であつた。八年間であらゆる苦難を排除して進んで來た國も祖國に復帰出來るのだ。それまで新しい祖國の動きに遅れをとるまいとする助力であつたが、もうこのまゝ時の推移にまかせられる状況ではなくなつた。

真榮城　教育界のもがきが破裂して二三年前の祖國政府への、文部省直轄の学藝大学設置の陳情となつた。

新里　その点から云つて先生方の御來島は非常にうれしい。我々は種々の悪條件下で、教師の五〇%を失つたが、これ迄進めて來たのも教育者の力が大きかつたと思つている。終戦直後食うのもやつとの時代に、糸満に闇船が來たが、その時に、苦心惨憺して教科書參考書を入れた時の喜びは、たとえようもなかつた。それに味をしめて、北部の離れ小島に又船が入つたという情報をきいて、時の視学課長も一緒になつて教育会で全部取つたら、その中に思想関係の本のある事が分つて、軍から処罰すると厳しく云われた想い出もあり、今から考えると夢のようだ。その後は教員自体で、金を出し合つて牛島義友氏や、小原國芳氏、中村浩氏等を御招きしたり、教育視察員を本土に送つたり、内からの盛り上る力で教育が打ち立てられて來た。

小見山　大体結論ついたと思いますので此所で一應結んでおきたい。（敬語略）

## 豫備の段

明治から大正初期にかけて教壇はヘルバルト全盛時代であつた。豫備、提示、比較、概括、應用と順序正しく、しかも各段階は時間を区切り研究教授の際はタイム係がいて、豫備の段の終りでチリンチリン……といつた調子。では五段教授法華かなりし頃の模範授業豫備段けつ作の一こまを紹介しよう。

◇教材　滝鶴台の妻（修身書）

◇授業の実際（豫備の段だけ）

例の如く、型通りのあいさつ重々しく。

師「水のたん〳〵落つるところを何というか。」

生「滝といいます。」

師「そうだ。」滝と板書

師「首の長い鳥を何というか。」

生「鶴であります。」鶴と板書

師「この鶴という字はほかに何と読むか。」

生「かく」と読みます。

師「そうだ。」「先生の乗つているのは（といいながら教壇をふみならす）何というか。」

生「教壇です。」

師「ほかに、こんなものは全般的に何というか。」

生「台です。」

師「そうだ。」と台と板書

教べんで板書をさし示しながら

師「今日は滝鶴台の妻」のところを勉強しよう。」といいつつ「の妻」と書添えた。

リンリンリン……。

以上で目的指示ならびに豫備は終つたのである。所要時間豫定通り五分。批評会では声涙共にくだるような讃辞が呈されたことはいうまでもない。あの時代から星霜うつりて三十幾年、今なお、こんな形の教壇がどこかに残つているようなもう想にかられるわれわれは核心にじかにせまつて、こんな無意味を繰返さないようにしようではないか。

## 赤いもの

生活算術華かなりし頃の一挿話である。

子供の興味をそゝり、その生活経験に訴えそれから問題作製にまで及ぼうという、数学新思潮の流れを忠実に守つていると自任する。

一訓導失敗の巻から

それは数百の環視の中で演ぜられた—。

師「先生は昨日町で赤いものを見ました、何でしよう。」

# 旧教育三態

俄然子供の興味をあおつた。

「日の丸でしよう。」「のぼりです。」「口紅でしよう。」次から次へ果てることなしに。だが先生の要求するものは一つもない。先生の顔を苦悶のかげが…。子供も言うべきことを言い應つくして静まり返つている。その時一児が擧手する。指名によつて答も答えたり「姉さんのおこし。」と収拾のつかない爆笑のうず巻き。

批評会でくだんの教師曰く「今日は導入が思うにまかせず、実は牛肉一斤のねだんをきゝたかつたんだが」と。

## 身の護りの教科書

國語の第一時限取扱いである。なまかじりの解釋学等を鼻にかけている迷訓導氏は、もれるだけもつた手前味噌の机上プラン—通読、感想発表、文意想定、文節の分け方、形式面の学習等至れり盡せり—をひつさげて意氣揚々と教室に乗りこんだ。子供の実情に即するといつたような心遣いは爪の垢程もない。

師の「読める人は」に一人の擧手もなく、五十人が揃いも揃つて教科書を衝立てにしてその中に頭を隠している。

師「太郎読め。」太「読めません。」

師「だめだ。では花子読め。」

花「……。」師「花子はおらんか？人に呼ばれて…。」名を呼んだり、叱つたり、おどしたり、子供はおじけ切つている。教科書という名のざん壕にたてこもつて、教師の視線と絶間なく発せられる罵言から身を守ろうと努める。腰を低め首を屈げて、それなのに教師は尚も意地悪く、教壇の上を右に左にかけめぐり、上から横から激しくうちまくつて止まない。子供は時折りこの堅固なとりでから見上げるようなまなざしで、やがては恩師と呼ばねばならぬこの代物をこわごわと打ち仰ぐのだつた。

そのうちに終業の鐘が救いの福音の如くに響き渡る。休戰ラッパの有難さもかくばやと、子供は地獄の攻苦にも比すべかりし過ぎし一時間の苦悩も今はうち忘れて、心は校庭におどり出ていく。

師「よく家で勉強して読めるようになるんだね。」子「はい。」

元氣一ぱい解放の歓声をあげる。教科書を読むぞとの響では勿論ない。

「かくて教科書は、何年先に役立つかわからない高遠な教育目的に使われるよりも、今現に恐ろしい教師の冷酷な魔から身を守る手段として、大いなる貢献をしたのである。」

それでは新教育で教科書はどう使われているのであろうか。（N・M）

# 育英事業雑記

琉球育英会副会長　島袋全幸

「育英会つてどんなことをするんですか。」と問う人がいる。それが一般の人ならまだしも中には教職員もいるのである。民主主義のざつとした解説書の中にも教育の機会均等という立場から育英事業のことに説き及んでいる筈であるが知らない人があれば、周知徹底させることも亦われわれの任務であるからいろいろと方法を講じなければならない。

○

「近頃の高等学校の卒業生は力がない。つかいものにならない。」ときめつける人がある。そしてその言葉の裏には新しい教育の方法に対する非難や、教師の素質に対する慨歎もこめられているような響である。

学力の低下は正にそのとおりであろう。然しその人たちは何故学力が低下したかについて一考を加えたことがあるであろうか。

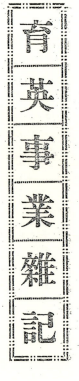

われわれの子弟の素質がよいことは、曾て彼が疎開先で示した成績によつても十分に證拠だてられている。その子らが学力低下を來たしているのは、新しい教育の罪でもなければ、教師の怠慢でもなく、根本はいろいろな悪條件下に彼等がおかれているのに原因するのではなかろうか。よい種子ではあるが、瘠弱な廃地に植えつけたようなものである。伸びが悪いのは、種子や、手入れをする人が悪いからではなく、瘠弱な廃地そのものに原因するのである。そして「つかいものにならない。」ときめつける人たちも、実は廃地たる社会環境の構成分子であつてみれば、結局その人たちは自らの非を棚に上げて他を難じているようなものであろう。だから世の学力非難者たちは見當違いの非難をする前に、伸びる能力ある者を皆の力で伸ばしてやるように温かい援護の手をさしのべるべきであろう。

○

二十三、四年に亘る学校教育で、わたくしが一番困難を感じたのは戦後三、四ヶ年の教育であつた。勿論ろくな校舎もなく、教員も教科書さえもないみじめな時代であつたが、そう云つた物的欠如による困難さよりも、もつと救い難いのは彼等の精神の持ちようであつた。その時代は学校を出たつて軍作業に行くより外なかつた。暗恒として希望のない未來、貧窮と苦難の社会にあつて彼等はデカダンスと自棄とに落ち入らざるを得なかつた。戦果の思想はび漫し、学校騒擾は流行病の如く各地の高校に頻発したこのような時代に日本留学制実施の報があつたことは、一大朗報として、職員も生徒も文字どおり欣喜雀躍したものであつた。これは最初、医者の養成は琉球ではできないから是非日本に留学させたいとする厚生関係團体からの陳情が容認せられたのに基くものであつて、契約学生の嚆矢をなしたものである。續いて琉球大学も創設せられ、ここに希望をみつけた生徒たちは悪條件と苦闘しながらも必死に努力し勉強し、ようやく学徒本來の姿にたち戻るようになつたのであつて、門戸を開放することが如何に甚大な影響を彼等に及ぼしたものであるかを十分に示したものであつた。

然し、たとい前途は開放せられても、一部の金持達の子弟にのみその特恵が許されるならば理想を追い公平を求める彼等は反撥的に矯激な思出に走るに違いない。ここに育英事業の要性の一つがある。

○

学力低下の根本原因はいろいろな悪條件下にあるからだ、と云つた。いろいろな悪條件とは具体的にどんなことであろうか。校舎、教具、参考書等の不備不足。祖國觀念の薄弱さから來る精神的拠点の欠如、教師の素質の低下、暴風や雑多な行事や生活苦から來る授業時数の不足等からもつと掘り下げれば、各家庭の貧窮、文化施設の貧弱、消費面が発達して生産事業不振の経済、殺人強盗が行われパンパンが跋扈している歪な社会実相等が擧げられるであろう。そしてこの解決は、單に教育者だけの力でできるものではなく、又一朝一夕にできるような生やさしいものでもない。これは各方面の総力を結集した強力な政治の力に俟たねばならない。

そこでわれわれは、熱情があり、合理と理論を求め、実践力と創意性に富む多数有為の若い人材の登場に期待する。

郷土の復興再建の根本問題として育英事業が考えられる所以である。

講演要旨

# 新教育に魂を入れるもの

京都大学教育学部長
文学博士　下程勇吉

（まえがき）此の講演要旨は研究調査課の平良主事が研究教員として配置された静岡県安東小学校に於て五月七日なされた下程勇吉氏の講演を筆録して送つたものである。

## 一、問題の所在

教え込みの教育は一見能率的にみえるが、それは子供をして追随的、奴隷的にならしめる。

新教育においては自律的ないき方が最も大切な事である。子供の自律性をよびおこす為には先ず教師自身の自律性が必要である。子供を自主的にするには先ず教師自らが自主的でなければならない。

教育に「魂を入れるもの」それは一寸した事であるが、それは総てである。例えば繪において遠近といゝ色彩といゝよく出來ていても魂が入つていなければいゝ繪とはいえない。魂を入れるものは一寸した事であるが、それによつて繪に氣品がでてくる。

吉田松陰は教育の方法は必ずしも多くはなかつたが、教育に魂を入れる点において光つている。

我々の教育も部分々々には意味があつても全体として何等かの意味がなければならない。人格統合の上から意味がなければならない。これが今日の日本の教育の問題であると思う。

米國の教育に魂を入れるものはキリスト教の精神であり、ソ連中國の教育に魂を入れるものは共産主義の精神である。何れにしても、米ソの教育は魂を入れる何物かを持つている。

我々の教育に魂を入れるものは何か。魂を入れるものとしての教育勅語的なものをのり越えるために新教育が生まれたのである。

教育に魂を入れるものは長い歴史をとおして我々自身の腹の底から出て來た人間性の結晶である。社会性が身につき、基礎力が身につき、職業性が身につく事は、現実的に人が生きる為には必要である。然し教育はそこでふみ止まつてはならない。

人間は生きると同時に生甲斐をもつ事が大切である。人の人たる所以は生甲斐を感ずる事である。教育は生甲斐を感じさせる何ものかをもたねばならない。

## 二、教育における具体的目標

学習の目的をはつきり自覚させる事は大切である。この時間の勉強は何のためにしているかをはつきり自覚させる事である。立派な授業はこの点がはつきりしている。活動はあるが学習のない教育ではなく、活動即学習、学習即活動でなければならない。

教育基本法に示された教育目標は結構であるがそれは抽象的である。その為目標がぼやけてかえつて新教育に魂を入れないではないか。

具体的な、その学校、学年、学級の目標をもつ事が大切である。きわめて平易な、きわめて具体的な教育目標、生徒自身がよくわきまえ、新米の教師にもわかるものでなくてはならない。

この学校（註安東校）に「人にめいわくをかけるな」とかその他書かれてあるが、このような具体的なものがのぞましいのである。

新教育の目標を手近な所にひきおろして具体化する必要がある。それは古い校訓の復活ではないかと言うかも知れない。古い校訓と我々の新教育における具体目標との相違は、それが上からのおつかぶせでなく、児童自身の中から出てくる民主的なものである事である。

封建的な外からの強制をおしのけて民主主義が出て來た。それは自由と權利と基本人權を尊重している。それが表面に出て來た時、その三つがどのように成立つているか。この点がはつきりしないので道徳教育の問題がおこつたのである。

人は責任を果すかぎりにおいて自由であり、義務を果すかぎりにおいて權利があり、人の基本人權を尊重することにおいて自己の基本人權が認められる。

どんな社会でも「おきて」のない社会はない。その「おきて」を外から少数の人の意志によつておつかぶせ、多くの人々の立場が考えられない所に封建社会の悪さがあつた。その「おきて」が人間性をまともにのばせるようにお互がそれをつくり出す。

責任を果し、他人の人權を認める時我々は自由であり、權利を有し、基本的人權を尊重される。それのできないのは精神病者であり、犯罪者である。彼等はそれができないので自由をそくばくされるのである。

新しい教育は、この人間性をつかんでの具体目標が子供達のものとしてたてられ、守られていく事が、古い教育とのちがいである。

## 三、問題解決的な学習
（学習における問題の意義）

人がほんとの意味で学ぶにはどんな條件が必要であるかというと、自分の胸で考え、自分の腕ではたらく、換言すれば自分自身の活動によつて学ぶことである。

問題解決学習が、學習面から新しい教育に魂を入れるものである。

教育心理学的立場と、教育社会学的立場から問題解決学習について考える。

先ず教育心理的立場から言うと、下村千秋氏の「中学生」の主人公長太郎は、何時もは教科書を開くとたんに眼がかすんで、本を読む意慾もなかつたが、彼は自分の生活の問題をとく知識として本を読むようになつた。生活に生かす知識を学ぶのが学習である。知識は生活に生かされなければならない。

子供に書物に親しむ態度をもたすか否かは教育の根本問題である。

子供達が自分自身の問題ととつ組むとき、子供はいやおうなしに勉強するのである。新教育における問題解決学習の意義を認めなければならならない。

子供自身の問題が子供の中に生きる事は大事なことである。

人生は問題の連続である。問題を抱く事に生甲斐がある。この問題によつてその人の生涯が決定する我々の問題は常に社会の問題である。我々の問題は社会的である。

教育社会学的見地から問題解決学習が大切である所以である。

社会科が新聞の雑報的なものであれば魂が入らないのである。雑炊カリキュラムではいけない。こんなものでは過去の地歴教育に比して学力の劣るのは当然である。

社会科のめざす所は人間の歴史が発展する姿新しい物をうみ出していく動的姿、進歩的姿において社会をとらえるものでなければならない我々の祖先はその当時の問題を如何に解決して進歩して來たかをしらべるものでなければならない。立体性がなければならない。

島根県のある学校で、トラホームが多い事から、この問題をとり上げて学習をした。その結果トラホームの原因が水の便利の悪い事にある事がわかつた。一つの井戸を十八戸で共有し、十五人も入る風呂が四回もつかわれている現状がわかつた。先ず子供のできる事としてカルキで井戸を消毒する事にした。そこでカルキについての学習をしたが、それこそ自分の問題を解くためのものであるから、身についたものとなつた。更に農家の主婦が一日の勞働を終えて風呂の水をくむという事が如何に過重な負担であるかを子供達は身にしみて痛感した。

然し、こゝに大きな壁にぶつかつた。それは井戸がもつとほしいという事はわかつたが自分達の手ではどうする事もできなかつた。

然し、問題を解決する事はできなかつたにしても、子供が問題をしつかり把握し、その解決の必要を認めただけでいゝと思う。その後その校区では井戸が掘られるようになつた。子供の問題が社会を動かしたのである。

自律と同時に人をおもいやる恕の精神が大切である。

口で言つてきかせる事を社会科でおそれてはいけない。修身科の復活には反対であるが修身的要素をとり上げることは必要であると思う。

口で言つてきかせるより問題解決を通して体得させることはより必要である。

社会的知性、個人がもつている考えを合せて理解する心、それによつてよりよい社会をつくる進歩的意義をもたせる。

教育と政治の問題については、政治によつて教育をわりきる事はいけない。然し教育が政治をはなれるのもいけない。

進歩的勢力と保守的勢力とを社会的知性によつて両方を近づけることが大切である。

傳統を尊重すると同時に進歩的考えをもつ、傳統の精髄を学び新しいものに鋭い感覚をもつこと。問題解決学習が教育心理学的にも教育社会学的にも必要である事を考える必要がある。

### 四、教育は現実的要求に應えるものであると同時に自身の要求をみたすものである。

生甲斐のある生活、生きる喜びと自信を子供達にもたせる。

人間が如何なる時に生きる喜びと自信をもつか。

自主性をもたし、他方では人に連る喜びをもたせる必要がある。

自立と愛の教育。社会性の面から最も人につながるのは愛である。

自己実現と同時に人々の心をうつものである自主性と社会性。

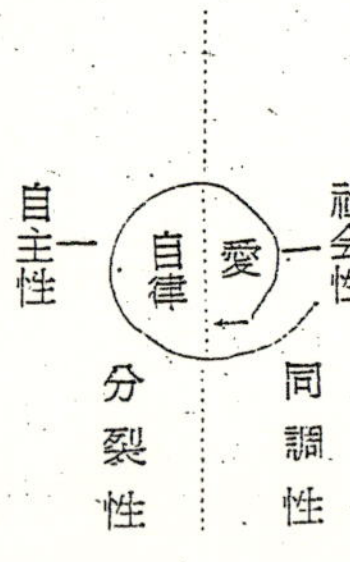


子供をよく見てどちらか一方に偏しないようガイダンスに於て氣をつけることが必要である人間は身体をもつと同時に言葉をもつ。独立しながら他と連る。

人あつて我あり。自分自身をはつきりもちながら人を認め、人を愛する。

忠恕の精神。人の立場に立つて考える人でなければならない。

## 五、結　論

「自律と愛」が新教育に魂を入れるものである。

そこに深い意味の平和教育が生れるのである聖徳太子―「以和為貴」自分自身に自信をもちながら、思いあがらず謙虚でなければならない「高邁の精神」、この精神を個人的、國家的にもつことである。

足もとから歴史をきずき上げていく精神。足もとからとく事がやがて世界の問題を割切るのである。

謙虚にして高邁な精神が教育に魂を入れる。

「一隅を照らすものは國の宝なり」（最澄）現在は一人や二人の人で多くの人を導くことはできない。各人がよき尊い何物かをもたねばならない。（終）

---

**投稿歓迎**

○地方だより　・教育委員会、学校、地域社会等の特筆記事

　・教育関係の美談

○教育一般　・論説　・研究調査報告　・実践記録

　・随筆　・小品

1　記事の掲載は當方に一任のこと

2　原稿は返しません

3　登載の分には本誌を呈します。

4　送り先は文教局研究調査課文教時報編集課係

---

## 沖縄の鼠

米軍家庭のメードに行つている女の子の話である。

鼠族の狼籍に困じ果てた米人夫妻は、いろいろと思案のあげく、鼠捕り器を使用することにした。チーズを餌につけ、先ず奴等の通路と思われる所に架設してみた。ところが幾日たつても獲物はあがらず、何時の間にか切角のチーズにもかびがつきはじめた。今度は餌を牛肉に變えてみたが、あいもかわらずさつぱりいかない。あちらこちらと場所を變えてみても一向手ごたえがない。唯つくものは、青かびばかり。夫妻はくびをひねつて考えた。それをはたで見ていたメードの沖縄娘。

『それはチーズや肉類ではいくらやつてもだめですよ。沖縄の農家では、生のさつま芋を餌につけておりますが、通りかゝつたが最後まちがいこありませんよ』

とちよつぴり指導助言に及んだ。米人夫妻が早速実行に移つたことはいうまでもないところが沖縄娘の助言は見事効を奏し、翌朝鼠族の捕虜一號はいともやすやすと米人夫妻の手中に陥つた。変り果てた獲物を眺めながら感慨をこめて、米人夫妻は次のように語つた。『さすが沖縄は鼠まで芋でなくつちやネ』

×　　×　　×

沖縄の鼠族が芋等には目もくれず、バターや　チーズや、牛肉にとびかゝる習性を持つようになるのは、一体いつのことだろうか。

（S・A）

# 良書の紹介

## ◉日本人の創造

上原専録　宗像誠也

二九三頁　二五〇（日本円）一〇〇円

東洋書館発行

昭和二六年四月から翌二七年四月までの十数回に亘る兩氏の教育対談で〃新しい日本人の形成〃をテーマとしたもの、第二話近代的人間や第五話教育の基本的課題、第七話日本民族共同体の意識の形成、第九話平和、第十三話逆コース批判等の各章は特に感銘深いものがあり、歴史学者上原専録教授の〃教育思想に多少とも内包せられているオプテイミズムに対する批判的態度〃には共鳴するものがある。（金城順一）

## ◉生きた教育哲学

C・ウオシユバーン著　赤井米吉訳

四八二頁　二四〇円　春秋社

イリノイス州ウイネツカの教育長としての二十数年の実踐から生れた示唆に富んだ好著それこそ〃生きた〃教育哲学であり、教育指導書である。取り上げた問題は教育の全分野に亘り五部四十二章から成る専門書らしくない専門書の一つ。

（金城順一）

## ◉問題青少年の理解と指導

文部省編

三七五頁　五五円　明治図書

早大心理学科教授戸川行男氏を委員長とし外十六氏の執筆による、ガイダンスに関する適當な本。主なる内容は

1. 青少年の非行は如何にして起るか
2. 学校は何をなすべきか
3. 家庭と社会は何をなすべきか

附録として戦後の青少年犯罪の動向に関する統計その他があり、実際例も多数あげてあるので〃基地の子等〃をあずかる我々として一読に價する。

（金城順一）

## ◉新エミール

梅根悟著

梅根先生の御講演は、各地で多大の感銘を教育者に與えているが『新エミール』は先生の描かれる人間像を、エミールや、エミールの学級の子供達をかりて具体的に示している。教師や親は我が教え児を、愛児をこんな風に育てゝみたらどうであろうか。

著書の体裁は、ルソーの『エミール』になぞらえた教育小説ともいうべきもので、読んでいて肩のこらない、一氣に読み下せるやわらかみのあるものであるが、それはそのまゝ梅根先生の教育哲学であり、教育課程論であり、教育方法論であり、児童心理学である。

日々の仕事に忙殺されて時間の余裕を持ちあわせない教壇人にとつては、手取りばやくしかも興味の中に教育の色々な問題を解明し我々の教壇の營みに色々な反省と示唆を與え明日からの教壇実踐に力を與えてくれる良書である。教育者だけでなく、一般の母親や社会の人々にも博く読まれていい書だと思う。（安里盛市）

## ◉「日本の貞操」

水野浩編　蒼樹社

二八八頁　二五〇円

道徳教育や純潔教育についてわれわれは、責任を感じながらもどうしていいかに思い悩む。こんな時いい本があつて、それをもとにして共に語り合うことが出來るといいのだがと思う。

「日本の貞操」は外國兵に純潔をけがされた女性達のいたましい手記である。パンパンの思いつめた訴えで、すべてに希望を失つて轉落する彼女達の生活に戦がない人があろうか？私はこの暴力に対していかりを覺え、同情の涙を禁ずることが出來なかつた。この書を学窓の乙女達に、世の母に娘にそして父兄にもぜひ読んで考えて慾しいと告げたい。とりわけ教師に。

この書を読んで琉球の女性が、今貞操の危機にさらされているという想にかられたとしてもそれは、琉球の社会にとつて不幸とはなるまい。この本によつて道徳教育や純潔教育が推進されることを願うのである。（守屋徳良）

# 学校におけるカリキュラムの構成について

＝研究教員　静岡縣安東小学校配属＝
研究調査課主事　平良仁永

## 一、まえがき

カリキュラムについて研究課題として、県における基準カリキュラム及び学校におけるカリキュラムの構成の手順方法、カリキュラム構成の為の実態調査の内容方法等について調べることを考えていたので、四月五日は先ずカリキュラムの面について調べる事にした。沖縄においては既に各地区において、或は各学校においてカリキュラムが構成されその研究が続けられているので私のこの報告は手おくれの感じがないでもないし、又人によつてはカリキュラム論は既に過去のものでありそれはもう古い事で今頃カリキュラム論でもあるまいという方があるかも知れない。勿論カリキュラムについての研究が始められたのはずつと以前の事であり、それに関する図書もいろいろとり入れられても殆どの先生方が知りつくした問題であるかも知れない。然しながらカリキュラムは一ぺん構成してしまえばそれで良い性質のものではなく、カリキュラムを展開し、児童生徒に学習させていきつゝ絶えず修正検討が加えられ改善されていくべきものである事はいうまでもない。それで私のこの報告も先生方が自校のカリキュラムを修正改善する際に、又新しくこれからカリキュラムを構成する際のいくらかの参考になればよいと思う。

さて四月六日静岡に着任、四月十日静岡県教育研究所にお伺いし同所の研究資料をいただいてそれをみました所、同研究所が「学校におけるカリキュラムの構成について」駿東郡浮島小学校を実験学校として昭和二十五年から二十七年に到る三年間研究を續けられ、その経過、研究の成果が発表されているので、その一部について簡単に御紹介したいと思う。この学校においてはまだ充分に完成されず、昭和二十八年もひきつゞいて研究がすゝめられている。この研究発表は五〇〇頁位に及ぶぼう大なものであるので私の紹介はほんの骨組みについてのみ書いたものである事を御承知願いたい。今度はカリキュラム構成のための実態調査についてだけお知らせします。勿論私はこの実態調査の方法内容等が、これで完全なものであるというのでおすゝめするわけではない。カリキュラム構成においては、社会環境並に見童の実態をできるだけつぶさに調査し、慎重な態度で臨むべきものであることを示唆するためにこれを紹介するものである。実態調査の内容方法等については

先生方がこれを参考にされて、もつと立派なものにつくり上げていかれる事をおすゝめします

教育研究所が浮島小学校を実驗學校としてカリキユラム構成を研究する目的は、カリキウラム構成の実驗と研究をし静岡県教育の地方計画の設定に資することにあり、そしてこの研究において(1)構成の手続の研究(2)構成の実驗(3)運営と評價の三点を目ざしている。尚浮島小学校を実驗学校として指定した理由は、當地域が農村地域であり、静岡県においては学校数兒童生徒数共に農村地域が他の地域に比して圧倒的に多数を占めていることと、農村地域のカリキユラムは全國的に見て研究が多くされていない事等である。

## 二、構成の経過

先ず浮島小学校におけるカリキユラム構成の経過を図示すると左の通りである。

浮島小学校教育課程経過要図

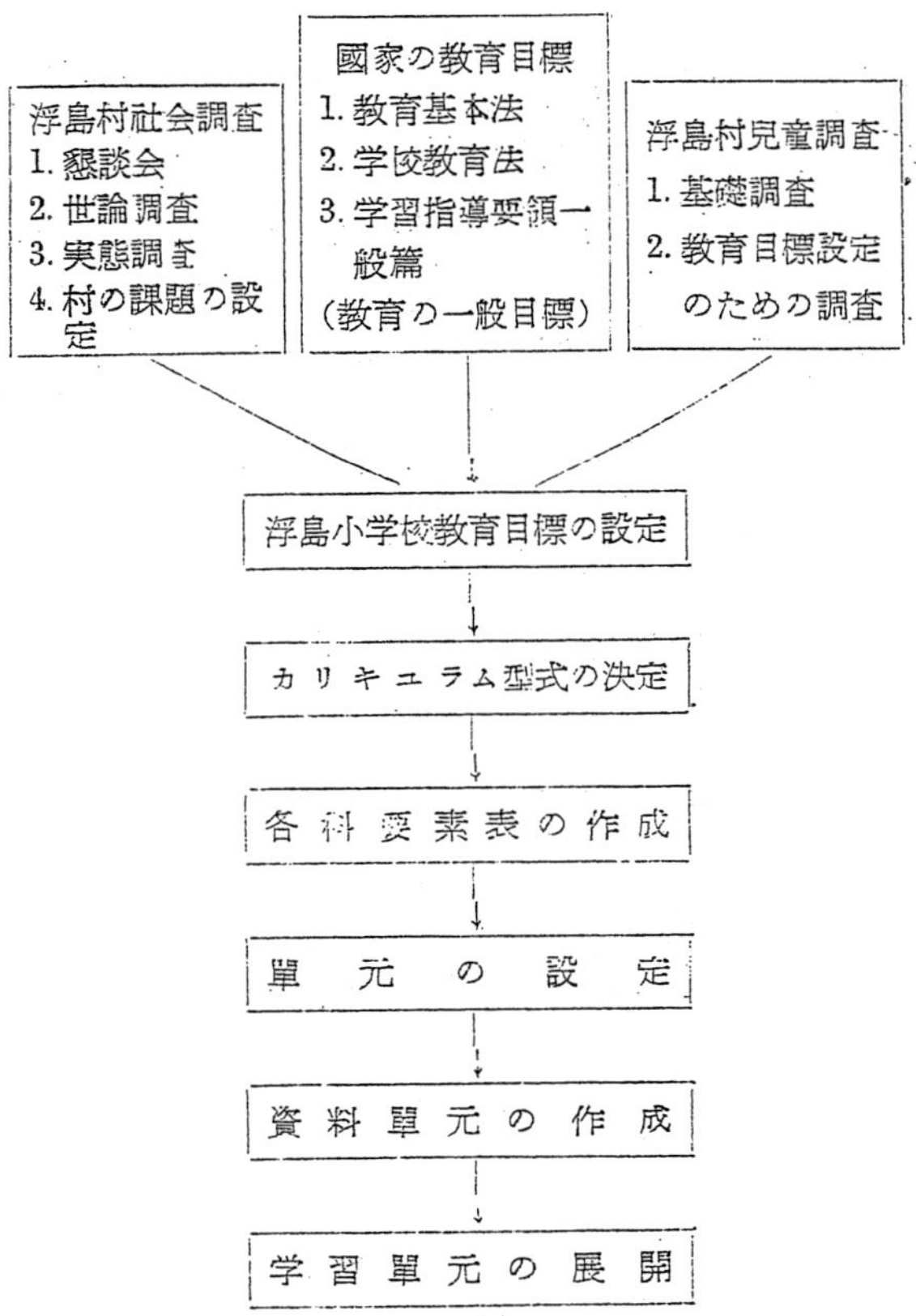


## 三、教育課程改善委員会

研究の手始めにまずやつた事は、地域社会に立脚したカリキユラムとして生かすためにはまず村民の関心と協力を持たなければならないという見地に立つて浮島村立浮島小学校教育課程改善委員会を結成した事である。この改善委員会がつくられるためにはその準備委員会が招集された。準備委員会は小学校長の委嘱による準備委員が集つてひらかれ改善委員会の結成が議せられ立案された。ここで五章十二條からなる委員会の規約が作られた。委員の構成は(1)学校管理者(2)浮島村小中學校長及教職員(3)P.T.A役員(4)村内有識者となつている。改善委員会には規約によつて教育目的設定委員会・社会調査委員会・兒童調査委員会・能力表作製委員会・カリキユラム構成委員会・評價委員会その他必要な委員会をおくことになつている。夫々の委員会において必要な調査研究を実施していくのであるが、こゝで実施された社会調査及び兒童調査について述べたい。

## 四、社会調査

社会調査については
1、村の問題の発見
2、世論調査

3、村の仮課題の設定
4、実態調査
5、社会課題

の順に研究が進められ、村の問題の発見にはじまつて社会課題の設定に終つている。

(1) 村の問題の発見

問題の所在の探求課程として社会調査委員会の専門部会の話合を持ち、村の各層の代表を集めて産業部会、社会生活部会、家庭生活部会それぞれ別個に話合を実施した。こゝで村の問題は大方拾われたようである。

産業部会における話合の要項は

農業について
○本村産業の中で農業の占める位置
○概観（人口・耕地・産額・産物等）
○本村農業の特色（自然的條件との関係・消費都市との関係等）
○現在農業について問題となつている点
○農業の將來について
○副業的農業について
○其の他の産業について

社会生活部会においては
○政治問題
○人口問題（増減・出稼・轉業・失業等）
○治安の問題
○住宅問題
○交通通信問題
○財政問題（才出入経費・租税等）
○選挙の問題
○教育文化の問題（図書館・青年團等）
○歴史の問題
○婦人問題
○宗教に関する問題
○民主化の狀態と障害
○保健衛生問題（施設・疫病・医療等）
○習慣・風俗に関する問題
○言葉の問題
○民藝に関する問題
○貧困者とそれに対する政策の問題

家庭部会においては
○生活程度
○育児に関する問題
○教育に関する問題
○結婚に関する問題
○家庭の秩序に関する問題
○衣食住の消費生活に関する問題
○家庭の合理化に関する問題
○家庭の保健衛生に関する問題
○文化・娯樂・余暇利用の問題
○宗教に関する問題
○迷信因襲に関する問題
○貯蓄に関する問題
○婦人問題（婦人の地位等）
○言葉の問題

等である。部会の様子、話合の結果も発表されているがこゝにはあげない事にする。

(2) 世論調査

世論調査は全村各戸一枚宛質問紙を配布して行つたほか、青年層婦人層の傾向を見るためにこの二つの層について各一〇〇人を抽出して実施している。回答率は一般の部七九％青年の部一〇〇％婦人の部九六％で大体満足すべき結果であつたようである。先ず質問の内容は先に述べた産業・社会生活・家庭生活の三部門の懇談会において発見した問題について村民の賛否を求め村の意識へと発展させることになつたのであり。この質問紙作製にあたつてはチェックリストによる方法をとり且つ課題を現在の隘路と將來の発展の方向との二つにした。この質問は一〇題一三二項目に及ぶぼう大なものなのでこの内容はこゝでは省略する。

(3) 村の仮課題の設定

世論調査の結果を考察して村の課題と思われるものを仮設することになつたのであるがこの過程においては問題の綜合処理に苦心したようである。なお世論の数的差等と質的差等に着目して単純に数的優位のものゝみにとらわれる弊を避けた。浮島村の課題を探求するにあたつては世論調査の整理結果及び社会調査委員会における各部会の討議内容を資料とし更にその結果を教育課程改善委員会にかけ共同研究の過程がとられた。かくしてこれ等の課題は一應浮島村における假課題として廣く地域民衆の確認のもとに設定された。この仮課題は実態調査の結果によつて実証づけられた時にはじめて村の課題となるのである。

　仮課題をあげると

産業部門

(イ)浮島村は農業本位で進むべきである。
(ロ)現状としては米、麦、甘藷、茶の生産に力を入れるべきだ。
(ハ)愛鷹山の植林をなすべきだ。
(ニ)浮島沼の排水をなすべきだ。
(ホ)農業経営の合理化を図るべきだ。
　○生産方式の改革
　○農業の多角経営
　○農機具の改善
　○施肥の科学化
　○土質に合つた作物
　○病虫害の豫防
　○農業協同組合の合理的運営
　○研究機関の充実

社会生活

(イ)農村文化の建設に積極的に進むべきだ。
(ロ)泥棒暴行等の犯罪をなくするよう協力しなければならない。
(ハ)貧しいものの救済施策を強化すべきだ。
(ニ)衛生狀態を改善すべきだ。
(ホ)交通通信を便利にすべきだ。
(ヘ)青少年が不良化して困るので善導すべきだ。
(ト)子供の実力を高めるために学校の教育を改善し村民の協力をはかるべきだ。

家庭生活

(イ)家計を豊かにすべきだ。
(ロ)家庭生活を科学化すべきだ。
(ハ)結婚問題を改善する必要がある。
(ニ)主婦に時間的余裕を持たせて教養の向上をはかるべきだ。
(ホ)家庭教育を重視すべきだ。

となつている。

(4)実態調査

先に述べたように世論調査の報告によつて村の生活課題十七項目を一應把握したのであるがしかしこの課題はあくまで仮課題であつてたゞちにこれをもつて村の生活課題であると断定することは危険であると言つている。なぜならば「回収された何割かの世論調査票だけを集計し回収されなかつた。部分を全然無視して何らかの結論をひき出そうとあせる最近の傾向は、日本人のほんの一部分しか反映しない調査結果をうるにすぎないのであろう。もともと『世論』を作り得ないところに日本人の生活における特殊性があつたのである。日本においては個人個人の意見や利益は個人主義的自由な形においてでなく、家庭の中にかくれ、身分の上下関係や隷属の中にかくれさまざまなボス支配の中にかくれその上日本人特有の事大思想の中にかくれてしまつている。（大河内一男氏）」からである。こうした見地から更に村の実態調査を行うことによつて假課題を検証し、そこにはじめて村の課題を決定している。しかしこれは逆にいえば村の生活課題発見のための実態調査を行うにあたつてその調査に方向を與える為に世論調査によつて假課題を決定したといつてもよいのである。この假課題にもとづいて調査した項目の一例を次に示す。

この表は、各仮課題が立証されるためには、どんな研究問題があるか、又それについてどのような調査項目があるかを示したものである。

この表についても全部紹介したいが多いので省略する。

| 研究問題 | 調査項目 |
|---|---|
| 〔産業について〕 | |
| 課題一　浮島村は農業本位で進むべきである。 | |
| 1. 如何なる産業が村の中心をなして來たか。 | (1) 生産種別生産額<br>(2) 浮島村総戸数<br>(3) 農家戸数とその全戸数に対する割合<br>(4) 産業別人口 |
| 2. どれだけ多くの人がこの生産に從事してきたか。 | |
| 3. どれだけの土地が農業のために使われてきたか。 | (1) 地目別土地面積<br>(2) 作付面積 |
| 課題二　現狀としては米・麦・甘藷・茶の生産に力を入れるべきだ。 | |
| 1. 米・麦・甘藷・茶は村の農業中どれだけの位置を占めてきたか。 | (1) 農産物種別生産額 |
| 2. どれだけの土地が、米・麦・甘藷・茶の生産に使われているか。 | (1) 農地面積<br>(2) 米・麦・甘藷・茶の作付面積（反別）と農地面積の比較 |
| 3. この村の土地は米・麦・甘藷・茶の生産に適しているか。 | (1) 土壤<br>(2) 氣候<br>(3) 地形 |
| 4. 生産品はどのように利用されているか | (1) 米のゆくえ<br>(2) 麦のゆくえ<br>(3) 茶のゆくえ<br>(4) 需給関係 |

このようにして実態調査の各項目が決定したのであるが、これを実際に行うためには、更に各課題に重複している調査項目を整理するとともに假課題とは別の立場から、すなわち社会の機能及組織の上から考えられる一般的な調査項目を考え合せなくてはならない。このようにしてつくり上げた表の一例を示す。

# 基礎調査

| | 調査種別 | 調査項目 | 調査方法 | 対称機関資料 | 調査者 | ( )内の数字は課題番號 |
|---|---|---|---|---|---|---|
| 歴史的基盤 | 村史 | 交通<br>経済<br>政治<br>土地開発 | 間接調査<br>文書利用法 | 郷土史書<br>県史・郡史<br>日本史<br>考古史 | 氏名 | (6)<br>(註)この文では課題番號が(イ)(ロ)(ハ)になおしてあるので本文とは合わない。 |
| 自然的基盤 | 位置<br>面積<br>地勢<br>氣候<br>資源<br>土壌 | 全面積<br>地目別土地面積<br>雨量<br>氣温<br>台風<br>動物<br>植物 | 間接調査<br>文書利用法<br>動態調査<br>(昭12.18.24) | 役場<br>郷土の歴史 | 氏名 | (1)<br>(1)<br>(2)(4)(5)<br>(2)(5)<br>(2)(5) |
| 社会的基盤 | 人口 | 総数<br>性別<br>年令別<br>職業別<br>密度 | 間接調査<br>文書利用法 | 役場<br>戸籍台帳<br>土地台帳<br>その他の台帳 | 氏名 | (1)<br>(1)<br>(1)<br>(1) |

(5)社会課題の設定

前にのべたような検証によつて、世論調査によつて設定した假課題を浮島村の生活課題として決定した。尚この課題の決定にあたつて教育課程改善委員会が蒐集された資料により十分研究討議したことは勿論である。こゝで浮島村の社会課題が設定されたものである。(課題は十八項目であるが省略する。)

次に兒童調査について述べる。

## 五、兒童調査

(1)國語・算数・知能検査

この調査は浮島小学校兒童の知能並びに國語算数の基礎学力の実態を把握して教育課程改善の一資料にしようとしたものである。そこで國語は國立國語研究所案「國語能力検査(文章理解)A形式(低学年用)B形式(高学年用)」を、算数は愛知第一師範附属小学校案の「新算数学力検査」(低学年用、高学年用)を、知能検査は廣島文理科大学心理学教室編の「古賀式知能検査」(兒童用)を用いた。先ず調査は浮島小学校二年生より六年生までの男女兒童七〇四名に実施し、これと同時に研究所においては比較集團として農村地域、山村地域、漁村地域、都市地域の四地域から兒童合計一〇〇〇名を選び、浮島小学校と比較研究した。その結果は各科目とも次のような項目に分けて整理した。

(イ)全國標準と四地域全兒童の成績との比較

(ロ)浮島兒童と四地域全兒童の成績との比較

浮島兒童と各地域兒童の成績との比較

(ハ)問題の所在と教育的対策、相関係数の算出

(二)地理的関心調査

兒童の生活経驗が地理的にどんな方向、場所位置の順序をなしているかを調べようとした。調査は一年より六年までの全兒童八六六名について全部同一の質問紙によつて学級担任が調査を実施している。問題は教師が一読し、記入上の注意をしてそれに関する質問に答えてから回答を求めた。所要時間は一通り書き終える程度としたが、三〇分乃至四〇分であつたようである。問題を次にあげる。

地理的関心調査（ふりがな省略）

つぎのことがらについて（　）のなかへかきなさい。

(一)学校のまえをとおるバスはどこからどこへいくのでしょうか。その町や村の名をかきなさい。（　）（　）

(二)あなたがいままでにいつたことのある山や川や海や町や村のうちで、いちばんとおいとおもうものの名をかきなさい。

山…（　）　川…（　）　海…（　）

町…（　）　村…（　）

(三)あなたは、すきなところへあそびにつれていつてあげるといつたら、どこへいきたいと思いますか。（　）

(四)あなたがいつもたべているさかなは、どこからはこばれてきますか。その町や村の名をかきなさい。（　）（　）（　）

(五)おみせにならべてあるリンゴはどこからおくられてきたでしょうか。（　）

(六)浮島村でできたお茶は、どこへおくられるでしょうか。その町や國の名をかきなさい。

町…（　）　國…（　）

(七)あなたのおうちへきたはがきやてがみは、どこからきたでしょうか。そのうちでとおいとおもう町や村の名をかきなさい。

（　）

(八)ラジオや新聞できいたりみたりしてしつている町や國の名をかきなさい。

（　）（　）（　）（　）（　）

（　）（　）（　）

以上八題のねらいや結果の處理も発表されているが省略する。

(3)理科興味調査

理科興味調査は天体、地球、気象、植物、動物、保健、機械器具、生活用品の八項目の個々について県下の兒童生徒の最も関心をもつ経驗内容は何か、彼等の解決を望む研究問題にはどんなものがあるかを知ろうとして実施したものである。研究所においてはこの前に第一段階として疑問調査を実施し、県下兒童生徒の持つ興味の傾向を推定している。即ち興味対象を天体地球、気象、動物、植物、保健、機械器具、生活用品、社会生活の九項目に分類して、兒童生徒の興味の配分狀態が地域、学年、性別によりいかなる傾向を示すか、この概略の推定を行つている。興味調査の方法としては觀察法、面接法等も現在実施されているが、本調査は質問紙法によつている。問題を次にあげる。

理科興味調査（振がな省略）

この二枚の紙に、一から九まで九組の問題があります。まず一の九つの問題をよく読んでおもしろいとか、しらべてみたいとか思うものがあつたら、いくつでもよいから、その問題の番號を〇で囲んで下さい。次に〇をつけた問題の中から、一番しらべてみたいとか、おもしろいとか思うものを、一つだけ選んで◎にして下さい。二、三以下も同じようにして◎を一つだけ選んで下さい。もし氣に入つたものがなければ無理に〇や◎をつける必要はありません。

一、（天体関係）

1、太陽や月や地球、そのほかの星はどのように動いているか。

2、ほしがおちないのはなぜだろうか。また引

力とはどんなものか。

3、太陽はどうして熱や光を出すことができるのか。

4、夜と晝とはなぜあるのか。また季節（春、夏、秋、冬）のうつりかわりはどうしてできるのか。

5、時間や月日はどのようにしてきめたのか。

6、月の滿ちかけや、日食、月食は、どうしておこるのか。

7、どんな種類の星や、どんな名の星があるか。

8、宇宙とはどんなものか。

9、太陽や月や星は、私たちの生活にどんなに役に立つか。

二、（氣象關係）

1、どうして、雲が出たり、雨や雪が降つたり霜がおりたりするのか。

2、土地によつて天氣や暑さ寒さが違うのはなぜか。

3、天氣や暑さ寒さは、一年中にどんなに變るか。

4、雷は、どうして鳴つたり、落ちたりするのか

5、空氣や水は何からできているか。また、どんなものか。

6、風やたつまきはどうしておこるのか。

7、にじはどうして出るのか。

8、天氣予報で、あしたの天氣がどうしてわかるか、

9、あらし、ひでり、霜などは、どんな害をするか。また、それを防ぐにはどんな方法があるか。

三、（植物關係）

1、草や木、そのほか植物にはどんな種類があるか。

2、秋になると、木の葉が黄色になつたり枯れたりするのはなぜか。そのほか植物は季節（春、夏、秋、冬）によつてどんなに變るか。

3、植物は、高山、川、海、砂地など、はえている場所によつてどんなにちがうか。

4、草や木や、そのほかの植物はどのようにしてふえるか。

5、作物や花のいろいろな種類はどうしてできたか。

6、いろいろな植物は養分をどのようにしてとるか。

7、植物も動物のようにうごくだろうか。またどのような動きかたをするか。

8、大昔には、どんな草や木が生えていたか。

9、草や木は、いろいろの動物とどのように助けあつているか。

10、草や木が大きくなるには、どのような養分がひつようか。

11、人の役にたつ植物にはどんなものがあるかまた役にたつ植物のなくなるのを防ぐには、どんな方法があるか。

四、（動物關係）

1、けだもの、鳥、魚、こん虫など、動物にはどんな種類があるか。

2、動物は、季節によつて生活のようすがどんなに違うか。

3、動物は、山、水の中、砂地など、すむ場所によつてどんなに違うか。また、寒いところや暑いところにはどんな動物がいるか。

4、動物はどのようにしてふえるか。

5、子はなぜ親に似るのだどう。また人が飼うようなぺんりな動物はどのようにしてできたのだろう。

6、いろ／＼な動物は、どんな食物をどのようにしてとるか。

7、動物はそれ／″＼どのようにしてうごくか。

8、ミツバチやアリ、白アリはどのような生活をしているか。

9、アリとアブラ虫のように助けあう動物にはどんなものがあるか。

10、人間やいろいろな動物の先祖は何か。またその先祖はいつごろできたのか。

11、人間に役立つ動物や害になる動物には、どんなものがあるか。

五、（地球關係）

1、山や川、海などは、どのようにしてできたか。
2、火山のふん火や、地震のおこるのはなぜかまた日本に多いのはなぜか。
3、地球は大昔どんなであつたか。
4、地球はどんなものからできているか。
5、地球の大きさや形はどうしてはかつたか。
6、岩や石、砂、土などはどうしてできたか。
7、岩や石や土にはどんな種類があるか。
8、海中の流れや潮の満干はどうしておこるのか。
9、他下や海の水からは、どんなものがとれるか。

六、（保健関係）

1、食物は、体の中でどのようにこなされるか
2、血液（ち）はどんな働きをするか。
3、人はなぜ呼吸（いき）をしないと死んでしまうのか。
4、耳や眼や鼻の中はどんなになつているか。
5、手足はどのようにして動かすことができるか。
6、いろ〳〵なことを考えたり、痛さや寒さを感じたりすることのできるのは、どうしてか。
7、私たちの体はどうして温いのか。
8、人の病氣にはどんな種類があるか。
9、どうして病氣にかかるのか。
10いろ〳〵な病氣の防ぎかたや、なおしかたには、どんな方法があるか。
11、どんな食物をどれだけ食べたら、じようぶでいられるか。

七、（生活用品関係）

1、着物や服はどのようにして作るのか。
2、みそ、しようゆ、そのほかいろいろな食物の作りかたや、かんずめ、そのほか食物のたくわえかたには、どんな方法があるか。
3、どんな家が住みよい家だろうか。
4、金物にはどんな種類があるか。またそれぞれ、どんなことにつかわれているか。
5、ガラスや、セルロイド、セトモノなどは、どうしてつくるか。
6、紙はどうしてつくるか。
7、燃料（まき、せきたん、せきゆなど）にはどんなものがあるか。また何に用いられているか。
8、火を燃すと、燃くなつたり煙が出るのはなぜか。
9、塩や、かせいソーダ、サラシ粉などの薬品（くすり）は、どんなことにつかわれるか。
10、肥料（こやし）にはどんなものがあるか。

八、（機械器具関係）

1、レンズや、けんびきようや、ぼうえんきようではどうしてものが大きく見えるのか。
2、しやしんはどうしてうつるのか。
3、蓄音機はどうして声が出るのか。
4、ラジオや電話では、どうして遠くの声がきこえるのか。
5、じしやくや電じしやくは、どうして鉄をすいつけることができるか。
6、電燈はどうしてつくのか。また電氣は、どんなことにつかわれているか。
7、自動車、汽車はどのようにして動くか。
8、飛行機はどうして空を飛ぶことができるかまた汽船などはどうして水中をはしることができるか。
9、自轉車やコマは、走つたりまわつているときはころばないのはなぜか。
10、くぎぬきをつかうと、くぎがらくに抜けるが、このように仕事をらくにする道具には、どんなものがあるか。
11、原子とはどんなものか。

九、（総　合）

1、太陽や月や星などについてしらべる。
2、お天氣のことや、風、雲、水、空氣などについてしらべる。
3、地球や山や海、土や石、地震やふん火などについてしらべる。
4、いろ〳〵な植物のことをしらべる。
5、いろいろな動物（けだもの、鳥、魚、かえ

る、こん虫、ばいきんなど）についてしらべる。

6、人の体や病氣などについてしらべる。

7、電氣やラヂオ、自動車など、いろいろな機械のことについてしらべる。

8、家や着物や食物や、家で使われている道具や、薬品（くすり）などについてしらべる。

10、（補　充）

二枚の紙にある問題よりほかに、あなたがしらべたいことがあつたら、何でもよいから書いて下さい。　　以上

問題作成に当つては、次の三つの點に特に留意している。即ち

㈠掲げた問題の内容が兒童生徒の主な興味対象を網らしたこと。

㈡社会の要求として、彼等に経驗させ、理解させなくてはならぬ課題を含めたこと。

㈢問題の選択肢の表現が兒童生徒の表現能力に應ずるようにし、一題目内の選択肢の数を兒童生徒の選択能力の範囲内に止めたこと。

もつとくわしい解説もあるがこゝでは省略する

調査は県下を職　別に、農村、山村、農漁村、漁村、商工地、農工地、農商地、農工商地の八地域に分け、その中で最も兒童生徒数の多い農村地域と商工地域の小学四年以上中學三年までの兒童生徒を対象とし、無作為抽出法によつて農村地　一〇二、八〇一名、商工地　五七三三名に実施している。結果については省略する。

(4)興味（関心）調査

興味の調査の方法は一般的に言つて、兒童自身に語らせる方法（面接法、質問紙法）と觀察や実驗による方法が用いられているが、こゝでは質問紙法を用いている。質問紙法は解答者に記憶の誤りや判断の誤りがあつて、信頼性を殺ぐ危險があるが、この調査は興味（関心）の一般的傾向をみるのが目的であつたのでこの方法を用いる事にし、しかも低学年にまで適用している。

兒童が何に興味をもつかは普通、遊び（蒐集）勉強、手傳、読書、自然現象、政治及び社会現象、映画、ラジオその他の文化現象、理想の人物、教科等に関する興味として調査されようがこゝでは先ず兒童が最近経驗した生活内容のうちで、最も面白くたのしかつたこと（言わば生活的な興味）を調査している。調査は浮島小學校兒童一年生より六年生まで合計九一八名に対して行われた。

問題を次にあげる。

興味（関心）調査　学年　組　なまえ

㈠あなたは、きのう、おととい、またはその前の日におべんきようしたり、おうちのおてつだいをしたり、あそんだり、又そのほかいろいろなことをしたでしよう。そのうちたいへんおもしろくたのしかつたことはどんなことですか。つぎのかこいの中へかきなさい。たくさんある人はおもなものを三つだけ書きなさい。

㈡つぎのもののうち、あなたがやつてみたいものは何ですか。おもなもの二つをえらんで〇をつけなさい。

イ、お菓子がたべたい。

ロ、よいようふくがほしい。

ハ、お友だちとなかよくあそびたい。

ニ、みんなにかわいがられたい。

ホ、汽車にのつて旅行したい。

ヘ、どうぶつえんへ行つてぞうをみたい。

ト、ラジオを作つてみたい。

チ、本をよみたい。

この結果についても発表があるが、省略する。

(5)歴史的関心調査

本調査は浮島小学校兒童の歴史的関心を調査

して教育課程改善のためのシーケンス決定上の参考資料としようとしたものである。

質問紙(一)は歴史的関心について自由質問の形式により自然、人間、文化別に児童の関心の傾向を見ようとしたものである。質問紙(二)は次の質問紙にある通り問題を与えて関心の傾向を知ろうとしたものである。この(二)の問題作製の手順について一通り説明すると、この質問の中問題(B)は環境を自然、人間、文化の三項目に分類した場合、問題(C)は時間的に見て古代、中世現代の三項目に分類した場合、問題(A)は(B)と(C)を綜合した場合児童はその何れに関心を示すかを研究するためのものであつて、それぞれの項目を代表するものであり、児童の関心度の高いものを選んだわけである。教育研究所に於ては先に(昭和二十三年度)に県下児童の歴史的関心を調査したそうだが、その時の児童の歴史的関心の中で最も関心の高いと思われるものを項目別に選んで代表としたようである。

歴史的関心調査(一)　年　組、なまえ

(A)あなたはむかしのことについていろいろ知りたいことがあるでしょう。

あなたが知りたいと思うことを三つなるべくくわしくかきなさい。

1、

2、

3、

歴史的関心調査(二)　年　組なまえ

(A)あなたはむかしのことについて次のことのうちどれをしらべたいですか。あなたが一番しらべたいと思うものに一つだけ○をつけなさい。

(　)むかしはどんな「動物」がいたかしらべよう。

(　)むかしはどんな「神様」がすんでいたかしらべよう。

(　)むかしはどんな「のりもの」があつたかしらべよう。

(　)「自動車」にはどんなものがあるかしらべよう。

(　)むかしはどんな「殿様」がいたかしらべよう。

(　)むかしはどんな「えらい人」がいたかしらべよう。

(B)あなたはむかしのことについて次のことのうちどれをしらべたいですか。あなたが一番しらべたいと思うものに一つだけ○をつけなさい。

(　)「山や川」はむかしどうしてできたかしらべよう。

(　)「先祖」(おじいさんやおばあさんや、そのまたおじいさんやおばあさん)はむかしどうしてできたかしらべよう。

(　)「家や着物」はどうしてできたかしらべよう。

(　)「人間」はどうしてできたかしらべよう。

(　)「本や新聞」はどうしてできたかしらべよう。

(　)「草や木」はどうしてできたかしらべよう。

(C)あなたはむかしのことについて次のことのうちどれをしらべたいですか。あなたが一番しらべたいと思うものに一つだけ○をつけなさい。

(　)「日本の國」のはじまつた時のはなしについてしらべよう。

(　)「武士」が刀をさしていたわけについてしらべよう。

(　)「お米」を供出するようになつたわけについてしらべよう。

(　)むかしの「神様」のはなしについてしらべよう。

(　)こんどの「戦争」に負けたわけについてしらべよう。

この調査は浮島小学校児童全員について行い調査法は質問紙(一)においては個別的面接法と質問

紙法により、質問紙㈢においてはクラス毎、團体的に質問紙法によつている。

結果の處理については省略する。

(6)欲求調査

この調査は浮島小学校兒童の基本的欲求の一般的傾向を明らかにするとともに教育課程指導の基礎資料を得ることを目的とし同校の五、六年生二六名に実施している。調査は別紙のような検査用紙によつて兒童に記入させているが、時間には別に制限はしなかつたようだが大体三〇分で終了したようである。

この検査は文部教官山本三郎氏がオハイオ大学のウイシング・ウエル（Wishing・Well）やゲーツ（Gates）の基本的欲求等を參照して、日本人にあうよう昭和二五年七月、四〇〇〇名の兒童生徒について実験し標準化せられたものである。氏は基本的欲求として次の七種をあげ各欲求にはそれぞれ一五の問題をかかげている。

1、所属の欲求（1 8 15……85 92 99）
2、成就の欲求（2 9 16……86 93 100）
3、経済的保証の欲求（3 10 17……87 94 101）
4、独立の欲求（4 11 18……88 95 102）
5、愛情の欲求（5 12 19……89 96 103）
6、良心の欲求（6 13 20……90 97 104）
7、社会的承認の欲求（7 14 21……91 98 105）

又これら七項目を次の條件的場面においてとらえるようにし、從つて問題群は十五にしてある。

| 問題群 | 條件場面 |
|---|---|
| 1 …… | 一般 |
| 2 …… | 〃 |
| 3 …… | 個人 |
| 4 …… | 〃 |
| 5 …… | 〃 |
| 6 …… | 〃 |
| 7 …… | 教師 |
| 8 …… | 運動 |
| 9 …… | 友人 |
| 10 …… | 学校 |
| 11 …… | 家庭 |
| 12 …… | 家庭（兩親） |
| 13 …… | 家庭 |
| 14 …… | 近隣 |
| 15 …… | 社会 |

各場面を通じ七項目の中最も多い点を占めたものが最もその欲求がつよいことになり、欲求の型を次のように名づけている。

1、所属の欲求　　所属型
2、成就の欲求　　成就型
3、経済的保証の欲求　　経済型
4、自立の欲求　　自立型
5、愛情の欲求　　愛情型
6、良心の欲求　　良心型
7、社会的承認の欲求　　社会型

右の七項目の中、2成就の欲求　3経済保証の欲求　4自立の欲求　5愛情の欲求　6良心の欲求は大体個人を中心とした欲求であり、1所属の欲求　7社会的承認の欲求は比較的社会的な要素を多く含んでいる欲求である。

尚、欲求調査については廣島大学教授三好稔氏編の「基本的欲求調査」の資料を研究調査課に送附しておきましたから御利用下さい。

六・あとがき

以上大ざつぱにカリキユラム構成のための実態調査について御紹介しましたが、これはすべて昭和二十五年に行われたものであります。何しろぼう大な研究物の中から、ひろい上げていくのであるから、当を得ない所もあろうし、こちらの教育研究所並に浮島小学校にとつても御迷惑かとも思いましたが、とりあえず以上の分をお知らせします。

この資料はすべて静岡県立教育研究所の機関紙「教育研究」によつています。

教育目標設定から以後の事については、できれば何れ後日にお知らせしたいと思います。

——昭和二十八年四月二十一日記——

# 一九五三年度年間事業計画豫定表

| | 四月 上旬 | 四月 中旬 | 四月 下旬 | 五月 上旬 | 五月 中旬 | 五月 下旬 | 六月 上旬 | 六月 中旬 | 六月 下旬 |
|---|---|---|---|---|---|---|---|---|---|
| 学務課 | ○免許規則認定講習開設（育図工） | ○指導者講習開設 | ○身体検査 | | | 教育法案公聴会 | | ○教育長会議 | ○教育行政講習 |
| 指導課 | | | | | | | ○実験学校発表会 沖一四校大一一校宮二校八重二校<br>○校長会（各地区にて） 離島は実験学校発表を利用して | ○職業家庭科カリキュラム原案作成 | ○教育資料の配布<br>○那覇地区小中高校英語科学習指導研究会 |
| 社会教育課 | | | | | | | | | |
| 研究調査課 | ○事務局所掌事務研究<br>○前年度教育状況 | | | ○教育資料調査 | ○文教臨時報発行 | 発送<br>資料依頼 | ○カリキュラム構成研究<br>○実験学校調査<br>学藝大学資料依頼 | | ○学校行政研究<br>○学校行政の手引刊行<br>○混血児調査 |
| 施設課 | | | | | | | | | |
| 庶務課 | | | | | | ○中央教育委員会 | | | |

| 七月（上旬・中旬・下旬） | 八月（上旬・中旬・下旬） | 九月（上旬・中旬・下旬） |
| --- | --- | --- |
| ○大学入学資格検定<br>○職業高等学校長会議<br>○免許規則認定講習 | ○研究教員選考 | ○教育長講習（内地派遣） |
| ○免許切換えの為の訓練校卒に対する講習<br>○舊群島政府の授與した仮免許状を有する者に対する講習<br>○二級免許を一級免許に切換える為の講習<br>○検定教科書展示会<br>○高校野球大会<br>○保健衛生研究会（保健事務） | ○推薦図書録作成委員会<br>○排籠球大会 | ○一九五三年三月教員訓練所を出た者に対し仮免許状を與える講習（沖縄）<br>○純潔教育並混血児童取扱い研究協議会（沖縄）<br>○視聴覚教育講習会（沖縄）<br>○職業家庭科講習（沖中南部）<br>○教育資料配布<br>○地方主事講習 |
| ○モデル公民館設定（全琉各教育地区一ケ所の一八ケ所）<br>○視聴覚教育技術者講習会（全琉一円於那覇期間二週間）<br>○文化財保護委員会（年三回）<br>○社会教育委員会（年三回） | ○文化財調査指定（年間）<br>○体育大会（夏季大会）［水泳—八月二日 排球—八月二日］<br>○社会教育主事講習会（全琉一円於那覇期間四週間）［野球—八月 庭球—八月三十日］ | ○青年婦人幹部講習会（群島別沖三、奄二宮一、八重一）期間五日間<br>○社会教育関係團体連絡協議会（年三回） |
| ○カリキュラム委員会（沖縄三ケ所、三群島）<br>○カリキュラム資料調査（各教育地区）<br>○文教時報発行<br>○學校教育状況調べ | 発送<br>資料申込 | ○カリキュラム構成<br>○文教時報発行<br>○混血児統計 |
| ○校舎建築方針、割当方針建築順位案作成<br>○校舎修理費の割当順位及割当額案の作成<br>○貧困児童生徒教科書割当案作成<br>○教授用備品配給案作成 | ○校舎建築方針、割当方針及方法順位の決定<br>○戦災校舎修理費割当決定<br>○貧困児童生徒教科書割当決定<br>○教授用備品配給決定 | ○校舎建築打合せ会（各教育区で）<br>○第一期校舎建築開始（工事指導及検査）<br>○戦災校舎修理開始（工事指導及検査）<br>○教授用特殊備品注文 |
| ○中央教育委員会 | 予定決算<br>支出計画 | 会計講習（沖）<br>○中央教育委員会<br>支出計画 |

| 十月（上旬・中旬・下旬） | 十一月（上旬・中旬・下旬） | 十二月（上旬・中旬・下旬） |
|---|---|---|
| ○教育長会議 | ○校長指導主事教育長講習（内地講師）<br>○養護教諭養成講習会 | ○進学適性検査<br>○入学試験に関する校長会 |
| ○職業教育講習会（大島北部） | ○純潔教育並混血児童取扱い研究協議会（大島）<br>○視聴覚教育講習会（大島）<br>○職業教育講習会（宮、八）<br>○体育指導者講習会<br>○高校陸上競技大会 | ○純潔教育並混血児童取扱い研究協議会（宮、八）<br>○視聴覚教育講習会（宮、八）<br>○四Hクラブ発表会<br>○高校相撲大会 卓球大会 柔道大会<br>○地方主事講習（連絡協議会） |
| ○第八回國民体育大会<br>○視覚聴覚機材調査並修理 | ○婦人青年地域別運営研究会（各隣接の市町村別 期間一日）<br>○体育大会（秋季大会）〔角力―十一月十四日 陸上―十一月十五日〕<br>○沖縄縦駅傳競走（十一月二十九日） | |
| 送送 資料申込<br>○長欠児調査<br>○調査統計報告集発刊 | ○実験学校調査<br>○カリキュラム整理発刊<br>○文教時報発刊 | 発送 資料申込<br>○長欠児統計<br>○各科カリキュラム刊行 |
| ○校舎建築及戦災校舎修理續行（工事指導及検査）<br>○図書館、博物館建築<br>○机、腰掛、体重計発注<br>○災害による校舎の修理<br>○第二期校舎建築及修理認可 | ○貧困児童生徒用教科書発注<br>○工事指導及検査<br>○五五年度豫算資料の基礎調査 | ○机腰掛体重計受領及配布<br>○工事指導及検査 |
| 会計講習（宮、八） | 会計講習（延）<br>○中央教育委員会 | 支出計画 |

| | 一月 | | | 二月 | | | 三月 | | |
|---|---|---|---|---|---|---|---|---|---|
| | 上旬 | 中旬 | 下旬 | 上旬 | 中旬 | 下旬 | 上旬 | 中旬 | 下旬 |
| | ○研究教員選考 | ○教育長講習<br>（内地派遣） | ○進学適性検査追試験 | ○教育長会議 | ○入学試験 | | | | ○養護教諭養成講習会 |
| | ○各ブロック合同教育研究協議会<br>○一九五三年三月訓練学校を出た者に対し仮免許状を与える講習（宮古） | ○就職対策研究協議会（沖縄） | ○資料の配布<br>○職業高校研究発表会<br>○女子体育講習会 | ○全琉を一円とする合同教育研究協議会 | ○一九五三年三月訓練学校を出た者に対し仮免許状を与える講習（八重山） | ○就職対策研究協議会（大、宮、八）<br>○四Hクラブ審査 | ○小中校音、図工教師に対する講習（沖縄）<br>○教育資料配布 | ○地方主事講習（連絡協議会）<br>○実験学校発表会 | ○職業高校研究発表会<br>○保健衛生講習（第二期） |
| | | | ○体育大会（冬季大会）<br>卓球—一月三十、三十一日<br>籠球—一月三十一日<br>柔道—一月三十一日 | | | | | | |
| | ○基準カリキュラム普及並に構成指導講習（全琉十八地区）<br>○学力水準調査（全琉二十五校） | ○学力水準統計<br>○指導要録手引研究並刊行<br>○文教時報発行 | ○PTA分せき調査 | ○学校評価基準→発送<br>資料申込 | ○学校評価基準刊行 | | ○文教時報発行 | | ○本学年度反省と來学年の課題研究<br>○児童事故調<br>○PTAの件統計 |
| | ○教授用備品受領及配布 | ○工事指導及検査<br>○第三期校舎建築認可 | | ○工事指導及検査 | | | ○五五年度豫算案作成 | ○工事指導及検査 | |
| | 予算資料 | ○中央教育委員会 | | 豫算編成 | | | 豫算編成 | ○中央教育委員会 | 支出計画 |

| 四月 上旬・中旬・下旬 | 五月 上旬・中旬・下旬 | 六月 上旬・中旬・下旬 | 年間を通しての事業 |
|---|---|---|---|
| ← | | | |
| ← | ○小中校音図工教師に対する講習（宮古）<br>○職業高校研究発表会 | ○小中校音図工教師に対する講習（八重山）<br>○地方主事講習（連絡協議会）<br>← | ○研修学校の経営<br>○放送教育 |
| ○視覚聴覚機械調査並修理 | ○モデル成人学級及公民舘研究会（詳島別沖一〇、奄六、宮一、八重一）<br>○社会教育研究会（全琉一円、期間二日間） | ← | ○各成人学級及公民舘指導訪問 |
| ○学校教育状況調べ立案研究<br>発送<br>資料申込 | ○教育統計報告書刊行<br>○学校教育状況調査<br>○児童事故調集計<br>○実験学校調査 | ○カリキユラム修正評価<br>○文教時報発行<br>発送<br>資料申込 | ○國立研究所。文部省関係調査はその都度行う |
| ○第四期校舎建築認可（工事指導及検査） | ○工事指導及検査<br>○校舎復興状況統計作成開始 | ○工事指導及検査<br>○校舎復興状況統計完成<br>○次年度計画案の作成 | |
| ○臨時委員会 | ○中央教育委員会 | | 俸給請求<br>補助金請求<br>割当状況報告 |

## 局内人事

（新任）

施設課長　喜久山添采（那覇地区社会教育主事）

研究調査課長　栄　忠哉（喜界第一中学校長）

指導課主事　伊礼　茂（中部農林）

〃　當銘睦三（糸満地区指導主事）

〃　與那嶺仁助（知念高校）

庶務課主事　亀谷長英（真和志中学校）

〃　名嘉喜信（大道小学校）

学務課主事　仲宗根　繁（胡差教員訓練学校）

（轉任）

喜久里真青　琉大校外普及部主事

祖慶　剛　宜野座高等学校長

照屋実太郎　辺土名高等学校長

島袋正輝　真和志小学校長

比嘉徳政　琉大

嘉川納豊　奄美連教組

## 中央教育委員紹介

○仲井間宗一（議長）六十二才、名護町の出身県立中学校、日本大学法科卒、辯護士三十年、衆議院議員四回当選、文部參與官等の要職を歴任、現在辯護士開業中。

○照屋秀　四十四才、北谷村出身、昭和五年沖縄県女子師範一部卒、教職に十九年、内八ヶ年は南洋群島で奉職、現在商業に從事。

○廣司常泰　六十三才、喜界町出身、日本大学卒、現在酒造業を営む。

○森山徳吉（副議長）五十才、宜野座村出身、沖縄県立農学校、沖縄県師範学校二部卒、終戦当時伊江國民学校長、戦後宜野座中学校長宜野座村長を歴任、現在沖縄産興株式会社常務取締役。

○池村恵信　五十八才、平良市出身、沖縄県師範学校本科一部卒、教員三十二ヶ年（静岡一ヶ年、大阪八ヶ年）校長十五ヶ年。

○竹田房徳　六十五才、名瀬市出身、鹿児島県師範学校卒、訓導三ヶ年、小学校、家政女学校、青年学校の校長、三十五ヶ年。昭和十三年私立大島高等女学校教頭、昭和二十二年大島群島文教審議会委員。

○石垣朝英　六十六才、石垣市出身、沖縄県師範学校卒、石垣小学校訓導を振り出しに訓導並に校長として三十三ヶ年教職に奉じ、昭十八年三月退職。

○宮城久栄　六十六才、知念村出身、明治四十一年沖縄県師範学校卒、男子師範附属校訓導、校長、県視学、沖縄群島議会議員を歴任、現在琉球立法院議員。

○平田清祐　四十四才、兼城村出身、昭和五年県立二中卒、中央大学法学部卒、高等文官試驗司法科合格、小倉、飯塚、長崎、鹿児島の各裁判所判事、島尻地方裁判所判事を歴任、現在辯護士開業中。

## ◇編集後記◇

○文教時報を発刊してからちようど一ヶ年、こゝに第五號を皆さんのお手許にお届けすることが出來ました。さゝやかな歩みではありましたが、読者と共に本誌の成長を喜びたい。

○本號に、本土教育の現況に直かに觸れて來られた研究教員の座談会記事を掲載致しました。誌上をとおして読者諸兄姉に「本土教育の現況」をお傳えすることができたことを喜ぶと共に、当日出席して戴いた研究教員各位の労を多と致します。

○目下、教員研究のための講師として、御來島中の小見山教授を囲んでの座談会記事を本誌に飾ることができました。「研究教員の觀た本土の教育と共に本號の内容を一段と充実させる事ができました。此の機会をつくつていただいた小見山先生の御來島を喜び、此の記録を提供して戴いた沖縄教職員会に感謝致します。

○研究教員として静岡県安東小学校に勤務中の平良主事から、カリキユラム構成についての貴重な記録を送つて戴きました。現場におけるカリキユラム構成の参考にもと、本号に掲載致しました。

○琉球育英会について執筆して戴いた同会副会長、島袋全幸氏、学校參觀記の守屋主事に感謝致します。

○本號から読者のために良書の紹介欄を持つことに致しました。本欄に紹介された同書が廣く愛読されんことを希望致します。

○來號から読者諸兄姉の原稿を歓迎致します。奮つて應募されんことを希望致します。

○日増しに暑氣が加わつて参りました。一層の御自愛を祈つてやみません。（一九五三、六三〇、安里記）

# 百万人の合唱

## 沖縄行進曲

## 沖縄行進曲

作詩 友寄景勝
作曲 金井喜久子

一、戦火に荒れた 山川に
見よ紅の 日は燃えて
希望はおどる 朝雲に
わきて溢るる 歌声は
わきて溢るる 歌声は
今たち上る 琉球の
百万人の おたけびだ

二、赤き梯梧の 熱血に
國守らんと 雄々しくも
血潮流した ひめゆりも
今やすらかに ほゝえみて
今やすらかに ほゝえみて
きけなりわたる 琉球の
平和を告げる 鐘の音

三、七つの海は たけるとも
意氣でのり切れ かんぜんと
世界の果てに 雄ひした
我等祖先の 血をうけて
我等祖先の 血をうけて
行け躍進の 琉球の
のびゆく力 示せ今

四、都にひなに 並びたつ
赤いいらかも 色なして
見よ建設の 槌音に
ひとみ輝やき 腕はなる
ひとみ輝やき 腕はなる
あゝ新しき 琉球の
明日の姿に 光りあれ

# 百万人の合唱

## 沖縄行進曲

## 沖縄行進曲

作詞 中地弘英
作曲 金井喜久子

一、太平洋上 咲く珊瑚
久遠の姿 きゆう竜の
口より千歳 湧く水に
民風高く 守礼門
仰ぐ心に うつる影
仰ぐ心に うつる影

二、武器なき國ぞ 東方に
在りしと聞きて おどろきし
流たくの奈翁 君知るや
ひもとく歴史 光輝あり
平和の民の わがうるま
平和の民の わがうるま

三、文化のかおり ふくいくと
おゝわが園の 榮光よ
きびしき冬も なかば過ぐ
萠えよ民草 春待ちて
けん爛目にしむ 花と咲け
けん爛目にしむ 花と咲け

四、あゝ海邦の 振興に
船は遙けき 万國へ
命をかけて 往き來せる
遠きみおやの かの意氣を
われらはさらに 擧げむかな
われらはさらに 擧げむかな

五、ゆうべの嵐 過ぎ去りて
見よ彩しそめる 日の光
不死鳥今ぞ 待ちのぞむ
黄金色なす 大空へ
羽ばたき勇み 飛び立てり
羽ばたき勇み 飛び立てり

一九五三年六月二五日印刷
一九五三年六月三十日発行

発行所　琉球政府文教局
研究調査課

印刷所　合資会社　ひかり印刷所

6

琉球

# 文教時報

第六号

文教局

研究調査課

文教時報 第六號 目次

# アルバイトの子供達を想うて

文教局長　眞榮田義見

小學校六年の時でした。長い道を與那原から西原の濱の御殿という、石垣の跡ばかりが印象に殘つている所に遠足したことがあります。その時のことを書いた作文が大變ほめられました。

四十年の歳月をへだてた今でも「波がうなるような音を立てゝ、白い砂の上を寄せて來た。」という一句を、先生がほめて下さつたことをおぼえています。

それからの私は、書くことが大變好きになつたのです。あるいは今の私が、その時の先生の言葉の中に約束されたかも分りません。

先生の一言は、幼い生徒の心を力づけ、勇氣と學習意慾を起す点において、親し過ぎる父母の比ではありません。

生徒に向けられるそのような先生の言葉とはどういうことを意味するのでしようか。

「次郎ちやん、今日はどうして遅刻したの、お顔を洗つていないね、明日から、早く起きて、顔を洗つて、早く學校に來るんですよ」と頭をなでられた次郎は、必ず翌日から早く起きて顔も洗つて學校に來ると思います。

「次郎ちやん、今日は早かつたね、お顔も洗つたね」と又頭を先生がなでたら、次郎はきつといい子に育つと思います。先生の心が次郎の心の中に近づいて行つているからです。同じように五十名の生徒に先生の心が近づいた時に、五十名の子供達がみんなよい子に育つのです。先生が單に文字を教えるに過ぎない心の親しみのない、路傍の人に過ぎなかつたらどうでしよう。

しかし、十日も病氣をして休んで、何だか面はゆい氣持で學校に行つた千代子さんに、先生の一（べつ）も與えられなかつたら、千代子さんはきつと自分とかゝわりのない他人の前に義務的に坐らされているとしか思わないでしよう。

「千代子さんなおつたね、よかつたなあー」と先生が云われたら千代子はきつと自分の身近い所に立つて、自分を見守つている先生を感ずるでしよう。まして一週間も休んだ時に家庭訪問に來ていただいた先生には、まるで母親のような親しさ、なつかしさに胸が一杯になるでしよう。

遅刻しようが、欠席しようが、ずるけようが、遊ぼうが、何とも云わない先生がいたとしたらどうでしよう。たゞ讀み書きを教えればそれで自分の仕事は終つたのだと考える先生がいたとしたらどうでしよう。そこには教育という名前のつく尊い仕事はないといつていいのではなかろうか。

三ケ月間欠席しても分らなかつたり、自分の生徒が胡差の色街でへんな真似をしてアルバイトしていても分らながつたりしていては、ほんとうの先生の職責はつくしていないことになりはしないだろうか。

五十名の自分のクラスの生徒の一人一人について、あの子はお母さん一人、この子はお父さん一人に育てられている。まゝ母育ちでいぢけている。ひねくれている。この子はアルバイトしなければ家が困る。大島から渡つて母の屋台店の働きだけで育つている。と、……いゝ子から氣の毒な子まで、みんな先生の心の中に座を占め、温かく見守られたら、アルバイトも正しく行われるにちがいない。行き過ぎの變な真似も多くの場合救われるのではなかろうか。

今、沖繩の子供達の中には、ほんとうに愛情にうえているのが多い。殊に先生の温い愛情はこういつた子を救う大きな力となる筈です。自分の少年の頃をおもい出して、強くそう思います。

しかしながら、このような子供達に對するいたわりの心を、きびし過ぎる先生方の激務とゆとりのない生活の中に要求することは無理がもしれないがせめて心持だけは失いたくないものです。

私は又、私の立場から先生方にお力添えをしたいと思います。

# 女教師の皆様へ

中央教育委員　照屋　秀

教壇實践に御活躍下さる女教師のことを考えますと、本當に頭の下る思いが致します。母として、妻として、教師として三重の負擔を切抜けて居られる方々が、多數居られると思はれますが、その方々は、余程うまくなさいませんとどちらかを犠牲にしなければいけないようになりますので、この点なか〳〵難しいことだと存じます。

物的生活を簡素化して、時間を生み出す事と、家庭及職員室を民主化して余計な雜務を分擔してもらうことが、三重の負擔を輕減し犠牲を少くすることだと存じます。

男女共學をして来た若い方々は、男女平等の思想が身について居りますが、戰前の教育を受けた方々は、一通り民主主義の理論は分つても、實際は身について居ないようです。その点お互に指摘して直して行かないとなかなかなおらないようでございます。

民主主義を教育の基盤とする戰前の教育を實践なさる方々は先づ自ら民主主義を體得しなければいけないと思います。

私は近頃自分自身が、家族を養い、日常の糧を得るに忙しく追いまわれて居りますので、考えさせられるものがございます。

人形の家の「ノラ」のように、家出まではしなくても、家庭の封建性の爲に、自らの生存價値をゆがめられないように琉球の婦人達も再認識しなければいけないのではないかと思はれます。

東洋婦人の婦徳とした家族への犠牲的奉任のみにその一生を費やす事なく、一個人としても社會的にも人間として價値ある生活を平行させなければ婦、人の生存價値は一体奈邊にあるかとの感を深くします。

その点女教師は、師道と家庭と両立させる事によつて十分生甲斐のある人生道を、歩むことが出来るものだと存じます。

私は女教師と男教師の待遇差別撤廃について當局にお願い致

して居りますが、女教師の中には三重の負擔に堪へかねて、增俸すると仕事が多くなると恐れる人もあるやに聞いて居りますが、それとは反對に先日或女教師にお會い致しましたら、教員生活二十數年、四十を過ぎてもまだ二十七、八の青年教師と同じ待遇だとなげいて居られましたが、「男教師ならばもう校長級だが」と思つて深く考えさせられるものがありました。

　教員生活五十年、今尚知識欲も研究熱も衰えず、健康を保つていらつしやる國寳的存在の武富せつ先生の祝賀の會も近く催されると聞いて居りますが、先生は正に女教師の美德を一身に備えられ、常に默々と努力を續けられて今日にいたりました。本當に女教師の誇だと存じます。先生のように真の教育道を步んで默々と努力して居られる女教師達を是非認めて頂き度いと思います。それと同時に武富先生の常におつしやる、「責任を果せ」の御言葉を忘れず、常に反省しつつ精進しなければいけないと思います。

　研究教員から歸られた先生のお話では、日本の女教師達は教職が聖職であり學校は婦人の最上の職場である。正職を守り拔かなければいけないとの職業意識から仕事に熱意があるとのことです。結婚しても、子供が出來ても、年を取つても、ありつける婦人の仕事というものはめつたにないものですし、それに子を生み育てる婦人の先天性に合致した教育の仕事は、本當に婦人の最上の仕事と言はねばなりません。

　琉球の全教員の約半數を占める女教師の向上如何は、琉球教育の進步に大きく影響するものだと思われます。待遇の差をつけねばならぬ程、女教師が男教師に實際において劣つて居るとすれば、それはやむを得ない事と思いますが、實践面において、女教師は決して男教師におとらないと信じますので、待遇に男女差異のあるということは、琉球教育の大きな盲点でございまして之を打解する事が、琉球の教育界の大きな仕事だと言はねばなりません。日本では男女教員の待遇に差がないので女務師は、男教師と同じ様に働かなければ濟まないと云う氣持で一生懸命やつて居るとの事ですから、琉球でも先づ待遇をよくして頂いて、四ヶ年以上のブランクがあると言はれる琉球の戰後の教育を盛り返して、日本復歸に備えることだと思います。

　文教時報第五號掲載の「沖縄教育を語る」小見山先生を圍む座談會で、「沖縄の女教師も大分進んだ。男の優秀な先生にも劣らぬ人が随分出た」と言うて居られる記事を見て我が事の様に嬉しく思いました。どうぞ先生方責任を果されると同時に當然の權利は要求され、琉球教育の復興に一層の御努力をお願い致します。

# 教育の諸問題について

## 梅根教授をかこんで

◇基底カリキュラムの構成
◇軍地基地と教育
◇生活綴方と作文教育
◇高等學校の綜合制について
◇社會科の地理、歴史、公民的教材の取扱い
◇琉球の教育に望むもの

## (座)(談)(會)

中山　これから梅根先生を中心にお話し合いをしたいと思います。梅根先生には午前中琉大で御購議をおやりになり非常にお疲れのところをお願い致しましたところ、快よく引き受けて下さいまして有難うございます。近い中にお帰りになりますので、今日の機會を有効に生かし、ふだん、吾々が悩んでいる点とか、疑問に思つていること等お伺い致したいと思います。又沖縄御滞在中の御感想なり、或は琉球の教育者に對する御注文等も御伺い出来たらと思います。

### △基底カリキュラムの構成について

安谷屋　今度御指導課と研究調査課が中心となつて基底カリキュラムを作ることになり、すでに第一回の準備委員會を終つたのでありますが、この基底カリキュラムの構成に當つての基本的態度とか、注意なりを承まわり、御教示を仰ぎたいと思います。

梅根　僕もわかりませんがね……。過去六、七ケ年、各地でこういう仕事をやらせて来たのでありますが、やらしている中に段々わからなくなつて來た。先ず作る場合の人間の組織ですがね。文教局だけで作るか、それとも現場の先生方に作らせるのか、或は合同委員會を作つて現場と文教局と共同して作るか、いろいろあると思うが私の考えとしては現場の先生方に作らした方がよいと思う。本土各地の基底カリキュラム構成もその手續等にいろいろのやり方がある。當局が中心となつてやつているところ、縣の教育研究所で作つているところ、委員會をもつてやつているところ等、委員會でやつていく時でも成るべく現場の先生方に實際上の仕事をさせ

(期　日)　七月十三日
(出席者)
梅根　悟(東京教育大學教授)
真榮田義見(文教局長)
中山興真(指導課長)
榮　忠哉(研究調査課長)
指導課、全主事
研究調査課、全主事
司會　指導課長

た方がよい。先生方が自分達のカリキユラムであるという自主的な立場を持つという意味でもその方がよい。手つ取りばやくやる爲にはそんなことはめんどうくさいということになるかもしれないが、

中山　こちらでは研究調査課指導課と現場の先生方を網羅した委員會を構成し、これが中心になり更に現場からの資料による協力を求めてやつていこうという事に、大体の方針を決めたのですが、

梅根　それでよいと思いますがね。

次に、私共の考えている理論的なカリキユラムの構造を抜きにしても、文部省のものは再編成しなければならない。各教科や各學年間の連絡をつけねばならない。例えば取扱いの時期だが、各教科似通つた内容を同時に取り扱い内容的に關連させて行くといつたような方法ですね。あまり連絡をつけ過ぎると教科書との關係をどうするか、そういつたところが實際問題としてむづかしくなつてくるのですが……

まあ基底カリキユラムは、一應文部省のものに準據して、地域化された内容を盛り、その具体的な構造とか、單元の設定等は各學校に考えさせた方がよい。

守屋　現場の要望としては、單元の設定まで、出來ることならすぐ使えるもつともつと具体的なものが欲しいということですが、

梅根　單元の設定まで基定カリキユラムに入れる場合の参考としては、三重縣の縣基定カリキユラムの基本的考え方が参考になると思う。

三重縣基底カリキユラムは文部省の基準に従つた教科別の編成をとつているが、然し教科と教科との關連を極めて重要視し、できればその間に學習の中心課題を見出すようになつている。例えば、社會科、理科、職業家庭課、保健体育課の四つを夫々一つのグループとし、そのグループ毎に單元を設定するのであるが、これらの四つのグループで相互に關連する單元を同一時期に取扱うことによつて、共通的な學習問題に取組んでいかせるというふうにする。大体これだけ連絡のついたものを出すと、後の國語とか算數とかは比較的かんたんである。關連づけられないものはその間に適宜はめて行けばよい。そうすると實際取扱と教科書の順序とのくいちがいが生じてくるが、この面についての指導はどうしてもやらなければならない。

真榮田　こちらの場合には基底カリキユラムとは云つても、地域が狭いからある程度具体的なところまで持つて行くというところまで考えられるのではないでしようか。特に現場の先生方の立場を考えてやらなければならないと思いますが、

梅根　ですから四科に就ては年次計畫で先ず最初に、大綱程度のものを出し次々と具体的にして行つた方がよくはないかと思う。どこのカリキユラムでも具体的な資料が提供されていないようである。これがないために結局利用されないカリキユラムに終つてしまう。然しこれまで行くには相當の豫算と年月をかけなければならない。あの川口プランでさえも、去年ようやく資料單元が出來上つたばかりである。一單元一冊の相當部厚なものです。

次に琉球で大事な問題は、衛生問題、經濟問題、農村問題だと思うが、これらの問題について先生方はあまり知つていないようです。講習生について調べてみたのですが分つていませんね。

現場の先生方にカリキユラムを作つてもらうということは、教育的に我々は考えている。

そこでカリキユラウ構成というを考える場合には、先ず單元というものゝ基本的概念をつかむことから始めなければならない。これらの單元が次々と並んでいつた時にこれがカリキユラムとなつて現われてくるのである。最初からカリキユラムを作つていこうとすると後に來て、さて單元とはどういうものだろうかと迷うことになつてしまう。むしろこのいき方を逆にして先ず一つの單元を設定して、その内容を如何に取り上げ、どのように展開していつたらよいかを實際に研究してみる。そしてそのサンプルを次々と增して行つて、一つのまとまつたカリキユラムに仕組んで行く。年數はかかつてもよいから此の方が着實である。

今までのカリキユラムは上から下りてきたものであるが、むしろ下から上に上つて行くものでなければならない。本當は一年間位そういう單元の研究から入つて行つたらよいと思う。

具体的な問題から出發して、一般的なものへ入り、再び具体的なものへ歸つて來るというふうにしたがよい。單元學習の經驗が無いところへ部厚なカリキユラムを持ちこまれて戸迷いするというふうになつてしまう。ですから出來れば委員會で第一年目に代表的な單元の研究をやつて、それを現場に實驗させてみてからカリキユラムに取りかかつた方がよい。

普通地域カリキユラムを構成する時には先ず、地域社會の實態調査と兒童調査を行い、目的委員會で具体的な教育目標を設定するという事が行われているが、それに就ては理論的にも未だあいまいな点がある。これらの仕事からどうして具体的な目標が生れてくるか? 此の沖縄で果してぼう大な實態調査から入つていくということが必要かどうか?

結局委員會の話し合いで、法令的なものや、文部省の指導要領等を中心に、更に地域の課題と抱き合せて大綱を立て、それに基いてスコープのようなものをつくり、それをもとにして實態調査をするということが必要だと思う。

真榮田　福岡市プラン等、かなりめん密な調査をしているようですが、沖縄の場合、地域も狹いところですから、委員の研究討議によつてやつていきたいと思うのですが……

梅根　それで充分ですね。細密な數字や統計を出す實態調査ということはやる必要があるが、そういう調査は目標設定のために使うのではなくて、最後の資料單元を作る場合にはじめて必要となつて來るものですね。そういう意味でくわしい實態調査も必要でしよう。

大城　目的委員會はどんな仕事をするのですか。

梅根　教育目標を樹立するということがもつとも大きな仕事ですね。多くはこの目標を設定するにも廣く各階層の意見を聞いて、それを委員會でまとめるといつたようなことをしている。あまり大がゝりな仕事は考えない方がよいと思う。

一番大事なことは

㈠地域化すること

㈡現場で單元をつくる時の手がかりを與えてやる、ということですね。

## △基地化した地域に於ける教育の在り方について

守屋　「どんな逆境にあつても、希望を失つてはならない。」ということの教育をするのには、絶好の機會に惠まれたのですが…
考えてみると、自由ということも、民主的ということも、開放を伴わずには考えられない。貧にあえぐ人々、待遇のよくない教師、希望のもてない環境、あらゆる面で閉ざされている琉球、しかも基地化した問題の多い琉球の教育はどうなければならないものでしようか。この問題の見通しがつかない限り力強い實践はのぞめないのですが、

梅根　むずかしい問題ですね……。

眞榮田　うわついた基地の性格としてバックボーンを持たない。住民も虚無的になつている。それについて、どういうふうに進んでいつたらよいか、いろいろと考えさせられるのですけれど……

梅根　日本自体がそうである。日本復歸の母体自身がどうなるか分らぬ立場にあるのである。琉球は日本に歸えればよいが、さて日本はどこへ歸えるか、歸えつて行くところがない。

先にドイツのボンからやつて來たサッカチームの人々が「基地の子供達」を讀んでの感想を述べているのであるが、その中に「こんなことは當り前のことであつて、日本だけでなく、負けた國は皆同じだ。そんなつまらんことにこだわつて、何だかんだと悲觀することは無いじやないか。こんなものに力を消耗するより、別の固めるべきものを固めた方がよい」と云つているが、ちょっと吾々の考え方とは違うようだね。

だからと云つて現に子供達が被害を受けている場合に、敎師は、この問題を無視すべきではなく、愼重に考えないといけない。

我々は自信を失つてはいけない。だが偏狹な民族主義は捨てなければならない。民族主義が、どれ程われわれを不幸にして來たことか。

眞榮田　血というものを固執しての民族主義はもはや古い時代に屬するものである。世界は一つという大きな立場に立たなければ平和は來ないと思う。

梅根　日本人は一等國だという、いわれのない自負心が強い。

スイス、スエーデン、デンマークは文化的に水準の高い國々であるが、皆喜んで眞面目に働いている。これらの國々に比べたら日本という國は何と欠点だらけの國であろうか、小さい國は、小さい國らしく、生きて行かなければならないと思う。

中山　此の問題はすべての人々が心配し、惱んでいるものだと思う。

タイムスに掲載された、眞榮田緑葉さんの「夏の山原行」の中に

「なるほど自分の家でも家賃を取つて他人に貸した以上は、その許しを得て中に入るのが當然であり、禮儀ではあるが、自分の生れ故郷の名所を見てまわるのに一々手續きをせねばならぬとは、何だか辻つまが合わないようで變な氣がした。」と述べられているが、ほんとに窮屈でやり切れない話である。沖繩は何かしら今迄、持つていたものを一つ一つ失つて行くような氣がする。何か此の失つていくものをけんめいになつて護ろうとする立場に立たされているような氣がする。精神的にも方法上の問題

でもまもる立場にあるのが沖縄の教育であるような氣がする。此の失い行くものを防ごうという立場に立たされた教育を、そのまま放つておいてよいのかと考えさせられる。これは單に大人や教師だけが悩むのでなしに、これを正しく見、正しく判斷し得る子供と共に考えて行く立場に立ちたいと思う。そして防ぐ立場、護る立場でなしに積極的に切り開く立場、崩れゆくものを持ちこたえる立場でなしに、新しく築き上げる立場に皆が立たねばならんのではないか、そこに新しい力と明るい心境が生れて來る。

梅根　假りに勝敗の立場を變えてみたらどうだろうか。それは、何れも人間性の問題になつてくるのである。勝つた相手を憎むのじやなくて、人間性の惡い面をさらけ出させる戰爭そのものを憎むという立場に立ちたいと思う。資本家の中にも個人としては實に立派な人間がいる。法治國の中で法的秩序の中で築いた彼等の地位であつてみれば、その個人は、何も憎まれるわけはない。假に立場を代えて、我々が資本家になつた場合はどうであろうか……ですから個人を憎むのでなしに、此のような矛盾を生み出した社會そのものの体制に眼を轉じせしめなければならない。そういうことにならない限り何時までたつても勝つた、敗けたを繰りかえさなければならない。

　基地に伴う諸問題に對しても、反米的な或は反ソ的なものでなしに、かかる事態を引き起す世界の体制そのものに目を開かなければならない。このような方向に教育しなければならない。現にそういう立派な國がある。

眞榮田　全くですね。もつと大きな立場から開かれた眼をもつて考えなければなりませんね。

### △本土における生活綴方と作文教育の現況について

守屋　本土では子供が生活とじかにとりくんで問題を解決していこうとする生活綴方の立場と、系統を追うて必要なものを書かせる實用的な作文教育が對立しているようですが…。又中には文章の書方を指導するのが作文で、文章の内容になつている生活の指導をするのが生活綴方だといつた考え方などもあるようですし、

　朝日新聞の社説にも、生活綴方などとさわぐ前に基礎的な學力を、「山」や「川」という字の書き方をしつかり教えてもらいたいと、これに對して今井擧次郎氏は「山」や「川」という字を教えつつ、子供に眞の力をつけようとする建前から子供の生活をほりさげ問題を解決させようというのが生活綴方であると答えておられる。「山びこ學校」についての先生の御意見なども本で讀ましてもらいました。こんなことから綴り方教育思潮といつたような意味でこの問題にふれて御教示下さい。

梅根　無着さんの綴方は北方教育から來たものである。然しこれは決して綴り方だけでない。社會科の導入に使つている。單なる綴方からはなれて内容的なものに目を向け實践的な點と結びつけていく。無着君ほ社會科の一つの導入工作だと云つているが、それはその意味において意義があると思う。然しそれは綴方でなければできないということはない。

　無着君の綴方は、綴方教育とか、作文教

育というようなものよりもっと巾の廣いものである。社會科にも利用できるし、作文教育にも役立てることが出來る。

　生活綴方は生活經驗を綴らすのであるが子供達の生活經驗そのものが、綴方に書くだけの内容を持っていない。そういう綴方はすぐに行きづまってしまう。話題の無いところに話が出て來る筈がない。

「山びこ學校」を讀んで氣がつくことだが學校生活を取り扱った文が少い。それは、學校生活というものが綴方の題材にならないような存在であるということを物語っている。

　生活綴方には綴方以前の問題がある。

中山　無着さんも話して居られたが、「山びこ學校」を北方教育の流れと相通ずるものがあると世人は云っているが、自分としては全然そんなことは意識にも上らなかった。「山びこ學校」は綴方という考えで発表したものでない。又、あの文集、そのままが綴力の全部でもないと
　そのような教育を受けた子供達は將來、どういうようになるだろうか、ということについても無着さん自身、今のところ分らないとのことでした。

梅根　全体的に物を觀て行こう。まかすべき分野があっても、そうかといってそれが全部ではない。

　今の綴方教育には二つの流れがある。それは文藝主義と、實用主義、とであるが文藝主義はいわゆる文學趣味から來るもので、先生方の中には相當あるようだ。それはそれでよいと思うが過ぎると危險がある。

　バランスの取れた教育がのぞましい。日本人はとかく、一方に偏りやすい。一種の日本的風土病だ。

　なるほど文藝主義は、手がるで、而も子供の創造性に頼って教師の文藝趣味を滿足させていくには、都合のよいものである。

## △本土に於ける綜合高校 實業科の實情と實業高校の 分離傾向について

比嘉　日本内地に於ける綜合高等學校の經營において、普通課程、職業課程の經營に成功している學校の實情を承わりたい。
　なお、府縣によっては綜合高等學校は困るというので、普通課程と職業課程の高等學校に分れていく傾向にあるとも聞いて居りますが、その状況について御指導下さい
中山　なお、この問題は琉球の職業高校についての問題点でもあります。
梅根　琉球においては一般的に云えない場合がありますが、綜合高校制はどこの國でも實験中で、イギリスでもフランスでもまだ實驗の狀態で、日本でも一部で行われているだけです。
　綜合制に對する考え方は、要するに中校の延長として、高校を考え、その上は綜合大學につながる。中學も、大學も綜合制であるのに、なぜ高校だけ分離しなければならないか。理由にならない。唯古い傳統のために、いろいろむつかしくなってくる。その古い方向へ行くか、新しい方向へ進めて行くかというところに分岐点がある。
　日本では多くの場合、昔の中學校と實業學校とを一つの校内に入れて、普通りの二つの型の教育をしている。それでは真の意味における綜合學校とはいえない。綜合世帯の中に二つの別々の者が同居している

かつこうになつている。

そうでなしに、ほんとうの綜合制は、全く同一の課程において學ばせ、唯選擇科目の時だけ分れていくということでなくてはならない。そうはしないで別ものを一つの中に同居させたから問題がおこる。勿論、いろいろな習慣、傳統もあるから、むつかしいけれども、努力しなければならない。

イギリス、アメリカ、フランス等では、普通課程と農業課程の學校を一緒にして一人の校長のもとにおく方法と、一つはその課程の別を無くして、同じ教科をやつて、ただ卒業の際に選擇科目で專門的にいくという方法とがあるようだ。

農林省の農事改良指導員を養成している學校に來ている講習生は皆、普通課程から來ている者である。

ここで實驗的研究と教育理論との結びつきが考えられる。むしろ理科の延長としての職業教育を考えることがよいと思う。

山内　琉球の產業形態から見ると職業高等學校の數が多過ぎるから整理統合して内容を充實したらとの軍の勸告もありますが、琉球の耕地面積と人口との關係、將來の職業分野や產業の振興と云う点等から見て、簡單に決定さるべきでないと思います。

現在普通高校、二二校、一三、九八六人職業高校一五校五、二九二人であります。琉球の將來の發展という問題からどうしたらよいでしょうか。

梅根　さあ、この問題は、自由主義と計畫主義との問題となつて、むつかしくなつて來るのであるが、我々としては教育課程の面からも切り込んでいける余地があると思う。このような意味でも、小校、中校、高校に於いて、經濟人としての活動を目標においていかなければならない。いろんな角度からこの問題に切り込んでいくことが考えられなければならない。

綜合高校においては、理科を職業的にし職業科を理科的にしていつて、その内容を似通つたものにすることもできる。

こちらの大學で、殊算やタイプ等やつているようですが、もうおそい。それは、小中、高校でやるべきである。そういう教育を綜合高校でやらせるべきである。

そういう意味で普通課程と、職業課程の間にいくつかの中間課程を設ける必要がある。

山内　今回、各地區において、先生が、生產教育、經濟教育を強調された点に非常に感銘致しました。これをもつと徹底させて、教育に對する考え力を促進するためにはどうすればよいでしょうか。

梅根　一つはカリキユラムの問題ですね。カリキユラムの構造をアカデミックなものにするのでなくて、その中に、政治的な、經濟的なものを含めて行く。そのために地方の教師を參加させることが大切である。

指導課と研究調査課が地方の研究團体を育てていつて、一つのセンターをこさえる。そうして、このようなセンターを点々といくつか持つようにしたらと思う。實験學校も繼續的に研究するようにしたがよい。

一般から盛り上るものを育てて行くといつた地道をコツコツやつていく方法以外にないと思う。

## △社會科の地理、歷史、公民的教材の取扱いについて

西平　日本々土において、中學校では日本史

を特設しているようですが、如何なる目的で、どのような方法で指導をしているでしようか。

梅根　日本では相當やつているが、普通の學校では教科書を中心にして、讀んだり、多少經驗的なものを加味しながらやつていくという方法をとつていると思う。

教育審議會あたりで、社會科解体の方向に行きつつあるような意見が出ているらしいが、歸えつたら、大いに警戒をしなければならない。

西平　しいて日本史を中心としてやつていこうという意味はどこにあるでしようか。

梅根　正直なところ、それは古い考え方から出ている。社會科解体論から來ている。

私どもの立場からしても、獨立歴史は意味を持つものである。然し、その時の歴史は明らかに社會科とは別個のものである。社會科は、たとえ歴史が獨立しても、社會科として嚴然として存するのである。

社會科の學習は、その學習をする爲の基礎となるべきものを要求する。現在の經濟問題を取り上げる場合、どうしても、一面では、歴史、地理的な知識を必要とする。例えば、琉球の經濟問題について考える場合、條件の似通つた他の地域の狀態と比較して考えなければならない。そしてそのためには世界の大体の地理、歴史に對する目を開いていなければならない。

世界に對する眼をひらきながら、自分達の地域の問題を考えていく。このような意味で社會科の背景として、歴史、地理の必要が生ずる。そして中學校における、地理や、歴史の特設ということが認められてよい。然し、それは、そのまま社會科に代るべきものではない。社會科は、別個の使命を持つべきものである。

西平　社會科學的な事柄が分つていなければ問題を解決できないような單元が多いのであるが、社會科學面の學習と、問題解決的學習の何れに重点をおくべきか、その邊のバランスは、どうすればよいでしようか。

梅根　地理、歴史は、普通教育の分野においては手段として考えられるべきである。

ただ社會的な分業がおこつて來ると、その末端においては、全般的なことにかかわらなくてよい場合がある。

然し、子供自身のパーソナリテーの中にそういうものをどうするか、

高校の段階になつて来ると、そういうアカデミックな考え方が入つてもよいと思う。少くとも自然科學の面ではそう思う。然し社會科學の場合では、どんなものでしようか。

關連課程や問題解決學習の際に出てくるそのような理論的なものをためておいて、ある時期に來て、それをまとめて學ばせるという方法をとることも考えられる。

西平　「近代工業の發展は社會にどのような影響を及ぼしたか。」と云う單元を取扱う場合どうしても資本主義というものの社會科學的な知識、概念を持たなければならないのですが……

梅根　あの單元は、アメリカ型の單元で教材單元である。問題單元でもなければ經驗單元でもない。

社會科で取扱う問題は、實際的な問題であつて、その問題を解決するために理論的な問題が生まれて來る。技術的な問題も、自分達の實践的な問題の中にすべて、入つて來るのである。

大城　資本主義とか社會主義とかいう言葉の

〝概念を教えるのでなくて、その事實を取り上げて、いけばよいのではないか。

梅根　日本人は、極めて、概念的に物を考える癖がある。極端から極端へ走ってしまう。あまり訓練された民衆でないと思う。物事をかんたんに割切つてしまおうとする考え方、こういう民衆では非常に危險だ。地道に、じつくり考えていくような、もつと中間的な立場というものを考えなければならない。右か左か、かんたんに割切れない場合が多いのである。もつともつと自主性を持たなければならない。

## △琉球の教育者に望むもの

大城　現在の琉球の現狀からして、吾々指導助言の立場にあるものに對して、どういつた点を指導してもらいたい、といつた樣な面についてお教えを願いたいと思います。

梅根　先づ、自主的研究グループを各地に育てること。

　次に官僚主義を取り除いて貰いたい。これは何も役所だけにあるものでなくて、各自の心の中にある。校長のいうことは絶對だ。文教局の指示を仰がなくては、といつたような考え方、あれですね。

　先日、ある學校を訪問したのであるが、トタン屋根の教室で三十、五六度の熱氣に子供たちが蒸されている。とんでもない話だ。なぜ帽子をかぶらせないか。授業と云うものは教室でやるべきものだ。授業中は帽子をかぶらせてはいかないものだ。と考えている。これは動かせないこととなつている。

　夏休みなども、琉球では、もつと早目に六月からやつてよいのでないか、もう少し子供のために、自主的に判斷して行かなくてはならない。ところが先生方は「そんなことをしても大丈夫でせうか、と云つているが、そんなことをしたら文教局に叱られるとでも思つているのでせう。

　「あなた方は、文教局と、子供と、どちらが大切か」と云つてやりましたがね。

　ことにあのトタン屋根の教室ではたまらない。それをだまつて見ている校長

　自分の子供なら、そんな學校にはやりませんね。校舎復舊運動をおこすのも、子供が氣の毒でたまらぬからである。だのに現にあのようなところに子供をおしこめておいて、平氣でいられるというのは一体どうしたと云うのか、これは、何も琉球の教育者だけでなく、日本全体が同じである。そういう先生方の頭の切りかえが行われなければならない。

　しかも新しい立派な校舎には上級生を入れておいて、そまつな暑い教室に下級生をおし込めてある。なんと、なげかわしいことか。

　上級生は後、わずかしかこの學校には居ないから、今のうちに、新しい校舍に入れて恩惠を施してやろうとの考え方らしいが。

　なぜ生徒會に、此の問題を投げ出して彼れ等に考えさせないのか、小さい弟や、妹達から入れてあげようでないか、というふうにならなくてはならない。

　午前中一年生を入れてやつて、午後は一年生が帰つた後に上級生が入ればよいでないか。

　子供を本位にして、もつと自主的に考えていかなければならない。どこまでも子供を中心にしていくと云う考え方を先生方に徹底せしめていくように指導してもらいた

い。

便所の問題でも子供達のためにもつと考えてやらなければならない。上級生が少し努力すればかんたんに出來上る。

このようなことは、日本全体の教育にのぞむところである。本土と沖縄と別段、變つているところはない。唯校舎の見劣りがすると云うだけである。

中山　どうも長時間にわたつて有難うございました。

（文責　安里）

# 夏休みの理科學習とその處理

指導主事　金城順一

## 一、夏休みの教育的意義

夏休みの教育的意義とか價値については、それを論ずる人の立場や考え方等によつて、多少異なつた見解が生れて來るであらう。所謂「新教育」の立場から考えて見ると、子供の生活それ自体が教育であり、兒童の經驗そのものが學習であるといわれる。即ち主体性としての兒童と、環境との交互作用によつて、兒童か自己更新をしていく過程が學習であると考えられる。

此觀点から考えて見ると、「夏休み」も重要な教育の場であり、兒童の生活のある處には必らず何らかの教育の場がなければならない。即ち「夏休みというものは、教育の内容や、教育の場、方法が「夏」という環境の變化に規定されて、特殊な形をとつた教育の形態である」といつてよいのではないか。從つてそこで行われる學習は、（生活といつてもよい）平常學校で行われるような形態をとらなくてもよいし、又そうあつてはいけない。夏休みは教育の休止期間ではなく、平常の學校生活では得難いような、彈力性のある幅の廣い種々の經驗をさせることによつて、生活の擴充をはかるとか、平常出來なかつた家庭又は自己の生活設計によつて、自主性を高め實踐性を深めることが大切である。

以上が積極的な意義であるが、反面消極的な面を取りあげてみると、一ヶ月以上も學校生活から離れ、教師による直接指導が中絶するので、現實の問題として、學習や生活指導の面に大きなブランクが出來ることは否定出來ない。

これを如何なる方法で教育的に處理するかということは、關係當事者が大いに研究すべき問題である。夏休みの問題がとかく論議されるのも主としてこの点からであろう。

## 二、夏休み生活設計の基本態度

前述の積極面、消極面の二つの立場を考慮において、更に詳細に夏休みの生活設計の基本態度を考えてみると、

(1)學校生活の枠が長期に亘つてはずされるので、生活指導や躾の面からみて、望ましくない習慣の形成や種々の危險等が豫想される。それに對する教育的な對策が必要である。

(2)教師の直接指導の中絶によつて起る事を豫想される學力の低下後退を防止する。「夏休みの友」の使用や課題が先づ考えられる。

(3)通信簿その他の參考資料によつて、一學期の學習の反省をさせ、基礎學習の面に重点をおいて家庭學習を促進する。

(4)身体的、精神的に弱い子供に對しては健康の回復、增進に留意させ、来るべき新學期に備えさせる。

(5)學校生活や教室での學習では實施困難な生活學習を、直接經驗させる事によつて種々の望ましい質や技能を向上させる。

以上のようなことが豫想されるわけであるが、從來の夏休みは消極的な面、特に(1)(2)の二項が主として取上げられて來た樣に思う。現實の問題として、沖縄あたりの一般の家庭生活の實情や、社會の實態からすれば、當然の樣な氣もするが、積極面も大いに取上げ教育の立場から今後重視しなければならない。

ただここで注意しておきたい事は、以上の觀点から實施する場合、

1、兒童生徒の發達段階に應じて、要求すべき仕事の種類や分量並びにそれぞれのウェイトを考える事。

2、課題については地域性を十分に考慮すること。

3、個々の兒童生徒の特殊事情等も考慮に入れること。

等が必要である。

都市の子供と農村の子供とも異なるし、山村の子供と漁村の子供とも又違つて來る。同じ都市の子供であつてその家庭の生活レベルに差があるから、その点からも種々配慮すべき問題が生じて來ると思う。例えば中學校の生徒あたりになると、家庭の經濟事情や社會實習の意味から夏休み中のアルバイトを希望するのも出て來る筈であるが、この樣な者に對する教育的配慮や指導がなされるという事はより望ましい事である。

## 三、教師の指導と計畫

前にも述べたように、平常の學校生活では仲々實施し得ない樣な問題について、自主的に學習させようとするならば、それ相當のプランや適切な指導があるべき筈である。特に教師の直接指導の手を離れ、子供自身の手によつて學習が行われる夏休みの場合は、學校や教師の適切な指導助言によつて、子供達が自主的に自己に相應しい夏休みの生活プランを樹立する事が望ましい。しかもそれがその學校の教育の全体構造の一環としての立場から指導される事がより望ましい。更に必要によつては休暇に入る前に學校PTAや學級PTAを開いて父兄の協力を求めるとか、家庭訪問によつて適切な指導助言をする事も可能で、或は又綿密な教師プランをプリントにして各家庭に配布し、家庭學習の責任者たる父兄の參考に供する事も考えられる。

昨年の秋、アイフェル講習で上京した折、東京を中心に千葉、神奈川、青森等の學校を

訪問したが、大体の學校の教育課程の中に「夏休みの生活プラン」とか、「たのしい夏休み」という單元が七月に取上げられていた事を想い出すが、沖縄では果してどうなつているだろうか。なる程沖縄でも夏休みに對する注意については、それぞれ學校や學級で適當になされている様だが、一年間の授業日數の六分の一の日數に當る長期の休みに對して、大方の學校が積極的に教育課程の中に位置付け、單元を構成していないのは如何なる理由からであろうか。こんな處にも教育課程構成上の一盲点がある様な氣がする。勿論他縣の學校總てが取上ているとは云つていないが…

「馬小舎という名の教室」で、薄給に甘んじつつ日々教壇生活を續けている沖縄の教師諸兄姉に、こんな事を要求するのは非人情の様な氣もするが、本土の教育のレベルにいささかでも近づきたい筆者の氣持から敢えて指摘しておきたい。夏休みの生活プランに對する指導は、家庭の責任だといえばそれ迄であるが、そのままでは濟まされない處に悩みがある。沖縄の一般家庭の現狀では（ごく少数な家庭では可能だとして）多くを期待するのは無駄だと思う。たとえそれが可能だとしても學校や教師の適切なガイドが必要である事には何等變りがない。

先に述べたように夏休みの學習が教育の全体構造の中に位置を占めるとすれば、たとえ教師の直接指導がないにしても、夏休みの自主的學習は平素の指導の延長と見るべきである。研究題材も平素の學習題材の発展であり又補充である。從つてその研究方法も平素の學習指導が、合理的に且正しく行われているならば、夏休みの生活學習も十分に推進され、大いに効果をあげる事が出來るわけである。逆に、平素の指導が十分になされていなければ、夏休みの生活學習は時間の浪費となり課、題も子供達にとつては重荷にしかならなくなる。だからこそ從來の様に夏休み最終の二、三日に、「夏休みの友」が家族總動員によつて書き上げられ、子供を叱りながら工作品を作らねばならない父親も出て來るのである。

## 四、夏休みと理科學習

生活主義教育の立場から理科教育の性格を考えてみると、

1、實践的な科學的態度の涵養。

2、生活を充實させるための科學的な技能の收得。

例えば採集、飼育、栽培、觀察、調査、觀測、測定、標本作製、機械器具の分解組立等がそれである。

3、生活のための科學的知識の理解

即ち爲す事によつて學ぶという立場から、知識と行動の結合を計る。

ことなどが主なる目標となる。

更に詳述すれば、以前の理科教育は、學問的体系によつて科學的知識や技術を獲得する事が大きなねらいであつた。勿論それも重要である事に變りはないが、（但しその範圍と意義は多少異なつている）それだけでは十分であるとは云えない。むしろ學校教育で多くのものを蓄積し、それだけによつて將來を生活していくという事よりも、學校を卒業し社會へ出てからもよき社會人、職業人、家庭人として自らを向上させ、常に科學的な判斷と行動ができ、生活を豊かにしていくことが出來るような人をつくることこそ最も大切な教育の目標でなければならない。このように、生徒を科學的に好ましい方向に方向づけていくと云うことがねらいであるならば、理科教育の目標は知識技術の獲得ということに加えて自然の事物現象についての基礎的な關係、原理、法則の理解、科學的な態度、習慣、自然の美しさの調和を感得すること、科學的方法をよく認識すること、よりよい社會や生活への理想をもつことなどを含み、しかもそれら相互の間に有機的な關連をもつものでなければなければならない、從つて理科教育の目標は、非常に廣範で、かつ有機的なものであると云うことが出來る。

以上のような觀点から夏休みの理科學習を考えてみると、人間は本来自ら發意し、自ら計畫し、それに基いて自主的に行動し、作業した事柄は多少その仕事に困難が伴つても、それ程苦にならぬものであるのみか、少しの事でも成功すれば非常な喜びを感ずるものである。理科學習に於けるこの喜びこそ、真理を愛好し、真理を尊重し真理探究に突き進む大事な原動力である。平素の教材に於ける指導においても勿論その点を中心にしてはいるが、既製のカリキユラムや教科書に捉われ、或は又進度とか時間に制約されて、仲々思う様にならぬのが實情である。この点夏休みの理科學習は兒童本来の生活過程に即し、彼等の求知心を刺激し自ら計畫し、自主的に行動させる事によつて科學的な研究意慾を満足させる絶好のチャンスというべきである。更に又教師の立場からいえば、平素の指導が有効適切に行われたかどうかを判定評價するチャンスでもある。

## 五、夏休み理科學習の研究テーマ

文部省の學習指導要領理科編には、理科の學習活動の主なるものとして

①觀察、②實驗、③製作及び操作、④飼育及び栽培、⑤材料集め、⑥野外學習、⑦見學、⑧訪問、⑨讀書、⑩映畫幻燈放送の利用、⑪話合い、⑫報告、⑬遊び低學年、⑭デモンストレーション

の十四種があげられているが、これらのものと關連付けて夏休み理科學習の研究題材を拾つてあげてみよう。

(1)繪日記、觀察日記

國語とも關連するが、夏の自然界に起るいろいろな物理化學的現象や、氣象、天象の變化、生物現象等に注目させ、觀察の結果をありの儘に、自由に記録させる。學年の相違によつて記述の仕方も異なり低學年では主として繪日記の形をとり、高學年になるにつれて觀察日記とし、記述の仕方も科學的に正確になるよう仕向ける必要によつては種々のスケッチや天候氣象條件等も附記させたがよい。

繪日記の形式としてはいろいろ考えられるが、普通の理科學習帳の様なものでよい。一例を示すと次の様なものになる

| 月 日 曜 | 氣温 | 天氣 |
|---|---|---|
| | | |
| | | |

※上欄は繪やスケッチをかく。
下欄は觀察の結果を記述させる。

觀察日記は適當なノートを使用させるか、自分で適當に工夫させてもよい。

この際、常時持つてあるける様にポケツト版の小形手帳を準備させて併用させ

ることも面白いと思う。
観察題材は手近かの所にいくらでもある事を知らしむべきである。
○ありの生活
○くもの巣のはり方
○かたつむりの運動
○みみずの運動
○雲のいろ〳〵
○みずすましの生活
○あめんぼの運動
○種子から発芽生長まで
○夏に咲く花
○すずめの觀察日記
○はちの巣の觀察日記
○めだか、ふな、とうぎよの生活

(2)觀測や測定に關連して

特に長期の休みでなければ出來ないような繼續的な觀察觀測及び測定等に重点をおく。氣象、天文などに關係する題材がいろ〳〵あると思う。

測定や觀測の結果は出来るだけ正確に記録させる。
○一日中の氣温の變化の測定
○月のみちかけ
○一ヶ月の氣温測定
○天氣しらべ、天氣ごよみ
○日出日沒の觀測
○雨量の測定
○毎日の風向しらべ
○氣温の變化と水温の變化との關係
○星座しらべ

温度計のある家庭の子供ならそれを利用していろ〳〵面白い測定が出来る筈だが沖縄では望めそうもない。しかし子供の要求があれば學校用を貸してもよいと思う。但し使用法は特に指導し、取扱いに氣をつけさせる。又一定の場所に備えて共同利用の便をはかる事もよい。

温度計を使い始める時期は凡そ二年生の後半頃からであるが本格的に○度○分まで讀み取るのは四年生位からが適當。

天氣をあらわす記號は低中學年頃までは象徴化した圖形による方法とか(教科書參照)まる(圓)の中を白(はれ)赤(くもり)青(あめ)と、それぞれの色でぬる色分けによる方法等があるが、その學年の理科教科書の例に一致させた方が子供にとつては便利だろう。五、六年生になると天氣圖にある記號で記録させる様にしたい。それによつて天氣圖を讀むことにも興味が持てるようにもなる。

記録すべき事柄も出來得れば天氣、氣温風向、風速、雲量等とともに氣のついた事柄(生物季節など)も記録させるようにしたい。

(3)飼育及び栽培に關連して
○かの一生しらべ(小五夏休みの友)
○あおむし、けむしの飼育
○かたつむりの飼育
○ばつた、こおろぎの飼育
○あさがお、へちまの栽培
○水栽培
○かびの研究

用具は飼育の場合は口の廣いびんやコップ、ボール箱を工夫してやればよい、高學年の生徒は家畜、家禽等の飼育や作物等の栽培研究をさせ、その記録をさせるのもよい。

(4)採集や製作に關連して
○植物採集及び標本作製
○昆虫採集及び標本作製(中二、夏休みの友)

○海濱の小動物採集及び標本作製
○貝殻採集
○岩石、鑛物採集
○化石採集
○模型ひこうきの製作
○科學玩具の製作
○電氣器具作製
○簡易濕度計、風向計、風速計
○蝶の鱗粉轉寫

以上は単なる二、三の例にしか過ぎない。その他にも地域によつてはいろいろ面白い事が考えられると思う。

昆虫採集は殆どの學校の兒童生徒がやつているようだが、標本作製上の指導が余りなされていないせいか非常に拙劣である。主なる二、三の留意点をあげておく。

△展しの場合

(1)ちょうの類（ガも含む）
左右の前し（前ばね）の後縁が一直線になるようにし、後しは前しとはなれないようにする。

(2)とんぼの類
左右の後しの前縁が一直線になるようにし、前しは少し上にあげる。

(3)はい、あぶの類（双し類）
左右のしの先と頭が大体一直線になるようにひろげる。肢（あし）は前肢、中肢が前向き、後肢は後方に向ける。

(4)はち類
はい、あぶの類に準じて展しすればよい。

(5)せみ類
別に展しする必要もないが、やるとすればとんぼに準じて行つてよい。

その他の昆虫は特殊の場合の外展しする必要はない。肢（あし）は一般的にいえば前肢は前向き、中肢、後肢は後向きとする。

△針のさし方

大抵の昆虫は胸の真中に針をさすが甲虫類（こがねむし）等は右しの幅の真中（胸に近く）から胸部の中肢を後肢の間に通るように針をさす。小形の昆虫は直接太い針を刺さずに、小形厚紙の台紙に貼付け、それを針でさして立てる。その他種々の方法があるが略す。

△その他

直し類（ばつた、こおろぎ）や大形のガ類は、腹部が腐れ易いから切開して内臓を取り出し、綿をつめる。

とんぼ類は腹部が折れ易いからくわ本科植物の茎を芯に胸部まで突き通しておく。

△軟化法

乾燥して硬くなつた昆虫を展しする場合、そのままでは不可能だから適當な容器（辨當箱でもよい）に水分を適度に含んだ砂を半分程入れ、その中に昆虫を二、三日程入れておく。この際、出來得れば石炭酸を二、三滴落しておくと、かびが生じない。石炭酸の代りにフォルマリンを使用する者もいるが、昆虫の關節が硬化するから絶對に入れてはいけない。又砂の代りにおがくずでもよい。

△採集の方法

子供は一般に、飛んでいる昆虫や、目にふれるものだけを採集するので、種類も数も少ないのが普通である。ここにも教師の適切な指導と助言が必要になつてくる。

1、電燈やランプを利用して夜の昆虫を採集する（昆虫の趨光性を利用）
2、動物の腐肉に集まる昆虫
鼠や蛙の死がいを、廣口びんか罐詰の空

罐に入れ、地面と平らに埋め、その上をわらで隠す。これに集まる昆虫を採集する。採つた昆虫はアルコールで消毒する。

3、糖密採集

黒砂糖を削り、それに酒を入れて煮る。この液を夕方から山林の樹皮に塗つておけばその香に引かれてガ、甲虫、直し類等の昆虫が集まる。それを採集する。

4、果物、瓜類に集まる昆虫

西瓜、かぼちゃ、香りの高い果物等を夜間屋外におくとガや鳴く虫がとれる。

5、水棲昆虫

水網ですくつてとる。

6、樹皮にひそむ昆虫

樹皮の下や朽木にすんでいる昆虫を採集する。

7、叩き採集

樹枝上にすむ昆虫は、棒切れで樹枝を叩き、落ちて来るのをパラソル、傘等で受けて採集する。

以上の四項に關する學習の外、實驗に關するもの、見學に關するもの、社會科と關連して調査研究に關するもの等種々のものが考えられる。

## 六、夏休み學習の處理

夏期休暇後の處理については、學校によつてそれぞれ獨自のプランがあり、それによつて教育的處理が行われるべきである。然し從来の狀況を見ると、新學期頭初は夏休みのルーズな生活の情性によつて無爲に過されることが多い様である。これも矢張り夏休み直前の生活設計に對する適切な計畫と指導が必要であるのと同樣、學校の適切な計畫が望ましい。單に「夏休みの友」の点檢處理だけでは濟まされない。從来この点が不充分であるのも、これに對する學校の指導プランや、準備が充分に爲されていない爲ではなかろうか。平常の學習指導が、教育課程のプラン通りちやんと行われ、休暇直前の教育的處理や指導が學校教育との關連の下に適切に實施されているならば、休暇中の兒童生徒の學習活動や生活經驗も強力性のある自己設計のプランによつて自主的に推進される筈である。從つてその結果として豊富な研究の成果や製作品、採集品等が期せずして教師の手元に集まつて來る。それと同時に學校生徒では期待出來ないような幅の廣い、多樣性のある生活經驗も兒童生徒によつては期待出來る筈である。或は又長期の休暇でなければ期待出來ないような旅行、見學等の体驗をした兒童もいるだろう。この樣な種々の研究物や精神的な無形の收獲を如何に處理するかということは極めて重要な問題である。これを有效適切に教育的に處理することが出來れば、兒童にとつては激勵となり今後の研究意慾を倍加する事にもなるし、新たな學習の出發点にもなる。

次に夏休み生活の教育的處理について、その豫想される場面を參考までに拾ひあげてみる。

(1)夏休み生活反省會

休暇前に計畫した生活プランの實施は、うまく出來たかどうか、若し出來なかつたとしたらプランのどこに無理があつたか、又實行する際如何なる障害があつたかどの点がうまくいつたか。健康狀況はどうだつたか等についてそれぞれ話し合いや意見發表をさせ適切な指導をなす。

ホーム・ルームの時間を利用するとよい

(2)夏体み作品展覽會

休み中の理科作品、即ち昆虫標本、植物標

本、理科玩具、實驗器具等を展示し兒童生徒の精魂をつくした貴重な作品をみんなで認め合い、評價し合う。

「理科展」として種々の研究物報告物、調査統計、その他の資料を展示する事もよい。

實施に當つては兒童生徒の発達段階に應じて自主的に立案計畫させ、説明書や會場設備等も出來得る限り生徒を主体にしたい勿論教師の助言を必要とする、展覽會の開催については學校の計畫による場合もあるし、時によつては「學級展示會」の形で實施しても面白いと思う。

更に又これは兒童生徒に展示するだけでなく父兄にもみせたいものである。それによつて子供にも張りが出る事と思う。

(3) 私たちの理科研究発表會

繼續觀察や觀測した結果とか實驗製作についての工夫研究等を學校或は學級で発表會を開催する事もよい。そして研究についての質問をさせる事等も聽き手になる兒童、生徒を積極的に參加させる方法として面白い。

(4) 生物研究會

上學年あたりになると採集してくる昆虫、その他の動物、植物、貝類等の種類が多くなり、種名についても教師の知らない種類が多く出て來る筈である。それで高校の教師やその他適當な指導者を招いて研究、指導をうける事は兒童は勿論、教師にとつても必要な事である。それによつて兒童生徒の研究意慾が倍加される事はいうまでもない。子供等の汗の結晶である採集品がそのまゝ數ヶ月も職員室の片隅にほこりをかぶつたまゝ山積みにされるという事は心ある教師の爲すべき事ではない。

(5) 標本作製研究會

休暇前に指導してあれば別だが、そうでなければ提出された標本をサンプルにして、一應教師又は優秀な生徒を中心にして作製についての研究をすることも意義のある事だと思う。昆虫標本の場合なら軟化法によつて處理した標本を展ししなおすことも可能である。この研究會は時期が余り遅くなると教育的効果が半減する。

以上長々と夏期休暇の理科學習とその處理について述べて来たが、これだけがすべてであると考えては困る。その外にもいろ〳〵適切な方法が多々あると思う。筆者自身紙數に制限され、印刷上のテクニックの点から圖解を省略したので、わかり難い点も多かろうと思うし、説明不十分の点も認める。大方の教師に多少なりとも參考になれば幸である。沖縄教職員會発行の「夏休みの友」に子供達への參考程度にそれぞれの學年にふさわしい題材を取りあげて書いたからこれも參考にして戴きたい。

隨想

# お早うございます

美原秋穂

長屋住いを始めてから、もうかれこれ一年近くにもなつた。はじめの間は子供が泣き出すと隣に氣兼ねするし、惡友共と飲み始めると聲の高さを加減しなければならないし、全く息のつまる樣な思いだつた。

私の住んでいる棟割長屋には三世帯が住んでおり、大人、子供合せて總勢一九名がゴチヤ〳〵と呼吸をしている。各部屋は玄關や押入等は最大限に節約されており、床の間等としやれたものは藥にしたくてもない。

便所でさえ一つしかないので、朝になると行列を作るという騷ぎだ。

始めの間は便所に入る事が一つの苦痛の種子だつたが、次第に馴れて来ると、皆が夫々適當な時機を体得して、自然と順番ができてスムースに取運ぶ樣になつて来た。

隣の誰さんは朝の出勤が早いから先にし、誰さんは夜勤だから後にするという事が、言わず語らずの間に不文律として出来上つてしまつたのだ。

どうも初鼻から便所の話ではクソ面白くもないだろうが、長屋住いのよさはこんなところから、そこはかとなく生れてくるようだ。

さて次はいよ〳〵洗面という段取になるが、私共の長屋には水量の豊富な井戸がある。戰前からの井戸なので、これだけは何處に出してもはずかしくない。水ききんの頃になると遠方からの水貰いで賑やかな事限りない。

長屋の連中も晝間は殆ど家に居ないので、皆が顔を合せるのはこの時だけだ。

隣の主人は何處か民間會社に勤めているらしいが、仕事から歸るのは大抵消燈後だし、その隣はホテルの支配人か何かして殆んど泊りこみなので一週間に一ぺん位しか家に歸らない。同じ屋根の下に住んでいながら、殆んど名前も知らないし、ましてや仕事の事等はさつぱりわからない。

歯ブラシをくわえながら井戸端に出てみると時々この連中が顔を合せる事がある。

「お早うございます」「お早うございます」

この一言で互の心の壁が取拂われて、何とも言えない親近感が湧いて來て、朝のさわやかな氣分が自然ににじみ出てくる。

「どうもむし暑いですなあ」

「一雨サッと来てくれるといいんですがね」
「西日本は大變な水害らしいですね」
「少しわけてもらえんですかなあ」
「ハハハ……」「ハハハハ……」

全く他愛ないこんな會話の中に庶民生活の味わいがほの〴〵とにじみ出てくる。

便所の不文律と言い、朝のあいさつと言い、長屋には長屋でなければ味わえないむき出しの人間味がある。

ところがこのきつかけを作るのが、「お早うございます」という一言なのだから面白い。

この言葉が世の中になくなると人間生活はどんなにかとげ〳〵しくなるだろう。

さてそれから家の中に入ると一家打揃つて朝の食卓につき、子供達が夫々

「お父さんお早うございます」
「お母さんお早うございます」

と元氣のよい聲であいさつをする。

子供達の元氣な聲にうさも忘れ、貧しさも忘れて、子供達の旺盛な食慾に眼を細めて悦に入つている。

地位もいらん名譽もいらん―たゞこの子供達が今の樣に元氣に伸びてさえくれたら、この父は他に何もいらない。――こんな温かい家庭の空氣もそのきつかけを作るのは「お早うございます」という一言と、その底を流れる愛情の問題であろう。

われ〳〵の言動にこの庶民的愛情を失つては新教育もクソもありはしないと私は思つている。

（人事委員　元奄美連教組長）

# 子供スケッチ

あさともり一

七〇坪の借地に借金住宅を建てた。

玄關から前の露路へ出るのには、小さな溝をまたがなければならない。大人なら夜でも燈火なしにまたげる程の小さい溝であるが、子供にはちよつと骨が折れるらしい。時折渡るのにかつこうな場所をみつけるために、うろうろしている可愛い訪問客の姿を見かけることがある。何とかしなければ、と思いながら何やかやと、とりまぎれてそのままになつている。

ところが昨日、しごとから歸つで來ると、その溝のもつともせまい、いわば海峽部に當

るところに巾一尺程の板橋がかけられてある。いわずと知れた五歳七ヶ月の長男のしわざである。

長さ一尺はそのまま溝の巾である。板の下には二本の橋げたが、ほぼ並行に露路と屋敷に渡されてある。ペンキ塗りのきれいな橋げただ。こわれた机の脚がその材料である。

その橋を渡りつくした屋敷側の橋のたもとから両側に、薪や、竹切れで、長さ一間位にわたつて小さな柵がめぐらされ、柵と柵の間に布ぎれをつなぎあわせたひもが、張り渡されてある。

今はどこえ行つたのやら主の居ないこの小さい橋のたもとで、両親の出はらつた後の息子の一日の生活を頭に描き、私はひとりでにほほえまれて來てしようがなかつた。

そつと橋をよけて、一またぎすると二、三歩ですぐ玄關だ。ガラガラッと玄關の戸をあけると姿は見えないが、裏の方から

「お歸り」

の聲と一しよに驅けて來る威勢のよい靴音が近ずいて來る。

「ただ今」と應ずる間もあらばこそ、半裸体の、日に燒けた小さいからだが玄關にころがりこんで來る。

裏の方で何をしていたか、手といわず、足といわず、汗ばんだ額まで砂がくつついている。

あらためて歸つて来たあいさつをすませてそのまゝ座敷に上ろうとすると

「父ちやん、畫用紙買つて来た」

と砂だらけの手でカバンを奪い取つた。

今朝出がけにきつと買つてくれとせがまれ「うん〱」と生返事をして難を逃がれて出て行つたことを思い出し、「しまつた」と思つた。

何時ものことなので、別に忘れたというわけでもないが、このような時、いろ〱、あの手この手で、どうにか、こうにか、うやむやにつくろつて来た今までのコースを今日も繰りかえしたに過ぎない。それでいて「しまつた」と思つたのは、別のずるい考えが手傳つていたことにすぐ氣がついた。

やつこさんは、今まで砂遊びに夢中になつていたにちがいない。そのすぐ先か、あるいはずつと先にあの架橋工事と柵の作業に相當な心魂を打ち込んだにちがいない。そしてその成果は、あの通り、取りこわさずにそのまゝ大事に殘されている—何時もなら造つたものは十中八九取りこわしてしまうのだが—、だとするとあの威勢のよい「お歸り」と靴音は何だつたろう。夫婦共稼ぎのさびしい留守役から解放された喜びか？それにしては何時もより大げさだ、だとすると、矢張りあの橋と柵だ、あの見事な成果を我が愛する父親に見せ、あわよくば、最大の讃辭をちようだいせんものと思いつゞけて、歸りを待つていたであろう。畫用紙のことなど、とつくに忘れてしまつているにちがいない。

しめ、しめ、これでまた今日も例の如く何とかつくろつていける。乏しいポケットマニーをはたかんですむわけだ、一けちんぼのようだが、この子は一日、十四、五枚の畫用紙を消費する—、と思つて喜んだわけだが、この大人の勝手な想像は見事にくつがえされてしまつた。時間の後先からすると畫用紙が架橋工事より先である。生活時間の長さからいつてもその比ではない、と思つたのに、見事な橋の出來榮えには一言もふれないで、忘れてしまつていたと思つた畫洋紙の約束の履行を迫つて來る。

とにかく何とかこの急場を体よく取りつく

ろわなくてはならない。

「平氣で約束を破るような子供をつくるのは急場しのぎの大人の約束（ていのよいだまし）である。」と何かの本に書いてあつたことを思い出す。

正直に「忘れて來た」――これも實はうそだが――とあやまり、かばんの中からわら半紙を出してやると、しばらく不平そうに口をとがらして玄關につつ立つていたが、突然、

「いいよ　月給もらつたら、きつとだよ」

と云つたかと思うと、念もおさずに、そのまま靴を拔ぎ捨てて、机の上に、わら半紙をひろげはじめた。

「うんよしよし」

救われた、と思つたとたん　又しても大人のいいかげんな安易な約束が口をついて出て來る。これではいけない。

今度こそ此の約束を果さねばなるまいと、誓つたのである。

さて、これで、その日は例の小川ならざる溝にかけられた橋のことは、製作者の口からも私の口からもそのまま出ずじまいになつたのである。

ところが今朝、出かけようとすると、どこからどう廻つたのか、先廻りしたやつこさんがいつのまにか玄關をあけて待つている。

玄關から橋に通ずる道が出來たから、必ず橋を渡れとのことである。窓越しに見ると何時の間に出來上つたのか、昨日見た時にはなかつたはずの巾一尺ほどの小道が、橋にまつすぐにのびてあけられてある。子供の仕事にしては、ちよつとうますぎる。芝草のしつこい根によつて張り固められた地面であるが、鍬（米軍の携帶エンピ）の跡もなめらかにけずり取られている。ちよつと鍬の角度をあやまれば地面を堀りおこすか、あるいはいたずらに草をなぎ倒すばかりだのに、ちようど草のつけ根と土とを程よくけずり取つてある。

ふだん子供のいたずらに口うるさく干渉する家族をたしなめ、自由に鍬やかまを使わせ、くぎを打たせ、惜しげもなく鋸を掘かせて来た私の教育方針は、どうやらま違つてはいなかつたらしい。

「うん、見事だ、ブルトーザーでしいたようだね」

とほめてやると

「通つてもいいよ」

と得意になつて小道の入口のそばに道をあけた。

て私のやつて來るのを待つている。

「こわれないかね」

と念をおすと、

「大丈夫だよ、これごらん」

と云いざま、一尺の橋一杯に立ちはだかり、トントンと二、三度、とんでみせた。その度に小さく二本の橋げたが、軟い土にめり込んでいく。

「もういいよ、いいよ、大丈夫だ、大丈夫だ。」

私はあわてゝ止めにかゝつた。

充分自信がついたと云いたげに橋を下りて私の手を取り、はやく渡れと云う。

二、三寸程下がつてしまつた橋の上を、そつと渡つてやると、

「やあ！　渡つた。渡つた父ちやんが渡つたぞ」

と大聲を立て、手を叩いてはしやいでいる。

につこり笑つてやると

「いつていらつしやい」

と手をふつている。

露でしめつた露路の芝草が與える快い感觸を踏みしめながら、私も精一杯手をふつてやつ

# アメリカの社會教育を視て

三ケ月にわたつて視察したアメリカ社會教育の概略を述べることにする

金城英浩

## 一、歴史的考察

アメリカでは社會教育という語は使用しないで、一般に「成人教育」(Adult.Education) という語を使用している。「Socia lEducation」と言う語は、教育の社會的或は社會學的考察や立場を強調しているようだが成人教育の内容は日本における社會教育の内容と大体同じである。アメリカにおける成人教育は英國から輸入されたものであるが、第一次世界大戰後、その発展が促進せられ近時急速な発展を見たと言われている。今日一般に成人教育と言えば、實務についている青年や成人が「その余暇を利用して受ける教育」を総稱している。今簡單に歴史的概觀をして見よう。

△民衆學園 (Lycenm)

一九世紀の初頃ニューイングランド地方の農工庶民階級の熱心な者達、が自発的に時事問題や文化問題を討議する風潮があつたが、ホルプック (JoslabHolbkook) という人などの献身的な努力によつて、マサチユセッツ州のミルバリ (Millbury) の地に「民衆學園を創立され、之が廣く北はメイン州から南はフロリダ州に擴まり、成人教育機關としての使命を果す様になつたという。第二はシヤトークワ學院、(Chautaguaqntihtion) 一八七四年ヴインセント (JohnHvincent) は有志と圖つて日曜學校を成人教育に活用しようと努め、その結果 ニューヨーク州シヤークツ湖畔にシヤートク學院を創立した。これは初めは宗教的集合であつたが、次第に利用を増し宗教、工業、文學、音樂及び科學等の講座を設けた。これは專門的及一般教師を講師とする二ケ月の夏季學校の源をなすものである。この種の夏季學校は次第に庶民の手を放れ、中流以上の有閑階級の専有に歸し、民衆のための教育機關の特色を失つたという。その他小都市や農村の婦女子達の女子クラブが組織され、地方町村の文化運動に貢献するようになつた。

## 二、社會教育の目標

### ー自己教育への意欲ー

アメリカに於る社會教育は二つの大きな狙いをもつている。それは一般教養の向上と職業技術面の訓練である。ロスアンゼルス市では「自己を充實させ、社會人として對人關係をよく理解させ、經濟的に有能ならしめ、市民としての責任感を高める目標としている。アメリカ人は「人間は一生を通して學ぶべきである。」學問や技術の修練は學校を以て卒わりとしないという考え方に徹底している。よく働き時間を善用して自己教育をなし、自分を充實し、日進月歩の科學文明に遅れないよう、絶えず自分の職業技術を磨いている。ロスアンゼルス市の夜間成人學校を參觀した時六七十歳の白髪の老人が英文法を習い、大學を出た博士さん達が再教育を熱心に受けている。その一老人は獨乙よりの移民で五十年もなるので英語を話すのには不自由はないが、「よりよい正しい英語を使うため」に毎日通學していると發表していた。ロスアンゼルス市では全人口の一五%二一才以上の成人の三五%の人々が成人學校に通學しているという。五六十のお母さん達が若い娘達と机を並べてタイプを習い、洋裁を研究しているのをみると、その自己向上への意欲の旺盛さに頭が下る思いであつた。

## 三、成人教育のプログラム―

成人教育擔當者達は社會の人々が何を欲し何を求めて居るかを廣く社會の權威者達から聞くため「委員會」を構成している。從つて内容は完全に要求を滿している。即ち自轉車修理、飛行機修理、木工、金工、ペンキ、印刷、寫真術、美術、測量、料理、美顔、理髪電機、機械、ラジオ、簿記、タイプ、速記、看護婦等の職業技術英語、時事問題、精神衛生、育兒等、何でもござれで然もそれが實際生活の向上に即するもののみで講師は斯學の權威を網羅し、受講者は飛付かんばかりの魅力をもつている。ロスアンゼル市、成人學校長C.L.ヴンダービー氏は「吾々は店の賣手だ受講者（生徒）は買手だ。品が惡く質が良くなければ買手は集らない」とは成人教育のプログラムが豊かさ魅力を持たねばならないとの面白い比ゆであると思つた。

## 四、成人教育の組織と活動

年々發展しているアメリカ成人教育の活動の主体は州郡市町村、大學、ワレデ、その他の學校、宗教團体（Ymca）でその場所（教場）は地方の便宜に應じて學校、工場、公會堂、クラブ等が利用されているが、特に學校施設の施設利用が多い。

高校の施設は夜は一般成人のために開放され講堂等は最初から一般成人の爲の利用を考慮して設計されている。尚美術館、博物館、圖書館等の社會教育活動、農事普及事業、（四Hクラブ、FFA）兩親教育（PTA）等は大きな效果をあげている。

## 五、學校擴張講座

アメリカ社會教育上注目すべきは、いわゆる大學擴張（Uniuersity Extension）と稱する大學普及運動である。この運動である。この運動は十九世紀の後半期頃から始まつたと云われそのため大學に夜間部が設置され通信教授が行われるようになつた。大學擴張講座では、クレヂット（履修單位證明）を與えるのが多く、而もそれが正規の大學單位と何ら異る所がなく、同等の効力をもち他の大學の單位と合算できるようになつているという

## 六、米化運動と米化學校

アメリカ成人教育近時の發展はいわゆる米化運動が（Americanigation Mocuement）その根源をなしているといわれている

此運動は成人教育の基本をなすもので、一九一七年徴兵檢査の結果四分の一以上が英語の讀み書きができないのが明らかになつた。尚、毎年外國から移住した移民達は教養が低く英語が不自由の者が多いので全米にいわゆる「米化運動」を展開し文盲者の絶滅を期したのである。現在各地に「歸化學校」が盛んで英語、歴史、憲法、を主として教え、年取つた一世達が歸化試験合格を目ざして一生けん命に勵んでいる。

## 七、農村學校と社會教育

アメリカ農村の學校は社會改建造設の中心

として活動している。學校の施設は兒童生徒達の専有物でなく廣く地域社會の人々の為に開放され活用されている。講堂は村民の集會場となり、農村加工室や工作室も廣く利用されている。

アメリカの農村學校は今や新しい生活形態の社會の建設するために働いているのであるここに學校教育と社會教育は渾然一体となりいわゆる地域社會學校の實をあげている。日本における公民舘の役割を農村學校が果しているわけである。

## 八、社會教育の促進機關

社會教育を促進し指導する機關は次のようなものがある。

1、全國教育協會、成人教育部が一九二四年組織され本促進運動の中核をなした。

2、アメリカ成人教育協會で一九二五年ニューヨーク州で設立され、成人教育の活動を調査し、指導し資料を提供し重要問題の研究を援助し、會議を開催して成人教育振興の為に活動している。

さて當面する問題として左のものがあげられている。

第一は團体活動の為の成人教育で、個人に對して團体生活の訓練と經験が與えられないので惡い結果が現われていると反省されている。

第二は指導者の欠乏でありその養成は急務であるという。

第三は成人教育の方法として討議法の技術の訓練を要求している。

第四に基礎的資料の欠乏である。成人教育について多く書かれているが多くは抽象的であり勸告的であつて實際家に役立つ資料が少いと言われている。

第五に設備の貧弱をあげているが之はわれわれから見れば羨ましい話であり彼等の理想が如何に遠大であるかが伺われる。

## 九、むすび

以上アメリカにおける成人教育の概略を述べたが、アメリカの成人教育者達は、「地球の自殺を防ぐ唯一の手段は全世界の成人を世界問題解決の為絶えず教育すべきだ」と、世界の幸福に對する大きな期待をかけているという。

又成人教育の振興が如何に青少年教育に影響するかに對する正しい認識をもつようになつたといつている。尚民衆の政治的關心が高揚され、成人教育の滲透面が増大されつつある。そしていろいろ問題になつた成人教育關係機關がよく協力するようになつたと言うている。

アメリカの社會教育は國が新しいだけそれだけ若々しいたくましい意氣で年々発展の一途をたどりつつあり住民や教育者は公教育として學校教育と相並行してその振興の為に一層の努力を傾注している。

# 村おこし運動の母胎 公民館の歩み

社會教育課

## はしがき

村の人々を教育し村の振興を圖る根本的なものは、何といつても自分達の郷土は自分達で互に力を合せて他に頼らず自らの力で築き上げようとする意志と熱意である。われらは心ひそかにかゝる自治協同の強い意志を養い、情熱を燃し得るに適當な環境と整つた施設を要望し切願してきたのである。

公民舘はかかる郷土の人達の衆望にこたえる施設であり、よき修練場ではないかと思う。大島においては既に各市町村に設置されており、沖繩、宮古、八重山にも今之が村を單位として或は部落單位に誕生しつゝあり、既に三十有余の公民舘が村おこしに活潑な活動を展開しつゝある。之こそ琉球の政治、經濟、文化に美しい夢を抱かせるものであり、琉球近代化民主化の標柱ではなかろうか。

公民舘は今若々しくそして大きな希望と進歩とを求めて止まる事なく伸びて行く不斷の発展性を秘めており、決して華かではないが力強く根深く刻々に進展しつゝある現實を吾々は見逃す事はできないのである。然し折角芽は出したものゝ其前途には成長をさまたげる様々な經濟的、政治的惡條件が待ちかまえている。吾々はこのわざわいを打拂い双葉を守つて、はぐくみ育てる爲の竹圍いとなり薬床となつてやらなければならない。左の公民舘は自分の爲に自分達で作つた自分達の施設である。その中から他山の石として拾えるものがあると思う。

決して官立公民舘ではない。區事務所や青年舘の看板だけの塗り替え公民舘でもない。或はあの村も作つたからと云う義理立て公民舘でもない。やむにやまれぬ自分達のよき生活の爲に、自分達の生れ故郷の爲に作り上げられた公民舘である。その中で最も優秀な活動をしているというわけでもない。普通の公民舘として拾い上げてみただけである。

## 人の和と組織の力で
### がつちり進む呉我公民舘

最近、「村興し運動」とか「公民舘活動」とかいう言葉をよく耳にするが、一体それはどういうものか一般には未だ十分知られていないというのが實際の話ではなかろうか。

終戰後、本土では、村々や町々に公民館が出來て、村を興し、町を興す活動が續けられてきたが、これは社會教育法にも必要な施設として法的裏づけがなされている。

公民館について知ろうとするならば、社會教育法をひもとけばよいのであるが、文字の上で其の姿を摑もうと努めるよりも、羽地村呉我の公民館を訪れて、直かに其の實態に觸れてみるのが早道だと思う。呉我では既に、公民館活動が活潑に行われている。

先月の十三日呉我モデル成人學級発表會を機會に全部落を訪れてみたら、目抜きの場所に約三十五坪程の大きな建物があつて、中を覗くと、いろいろな書籍や雜誌で詰つた圖書棚やテーブル、机、黒板、時計、算盤、掲示板等が見受けられ、最も目についたのは、壁という壁に色々の貼示物が貼り出されていることであつた。村や部落の産業統計や一目で部落の概況がうかがわれる各種の資料、名護琉米文化會館から借り受けたという寫眞畫報等があり、正面の壁には、明日の建設、「今日の教育」「和衷協同」「勤勞愛好」「共存共榮」という村づくりの言葉が掲げられ、一寸小さな圖書館か公民學校といつた感じのする處である。其のすぐ隣には農業協同組合と部落賣店を一つにした建物があつて、此の二つの建物、いやこれを本據として行われる部落活動こそ呉我の村づくりの原動力であり、推進力になつている。そして前者を呉我公民館とよんでいる。

呉我の人々は、此の「公民館を中心に各團体の活動を活潑にし、産業、教育、政治、生活文化の向上を圖り、和衷協同の精神を以て綜合的部落振興を期す。」という目標の下に皆が、がつちり組んで、此處に集つては何が部落の問題点であるかを話し合い、これをどう解決するかと真剣に考えて、希望に満ちた實踐を續けている。これが呉我の村興し運動であるが、さてその具体的な動きを區長に伺つて見よう。

先ず組織であるが、公民館長を兼ねた區長の下に評議員會があつて、部落經營や公民館運營の大綱をきめ、その下に更に部落の方針を具体化し、實踐に移す四つの部門、社會部財政部、産業部、復興部があつて、それぞれの問題を取上げて村興しを進める仕組になつている。各部で決つた計畫や問題は、勿論區民常會の決議を經て實行に移されるが、實行の主体は戸主會であり、向上會であり、又婦人會、青年會、生徒會等を含む全區民である。農業協同組合も公民館活動の一分を分擔し、獨自の機能を發揮しつつ部落の此の動きの中に溶け込んで、部落振興の經濟的基盤を培つているということである。

部落の問題点として取上げられ實行に移された事項を摘記すると、一般の部として、幼稚園の經營、教育懇談會、圖書館の經營、農道の修理等となつているが、特に農村の共同化能率化の理念に立つて、田植えや病虫害驅除には區民一体の共同作業を實施し、水稲の植付などは一週間では完了するといつている。なお將來の問題として、部落配置教員の住宅建設、発電機の購入、果樹園の經營、便所の改善、ラジオの普及及び電燈電話の設置、潮害田の復舊などを取上げているが、文化農村建設へのたくましい意慾がうかがわれる。

向上會は青年會を經た所謂中堅どころの壮年のグループだが、民主的村づくりを堅實に進めて、共同作業に薬撒布に、各種品評會の開催や農作物の愛護取締に、又は山林の保護育成や治安維持等に、其の活躍は目醒しいものがある。將來の努力点は節酒運動を如何に徹底して行うかということになつているとのことだが、婦人會と協力して献盃廃止は既に實行に移されている。

婦人會の部では、モデル生活改善クラブを結成し、祝祭日の簡素化や献盃廃止運動で消費規正の實績をあげ、又成人學級に出席して母や主婦としての教養の向上につとめている其の外月二回の生活檢査の實施、竈改善模合による竈の改善、料理講習や娯樂會を催す等、家庭生活の民主化や合理化への努力は實に大きいものである。

次に封建社會の惰性を打破り、革新的行動の中心をなすものは、何といつても新しい感覺と行動への情熱に富む青年層であるが、呉我の青年部も新しい村づくりのための啓蒙的役割をつとめ、名護文化會舘と緊密な連絡の下に圖書舘運營に機動性を發揮し、二八〇坪の青年苗圃を經營して優良品種の栽培普及につとめる等大いに青年の面目を發揮している

成人學級受講者の大分は青年で、彼等は新知識や生活技術の收得につとめると共に、又讀書會、娯樂會、排球大會等も催して、將来部落の中堅としての底力を養つているが、4Hクラブの組織強化、讀書指導の強化、移民教育の實施、辯論大會の開催、体位向上等、活潑な活動を展開している。

創設が大正十二年という古い歴史と傳統を持つ農業協同組合は、全戸加入、同口出資という、それこそ全區民平等の責任において最も充實した運營がなされているが、運送業、精米所、茶園等も經營し、成人學級運營への物質的援助や婦人會の消費規正活動に對する協力、又區民のレクリエーションの爲に毎月レコードを購入するなど、農村生活文化向上の爲に果す役割は極めて大きい。共同浴場や共同理髪店、薬加工品の生産等も計畫され、公租公課の組合による負擔は、將來の大きな夢としてその實現の日が期待されている。

以上呉我の公民舘活動を概觀してきたが、今日のがつちりした運營が如何なる過程をたどつて生れてきたか、次に之を述べよう。呉我の村造りは其歴史が古く、戰前既にその基礎が打ち建てられ、大正九年には時鐘が設置されて區民の村づくりの意欲をかきたて、仝十二年に共存共榮をモットーとする農業協同組合が生れて區民經濟の確立が圖られた。終戰になつて部落傳統の精神は、新しい時代の要請に即應するため、一九五一年、綜合的部落振興を目ざして、更に公民舘活動の態勢を作り上げた。其の発展の裏には矢張り部落傳統の人の和と部落振興に熱意を傾けてこられた社會部の部長玉城盛幸氏を始め各幹部の方々の多大の勞苦のあつたことを見逃してはならない。

公民舘を中心に、人の和と衆智を集めて進む呉我の前途には明るい豊かな村が待ちうけていることであろう。

―一九五三・七・二九（親泊）

## 製莚業と婦人會の熱意によつて
# 復興した兼城公民舘

古くから製莚業を以て村の大きな換金事業として、遠く日本々土まで、その聲價を稱えられていた兼城の藺莚も、戰禍の慘害を受け一時低調になつていたが、婦人會が中心となつ

て、村を興すには婦人自らの創意、工夫と、努力によつて、進められなければならないと立ち上がり、同志が團結して藺莚の復舊運動を叫びだした。

それも只從來やりきたつたものでなしに、改良を加え質をよくし、美的に、圖案化された花模様を織込んだ、極めて涼しそうな近代的感覺を魅惑するような、品質の優秀な品を作ろうと、大城婦人會長が中心となつて、動き出したことが、實を結んで、今では花模様の藺莚が輸入品を壓倒して年産十万枚程度の生産高を上げて、好評を博している。

先般、米國軍人達の要望によつて意匠をこらして、製作した花瓶敷用の小形花莚の製品は隨分賣行きがよく、此の分なら外人向として、立派な貿易品となるのだと、將來に期待をかけられている。こうして得た資金は漸次かまどや、台所等の生活改善面に充て、無駄な費用と勞力を節約し、婦人達を台所から解放して教養の向上を圖り、健全な民主的家庭の育成に努力している点は、注目に價する。

新らしい教育は地域社會の、具体的生活基盤の上に立つて、これを組織化し、合理化して、地域全体の人々の責任と、自覺によつて解決していく態勢を整えることにあると云われているが、必らずしも、それが、凡ての地域において解決されていない。

然るに兼城村長大城英昇氏は、安仁屋政榮校長と力をあわせて地域社會をうまく整えられている。その努力は見上げたものである。

兼城成人學級の発表が全村一圓としての公民舘活動を前提とする、発表であつたので、その線に沿うて、當日の発表も、部落視察が最初に行われた。

嘉數、座波兩區の、台所改善は、婦人會の提唱している、五連式かまどで、煉瓦にして一戸一五〇〇圓から二〇〇〇圓程度で作られ尚余熱利用によつてお茶がわかせると得意に推奬していた。農村家庭は平素亂雜になり勝だが、よく清潔整頓がされていて、緑樹の影に憩う村人の平和の姿が、伺われて愉快でした。最も印象的であつたのは、座波部落の婦人會の共同作業場での花莚の製作作業で、製莚機の上で、甲斐甲斐しく花模様の莚をかたく〳〵と織つている姿は村の復興のシンボルで、そこにも大きな胎動を発見することができた。

部落視察後、兼城中學校を會場として、各部の行事が行われたが、中でも衆目を引いたのは田原梅子先生の洋裁學級で、受講者が五四名（當日は三七名）もいて四月開講して以來毎週かゝさず、二日、一日三時間ずつ指導されているが、技術の向上は一般の洋裁學院も凌ぐよさがあり、單に洋裁のみでなく家事　割烹　育兒　衛生等、婦人としての教養向上の面も合せて指導計畫されていて教室の設備も、ミシン六台、裁縫台十一台、陳列棚、ハサミ、物指、圖表、掛圖、展示物等、學習環境の整備に相當の努力が拂われて實績をあげている。矢張り指導者の問題だと、つくづく考えさせられた。よく聞かされることだが今の若い女の先生は婦人會の指導に熱がないと、然しそれは上司の態度であつて此の事實からすると必らずしも凡てに適用されないことが、わかつた。田原先生の捨我精進の姿こそ、他の模範である。前途に幸あれと祈る。

青年會、婦人會の常會等平素における、自己活動、相互教育の成果が伺われてたのもしく思つた。特に研究発表における末亡人會長金城さんの自主的態度、つまり戰後混亂した社會のどん底に追い込まれ乍ら、世知辛い社會惡と鬪い乍ら自らの運命を開拓して、子供の教育に成功されている体験談は、聽衆に深い感銘を與えた。最後に真榮田文教局長は次の所感を述べられた。

「現在私達に背負わされた色々の問題は大きな重荷である。それを誰かが解決してくれるだろうと考えることは、間違つている、それを解決するのは外の人ではない。吾々自身である。いかに重くともそれを一つ一つほどいて明るい道を與えていくのは、私達を於て他にいない、今日の發表會はその意味から實に愉快である。當兼城村に起きている凡ゆる問題を皆の力を結集して解決して行かれる組織と、和衷協力の姿ほ實に立派なものである。偉い人とは必らずしも名譽や地位を云うのではない。皆さんの様な修行者のような崇高な真劍な人こそ偉いのだ」と結ばれた、實に明言哲理だと深い感銘を與えられた。

最後に再び強く提言したい事は、新教育の設計はあくまで、地域社會と云う、冷嚴な現實の基盤を度外視しては既に無意味であり、

それを知り乍ら學校の特殊地域（解放されない學校の爲の言葉）にとじこもつて、銀の笛を吹く、聖人、賢者の道學者風の過去の遺物的存在の今だに教育界に見受けることを遺憾に思う。

全琉の賢明な、第一線の、同志よ！

學校の城廓を解放して地域の大衆と結びつき、然して、固い沈黙と、自己防衛のかたくなな哲學で武裝された、民衆の欲求を、よく聞き、團体共苦の先達として、此の人々に光と希望を與えて上げる人間的情熱と夢の持主となろう。やがては琉球の社會も、住みよい、明るい淨土となるでありましょう。

（玉木）

# 民主的な運營組織をもち討論會の盛んな

## ―宇宿公民館―

宇宿部落は大島の最北端喜界島を指呼の間に望み戸數一〇九戸人口六〇〇有余の寒村で農家平均四反五畝のやせた田畑と若干の蘇鐵山をもつ所謂五反百姓の村である。

戰爭中空襲で殆んど全部落が燒き拂われ其の上戰後、外地引揚者と村人たちの激しい思想的な摩擦があり、加うるに引揚者は自分達の生活は當然村が考えてくれるべきであるという特權意識による對立抗爭が激しかつた。

そして蘇鐵に依存する彼等の生活は一時どうなるものかと憂えられていたが、一九五二年公民館を中心にレクリエーションによる相互の理解と組織運營の妙と、村の有志たちの自己の生活に對し何とかしなければならないという激しい意欲と全區民協同の力で見事に苦境を切り開き、今では部落振興の機運がみなぎり、生活の理想を胸に描きつゝ、ばく進の一路をたどりつゝある部落である、區長兼館長花井拓郎氏は、建設意欲の旺盛なピチピチした人で真の村の振興は村の中心である壮年の奮起がない限り効めがないと語つている通り、いち早く氏を中心に壮年團が編成され、更に青年會、婦人會、少年團と完全一体の組織を作り毎月定期討論會をもち、部落の課題を適確に把握し一つ一つその解決をなしている。

公民館は事業を實施するために、文化部、經濟部、生活改善部、畜産部、農業部の五グループに分れ、このグループは壯年團青年會婦人會少年會とも同一の部制をしき、各團体は毎月定期常會をもち、こゝで實践すべき問題を発見し、公民館の討論會で部落民全体の協力を要するものにつき、活潑な討論が行われる仕組になつている。

討論議題の主なるもの

△農道の修理について（壯年團）
△畜舎の改善と堆肥増産について（壯年）
△現在水田は金肥によつて酸性化しているその對策について（壯年）
△蘇鐵増殖作業について（壯年）
△街燈について（青年）
△豫算生活について（婦人）
△標準語勵行について（少年）

等である。

公民館における文化部の活動は、郷土史の編纂を速かになし、宇宿文化のよりどころを求め、明日の文化へ結びつけようと部長花井好祐氏を中心とした努力や、生活改善は先ず豫算生活の實行からの目標で、全婦人會の家庭に家計簿がそなえられ、台所や竈の改善と相まつて生活の建直しに努力が積み重ねられている。特に竈の改善は金のかからない工夫がされ、煙突と、竈を中心とした光線の取入れにも研究がなされ、その性能も、従来一升の水を沸湯させるに薪一二〇匁で二〇分もかかつたのが、改良後は九〇匁で一一分に短縮することができ、將來宇宿竈として他部落へも普及せしめると意氣込んでいる。

畜産部では繁殖牛と養鷄が換金の主なるものとしてその飼育繁殖に主力が注がれ「こんな畜舎はいかがですか」と、いう見出しで創意へのヒントを與えるに充分な設計圖と資料が備え付けられており、従来牛舎では飼料は足元に投げ與えていたものを、飼料と敷藁の區別をはつきりさせ、各舎に飼料箱を設置し飼料の無駄をはぶき衛生に注意が拂われている。

「社會教育を實質的に成功して行い得るものは地域社會であり、そして之を積極的に推進し得るものはその地域の民主團体だけである。」

と、米國第二次使節團の指摘していることがこの宇宿部落が如實に之を示している。

（清村）主事

# 「學校教育を振興させるため
## まず社會教育に全魂を打込む白保校」

兼ねて成人學級のモデルとして研究を委囑してあつた八重山地區大濱町白保成人學級の發表會が、六月二十日午後一時から五時迄に實施された。白保部落は石垣市を去る約三里東部地區に在し、戸数三五〇戸程度、人口一八五一人を有する純農村部落で殆んどが、農業と云う單純な業態で構成された、和やかな明るい、住みよい部落であつて、當白保學級と云う、まとまつた理想的學級組織ができている。

白保學級の研究テーマか、年中行事の改善と生活の合理化であつて、經營の焦点も其處に向けられていた。

指定を受けたのが二月の中旬で、極めて短期日のあわただしい期間であつたのに關わらず田盛校長始め職員が、よく新教育の根本理念である地域社會の基盤の上に立つて、生活環境を整え、その生々しい現實の場から問題を發見し處理して行くべきだと云う認識の明確さと、燒けつくような情熱によつてよく郷土の人的機能を結集し、協力態勢を確立されて着々と經營の實績を擧げつゝある姿を拝見し愉快に堪えませんでした。

今經營案を通して、その全貌を概觀して見たい。

一、本學級の生活目標

△生活改善の問題は劃一的命令的強制的なものでなく、あくまで合理的で社會的で真實に總ての人々の要求を解決して行くと云う方向に向ける。

△家庭教育の振興

—學校教育との一体化—

△討議法の確立

地方における一部有志のみの協議のみによつて、問題が決定されているのを皆の意志を尊重して行こうと云う、民主化の意向がはつきり含まれている。

△レクリエーションの普及

自ら歌い舞い。樂しむと云う農村文化の健全な生長を目ざした營みである。

二、本學級の經營方針

1、課題は在る姿の中から發掘する。

2、實態をしつかりつかむ。

3、季節と年中行事をおさえる。

4、各種團体との密なる連繫の上に各種團体の獨自の技能を助長育成する。

5、獨善的、主觀的な經營を排する。

6、永續的かつ自主的であること。

7、同甘共苦の立場を堅持すること。

三、學級の組織について

1、既成團体單位

例、○部落會○婦人會○青年會○琉球音樂同好會○自育會クラブ○農業實行組合○PTA○消防團○老友會等

2、學級は學級を生む

○料理研究くらぶ

○台所改善くらぶ

○夜具研究くらぶ

3、貯蓄母の會

「婦人の方々は婦人會と云うてもよく集つてくれない」これが全般的悩みであるが、それをうまく解決し併せて貯蓄による經濟自立態勢の確立と教養向上の問題を解決しつつあるのが本貯蓄母の會である。本會の會員は結成當初四三名であつたが、現在では八四名となつている。何故に此の會が生長發展しつゝあるか、其處に本會の特徴がある。會員は毎月例會を持つている。その日には會員は必らず應分の貯蓄をする義務を負うていて、それぞれ現金と現物を持つて來て貯蓄をする。毎月自分の貯蓄高が多くなるのを何よりの樂しみとしている。此の心理の妙を捉えて婦人の方々を集め、この機會に講座講演、レクリエーション、協議反省と色々とやるべき事をやつてのけて行く。此の會が始まつてまだ數ヶ月しかならないが貯蓄高が七千余圓となり、此の貯金を元にして生活改善を次々にやつて行く仕組としている。

白保學級の發表會の行事も本學級が中心になつて行われた。

當日白保部落では一期米の稻刈の最盛期で農家では猫の手も借りたい程に忙しい日であつたが、會員總員出席し八重山地區教育長始め、各學校長、職員全員、關係教育委員、部落有志等四百余名の參集で、田舎では稀に見る盛況であつた。やがてこの八四名の婦人のグループは村を興し、教育振興の原動力となり理想郷白保建設の大きな礎石となつて行

くであろうと、参列者の方々に深い感銘を與えた。最後に田盛校長のむすびの言葉を掲示し状況報告のむすびとします。

「成人學級を運營するものの立場では、學級經營はまことに苦しい戰いであります。これを樂しい仕事だと思う者はどうにかしている。がしかし之は是非戰いとらねばならぬ問題だと思つています。例え如何に苦しくともふたたび申し上げますが、私たちは、學校教育振興の立場から社會教育の振興を叫びたいと思います。本學級は本學級なりに、公民館と云う導きの星を夢見るようになりました。形の公民館ができ上るまでに、心の公民館建築を完成しようと思います。

そして最後に愛郷の熱意こそこの仕事をなしとげる原動力だと思います」　（玉木）

（紙面の都合により、山城公民館、川満公民館正名興和會の部は次號に掲載致します。）

# 學校圖書館運動の振興

## ——豐川小學校の場合と今後の問題——

指導課主事　永山政三郎

### まえがき

學校圖書館が進歩的な教育に占める重要な位置について、認識が深まりつつあることは喜ばしい。沖縄に於ける學校圖書館運動の芽生えは一九五一年前後に見られ、新教育運動の胎動の中で、最も後進性のものと私は感じているが、今日では一應の關心が拂らわれ大なり小なり圖書館らしい施設が、各校に見られるようになつたことは當然のことながら喜びにたえない。

けれども校舍の不足、教員負擔の過重、資金調達の困難など物心兩面の隘路にはばまれて、學校圖書館としての機能を十分果していないような圖書施設を見ることがある。即ち、單なる靜物的書庫にすぎない事、無計畫な收書の結果、兒童生徒の欲求に副わない事、組織や運用の不備の爲に學校の教育計畫にあまりサーヴイスしていない事、等を推察させるに足るような状況を見受ける事がある。從つて、學校圖書館運動の推進は急務であり、その運用の研究は今後の大きな課題である。

文部省「學校圖書館基準」は、その基本原則に、「學校圖書館は學校教育の目的に從い兒童生徒のあらゆる學習活動の中心となり、これに必要な資料を提供し、その自發的學習の場とならなければならない。」とうたつているが、更に教師の教育活動に奉仕し、教師と兒童生徒の教養とレクリエイションに役立つものでなければならない。

このような認識の上に、學校圖書館が、カリキユラムセンターであり、レクリエイションセンターである性格を明確にし、有機的に、學校の教育目的に寄與する學校の心臓部としての機能を発揮するのが、圖書館の本質であり、學校圖書館推進の立脚点はここにねざしている。

沖縄の學校圖書館の現況を少數特定の學校についてみるならば、前にのべた圖書館の本質の上から、かなりの成果をあげつつある例をみることができる。

那覇高校がまつさきに（誤認であればお許しねがいたい。）學校圖書館のあり方に対する多くの示唆を投げつけられた功績は大きい。これに呼應するかの如く、名護高校と與那原中學校が、實験學校として未開拓の學校圖書館の運営」というテーマに取組んだ。定めし不毛の曠野に鍬を入れる思いであつたと思うが、旺盛な開拓魂はよく功を奏し、すでに発表會において多くの感銘を與えたことは、進歩的教育における圖書館の位置を理解する教育者にとつて永く記憶されるであろう。

## 豊川小學校の場合

實験學校ではないが、進歩的な圖書館運営をしている學校が、地理的條件その他のために世の中に知られていない例が多々ある。

私はその一れいとして、豊川小學校（上本部村）を紹介したい。

豊川校は戰後新設の小さな學校で、環境はへきすう地といつてしまえば大仰だが、決して文化の恵に浴するに便利な位置ではない。むしろある時代には保守的な形容詞を冠して語られた程の土地である。だがそれは土地の人々の無知を意味するものではなく、むしろある意味では一種の誇でさえあつた。

本校の教員は大方が校區出身の若い人々で、何方も烈しい郷土愛と教育愛に燃えているこの方々は子供達の學習と生長に不利な校區の條件を明察して、子供たちの學習活動と生活を豊かなものにするために、學校圖書館の設立を思い立ち、學校の創立五週年事業として、これを實現することになつた。

ところが建設の第一の障壁は例にたがわず、資金の調達であつた、結局校區出身の方方の援助に待つ外なく、後援會の協力で、約三万圓という資金が集つた。これには浦崎後援會長の献身的な協力があつたという。

さて三万圓の大金だが、これは圖書館の創設には必ずしも大金ではない。どうしてこれは生かして使うかに苦心があつた。詳しいことはさておいて、今ではこの基本金から毎月九百圓程の圖書購入費が得られるという。そして兒童一人當り二冊の本を備えているというから、大体「基準」に近い。

以上設立のいきさつについては、玉城健助校長が、私に語られたのを、かいつまんだのであるが、私は深く敬服する所があつた。資金は圖書館事業の隘路である。然し校長や教員の熱意はある程度これを打開するであろう。豊川校はそのよい例である。

さて、去る七月五日、村教育會の事業として豊川校の圖書館研究発表會が行われ、仲里松吉教育會長のお求めにより、参観の光栄に浴したが、日曜日にも拘わらず、教育委員やＰＴＡの方々も出席せられ盛會であつた。玉城校長はすでに數日前伊江中學校長に榮轉されたのであるが、當日は折からの台風キッドの余波を冒して出席され、文字通り、豊川校及び村教育會への置土産の研究會になつた。

まず、圖書館を拝見する。新校舎の一室である。教室難の折柄、一教室を圖書館のために解放することの勿体なさを嘆じてはならないと思う。圖書館が學校の心臓部である意義を知つていただけば當然のことであろう。

そのような教室を特別に舘のために割愛できない學校でも當事者の創意工夫で獨創的な舘の設計（新築するのではない）ができると思う。豊川校でもこの教室を舘に専用するのではなく、特別教室と兼用の構想である。

さて、一べつして、圖書舘らしいふん圍氣が漂うている。

即ち、舘外の壁面を利用して新着書の紹介がなされ、自づと讀書意欲をそそる。その紹介を見ただけでも、一寸もの知り顔できる程簡にして要を得たものである。

舘内に入ると、書名目録カードが準備されてある。上學年は自分でこのカードを利用し低學年は係教師や係兒童の指導を受けて、讀みたい本をえらび得るまでになつているという。

次に「圖書舘のきまり」が掲げられているが、これは決して舘内における兒童の行動を縛るようなものではなく、讀書指導上の極めて大事なことが含まれている。即ち、「とくに感じた事、大事だと思つたことがあつたらノートにかきうつしておきましよう。」といつたようなことで、「讀書帳」によるガイダンスや討論の指導が周到で、子供たちの生長にどれほど寄與していることか大きく期待される。

それから本の取扱い方や本に對して子供なりに知つておくべき知識が圖解されている。これは圖書舘教育（舘利用の技術や態度、モラルなどを扱う）の一部である。舘利用上の躾が行われないとき、破損や紛失、または讀書室の無秩序を嘆く結果となり、はては運營に手をやくことになる。損傷した本の修理もよく行われている。これらのことは平素一貫して行われ、決して研究會めあてのものではなかつた。

私は本校の圖書舘運營は事務的にも技術的にも、すでに軌道にのつているものとみた。

若くて研究心強く、黙々として言あげしないが、すでに一個の存在を知られている校務主任の友寄陸治先生が圖書舘運營案について説明したが、計畫は周到であり、獨善的なにおいがなく、原理をよく研究して運營に當つていることが窺われ安心感がもてた。

如何に熱意をもつてしても、原理の研究に欠くところがあると、あとでとり返しのつかない亂脈な運營となるので、よく注意すべきであろう。

他の先生方からは、分類、帳簿、統計、圖書舘教育について研究の跡をみせていただいたが、事務的に技術的に、私の貧困な助言を必要とするものは何もないという感じであつた。深く先生方の勞を多とするものであるが二、三私見を摘記して批判を仰ぎたい。

一、運營の目標について

豊川校の目標は、讀書指導、舘内の公共心、舘利用の技術に關する三面から設定されていて、兒童本位の目標として申分ないと思うが、教育目標に協力する圖書舘の本質的立場からの目標設定も、學校經營の立場から必要ではないかと思う。

即ち圖書舘が學校の心臓部であるといわれるのは、それがカリキユラムの構成や展開に奉仕するからであり、このことはすべての教育者に認識していただきたいのである。

二、運營組織について

企畫を除いて、大巾に兒童を參加させていることはよいことであり、然るべき事であるが、教師と兒童更にPTA會員をも含めた運營委員會（假稱）をもつて、ライブラリー、ポリシーの樹立と執行に當らせるのがよいと思う。

特にこの委員會は周到な集書計畫を策定する責任があると思う。又運用（圖書の活用と讀書指導に關する一切）に細心の教育的効果を期待されるのも、この委員會の活動如何による。

更に根本的なことは、この委員會が學校經營の機構の中に占める位置の確認である。

即ち現在の學校經營の通則に従えば、カリキュラム委員會（教務部）やガイダンス委員會（補導部）と共に學校經營のバックボーンをなすものであり、從來の如く教務係の一隅にあるかなきかの存在に甘んじていた圖書係の觀念は全く捨て去らねばならない。

三、豫算

運營案に圖書舘豫算を示してもらえば更によいと思う。經常費と臨時費とよりなる豫算の項目を明確にして、運營しないと、いつの間にか舘運營の沈滞をきたすおそれがある。

以上愚見を述べたが、豊川校の先生方には一層氣長に、忍耐強く不斷に圖書舘の研究と運營に勵まれて、沖縄における一つのモデルとして更に廣く全島に訴えられるよう願い且つ期待する。

今後諸統計の學習指導やガイダンスへの活用、圖書舘教育の一段の充實、圖書舘と單元展開の關係等興味ある問題が、先生方によつて開拓されることを待つているように思われてならない。

私は半日の研究會をすがすがしい氣持で送り、玉城校長のけい眼や友寄教頭以下の熱心な研究運營、地域の人々の協力に頭の下る思をした。仲井間新校長の下に、更に生々発展することを祈るものである。

## 學校圖書舘今後の問題

學校圖書舘運動の推進や個々の圖書舘の発展を阻む盲点や隘路はないか。今日實験學校における研究はほぼ所期の目的を果しつつあるし、各校毎の研究もかなりの伸展をみせている。然し學校圖書舘の實態は全般に稍々悲觀すべき狀況にあるのではないかと推測する。

隘路を探れば、十指にあまる程考えられるし、そしてそれらの中には沖縄の現狀においては、早急には解決できない問題もあると思う。例へば、圖書舘豫算の貧困、司書教諭の養成、理想的な舘の設計、公共圖書舘の貧困等があげられる。

更に學校圖書舘運動の推進をおくらせる盲点は、研究團体の皆無、法的保護の欠如に存する。

そこで、私は實現困難かも知れないが、實現の可能性のある二三の問題にふれてみたい。

一、學校圖書舘協議會の設立

前述の通り、各校毎の研究なり、運營なりはある意味において、限度にきていると見られる。このような停頓に對して、生氣を吹きこむものは、強力な研究、協力、互助機關であると思う。これが學校圖書舘協議會である。

この會の目的として考えられるのは、相互の連絡提携、情報交換、研究會講習會の開催、圖書舘教育の振興、宣傳啓発、圖書推薦、資料交換等であり、この會の推進力を通じて、一校のみでは遂げられない発達成長が期待され、共通の問題を解決できると思う。

その結成は、中小校、高校別にまづ組織し、ひいて全島組織にもつていくことがのぞましい。

實験校たる名護高校や與那原中學校あたりから、このような運動の提案されることを期待するものである。實は筆者が名護高校在職中、この問題を投げつけ、各校からも要望されながら、日の目を見ない中に逃避した無責任の償いを他人に望むようなものではあるが

二、學校圖書館法の法制化

公費補助による學校圖書館の育成助長、司書教諭制度の確立による館の基礎確立や法的根據に基く圖書館運動の推進は新教育運動の充實強化を意味するものであり、このために學校圖書館法の制定を望むものである。

三、研究教員、視察教員の派遣

司書教諭の養成は長年月を要するもので、とりあえずそれに代るべき研究教員、視察教員の派遣が望ましい。従来この面の研究教員や視察教員は皆無であると記憶する。その派遣促進も前記協議會の出現により、その推進によれば實現容易であらう。

四、圖書館學の開講

琉球大學の教育學部あたりに圖書館學の講座を開設してほしい。琉大學生に圖書館學を選擇させることは勿論、現職教師の適格者や希望者に夏季大學その他の機會に、履習させて單位を與え、免許狀を與えるようなことを考慮していただきたいのである。

學校圖書館に直接たずさわれる先生方の一層の御奮斗と相互の提携を祈ると共に、教育行政や學校經營にあたられる方々、更にＰＴＡの方々の御理解を願つてやまない。

學校圖書館の仕事は校務中最も激務であるので、この邊にも十分な同情を以つて、係教師や兒童生徒の活動を援助していただきたいと思う。

この駄文がいくらかでも參考になれば、しあわせである。（一九五三―七・一五）

# 天文教材の取扱いについて

研究調査課　安谷屋玄信

## 一、天の文章

ある天文學の權威者の本の中に「今までの先生方は誤つた教え方をしていた」という文章が出ていた。それは地球上の「潮の滿干」についてであつた。國家政策によつて教育が歪められたことはあつたでしょう。そして國定教科書を奉じて國家の代辯者として立つていた、當時の多くの教師には止むを得なかつたと思われるが、この問題は、むしろ當時の教科書の權威からすれば、國定教科書の中にその誤つた教え方の根本はあつたといえる。

これと同じ單元が戰後、文部省その他の理科の教科書に出ているが、それは實に用心深く、そして謙虚な態度でこの理論を取扱つて斷定的ではない。これは非常に重要なことで理科教育という立場でも望ましい態度であり直接經驗によつて學習することの少い天文教材ではなお注意しなければならないことでしよう。

「天文學」とは天に書かれた文章を讀むことであると、ある人は言つている。

小の極限の世界もそうであるが、大の極限の宇宙も現代の學問では到底極められないし今日まで幾多の理論とその理論を打ち破る實證が次から次と提出されて、今日の天文學の体系をきづき上げ、その歴史は真理追究の闘いの連續である。

古代ギリシヤ以前から天の文章を真に讀みとるたみに幾多の苦難や悲劇があり、真理と學問のために時の權力と敢然闘つて不幸な一生を終つた先覺者等の偉業によつて、現代の天文學はきづき上げられた。そしてそれはスペクトル以上の生彩をもつてその歴史を彩どり、今、次代の青少年にその尊い遺産を引繼ぎつつある。

天の文章を讀みとるためにこのような苦難にみちた過去もあつたが、今日も又、この偉大な文化を遺産する役を果すべき教師の悩みは一通りではない。

殊に現在の琉球の社會環境、施設等を觀るとき、この指導の困難性は相像に余りあるものがある。

以下は現場への協力のために困難を予想される問題をとり上げて、何等かのヒントにもと思いますが、現場をはなれている私どもの豫想するこの問題がむしろき憂であり、無駄な考え過ぎであるように希つつ二、三のことがらにふれてみたいと思います。

## 二、天文教材指導上の困難な點

先般ある地區の研究集會で「天文教材をどうすれば興味深く取り扱えるか。」という質問があつたが、完全な解答が得られなかつたと私の友人が知らせてくれた。このことについては、共通的な悩みを多くの教師がいだいていることであろう。

「興味深く取扱えない」原因は一体何であろうかこのことを分折することからこの問題の解決は始められなければならない。そしてこの簡單な質問は實に小、中、高校にいたる一連の天文教材を取扱うのに最も重要な成否の別れ目になると考えられる。前にも述べたように讀むのにむずかしい天の文章であつてみれば、興味も失いやすいが、又反面考え方によつては、無限の興味の泉となることも考えられる。

ある友人が星空を勉強するために星座圖をもち出して現物の星と見比べるそうであるがどうしても圖の星が空ではなかなかさがせないそうであるこれは星座圖の不備もあつたでせうが、多くの人が星座を勉強するはじめによく經験することである。即ち一枚の紙片に書いた星圖と廣漠たる天球の現物とはピンと來ないのである。

子供等にとつて星座を勉強しはじめる頃は一番大切な時期である。話に聞く星の神話、疑問、神秘等を胸にいだきながらその扉を開こうとする第一歩なのである。古代ギリシヤの人々にも似た豊かな想像力を持つ子供の世界は厳しい生活に追われている大人の世界とは非常な相違がある。神話を聞いて感激している幼い彼等の心情に深い理解をよせなければならないだろう。

この星座指導の初期には是非とも指導が必要であるが、指導の時間が夜であり、家庭でも指導することが少いので、その機會をとらえることがむずかしい。

以上は單に一例にすぎないが、このようにして子ども等が興味を失つていくだろうと思われる數多くの問題が豫想されるのである。

そしてそれが指導上の大きな困難点となりつつあるのではなかろうか。次々それをとりあげてみよう。

1、直接經驗出來る分野が極めて狹い

興味を喚起するためにも、經驗による學習は理科學習の最も重要な分野であるにもかかわらず、この教材の性質上經驗學習をする分野がせまいために、小學校低學年の子供等の指導にはこれを補う視聽覺教材を最高度に利用することが重要であろう。

しかし又一面自然科學としての理科の特殊性に鑑みて、あまりにも經驗主義的な學習の弊をなくするために、中學校の頃からは科學的体系を重視し、法則に忠實な態度を養うのに有益な教材とも云えよう。

2、抽象的になり易い

所謂天文學という大きな數や空間を抽象的に思考しなければならないので、數量的な概念の發達しない子供にとつては理解が困難であるばかりでなく、だんだん興味を失つていく結果ともなる。

3、觀察は特別な場合の外は殆んど夜間行わなければならない。これは中學校以上の生徒には可能であつても、小學校の子供等には相當な無理である。また家庭をとおして行う指導がどの程度効果あるものであるか、注目すべきことであろう。

4、天体から偉大なる恩惠を受けていながら、その恩惠を切實に感じていない。

例えば太陽エネルギーや、時刻や方位、暦の作成等、日常の生活に欠くことの出來ないものではあるが、多くの大人も子供も別にこれを恩惠とは思つていない。これは天文に關する單元を展開するのに相當の支障を来たすことが考えられる。

5、施設の貧困

夜間の天体をはじめて望遠鏡の視野にのぞいて見た神秘、莊厳、美麗の世界に感激、驚嘆したのはその人にとつて一生忘れることの出來ないものである。それを機會に天文學の研究に沒頭した人々は數限りない。兒童生徒の天体に關する興味はその指導施設の如何が岐れ目になるといつても過言ではないだろう。

6、環境の問題

全島的に軍事基地化した沖縄では基地又は軍施設の電灯の光のために地平線付近の星がはつきり見えない。殊に沖縄は地理的にも緯度が低く、日本内地では見えない南極附近の星が見えるべき有利な地位を占めながら、思うように見えないのは殘念である。有名な南十字架は沖縄でもその上部が見える筈であるが地平線附近のこの光ぼうのためにはばまれている。

7、指導力の問題

天文教材が理科の單元として大きく取り上げられたのは戰後である。戰前の理科教育では私たちもこの問題に冷淡であつたが、指導要領に示されてから大急ぎで研究しだしたが、やはり一夜づけの弊はまぬかれない。

8、社會、家庭の貧乏からくる問題

琉球の社會、家庭の貧乏は多くの犯罪の種となつて、貧乏からの開放こそは琉球社會最大の課題の一つである。この貧乏からくる犯罪は單に警察上の問題や表面上の問題のみではなく、社會のすべての分野がこれによつてゆがめられている。教育の分野を犯している貧乏がまた大きくこの問題にも響いている。

生存競爭の劣敗者とならないためにたくましく烈しく續けられる基地經濟による生活、周圍をとりまく軍事基地からの轟音等は静かな思索の世界を打ちこわし、人々が考えることは現實のそして生の生活なのである。このような大人たちにも似て、市場やバス停留場映畫舘人口等で立ち働く小さい大人のような子供等に私たちはこのような話をする勇氣がない。貧乏は現實の問題として、他の分野もそうであるが、天体にしたしむ子供らの豊かな心情をも摘みとりつつある。教育の重大なる課題としての「貧乏からの開放」こそあらゆる分野でいそがなければならないことである。

又以上のような環境でない田舎では大人が傳統的な星占や迷信によつて、家庭でも天文教材に對する科學的な觀察や指導がなされていない。これまた科學的知識の貧乏からくる問題である。

以上は指導上の困難と思われる点を羅列してみたが、現場には、それ以上の特殊な難点が數限りなくあると思います。そして私は以上の指導上の難点を如何ように解決するかということについては何もふれなかつた。それはこの難点を詳細に分析していくこと、そのものが即ちこの問題を解決する道であると思うからである。その分析の過程において或は思いもよらない特殊地域としての琉球の大きな社會問題や經濟問題に逢着するかも知れないが、これからの問題を度外視しては具体的な教育の目標領域も考えられないし、真の意味の實際活動ということも考えられない。

これは單に理科教育や天文教材に關する問題に止らず、すべてのカリキユラムの問題に及ぶこともあり、ここにカリキユラム構成に際して、以上の困難点を分析して得た課題をどのようにして捉えるかという問題を提起して皆さんの御教示をねがいたいのである。

まえに「天文學とは天の文章を讀みとる」と書きましたが、いよいよ天の文章を遺産する現場の教壇では、過去の天文學の歴史にも比すべき難關に對して、多くの教師が勇敢に立ち向つている尊い姿を見ることができる。この尊い姿を守り、この難關を共に解決するのは文化遺産という共同の責を負うているすべての人々の責任でもあろう。

# 國語指導の反省

首里高等學校　赤嶺龜三

國語科學習指導の目標は、聞く力、話す力、讀む力、書く力を生徒の活動及び經驗によつて習得させることである。これらは生徒の興味と必要を中心として能力に應じて總合的に訓練されるべきものである。どんな學問、技術を學ぶにも言語と文章の媒介なしには創造され獲得されるものはないから他教科の學習においても、この仕事は常に實施されているのである。私達が知識を深め經驗を廣め教養を高める爲にも讀書の必要なことは論をまたない。更に自分の考えをまとめたり、意見を發表する爲には獨創的に書こうとする習慣と態度を養い、能力の向上をはかることが肝要である。それでこれらの國語學習指導の目標の中でも「讀む力、書く力」が最も基礎的なものである。

當用漢字一八五〇字が昭和二十一年十一月十六日、内閣告示で發表されて正確な讀み方を記憶するように要望され、昭和二十三年二月十六日には、義務教育漢字八八一字が制定されて義務教育期間中に「讀み方と書取能力」を保持することが我々の義務となつている。私は首里高等學校區の中學校第三學年生徒九七八人に對して教育漢字を含む當用漢字の「讀む力、書く力」についてテストしてみたその問題は左の通り

問題(一)次の文の□□の中にあてはまる漢字を書きなさい。

(イ)私はしつかりと手を□(にぎ)りあつています暴力によつて切り□(はな)さないかぎり、感情や□□(りがい)によつて□□(ぶんれつ)するというような□□(ひれつ)なことはしません。

(ロ)われわれ□□□(おきなわじん)が□□□(どうぎしん)を□(うしな)うことがあつたらどうであろう

(ハ)よその國の人々をほんとうに心から□(むか)え□□(しんじつ)を示し友情をもつて接する國民になつて行きたいものである。

問題(二)次の文中の傍線の語に讀みがなをつけなさい。

(イ)春雨のしとしと降る日にいろいろな調子の雨だれの音を聞きながら作曲するとよくまとまる。　その結果は次の通り

書取について（・印教育漢字、その他は當用漢字）

| 問題 | テスト総員 | 正解者數 | 正解者百分比 | 備考 |
|---|---|---|---|---|
| 握(り) | 九七八 | 三〇三 | 三一、〇 | (首里高校 |
| 離(さ)・ | 〃 | 二九八 | 三〇、五 | 地區中學校 |
| 利・害・ | 〃 | 二三一 | 二三、六 | 三年生) |
| 分裂・ | 〃 | 二一 | 二、一 | |
| 卑劣 | 〃 | 五 | 〇、五 | |
| 沖・縄・人・ | 〃 | 九〇四 | 九二、四 | 縄は當用漢 |
| 道・義・心・ | 九七八 | 八〇 | 八、一 | 字ではない |
| 失・(う) | 〃 | 一七五 | 一七、九 | |
| 眞・實・ | 〃 | 五〇九 | 五二、〇 | |

かなづけについて（教育漢字のみ）

| 問題 | テスト総員 | 正解者数 | 正解者百分比 | 備考 |
|---|---|---|---|---|
| 春雨 | 九七八 | 三三一 | 三三、八 | (首里高校 |
| 調子 | 〃 | 七六七 | 七八、二 | 區中學校三 |
| 雨だれ | 〃 | 三四一 | 三四、八 | 年生) |
| 作曲 | 〃 | 六八六 | 七〇、一 | |

右の「分裂、卑劣、道義心」の書取能力の良くないのは一字一字の書寫能力というより各字の內容とか熟語に對する知識の不充分のためではなかろうか、教育漢字以外の當用漢字については必ずしも充分な書取能力は要求されていないが「握る、離さない」の當用漢字は教育漢字の成績に比しても中位であり、日常必要な當用漢字の理解が深ければ書取能力もそれに從うものである。「沖縄人」の縄は當用漢字にも入つていないが、我々としては常時必要な文字であるので問題にした。これは全然書けないのはいないが誤字が一割弱もあるのは書寫不正確によるのである。當用漢字が制定され標準字体や簡易字体が制定されてから文字（字体）は判りさえすれば良いと誤解し、中には字畫や筆順もいい加減になつているのは誠に不都合なことで、せめて教育漢字だけは正しく美しく書く能力を養うように努めたいものである。

當用漢字の決定よみ方では雨は「アメサメウ」である、このサメについては音便的よみ方の常識的なものは音便にして良い事に規定されたとえば日本「ニッボン、ニホン」天皇「テンノウ」春雨「ハルサメ」と讀んでいい、又熟語になつた場合に、下の字が濁つたり、半濁音になつたりするのは使つて良いことに規定されている。

中學三年九七八名に對するテストの全般的成績

| 成績 | 書取 人員 | 書取 百分比 | かなづけ 人員 | かなづけ 百分比 |
|---|---|---|---|---|
| 優(一〇〇点—八五点) | 四 | 〇、四 | 一七二 | 一七、一 |

| | | | | |
|---|---|---|---|---|
| 良(八四点—五五点) | 一六二 | 一六、五 | 二五二 | 二六、— |
| 可(五四点—三〇点) | 四一六 | 四二、三 | 二八二 | 二九、— |
| 不可(二九点—〇) | 三九七 | 四〇、〇 | 二七二 | 二七、— |

このテストは當用漢字や教育漢字について特別に指導されたものでもなく、テストも豫告なしに行つたのではあるがあまり良い成績とは云えない。

次に首里高等學校生徒五七二名に對するテスト問題及び成績は左の通り

書取について（•印は教育漢字、その他は當用漢字）

| 問題 | テスト總員 | 正解者數 | 正解者百分比 | 備考 |
|---|---|---|---|---|
| 衣•服• | 五七二 | 四八八 | 八五、— | 首里高校生に對するテスト |
| 値•段• | 〃 | 三四二 | 五九、— | |
| 演•説• | 〃 | 四四九 | 七八、— | |
| 繁茂 | 〃 | 二九八 | 五二、— | |
| 愉快• | 〃 | 四三九 | 七六、— | |
| 遅刻 | 〃 | 四〇六 | 七一、— | |
| 迷◦惑 | 〃 | 三四二 | 五九、— | |
| 援助• | 〃 | 四一〇 | 七一、— | |
| 貧◦乏 | 〃 | 三七五 | 六五、— | |
| 許•可◦ | 〃 | 三四〇 | 五九、— | |
| 推•測• | 〃 | 二五一 | 四三、九 | |
| 比•較• | 〃 | 四八七 | 八五、— | |
| 改•正• | 五七二 | 三一五 | 五五、— | |
| 発•芽• | 〃 | 三五八 | 六二、— | |
| 運•搬 | 〃 | 二七六 | 四六、— | |
| 餓死• | 〃 | 三二九 | 五七、— | |
| 舞•踏 | 〃 | 一九二 | 三三、— | |
| 想•像• | 〃 | 四五九 | 八〇、— | |
| 建•築• | 〃 | 四一三 | 七二、— | |
| 郷里• | 〃 | 四九一 | 八五、— | |

かなづけについて（•印は教育漢字、其の他は當用漢字）

| 問題 | テスト總員 | 正解者數 | 正解者百分比 | 備考 |
|---|---|---|---|---|
| 握手• | 五七二 | 四五二 | 七八、九 | （首里高等學校生徒に對するテスト） |
| 撤廃 | 〃 | 一七七 | 三〇、— | |
| 描•寫• | 〃 | 四一九 | 七三、— | |
| 久•遠• | 〃 | 一六三 | 二八、五 | |
| 投•票• | 〃 | 五五二 | 九六、五 | |
| 矛盾 | 〃 | 三〇九 | 五四、— | |
| 侮辱 | 〃 | 二一一 | 三六、九 | |
| 承•諾 | 〃 | 四五五 | 七九、— | |
| 納•涼 | 〃 | 一九七 | 三四、— | |
| 遍歴• | 〃 | 五一八 | 九〇、— | |
| 抽象 | 〃 | 四六〇 | 八〇、— | |
| 休•暇 | 〃 | 五二七 | 九二、— | |
| 容•易• | 〃 | 五五三 | 九六、一 | |
| 報•告• | 五七二 | 五五四 | 九六、— | |
| 到着• | 〃 | 五六一 | 九八、— | |
| 隠居• | 〃 | 三五七 | 六二、— | |
| 弁•論• | 〃 | 五六四 | 九八、— | |
| 努•力• | 〃 | 五〇八 | 八八、— | |
| 防•疫 | 〃 | 二六二 | 四五、— | |
| 普及 | 〃 | 五二七 | 九二、— | |

書取について　ブトウを舞踊とし、スイソクを推側とし繁茂の茂、運搬の搬などは不正確なのが多かつた。これは文字に對する注意深い觀察や反省力の不充分の爲であろう。又漢字を覺えるための苦勞の少ないことも大きな原因ではなかろうか。

かなづけは現代かなづかい法によつた。久遠をキュウエンクエンとした者も多かつたがクオンを正解とした。これも文字の意義や熟語に對する知識が淺いからであろう。久遠は二字とも教育漢字であり、特別の場合にだけ使うよみ方として久はク　遠はオンと讀んで良い事になつている。防疫の疫と納涼の凉、撤廃の撤侮辱の辱等正確な讀みがなを附けたのは少ないが當用漢字ではあるし、高校生としては、ぜひ讀めなければいけないと思う。

文字を讀む力と書く力について指導の反省

と生徒の或程度の全般的評價をしてみたが、四－五年前に比して相當、向上しているし、戰前のレベルに達するのもそう遠くはあるまいと思つている。

先日、南部地區高等學校國語同好會において生徒の實力向上に關する活潑な意見発表や質疑應答があり、糸満高校では「讀み方、書き方」について特に懇切な指導を見せてもらつた。

今後ますます、教育漢字の完全な習得と必要な當用漢字の書き方に慣れさせ、書寫上の欠陥を修正させ、更に送りがな法やかなづかいについても國語科學習の基礎的事項としてもつと努力したいと思つている。

最後に當用漢字と現代かなづかいは國民の現代生活に當つて用いるものであり、古文には關係なく、和漢の古文を學習する場合や自分だけの趣味で文語体の俳句や和歌やいん文を作つたり書いたりして樂しむ場合は自由であることを附記してペンをおきます。

# 工業教育の目標について

指導主事　大庭正一

## 一、はしがき

琉球の前途をうれえる立場から〃産業教育を重く見なければたらない〃と云う聲は大きいが、これに應える動きは小さい。

一体吾々は望みを抱けるのかどうか。

どうすればその望みは抱いてゆけるのか。

吾々の努力する目標は一体どこにあるのか。

またその目標に達する登り口は一体どこにあるのか。

それすら見つからないのでは努力しても、しなくても、第一歩き出すことすらできない。

これが吾々の現狀ではないか。

尚産業は資源と人と施設によつて、生産をあげる。琉球の現狀はこの三つの教育に對して非常に大きい欠陥のあることを示している。

そこで金武の中學の現狀から
私たちの最も不得手である農付工業方面へ進みつつある教育の現狀を分析して農村工業の教育目標について考えて見たい。

一般的に考えて義務教育を終つただけでそのまま産業の現場に入つてゆかねばならない七〇％の少年、高等學校を終つてそれぞれの現場へ入つて行く九〇％の青年は何の支障もなく易々とそれぞれの現場に溶けこんで行けるかどうか、を考えるとき無理の多いのが現狀であると思う。

それは小學校　中學校　高等學校の職業科の教育が輕視されているところに大きな原因がありはしないか。

小學校、中學校の少年期をすぎて手も固くなつて、頭の方が進みすぎてから現場人たらしめようとするところに無理がある。

それで小中學校に於てもこの問題について真劍に考えるべきである。

事物の世界に最もよく適應した思想は、生きている身体の中に　本能もしくは習慣の形をとづて、食いこんでいると思う。

品物をいつぱいならべてあるテーブルの上に猫がとび上る。そして彼はこれといつて骨を折つた様子もなく、茶わん一つこわさず花びん一つにもさわらずに、テーブルの上に坐りこむのである。

こんな風に体をうごかすのにはしなくてはならぬ骨折を厳密に測定することも必要であろう。

テーブルのどこにとび上らねばならないのかあらかじめそれを間ちがいなく決めてかかることも必要であろう。

しかし決めてかかつたそのことも測定したことそのことも意識してのことではなかつた。

猫は筋肉をもつて、眼をもつて、考えたのである。眼の前にある物の姿をとおして、彼はこれからの体の動きを想像する。、すると想像された体の動きは脚と背と頭とが、その折おりに取らなければならぬ筈の位置を よび起したのである。

テニスをやる人も、フットボールをやる人も撃剣をやる人もやはり、同じように身体をもつて考えるのである。

このように金武の中學ではまづ〃身体をもづて考える〃ことがとりあげられたのである。

## 二、藝 術 と 工

世の人々は、工業というものは〃ものを作る〃ものだと思いこんでいるようであるが、工業はそんな單純なものではない。一代の名匠が探し求めて手に入れた材料を前にして一丁のノミに精根を打ちこんでほり上げた観音像のように、あらゆるものを超越して作り上げられた藝術品もある。また現代工業の最も進んだ一つの形であるネジ製造機のように機械に針金を供給してやりさえすれば、他の一角からネジは紙箱に一グロスずつつめこまれて包装されて出てくると云う具合に機械がどんどん仕事をしてぐれる。人はただ番人であるだけにすぎないものもある。前者は〃ものを作る〃代表的なもので藝術と名付けられる。後者は〃自然にものができあがる〃形の代表的なもので〃工〃と名付くべきものである。〃藝術〃は人によつてのみ完成され〃工〃は機械仕事が全部と考えてもよかろう。

しかし實際にはこれらの兩極端だけの存在は稀でその中間に介在すべきものが多いのである。藝の極致は天才のみが、到達し得るものでその人の身体を通したカン、コツ、呼吸、嗜好、滋味が作品となつて表われ、理解し得るものだけが真價を味い得るのである。

でき上つた品物が氣に入らなければたたきつぶしもしよう。こうして後世にも残る逸品となるものである。熟練さはいやが上にも天才をカバーする。この域では材料も、工具も方法もすべてその人固有のもので、普遍性は少しもない。

| 藝 | 工 |
|---|---|
| 一、天才 | 凡人 |
| 二、腕 | 機械化 |
| 三、使用目的は定らない | 使用目的がはつきりしている |
| 四、感觸（カン、コツ、呼吸、調子） | 數字的拘束（方法、數、質、量） |
| 五、品（趣味、嗜好、滋味） | 標準化、規格化 |
| 六、プライド（藝術的品位） | 價格（經濟的價値） |
| 七、一つだけ | 同じものがたくさん |

完全な機械による〃工〃はいうまでもない、それに最も近い〃人による工〃に對して私は〃與えられた材料を使つて、與えられた機

械により、與えられた規格に合うように、與えられた時間内に、與えられた數量を生産する〃ことであると考える。量産が原則ですべてが完全な數字による拘束である。

〃藝〃には作品の使用目的と價格がないが、〃工〃はこの二つを最も大きい目標として全部を數字による拘束によつて收益までがハッキリと數字で表われてくる。この外に中間的存在として使用目的と價格だけが、與えられるだけで他はすべて工人の思う存分に取り行うことが許される分野がある。工藝と稱せられるものがこれである。琉球では工人の熟練さを前提とする工藝の意義を多分に含んだ工が非常に多く、どうしてもこれを基準にしなければならない。そこで金武の中學が、本棚机、腰掛、とりごや、山羊小屋等其の他の仕事を通して

①工作圖の見かたかきかたの技術を習得させる。

②木材の選びかたを理解させる。

③木工具の種類とその使用法を理解させ、基礎的な木工技術を習得させる。

④用具、材料を作業前に点検し整備する態度を養わせる。

⑤作業後に用具の整理する態度を養わせる。

⑥木工作業についての適性を自覺させる。

⑦針金網のあみかたを習得させる。

⑧グループごとに作業を分業化して製作にあたり分業作業の意義を理解させる。

⑨このような作業についての適性を自覺させる。

等の〃人による工〃を實践しつゝある点は頼母しいと思う。

## 三、人と施設

最も理想的に取り行われる工業では工場の一角に運びこまれる材料は工場の中を通つて行く途中で目がつけられ、手が生え、足ができて、ひとりでにどん〳〵加工され、他の一角から製品となつて出てゆくべきもので、これには人と施設と云う要素が加わる。最初は人手を多く要する生産から次第に機械化が加わり、最後には人手を要せず全部が機械だけで生産されるようになる。金武の中學では一年に入學して来たら、技術の指導は最初は皆の先生と三年生と卒業生に残された技術を皆から仕事を通して理解される。其の間に施設が多くなり、三年生が訓練されて一年生、二年生に手が生え、足ができて、今度は生徒だけで、どんどん加工されてゆく。こうして近代生産技術を通じて琉球經濟を理解させるべきだとの觀点から、農村の中學校で最も困難とされている問題が、施設の面に於て解決されつゝある。即ち農村の中學校でありながら割合かんたんな農業機械をとり入れて、工業技術を理解させる事が出来ている。例えば

製材機一台、製粉機一台を六馬力のヤンマーで動かせば、これは近代工場のきわめて單純な相似形として活用できる。製材機、製粉機にただ、木材、豆、麥をくれていたのでは生産技術の學習にはならないが、理科の學習と結びつけて、滑車や歯車や其の他の原理を理解させ、さらにヤンマー機械、発電機等の分解操作、運轉にいたるまで學習しているのを見ると、十分意義のある生産技術學習になつて居る。

授業時間と教員配當

| 取扱い教科 | 一年 男 | 一年 女 | 二年 男 | 二年 女 | 三年 男 | 三年 女 | 教科 | 擔任教師 |
|---|---|---|---|---|---|---|---|---|
| 栽培 飼育 食品加工 | 3 | 2 | 4 | 1 | 4 | 1 | 農業 | 仲田繁信 |

| | | | | | | | | |
|---|---|---|---|---|---|---|---|---|
| 手技工作<br>機械操作<br>製圖 | 2 | 3 | 2 | 3 | 2 | 3 | 圖工<br>理科<br>圖工 | 仲田榮信 石嶺得昭<br>池原嘉惠 岡松毅安<br>宮城正子 石嶺德昭 |
| 文書事務<br>經營記帳<br>計算 | — | — | — | — | — | — | 國語<br>數字 | 新里清 岡村トヨ 池原嘉<br>山城明 |
| 調理<br>衛生保育 | 0 | 1 | 0 | 2 | 0 | 2 | 家庭<br>保健体育 | 宮里とみ 岡村トヨ 新里清 |

職業施設一覧　（金武中學校）

| 項目 | 施設 |
|---|---|
| 栽培 | 實習地(600)苗圃、農具室、農具、堆肥積場、學校林(5町)樹苗圃、田(200)掛圖 |
| 飼育 | 豚舍、鷄舍、豚、山羊、にわとり |
| 食品加工 | 製粉機、手廻製紛器、搾油機、製菓型、天火、漬物用具 |
| 手技工作 | ミシン、アイロン、アイロン台、編み物器具、工作室、工作具、ハンダ、コテ、セメント混合台、グレンダー、製材機、電氣ドリル、掛圖 |
| 機械操作 | 發電室、機械室、發電機、ヤンマーニンジン、幻燈機、寫眞機、マイク、映寫機、投影機、光學實驗器、顯微鏡 |
| 製圖 | 平板測量器、製圖器、丁字定規、谷定規、卷尺、間なわ |
| 文書事務 | 謄寫機具・タイプライター・統計諸帳簿 |
| 經營記帳計算 | ソロバン、計算尺、電話、諸帳簿 |
| 調理 | 家事室、炊事室、家事棚、家事用具、調理用具、計量器、掛圖 |
| | 衛生室、測定具、衛生器具、衛生藥品、掛圖 |

## 四、農と工

琉球は〃資源が不足で人手があまつている〃〃資源が豊富で人手の少い〃ところと比べて考えると

| 資源のないところ | 資源の多いところ |
|---|---|
| ①人手が主 | 材料が主 |
| ②ものを作る | 自然にでき上る |
| ③材料節約 | 加工賃の輕減 |
| ④一人當りの收入は少くても滿足 | 一人當りの收入はできるだけ多量を望む |
| ⑤修理して使えるだけ使う | 修理するぐらいなら新しいものととりかえる |

〃藝と工〃〃人と施設〃〃資源のあるところとないところ〃のいろいろの條件を合せ考えた場合は結局〃農と工〃の關係を示すものと考える

| 農 | 工 |
|---|---|
| ①自然に順應する | 大自然に抗する |
| ②方法はしぜんに抗する | 方法はしぜんに順應する |
| ③人事をつくして天命をまつ | あらゆる努力によつて凡てを征服する |
| ④ものをつくる | 自然にでき上らせる |
| ⑤これぐらいにこんな風に | 何ミリ、に何度に（數字的に） |
| ⑥勘・コツ・呼吸・調子 | 數字 |
| ⑦思う存分 | 合理的（動作の研究）（時間研究疲勞）（研究等に立脚） |
| ⑧創思を重んずる | 指示に從う |
| ⑨變化的侈動的 | 不變的　固定的 |
| ⑩できあがりがたのしめる | なにができるか工程の途中ではわからない |
| ⑪個人的 | 集團的 |
| ⑫万能 | 單能 |
| ⑬伸縮性、彈力性に富む | 伸縮性も彈力性もない |

## 五、工業教育の目標

琉球の工は人の問題が解決ができなければ正しい形に到達することはほとんど不可能と考える。特に農の形にでき上つている琉球のような情況にある人々をいきなり工の形にしてしまうことは非常に困難で、どうしてもこれに一定期間の正しい工的訓練を授けなければどうにもならない筈である。それで農の形が整理されて、しだいに〃工〃の形に變えられなければならない。生れおちてから、ずつと農の形ばかりに育つてきた琉球人をつかまえて、いきなり工の形にし樣とするところに從來から氣のつかない無理がある。工業教育は決して單なる時間割や教室だけでまとまるものでない。
今まで金武中校の一部を私の目で見たことを御紹介したのであるが、
要するに工業人教育の目標はできるだけ小學校時代から、おそくとも中學校に於て、

一、農の形を工の形にすべき勤勞教育。
二、單調な仕事に長期間耐えうべき根氣教育
三、何一つゆるがせにしない整備教育。
四、心、形、腕の三者の完全な融和をさせる教育が必要であることを特に強調したいものである。

## 六、むすび

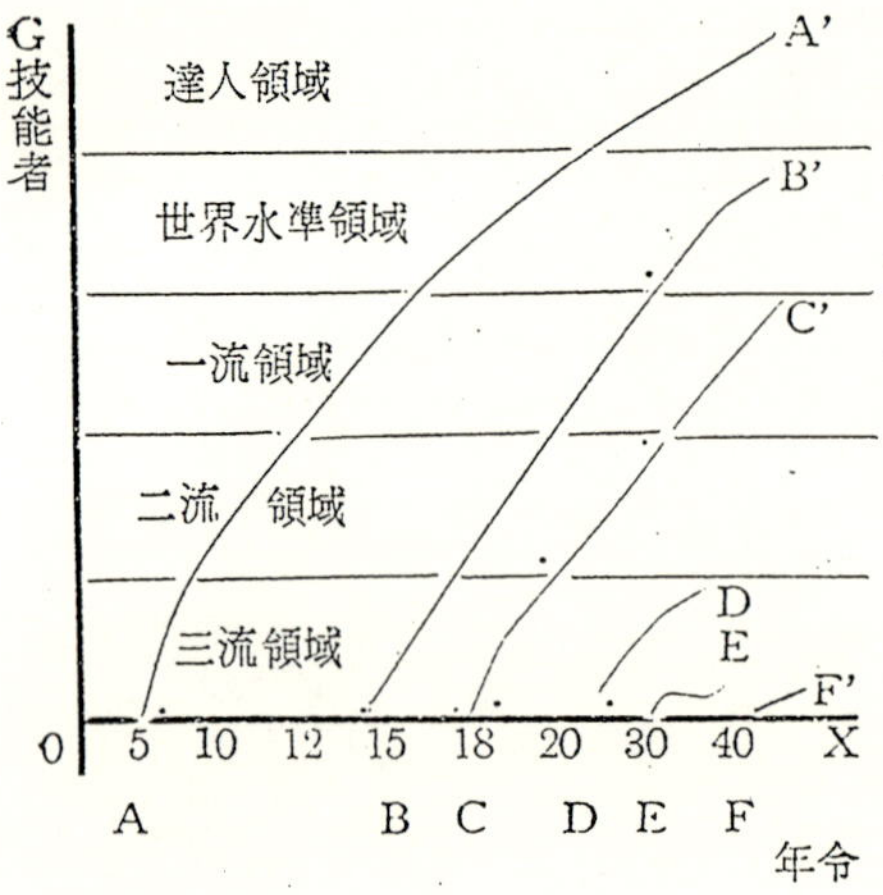


圖でX軸は年令をあらわし、Y軸は技術のよしあし、即ち技能度をあらわす、　圖のI、Iを達人領域　J、Jを世界水準領域　K、Kを一流領域　L、Lを二流領域、それ以下を三流領域とする。

六才から技術を初めたとすればその技術ののびる曲線はA、Aによつて示され、世界水準領域より達人領域にいたる技術者を育成するにはこのA、A曲線によることが近道であることがわかる。

技術の成長しているところに、このような法則があるものとすると、技術の教育はなるべく早くからさづけるほどよいことになる。

そうすると、一般教育と産業教育との間に教えるに必要な時間の割りふりをすることが問題となつてくる。

これは決してやさしいこととは思われないけれども解きがたい問題とは思われない。

それは一般教育と産業教育との間に多くの共通部分があるからである。むしろ産業教育は普通教育の教科であると云うところに立ち産業教育を分析し、これを人間形成に必要な項目に並べかえこのものを素材として、一般教育を組みたてることが出來ないものかと考えている。

なお技術の教育をひとり學校教育にのみたよることをせずに、家庭をふくめて社會教育の面でも擔當してもらうというようにしたい。

技能の進歩が圖に示すような曲線をたどるものとすると、この曲線が中斷されないようにする事が必要である。よつて工業をおさめる生徒學生は中學校より高等學校をへて大學に至るまでつづけて同じ種類の技術を學習することが望ましいことになる。

もし中學の職業、家庭科で工業をえらんで勉強した人ならば、其の技術を生かして、工業高校にすすみ、ここで同じ技術を學ぶ更にここを卒えて大學にすすむときも工學部の同じ學科を學ぶようにしたいものである。

一つの學校をおえて、つぎの上級學校に入學するときでも、學科とともに、今までおさめた技術も入學試驗に課すようにしたい。このようにすれば學問とともに技術のすぐれた學生が上の學校に進學することになり　學問と技術の兩面を兼ねそなえた人物ができあがることになる。

座　談　會

# 教育評價について

## 小見山、長島兩先生を圍んで

中山　私共が梅根、小見山兩先生を四月にお迎えしてから、本務であられる教育指導講習會は勿論の事、各地區においても御講演をお願いしたり、御視察をお願いしたりしたのであります。

講習會も昨日で終り、近くお歸りになる豫定でありますが、尚しばらくの御滞在の期間がありますので、直接に御指導を仰ぐ機會をつくつたのであります。

ちようど幸にも長島先生も二、三日前夏の講習のためおいでになつたのであります。大變お疲れのところではありますが、兩先生とも我々の要望に快く應じて下さいまして有難うございます。

それでは私に司會の役目をさせていただきまして早速お願いすることに致します。

私共としましては、此の機會に琉球の教育にに對する先生方のありのままの御印象を承わりたいと思いますが、そういうふうに願えたら幸だと思います。先生方には心やすくあまえる氣持になつておりますからどうか無遠慮におつしやつていただきたいと思います。

小見山　今日は堅苦しいものでなしにこのようなごやかな會合を持つて下さいまして非常に喜びにたえない。私共が話をするというのでなしに、皆さんから話題を出していただいてそれを中心とした話し合いの形に持つていつた方がよいと思います。

ここに居られる長島さんは私と同じ文理大の出身で、專攻は社會心理學、性格心理學の方であります。私と同じ心理學の部門でありますから、午前中は、この方面に關係した方向に話を進めた方がよいと思います。

三つ程氣のついたことを申し上げますと、一つは先主方は非常によく本を讀んでいらつしやるのですが、限られた本だけしか讀んで居られないということ、

出席者

小見山榮一（東京教育大學助教授）

長島　貞夫（同　　　　　　）

真榮田義見（文教局長）

小波藏政光（文教局次長）

中山　興真（指導課長）

榮　　忠哉（研究調査課長）

指導課、研究調査課全主事

司會、指導課長

日時、

一九五三年七月十三日午前十時

場所

文教局指導課

二つ目にワークショップ式の現職教育が強化されたらと思うことです。

次に、光生方は非常に努力して居られるようですが、何か目的意識というようなものが欠けているのじやないかと思われますね。

例えば'優等賞というものを與えてよいか、號令をかけるのはいけないとか等と、いわれていますが、これ等も、「何のために」という目的意識をはつきりもつて居れば自主的に判斷できると思う。又それでよいのでないではしようか、他人に解決してもらうのでなしに、自分で解決するということでなければならない。

　まあ、私の氣づいた点はこの程度にして皆んさの方から話題を出して載だきましよう。

### △指導要録について

比嘉　指導要録についてですが、文部省の方では、小學校は別にして、中學校と高等學校とは同じ様式になつて居りますが、中校と高校でも別々の形式にしてよろしいでしようか。沖縄群島では最初　文部省の基準に従つて、中高校を一つにしたのですが、昨年、高校側で、中校と一つにするのは具合が悪いというので、現在では別になつて居りますが……

小見山　本土でも分れているところが多いようですがね、大体アメリカの考え方は、中校と高校とを一つと見て、同じく中等教育と考えている。そのために指導要録も一つにしているが、實際にはカリキユラムの相違によつてそうまくはいつていない。そのために本土では、中高校共殆んど別個に作つている。

　又中校から高校へ進學するものは大体三〇%であるが、これら進學者の指導要録はそのまゝ高校に引きつがれるのであるが、後の七〇%は、そのまゝ中校で保管されるわけであるから、僅か三〇%の者のために中高校を一つにするということも考えものである。それに、本土では高校の先生方の中には從來の傳統的な採点法に對する執着がかなり殘つているようです。この点こちらの方は幸福かも知れない。高校の先生は中校の方からいらつしやつた方が多いだけに、各教科にたてこもるという欠陥もない。

中山　本土では傳統的な採点法に歸えろうとする傾向にあるとのお話ですが。その原因について

小見山　例えば英語の試験をする、結果を点數で出す。それを何を苦勞して五段階におきかえなければならないか、というところにあるようだ。

比嘉　普通やつている方法としては、何回かのペーパーテストの点數を平均して、それだけで五段階の格づけをしているようですが、技能や、態度の評價は果してどうするか。

小見山　高等學校の先生方に常に云うているが、知的面の評價は点數で測定出来るが、技能、態度を、一〇〇点滿点によつて細分することは出來ないのではないか。

　もう一つは一〇段階に分けることも考えられているが、その趣旨はこうである。即ち段階が少いと、下の段階から上の段階にこぎつけるのには並大ていのことでは出來ない。どんなに努力して飛躍的進歩をしたと思つたところで、一段階の巾が廣いので、依然として同一段階内の進歩に留まつて、その進歩の後が評價の面に現われて來ない。それでは少しの勵みにもならなければ、進歩のあとも分らない。そこで少しの進歩も評價の面に現われてくるようにするためにはもつと段階をふ

やしたがよい。それには一〇段階位が適當である、というわけですね。

然し一〇段階も又問題ですね。例えば正直というようなことを十段階に分けることは我々でも困難でそれを三段階か五段階に分けた方が都合がよい。

安里　その五段階に、ある特定の學級の人員を割り當てる場合、その基準として正常分配曲線による比率が用意されて居りますけれども大數の測定結果によつて豫想される正常分配曲線の比率を、僅か四、五〇名位の一學級に適用できるかどうか、此の点についてよく説明を求められますが、それについては、何も定規みたように當てはめる必要もなく又できる筈もない、一つの基準として使用すればよい。というふうに答えて居りますが、

小見山　定規みたようにきちんとすることは出來ない。評價者による主觀的なかたよりを防ぐにはどうしてもある基準は必要となつて來る。

安里　そこでその評價者による主觀的なかたよりということで一番問題となつて來るのは高校入學試驗に關する指導要録の評價であります。どうしても評價段階の上の方にかたより勝ちである。そこで指導要録本來の使命である個々の生徒の指導のための性格がゆがめられてくる懸念があるのですが……一体指導要録を、入學試驗や、賞與のための資料に使用することが教育的に見てどんなものでしょうか。

小見山　それは一向さしつかえないと思う。上位の段階にかたよるということは、正しい評價でない。指導要録の正しいあり方が分つて居ればそんなことはない、要は子供の本當の姿を正しく見ていけばよい。

安里　評價をする人がそこまで徹底して居ればよいのですけれども實際問題になつて來ると、なかなか、そうはいかないようです。先生方自身、こういう矛盾をよく知つて居るのですけれど、さすがに可愛い教え子の及落にかゝわるとなつて来ると、どうも勇氣がでない。結局、ゆがめられた性格に指導要録が持つていかれやしないか、これを懸念するのです。

長島　入學試驗に伴う問題はむつかしいね。結局これは、みんなの力で解決する外どうにもならないのじやないか。希望者全員を採用することの出來る制度が出來ない限り困難なことで、そこに政治、經濟の難点があるのですね。米國のように全員入學の出來るところでは正しくつけているようです。

安里　次にお伺いしたいのは、五段評價の段階の示し方が小學校では十一の記號、中高校では五点法となつていますが何か理由があるのでしょうか。

小見山　別にこれは、そうはつきりした根據のあるものではなく、制定當時のいきさつから來たもので、小學校の委員と中等學校の委員と別個であつたために生じたもので、考え方は同じである。小學校では、〇、高校では3が中位を示している。

安里　ところが、これを使用する側に立つてみると、兩方ではいくらかの相違が出て來るのです。五点法であらわされて居ると全教科の平均をとるのに都合がよい、そこで傳統的採点法の考え方に逆戻りするおそれがある、特にそれが教科的な意識の濃厚な高等學校であるだけになおさらである。

小見山　全教科の平均をとつているのですか。

安里　それは少いと思いますが、一教科のいくつかの目標について平均した何か綜合的な評

價がほしいとの事ですが。

小見山　子供を理解するための方便としてはそういうこともやつてよいと思いますが、その綜合点で席次を示すとか、平均を出すとかすることは、あまりすゝめませんね、新教育の方向とは逆である。

長島　要は、個性を知るということにあるのであつて、平均して何かのためにするということは指導要録本来の趣旨に反する。

比嘉　次に行動の評價を五段階に當てはめるということの可否についてですが、知的な教科の面ならともかく、人間の行動の全体を個々の一、二の事例によつて判斷することが出來るものでしょうか。

小見山　唯一回の行動を觀て決定することはできない。結局ここからは人間理解の問題であつて觀察者の觀察技術や、觀察の方法の問題となつてくるのですがね、如何にして、より客觀的なものに近づけるか、ということが大切ですね。

　それから此の時に我々が前提として認めなければならないのは、人間の行動には一定の恒常性というものがあるということです。何回か同じ行動を繰り返えせば、その人はそういう行動をとる一定の傾向にあると見なければならない。

長島　觀察の回數を多くして正確な事實をつかむことが大切だと思いますね。その点では常時學級の子供に接觸している小學校では問題はないが、中高校では困難でしょうが常に生徒と接觸することが大切である。

西平　行動の評價で思いますことは、現場の先生方が行動の記録の夫々の項目の用語の概念を明確につかめないために、實際の評價に困つているのではないかと思いますが、人格の概念について御指導を願います。

長島　用語の混亂ですね。

人格という語から受ける印象は價値的であつて、これはドイツ語の此の語の譯語として從來用いられて來たのであるがアメリカの心理學的用語のパーソナリテーはむしろ「性格」と譯されるべきもので沒價値的なものである。

　心理學上の用語にはいろいろ混亂があつて困つている。それで用語の統一を望んでいる。

小見山　これまで人格ということばは、倫理的價値的意味が附與されていた。そして價値評價から離れて性格という言葉が使用されていた。ところが最近アメリカではこれと逆の使用法になつて來た。即ち人格とは價値的なものを示さない程度の、望ましい人格性とでもいうべきものである。

　それで、性格テストもこの意味から人格テストであると考えているが、どうも語感の上からまずいと思われるので性格テストと云つている。實際は困つている。

　指導要録の行動の記録の「行動」という用語は日本獨特のもので和製のものである。人格が完成した時に如何なる行動が豫想されるか、その望ましい姿に於てとらえたのが、小學校の二十二項目である。中高校ではいくらか減らして十七項目としてある。

　二十二項目の行動の記録を校長、教師は全部うめなければならないものと思つているようですが、私は強いて埋める必要はないと思う。というのは確信の持てない項目の評價は信頼度が低い。評價の客觀性は評價者の確信の度によつて差異を生じて來る。ですから評價に當つては、評價者の確信の度というものも考慮に入れる必要があると思う。

安里　自信のない項目についての評價は、記録の時期を延ばしてその間に充分な資料を得るということも考えられます。それについて、或る良心的な女教師の告白でしたが、「子供の人格面の評價を点数におきかえるということについては自信が持てない。果して子供の人格が、數量的に計量出來るものでしようか、何だか自分自身が逆に評價されているようで恐ろしくなつて來ます」と云つていましたが、自信のない項目まで全部埋めなければならないという考え方は問題ですね。

中山　唯今の安里君の話の中の「自信がない」というのは、五点法や記號による評價に自信がないということですか、それとも單に或る項目についての評價に自信が持てぬという意味ですか。

安里　兩方ですがね、五段階法で結論ずけてしまうことには自信が無いが具体的な行動の記述ならばできる。これなら責任がもてるということです。

中山　そこですね、私が絶えず考えているのは、五段階法をすべてやめてしまつて具体的な行動を記述するというにしてはどんなものでしようか。

小見山　行動の記録の五段階を廢してしまうと結局又、教科面の評價に沒頭して行動面をおざなりにするということになりはしないか。それでは戰前の學籍簿に逆戻りすることになつて人間全体としての評價にはならないではないか、私は三段階ならよいと思う。

ちようど今文部省では指導要録の改訂を計畫して委員會のメンバーも考えているようですから大いに現場の意見を傳えることですね。

中山　五段階を廢止するということは、行動ばかりではなく、教科の學習もすべてのことです。五段階法の教育的意味はどこにあるか、よく考えてみる必要があると思います。進學の場合の書類的意義の外は考えられませんね。席次とかいうことは、問題でない。子供の毎日の指導の資料に利用されるようでなければならない。そのためにも具体的な記述がよいと思いますが。

小見山　そこが根本ですね。

長島　それは進歩的意見です。

安里　公簿としての性格と指導のための資料としての性格を持つわけですが、どちらかというと、現場では公簿としての性格に固執し勝ちですから、もつと診斷的なものにならなければならないと思いますが……

長島　もともとこの指導要録も非常に診斷的になつていますがね、個性を知るものであつて價値づけるものではない。

西平　觀察のしかたについてですが、自然的觀察法と實驗的觀察法とどちらを用いた方がよいでしようか。

長島　唯漫然と觀ていたんでは分からない。客觀性を持たせるためには意圖的な觀察というものがなければならない。

### △學力の實態調査について

安里　終戰後、行政的に本土と分離され、而も戰爭による教育の空白時代を經て來た琉球の兒童、生徒の學力がどのようになつているかその實態を調査したいと思いますが、どのような觀点からどのような方法で調査したらよろしいでしようか。

小見山　沖縄群島の五校について、學力テストをやつてみたが、とにかく出來ていない。どうしてこんなに惡いんだろうかとがつかりした。然し本土の學力がどうなつているか未だやつていないのでこゝだけの現象なのかはつきりした事は云えないが、一應歸えつてから比較してみたい。こゝで私は考えさせられるのですが、果して兒童の學力がおとつているのか、それとも教師がおとつているのか、甚だ疑問に思う。

沖縄で實施する場合、或る一つの視点をきめて、その面から分析的に調査した方がよくないかと思う。那覇、北部、中部、南部、離島というふうに分けてみてもよいと思う。

長島　東京で何百万圓という經費をかけて知能検査をやつたが、何のために、という目的がはつきりしていない。はつきりした問題を持つてやらなければならない。

小見山　何のためにやるかということをはつきりさせる事が大切である。兒童生徒の學力が低いということは、すぐ教師の實力と結びつけて考え易いので現場の先生方は臆病になり勝ちである。テストを實施する意圖をはつきりと認識することによつてもつと勇敢にやつてもらいたい。

△できない子供の心理的傾向について

比嘉　できない子供には何か心理的に相通ずる一般的傾向というようなものがあると思われますが、その点についてお伺いしたいと思います。

長島　できない子供と云つても、その中にもいろいろある。精神薄弱兒に限定しているのか、或は、他の環境的條件による出来ない子供であるのか、それを明かにしないと一般的傾向といつても見出せないのでないか。

小見山　現場の先産方は、どうすれば出來ない子供を見出し、どのような方法でこれを指導していくか、というところに觀点を持つてもらいたい。

標準學力テストは、一つの概觀テストであつて、その結果だけでは個々の兒童の問題点は見つけることは出来ない。一体、此の子供は出来ないのだが、どこでつまづいているのであろうか、その難点を診斷して、そこから指導の方を入れるということでなければならない。

更にテストが子供の指導のためばかりでなく教師自身の自己反省のためにも行われなければならない。

小波藏　唯今の比嘉君の質問は　知能指數の低い子供の一般的な心的傾向についてお聞きしているようですが。

長島　知能指數の低い子供でも、或特定の機能面では、すぐれた仕事をする場合が多い即ち精薄兒は一方向しか考えないという特性を持つているのではなかろうか。

中山　まだお伺いしたいことも澤山あるようですが、大分時間もたつたようですから、ここらへんで午前の話し合いを終ることにいたします。有難うございました。

（文責　安里）

# 躍進する八重山教育界の展望

指導主事　西平秀毅

那覇港を船出して約二七〇浬西南に航すれば黒潮躍る南めいの洋上に色うつくしいサンゴ林のそう海に囲まれ、緑濃く、やし葉ゆらぐなごやかな女性的景観の島山が点在するのを見る事が出來る。これが、人も人魚もともに唄い、共に踊るとぞ傳えられ、詩の國歌の國として名高い佳境八重山群島である。

去る六月中旬石垣小中兩校に於て實験學校の中間研究発表會が開催されるにあたつて、海を渡り、山野を越えて馳せ參じた研究心旺盛な二百余の教職員並に、地區教育委員、PTA會員其の他有志各位と共に、兩校を中心に、あらゆる教育問題について真けんに三日間に亘つて研究討議をするチャンスが得られ、尚余暇を最大に利用して、各地を訪問して教育界の實況を見聞することが出來たので、管見を通しての教育界の展望を斷片的に記して見たい。

(一)學級組織

教育機構は、全群島で、教員數二九七人で、全部有資格者、小、中學校計三一校、分校二七校、學級數二二二（内八七は複式學級）、高等學校一校、農高校一校兩校で教員數三〇人、學級數一六學級となつている。

(二)新教育の先端を行く石垣小學校の運營。

(イ)進歩的なカリキユラムの構成と實践

この學校は群島中のセンタースクール、モデル・スクールとして名高く、光輝ある歴史を有する學校で、現在は博學にして、練達の士、桃原用永校長の愛護の下で、師弟相共にスクラム組んで、教育の大行進が續けられている。今度の研究テーマは「社會科カリキユラムの構成と實践であつたが、カリキユラムは既に完成し、今やその實践上の技術的研究に、粉骨砕身の努力が捧げられている。

このカリキユラムは、その完全性、効用性に於て、おそらく全琉の教育界に於ける空前の大傑作であるといえるであろう。又このカリキユラムの實践に於ける單元學習の指導技術の上にも、進歩的な指導形態が行われて、今後カリキユラムを構成せんとするもの、並に學習指導の改善に努力するものにとつては、大いに參考とずべき点があり、これを一べつすれば、何人もたしかに啓発されるであろうと思われる。

(ロ)反省と自覺の上に立つ新教育の實践記録

兒童の天賦の特性と、諸能力を最高度に育成助長することが、新教育の目的原理であるとの自覺に立つて、各兒童の個性について、合理的な研究調査が進められ、且つ學習効果の評價が各單元毎に根氣強く行われて、各兒の學習能力を判定し、これを手がかりにして、學習指導の方法上にも、個性化された改善をなしつつある。その調査研究の資料や記録を一見する者は、必ずや、その精魂の限りをつくしての營為に敬服し、驚歎するであろう。

このように學習指導の個性化をはかるとともに、學習方法の自発性、社會性を発揮するため、學習するものは兒童であり、學習の場は、兒童の重な直接經験であるとの新教育の行動主義原理に立つて、彼等の自発性を促し、直接經験を重んずるように、その學習環境の場が企圖され、「なすことによつて學ぶ」「生活による學習」ということがその名の示すとおりに展開ちれ、又學習の上に社會性をもたらすため、その内容や、資料を現實の社會事象や現場から採入れ、學校での經験と、學校外の經験を交流させ、教師と學級全員で課題を解決して行くという、協同的、友交的な民主的學習指導形態で進められている。

(ハ)教具資料の蒐集製作とその活用に

財政貧困に伴う學校經營上の現實の困難を克服して、教育の効果を最高度にあげる企圖にもとづき、従來の言語主義教育の觀念的指導の弊を一掃拂拭し、新教育の要請する興味中心の具体的、行動的學習をすすめるため、地域社會並に、その他あらゆる方面から學習指導上必要な効用性のある聽視覺教材を蒐集したり、又その製作に血のにじみ出るような創意工夫の苦心がつづけられ、それを指導上有効な方法で活用し、最大の學習効果をあげている。

㈡合理的な生活指導の計畫と實践。

人格の完成を理念として、民主的社會、國家の形成者たるべき人間像を育成するとの意圖に基づき、地域社會の實状に即して、具体化された教科外教育活動計畫や、生活指導（道徳教育）計畫が樹立され、自主自律的な實践人の育成指導が着實に行われている。

これらの点は、全校の長所美点の顯著なものの一、二の例にすぎないのであつて、他にも進歩的運營の足跡が枚擧に暇ない程歴然として刻印されている。尚お石垣中學校も實験學校として、圓満な人格者、腕の人として名の知られている仲吉良精校長を中心に、又白保小學校は、成人モデル教室の研究校として、新進氣鋭の六面八ぴのらつ腕家、田盛正雄校長を陣頭に、各校共勇將の下に弱卒なしの士氣を鼓舞して、猛進している現状は、實に頼もしく心強い限りに思われた。

㈢離島苦に耐え、悪疫猛蛇と戰いつつ教育の聖道に精進する教員の群像。

石垣島を除く、八重山の島々は波浪荒れ狂い島も通わぬ絶海の孤島であるが、そこに家をはなれ、妻子と別れて島の教育と開発にてい身し、悪條件下にあつても、中央地域の教育に優るとも劣らない運營に努力する教員の崇高な營みに對し、唯々頭が下るのみ。病魔マラリヤの迫害をものともせず、猛蛇ハブの襲撃を恐れず、しかも衛生設備の絶無な無醫地域で明日の生命の安全保障のない危險な境地にあつて、悠々自適、教育を天職と信じて聖道に精進する彼等の尊厳な群像に敬意と感謝を捧げるとともに、彼等の現實の苦境と、努力精勵の程を世の識者は再認識して、行政上最大限の恩典を與えてもらいたいとの感を深くした。

㈢複式學級の能率的營營に苦心

當地區は石垣島の一部地域を除く外の、離島其の他は、殆ど分校と複式學級をもつ學校であつて、その衝にあたつている教員等は、その合理的經營を如何にすべきかについて真劍な研究がすすめられ、複式學級カリキュラムや、指導上の技術について懸命の研究が繼續され、最大の効果をあげつつある。

㈣前線に進出する女教師等の活躍

全琉の教育界が異口同音に、女教員の過剰による弊害を叫んでいる今日、八重山の教育界に於ては、女教員の進出がめざましく、あらゆる方面に中堅となつて活躍し、男女平等の實績をあげていることは、他地區に多く見られない美点であろうと思われる。特に、今度の石垣小學校のカリキュラム構成にあたつては、全校の宮良芳子教諭がそのさい配をとり、全中學校の大濱裕子教諭がその主役者であつたことに思いを致すとき、女教師過剰弊害論は、單なるき憂にすぎないことが充分に立證され、要は女教師の數の多寡は問題でなく、女教師の有つ特性と能力を如何に活用し、又発揮させるかということを考える學校經營者の腕次第で結論はどちらにも決定されるであろうことを實感させられた。

去年の八月、中山課長と同行して訪問した際の八重山教育界と今日の八重山育界を比較する時、先輩諸賢の指導よろしきと、教職員各自の反省自覺によつて、全く隔世の感がする程、健全性と進歩性が著しく現われ、他地區をまさに凌駕せんとするの域に躍進していることは心強く頼もしい限りである。しかしながら全群島は從來も現在も政争の激甚な所で、蝸牛角上で骨肉相喰む醜惡な斗争が演ぜられ、その余波が真劍な教育界にも波及することが、たまたまあるとのことで教育発展のため、實に悲しむべき暗影である。世の識者の自覺と反省によつて、大同團結をもつて、詩の國歌の國、情の國の名にふさわしい平和郷建設の日が一日も早からんことを念願するとともに、教員諸賢は、ますます自重自愛の上研鑽精進をつづけ、小さい狭い限界内に自己満足して獨善の弊に陥ることなく、もつともつと視野を全世界の現實と、將来に擴大して達觀し、不屈不撓の健全な陶治精神と、燃ゆる教育愛をもつて、教育界開拓の聖道に精進するよう切望し、全群島教職員に多幸あれと祈つて筆をおく。

## 良書紹介

▲基地の子

清水幾太郎　宮原　誠一　上田庄三郎　共編

日本には現在七百余りのアメリカ軍基地があつて、沖縄と同じような面倒な問題が起きているそうです。「基地の子」は基地の諸問題について、小中校の兒童、生徒の目に映じたまゝを書きしるした作文集であるが

表紙裏の「基地日本」という地圖にはうんざりさせられます。本文にはいると目をおおいたくなるばかりです。

特に「ＯＫ」という一文は、英語を話せない乙女が米兵のかたりかけた、「ＯＫ」と手をあげたことから思いがけぬ深夜の訪問となつて「嫁にする、いつ行くからといつたら「ＯＫ」といつた。約束通り来たのだ、娘を出せ……

この本を讀んで、恐らく琉球の子達もこんな感想を抱いていることであろうと思うとやり切れないのです。然し現實を離れて教育はないのだから止むを得ないでしよう。何とかして子供を救う方法はないものでしようか。

そのヒントを得る手がかりを本書から汲みとつてもらいたい。

（守屋徳良）

先文社二五〇圓

▲繪をかく子供

「子供の繪はわからない」と多くの先生方がロぐせのようにいわれる、低學年受持の先生ですら「繪の指導だけはさつぱりです」と歎かれる．結論とし專任の先生でなければどうにもならないということになる。兒童畫の指導はそれ程多く先生方に手のつけられないものだろうか。「子供を知る」ということが教育の第一歩であることは現在の教育の常識であるが子供のありのまゝの姿を見ようとするにはどうしても繪をかく子供の姿を見逃すわけにはいかない。この本はこのように新しい教育と取くむ先生方、子供の生活を愛し子供のほんとうの姿を知ろうとする先生方、それでありながら繪の指導は出來ないと歎く先生方に是非讀んで載きたい本である。一讀すれば繪の指導は自分にも出來るという希望が湧いてくるに違いない。著者は小學校教官で兒童畫研究の一人者、二百頁の小冊子、叙述も平易で具体的であるから一氣に讀める。

（當銘）

（湯川尚文著　誠文堂新光社版、二七〇圓）

△櫻庭信之　北島メリ　共著

英語入門新しい教授形態　金子書房二三〇圓

入門期を小學校の中學年という構想のもとに、遊戯、動作、歌などを多分に取入れ、且つ他教科との問題のもとに興味本位に入門英

語を扱つていかうというもの。著者は東京教育大附小で目下小學校英語と取組んでいる斯界の權威。小學は勿論中學校の先生方にもよんでいただきたいもの。

▲青木常雄著英語教授便覧(金子書房四五〇圓)
新教授法の原理及び實際について懇切叮寧に解説したもの。特に中學校の教壇實践における問題をこれ程明快に扱つたものは少い。著者は遍く人の知る英語教育界の泰斗

▲中學二年英語の教え方(小川芳男著、目黒書店、三二〇圓)
標題の中學二年にとらわれずに、英語朗讀法及び発音法の指導書として、誰にもおすすめしたい本。本書と共に発音朗讀法の研究書として青木常雄著「英文朗讀法」(研究社や大西雅雄「英語発音の研究」(こう社文、一五〇圓)など英語教師必續の書と思われる。その他個人の懐具合では只今のところ無理かも知れないがせめて學校圖書館に

▲市河三喜博士主幹「新英語教育講座」全十二巻、研究社、各二五〇圓

▲凍京文理大英語教育研究會編「英語教育大系」全十五巻、金子書房、約二〇〇圓両叢書とも英語教育界の權威を網羅した編纂。これを備えるごとにより、英語教育の能率はぐつと上るだろう。(永山)

▲小學校における
家庭生活指導の實際とその資料
家庭生活指導研究會著
家政教育社
定價三九〇圓(日本圓)

▲月刊　家庭科教育
家政教育社　定價八〇圓

一、体育の學習指導
中學校篇上巻三五〇
〃〃〃下巻五七〇
小學校篇上巻四八〇
〃〃〃〃下巻五二〇
金子書房　日本体育指導者連盟篇

二、体育管理　四〇〇、宮畑虎彦著
不昧堂書店

三、學校保健計畫讀本　二〇〇　湯淺謹而著
七星閣

このような原稿を歡迎致します。

◇問題兒指導の事例
學年がかわり學級が變つても、必ず一人や二人の問題兒に頭を悩まされ、手を焼いた經驗は、學級を受け持たれた先生方にはどなたにもあることゝ思います。口をきかない子、盗癖のある子、うそをつく子、學校ぎらいな子できない子等、そのどちらかについてどの先生もこの子供達の問題にとつくんだことがあると思います。そして或る時には成功の喜びに教育者としての情熱を燃やし、或る時は失敗の悲歎に身をかこつといつたこともあつたことゝ思います。

このような尊い体験を唯自分一人の胸の中にしまいこまないで、一度筆を執つてみることはいかゞでしようか、そうすることによつて自己を反省することも出來るし更に誌上をとおして相互の經驗を交換し合うことによつて此のような子供達を救うよりよい方法と技術を生み出すことが出來るのではないでしようか。

◇子どもの世界
私達が素直な心で子供の世界を眺めてみると、實に面白い、ほゝえましい、しみ〴〵とした、或は驚嘆に値する場合にぶつつかる事が間々あることと思います。そしてこのような子供の特殊な世界から出てくる彼等の言動は大人の勝手な解釋によつて、まげられた

り、早合点されたり、悪意に解釈されたりする場合もあることゝ思います。

然しこれでは子供の心をえこ意地にし素直な成長をはばむだけではないでしょうか。

素直な眼で子供の言動を觀た時にはむしろその中に善意に満ちた、よごれのない、清らかな魂をさえ認めることができるのではないでしょうか。私達は日々の仕事に追われながらも、子供の活動に關する限り、おおらかな心のゆとりをもつて素直に眺める事が大切だと思います。そのためにも、子供の特異な世界をのぞいた時の事例を短篇風に書き殘す事は非常によいことゝ思います。

# 「琉球の歴史」について

仲原善忠

## ①執筆の動機

沖縄史の教科書を書くことになつたのは、全く偶然のことからで、かねては、考えて見たこともなかつた。昨年十月、仲宗根政善さんが上京した時、文部省編集の「沖縄の歴史」という謄寫本を寄贈され、批評を求められた。私の意見は次の三点に要約せられる。

(1)歴史の見方編集の方針は甚だけつこうである。私はこの方針に賛成する。

(2)内容は遺憾ながら未熟な点があり、根本資料による研究が足りない。資料を失つた沖縄の現状としてはやむを得ないかもしれないが補正の必要がある。

(3)記述がかんたん過ぎる。参考書のない沖縄としては教える教師が困るだろう。もつと詳しく書く必要がある。以上である。

仲宗根君は、それではこれを訂正するか、あるいは、これによらず、書いてくれないかということであつた。

三週間もあれば上巻は出来るだろうと氣輕に引き受けたが、いよいよ仕事にかかつて見ると中々むつかしく、三ヶ月もかかり、正月の元旦までペンを持たなければならない始末となつた。あとでもふれると思うが、叙述の形式はこれまでの形式を全く無視し、自分自身の歴史觀を骨子とすることにした。それは又今日、日本史に行われている方式で目新らしいことでも何でもない。

教育基本法や、社會課指導要項、教科書檢定要項その他の必要書類を一通り借覽し、一應の心構えを作つた、

原稿は正月十日ごろ完成したが、群島政府の解消、琉球政府の發足等で事務的にいろいろの手違いがあり、印刷もおくれ、配本もおくれたようである。

下巻はたつぷり時間があるから悠々と書くつもりでいたが、現代史は、筋道をたてることが中々むつかしく、ひじように苦しんだ。例えば、廢藩置縣の性格を會得するためには、明治維新史の研究が必要である。これをやり出すと、中國史、世界史の方にも眼をむけなければならない。それで二、三ケ月は執筆中止ということになる。

ペリ來航前後のことを書く時は、矢張り、當時の歐米各國の世界政策の檢討ということになる。

バジルホールの航海記、ゴンチヤロフの紀行、ペリ遠征記等、一度は讀んだものでも讀み出すとやめられない、いつの間にか時間がたつてしまう。それで、九月脱稿のつもりのものが、十月十二月とのび、今年も正月元旦までがんばり、やはり正月六日完了。

わづか、原稿紙三百四十枚に、まる一年、一日平均一枚という過小生産である。

### ②書名について。

はじめは、沖縄の歴史という書名で、内容もそれにふさわしいものであつた。

ところが、琉球政府が出來、大島もふくむことになつたので考えなおす必要がおこり、大島の分も加筆し、書名も不本意ながら、琉球の歴史と改めた。

反對意見をのべて來た人もいたが、右のような事情があつたので、大乘的に考え、琉球の歴史で押し通した。

### ③内容について

中山世鑑以來いくつか沖縄の歴史が出ている。明治になつてからでもいくつかの本が出ている。終戰後も二三冊出ている。私はそれらの本はたいてい讀んだつもりである。

しかし、それらの本によつて、沖縄の歴史の輪廓をとらえることは私には出來なかつた。それらの本は表現はちがつても、その歴史觀は殆んど同じ型で中山世鑑のあとを追つているとしか見えない。

まず、アマミキヨが天から降りて、この島を作つたという話をして人を説きふせようとする。而し、今の人がそんな馬鹿げた話を信ずるはずはない。中學生ぐらいになるとこんな話は馬鹿々々しくなつて受け入れないことを吾々はよく知つている。この話は、王朝時代、それも階級制度が整備されて後、作られたものであることは、この話の末尾に長男は國の主のはじめ、二男は諸侯のはじめ、三男は百姓のはじめ、長女は君々のはじめ、二女はノロ々々のはじめと説き、當時の社會階層を是認させようと試みたものだと考えてよかろう。

このような話を流布させて、一般民衆を説きふせようとしたのである。説話學者の説くところによると、支配階級の力がおとろえ、社會が動揺した時にこのような話が流布せられるという。いわゆる思想統一の具である。

人民の不平不滿をあきらめに誘き、不合理に對する疑惑を一掃するのである。この説を

肯定するなら、アマミキヨ説話の発生時期もほゞ推定せられる。世鑑はその次に天孫氏という架空の王統を記してある。次にしゆん天説をかゝげる。この説話は袋中の琉球神記に出ているから沖縄がもとだと東恩納さんはいう。

小葉田さんはこれを否定し、神道記より前にすでに京都でこの話が流布されていたと論證し、室町政權が琉球を觀念的に領有する前提として流布したのだという。

この時代のことは文献的に實證することは不可能でわれ〱はオモロをたよりにする外ないがオモロには、王らしいものは現われない。

三つの地方政權三山が出来、だん〱封建的の社會組織が出來る。封建社會は階級社會である。即ち支配階級と被支配階級にわかれ前者は消費階級、後者は生産階級である。

次には小型な統一國家が出來あがる。國家の概念は、全住民を包括するように僞裝するが、事實は支配階級即ち消費階級の利益を守る機關でしかない。歴史といえばこの支配階級の歴史である。中山世鑑、球陽ともにそれである。

この支配階級の頂天に位するのが王家である。したがつて、これらの歴史は王家中心の歴史であつて、全住民の歴史ではない。

一部の階級の歴史を以つて、沖縄史というのは、明らかに不當、せんえつである。

歴史は一部消費階級の歴史であつてはならない。全住民その大多數は營々として勞働する生産階級の歴史でなければならない。

きわめて、あたりまえのことであるが、それがあたりまえになつていなかつた所に問題がある。しかし、一部の階級の歴史を以て歴史と考える考え方はすでに過去のものとなり現代には適用しない。それだからといつて、歴史というものは、すべて階級斗争の歴史であるとする公式主義の歴史觀にわれわれは賛成する者でもない。

どちらも一方的なものである。

歴史の本、又は歴史論を讀む時、われわれが注意しなければならないことは、その著者又は筆者が、どんな歴史觀をもつているかということである。

戰爭をけい機として、いわゆる半封建的の日本の史學は一變した感がある。戰前までは不法にあつぱくされていた歴史の科學的研究が初めて正統的の歴史學として、その姿をあらわした。これは、しかし、戰後とつぜん生れたものではない。天皇制國家の制約のもとに表面にあらわれることが出來なかつただけのことである。

敗戰後、歴史上のカムフラージが取り去られたために真實の姿をあらわしたにすぎない。

神といいふらしていた者は、よく見ると人間であつたということにすぎない。

日本の歴史的発展をすなおに凝視すれば、ヨーロッパの歴史と同じコースをたどつて来ていることが明らかにされた。

私たちが、アマミキヨ説話をはじめもつともらしい作り話から解放されて、科學的な眼をもつて、沖縄の歴史をなかめた時、不思議なるかな、沖縄の歴史も世界の歴史、日本の歴史とほとんどおなじ段階をへて現代に至つていることがわかる。世界史、日本史、われわれの地方史にそれぞれの地方的特色があるだけである。しかしこれは不思議でも何でもない。未開民族が文化民族の段階にのぼり、各段階において、その段階にふさわしい文化を生産する姿である。誇るべきものもないが卑下すべきものもない。

われわれの研究法はきわめて平凡で、現代の史學研究の常道を歩いているにすぎない。

沖縄の場合は文献の貧弱さになやまされるが、日本の他の地方には、もつと貧寒の所もあると思う。

文字のない時代のことは考古學、人類學、(民族學もふくむ)を補助學として、その知識をかりる外ない。文字の使用がはじまって後は、各種文献、遺物、遺跡等による本格的歷史、研究にうつるが、補助科學として、宗教學、社會學、政治學、經濟學、神話學等、あらゆる周邊科學の力を借りなければならない。

一番大切なことは、社會科學一般の常識で、これなくしては文献の迷路にふみこみ、現代人にふさわしい歷史觀をもつにとは出来ない。

歷史觀の如何というものが、歷史家の仕事を決定的ならしめることは、今更いうまでもない。

## ④時代の區分

日本史の時代區分法は、終戰後かわつて來て、世界史の區分法と一致するようになつた。歷史學會(全國的の學會)で數回の討論ののち決定されたものである。

沖縄史の區分を私は、社會発達の段階に應じて次のようにとらえた。これは研究又は説明の便宜上のものではなく、このように社會が発達したという、歷史の本領に則して把握されたものである。この區分は、前にふれたように、日本史のそれと一致する。

日本文化が急速に発達した時代、日本史においてはアスカ時代から奈良時代と、沖縄の文化が急速度で成長した第一尚氏から第二尚氏のはじめとの間には、約一千年のズレがある。しかし、それは外國文化の強烈なしげきを受け、文化の目ざめがあつた点では一致する。

私の區分は次の通りである。

原始社會(漁獵時代)古代社會(部落時代)封建社會前期(按司時代、三山分立時代)全後期(王朝時代—第一、第二尚氏)近代社會(明治以降)。

右の分類は、私は私なりに、沖縄史を本質的にとらえた結果の區分である。私は沖縄史のいろ〳〵の本を讀んだつもりである。しかし、それらの本の區分法を私の頭は受け付けない。その端緒は、私が久米島史話の編集に關與した時(昭一四)にある。一昨年、私は文化協會の講演會でおもろの研究法についての結果、多数参加の贊同を得たので、その後、これを用いることにした。

上巻が完成したのを機會に十月廿五日、再び批判討論會をひらいた。この時は、沖縄出身の學生、研究訓導の某女史、徳里君等も列席、エスペランド協會の二階を埋めつくす位の参加者があつたに拘らず、なごやかな、又ははげしい討論もあつたが、區分法は批判の對象にならなかつた。

以上で、私の恣意的な獨善的なものでなく又一時の思い付きでないことを明らかにした。しかし、今後、沖縄史の研究が、若い人々によつて深められ、正しい批判にもとづく新らしい方法が出て來た時は私は喜んで、それに従う用意がある。

右のような社會発達の段階は、日本史のそれと平行し、他方、世界史の進行とも無縁でないことが明らかである。

そして、各段階における文化類型も又日本、世界のそれと一致している。それゆえに、沖縄という、この小さい世界の文化の発達が決して底の淺い借りものでなく、相當に根底の深い、民族自身の工夫と努力の結果生れて來たものなることを知ることが出来る。

從つて、沖縄の人々が、未開から文化へと、一歩一歩向上し、何等かのチャンスがあれば、打てばひゞくように反應を示す素質をもち、文化受容の素質に惠まれていることを歴史的に證明するものなることを強調したい。

歴史の教訓というものは、かような所にひそんでいると私は思う。

古代社會が行きづまり、次に封建社會に移行する。行きづまりというのは、そのような社會組織では、個人は勿論、社會全体の発展がはばまれる狀態にある意味で、もつと具体的に言えば、生産の能率ももはや停頓し、人々が希望を失つているということである。

そこで舊秩序を徐々に、あるいは急激に打ちこわし、新らしい社會組織へと移行する。

古代社會に對して、封建社會は新しい、進歩した社會である。封建社會は、それ自身の秩序を打ち立てて、それにふさわしい文化を生む。数百年の間には、この組織ももはや、行きづまり、いろいろの矛盾を生み、多くの人々にとつては住みにくい希望のない社會となる。そこで、ふたゞび社會の動搖がおこり、新らしい社會への胎動がはじまる。數十年の動搖、それは、階級と階級との間の武力斗争もふくまれることは、歴史の實例によつて示めされている。日本歴史に例をとれば、源平の争亂を經て、前期的の封建社會に移る。さらに室町末期の戰國時代を經て、後期の封建社會に突入する。さらに明治維新を經て近代社會（資本主義時代）に入る。

日本史をふり返つて見ると、前期封建時代の末に建武の中興という事件かあつた。この政治運動は、歴史の前進、即ち封建制度の前進を逆轉せしめ、古代國家への還元を試みる運動と見られる。從つてその中心人物、北畠親房、楠木正成以下いわゆる忠臣たちの行動の歴史的意味が、明治大正時とちがつて現在再評價されつつあることに注意する必要がある。正成の主觀、正成の個人的倫理性如何にかかわりなく、その歴史的意義を問われることになる。歴史の進行は冷酷である。その進路を誤認したために、非劇の主人公となつた人も少くない。近くは西郷隆盛の如きもそれである。西郷の如きは、個人として最もすぐれた、又敬愛すべき一人であろう。筆者の知きは西郷ファンの一人である。しかし、それ故にこそ、彼れの歴史的誤認からおこつた失策を痛歎するものである。

歴史の進行途上において、個人の行動の歴史的意義は、本人自身は勿論、客觀的にさえ、正しく評價することはむつかしい場合が少くない。

日本の社會—沖縄をふくめて—は、今、民主的、近代社會の生成を理想として進みつつある。それは明治維新以來の方向である。

明治維新の變革が不徹底であつたため、封建社會の殘滓が清算されず、明治大正は半封建社會とさえ規定せられ、昭和半ば以後は前進はおろか却つて逆行して、大失敗を經驗した。今度こそ憲法改正、土地改革、その他の改革によつて再出発したのである。

しかし、ながら過去の社會において利益を得ていた人は、その推進に消極的か批判的である、それらの批判は本人の主觀如何にかゝわらず反動的な役割しか演じない場合が多い。歴史に關與する者のもつとも戒心を要することで、歴史教育の利害はこゝにある。藥は毒の作用をすることを忘れることは危險である。

## ⑤教科書について

歴史、地理の教科書について、私は多年注意をはらい、又多少調査、研究を試みたこともあるが、今はそのことに言及する時間はない。しかし、琉球の歴史にはある程度、私の考えをもり込んだ所がないでもない。

「琉球の歴史」は勿論教科書として書いたものであるが、それだからといつて、學問的批判を回避しようとは考えない。批判に答える用意はあるが、又いろ〳〵の誤謬誤認もあると思う。指摘して下されば次の機會に訂正したいと思う。私は中學生だからといつて 力をぬいたりした所は少しもない。だから生徒に讀んで貰うと共に、大人にも讀んで貰いたいと思つている。教科書なるが爲に次の様な制約は免れない。

(1)表現を平易にするため、原文を引用することはなるべくさけたこと。

(2)歴史事實の解釋をうらづける論證をはぶいたこと。これは著者としては、はなはだ苦痛である。

(3)生徒の讀書心理を考え 思考を中絶させるような術語をなるべくさけたこと。

(4)混雑をさけるため要約的の記述をした。例えば、明治維新直後の縣の首長は縣令、府の首長は知事で後すべて知事となるが一様に知事とした。松田大丞、大書記官も大書記官で一貫した。

(5)所々に、いわゆる御説教めいた文句が入つている。これは、教師が歴史を教える時の取扱い方の例として入れた。よけいなおせつかいであつたかもしれない。

(9)教授時間數に成る可く適合させるため、各章の長さを均一ならしめた。その爲内容の叙述は必ずしも均衡を得ているとはいえないこと。以上の制約を受けているが、私としては、最大の努力をかたむけたつもりである。ある章の如きは三回も書きなおしをしているが、未だ不滿足である。

## ⑥今後の問題

この教科書の參考書があればよいが、今の所適當なものがない。而し私は參考になるような詳しい本をかいて見ようとの考えはあるが、約束は出來ない。

ある人が、私達のがり版雑誌（文化沖縄隔月發行會費三〇〇圓）を季刊の印刷雑誌にしたいとの申込みがあり、これに教授參考資料をのせる豫定であつた。

しかし今の所早急には實現しそうにない。

この本は私、獨自の構想により執筆したものであるが、資料その他において比嘉春潮さんの援助を受けたことが少くない。ことに現代史の資料はほとんど比嘉さんの書物を拝借し、原稿も加除訂正をお願いした。印刷に關しては活字の指定、校正、造本すべて比嘉さんに依頼した。

上下巻ともに仲宗根政善さんは原稿を通讀し、用語、漢字、假名づかいの批正をして下さつた。下巻は美里朝慶さん(文化協會同人)も語句及び問題の批正をして下さつた。

又文教圖書の當銘社長、徳里專務の沖縄教育に對する情熱がなければ、この本は活字本にならなかつたはずである。各位の御援助を感謝する次第である。

## ⑦表紙の繪

表紙の右側に浮き出させた花模様はすでに御承知のことと思うが、首里の世持橋、らんかんの彫刻である。（上巻、頁參照）・版畫家棟方志功氏は、その彫刻を次のようにいうている。

「おらんだ菊。目まぐるしい程の活々したものだ。咲きほこつている花の集りだ。大さく小さく、正面に斜めに、横に…車輪が廻轉しているように見えるのもある。

となりに遠慮している風な花も見えるし、恥しそうにじつとしている花もあり、天井に向つている花もある。そうして皆な活きている。水を吸つているのだ。花をささえている莖、均等を保たしている葉、又格別な脈はいをそえている。」云云。他のサシエについては又の機會にゆづる。

をわり

「琉球歴史」正誤表

下巻　九六頁三行

| 誤 | 正 |
| --- | --- |
| 高等學校 | 高等女學校 |

**次號豫告**

**運動會特集**

# 關東地區初等教育研究會に參加して

## 社會科の問題点

平良仁永

### 一、まえがき

七月六日から十一日迄宇都宮市において、文部省、宇都宮大學、宇都宮市教委、栃木縣教委共催第五回關東地區小學校、幼稚園研究集會が開催された。こちらには東京はじめ千葉、茨城、群馬、埼玉、神奈川、靜岡、山梨、長野、新潟、栃木の各都縣から、指導主事、校長、教諭が約四〇〇名ばかり集つた。私達も特別會員として參加する事ができた。研究會は小學校八つの學科（英語はない）と更に教科外活動、生活指導、複式教育、幼兒教育の十二班に分れてそれぞれの分野の研究が進められた。私はその社會班に屬していたので、社會班の研究事項についてお知らせしたいとおもいます。

### 二、研究要項

主題＝社會科における問題解決の學習はどのように指導したらよいか。

〔研究方向〕

社會科における問題解決の正しい在り方について單元展開の例に即しながら具体的に研究する。

⑴單元の目標をどのように具体化したらよいか。

社會科の學習指導の現狀を反省した場合、學年の目標がそのまゝ單元の目標にひきうつされていたり、目標と學習內容や學習活動との關連が不明瞭であつたりしている場合が多々ある。單元に即してよりよく目標をとらえるにはどうしたらよいか、次のことがらを反省の手がかりにして研究をすゝめたい。

○具体的な目標にするにはどうしたらよいか。

●どのように地域化し特殊化するか。

●どのように社會科の目標と關連させればよいか。

○單元の目標とその指導内容・學習評價とはどのように一貫性をもたせるか。

(2)學習活動をどのように展開していくか。

眞に問題解決の學習をすすめていくためには、兒童の問題意識や資料の活用等が問題となるであろう。ここでは次のように分析して見ることも一案であろう。

○どのようにして問題意識を高めるか。

○問題意識をどのようにして學習活動の中に生かし發展させるか。

○どんな資料をどのように利用して考察させるか。

○教師の指導助言の仕方をどのようにしたらよいか等

(3)地理的歴史的公民的な知識や能力の習得をどのように計畫し、またそれらの評價をどうするか。

單元の具體例によつて誰でもが行い得る範圍において、のぞましいものを考えたい。

〔期待される成果〕

1、特定の單元の展開例（四年、六年の例）

2、研究させる事項

○具体的目標のたて方

○兒童の問題意識

○學習活動の選擇と組織

○指導上の留意點

○活用される資料

○評價の方法

## 三、全体研究

先ず最初にこれ等の問題について研究するのに、問題に對する各人の考えを班員全体の共通意識にまでもつていく爲に、充分意見を出し合うことにして、社會班の全体研究會がもたれた。その話し合いで問題となつたことをあげると、

(1)目標について

1、目標のとらえ方はどうしたらよいか。

目標をとらえていくのには、觀点の面からとらえることと、内容の面からとらえることとの二面が考えられるが何れがよいか。

2、目標の具体化とは何か、

(イ)目標の具体化とは、社會科指導要領に示された目標を分析しもつと具体的にするということか。

(ロ)子供の實態に基づいてそれをよりよくのばす爲の目標を考えていくことか。

右の二つについていろいろ話し合いがあつたが結局その何れの面についても、その一つにかたよつてしまうことはいけないというので、具体的な目標の設定の際に考えられることとして次のことがあげられた。

(註・これからあげられるいろいろの話し合いの事項は、班の研究結論としてまとめたものではなく、班員の意見を發言の順に列擧したものである。)

目標具体化（具体的な目標設定）の際に考慮すべき條件

1、兒童の發達（欲求）

2、地域の問題

3、具体的な經驗

4、日本の當面する課題

5、人間觀、世界觀

6、ベイシック・スキル（基礎技術）

(2)學習活動の展開について

1、問題意識をどのようにしてとらえるか。

イ、思考過程としてとらえられる時

ロ、瞬間的にとらえられる時

の二面がある。

2、問題意識をどのようにして高めるか。

問題意識をどのようにして學習活動の中に生かし発展させるか。

右について考えられること

(イ)教師の意圖
(ロ)兒童の問題調査
(ハ)流し方―順序
(ニ)教師の指導技術
(ホ)過去の學習
(ヘ)兒童の問題にしているもの
(ト)生活經驗（生活の反省）
(チ)環境設定（内容、對象、範圍）
(リ)問題を生かしていくいき方
(ヌ)思考過程
(ル)斷面として捉える
(ヲ)生産的活動
(ワ)行動化
(カ)問題を共通意識とする
(ヨ)知識を與える

(3)地理的、歴史的、公民的問題について

ここで考えられる事は、

1、地理的歴史的な、要素の分析

2、指導要領の中の態度と、生活指導の問題（公民的なもの）について考える。

3、社會科の學年目標と兒童の經驗内容から抽出された地理的、歴史的、公民的なものについて考える。

以上二日間にわたつて全体討議がなされたのであるが、この邊で更に小グループに分れて研究する必要があるというので、全体研究は終る事にした。日程の都合で充分に話し合う事はできなかつた。第三項の地理的、歴史的、公民的な問題については、前年度の研究集會で或程度の結論が出されているとの事で簡單に話し合いがうち切られた。

グループの分け方については、問題別に分れて更に深く「目標具体化」について研究する班、「問題意識」について研究する班、「地歴公民的問題」について研究する班の編成を希望する者と、この方法では又抽象論をくりかえすだけだから、四年と六年の學年別にグループを編成し、具体的な單元の展開案に基づいて、この三つの問題を究明し、出来得れば前の二日の話し合いを生かして具体的な展開案をつくりたいという者に分れて議論がくりえされた。更にその外に折衷案も二、三、出て来たがまとまらず、ついに多数決によつて四年六年の學年別に班を編成して具体的な展開例に即して研究する事に決まつた。

## 四、グループ別研究

〔四年グループの研究結果〕

四年グループにおいては埼玉縣北足立郡わらび町立北小學校加藤榮教諭の、單元「町のうつりかわり」を原案にして研究をすゝめた。

（原案）

單元「町のうつりかわり」第四學年

一、設定の理由

この頃の子供の關心は身近な環境をこえてさらに廣い地域にひろがり、また過去にさかのぼつて昔の生活はどのようであつたかを知ることに興味をもつようになる。郷土ワラビ通の発達をとりあげ自分の住む町、周圍の町村などを考察しさらに全面的に目をひろげると共にまた過去の時代の都市発達にもおよび、人間生活の理解の目を一段とひらかせたい。

二、指導の目標

1、人々はどのような自然的條件や社會的條

件のそなわつているところに集り住むか、自分の郷土とどのような關係があるかを理解させる。

2、郷土と他地域の市町村と比較考察し、ますます郷土を愛好し、これを改善向上する能力態度を養う。

三、配當時數及び取扱期間

時數四十時　期間　十月中旬〜十二月中旬

## 四、學習指導計畫

| 段階 | 兒童の問題意識 | 學習活動 | 時間 | 指導上の留意点 | 備考 | 地理歴史的基礎事項 |
|---|---|---|---|---|---|---|
| 導入 | | 1、大水について話合う ●原因について話しあう | 1 | 前単元の発展として | | |
| | ●川、どぶ、池沼道はどうなっているか | 1、町の模型をつくる ●荒川と町との關係についてしらべる ●町の模型をつくり川の流れてゆく先をしらべる | 11 | ●自分の家の前のどぶがどこへ流れていくかしらべる ●土地が低い事に氣付かせる ●川、どぶ、沼、池、道を先につく | 「昔の地圖と今の地圖」 | ●讀圖（平面圖の概略） ●地圖の模型製作 |
| | | ●人家の集り狀況を調べる ●驛の附近は ●中仙道すじは ●どんなところに工場があるか ●商店はどんな所にあるか 學校と役場の附近は | | らせ集落のようすを入れてゆく | | |
| 活動 | ●昔のわらび町はどうであったか | 1、中仙道を中心としたわらび町 ●今の中心街と昔の中心街 ●中仙道と新國道 ●宿場町 ①本陣のあとを見學して古老の話をきく ②昔の集落のようすを略圖にかく ③発達のしかたに | 9 | ●五街道と宿場町のようすを知る ●大名行列と町民の生活の利害についてしらべる ←町民性（欠点）を知る ●城下町 門前町 ●市場町 港町 ●温泉町 ●觀光町 ●鑛山町 | 「ひらけゆく埼玉」「百科事典」「町の人口統計資料」「先祖の話」柳田國男「日本の村落史概説」小野武夫「町の沿革」 | ●五街道 ●参勤交代 ●大名行列 ●江戸時代の集落 |
| | | わけて、いろいろ町についてしらべる | | ●工業町について | 「史」古老の話 | |
| | ●なぜ急激に膨張したか | 1、わらび驛の開設 ●驛はいつごろ出來たか ①驛前通りの繁榮 ②驛開設にともなう集落の分布 2、戰爭による人口の膨張 | 8 | ●鐵道開設後の各町のうつりかわりに注意させる ●東京、浦和、川口、大宮についてしらべさせる | 「日本交通史」「社會科事典」驛長さんの話 | ●鐵道開通 ●東北本線 高崎線 ●京濱線 ●太平洋戰爭 |
| 學習 | | ●東京の衛生都市として ●縣南三市とのつながり ●現在の集落の分布 3、三つの分布圖を比較してみる | | | | |
| | ●今後はどうなるだろう | 1、都市計畫について ●町長さんの話を | | ●縣、國の織物工業の狀況をしらべる | 「年鑑」「私たちの都市計画」 | ●統計のよみ方 ●グラフ |

| | 終末 |
|---|---|
| | ◎私たちで、できることをしよう |
| きく ◎紡績工業の現況発達のようす ◎町の工業の今後 ◎わらび市の構想 ①排水道路の改善 ②學校施設保建施設 ③一町一村との合併 戸田町についてしらべる 美笹村についてしらべる ④わらび市の地圖をつくる お互に構想を発表しあう | 1、町を発展させるためにどんな協力をしたらよいか話合い實行する |
| 01 | 1 |
| ◎グループ毎に構想をねらせ、作製したものを陳列する ◎大埼玉市の構想について説明する | |
| 石川榮耀 ◎「戸田町、美笹村の人口統計資料及地圖 | |
| ◎縮地圖◎平面地圖の作成 | |

（研究）

研究方針

全体會議の結果から一般的條件を更に深めるために特定の單元を用いて檢討する。加藤榮プラン（埼玉）「町のうつりかわり」四年による。

研究内容

一、「目標をどのように具体化するか」

研究方向

作業單元の目標であるから學習活動に直結したものとして考えなければならない目標は單元設定の理由から考えなければならない。

研究事項

A、單元設定の理由について

○原案

「この頃の子供の關心は、身近な環境をこえてさらに廣い地域にひろがりまた過去にさかのぼつて昔の生活はどのようであつたかを知ることに興味をもつようになる。郷土わらびの町の発達をとりあげ自分の住む町周圍の町村などを考察し、さらに全國的にひろげると共にまた過去の時代の都市発達にも及び人間生活の理解の目を一段とひらかせたい」

1、これではどの地域のどの子供にもあてはまる一般的抽象的な理由であつて具体的なものとはいえない。

2、學習指導要領の線にそつていることは大切である。

3、町の特殊地形からくる影響（水面より低く出水にこまり、道がぬるく傳染病が流行する）が考えられてこの單元は設定されたのであるからこの事情をはつきり考えておかなくてはならない。

4、そうしたものが子供の切實な問題となつている（大水が、こわい、道がわるくて登校に困る。蚊や蠅がでる）のであるからそれが考えられなければならない。そうした問題が多いからどれをとり上げるかは十分考えられなければならない。

5、學習させたい内容（ミニマムエッセンシャルズ）はおさえなければならない。

6、兒童の発達の特性（子供達の活動傾向）を考えなければならない。

よつて次のような條件をみたす「設定の理由」でなければならない。

1、兒童の切實な問題（この選擇の基準○地域（廣い地域）の課題のつながり○學習指導

要領の目標とのつながり）

2、學習させたい内容（この決定は　教科書内容の分析○學的体系（知的）から○兒童のベイシックスキルから）

3、その學級兒童の發達の特性

○修正案（單元設定の理由）

1、子供達はこの季節になると暑いのに長靴をはかねばならず、五月から蚊帳をつり寝苦しい上に晴れてもぬかるみのため外の運動場で遊べないし、すべる赤土のためおもい切つて歩けないで困る。

2、ひるがえつてこの町の地理歴史的な在り方から考えると荒川の水面より低いために出水に困り、この爲に蚊や蝿が多く傳染病発生の原因の一つになつていて、排水の問題が町民の切實な問題となつている。なおこの町は昔の宿場町から発展したのであるが當時は聚落の位置が中仙道筋によつておつてこの問題は切實ではなかつたのであるが都市の発達によつて現在地に移つており、こうした問題に発達してくる。

3、更に學習指導要領によればこの學年では、「郷土の開発」「町や村の発達」「交通の昔と今」が基底となつているし、擔任兒童は物事を調べたり相對的に實證したりすることを喜んでいる。（實證調査）更にこの學校の學習計畫からいつても學習させたい内容（別途計畫案）の通りであつてこの問題が有効である。

以上のような点から兒童の切實な問題を中心として地理歴史的にこの町を考えさせることは極めて價値のあることと考え、この單元を設定した。

B、單元の目標について

目標には次の二面を考えなければならない

A、統一的根本的目標（兒童のパーソナリテイの改善にきりこむもの）

B、分析的要素的目標（理解態度能力と分けるのが普通である）

1、Aの項の綜合は必ずしもAを保證しないし、Aこそ社會科の本質的なものではないか。

2、Bの場合その内容や程度は十分いかさなければならない。

3、いずれにしても兒童の主体性を見失つてはならない。

4、こうした目標を決定する手續操作は前述「設定の理由」を參考とずべきである。

○修正案。（目標）

目標　出水に困るわらび町の地形や町のうつりかわりを地理歴史的な見地からしらべ、どのように町の人が改善しようとしているかを知り、これに感謝し協力する。

• 理解

• 町の人が出水に對し苦勞し協力してこの改善に當つたことがわかる。

• 町は荒川の水面より低い。

• 町は中仙道筋の重要な宿場町であつた。

• 鐵道の開設によつて町の中心が移つた。

• 町には出水に對する排水が大きい問題となつている。

• 態度

• 町の仕事に關心をもつ。

• 積極的に町の仕事を見い出して實行する

• 排水工事や政治などに働く人々の苦勞に感謝する

• 問題解決のために地理的歴史的に見たり考えたりする。

• 能力

• 古い家の分布圖がかける。

• 古い町の寫眞や地圖を集める。

• かんたんな都市計畫圖をつくる。

・こまかい地圖（地勢交通）がよめる。
・累年統計圖表がよめる。

二、學習を展開していく上に問題意識をもり上げるのにはどうしたらよいか。

○問題意識という場合、單元の目標以前の即ち設定の根據に見られる兒童の切實な問題という意味と、單元の目標以後即ち個々の學習活動と直結している問題意識があることは注意すべきだ。

イ、活動の底にひそんでいる（前）
ロ、活動に直結した問題意識（後）

A、導入において

前單元が伏線になつておれば容易ではあるが普通の場合は次のようなことを考えて問題意識を高めねばならない。

1、前單元から入る。
2、兒童の當面する問題
3、社會的事象
4、教師の意圖
5、子供の調べたい仕事
6、見學から入る
7、問題に直面させる
8、兒童會の問題から入る

○修正案（導入）

導入

| 問題意識 | 活動 |
| --- | --- |
| 大水がこわい<br>水がたまつて困る ↑<br>○たまるわけは何か ↓ | 大水についての話し合い<br>模型をみる |

B、全兒童の共通意識にもり上げるにはどうするか。

○問題の所在をたしかめる。

1、「ほんとにやろう」ときまるまでしつかり考えさせねばならない。從つて次々と考えさせ最後の終末までの見通しをつけさせなければならない。
2、實際にやつていつて氣づいてくるものに注意しなければならない。
3、兒童の實際經驗の有無について考えておくべきである。

C、學習活動の展開において問題意識をもり上げるのにはどうするか。

1、現實の社會の中で努力されている事實のなかに常に自分達が住んでいることを實感させることでないと問題意識は高まらない。
2、次々と起つてくる兒童の疑問研究のうち必要なものをとり上げる。
3、次々に起つてくる活動について兒童の能力について注意し指導助言と評價を怠つてはならない。

○前學年の作品を展示するのも有効
○作業目的を忘れないようにする。
○教科書の中から關係の深いものをとりあげることを忘れてはならない。
○子供の調査研究したものは單に發表させるのに止まらずその中から問題が出るように取り扱うこと。
○地理的なものを扱う時には生活圏を中心とし空間的擴りに注意する。

4、地理的歴史的な地域の特性は多くの問題を誘發する基底である。
5、歴史的なものに切りこむ場合「昔」「中仙道」の相對的時間關係についてはつきりさせること。

6、子供の研究（内容方法）や教師のインホーメイション等についてはその範圍や深さに注意し次の問題意識がもり上るようにしなければならない。

○修正案

| 問題意識 | 活動 |
| --- | --- |
| ○（昔おじいさん、おばあさんの頃）の人はどうしてこんなところに住んだだか。 | |
| ○宿場であつた頃の町のようすはどんなであつたか | 本陣跡を見學し、古老の話をきく<br>中仙道　參勤交代<br>江戸を中心とした當時の街道と宿場本陣についてわかつたか（自然、政治）<br>町は別のところにあつた。 |
| ○なぜ今の町になつたか | 今の地圖と古い地圖を比べてみる。（聚落の移動を中心として）<br>驛の開設<br>・町の古い家の分布<br>・商店街の出來た推移<br>交通の発達 |
| ○今の町のどんなところに問題があるか。排水、水沼を工夫する | ・東京及近郊との連り<br>・人口の膨脹（疎開による人口移動）<br>今までの學習を整理し話し合う<br>いろいろなおもいつきをあげる<br>（今は出水の問題であることを確認し、他を伏線とする）<br>昔の人の苦心したことで今も努力していることをしらべる<br>都市計畫の話を聞く |
| ○どんな所ができるだろう | ・わらび市の理想案を作る<br>町の人に見てもらう<br>お互に批評し合う<br>お話をきく（苦人している人々をしらべる） |
| ○私達でできることはないか | ・町の美化、道路清掃<br>・蚊や蠅を驅除する方法（科學的）<br>・學校子供會に提案<br>・ポスター作成<br>・清掃する人々に感謝する |

三、地理的、歴史的、公民的な知識や能力の習得はどのように計畫しまたそれらの評價をどうずるか。

1、地理的歴史的公民的な物事の考え方見方（能力）と知識とはちがうことを確認すべきだ。

2、こうした能力や知識はその學校で調査研究により体系的に學年的に配列しておくべきである（例えば宿場町から発展して門前町港町等の集落形成の形態にも及ぶか否かはそれにもとづくべきである）かかる重要な計畫は當然各學校で既に立案されていなければならないものであるに拘らず未だに模索の状態にあることは残念の至りである。

この面についての實證的研究は喫緊の課題である。

實驗的研究と共に實践記録（評價と一体となつた）が累積されなければならない

3、こうしたものの評價は極めて困難であるが、特に能力については極めて困難である。現在においては知識行動一般を通じて推察するにとどまつている状態ではないか。勿論知識行動一般のものの評價自体についても問題はあるが、既にあきらかにされている評價用具を利用することは一應一般化されていると考える。特に能力については實験的研究と共に評價と一体となつた實践記録が（教師兒童の製作も含む）強く研究され累積されなければ打開の道はないと考えられるのであつてこれを求めてやまない。

○修正案

| | 能力 | 知識 |
| --- | --- | --- |
| 地理 | 町の集落の発達からみて地域の特性をとらえる。<br>◎街道及び近代交通の発達との關係で集落をとらえる。<br>◎國の中心との關係で判斷していく<br>◎低地・濕地等の自然條件のあたえる影響を考え合わせる<br>等々 | 一、語い（基本的知識）<br>宿場、街道、低地、濕地、國道、縣道<br>二、知識<br>斷面圖、分布圖、地形圖、交通圖、驛の開設、人口移動 |
| 歴史 | 町の昔と今とを比較し、よき未來を設計する。<br>◎町の時代變遷をとらえる。<br>◎時代にはそれぞれ必然的な理由のあることをとらえる。<br>等々 | 一、語い<br>本陣、參勤交代、中仙道以下五街道<br>二、知識<br>江戸時代と大名<br>明治時代と江戸時代、時の流れ |
| 公民 | 町のよりよい生活のために町民の一員としてその協力關係に入りこむ。<br>◎町の人は町の問題解決に協力し、努力していることを實感、主体的に實行の計畫をたてゝ實踐する。<br>◎排水工事に集中されている町政に協力する。等々 | 一、語い<br>都市計畫、排水、暗きよ、商店街、中心街<br>二、知識<br>都市計畫、生活改善 |

この班においては最後の方で時間が足りなくて地理、歴史、公民的な問題については更に委員をあげて研究してもらつたので、班全員の研究が充分になされなかつた。

（六年グループの研究結果は省略します）

## 五、あとがき

社會科については他の教科と異つて研究の分野が多分に殘されている樣な感じがする。出席した會員はさすがにそれぞれの縣から選抜されただけあつてしつかりした研究をやつていて、各自の研究資料を持寄り終始熱心な討議が續けられた事にはほんとに頭が下つたあのふん圍氣にひたるだけでも大いに勉強になつた。こゝで感じた事は、社會科に對する研究が皆同じようなレベルまで到達しているという事である。社會科の意義、そのねらい目標設定のための條件、問題意識の高め方、學習活動の進め方等については理論的には相當のレベルにまで達している事は確かである。我々の沖縄も觀念的にはこの線までは來ていると思う。然し問題はその後にある。この理論を實踐に移すのは現場の教師であり、現場の教師の悩みはこゝにあると思う。實際の學習活動にこれらの理論をどう生かして行くかが今後の教師に殘された問題であろう。〇學習中にあらわれる教師の意圖と子供の欲求のくいちがいをどうするか。〇教師の意圖と取上げられる子供の欲求の限界〇各學年の子供の発達に即した學習内容の要素的なものは何か〇各學年の基礎技術とはどんなものか〇地理、歴史的なものの系統とはどんなものか等々我々に殘された問題は多い。研究集會は現在の問題をすべて解決する事はできなくてもこれに参加する事によつてより多くの問題を持歸ることにも意義があるという。その意味において今度の研究集會参加は有意義なものであつたと思つている。

昭和二十八年七月十三日

内地派遣研究教員
靜岡市立安東小學校配屬

# 就任のあいさつ

研究調査課長　榮　忠　哉

今回、はからずも文教局勤務を命ぜられ、二十余年にわたる教壇生活に斷ちがたい未練を殘しつつ、先月二十二日着任いたしました。もとより、學才ともに、きわめて淺薄、その任でない上、始めての土地、未經驗の仕事でありますので、その任に堪えうるかどうか、危ぶまれるのでありますが、幸いにも局内には、眞榮田局長先生を始め多くのすぐれた先生方がおそろいであり、なお各地の現場には郷土教育復興という同じ目標のもとに、強い團結と、涙ぐましいご精進をつづけておられる六千余の先輩同僚が、おいでになるので、みなさま方のご協力と、ごべんたつによつて、およばずながらも精一ぱい、つとめていきたいと念じております。

×

戰禍に打ちひしがれ、たたきのめされた郷土——八年間になんなんとする今日、まだ實現し得ない本土復歸の悲願、そして完全な自主性をもたぬ諸施策に呻吟する郷土—あれを想い、これを想う時、その前途に横たわる幾多の苦腦と試錬は、特にわれわれ教育關係者に背負わされた。歴史的な課題であるとともに、その解決はわれわれが斗いとらねばならぬ、光榮ある義務でもあると信じています。惠まれぬ待遇、そしてつづく生活苦の中にも、われわれは明日の琉球にしよ光を見出し、郷土百年の大計のために、更に結束をかたくして、この課題解決に邁進したいものだと念願しております。

×

眞の教育が、地域社會や兒童生徒の實態の上に計畫、實践されねばならぬことは、今更申し上げる必要もないことであり、日本々土の各都道府縣の教育廳事務局に調査課がおかれ、更に教育委員會の直轄下に、教育研究所が設置されていることは、明らかにそれを裏付けしています。當研究調査課は、上述の二つの機關の性格を合せもつ二重人格的立場にあつて、きわめて重大な使命を擔つているものと思われます。即ち琉球教育行政運行のための、諸調査、或は琉球地區に立脚した教育の基本的性格と、その在り方を科學的に究明し、それに基づく適切な施策の考究、又は現場教育の合理的運營に資料を提供するなど、まことに廣汎且つ深遠な使命をもつておるのであります。しかるに今日まで、豫算や課員に制約をうけてその使命を十分に発揮することができず、現場の皆さんのご要望、ご期待に副い得なかつたことを、大變残念に思うとともに心苦しく存じております。

就任以来、日なお淺く、まだ局内の事情さえ十分に通ぜず、まして地方の實情については、全然と言つてよいぐらい、まだ未知でありますので、あれこれと申し上げるのをさけたいと思います。幸いにも課員五名は文字通り精鋭ぞろいで、郷土の推進に努力されておられるし、又局内は、局長先生を中心として各課は緊密な連けいをとりつつ、しかも和氣に充つふん圍氣の中に、全琉教育の復興とその向上のために、真劍な歩みをつづけられております。これらの惠まれた環境に、護られ育くまれつゝ、與えられた使命の遂行に微力ながらも、懸命の努力を捧げたいとひたすらに念じつつ、毎日を送つております。どうぞ教育實践のため、日夜いそしんでおられます皆さんのご援助と、ごべん達をかさねがさねおねがいいたす次第であります。

# あいさつに代えて

施設課長　喜久山添采

戰後琉球に於ける教育の進展を阻むものとして幾多の悪條件を數えあげることができるでありましょうが、その最たるものとして第一に擧げられるものは、何といつても校舎の不足ではないでしょうか。人類未曾有の今次第二次世界大戰は不幸にも沖縄を決戰の地と選び、そのため此の琉球の校舎のほとんどが烏有に歸し、燒残つたわづかの校舎さへも屋根は落ち、壁ははがれ、雨露を凌ぐにも事足りないと言う有様で終戰當時は全く校舎皆無の狀態であつたのであります。然し生き残つた住民は決してきよう手自失はしませんでした。人々は住みなれた村を追われ見知らぬ土地に集團收容されたのでありますが最初の仕事は實に學校建設と言うことでありました。當時の衣食住の不自由さ惨めさは到底今日では想像も出來ない狀態でありました。夫を失い妻を失い子供を失なつた人はその數を知りません。然し人々はそれに屈しませんでした。毎日山に入り木を切り材を集めて子弟のため堀立小屋の校舍造りに取りかゝつたのであります。勿論この仕事は米軍の多大の援助のため出來た事ではありますが、一方全住民の教育に對する理解と熱と愛がなければ決して出來ない事で、如何に住民が常に教育に對し熱情を注いで居るかと言うことがうかゞはれたのであります。

あれから八年、幸いにして米軍の物心兩面からなる多大の援助によつて本建築校舍は年々建造され、終戰當時をおもう時、比較にならぬほど進展しておりますが然し未だに暴風毎に吹飛ぶ所謂馬小屋校舍は後を絶たず、現在全琉を通じても尚わずかに五〇パーセントを越す域にしか達して居らず、所によつてはまだ二部授業三部授業でようやく兒童を收容して居るという惨めな狀態であります。この様な狀態は終戰二三年の頃はいづれ近く復興出来るものとゆつくり待つて居た住民も、年を經るにつれて焦燥と變り、現在教育に關する住民の一大關心事は全く校舍問題をおいては他にないと言つても過言ではないとおもはれるのであります。先に沖縄教職員會長、屋良朝苗先生、喜屋武眞榮先生等の、それこそ身命を賭しての全國到らざる所なき祖國行脚も全くこの問題を早期に解決せんがための壯擧で全住民のひとしく感謝致して居る所であります。琉球經濟の貧困はおもうにまかせず、一時に滿足する域に達することは難かしいかも知れませんが、幸い米琉兩政府もこの問題に對しては特別なる關心を持たれて居り、必ず近き將來住民の熱願は遂げられるものと期待して居るのであります。然しこの事は容易の仕事ではなく前途に幾多の難關を豫想されますので尚一層の努力を覺悟しなければなりません。私今回はからずもこの重大な校舍問題と直接關係する職務に就き、責務の大きさに對し力の足りなさを憂えるものではありますが、全住民の熱願に應え粉骨粹心に當る覺悟であります。早期全琉球校舍の完成を祈つて就任の挨拶といたします。

# 中央教育委員會々議錄抄

第九回（定例）一九五三年四月十日～仝月二十日

出席者　仲井間委員長　他全委員
眞榮田局長

一、議長選擧を行い仲井間宗一委員當選す
一、眞榮田文教局長の就任承認

一、教育職員免許規則認定講習開催について
原案通り可決す
一、文教局の課の設置を左の通り可決し又、課長人事の発令を承認した
(1)學務課　比嘉　博
(2)庶務課　山川　宗英
(3)指導課　中山　興真
(4)研究調査課　學務課長兼任
(5)施設課　庶務課長兼任
(6)社會教育課　金城　英浩
一、教育關係立法諸法案の研究
教育基本法
學校教育法

第十回（定例）
期日　一九五三年六月四日～仝二十日
出席者　仲井間委員長　他全委員
真榮田局長
一、一九五四年度文教局年間事業計劃を決定
一、立法要請諸法案の問題点及び基本方針について
一、一九五四年度校舎建築割當方針を決定した
公立學校建築補助金は工事費見積額（一教室二四五、二一〇圓として）の九割以内とす

第十一回　中央教育委員會
期日　一九五三年七月二十七日～八月一日まで
出席者　仲井間委員長　外全委員
文教局長
會議
一、五四年度社會教育の努力目標について
一、五四年度高校入試選抜方法に對する助言について
一、教育職員免許規則一部改正一、教育職員免許追認單位認定について
一、授業日について
一、公立學校教員俸給割當方針について
一、教育關係法規について研究

# 一九五四學年度高等學校入學者選抜の方法に對する助言

中央教育委員會

一、選抜の方法
(1)志願者の出身中學校長より指導要録及び必要と認めた高等學校に於ては學級一覧表を報告書として志願先高等學校長へ提出する。
(2)高等學校において入學者選抜のための學力検査を實施する。
(3)學力検査の實施と願書提出の時期
志願校を決めて願書を提出した後に學力検査を實施する。
二、學力検査の實施方法
(1)學力検査實施期日は二月下旬全琉一齊同日に實施する。
(2)學力検査場は志願先高等學校で決める。
三、學力検査問題作成者
各高校區教育委員會の高等學校教員を以て組織する問題作成委員會とする。
四、學力検査問題出題の方法
(1)全教科について行う。
(2)問題は教科別に作り、時間は教科別に區切らず、各教科の問題を全体としてまぜ合せたものを何題かづつ區切つて

實施する。

五、身体檢査

高等學校側で選抜のための身体檢査を實施する。

六、面接

報告書の裏づけのために面接を實施する

七、合格者判定の基準

(1)合格者判定に用いる資料

(イ)報告書によるもの

△中學在學中の學業成績

△個人的社會的公民的発達の記録

(ロ)學力檢査の成績

(2)參考資料

△學級一覧表必要と認めた高等學校に於て

△身体檢査の結果

△職業的発達の記録

△出欠狀況の記録

(3)判定要素の比率

報告書と學力檢査の重みは同等にしたがよいとおもう。

八、特に左記事項については愼重を期せられたい。

(1)問題作成の手續、範圍、程度、形式、要素、ねらい、分量、配点等(文教時報第四號參照)

(2)文章の難易文字の正確さ印刷上の技巧(鮮明度)

(3)各種檢査實施の計畫、方法並に面接の方法

九、其の他

(1)募集要項

△各高等學校に於て作成して二學期末までに校區各中學校長宛に送附する

(2)問題作成委員會の委員の數は各高校に於て適當に決める。

(3)考査期間は各高校の立場で決定されるのであるが、三日以内が望ましい。

(4)一時限は五十分以内がのぞましい

(5)學力檢査期日は全琉一齊に行う爲に文教局で指示したい。

(6)各高等學校に於ては校區各中學校と入學選抜について連絡會議の必要を認めた場合これを開催する。

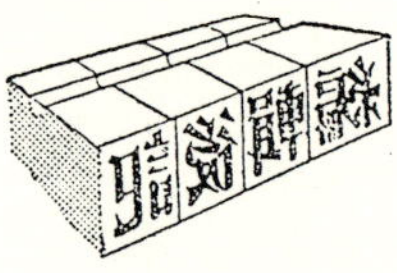

○編集という仕事にからきし經験のない者同志が、無い智慧を出し合つてどうにか今までやつて來たのであるが、何時迄經つてもその下手さかげんを皆樣にお目にかけるしまつになつて…。

○編集子のねがいは「どうしたらこの小冊子を全琉六千の教師から愛されるものにするか」ということである。

生れた出た子どもは、たとい出来そこないのいたらぬものであつても、どなたからも可愛がつていたゞきたいのが親心。身の裝いだけは美しく、次々と旅立たせてやつた子供達が、行く旅先でどのような待遇を受けているであろうかと氣をもむことしきりである。

○できるだけ讀者の原稿をと思いつゝ、今度も又局中心のものになつてしまつた。

愛されるものにするためにも、ぜひ皆さんのために多くの紙面をあけたいと思います。

○仲原善忠氏の「琉球の歴史について」首里高校赤嶺龜三先生の「國語指導の反省」を沖縄教職員會からお借りして本號に掲載致しました。紙上をかりて厚く御禮申し上げます。

○中央教育委員、照屋秀女史が開催中の委員會の多忙の中から、全琉女教師のために激勵のお言葉を寄せていたゞきました。女教師の奮起を望むや切…。

○美原秋穂氏の「お早うございます」は、とか

くゴッゴッし勝ちな本誌にうるおいを與えてくれる好篇、きつと讀者の肩のこりをいやしてくれるものと思います。

○次號より「讀者文藝」の欄を設けることに致しました。職場の中から、家庭から、通りすがりの路傍から、ほのぼのとした、心のあたたまるような玉篇が次々と生れ出て来るのを期待致します。

○うだるような猛暑の中で、研修を續て居られる諸兄姉の御健闘を祈つてやみません。

（八月六日ＳＡ生）

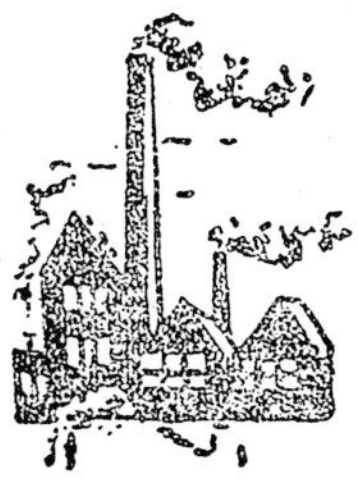

一九五三年八月二十七日印刷
一九五三年八月三十一日發行

發行所　琉球政府文教局
研究調査課

印刷所　眞和志村安里一區七班
中丸印刷所

一九五三年八月二十七日　印刷
一九五三年八月三十一日　発行

發行所　琉球政府文教局
研究調査課

印刷所　中丸印刷所

7

# 沖縄
# 文教時報

第七号

作文教育特集

文教局
研究調査課

# 文教時報 第7号 目次

# 文教時報

## 第7号

文　教　局

# 巻頭言

文教局長 真榮田義見

私は子供の文章を読むのが好きである。新聞その他にのつている子供の文章はひまの許す限り読んでいる。様々な先入主や、強いられた考え方のない、白紙に寫るかざりのない感じ方、作り過ぎた所のない純真な文章は、つまらない読物よりか興味深いものがある。

読んでいるうちに子供が分つて來る。子供の生活、子供を中心にしての父母兄弟の在り方が分つて來る。廻りくどい、幼い表現ではあるがジーンと心を刺すものが有る。貧しさに心の暗くなる時がある。じかしそれ等の作品すべては子供達が書くという事を通して、見る、感じる主体としての自分を立てつゝある事は嬉しいことである。自分の周囲に眼を開いている。自分を中心に起りつゝある事に客観的立場に立つて見る所の初歩的なものが見られるのである。此の立場はやがて生活を知り、人間を知り、世界を知る所の批評的立場が作られて、進歩と革新を目ざす所の強い子供となるだろう。こういつた意味で私は文を書く働きを教育上大きな意味を持つていると思う。作文教育が人間形成の中心だのと教育論を展開した人々の主張にも大きな意味があるのである。

しかるに先日綴方に関する座談會の席上多くの人々から現場に於ける綴方の不振が指摘された。戰前は綴方の時間が有つたが、戦後は国語の書くという中にふくめられたためか、綴方が全く放任されているという事がよく言われる。現行カリキユラムの国語の中に綴り方の時間は特設しなくても、国語科学習指導の範囲として、話すこと、つづること、読むこと、書く事、という四つの部門のうちに数えあげられ、作文指導は十分に取上げられねばならないのである。

ただ時間は設けられないが、その事は作文の範囲が、新教育の立場から擴げられたとう事でむしろ社會生治に占められている所の書く仕事―手紙の書き方、日記、報告文、調査、職業のための記録、メモの取り方という様に、実用としての作文をもふくめた所の廣い範圍の作文学習が期せられているのである。

理科の観察、社會科の研究報告、教室の記録等の書き方という様に作文活動は今までの文学的作品一方に偏していたものから日常生活に必要なあらゆる部門に亘る事が要求せられて來ている。こういつた実用的な立場からは「つづり方の時間を特設したいという方向は、新教育とはうしろ向きの態度だ」と教育研究所の石黒修氏は非難する程で、こういう教師の頭にある過去のつづり方の幻をたたき出すために、生活雑記風な從來のつづり方を教室からたたき出せとも言うているのである。

かつての生活つづり方運動の有力者の一人で有つた東京杉並第七小学校長吉田瑞穂氏は新しい綴方について「子供たちを歩かすコース（正しい國語のカリキユラム」から必然に生れてくるもの、何をいかに書かすかの「何」によつて作文を指導する。いつて見れば作文新課題主義によつて、これまでの自由選題主義が普通の家の普通の子供を對象においた教室作文の主流にならなければならない。といつているし、また百田宗治氏も「赤い鳥」以來の精細な敍写力、具体的に、そのときの樣子をよく分るようにかくつづり方「小説を書くほか役に立たん」ような文章のつづり方は、教科的な意味からも、こんごは非常な特殊なもの、個人的なもの、自由研究的なものとしてだけしか残らないといつているが、之は今後の教室作文のあり方の方向を言つたものだろう。

しかし以上の態度は創作としての喜びを味う所の文芸的な創作、のび〳〵と表現する喜びを否定する事にはならない。和歌、俳句、生活の文芸的表現等も吾々の日常生活に深い役割を以て他の実用文と共に実用的なものの一つと言えるだろう。実用的なものに執着するの余り書く事の恐怖病を起させてはいけない。

# 人間育成の作文観

豊平良顕

―沖縄教育界における作文教育の不振は端的に言ふと教員の待遇が悪いこと、雑事がおゝく煩い作文教育に手が回りかねること、それから肝心の作文教育観が未だ確立しておらぬことだと思うがどうか。

―同感である。殊に作文教育観の混迷がおおいに祟っている。あらゆる学科の總元締めの地位を占める作文教育への認識が足りない。

―作文の偏重を主張するのか。

―違う。作文を含めてあらゆる学科は、兒童生徒の、現在とその生涯を通じて營まれる生活を、樂しく、豊かにかつ有意義に送るために必要とされる学問、知識、藝術、技能等を彼等の心身に攝取させるためのものである。各学科はさうした目的に沿うための振り割りであり、從つてそれぞれの学科は等しく尊とばれなければならぬし、輕重の差別をつけることは人間育成を障害する。言わば、教育の邪道だ。戰前迄の教育はその邪道を踏んだ。人間育成を呼称する戰後の新教育下においても、なお依然としてこの邪道から、抜けていない。僕は新教育の究極の目的を、人間の幸福を追求してやまぬ新しい人間像の育成にあると解しているそれが戰後初めて抱かれたわれ〱の新しい教育觀である。

―過去の歴史は支配者の獨裁によつてつくられた。支配される者の人間らしく生きる意欲が殺されて支配者が必要とする偏重の教育が強いられ、あるいは無教育が強いられたりしてその生涯を支配者に從屬させられた。

―明治以後近世の学校教育が発達して教育の機會が与えられ、学問、知識、藝術、技能などが奨勵されはしたが、然るにそれは人間育成に役立たしめないで、専ら支配者の御用に供する仕組みがとられた。

―支配者の權勢に結ばれた国家至上主義、軍国主義の教育として、文部省の獨善によつて營まれたね。

―支配者にくみさせる出世主義教育と被支配者におかれる愚民政策が過去の教育の二大特色だよ。人間育成のために等しく重視されねばならぬ諸学科に、輕重の区別が生じた所以も、支配者に媚びる教育の邪道に祟られたがためである。このような過去の歴史のシツコクから解放されるために民主的な社會の建設を目指して、個々の市民が多彩な個性をみがき、人間の名に値する意義ある生活を營むための教育、即ち新しい人間像を育成するための新教育が戰後要請されたのである、このような新しい人間像をつくる教養と技能が各学科として組み立てられ系統づけられて、それが自主的に学習されることによつて、人間の幸福をもたらす社會が築かれると思う。これを要するにあらゆる学科は人間育成のために存するものであり、輕重の區別があつてはならない。

―わかつた。君が作文偏重を主張していないことがよく解つた。そこで、作文教育にあらゆる学科の總元締の地位を占めさせたいという君の説を承わろうではないか。

―ともすれば各学科は、ばら〱に孤立しがちである。さうだと人間育成への調和、統一を欠ぐ恐れなしとしない。即ちあらゆる学科から攝取される教養や技能を、人間育成と結びつけ、自他の幸福を增進する民主社會建設に仕えさせるためには、人間いかに生くべきかという人生觀、社會觀、世界觀を形成させなくてはならなぬ。それを養ふ有力な方法としての作文学習である。

―という次第で作文学習があらゆる学科の總元締という訳か。しかしどうも總元締めはまずい表現だね。

―適當に言い表わせないので困つている。ともあれ、この作文学習があらゆる学科の総元締めとなつて各学科から寄与される学向、知識、芸術、技能を摂取して、人間の正しい、樂しい生活の享受に働きかける思考と行動の、源動力たらしめたいというのである。この源動力を奪われた教育が、戦前迄行われた。戦後の新教育はその源動力を加えたことに意義がある。

—すると嘗つての自由なき社會の教育下では人間育成の眞の作文教育はなかつたということになるか。

—さうだよ、だから戦前迄の作文は実用主義の、文芸主義の、といつた偏頗なものとなり、人間育成の源動力とはなりえなかつた。こうした作文観から、戰前に、真の作文教育なしと僕は断言するよ。

—ひと頃生活綴方というのがあつたではないか。あれはどうなる。

—あるにはあつたが作文教育の主流とはなりえなかつた。然かも育たないひよわなものだつた。

—君の意見は、一應首肯されるものがある。ところで、假りに戰前自由が許され、人間育成の作文教育がすべての学校で徹底していたとしたら、それが成人後の彼らにどう影響したと思うか。

—よかろう、空想も亦(また)たのし、である。まず真の作文学習が行われていたとしたら、人間がよりよく生きるための思考と行動の源動力が作文学習によつて強化されるものであることが生徒たちに自覚される。作文することによつて意志的に、意識的に、能動的に、自己をつくりかえ、各自の望む民主社會形成への実践活動に移行する基礎的態度が養われる訳だ。そういう意識的なつくりかえは多かれ、少かれ、各学科から寄与(きよ)されて、しらべ、考え、想像し、工夫創意する努力をとおして行われるものである。漠然たる思考を、作文することによつて意識化することが作文の効能と言える。近着の文藝春秋、十二月號に安倍能成氏が「やはりものを書くということは苦勞ではあるが必要なことである。平生考えなかつたことが書いて居る中に出て來ることもあり、又平生考えていることがはつきり來ることもあり、又平生はつきりして居ると思つたことがさうでないこともある。」と書いてあるが、平生の考えごとを纒めたり、はつきりさせるためには作文しなければならぬ。そんなことが生徒らに自覺されて、作文を書く修練がつまれたら、学窓を出てからもずつと作文を續けるに違いない。さうなれば庶民大衆の作文が流行るだろう。

—たのしい空想だね。夫婦喧嘩の作文、井戸端會議の作文、映画や芝居見物の作文等も屹度書くよ。

—身辺をとりまく政治、経済、文化の諸現象に感を生じて、いろ〳〵なことがさま〴〵な表現の仕方で、しかも個性豊かに作文されることだろう。それが人間形成と民主社會形成に結びつく。

—さうした庶民作文が相互依存的に読まれ、皆の生活態度を決める源動力となり、その源動力から人々を樂しく、有意義に生かす政治、経済、文化が創造されて、地上の天国を現出するという着想か。

—さうだ。もちろん文筆稼業のえらい先生達が、新聞、雑誌、書籍に書きまくることが予想される。それも結構だが、庶民大衆の作文が何といつても人間育成や村起しの源動力としては強力だ、だから作文即世論という着想ともなるね。さう考えたとき、庶民の作文は民主々義の頂点に位すると言える。

—デヤーナリズムが默つてはいまい。

—すぐ飛びつくと思うね。庶民大衆の作文をえり集めて増頁の特輯號をぢやん〳〵発行する。雑誌にせよ書籍にせよ、競うて庶民作文を満載することになるだろうよ。

—庶民作文が歴史をつくる立役者になつておれば、過去の歴史は書きかえられて居たかも知れないね。

—もちろんだよ。それを拒んだのが、人間の自由な思考と行動を拒んだ獨裁者の權力であつた。庶民作文が世を支配しておれば大平洋戰争に突入する過ちを犯す筈がなかつた。だから次代の青、少年に作文学習を徹底させ、成人後も作文活動を繼續させて、人間と社會の生成発展を実践させたい切なる悲願を抱いている

—ところで君の庶民作文観が、学校の作文教育にそのまま通用されるかどうかが疑わしい。

—断る迄もないが僕の説は根本理念に過ぎない。下級の兒童、生徒の修める学習は、下級の基礎的なものだ。從つて作文学習も基礎から始まつて、漸進的に成長させていく。それが庶民作文に発展すれば作文教育の効果を擧げたことになる君は金子書房刊行の「生活綴方と作文教育」を読んだことがあるか。

—まだ読まない。

—そのうけ賣りであるが、戰後の作文教育は国語科の教育の一領域とされてい

る。これ迄の作文は成人社會のコミユニケーション（通じあい）の型の修得として病氣見舞の文、祭に人を招く文、書物借用文、請求書、受領証等々といつた実用主義から出発し、次いで文藝主義の方向に立つた個性的表現に限られたが、これからの作文教育は、生活の言語活動に於ける必要に立脚した、コミユニケーションとしてのあらゆる文章を書き、生徒の言語文化における興味に立脚した、自己表現としてあらゆる形態の創作活動を自由にいとなむことのできる環境を与えることが、新たな課題とされている。

―その説は文部省國語科要項の「自分の考えをまとめたり、他人に訴えたりするためには、はつきりと正しく、わかりやすく、独創的に書こうとする習慣、態度、技能、能力をみがく」ということになるね。すると例の生活綴方はどうなるか。

―生活綴方は、教科の枠にとらわれぬ廣い生活教育の立場に立つものであり、作文教育は主として国語科内のものであり、しかも国語科の一分節指導である、と解説されている。

―それもうけ賣りだね。よろしい。では君の前説の作文觀はそのどちらに結びつくか。

―両者に結びつかねばならぬ。兒童、生徒の能力に應じて国語の分節的な学習をさせたり、或は生活教育としての作文学習をさせ、この二つの究極の目的を人間育成において、庶民作文への成長を目指す基礎学習たらしめたいと思う。作文教育のめざすところのものは廣く、深いのである。―生活綴方の権威者国分一太郎氏はどう主張しているか。

―「ひとり〱の子どもをピチピチとした感受性に富むものに育てたい。自然や社會の事物についてゆたかなとつくみあひの経験をもつ子どもに育てたい。十分な基礎学力と、しつかりした豊富な知識技能をもつた子どもに育てたい。しかも、その基礎学力や知識技術が、まる暗記の、死んだ概念でなく、生活するのに役立つ、しなやかなものであつてほしい。それが誰からかおしつけられ、つめこまれたものでなく、その子自らが、生活と学習のあいだにみつけだし、形成し、會得し、摂取し、創造したような形の、いわばその子の肉体と精神に血肉化して感情を伴い乍ら働いているような積極的な知識や技術であつてほしい。つまり彼らか身につけている物のみ方考へ方は、いつも彼らの生活を土台として生れ、或は他から摂取され、また、そのあと彼らがつぎ〱と、べつの自然の事実、べつの社會の事物にぶつかつた場合には、そのようなもののみ方考え方をすぐ意識的に適用して、しかも新鮮で、溌らつとした五感の働きと感動を伴い乍ら、能動的主体的に生活行動できる支柱であつてほしい。云わば、氣持とりくつ、感情と思想、感性と知性が真に調和、統一されているような精神の持主に育つてもらいたい。」と説いている。

―その調和、統一された精神の持主を養う学習として、作文教育の總元締め説を君は唱える訳か。

―さうだよ。期せずして意見が一致したとも言える。

―どうもいろ〱有難う。では失敬するよ。

―ちよつと待つて呉れ給え。最後につけ加えておこう。作文教育にかぎらず新教育の根本理念は、科学とヒユーマニズムとをもつて立ちむかうということである。たとえば昨今喧しく論ぜられている産業教育にしてもだ、産業に人間が從属するのでなく、人間に産業を從属させるという根本理念を誤つてはならぬ。いわば人間の幸福に仕える産業の創造が究極の狙いであるべきだ。

―その説はどこかで聞いたか、読んだか、の覺えがある。

―うけ賣りであることは解つているぢやないか。僕の考えていることは、既に誰かが先走りしてしやべつたり書いたり、されているからね。ともかく作文教育の図書、雑誌を、先生達がおゝいに読むことだよ。

―沖縄の作文教育振興は先生達の再教育が先決か。

―さう思うね。それから待遇をもつと良くし、繁多な雑事を整理して、その余剰精力を手数のかゝる作文教育に充ててほしい。」

# 作文教育への考察

新垣庸一

## (一) 緒言

作文教育の問題は、最近沖縄教育でも、可なり價値的に取上げられて、重要視された事は將來の作文教育發展の為に喜びにたえない。作文は国語科だけの問題でなく、凡ゆる教科に於いて「書くこと」の學習があるので、作文力の不振は、他教科にも學習上大きな影響を及ぼすので、其の價値が認められて、特にクローズアップされたと思う。殊にヂャーナリズムも、此の問題に關心を持つ樣になつた事は、何かしら教育の現場にある私達に取つて、其の振興對策を、考えざるを得ないような境地に置かれた樣な氣がする。そして今迄の作文教育の空白を埋めて、可愛いゝ我が兒童達の作文力の育成に努力したい意氣と教育熱に燃えると共に、近い將來に、作文教育への或る光明が見出される樣な一縷の望を持つものである。扨て作文不振の原因はどこにあるか。それに對する兒童側の抵抗並びに指導の立場にある教師側の惱はどこにあるか。それをよく考察して、其の抵抗、惱を解決して目指す理想へと精進努力して作文教育をある可き場所に、ある可き姿を置きたいと思う。こう考えた時に、此の抵抗、惱は、むしろ自分を鞭打つている樣な氣がして或る喜を持つものである。此の喜が、私の拙文「作文教育への考察」であるといつてもよい。

## (二) 綴方か　作文か

戰後新教育に於て「書くこと」(作文)が國語科の學習内容として、「聞くこと」「話すこと」「讀むこと」の學習活動と、互に關連性を持ち、綜合的に包括されて、指導されるようになり、名前も戰前の綴方から作文と改称された。私達は綴方といつたら、戰前の生活綴方を、すぐ思い出す。文部省の國語科篇の「學習指導要領」をのぞいたら、從來の生活綴方より、何かしら實用的な作文が、可なり重要視されて、創作的生活綴方が、輕視された樣な感がする。所が今日兒童生徒の作文を見た時に、やはり生活綴方が多い。沖縄タイムス社の作文コンクールの優秀作品を見ても、殆んど從來の生活綴方である。實用的な手紙や、日記、觀察調査、其他記錄の作文がほとんど見當らない。其處で思うに小學校時代に、基礎的に、必要性のある實用的手紙の書き方形式、其他の書式、書き方を指導して、其の習慣、知識態度、技能を身につけさせて置かないと、將來大きくなつて、社會の一員として、實生活に出た時に、必ずや當面せざるを得ない、こうした實用的な作文の必要性に、ぶつかゝつた時に、社會人として、困る時があるから、創作的生活綴友だけでなく、實用的作文も、重要視さる可きだと思う。文部省の意圖も、其處にある樣な氣がする。兎に角教育者として誰しもこうした、實用的な必要性のある手紙や其の他の形式を、一応小學校時代から作文として、基礎的に育成指導す可きである事は、うなづけることである日本でも、「綴方か?作文か?」の問題は可なり論爭されて、文部省の「學習指導要領」も嚴しく論評されているようで、どうも綴方が作文と改称されただけでも何かしら其の指導に考えざるを得ないようになつた綴方派の言分を見れば、なる程というなづかられる点も多とあるし、又作文派のものも、なる程と思われる点もあり、私として今作文教育の行く可き道に迷うている様な状態である。其處で私は、田中豊太郎先生の「作文教育の歩んだ道」の中から、面白い所を引用してみたい。

× × ×

「教育に関心の深い、ある母親から聞かれた事がある〃この頃生活綴方という言葉が、よく聞かされますが生活綴方と作文とは、どう違うのですか。わたしの常識では、生活に重きを置くのが、生活綴方で、文章の作り方に、重点を置くのが、作文だと思つていますがこれでまちがいはないでしようか。〃此の質問に田中先生は「只〃さあ〃と考えて、これは面白いと、自分でも考えてみた。何程うまいことをいつたものだ」。と書いてあるが、先生は又「此の母親の定義は、或は今日の常識といつてもよいが、定義めいた事や、名稱はどうでもよい。それよりも、子供の教育の為に、文章というものを中に置いて、何をしたらよいかを考えることが、先決問題で、其の結論は至極簡單である。

○文章の書き方を指導しなければならない。

○文章の内容になつている生活の指導もしなければならない。」

此處迄引用して來た時には、私は、先生の意図している所は、文章の書き方と、文章に依る生活指導の二大目標がある様に推察される。つまり前者は、生活綴方は勿論、凡ゆる文章の種類の書き方、其の中には僅かに、実用文の形式、書き方も含んでいるであろう。後者は生活綴方に依る生活指導は勿論、実用文の内容の生活指導も含んでいると思う。其處で私は益々面白くなつて、もつと引用してみよう。

「作文教育又は綴方教育は、さつき母親流の常識となつている作文と生活綴方とを、包括したもので、つまり生活綴方が生活に重点を置き、表現形式を無視するようでは、教育的に片手落ちである。然もその生活が、ある特異な生活環境のみを対象としたり、特別な角度からの見方、考え方を尊重するような生活指導であつてはならないと同様に、各種の文の形式を只形式的にだけ指導してはいけない。コース オヴ スタデーは何となく、文章の形式方面を重視して、自由な生活綴方等には、余りふれていないように感じを与えている。」此處まで引用して、私は先生の作文指導が綴方派と作文派の、兩方へのよさを取入れた、（普遍妥當性で）どっちにも、かたよらない片手落のない作文指導のように推察される、戰前極端な生活綴方の教師がよく「赤」だと見られがちだつたのは、僅かに先生がいわれた「特別な角度からの見方考え方」を指摘したように察せられる。最後の結論として先生は次のように書いてある。

○「綴方ないし作文は、子供の生活を、文に表現することである。

○綴方教育ないし作文教育は、文章の指導であると共に、文章の前、文章の中、文章の後に來る、生活を指導すべきものである。

○然もその生活は子供の生活であり、子供の生活の全領域であり、かたよらない指導でなければならない。」

以上私は、先生の文を引用したが、最後の「かたよらない指導」が迚も味のある言葉だと思つている。此處で今迄の作文指導を反省した時に「かたよつた指導」はなかつたかと思う。思うに、何も「綴方か？」「作文か？」と名前に迷うことなく綴方にしろ、作文にしろ、愛する我が兒童生徒の將來の幸福の為に、出來るだけ作文力の養成に、兒童生徒の全地域社會に於ける生活を指導して片手落のない指導をして、兒童生徒の各自の持つ能力に応じて、其の地域社會に即した作文教育でありたいと思う。其處には、健全な創作的生活綴方もあり、又健全な実用的作文もあると思う。

## （三）作文指導に於ける話し合い

國語科学習は、詮じつめれば言語活動の習練といつていい。こうした言語指導は、「聞くこと」「読むこと」「書くこと」の学習活動と綜合的に結びつけて学習を活潑に展開されるのであるが、まず作文で書かす前に其の前提として、話し合いがスムースに学習に展開されなければならないと思う。そこで話し合いのない作文指導は考えられない。まず兒童に、よけいおしやべりさせることである。このおしやべりということが、わけもなく只烏合の衆みた様なガサ〳〵でなく、言う可き時に、はつきりと発音を正して、よく筋道の通つた美しい言葉で、相手にわかりやすく、要領よく話す指導である。兒童は言葉に對して、余りに認識が薄い言葉の有難さ、言葉の便利さ、言葉の力を、もつと兒童に指導認識させて、美しい言葉を使用さす可きだと思う。美しい言葉に依つて始めて美しい作文が書けるからである。作文は話す様な氣持でそのまゝ文字を通して表現するのだから、兒童は書きながら、何かしら話す様な氣持で、口をモグ〳〵させて書いている様な氣がする。一年の入門期の作文指導に口頭作文があるつまり話し方である。子供の日頃の生活経験を、よくまとめて、はつきりした言葉で、順序よく話させることである。それを先生が板書して、読ませたりして、おい〳〵書く作文へと指導するのである。無理をしてまで文字指導をあせると、其處に兒童が抵抗を感じ、いよ〳〵書く段になると、それこそいやきをさすのである。つまり口頭作文が出発点で書く作文は後の問題である。こうして教師と兒童が兒童の生活に就いて話し合いながら、出來るだけ自由に、のび〳〵とおしやべりさせることは、言語習練にもなれば、作文への興味と必要性を持たすことにもなる。口頭作文を繪に描かせたら、絵話や繪日記にもなる。言葉を只絵に置きかえることだけである。子供は絵が好きで、いつでも描きたい心がある。其の敏感な感覺は、又大人の考えられない持味がある。又絵を見て話させる。テーブルの上に色々の物を置いて、それについて話し合う。先生の動作をよく見せて話し合つたり、運動場に出して自然の風物を見せて、話し合う。こうした口頭作文の話し方指導は物の見方、考え方の基礎的指導にもなり又兒童の生活指導にもなつて生活を豐富にするのである。教室内に子供達のおしやべりが充滿すると、何んとなく活氣があつて、自主的学習となり、それこそ兒童中心の指導となる。此の話し合いは低学年だけでなく、全ての兒童に自由に発表させる樣な習慣、態度、技能を指導したら、書く作文になつても、兒童は喜んで学習すると思う。少々騒々しくても、出來るだけ話し合いのおしやべりをさす可きである。話し合いは作文指導への最初の導入であり、手段である。

## (四) 書くことへの抵抗

兒童が作文を、いやがるのは、慥かに書くことへの幾多の抵抗があると思う。兒童は心に色々の事を思うているがそれをよくまとめて、よく書く段になると、そう易々と書けるものでない。それは子供だけでなく大人でもそうである。心は許しても、筆が許さない。それがもし、やす〳〵と書ける樣だつたら、何を苦しんで作文教育を問題として取り上げる必要があろうか其處に大きな惱があり、抵抗がある。作者が小説を物する迄には、凡人が想像出來ない幾多の苦悶の心境がある。書くことへの兒童の抵抗は色々あるでしよう。文字の習得、取材、文の構成、語彙、語法の問題、表記法其他いろ〳〵の、こうした問題は、兒童にとつて書くことの重荷である。兔に角書くことが、おつくうになり、いやな氣をさすのは、もつと原因があると思う。自分の意思表示をやるのに言葉は、いたつて便利であり、重宝であり、その有難さをしみ〴〵感じている。そして言葉には何の用具もいらない。

口から音声が出て、言葉として、相手に伝達される。だから手取り早くて、便利で、兒童はいつでも、おしやべりして自分の意思表示をしている。所がそれを、文字で表現する段になると、つまり言葉を文字に置き替えるのだから、文字という代物が、なか〳〵やつかいである。其處に文字という大きな抵抗がある。其の上、書くには色々の用具がいる。原稿用紙とか鉛筆とか、又書く為には、手の筋肉も動かさないといけないこうした面倒な條件があるので、從つて口で話すよりも書くことが、自然におつくうになりがちなのは當然である。私達がちよつとした手紙程度を受取つた時にながく返事を書こうとせず、失礼とは思いつゝも自然筆不精になりがちである。余程必要な、のつぴきならない要件や金銭上の問題以外は、なか〳〵書く氣になれない。日記が三日坊主になるのも、慥かに書くことへの、こうした抵抗だと思う。余程それに興味や必要性を持たないと、ながく續け相にもない。私も今迄日記を書いたが、半年位が關の山で一ケ月、時には一週間、二、三日さえもある。その忘れるというのも抵抗らしい。それで私は最近自分の居間の壁に、日記と書いた貼紙を見ては、思い出して、勇氣を出して、抵抗と戰いつゝ書き續けて、此の樣に書くことが、やゝ興味と必要性を持つようになつた。この樣に書くことはにが手だから、まして心身の未だ発達しない、文字習得も不充分な兒童には可なり強い抵抗のようである。作文帳を持つて行かないと、その抵抗をまぬがれると思うのか—「先生、作文帳忘れました。」と云う。—「では此の原稿用紙に書きなさい。」で親切に一枚渡すと、ます〳〵抵抗が強くなるのか、変な表情をする。かつて「姫百合の塔」の映畫見学に行く前に、私は前持つて課題させて、よく見て、よく考えさせて立派な感想文を書かそうとの親心から、その件に付いて先生方に、はかつたら、—「先生、そうしたら見学に行く兒が、可なり減ると思いますが…。」私は遂にふき出してしまつたが、やはり心の中は寂しかつた。其處にも作文への抵抗がある。それで今度の「沖縄健兒隊」の見学にはその件は、おくびにも出さなかつたが、後で作文クラブ活動で書いた兒の中には、可なり立派な感想文があつて、心嬉しく思つた。

兒童は、実はいや〳〵ながら書いている。しかたなく書いている。こうした書くことへの抵抗を考えた時に兒童が如何に自主的に書く興味と必要を持たす迄には只なまやさしい指導では、出來ないと痛感するのである。

## (五) 物の見方、考え方

よい作文を書かすには、どうしても物の見方考え方がよく指導されなければならない。物の見方、考え方の指導は、つまり兒童の生活指導である。それに依つて兒童の生活は豊富になり、思想は高まつて行く。兒童は物事を余りに軽るく見て軽るく考えがちである。堀下げて、見たり、考えたりしないで、皮相の見方が多い。全て既成觀念で、見たり、考えたりしている。だから多くの兒 作品は思想が散漫して、まとまりがなく、中心がなく、こうした作品には、強く堀下げた力強い描写がなく、從つて作品としての迫力もなく、読んでも感激される何物もない。物事は何でもよく觀察した時に、その物に對して、感覚も鋭くなり、思想も豊になる。兒童の作文の多くが、こうした單なる既成觀念や概念でしか書いていないので、平面的で真実性に乏しい。もつと深みのある、立体的に描寫させるには、どうしても見方、考え方が當然指導されなければならない。それは作文する前にも、書く時にも、書いた後でも、その作文に依つて反省させて指導すべきである。觀念や概念で書かれた作文は、空はいつでも青い、山はいつでも、緑としか書かない。ぢつと見てぢつと考えた時に、變化の乏しい常夏の沖縄でも、四季に依つて、自然はいくらかの変化がある。こうした物に對する見方、考え方の感覚の鋭敏さは環境に可なり左右されると思う。よい環境に育てられた兒は、やはり作品もよいが育ちの悪い兒の作品は粗雑で、ぼやけて、とり所がない。打てば響く様な感受性や感激性を持たすには、見方、考え方の指導に依つて養成される。これは作文の兒童は勿論鑑賞文の取扱いや、其他文話や読書指導に依つて知性を高めることも大切で、学校図書館や学級文庫を大いに利用させる可きである

## (六) 作文に依る生活指導

新しい教育が生活教育であるからには、兒童の生活指導は全ての教科に於いて、なされなければならないが特に作文に依る生活指導は重要視さる可きである。

作文教育は道徳教育だといつている人も居る。作文の大きな、ねらいは、生活指導といつてもよい。兒童は自己の全地域社會に於いて、凡ゆる変化に富んだ生活を毎日繰り返している。其の中には、兒童が生活への見方、考え方としての、暗い面もあろう。又明るい面もあろう。從來の生活綴方が、やゝもすると、兒童の暗い面の生活描寫が多いとの事である。兒童が自分の生活の中に感動し感激し印象的であるものは、喜びや夢や幸福も兒童なりの生活への不平、不満、或いは抵抗、悩みもリアルに力強く正直に表現させるべきであるがやゝもすると、指導者の片寄つた見方だけを尊重していつでも生活への暗い面の不平、不満を書かすだけが、生活綴方と考えては片手落であると思う。

兒童には暗い面の生活に對して又明るい面の生活もあるのだから、常に自己の生活を、じつと見つめて、よく考えて取材さす可きと思う。生活指導に依つて兒童は自己の生活を正直にありのまゝに深刻に描寫するのである。兒童の作品が、ややもすると、取材とは無関係に、只漫然と「家の御手伝をした。」「勉強した。」とかが、多く書かれるのは、こう書いたら、先生は「自分をよく見るであろう。」という、観念で書く様な氣がする。他人からいつでも、よく見られようとする作品は、多くは嘘の作品である。其處を生活指導に依つて、作文教室が常に兒童と教師が不離一体になつて、兒童の喜びを教師の喜びとし、兒童の悩を教師の悩として、常に生活を語り、実態を調査して、それを反省して問題を解決しつつ生活を指導した時に、兒童は始めて安心して、正直にありのままの姿で、書くであろう。いつでも兒童が教師に、恰も監視されている様なつまり教師對兒童に何かしら氣兼ねした様な垣が出來たら、兒童はいつでも不安の中に書いている。不安の中に書く作文はいつでも觀念的であり、嘘の作品である。「山彦学校」の無着先生の教育には、生徒と教師とが不離一体となつて、山本村の生活を互に語り反省している。それがよく作品に発表されている。

「山彦学校」の作品は暗いという、社會科の一つの手がかりとして出來た作品だという。あの作品に依つて山本村の生活としての問題点を解決した所もないという。まあ凡ゆる点から見た色々の批評はあつても、無着先生に依つてあんな作文が産み出されて作文を通しての生活教育はかつてなかつたと賞讃したいのである勿論あの作品がクローズアツプしたのは、北方牲のかつての綴方教師や、ヂヤーナリズムに依つたことは勿論である。兒童は常に自分の生活に對する或る潜在意識を持つている。人間は誰しも持つている。それには暗い面も、明るい面もあると思う。それを生活指導に依つて顕在意識として、兒童と教師が話し合い、生活を反省して指導した時に兒童は始めて、自己の生活を、じつと見つめ、じつと考えて、それを文に表現するものである。つまり兒童の実際生活に對して具体的に、單なる既成觀念でなく、地についた生活への考察

が作品に表現されるのである。そこで始めて、兒童の全人格としての表現となるのである。兒童が常に自由に伸び〳〵と自己の生活を反省して、それを教師や兒童間に訴え、互に問題とした時に、兒童は其處から取材するであろう。生活指導のない、作文教室では、兒童はおそらく書くものは、何ものもないといつていい。生活指導は兒童の全地域社會に於ける生活に就いて、人間としての人格的に生きる生活への善導であり、其處には生活への反省が大きな役割をなすことは勿論であり、從つて生　の具体的実態調査もあろう。單なる觀念の知識注入主義の指導でなく、足を地につけた実際の生活指導でなければならない。

## (七) 結　論

私なりの結論として、まず何といつても、書かすことである。書く技術は書くという作業が指導に依つて習練されて、始めて上達するのである。それで書かさない作文教育はあり得ない。では、何故余り書かさないか。作文は国語科の一内容として国語の時間に書くことの学習活動が展開される。從つて時間を特設しないで、國語の時間で書く立前になつている。所がいざ実際に指導となると、どちらかと、いえば、教科書の読解のみに追われて、書く場の時間が少く、又書かすことに忘れがちである。戰前は国語科は、読み方、話し方、綴り方と分科されて、時間が設けられていたので、ちやんと綴らせたものである。それで今日書かすのが少いのは、こうした所にも原因があるのではないかと思う。日本でも年に一、二回しか書かせていない学校もあるとかの事を作文の参考図書で見て、始めて、はつとして自分の学校を反省して見たが兎に角書かして其處に始めて、作文對策が考察されるのである。

そこで作文力の養成への過渡期としての現段階に於いて、暫定的に時間も特設してもよいと思う。

勿論特設した時は、教科書の單元と関連性を持たせて指導すべき事は必要であると思う。書かすにも只書かせては、書くことへの抵抗が強くなつて、興味も必要性もなく、書くことにいやきをさすのである。

課題にしろ、自由選題にしろ、書かす前にも、書く時にも、書かせて後も常に生活への指導がある。それは兒童の作文を通したり又は鑑賞文の取扱いもあるし、文話もあろう。読書指導もあろう。要するに生活への指導に依つて、生活への見方、考え方を深めて、兒童の惑覚を鋭敏にし、克明に堀下げて描寫さす可きである。恐らく兒童の作品に對して、教師は常にあきたらない所が多々あるであろう。そのあきたらない所は、どこにあるか、そこを考察して、無理のない指導である可きと思う。兒童の持つ個人差を考慮して、兒童の能力に応じて、個性をいかして、指導すべき事で、出來ない子に無理に長文をしいる樣では、兒童は、いよ〳〵いやきをさすのである。其處で詩の指導を大いにやる可きだと思う。つまり短い作文である。それも兒童の自然発生的な言葉を心の中に読みながら、都合のよい所で、行を替えて、自然に書く自由詩であり、童詩でありたい。それを詩の形式のみに、とらわれたりする指導をすると、自由な発表が不自然になりがちになる。次に作品の処理である。その都度読んで處理することは言い易く、実はむつかしい事である。兒童の作品を読んで、始めて兒童個々の生活実態を摑むことが出來る。その表現された生活実態に依つて、生活指導も出來るのである。其處には作品を取上げて、それを検討して批評し合つて話合いもあろうし又特別に面接の指導もあり。教師の短評を書いて處理することもあろう。全ての教科が教師のよき計畫が樹立されて、それに依つて指導さる可き事は、何んといつても進歩的教育だと思う。計畫のない指導は暗夜の中のその場あたりの教育である。其處で作文指導も又カリキューラムが作製されなければならない。そのカリキューラムが又中々手がつけられないもので、抵抗がある樣である。田中先生は、日々の作文指導の教壇実踐の記録が、つまりカリキユラムになり、つまり兒童作品を處理して生活実態をつかまえて、そこに全地域社會に即應した計畫的な実際的なカリキューラムが出來ると思う今日兒童は、作文は教室だけで書くものだと思つている。これを家庭に迄、延して宿題帳等を持たせたりして、自主的に書くところまで行かないといけない。

それには常に興味と必要性を持たすことである。よい作品を激賞することも興味への一手段であろう。作文に興味と必要性を持つ樣になつたら、自然に自主的に積極的に書く習慣、態度が養成され、書く技能も上達する。それは單に生活綴方だけでなく実用的作文もそうである。日本の子供達や同じ沖縄の子達と互に交通させることは相手がはつきりして、興味と必要性で書く喜びを持つ樣になる。教室内に仲よしポストを設置したり。毎朝十分位を取つて日記を書かすことも子供を興味と必要へ向けて行くのである。要は、生活綴方にしろ実用的作文にしろ、愛する兒童生徒の作文力の養成に留意し、その對策を樹立して、片寄らない作文であり、兒童生徒の將來の幸福の為に、全人格として申し分のない人間を作る生活教育としての作文教育でありたいと思う。最後に一、二名の「綴方教室」の豊田正子や、「山びこ学校」の江口江一の様な作文児童を作るよりも、全児童が自分の能力に依つて、一行でも二行でも、よけい作文が、皆喜こんで自主的に作る様に指導すべきと思う。

（筆者船越小学校長）

# 作文の時間と作文の教室

新屋敷幸繁

一

朝の七時になると、二階の時計が七つ打ち、隣の時計が相前後して七つ打ちます。どちらが正確な時刻であるか、家々の時計が概略の七時をめざして、その信號を打ち鳴らして奮闘している午前七時は、きれいな静かな時刻です。

東京でも、鹿児島でも、朝の七時といえば、すでに明けはなれた完全な今日の領域に入りますが、沖繩ではまだ真理のような時刻です。辭典の中の言葉では、黎明(れいめい)という、あれです。

私は子供のころからこの時刻がすきでした。それで自分に子供が出來る年ごろまで、この時間よりおくれて目をさましたことがなく、植物といつしよに目々をさますのでした。それどころでなく、その午前七時を迎えるために、五時半から起きて待つていた、といつた方がよいかも知れません。

この沖繩の真理の時刻が、私にとつて幸福であつたか、なかつたか、樂しかつたか苦しかつたか、自分の良い時間であつたか、民族の生命のどの形式部分に當るのか、あわただしい晝の世界と暗くない夜の世界に生きている現在の自分を顧るによい、精神の分野となつております。

このような午前七時まえに、私の心はさめております。すると、朝の町かどを豆腐賣りの男が、

トウフうさぎやびらさい、とよんで通ります。

私が那覇に來て始めてこの声を聞いたときには、「トウフ」というコトバは聞えずに、「うさぎやびらさい」という声だけがひびくのでした。トウフという目的格が三字であるのに對して、「うさぎやびらさい」という八字の数量なので、この述部の重さで豆腐がひびかないのでした。トウフという名詞をたしかめるのに、私は数日もかかりました。あゝ豆腐のことだつたのか。

東京をはじめ日本の都市では、物賣りは、物の名前を特に取りたてゝはつきり歌うものです。アサリ賣りは、アサーリー、アサーリー、とアサリ以上の美聲で流していきます。豆腐屋さんは、トーフーとよぶか、唐人笛であればトーフであるとすぐわかるように吹いていきます。

ところが私達の豆腐屋さんは、私達にも相談せず、素人だと見えて、「うさぎやびらさい」に勢力の十一分の八を使つてしもうのでした。これだけの浪費をどうにか節約すればよいのに、ことに朝の静かな時間は少な少なに、あつさりと、豆腐らしく呼んでほしいと思いました。

しかし、豆腐賣りであることがわかると、負擔が半減して、「うさぎやびらさい」の琉球語が、私になじみ深く感じられてきました。もしもこの美しい言葉に男の声がなれて、さびがついてくれば、すばらしいに違いないとも考えられるようになりました。

豆腐屋さんの男は、「豆腐うさぎやびらさい」と呼んだ後で、必ず「トウフはいかがですか」とつづけるのでした。日本人の誰が聞いてもはつきりわかりますこゝは異国ではなく、このまゝで立派な日本の朝でした。彼は、更に言葉をかえて「トウフはいりませんか」と加えるのです。

豆腐うさぎやびらさい。
豆腐はいかがですか。
豆腐はいりませんか。
豆腐はいかがですか。
豆腐うさぎやびらさい。

とくりかえしながら遠くなつて行きます。彼は、天氣

のよい日など、自分の呼び声に聞きほれて、自分の声に遊んでしまうこともありました。はつと氣がついてこゝの洗濯屋さんの前では、うさぎやびらさいというのだつた、こゝの閉まつた店屋の前では、いかがですか、と呼ぶべきだつた、この旅館の前では、いりませんか、と呼ぶのであつたと、改まつた氣持になつて呼びなおすこともありました。

それでこの三つの言葉のちがいを、彼以上知つている人はなく、又彼以上この三つの言葉の同一性を感知している人もありませんでした。「うさぎやびらさい」を訳してごらんなさいといえば、家建物のかつこうや相手の服装などに應じて、「いりませんか」「いかがですか」と、生きた言葉を使いわけるにちがいないのでした。

## 二

豆腐賣りの、中古の服を着た男は、言葉に命かけて那覇の朝と人生を呼びさまして行くのでした。彼の第一聲が一分一秒もちがわず、ラジオが七つ打つときと同時なので、私は時計よりもこの男を信じようとし、彼を「七時屋さん」と名づけました。この名前はひとも知らず、その主である彼も知らずに永遠に消えていくはかないものですが、ここまで書いているとき、彼は今朝も豆腐を呼んで通ります。とくに私がローソクを二本ともしてその光でペンを走らせているからというわけでもあるまいが、ていねいに「豆腐はいかがでございますか」と呼びかけて行きます。

「ございます」という敬語法が生計史の中で使用されるときには、庶民が自分を敬愛する表現になりますので、あの男は今日非常に幸福であるということがわかります。「おはようございます」とあいさつするかわりに「いかがでございますか」と言つているのです。彼は彼の生活用語をもつて世界を理解し表現していくのでした。

「いかがでございますか」という呼びかけで、雨の降る時には「雨になりました」という意味に使い、「世界は平和です」という場合にも使い、「みような政治もあるものですね」という意味にも使い、「もつと生産的にならなければなりませんね」という抗議にも使い、「なぜ、みんな、視野がせまいんでしようか」という感慨にも使い、「おたがいにやるんですね、本氣に」という意味にも展開させることが出來るのでしたこうして辞書以上の意味を発見し悟得するために、宗教というものも藝術も文学も言語を探求していくのであると言えましよう。

七時屋さんは、「もう七時ですよ」という意味で、豆腐うさぎやびらさい、とあいさつしていきました。これは真理の時間だからです。元旦のように解放された刻限だからです。私も立ち上つて、豆腐を買おうかなあと思つて、窓から外をのぞくと、豆腐賣りは横町にまがつて行つてしまつたあとで、もうそこにいませんでした。それで町中の人は豆腐一丁も買えないのです。豆腐賣りはそのまゝ朝の太陽のように昇つていつてしまうのでした。その光に照らされて、道ばたには「じんぐわ」（金銭）が落ちていはしまいかと、田圃を見まわる老農のようなかつこうで、次々に二三の人がうつむいて通つていきます。彼等は切実に「慈悲を垂れ給え」と祈つているようで、この場面を演出している神々に、私も彼らのために、大きな金が落ちていてあげればよいがと祈つてやるのでした。昨夜、千円落しておいてくれた人があるとすれば、その聖者のためにも、良き夢を見るようにと祈るのでした。えこひいきなく、すべての人がうるおうように、真理の時間では、誰かこれを願わないものがありましようか。

世の中には、色々な問題が澤山あります。とくにわれ〱の郷里である沖縄には、住民が幸福になるために、解決しなければならない問題を他の土地の人より數多く持つて居ります。太平洋の中で重要な地位を占めるようになつた沖縄は、今では絶海に置き忘られた孤島ではなくて、ひろく世界につながつた「南の廣場」になつています。地理書や政治史下の図面で説明しつくされる空間ではなく、人類の全空間を領有する大領土となつています。そこで人類のためにどうすべきかという課題が沖縄の課題であり、われ〱は現代の激しい渦の中で、次の時代を開拓する役目を帯びた世界關心の地点となつています。そのために、私たち及び私たちの兒童生徒が、どんな所でどのような考え方をしているかということは、日本でもこれを知りたがつております。

ところが、流行になつている兒童作文集などには、何でも悲劇的に敗北的に見ようとする固定觀念があつて、人類の共有する新しい空間を感知して建設しようとする意志が缺如しております。從つて沖縄兒童の作文を集めて賣ろうとする彼らの意図の中にも、沖縄の窮状を書かせて同病相憐れみ、自分らの弱さを慰めようとする自慰的なものが多分に見られるのでありますそこに日本の綴方・作文が、いつまでも、限度のある指導者の心境以下におかれて、もう一歩、次の段階に進み得ない理由があるのであります。

科学は進み、哲学は進み、思想は進み、技術は進歩し、方法は急進し、宇宙は擴大されて、地球以外の空間にも進出し、生・死との対決は究明されようとして「時間」を確保せんとする意識の強化に成り、時間と空間との對決が、国際的對峙戦よりも重大な問題となりつつあります。

このような人類解放前の黎明期にあるわれ〱が、ひくつな、島国的な近視眼的な小知を弄し、恐怖の中に日を送るとすれば、これは次世代を犠牲にして自慰する非教育的な態度と言わなければなりません。

作文・綴方の分野をもつと明るく、のび〱と、解放しなければならない。作文・綴方の時間を負担の時間であらしめてはなりません。解放された時間と空間の中に自由であらしめたいと思います。そこからサンゴ礁の形成層の如き新しい生活が創造され、哲学、歴史、科学、藝術、言語、文学、政治経済が生み出されていくと考えられます。作文の時間というのは、このような生活創造の場であるということになります。こゝでは、書く人各自が自由に各自の條件を直視し、これを廣い場に立てて取捨選擇してこれを客観化するように構成し、表現して真理の領域を確保すべく、真実に迫つて行くのであります。このような意図は高い藝術の分野に於て行われることで、作文の本筋はこゝにあり、「作文とは何か」ということを考えることが極めて大きな問題であることがわかります。

それで作文というのは、「作文とは何か」ということを考える課目であるということができます。文学とは文学とは何であるかを探求する道であり、詩人とは詩とは何であるかを探求する人のことであるように、作文も、作文の道というものが何であるかを探求することがその本筋であると信じます。この眼目を忘れてはカジ無き舟のように、流行の渦の中をぐる〱廻つていることになつてしまいます。

作文とは何であるか、これを文学概論的な定義をこえて各自の体験工夫を進め、その自分の得た作文観を更に反省し、体験工夫して作文を発見していくのが作文の時間であります。

三

私はこの文を、毎朝一時間ずつ三日間で書き上げる予定で書き出しましたが、今朝はその三日目の午前七時です。六時半に筆を起したのですが、どこかのラジオが七時を知らすと同時に、豆腐屋さんの七時屋さんは、きつちりと第一声をあげるのでした。

豆腐はいかがですか

と呼びながら遠ざかつていきます。その呼び声は一日一日と少しずつ進歩しているのでした。もしも彼が、豆腐賣りとは何か、という命題に當達して努力するとすれば、彼の中に彼の哲学、科学、藝術、産業、語学文学が花咲いて、トウフの真実を成しとげるに違いないと思います。そのような各自の見識努力の総和が、沖縄の文化的総和となつて高められていくことになります。学校の作文は、このようなよりよき豆腐屋さんと、更に数多き希望にみちた人間を作りあげて行く土台になるとも言えましょう。

豆腐うさぎやびらさい!!!

豆腐は、うさぎられる立派な對象であり、豆腐はただ賣るのでなく、人格にささげられる物となつています。沖縄が、ひたすらこの真実の道を押し進めて、まだ不完全な現代社會機構に抵抗して、人類の真理を実現するよう肉迫していくならば、沖縄は人類の平和を克ち取ると思います。

世界の大中心であるパシフイツクオーシヤンの一基点沖縄の健在は、人類の妙味であります。沖縄に於ける作文の時間はよくこの意志に堪えて、自由な生氣に満ちた生産的時間であり、作文の教室は、こゝだけは如何なる場合でも、人類の全面に直通して真理を探求する場であります。全く解放された領域であつて、作文の授業は、即ち教師の仕事は、兒童生徒を自由に考えさせ、エンピツ或はペンを呼吸をするが如く、すら〱と運ばせるように演出することであります。作文教師は、すぐれた演出家たるべく努力しなければならないと思います。まだ解放されない心性に暗い影を持つているわれ〱教師の世代が若々しい次の世代を指導するには、読書と思索と実行意志の鍛錬によつて、時間と空間に對決をいどむ熱意が必要だと思います。

豆腐屋さんの作文の時間も終つて帰つていつたようです。世間のどよめきが底からひびいて、世の中も、彼の作文の時間に入ろうとしています。私も、強く皆さんの作文の時間に通ずるように、故郷の朝を賣つて通りましょう。

お豆腐はいかがですか。

豆腐うさぎやびらさい。

—一九五三年一二月五日—

# 作文教育の実態とその盲点

阿波根朝松

## 1、その実態

私は最近数回の作文コンクールの審査に當つて見て、作文能力が意外に進展していることを感じた。戦後の子供は戰前の子供に比べて、次のような諸点ではむしろまさつているように思われる。

一、物を細かに詳しく見る能力が優れていること。

二、平易に書き表わして、大衆に伝達する力がふえたこと。

三、徒らに大言壮語をしたり、美辞麗句を連ねたりして、内容空虚に陥る弊が無くなつたこと

四、真実を掘り下げる態度ができて來たこと

五、筆勢が非常にのび〱としてさわやかになつて來たこと

この、物を細かに見てやさしく書き表わす能力は、次の一二の例で十分うなずけるだろうと思う。

例一は大道校の六年生の放送局見学記の一節である。

例一、私たちは初め、第一スタジオにはいりました。そこの天井を見上げると、電氣が六つついていますかべはちよつとずつ小さな穴があいています。ふしぎで、さわつて見ると、紙である。あまりふしぎでそこに立つていらしたおじさんにお聞きすると、そのかべの穴は、音がのこるのを無くするためだとおつしやいました。

行政府や文教局の壁などに張りつけてある防音装置を見ての観察記録であるが、いかにも平易な言葉でのび〱と書き表わして、しかも少女らしい感激をたたえている。次の壺屋校六年生の作品で、人形作りの作業記録一節である。

例二、ぼくは、古新聞をしよくいんしつからもらつてきた。それから、こずかいさんにのりを作つてもらつた。ねずみに食べられるといけないので、ホルマリンという薬を入れた。近よると、きつくなつて目がいたくなる、はじめに、はがきを人さし指のはいるくらいの大きさにしてのりをつけた。それをしんにしてぼくたちは、先生の後をおつて作つていつたけれども出來上つてから見ると、顔中一ぱいしわだらけでさわつてみるとふか〱してやわらかい。

むずかしかつたのは、目の上を高くすること。はなを高くすることなど。ほつぺつたをまるくするのがとてもむずかしいとみんなわらつた。

先生のはきれいに出來ていた。

「先生は内地にいつてならつてきたんですか。」

「ああ、内地の学校では、國語の時間にはよく人形しばいをしたので、生徒たちからならつて、今ではうまくつくれるようになつたのさ。」といかにもとくいそう。

文の作者自身もいかにも得意そうに、淡々として平易に書き續けている。所々省略法を用いているのも自然で心にくい。

以上戦後の作文教育の実態について優れた点をあげたが、疑問に思われる点も二三ある。

第一は作品の調子に暗さがめだつことである。もう一つの点はリアリズムの持つ性格として真実を描くということから生ずる陥し穴である。真実を伝えんが為か或いは悪への憎しみからか、肉身に對する厳しい批判や、父母の罪をもあばいてはばからないという傾向である。これらは生活綴方の主張する生活指導の對象となるべきものだと思う。

## 2、現実の盲点

ともあれ、コンクールの作品を通して見た作文教育の実態は私の予期以上に花々しいようである。それは民主主義の必要條件として尊重される。マスコミユニケイシヨンの発達に強く影響されて進歩したものであろう。放送事業の強化とラジオの普及もその一つであり、商業新聞の大衆化もその一つである。学校においても放送教育や聴視覺教育が重視されてきたし、学校新聞や生徒會雑誌なども大低の学校ではクラブ活動として取

上げられている。又色々の機會を利用して作文コンクールが盛んに行われていること、郵便友の會などの刺激によつて沖縄と本土間の生徒通信が活潑に行われていることなどこれに拍車をかけている。

しかしながら、こういうふうにして行われている学習活動はごく一部の優秀児のみに限られ、多数の生徒はその裏でほつたらかされてぼんやりしていないがを私は恐れている。えらばれた選手達は俳優のように、舞台の上でフットライトを浴びて華やかに踊つているが、それを取り圏く周囲の大衆は暗い露天の下にとり残されているのではないかと疑つてゐる。

新教育の一つの特徴はあらゆる生徒に平等な機會をそれ相應に与えてやる。彼らの感情を解放してやることである。現段階の作文教育において、まだそれが不十分ではないかと思われる。優秀児は自分で伸びていく力を持つているが、中以下の子供や遲進兒は自分で伸びて行く力を持つていない。これらの兒童への学習指導への特別な関心が、民主主義社會ではその本質上ぜひ要請されなければいけない。

すでに我々の周圍の学校でもこの点に留意して、色々の方法で相當の効果をあげている例を二つ三つ示して見たい。

浦添小校の方では基礎学力の強化の面で作文教育を中心におき、能力別学級で遅進児の作文指導に特に努力をはらつている。大道小校ではすでに作文カリキユラムの編集に着手し、社會科や国語科との関連の下に系統的な学習指導を始めている。城岳校では毎月学級單位の校内コンクールを行つている。高良小校では学級日誌を特に重視し、生徒當番に批評、感想、観察の記録を詳しく書かせて指導している。仲西校では作文の時間を特設して系統的に学習させている。

本土における或る優秀な作文教師は毎週二百六十枚の作品を点検指導しているという生活記録を見てびつくりさせられた事がある。

沖縄の教職員はあまりにも多忙な、あまりにも貧寒な生活に追いまわされて、お互残念にたえない。しかし郷土のこのような歴史的危機においてわれ〱は、職場の責務をゆるがせにするわけにはいけない。できるだけ早く、あらゆる指導の態勢を整えて、本土との落差を少くするよう、創意工夫をお互い積み重ねていきたい。作文教育の面でも又そうである。

## 3、表現指導と生活指導

新教育の作文指導の面において特に花々しい存在となつて登場したのが、生活綴方ないしは生活文の思潮である。それらの根本理念となつているヒューマニズム、道徳主義もしくは生活主義は古くから存在はしている論語の中に「子四を以て教う。文行忠信なり。」とあつて、人間修練の力点として文章、文学を徳行、誠実、信義と並べて重視している。

或いは魏の文章が文章道の生活上における重さを説いて「文章は経国の大業、不朽の盛事なり。」と言い放つている所から見て漢文学の世界では生活主義の匂が高い。高山樗牛が「文は人なり。」と言つているのもこの流れを汲むものであらう。

本土において生活綴方が思潮として称えられたのは明治後期の「赤い鳥」以後によるもののようで、その間に盛衰の波はあつたが、年を追うて次第に作文教育思潮の中流に押し出され、日常生活に取材させて児童生徒の生活経験を豊かにし、更に彼らの社會生活について品格指導上の批評を加えるということが主眼とされるようになつていつた。その間、郷土生活の記録とリアリズムの深化が強調され、様式の方でも観察、調査、研究、報告などの記録や日記、通信、廣告、宣伝の面迄も廣がり、これらの実用文が文藝物よりも尊重される傾向にまでなつた。更にいわゆる北方性の思潮は作文教育による地方文化の発場と行動性や生産性を唱導するようになつて、むしろ作文指導による全人教育との綜合学習をめざす所まで発展してきたようである。こういうふうな生活綴方の理念を要約すると表現指導と生活指導をいかにマッチさせるかということになると思う。

ふり返つて見ればしかしながら、古今を通して作文教育の主流はやはり、表現指導の面に重きを置いてきたことは疑いない。例えば歐陽永叔の三多説、フローベルの一語説などはその代表である。作文教育においてはその本質上、表現指導が主眼にならなければいけない。反面、殊に戦後の新教育において作文教育による生活指導が強調されているが、これは文章道の人格性と新教育の地域性、実用性、生活性などから推して、當然の要請であろう。作文教育はこの表現指導と生活指導の二つの面を目標にしながら、国語教育の一分野としてのみならず、社會科、理科、或いは特別教育活動とも関連づけて、もつと重視されなければいけない。更に外部的條件も改善される必要がある。

例えば、文部省の学習指導要領では、その指導計畫の目標として話し方、聞き方、読み方、書き方、の四つが挙げられ、綴り方は書き方の一部門として取り扱われその存在価値が甚だ薄くなつているようであるが綴り方は教育上の重要さから考えて、独立させて五本立てにし、もつと高くもつと強く押し出されなければいけないと私は思う。また学校、官廳諸會社の採用試験も殆んどアチーブ一邊倒になつて、文章による表現能力をためす方法が無くなつているが、ぜひ論文体や作文考査も活用させてその弊を除き、作文教育の推進にも協力させる必要がある。

　最後に、重ねてくり返して置きたい。民主社會は、その必要的な要請として總べての兒童に教育の均等な機會を与えなければいけない。と同様にすべての兒童生徒に作文する機會を与え、感情の解放をしてやらなければいけないと思う。そしてわれ〳〵はその振興にもつと工夫を凝らしていきたい。

　後進性の沖縄では基礎学力のすべての面に一層の強化が必要であるが、その一環としても作文教育の強化が當然の要請となつてくる。

# 作文について

## A君へ

嘉味田宗榮

　では、こんどの作文コンクールを中心として、貧しい感想を述べます。

　先ず審査にあたつて私たちは、審査標準などといつたことについて、何人の指示も希望も暗示も受けることなく、委員が、それ〴〵虚心に作者と相對し、知慧のありつたけを傾けて處理した結果が、期せずして一致したということを申しあげておきます。例外はあつたにしても、それはごく稀であつたでしよう。

　と申しましても、私の二十幾年の教員としての体験では、小学校では主として高等科、それに旧制中学校の作文、昨年からこの学校で担當している作文、の範圍にかぎられていますので、或は、一人よがりな偏した感想になるかも知れませんが、とにかく素直に申し述べることに致します。K氏、T氏、それにあなたと私との四人で、難物の指導要録を中心に、口角泡をとばして討議したあの研究調査課時代の、くつろいだ氣持に帰つて勝手なことを書き並べて見ましよう。そうなりますと、やはり言いたいことは色々あるようであります。

　あなたは、こんどの作文コンクールに於て、指導要領にあげられた重要な項目を、そのまゝ要求なさるようなことはありますまい。そのようなことは、私の卑見では、研究調査課のあなた方をはじめとして、指導課の方々、地方の指導主事の方々が、学校本位に、しらみつぶしに調査し、臨床的に指導助言なさるべき部面ではないかと思いますが、どんなものでしよう。

　沖縄タイムス社が、賞金をかけて、満天下の青少年の中から優秀な者を選び、数多い学校の中から優秀校を選んで表彰するというセンセイショナルな、所謂コンクールの場合、事情は、自ら異つて來るのは自明のことでありますし、その点、私たち審査員としましても割合自由に振舞えたわけであります。

　私は、中高校の分についてしか口をきけないのでありますが、まず感じたことは、技倆の如何は別としても、若い者は世相の鏡であるということであります。

　私たち大人が、地位や名誉や何やと左顧右眄しているひまに、兒童生徒の柔かい感受性は、この異様な複雜な、安んじてついて行けない、不合理や非教育的なもので一杯な世相の全具体的な実体を、舌たらずではありながら、いじらしいほどの真劍さで寫しとつていたことであります。優秀作品の中には、複雜な家庭の実相を、善意に溢れた純無垢な筆致で書かれ、涙なしに読めないのがありました。

　作文が、戦前の如く孤立した国語科の一分科でなく望ましき社會人への成長の一要素として、廣く諸教科とのつながりを持つという観方からしますと、こんどのコンクールにあらわれた作品の一般的傾向と、その中から選ばれた優秀作品の多くは、ガイダンスの、切実な生きた資料ではないかと思います。

具体的な例は、さしひかえますが、ある離島の中学の女生徒の作品にあらわれた、母親の封建性へのレジスタンス、ある高等学校女生徒の、自己の複雑な暗い性格へのいたましい反省、或る中学校の作品に見る、身内の者への善意をこめた深刻な解剖のメス、これらがいきおい、文学的な傾向をとってあらわれて來るのは、無理のない話だと思います。たゞ今のような世相の中で、開き直ってまず第一番に何を書くか、となりますと、多くの者が文学的な、少くとも記録文学的な色をおびてくることは致し方のないことでありましょう。

喜ぶべく、推賞すべきことと云うよりは、自然な正直な傾向だというのであります。こゝで私は、雑誌「近代文学」で、西尾実氏が、「今日の文学教育は、解釋鑑賞に終ることなく、問題意識をそだてることに、重点をおくべきである。」と書かれたのに思い到るのであります。

こんどの審査の上で目立つもう一つの点は、戰前から終戰直後にかけて、ティーン・エイジにある中学校高等学校の作文にあらわれる、妙に肩肘張つた漢字、熟語ずくめのキザな文体が、姿を消してしまつたということであります。このことについて私は深く考えさせられたのであります。つまり、思つたこと、感じたことを、具体的な平明なことばで、ぐんぐん書き綴つて行く、あの愉快な傾向であります。

理由は色々考えられる筈であります。先ず彼等の使用している教科書、戰前、国体観念をつめこむための資料を、バラバラによせ集めたあの殺風景な御本(ごほん)絶對視されたあの御本から、教師も生徒も自由になつたということであります。新しい教科書は、どの編集者の本も、親しみ易く豊富な読み物になつています。教師にさえわからないような、むつかしい、一方的な訓話も無いし、ガンガン耳にひびくような、こけおどしの熟語もないし、不動の姿勢であがめ奉る義務もないし、生徒の実態によつて、教師が自由に伸縮できるような單元の設定など、まことに結構なことであります。それが逸早く、敏感な生徒たちに影響せずにはおかなかつたのでありましよう。

もう一つの理由は、戰争のおとし子が、彼等の身辺に無数にころがつていて、彼等はそれについて、何か言わずに居られないのであります。内にもやもやしている切実なもの。人間性の底にふれて、うずまいているもの。彼等並みに持つている一種のローマン的傾向であります。

これはもう、よそゆきの言葉で、かざり立てるにはあまりに切実なものであります。

こんどの作品に、平明にしてあざやかな個性と、迫力に富む作品が多かつたのは、そのためではないかと私は考えます。それにすぐれた教師の熱意に富んだ指導助言と。　　取材もまた自由であつただけに、戰前の慰問文とか、青年の覚悟とか、東洋平和とか、あり難う週間とか、「このような思想内容でこのような表現で書け。」となかば無理強いな、したがつて、実感に遙かに遠い、かりものの表現をしなくてよかつたのであります。

今頃の、あの無表情な生徒たちに、あれだけ真剣に告白させ、ガイダンスの資料を提供させただけでも沖縄タイムス社の功績は、大きなものであつたと思います。

科学性とか、調査の記録とか、作文に於てそれだけを切り離して、宙に浮いたものとしては考えられるものではないし、教師の停止した観念や、指導要領のための受身の態度は、私たちを逆もどりさせ、自主性を失わせることになるのではないかと思います。

作文教育に限らず、私たちは戰前から今日にかけてまるで逆のコースをたどつてきたのではないかと思います。

先日、沖縄タイムス紙上で、指導主事の教育実態調査の感想の中に

「沖縄の教育の現状では、方法論も大切であるが、それよりも教師の基礎学力充実が急務である。」との高見に接し、共感に堪えないものがあります。

作文教育に於ても、この意見は、そつくりあてはまるのではないかと思います。これをこんどの作文コンクールの結果だけから述べるのは當を失するかも知れませんが、しかし大体の傾向として、成績の優秀な学校の出品者は、相通ずる美点をもつています。そのすぐれた特徴は、作者の素質の上に優秀な教師のすぐれた指導が加わつて居り、教師のすぐれた指導は、その教師の長い年月をかけて研修したすぐれた見識、基礎力、熱意が土台となつていることは、見落すわけにはいかないのであります。これは分り切つたことではありますが、この自明な点を今は強調したいのであります。

見識の高い、判断力の鋭い、熱意あふれる教師の多い学校は幸であります。指導主事が言われた「基礎学

力の充実」は、この点に觸れているのではないかと思います。

戦前の例を言つて見ますと、まず新しい教育思潮、方法が後ればせに、内地から沖縄に移される。附属の訓導たちが、いそいでこれを各学校の先生方に注入し研究授業あたりで公開する頃からは、中央では、その方法論の弱点が批判され出している。にぎやかに見事な模範授業に忙殺され、刷物の山の中で目を廻しているうちに、世相は変貌しゆき、授けられた方法論を忠実に遵奉しているうちに、教師の精魂は盡き、はつらつたる批判力は鈍つてしまう。これが私たちの、はかない營みではなかつたかと思います。めぐまれない地域環境の然らしむる悲しみでありましょう。

しつかりした基礎力を培うために絶えず力める教師だけが、國語ならば、その国語の基礎力の上から自らの国語観を立て、自らの国語観から自らの国語教育論を持ち、賣りつけられた方法論から、悪しきを去り、よきを採り、その授業の中に獨自の方法を生み、自らの眼で自らの授業を批判し、方法も理論も謙虚に学んでいたのではないでしょうか。

私は方法論を輕視しようとは申しません。方法論なくして実績をあげることはできませんから。たゞその方法論が、もつと教師の基礎力からにじみ出た批判力の上に立つ、自由にして、快適なもので、あり度いのであります。教師は、指導主事の助言から学びながらその受け賣りでなく、独自の方法を持つべきだと思います。

自分のたどりついた実践過程についての批判に対し自信を以て立ち向うだけの底力を持ちたいものだと、私は念願し、せいぜい力めているつもりですが、相変らず低いところをうろついている始末であります。

御健闘を御祈りいたします。

（琉大助教授）

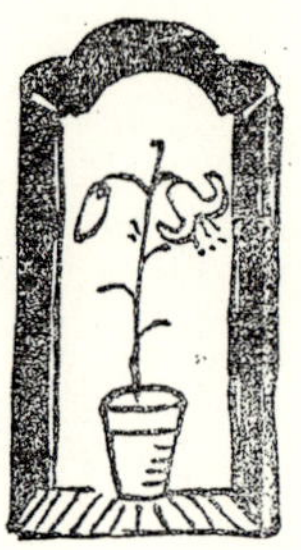

# 作文指導の基盤

伊礼 茂

子供はおもしろくない作文をかかなければならない。先生はそれを読まなければならない。「すきこそものの上手なれ。」きらいなものに対して自発性の望めようはずはない。自発性のない教育は如何に價値の高いものであろうとも失敗であり、幻滅である。作文は「きらいなもの」「なやむもの」で終始していては、表現の指導も生活の指導も生活の創造もあつたものではない。

作文のきらいな理由はいろ〳〵あろうが、まとめて言えば、「書くことがないから。」「うまくかけないから。」の二つのようである。「書くことがないから」こそ生活の指導があり、「うまく書けないから」こそ表現の指導がなければならない。この生活の指導と表現の指導が作文教育の裏と表をなすもので、この二つが循環して行われるところに作る指導の大切なところがあると思われる。

この生活より表現へ、表現より生活への橋渡しをするものは何だろうか。物の見方、考え方、感じ方であつて、「書くことがないから」「うまくかけないから」ということは大切な橋渡しの指導をおろそかにして、たゞ表現のさせつぱなしに終つているからだと思う。

ぼくが
がつこうからかえると、こやぎが二ひきうまれました。
こやぎが
ぼくを見つけていました。
大きいやぎが、こやぎをいじめました。
ぼくはきのどくにおもつて、大きいやぎをくびりました。（一年）

鉛筆なめ〳〵、真実を紙面に写そうと努力したかわいゝいとなみ。たど〳〵しい舌たらずの表現、それがあるからこそ指導がいる。

子供ははけ口を求める。表現したがるものである。一度子供のノートを手にしたら、欄外、空白をのたうちまわつている線。人の顔、動物の姿態、さまざまな表現、学習に退屈をかんじてはけ口を求めたのではないか。かれらは退屈を嫌う。退屈しない。退屈を感じてそのまゝおとなしく坐つていることはかれらの成長がゆるさない。あの落書きは退屈の場における生命の自由な表現だと見られないだろうか。

かように表現したがる子供に書くことがあるようにするにはどうすればよいだろうか。ロダン曰く「主題はいたるところにある。」と、又「見ることゝ感ずることを知る人は、いたるところにいつでも讃嘆すべきものを見出すだろう。」と言つている。

閑かさや岩にしみ入る蟬の声

山路來て何やらゆかしすみれ草

何と静かな、おちいつた見方、考え方、感じ方ではないか。

我と來て遊べや親のない雀

やせ蛙負けるな一茶こゝにあり

内から素直に自分の愛情を吐露し、すき透つたような見方、感じ方、

霞立つ長き春日を子供らと

手まりつきつゝ今日も暮しぬ

良寛の素朴素直な心のまゝの純な見方、考え方、感じ方、

波の声も止まれ風の声も止まれ

しゆゆい天じやなしみうんち拝ま

恩納ナベの大膽素直、自由濶達な物の見方、考え方、感じ方そこに表現が根ざす。「一粒の砂にも世界を見、一輪の野花にも天を見、掌中に無限をとらえ、一瞬に永劫をとらう。」詩人ブレークは言う。要するに一切の事象に對して深い、鋭い、細かい、そして美しく見、正しく考え、鋭く感ずる、そこから作文活動が始まり、又そこに終始するのだと思う。

それで我々の作文指導の眼も、こゝに向けられ、こゝを足場としてここから導いて行くべきだと思うが、さて見方、考え方、感じ方は如何にして指導さるべきだろうか。よく言われる指導用語は「見たまゝ書け」「ありのまゝ書け」「思つた通り書け」だと思う。しかしそのことばだけでは一向に書けるものではない。「如何に見るか」「如何にありのまゝ書くか」「如何に思つた通り書くか」の指導が必要であり「書くことがないから」「うまく書けないから」もこの点の指導がおろそかになつているからだと思う。

子供の心は主観的外面的に躍動する。したがつてその見方、考え方感じ方は一般に浅く、粗い。それで

○書きおとしているところはないか。まだ外に書くことがないか。

○その時、あたりのようすはどうだつたか。もつとくわしくかけないか。

○そこにいた人たちはどうだつたか。そのようすはどうだつたか。

○かわいそうでした。どういうところがかわいそうだつたか。そのことばをつかわないで書いたらどうか。

○そこからどういうことが考えられるか。

○どうしてこんなになつたか。

など廣く、深く、細かく見、考え、感ずるように指導さるべきである。

放送局見学

私たちは、初め第一スタジオに入りました。そこの天上を見上げると、電氣が六つついています。かべは、ちよつとずつ小さな丸いあながあいています。ふしぎで、さわつてみると紙である。あまりふしぎで、そこに立つていらつしやつたおぢさんにおききすると「そのかべのあなは、音がのこるのをなくするためだ。」と、ニコ〳〵しながらおつしやいました。そこでいろ〳〵説明をしてもらいました。また、窓のガラスが二重にされています。それは防音そうちだそうです。(六年)

推敲指導に使われた作文の一節です。これでは第一スタジオ内のようすがよくわからない。このように淺く、粗いものである。そこでどんな指導が必要か。

○かべはちよつとずつとはどういうことか。おそらく「かべは一面に小さな丸いあながあけられています。」ではないだろうか。

○ふしぎでさわつてみると紙である。

ふしぎでかべがさわれるか。「ふしぎに思つて手で」ではないか。手でさわつて紙だと断定できるか。「よくしらべてみると紙らしい。」ではないだろうか。

○あまりふしぎで、そこに立つていらつしやつたおぢさんに…………。

みんなを案内しているおぢさんか。

あまりふしぎでを使わないであつたとおりのことばで言えないか。

私は案内のおぢさんに「どうしてかべに小さな丸いあなをあけてあるのですか」と書きなおしたらどうだろうか。
○そこでいろ〱を使わないで説明された通り書いたらどうか。
などと、見方、考え方、感じ方を育てていくべきだと思う。

それから子供の見方、考え方、感じ方は現実的で「ありのまゝ書け」と言うが作文はありのまゝを書かせるのではなく、事実は事実として事実の奥にあつて、事実を動かすものに着眼していかなければならない。
○まちがつた見方、考え方はないか。
○このことに対してどう思うか。
など正しい見方、考え方、感じ方を指導しなければならない。作文は主観的なものの偽りない自由な客観化であるが、その主観的なものが眞実と一つになつてこそ、健全な作文が生れる。自己表現の主観的なものから次第に脱脚していくように指導されなくてはならない。

子供の自由な表現の尊重は「子供は神の如き詩人だ。」と盛んに讃美し、特殊兒童をおもちやにした。自己表現の作文のやりつぱなしは自己の感情に甘えてひとりよがりになり、文集の幣害の一番大きな点はこれをあおつたことにあると言える。必要と不必要のわきまえもなく、偶然と必然のけじめさえなく、長く書きさえすれば、感覚的に書きさえすればよいと満足した作文教育、私情、私事をつくすに熱心なあまり、相手の立場や必要を考えようとしない作文教育、あげればきりはあるまい。文部省四年か五年の国語教科書に、

ありが
ちようのはねをひいていく
あゝヨツトのようだ。

三好達治の作だつたと覚えているが、三好達治でなくとも子供に書けるのではないか。しかし、彼の深い思索と子供の偶然─その間には大きなひらきがあることを見落してはならない。もしも子供がこんなものを作つたとしても、この偶然をほめそやしてよいものか。美的な表現よりも、相手によくわかる効果的な表現を指導すべきではないか。作文の民主化もそこにあろう。文集も心すべきである。単なる自己表現の集積ではなく、言語経験を多方面に伸ばす、豊かな記録であるべきだと思う。

ちり取り

図工でちり取りを作つている。かこいを合す時凸凹に切つて組むようにするのである。直角に組むのだつたらやさしいが、梯形に組むのである。そこがなか〱むずかしく苦心するところだ。何とかしてうまく作ろうと二三日前からこの事で頭の中が一ぱいだつた。

今日は日曜日で学校は休みだ。「晶一釣に行かないか。」兄がさそつてくれたのだが一向氣が進まない。家に殘つて工作を始めることにした。

先づかんなでへりの板をけずる。ふしだらけであつたが、うまくけずれた。

次にかこいをあわすのである。うまく出來たと思つて見ると、切り過ぎたり、うそをやつている。思わずため息がでる。さつきの喜びはどこへやら飛んでしまつた。少しは短くなるが─と同じ板でやり直す。又失敗だ。こゝがしんぼうだと思つて今度は十分氣をつけてやつたが、やつぱり失敗だつた。もうだめだと外の板にうつる。こんなことを五六回くりかえした。氣が遠くなるようだ。

ふと、お祖父さんは、大工仕事が好きでいろ〱なものをこしらえていることを思い出し、たずねて行つてきいてみた。「設計図を書いて、それをもとにして作つてごらん」と注意された。

今度は早速設計圖を書いた。作り方がはつきりして大變よかつた。設計図は大切なものだと思つた。今度は前よりも一そう念を入れて作つた。けずる時、のこで引く時、「失敗するな。」と心の中でしかりながら、一心になつて作つた失敗した。ひやつとする。見るとまちがつていない。やれうれしとほつとしながらもう一度念を入れて見る。やつぱりまちがつている。とりすぎている。背中を冷汗が走る。又やりなおしだ。「ジツ」「ジツ」とかんなの音、「ゴリ」「ゴリ」というのこの音が聞えるばかりだ。とう〱かこいを作り上げた。あたり一面切りくずや、かんなくずで一ぱいだ。道具の手入れをして、明日又頼むぞと道具箱にしまつた。

ほつとしているところ、擴声器から快活な行進曲が聞えてくる。母が「どこかの職場運動會だろう。」といつた。急いで自転車にとびのり、拡声器の聞える方向へ走つたが、仕事のことが頭から離れなかつた。

（六年）

主題に向つてぐん〳〵せまつていく力。全文に製作への苦心がみなぎつている。ちり取り作業は一つの建設作業である。自己の汗みどろの努力が作品となつていく過程、その過程において作業に對する考察、自分の作業に對する欠点の発見、うまく作ろうとの希望、決心。そこに作業への大きな自覺があり、生活へのたくましい意欲がある。こうした見方、考え方、感じ方、こゝに表現の母体があり、作者を成長させる大きな力があると思う。

事象の見方、感じ方、そこに表現の母体があるが、それのみでは立派な表現は生れない。こゝに表現指導の問題がある。表現指導で普通取上げられているのは取材指導、構想指導、記述指導、推敲指導であるが、こゝでは推敲指導について述べてみたい。

推敲の苦しみを經ずして真の表現は生れない。ラツカデイオ、ヘルンも、「言語表現の完成は推敲にあり、真の推敲は修飾の徹癈にあり。」と言つている。推敲は美辞麗句をもつて粉飾するための手段と考えられやすいが、そうではなく、推敲こそ表現の真実に導く重要な操作であると言つている。外形の修飾は内実の空虚さを示し、表現を無力にする。推敲の成否は表現の真実に立つて、主題の確立による発展と統一を実現することにある。そのためには幾度でも改作し、多作することが必要で、一度だけで満足してふりむきもしないところに表現力は伸びない。この主題の確立は生活によつて培われる。表現を生むものは生活であり、生活のないところに表現はない。そこに生活指導がなければならない。

中國の笑話に

ある人がうん〳〵うなりながら作文のけいこをしていた。妻がそばから慰めて「本當に大抵ではございません。」「私のお産と同じようでございます。」と言つた。「どうしてお前のお産どころの苦しみではないぞ。」「おや何故でございます。」「お前は腹の中にあるものを出すだけの仕事、おれのは腹にもどこにもないものを出さなくてはならないのだ。」と言つたという。「まかぬ種は生えぬ」いまだかつて無から有を生じた例はない。生活の実のないところに真の表現は生れない。生活の深化のないところに表現の向上はない。今かりに生活のないところに生れた表現があるとしても、これは真の表現とは言えない。頭でつち上げた觀念としての表現であり、語句を美しく飾つた文字の展覧會にすぎない。それで他人を感動させ得ることができようか。

ロマンチツクな秋

秋、秋、もう秋です。夕方になると秋かぜが吹いてすずしすぎる程になりました。私は一年を通して一ばん好きな季節は秋です。春もいゝと思うけれど、でも秋の方が私には好きなのです。沖縄の春は暖かすぎる。でも夏のような暑さとはちよつとちがいます。春になつても、暑いように感じるのもみんな氣候の変化による自然の現象だろうと思います。それにくらべて、日本の方は、春になると冬には、かれ葉のようになつていた植物がみないつせいになつてなんとも言えぬ喜びにつつまれるわけです。それで有名な、詩人や、小説家などは、さつそく美しい詩や小説を書き始めます。それなのに、沖縄の方では春になつても、あんまり変つた様子がみあたりません。まして冬になつても雪など見たことないのですからおどろくばかりです。それも熱帶地方なのだから仕方がありません。沖縄の人は、ほとんど秋がすきだろうと思います。秋の一日でも一ばん好きな頃は、夕ぐれと、晩と、夜明けがとくべつロマンチツクです。あゝ秋の夕ぐれ秋の夜明け、秋の夜あけが美しいのは、かりがわたるからです。夜になると、やがて秋の虫がチロチンチロリンリンリンと合唱する。そして、おゝ!!あの澄みきつた秋の空、高い高い秋の空今私は一つのステキなそうぞうをしています。それは澄みきつた秋の夜空にまんまるいお月さまがしずかに下界をてらしています。そして姉妹のように無数のお星さまがきら〳〵と輝いていて、下界では、一人の美しい少女がバラの影でしずかに夜空をながめています。そして、そのそばでは、すず虫がリンリンリンちんちろと合唱しています。でも少女は夜空をじつと見つめてやさしくほゝえんでいます。あゝこのそうぞうがほんとうだとしたら、なんとステキなことでしよう。おゝ日本の少女よ、世界の少女よ。いつまでも、美しい夢をいだけよ。そして理想を高くもてよ。（中一）

どこかの文集に集録されているものである。ことばを美しく飾つた文字の展覧會とはこんなものである。少年少女雑誌で氣に入つたことばをうめあわしてなかろうか。主題は確立されているか。前半は主として日本の春を讃え、日本に居たことを他に誇示する虚榮心がことばの裏にひそんではいないか。ステキだとくりかえしているが少しもステキなところはない。頭でこね上げた概念作文、これが文集にとりあげられ讃美される。この年頃の子供にかかりやすい病氣である。この子供は大分重態になつている。はやく治療しないと他の子供に伝染していく借りものでない自分のことばでよく見、考え、感じたことを真実に表現するところに健康に育つていく。

以上作文の基盤は兒童の生活であり、その子供の生活に即して事象の見方、考え方、感じ方を正しく指導することによつて表現を指導し、その表現を通して事象の見方、考え方、感じ方を指導し、より高くより深い生活を形づくらせるべきであり、其の表現は推敲によつてたしかなものになることを述べた。したがつてこれが指導に當つても子供の作品は彼らの生活の節であり、この加層が生活の向上深化に向うのであることを念頭におかれなければならない。なお生活そのものは日に新に向上する性質をもつものであるから、そこに創造性が要求され、作文は創造を啓培する重要な一面をもつことになる。しかも国語による表現を通して行われるところに獨自の領野がある。

教師の説明、文話をするよりも多読、多作、多商量である。教師の説明、文話によつて立派な表現が生れるならば芭蕉をして「此の道や行く人なしに秋の暮」と嘆ぜしめなかつたであろう。寺田寅彦のことばに、「日常生活の世界と詩歌の世界の境界はたゞ一枚のガラス板で仕切られている。このガラスは始めから曇つていることもある。二つの間の通路としては普通たゞ小さい穴が一つあいているだけである。しかし始終二つの世界を出入りしていると、此の穴はだん〳〵大きくなる。ある人は始めから穴の存在を知らないか、又は知つていても別にそれを探そうとはしない。あるいはあまりいそがしいために……穴を見つけても通れない人がいる。それは余り身が大きすぎるために、しかしそんな人でも、病氣したり、貧乏したりしてやせたために通り抜けられるようになることはある。稀に極めて稀に天の焰をもつて、この境界のガラス板をすつかりとかしてしまう人がある」と。味うべきことばではなかろうか。

（文教局指導主事）

# 句作の道芝

那覇高校教諭　数田雨條

○

あるひとは、生れつきの咽喉のよさをたのんで、四六時中のどを鳴らし、人よりも高く出るキイ〳〵声で満足している。この人はそれを音樂と考え、これをしも藝術と見ているのであろうか—。

○

指さきが器用である人は、ポンポンと鍵を叩く。同僚がド・レエ・ミー・フワーの音階をも彈けぬ間に、「君が代」だ、「荒城の月」である…。これは偉大なる藝術家になるだろうと考える人もあろう。だが先人は言つた。

「器用は藝術ならず、創作こそ藝術なれ」と。

○

違わず、キイ〳〵声を張り上げた仁は、自らの声を頼み、学問を放棄し、部落の一青年の仲間に入り、毎年催される村芝居に出て、「泊り阿嘉」「伊江島ハンドー小」をやつてのけた。彼が自負する通りいゝ声には違わないので村の娘たちからは賞讃を受けたが「地語い」の人に言わしむれば、彼の阿嘉は放蕩者に變り、彼の演ずるセンドー主は薄情者と化している！と…。

彼の声には「ダシ」がなく「ムチミ」がなく「イキ」がないと言っていた。

彼は村の娘からは望み手が多く、その二、三を釣ろうとしたが釣り損ねて—とやかく言われぬ中にブラジルへと超高飛びと相成つた。

親から貰つた声は、自分のものだが、何の修飾もなければ親のものであり、自分のものでも、萬人のものでもない。声がよいから声樂家ではない。声にも創作があつてこそ藝術なのだ　と私が息まいても、これは真理なので—。

○

成る程指先の器用なのは、「ベートベン」でも「ブラームス」でも一応は彈くであろう。しかしピアノの叩き方にもその人特有の創作があるのでなければ、藝術とは申されないであろうと考える。

○

蠶が糸を吐くのは見ていて快々的（カイカイデー）で鮮やかだ。蚕が糸を吐く様に、俳句がポンポン出來て、一日に数十と言わず、数百と言わず場合によつては、数千も、ものする仁もあるさうで……全くその意氣たるや恐るべし？ものである。

しかし「多作必ずしも進展に非ず」とは誰かが言つたようなー。

○

いつの世にも月は無情ではある。いつの世の櫻も、われ〳〵に樣々の事を想わしめる。だがしかし、〃月は無情と言うけれど主さん月よりなほ無情！〃が実感だとしても、

月見れば主の無情のいまさらに

と吟じても多くの人には感銘を与えることが不可能であらうし、

樣々のこと思ひ出す仏桑花

も可笑しい極みだ。

五月雨やダムを前に家二軒

に至つては論外と言うべきであろう。

○

句は器用だけではいけない。陣腐であつてはならないのだ。創作である。その人の句であつて、萬人の句でなければならない。

—だからと言つて、「一見變つたものを」という考えは危い。

三原色のドレスに、ドキツイ口紅、不自然な眉墨、地につかないハイヒールは卑法な化粧法であり、実力のカンフラージュに過ぎぬ。

約束は約束として守り、そして新鮮な境地の開拓こそ俳句の本道であり、また、總ての藝術の行きかただと考えるのである。

なほ濃ゆき福木の闇に螢とぶ　雨條

—一九五三年一一月一五稿

# 私の作文指導の一端

美東小学校　神村芳子

私の学級は、男児一七名、女児一七名計三四名です成績は上位の子が一〇名、中一五名、下九名、と云うように分けられます。話す能力を見ました場合、三、四年の能力どころか一年の能力の中の「知らない人の前でも話すことが出來る」と云うことすら充分ではないので、到底、六年で学ぶべきカリキュラムに本當に無理なく入つて行ける子供が少いのです。自分の思つていることを自由に話せないのです。ですから作文ももちろん、学年相應の線には達しておりません。自由に話すことさえ出來ず、文を綴ることが出來ますでしようか？。作文は手による話方でもあるので、話すことは文字表現の基礎をなしております。どうすれば、必要に應じて自分の考えや、心持をはつきり話せる子供、書くことによつて貧しいなりにも、自分の思想をまとめることが出來る子供、に育られるのかと何時も何時も考え續けて參りました。自分が未熟で能力が足りない為、思うようになりません。

でも話すことからと思い、先ず、子供と仲よしになつて、子供が何でも話してくれる、先生、信頼される先生になることが先決問題だと云うことに氣がつきました。それで学習指導の時間は、もちろん、休み時間も出來るだけ子供と一諸に話し合つたり、遊び仲間に入つたり、又放課後には、女生徒の髪を切り揃えながら色々話し合いました。「お母さんの病氣はどう」？「お父さんのお仕事はどこ」？というように時と所をえらばない雑談が子供を知り、子供と仲良くなるのに大へん役立ちました。所が、こう云うように話す機會を誰にでも与えているつもりではあるのですが、やはり私のまわりによつて來てどん〳〵話す子供は、特定の子供に限られています。成績は上位の子供でも、はにかみ屋の子は、よういに話してくれません。私から話して行つても、とけ込んで來ません。学習中でも、手を挙げては発表せず、指名をすると小さな声で、おど〳〵しながら発表する態度です。強いて口をきかそうとすることはかえつてよくないと思い、どうしたらよいだろうかと、悩んでおりました。

その時、地区の指導主事をしておられる當真先生から、「作文指導によい本があつたよ〃私たちの綴方會議〃と云う本だが……」とすすめられ、直ぐに那覇の書店で求めて參りました。この他、先生は私達に色々參考書や指導書等を推奨して下さいます。

その本は、九人の先生方が綴方を指導した実際と編集した文集よりの、文、詩等がのせられた本ですが、直接子供の指導にあたる私達教師に取つては、理論づくめの取つつきにくいかたい本よりも、こう云う実際に指導した経験を歩んだ道すじのあらましを示したこの本が、はるかによみ易く、直ぐに教壇実践に役立つりつぱな本です。これを一通り読んで見ました時に私の今までの悩みをほぐしてくれる糸口は、これだと喜びました。その中のある先生が取扱つた教師對兒童の手紙の交換で、話さない子供達と鉛筆で話したらその効果は予想以上だつたとのべておられます。私もこれに力を得て、模倣的ではありますが、先ずやつて見ようと、十月十八日に一人々々の生徒あてにケイ紙の一枚に簡單な文を書いて「先生からお手紙よ」といつて、配つてやりました。子供達はキャツ〳〵さわぎながら開いて読んでいました。とにかく、こうして手紙を書き始めた時、子供が喜んで読んでくれたら、それで私と生徒とのつながりが強くなり、親しみをそそるならそれでいゝと思つていましたので、返事のことはそう考えていませんでした。翌日、二三人の子供が「お返事を出してもよいですか」と、いゝましたので「お返事をくれるなら下さいね」といつて強いては、要求しませんでした。ところが、二三日すると、予想以上に子供達は、返事をくれました。手紙をもらつて嬉しかつた子供が返事を書こうと思うのは、當り前のことかも知れませんが、私には第一回の試みではありますが、解決の道が開かれた喜びで一杯でした。

用紙は一定せず、便箋やケイ紙、ノートをさいたのもあれば、手あかのついた畫用紙に二、三行書いたのもありましたが、どの手紙を見ても、手紙をもらつた喜びとお礼の氣持が充分表われていて私の氣持を一そう勇氣づけてくれました。

それからの私は、毎日放課後は子供達への楽しい手紙書き、翌日は、どの子からどんな手紙が來るだろうか、と期待しながら登校するようになりました。四五日立つと、誰からともなく「ポストを作ろう」と箱等を持ちよつて來て色紙で飾り、今では教室にポストがおかれております。

始めの程は、まだ氣がねをしてか、申しわけ的なことばかりを書いていた子供がだん／＼正直に、どんな相談でも書くようになりました。自分の心持、又家庭生活までに発展して行きました。特に面白いと思つた現象は、今まで面と向つて話さなかつた子供達に限つて、早く私と親しくなり、どんなことでも相談したり知らせたりするようになつたことです。

こう云うように意思表示を文字で、表すことの出きる子供は、音声言語で表現しないかわりに、文言語字で表現するようになり、少しでも表現力の向上する機會が作れたのです。でも私の組には、五十音の読み書きすら、充分ではない遅進兒が四名程います。そう云う子供には、なるべく読みやすい簡單な文を書いてやつたのですが、すぐには返事をくれませんでした。そのうち、みんなが「私は、先生からもう何回目よ」「私は何回目よ」等とじまんをし合つているのを見て羨ましくなつたのでしょう。文の終りを友達からならいながら書いてくれました手あかのしみたノートの端切れに多くて、五六行苦心したたどたどしい字を見た時、本當に涙がこみ上げてしまいました。この手紙の交換を始めてから、まだ四ケ月しかなりませんが、生徒全体が一段と明かるくなり、大分人の前でも話せるようになり、教師對生徒間は一層親密感をまし、姉と弟妹見たいな仲までになりました。あの綴方會議の中の一人の先生が、子供が文を書くのは「鉛筆でもない」「紙でもない」「教師と兒童との距離である」と云い切つておられます。私も短い経驗ではありますが、合ずちを打つもの丶一人であります。

子供が、まちがいだらけの読みにくい文でも、誰からも強いられずに、自ら必要を感じて書きました時に「書くこと」の指導は、はじまるのではないでしょうか？六年生にもなつてまだ一通りの文が読み書き出來ない子、いわゆる学習意欲のない子ですが、だん／＼と文を綴ることを覺え、正しい字を書くようになりつ丶あるのも証明できる一つの表れだと思います。

私は「発表力の養成」という面に力を入れるつもりで、手紙交換を取り入れたのですが、知らず／＼のうちに、作文指導にも大分役立ち、今まで嫌つていた作文にも興味を持ち出し、一石二鳥の効果を現しております。

作文と云うと始めは、申しわけ程度、題材もいつも同じものばかりを書く子供が、二十名程、自分の作品をかえり見、表現法も考えるような子供が二、三人程残りは何を書いたのかわからないような子供でした。もつと、くわしく申し上げますと、始めの程の字数は下の子が七七字、上の子が一〇〇字で平均二九〇字でした。題材も、家族のことか又は、家の犬、猫、と云うようなものばかりでした。時々、その時間に出來た文を、一枚のプリントにして、子供達に配り、みんなで推敲し合い、文を鑑賞して文の見方、考え方を深め、文を読むことに興味を持たせ、表現力を高めようと思いましたが、遅進兒には少しの進歩もありません。書こうと云う、意欲さえないのですから「何でもい丶から文を書きなさい」と云われ丶ば、こちらの要求通り書けようはずがありません。この子供達は「手紙の交換」で書こうと云う意欲を起し、よそいきではない生活語で考え／＼書くようになりました。文題の方向も大分変つて來ました。例を上げて見ますと、「冬の風」とか「夜のおつかい」「私の名前」「さようならと云うことば」「白いべんとう箱」と云うように、独創的な情緒豊かな文も書くようになりました。字数もふえて平均三六四字にまで伸びて來ました。又鑑賞指導として多くの文を読ませております。「鑑賞の第一歩は読むことに始まる」と云われております。

学級には、文庫を作りました。本は、始め生徒の持ち寄りで集め、それを一日一円で貸し、その収入によつて色々の單行本も購入することが出來るようになりました。今では、学級農園の野菜からの収入で、そう云う費用にあて丶おります。

国語の中でも、この作ることの指導は、先ず、話すことであり、話したいことを文字にのせて、話すつもりで書かせると云うことが、子供にとつて興味を持つて入りやすいのではないかと考えられます。

終り

# 学校の作文

福原麟太郎

義務教育をするところでは、教育という仕事の持つている精神的な意味のほかに生活上必要な知識とその訓練を与えるべきであると思う。

だから、学校の作文では、作文に関するさまざまの教育精神的主義主張はともかくも作文が実用的に役に立つようなことを、種々教え込まなければいけないと考えている。わたくしの年少の友人は、敗戰後、東京の近縣で占領軍の事務所に勤めていたが、將校が三・四人いるなかで、掲示の文句が書けるのがひとりもいない。それでわたくしの友人が、おそらくへたな英語で書いてやると、非常に喜びかつ尊敬するのだといつていた。

戦後、わたくしの受ける手紙で、ときどき未知の人から、または、学校、それも大学など卒業したての若い人から來たもので、驚くのが、割合にたび〳〵ある。それは、封筒の中へ入れた手紙の本文に、自分の名も、わたくしへの宛名も添えてないもの、わたくしの名だけはあるもの、自分の名だけのものなど、いろ〳〵だが要するに、手紙の書き方を知らないのが多いことである。

末尾に日附を書き、名を書き、(姓名を書くのが正式で、親しくは、またはけんそんしては名のみしるす。姓だけを書くというのは、不そんである。)それから宛名を書く。(これは姓名を書くべきである。目下の人にでなければ、名だけ書くという法はない。姓だけで略するのは失禮である。)心がけの良い人は、もしびんせんならば、本文を一・二枚の紙いつぱいに書いて、目的以下は、それだけを新しい紙に書くものだ。(巻紙ではそういかないが、ちかごろは、巻紙はほとんどない。)そういう形式が、ちつともわかつていない。ついせんだつては、ある女子大学生から手紙をもらつたが、「井上より、福原先生べ」とあつた。「井上より」も失禮だと思つたが、どうして「べ」なのかわからない。「あかんべ」の略で、わたくしを侮辱するつもりかもしれない。わたくしからしかられての、わび状であつたから。

そういう末尾がまつたく無い手紙もしばしばあるにはあきれる。おそらく、はがきでは、表面へ宛名その他を書くと裏には手紙の文句だけだから、封書でも同様であろうという類推かも知れない。しかし、ひどく訓練の無い話である。いま世界中、どこの国でも、手紙には、宛名・日付・自署という形式は守られているのではないか。学校でそれを教えないという法はない。義務教育の作文の時間に教えてあるべきである。

それは手紙の話だが、一事が万事で、生活の形式に革命を与えようとしない限り、習慣的に長年守つてきた形式は伝えなければならない。学校というところは今までの人間社會で経験したことのちえを、短い時間に、整理された形で伝達することを一半の役目としているものだ。

そこで、作文では、まず、手紙に限らず、用事を文章で書き表わす練習をすべきであろう。作文教授のいかなる主義主張にもかゝわらず、それだけのことはすべきである。それには、在來の形式なるものがある。それも教えてもらいたい。

美文というものが流行した時代があつた。明治時代だ。それから、自由詩というものが小学校の作文をふうびした時代があつた。大正の末年であろう。わたくしのおいは、そのころ尋常三年であつたが、詩の形でなければ意志や感情を表現することができなかつた。それから昭和になつて、なんとかいう少女がいて、「綴方教室」ということばが流行した時代がある。菊地寛がその作文を見て、こんなのは小説を書くよりほかに用いみちはない、といつたのは名言である。心理描寫などうまくてもそれは変文の役に立つくらいで、実用には向かない。

そんなことよりも、用向を正しく、書くけいこをする作文授業をしたらどうであろう。アメリカには、クリエイテイヴ・ライテイングといつて、名は創作教育のようだが、當用作文の單位が大学にあるらしい。さきに述べた占領軍の將校たちは、そういう單位を取らなかつたのであろうか。みつともないことである。その單位では、集會の議事錄、大根の作り方、ラジオの宣伝ニュース、開業のあいさつ状、某氏の意見の梗概、風景観光案内、なんでも、生活上必要な文章を、自分で書く練習をするのである。それには、正確・簡潔・明快・適切などという性質が必要である。

わが國の学校でも、そのような意味の作文を盛んにやつてみたらいかがであろう。作文を教えるということは、教育学上の理論として、いろ〱高尚なわけがあるであろう。そのわけは、ともかくも、生活上必要なことを、正確・簡潔・明決・適切に文章を書いて、在來の法をあやまらないということが、まず習得されなければならないと私は思う。

そういう場合、いちばんやつかいなのは、いわゆる在來の法を教え、形式を伝えるときに、うそをつく方法を教えることになりやすいことである。そこで少々作文の教育学的精神的意味が顧みられることになるのだが、作文を書くと、ほんとうに文は人なりで、その人がらがそのまゝわかり、その思想が自然に表明されるはずのものである。しかし、うそをつく方法を教えると、こんどは、あべこべに、うそを書いた文章のせいで、その人格がうそに固るようになる。

これは注意しなければならない。わたくしは、商用文（拝啓のぶれば）に慣れた人が、いつのまにか、拝啓のぶれば的人間になつていくことを知つている。法律家は、法律文を書くうちに法律のごとくなつていくであろう。それではいけない。文章を書くことは、あらゆる習慣や法則を通して、ほんとうを語るけいこでなければならない。

それには、先生自身が、ほんとうの文章を書く人でなければいけないと思うがどうであろう。作文の先生というのは、決して、いいかげんの人にはできないのだと思う。

（東京教育大学文学部長）

# 作文指導の動向

石森延男

もつと近づいていこうと思いながら、ふと足を止めてしまう。そうして、一ど、踏み止まると、なかなか歩き出せないやつかいな道がある。

それは「作文学習の指導」だといえる。

こころみに、国語教師の集つたところで、「作文指導に興味のある人」を求めるとしたら、おそらく数の上では失望せざるを得ないだろう。

師の鏡は兒童たちである。師の好まざるところ、ただちに、兒童にうつるのは當然。

戰後、「作文学習の指導」は、年來の不振に加えていろいろなつまづぎのために、いつそうその停滞を見た。というよりは、混亂に似た状態を示すにいたつた。

ここでいう「いろ〱なつまづき」には、どんなものがあつたか。われ〱は、その「つまづき」を除去して進みたい。

①作文時間特設がなくなつたため

戰前、かなり長い間、作文学習時間は、一週間に、二時間あて特設されていた。（この中には、口頭作文および話し方学習の時間もふくまれていたが）。

したがつて、毎週この特設された時間が巡つてくると兒童は、いやおうなしに、即題なり、随意選題なりで、文を書かなければならなかつた。

また、この時間に文話が行われ、推敲も進められ、鑑賞・批評・處理なども行われていた。

兒童たちは、あらかじめこの特設された時間に臨むにあたり、「書くべきもの」を用意し、推敲すべき作品を準備してもいた。一見整然たる学習計畫であり、手落ちなく作文を実施する可能性をもつていた。

それが、戰後になつて特設時間をとりやめにしてしまつた。そのために、「いつ、作文を書かせるのか」の問題が起り、「作品鑑賞は、どのようにするのか」の疑問も起きてきた。（これらの不審は、あたりまえのことである。が、新しい作文学習指導の目標を理解すれば、おのずから解けていく不審である。）

②全一的言語活動をねらつたため

いままでは、作文学習を国語指導の一分節と考えていた。このときといえどももちろん、「話し方」と相即のあることは忘れてはいなかつたし、「読み方学習」において養われた文字言語の理解力を基礎として、文字言語の発表力を伸ばすことを考えていた。

しかし、「読み方学習」資料が、高次の國民生活、国民文化を全体としていたために、兒童生活そのものに終始しようとする「作文学習」態度との間に、ややもすれば、ずれを生ずるようなことがあつた。

戦後は、その弊をあらためて、「聞く」「話す」「読む」「書く」(作る)の言語活動を、価値のある、綜合されたものとして学習するようになり、言語経験を効果的に深めるのに、役だつ方法に変つてきた。そのために、どこまでが「書く」練習であるのか、どこから「作文」を書く学習になるのか、そのけじめが見分けにくくなつてきた。これがめいりような「作文学習指導」の計書をたてにくくもなり、作品の處理、評價のむずかしさにもなつている。

③作文教育の目標が変つたため

作文の学習は、ただ文章を美しく書くというのではなく、読む相手によくわからせるように書くことがたいせつな目標になつてきたし、創作活動によつて個性を伸ばし、教養を高めることとともに、実用的な手紙や記録、報告文などを書くようにもなつてきた。

書き方(作り方)という形式や書式などを理解させるのではなく、その場の必要に応じて、すぐ正しい文が作れるという力を与えることが目あてになつた。

したがつて、類型的な文章を作ることではなく、どこまでも兒童の実際的経験を重んじる学習指導が行われねばならない。そこで文話というものの性質も変わり、模範文というものの見方も改められてくる。

④作文学習の範囲が、廣くなつたため

戰前の作文学習は、主として文学的表現をねらつていた。兒童の個性を伸ばし、創造力を養うために創作活動を経験させなくてはならないが、このような表現指導はややもすれば天分に恵まれた兒童のみにかたよる弊を伴いがちである。かかる狭い範囲にとどまることなく、日日の生活の問題に、他教科の学習の中に、読書に、研究に、遊戯に、行事に、作文学習の領域が延長、擴大されていく。

兒童たちの生活全面にわたる文字表現について、各学年に応じた方法がくふうされていかなければならない。(いわば文字によつて書き記される作業一般をすべて作文学習の領域にふくめる。)

こうなると、いよ〳〵、作文学習に手が出にくくなるのである。また、うつかり踏み込んでいくと、底なしの沼に沈むような不安さえおぼえるだろう。

(しかし、そんな心配はいらない。次のことを心して臨めば、決して、足を取られはしない。それどころか、作文指導することによつて、もつともよく兒童の内面生活を知ることができ、国語力の結晶を掘りあてることもできる。さらに師自身の生活觀を高めていく結果にすらなる希望の多い活動である。)

これらのいくつかの「つまづき」の原因によつて、戦後の作文学習指導が〝幾重にもさまたげられていた。(いくぶん立ち直つてきたとはいえ、現在も、なお迷わされている。)

これから作文指導がどのような方向にむかつて道をきり開いていけばいいのか。またどのようにしてつまづきを除去しつつ、混亂めいた中を秩序だてたらいいのか。

これが、大きな課題である。そうして、「作文学習の指導」は、だれにでもできるものであるという自信を持たなくてはならない。(おつかなびつくりでは、「作文指導」などという仕事は、成果をあげられるものではない。けれども、いつてみようという氣持が、けし粒でもあれば、必ずだれにでもやれるものであり必ずたのしい結果を得られるものである。

それには、作文学習指導におけるいくつかの性格をよく吟味して、一つの動向を捉らえ、その師らしい獨自のくふうによつて、あせらずに実施していくことである。

### 第一に思うべきは「作文学習は兒童の必要感から出發する」ということ。

兒童が「文を書く」ときには、それが必ず役にたつということを自覺していなくてはならない。わけもなく書くとか、なんとなく漫然と書いてみたいなどという、ぼんやりした作業におとしいれないようにする。

いやしくも作文するからには、そこにははつきりとした目的がなければならないし、こどもらしい必要性に迫られていなくてはならない。

「手紙・報告・ポスター・研究発表など」のように相手に対して書くものもあろう。「生活記録・メモ・学習ノート・感想・諸種の日記など」の自分の心おぼえに書くものもあり、また「詩・物語・脚本・童話など」のように創作風なものを書くものもあろう。ともかくこれらの作文は、みな書かねばならない價値を見出してから書くのである。たとえば、読む相手を樂しませるために書くとか、また〝考えさせ、反省させるために書くとか、あるいは、こちらの要求どおりに動いてほしいために文を書くのである。(「遠足」の作文を書くのは、欠席した学友を慰めるために、「学藝會記錄」は、本年の学藝會をいつそう能率的な行事にするために、「詩」は、われ〳〵のよどんだ生活感情を新鮮にするために―)

必要感があればこそ、書く事がらの順序を考える氣にもなり、讀みやすい文字をきれいに書く氣にもなる。また、ことばのきまりについて關心を持つ。

昔の作文学習のように、即題のもとに、即興的な、不自然な心像といろ〳〵に組みあわせるような無理なことをしない。ほかから文を書くことを進められて書いた文はたとえ形は、文章であつても、生きた主題を見出すことは困難であろう。

「必要感」は、偶然的に、兒童の目の前に降下してくるものではない。

日常の生活に關心をもつ兒童にして、はじめてこの貴重なる「必要感」の湧出に恵まれる。おのが生活に無關心なるものに、なんの同情心の誕生があるだろう。正義を強く思うことなしに、なんの反抗心の芽ばえがあろう。こどもらしい歡喜も哀愁もまたしかり―。

おのれを思うこと深きがゆえに、学友を思う心が深まるのであり、師を敬するがゆえにおのずから信賴しうるのである。

「必要感」には、学年に相應したさまざまなかたちがある。作文指導とは、この「必要性」を感じるところへ、兒童を誘い立たせることにほかならない。のどのかわいた馬を水の豊かな川の岸に立たせればいい。あとは、馬自身が、よきように水を飲む。

### 第二は、書く場を發見させること

いかに馬がのどをかわかしていても、かける繪の川の岸では、どうすることもできない。ほんもののつめたい水でなければ、渇をいやすことはできない。

兒童が、作文を学習するにあたつても、その表現意慾が、ただちに讀む相手に影響しなくては、書く意味がなくなる。書いた文章が、その效を失つて、讀み手に屆かず、途中で消えてしまうようなことがあつては作文愛着の念などはとうてい育てることはできない。（兒童には、その作品のゆくえを明らかにすべきである。）

國語教科書の文を讀んで感動したとき、その心持を散文詩にも書くことができる。理科で樂しい觀察をしているとき、その變化を、こまかく書く樂しみも生れそうだ。工場などを見学して、新しい知識を得た喜びを書きとめたり、学級のできごとを記錄したり―このように学校生活内で、兒童自身が、文に作つておきたい場を、そのときそのとき必要に應じて發見させる。發見させたら、すぐこの「すぐ」に注意してほしい。書きたいという氣持は、瞬時に起こり、また瞬時に消えることが多いから書くようにする。談話をするときは、現場をいちいち説明するにはおよばないが、作文では、場面をはつきりと讀者にわからせることが大事である。場の發見は、書く「必要感」と切りはなすことのできない表現の原理である。

兒童が書くべき「必要感」を生じた時、その周囲がたちまちに生きた場の要素を構成する。國語科学習の現場はいうまでもなく、他教科学習でも、よき作文学習の現場となる。学校生活以外の社會生活においても―いたるところに、變化に富んだ、しかも多彩な、場が構成される。（必要感なき兒童には、いかに多くの旅行をしても書く種は見出されないが、小さくても必要感をいだくものには、一坪の庭にもかぎりなき寓話を成長させうる。）

### 第三は、書くことは、考えること。

作文は、心に思つていることや感じたことなどを、自分のことばで、みんなにわかるように書き表わす力を伸ばす学習である。このためには、すばやくすらすらと書きうる書字力もつけなくてはならないが、もつと基本的な能力は「考える」という物を見る態度を育てることである。

ただペンで文字を書字する練習ばかり積んでいるだけではいけない。また、よき文を讀んで、味わつてみるだけでもいけないし、感覺を鋭敏にみがくことだけを心がけていても、達せられるものではない。

「考える」という基礎的な働きをじゆうぶんにとり入れなくてはならない。「考える」ということは、作文学習にかぎつたことではない。すべての教科学習において、それぞれの立場で行われている。

しかし、「考える」ことは、いかなる場合でも、「ことば」によつて行われるのであるから、文表現を目あてとする作文学習に特別の関係を持つのである。作文は、「考え」をまとめる力なしには、進められるものではない。また、文を作ることによつていつそうたしかな「考え」を持ちうるようになる。作文は、論理学的な仕事を、になつているといわれるのも、こゝにその理由がある。（「何がなんだ」という文の形、「何がどうする」「何がどんなだ」という文の形がある。これらは判斷の結果を示したり、動作と事物事象のなりゆきをいいあらわしたり、事物の性状をのべたりする文型である。文法的にいえば、これらの文型は、みな

「文の組み立て」として吟味されることである。また文脈や文の並べ方の問題となる。事がらの正しい位置づけの問題が起る。）作文学習は、文法学習と切りはなしては、効果のあがらないものであり、両者は、あたかも、表裏一体のような関係に立つている。つまり文法学習は、日常生活におけることばの働きをいつそう正しくして、「考える力を育てるからである。いいかげんなことばの使い方を許さない学習であり、ことばの誤りを見出し、言語生活を反省させてくれる学習であるからである。

「考える」ことは、書く事がらの統一や順序・比較・相互関係や推理・想像におよぶが、表記上のことにもこまかな記號上のことにも當然およんでくる。たとえば、句読点（くぎり符號）のつけ方のごとき、それである。ちよつと見ると、句点・読点・かぎ・白まる・黒まる・ダツシユのようなものは、ほんの形式上の記號にすぎない。しかし、これをできるだけ適當な場所に適切に施そうとするには、やはり、めいりような「考え」を必要とする。文の構造をよく理解した上に、誤りなく読み手に真意を伝えるにはどうすればいゝかを考えなくてはならない。

### 第四は、作文によつて人間性を高めること。

「聞く」ことが、いかに正確であつても、聞いたことについて、その真偽を考えることがなく、また、よしあしを批判するだけの態度を養うことがなければ、「聞くこと」の学習は、まともものだとはいえない。同様に、「話す」ことにしても、いかに人の前で堂々と獨話ができても、また、會議の進め方がじようずになつても、あいさつのしかたや電話のかけかたが身についたとしても、いう事がらが、まちがつており、自己宣伝のためであり、人をおとし入れるものであつて、真実を語り得なかつたら、「話す」力とはいえない。

言語生活の向上は、国語が正しく効果的に使用されるとともに、理解と鑑賞の力が増し、国語に對する理想を高めていくことにある。そうして、このことが、民主社會に適した人間を形成することになる。

「聞くこと」「話すこと」「読むこと」「書くこと」の正しい習慣と態度を養うことは、兒童の人格をみがき、品正を高める結果になる。

いかに、文を達者に書く技術を習得したとしても、それがただのうわごとではなんの益にもたたない。戯作では、いたしかたはない。

書くことによつて、書き手が、生活上に何かの発見がありためになり、読み手は、それに接することによつて益するところがあり、しかも、新しいものが得られる。こうして作文は、いつも人と人との間にあつてときには扶助の力となり、ときには社會生活上の問題を解くことになり、鼓舞しあい、慰め、いたわりあつて、おたがいが幸福な世界を築くよう原動力になることを願つているのだ。書くことによつて、おのが個性が磨かれ、人の作文によつて、また、おのが個性の発見もある。

個性的な文章とは、いうまでもなく、

○自分自身の考えたことを書いたものである。

自分の心で感じ、自分の眼で見つけたものを、自分のことばで書いたものである。

○自分の癖を書いた文ではない。

個性は、その人の癖でないからである。癖のような表面的なものではなく、個性は、その人だけのものであると同時に万人に通じる廣くて深い価値でもある。

○かつて氣まゝなことを書いた文でもない。

書いたものに責任を持ち、書くことを選び、しかしいつたん書いたものはこれを固く守るだけの勇氣を持つ。

このような個性的な作文を書くことにより、個性は個性を越える真理を体現し、しだいに成長していく。しかも意志・感情・理性というものが個々別々に考えられるのではなく、つねに一元的に総合的に生かされ、その人らしい人間性に溶かされていくようにする。書く技術といゝ作る力といゝすべてが、兒童その人の人間性に生かされなくては、作文は、ついに粘土細工の人形を作ることに終つてしまうだろう。

以上、おおまかではあるが、四つの点をあげてみたが各自は、今までの経験の深さと、教養と、良識によつて、着々と新しい作文指導の計畫されることを望んでやまない。

なお、作文指導は、兒童の作品を実際に手にとつて読んでやることから開始されるものであることを知らなくてはならない。このことは、いうべくして、じつはなかなか実行されがたい。（読む編数をなるべく少なくして、効果のあがる方法をくふうすべきである。）

兒童作品を読み返しているうちに、兒童文のおもしろさがわかり、きびしさやふしぎさに氣づいてくる。兒童文に愛着を感じるようになれば、もはや、作文の師としては、りつぱな資格を身につけたことになろう。（汚い文字で書かれた、文脈の亂れた作文を読む努力を惜しまぬように。）

また、文章を書くことが、どれほどやつかいなものであるか、あるいは、どれほど樂しいものであるか、どうすれば、書きやすいか、どんなところでつまづくか―などのことは、師みずからが、作文をしてみて、感得するよりほかにみちはない。（文章作法などという説明書をいくら読んでも、知識としてはわかつてもその場に臨んでは、なんのたよりにもならない。したがつて、兒童の書いた文のよさも見えない。これでは作品の評価はできまい。批評も處理もできまい。）

最後にひとつ、いゝ添えておきたいことがある。

作文指導は、いうまでもなく、半ばは、道具教科であり、半ばは、態度教科である。どれほど、書きたいものがあり、書く意慾が盛んであつても、文字を知らず、書くときに骨が折れ、まとめる力に乏しかつたらせつかくの「必要感」もしぼんでいく。

その逆に、文字は美しく早く書けるのに、形の上で整然たる順序づけもできるのに、浮き出してくる実感の持てないときには、これらのすぐれた技術も、いたずらに持ちくされとなつてしまう。

両者を別々に取り扱つてきた從來の歩みをすてゝ、今後は、これを一つのものとし、いわゆる「書きかた」の学習をじゆうぶんに進めつゝ思想と感情の豊かな噴出を刺激していかなくてはならない。

はじめに、「もつと近づいていこうと思いながら、ふと足をとめてしまうことがある。」と書いた。その理由には、いくつかのものがあるとも書いた。このほかに、「作文教育」というものに對して、ある錯覚をいだいている国語教師があるのではないかと思う。その錯覚のためにやればやれる作文教育も、やれないものと思いこんでいる。これはじつに残念なことである。いち早く、誤つたこれらの錯覺をふりすてゝ、だれにでもできる「作文指導」の道を、地味に、しかも、たしかなところから、一歩一歩踏みだしていきたい。

（「作文教育の錯覚」文藝廣場七月號公濟協會發行參照）

# ぐみの木のある原っぱ

## …低学年の作文教室…

福田恭三

### 1　わたしはいつも思う

あちこちの学級や学校から、盛んに文集のでたひところがあつた。わたしが学級をもつていたころの、わたしの文集だけでも「桑の実」「むくどり」「すかんぽ」「峠」「いたどり」といつたふうに、十数種を数えることができる。

初秋の空にはじけるいなか町の祭の、あの紙の落下さんをばらまく花火のように、つぎつぎに文集がでたということは、それだけでも作文が盛んであつたとみてまちがいなかろう。いま、また作文がそのような盛んなころのいき〳〵した表情を新たにとりもどしつゝある。このことは、かぎりなく喜ばしいことである。

### 2　そのはじめのころ

教室の窓につるした鳥かごが、山がらが宙返りするたびにゆれる。ふと、それに目をひかれたこどもが、

　（小鳥）（おうち）
　トリコの　エコ　じしんだ
　あははは
　トリコの　エコ　じしんだ
　あははは

とむぞうさに歌いだした。

わたしは、そのようなときの、青空のようなこどもの表情を忘れることができない。

青葉から目にしむようなしずくがしたたつて、雨がえるのはだがつやつやしさをますように、こどもは見たこと、聞いたこと、感じたことを、たたきつけるように叫んだり、つぶやいたり、しやべりまくつたりすることが樂しくてならないのだ。本來的に、好きで好きでたまらないそれを、わたしたちは、どうかするといびつにしてしまいがちである。

ゆがめられないこどもは、先生、先生といつて、あれもこれも聞いてもらいたくてしかたがないのであるわたしたちは、そんなとき日あたりのよい原つぱのような明るい、廣やかな心で、ひとりひとりのことばを聞いてあげなければならない。文字を並べていくことなどはあとあとのことでいゝのである。

わたしは、教室へおもちやの自動車をもつていく。こどもは、そのおもちやについての自分の経験を、なにかと、にぎやかにしやべりだす。こどもは、自分のみたことのあるもの、あるいは自分でももつているもの、したがつて、そのものでいろいろ友だちと遊んだりしたこともある目のまえに示されたひとつひとつについて、大きな興味と自信をもつて語りだすのである。

わたしはまた、自分でかいたり、絵本の切り抜きをはつたりしたいろいろな絵カードを用意してある。りんごやかぼちやをかいただけの簡單なものもあれば、いろ〳〵な要素の組み合わさった、かなり複雑なものもある。それらの、一枚一枚の絵について、話をひきだしていくこともある。

わたしは、よくこどもたちを連れて野外へでかける。豊かな経験をつまないと、表現の母体が枯れてくるからである。

わたしの学校の近郊に、ぐみ野とよばれるぐみの木のある原つぱがある。こどもは、そこで、花を摘んだり、虫を追つたり、色づいたぐみの実をもいだり、空にひばりの噴水をながめたりする。ぐみ野へいく途中の部落に七面鳥を飼つている家がある。はじめて七面鳥を見たあるこどもが、

「あ、七面鳥があかいベロ（よだれ）
　たらしている。」

と叫んだ。

## 3 文字をならべるころ

こどもは、いかにも苦痛の表情で文字を書かせられているのを見かけることがあるが、それと同じように書けもしない作文を書かせられているいたいたしいこどものすがたを見せられることがある。

そうかといつて、わたしは、決して書く作文を、一部の人たちが主張するように、三年も四年も先きにのばそうというのではない。よしんば、現されたものが、

「きようは、あめがふつたので、
　からかさをもつてきました。
あめがやみました。
またふつてきました。
ざあざあふつてきました。
おはなもうえませんでした。
さかなもとりませんでした。」

「きのうぼくはこいのぼりをみました。かぜがふくといちばんさおのうえにあるかざぐるまが、くるくるとまわつて、こいのぼりがさおからはなれたようにおよぎました。」

このようなたどたどしいものであるにしても、これを書いて、喜び勇んでいるこどもの表情をみると、わたしは、これでいいではないかと思うのである。

また、書く作文にはいつたからといつて、話す作文がなくなつてしまうのではない。その作品をとおしてそのこどもが育てられるためには、いつでも、そのこどもの具体に即した話し合いがはいらなければならない。この、ひとりに即した愛情にみちた語い合いこそこどもの作文を育てる要諦であると考えるのである。

わたしの教室には、大中小の色刷りの作文用紙が、それぞれ袋にはいつて用意されてある。こどもたちはそのときどきによつて、大の用紙をとつたり、小の用紙をつかつたりして書いている。

こどもは繪をかくことが好きだ。そして、かいた繪についてなにかと話したがる。その語りを文字でならべていくように仕向けることを、わたしたちは考える。ここに現れるひとつの危険は、どの子にも、説明的な形を要求しがちなことである。

たとえば、中庭の飼育舎へ連れていつて、やぎや、にわとりや、うさぎを見せるとする。こどもは教室へ歸えつて、さつそくその繪をかく。その繪について書かせる文が、どうして、

「これはやぎのえです。
　やぎがないています。
　やぎのあたまにはつのがあります。」

といつた方法のものでなければならないわけがあろうか。そのこどもによつては、印象をどかんとぶつつけるのがあつていゝはずである。

「やぎのつのはかたいぞ。
　つかれるといたいぞ。」

「きんぎよがまんなかにあつまつて、
　こどもかいをやつている。」

「やぎ、にわとり、うさぎ、
　けんかするなよ。
　けんかするとおこられるぞ。」

わたしのここでいいたいことは、かつての教育のように、こどもの柔らかいはだを、さめはだのような、ざら〳〵したひとのものにおいこんでしまつてはならないということである。

## 4 こどもの身になつて

どんな稚拙な文でも、その子がその子なりに、精いつぱい書き上げたものは尊い。このことを、まちがいなくみとめ、わかつてくれるのは、廣いこの世に、わたしたち教師をおいてない―これが、こどもの作文に向かうわたしたちの信條である。

わたしたちは、こどもの書き表わそうとする意欲をいつでも、みずみずしたものに育てあげていかなければならない。それが作品処理というものであろう。

こどもたちの作文に、なにかと書きいれることも悪くはないが、もつと大事なことは、その作品をはさんで、その子とじつくり語り合つてみることである。

わたしの学校には各学級にそれぞれの文集がある。また「巣だち」という全校文集もある。こどもの作品を、そのような文集や壁新聞にのせたり、校内放送のプログラムに作文教室として、採り上げたりすることも、作品処理のひとつとして、考えている。

人によつては、低学年の作文では、表記上の誤りは寛大に取り扱つてもいいようにいう向きもあるが、わたしたちはそうは考えない。特に本縣のように特殊な

方言地帯にある学校では、方言やなまりからくる誤りがずいぶん根強い。これは低学年からきびしく指導されなければならないと考えている。

こどもの作品は、散逸しがちである。それで一年生は作品袋、二年生はとじこみの表紙を作つて、それが「わたしの作文」として残るようにしてある。

### 5 終りに思う

わたしたちは、この三月、二十七年度のまとめとして全校二十学級、各学級のひとり一作品とじこみ文集を作つた。その意図は、作文は、かぎられた、しかもすぐれた何人かのこどもだけのものではない。みんなのこどものものだという、きわめて常識的な、わりきつたことを、そのような活動を通して、わたしたち自身が、實感的に感じたいということにあつた。

この仕事をまとめあげるためには、学級のひとりひとりのこどもと、それこそ真剣に取つ組まなければならなかつた。こどもたちはこどもたちで、どの子も、自分の能力のかぎりをつくして書き上げた。わたしたちは、その子らしいなまなましい鉛筆のあとをたどりながら、いままで氣づかなかつた愛情と情熱を、ひとりひとりの作品に、したがつてひとりひとりのこどもに感じたことだつた。全縣の文集コンクールにそれを出品したが、全学級出品したのは、わたしの学校だけであつた。

わたしたちは、いわゆるコンクールの入選作のようなものは望んでいない。ただ、あたりまえの文を、みんなが書けることを望んでいるのである。

（秋田縣仙北郡六郷小学校長）

# 教科書と関連した作文の指導

## 中学年の作文教室

森下　巖

出題の要旨は、中学年の兒童に、①作文を書かせるための指導と、②書かせた作品の處理のしかたとを、③なるべく事例研究的に書いてほしいということであつた。

この出題にどの程度そうことができるかと思うが、三年生の兒童に、潮干狩の生活經驗を基盤として、教科書の讀解と、作文を書かせることゝを関連づけて指導した一例を報告することにする。

（一）

わたくしの学校では、毎年五月上旬に、二年生以上の全兒童が、千葉縣の出洲(でず)海岸へ潮干狩にでかけることになつている。

上学年では、海濱の生物の觀察、採集がおもな目的であるが、低学年では、海に親しみ、貝を掘るたのしさを味わうのが第一のよろこびになつている。

今の三年生が二年生のときにも、こうして潮干狩にいつて、そのときのことを作文に書いたわけであるが、だいたい次のような傾向があらわれていた。

一、二年生になつたばかりの時期の作文であるから、まだまだ、分量の上からいつても、表現の上からいつても、書く力が乏しい。

二、分量の点では、少ないもので一枚（四百字原稿紙）弱から、多いもので三枚強、普通で二枚見當であつた。

三、表現の点では

① 経驗を順序だてゝ、正しく書くことは、みな相當良く書けていた。

② 低学年の作文の一般的な特徴であるが、文の中心、やまをはつきりつかんで書かないで、家を出かけてから、また家に歸るまでのことを、平板に漫然と書いたものが多い。

中には、家を出てから、電車をおりるまでのことが、全体の三分の二くらいを占めていて、潮干狩のようすは、ほんの申し訳にそえてあるようなものもある。

③ 文を讀点(。)で切つて、次の文を新しく起こすことをしないで、「それから……、そして……、それで……、それから……」というふうにやたらにつづけて書くものが、まだ／＼見受けられる。

（二）

その後、滿一か年を経て、今年も又潮干狩の季節をむかえたのであるが、ちようどわたくしたちの使用している國語教科書に、潮干狩の文章が出ているので、その讀解と関連して、昨年よりは一段と進んだ作文を書かせてみようと思つた。

國語教科書（学校図書「三年生の國語上」）の五月の單元は「わかばのころ」という單元で、それは、つぎのような構成になつている。

一、はらつぱで

男の子の野球と女の子のまゝごと遊びに取材し

だ生活文。
二、しおひがり
　しおひがりにいつて、貝をびろつたようすを書
いた生活文。
三、かまきりのたんじよう
　かまきりのたまごから、かまきりの子が生まれるようすをこまかに観察して書いた観察文。

右の三つの教材は、それぞれ作文に発表させることのできる契機を含んでいるが、わたくしは、五月の作文指導の主目標を、観察文の指導におくことにした。

それで、教材と作文との関連を、大まかにつぎのようにおさえた。

一、「はらつぱで」―読みを主とした学習。このような、遊びに取材した生活文を書くことは、六月の「わたくしたちの作文」の単元の中で、書きたいこどもに自由に書かせる。

二、「しおひがり」―この文の読解と結んで、全児童に、自分たちの「しおひがり」の経験を書かせる。

三、「かまきりのたんじよう」―この文の読解と結んで、各自の観察しようと思うものを選ばせて観察文、あるいは観察日記を書かせる。

潮干狩の日が近づいて、掲示板や、校内放送のニユースなどにも、そのことが現れはじめたころ、わたくしの学級でもそのことをとりあげて話し合つた。

一、去年の潮干狩の思い出を話し合う。
　コース。茶屋。ほつた貝。そのほかに取つたもの。おもしろかつたこと。

二、去年の潮干狩の作文を、二つ三つ読む。（教師の手もとに保存してあるもの。）

そのあとで、教科書の「しおひがり」の文を読む学習にはいつたのである。

そこでの読解学習的な内容は省くことにするが、作文と関連して、念を入れて話し合い、調べたことは、つぎのようなことである。

一、みんなの二年生の時に書いた作文とくらべて、よく書けていると思つたところはどこか。

二、書き方のちがつていると思うことが、見つけられるか。

この二については、

①　教科書の「長い間電車にゆられて、やつとまつはまえきについた。」という書き出しのしかたに注意させた。いわゆる「ポツと出式」の書き出し方である。

そして、こどもたちの潮干狩のコースを板書して、そのどこにあたるところから書きはじめてあるかを対応させてみた。

そして、どうしてこんな書き出し方をしたのかと考えさせて、「文の中心」に早く到達するためであることを明らかにして、念のために、二年生の時の作文で潮干狩以前のところが長く書かれていて、かんじんのところがよく書けていないものを読んで、比較させた。

②　つぎに、児童のとらえたのは、国語常体で書いてある点である。国語常体の文は、これが始めてであるので、国語敬体と比較して、その表現法の練習をした。

このような学習は、読みの学習であると同時に、作文という観点からすれば、「書く前の指導」にあたるわけである。

（三）

さて、実際に潮干狩にいつてから、その日のことを作文を書く前に、あらためて、つぎのような注意をした。

一、千葉で、電車をおりたところか、それとも茶屋についたところから書き始めて、すぐ潮干狩のようすにはいること。

二、潮干狩をしている間にとつたもの、見たこと、氣のついたことを、できるだけくわしく書くこと。

三、何かを見たり、とつたりしながら、友だちと話したことばは、なるべく思い出してそのまゝ書くとよい。

四、国語常体で書きたいものは、書いてもよい。

（四）

児童の作文を読んで、二年生の時作文と比較してみると、つぎのような点で、いちじるしく進歩していることがわかつた。

一、分量。最も少ないもの二枚、最も多いもの八枚半、たいていのこどもが四・五枚書いている。（潮干狩、遠足、運動會などの作文は、書くことがいろいろあるので自然、分量も多くなる。いつでもこの程度に書く、わけではない。）

二、書き出しの場所を指定したため、潮干狩そのものの記述が、いちじるしく多くなつている。いつもこのような方法をとることは不自然であるが、文の中心をとらえる指導と関連して、ときどきこのような方法をとることは、効果があると思う。

三、貝をほつたことだけでなしに、やどかり、かに、えび、いそぎんちやくの動物や、いろいろの海藻のようすをよく観察して、細かに書いたものが多い。動物と海藻とをくらべると、動物の観察のほうが多く、描写も生き生きしているのは、こども

の自然な心理であろう。

四、接續詞をやたらに使つて、文をだらだらとつづけ
る傾向は、ほとんどなくなつている。

五、国語常体をかなりうまく使いこなしている。

このように進歩の認められる一面、三年生の作文としては、なおふじゆうぶんで、今後注意して指導していかなければならない点もある。

一、観察が豊富ではあるが、一つのものを深くというよりも、あれこれと目にうつるものを、ことごとく記述しようとする傾向が見受けられる。

これは、潮干狩という場面の性質上、どうしてもそうなりやすいと思われるが、それにしても、もつと興味をひいたものに力を入れて書く指導をしなければならない。

二、會話の入れ方が一般にまだまだ少ない。會話をうまく入れることによつて、場面のようすや、氣持の動きを生き生きと伝えることができることを理解させる必要がある。

三、。「　」の用法は、かなり正確になつてきたが、句点(。)の打ち方は、まだ〱不正確である。

、をやたらにつけるこども。

、をほとんどつけていないこども。

個々の傾向に応じて、またいつせい的に、もつと練習を重ねる必要がある。

このようなことは、作文を読みながら、教師自身反省したり、心に浮かんだりしたことであるが、個々の作品の處理は、どうしたかというと、

一、観察や描写が豊富であるかどうかによつて、三つの段階に分けて、◎◎○を題名の上につけた。

二、文字を正しく、読みやすく書いてあるか、諸記號を正しくつけてあるどうかによつて、これも三つの段階に分けて、その丸を、題名の下につけた。

三、よく觀察しているところ、表現のうまいところには、その部分に、—をひくか、行の頭をかつこでまとめて、その上に○をつけた。

四、文字、記號をあやまつたところで、自分に反省してわかると思うところには、×をつけただけにとどめ、わからないと思われるところは、訂正した。したがつて、同一事項の誤りでも、A兒には×のみであり、B兒には訂正してやるというふうになる。

（五）

つぎに、共同研究のために、三つの作文を選んで、プリントにした。

一つは国語敬体、一つは國語常体で書いてあつて、ともに観察のこまかなもの、いま一つは、文体からいえば国語常体であるが、會話を多く入れた点で、特色のあるものである。

これらの作文を兒童に読みくらべさせて、それぞれの文の特色、長所についての感想を自由に話させた後、視点をきめて、

一、「しおふき」、「あさり」、「はまぐり」。この三つの貝のようすを、どのように書きあらわしているか。

二、「やどかり」のようすをどのように書いているか。

三、「いそぎんちやく」のようすを、どのように書いているか。

を比較させた。

このように一つのものごとを、どのように表現しているかを読みくらべさせることは、物の見方、書きあらわし方を指導するのに有効で、わたくしのよく使う方法である。

そのつぎに、プリントをするとき、あらかじめ、、。「」を抜かして、べた書きにしてある部分について、記號をつける練習をして共同研究を終つたのである。

紙数が限られているため、具体的に作品について述べることができなかつたのは殘念であるが、共同研究でとりあげた「いそぎんちやく」をとらえたところだけを例示しておく。

(A) 水の中に、花のようにひらいているものがあるので、おかあさんにきいてみると、「いそぎんちやくですよ。」

といわれました。

少しさわると、すうつと砂の中にかくれてしまいました。よこから深くほつて、とりだすと、貝がらにくつついた、ねずみ色の、ぬる〱したいそぎんちやくでした。いそぎんちやくを五つもとりました。

(B) そばに山せさんがいたから、

「山せさん、いそぎんちやくとつた。」

ときいたら、

「うん、とつたわよ。一ぴきね。」

「どんなの。」

「あのね。はなみたいのが、ぱあーと、さいているのよ。」

「そう。それじや、わたしもさがしましよう。」

すこし水があるところをさがした。

なかなかみつからない。かにがいつぱいいたので、また、五ひきぐらいとつた。

ほんとうに、花のようなものが、水の中でゆれてい

た。
「あゝ山せさん、あつたわよ。しずかにきて、とつて。」
「ええ、いまいくわ。」
山せさんは、りよう手を、まわりからふかくさしこんで、にげないように、そつとはやくつかんだ。
(C) いそぎんちゃくには、ずいぶんいろ〳〵な色があつて、赤や、みどりや、白など、水の中でゆれているが、なかには、めずらしくきら〳〵光つているのもある。
とろうとすると、まるでゆびをひきずりこむように、すなの中にげこもうとする。そのときあきらめないで、きゆうつと手をつっこんでひつぱると、すつぽりぬけてくる。下には、かいがらなどがついていることが多い。すつぽりとれたときはうれしいが、とちゆうで切れてしまつたりすると、氣持がわるい。たしかにとつたと思つて、そつと手をあけてみると、中はすなばかりで、がつかりすることもある。こんどとろうとしても、かげもかたちもない。

（東京教育大学附属小学校）

# わたしは作文をこのように書かせこのように処理した

## —高学年の作文教室

吉田友治

高学年という考え方を、いちおう五・六年をとつてこのころの作文をどのように書かせたかをのべたいと思う。

このころのこどもの特徴としていちじるしいものは自己中心的な考え方から、しだいに客観的にものを見考えるようになる。したがつて、自分の両親や兄弟、教師、一般の社會人の行動や考え方についても批判的になる。

またかなり理知的な面も出てくるので、論理的にものを考えるようになる。討論などには、これがかなり表われてくる。

このころ学年の特徴としては、男女の特性がはつきりとあらわれてくることである。男の子は、理知的な傾向が強くなり、社會的な廣がりも持つてくるので、そういうことの傾向があまり強くなりすぎて、なまはんかな知識をふりまわしたり、独断的な傾向になつたりして、自分のものになつていないことばで、ものを書いて、ちよつと氣どつたりする。

女の子は、とかく感傷的にものを見たり、事象への感想をもつたりする。自分自身をあまい感傷の中において行動したりする。

こういうことが文の上にあらわれて、模倣的な表現に陥らないように配慮することがたいせつなことである。

だいたい、こんな事がらを考えて、作文指導の大きな目あてをつぎのように立て、どのように指導したかのだいたいを述べる。

① まとまりのある文を書く。

四年生ごろまでは、ものごとを具体的にとらえて、克明に、力強くかゝせることに主力をおいてきた。やじようまんなところがあつても、表現力をつけるために、長く〳〵書かせることを中心の目あてにしてきた。

この学年では、そういう表現の未完成な部分を整理して、まとまりのある文を書くようにした。

① 主題をはつきりして文を書く。

これは書く前の指導として、書く事がらをはつきりさせ、よく整理してから書くようにする。四年生ごろまでは、書く事がらははつきりしているが、書いてる中にどこに重点をおくとか、こゝはこんなにくど〳〵書かなくてもよいというような取捨はなかなかできにくい。書いてしまうと、この文のほんとうに書こうとした事がらが、はつきりと浮きぼりされていないものもあつた。

これは、構想をたてて書くことにも関連があるので、いちおうひとまとめにして書く前の指導をした。

だいたい、四年ごろまでは、時間的な長さや、事象の廣がりのあるものを書きこなすにしても、順を追うて細叙していくことを主要なことにしてきたから、この学年で、そういうものをどのように書いたらよいかということを考えさせ、メモを作つたりして書かせるようにした。

② わかりやすく書く。

これは構想の問題にも、関連があるわけだが、ことばの使い方、つまり表現のしかたについて、特に主要な目あてとした。

常体と敬体とか、過去形と現在形の混用とか、副詞や助詞、接續詞の使い方などいろいろこまかい事がらがあるが、これは基礎的なものとして四年ごろまでには、是非指導しておかなくてはならない事がらである。

こゝでは、もう少し表現全体について考えていつた。

桃の木

家の桃の木は、昭和二十六年のお正月すぎに植えました。その前の年の暮、阿佐か谷に新しい家ができて越してきたばかりでした。

この桃の木は、越してきた記念に植えたのです。はじめに六十センチメートルぐらいだつたのが、今では三メートルぐらいになつています。

桃の木や柿の木は、寒中に植えるのがいゝといつて植えたのです。その年の三月には、かわいゝ桃の花がたつた一つ咲きました。

この文などは普通に読んでも別にわからないことはないのだが、もう少し整理して記述する必要はないか。書き出しにしばられると、どうも説明的になつてしまつて、実感がひし〳〵とこない。また、わかりやすいためには、どのように書いたらよいかという問題を提出して考えさせる。

長いからわかりにくいとか、短いからわかりやすいという問題ではない。細敍、略敍の問題もこゝでは考えなければならない。三・四年として、学習指導要領では、「書きくわえたり、けずつたりすることができる」とあるが、「けずる」ということはなか〳〵むずかしいことであるから、これは五・六年ごろに指導すべきことであると考えた。

③　さまざまな文筆活動の場を与えてやる。

生活文、生活日記、詩など、また記録とか報告とか感想文などのほかに、もつと廣く、文筆活動の場を与えてやる。特に重要なものとして二・三の問題をとりあげてみる。

イ　生活日記。これは、毎日でなくてもよいし、また、書き方も主要な事がらをメモしていつてよいし、その他に感想とか意見なども簡單に短かく書いておくことにした。これは、生活の記録とか、感想文とかをまとめる場合に、いくらでもそこから取材したりすることができる。

ロ　感想文。だいたい三・四年ごろは、読書や映畫などの感想は、すじを追つて書いていつたが、この学年では、そういう書き方より、すすんで全体的な立場に立つて書くように指導した。

ハ　記録。記録は、社會科とか理科その他の教科で自分の学習した事がらをしつかりたしかめるために書くことと、もう一つは、自分で調べたり、見学したりした事がらを他人に伝えるために書くものだということを自覺させ、そのためには、主觀的な記述より、できるだけ客觀的に、そして、伝達の効果があがるように書くことを指導した。

また記録として、学級日誌とか議事録などがある。これは、自分の日記、記録ではないから、どのような事がらを記録しておいたらよいかを考えて書くようにする。学校の自治活動に参加することが多いのであるから、どのこどもも、どんな形でか、そういう記録を書かなくてはならない。全体的な立場に立つて書くには、どんなにして書けばよいかを考えさせた。

ニ　新聞の編集をしたり掲示などを書く。

学校新聞の編集をしたり、自治活動の掲示とか通達とかの文を書かなくてはならない場合が多くなつてくる。掲示などは黒板を利用したり模造紙に書いたりして同時に、そういうものの編集にもなれさせるようにした。

このほかに、いろ〳〵な問題がたくさんある。たとえば手紙にしても、消息的なものと、実用的なものとか、詩とか、童話、脚本などの創作的なものなど考えられるがどんな文を書くとしても、それを書く必要性による書き方というものがある。しかし、文がほんとうに自由に書けるためには、廣汎な文筆活動の中で、どのようにしぼつて書くことに慣させていくかを考えて、文の形からでなく、そのような文を書く場を与えた。

つぎに、處理の問題をのべる段階になつたが、處理の問題は作文指導の中でいちばんやつかいなものである。この處理が、ペーパー・テストのように、〇や×をつけてすむものであつたら、このように問題にされないのであるが、読まなくてはならないというところに困難さがあるのだ。

①　目あてをきめて読む。

一つの作文の中で、表記も内容も、また構想もということは困難である。きめられた目あてで書かせるのだから、その点についてだけ注意して読む。

②　問題の作品を全体の話し合いにさせる。

問題になる作品をプリントとして、これを全体の話し合いに提出する。その話し合いにも一つの目あてをきめてこれによつて話し合いをすすめる。

いろいろ出た問題を整理して、表記とか、内容とかにわけ、もう一度目あてをきめてから、自分の作品を検討してみるようなことも、よい処理の方法としてとりあげた。

このプリントは、すこしきれいにすつて、一枚文集のような形で、一学期ごとぐらいに、表紙・まえがきくらいを追加して、文集にしておけば、こどもたちにとつても楽しみであるようだ。

③ 新聞にのせたり回覧文集を作る。

これには編集委員を交代させて、原稿から読ませる。そして、表記の不正確なところを指摘したり、内容の不明確なところを作者と話し合つて訂正させたりする。こうしてでたものを、新聞にのせるとか、文集を作つておき互によみあい、余白に感想などを書かせる。

ともかく、どんな方法によるにしても、教師が読まなくては、処理の方法はうまれてこない。だから、教師としては、たくさんの文を読んで、こどもの作品をみる目を作ることがなによりたいせつなことである。

原稿用紙を正確に使わせたり、句読点を正確にうたせたり、よみやすくきれいな字を書くように、これはそれぞれの学年の目あてとして、低学年からじゆうぶんに指導しておくことも作文処理の一つの近道でもある。

（東京都杉並区立杉並第七小学校教諭）

# 作文カリキュラム試案（六年）

大道小学校
赤嶺康子

| 月 | 教科書単元名 | 作文単元名 | 作文領域 書式 | 作文領域 通信・伝達 | 作文領域 記録 | 作文領域 感想創作 | 作文領域 資料編集 | 備考 |
|---|---|---|---|---|---|---|---|---|
| 四 | （一）日本の国<br>①千年の都<br>②外国への窓<br>③にれの町<br>④日本の中心 | ◎六年生になつて<br>◎正しいかなづかい | 原稿用紙の書き方<br>句読点、。かぎ「」段落<br>順序構想をはつきりさせる<br>本学年で元成させることを目標とする<br>●（は）と（わ）<br>わたくし<br>わらじ<br>私は<br>花は | | | 小学校最上級生としての喜び、自覚、態度について思索文を書かせる。 | | 小学校の最上級生として「正しいかなづがい」を理解させ、正しい表記法によつて、自由に文章が書ける能力をつける。 |

| | 月 | (二)私のゆめ |
|---|---|---|
| | | (二)私のゆめ<br>①僕は船長になりたい。 |
| | ◎日記<br>◎私どもの村<br>市<br>学校 | ◎私（僕）の<br>ゆめ |
| かなづかいの指導 | ●(え)と(へ)<br>さえずる<br>きこえる<br>山へ<br>右へ<br>●(お)と(を)<br>おとこ<br>おもしろい<br>字を書く<br>手をつなぐ<br>●(ず)と(づ)<br>だいず<br>すず<br>みかづき<br>こづつみ<br>●(じ)と(ぢ)<br>くじら<br>じまん<br>はなぢ<br>ちぢみ<br>●(しょう)と(しよう)<br>勉強しましょう<br>だめでしょう<br>はやくしよう<br>勉強しよう | |
| | 日本の国に對する愛情と認識を深めると共に各自の市村についての報告文を書かせる。 | |
| | 生活日記、学級日記、自治會記録 | |
| | | 私のゆめを各人の生活の立場ら健全に伸ばしはぐくんでいくように |
| | 真和志市の鳥瞰図 | |
| | 上級生としての自覚の中に計画的に日記中心の作文指導を行う。<br>表現能力<br>物の見方<br>考え方<br>良い習慣を成長させたい。 | 勇壯なものへのあこがれ情緒的なあこがれを將來、成長していく過 |

| | | | | | | | | |
|---|---|---|---|---|---|---|---|---|
| 五月 | ②木の医者になる | ◎お母さん | 母の日のポスター　標語<br>子供の日のポスター　標語 | | | 兒童の憧憬、ゆめを書かせる。<br>母に関する感想文 | 「母の日、子供の日」の標語　ポスター | 程においても持ち續けさせたい。<br>母の日を有意義に、効果的に生活させ、母に對する感謝の念を深めるよう、母への愛情、感謝の氣持を書かせる |
| | ③ヘリコプター | | | | | | | |
| | ④人形博物館 | | | | | | | |
| | ⑤けんかのない国 | ◎遠足 | 遠足、見学中のメモのとりかた | 遠足、見学の記録を手紙の形式で家族や友だちに報告させる。 | 遠足の樣子を簡單にメモする。 | 遠足の樂しかつた樣子を書かせる。 | 遠足レポートを作る。 | 遠足のメモをもとにして報告を書かせる。 |
| 六月 | (三)新聞 | | | | | | | |
| | ①ペンの力 | ◎時計の一日 | | 時の記念日<br>標語　ポスター | | 時の記念日にあたり、時間の観念を子供の時から、うえつけるように、それに對する各人の生活の立場から書かせる。 | 時の記念日、ムシ歯予防の標語、ポスター | |
| | ②私たちの新聞 | ◎学級新聞を作ろう。 | 一、新聞発行、くみたて、<br>二、記事<br>記事の表現のしかた<br>見出しのくふう。<br>文の表現、表記法、<br>誤字脱字<br>●題材のとらえ方はよいか<br>●表現のしかたは正確か<br>●文字の書き方は正し | 原稿募集の通知をする<br>学校内外での報告文をかく。<br>相談内容を記録する。<br>記事をメモする。<br>ニュース、通知登校、下校で經驗したこと、家庭学校のおもな出來ごと、学習や研究會の報告 | 語合いの場合の発表のしかた。<br>話のきき方の能力や態度を観察記録する。<br>兒童の記録したノートを参考資料として判断する。 | | 学級新聞<br>新聞を主題とした文<br>新聞の編集、新聞社見学などについて述べた文<br>社會科教科書<br>ニュース資料ラジオの放送内容(校内) | 新聞を作ることは国語の学習、特に作文の学習には効果は大きい。<br>兒童の社會意識を深める。 |

| | 七　月 | 八 |
|---|---|---|
| | (四)道は續く<br>①空の旅<br>②正倉院の工芸品 | |
| | ◎「映画をみて」感想文<br>◎学校放送<br>◎夏休みを目前にひかえて | ◎夏のおたより |
| いか。<br>●いつ、どこで<br>●何が、どうして<br>●どうなつたか<br>●それはなぜか | | |
| | 夏休みの生活計畫を報告する文を書かせる。 | 先生やお友達に暑中お見舞を書く。 |
| | 放送聽取のメモのとりかた。<br>夏休みの研究記録のまとめかた<br>●記録したメモをもとにして<br>●番號をつけて、いくつかの文にわけて書く。<br>●図や表も入れ、絵も描きだれにでもわかるように記錄する。 | |
| | 映畫のあらすじをまとめさせ、それに對する感想と批判態度をもたせる。<br>読書後の感想文を書かせる。<br>放送聽取後の感想を書かせる。 | 生活日記のほかに兒童各人の生活から生れてくる生活文を綴らせる。 |
| | | |
| | 記錄学習の機會は、学校生活で、ずいぶん多い。<br>メモも記錄学習の重大な役割をなすものです。<br>校內放送のメモの取り方の指導 | |

| | | | | | | | | |
|---|---|---|---|---|---|---|---|---|
| 月 | | ◎おうちのお手伝い | | | | 夏休み中お家のお手伝をしたことを書かせる | | |
| 九月 | (五)社會とことば | ◎夏休みの思い出 | | 樂しかつた夏休み生活の報告文を書く。 | | 夏休み研究作品発表會の感想を書く。 | | 夏休み中の作文の處理 |
| | ①方言と標準語 | ◎颱風 | | 海、山、川旅行に行つた経験をみじかい文で書く。 | 颱風の発生地進行経路など新聞雑誌からメモ記錄させる。 | | | |
| | ②新語と外來語 | ◎正しいかなづかい。 | 促音（そくおん）（つまる音）<br>コップ、マッチ、ラッパ<br>持っていつて<br>長音<br>アー　イー　ウー<br>エー　オー<br>「いう」と「ゆう」<br>「いう」は「言う」の活用語尾 | | 外來語を集めてみよう<br>標準語で表わしにくい方言を集めてみよう。 | | | |
| | ③記號で表わす | | | | | | | |
| 十月 | (六)心を打つ人々 | ◎お友達 | | | | 「自分の一番仲のよいお友達について」の感想文<br>よくけんかしたお友達の思い出など | | |
| | ①モーツアルト | ◎読後の感想 | | | 文中から読みとつた感動をメモする。 | | | モーツアルトの肉親に対する愛情、スポーツマン、シツプの友情の美しさ |
| | ②友情のメダル | | | | | | | |

| 月 | | | | | | | | |
|---|---|---|---|---|---|---|---|---|
| | ③佐久間象山 | ◎偉人伝記を多くよみましょう。 | | | 偉人伝の読後の感想を記録しよう。 | 読後の感想文を書かせる。<br>各自の経験の中にとらえた感銘を作文させる。 | 偉人の伝記をあつめる | 佐久間象山の信念の強さをよむことによつて兒童の情操を高めるように感想文の指導をする。 |
| | | ◎樂しかつた修学旅行「國頭旅行」 | | 旅行の計画案を作る。<br>旅行の報告発表會をもつ。 | 旅行のメモの取り方<br>●見たもの<br>（どこで何を）<br>●調べたこと<br>（どこで何を）<br>●心に深く残つたこと<br>（どこで何が）<br>●つかつたお金<br>（どこで何に） | 旅行記を書く、なるべくいくつかの題目にわけて書かせる。<br>①出発、途中の様子<br>②目的地についての様子<br>③勉強したおもなもの<br>④帰途 | 沖縄地図 | どんな交通機関を利用するか。 |
| | | ◎学校新聞を作ろう。 | | | | | | |
| | ◎樂しい運動會を目前にひかえて | | | 運動會の案内状の書き方<br>運動會のポスター<br>宣伝廣告 | | 一年一回の子供達にとつて樂しい秋の運動會を目前にひかえてのよろこび、苦勞、待ちどうしさを書かせる。 | 運動會のポスター | |

# 「流れる銀河」をめぐって

大城立裕

創作の舞台裏

新聞小説というやつは、まつたく職人仕事だ。ひとつのジャンルとして、まずこゝにいくつかの属性あるいは方法がある。それらはいずれも、いわゆる百万人の文学へ至る道だとされている。つまらんくせに珍重されているそれらの顔をならべてみよう。

一、社會通念に逆らうべからず。　二、恋愛沙汰を入れるべし。　三、明日への期待をもたせること。　四、出來るだけ、掲載される季節と連れ立つがよい。　五、その頃社會に起つた有名な事件を織り込めばもてる。

ほかにもあろうが、大体この程度と見てよい。これだけの條件をつくせば、なるほど百万人が読んでくれる筈である。技巧さえつくせば、朝の五分間をつぶさせるぐらい、お茶ゝ子である。ところが、そのお茶の子に至る道はいばらの道だ。書きたいことも書けない、つまらんことも書かねばならぬ。これは、すくなくとも前途有望を自負する文学青年のなすわざではない。そこを敢えて破戒に及んだには、それ相當のリクツがある。

一、この職人仕事的ジャンルに魅力があつた。スリルがあつた。難しそうな條件を克服してみようという野心も働いた。

二、公務員というの名の貧乏に潤いをつけるため、アルバイトがほしかつた。短篇や雑文で原稿料をもらつたためしは殆んどない。これは新聞社の予算に計上されている。

ところで、事業進展の一助としての新聞小説に新聞社が干渉するのは當然で原稿を修正する覺悟はもたねばならぬ、とこれは先輩山里永吉氏の忠言であつた。新聞小説は、作者と新聞社の合作である。ともある人が言つた。止むを得まい。そこもスリルだ。金をもらうことであれば…（といえば巨万の稼ぎにきこえるが、ひとにいえば笑われるくらいだ。二割税とはなおさら。だから税務署の悪口を書いたら、安谷屋氏も張切つて、それを挿繪に書いてあつた）

「流れる銀河」は、この技術の小手調べである。最後まで面白く読ませれば足りる。というのが膽であつた。達三先生や石坂先生のように思想をもたせるということは、いまのところ考えまいとした。なにしろ、筋だ、ヤマだ、とあくまでメロドラマを追つた。メロドラマはとにかく人物の多い方がよい。で、いま思い出すだけでも、美田秀之、今泊千代、保子、住吉照代、泉崎二郎、貞子、羽地英一郎、伊波武信、久茂地、小橋、その他、学校の先生や藤本建設の人達を合わせれば、何人になるだろう。これだけの人物を動かすにはみなそれぞれの個性をつけなければならない。その成否はどうだつたか、結果はごらんの通りである。主要人生の多くを、みなある意味で好もしい人物にしようというのが最初からのアイデアであつた。美田秀之の性格は僕のそれに近いという話がある。そうかも知れない。主人公の物の見方や動き方は、たいてい作者のそれに似てくるだろうから、それも、いわば作者の思想といえるのではないか。しかし、美田に限らない。英一郎も泉崎二郎も、伊波武信でさえ、ある部分ずつ僕の分身といえる。作品には、作者が顔を出すものだ。

作者が顔を出すということは面白い。琉球所報の「海の水は青い」の作者、泊之男は僕の朋友である。こんど二人同時に書いた。ということは、どちらも季節が一緒—夏だということ。この「夏」の表現に、彼は汗を出し、僕は涼しい風を出した。どちらがいゝの悪いの問題ではない。彼の住居が暑く、僕の住居が涼しい、という書齋の條件が、案外影響しているのではないかしら、と思うのだ。

勿論、涼しい雰囲氣を出そうという意図はあつた。伊波武信、照代、二郎、貞子、英一郎などにムダ口を叩かせたのは、それである。老人を戯畫化したのもそれだ。だが、そのユーモアも、あまり間延びさせずに、しやべりながら、つい筋の中核にふれていち早く當人たちの心理や知識に影響する。それから新しく筋を展開させる、という手段を使つた。この手段は予め考えていた場合もあるが、そうでない場合もある。後者について、新垣美登子さんは、「手が書く」という言葉で表現した。書きながら、その勢で、という意味である。會話の展開方式は連想である。連想にいくつも可能性があるとすれば、そのうち、筋の展開に必要な方をとることだ。その可能性は、しかし、性格や教養から來る必然性がなければならない。同じことを聞いても、秀之と照代の返事は違うはずである。その呼吸がピツタリ成功したとき、読者は無意識に、その人物の性格や知能をのみこむ。僕にとつて性格描写は、説明より、會話による方がやさしい。戯曲から入つたせいかも知れない。

新聞小説の読者は會話を重視するそうだから、僕は得ではあつた。ところがその図に乗つてはいけない。展開、展開、また展開、というメロドラマの世界だ。照代のへらず口は最もやさしいが、三日も續けばおよそ飽きる。それでは困る。このコントロールに最も困つたのは、職員會議の場面であつた。論戰は會話の省略が利かない。逐一のやりとりがあつて、後に結論が來る。ところで論戰というやつは小説では退屈なものだ。あれだけの結論を出すのに、普通ドングリの頭をそろえた場合、二時間はかゝるだろう。事實僕は二時間かゝつたと書いた。しかし、二時間分の議論を書くとなると、沈黙の時間を勘案しても大變なものだ。ところが四回四百行ですんだ。この技功のタネ明かしは伊波武信の突飛な発言にある。急転直下、論理を飛躍した論理である。無茶苦茶だ。これは、議論の省略と退屈しのぎを兼ねた。

なにしろ同じ雰囲氣を三日以上つづけないことだ。明朗、憂鬱、悲哀、歓喜悠長、緊迫、いずれも、長引くといけない。だから同じ人物なら場所を変える。同じ場所なら、人物を入れ変える。これは挿繪のためにも必要な技巧だ。それを百行目一單位で切換えるのは、全く人を食つた小細工だ。最初のうちはうまく行つたが、後半では、中途で雰囲氣が変つたりした。その前の日で切換えるには、筋が突飛すぎる。が、翌日まで延ばすと間延びする。これが、テンポの細工であり、サスペンスにも関係する。

百行にちぢめるのに苦しんだり、のばすのに苦勞したりした。行数と関係なしに、その日の幕切れは、予め設定されるからだ。「明日への期待」のために。四回目かに、照代と秀之とが川端で語る。「先生、どうして結婚なさらないの?」で終つた日がある。この照代らしい問に、どんな秀之らしい答が出るか。その期待を読者がもつように作者は期待している。翌日「面倒臭いことをきくな」で始まる。それから、「やたらに突込めるものか」秀之は千代のことを思い出していた と來る。「数え子は勇敢よ」これで節が展開に乘る。節の中核は千代である。

あらゆる人間が直接間接に千代をめぐつて動く。発端が千代で、彼女が失踪し、千代ヲサガシテクレナイカ、と話のメロデーが流れて行く。途中で千代が姿を見せないからといつて、読者の頭から千代を忘れさせてはいけない。だから、あらゆる場合に、會話のキツカケを利用してでも、千代をよみがえらせる必要がある。殊に、最後の愛情の結論に千代をもつてくる構想に於てをやである思い出や會話によみがえるだけでは、まだ印象が不充分になるおそれがある。チラと見えてスツと消える—これを作りたい。そのために化粧品のマネキンと銀行前を利用した。銀行前の場は、すぐさま預金通帳の筋にひつかけられるから便利だ。マネキンの場は、それほど筋への引つかかりをもたなかつた。あれはただ、この頃流行のマネキン宣伝を利用した。

流行、あるいは時事を利用するともてると書いた。そこの志向は、例のマネキン、それにパチンコ、月の濱ビーチ、組踊「手水の縁」、ニーナ台風にあらわれた。このような技巧でもてようとするのはオメデタイが、筋に無関係でもち出すことは僕にとつてタブーだ。それはハツタリでしかない。だから、多かれ少なかれ筋に引つかけた。例をあげよう。パチンコは七月頃から始まつたのだから、この小説を構想した三月、四月頃は勿論頭になかつた。入れるためにどうしたか。しめ〱、伊波武信という材料がある。彼は立消えみたいになつたから、もう一度ぐらい出さなくてはなるまい。どこか街の真中で會わせようと思つていた。そこへパチンコが出て來た。彼ならパチンコ談義でしやべりまくるには恰好なのだ。そこで出した。ついでに久茂地も出して、保子に印象を与える。武信が秀之にくれたひとボールの煙草は、秀之と保子の愛情心理に役立たせた。煙草の件は、書いているうちに手が考えた一例だ。もう一つ、月の浜は、新聞社の要望で出した。相談があつた時、筋に関係をつけられるなら出しましようと言つた。一日考えた。と、羽地組の工事のゴマカシのために秀之に一週間位監督を休ませる必要があつた。病氣や用事をこさえることだ。そこで、海でのケガを思いついた。しかも照代との間に昂奮するという思わせぶりなシーンを原因にして。

照代との昂奮の一件は、あとで重大な筋になつて來そうで、ガツカリした讀者もいたと思う。そうなればもつと面白かつたと、僕も思う。しかし、百回位の長さで、という當初からの新聞社の要望に應するために割愛した。

ラヴ、コンビについては、世論をきいていて、とても面白かつた。讀者の期待に二種類ある。秀之と照代、英一郎と保子という二つのおめでたいコンビ、もう一つは、秀之と保子と結ばせればあとは御随意にという組。結集はごらんの通りである。ここで社會通念の問題をとり上げてみよう。秀之と保子とを結婚させてはみつともない、とある記者が言つた。千代の事件で秀之が学校當局と斗つた意志が野心的に見えて面白くないというのだ。ごもつとも。英一郎と保子を結婚させてはいけないという声があつた。英一郎はどうも浮氣らしいからという。さもありなん。これらの御意見はいずれもある程度妥當らしいけれども、しかし、どちらにも、遠慮していたら、保子の救いがなくなつてしまう。この救いを獲得すべく努力したのは、ほかならぬ照代であつた。照代というモチーフは、この小説のミソである。内容的には傍役、構成上は主役ともいえる。その逆は千代で、これが内容上は主役、構成上は傍役である。こういう手法が効果の上で妥當かどうかは別に研究の餘地もあろうが、一應面白い思いつきでもあろうと思つて使つたのである。照代は、形の上でみんなを動かしている。彼女の面白さは、向う見ずにみんなを動かしてやまない。その奔放な動きにある。この小説での彼女の價値はそれだけだ。だから、彼女が秀之と結婚して落着いてしまつたら、さつぱり面白くない。秀之と保子を結婚させることはみつともないから、秀之と照代を一緒にした方がよいといつた讀者は、よく考えてみると、照代が秀之をあんなに動かした行動が野心的だつたという解釋を認めることになつて自己撞着に陥るだろう。照代は、あくまでも當分フリーで車をとばしていくことだ。その方が美しい。よりロマンチツクだ。英一郎が浮氣だという印象を与えたとすれば、作者の表現の拙さか、讀者の讀み足りなさか。その弊害をさけるために、親孝行談義や組踊りなど、古風な落着いたモチーフをもつてきた。もつとも、あゝいう男は四十代にもなればどうか分らぬが、メロドラマ作者は十年後まで保証する義務はない。一般に千代を結婚によつて救い上げることについて不潔感とか同情的愛情に對する非難があるかも知れぬ。それを防ぐのに、千代の元來の性格をあくまで善美なるものとし、秀之が求婚する心理描寫をくわしくした。保子と英一郎が、そのあとですぐくつついたらオメデタすぎるし、また浮氣で見て、恰好がつきにくいから、ほのかな予想にとどめておいた。こういうラヴ、コンビの結末は、九九回目にしか分らない。おそらく大部分の讀者が噓をつかれたに違いない。そして、作者に非難が來るとすれば、こつちの負けである。なるほどねと合点すれば、こつちの成功である。ぐんぐん引張つて來て、パツと華やかにひつくり返して見せるのは、ドラマの常套手段だ。こういう話がある。大正か昭和のはじめに、沖縄の劇団で「父帰る」をやつた。お父さんがとう〱帰らないので、見物人が大いに怒つた。ぐんと客足が減つた。仕方がないから、おやじが帰ることにした。すると、やんやともてた。ところがいけない。今度は新聞でミソクソにやつつけられた。どつちもいけないことになつた。とう〱、いやになつて芝居をやめたという。

社會通念にさかわらずに、何か新しいものをもつてくるという技術、これが出來ればしめたものだ。「青い山脈」の石坂先生はみごとであつた。新聞小説として、メロドラマを書いて、叱られるのはバカらしい。だから、千代事件の批判にしても、ストライキ問題にしても、事実あるとしたら、それ〲對立的立場というものがあつて、世間の人はそのどつちかにくみするであろう。小説の場合はそのどちらにも一理あるように仕組んだ方が無難だ。こんどの場合、結果としてどちらが勝つたことにもなつてないことは、樂屋の秘策である。讀者はあれで結構納得しているのではなかろうか。事件の結末は、美田秀之という男の正義感、清潔さを見せるように書かれたからだ。これたり、ひねつたりしながら、今日の青春のロマンチシズムを匂わせようというのが、こんどのねらいであつた。それも思想に属するという人があるなら、有難うとお礼を申しあげる。

最後に、参考のためにモデル問題を書いておく。正直に言つて「流れる銀河」にモデルは全然ない。これまでのくだ〳〵しい樂屋話を読まれたら、徹頭徹尾技巧ででつち上げた世界だということが分ると思う。現実にモデルがいたら、あんなに思う通り動かせはしない。ある高等学校で、千代のような事件がおこつたとしたところで、それがモデルといえるかどうか。そうなれば人生の可能性に基盤をおいた文学には、すべてモデルがあるといわねばならない。そういう意味でのモデルは、殊更にモデルだということ自体がばからしい。高校の女性徒が姙娠して、それに責任を感じて受持教師がやめたというなら、いくらかモデルだといえようが。その限界は僕にもハツキリしない。いつか、スト資金を食つた男のことが新聞に出ていた。彼は久茂地のモデルだといえようか。ヒントだつたとはいえるかも知れない。資生堂の店先でナリスのマネキンのセリフを連記して使つた。あれはどうだろう……。

終

# 中央教育委員會だより

第十一回定例委員會

期　日　一九五三年七月二十七日～八月一日

出席者　仲井間委員長　外全委員

真榮田局長

一、モデル成人学級、公民館、青年會、婦人會の設定

一、推薦教科書目録作成委員の委嘱決定

一、五四年度高校入試選抜方法に対しての助言案決定

一、教職員免許追認單位の認定について

一、政府立学校の学年及び授業日

一、教育関係諸法案の基本方針の研究

第十二回定例委員會

期　日　九月二十一日～九月二十八日

出席者　仲井間委員長　外全委員

真榮田局長

一、推薦教科書目録の承認

一、みなと、小中校の移転、校名変更について垣花小、中校とす。

一、授業料徴收基準一部改正

第七條を「授業料は、その学年を通じて十一ケ月を超えて徴收することは出來ない」と改む。

一、貧困児童生徒教科書貸与規定の改正

一、五四年度校舎建築割當方針の改正

一、五四年度政府立学校の建築割當の決定

一、〃公立学校の建築割當決定

一、〃政府立学校の修繕割當決定

一、〃公立学校の修繕割當決定

一、八重山開拓地学校の施設について

一、沖縄英語学校の設置決定名護町へ

一、校舎建築修繕施行要領について

第十三回定例委員會

期　日　十一月七日～仝月八日

出席者　仲井間委員長　外全委員

真榮田局長

一、要貸与児童生徒教科書購入補助割當方針決定

一、五四年度地方教育委員會運営費補助金割當方針決定

一、教職員免許規則一部改正

一、本年度後期冬・春認定講習計劃の決定

一、奬学生選定方針の決定

義務教育担當教員志望学生中より規定によつて中央教育委員會が承認し、一人宛月額一、〇〇〇円以内の学資の給与をする。

一、公民館設置要項の決定

一、実験学校運営要領

以上

# 文教審議會だより

第一回文審會

期　日　十月二十七日午后二、二五〜午后四、五〇

出席者　山城委員長　外全委員

　　行政主席、官房長、文教局長

一、辭令交付

一、主席挨拶

一、委員長、副委員長、互選

委員長　山城篤男氏　副委員長　豊平良顕氏

一、審議會議事規定の審議決定

一、教育概況説明

第二回文審會

期　日　十一月六日午后二、二〇〜午後六、〇〇

一、第三回以降の諮問事項

高等学校に於ける職業教育計劃について

①職業高校の生徒定員及び学校数について

②普通高校の廃止・綜合・設置について

③政府立学校設置法について

④その他

一、特別委員會を設置して研究することにする。

特別委　七名

委員長互選により豊平氏と決す

第一回特別委員會

期　日　十一月十一日午后二、二〇〜午后七、〇〇

一、参考人として各職高校長、教育長代表、普通高校長代表、中校長代表、政府各関係担當者、経済企劃室の方々より意見聽取

第二回特別委員會

期　日　十一月十六日午后二、三〇〜午后八、〇〇

一、前回に引續き參考人の意見聽取

第三回特別委員會

期　日　十一月十八日午后一、三〇〜午后八、〇〇

一、答申案の作製

第三回文審會（全体會議）

期　日　十一月二十日午后二、三〇〜午后六、〇〇

一、答申案の審議決定

以上

## 文教審審議委員紹介

| 議席番號 | 氏名 | 職業 | 住所 |
|---|---|---|---|
| 委員長　一 | 山城篤男 | | 首里市 |
| 二 | 千原繁子 | 医師 | 那覇市十区 |
| 三 | 島袋俊一 | 琉大教授 | |
| 副委員長　四 | 豊平良顕 | タイムス社理事 | 首里市 |
| 五 | 高宮廣雄 | 琉大助教授 | |
| 七 | 龜川正東 | 琉大助教授 | |
| 八 | 山田政功 | 辯護士 | 真和志市榮町区 |
| 九 | 松岡政保 | 土建業 | 真和志市岡野區 |
| 十 | 知念朝功 | 辯護士 | |
| 十一 | 稲峰一郎 | 琉石社長 | |
| 十二 | 比嘉善雄 | 牧師 | |
| 十三 | 長嶺彥昌 | 琉水社長 | |
| 十四 | 中村　信 | 婦連會長 | |
| 十五 | 平田忠義 | 沖貿社長 | |
| 十六 | 照屋善清 | 南風原村長 | |
| 十七 | 新里善福 | 国頭村長 | |

## 編輯後記

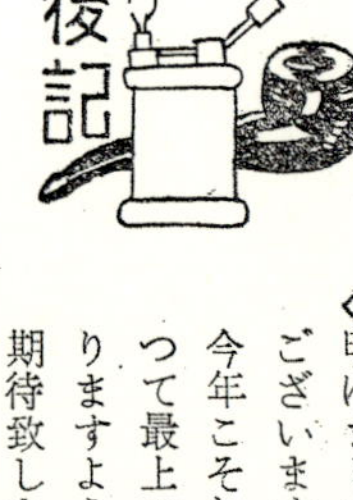

◇明けましておめでとうございます。

今年こそわが沖縄にとつて最上のよき年でありますよう読者と共に期待致します

◇カリキユラムの構成に多忙を極めている中に到頭本號の発刊がのびのびになり新しい年にまで持ち越してしまいました。

◇本號は作文教育特集として皆様にお目にかゝることになりました。最近教育界は勿論のことジヤーナリズムの間にも作文教育に對する関心が深まりつゝあることは沖縄教育のために非常に喜ばしいことだと思います。

この機を逸せず、廣く現場の先生方や琉大、指導助言の立場に居られる諸先生方、ジヤーナリズム、その他の方々の御協力を得て本號の編集を計畫致しました。玉稿を戴きました方々に厚く御禮申しあげると共に読者の御愛読をお願い致します。

◇永い間現場の先生方が待望して居りましたカリキユラム構成の仕事も順調に進み既に目標篇は活字となつて皆様の手もとに届いていることゝ思います。学習の展開についても各科篇として近々の中に印刷にまわすところまで進展して居ります。

一九五四年はわれわれにとつてみのり多い希望の年たらしむべく、現場の御活躍を切に期待致します。

（一九五四年一月五日編集子）

# おすゝめしたい図書

| | | (発行所) | (定價は日本円) |
|---|---|---|---|
| ○社會科の改造 | 馬場四郎著 | 同学社 | 二九〇円 |
| ○社會科の本質 | 馬場四郎著 | 仝 | 仝 |
| ○基礎学力 | 廣岡亮藏著 | 金子書店 | 三四〇円 |
| ○單元 | 梅根悟著 | 誠文堂執光社 | 三〇〇円 |
| ○小学校の特別教育活動 | 梅根悟<br>竹之下休藏<br>馬場四郎 監修 | 金子書店 | 二三〇円 |
| ○小学校低学年の特別教育活動 | 〃 | 〃 | 二九〇円 |
| ○小学校高学年のクラブ活動 | 〃 | 〃 | 二〇〇円 |
| ○小学校高学年の兒童會と經營活動 | 〃 | 〃 | 三一〇円 |
| ○中学校の特別教育活動 | 〃 | 〃 | 〃 |
| ○中学校のホームルームと集會活動 | 〃 | 〃 | 二三〇円 |
| ○中学校の生徒會活動 | 〃 | 〃 | 〃 |
| ○中学校のクラブと校外活動 | 〃 | 〃 | 二三〇円 |


一九五四年二月十三日印刷
一九五四年二月十五日發行

發行所　琉球政府文教局
研究調査課
(非賣品)

印刷所
那覇市松尾区Cノ三号
共同印刷社

沖縄

# 文教時報

8

## 第八号

産業教育特集

文教局

研究調査課

# 文 教 時 報 第8號 目 次

══ 産 業 教 育 特 集 ══

# 文 教 時 報

第 8 號

## 産業教育特報

文 教 局

# 一つの声

坂元彦太郎

ちがつた風土の所にきて、そこに草木と一しよに生長した文化や習俗に接することは、私どもにとつて無性に樂しいことである。そしてまた、こうした異なつた根をもつ文化や人情にすつかり身をひたすことの困難さをしみじみ感じながら、どこのすみからかそれが次第にほどけていくのを身にしみて覺えることは、さらにまた樂しいことである。

むろん、沖縄の文化は、私どもにとつて全然異質的なものであるはずはなかつた。しかし、実際に來て見ると、ここの暑さだけにしても、そう温度と濕度の計量的な関係だけで割り切れるものではなく、からだでぢかに感じなければわかるものではなかつた。そしてからだがそれに馴れるにはやはり日時と努力とを要することであつた。颱風の一回の経験や、これらの風土とともに、衣食住その他の習俗に馴れるのにともなつて、ここに住む人々の考え方の中に入つていくことも、そうたやすいことではないといえよう。

しかし、南九州に育つた私には、この風土、ここの人情については大体見当をつけていた。でも、やはり來て見なければ分らず、ひたつて見なければ感じられない所が多分にあることを見つけた。

たとえば、人々の慎しみぶかい、初対面にはほとんど内面をうかがわせない態度である。一寸見れば、警戒心と自卑心と、そして自尊心との奇妙な混合であり、その奥に人のいい善意がこもつている。こうした閉鎖的な善意をまともに感得することは、より開放的より直情的な人々にとつては、相当の忍耐と努力を要する。ひるがえつて見れば、われわれの端的な表現や行動は、多くの當惑や誤解をまきおこしたことでもあろう。

しかし、南九州に育つた私には、かつての少年時代には、まわりがみなこうであつたことをよくおぼえている。そして、そのこころが今でも、実は、私の中に巣食つている。こういう心の動きがわかり、同感をおぼえるだけそれだけ、私はそれがぢれつたくなり、時には鼻につくことさえある。誇張していえば、自分の中にある島國的なうぬぼれの反映を見せつけられるような氣がしたりして、自分自身に対していらいらしてくるのである。

これが、私をして対照的に、より直情的に、より開放的に行動させることになつたのである。私は、この土地の人々の「しりごみ」を心から軽蔑する氣にはなれないだけ、それだけ、はげしくそれのもつ障壁に突撃したくなる。社会生活の積年の閉鎖と、文化の後進とがこれらのものをもたらした——と人々と同じように口は利くものの、その必然を是認する心が一ぱいある。そして、それが一轉して、はげしくこうした後退的な習俗に対してぶつつからざるをえなくなるのである。

一月以上も一しよに生活しているうちに、お互の心がほぐれてきて、いざ別れるとなると別れがたないこころになるのは當然であろう。そして、ここの人たちは、ともすれば別離のセンチメンタリズムの中に身をおぼらせ、過度にその別離の情を表現しようとする。はじめに迎えるときには何かおづおづしただけそれだけに、せき切られた水がほとばしりでる見たいに、別離の悲哀感の中に、酒に酔つぱらつたように、身を投ずる。——私には、分りすぎるほど分るのである。

だから、というか、しかし、というか、私はこう思う。お互の心が通じて、後髪をひかれる思いであればあるほど、どこかでぶつつとたち切り、たち切るが故にいつまでもお互に忘れない、という交わりはできないものであろうか。夜半の飛行機で出発するという、非人情的な仕組にまでも、牧港で送つたと同じ手法を使わねばならないであろうか。私たちを追つかけてくる無数の、無量の好意に対しては頭を下げて感謝するが、あまりにも善意の無理強いをすることになりはしないかと、相手の立場に立つて考えて見ることはできないものであろうか、と、もどかしくなつたりするのである。

こうした因襲的な善意の現われの儀礼は、いたるところで見受けられたといつていいが、もつと人の立場に立つて考える、という善意の飛躍的な展開がほしいものである。そのためには、もつと世の中のことを素直に経験し、世界のことを知らねばいけない——という、全く平凡なことになつてしまうのである。もつと深い洞察と、ひろい視野とを、心から要望する。——岡山大學教育学部

# 問題の子等を訪ねて

指導課長　中山興眞

五日前、ついでがあつてコザの女子寮を訪問しました。

ここは首里の職業学校の分校で問題の少女達を収容しています。午後の七時過ぎで室内は暗いが、外は月で明かるくなつていました。子供達は庭でさわがしく遊びたわむれていました。「今晩は。」ではいつていくと八名の元氣のよい「今晩は」のあいさつが次々に續いて集つて來ました。「お母さんは」ときくと、「呼んできます。」と一人が走つて行つた。「部屋が暗いですね。」といえば「あぶらがありません。」という「政府の先生方が遊びに來たんだよ。」と告げると、「ありがとうございます。」と喜ぶ　訪問者一行は、コザ中校の兼城校長、小波藏次長、比嘉課長、糸洲主事に私の五名でした。「皆さんお元氣ですね。私知つていますか。」「はい、三度目よ。」こんな話をしている十数分間一人又は二人でどこやら去つたり、來たり、ぴちぴち活動している。そこへ、二三の子供等にかこまれてお母さんが帰る。「おかあさん、お客さんよ。」と待つていた子がつげる。このお母さんが日夜この子等の母となつて一切の世話、指導、相談相手をしておられる福祉司の島マス先生です。

しばらく外で、われわれは來意を、島さんは寮のこの頃を語つていると、一人の子が後から母の肩をたたきながら小さい声で、「お母さん、お茶をわかしましようね。」といつて飛んで行つた。他の子は協力してランプの準備も間もなく灯がついて室内も明かるくなつた。私達はおそいのでそのまゝ失礼するつもりであつたが、島さんはしきりに話をしてくれと言われる。子供等は話が好きだという。しかし彼等の求める以外の話には耳もかさぬと兼城校長の話。そんな場合、話者の面前で、「クサムニーシ。」といつたり、「わたしはねむる。」といつて立つて行つたりするとのこと。実に驚くほどあけすけの行動をするそうです。なるほど、そこが問題兒の問題兒たる特質かも知れない。彼等には義理立ても、がまんも、遠慮も、必要としないのだ。自分以外の者は自分とは関係のない存在になつている。否自分すらもてあましているのだ。自己を處する中心を失つているのだ。しかし、好きな話はよろこんできくという。そうかも知れない。彼等ははげしく何かを求めているのです。その好きというのがそれだ。そのために泣いているのです。それをどこかに求めて得られないから迷いの道に放浪しているのです。われわれは話してやりたいと思いつつも、何をこの子等のために話したらよいかに迷うて、ぐずぐずしていると「ここがよいですよ。」という子供の声に、とうとう明かるい疊の部屋に通されました。八名が、作法の時間のように善良に坐つて待つている。やがて一人の子がお茶を出す。その操作もおどろく位乱れのない作法である。部屋は花がきれいに生けられ、よく整頓されている。「このお花きれいですね。誰が生けたの」「O子さんよ今日の当番は、」するとO子さんは得意氣に花の名前の説明に移る。「ビニールのあみものもやります。」と島先生が言われると、一齊に散つて行つたかと思うと、めいめいのあみかけのものを携えて出てくる。そこでしばらくあみものの技巧の鑑賞で賑う。子供等のよろこぶこと限りなし。彼等は自己を隠そうとする反面自己の存在を認められたい希望もまた強いのだ。

そこで、「私はこゝへ來るのが三度目だが、來るたびに皆さんのお顔が美しくなつています。樂しいでしようね、ごはんもおいしいでしよう。」とやつたらにこりにこり嬉しい表情をする。しばらく雑談のまゝ流していると、その一語一語の間に必ず瞬間的、或は衝動的反應が飛び出して騒々しくなるのです。落ち着きがないのであるしかしその度に、お互通しで制し合うのです。

「これから先生方のお話をききましよう。」お母さんの宣言に「わあ、うれしい。」と拍手で姿勢を乗り出す。「みなさん、お話好きですか。」「はい。」と一齊「何のお話がすき?。」「ゆうれい。」「いやあ、こわい。」「母のつくお話。」次に誰かが、小さい声で「けい母。」とつけ加える。私はどきんと來なた彼等の一切の姿をこの一言に見るような氣がしたのです。

しかし、母や家庭の話に觸れることは、たとい彼等が求めていることではあるにしても、觸れようによつては、彼等にとつて開眼や救いどころか、毒にもなろう彼等は親子の関係、家庭生活に於ける精神的落伍者である。彼等の問題化への出発点もそこだしそれだけに日常の生活意識の潜顯のすべてがそこにからんでいるのかも知れない。おそろしいことです。だから、家庭が、この子等を受入れ得る態勢に育つまでは子供等を帰すことを恐れると島さんはいわれます。去つたお盆にもまだ整わない家庭の五名の子供は、島さんの家でお盆を送らせたと語つておられました。われわれは雑談をしている間中、この子等のための適当な話材を見つけ出すのにもだえました。がそのうち小波藏次長がイソツプの寓話を話されました、大へんよろこんでいてくれました。

人間は、誰でも、自分の心の判断が正しいのだ、自分を信ずることだ。という結論を見出し、よろこびの拍手で一座はなごやかの中にしんけんな雰囲氣が出來ました。次は私の番が來て二つの話をしました。

「皆さん、猫、知つているでしよう。」と出したら、光子が「うちにいます。」と叫んだ。「色々の猫がいますね。」といくと「白い猫、黒い猫、黄色い猫。」と來た「それではありまん。」とおさえると、へえという顔をして默つてしまつた。

「人が行つたらすぐ逃げる猫。次は、お客さんの前に來て、おとなしく坐つたりお客さんの膝の上に坐る猫もう一つは、誰かが、手でも動かすと目をとぢて、耳を後に倒す猫。どうです。」とやつたら「はあ」と笑う。「この三つのうち、一番よい猫はどれですか。」と投げると、「膝の上に坐る猫です。」と云つた。次に「なぜ目をつむるでしよう。」ときくと、「打たれると思つて。」と答える。「それでは、生れる時から目をとぢる猫、逃げる猫、坐る猫であつたか、そうしてなぜそうなつたか、今度來る時までに、考えておいて下さい。」とかけておいて、次の話に移りました。

「皆さん、夢を見ますか。」「はい、はいはいはい。」体まで崩す。「どんな夢を見ますか。」そこは生々しい体驗発表の場面です。

「何かに乗つて天に上る夢。ほうこわかつた。」「追われる夢。」「あるかれません。」「お父さんの夢。」

「私をつれに來たが、幸子さんいませんといわれて泣いておかえりになりました。」みんな静かになる。幸子の眼に涙が浮かんでいた。

夢の世界は彼等の純な心をとがめません。自由に遊ばせ、自由に描かせ、自由に語らせます。追われる生活をしながらも、かくれる生活をしながらも、思う一点は父であり、母であり、求める一点は父母の愛情であり、心引かるるは故郷の家であります。彼等にとつてそれ以外には何もありません。これ一つないために彼等は家を離れ他にそれを求めて放浪しているのです。放浪の旅で窃みをすることも春を賣ることも、彼等の意識の批判にはないこと、善悪の判断は他がすること。彼等を建て直し、正常に帰す道は、愛情の外にありません。

十一、二才から十四、五才の幸福の乙女であるべき筈のこの子等、いたましい子供達です。知能が低いからではありません。むしろそれは高いのです。彼等のひねくれも、心のどこかにたゞ一点の暗さがあるからです。明朗過きると見えるほどおちつきのないのは、その暗さの堪え難い抵抗です。「皆さんは雑誌をよみますか。」「はい。少年倶樂部、少女倶樂部、キング、…」「どうりで言葉が、きれいですね。」「何が習いたいですか」「ミシン、おどり、音樂、アミモノ、」この寮では、立派なオルガンがあり、ミシン　生花、あみもの、舞踊を教えています。

「もうおそいですから帰ります。お元氣でね」と一同が靴をはくと「ありがとうございました。」「おもしろかつた。」「先生、猫のお話、考えておきますから又おいでね。」などのあいさつで門まで送られました。

一九五三、九、二〇

# 『産業教育優先を何故叫ぶ？』

文教審議会委員　亀川正東

▲アメリカ学問の方向

西歴一六〇七年の頃ヨーロッパの各地より未だ見ぬ新大陸へぞくぞくと渡米を敢行した移民達の多くは決して富裕な階級の人々ではなかつた。このような移民達が前人未踏の新大陸に第一歩を印して最初に直面しなければならなかつた問題は先づ喰う事であり、凡ての事は之れが解決を前提とした。無から有は生じないという厳たる未開の天地に在つては一片の饒舌や論理よりも現実に手足を駆使して力の限り働く事が当時のさし迫つた移民者達の絶対條件とされた事は無理からぬ事であつたろう。こうした冷厳なる環境に於ける必然的人間の欲求が、数世紀をへて終ひに今日のアメリカ人的物の考え方をきづいた事は申す迄もない。庭の一本の松の木をみて、何んと美しいものよと其の第一印象に審美眼を働かせる吾々日本人と違い、畠をつくり玉蜀黍を作るには返つて邪魔ものだと経済や食への欲求を第一義とするアメリカ人的印象の隔差は吾々に或る種の示唆を示してくれる希望的な思考よりも現実主義が目標よりも結果が、学問的價値よりも生活價値が遠大なる理想よりも眼前の効果が、そして特殊化よりも、オリエンテーションが重大だと叫ぶアメリカの対学問觀の目標は、僅か三百年にして今日の如き世界の富と力をかち得た彼等の真実の量的、科学的、測定の結果であり、吾々が今日の琉球のドロ沼を省みて三思すべき教訓であろう。

▲日本的学問の方向との対比

ひとロに日本の學問の様式が、暗記の学問なら、アメリカのそれは記録の学問、記述の学問、実にプラグマチズムの学問と言えよう。

記録の学問といわれるアメリカ大学の学生は学問のスタートに當り先づ本を蒐集し、分類し然る後、一つの結論を見出そうと努力する事に依つて前者の学説に新たな成果を與えて人類の便利と幸福に役立てようとするのである。

学生自治活動の盛んな事も結局は幸福で有用な市民の養成を目標としてのプロセスであり、之れに比べて猛勉強は、くそ暗記を意味し己が立身出世のためには他人や世間との没交渉や片意地も寧ろ壮とされた吾々の過去の学問への対決……カストリに酔ひしれて後の半年ねて暮せと歌つたデカンショ節も、生命の洗濯の一つだと称した奇妙な過去の吾々の学生々態とは全くよいコントラストである。

学府の徒輩は常にこの活社会を俗世間とけなし、大学はひとり真理探求の象牙の塔だと称して雲上はるかに漂ひつゞけ、下界への見参を好まなかつた。他方、科学の未熟な時代の頃、学問の唯一の書として四書五経から出発した日本は勢い人文科学的論理が、横行し觀念の思考が充満した。

天國に渡る橋を直接すなおに渡ろうとせず、天國に渡る橋の話しをきく事が好きだという理論ばやりの日本人的性格の一端は、之れを受けた日本の一切の教育が所謂「学問的」「教科書」で觀念と理論に終始し一つも生活的でなかつた所に盲点がある。かりに法律にしてもそれが法学士や辯護士の仕事の枠内を一歩も出ず民衆の生活に未だに浸透しなかつたり又、アダムスミスの経済学にした所でその学問と経済生活がピッタリせず觀念経済の域を脱しきれないのが、偽わりのない現實の姿ではなかろうか？

理論といえばそれがモヤ〳〵と觀念の理論だと殊更最大の魅力を感じてすぐにひれ伏したり、嘗ての全体主義的思想の中に神話的皇統連綿の思想からくる「全体」を吾々の生活の源にしたり又思想界にしても、キリスト、マルキシズム、マンチエスター派の自由主義、フランス風の自由民權など兎も角、西欧風も東洋風も一切合切が過剰な日本でありながら数多い思想的悲劇の演出は何んとしてもこつけいであり餘りにも不粋な非合理的吾々の性格が悲しまれる。

## ▲自然科学優先へ

快樂と便利を前提として力の限り働くというアメリカ人の物の考え方が教育に於ても勢い自然科学優先を叫んだのも当然であろう。

事実、全く奇怪な事には、過去数千年「貧乏物語」の日本に於ていともおごそかに人文科学のみが優先されて來たのに反し、國家個人の経済生活の最高度の享樂は最早つきる所迄つき果てたと思われる彼のアメリカに於て尙も自然科学が、益々優先してゆく事実は何んとしても奇異な対遮である。

國家個人の繁榮の最捷の途は経済の確立にありという真理は時代と倶に愈々深酷になる。

ドルだ外貨だ自立経済だと叫ぶ昨今の琉球の覺醒に対遮して何んと人智の啓蒙や覺醒のおそきことか？　ハイスクールに比較して水産や農林や工業校にゆく事をより下等なものと考えた之れ迄の吾々の先入觀の是正はもとより、世界の最低生活水準になく此のドロ沼の琉球の現實を凝視するならば、凡ての施策や方途がこの際、自然科学優先へと集約されねばウソである。

僅か三百年の歴史にして終いに今日の如き物心兩面に亘る世界的飛躍をなし遂げたアメリカ建國の事実や、六十二億フラン（日本円約六千億円）の金を藏すといわれる今や豊かなスイスの建國の方途、又は一敗地に塗れて再起不能と迄あやぶまれたデンマークが、林業、農業立國を標して終いに今日の如く立ち起つた歴史の過程、又近くはイギリスに於けるテクニカル、カレッジの拡大の方針など、あれやこれやを考えると、國家の興隆の源は作る人、産む人、人間群像の旺盛な意欲こそが最も大事な必須條件である事は既に自明の理と謂わねばなるまい。

人あるいはアメリカの今日を許して其の原因はかの國の豊富な資源に依るものだと言うかもしれない。然しそのような人が「イヤ、世界資源の七割は東洋にあるんだ」という事実を知るに及んでは何んという返事をなすだろうか？

悲しい哉、その資源が遅々として開発される程度迄に至らず、あたら死藏されている所以のものは、実は吾々の東洋的学問の觀念主義的偏重の故である事を知らねばなるまい。山又山、の狹隘な國、而も鉄、石炭の如き資源さえ皆無のスイスは嘗て時計王國を築き、今又敗戦後の日本の再建の方策は軽工業の高度化にあると結論する今日、刻下の琉球の貧乏を救い、真に経済の自立を招來し、琉球百万住民の生活をより豊かにする一片の見栄や虚飾なき真の意欲があるならば、須らく、従來の人文科学偏重主義を改めプラグマチズム的学問の方途を更に推進確立する以外に最良の道は見出し得まい。

最も憂慮される事は、このような産業的教養優先に対する反論や誤解や偏見が、この國の一部に若しあるとするならば、それは、大局の場に立つて琉球百年の計を遠謀する作戦的眼識と、一小分野に立つて物事を判断する狹隘な見識に依る相違である事を敢て警告したい。

更にくりかえして言うならば、一般教養的價値が、専門的産業的教養よりも高いという偏見を一掃しつゝ、優秀な技術と旺盛な勤労精神を身につけた近代産業人を多く送り出す事に依り、学問の方途が由來する琉球將來の経済再建の確立が、基礎づけられる事を断定したい。

そして之れらの技術や実習の理論が、ひいては百万民衆に浸透してゆく事に依つて文化の深さや厚みが、自然とつくられ、其の厚みの中から民衆の高い教養と感覺が生れてくるものである事を私は疑わないのである。

（筆者、琉大助教授）

# 産業教育計画について

## ―文教審議要員会議事録より―

◇文教局長　本年度教育予算四億円余りを最も効果的に使うため、如何にして地域社会に即應し、社会の需要に應じた職業教育をやるべきか。失業問題、人口問題、農業生産（離農の現状）農業教育、水産教育、職業高等学校を中心に考え度い、そして学校数、分布状況、普通高等學校が多すぎるなら職業高等学校への切替、或いは綜合高等学校の樹立等その適正を期したい。

◇佐久本主事　産業教育の計画は小学校から大学までその資料を集めて立てるべきだが、今度は高等學校のみにとどめたい。高校生徒の出身地別、業界の実態等はつきりつかめず、現在調査研究中である。

◇山内主事　戦後八ヶ年なお職業教育は、一般教育に比して不振の状態にあるのはなげかわしい、之を早急に充実振興させたい。去る第四回中央教育委員会に暫定産業教育計画案を提案して承認を得たのであるが、具体性がなく漠然としていると言う意見があつた。それは政府の方針が確立されていない為であつて、当分其の案で良いと言うことになつている。

◇豊平氏　只今の説明中社会の要員が果してどの位要るか、その実態がつかめないと言はれたが、おそらく之は他の國に於てもそうであろう。まして沖縄においては離農して農業要員が少いだろうが、之がどう變化していくかはわからない。或は政策によつては就農者数ももつと多くなるかもしれない。

◇比嘉善雄氏　財政が許すなら教育はいくらでも廣くやるのが一般論としてはよいのである、財政が苦しからといつて、教育を止めるのはよくない。

◇局長　限られた豫算であるので一人宛の教育費を高める事を考えたい。

◇島袋氏　当局は、沖縄の産業教育の不振状態について、特に如何なる所にその盲点があると思うか。

◇局長　一、身につけた技術教育が充分に施されていない。高校生徒の収容数は戦前の三、四倍となつている。普通高校の卒業生の五一％は就職希望者で、その指導のためにもつと充実した施設をととのえるべきである。

二、現在の普通高校の職業教育を如何にすべきかについて考えたい。

◇豊平氏　軍は三ヶ年計画で、校舎建築を完了するとの事だが若し学校の整理統合等をやり、経費が余る場合に、それを以て職業教育の充実に使用出來るか。

◇局長　それは出來ると思う。

◇松岡氏　當局の考える職業教育の計画は沖縄の現状に照しての計画か、又將來に対しての計画か。

◇局長　現状にも即し乍ら尚將來の事も考えて行きたい。

◇豊平氏　現在の需給では、私学的数字はつかめないと思う。假に農業について見ても、現在は食えないから希望者がいないのであつて之で充分食えるような社会になればどつと集るであろう。

◇平田忠義氏　より多くの人を教育するのもよいだろうが、然し十人の平凡人より一人の優秀な人間を作るのが有用だ。戦前から日本の教育は頭を作るだけで実際的に社会の有用な職業技術員の養成に欠けている。この際、役立つ人間が必要だ。高校を出たら頭で食えると言う考え方を持つ若い人が多い。尚張られた豫算だから、実際に重点的に役立つ少数人の養成に留意されたい。

◇豊平氏　私は結論として学校の統合に賛成し、この際、小中高校の全学校について整理統合すべきはいさぎよく統合し、そして財政的、余分は之を重点的に職業教育の振興に注ぎ度い。統合の理由として

一、沖縄財政の貧困である。

△ＰＴＡの負担過重で、いきおい教育の負担過重ということになり、学校施設、教員の待遇改善問題はいつまでも進展しない。

二、戦後の小、中校は自然発生的で乱立している。

整理統合はあくまでも職業教育と言うことを考慮した上でやらねばならない。

三、中、高校で職業教育が軽視されている。従來の知識偏重主義の考え方がまだ抜けきつていない。職業教育、社会教育を重視するのが、新らしい教育觀であるのに、未だ中校は高校への準備教育に終始し、出世主義教育が行われている。

四、中校、高校の職業教育を為し得る能力の有る教師が少い。

五、予算施設が不備のまゝ今まで放置されている。

六、沖縄の経済計画が樹立されていない。

以上の觀点から学校全体の再編成がなさるべきである

1. 高校の統合について、高校の画一化を避けるべきだ地方では一割程度しか進学しない筈だ。職業教育を中心とする高校が出來るべきだ。

2. 中校又然り、都市や田舎の中校、高校の経営は地域に即し行うべきだ。

3. 早急に教員の再教育機関が出來るべきだ。技術、知識、実技を授ける機関も必要である。

4. 整理統合に対しては補助金を出すべきである。果して現在の市町村が高校を経営出來るかどうか。高校の政府移管をやり、余つた豫算を職業教育の拡充費に当てたい。

5. 沖縄の経済計画も早急に樹立し、倘法的措置も欲しい。

6. 近代化した施設が欲しい。若し職校を統合すべきは統合し、その施設を重点的に整備し、全職業高校にも共通して使用させる様にしたい。結局この事は重大な問題であるから、専門委員会を設けて愼重に討議して貰い度い。

◇亀川正東氏　私はこの問題に対し先づ我々の心構えをはつきりさせたいと思う。日本の人文科学の発達に比べ、欧米の自然科学の発達を見た場合、米國人の物の考え方に心をうたれるものがある。日本人は從來教科書的に育てられ、觀念的学問に終始している。先づ食う事を考えたい、米國の開拓者の事を思うべきだ、その意味でむしろ現在の高校は全部産業学校と言う所にもつて行き度い。

◇千原繁子氏　曾ての沖縄水産学校の創立當時に思いを致し、就学する生徒、社会一般の啓蒙等も充分考慮すべきと思う。

◇豊平氏

一、中学校の統合について

六、三、三、の当初を想い合はすのであるが、米國に於ても中校は都市における一部であつて、殆んど地方に於ては一、二年までは之を小学校に併置し、三年は高校に吸収する現状である。

二、職業高等学校について

現在は農業高校を出ても農業に從事せず、役場吏員になつている。

◇比嘉善雄氏　デンマークの復興について、三愛主義「神を愛し、土を愛し、隣人を愛す」の精神である。沖縄でもこの精神を採り入れることだ。

◇山城議長　豊平委員の専門委員会を設置云々について、もつと具体的に述べて貰いたい。

◇豊平氏　職業高等学校側、中、高校代表、教育長代表の方々と話し合い度い。

◇山城議長　専門委員会を持つて、その結論を次期審議員会で話し合つて、次に決定する方法をとることにしますが、各地の問題や、現実と理想の問題等よほど愼重にすべき問題であると思う。

◇照屋善清氏　専門委員会の開催は非常に時宜を得ていると思う。昨年からその話は有つた。いよいよ統合の時期である、それについては地区委員会、区委員会等とも充分連絡を取つて貰いたい。

◇豊平氏　今度の場合はあくまで客觀的立場から考えるべきだと思う。専門委員には琉球経済に詳しい人々を交えて方針の決定を明かにしたい。

◇島袋俊一氏　整理統合について中校や小学校はその対象にならないと思う。即ち職業家庭科が何も取り立てゝ統合の材料にはならない。

◇豊平氏　小学校の統合は職業教育と切り離すとして中校は真の意味の職業教育の立場に切替えられていると考える。

◇島袋氏　中学校に於ける職業教育の課程は勿論教養科目としての一教科で一、二年は基礎的なもので、三年になるとやゝ専門的になつているが、しかしそれにしても、その生徒の或職業に対する素質発見の時期である。

◇豊平氏　私は中学校を出る生徒も或程度、実社会に出て就職出來る基礎技術の修得はさせるべきだと思うが、その辺の考えを當局はどう思うか。

◇山内主事　中学校の職業家庭科の目標は、次の通りになつている。

一、実生活に役立つ仕事を中心として家庭生活職業生活の理解を深め実生活の充実発展を目ざして学習する。

二、啓発的経験の意義を持つと共に実生活に役立つ技能を養う。

三、内容は地域社会の必要と學校や生徒の事情によ

つて特色をもつ、

然し専門的な職業教育ではなく、教養科目であるとも言える、又中学校が最終学校として実社会に出て就職出來る基礎技術を修得させるべきであるとの社会の要求がありますので両氏の御意見を加味して実施すべきだと思う

◇豊平氏　沖縄の現状から中学校の重点は、職業教育社会教育を基として教育し、卒業の暁は大部分の者が直ちに職につかねばならぬから、中学校も対象としてよいと思う。

◇島袋氏　中学の職業教育は実際職業へつくための選定の豫備措置として初めの一年からやつてよいと思う。

◇高宮氏　豊平氏の説は全体の職業教育の立場から論ぜられているように思う、尚一つは金が足りないから重点的にやつたとの話もある、私は一部は待つても限られたものに重点施設を施してやつた方がよいと思う、専門委員で充分に検討して貰いたい。

◇山城議長　では之までの御意見をまとめます。

「職業教育を一層重視して之を中心とし沖縄教育の再編成の必要を認める、その目的を達する為に必要とあれば統合を認める」

◇豊平氏　専門委員会を開く前に局長から主席に御会して高校の政府移管について充分その意向をたしかめて置いて貰いたい。

◇山城議長　ではその専門委員をどういう風に選出するか。

◇比嘉氏　委員長と当局と話し合つて決めて貰いたい

◇亀川氏　今こゝで発表して貰いたい。

◇山城議長　選出のため一時休会　　特別委員会の発表

島袋俊一　豊平良顕　松岡政保　長嶺彦昌

中村信　平田忠義　照屋善福

（特別委員長の互選推選によつて豊平氏特別委員長となる）

（文責　亀谷）

# 産業教育振興に関する答申

文教審議会

## 答申第一号

## ○高等学校に於ける産業教育振興方策について

産業の振興を図りひいては沖縄住民の生活を豊かにするためには根本において産業教育の振興とその発展を図らなければならない。

産業教育こそは沖縄産業の復興、新沖縄再建への根本方策である。然るに新しい教育制度や内容についての批判や再検当は、今日流行のようにさえなつたが、その中で具体的問題として我々の眼前にさし迫つているのは産業教育の面である。つまり戦後の新教育に於て一般教養がその価値に於て職業的教養より高いものであると云う偏見にとらわれているからである。真の人間性を考えた場合、一般的教養も職業的教養も共に等しい価値なのである。こゝに云うまでもないがこの二つの教養が、それぞれこん然一体となり、人間としての価値を発揮しその本質を全うすることができるのであつて何れか一つを欠いても完全とはいい難い。

生産能率を向上させ生活水準を高めることは即ち真の産業人を育成し、真理の下に実践すべきである。ことに民主的社会の形成者としての資質には職業的教養は必須なものであり、実に産業教育は民主々義の頂点に立つものであることを強く主張するものである。

さて、現在の沖縄の実状を見るに中学校卒業生の六一％が就職し、高等学校卒業生は七七％が就職することになつている。このような現実を見逃してはならない。

尚お、將來はこれ等の就職者は増加することを豫想するならば、これ等就職者に対する職業陶冶の方策、又そのための施設及び設備の不完備、職業科指導者の貧

困、指導精神の不徹底、教科書の不完備等が問題になると同時に一般教養に対する協力要求度は強く、反対に職業教育に対する協力度の弱い事実であることはまことに遺憾である。こゝに理解ある人間性としての指導者が必要なのである。これが我が沖縄産業教育現実の姿であるというても過言ではないと思う。沖縄に於ける産業の振興発展については幾多の障害と困難が前途に横たわつていることを考えなくてはならない。天然資源に乏しいわが沖縄に於てはこれを補う一方法として、住民のすべてに優秀な技術と旺盛な勤労精神を身につけた近代産業人としての素質を涵養することが考えられる。

今やわが沖縄の経済再建の途上において技術と人材を以て産業の振興発展をはからねば悔を將來に残すことは明らかな事実となつてきた。

こゝにおいて真の産業人を育成することを急ぐとともに理解ある産業教育の振興をはかるべきである。

新教育制度の一環として産業教育振興の ために左記の事項につき積極的方策を実行することを要望する所以である。

# 第一章　産業教育の隘路

## 第一節　新教育制度

近代社会に於ける学制單純化の流れをくみ、我が沖縄に於ても六、三、三、四制の新學制を確立したことは我が沖縄教育の大なる進歩と云わなければならない。然しながら戦後の困難なる経済事情は、多数の卒業生をそのまゝ社会に送り出している。現に一九五三年度中學校卒業生の中、約七割は何らかの姿で実社会に於て働こうとする青少年で、今日これら多数の勤労青少年に対する教育機関施設の不充分な点は新教育の盲点といわなければならない。

## 第二節　教育財政

産業教育に於ては、産業技術を習得させることが大切であるが、そのため必要な施設、設備の不充分な点は周知のとおりである。之を急速に整備することは極めて緊要であるがそれには相当の金額を必要とするため実施難におちいつている。

## 第三節　教育行政機構

産業教育の重要性が一般社会の間にようやく叫ばれて來た今日、文教局の職業教育関係指導陣が人員不足であり、その他教育機関の整備されていないことは、その振興上に大きな支障をなしている。

## 第四節　教員の待遇と資質

職業教科担任の教員は、学科の指導のみならず、技術の指導をも行うため、指導時間も多いが之に対する特別な考慮が拂われていない。且、一般産業界に比して、その待遇低く、それがため適當な教員を得難く、該教科の指導がしばしば空白な狀態におかれている。職業科担任の教員は、常に最新の技術や新教育の指示する指導技術を体得していなければならないが、現実は未だ満足すべき狀態でない。

## 第五節　教科用図書

沖縄の産業教育の特殊性に基き、産業に関する教科用図書の編集、検定及び発行に関しては、特別の措置が講じられなければならない。

我々は、産業教育がスタートに於て多くの困難を抱えていることを認めねばならない。しかもそのぬかるみを押して進まねばならないことも又考えなければならない。無論、産業教育は決して單なる技巧や職場に入り易い人間を作ることではない。産業についての基礎的な理解が目標であることは當然である。それにしても産業方面の要求に應じ、それを充足して行くことが当面の青少年自活の道であるばかりでなく、沖縄の生きる道でもある。かくして産業教育は一刻も早く実践的に行われ、これら産業人育成に対する温い考慮が拂われなければならない。

# 第二章　産業教育の目的と目標

産業教育の目的は、産業教育がわが沖縄の産業経済の発展と住民生活の向上の基礎であることにかんがみ琉球教育基本法の精神に則り、勤労に対する正しい信念を確立し、産業技術を習得させると共に、工夫創造の能力を養い、以て経済自立に貢献し得る有為な國民を育成するにあるこの目的を達成するため、左の五項を掲げたい。

## 第一節　勤労観の確立

勤労に対する正しい信念を確立することは将來自己の職業生活を充実すると共に、沖繩の産業を振興させる源動力である。終戰後やゝもすれば勤労を嫌避し、いたづらにアカデミツクな教育に走らんとする傾向がみられるが、あくまでも勤労を愛し責任を重んずる産業人を育成することに産業教育の基礎を置くべきである。

## 第二節　地域産業経済との連携

産業教育は地域産業界に貢献し得るような産業人を育成することを考慮すべきである。これがためには常に地域産業社会との連携を密接にして教育の刷新強化を図る。

## 第三節　指導者の資質向上

産業教育の指導者は、常に新しい技術と理論の一体化を目指して、その資質の向上を期すべきである。これがため、常に教師の自己研修を勧奨すると共にその再教育につとめる。

## 第四節　教育の内容

教育内容は文部省規定の学習指導要領に準拠し、つとめて地域産業社会との連関を密にする。又中学校における職業家庭科の充実、高等学校普通課程における職業選択制の採用、弾力性のあるカリキユラム構成につとめる。産業教育の根幹は実習指導にある。実習を中核とした学習指導をするようにつとめる。即ちホームプロゼクト法（家庭課題実習）等の新しい指導法を採用し、生徒が自ら進んで、実験、実習によつて学ぼうとする意慾を旺んにし、自主的学習態度の確立を期する。

## 第五節　施設、設備の充実、整備

産業教育は、実験、実習による経驗の学習である。從つて施設、設備の整備は必須條件であるから沖繩に於ても文部省の産業教育設備基準に基いて、これが整備充実をはからなければならない。

日本に於ては、すでに産業教育振興法が設けられ、政府負担八億、地方支出十六億、合計二十四億という膨大な豫算が全國の職業教育施設にふり向けられている

# 第三章　産業教育実施計画

## 第一節　産業技術（技能）者の養成

1、学校における養成

沖繩の産業構造は複雜にして而もその経營も將來高度化されなければならないから、中堅技術者の養成供給は、緊急の要務である。就職人口の点から考えてみると中堅技術者たるべき職業高等学校の卒業生の数は極めて低位にある。よつて高等教育機関の整備を図り、時代の要求に應じなければならない。

○職業課程高等学校及び高等学校職業コースの地域社会の要求に基く再編成

○普通課程高等学校における職業課選択制の活用実施

○定時制高等学校における職業コースの充実

また産業人口中、最も多数を占めている農業技能者並に一般技能者の資質の向上は、産業能率増進上、必須の要件である。そのためには次の如き施策が講ぜられなければならない。

○職業課程高等学校の充実

○中学校における職業家庭科の充実

○定時制高等学校の短期技術教育の充実

○職業課程高等学校の開放講座の開設

2、学校外における養成

学校外における産業教育は主として現職者に対する再教育がその中心である。今日の如く、將來、産業の合理化、能率化が高度に圖られている時には、常時、一般技能者に対して、廣範囲な再教育の機会が與えられなければならない。

○農事指導所、水産指導所、その他各種産業團体等における中堅技術者養成施策の拡充。

○社会教育における産業教育の充実。

○工場、事業場における短期技能者養成施設の拡充

○各種産業研究團体に於ける産業活動の拡充。

## 第二節　指導者の養成と再教育

有為なる産業技術者を養成するためには、優秀な指導

者が必要である。今日、指導者養成機関が極めて貧弱で、産業振興上の欠陥をなしている。

指導者養成機関の拡充と現職者に対する再教育による資質の向上は目下の急務である。

教員の養成と再教育

a　教員養成機関の整備拡充

b　教員に対する再教育の実施

（認定講習、其の他の講習実施、研究会、琉大との連けい等）

## 第三節　教育内容の刷新と指導法の改善及び施設、設備の整備充実

1、学校教育

沖縄における高等学校、中学校の施設は前述のとおり不充分な状態にあつて、産業教育振興上の欠陥をなしているので、早急にその整備充実を期せなければならない。今日、特に要望されている要項をあげれば次の通りである。

農業課程

カリキユラムの研究

綜合農業とホームプロジエクト法（家庭課題実習法）の研究実施

女子農業教育の拡充と施設、設備の整備

農場再編成と実習指導の改善

農業工作教育の充実と施設、設備の整備

農業クラブの充実

地域農村に立脚した学校経営の実施

加工、動力及び機械農具の整備

学校教育評價の実施

依託実習の実施

研究指定校の教育内容の充実等

工業課程

地域産業に應じた各コースの整備充実

学校実習工場の運営についての研究

職業分析とカリキユラムの研究

技術指導の改善

教科と実習指導の一体化

地域産業の連けいと現場実習の充実

共同実習工場の整備

実習施設、設備の整備

依託実習の実施

女子工藝教育の拡充と施設、設備の整備

研究指定校の設置等

商業課程

商業実践の研究と施設、設備の充実

カリキユラムの研究

現場実習の実施

地域商業企業との連けい

郷土室、商品陳列室の整備

依託実習の実施

研究指定校の設置

普通課程に於ける商業選択コースの設置等

水産課程

漁業実習施設、設備の充実

教科と実習指導の一体化

地域産業と増殖実習の連けい

カリキユラムの研究

実習船の整備、充実

依託実習の実施

遠洋漁業、技術者の養成

女子水産教育の拡充と施設、設備の整備等

家庭課程

ホームプロジエクト法の研究

学校家庭クラブの充実

学習指導法の研究

ユニットキチン、大量炊事の設備充実

被服洗濯及び調理室等の施設、設備の充実

研究指定校の教育内容の充実等

中学校

職業分析によるカリキユラムの修正

実生活に役立つ仕事の処理能力の養成

学習指導法の研究

研究校、実験校の設置並に教育内容の充実

作業場の施設充実

職業指導の徹底

共同作業場の設置

都鄙別中心校の設置

地域産業界との協力等

2　社会教育に於ける職業教育

中学校、高等学校を開放して、生産に従事し、又は

従事しようとする青少年を対象とする産業教育が考慮されるべきである。

その他、協同組合、工場、四Hグラス、事業場、試驗場、その他の産業教育、施設の充実

### 第四節　産業教育關係及び團体の連けいと啓蒙運動

これを要するに、当面の重点と要望を掲げると左のとおりである。

一、中学校における職業家庭科は、一層、重視されなければならない。上級学校における生徒並に父兄の普通科教育偏重の傾向にかんがみ、特に中学校、高等学校に産業教育の徹底を期すること。

二、普通高等学校の劃一化をさけ、地域によつては綜合高等学校の設置を必要とする。

三、普通高等学校においても職業科目を軽視することなく産業教育を徹底させること。

四、高等学校における実驗、実習の設備を充実すると共に、教授法の改善刷新を圖ること。

五、職業科教員の養成並に確保について、政府は至急計劃すること。

六、政府は産業教育振興について、産業教育に関する政府負担並に補助を強化し、その他必要なる法律的措置を講ずること。

## 答申第二號

## 産業教育綜合計畫について

主席は一九五二年四月十八日主席メッセージを発表し（教育については凡ての分野が琉球経済の振興という一点に力を注がなければならないと云う点からして、経済振興に資するよう職業教育の重点的充実を計ることを先ず第一の目標に致したい）と云い一九五三年六月二十六日の政務報告に於て（職業教育については琉球経済の振興に資するよう充実を図ることを第一の目標として暫定職業教育計画を制定し琉球の産業振興に教育面から協力推進するよう努めたのであるが産業政策に立脚した職業教育の質的量的の調査研究の資料不足の為に機能を十分に発揮し得なかつた）と声明を発している、この事は産業教育と琉球経済との関連の重大性をうたつたものであるがその為には沖縄の産業振興計画の確立が先決であり、その要請に沿う職業教育でなければならぬ事を意味する。然るに戦後に於ける沖縄の産業界は政府に確たる産業政策なく従つて産業計画を欠き今日の如き混迷を招いたのである斯る混迷が産業教育の不振を招いた所以であろう、之に鑑み政府では速に産業計画を樹立する為に政府に経済企画室を創設し、政府の諮問機関として経済審議会を設置したがこの計画の成就によつて即ち産業教育振興がもたらされるのである、政府が産業計画を持つべき事は当然であつて之と表裏をなす教育政策としての教育計画が確立されなければ産業計画の頓挫はまぬかれない、産業計画は当然産業の生々発展を意図するものであり之にそなえる産業人の養成は職業教育の振興にまつべきである、よつて我々は左の如く要望するものである。

一、産業計画と産業教育計画の一体化を計る為め経済審議会と文教審議会の合同会議を開催し、財政的裏付けを伴う産業教育計画を樹立すること、然して政府は機会を見て文教審議会に対し産業教育綜合計画に関する諮問をして貰い度い。

一、答申第一号を実施するために必要とする財源を経済振興計劃と関連して確保して貰いたい。

一、産業教育充実のため、左の事項を考慮して貰いたい。

1、教育財政と産業教育振興のため、学校の再編成をして貰いたい。

2、高校の政府移管を考慮して貰いたい。

3、第三回新聞週間におけるブラムリー准将の教育水準の改善に対する演說の中に

(イ) 仮校舎をこゝ三ヶ年以内に永久校舎にする。

(ロ) 教員の質を向上する為、特別に機会を與える。

(ハ) 社会における教員の責務の増加に報いるように教員の増俸をはかる。

と、うたわれたが、之によつて生ずる政府の教育財源を、特に産業教育拡充にふり向けることを考慮して貰いたい。

4、産業教育に関する実驗、実習によつて収益金が生じた時は、これをその校の当該実驗実習に必要な経費に増額して還元するように努力されたい。

以上

# アメリカ農業教育記

琉球大学
島袋俊一

## 緒言

一九五〇年九月から、翌年二月上旬にかけて、アメリカの協同普及事業並に農業教育について、視察の好機を与えてくださつた当局に、改めて感謝の意を表すると共に、若干の紹介を試み、併せて彼我を対照しながら、沖縄の農業教育を反省したい。猶殆んど同じ内容のものを、みどり会発行の「見てきたアメリカ」に寄せたから、併せて御読みいたゞければ幸甚である。

## 一、現実のすがた

吾々がこれまで歩んできた農業教育のみをたよりにしたのでは、幾分呑こみにくい点もあるので、最初に、あるがまゝの姿を寸描する。

一番變つていることは、独立の農林高等学校が殆ど無いと云うことである。即ち綜合高等学校内に、一つのコースとして、普通科、家庭科等と仲良く肩をならべて、農業科が併設されているのである。そういう事から当然想像されることは、日本の独立農林高校に比べて設備の不十分な点と、教員組織の貧弱なことである。見た目にも事実其通りで、農場らしいのも持たなければ、畜舎、堆肥舎、農具舎、加工室と云つた、日本なれば、殆んどの学校に備はる其等の施設が無いのである。亦教員も、一校に一人若くは二人で、決して専門的な学科担任制ではない。

農業科の生徒数は、せい〴〵六〇人から一〇〇人前後で、日本のように、四—五〇〇人以上を容れて居る学校は無いように思う。

## 二、その理由と反省

生徒数の少いと云うことは止むを得ぬ事情に因るらしい。即ち一哩四方に農家戸数二—三と云つたところでは、いくらスクールバスが発達していても、そう沢山の生徒を集めることはできない。入学志願者の減少による結果ではないと、強く打消していた。これが亦綜合高等学校制度たらざるを得ない理由にでもあるように思う。

彼地の職業農業教員はよく、綜合高校に農業科を併置することの利益の一つに、普通学科担任の教員は、農業コースと、かけ持ち出來るので経済的ではないかと云う。小さな綜合高校では、さもあるであろうが、日本のように十何學級もある独立農林高校の場合を考えると、必ずしも当らない。

利点として考えらるゝことの一つは、同じ地域社会に住む生徒たちが、同一の高校で勉強するため、卒業後、その住んでいる地域社会の建設と向上に融和を以て當る素地が培はることであろう。米國農村社会の改善運動の目標の中に「相互扶助」がある。このことに立派な役割を果すであろうと思はれる。農業コースが他のコースと遊離せぬよう、その教室は、遠く離れて建てゝはならぬと云うのが農業科担任教員の辯である。

学校内の施設が十分でないと云う点に関しては、左の通り説明出來る。然してこのことは、米國の農業教育を理解する上に、最も根幹をなすものである。

彼地の農業教育の主体は、飽くまでも家庭実習（ホーム・プロゼクト）にあつて、學校内の教育活動は、むしろ従属的立場にあると云うことである。換言すれば、家庭実習を成功せしむる手引をするのが学校教育の主役割なのである。從つて学校に農場を持ち、其他の農業施設をすることは迂遠なことで、時によつては生徒を家庭実習から遊離せしむる結果となる。生徒のプロゼクトは各種各様で、限られた學校施設をもつてしては、すべての生徒の利用対象となりがたい。ほんの一例であるが、乳牛飼育をホーム・プロゼクトとする生徒にとつては、学校の養豚舎は、縁なき施設で、ロスが多いと云うことになる。

生徒は家に帰れば、立派な乳牛舎があり、搾乳場には電氣式の自動搾乳機があると云つた工合で、学校施設を通じて新式の酪農設備を知る必要がない。トラクターも、玉蜀黍の収穫機も、最上のものが自宅にあり、その運轉の実際も、時によつては、教師よりうまい。周知のように、米國農業は、適地適作主義によつて居て、日本のように、無理の多い、所謂多角経営は少いこれは、大量の商品生産的経営を意味し、亦分業的経営と相通ずる。こう云う事情のもとに於いては、日本式学校経営において見らるゝ如き、羅列式の施設も亦、あまり必要がないわけである。

すでに述べたように、地域社会の施設が、十分に学校教育に採り入れられて居る為めに、学校自体の施設が軽くて済むと云つた場合もでゝくる。申すまでもなく、これには地域社会の民度が伴はなくては十分の効果はあがらない。

## 三、ファーム・シャップのこと

概して学校施設は不十分であると述べたが、一つの例外がある。それは何れの高等学校農業コースにも必ず施設してあるファーム・シャップ（農業工作）である。この教室には、木工の諸施設と、簡単な金工の設備がある。何れも、飛切り完備したと云うほどのものではない。そこでやつている仕事は、私の見たところでは、農家の必要とする木材工作、例えば豚や鶏の給餌器、屋外用ベンチ、椅子、本立等実用品の製作であり、金工は、ネヂ切り、鉄板切り、熔接、農器具の部分品の簡易な修理等であつた。

直接に見る機会はなかつたが、上級学年では、農具の研磨、孵卵器製作、貯蔵庫設計、電氣モーター等の分解修理、コンクリート工作等、農業経営に必要な機械的技術の獲得を実習することになつているようである。

要之、ファーム・シャツプの施設は米國の機械化農業と表現一体をなす自然発生的性格を持ち、その教育目的も内容も、あとからうちたてられたものと見てよい。因に農業工作の教育目標をあげると

一、農業工作に必要な機械器具の操作工程を習熟させること。

二、作業に使用する最良の器具を選択するに必要な知識を会得させ、その能力を養成すること。

三、賢明に、しかも経済的に、農具、材料、農業機械その他の施設を設計し、購入するに必要な能力を養成すること。

四、生徒の家庭実習実施に必要な設備の建設及び修理の技能を発達させること。

五、農村家庭工場建設の希望を喚起し、その技能を養成すること。

六、仕事の許す限度内で、清潔整頓と正確に重点を置き、あくまで人間らしく工場作業を実施する態度と技術を養成すること。

七、学校の工場作業と農場作業との共同調整を図ること。

八、生徒の具体的必要に即應する仕事を選択し実施すること。（植田、田中著「新農業教育法」二〇七—八頁）となつている。

## 四、「農業工作」への反省

冬の農閑期に、米國の農家を訪ねると、決つたように、機械農具やトラック、自家用車等の修理、整備をしている。一寸した町工場と同じ程度の施設を有つている農家も、決してめづらしくない。其等の作業が自宅で出來るために、農業経営に、如何に有利に作用するかは、機械農業國では、特に容易にうなづかれることである。拾数年前、私の勤務していた鹿児島県立市來農藝學校に於て、ファーム・シャップに類する施設の試みがあつた。木工の先生は工業学校より採用し、育雛器、給餌器、其他の農家用品の製作はもとより、豚舍、鶏舎の設計などを本格的に指導し、亦他に、鍛冶工場、ブリキ工場、製繩、製帽（麦稈）等の設備も持つていた。

然しそのねらいは今日のファーム・シャップとは著しく異つていた。即ち

一、農家の余暇利用

二、多角経営の一環としての農家工作

三、農家の自給自足生活の強化

と云つたところに力点が置かれて居たように記憶する。即ち米國のファーム・シャップに見るが如き、農業の機械化に伴う、自然発生的な性格を持つものではなかつた。此等の点を思い合せると、日本や沖縄における「農業工作」の前途には猶幾多の問題が控えて居て米國そのまゝの形式をとりいれることは、多くの矛盾を含むように思う。因に、沖縄で始めて「農業工作」のことに言及されたのは、一九四九年來島された、当時の連合軍総司令部民間情報教育局職業教育官のアイヴアン・ネルソン氏である。昨年來島され、引續き琉大において講義中のミシガン大学ミツションの一員ジヤツク・プレスカツト氏は、その跡をつぐものと云える。

## 五、教員組織について

教員組織の貧弱なことは前にものべた。これは恰も日本や沖縄において、普通高等学校の農学を担任する農業教員が、一人若くは二人位宛配置されているのとよく似ている。戦前の師範学校もまた同様であつた。申すまでもなく其等の学校では農学は、一教科目として取扱はれ、その内容は低いものとなつている。米國の

農林高等学校（正確に云へば、普通高校に併置の農業コース）においても、農業に関する全教科目は一つに統合され「職業農学」等と呼ぶ。教科書も六〇〇頁前後の一冊にまとまつているのが多く、且つ教室備付になつている。つまり一―二人の教員で受持つに都合よくできている。学校の統合は便宜主義より出たものでなく、農業自営者の養成を主眼とする独自の教育理念より出ていることは、勿論承知であるが、米國で「職業農学」（日本の所謂綜合農業）の方向をとつた理由の他面は、比較的規模の小さい地域社会で、農業コースを経済的に有効に運営して行かねばならぬ必然のなりゆきと云へぬこともなかろう。米國で見た、或る三年制農業コースにおいては、一年生に作物、二年生に畜産、三年生に経営を教へていると云つて居た。私はしばしば貧弱な教員組織と書いたが、彼等に云はしむれば、最も経済的な教員組織と云うかも知れぬ。兎に角相当に「徒弟教育」のにほいが感じられる。米國の農業が適地適作主義を採つているために、地域的に見れば非常に単純化された経営であることは前にものべたが日本のように複雑多岐な農業を経営しているところでも、彼地式でよいかどうか問題が残るように思う

## 六、「綜合農業」について

綜合農業を日本の農業教育に導入せざるを得なくなつた理由として、過去の農業教育を次の如く反省し、批評している。（農村教育の新構想、二六八頁）

一、農業を学ばしめた教育ではなく、やゝもすると教科書中心の書物農業に終つていた。

二、興味のない概念的な農業教育であつて、問題を生徒自身が自発的に解答する態度を育成するところに置かれてなかつた。即ちなすことによつて学ぶ教育原理が尊重せられてなかつた。

三、総合性を缺いた分科的農業教育で、いはゞ農学者を養成し得ても、農業者の養成には極めて不適な教育であつた。

四、経営能力の涵養を缺いた農業教育であつた。

そして「綜合農業」の採用によつて、此等の缺点を少くしようと目論んだのである。こうして挙げられた諸点を見ると、戦前の日本の農民道場式農業教育に多分に通ずるものがあり、亦革新的経営と称せられた。特殊の数校にも見られた。

其等と、今日称えられている「綜合農業」との違いは、ポーム・プロゼクトと併せ考えることによつて理解できるように思う。後でのべたい。「綜合農業」はすでに沖縄の農業教育にも採用されていて、その限りでは一應落付いた形となつている。自營者の養成が斯種教育の主眼であつて見れば當然のことであろう。但し、移民の送り出しを必要とし、亦農政面の担任者も要る沖縄の現状から押し、且つ担任教師の問題と共にまだまだ研究課題が残されている。

## 七、職業農業の担任教員について

一校に一人若くは二人しか居ない、農業コース関係の教師が、実際如何様に活動しているか。次ぎは、前に紹介したプレスカツト氏の実例である。この学校は八八人の四年生全日学級の外に、二五人の青年農民学級、三〇人の成人農民学級がある。先づその勤務時間割を見ると左の通りである。

| | |
|---|---|
| 八・〇〇 | 学校報告 |
| 八・三〇―九・三〇 | 農学(一) |
| 九・三〇―一〇・三〇 | ガイダンス |
| 一〇・三〇―一一・三〇 | 農学(二) |
| 一一・三〇―一二・三〇 | （中食） |
| 一二・三〇―一・三〇 | 農学(三) |
| 一・三〇―二・三〇 | 青年農民学級の準備 |
| 二・三〇―三・三〇 | 農学(四) |
| 二・三〇―五・三〇 | 工具手入若くは「家庭実習の指導」 |
| 一週二晩 七・三〇―一〇・三〇 | 青年農民学級の担任 |
| 七・三〇―一〇・三〇 | 成人農民学級の担任 |

毎月一回F、F、A、の会合

同氏の例によると、家庭実習指導のため訪問する生徒数は一四三人であり、毎月五百―八百哩に亘ると云う。従つて勤務時数は一週間六五―七〇時間となる。自ら「長時間勤務教師」と称するこの七面八ピの「職業農業教員」とは、法的にどんな存在かと云うに、これはスミス・ヒューズ法の適用をうけ、これより給料の支給をうける農業コース担任の教師であるが、色々の任務を持つている。その主なるものは、

一、農業学級（全日制、定時制、其他）の経営に関する全般の責任

二、右に関する各種の報告書類の作製、提出、保存

三、学級の授業に関すること。農業工作を含む。

四、家庭実習の指導監督に関すること。

五、F、F、Aの指導、運営、其他

に要約することができる。

職業農業教師の待遇はどうであろうか。ミシガン州に一例をとると次の様になる。

（初任給、高校の普通コース教員、年三二〇〇ドル
（初任給、高校の職業農業教員、年四二〇〇―四八〇〇ドル。

但し、前者は三ヶ月の無給休暇があるので、正確に云えば九ヶ月分の俸給に当り、後者は十二ヶ月勤務（半ヶ月の有給休暇がある）なので、月割にすると大差ない。田舎では周年給の方が良いようで、結局、職業農業教員は幾分か歩が良いように思はれた。それに、同教員がホーム・プロゼクト指導のため生徒の家庭を訪問する際は、「乗用車維持費の支給をうけることになつている」一哩につき七セントが相場である。月に三五―六〇ドルあるので、ガソリン代を引いても若干残ると云う。かゝる教員の月俸の約四〇%はスミス・ヒユース法の補助金より、残りの六〇%は学校地区から支給される。望ましき職業農業教員として、次の点が挙げられている。

一、農業に関する実際的知識と教能と経験を有すること。

二、其他の教職的職養、例へば、農業科教授法。指導。P、T、A、の運営。諸記録の作製と保存。F、F、Aの運営。博覧会、展示会の主催、教育課程の編成等についての教養を有すること。

三、圃場における実際経験を有すること。ミシガン州では、二ヶ年の圃場経験を要求している。

四、人間としての良き個性と性格

快活、友情、親切、批判力、統率力など。

五、農村的性格

奉仕し、労働を悦ぶと云つた点はもとより、農業技術の具体的な教養を身につけ、これを傳授する悦びを大きく感ずるといつた類。

## 八、ホーム・プロゼクトに就て

スミス・ヒユース法によれば、農業コースに登録した生徒は、一年に、少くとも六ヶ月を通じて、職業農業教員の指導監督のもとに、家庭実習を営まねばならぬ事になつている。特に強調されているねらいは、将來自營者としての基本を培う點にある。即ち、在学中から、若き一農業者として、自己の計算と責任において、農作業と農業経営の体驗を持たせるのにある。家庭実習に、いくつかの種類がある。大別して

一、生産プロゼクト

農業を商業企業として利潤をあげることを経驗するための家庭実習である。

二、改良プロゼクト

土地の生産力の増加を計るとか、又農家をもつと住み心地のよいものに改良せんとする家庭実習で特に父兄其他の人々の協力を必要とする。

三、補助的プロゼクト

これは、生産プロゼクトや改良プロゼクトを実施してゆくために必要な技能を補うための附加的な小規模のプロゼクトである。例へば鶏の雌雄鑑別豚の去勢、農用薬剤の調製、果樹の剪定整枝、土壤の酸度研究等の如きプロゼクトを云う。

四、集團プロゼクト

学級單位若くはクラブ毎に行われるプロゼクトで特に各人の責任を明確に分担し、且つ適切な監督のもとに行われねばならぬ。

その何れに於ても、收支を明らかにし、経営の利潤を決算して、プロゼクトの合理的を評價してゆくところに、その真面目がある。いち早く日本において、これを実施した岐阜農林高校の反響を拾つて他山の石にしたい。

一、生徒の声

㈠、苦労だが面白い。生きた社会がわかる。

㈡、しつかりした技術の習得ができる。

㈢、自分で研究し工夫する。特に現地に即應した工夫研究をする。

㈣、学校の授業、実習にも熱意が生じ能動的となる

二、教師の述懐

㈠、勉強しなければならない。時々切サ琢磨の研究会を持ちたい。

㈡、農村の実情がよくつかめる。

㈢、農村人と真の友達になれる。

㈣、生徒と少しの心置きもなく話せる。

㈤、農村の生徒指導という終局目的を忘れてはならない。

三、社会的影響

㈠、農家の技術的進歩を招來している。

㈡、養鶏、養豚等を行う農家が増加する氣運にある

（新教育とホーム・プロゼクト、二九五―六頁）

## 九、スミス・ヒユームス法について

米國の職業教育を支へているバックボーンは、スミス・ヒユース法である。この法律は日本の産業教育振興法の拠りどころともなつている。この法律の夢は、「教育の目的として、実用と云うことが教養と並んで尊敬せらるゝようになること」にあると云われる。米國の実用主義教育を如実に知る思いである。一九一七年に通過して以來二千萬人の学生が、この法律による教育を受けていると云う。

本法律の目的は、高校以下の農業、工業および家政の各科目に対する職業教育並に之に関係する職業科教員を養成することに対して、連邦政府から各州に対し資金の援助を与えるものである。即ち列記すれば、

一、連邦職業教育委員会がこの法律を施行したり、職業教育團体の活動を援助したり、職業教育活動を盛んにするための研究、調査及報告作製費用

二、農業関係の教員・主事・視学の給料。

三、工業と家政関係の教員の給料。

四、二と三に示す教員並に関係職員の養成費。

然してこの法律を運営するために、次の委員会が必要である。その一つは前述の連邦職業教育委員会で、その構成員は、農務省、商務省、労働省の各長官と、教育担当主席及び大統領の任命する三名の者（一名は農業関係者代表、一名は商工業関係者代表）よりなる。その任務は一の項により推知できるので略する。各州はこの法律に定めた補助金をうけるために、三名以上からなる州職業委員会を持たねばならぬ。そして連邦委員会へ次の事項を記載した計畫書を提出し承認をうけるのである。即ち

一、補助金を申請する職業教育の種類。

二、学校の種類、設備、教育課程、教育方法。

三、教員、主事、視学の資格。

四、教員養成計畫。

連邦補助金一ドルに対し、州又は地方公共團体或は双方で同額の支出をしなければならないので、職業教育振興の立場から云えば、連邦資金は各州において二倍の効果を収めることになる。

## 一〇、結び

以上大忙ぎで概観したのであるが、特にホーム・プロゼクトを沖縄に於て如何に取扱うかについて、非常に大きな問題があるように思う。アイヴアン・ネルソン氏は、学校農場経営の一つの方向として、生徒協同組合（学校協同組合）による管理経営を示唆しているこれは沖縄においても実施可能の極めて重要な提案だと思う。これによつて、農場経営に新しい息吹きを誘いこむことが出來るのではなかろうか。学校農場の多くが今猶、学校当局の独裁的な、従つて生徒側からすれば他律的な方法で経営され、やゝもすれば生徒の労力を搾取するだけに止まり、生々とした教育的、訓練的價値の少いものに終つている現状に照らし、打開の途を見出す好資料となるであろう。これの採用は、一校に四、五百人も收容する。むしろ變態的としか受けとれない。大量的、網羅的な現在の職業農業教育を救う道であるように思う。勿論これによつて、ホーム・プロゼクトの精神も生かすことができる。幸いこのことに関しての概説が「農村教育の新構想」（二〇〇―二二五頁）にのべられているので、志ある方の熟読を望む。亦八重山農林高校において此種の試みが実施されつゝあるやに聞く。成果を見聞したいと思つている。

# 職業教育について

文教局指導課　山内繁茂

「職業教育は重要である」と強調されながら、現実はむしろ軽視されていると言えよう。日本でも新教育運動が活発に展開され、種々と画期的な改革が行われているにかゝわらず、職業教育は見るべきものがないとのことである。行政分離下の沖縄も日本とその軌を同じくしていると言えないこともない。

然し、職業教育の不振は日本と沖縄のそれとは雲泥の差がある。

戦前も職業教育の軽視の傾向はあつた。戦後の社会混乱は一そう、それに輪をかけて、勤労を嫌い、遊んで樂な生活をねらう風潮が生じて産業の振興に又職業教育の振興に大きな障害をなしている。

沖縄には基本的産業政策が必要であり、基本的な職業教育の振興策が樹立されなければならないのである。

今沖縄は變則的な経済狀態である、人口七六二、四九

〇人をようし、その食糧の六割余も入しているのは常態ではない。四五一、二九八人の農家人口があるのに自分の食糧さえ自給出來ない農業機構に大きな欠陥があり、重大問題がひそんでいるのである。

## 農業教育の改善

農業教育不振の原因について考究し、その対策を講じなければならない。

### 一、農業が不振である、したがって農業教育も一般に關心が薄い。

一、過小農業経營である。

統計表其1

**経営規模別土地面積**　琉球統計（1950年12月1日）

| 群島別 | 戸数 | 面積 | 5畝未満 | 5畝−1反 | 1反−5反 | 5反−1町 | 1町−5町 | 5町以上 |
|---|---|---|---|---|---|---|---|---|
| 全沖縄 | 95.407 | 49.361.19 | 8.398 | 11.624 | 45.377 | 17.302 | 12.280 | 425 |
| 沖縄 | 77.765 | 34.373.03 | 7.351 | 10.922 | 40.281 | 12.145 | 6.695 | 370 |
| 宮古 | 10.995 | 9.858.36 | 272 | 307 | 2.884 | 3.695 | 3.814 | 23 |
| 八重山 | 6.645 | 5.129.75 | 775 | 395 | 2.212 | 1.450 | 1.771 | 33 |

(1) 現在の生産狀態では五反歩以上の経營でなければ生業（専業）としてなりたゝない全農家の三二%しかそれに該當しない狀況である。

(2) 耕地面積が少い上に、なお數ヵ所に分散している。

イ、牛馬耕、動力機械による農耕が困難な狀態である。

ロ、労力を多く費やし、肝要な技術の上達合理的な經營が行われない。

(3) 資本が貧弱な為、企業的経營が阻害され無氣力な宿命觀的な雰囲氣の狀態にある

(4) 耕地狭隘で資力に乏しいので改良農具の購入が少い。

(5) 地價、地代が高く耕地の拡張が困難である。

(6) 多くの農民は時代無感覺のようで進歩した経宮に切りかえがおそい。

統計其2

**使用した農機具**

| 種類 | 農家戸数A | 台数B | ABの割 | % |
|---|---|---|---|---|
| 犂 | 24.954 | 31.583 | 1.3 | 全農家の23% |
| 耕うん機 | 9.855 | 10.725 | 1.1 | |
| 脱穀機 | 19.325 | 19.485 | 1.0 | |
| 動力脱穀機 | 178 | 184 | 1.0 | |
| 甘蔗圧搾機 | 4.701 | 4.726 | 1.0 | |
| 製莚機 | 1.247 | 1.273 | 1.0 | |
| 其他 | 132.676 | 727.353 | 5.5 | |

### 二、農業の専業は困難の狀態にある。

沖縄の全農家九一、一四〇戸の内、専業農家は僅か二六%である。専業農家の減少した大きな原因は、戦禍による住家、生産関係の營造物の潰滅と、廣大な軍用地の接收等によつて、從來行われていた農業經營は破算により、終戦後の副産物としてこれまで沖縄になかつた新しい職業、軍労務が発生し、多くの労務者が之に就職したので農業従事者は老人と幼年者と言つた狀態となり、その上、農業經營の必要な諸條件が揃わない、その空白は今尚充たされないのである。兼業農家七四%の内農業主とした農家四七、三%で、兼業を主とした農家は二五、三%となつている。

### 三、氣象現象や病虫害等の被害を受け易い。

大正十五年（一九二六年）から昭和二四年（一九四九）迄二四年間に颱風が九八回來襲し、風速の割合に農作物に被害を與える十月十一月の颱風が一八回も及んでいる。

天候により農作が非常な制約を受ける、その障害を克服して有用な熱帯果樹、促成蔬菜、其他換金作物等は完全な防風施設なしに安全な栽培が困難である。識者は「防風林なしの沖縄での農業経営は賭博だ」と評しているのも過言ではない。

## 南西各島颱風接近回数（各島400km以内通過）

統計表3　1926—19424年

| 地名＼月 | 1 | 2 | 3 | 4 | 5 | 6 | 7 | 8 | 9 | 10 | 11 | 12 | 全年 |
|---|---|---|---|---|---|---|---|---|---|---|---|---|---|
| 石垣島 | | | | | 2 | 2 | 9 | 8 | 6 | 1 | 1 | | 29 |
| 宮古 | | | 1 | | 2 | 1 | 9 | 7 | 4 | 3 | 1 | | 28 |
| 南大東島 | | 1 | 1 | 1 | 2 | | 9 | 9 | 9 | 3 | 2 | | 37 |
| 沖縄本島 | | | 1 | 1 | 1 | | 4 | 9 | 9 | 5 | 1 | | 41 |
| 大島 | | | | | 1 | 2 | 6 | 8 | 9 | 6 | 1 | | 33 |

沖縄の夏は天候が安定して、熱帯性低気圧か颱風が発生しないと容易に雨が降らない。史実に現われた大旱魃でも八回に及んでいる、寛永一六年（一六三七年）琉球藩史によると、「天久しく降らず、田水盡涸餓ふ頻多」嘉永三年（一八五〇年）球陽「此年六月以來旱魃で十月初三日から五日にかけて雨乞祈禱をした」。等と記されているがこの様な大旱魃が頻繁にやつて來るとは考えられない。沖縄の夏は高温で日照時間が長く耕土も比較的に浅いので、圃場の乾燥が早く、一ヶ月以外の小旱魃でも、播種、植付、手入等が出來ないで適期を失したり、発育停止枯死等で大なり小なり害を受けている。灌漑排水施設の整備によつて、降雨に支配される原始農法から脱することが出來たら、沖縄農業の一大飛躍である。

四、生産コストが高い

生産規模が小さく、技術の導入が困難で、生産品の質も劣るしその量も少いので、したがつて製品は割高となり、自由市場に於ては競争品との対抗性が弱く販路拡張には容易でない。その要因としておよそ次の点が挙げられる。

1　四十余の島嶼からなり、交通、輸送費に多く経費がかゝるので生産品、肥料、餌料、原料が割高になる。

2　為替の交換率が日本円の三倍になつているので沖縄の移出物産が割高となつている。

イ、黒糖と外國糖との関係

ロ、織物、烟草

ハ、食品加工（漬物、醤油、味噌）

ニ、鶏卵、豚肉、漁類、罐詰

五、其他

1　軍労務や其の他一般労務に従事することが農業経営するよりも比較的安易のため、体力旺盛な若い者が之に走り、老人や年少者が農業に従事している。

2　商業は利潤が多くその上に生活が華かなため、泥まみれに弊衣、粗食の上重労働で汗を流すことに時別の人の外は興味を見出さない。

3　孤島的な文化の隔絶性は容易に対建的職業観から脱却し得ず、農業していることに誇を持つ者が少い。

そう言う環境にあつて、美くしい夢を抱いている二十台の高校卒業生に、農業自家経営を強い、農業に従事しないことを怠惰の性であり、使命感うすいのと、学校教育拙劣だと批評する識者は、今一度自分の胸に手をあてて見る必要はないだろうか。高校の卒業生は毎年、六〇〇〇名は下らないであろう。この若人達は大いなる希望を持ち、美くしい夢を持たねばならない、然し高校卒業生はホワイトカラを着けてする仕事が理想であり、夢の実現でありとする。土とつ組み家畜を友とし、圃場や森林の花果を神の賜いし最高の藝術品として審美するところの足が地についた心静かな生活に魅力をもたす様な政策農村文化を向上させる施設と良い指導が講じられなければならない。

## 二、沖縄の産業振興計画が確立されないので職業教育の根本策が立てられない。

職業教育課で暫定職業教育計画を左記の通り立案し第四回中央教育委員会に提出したのである。該案が具体性を欠ぎ、漠然としているとの批評もあつたが、政府の綜合経済計画が樹立されないので止むを得ないと承認を得たのである。

### 暫定職業教育計画

職業教育計画は琉球教育計画の一部であり、他の教育特に普通課程の高等学校の教育計画と連関するので琉球教育計画の確立を見る迄の暫定計画である。

一、基本方針

何人も社会に生活していく為には職業を通じて行われ個人の職業能力は社会の繁榮福祉と直結するものであることを念頭においてすべての教育が営まれなければならない。琉球の繁榮は産業を振興して輸出入の平衡を計り経済を豊かにすることによつてもたらされるものである。

職業教育は琉球経済の貧困を打破すべく産業に直接又は間接に従事する知識技能の優秀な職業人を養成することに努めなければならない。

職業教育は学校の程度によつて次の方針で行う。

一、小学校においては職業教育の基礎を養うこと、を目標とし、中学校の教育の準備のため家庭及びその他の教科において生活の指導を主として職業の基礎訓練をする。

二、中学校においては適正な職業指導を行い職業の基礎教育を施すことを目標とし、実技を通じて知識技能を体得せしめて職業訓練をする。

三、高等学校においては社会の中堅指導者となり得る人物を養成することを目標とし在学中において将來従事すべき職業に関係ある教科を選択履修するように指導し職業科を選択した者には専門知識と技能の熟達を計るように指導する。

四、職業高等学校においては職業に対する専門教育を施し、自家経営者若くは初級技術者として社会の中堅指導者となり得る人物を養成することを目標とし、専門知識と技能の熟達を計るように指導する。

二、各科の重点的指導目標

全職業課程において経済的知識を普及し、琉球産業の振興を目標に経営に當らなければならない。

職業教科を重視する為に普通教科を軽視することなく教養を高め人格の向上品位の陶冶に努めなければならない。

一 農業教育

1. 輸出作物、輸入防止作物、有利作物の栽培普及
2. 機械力による労力の節減と能率増進
3. 農産物加工と農家收入増加
4. 農業の保守性の打破と学理の活用

二、水産教育

1. 水産物加工と輸出入対策
2. 漁撈の生産コスト引き下げと生産増加
3. 漁場の保護と養殖の振興

三、工業教育

1. 実技の熟達
2. 輸出工業製品の研究と振興
3. 自給工業の研究と振興

四、商業教育

1. 経済発展と産業振興
2. 商業道徳の昂揚
3. 実務能力の増進

五、家庭科家庭工藝科教育

1. 実技の熟達
2. 家庭婦人としての教養
3. 経済生活能率増進家庭改善に努力

三、教科課程

学習指導要領による選択については生徒の個性に應じ家庭環境に即應し学校の事情等を勘案し適正な指導を加えねばならない。

四、教科外活動

一、職業教育と関係深いクラブ活動、緑化運動等の教科外活動を奨励する。

五、学校の設置

琉球教育法第十二章第一條に明記せられてあるので学校の整理統合には愼重な考慮を拂わねばならない。

一 農業高等学校 七校

沖縄、三校、北農、中農、南農
奄美、二校 大島農（笠利、與論分校）伊仙農
宮古、一校 宮古農林
八重山、一校、八重山農林

二 水産高等学校 二校

沖縄、一校、開洋高校
宮古、一校 宮古水産

統合して一校とし四群島からの入学を豫想して交通の

便利な那覇市に移轉設置する事が適當と考えられるので中央教育委員会の決定を待つて後計画に着手する。

三　工業高等学校　　一校

全琉一校として充実する一九五二年十二月中には真和志村に移轉完了した。

入学者は四群島からあることを豫想し、一九五二年四月から機械科、電氣科、建築科の三科は学級増加を計る必要がある。

四　商業高等学校　　一校

（夜間課程は別項）

新設については宮古水産高校が那覇に統合された場合、之に商業高等学校が豫想されるが中央教育委員会の決定の後に計画する。

五　家庭科高等学校　一校　付加（一校）

　　奄　美　　一校　大島女子高等学校

六　夜間課程　独立校　　一校

　　　　　　　附設校　　一校

独立校　奄美　一名瀬高等学校　商業科　家庭科

附設校　沖縄　一商業高等学校　商業校

設置豫定

一九五三年四月

学級数　学科

沖　縄　　二　｛家庭工藝科　首里市
　　　　　　　　家　庭　科　那覇市

宮　古　　二　｛家庭工藝科　平良市
　　　　　　　　商　業　科

八重山　　　　　家庭工藝科　石垣市

一九五三年七月

沖　縄　　三　　機械科　工業高等学校

　　　　　　　　電氣科　　〃

　　　　　　　　建築科　　〃

其の他一九五三年度豫算実施の結果を見て計画する。

六、生徒定員数

職業高等学校の生徒数は別に定める学則基準規則によつて定める。

職員の数は別に定める職業高等学校設置基準規則から算出し豫算の範囲内で適正配置する。

七、経　費

職業高等学校設置基準規則

職業高等学校設備基準規則（立案中）に基き必要経費を算出し一九五四年豫算案提出迄にこれが充実計画を立案し所要経費を豫算に計上する豫定である。

別に産業教育振興法を立法要請し中学校、高等学校、職業高等学校、施設並に設備の充実を図る。

## 三、財政貧困な為職業教育の施設及び設備の充実が困難の状態である。

一、中学校の職業指導

中学校は中間学校的な性格で「小学校教育の基礎の上に……中等普通教育を施す」つまり一般教養の啓培を目ざしているので、専門的な職業教育は行われないことになる。然し中学校の教育の対象は舊制高等小学校、青年学校、中學校、高等女学校、実業学校に相当する青少年であつて、その教育目標の一つ「社会に必要な職業についての基礎的な知識技能、勤労を重んずる態度および個性に應じて將來の進路を選択する能力を養う」と言うことは、中學校における職業指導の重要な根拠とされている。中学校卒業生の約三割が進學し、残りの七割はすぐ職場につくのである。そう言つた点から考えると單なる中間學校的であつてはならない筈である。

その対策として社会教育、職場教育、を施すことも出來るわけであるが、それでは充分と言われない、恵まれた進学者に対する指導と同等の比重において、中學校における職業教育に特別の考慮が拂われなければならない。

日本本土では産業教育振興法が施行され、一九五三年には二四億円、五四年には八二億円の経費が豫想されている。日本の設備標準はおよそ生徒一人当五五〇円であるが、沖縄の八二校について調査の結果によるとその十分の一の五四円六〇銭となつている。

沖縄より進んでいると思われる日本の職業教育において、学校の設備經営管理の有り方は社会のそれより十年はおくれていると批評されている。まして沖繩においてはだ、全く氣の毒な程貧弱である。経済的に貧困な沖縄で職業教育を今のまゝ等閑視することは罪悪であると極言したい。

No.4　　1　中学校の職業教育設備状況

| 仕事分類 | 項目 | 日本標準<br>3學級を基準とした<br>設備標準 | 沖　縄<br>6学級までの<br>設備目標 | 沖縄現状<br>82校の<br>設備累計 | 備　考 |
|---|---|---|---|---|---|
| 第　一　類 | 栽培飼育 | 133,960 | 29,940 | 275,750 | |
| | 加工 | 16,440 | 2,700 | | |

| | | | | | |
|---|---|---|---|---|---|
| 第二類 | 手技工作 | 297,790 | 34,650 | 23,551 | |
| | 被服 | 190,100 | 37,030 | | |
| 第三類 | 事務 | 10,700 | 3,210 | | |
| | | | | | |
| 第四類 | 調理 | 192,495 | 57,740 | 1,384,882 | 家事栽縫を含む |
| | | | | | |
| 計 | | 741,485 | 165,270 | 1,684,183 | |
| 換算 | | 生徒150名 | 生徒300名 | 生徒30,810名 | |
| | 生徒一人当 | 384円 | 551円 | 円 54.60 | |

No. 5

| 実習地現況 | 学校数 | 在籍 | 田面積 | 畑 | 山林 | 生徒1人平均 |
|---|---|---|---|---|---|---|
| | 82 | 30,810 | 10,245歩 | 51,338歩 | 172,331 | 2歩 |
| 実習施設82校 | 農具舎 | 畜舎 | 肥料舎 | 機械工作室 | 収納舎 | 家事 | 裁縫舎 |
| | 11 | 9 | 6 | 3 | 5 | 8 | 8 |
| 家畜頭数82校 | 豚 | 山羊 | 家禽 | その他 | 牛 | | |
| | 11 | 135 | 103 | 7 | 1 | | |

中学校一五九校の生徒五二、八一〇人に対し、五五一円の設備をすれば二九、〇九八、三一〇円となる、五カ年間にその標準に達するように政府で半額補助二九〇万円位宛毎年支出するものとすれば、沖縄の職業教育の基盤が確立すると確信する者である。

二、職業家庭科担任教員

文教審議会の答申案に「学科の指導のみならず、技術の指導も行うため指導時間も多いが之に対する特別の考慮が拂われていない。」、他教科、社会、理科、算数、体育等二、三学科を合せて担任している場合が多い、それは学校の教員組織、学級数等の関係等で制度や財政等から来る欠陥であるが、唯それに罪を負わしてはならないと思う、学校経営にも特別の考慮が拂われなければならない筈である。教員負担過重の苦悩は校長にも担任教員にもある、専任制にしたい、教員の増員をしたいと地方の要求は非常に多い。

更に「一般産業界に比してその待遇低くそれがために適当な教員が得がたく」学校によつては永く空白状態が続くことがある。適任者が且つかつても資格から来る待遇関係で実現が阻止されることが多い尚「職業科担任教員は最近の技術や新教育の指示する指導技術を体得しなければならない」筈であるのに、新制普通高等学校の卒業生で間に合わせている学校も少くない。

教員再教育の必要、職業科担任教員養成の要求が三〇％ある、職業教育の振興、勤労精神の涵養等は教員の指導力の如何によるものである、該担任の優遇、専任制度、技術講習、教員養成等の実施をしなければならない。

No. 6

職家担任出身校別

82校

| 学校 | % | 備考 |
|---|---|---|
| 新制高校<br>訓練学校 | 24.3 | 普通高校職業高校を含む |
| 舊制中等学校 | 29.8 | |
| 師範教員養成 | 36.6 | 家庭科女教員が多い |
| 琉球大学 | 4.7 | |
| 其の他 | 4.7 | 専門検定 |

職家担任年令調

82校

| 年令 | 人員 | % | 備考 |
|---|---|---|---|
| 20 — 30 | 122 | 52 | |
| 31 — 40 | 73 | 31 | この年令層の補充が急務である |
| 41 — 50 | 40 | 17 | 〃 |
| | | | |

No. 1

# 職業高等学校部科別組織一覧表

| 学校 | 科別 | 一九五三年志願者 | 一年男 | 一年女 | 二年男 | 二年女 | 三年男 | 三年女 | 小計 | 合計 | 教員 専門科目 | 教員 普通科目 | 教員 計 | 其他 助手 | 其他 書記 | 其他 傭人 | 合計 | 校医講師 | 備考 |
|---|---|---|---|---|---|---|---|---|---|---|---|---|---|---|---|---|---|---|---|
| 北部農林 | 農業科 | 281 | 123 | | 105 | | 121 | | 349 | 529 | 9 | 13 | 22 | 4 | 1 | 2 | 29 | 3 | |
| | 林業科 | | | | 28 | | 10 | | 38 | | | | | | | | | | |
| | 女子農業科 | | | 52 | | 46 | | 44 | 142 | | | | | | | | | | |
| | 計 | | 123 | 52 | 133 | 46 | 131 | 44 | 529 | | | | | | | | | | |
| 中部農林 | 農業科 | 313 | 103 | | 93 | | 119 | | 315 | 567 | 11 | 12 | 23 | 3 | 1 | 2 | 29 | 3 | |
| | 畜産科 | | 41 | | 48 | | | | 89 | | | | | | | | | | |
| | 女子農業科 | | | 50 | | 73 | | 40 | 163 | | | | | | | | | | |
| | 計 | | 144 | 50 | 141 | 73 | 119 | 40 | 567 | | | | | | | | | | |
| 南部農林 | 農業科 | 255 | 51 | | 126 | | 102 | 21 | 300 | 446 | 10 | 8 | 18 | 6 | 1 | 2 | 27 | 1 | |
| | 園藝科 | | 51 | | | | | | 51 | | | | | | | | | | |
| | 女子農業科 | | | 49 | | 46 | | | 95 | | | | | | | | | | |
| | 計 | | 102 | 49 | 126 | 46 | 102 | 21 | 446 | | | | | | | | | | |
| 宮古農林 | 農業科 | 109 | 43 | | 30 | | 17 | | 90 | 190 | 6 | 5 | 11 | 2 | 1 | 1 | 15 | 3 | |
| | 畜産科 | | 43 | | 19 | | 17 | | 79 | | | | | | | | | | |
| | 女子農業科 | | | | | 21 | | | 21 | | | | | | | | | | |
| | 計 | | 86 | | 49 | 21 | 34 | | 190 | | | | | | | | | | |
| 八重山農林 | 農林科 | 149 | 68 | | 34 | | 46 | | 148 | 240 | 9 | 8 | 17 | 1 | 1 | 2 | 21 | 3 | |
| | 農村家庭科 | | | 38 | | 27 | | 27 | 92 | | | | | | | | | | |
| | 計 | | 68 | 38 | 34 | 27 | 46 | 27 | 240 | | | | | | | | | | |
| 計 高校農林 | 農業科 | 1.107 | 197 | | 354 | | 326 | | 878 | 1.972 | 45 | 46 | 91 | 16 | 5 | 9 | 121 | 13 | |
| | 林業科 | | | | 28 | | | | 28 | | | | | | | | | | |
| | 農林業科 | | 191 | | 34 | | 89 | | 314 | | | | | | | | | | |
| | 畜産科 | | 84 | | 76 | | 17 | | 168 | | | | | | | | | | |
| | 園藝科 | | 51 | | | | | | 51 | | | | | | | | | | |
| | 女子農業科 | | | 189 | | 213 | | 132 | 534 | | | | | | | | | | |
| | 計 | | 523 | 189 | 483 | 213 | 432 | 132 | 1972 | | | | | | | | | | |
| 開洋 | 漁撈航海科 | 64 | 23 | | 16 | | 26 | | 65 | 146 | 6 船員 9 | 5 | 20 | 1 | 1 | 2 | 24 | 2 | |
| | 機関製造養殖 | | 31 | | 21 | | 29 | | 81 | | | | | | | | | | |
| | 計 | | 54 | | 37 | | 55 | | 146 | | | | | | | | | | |
| 宮古水産 | 漁撈科 | 74 | 23 | | 37 | | 30 | | 95 | 185 | 6 | 5 | 11 | 1 | 1 | 1 | 14 | 3 | |
| | 製造科 | | 28 | | 41 | | 21 | | 90 | | | | | | | | | | |
| | 計 | | 56 | | 78 | | 51 | | 185 | | | | | | | | | | |
| 計 高校水産 | 漁撈航海科 | 138 | 51 | | 53 | | 56 | | 160 | 331 | 6 船員 15 | 10 | 31 | 2 | 2 | 3 | 38 | 5 | |
| | 機関製造養殖 | | 59 | | 62 | | 50 | | 171 | | | | | | | | | | |
| | 計 | | 110 | | 115 | | 106 | | 331 | | | | | | | | | | |
| 商業 | 商業科 | 583 | 183 | 152 | 176 | 162 | 53 | 47 | 773 | 773 | 12 | 14 | 26 | | 1 | 2 | 29 | 3 | |

| 總計 | 計 | 宮古女子 | 計 | 工業 木材工藝 | 工業 建築科 | 工業 電氣科 | 工業 機械科 | 計 | (定〃時) 商業科 |
|---|---|---|---|---|---|---|---|---|---|
| 2.616 | 159 | 159 | 383 | 383 | | | | 829 | 246 |
| 1.090 | | | 214 | 34 | 50 | 43 | 87 | 252 | 69 |
| 513 | 127 | 127 | | | | | | 197 | 45 |
| 1.024 | | | 135 | 30 | 52 | 52 | 51 | 241 | 65 |
| 470 | 67 | 67 | | | | | | 190 | 28 |
| 745 | | | 154 | | 49 | 56 | 49 | 53 | |
| 179 | | | | | | | | 47 | |
| 4.030 | 194 | 194 | 553 | 64 | 151 | 151 | 187 | 980 | 207 |
| 4.030 | 194 | 194 | 553 | 553 | | | | 980 | 207 |
| 船6員91 | 3 | 3 | 14 | 14 | | | | 14 | 2 |
| 96 | 8 | 8 | 15 | 15 | | | | 17 | 3 |
| 193 | 11 | 11 | 29 | 29 | | | | 31 | 5 |
| 22 | | | 4 | 4 | | | | | |
| 10 | 1 | 1 | 1 | 1 | | | | 1 | |
| 16 | | | 2 | 2 | | | | 2 | |
| 241 | 12 | 12 | 36 | 36 | | | | 34 | 5 |
| 30 | 3 | 3 | 3 | 3 | | | | 6 | 3 |
| | | 但し七月より | | | | | | | |

## 職業高等学校卒業生就職状況調べ　　(1953年7月現在)

| 学校別 / 就職別 | 北農 | 中農 | 南農 | 宮古農 | 八重山農 | 開洋 | 宮古水 | 工業 | 商業 | 計 |
|---|---|---|---|---|---|---|---|---|---|---|
| 農林業 | 117 | 69 | 136 | 29 | 127 | | | | 0 | 478 |
| 漁業 | | 1 | | | 3 | 76 | 43 | | | 123 |
| 製造業 | | 5 | 2 | | 5 | 22 | 23 | | | 57 |
| 鑛業 | 2 | | | | | | | | | 2 |
| 建設業 | 7 | | 5 | | 10 | | 1 | 70 | | 93 |
| 商業 | 15 | 7 | 2 | 2 | 15 | | 5 | | | 46 |
| 金融保険不動産 | | | | 1 | | | 5 | | | 6 |
| 運輸通信 | 14 | 17 | 2 | 4 | 1 | 12 | 26 | | | 76 |
| 公務 | 145 | 121 | 22 | 35 | 262 | 42 | 14 | 22 | | 664 |
| サービス業 | 6 | 7 | 2 | | 21 | | 1 | | | 37 |
| 進学其他 | 66 | 87 | 16 | 43 | 145 | 23 | 5 | 33 | | 419 |
| 家事手傳 | 12 | 23 | 21 | | 218 | 6 | 2 | 13 | | 295 |
| 卒業生総数 | 385 | 237 | 208 | 114 | 808 | 181 | 125 | 138 | 0 | |
| 卒業年度 | 1946年—1952年 | 1948年—1952年 | 1949年—1952年 | 1949年—1951年 | 1938年—1952年 | 1949年—1952年 | 1949年—1952年 | 1950年—1952年 | | 2.296 |

# 普通高校卒業生就職状況調査　　1952年12月

| | 糸満 | 那覇 | 首里 | 知念 | 野嵩 | 胡差 | 読谷 | 前原 | 石川 | 宜野座 | 名護 | 北山 | 辺土名 | 久米島 | 宮古 | 宮女 | 八重山 | 計 |
|---|---|---|---|---|---|---|---|---|---|---|---|---|---|---|---|---|---|---|
| 農林 | 19 | 6 | 11 | 9 | 4 | | | 9 | 15 | 8 | | | 29 | | 19 | | | 129 |
| 漁業 | 1 | 2 | | | | | | | | | | 1 | 1 | | 3 | | | 8 |
| 製造 | 4 | 9 | 32 | 7 | 1 | 1 | | 2 | 2 | 19 | | | 4 | | 1 | | | 82 |
| 鑛業 | 0 | | | 2 | | | | 1 | 3 | | | 3 | 0 | | 0 | | | 9 |
| 建設 | 4 | 86 | 43 | 11 | 15 | 361 | 3 | 52 | 14 | | | 4 | 184 | | | | | 777 |
| 商業 | 49 | 255 | 57 | 17 | 64 | 8 | 5 | | 24 | 7 | | 11 | 47 | | 66 | 10 | | 620 |
| 金融保険 | 11 | 4 | 77 | 4 | 26 | 3 | | | 12 | | | 3 | 0 | | 1 | | | 141 |
| 運輸通信 | 27 | 3 | 65 | 40 | 22 | 29 | 4 | 1 | 23 | 7 | | 8 | 24 | | 4 | | | 257 |
| 公務 | 229 | 42 | 332 | 350 | 66 | 149 | 35 | 249 | 278 | 399 | | 39 | 138 | | 31 | 88 | 146 | 2.571 |
| サービス業 | 16 | 2 | 36 | 14 | 33 | 69 | | 85 | 136 | | | 3 | 13 | | | | 1 | 408 |
| 其の他 | 379 | 265 | 658 | 146 | 141 | 91 | 132 | 423 | 75 | 94 | | 152 | 72 | | 45 | 126 | 72 | 2.873 |
| 家事 | 59 | 105 | 77 | 56 | 26 | 53 | 10 | 301 | 52 | 112 | | 23 | 188 | | 7 | 3 | 295 | 1.367 |
| (不明) | 104 | 369 | 93 | | 32 | | | | | | | | | | | | | 598 |
| 卒業生徒数 | 902 | 1.149 | 1.481 | 656 | 430 | 764 | 189 | 1.123 | 634 | 646 | | 247 | 700 | | 178 | 227 | 514 | 9.840 |
| 年度 | 1945—1951 | 1948年<br>1949年<br>1951年 | 1945—1952 | 1945—1951 | 1948—1951 | 1945—1951 | 1949年—1951 | 1949年—1951 | 1945—1951 | 1945—1951 | | 1948—1951 | 1945—1951 | | 1949—1951 | 1948—1951 | 1945—1951 | |

# 昭和29年度　産業教育振興費概管要求事項別表

初等中等教育局職業教育課

| 事　　　項 | 昭和29年度概算要求額 | 昭和28年度豫算額 | 差引増△減額 | 備考 |
|---|---|---|---|---|
| | 千円 | 千円 | 千円 | |
| (項) 産業教育振興費<br>産業教育振興に基く補助 | 2.920.750 | 904.778 | 2.015.972 | |
| | | | | 補助 |
| 高等学校産業教育設備費負担金及び補助金 | 1.580.028 | 716.571 | 863.457 | $\frac{1}{3}$ |
| 高等学校産業教育施設費負担金及び補助金 | 575.809 | 0 | 575.809 | $\frac{1}{3}$ |
| 高等学校産業教育実習船建造費負担金 | 152.736 | 87.000 | 65.736 | $\frac{1}{3}$ |
| 高等学校産業教育研究指定校負担金及び補助金 | 9.550 | 9.200 | 350 | $\frac{1}{3}$ |
| 中学校産業教育設備費負担金及び補助金 | 511.789 | 0 | 511.789 | $\frac{1}{2}$ |
| 中学校産業教育研究指定校負担金及び補助金 | 9.200 | 69.000 | △ 59.800 | $\frac{1}{2}$ |
| 短期大学産業教育設備費負担金及び補助金 | 13.520 | 3.500 | 10.020 | $\frac{1}{3}$ |
| 産業教育共同実習所設備費負担金 | 47.658 | 10.700 | 36.958 | $\frac{1}{3}$ |
| 産業教育内地留学生費負担金及び補助金 | 13.560 | 8.807 | 4.753 | $\frac{10}{10}$ |
| 産業教育奨励費負担金 | 6.900 | 0 | 6.900 | $\frac{1}{3}$ |

# 全國公立高等学校における單独制と綜合制の現狀

| 区分 | | 北海道 | 青森 | 岩手 | 宮城 | 秋田 | 山形 | 福島 | 茨城 | 栃木 | 群馬 | 埼玉 | 千葉 | 東京 | 神奈川 | 新潟 | 富山 | 石川 | 福井 | 山梨 | 長野 | 岐阜 | 静岡 | 愛知 | 三重 | 滋賀 | 京都 | 大阪 | 兵庫 | 奈良 | 和歌山 | 鳥取 | 島根 | 岡山 | 廣島 | 山口 | 徳島 | 香川 | 愛媛 | 高知 | 福岡 | 佐賀 | 長崎 | 熊本 | 大分 | 宮崎 | 鹿児島 | 合計 |
|---|---|---|---|---|---|---|---|---|---|---|---|---|---|---|---|---|---|---|---|---|---|---|---|---|---|---|---|---|---|---|---|---|---|---|---|---|---|---|---|---|---|---|---|---|---|---|---|---|
| 單独制 | 農 | 10 | 2 | | 8 | 5 | 21 | 8 | 1 | 5 | 3 | 4 | 3 | 5 | 3 | 6 | 1 | | | 3 | 11 | 2 | 12 | 5 | 1 | 2 | | 1 | 1 | | | 1 | 1 | 2 | 1 | 3 | 1 | | 3 | 3 | 11 | 4 | 4 | 8 | 2 | 2 | 8 | 177 |
| | 工 | 6 | 3 | 1 | 3 | 4 | 3 | 3 | 1 | 2 | 4 | 3 | 2 | 18 | 3 | 5 | 2 | 1 | | 1 | 3 | 4 | 3 | 9 | 3 | 2 | | 13 | 4 | | 1 | | 1 | 3 | 1 | 4 | 1 | 1 | 2 | 2 | 11 | 3 | 2 | 2 | | | 3 | 144 |
| | 商 | 5 | 2 | 1 | 2 | 1 | 2 | 5 | | 2 | 2 | 3 | 1 | 11 | | 3 | 1 | | | 1 | 2 | 2 | 5 | 4 | 2 | | | 5 | 1 | | 1 | | | 2 | 1 | 1 | 1 | 2 | 1 | 1 | 4 | 1 | 4 | 1 | | | 1 | 84 |
| | 水 | 2 | 1 | | | 1 | 1 | 1 | 1 | | | | 2 | | 1 | 1 | 1 | | | | | | 1 | 1 | | | 1 | | | | | | 1 | | | 1 | 1 | | | 1 | | | 1 | | 1 | 1 | | 22 |
| | 家 | | | | | | | | | | | | | | | | | | | | 1 | | | | | | | | | | | | | | | | | | | | 1 | | | | | | | 2 |
| | 普 | 42 | 19 | 16 | 32 | 17 | 25 | 24 | 7 | 6 | 19 | 22 | 9 | 56 | 36 | 14 | 4 | | | 1 | 25 | 5 | 32 | 2 | 2 | 6 | 2 | 26 | 8 | 8 | 6 | | 4 | 1 | | 13 | 6 | 4 | 8 | 10 | 25 | 9 | 15 | 18 | 11 | | 32 | 637 |
| 綜合制 | 農普 | 9 | 3 | 11 | | 3 | | 4 | 13 | 3 | | | 10 | 1 | 1 | 5 | 4 | | | | 11 | 8 | 3 | | 1 | 3 | 4 | 3 | 2 | 6 | 4 | 2 | 5 | 2 | | 4 | 2 | 1 | 9 | 2 | 4 | | 1 | 3 | | | 3 | 150 |
| | 農商 | 1 | | | | | | 1 | 1 | 2 | | 4 | | | | | | | | | 2 | | 1 | | | | | | | | | | | | | 1 | | | | | | | | | | | | 12 |
| | 農家 | 2 | | | 2 | 1 | | 4 | | | 2 | | 1 | | | 2 | | 1 | | 1 | 1 | | | | 2 | | 1 | | 1 | | | | | 2 | | | | 1 | | | | | | 1 | | 3 | 2 | 30 |
| | 商普 | 22 | | 5 | | | | 2 | 4 | 3 | 2 | 1 | 2 | 5 | 1 | | 3 | | | 1 | 4 | 7 | | 4 | 1 | 3 | 9 | 12 | 9 | 2 | 4 | | 2 | | | 1 | 3 | | 4 | 1 | 5 | | | 1 | 1 | | 1 | 126 |
| | 商工 | 1 | | | | | 1 | | | | | 1 | | | 1 | 2 | | | | | 2 | | 1 | | 2 | 1 | | 1 | 2 | 1 | | | 1 | | | 4 | | 1 | | | 1 | | | | 1 | | 1 | 24 |
| | 商家 | | 1 | | | | | | | | 1 | | | | | | 1 | | | | | | 1 | 1 | 1 | 2 | | | | | | | | 2 | | | | 2 | | | | | | | | | 1 | 12 |
| | 農商普 | 8 | | | | | | 1 | 1 | 1 | 1 | 1 | | | | | | 4 | 4 | | 2 | 2 | | 7 | 1 | | 5 | 2 | | | | 3 | 2 | | | | | 1 | 1 | | | 1 | | | 3 | 3 | | 55 |
| | 農家普 | | | | | | | | 1 | 1 | 3 | | 3 | | | 3 | 1 | | 1 | | 2 | | | 6 | 3 | | 1 | | 8 | | 1 | 1 | | 3 | 14 | | 2 | 7 | | | 1 | | | | 3 | 2 | 1 | 69 |
| | 工普 | 6 | | 3 | | | | 2 | 1 | | | | | 2 | 1 | | | | | | 1 | | | | | | | 3 | 3 | 1 | 1 | 2 | | 1 | | | | | 3 | | 1 | | | 1 | 2 | | 3 | 37 |
| | 工家 | | | | | | | | | | | | | | | | | 1 | | | | | | | | | | | | | | | | | | | | | | | | | | | | | | 1 |
| | 商家普 | 1 | | | | | | | 4 | 2 | 3 | 3 | 4 | 5 | | 3 | 2 | 7 | 3 | 5 | 2 | 1 | | 17 | 3 | | 2 | 7 | 17 | | 2 | 1 | 1 | 3 | 10 | | 1 | | 3 | | 2 | | 2 | | | 3 | | 119 |
| | 水普 | 2 | | 2 | | | | | | | | | | | | | | | | | | | | | 1 | | | | | | | | | | | | | | 1 | | | | | | | | | 6 |
| | 家普 | 1 | | | | 2 | | 4 | 13 | 14 | 3 | 3 | 7 | 2 | | 10 | 6 | 4 | | 3 | 10 | | | 3 | 6 | | 1 | 5 | 18 | | 1 | | 1 | 16 | 16 | 9 | 6 | 3 | | 3 | 16 | | 3 | 1 | 4 | 2 | | 197 |
| | 農水普 | | | 1 | | | | | | | | | | 1 | | | | | | | | | 1 | | | | | | | | | 1 | | | | | | | | | | | | | | | | 4 |
| | 商水普 | 2 | | | | | | | | | | | | | | | | | | | | | | | 1 | | | | | | | | | | | | | | | | | | | | | | | 3 |
| | 工水 | | | | | | | | | | | | | | | | | | | | | | | | | | | | | | | | | | | | | 1 | | | | | | | | | | 1 |
| | 工商普 | | | | | | | 1 | 2 | | | | | | | | 1 | | 1 | 1 | | 1 | 1 | 2 | | | 3 | 1 | | | 1 | 1 | | 1 | 1 | 1 | | | | | | | | | | 1 | | 20 |
| | 農工普 | | | | | | | 1 | | | | 1 | | | | 1 | | | | 1 | | | | | | | 1 | | | | | | | | | | | | | | 1 | | | | | 2 | 1 | 10 |
| | 工家普 | | | | | | | | | 1 | | | | | | | | | 1 | | | | | | | | | | 1 | 1 | | | | | 5 | | | 1 | | | | | | | | | | 9 |
| | 農工商家普 | | | | | | | | | | | | | | | 3 | | | | | | | | | | | | | | | | | | | | | | | | | | | | | | | | 3 |
| | 農水家 | | | | | | | | | | | | | | | | 1 | | 1 | | | | | | | | | | | | | | | | | | | | | | | | | | | | | 2 |
| | 農工商 | | | | | | | | | | | | | | | | | 2 | | | | | | | | | | | 1 | | | | 1 | | | | | | | | | 1 | | | | | | 5 |
| | 農工水家普 | | | | | | | | | | | | | | | | | 1 | | | | | | | | | | | | | | | | | | | | | | | | | | | | | | 1 |
| | 農工商普 | | | | | | | | | | | | | | | | | 1 | | | | 1 | | | | | | | | | | | | | | | | | | | | | | | | | | 3 |
| | 水家普 | | | | | | | | | | | | | | | | | 1 | | | | | | | | | | | 1 | | | | 1 | | | | | | | | | | | | | | | 3 |
| | その他 | | | | | 2 | | 1 | | | | | | | | | | | | | | | | | | | | | | | | | | | | | | | | | 1 | | | | 2 | | | 6 |

備考

この表は全國高等学校長協会発行の全國高等学校一覧(昭和二八年版)によつて作成したものであるが、次の関係から完璧なものではない。なおこの完全なものを得るため昭和二八年度基本調査の調査表により現在作成中である。

1、学校一覧に示される学校組織の表現が、都道府県ごとに多少異るものもあつて、課程併置関係が適確につかみ得ないものがあつた。

2、本校と分校の区分が判然としない為、この表の学校数と基本調査の学校数が一致しない。

3、綜合的については通常、定時の区別なく、同一学校内に併置されている二課程以上の組合せによつた。

4、定時制単独校は除外した。

# 中学校職業、家庭科について

## ——宮原誠一先生講演内容——

この原稿は東京で開催された全國指導主事研究集会の席上東大教授宮原誠一先生の講演せられた内容であります。

× ×

職業、家庭科のありかたについて、その根本の筋道を、一〇の視點にまとめて考えてみよう。

まず第一の基本的視点は、職業、家庭科は職業教育の教科ではなく、普通教育の教科であると云うことである。これは文部省の学習指導要領でもそういうことになつているのたが、一般にどうもこの点の認識が誤られている。

いつたい普通教育に於て特に義務教育であるところの九ヶ年間の小中学校の普通教育において、ぜひ習得させなければならない大事な一つの学習領域として、國民経済についての一般的な理解と云うことがある。いうまでもなく経済は幾つかのプロセスから成立つているものであるが、その最も根本的なプロセスは生産過程であるから、國民経済についての一番基礎的な理解を得させるということになると、経済を生産の面からとらえさせなくてはならないわけである。

そこで、小中学校の教育では、特に経済を生産の面から理解させることが、大切になる。國民の生活を支えている根源のものは、國民の労働と生産である。

その労働と生産がいつたいどんたふうに行われているのかということを、義務教育を終了するまでに、すべての者にしつかりと習得してもらわなくてはならない。ところで生徒の発達の段階からいつて、このような問題に十分に取組めるようになるのは、中学校の段階である。

中学校の段階で、このような学習をしつかりやつて、一應の仕上げをしてもらわなくてはならないわけである。

ところで、この労働と生産についての理解には、二つの角度が考えられる。一つの角度は、生産関係の角度である。もう一つの角度は、生産技術の角度である。いうまでもなく、これは経済を生産過程の面からとらえる場合の学習の二つの角度であつて、生産関係の面と、生産技術の面とを切り離すことはできない。生産関係という以上そこには必ず労働工程がふくまれているのであるから、当然生産技術のことが問題となつてくるし、一方また生産技術の角度から入つても、技術というものはほんらい社会的経済的に制約されているものであるから、当然そこには生産関係の面が出てこないわけにはいかない。だから、この二つの側面は一つのものの二つの側面であつて、切り離すことはできないが、学習の角度として一應差別するのである。そういう差別の上に立つての統一ということが学習の手續きとしては必要となつてくるわけである。

この二つの学習系列

國民経済を生産過程の面から学習するうえで、一つは生産関係の角度から学習し、一つは生産技術の角度から学習する、この二つの学習系列を考えてみると第一の生産関係の角度から学習する方は、社会科が担任すべきであり、生産技術の角度から学習する方は、職業、家庭科が担任すべきである。

このように考えると、一口にいつて、職業、家庭科は生産技術の教科であるといつてよい。

生産技術を重要な学習領域として設定するのは、今述べたように、ほんらい國民経済を理解するためである。

私たち國民の生活を支えているところの根源である國民の労働と生産を理解するためである。この労働と生産への基礎的理解なくして、いかなる職業分野に進むことも許されない。

将來直接的な生産勞働に従事しない者、たとえば会社、銀行、役所に勤めるようになる者でも或は将來藝術家や学者になるような者でも、いやしくも國民の一人として、國民の生活の根源をなしているところの勞働と生産についての基礎的な理解なくしては、とうてい自己の職分を適切に果すことはできないであろう。そういう國民生活の根本の理解をもつていない政治家や実業家や学者が多いから、私たちの國はこういう慨歎すべき狀態になつているのだといつてよいかもしれない。以上の意味をふくめて、職業、家庭科は普通教育の教科として確認されなければならない。

第二の基本的視点は

職業、家庭科は國民経済の理解という面で民族の歴史的課題と取組まなければならないということである。

國民経済の理解といつたが、國民経済はいうまでもなく歴史的なものである。私たちは経済一般や生産一般や、あるいはまた勞働一般を問題にするのではない。私たちは今日の國際的環境のもとにおける日本の経済を問題にするのである。そういう歴史的なものとしての國民経済を、どう生徒に理解させるかということが、私たちの問題であることを確認しなければならない。そうでないと、単なる経済一般、生産一般、何か物をつくる勤労一般、このようなことに職業、家庭科の中味が、ずれて行つてしまうおそれがある。私たちがとりあげるのは、生産技術一般ではない。生産技術一般ではなくて、現在の日本の國民経済のもとにおける生産技術、いいかえれば、今日の日本の産業に於ける支配的な技術のシステムである。

日本の工業の重要な部門をとつてみると、それぞれの部門に支配的な技術のシステムがある。また日本の農業をとつてみれば、今日の米麦中心の日本農業には日本農業を一般に支配している所の技術のシステムを、社会的生産技術とよぶが、私たちがとりあげるのはわが國における社会的生産技術であつて、技術一般ではない。それだけのことを十分に了解しておく必要がある。

第三の基本的視点は

このように私たちは歴史的なものとしての國民経済をとりあげるけれども、私たちは御互いに國民経済の現状に満足しているのではない。日本の國民経済は今後急速に改造されてゆかなければならないことはあらためて申すまでもないことである。

そこで、私たちは國民経済を取上げるけれども、現実の國民経済に職業、家庭科の学習を適應させる。あるいは従属させるのではないのであつて、國民経済の改善向上という觀点に立つて、生産技術を進歩させるためのもろもろの課題を私たちの教育の課題に飜訳しなくてはならない。これをもう少し具体的にいえば、當然將來の國民経済への構想ということが問題にならなければならないわけであるが、私たちはあくまでも日本をアジアにおける平和な産業國として名実ともに独立させたいということを念願しているので、國民経済の改善向上ということも、そういう觀點からとり上げるわけである。

たとえ國民経済の眼前の動きが、私たちののぞむような方向とははなはだしく違つた様相を帯びていても、そういう眼前の様相にとらわれることなく、民族の百年の大計に立つて、國民の教養の土台をきずくということが教育の立場でなくてはならないのである。

第四の基本的視点は

「職業と「家庭」との関係に觸れておこう。私は職業、家庭科の任務を、基礎的な生産技術の習得を通じて國民経済一般への理解を養うことと考えるので、どうしても、生産技術の学習系列と、家庭生活についてのもろもろの基本的な態度や能力を習得するところの家庭科的な学習の系列とに、分けることをもとめずにはいられない。この兩者は、学習系例としては二つに独立させたほうがよい。もちろん、兩者が密接な関連をもつべきことはいうまでもないが、学習系列としては二本建にしないと、兩方とも中途半端なことになつて、あぶはちとらずになる。こういうふうに考えるので、私としては、こんどの建議で「職業」と「家庭」双方の学習系列をはつきりさせることになつたのには拍手を送るが、にもかかわらず、職業、家庭という帽子が残つておるということは不満でこれは中学校部会における少数意見として申しのべておきたい。

第五の基本的視點は

これまで申しのべたことから当然でてくることであるが、職業科は男女すべての生徒が、必修すべきものであるということ。

これまでみてきたような基本的視點が親たちの間にも、子供たちの間にも、先生たちの間にさえも、はつきりしていないので、どうしても職業教育的な教科であるというニュアンスがつきまとい、上級学校に進学する者は、職業、家庭科にそつぽを向く。

いやいやながら職業、家庭科の時間に出席をする。あるいは、暗默の了解で全然出席しないということにもなるのである。先生のほうでもその點はあきらめているという傾向がみられるが、これは根本的な誤りである。

第一の視點以來みてきたような学習を中学校の段階においてしないということは、もうまつたく今日の九ヶ年の義務教育の仕上げを根本的な點において放棄しておるということになるのである。

これからの日本國民としてたのもしく活動して行つてもろうために一番大切なこの学習が抜け落ちているのである。

職業、家庭科は、上級学校に進学すると、中学校を終えて実務につくとを問わず、履修しなくてはならない。

上級学校に進学する者は、むしろ一層この教科の學習をしつかりやつてもらわなくてはならない。

高学年においては、自己の適性に対する自覺が生じてくるから、適性に應じて選択のコースが設けられることは当然であるし、男子と女子において職業、家庭科両方への比重が違つてくることも自然なことである。

しかしながら、基礎的な部面においては、「職業」も「家庭」も男女一様に共通に学習すべきである。

第六の基本的視點は

トライ、アウト的な考え方を再検討すること。実生活に役立ついろいろな仕事をなるべく多方面にやつてみて、自己に適した進路を発見するようにするということは、職業、家庭科にのみもとめるべきことではない。職業指導的な学習をすることが、この教科の任務ではない。この教科の任務は、さきほどからいうように、生産技術の習得を通じて國民経済に対する一般的な理解を養うことであつて、職業指導的な目的をもつものではないのであるから、あれこれと実際的な仕事に当つてみて、どれが自分に適するかを発見して行く、そういうふうなトライ、アウト的な効果を目的とする教科ではないのである。

トライ、アウト的な学習効果は、中学校の全教科を通じて期待すべきものである。生産技術の學習の場面だけで將來の進路に対するトライ、アウト的な経驗をするのではないのであつて、すべての教科の学習を通じて生徒は自己の進路に対するトライ、アウト的な経驗を、副次的從屬的にするのである。そして、職業指導は職業家庭科のごとき一教科の担任すべきものではないのであつて、これは全校が全能力をあげて取組むべき問題である。

進学指導及び職業指導のカウンセリングのシステムを、全校的なシステムとして確立しなくてはならない。職業指導の重要性は申すまでもないが、職業指導を職業家庭科と結びつけて、この教科の目的を混乱させることは嚴にいましめられなければならない。

したがつてトライ、アウト的に実生活に役立つ仕事をなるべく多方面にあれこれやつてみるという考え方を職業、家庭科から排除しなければならない。それにかわつて、生産技術を通じて國民経済についての一般的な理解を養うという觀点から、今日の日本の工業、農業また漁業の生産技術を改善向上させるうえに最も基本的な鍵となる問題点はどこにあるかをつきとめ、その最も基本的な問題點に対應する最も一般的、基本的な生産技術をとらえて、それをさらに教育的な觀點から飜訳すると、具体的にはどういう種類の仕事になるか。

そのようにして選ばれるところの仕事は、なるべく多方面どころではなくて、逆にきびしく選ばれた少数の仕事であつて、この少数の仕事を終始一貫徹底的に学習させる。そのようにきびしく選ばれた少数の仕事を、いわば窓として、廣く生産技術一般への理解を養わせるという学習方法がとられるべきである。

いいかげんなつまみ食いが一番禁物であつて、ミーニングフルな、まとまりのある学習の体驗ということを生産技術の場合においても考えなくてはならない。

そうでなければ、そこで得たところの能力が他の種類の生産技術へ轉移して行くことは、のぞまれるものではない。

第七の根本的視点は

職業科で行われるべきものはほんらいの生産技術学習でなければならないと云うこと。ほんらいの生産技術学習というのは、近代的な生産技術の本質に徹した学習でなければならないと云うことである。ごく一般的にいえば、人間は、一定の慾求を充足するために意識的、意圖的に自然に働きかけ、自然をつくりかえて行くのであるが、その間において、自然の中に含まれている客観的な法則を認識して、この客観的法則を自己の目的のために使用して行く。この法則的な実践が技術というものの本質である。自分たちが扱うところの材料や道具や機械のなかに潜んでいる客観的な法則を認識して、これを意識的、意図的に使つてゆく、こういう学習経験がなければ、ほんらいの生産技術學習にはならない。ただ物をつくる経験ではない。

ただ勤労する体験ではない。

技術はほんらい科學の應用であるから、當然生産技術学習は理科の学習の應用という性格を強くもたざるをえない。そして、一方技術は常に社会経済的な制約のもとにあるのであるから、生産技術学習において社会経済的な面からの理解が絶えず伴わなければならない。そうすると、社会科の学習が、ここに應用されてこなければならないわけであつて、職業科の学習には、左右の両翼として一方では理科、他方では社会科が特に密接な関連をもつてこざるをえないのである。社会科教師と理科教師と職業、家庭科の教師とが上手に力をあわせる学習計畫を、私たちは空想とのみ考えてはいられない。

第八の根本的視点は

地域性の問題である。従來職業、家庭科において地域の特性に應ずるということがきわめてかたよつて考えられていて、農村ならば農業に傾斜をもち、工業地帯ならば工業に傾斜をもち、商業地帯ならば商業に傾斜をもつ、そういう職業家庭科の学習内容を組むことがよいことであるように考えられてきたかたむきがあるけれども、生産技術の習得を通じて國民経済についての一般的な理解を養うという職業、家庭科の基本的目的をしつかりと押えると、事情は全く違つてくる。いわば窓がないモナドのような、とざされた地域社会という考え方、農村だから農村的、工業地帯だから工業的、商業地帯だから商業的、そう云う孤立した地域的な考え方は、私たちが考えるこの教科の基本的な目的とは相容れないものである。

それとは全く逆に、都会に住んでいる子供であればあるほど、自分たちの食べる物がいつたいどのような生産の仕組みと方法によつてつくりだされているかと云うことを、しつかり理解してもらわなければならない。自分が口に入れて、毎日それでもつて生きている食べ物は、どういうふうな人間労働の結果としてできているものかということをわきまえないで、物を食べている青少年はまことに不幸な青少年であるといわなければならない。

そう云うふうな青少年が将來生産的労働を蔑視する有閑的、消費的な人間に成長して行くのである。都会の子どもならばますます逆に農村のことを知らせなければならない。それと同じように農村の子どもは、今日近代的な生産技術はどういうところまで來ているかを学ばなくてはならない。

毎日目の前で見ておるような、そして自分たちが農繁期に手傳いをさせられているような農家の労働は、農業技術の発達のどんな段階のものであるのか。泥田のなかに人間が四つばいになつて手で雑草をひつかきまわしてひきちぎるというような仕事は、工業における生産技術の進歩に照してどういう意味あいのものであるかということを、農村の子どもであればあるほど農村から視野をひろげることによつて考えるようにならなくてはならない。自分たちのおとうさんやおかあさんが命から二番目に大事にしているところの化学肥料は、目の前に見るものは單なるかますに入つた變てつもないものだが、しかしこのかますに入つた化学肥料はいつたいどのような仕組みと方法で生産されておるのか、これは神奈川県や愛媛県の大化学工場のことを学ばなければどうしても理解できないことである。

國民経済についての一般的な理解という観点に立つということを、私たちはむしろ地域のわくを子どもたちに乗り越えさせ、子どもたちが地域のあるがままの生活において踏み越えることができない直接経験のわくを学校といふ特別の環境の力によつて踏み越えさせるところにもとめたい。それであるから、理想をいえば、都市の学校にも農村の学校にも、学校作業場と学校農場をもたせる。

それが理想論で、今すぐに実現できなければ―実現できないこともない。現に東京都内の私立の中学校で、郊外に学校農場をもつている例もあるのだが、都内の学校で学校農場がもてないまでも、少くとも学校で花壇や菜園をつくつて人間が意識的に自然に働きかけて作物を愛育させ、その結果を得ることが、できるという学習体験を着実にもたせることは不可能ではないであろう。

しかしながら、もちろん地域による制約は、いつでも無視することはできないのであるから、地域の実情に應ずることはいうまでもないが、ただ其の場合にもあくまでも全國的な視野に立つて、先ほどからいうような基本的な目的に照して最も代表と思われる仕事が選択されなければならないのである。都市には都市向き、農村には農村向きというような考え方は、今日すでに時代から取残されつつある考え方だといわなくてはならない。今日世界的に顯著に現われている一つの大きな社会的な事象は、都市と農村との分離が止揚されて、都市と農村との差別が次第になくなりつつあるということである。おそらく將來の社会においては、都市と農村との差別は解消されるであろう。

私たちはあくまで地域の現実を踏みしめると同時に、歴史の進歩をみとおす構想力と創造力を若い人たちのあいだに培うことを忘れてはいけない。いづれにしても、総体としての國民経済を離れて、個々の町内の経済は成立つていないのであつて総体としての國民経済は、これまた國際的な環境との関連のなかで生きているものであることを考えなくてはならない。

第九の基本的視点は

生産技術学習を通じて共働の訓練をしなくてはならないこと。

共働という概念を、私は次のような意味で用いている。共通の課題をお互いの合議によつて設定するということがまず共働の第一のモメント、つまり、共通の課題の設定に自分も參加しているということが第一のモメント。第二のモメントは、共通の課題のために自分も參加して、いつしようにプロゼクトとしてその課題を解決して行くために、自分の個性と能力に應じてどういう部署を受持つかをきめること、第三のモメントは、自分が受持つた部署について、誠実に、冷静に、機敏に、忍耐強く働いて行くということ。このような三つのモメントを含んでいるところの概念として、私は共働という概念を用いている。

共働と云う概念は、すべての学習の場面に適用さるべきものであるが、生産技術学習の場合においては、何といつても実際に手足を動かし、文字通り全身を打込んでやる作業であつて、この共働の訓練に一番適している学習の場面である。学校作業場や学校農場における実際の作業の場面において、共働の精神がつらぬかれ、生徒と生徒との間、生徒と先生の間に緊張した人間関係が結ばれて、張切つた仕事をして、ああいい氣持ちだという、つまり労働を一つの美的な体験として体験するということがなければ、生産技術学習にはほんとうの精神がこもらない。そういう意味においては、私はこのような共働の訓練の場面としての生産技術学習には新しい道徳教育に対する大きな役割を期待している。そのように、共通の目的に対して青少年が、納得のうえで、一定の労働組織を編成して、その労働組織の内部において、自己の役割を受持つて、誠実に働いて行く。そしてそれは実にいい氣持ちだという、そのような美的な体験としての労働の経験を積んだ若者たちは、將來いかなる職場に入つても、必ずやその学習体験を生かして行くであろう。

一度そのような人間的な労働の喜びを味つた者は、おそらく非人間的な不合理な労働の苦痛とみにくさにはたえられない。少くともそれに対して多かれ少なかれ反撥しないではいられないであろう。

第一〇の基本的視点は

生産技術学習には他教科の学習成果が総合さるべきであること。

職業、家庭科と理科及び社会科との密接な関連についてはさきほど觸れたが、理科及び社会科だけでなくすべての教科の学習成果が、この生産技術學習において人間化され、主体化され、実踐化されるというふうにならなければならない。つまり、さまざまな学習成果がその生徒の身について人間化され、主体化されて行く、こういうことが行われる可能性が、この教科に非常に強い。たとえば、仕事の計畫を立てる場合に、数学の学習成果が生かされて、非常に正確、綿密な計算でもつて作業計畫がたてられるということもあろう。きちんと作業日誌がつけられる。そのためには國語の学習成果が生かされなくてはならない。

あるいはまた労働が美的な体験として体験されるというならば、当然そこには音樂科とか図工科というような表現教科の学習成果が生かされなくてはならない。

このように、さまざまな教科の学習成果が、生徒の身の上に生き生きと人間化され主体化される場面として、この教科の学習を指導しなくてはならない。

以上東大教授宮原誠一先生の職業家庭科のありかたについての基本的な視点を御紹介いたします。

―大庭正一筆録―

# 北農の取組んでいる問題

北部農林高等学校　仲田豊順

## 一、北農の姿

今から五十二年前の明治三十五年四月、風光明媚な名護の町に、國頭郡各間切組合立農学校が設立された。甲種農学校として沖縄産業教育の先驅をなしたのである。其の後明治四十四年十月に県立國頭農学校に昇格し、大正五年十一月、緑濃き比謝川畔の嘉手納に移轉して県立農学校と改称された。此の間凡そ十四年で卒業生を三三九名出している。

嘗て志賀重昂先生はその著「世界遍歴」の中に〃日本一の國頭農学校〃と推称されているが、誠に立派な学校であつたらしい。

それは沖縄産業界の大恩人たる黒岩恒先生や官城鉄夫、近藤時太郎先生などをはじめとして、人格高潔、識見の高い多くの教師の下に、由來質実剛健なりと称される山原の子弟が学び、山紫水明の麗わしい環境の中に、しかも産業教育に應わしい山あり、田あり、畑ありの立地條件に恵まれたところに設立された結果であろう。

更に加うるに擧郡一致して村々から木を運び、賦を出して且つ二千町歩の演習林まで購入して学校を創つた郡民の熱意は、永久に忘れることのできない教育美談であろう。真に此の雰囲氣の中に育つた卒業生は、社会各界に貢献する幾多の人物が輩出したのも宜なるかなと言うべきである。

わが北農は斯くの如く依然として産業教育熱意に燃えつゝある此等人々の熱望によつて支持され、過ぎにし傳統を継いでこの環境の中に創立されたのである。

## 二、北農の建設

猫の額ほどの狭い校地のなんぐすく下、バレーコート一つしかつくれない運動場、これでは学校数育は出來まいと移轉の意向が出はじめたのが一九四七年の秋、翌四八年一月二八日には早くも国頭農林同窓会が結成され、これが保護者会と協力して北部町村長会に訴え、直ちに移轉建設期成会がつくられ、同年四月一日に移轉事業第一歩が踏み出された。四月二二日大宜見朝計氏が三萬四千坪の山林を寄附されたので幸先よろしと勇躍して、期成会の下に職員、同窓会員、保護者会員が献身的に働き、五拾弐萬余円の――当時としては漠大な――醵金を得、校地二萬一千坪の民有地を買收して一九四九年二月五日現在地に移轉をした。

此の間軍情報部と文教局の御指示によることが絶大であつた。

校地はその後も拡張が續けられ、現在では山林を含めて七萬坪（二十三町歩）外に五十七町歩の演習林がある。

土地改良、校地校舎の整備は今後も継続事業として行われるが、明るい空氣の溢れる裡に、鏡の如き名護の入江を隔てて遠く恩納の翠巒が一望の下に眺められ、白浜より運動場へ農場から松林へ、裏は水田へつづく地形の下に理想学園を造るべく県命の努力を傾けつゝある。

北農の建設はそれはいま世をあげて沖縄再建の真只中にある如く、今後も続けられるであろうが、此の建設の中に産業教育の基礎をなす技術の習得と、勤労愛好の精神が育ぐくまれつゝあることは見逃がせない。

## 三、新しい農業教育

戦後世の中の大きな變動の中に教育制度も大改革が

行われつゝあるが、特に農業教育においても必然的に大變動を必要とするに至つた。即ち我が沖縄は火燼に帰した戦禍の中から心も、住も、食も再出発すべき時機に立たされたが、それは単に沖縄的の狭いものではなく、一躍世界的の範囲まで拡大せねばならぬ有様で、農業においても鎖國的農業から世界の農業の波に揺られる状態に置かれつゝあるので、沖縄の明日の産業担當者を養成すると共に充分な教養や、技術を身につけた農業経営者を教育せねばならない。

此の意味で新らしい農業教育を理解し、これを実施しなければ、真の教育効果は達成でき得ないと思う。即ち単位制による学習、綜合農業、学校農業クラブ活動、ホームプロジェクト、地域社会との連繋などである。

このことについて一九五二年の春に來島され職業教育の御指導をされた『アイヴアン・ネルソン』先生こそわが沖縄の新しい農業教育の父とも称うべきであろう。

わが北農ではネルソン先生の主張を基にして、いま新農業教育の研究に取組んでいる。

## 四、農業クラブ

学校農業クラブは、人間の持つ孤独を嫌い、社会的な生活を欲する性質を教育的に生かして、農業に関心を持つ生徒が進んでグループをつくり、農業技術や農村文化の向上のため活動し、それを通して各自の社会性や指導性を体得しようとするものである。

この運動はアメリカに始まり、その後非常な発展を遂げ、日本でも現在極めて盛大で、各校単位から県単位になり、更に全國的にその組織が強大化し、学校農業クラブ全國連盟が結成され、既に第四回全國大会まで開催されている　本校から一昨年第三回大会に玉城教諭、昨年の第四回大会に岸本教頭が列席し、具にその情況を視察してきた。概して軽薄な、華やかで終始しがちな会合の多い今日、社会性を伸展させつゝ地味な研究もやる此の農業クラブこそは、明日の産業人育成の力となるであろう。

学校農業クラブの主要目的が㈠社会性の育成㈡指導性の育成㈢自尊心の育成であるが、卒業と同時に社会に出る職業高校の生徒に、或る程度の完成教育が施さねばならないとするならば、此の農業クラブの活動こそ大いに発展さすべきであると思う。

## 五、地域社会との連繋

地域社会そのまゝが、新しい教育の教室であり、教具であり、実習の場である。農村地域社会そのまゝを農業教育の場であるのである。農業地域社会の性格を知り、それと密接なる連繋なくては今後の農業教育はあり得ない。

教育が地方分權化の傾向を辿り、民主化されつゝある今日、農業高校が教育の自主性のもとに、地域社会の要望する学校たらしむべく努力するのは当然であつて、本校でも此の點に大童になつて取組んでいる。

農家の牛乳を集めて、これをバター、チーズに変え、商品として市場に出す、パンを製造して農家の食糧として配給する。電氣も水道も然りである。どんな片田舎であつても学校のあるところは必ず産業文化が榮えているアメリカの学校形態―学校は一つの工場であり、一つの博物館であり、美術館でもある。

沖縄でもこんなことは出來ないものか。耕種農業一点張りの沖縄に、特に北部の廣大な山岳地帯をバックにして神の恵み豊かなる無盡藏、鍬で掘り、鎌で刈りとつても盡きない自然の庫を対手としている本校の如き農業高校に於てをやである。

移轉の記念事業として、一つは大宜見氏の芳志を永く称うべく、四九年より職員生徒で鍬を入れ、木の根を掃つて播いた茶の木、常夏の島ですく／＼伸びる茶の芽を見て「沖縄の資源はこれだ」と驚嘆された某博士、「これで酒をのむ沖縄より茶をのむ沖縄にするんだ。」と言われた某ミシガン大学教授の言は銘記すべきであろう。

七十五坪九十五万円を要した茶工場は、いま製茶期を目前にして待機の姿勢でいる。是が学校工場より地域工場への発展は遠くはあるまい。これを手はじめとして、果樹にしても、畜産にしても立地條件に叶う産業の発展に、或は又現代科学に即する農業振興に地方文化の向上に懸命の努力が行われつゝある。

# ＝本校の農業クラブの活動＝

農業クラブ会長　三年
比嘉英俊

本校の農業クラブが本格的に活動し始めたのは一昨年からで日なを浅いのでありますが、顧問教師と役員会員のたゆまない努力で着々その実を結んできました。

先ず本校の農業クラブの組織は次の通りであります。

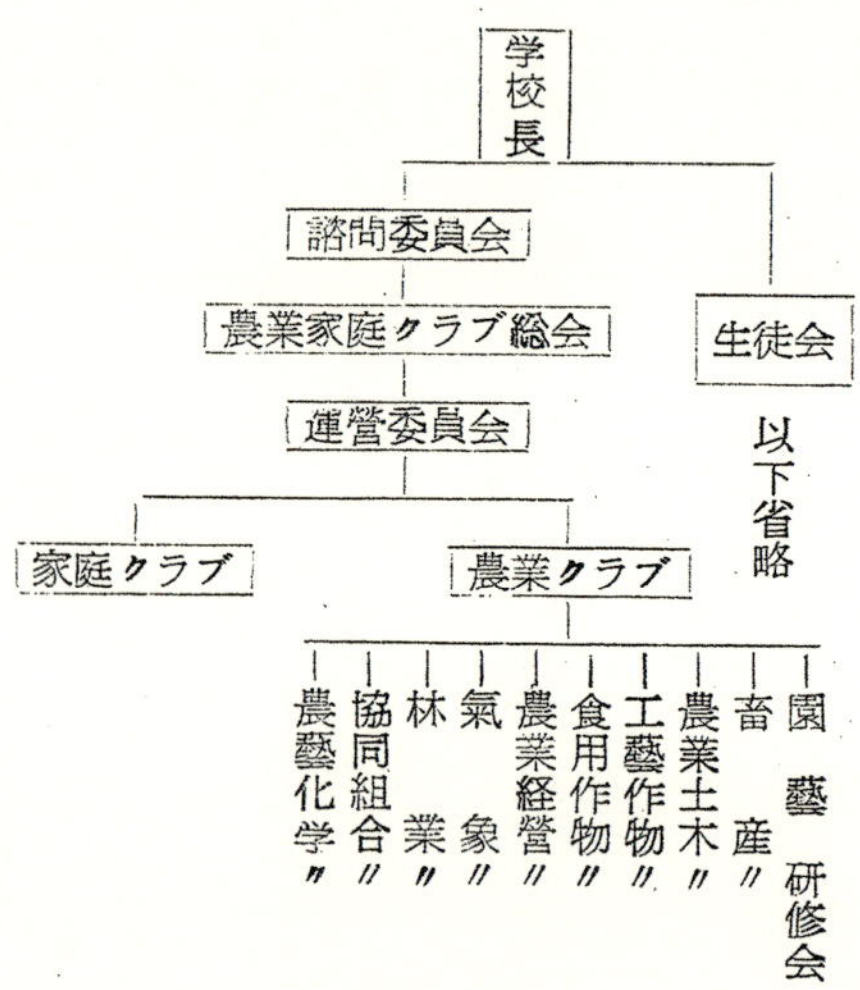


生徒は必ず何かの研修会に入らねばなりません。

此の十の研修会の中から自分の好きな研修会を選び、自分の趣味を生かし、そしてよりよい技術を此の農業クラブで作るんだ、と会員各位は頑張つています。

最初の程は事務的に終始したが、だんだん充実し、校内研究発表会も出來るようになつたのであります。

去る十二月二十二日に　年度校内発表会が盛大に催されたのであります。

一時間にわたる研究発表の一部は、ホームプロジェクト。次に土壌酸度検定法を工藝作物研修会の演示、次々と十二名の各研修会の発表がなされ、熱情あふるゝ熱心な発表には会員全部が真剣に傾聴しました。

次にこれを御紹介します。

# 本島内にある茶園の酸度検定について

工藝作物研修会員

私達工藝作物研修会員は、一九五三年四月以來、学校を中心としたクラブ活動、即ちグループ研究による調査の結果を発表します。

土壌の性質を知ることは作物栽培上極めて重要な事柄であります。何故ならばその土壌の性質を知ることによつて、その土地に適する作物を知ることが出來るのみならず、栽培されている作物の肥培管理にも立派に役立つのであります。

土壌の性質を知るための一方法として、PHがあります。PH（酸度）は数字の一から十四までで示すことになつています。その数字の七を中性といい、七から一までの数字は酸性を示し、七から十四まではアルカリ性を示す規定になつています。

これを土壌と茶の木の生育について述べてみると、茶の木は土の酸性には割合強いほうであるが、やはり酸性の弱い土質が適しているのであります。適当の酸度はPH五―六の範囲であつて、静岡県のよい茶園ではPH五・一―五・七で荒廃茶園ではPH四・五となつています。

然らばわが沖縄の茶園の土性は如何という疑問が生じ、次のグラフの通りの成績をあげることが出來たのであります。

沖縄茶園の酸度検定

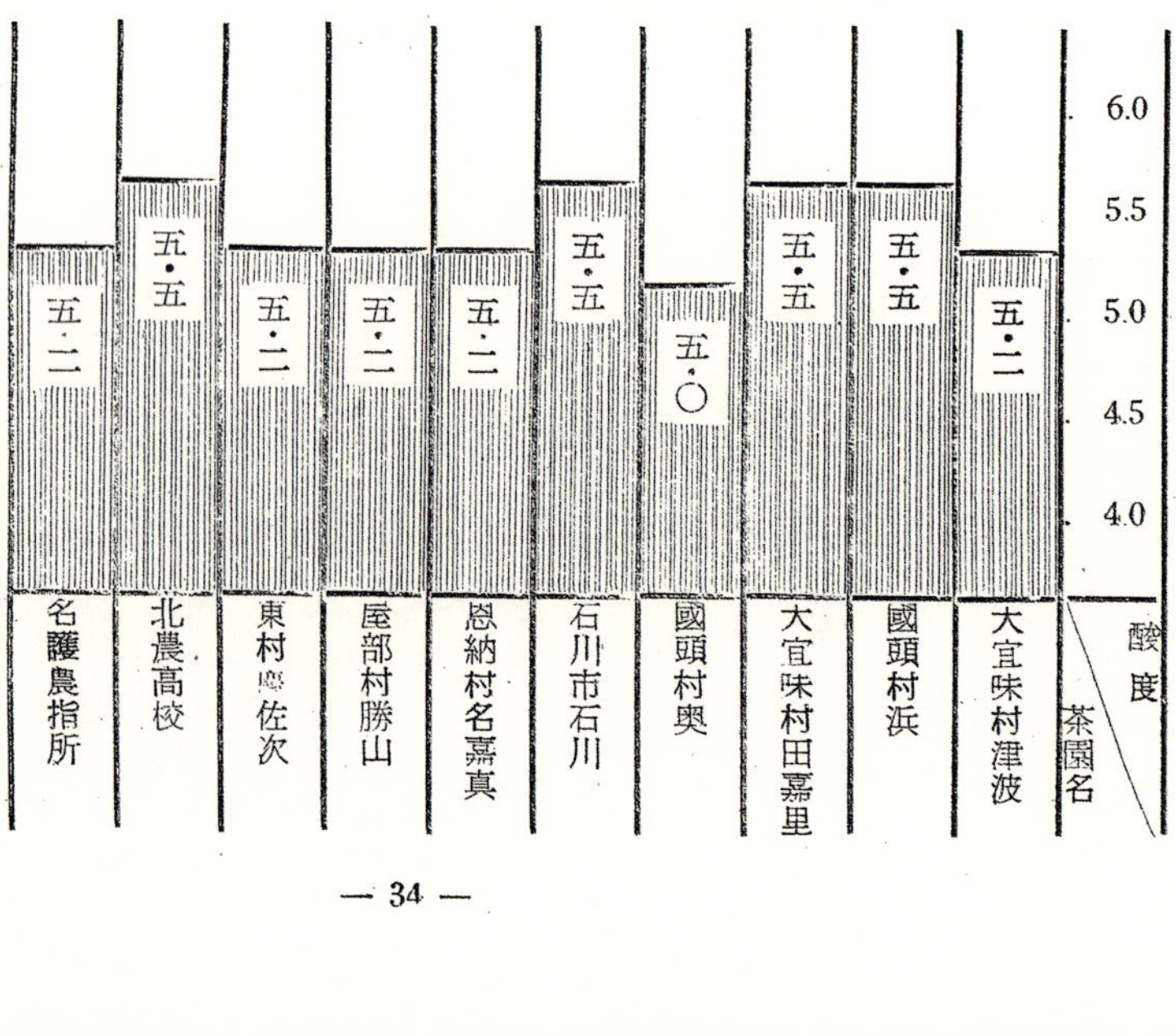


適当な酸度　PH五―六

静岡県のよい茶園PH五・一―五・七

此のグラフから見まして、沖縄の茶園の酸度は日本の茶園の酸度と、にかよつている事が一目瞭然と判明しました。即ちPHの点から見て、よいかわるいか、わるければいかなる施肥をなすべきかも判然とするわけであります。

私達はまだ中間的の成績をあげた丈で、今後ますます綿密なる研究を続行中であります。

# タマナの腋芽苗の利用について

第三学年　神谷諄二

私は園藝研修会員としてタマナの腋芽苗の利用について発表致します。

先ず私がこのプロジエクトをとりあげた理由としては、沖縄に於けるタマナの播種の適期は十月でありますが、この適期に栽培をすると品物の出廻期にぶつかり、市場相場もやすくなるので、早物を作る方が利益の上がるのは當然であります。然しこの早物を作る場合は、温度が高すぎて育苗に困ります。即ち普通タマナの育苗期間中の温度は二〇度C以下で、この低温に強いタマナに対して、八月ー九月播種（早物）では温度が二七度C以上もあり、これでは高すぎると云えるわけです。一般に高温の場合は害虫の発生が多いのが普通でありますが、タマナの場合も温度が高いと心喰虫（ハイマダラノメイガ）が発生し、これの被害で苗作りに失敗する場合があります。参考迄に日本に於ける心喰虫の季節的発生消長をあげて見ますと左表の通りであります。

心喰虫幼虫の季節的發生消長

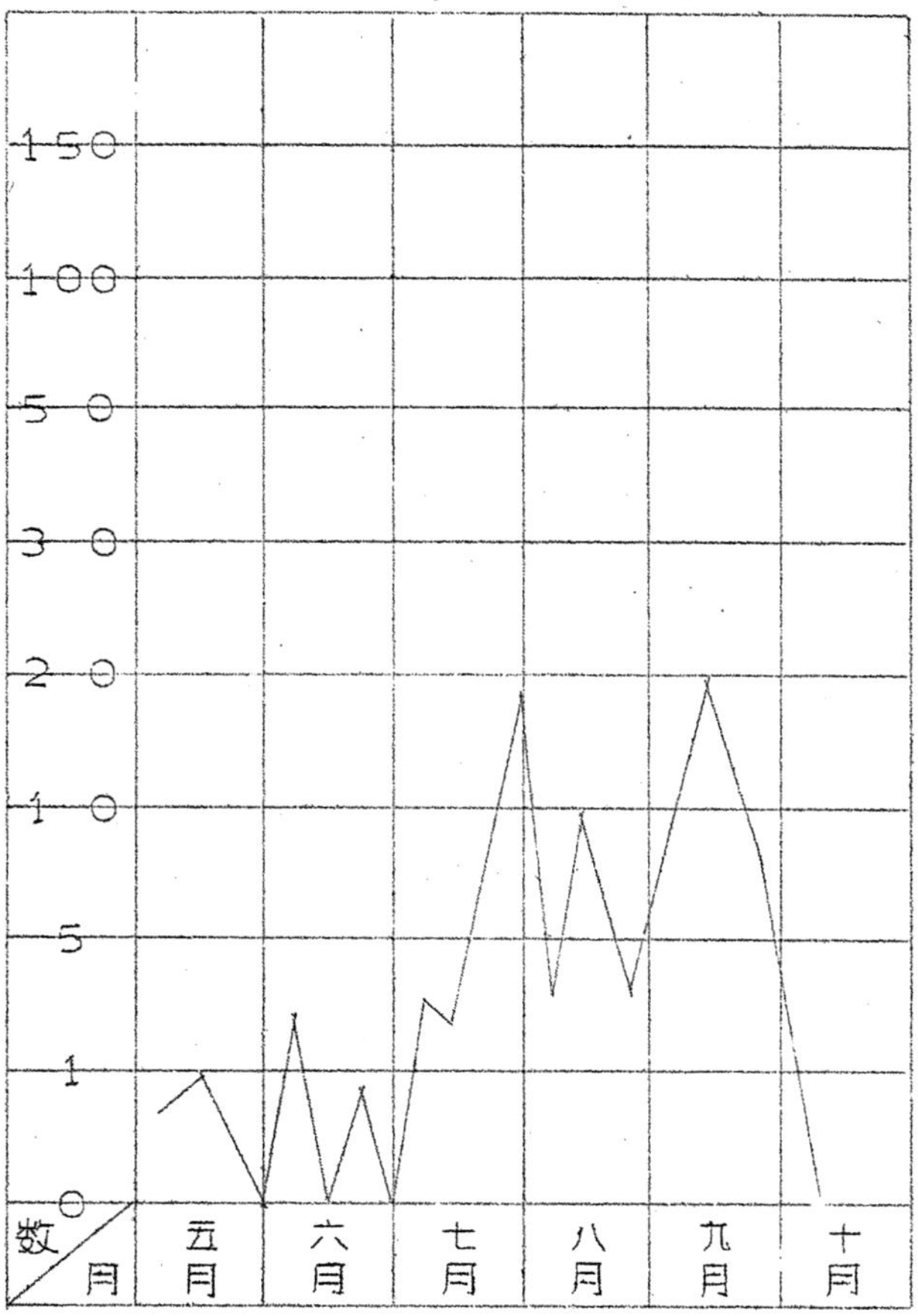


心喰虫は地中又は葉を巻いて幼虫態で冬を越し四月頃より出て九月頃最盛となり好んで心芽を喰害す。　降雨が少く気温が高い気候状態の時即ち旱ばつ性の気候の時に大発生す

そこでこの被害苗、即ち心のとまつた苗の腋芽が苗として利用出來たら新たに播き直したものより早目に収穫が出來、たとえ球は小さくても換金價値は大きいだろうと考えて、私は此のプロジエクトを採り上げたわけであります。

私が使いましたのは学校園藝部で九月十日に播いて、十月六日に仮植した三池中生の品種であります。

心喰虫は仮植してから一週間すなわち十月十二日ー十三日頃から大発生し、BHC・硫酸ニコチン等四ー五回撒布しましたが余り効果はありませんでした。

仲嶺先生のお話では三〇％位しか苗はとれないと話しておられました。

此の心どまり苗から腋芽が発生したのが十月二十日頃で、そのうちの五〇本を先生に相談していただき、畑の一部を実験圃場として十月二十七日に定植しました。

定植の場合は一株から沢山発生した腋芽をその中の勢力の良い一芽だけを残し、外は摘除して植付けました。

定植後は心喰虫にやられないように圃場を良く見て廻り、二日に一回は一株一株をていねいに見て廻りました。

追肥は今迄に五回施してあります。

定植してから今日で五六日になります。播種してからちようど一〇三日になります。

三池中生は普通の苗でも沖縄では收穫始め迄に一三〇日かゝります。

私の腋芽利用によるタマナも一三〇日なる迄にはあと一ケ月近くありますが、今の成績ではそれまでに全部收穫出來ると思います。

結果は今のところ確実ではありませんが、葉の出かたから見て五〇株中四七株、すなわち九四%は完全に結球すると思います。

腋芽苗と一緒に播いた普通苗も畑に植えてありますが、兩者間の生育の差は少いようです。

別に腋芽苗の定植の時、播き直したと云う意味で新たに播種したものは生育が大部遅れています。

此等の普通苗・腋芽苗並びに播き直しの苗は第五圃場に植えてあります。

最後に結果としての收量成績・生育日数の問題は未だ生育中でありますので、一月二三日の発表で報告致したいと思います。

中間発表としてこれだけ報告しておきますが、私のプロジェクトは小さい一つの問題をとり上げただけで、健全苗を作るように努力してどうにもならないと云つたような場合の處置として考えられる問題だと思います。

# 氣象概況報告

氣象研究会

自然環境を特徴づける最も必要な要素は氣象であります。氣象の實態は時と共に變化します。その變化のうちで週期的な變化には晝夜と季節とがあります。そして之等の氣象の時間的變化は土地により夫々特有な狀態を呈しています。又地方〳〵の氣候の違いは土質にも植生にも影響して或地方特有の環境を造り出します。此の様に氣象は自然環境を特徴づける最も根本的な又主要な要素であり、然も氣象は他の環境條件に比べると、時間的並びに地域的な變化が著しく大きいから自然條件の下で営まれる。農業は当然氣象により根本的に支配され特徴づけられて來ます。卽ち氣象により農作物の出來、不出來も生ずれば、氣候により農業經営の方式も決るし農作物や家畜の種類も決つてきます。又氣象災害発生の豫想や農作物の收穫高の豫想、病虫害発生の豫想或は適地適作、適期適作、防風林、防潮林、防砂林等と農業と氣象とは不離不可分の關係があり、環境を離れての理化学的研究のみによつてその進歩発達を計ることは出來ません。其の研究結果を農業技術に取入れて農業を営むことが極めて大切な事だと思います。

以上の目的を達成するには累年の資料が累積することにより適格に判断が出來ます。その基礎が氣象觀測であり、本校の觀測所の設置は未だ年数浅く累績がありませんが、農業クラブの一部である氣象研修会員十五名の生徒が、校内の氣象狀態を地味に忍耐強く日々觀測した過去一年の資料を纏めたものが別表であります。もとより一ヶ年程度で氣象狀態が判然つかめるものでもなく將來共に後輩に引継ぎ堅実な氣象統計をとり、年々比較檢討し立派な資料を作製し北農の農場に於ける氣象狀態を把握し微力乍ら農業の進歩発展に寄與したいと思つて居ります。

註 1 本統計も始めての事である關係上いろ〳〵不備の点もあるかと思いますがそのつもりで御覽なる様希望します。

2 使用しました氣象器材は全部琉球氣象台が貸與して下さつた器材檢定済の器差表のついて居るものであります。從つて統計資料も器差修正が施されて居ります。

3 本資料は午前九時のみの統計であります。

4 降水量及び蒸発量の一粍は坪當りに直しますと一升八合三勺になります。

1953年　氣象概況（於北農学校・屋部村宇茂佐區）

| 事項 ＼ 月別 | 1 | 2 | 3 | 4 | 5 | 6 | 7 | 8 | 9 | 10 | 11 | 12 | 全年 |
|---|---|---|---|---|---|---|---|---|---|---|---|---|---|
| 平均氣圧 (mm) | 765.6 | 767.4 | 764.1 | 763.2 | 758.8 | 750.8 | 754.0 | 753.1 | 764.5 | 780.3 | 784.9 | 781.7 | 765.7 |
| 平均氣温 (c°) | 15.2 | 16.4 | 18.6 | 19.5 | 22.7 | 28.1 | 29.4 | 29.3 | 28.0 | 25.5 | 22.9 | 19.4 | 21.9 |
| 平均最高氣温 (c°) | 18.5 | 19.1 | 21.6 | 21.0 | 24.5 | 28.3 | 31.4 | 31.6 | 30.1 | 27.6 | 24.5 | 22.2 | 23.5 |
| 平均最低氣温 (c°) | 11.3 | 11.3 | 13.9 | 13.8 | 17.8 | 23.2 | 24.6 | 23.7 | 22.9 | 20.1 | 18.3 | 14.9 | 16.0 |
| 最高氣温極 (c°) | 24.0 | 25.5 | 25.6 | 27.5 | 28.7 | 32.2 | 32.8 | 33.7 | 32.8 | 29.7 | 29.0 | 25.5 | 33.7 |
| 最低氣温極 (c°) | 5.5 | 6.3 | 9.7 | 7.4 | 11.1 | 19.8 | 22.2 | 20.5 | 18.0 | 15.3 | 13.6 | 9.0 | 5.5 |
| 平均濕度 (%) | 75.5 | 80.3 | 74.6 | 78.2 | 80.9 | 75.7 | 75.7 | 77.1 | 80.6 | 74.4 | 75.5 | 75.2 | 77.2 |
| 濕度の最少 (%) | 48.0 | 55.0 | 55.0 | 59.0 | 62.0 | 70.0 | 62.0 | 68.0 | 53.0 | 52.0 | 59.0 | 60.0 | 48.0 |

| | | | | | | | | | | | | | |
|---|---|---|---|---|---|---|---|---|---|---|---|---|---|
| 降水総量 (mm) | 53.9 | 117.8 | 192.7 | 169.1 | 188.5 | 131.0 | 145.8 | 218.4 | 266.0 | 158.2 | 176.6 | 117.5 | 1936.5 |
| 降水最大日量 (mm) | 13.2 | 31.1 | 32.4 | 64.4 | 55.4 | 43.2 | 37.7 | 10.1 | 85.3 | 67.5 | 45.0 | 28.5 | 85.4 |
| 平均降水量 (mm) | 1.7 | 4.2 | 6.2 | 5.6 | 6.0 | 4.4 | 4.7 | 1.3 | 8.9 | 4.9 | 5.9 | 3.8 | 4.8 |
| 蒸発総量 (mm) | 83.5 | 84.9 | 100.7 | 120.5 | 116.2 | 205.6 | 237.0 | 218.4 | 179.0 | 158.2 | 110.4 | 106.2 | 1725.6 |
| 平均蒸発量 (mm) | 2.7 | 3.0 | 3.3 | 4.0 | 3.7 | 6.9 | 7.7 | 7.1 | 6.0 | 3.2 | 3.7 | 3.4 | 4.6 |
| 平均風速 (m/s) | 2.5 | 2.5 | 2.5 | 2.2 | 2.3 | 3.5 | 2.7 | 3.0 | 2.7 | 3.0 | 4.2 | 3.7 | 2.9 |
| 最多風向 (方位) | NE | N | NNE | NNE | NE | SSW | SE | ESE | SE | NE | NNE | NNE | NNE |
| 風速の最大(m/s) | 6.0 | 8.7 | 6.5 | 7.8 | 9.8 | 7.4 | 9.8 | 15.2 | 9.8 | 7.4 | 15.2 | 12.4 | 15.2 |
| 平均雲量 (0−10) | 8.6 | 7.8 | 8.4 | 7.7 | 8.4 | 7.8 | 7.0 | 7.4 | 8.1 | 7.6 | 8.8 | 8.0 | 7.9 |
| 快晴日数 | 1 | 2 | 1 | 5 | 2 | 1 | 0 | 1 | 1 | 1 | 0 | 3 | 18 |
| 晴天日数 | 6 | 7 | 8 | 4 | 5 | 9 | 17 | 13 | 8 | 13 | 7 | 7 | 104 |
| 曇天日数 | 17 | 13 | 16 | 16 | 18 | 19 | 9 | 15 | 16 | 15 | 15 | 15 | 185 |
| 0.1 (mm)≧降水日数 | 3 | 7 | 7 | 4 | 10 | 7 | 1 | 4 | 3 | 3 | 5 | 4 | 58 |
| 1.0 (mm)≧降水日数 | 11 | 7 | 8 | 11 | 9 | 4 | 9 | 6 | 10 | 9 | 7 | 8 | 99 |
| 10.0 (mm)≧降水日数 | 1 | 3 | 6 | 3 | 1 | 2 | 5 | 1 | 1 | 3 | 5 | 4 | 35 |
| 30.0 (mm)≧降水日数 | 0 | 1 | 1 | 2 | 2 | 2 | 1 | 0 | 4 | 1 | 1 | 0 | 14 |
| 10.0 (m/s)≧暴風回数 | 0 | 0 | 0 | 0 | 0 | 0 | 0 | 1 | 0 | 0 | 0 | 1 | 2 |
| 15.0 (m/s)≧暴風回数 | 0 | 0 | 0 | 0 | 0 | 0 | 0 | 1 | 0 | 0 | 1 | 0 | 2 |
| 地面温度 (c°) | 14.2 | 15.4 | 18.6 | 20.9 | 25.1 | 31.8 | 34.6 | 33.5 | 30.5 | 26.5 | 21.2 | 18.9 | 24.3 |
| 0.05 (cm) 地中温度 (c°) | 13.4 | 14.4 | 16.9 | 17.9 | 22.4 | 27.9 | 30.2 | 29.6 | 27.2 | 24.5 | 20.8 | 17.6 | 21.9 |
| 0.20 (cm) 地中温度 (c°) | 15.2 | 16.1 | 18.2 | 18.1 | 921. | 27.4 | 29.2 | 28.0 | 27.5 | 24.0 | 21.2 | 18.3 | 22.1 |
| 0.30 (cm) 地中温度 (c°) | 15.7 | 16.2 | 18.7 | 18.6 | 22.1 | 27.6 | 29.7 | 29.4 | 28.3 | 25.4 | 21.9 | 19.0 | 22.6 |

# 私のホームプロジェクト

三年 知念文保

沖縄農業の主幹は甘藷作であるが、北部地方に於ては水稲作も甘藷作と並んで主要作物である事は御承知の事であります。私は水稲栽培をホームプロジェクとしてとりあげました。現在の沖縄に於ける水稲は琉球統計局の報告書に依ると、一九五二年の反当収量が一石一斗内外とされております。これを日本の二石二斗内外の収量に比較した場合には、沖縄の反収はほゞ半分であります。斯る現状に置かれた沖縄の水稲作の収量が少いと言う理由が、どこにあるかと言う事を次の二點より検討して見たのであります。

㈠学校に於て先生や教科書によつて獲得した技術を実際に適用してみること。㈡私の耕作した水田は、附近のものに比べて今までは毎年劣つて居たので、斯る水田を合理的な管理をすれば、どれだけの生産量まで引上け得るかを試みる為に実際に取りかゝつた訳であります。

水田は二五〇坪で下宿屋から借り受けました。先ず経營の概略を述べますと

一、整地、苗代

播種前に四十坪の土地の土塊を砕き切株等は丁寧に處理し、四尺の短冊型に播種床を作り基肥は堆肥を約八十貫施しました。堆肥は前以て準備してありました。

二、種籾

附近の農家から品種國頭一號四升購入しました。

三、浸種

二月三日午後五時種もみ四升を袋に入れて桶で浸種しました、二月七日午後五時引上げて萠芽作業に移りました。其の間四晝夜毎日一回水を取換えました。萠芽作業は袋に入れたまゝもみ量の約二倍の暖い湯につけてから屋内に置きました。

四、発芽後の管理

(イ) 時に水の調節に注意し卽ち暖い時には水を切り、又寒い日には水をたゝえました。

(ロ) 病虫害の発生はありませんでした。

(ハ) 二十日目に追肥として五〇〇匁の水稲用配合肥料と草木炭を少量施しました。金肥は畦の水を切つて水溶液にして施しました。

五、苗の生育状況

附近の苗代にある苗と比較して中等位に生育したと思われました。

本田

一、整地

植付（挿秧）三日前に充分整地をなし、挿前秧日に基肥として緑肥八〇貫水稲用配合肥料七貫を施しました。

二、植付

三月廿九日、栽植密度六寸×六寸五分にして一株の植付本数は大体五本内外、植付後二、三日は湛水をなしその後は水を少くしました。浮苗や倒伏苗は適宜植え直して置きました。

三、除草及追肥

第一回除草は四月十一日に行なつたが雑草は少く簡單に行いました。後に追肥として水稲用配合肥料三貫を施しました。第二回除草は四月二十二日主として除草の外に代かきをなした。追肥としては三貫の配合肥料を施しました。雑草としては稗、浮草が大部分を占め、收量は良く調製したもみで二石二斗白米にして一石一斗反當白米生産量一石三斗二升位になります。

收支の計算

生産物の價格は升当四五円と見て四、九五〇円の收入がありました。

生産費支出として。

| | |
|---|---|
| 肥料費 | 四八〇円 |
| 労力費 | 五〇〇円 |
| 種籾代 | 一〇〇円（一升二五円） |
| 小作料 | 二〇〇円 |
| 其他 | 一〇〇円 |
| 計 | 一、三八〇円 |
| 差引 | 三、五七〇円 |

以上述べましたのが私が経營を致しましたホームプロジエクトのあらましであります。

最後に私が感じました事柄を述べて結語としたいと思います。

一、温田地である為に熟度が多少おくれた感がしました。それで二期作に支障を來すおそれがある為苗代播種期をもう少し研究する必要があると感じました。

二、收量は大方沖繩に於ける收量の標準であるが、今後理論と技術の研究をなせばそれ以上の收量迄はもつてゆく事が出來ると考えられました。

三、栽植密度と穂長の関係や、施肥量と收量の関係も今後研究しなければならないような思いが致しました。

四、先に述べた様に沖繩の稲作の反当收量と日本のそれとを比較して、なぜ沖繩のが劣るかを研究する為にこのプロジエクトを取上げました。この理由は日本に於ては政府の奨励や國民の努力によりたゆまざる品種の改良、肥料の多量施用、耕作法の改良等が普及して居る為だと思います。それで今後の沖繩もこの面を改良し普及するならば現在より多收穫がなされると思います。

五、実際に行う事によつて理論も生きた理論となつて自分のものとなる事が出來ると思いました。それで今後は教科書だけでなく自ら農民としての体験をなしつつあらゆる角度から勉学に精進しなければならないと思います。

私の村は水稲作が出來ない畑作地帯でありますので、收穫した白米の内一斗を引提げて家に持つて帰つたら、父は大變喜ばれ「今年は墓請負をするので、お前の作つた米で祖先のお祭りをしよう」と言われました。私は又このホームプロジエクトの利潤によつて、参考書を求め、下宿代の補いとしています。

☆……☆……☆

# 学習指導について

指導課　大庭正一

沖縄における教育の根本的課題のねらいとして
1　個人としての強さをもつた人間
2　社会の改善を力強く推進し得る人間
3　たくましい生産人として將來の社会に健全性を與え得る人間
4　確固たる國民的自覺を持つた人間
5　人類平和の実現にその崇高な平和意志を貫き通すことの出來る人間
が要求されている今日学習指導の重点は自ら明らかになる。

学習する者が
　日常当面する生活の問題ととりくんで
みずから解決していくところの能力態度を第一として
その問題の解決に活用される知識技能に重点がなければならない。

学習者の問題は
心身の発達に應じて高まり
問題に應じて
その解決に活用される知識技能はより高度のものを必要とする。

又一つの問題解決は
　新しい知識技能を必要として
その知識技能の収得は
やがてより高度の問題把握の素因となる。

このような〃問題解決〃〃解決と問題把握〃との一連の発展的つながりにはたらく力としてその知識技能は問題解決の能力態度と共に絶えず指導されなくてはならない。

ここにわれわれは新しい教育において
如何なる基礎的技能を考えねばならないか
(1)　討議の技能　民主的に討議を進める技能(2)批判的に思考する技能
(3)　必要とする資料を收集する技能
(4)　健康を保持する技能
(5)　機械器具を合理的且つ能率的に操作する技能
(6)　図書を活用する技能

のようなことから考えられるがこれらの技能は読、書、算の技能と共に重要な学習内容となつている。

現在われわれは右に述べたようなことがらを学習内容と考えてその指導を進めつつあるわけである。

したがつてわれわれが考える学習効果—学力—も過去のそれとは質的に非常な変り方を示していると思う。

学力とは多くの場合〃読む力〃〃書く力〃〃計算の力〃のような基礎的技能〃社会科〃〃理科〃〃職業科〃の内容的教科に関する系統的な知識を意味しているように思われる。しかもその技能は形式的な部分のみに着眼しその知識は技能的はたらきよりも、量の多少に重きをおいているようである。

このような解釋にしてわれわれはその批判の立場を新しく考えられる教育の立場へ轉換されてゆくことを望みたいものである。

この観点に立つて各地区に於て現場の先生方の理科職業科のお取扱いを見て望ましい学習指導の條件を備えつつある指導法を指導案によつて御紹介したい

われわれの考えている望ましい学習指導の條件は

# 指導計畫

1　自主性を以て一貫している
2　興味の持続に適している
3　努力が期待されている
4　創造工夫が要求されている。
5　発達段階に適している
6　学習の流れに無理がない
7　学習の進行が発展的である
8　個人差に備えられている
9　学習が能率的にできる
10　知識を身につけることができる
11　理解を容易ならしめる
12　技能の習得を容易ならしめる
13　練習の機会が多く考えられる
14　觀念的でなく具象的に学べる
15　協力の態度を身につけることができる
16　地域性が考慮される
17　環境に適應している
18　資料が最大限に利用される
19　学習成果のまとめ、反省、発展が考慮されている。

## 單元　これからの食生活

胡差中校　喜屋武みつ

一、單元設定の理由

1、食生活は生活全般の中心であることを理解し、家庭生活を楽しいものにするため、工夫努力する態度を必要とする。

2、毎日の食事が健康に深い関係のあることを知り、又精神生活の安定と家庭生活の向上のためにも、その改善、合理化について関心をもつことは大切である。

3　本校区域は大部分が軍作業、商業である。従つて、食生活は他村に比較して美食であるが「六つの基礎食品」の組合わせと云う栄養に対する認識がうすいと思われる。

二、目標

1、食生活の現狀と一般的欠陥を理解し、郷土の食生活改善の重要性を認識し、栄養的な献立を立てて、実践する技能と態度を養う。

2、習慣上や郷土食（行事、法事）及び琉球独得な料理を栄養的に検討し、合理的な調理法と食べ方を理解させ、併せて子供のおやつの作り方等も習得させる。

3、日常の食事についても科学的に批判が出來、栄養的に経済的に調製できる能力を養う。

4、食生活の簡素化の必要性を理解させる。

三、單元の学習計畫　三十三時間

| 小單元 | 時間配当 |
|---|---|
| 1、栄養改善の問題 | |
| ○私達の食生活の実態調査と検討 | 三 |
| ○調理と栄養について | 二 |
| ○栄養献立と調理実習 | 四 |
| ○琉球料理の調理法及び実習 | 四 |
| ○行事、法事の料理及び実習 | 四 |
| ○食生活の簡素化 | 二 |
| 2、食事に費す時間や労力の問題 | |
| ○台所の実態調査を中心に台所の設備、便利な用具について | 二 |
| ○台所改善案 | 二 |
| 3、食物費の問題 | |
| ○わが家の食物費の調査、検討 | 一 |
| ○最低の食物費で栄養價値大にする工夫 | 二 |
| 4、食物衛生の問題 | |
| ○食品の衛生 | 二 |

○食事と健康、病氣との関係
○台所の衛生

四、資　料

| | |
|---|---|
| ○のびゆく家庭（指導手引） | ○のびゆく家庭 |
| ○食品分析表 | ○家庭科事典 |
| ○料理実習カード | ○主婦と生活の料理カレンダー |
| ○家庭科の動向 | |

五、本時の学習計畫

題目　行事の食物　三色おはぎ

1、目標

○郷土の行事食についてしらべ栄養上、経済上から再検討し、より合理的に調理する態度を養う
○日常生活に於て、栄養素を失わない調理法に氣をつける態度を養う
○調理を衛生的に能率的に行う習慣を養う
○調理用具を上手に使い調理技術をみにつけさせる
○子供のおやつにも栄養的な心づかいを持ち、家庭的なたのしい雰囲氣を作ろうとする態度を養う
○日常調理について書いたものを見ながら調理する技能を養う

2、学習活動

| 生徒の学習活動 | 教師の指導 |
|---|---|
| ○調理室の準備 | ○衛生 |
| ○身仕度（エロプン、手拭い、手洗い） | ○作り方の説明 |
| ○用具、材料の準備 | |
| ○グループ別に仕事の分担と手順を相談する | ○火の起し方に注意する |
| ○実習 | ○仕事の手順、能率 |
| (1) もち米をやわらかめの御飯に炊く | |
| (2) これをすりこ木で少しついて小さく握る | ○清潔整頓 |
| (3) 黄粉を作る | ○研究的態度 |
| (4) あんを作る、さらしあん（三十匁）コップ二杯に砂糖（三十匁）を入れて攪拌しつゝ火にかけよくねり上げる。 | ○用具の扱い方<br>○あんの作り方<br>砂糖とさらしあんの割合 |
| (5) 黒胡麻を煎つて摺り大さじ一杯半に砂糖大さじ一杯をまぜて握り御飯につける。 | ○胡麻のいり方<br>○正しい計量のしかた |
| (6) 御飯をあんで包む | ○あんのつけ方―示範 |
| (7) 黄粉大さじ一杯砂糖大さじ一杯を混ぜて御飯にまぶす。 | ○調理品の色、形、味もり方 |
| (8) 盛付け、もり方の工夫 | |
| (9) 試食―食事作法 | |
| (10) 後始末 | ○きれいに手早く後始末 |
| (11) 自己評價と実習帳の整理 | ○これは彼岸料理のおもち代りとなり簡單でおいしくもあり栄養もあります其他月見や子供のおやつにも消化や榮養の点からもよい |
| 自己評價<br>○手順はよかつたか<br>○分担はよく守れたか<br>○身仕度はよかつたか<br>○調理品の味、形もりつけはどうか<br>○後始末はしつかり出來たか | |

3、評價

(1) 衛生的に取扱うことが出來たか
(2) 協同的にたのしく能率的に仕事を運ぶことができたか
(3) 調理法が理解出來たか
(4) 食卓作法をみにつけたか
(5) 家庭で実習が行われるようになつたか

# 指導計畫

実習室の配置

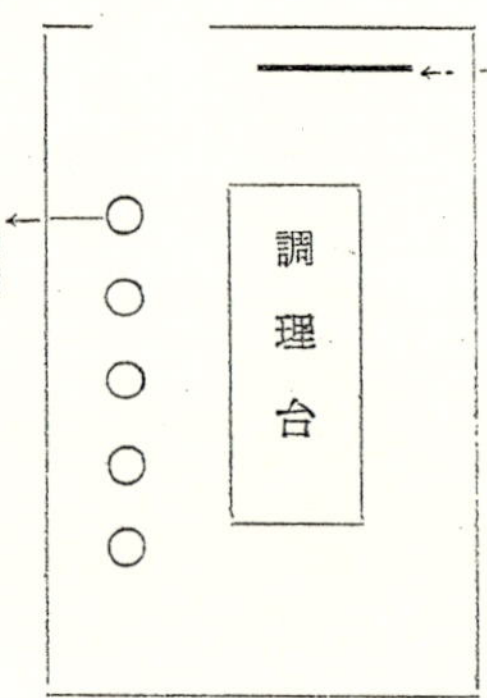


普通教室で実習を行う場合の例

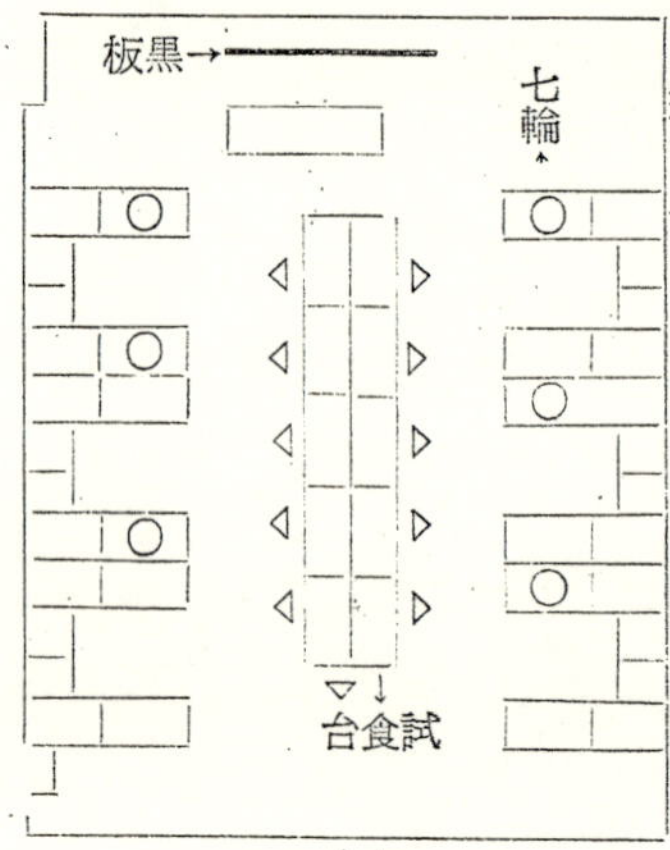


浜元小中校　中村妙子

休けい時間に普通教室を清掃して図の様に窓に配して机をならべ調理台とし、椅子にて七輪台を作る。真中に机を並べてテーブルとし試食台とする。

## 家庭生活指導の取扱い（四年）

與那城小学校　安里芳子

一、單元　私たちのからだはほどよく育つているでしようか　三時間

二、目標

1 理解

○健康を保つためにはけがや病氣の豫防と適当な手當が必要である。

○保健衞生上の注意は人々の生命を安全にする。

2 能力

○薬品を使う原理を應用する。

○すじ道の通つた考え方をする。

3 態度

○健康安全に身を保つ

三、準備

洗面器、タオル、ピンセット、はさみ、オキシフル、ヨードチンキ、マーキロ、ホウタイ、ガーゼ、脱脂綿

四、学習活動

1 学習題目（本時）　けがと病氣

2 方法

○話し合い

わたしたちはちよつとした不注意で、病氣にかかつたり、けがをしたりすることがある。こんなときに、かんたんな手あてで、病氣やけがを大きくしないですむことも出來る。

1 きぶんがわるくなる

2 小刀で手を切つた

3 角力をとつて手をくじいた

4 足にくぎをさしこんだ

5 ころんでひざをすりむいた

6 犬にかまれた

7 はなぢが出た

このうちには自分で手あてのできそうなのがあるだろうか

○かんたんな手當の仕方について話合う、どうしてお勉強しましようか

# 指導計畫

1 本をよんでしらべる
2 先生にきいてしらべる
3 自分でやる

○どんなけがについて実習しましようか各グループで研究する
よく話し合つて
1 どんな薬を用意したらよいか
2 どんな順序でやるか
3 よく先生にきいて
それから実習するようにする。

○デモンストレーション

1 題目 〃ころんでひざをすりむいた〃

2 えらんだ理由
正君が運動場でころんでひざをすりむいたので、私たちが手あてをしてあげることにします。

3 演示
1 用具は洗面器、ピンセツト、脱脂綿を使います。
2 くすりは、オキシフル、ヨードチンキ、ペニシリン軟膏をつかいます。
3 手あて
① 正君を腰掛にすわらせて
② すりむいた足を腰掛にあげさす
③ 手あてする人は手を洗う
④ ピンセットで脱脂綿をはさんで
⑤ オキシフルを脱脂綿につけて
⑥ すりむいたところをきれいに消毒する。
⑦ 消毒した脱脂綿はちりかごに入れる。
⑧ ピンセットで脱脂綿をはさんでヨードチンキをつけて
⑨ すりむいたところにつける
⑩ ペニシリン軟膏をつけて
⑪ ほうたいをする、むすび方に注意
⑫ 手あてした人は手を洗う、

4 むすび
① 新しいきずにはヨードチンキをつけた方が早くなおるのでこれをつかつたが、いたさがあるから
② マーキロを使つてもよろしい。

五、次時豫告
他のグループの演示をこの次に発表してもらうことにします。

六、発展
お知らせ
子供さんは今日学校で、けがの手あてのお勉強をしました。
お家庭で薬を〃じゆんび〃なさつていたらいざという時に大へんたすかることと思います。少くても左の薬ぐらいはつとめてそろえるように致しましよう。

薬品店、雑貨店で賣つている薬のねだん

| | |
|---|---|
| オキシフル（小） | 二〇円 |
| ヨードチンキ | 一五〃 |
| マーキロ | 一五〃 |
| ペニシリン軟膏 | 一〇〃 |
| ガーゼ | 一〇〃 |
| ホータイ | 一〇〃 |

# 中学校職業・家庭科及び職業指導施設の基準

文部省初等中等教育局

## I この施設基準の解説

1、中学の職、家の教育内容は地域社会の必要や生徒の事情によつて特色をもつものであるから、全國一律の基準を作成することは不可能である。そこでこの基準においては都市向、農村向、農漁村向、の三種類を作成した。

2、地域社会の実情は都市、農村、農漁村の中間に属するものもあるし、純漁村もある。都市の中でも商業の盛んな地域工業の盛んな地域があり、農村にも産業や職業の構造のちがつたものが、少なくない、又水産の盛んな地域にも都市的なものと農村的なもののとのちがいがある。

こういう地域の特色に應じるため、施設、設備の内容に適宜振りかえが出來るようにしたが、実情に應じて、各地域でさらに工夫する必要があろう。

3、中学校の規模はまちまちであつて、單級の学校から数十学級の学校にわたつている。それでこの規準は学級数により、施設については五段階、設備については三段階に分けた。二学級以下の場合は、実情に應じて適宜工夫すべきものとして、ここには掲げなかつた。

4、一学級の生徒数は、三学級の学校で男女別に学習する場合には二五名以下とし、その他の場合には五〇名として、作成した。また二二学級以上の学校に於ては利用度の高い施設、設備は五〇名づつ二学級が同時に別教室を使用することも考慮した。

5、この基準は國家財政を勘案して作成した関係上教育的見地から見ると、多くの地域に於てはなお不足の場合が少なくないと考えられるが、これは適宜地域社会の必要とその経済力に應じて充実する建前をとつた。

6、小さい学校における職業指導室は、学校の適宜の場所に設けることにして、坪数は記入しなかつた。

## II 職・家施設及び設備の基準

### A 都市向施設の基準

| 整理番號 | 学級数／名称 | 3学級 | 4—6 | 7—12 | 13—21 | 22以上 | 備考 |
|---|---|---|---|---|---|---|---|
| 1 | 農園建物 | | 6坪 | 6坪 | 6坪 | 6坪 | 農具架、農具棚洗場、1×3m |
| 2 | 手技工作室 | | 30〃 | 35〃 | 35〃 | 50〃 | 木工一電氣（動力用）設備（給排水設備） |
| 3 | 同準備室 | | | | 6〃 | 6〃 | 金工一電氣（動力用）設備 研場（給、排水設備） |
| 4 | 事務実験室 | | | | 20〃 | 20〃 | 取りつけ工作台（4.5×10m） |
| 5 | 調理室 | | 25〃 | 30〃 | 35〃 | 35〃 | 給水、排水設備、ガス設備天盖 |
| 6 | 被服室 | | 10〃 | 30〃 | 30〃 | 48〃 | 洗濯流し設備電氣（コンセツト） |

備考 13—21学級の事務実験室は、工業地域においては手技工作室にふりかえるがよい。4—6学級の被服室は普通教室の隣に設け、兩者を開け放して共用する。

B　農村向　施設基準

| 整理番號 | 学級数／名称 | 3 | 4—6 | 7—12 | 13—21 | 22以上 | 備考 |
| --- | --- | --- | --- | --- | --- | --- | --- |
| 1 | 農具室 | 8坪 | 12坪 | 16坪 | 20坪 | 24坪 | 農具架、農具棚、洗場 1m×3m（給排水設備） |
| 2 | 農場管理室 | | | | 4 | 4 | |
| 3 | 堆肥舎 | | | 4、5 | 4、5 | 4、5 | 肥溜 1×2×1m |
| 4 | 家畜家禽室 | 4 | 6 | 3 | 10 | 12 | |
| 5 | 作業室兼収納室 | 16 | 25 | 28 | 30 | 30 | 電氣（動力用）設備 |
| 6 | 手技工作室 | | | 28 | 30 | 35 | 研場（給排水設備）電氣（動力用設備） |
| 7 | 同傳備室 | | | | | 4 | |
| 8 | 食品加工室 | 20 | 25 | 35 | 10 | 10 | 大かまど 2、給排水設備、押入れこうじむろ 1×12×2、m |
| 9 | 調理室 | | | | 30 | 35 | 給排水設備中かまど 2 |
| 10 | 被服室 | 8 | 10 | 24 | 30 | | 電氣（コンセット）設備洗濯流し設備 |

備考　3—6学級被服室は普通教室の隣に設け兩者を開放して共用する。

C　農漁村向　施設基準

| 整理番號 | 学級数／名称 | 3 | 4—6 | 7—12 | 13—21 | 22以上 | 備考 |
| --- | --- | --- | --- | --- | --- | --- | --- |
| 1 | 農漁具室 | 6坪 | 10坪 | 19坪 | 20坪 | 24坪 | 農具架、農具棚、洗場、1×3m（給水設備） |
| 2 | 家畜家禽室 | 3 | 4 | 6 | 8 | 10〃 | 肥溜 1×2×1m |
| 3 | 作業収納室 | 16 | 25 | 28 | 30 | 30 | 電氣（動力用）設備 研場（給排水設備） |
| 4 | 手技工作室 | | | 28 | 30 | 35 | 電氣（動力用）設備 |
| 5 | 同準備室 | | | | | 4 | |
| 6 | 食品加工室 | 25 | 30 | 35 | 40 | 30 | 大かまど　2、給排水設備、押入れ |
| 7 | 調理室 | | | | | 30 | 給排水設備、中かまど 2 |
| 8 | 被服室 | 8 | 10 | 24 | 30 | 48 | 電氣（コンセット）設備、洗濯流し設備 |
| 9 | 船 | 1トン | 1トン | 1トン | 1トン | 1トン | |

## III　職業指導の施設基準

| 整理番號 | 学級数／名称 | 3 | 4—6 | 7—12 | 13—21 | 22以上 | |
| --- | --- | --- | --- | --- | --- | --- | --- |
| 1 | 職業指導室 | 0坪 | 0坪 | 8坪 | 10坪 | 12坪 | |

# 教育学研究の方法

琉大助教授　安里彦紀

申すまでもなく、教育学の研究はその研究の結果によつて現実の教育活動を是正し、方向づけ、効果あらしめるものでなければならない。若しその研究の結果が現実教育の問題をかけ離れているとしたなら、いかに論理的に精緻であつても、体系が整然としていてもそれは教育学としては無價値に近いと私は思う。すべての科学がそうであるように、教育学も亦教育の現実を研究対象としなければならない。事実を基礎としない科学は科学でなくして空想である。

そこで我々の教育学が教育現実を指導する力をもつ科学としての教育学たらしめるためには、先づ琉球の教育現実を研究対象の中心におかねばならない。

このことは先づ我々が從來考えていた、教育学というものに対して、或いは又從來学んだ教育学に対して、一應批判を加えてみる必要がある。

從來我々の学んできた教育学は、或いは又教育学研究の方法は、我々自身の教育の問題から考察を始めるのでなく、外國の教育学者の学説の理解から出発した。ドイツならドイツ、アメリカならアメリカの特殊なる教育現象の上にうち立てられた教育理論を研究し、理解して、―そしてそれは普遍妥当性をもつているから、―その理論によつて、我々自身の教育現象を觀察し、批判し、指導しようとした。

近世科学の特徴は一切の成心をすてゝ事実から出発するということであつた。それによつて事実を指導する力をもつのである。このことは自然科學においては勿論であるが社会科學においても亦そうである。教育学も社会科学の一種である。

教育学を科學として成立させるためにも、教育事実、教育現実を出発点としなければならないことは勿論である。然し物的現象や、生物現象を研究の出発点として、立てられた理論、すなわち物理学や、生物学の理論はアメリカにおける研究の結果も、ドイツやイギリスにおける研究の結果も一應我々の研究にたゞちに當てはまるであろうが、教育現象の研究においてはそう簡単にはいかない。それは他の社会科学においても同様である。

もとより外國の教育の学説や、実際を研究し廣く受け入れて、我々の教育研究に利するということは極めて有益なことである。そこには、その國に即する貴重な思索と経驗とが含まれており、先人の業蹟を攝取することは文化の進歩に欠くことのできない要因だからである。

このことがなければ人間はいつも出発点から初めなければならないことであり。学問研究の方法としてはまことに不経済なゆき方となるからである。

然し他の学問―殊に自然科学―においては知らず、少くとも教育学に関する限り、外國の学説や事例は、飽くまでも、我々の研究のための參考に過ぎず、直ちに我々の規範とはなり得ないのである。のみならず他の外國の学説や事例にのみ氣をとられては、我々自身の教育現実の觀察に熱意を失い、或は又それをつまらないものと考え、教育現実に対する批判的反省をおくらせるのである。

我々は古今東西の教育学説や教育事例を深く、廣く学ぶべきである。が然しながらそれは飽くまでも、琉球の教育現実を探求するための手段に過ぎないのである。

要するに我々の教育学研究の方法は、琉球の教育現実の中にある問題を問題としてとりあげ、その問題解決に必要なる觀察、調査、実驗を基礎として、問題解決へとすゝめなければならない。その研究の焦点を忘れて、外國の教育学説の理解のみに没頭したり、從來の教育概論式の知識の理解を以て教育学研究だと思い込んだら、その教育学は現実教育から遊離した、指導力のない、非科学的な、教育学となつてしまうと私は思う。

従來我々の学んだ教育字は、頗るドイツ風の觀念論に影響されたものである。その影響は相當徹底したもので、ほとんど学問の概念や態度を決定したものである。―現に私自身の考えの中にもいくらか残つて居り、又周囲にも、これのみが学問であるかの如く思考している人々が案外多いのではないかと思われる。

だから教育現象に関する経驗的な觀察や調査は教育学ではないかの如く考え、学問となるためには、むしろ歴史的、社会的な、現実を偶然なるものとして捨象し、そうすることによつて始めて、教育の本質を認識し、普遍妥当な教育的規範に到達することができるというような頗る觀念的、抽象的な考えをもつている。そうなると教育学は当然、教育現実から高踏的になり。どの教育現象をも一應説明することができるが、我々の教育現象を迫力を以て指導することができない教育学にしか過ぎないものとなる。だから我々の当面する琉球の教育政策、教育目標、教育内容、とは無関係となり。教育の現場、教室や、運動場や、兒童の遊び場所から遊離した教育学になつてしまう。

このことは従來の師範学校の教育科の教授内容が最もよく我々に示している。現実と結びつかない、觀念的教育学は教育者としての能力、技術を養成するものではない。たゞ〳〵教育哲学や教育心理の学術語を覚えて卒業したにすぎない。

終戦後ドイツ風の觀念的、抽象的教育学はアメリカ風の経驗主義的教育学に轉換してしまつたことは我々の現に見、聞いている通りである。だから我々の教育から最早觀念性、抽象性はすがたを消したと考えるなら、それは誤りであると私は思う。アメリカのプラグマチズムも琉球の現実においては觀念論である。

琉球の教育現実に足場を置かない限り、アメリカの教育制度も、教育目標も、教育内容も、教育技術さえ觀念的なものにしか過ぎない。而もそれが或る權威をもつて我々に臨んだ時、それは我々の教育現実を觀る目、思考する力を拘束するものにしか過ぎない。琉球の教育現実を外にして、琉球教育の進展に貢献する教育学の研究法はない。このことは又教育学の研究が一人や二人の所謂理論家によつて生み出されないことを意味する。真理は常に現実の中にあるとともに大衆の力によつて見出されるものである。一人の教育理論家の所謂高説よりも多くの教育実際家の結集によつて生れた説がより多く教育現実を指導するものである。

私は琉球の教育を指導する教育学の研究はなるだけ多くの教育実際家の参画することによつて、始めて完全な教育学に近づくことができると思う。

以上の私の論に対して「君の説は結局オーギヤスト・コントの実証科学説を教育学研究にあてはめたに過ぎないではないか」というかも知れない。

然り、教育学は実証科学的性格を多分にとり入れなければならないと思う。教育目的の設定にはこれのみにては不可能であり價値科学的方法を必要とすることは勿論である。

一九五四年二月二十一日　東京留学を目前にひかえて

（座談会）

# 本土教育の状況と沖縄教育に望むもの

―第三回研究教員を囲んで―

懇談事項

一、本土教育の状況

1、配属校の特色について

2、教員の資質について

3、学校内研修の状況

4、子供の状況

5、男女共學に対する考え方とその実施状況

二、今後の沖縄教育に望む点

1、本土に學ぶ点から

2、沖縄教育の現狀に於て改むべき点又は反省考慮すべき点から

三、研究教員の在り方について

四、其の他

中山　研究教員の制度は、沖縄教育の向上に資すると云う面もありますが、一面又本土との直結を促進するという意味もあります。

皆さんは半年の間、本土の教育実際をごらんになり、又本土の先生方と生活を共にされ、いろいろな悪條件の中に研究なさつて來られたのであります。

今日は皆さんがもつて帰られた教育上の諸問題につきましてお話し合いを願い、沖縄教育の向上のため、廣く、全沖縄の先生方にお傳え致したいと思つて居ります。

さしあげましたプリントの要項に従つてお話し合いを願います。

◇配属校の特色について

中山　皆さんが配属になつた学校の経営上の特色や、他の学校に影響を与えていることがらについてお話し合い願います。

平良　静岡市の安東小学校でありますが、この学校は昭和二十六年に関東中部地区のワークショップの行われた学校でその後引き続いて研究に精進して居りますが、静岡でも非常に優秀な學校であります。

生活教育の方向にだんだんと近づけつゝあり、カリキュラムも、

日常生活課程
單元學習課程
教科学習課程
保健安全課程

の四本立になつて居て、子供の生活を指導するということを中心において居ります。

教科の学習でも教科外の活動でも子供の自発活動を重んじて、なかなか活潑に行われて居ります。

次に教員の校内研究が盛んで、毎週校内の研修日を持ち、学習の能率化をテーマに取り上げ、私の居る間、主として理論研究と子供の実態調査を熱心にやつて居りました。子供の行動の記録をたんねんにとつて居りました。最近の手紙によりますと十月から実地授業を行つているとの事でした。

中根　奈良県の三笠中学校で市内から徒歩で二〇分位の田んぼの中の学校でした。

此の学校の特色は絶対に時間をむだにしないということです。私の滞在期間中、行事のために授業をさくということは一時間だつてありませんでした。

去年は道徳教育の実験学校でその方面の教育にも非常に熱心でした。

友寄　静岡県、清水市江尻小学校に配属されましたがこの学校では学校給食が完全に行われ、此の面では全國でも有名な学校で、校長は県を代表して全國の研究会にも出席なさつて居ります。

月曜から金曜まで全校二〇〇〇人の完全給食を行つて居ります。施設の方も都市の学校に決してひけはとらぬ位でした。

次に校外指導でありますが、自治組織で子供クラブを作り父兄も一緒になつて彼等の生活指導に當つて居ります。毎週土曜日に子供会をひらいて居ります。

町を單位として、中学校、高等学校の生徒も參加して居ります。

宮里　東京の台東中学校に居りましたが、この学校は派手なことをしないで毎日毎日の授業を地味に真面目にやつて居ります。学校要覧を見ると、昭和二十六年、二十七年は数学、理科の研究指定校であつたようです。

健康教育については教員とPTAが一体になつて健康教育委員会をつくつて居ります。

図画教育の施設が相当充実しているように思いました。

子供達のしつけのよいことには感心致しました。

**出席者**

司会　中山　興真

○研究教員
岸本幸二（名護中校）
奥間松藏（金武中校）
中村正己（本部小校）
比嘉　静（石川中校）
富川はる子（與那原中校）
山城正助（真壁小校）
屋良朝惟（真和志中校）
宮里朝光（首里中校）
友寄隆德（壺屋小校）
中根正治（コザ中校）
平良仁永（文教局）

○文教局
指導課、研究調査課各主事

おとなしく、言葉がていねいで、先生方もやさしく美しい言葉を使つて居りました。

屋良　福岡県の川崎小学校で在籍三一九六名の大きな学校です。学区域が炭坑都市で犯罪が多いため、一貫して道徳教育を重点にしていました。躾がよくゆき届き、大きな学校でありながら塵一つ落ちていないといつたふうでした。

生徒の家庭は、一般に貧困であるため、めいめいで本を買うなどということは、とても困難です。そこで学校図書館に力を入れて此の面では九州でも第二位だそうです。生徒一人につき平均三册宛の図書が備えつけられて居ります。

山城　熊本県の隈府小学校で、文教の神としてあげめられている菊池神社のあるところで町全体が教育に非常に熱心なところです。

昭和二十三年から二十五年にかけて県のモデルスクールとして、コアカリキュラムを取りあげ血みどろの努力を續けて來た学校であります。わざわざ東京まででかけたり、徹夜で研究したりしたそうです県の基底プランが殆んどこの学校のものを主として作られているようでした。

特に中心課程の社会科も着実に実踐に移されて居りました。

学校のふんいきが非常にととのつていて叱るとか体罰とかいうことも全然ありませんでした。

学校経營においては、研究部、児童指導部、保健部、事務部に分かれて計画、運営されておりました

中村（正已）　東京都、城東小學校ですが、在籍が四〇〇人に十五名の職員で、経済的にもめぐまれて居る學校でした。

如何にして個々を生かすかということについて、職員全体が一人一人の生徒の名前は勿論、その個性までも分つているといつた実に徹底した学校でした

教育内容については、「新教育どこ吹く風か」といつたような、堅実で、手堅い方であつた。

岸本　千葉県九十九里浜から二里程離れた名護町よりちよつと廣い田圃の中の住みよい平野岡中学校に居りました。

九十九里浜の近くで、道徳問題の対策で悩まされ、特別教育活動の分野を研究し、中でもクラブ活動の面に成果があがつておりました。

はじめてから五ヵ年間だそうですが相当地についているようでした。

施設の面は貧弱でありながら、その施設の無いという條件の中でよくクラブ活動の成果をあげているところに此の学校の特色があるように見受けましたすなわち環境の力をかり、これと一体となつてやつている。一例をあげると、工作クラブで、ＰＴＡ会員の中から、その方面の人を招いて指導にあたらせているといつたふうに、外部の人々が積極的に應援して、クラブが永続性のあるように工夫されて居りました。

又、卒業生との連絡をうまくし、高等學校の生徒がやつて來て、クラブの中に入つて一しよにやつて居ります。

文化放送にも毎月一回、行つて居ります。

圖画の教師が、女子大の講師をかねて居られる人で朝日新聞の図画展においては此の学校の作品が半分まで占めるといつた狀態です。

圖画教育の面では日本の先がけをなして居ります自然の美しさをそのまま描くというところから一歩ぬきんでて、その中にひそむよさを表現する。ちよつとわれわれには分らない繪で、まあピカソ的とでもいうところですかね、先ず色の研究、それから形といつている。子供の一人一人の個性を生かすように工夫して居りました。

富川　静岡県の盤田城山中学校に参りました。

此の学校は非常にきれいな学校で校長は元高校の教頭をなさつた方ですが、父兄からも非常に信頼された、まれに見る人格者でした。

此の学校の特色といえば、行事のためにぜつたいに授業をさかないということでしよう。一時間の授業も惜しんでみつちりやつて居りました。

次にはホームルームの世話がよくゆき届き、先生と生徒とがとても親密でした。生徒が治療を受けた時など、受持の先生が必ずあいさつに來られるという風にいたれりつくせりといつた感が致しました。

比嘉　東京都港区、此の学校は学校図書館が非常に充実していて、全國的にも有名であります。

学校経営が図書館を中心としてなされ、圖書館カリキュラムができ、専任の職員を置いている位でした。

学校の方針として子供達の生活経験を重視し、談話学習というものをやつて居りました。毎朝ホームルームの時間に子供が、前日のでき事や、新聞で見た事などを、自由に、ふだんの言葉で話し合つて居ります。

少しもはずかしがらず、かたくならないで、自然に、のびのびとやつて居ります。

私の居りました半ヵ年の間で、一ぺんもしやべらなかつたという子供は居りませんでした。一人が話すと他の子供達が次々と質問して話が発展していく先生はホンのちよつと助言を与えていくといつたふうでした。

次に夏休みの研究発表会ですが、子供達は、此の日を樂しみにして待つているようでした。

月末になると反省会を開き、三年以上の全員が参加し、自由に思うぞんぶん討議しております。へんな言葉が出ても決して笑わないで真剣にやつて居りました。

それから学級担任は、一年から六年まで持ち上がりでありますが、別に弊害は無いとの事でした。

今年は文部省指定の学校図書舘研究校になつて居ります。

奥間　東京都、非理科学習に常に力を入れた学校で職員数十七名の中七名の理科担任の教師を持ち、一時間でも授業さかないように努力して居りました。一昨年から今年にかけて、「理科学習の実験指導を効果あらしめるにはどうすればよいか」というテーマを持つて真剣に研究を續けております。

百万円の豫算をもつて居りますが、その大部分が理科の施設面にふりむけられています。一年から三年まで実験をしない学習は全然見られませんでした。

中村　杉並区高井戸小学校でした。

この学校は郊外の住宅街の学校で廣い田圃や富士の眺められるところにあつて、学校の歴史も古く、建物もずいぶん古くなつて居りました。

在籍一五〇〇の大きな学校で、校長は本県出身の沢田先生です。

先ず第一に挙ずられる特色としては、図画教育であります。毎年、独立展等に入選なさるような有名な先生が五人も居られ、非常に力を入れて居りました。

次に視聴覚教育です。学校放送とか、テープレコーダーとかいうものはないが、廊下の壁を利用して掲示教育に重点をおいてやつて居ります。

次に生徒の自主的活動であります。教師の魂と子供の魂とが結びつき、一人一人の子供を教師が充分握つております。

やゝもすると、一時に教師が高度のものを要求しがちであるが、此の学校では教師のやる面を少くしできるだけあらゆる機会をつかんで子供に多くの経験を與えるようにしております。

五、六年の交通整理は、杉並区から表彰されました。

体育班の生徒は朝のラジオ体操を指導するといつたふうに、自主的な活動が活潑に行われております

中山　それだけでも、われわれは非常な啓発を受けるのであります。

皆さんが行かれた学校は、いや、本土の教育は、落ち着いて、真剣に、極めて自主的に行われているということがよく分りました。その中でとくに感ずるのは、毎日毎日の授業時間を大事にしているということですね、すべてが子供本位に考えられ、あらゆる計画が此の点に結ばれて立てられているということです。それからしつけの面もよくやつているということですね。

大城　九十九里浜の学校で道徳教育を強調しなければならない理由は?

岸本　例の射撃場がある関係上、いわゆる基地に伴ういろいろな憂慮すべき現象に対處するためです。

◇配属校の教員の資質について

中山　失礼な見出しでありますが、私共は戦前戦後を通じ、本土の先生方の教壇実践を觀る場合、双方を比較してみるのですが、まあ、そういう立場からお話し合いをお願い致します。

岸本　まあこれは処によつても、中学校、小学校の場合によつてもいろいろ差があるとは思いますが、私の見受けた範囲では、中學校の教員は学力の面からいつて皆オーソリテイーであるということですね、教頭は師範出でなければならないという考えがあるが後は皆専門学校出で、中には東大、女子大を出た人もいるといつたふうです。ですから学科そのものについては深みを持つているが、実際指導については、いろいろ考えさせられるところもあります。

中山　学歴の面から云つて、たしかにいいということは云えるでしようね。

岸本　ところが小学校は六割が無資格者で師範出は極めて少いようです。

奥間　大学出身者の多い学校でありましたが師範を出てから、夜間部で資格を取つているということでした。

教材研究は非常に熱心で、これ無しでは全然教壇に立たないのです。ですから夕方まで頑張つております。

平良　そういう面では非常に差があるようですね

中山　ちようど話が四番目の「学校内研修の状況」というところまできましたので一しよに話して下さい。

中村(盛徳)　全部師範学校出で学藝大学出身は二割も消化しきれない現状でした。

中根　そういうふうですから、皆一生懸命です。沖縄では生活に追われてそういうことも出來なかつたのですけれども……

中村(正巳)　水曜日は午前中で授業を打ち切り午後は、職務会や研修会に当てているようでした。

屋良　私の居つたところでも水曜日は研修日になつており、隔週毎に教科とレクリエーションと交互に行つておりました。

PTAで事務職員を雇い、先生方を事務から解放

してやり、更に八〇〇円の研究費を出し、圖書を買つてくれております。

當銘　土曜日も午前中の授業であり、更に研修のために時間を取るとなつてくると授業時数はさしつかえありませんか。

屋良　全然不足しませんね、何しろ色々な行事のため授業を休むということはありませんからね。

平良　指導要領の最低時間数はどうしても確保しようとしていますね。

大城　校内研究の場合、学習時間がつぶれるということはありませんでしたか。

平良　私の居つた学校はありませんでした。

　子供が教師なしでも授業が進められるようになつていますからね。週プランが子供達にもよくわかつているので自分達で学習が進めていけるのです。

比嘉　教科書の採用についてですが、学校できめられた國語の教科書は日本書籍株式会社のものですが唯一クラスだけよそのものを使つて居りましたが、それにはつきりした理由を持つているようでした。

中村（盛徳）　單元学習が非常によく出來ているので教科書の採択は学級担任にまかせていました。

◇子供の状況について

中山　子供の自主的活動とか、学力とか、或はものゝ觀方、考え方等についてその現状について

岸本　最初に足を踏み入れた時に感じた事は子供達が非常に明るいという点でした。それだけからしても如何に自主的に学校生活を營んでいるかゞ伺われました。

　帰えつて來て自分の子供達を見た時、がつかりしました。全くお話しになりません。向うの子供達が如何に積極的に動いているかゞその顔に現われているのです。

中山　沖縄の子供も戰前に比べて大分明るくなつたように思いますがそれよりもなお明るいということになりますかね

比嘉　学級に級長というものがいない。談話学習の形で誰でも指名されないで発表し合つている。かち合つた場合氣持よくゆずり合う場面等実になごやかな風景です。そのような時先生が一言助言しております。

　学習を進めている中にぶつかる問題や、困難に対しても、これなら〇〇さんに教わろう、あれならば〇〇君だというふうに、それぞれの部面で特意の子を中心にして学習を進めておりました。

中山　過去の教育では先生と子供の間の交渉はあつたが子供と子供との間で学習し合うというところがなかつたのですが、あちらではその芽生えが出來たというところですね。こういうところがわれわれの子供達の欠陥だと思います。

比嘉　子供同志が長所も欠点も認めて、その場で注意し合うというふうに出來ているのです。

大城　社会性の養成とつながる問題でそれには特別教育活動による指導が大事だと思いますね

平良　毎日反省と計画の時間を持つていて、このような機会で、とてもよく訓練されているのです。先生がいなければ授業が進まないということは絶対にないのです。

　その日の学習の計画に従つてめいめいで学習を進め出來上つた子供は出來たい子供の指導にまわつているといつたふうです。

中山　子供一人一人が自分の計画というものをはつきり握り、自発的に活動し、將來に対する目標を持つてかゝつているということですね

岸本　図書館の図書利用についても、使用後はちゃんときまつたところに返し、本がなくなつたという話を聞かないのです。子供の生活態度ができていますね。

中山　皆さんのお話によつて、子供達の道徳的な社会的な訓練がよく出來ていることがわかりますが、何か特別な機会をつくつてやつているのですか、それともふだんにしつけられているのですか。

岸本　特別教育活動の分野の子供会等で討議させ、それによつて学校の雰囲氣をつくつているのです。

山内　どの学校でしたかね、云いそこないがあつても笑わないということでしたが。

比嘉　私の居りました学校です。

山内　子供同志、欠点を指摘し合う場合、礼儀等ということはどのような関係になりますかね。

比嘉　月末の反省会の時によくやつて居りますが、ピントのはずれた時には議長がうまくとりなしています。

中根　できる子、できない子の間に差別をつけないという点は感心しました。

　それから積極的に活動するという面についてはわれわれの子供はまだまだ及びませんね

中山　できる子、できない子という觀念が学級内に生ずるのは差別觀から生れて來るもので、点数と人間的價値とを一しよにした舊い考え方があるからですね。此の差別觀念を無くしようと戰前も大分努力して來たものです。授業の場合にでもこれをなくしよ

うとしたがそれでは不充分である〟これが特別教育活動をとおして可能となつて來るのですね、親しい中にもお互の欠点を注意し合うという雰囲氣をつくることですね

大城　子供が他人の欠点や、失敗を笑うということは一面考えてみると先生が笑うように手助けしているのではなかろうかと思いますね、その場合の先生の処理の仕方が〃笑いなさい〃というふうになつているのではなかろうか

比嘉　遠足の時、特別な境遇の人の立場も考えて、当日の服装や持物等の約束を前日で相談し合い更にいけない人の立場も充分考えてやつています。父兄のつきそいもやめることにし、その理由をＰＴＡを通じて充分理解させております。

大城　学級経営の場合テスト等によつて競争させてやつているということはありませんか。

比嘉　テストはよくやつていますが、あまい成績を氣にしないようです。

　週二、三回朝のテストを登校しだい自分でやるようにしておりますが、採点してそのまゝおいておく、そしてその結果について互に見せ合つたり反省したりしていますね。

中山　子供のものゝ觀方ということになりますが、作文等を通じて、あるいは生徒会等の意見を通して子供達の時事問題についての考え方はどうあらわれているか、そういつた点についで何か感ずる点はありませんか。

中根　最近のニュースを一ヶ年間のゝを集めてありましたが、時事問題との関連ということを考えていると思いました。

比嘉　社会科のグループ研究等でレポートを一册の本にしてありました。

中村（正已）　大きな世界地圖に、ニュースと場所との関係をテープで示してありました。

中山　沖縄の子供達の心の中には平和への関心とか、殺人、強盗等の道徳的方面や交通事故等による人命の損耗等に対する関心などが高まつているようです

　或は日本本土の友達と交通によつて、自分達を認めて貰うとか、親しくしていこうという事が一般的に行われる様になつて來た。戦前に見られなかつた友愛によつて結ばれた関係があらわれて來ている。

　改造、中央公論等をよんでみますと基地の子供とか、大人に対する考え方とか、かなりはつきりした考え方が出ているようですが、

岸本　中学二年女子の場合ですが、映画に対する批評を通して子供達の時代感覚の鋭さに感心した。社会科学習のおかげかも知れませんが、新聞に廣く目を通し廣い立場から物を眺め社会的な批判が相当できていますね。それが作文を通してよく分るのです。

　映画「ひめゆりの塔」を觀た後、作文を書かせたらしいが、我々のところへ盛んに問い合わせが來たものです。

中根　その點では學力低下ではないですね。

　京都の場合でしたが「吉田首相批判」や「ＭＳＡ批判」等と銘うつて辯論大会をやつていましたが、その堂々たる態度にびつくりした訳ですが、何か父兄が手を入れすぎたのでないかと思われる程でした。

　今問題になつている映画「廣島」についてですが、高校の生徒がそれを見て演説会を開き「人間のつくつた原爆の結果がどうなつているかを知らねばならぬ、世界の科学者の責任は、又國家の責任は」と叫んで居りました。

山内　辯論大会は子供達の自発的なものですかあらかじめ準備されたものですか

中根　先生の手は入つていないですね。

審査員には先生と生徒とが當つている。何かの雑誌から借りてきたのでない程深みのある辯論をしておりますね

平良　大人から疑問の出る程考え方が進んでいますね

中山　われわれ舊い教師や大人達は今まで子供に対してとんでもないまちがつた觀方をしていたのではないかと思いますね、あるいは子供のその考え方は本物かも知れない。例えば大道小学校の作文を見て感ずることですが、子供のまなこや表現技術が非常に進歩しているのです。

岸本　討議のはなやかな時代は中学三年生頃で、共産党の人の話と全く同じようなことをしやべつているのを見たことがありますが、父兄からもとやかく云われた問題になつた〟その子は高校に進学せずとうとう共産黨に入黨したが、最近改心したようです。

　とにかく中学三年生頃から思想的方面に深く立ち入つて來る傾向にあるのです。

　生徒会の会長になつたものは、会社でも採用しないといつたような傾向があるのです。理屈ぽくてあつかいにくいということらしいですね、

富川　優秀な子を放課後残して善導しているのを見たことがあります。

中村（正已）　五年生頃から政治記事を相当読んでいますね、新聞を取つていない家庭は、もつとも多い学級でたつた二家庭、ラジオもその通りでした。今

の子供達は時事問題について相当関心を持つているようです。
比嘉　教室の後に大きな黒板をかけ、自由に時事問題を取り上げるようにしてありました。
平良　いわゆる読、書、算の学力はどうかわからないが、人間として社会人としての方面はたしかに進んでいるといえますね

◇男女共学について

中山　今更とも思いますが今後何かと参考になると思いますのでお伺い致します。
現行法には男女共学について規定してありますが、これにどの程度の強制力を持たせるか、ということが問題になつてくるのであります。このような状況にある時これについての本土に於ける考え方や、実施状況をお聞きしたいのです。
屋良　福岡の場合でありますが別にどうということもなしにやつているようですが、多少の反対論もあるようです。
岸本　静岡では高校から男女別に分けたいとの動きがあるようですが
權威のある学者によつて男女別制がよいとの意見が出され今問題になつているようです。
友寄　自然に男の集る学校と女の集る学校に別れてくるようですね
大庭　学校の経營や施設面によることはありませんか
宮里　そういうことでなしに男の集る学校に行く女、女の集る学校に行く男、は何かしらひけ目を感ずるので、自然に男の学校、女の学校というふうに別れて來るのですね。
岸本　元中学校、元女学校という傳統にとらわれて自然に元の学校に夫々分れていくということもあるようですね。
中山　小、中学校の方では問題はないが高校では親の立場として心配だといつているが、男女共学を了えて來た生徒は共学が良いとの意見が多いようです。
富川　南高等学校は男女共学で北は男だけの学校でしたが南の方が成績はよいとの事でした。
大城　男女共学に対する疑問の出るのは、父兄や教師等大人が子供の立場を知らないところからおきてくる心配ではなかろうか。
中山　男女共学の問題は、日本教育の革命だと思うが、これはかんたんには完全に解決されない色々な問題をもつている。
世の中は進んでいくのであるから、われわれも、唯心配したり、不安がつたりするのでなく、深く研究していかなければいけないと思います。
大城　今までと變つていることは、何でも大變だという考え方があるようですね
中山　男女に能力差があるということはどんなものでしようか。若し差があるということであれば、それは環境とか慣習の傳統から來るものではなかろうかこれと関連して女教師の活動とか地位について本土ではどんな狀況ですか
富川　〃女は女なりに〃という考え方がありますね。
中学校の方でしたが、女の先生が今年からはじめて三年の担任になつたのです。まだまだ封建的な考え方があるようですね。
中山　学年主任とか学科主任とか、そういつたものも担当するようになりましたか。
中村（盛徳）　男女同じ、差はつけていません。そういう地位をあてがわれてもうまくさばいていますね
平良　若い女の先生でも主任をしているようでした。
中村（正巳）　沖縄では待遇に男女差をつけているが本土では、卒業年度と勤務年数が同じであれば差をつけていないのです。
岸本　学校の事務分掌も女だからといつて区別しない職員間の交わりが家庭で女はお茶を出してくれる。そのかわり労働的な仕事は男が引き受けるというふうに実に雰囲氣がいいですね。
中村（正巳）　男女の特質と能力をお互によく理解し合つているようです。
中山　沖縄でもこの面は非常に進歩してきたと思いますね、研究会でも女の先生が上手に司会しているのをよく見かけます。
岸本　関東ブロックの研究会に出席しましたが、女教師の堂々たる意見にびつくりしました。
宮里　二十四人中七人の女教師でしたが主任も事務分掌も差別なくやつて居りました。
山内　沖縄の現狀として男女平等の理論の上から待遇も男女平等でなければならないという点について皆さんはどう考えますか、
一同　さんせいです
山内　学校経營者となつた時でも、そう考えますか。
屋良　産休の場合、十二週間も與え、そのかわり補助教諭をおいて、差しつかえないようにしています。そういう制度面を考えなければいけないと思います現狀のまゝでは問題ですね
中根　沖縄の場合、授業時数が多い上に、事務が多く欠勤のある学級に補欠授業に行くのはとても無理です。

## 二、今後の沖縄教育に望む点

中山　今までのお話と関連させながら今後の沖縄の教育に望む点をお伺いしたいと思います。

中根　俸給を上げるという話がありますが、八〇〇円上げるのを五〇〇円に引き下げてでも定員をふやすことだと思います。人をふやして負担を軽くして能率を上げるようにしないと沖縄の教育は振興できないと思います。

屋良　病氣の時や老後の保障がありますので皆が一生懸命にやつています。

山内　教員の生活と民間の生活との比較はどうですか

屋良　官庁よりは二パーセント教員がよいようです。民間会社等と比べると、民間会社が一四〇〇〇円、教員が一二八二〇円で少し下りますがＰＴＡ等からのいろいろの援助があるために実質的には大差はないようです。

中山　屋良さん、あなたのおられた学校は、三〇〇〇人もの在籍を持つ大きな学校のようですが、そういつた大きな学校の経営について何か特別な方法でもとつているのですか。

屋良　委員制度をとり学校全体の運営をこれによつてやつていつています。

中山　みなさんのお話の中で、授業時間を絶対にさかないとの事でしたがそれと学校行事の持ち方との関係はどんなものでしようか。

屋良　例を運動会にとりますと、全体的に訓練するということはやりませんね、唯いくらか体操の時間をふやして、その時間だけで間に合わし、ほんの二、三日位練習みたようなことをやつております。沖縄みたようなこつたものはやりませんね。

中山　運動会に対する考え方や、会の持ち方については考えなければなりませんね

比嘉　私もそれを強く感じました。子供達が思うぞんぶんのびのびと樂しげにやつているところを見て非常にうらやましく思いました。歌を歌うにも各学級の先生方が思い思いに拍子をとりながら樂しくやつています。

　運動会の前一週間頃から練習を始めますが教師が教えるのは骨組みだけであとは生徒にまかせています。

　時別な見せ物的なところがなく、肩のこらない樂しい氣分でやつております。

中根　へいぜい体操の時間にやつておけば、そんなに時間をとらなくてもできると思いますね。

　お祭り騒ぎになるのが沖縄の運動会でこれは考えねばならぬと思います。

平良　型にはめていくということは考えないですね

岸本　平ぜい非常によくやつているということになりますかね

富川　競技でも勝敗にとらわれずスポーツそのものを楽しむという氣風が強いようです。

中根　保健教育は非常に徹底しており、完全にレントゲンがあてられ、毎月寄生虫の検査を行い駆虫剤の服用や健康診断が実施されています。とにかく子供を大切にすることといつたらとても及びません。沖縄でもＰＴＡと連絡すればこのようなことが出來ると思いますがね

山内　久米島の大岳校では三ヶ年間、海人草やせんだんで蛔虫駆除をやつておりますが、その結果非常に保有率が下がつているようです。実費負担でもよいから是非実施したいものです。

中村（正己）　先程子供を大事にするというお話がありましたが、全くですね

　遠足をするにも一週間前に行先地の実地調査にいく。道順、晝食の場所、雨が降つたらどうするというふうにちやんと計画してプリントにする。当日も校長が教務主任か誰か一人は必ずついて行くといつたぐあいです。

中根　奈良では校外教授と云つていたが、学年別に毎月一回やつていました。

中村（正己）　それも指導案を立てゝ、許可を受けてから行くようになつています。

中山　運動会の練習の時、骨組みだけ立てゝあとは生徒自身にやらせるという話でしたが、ぜひ沖縄でもやりたいものですね。

比嘉　学校舞踊も基本的なものだけ指導しておいて、後は生徒に自由に創作させるのがよいと云つておりました。

大城　沖縄では学藝会等で生徒がやつたかの如く生徒があいさつしているのが内容は教師によつて教えられたものが多いのであつて本当の子供のものになつていないのじやないですかね

中山　今一つお伺いしたいのですが、募金運動えの協力についてはどうですか

中根　街頭に出かけるのは大学生位のものでした。

奥間　東京都内では一日で済んでしまうのです。

中根　こちらでは学校側が利用され過ぎますね

奥間　むしろ各種團体が学校側に協力している場合が多いですね

聴視覚教育についても放送局が全面的に子供のた

めに協力してくれているのです。

三、研究教員の在り方について

中山　最後に研究教員制度のあり方について政府に対する要望等も一しょにお話し下さい。

屋良　六ヶ月の期間を一ヶ月の期間に短縮してでもより多く行かせた方がよいと思います。本当に深く研究するということであれば一、二ヶ年はかけなければできるものではない。この場合には学藝大学の附属校に配置してもらうことだと思います。

中村（盛徳）　一ヶ年ならば本物を持ち帰えつて來れると思いますがね

平良　配置された学校で徹底的に研究するいき方と、その学校を根城にして廣く諸処の学校の実際を觀てくるのとどちらがよいかということが考えられますが………

　ほんとうに深く掘り下げるという意味でならばどうしても一ヶ年でなければならないが、今のところむしろ一人でも多く行つて向うの雰囲氣を持ち帰えることが沖縄の教育を推進する上にためになるのではないかと思います。

宮里　それから各自の研究テーマですが、こちらで実際にそのテーマを持つて研究していたかどうかという点を問題にする必要がありますね

中村（正己）　沖縄を語る、という面からも派遣教員の質は考える必要がありますね

平良　それからこれは、今回だけに限つたことではないと思いますが、こんな事がよく向うの人から聞かされます。

「沖縄の研究教員は滞在中は非常によくやつてくれて実に優秀であるが、帰つた後がいけない。何の便りもなく鉄砲弾みたいで無事に着いだのか、その後どうしているのかさつぱりわからない。」とあまり評ばんがよくないようです。大いに反省しなければならないと思います。

中山　これはどうも沖縄の人の一般的な欠点だと思いますね、今後皆自己反省をして、こういうことがないように努力しようではありませんか。

　では時間も大分たちましたのでこのへんで………

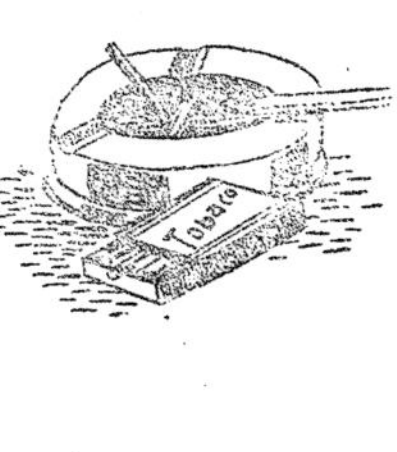

# 赤いペンと教師

北谷中校教諭　金城文子

## 赤いペンの價値

青いインク用の万年筆の使命を果し終え、やや廃物に近い古物を捨てるにしのびなく、赤インク用に廻したこれまでのしきたりが十幾年も續いた。特に戦後は、何でも間に合せ式の生活がたたつて、赤鉛筆程度にまでなり下つてきたのであるが、どうもこれでは教師としての責務を果して行くには非能率的であり、あまりにも貧弱さといおうか、自覺が足りないとでも言いたい此の頃である。特に作文教師となつてから赤ペンの担う役割というのを切実な思いで考えて見た。

四月以來求めようと思つていた赤インク用の万年筆を十一月になつて買う事が出來た。いつも同僚のために思いやりを寄せてくれる仲本教諭が一括購入の労を取つて貰つたので市價より遥かに安價で、良質のが得られたのだ。

隣席の女教師が、「こんな上等なのを赤インク用には物体ないですよ、一番安い五十円のでいいじやありませんか。」と注意していたけれど私の最も氣に入つた良質品を求めたのであつたが。

　さてこれから此のペンの持つ使命に就いて熟考し度い。遠い吾等の祖先から傳えられた「道具まさい。」と言う言葉がある。有形の道具に自己の実力のなさを責任轉嫁しようと云う意味ではないが、兎も角、一先づ教師として持つべき必要

品を揃えて置いたわけである。

ぽきぽき折れる赤鉛筆を持つていた頃の私は、生徒の作文補正に骨が折れた。昨今生徒日誌を読むこと、作文補正する事が一つの喜びに置き換えられた。

赤いペン握る教師

少くともわが生い立ちに逆のぼつて追憶の糸をたどつて行くと、どれ程魅力ある赤い文字であるかがわかつてくる。以前はよく添削という言葉を使つていたが、近頃あまり耳にしなくなつた。新教育の線にそうかそわぬか知る処でもないが私は私なり、補正と称している。

過去に私を導いて下さつた温い恩師から受けた赤い点点や、赤い丸丸　最後の余白に、はつきりした方向ずけと力強さを示し励まして下さつた批評の跡が今でも頭の中に残つている。恩師　現中農に教鞭を取つて居られる兼久先生、前原教育長の仲里嘉英先生の赤いペンで如何に書く喜びと勇氣を奮い起された事であつたろうか。小学校時代の先生と言えば兩先生の偉大なる足跡をしのんで敬慕の情切なるものがある。

教師となる身の今日、幾らかなりとも恵まれた環境に育つた心を二百名の教え子に移して行こうと努力するのである。

兒童の綴る芽生え

綴方に対する兒童の心理的発達段階に就いてはすでに權威ある学者の発表する処である。凡人の私見を述べれば、低学年に於ける指導の適正か否かで新芽を伸ばすか摘み取るかの岐路に立つ事である。

小学校三年の頃國頭辺戸の山奥に育つた私は、或日「西銘岳に遠足に行つたこと。」を書かせられた。型通り三行か四行の文で終つていた。それを見かねた父が自分で筆を取つて模範文を示してくれた。綴方とはこんなに書けば面白いものだと少し興味が出て來たが、急に上手になれる筈がなかつた。けれども一度も拙い文章の事で父から叱斥を受けた覺えはなく、赤い字で注意して貰つていた。四年生になつた冬、父は忽然と此の世を去つたが、西銘へ行く奥山の炭焼き小屋に嬉々として遊ぶ三名の子供達の生活狀態から、私の文を愛する心が展開されて行つた事は女學校の上級生になつた時はじめて氣づいたのであつた。

教師として生きる喜びの中にあつて、私は常に幼い頃の生活環境に力づけられて、良き師をいただいた事に此の上ない感謝の念を抱くのである。

元女子師範學校國語科主任、安藤佳翠先生、（戰前那覇市歌作詩者、鹿兒島県出身）の上級生三ヶ年半（一高女三、四年二部二年九月まで）一貫した作文教育方針で指導された事によつて、此の道への味を知るようになつた。先生は赤ペンでなく赤い毛筆でいとも鄭重に御批評下さつた。それが若い生命を躍動させる内容のものであつた。特に「九州路を旅して。」と題する紀行文に対する批評が原稿用紙一頁にわたる長文の励ましであつた。書く事はこんなにも樂しい事だと幸福で一杯であつた。

教師の実力と指導性

実力ある教師と絶えざる努力を続ける教師、これは何れの教科にも共通するものである。特に作文教師として望ましい豊富なる修練と、経驗を経て居なければならぬ。語彙に対する指導性に就いて申せば、

「明け方」に例を挙げると、黎明、あかとき、曉、夜明、曙

「夕暮」に就いては、夕方、彼はたれ時、黄昏、日暮、入相、と実に多種多様の語である。教師は兒童の未知のものを知らせる事によつて、自発的学習環境の設定へと温情で導いていかねばならぬ。

誤字があつても鈍い感覺で處理出來ない教師、文法上の誤謬にいたつては尙更の事、語法に就いての研究を十分なすべきである。

或る青年教師の取扱つた結果を見せて貰つた際、兒童の夏の季節に関する題材の中に、夏に春のかすみが飛び出してくるが如きもの其の一例である。同質のものでも季節によつて名前が違う和文の複雑さを知らねばならぬ。

（霞、靄、霧、）

内容について

題目の決定に就いてはあくまで自由であつてよいと思う。廣範囲から取材して、しかも日常生活の中から取り出したものであれば、殊によいと考える。

文題によつて書き出しは一定さるべきものでないが、何れにせよ、勇氣を奮つてとつくむ場面から出発すべきだ。

一旦題目が設定されたら、文の構想を十分錬磨する事である。個性に應じた豊かな内容を網羅してよいと思う。但し文の中心いわゆる焦點を外れては困る。文脈の中に如何なる流れを持つべきか熟慮を要す。

文の流れに就いて具体例を挙げると次のようなもの

嵐の夜、晝間の暴風対策と極度の不安で身体並に精神的疲労を受けた兒童が夜分にぐつすり寝入つた。其の後にガタン、ガタン、横なぐりの雨と風がやつてきたというが如きもの。生理的発達段階から考えても此の年齢（十三才）の子供が一度寝に就けば、しかも疲れきつての後であつて見れば雨の音など氣付く筈がない。（神経質の如き特殊兒は例外である。）

あれからこれへと時の推移に対する表現力の粗雑さと、基礎的記述力の不足からくるのでなかろうか。若しそうだとすれば教師のほどこすべき處置は奈辺にありや。

これまで取扱つた文例の中にはこのようなのが限りなくある。

「夜明け。」と題するもの内容に何時の間にか太陽がさんと輝いていたのでは夜明けでなく明るい朝になつている。それぞれの立場から自分の生活を鋭く見つめ、それを行動的ならしめ、更に高めてゆこうという建設的意欲と、生活の喜びを実証する真実教育であり度い。

結び

文題にかんがみて十分なる余情を持たせる事。書き出しと共に此の點に深い検討を加えなくては内容がすつかり破壊される場合がある。

作文教師よ、牙城にたてこもる勿れ、

廣く知識と見聞を良書と同僚より學ぶべし。ひとりよがりは後退の第一歩だと肝に銘ずることだ。

推敲に就いて経驗の一例を擧げて見たい。兒童の作品に接する機会が多ければ多い程、諸點の間違いがぴんとくる教師でなければならぬ。いわゆる感受性の敏感さである。

それには教師があまり疲れぬ事だと思う。

昨年の八月頃だつたか、沖縄の子の寄稿をさせて間もなく祖國の子等との文通を開始させたので全生徒作品に一通り目を通した。次次と頼まれた方面への投稿に取りかかつたのであつたが、教師自身が随分疲れ切つていたのに氣づいた。「倒れる。」の文字を「傚れる。」と書いたのに対して常なら、はつと氣づく筈の些細事が、何處となく間違つているようだが正しい文字が急に思い浮かばなかつた。一分、二分と、長時間後にようやく分つた。こうなれば特に女教師の身が公務と家事に多忙をきわめる生活の複雑さの中にあつて、教師としての責務遂行のために極度の肉体的疲労にとりつかれぬよう心すべきだと反省させられた。

合理性ある生活設計の中に於ても、バスの中の閑暇を見出してでも、「現代かなづかい。」程度の小册子位は常に手にしていたいものである。自分の受持つ全生徒の明日とは云わず、今日よりの生活に明朗さを自覺させ得る教師が真教育（新教育でなしの）の道に正しく生きる教師である。

現代の作文教育に寄せて

事務用テーブルの引出しの中にどうしても手紙文として投函しかねるのが三通入れてある。読みにくい文の中を辿り読みして行くと、「返事を待つ。」氣持が読み取られる。教師としてこれ程悲しい事実が他にあろうか。

願わくば学級全生徒誰もが喜んで書ける作文教育であり度い。これが中学を間近に卒業せんとする二、三名の生徒である。

対外的に恥をさらけ出させ度くないのが教師心というものか。残る二ヶ月余、悔なき教師としての努力を拂つて行こう。

葉書文、手紙文、電報、ここらあたりまで学ばせる事によつて、中学最上級生作文担任としての責任の一つが果せるのかと、自己の足りなさに鞭打つと同時に心の慰安のよりどころを求めている。

沖縄タイムス社主催の作文コンクールは、吾等教師や兒童生徒にとつてまさに旱天に慈雨であつた。社の催しによつて、綴方教育がはつきり方向づけられたからだ。單なる投稿歓迎式のものでなしに、あくまで良心的態度で啓発していただいた。それを立証するのに締切九月三十日以前に、数回にわたり教育指針を報道して下さつた。六月九日、社説後半（前半図画教育）を切り抜いて持つているが、「現代琉球作文教育指針。」とでも名づけたい尊い資料である。

学校差をつけて自惚と卑屈をいだかせるコンクールでなくて、私自身の指導反省への有難い機会であつたと、いま尙勇氣百倍するので當社に感謝する一人である。

本土読賣新聞社主催、つづり方コンクール審査会では、

「小学校にくらべて中学（昔の美文調）、高校の作品がつまらない。これは生活の素朴な表現が失われていくのがいいような常識ができているのではないか。素朴な生活表現を高学年でも重視しなければならないのではないか。」

と、詩人百田宗治氏は感想を述べている。

沖縄タイムス社、作文コンクール入賞作品中学の部で一年作（真和志中校）「兄」というのが此の狙いに合致する優秀作品と私は考える。しかもあの生徒の指導者が中年を越されたであろうとお見受した立派な女教師であつた事が、賞品授與式場でわかつたので殊更に頭の下る思いで胸に迫るものがあつた。

祖國に於ける作文教育も余程高度の水準に上りつつある時、吾等沖縄の教育者が安閑として居る時ではない。己が腕に握る赤いペンの運びによつて幾らでも開拓すべき希望の余地があるのではなかろうか。

同好の友よ、世紀を飾る新沖縄の教育界に栄ある教育史の一頁を残そうではありませんか。

過去、現在、未來へと連鎖をなしている生ある人間育成の道に精根の限りを盡して。

# 私のあゆむ作文教育

大道小學校教諭　赤嶺康子

私は今学習活動の場に於いて、直接又は間接に経驗しはぐくんで來た小さな体験をもとにして、作文教育の計画を立て、そしてその教育の道を一歩、一歩と足をふまえながら進んで行く。

新教育は綴方を書くこと「作文」と改称して、國語科のわく内に位置づけてしまつた。そして書くことそれ自体が学習生活の場を生かす作文教育の目標なのである。作文の能力を伸ばし生活指導をなすことは國語科のわく内に於いてのみなされるものでしようか。

私は担任学級六年七組五十人の子供と、理論から実踐へ、実踐から理論へと…疑い、なやみ、苦しみながら作文教育と取つ組んだ。夜は我が子と机をならべて作文に関する新書を次から次へと読み、そして学んだ。

私に作文教育の位置とあゆみを示してくれたのは倉沢栄吉先生著「作文教育の大系」であつた。この本を何回も繰り返して読むことによつて自分の視野を廣くする事が出來、つたない体験をもとにして小学校六学年のカリキュラムを試案して見たが、はたして案の通り実踐出來るものでしようか。

真劍に子供のひとりびとりと取つ組んだ半年あまり、……しかし作文の領域によつて計画的に指導したのが効を奏したのか短い月日に於いて子供達はすくすくと伸びてくれた。

㈠　日記指導、

先づ四月十八日を期して一齊に生活日記の指導に入つた。

△一日の生活の中から特に感じたこと、おこなつたことを取り挙げて書く。

△多くの事柄をよくまとめて簡潔に書くこと。

△個性のあらわれた自由な表現で書く。

△日記を書く目的を早くしらしめ、毎日つづける習慣を養う。

日記記述の要点を示して子供達の生活指導をした。日記は子どもの生活の縮図である。子供の社会（学校生活、家庭生活）をありのままに書き、ありのままに感じ、ありのままに訴えている赤裸々の姿なのである。

初めの中は「朝おきて顔を洗つて学校に來て勉強して帰りました。」式であつた。

例、一九五三年四月十九日、（日）雨

「僕は朝おきて顔をあらいました。そして僕はごはんをたべて學校に來ました学校で勉強をしたりあそんだりして僕は帰りました。」

この反省日記は味のない抽象的な書き方で大部分の子供がこういつた行き方で

あつた。そこで模範日記文の鑑賞や一日一日の日記に評を書く時間を省いて一週間の中の一日をとつて批評をあたえたり、時には日記を返す時、ひとりひとりの子と話し合つて指導し、その結果、「朝おきて顔をあらつて……」式はなくなり子供自身も二ヶ月後にはよろこんで書く子が多くなつて來た。

七月三十一日（金）　くもり

朝おきてみたらもう太陽は顔を出しかけている。親子ラヂオからは朝のメロデーがしずかに流れてくる。遠くの山々も、あの青青とした雑草も、だまつて静かな音樂に耳をかたむけているようです。さまざまの歌の中で私が一番すきなのは「赤とんぼ」です

夕やけこやけの　赤とんぼ

おわれて見たのは　いつの日か、

この静かな曲をきいている中に私も真赤な夕やけの下ですきなその歌をうたつているような氣がした。じつときいていると私の目の前を黄色いとんぼが「なにを考えているの」となにかいいたそうにまきの先にきてとまつた。曲は終つた。妹がまきの先をうごがしたのでとんぼは大空に向つてとんでいつた。」

この子の日記文は毎日が感想文であり記録文であり歌であり、詩である。

八月五日　（水）　雨

水玉といつしよに光るほたるかな、

夏山の畑が見える窓あけて、

あさきりにあたりの景色しずまりて、

十一月十日

今日は何んて寒いのだろう。朝から風がびゆうびゆうふきまくつている。今日は学校團体で世紀の祭典という映画を見学した。オリンピック！もう私達のゆめは遠くオリンピック、ヘルシンキへとんでいる。一九五二年七月十九日から八月三日まで第十五回オリンピック大会はヘルシンキで行われました。日本の人々のまちにまつたオリンピック参加がいよいよ実現されてその喜びはどんなだつた事でしよう。スタンドは沢山の見物人で一つぱいです。白人、黒人、黄色人何の区別もなく皆一心に競技場をみつめています。私はこの映画を見た時、世界の國の人々が運動をする時のあの平和の氣持で手をとり合つていくことが出來たら……と強くつよく思いました。私は映画舘を出ながら何度も平和、平和とさけんだ。

---

日記を通して子供達がどんな生活をし、どんな物の見方、考え方をしているのかが、わかり、ひとりひとりの子供にぶつかることによつて何を指導し、如何に解決していつたらよいか、或は褒め、或は励まし、或は注意を與えることによつて子供達の核心にふれる事が出來た。又日記は他教科の学習の効果をあげてくれた。日記を書きながら子供達は作文の領域にまたがり、各機能にふれた作文学習が自然に養成された。それらは生活指導によつて培われた個性の躍動した生命のある生活文であり、報告文であり、傳達文であり、記録文であり、感想文である。そして日記は私にあらゆる問題を投げかけてくれた。

○子供の生活の実態を知ることが出來た。

○家庭環境の問題について解決する糸口を発見することが出來た。

○家庭訪問では形にあらわれた家庭の姿しか見ることが出來なかつたが、日記は鋭い雰囲氣や親の教育に対する関心まで知ることが出來た。

㈡　作文指導実際の目標

○一つ一つはつきりした文でかく。

○誰にでもわかりやすくくわしく書く。

○自分の感想を出來るだけまとめて表現する。

○文の形は正しく良い文を書く。

○次次と回想して再生していく力を與える。

先づ國語の單元と相関連して作文の單元をつくり、その中の作文学習として書式、通信、傳達、記録、感想、創作と基本的領域を頭においてこれらをどの程度どこで学習させるかを考えて作文學習指導の計画を立ててみた。

1　書式の指導

書くことの生活の中には或形式にしたがわなければならない約束が一番多い。手紙には一定の書式があり、電報などは約束の一ばん多いものである。すべての作文がかならず書式指導の材料となるがその中で、

△記号……、。「　」　文字のデザイン。

特に、。「　」段落、題目、氏名の記入は常識的な作文の約束で小学校では中学年までに是非徹底的指導の必要がある。然し実際からいうとこの作文の約束は案外軽視されていて、小学校の最上級生ですらこの約束にしたがつて記述出來る子

供は、よほどその担任の先生が作文に関心をもつて指導されているのだと断言してよいと思う。

先づ作文指導の実際として六年生に共同推こう相互評價の場が展開される場合にこの　、「　」、段落の作文の約束訂正の時間を多く費して文の構成の場の時間が常に不足勝で時間をもう一時間延長して指導のやむなきに至る場合が多い。こんな時にこの子供達が中学年までに此の作文の約束が充分に指導されているのなら上級生で何んの苦もなく一時間以内に文の構成鑑賞まで漕ぎつけることが出來るものなのに……下級生時代の借金まで支拂いつつの指導では学習の効果は半減され、時間も不足がちになつてしまう。

去つた年の十一月二十五日校内作文研究授業に於いて、放送局見学による報告文を共同推こうさせる実際指導を取扱つた時の反省においても、本時の目標は研究文の共同推こうを行い、文の構成のあり方の理解であつたが、作文の約束が不充分でそれを訂正記号によつて子供達が活躍する場に多くの時間を費しあまりにも形式に流れ過ぎた。そして肝心の文の構成が充分に展開されぬ中に時間が來てしまい抽象的な内容取扱になつてしまつて、冷汗をかかせられた事を思い出す。

△記名……署名、名札、サイン、

署名の大小の加減、配字の加減、答案やノートに署名する時のちがい、自分の持ち物の署名、手紙に書く時、諸届に書く時、……自分の氏名を個性に合う美しい字で書く指導など、低学年から体系的に指導すべきである。又自分の生年月日、姓名、学校名、住所は低學年から漢字で指導したい。

2通信、通達の指導、

最初日記によつて身近な生活の傳達から入る。自分の感想や批判を通信機能の形で書せたり、遠足や運動会の反省や感想をのべさせたり、又自分の見聞したことと体験したことを相手にわかりやすく書いて知らせる通信文の指導に入る。日本本土の子供達とのお手紙の交換、暑中見舞の書き方、年賀状の書き方など時期と調子と合わせて指導する。そして報告文とか報知文へと進めていく。ボタン工場見学、放送局見学、氣象台見学による報告文こそ、通達の機能を充分に表現している。報告文の内容は忠実な根拠のあるものであり、よく調べ、よくまとめる事が大切である。又正しい報告文は又そのまま正しい記録文である。

去つた年の十一月二十五日行つた作文研究授業の報告文指導の実際例、

一、題材　放送局見学

二、題材設定の理由

社会科の單元「新聞とラジオ」によつてラジオに対する豫備知識は習得されている。

最近ラジオ、親子ラジオの普及率がよく子供達の生活経験の中にあるので、子供たちはラジオに対する興味と関心を持つている。

社会科と関連して放送局を見学する事によつて、見学の態度を養い、ラジオに対する興味と関心と経験をもとにしてメモの指導、見学報告文を書かせる。

この研究文は学級の作文能力中程度の子どもの作文であり、最近とみに向上して來たものである。共同推こうによつて今までに多くの兒童が向上したようにこの子もそのレベルまで引きあげたい。

三、目標

(1)　メモの書き方の研究をさせる。

(2)　放送局の見学（社会科との関連）

(3)　グループ別にメモの研究発表させる。

(4)　見学学習したことを念頭において報告文をかゝせる。

(5)　資料文の共同推こう

(6)　各自の作文について自己評價させる。

四、指導計画

(1)　時間配当

第一時限、グループ別にメモの研究発表させる。

第二時限、見学学習したことを念頭において報告文を書かせる。（家庭学習）

第三時限、資料文の共同推こう（本時）

第四時限、各自の作文について自己推こう自己評價させる。（家庭学習）

五、本時の目標

(1)　文の構成のあり方を理解させる。

(2)　訂正記號の重要さを知らせる。

(3)　文を味わつて讀む態度を養う。

六、本時の学習活動

(1)　導入

目標指示

(2) 展開

(イ) 資料文を読む

(ロ) 作文の約束はどうか。

(ハ) 文の流れは………

(ニ) 訂正記號をつけてみよう。

(ホ) 見学文の構成の研究をしよう。

(3) まとめ

(イ) 推こう後の文を読む（味わいつゝ）

(ロ) 優秀作品の範読

七、評價

(1) 文の構成は理解されたか

(2) 訂正記號は………

(3) 文をよむ態度の評價

八、準備

資料文、作文のしおり

九、他教科との関連、社会科

◇　◇　◇

3、記録の指導

記録というのは書きしるすことであるから文章表現すべて記録である。生活記録、経驗記録などは記録であり又通信の機能を働かしたものである。又読んで読みつぱなしでなく何か問題をみつけて考えながら読む。読んだあとはもう一度ふり返つてみて読後の感想をかんたんにまとめさせる読書記録も、読書の態度を身につけるのに役立つのだと思う。

例　読書記録　　六年七組　安里良子

| 番號 | 書名 | 著者 | 読み始めた日<br>読み終つた日 | 感想 |
|---|---|---|---|---|
| 1 | からたちの花 | 吉屋信子 | 一九五三、一〇、一六、<br>一九五三、一〇、一八、 | からたちの花の小さなとげの様ないばらの道を元氣にたち上がる少女麻子の涙の物語 |
| 2 | 花物語 | 吉屋信子 | 一九五三、一一、四、<br>一九五三、一一、七 | 作者の最も力をそゝいでかいた代表少女小説といわれた少女小説 |
| 3 | 手に手をとつて | 佐藤紅緑 | 一九五三、一一、一三、<br>一九五三、一一、一五、 | 母は死んだと思いこんでいた少女がはじめて知つた母のひみつ私達にはちよつとはやすぎるようだ。 |
| 4 | 草笛悲し | 北條誠 | 一九五三、一二、二、<br>一九五三、一二、三、 | 私達にとつて一番大切な物それは美しい心だこの小説を読んではつきりわかつた |
| 5 | 心の王冠 | 菊地寛 | 一九五三、一二、一八、<br>一九五三、一二、二〇、 | 苦しさにまけずなさけぶかい人々に助けられて。立派な音樂家にな た涙の物語 |
| 6 | 小学五年生作文読本 | 兒童文学者協会 | 一九五三、一二、二一、<br>一九五三、一二、二三、 | 父にすゝめられてよんだ「沖繩の生徒がまねもできないほど長い良い作文だ。 |
| 7 | 涙の讃美歌 | 北條誠 | 一九五三、一二、二六、<br>一九五三、一二、三〇 | やさしかつた姉をたずねて苦しい道にたつ少女、カオルかなしい姉妹小説 |
| 8 | アンクルトム物語 | ストウ夫人 | 一九五三、一二、三〇、<br>一九五四、一、二、 | 正直物のドレイトム、悲い主人に苦しみながら賣られていく一生をえがいた物語 |
| 9 | ニュートン | 沢田謙 | 一九五四、一、二、<br>一九五四、一、三、 | 親のない弱虫少年苦しい少年時代の努力に感心した。 |
| 10 | 作文中学一年生 | 小山玄夫<br>佐藤茂 | 一九五三、一二、一〇、<br>一九五三、一二、一五、 | 生活文、通信文、事などについて良くあじわう事ができた。 |
| 11 | ノンちやん雲に乗る | 石井桃子 | 一九五四、一、三、<br>一九五四、一、五、 | ノンちやんは大變むじやきでかわいゝ、これを読んでいたらノンちやんと話をしているようだつた。 |
| 12 | 野口英世 | 池田宣政 | 一九五四、一、八、<br>一九五四、一、九、 | かわいそうなかたわの少年から日本が世界にほこる大医学者になるまでの傳記 |

| | | | | |
|---|---|---|---|---|
| 13 | 白鳥のゆくえ | 菊田一夫 | 一九五四、一、一一、<br>一九五四、一、一三、 | この小説をよんでいたら「鐘のなる丘」の小説を思い出した。 |
| 14 | 紅ばらのひみつ | 久米元一 | 一九五四、一、一三、<br>一九五四、一、一三、 | 國王の宝を守る姉弟のたんてい物語、胸をわくわくさせながらよんだ。 |
| 15 | 万葉姉妹 | 川端康成 | 一九五四、一、一五、<br>一九五四、一、一八、 | かわいそうな病氣の姉をたすけてはたらく妹私は涙がでるほど感心した。 |

◇　◇　◇

観察記録のゆき方が最近多くなつた。調べる綴方、科学的綴方で一つの事を注意深く見る，科学的に考えるような生活態度が養われる。

例　一九五三年十一月七日　(土)　石原幸子

花の観察日記

今日、きんせん花の種を植木鉢に三つぶまいた。「早く芽を出せ、花の種」いつこの芽は出るのだろう。まちどうしくてたまらない。

十一月十日　(火)

いつものように朝早く起きて植え木鉢を見るとかわいゝ小さな芽が出ているではありませんか。「あつ、ほら姉さん芽が出てよ。」私はよろこびの歓声をあげた。早速水をかけてやつた。ゆつくりと……いまにも美しい花が咲きそうです

十一月十一日　(水)

夕方頃になると昨日よりずつーと成長しています。じいつと見ているとその黄みどりの二葉がわらつているように見えてうれしい。

十一月十六日　(月)

「ああ!こんなにのびている。」
「兄さん!早く來て見てちようだい。」
「とれ　どれ」兄さんもうれしそうに見つめています。はかつて見ると高さが三cmになつています。同じ植木鉢に植えたのにまだ芽を出さないのがあります。

十一月二十二日　(日)

今日もいつものようにはかつて見た。もう大分のびている。久しぶりに今日はよいお天氣なので水を小さなかんでかけてやつた。よく見ると花のそばに雑草がはえている。私はじやまだと思つてすぐとつてやつた。空は青々とすみきつている。お日様はにつこりと花を見つめています。

以上十一月七日より十二月三十日まで毎日かかさず一つの花に対する細かい観察、じつと考えて見つめる。正しく見たものをとらえる態度、毎日繪や図表を入れてある点、ほんとにこの子の細かい観察の態度には指導者としての私もおどろき感心させられ、又子供のひとりひとりがよくぞ伸びてくれる姿に心からの喜びを感じた。

又学級生活の反省の中心である学級日誌の記録も学習と指導の両面にわたるものであるが、形式的に流れやすい。学級日誌の反省会などやつて着実性のある日誌になるよう研究したい。

4、感想創作の指導

研究記録や日記學級日誌で着実な実踐力や綿密な思考力の習慣を養うことは出來るが、しかし記録だけは内容が形式的である。感想文はその子供の体験の記録を色づけてくれる。くわしく書く記録と感想との二つが調和的に書かれた時に、コミニケーションの力が出て來るのである。そしてそれが真実味をもつたものであればこそ、印象を伴つて深く記憶に残るものである。みてみつぱなし、聞いてききつぱなし、読んでよみつぱなし……これでは向上が一つもない。

國語の一單元を取扱つた後の読後の感想文や体験に伴う映画を見た後の感想文など……読書記録による感想文は是非書かせるようにしている。(前頁の記録が指導の中に例としてとりあげた読書記録の書き方を参照されたし。)映画を見る前の見学態度の指導、見学後の感想文の指導

「先生!映画を見に行つて來たらかならず又作文ですか」
「ええそうです。かならず作文を書く態度をもつた人だけ見ていらつしやい。」
「困つたなー僕やめようか。感想文はむつかしい。」

強制的な指導ではあつたが初めはいやいやながら書く子が、團体映画見学の度に作文を書くことが約束されるので終いには見学後は私がいわない中に、すでに書いて個人文集に綴じて私に提出する子もふえて來た。

指導の実際として例を映画見学にとれば、その見学の感想文は作文領域の基本的使命をいかんなくかかれているのである。

記録…　映画のあらすじをまとめさせる。

書式……映画に出て來る人物、場面、時の場所、
通達……一番印象が深く心に殘つた部分の敍述。
感想……それにともなう批判、感想。

上級生の感想文としては基本的領域にまたがつた視野の廣い深くみつめたものであつてほしい。又学校の学習活動において作文はすべて創作である。詩やポスター作り、廣告、学校新聞の編集も創作である。詩の指導をもつと深く研究して見たい。詩こそ作文と異つて短い言葉の中に子供自身の思いを表現されなければならないので、唯簡單にかたづけるべきものではないと思う。詩をよく理解しない先生が、模倣的な作品を作らせてそれで責任を果したなどと考えたり、自己滿足におちいつてはいけないと思う。

㈢ 個人文集、学級文集

作文教育に於いて文集がどれだけ意義のあるものであり、價値のあるものであるかということを、子供達の個人文集によつて明らかにし、より以上に私に作文教育に対する関心を深めてくれた、文集こそ作文指導の課程を示す記念塔であるそれぞれの個性に應じた進歩のあとを示してくれる。記述のしかたを通してその子の関心と個性とをはつきりとうきぼりにして見せてくれる。個人差に應ずる個人文集は学習活動を活ぱつにし子供達に樂しみとよろこびと向上を與えてくれた先づ四月から保存してあつた作品をもう一度自己評價させた後、原稿紙に記入させたのを個人文集としてスタートさせたのである。自分の作品がどんどんとふえてゆくことを子供は樂しみにしてくれた。表紙のデザインなどひとりびとりの子供が工夫創作して、それこそ個性の表現ともいいましようか、子供たちの努力のあとがよくうかがわれる。

学級文集は一つの指導段階の成果であり、それらの作品を通してどう指導しているかを示すためのものである。自分の持つている個人文集の中から自分がよく書けたと思う作品を自己評價させた後、一点又は二点自分で選出し清書させ、それをまとめ綴じしたのが印製の學級文集である。個人文集も学級文集も兒童文庫棚に他の書籍と共にならべてあるので、子供たちは自由に他のお友達の作品を讀み合つて、自分の作品の自己批判、自己評價をなし自分を認識し、ひいては子供達ひとりびとりの向上が知らず知らずの中に培われてゆくのだと信ずる。

㈣ 校内作文コンクール。

作文学習してあらゆる分野にわたつて学習の効果をあげる唯一のみちであり、子供達の將來をかならず幸福にみちびくいとロであることを子供とともに取つ組んだ作文教育の中に見い出した私は、唯自分の学級だけの指導では小さ過ぎる。学校全体のひとりびとりの子供を出來るだけ多く伸ばそう……と考えた。夏休中に大体の案を立てて九月から早速校内作文コンクールの実際指導に着手した。第一回第二回と月に一回のコンクールは度重なるごとにはなやかに成長してくれた先ず先生方の作文に対する関心が深まり努力の姿が展開されて來た。今月こそは自分の学級から優秀な子を出してみよう……と作文教育に熱をもつて指導される若い先生がふえて來た。校内コンクールに臨む子は一度出れば次からは出場不可能の規則になつているので、先づ自分の学級の充実を図らなければならないのです。しかも出場した子供達に與えられる題目は即時提出なので各学級であらゆる作文領域にまたがつた指導がなされなければならないのである。ひとりも書けない子がいなくなるまでこの校内コンクールは継續して行きたい。

実際指導の方法、「計画指導案」

○参加者……各学年各学級より男女各一名(一年生は十一月より参加)
○題材……即時提出(それぞれ学年の能力に應じた題材、時には無理なく與えられるどの学年にもむく題材、提出)
○時間……各学年同時間に実施、
○優秀作品は各学年作文部員を中心に全部の先生方によつて審査し、三点又は四点選出
○選出された作品は校内放送によつて朗読、全兒童の觀賞文となり又新聞社に送る。又学校文集の資料文とする。

㈤ 作文の処理と評價について

作文教育不振の最大の原因は処理の怠慢にあるということである。作文處理の

時間や機会が乏しいことはある程度の決定的條件であるが又手ばなしで人任せ出來る仕事ではない。習字や図画の作品のように直觀では捉えにくいことであり文字と文字とのつながりなので重ね合わせて同時に見ることは困難である。一つ一つの線條にしたがつて読んでゆかなければならない処に時間もかかり、全身の神経も全部の子供の作品に集中しなければならないのである。作品処理に合理的な道がないものだろうか。

(1) 私の作品処理について

△処理の時間をどのように見い出すか

一学期の間は一日平均二十分の程度を休み時間か、饗食後の時間を利用して五六名か十名くらいの日記や作文に目を通した。時間のゆとりを見い出す事の出來る時は落付いて處理をした。又幾日も時間を見い出す事が出來ず處理行列のやむなきに至る時もあつた。一学期二学期と時には我が家まで持參して處理するぐらい一寸の寸暇もおしまずにやつた結果、十月頃より子供達の力が発揮されて來た共同推こう、相互評價の学習が効果的に活潑に動くようになり、子供達の中の優秀児を自己推こう自己評價の域にまでもつていくことが出來た。あんなに苦労した處理の山が…一人…二人…と教師の手が省けて來た。

(2) 処理の具体的方法

例、「おてつだい」

生活文による共同推こうであり、處理の役目を果たしてくれる。

学級の作文能力中程度の研究資料文「おてつだい」を全文黒板に板書して、全文のすみからすみまで共同推こうさせる。

(1) 作文の約束…　、。「　」　誤字、脱字、は……

(2) 訂正記號のつけ方、……上手に表現してあるところはうんと見つけて、◎◎◎◎◎を、

ここはこんなに表現した方がよいと思う点は 〰〰〰〰〰 を、そしてこんなに訂正したいと思うところは横に記入。

実に子供達は興味をもつて樂しく各々の意見を発表して批評し推こうしその研究資料文を立派な作文に仕上げていく。そして他人の作品を冷静な態度で批判することによつて又自己批判から自律的な生活態度が養われるのである。鑑賞文の指導よりも此の共同推こうの場が華やかで子供達の活躍が中心になり、自学的な態度がやしなわれるのだと思う。共同推こうの後、別の優秀作品を朗読鑑賞させる、優秀作品の鑑賞によつて又子供達は自分の作品の自己推こう、自己評價に入り、刺戟され感心して自分も、もう一度書いてみようとする態度になる、この自分も負けずに書こうとする態度こそ價値の高いものであり作文教育の向上のあらわれだと思う。…子供達は自己推こうした作文をもう一度書きなおして個人文集に綴る樂しみを得る事が出來た。作文処理の効果はそこまでしみ通らなくては書いて書きつぱなしのものになつてしまう。

私の作文指導実践体驗の中で特に感じた條件の一つとして作文教育に於いては教師の実力よりもひとりひとりの子供の性格を知り、この子供の將來の幸福を守ろうとする熱意に燃えた教師でなければならないことである。縦から読んでも横から読んでも逆から読んでも読めそうもない子供の作品に親しみを感ずるようになつた樂しみ、優秀な子が十人伸びるよりも書けない子が一人でも書けるようになつたよろこび、個人文集がひとりひとりふえていくよろこび、これこそ私共教育者のみに與えられた大きな喜びでなくてなんでしよう。

ひとりひとりの子供の性格をじつと見つめている時、素質よりも環境の重大さをつくづくと感じさせられる、先づ子供達が自由に自分の意見をいい合う生き生きとした教室になつたことである。自由に思う存分書かれた作品には子供達のありのままの姿がえがき出される。それらはひとりひとりの子供の生活の断片であり、生命のいぶきを傳えるものである。

こういつた雰囲氣に育つ子供こそ將來社会の一員となつても自分の意見や行動を明るくユーモラスに発表出來る事と思う。

「この子ひとりも捨てない教育」このスローガンこそ大道校の学校経營にもられた温情にみちあふれた言葉であり、又私の学級経營のスローガンでもある。

# 一九五四年度校舎建築割当方針

施設課

一、政府立学校の建築費は全額政府負担とする。

二、公立学校の建築補助金は全額を建前とする。

1 義務教育を行う学校には政府見積額以内とし、入札の場合は落札額、入札により難い場合は実費額とする。但し何れの場合も政府見積額を超えない額とする。

2 前項以外の学校には政府見積額の九割以内を補助する。

三、公立学校の校舎建築見積額

○ブロック造り（又は石造）

一教室　二四坪　二八八、〇〇〇円

○建築は凡てブロック造（又は石造）を原則とするが、木造の場合は一教室

二一、七坪　二一七、〇〇〇円とする。

○鉄筋コンクリート造はこれを奨励するが、当分補助はブロック造の見積額を超えない。

四、公立学校の戦災校舎の修理補助金は政府見積額の九割以内とする。

五、校舎建築の割当は次の基準による。

A政府立学校

1 復舊率の低い学校順に割當てる

2 復舊率五〇％未満の学校は五〇％を目標にして割当てる。但し豫算が五〇％まで達しない場合は豫算の範囲内で引き上げ得る％を目標とする。

3 学校の永続性及び敷地の安定性を考慮する。

4 特殊学校は特別に考慮する。

5 割当は教室單位とし、原則として二教室を最低とする。但し特殊学校は一教室の割当もある

B 公立学校

1 復舊率の低い教育区順に割てる。

2 復舊率五〇％未満の教育区五〇％を目標において割当てる。但し豫算額が、五〇％に達し得ないか、又は五〇％以上に達する場合は豫算の範囲内で引き上げ得る％を目標におく。

3 前項によつて割当て端数がある場合は

○次の順位の教育区に二教室宛順次に割当てる

○著しく在籍の増加する教育区に適當に割當てる。

4 学校の永続性及び敷地の安定性については教育区が各学校に割當る時、十分に考慮する。

5 開拓地学校は前各項によらず政府の移殖民政策の線に沿うように割当てる。

6 割當は教室單位として二教室を最低とする。

学校への割当の場合も同様とす。

六、修理順位の決定は次の方法による。

1 修理基準内の建物で戦災度、必要度、早急度の三條件を夫々五段階に分けて点数におきかえ合計点の多い順にする。

2 点数のつけ方は次の通りとする。

▲戦災度については左の通り

戦災度とは修理費と新築費との比率

◎二〇％以上三〇％未満　二点

◎三〇％以上四〇％未満　四点

◎四〇％以上五〇％〃　六点

◎五〇％〃　六〇％〃　八点

◎六〇％（コンクリートは七〇％）　十点

▲早急度

◎主体構造部の一部取替え及屋根の大部分葺替えを要するもの　二點

◎全面的雨漏りで屋根の全部葺替えを要するもの　四点

◎主体構造部の一部取替え及び屋根の全部葺替えを要するもの　六點

◎早く修理しないと修理不能になるおそれのあるもの　八點

◎前各項の條件に更に倒壊に瀕して危険性のもの　一〇點

▲必要度（学校の復舊率）

◎九〇％以上　一点

◎七〇％以上九〇％未満　二點

◎五〇％以上七〇％未満　四點

◎三〇％以下　五點

3、修理順位は建物別とする。

4、修理は順位によつて豫算内で出來るだけ施行する。

5、豫算の関係で一部修理に止める場合もある。その場合残部は次年度に優先に考慮する。

6、修理施行に当つては原形又は原面積を變更することもある。

七、復舊率の算出は次の通りとする。

1、復舊率は應急基準面積と現在保有面積との比率による。

2、現在保有面積とは戦前校舎及戦後政府補助によつて出來た校舎の面積をいう。

但し、

◎現在使用出來ない校舎は算入しない。

◎修理不能な校舎は算入しない。

◎戦災基準内の建物で未修理の校舎は修現費と新築費との比率分だけ坪数を差引く。

◎戦後の自力校舎は算入しない。

3、應急最低基準面積は次の通りとする。

兒童生徒一人当校舎面積

⊙小学校　〇、五六坪

⊙中学校　〇、六坪

⊙普高校　〇、八坪

⊙職高校　一坪

※参考 ※日本における兒竜生徒 1人当　校舎面積基準

| 学校種 / 基準 | 小学校 | 中学校 | 高等学校 | 職業高等学校 |
|---|---|---|---|---|
| 應急最低基準面積 | 0.7坪 | 0.7 〃 | 1.2坪 | 高校 +100%<br>2.4坪 |
| 最低基準面積 | 0.7 〃 | 1.2 〃 | 2.0 〃 | 高校 + 50%<br>30.% |
| 適正基準面積 | 1.0 〃 | 1.9 〃 | 2.4 〃 | 高校 + 75%<br>4.2% |

※日本小、中学校の基準面積の算定基礎（）内は中学

| 区分 | 應急最低基準面積 | 最低基準面積 | 適正基準面積 |
|---|---|---|---|
| 一般教室 | 0.4 | 0.4 | 0.4 |
| 便所 | 0.04 | 0.04 | 0.04 |
| 昇降口 | 0.04 | 0.04 | 0.04 |
| 公仕諸室（物置） | 0.02 | 0.04(0.05) | 0.04(0.08) |
| 廊下階段渡廊下 | 0.20 | 0.06は<br>0.22(0.27産業関係) | 0.24(0.32) |
| 特別教室 | | 0.3は<br>0.04(0.34産業関係) | 0.20(0.54) |
| 宿直室 | | 0.01 | 0.01 |
| 保健室 | | 0.02 | 0.02 |
| 校長職員室 | | 0.03 | 0.04 |
| 図書室 | | 0.06 | 0.06 |
| 生徒会室 | | | 0.03 |
| | | | |
| 計 | 0.7(0.7) | 0.50(1.26) | 1.10(1.60) |

臨時校舎割當並に建築方針

一、オグデン少将の特別なる御高配によつて修正豫算で承認された四〇〇教室の公立学校校舎建築の割当は二〇〇教室については、第十四回中央教育委員会で決定された通りとし、後の二〇〇教室の割當はこの方針による。

二、この方針は今回に限り適用する

三、軍工事から利益を受けない地域及び経済的に恵まれない地域を決定する数字的な基礎資料がないので中央教育委員会で左記のよう認定する。

1　軍工事又軍施設の多い地域をAとする

A地域は宜野湾、北谷、読谷、具志川、越來、美里、那覇、北中城、小祿、嘉手納、真和志、浦添

2　A地域に隣接している地域又は多少軍事又は軍施設のあるところ並に経済的に比較的恵まれていると思われるところをB地域とする

B地域は與那原、石川、名護、糸満、中城、首里玉城

3　その他をC地域とする

四、A、B、Cの地域と割当の関係

C地域

1　五四年度に未だ割当のない教育区には出來るだけ最低二教室を割当る

2　既に割当のある教育区でも%の低いところは六五%を下らないように割當る。但し割当数の多いところは考慮する。

3　教育区全体の%が一〇〇を越えるところでも学校別にみて七〇%に達しない学校があれば最低二教室を割當てる。

B地域

1　五四年度で未だ割當のない教育区には出來るだけ最低二教室を割当てる

2　既に割當がある教育区でも六〇%を下らないように割當てる

A地域

五六%を下らないように割當てる

五、高等学校は今回見合わす

六、構造はブロック又は石造、屋根はスラブとする。

1954年校舎建築割当状況　（一次240教室二次200教室既定）（三次200教室）

| 教育区 | 一次割当 | その後の% | 二次割当 | 三次割當 | その後の% | 54年度割當計 | 教育区 | 一次割當 | その後の% | 二次割當 | 三次割當 | その後の% | 54年度割當計 |
|---|---|---|---|---|---|---|---|---|---|---|---|---|---|
| 読谷高 | 0 | 39.4 | 3 | 0 | 57.1 | 三 | 糸満高 | 5 | 50.07 | 2 | 0 | 59.6 | 七 |
| 石川高 | 2 | 42.62 | 3 | 0 | 59.4 | 五 | 胡差高 | 3 | 50.13 | 2 | 0 | 58.1 | 五 |
| 辺土名高 | 2 | 47.6 | 2 | 0 | 61.9 | 四 | 嘉手納 | 7 | 50.13 | 3 | 0 | 57.8 | 一〇 |
| 豊見城 | 2 | 48.2 | 4 | 4 | 65.8 | 一〇 | 真和志 | 26 | 50.18 | 13 | 3 | 58.2 | 四二 |
| 宜野湾 | 11 | 48.31 | 7 | 2 | 58.48 | 二〇 | 浦添 | 0 | 50.24 | 4 | 2 | 59.6 | 六 |
| 本部 | 5 | 48.36 | 7 | 7 | 62.8 | 一九 | 中城 | 0 | 50.27 | 3 | 3 | 63.6 | 六 |
| 北谷 | 3 | 48.59 | 4 | 0 | 56.3 | 七 | 具志頭 | 3 | 50.3 | 2 | 3 | 63.05 | 八 |
| 読谷 | 10 | 48.7 | 6 | 2 | 57.7 | 一八 | 三和 | 3 | 50.3 | 2 | 4 | 65.4 | 九 |
| 與那原 | 3 | 48.7 | 4 | 0 | 60.3 | 七 | 東風平 | 6 | 50.33 | 3 | 4 | 65.9 | 一三 |
| 具志川 | 22 | 48.72 | 10 | 6 | 58.8 | 三八 | 仲里 | 2 | 50.4 | 2 | 4 | 65.7 | 八 |
| 兼城 | 3 | 48.76 | 2 | 3 | 66.4 | 八 | 野嵩高 | 0 | 50.8 | 2 | 0 | 60.3 | 二 |
| 前原高 | 3 | 47.2 | 2 | 0 | 58.03 | 五 | 伊良部 | 2 | 51.3 | 2 | 4 | 66.44 | 八 |
| 南風原 | 5 | 48.81 | 3 | 4 | 67.11 | 一二 | 大里 | 2 | 51.32 | 2 | 3 | 66.25 | 七 |
| 西原 | 3 | 48.87 | 3 | 4 | 67.69 | 一〇 | 久米島具志川 | 2 | 51.33 | 2 | 4 | 69.6 | 八 |
| 與那城 | 11 | 48.9 | 6 | 6 | 63.16 | 二三 | 久米島高 | 2 | 51.5 | 2 | 0 | 65.5 | 四 |
| 宜野座 | 0 | 48.9 | 2 | 3 | 65.99 | 五 | 恩納 | 0 | 51.53 | 2 | 4 | 67.4 | 六 |
| 高嶺 | 0 | 49.02 | 2 | 2 | 71.37 | 四 | 知念 | 3 | 52.2 | 2 | 2 | 72.19 | 七 |
| 越來 | 16 | 49.07 | 7 | 2 | 57.53 | 二五 | 大宜味 | 0 | 53.93 | 2 | 6 | 72.76 | 八 |
| 美里 | 9 | 49.07 | 5 | 2 | 56.2 | 一五 | 東 | 0 | 54.11 | 2 | 2 | 76.5 | 四 |
| 伊是名 | 0 | 49.1 | 2 | 4 | 68.27 | 六 | 伊江 | 0 | 54.3 | 2 | 2 | 65.6 | 四 |
| 勝連 | 4 | 49.14 | 4 | 4 | 65.1 | 一二 | 知念高 | 0 | 54.38 | 2 | 0 | 60.07 | 二 |
| 石川 | 12 | 49.2 | 6 | 2 | 58.88 | 二〇 | 那覇高 | 0 | 54.7 | 2 | 0 | 58.9 | 二 |
| 羽地 | 2 | 49.2 | 4 | 5 | 66.55 | 一一 | 屋部 | 0 | 56.62 | 0 | 4 | 72.19 | 四 |
| 今帰仁 | 4 | 49.4 | 5 | 7 | 65.45 | 一六 | 粟國 | 2 | 58.4 | 0 | 2 | 73.67 | 四 |
| 佐敷 | 3 | 49.4 | 3 | 2 | 62.93 | 八 | 上野 | 0 | 60.08 | 0 | 4 | 74.41 | 四 |
| 那覇 | 6 | 49.46 | 44 | 4 | 56.7 | 二四 | 國頭 | 0 | 61.35 | 0 | 6 | 71.52 | 六 |
| 名護 | 7 | 49.5 | 5 | 4 | 61.4 | 一六 | 座間味 | 0 | 62.66 | 0 | 2 | 83.94 | 二 |
| 上本部 | 2 | 49.5 | 2 | 4 | 65.15 | 八 | 渡名喜 | 0 | 66.28 | 0 | 2 | 91.52 | 二 |
| 北中城 | 3 | 49.54 | 3 | 0 | 57.02 | 六 | 金武 | 0 | 68.64 | 0 | 4 | 81.28 | 四 |
| 小祿 | 4 | 49.57 | 4 | 0 | 56.1 | 八 | 伊平屋 | 0 | 69.09 | 0 | 4 | 90.22 | 四 |
| 糸滿 | 7 | 49.81 | 4 | 3 | 61.3 | 一四 | 多良間 | 0 | 74.04 | 0 | 2 | 82.85 | 二 |
| 北山高 | 0 | 50.00 | 2 | 0 | 67.6 | 二 | 首里 | 0 | 75.02 | 0 | 4 | 79.08 | 四 |

| | | | | | | | | | | | | | |
|---|---|---|---|---|---|---|---|---|---|---|---|---|---|
| 名護高 | 0 | 75.5 | 0 | 0 | 75.5 | ○ | 與那國 | 4 | 85.43 | 0 | 2 | 93.29 | 六 |
| 平良 | 4 | 76.10 | 0 | 4 | 78.95 | 四 | 屋我地 | 0 | 90.31 | 0 | 2 | 101.67 | 二 |
| 渡名喜 | 0 | 77.8 | 0 | 2 | 103.53 | 二 | 下地 | 0 | 53.4 | 0 | 2 | 99.61 | 二 |
| 石垣 | 0 | 78.04 | 0 | 4 | 82.23 | 四 | 南大東 | 0 | 108.6 | 0 | 0 | 108.6 | ○ |
| 宜野座高 | 0 | 70.8 | 0 | 0 | 70.8 | ○ | 宮古高 | 0 | 113.1 | 0 | 0 | 113.1 | ○ |
| 玉城 | 0 | 81.29 | 0 | 2 | 85.74 | 二 | 大浜 | 0 | 115.8 | 0 | 2 | 121.32 | 二 |
| 城辺 | 0 | 81.7 | 0 | 4 | 86.22 | 四 | 竹富 | 0 | 120.2 | 0 | 2 | 124.82 | 二 |
| 久志 | 0 | 82.13 | 0 | 4 | 97.9 | 四 | 八重山高 | 0 | 138.3 | 0 | 0 | 138.3 | ○ |
| 首里高 | 0 | 83.2 | 0 | 0 | 83.2 | ○ | 北大東 | 0 | 269.9 | 0 | 0 | 269.9 | ○ |

第一次割当　公立学校第3. 四半期に於ける修理割当

| 学校名 | 教室数 | 補助見積額 | 備考 |
|---|---|---|---|
| 首里高校 | 10 | 557,383.00 | 総額 2,898.500円の中 2,341.117円は第2. 四半期に令達済み、 |
| 鏡原小校 | 3 | 382,400.00 | 大正12年建築　木造、平屋、瓦葺、総坪 146,25坪 |
| 鳩間小中校 | 4(60坪) | 366,100.00 | 昭和2年　建築、木造、平屋、瓦葺、 |
| 川平小中校 | 5(63,75坪) | 419,500.00 | 昭和5年　建築、木造、平屋、瓦葺、 |

第二次割当　公立学校第3・四半期修繕補助割当

| 学校名 | 教室数 | 補助見積額 | 備考 |
|---|---|---|---|
| 西城小 | 2 | 円 242,200.00 | 昭和4年建築木造、平屋、セメン瓦　40.5坪 |
| 小浜小 | 5 | 530,900.00 | 昭和12年建築木造、平屋、瓦　90坪 |
| 西辺小 | 7 | 850,500.00 | 大正12年建築木造、平屋、瓦　141,75坪 |
| 狩俣小 | 2 | 247,100.00 | 昭和2年建築、木造、平屋、瓦　40.5坪 |
| 野嵩高校 | 2 | 251,700.00 | 大正12年建築木造、平屋、瓦　41,25坪 |
| 鏡原小 | 8 | 865,600.00 | 昭和4年建築木造、平屋、瓦　162坪 |
| 波照間小 | 2 | 130,200.00 | 昭和:6年建築壁コンクリート、平屋、瓦　32坪 |
| 伊良部小 | 17 | 1,264,100.00 | 昭和7年建築木造、平屋、瓦　344,25坪 (1,400.400円の内) |
| 計 | 45 | 4,382,300.00 | 4,330,000円+52,300円（前の残り） |

一九五四年度要貸與児童生徒教科書購入補助金割当方針

一、補助の対象は扶助家庭の児童生徒で義務教育を受けているものとする

二、該当児童生徒は社会局福祉課の調査したものに基き文教局長が認定したものによる

三、補助金は予算額を該当児童生徒数に比例して教育区に配分する

一九五三年十一月七日

琉球中央教育委員会

## 要貸與兒童生徒数並に補助割当額　（群島別教育区別）

| 教育区名 | 兒童生徒数 | 割當補助額 | 教育区名 | 兒童生徒数 | 割當補助額 | 教育区名 | 兒童生徒数 | 割当補助額 |
|---|---|---|---|---|---|---|---|---|
| 那覇 | 135 | 12,899,— | 嘉手納 | 53 | 5,064,— | 石垣 | 53 | 5,064,— |
| 首里 | 51 | 4,873,— | 越來 | 194 | 18,537,— | 大浜 | 10 | 956,— |
| 糸満 | 126,— | 12,039,— | 美里 | 88 | 8,408,— | 竹富 | 66 | 6,306,— |
| 小祿 | 79 | 7,548,— | 石川 | 89 | 8,504,— | 與那國 | 42 | 4,013,— |
| 豊見城 | 91 | 8,695,— | 具志川 | 225 | 21,499,— | | | |
| 兼城 | 80 | 7,644,— | 勝連 | 158 | 15,097,— | 八重山(計) | 171 | 16,340,— |
| 三和 | 112 | 10,702,— | 與那城 | 194 | 18,537,— | | | |
| 高嶺 | 43 | 4,109,— | 中城 | 60 | 5,733,— | | | |
| 東風平 | 110 | 10,511,— | 北中城 | 76 | 7,262,— | 平良 | 176 | 16,817,— |
| 具志頭 | 66 | 6,306,— | 西原 | 50 | 4,778,— | 城辺 | 54 | 5,160,— |
| 玉城 | 45 | 4,300,— | 名護 | 151 | 14,428,— | 下地 | 81 | 7,740,— |
| 知念 | 42 | 4,013,— | 屋部 | 73 | 6,975,— | 上野 | 40 | 3,822,— |
| 佐敷 | 96 | 9,173,— | 恩納 | 76 | 7,262,— | 伊良部 | 51 | 4,873,— |
| 大里 | 70 | 6,688,— | 金武 | 50 | 4,778,— | 多良間 | 30 | 2,876,— |
| 與那原 | 113 | 10,797,— | 久志 | 42 | 4,013,— | | | |
| 南風原 | 83 | 7,931,— | 宜野座 | 76 | 7,262,— | 宮古(計) | 432 | 41,288,— |
| 真和志 | 126 | 12,039,— | 東 | 22 | 2,102,— | | | |
| 渡嘉敷 | 24 | 2,293,— | 國頭 | 154 | 14,715,— | | | |
| 座間味 | 39 | 3,726,— | 大宜味 | 122 | 11,657,— | 総計 | 6,135 | 586,210,— |
| 仲里 | 73 | 6,975,— | 羽地 | 97 | 9,268,— | | | |
| 久米島具志川 | 46 | 4,395,— | 屋我地 | 35 | 3,344,— | | | |
| 粟國 | 142 | 13,568,— | 今帰仁 | 193 | 18,441,— | 1、補助豫算額 | | 586,210円 |
| 渡名喜 | 34 | 3,249,— | 本部 | 241 | 23,028,— | 2、兒童生徒数 | | 6,135人 |
| 伊是名 | 51 | 4,873,— | 上本部 | 139 | 13,281,— | 3、一人当り補助額 | | 95円55銭 |
| 伊平屋 | 70 | 6,689,— | 伊江 | 127 | 12,135,— | | | |
| 浦添 | 196 | 18,728,— | 南大東島 | 4 | 382,— | | | |
| 宜野湾 | 191 | 18,250,— | 北大東島 | 53 | 5,064,— | | | |
| 読谷 | 187 | 17,867,— | | | | | | |
| 北谷 | 169 | 16,148,— | 沖縄(計) | 5,532 | 528,582,— | | | |

# 局内人事異動

| 課名 | 職名 | 氏名 | | 備考 |
| --- | --- | --- | --- | --- |
| 庶務課 | 書記 | 中島　裕 | 退職 | 情報教育部へ |
| 〃 | 主事補 | 新里　康子 | 〃 | |
| 学務課 | 主事 | 新里　孝市 | 配置替 | 宜野座教育長事務所社教主事より |
| 庶務課 | 主事 | 石垣　孫可 | 採用 | 立法院事務局より |
| 〃 | 主事補 | 駒谷千鶴子 | 〃 | 契約学生（日大卒） |
| 研究調査課 | 主事 | 知念　繁 | 配置替 | 糸満地区教育長事務所社会教育主事より |
| 〃 | 〃 | 桑江　良善 | 〃 | 胡差教員訓練学校より |
| 施設課 | 書記 | 座喜味一男 | 採用 | |
| 指導課 | 主事 | 安里　済市 | 配置替 | 研究調査課より |

# 文教時報原稿募集

○教育実践記録

学習指導、生活指導、問題児の指導、特別教育活動、その他

○研究論文

○教育計畫

学校経営、学級経営、特別教育活動、学習計画その他

○調査報告

○地方だより

教育委員会、学校、地域社会等の特筆記事、かくれた教育者の紹介

○読者文藝

随筆、小品、詩、短歌、俳句、笑話。

（投稿要領）

1、記事の掲載は當方に一任のこと。

2、原稿は返さないのをたてまえとする。

3、掲載者には本誌を呈します。4、送り先は、文教局研究調査課文教時報編集係宛


一九五四年三月十三日印刷

一九五四年三月十五日発行

発行所　琉球政府文教局

研究調査課

（非賣品）

印刷所　合資会社　ひかり印刷所

那覇市三區十二組

（電話一五七番）

沖縄

# 文教時報

第九号

文教局

研究調査課

# 文教時報 第九號 目次

# 文 教 時 報

第 9 號

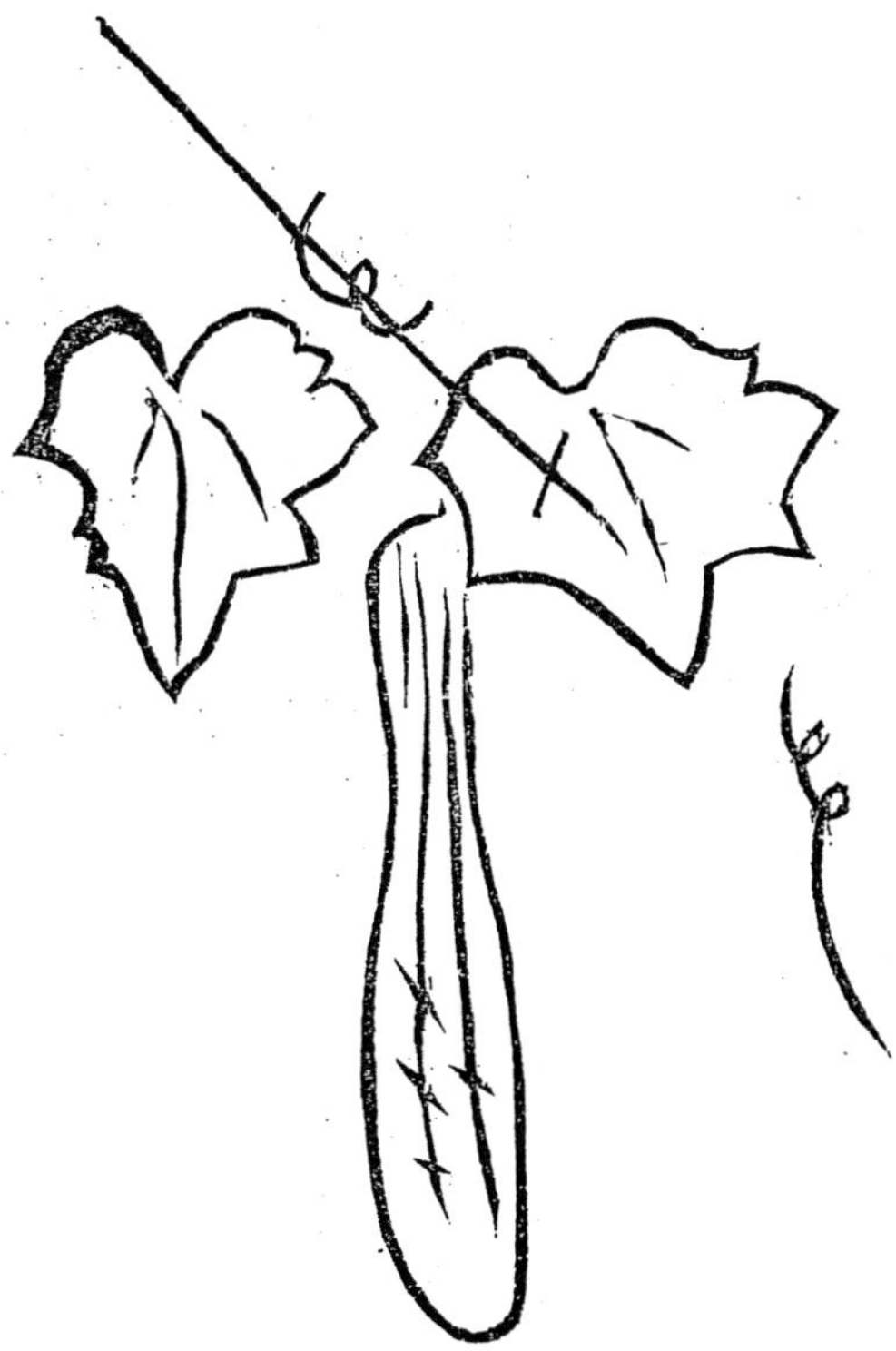

文 教 局

## 主張

# 突つこみの深い問題解決学習を

去る三月の三、四日にわたり、國語算数の二教科について國立教育研究所の事業として行つている全國の兒童生徒の学力水準調査を、全琉にわたつて標本抽出による調査を実施したのであるが、その目的は、小中学校の児童生徒の学力の実態と該教科に於ける学習指導上の問題點を明らかにし、教育改善のための必要な基礎資料を得るためである。

結果（本文参照）によると全琉の學力の実態は、本土と比較して全体的に相当の差が認められる。戦時中や戦後の混乱期、更に戦災によるすべてを失つた琉球の教育界の状況、加うるに教育制度や方法の根本的改革による戸惑等を考えれば当然の結果だと云えるかも知れない。

然し我々は此處で大いに考えなければならない問題があると思う。日進月歩の本土の教育に比べ遅々として蝸牛の歩みをつゞけている琉球の現狀をみたとき差はますます大きくなつていくのではないかという不安である。設備その他あらゆる條件を本土並みに引きあげるよう努力すると共に、更に一層学習指導面を強化して、学力の差を出來るだけ早く縮めると共に更に前進する様に努力しなければならない。

今や学力向上の叫びは單にジャーナリズムだけの問題でなく、全琉の世論として湧きおこつている。巷間の学力低下問題を見るに、舊い学力の概念で論ぜられる場合と、新しい意味の学力で論ぜられる場合がある。

かつての学校に於ける学習は教科書や教師の論義を中心に進められ、生徒たちは、教科書や講義にもられた内容を受動的に記憶することが学習の中心であつた。即ち文化遺産の傳達が教育の目的であり。想起再生のための記憶が教育の中心的課題であつた。

然し教師の説明や、教科書の内容を記憶する学習だけでは、命ぜられた通り、きめられた通りに、行動する消極的な人間は、前近代的社会に於ては好都合であつたかも知れない。所が近代社会は絶えず變化しよりよき社会へと胎動をつゞけている。生れるためにはいろいろの障碍が立ちはだかつている。いわば問題場面の連續である。この事態を解決する力を持たずして、新しい社会に生活することは不可能である。このような新しい事態に対處して問題を解決して行く能力こそ新しい意味の学力である。東京を地誌的に記憶しているよりも、実際に東京に旅行して、その目的を達成して帰る能力の方がより大切ではなかろうか。

新しい意味の學力はこのような能力である、我々の目指す学力はあくまでも新しい意味の学力でなければならない。この様な学力を身につけさせるために、問題解決学習が強調される所以である。我々のとつくむべき課題もこゝにある。もつと深く問題解決学習を研究して、突つこみの深い問題解決学習を強力に実施したいものである。

調査の結果からも感ぜられる所であるが、『……だと思え』式の指導の所産である記憶の再生は割によいが、問題解決の面で当然養成されておるべき技能に於ては成績があまりよくない。

今回の調査では國語算数のみのテストであり、然も調査される問題は基礎的な事項のみであるが、この二教科でさえその事が伺われるのであるが、社会科や理科などの教科についてのテストでも実施すればその事は痛切に感ぜられる事であろう。

本土との学力の差を縮め或いは更に本土以上の学力水準を目指して、次代を背負う若き者の為に、突つこみの深い問題解決学習を主張するものである。（K）

# 小、中、学校学力水準の実態

—一九五四年三月調査—

研究調査課

## 本調査の目的

この調査は一九五三学年度に文教局が標本校として指定された小学校、中学校に協力して実施したものであつて、全琉球の小学校、中学校児童生徒の学力の実態と各教科における学習指導上の問題を明かにし、國民教育改善の為に必要な基礎資料を得ることを目的としたものである。したがつてこの調査は決して個々の学校や学級や、また児童生徒個人の成績を評價しようとするものではなく、それらを総合して一般的な学力の実態とその問題を究明するために行うものである。

※この調査の問題、実施方法等は、國立教育研究所が行う「昭和二八年度小学校、中学校学力水準調査」の要領によつて実施したものである。

## 本調査の手段及方法

1、標本の抽出

全沖縄の小学校六年、中学校三年の児童生徒の中から各々約一〇〇〇名当の標本を抽出した。

2、標本抽出の経過

全沖縄の小学校、中学校を、学区の特徴又は職業別人口構成等を参考にして次のとおり四種類に区分した。

A……都市的形態の学区
B……半都市又は都市周辺の学区
C……農山村、漁村等の学区
D……へき地の学区

更にA、B、C、Dに属する学校数の比率によつて次のとおり全体として、小学校二十一校、中学校二十校を指定した。

小学校二十一校
A……4
B……5
C……10
D……2

中学校二十校
A……4
B　　4
C……10
D……2

なお一学校の標本数は五十人以下とし、小学校六年中学校三年の在籍が五十人以上の学校に対しては、無作為抽出によつて大体五十人以下の標本を得た。

3、調査の方法

要領は國立教育研究所の「学力水準調査の手引」による。事前に調査者全員打合せをなし、三月三日、四日の両日午前九時より十二時までの間に実施する。調査者は文教局研究調査課、指導課の主事及び教育長事務所勤務の指導主事をもつて充てた。

4、調査の統計処理

省略

※尚標本校以外の学校で実施をしてみたいとの希望もありますので参考のために問題と、実施要領及結果の處理の大要を掲載することにしました。

……小学校之部……

小國

## 小・中学校学力水準調査問題

昭和28年度

國語科

小学校　　　年　　　組

番　男・女　氏名

学校番号

注意

(1) 先生から「始め」の合図があるまで、この用紙に手をふれてはいけません。

(2) このテストは最初の一問だけ先生のさしずにしたがつてやりますが、あとはいつしよにやります。

(3) やりかたについては、一つ一つ説明することはしませんから、問題をよく読んでやり方をまちがえないようにしてください。

(4) 字の見えない所など質問があつたら手をあげなさい。質問する時に、問題を声を出して読んではいけません。

(5) 机の上には必要なものだけ（えんぴつ、消しゴム、小刀、したじきなど）用意していらないものはしまいなさい。

## 一、問題＝國語

1

(一) いま聞いたお話で、六年生のみなさんがすぐにしなければならないことは何ですか。つぎの四つのうちから一つだけえらんで、その上に○をつけなさい。

1 消防のおじさんと「火の用心」のビラをくばつてあるくこと。
2 新聞に火事の写真が出ていたから見ること。
3 図画の時間にどんなポスターを書くか、考えておくこと。
4 寒くなつたから火ばちを出したり、こたつを作つたりすること。

(二) いまのお話を聞いてから、みんなで話しあつているうちに、つぎのようないろいろな話がでました。なかには聞きちがいもあるようです。先生のお話で、たしかに、そう言つたものの上には○、お話とはちがつているものの上には×をつけなさい。

1 日本の家は木と紙で作つてあるので火事になりやすい。
2 防火週間で学校じゆうの者が火の用心のポスターをかく。
3 学校の掲示板にみんなの書いた火の用心のポスターをはる。
4 長野県の学校が火事でもえてしまつて、生徒がこまつたことがある。

2

一 六年生の川上太郎君は、きよう、学校からかえつてから同じ組の山田たけし君のうちに遊びに行く約束をしました。山田君のうちはすぐわかりましたが、入口の戸がしまつていました。太郎君は入口でなんと言つたらよいでしょうか。つぎの四つのうち、一ばんよいと思うものの上に一つだけ○をつけなさい。

1 こんにちは、かわかみです。
2 こんにちは、たけしくん。

3　こんにちは、たけしくん。かわかみです。
4　たけしくん、いますか。

(二)　太郎君のうちへ、太郎君の知らない、お客さんらしい人がたずねて來ました。

(客)　ごめんください。おとうさんはいらつしやいますか。木村というものです。

このお客さんに対する太郎さんの返事として、つぎの四つのうちどれがよいでしようか。一ばんよいと思うものの上に一つだけ○をつけなさい。

(太郎)　1　はい、いらつしやいます。少少お待ちください。
2　はい、おります。少少お待ちください。
3　おとうさん、木村さんがいらつしやいました。
4　木村さんですか。おとうさんですね。少少お待ちください。

**3**

(一)　つぎの文は、ひとつづきの文ですが(　)のところはことばがぬけています。

{(これは)(イ)　(一千九百十二年)(ロ)　(しかし)(ハ)} が、うまくあてはまるように書きこみなさい。

1(　　　)、イギリスがほこる汽船、タイタニック號は、はなばなしいばんざいの声におくられて、有名なサザンプトン港からはじめての航海に船出した。總トン数四万六千トン、お客と乗組員あわせて二千二百人という、そのころ世界でもつとも大きな汽船だつた。

2(　　　)、大西洋を西へ西へとすすむうちに、ものすごいきりにおそわれて見とおしがきかなくなり、ニューヨークの東北方二千五百キロのところで、フルスピード(全速力)で大氷山に正面しようとつし、わずか二時間のうちに、あつけなく沈んでしまつた。乗つていた人のうち、救助船にたすけられたのはたつた七百人で、のこりはみな海の底深く沈んでしまつた。

3(　　　)、世界でもつとも悲惨な海のできごととして、人人の胸にのこつている。

(二)　タイタニック號が沈んだのがなぜ世界でもつともかわいそうな海のできごとなのでしよう。つぎのこれと思うものの上に一つだけ○をつけなさい。

1　イギリスがほこる汽船だつたから。
2　たくさんの人が死んだから。
3　もう少しでニューヨークというところで沈んだから。
4　はなばなしいばんざいの声におくられて出たから。

(三)　第二段に、「わずか二時間のうちにあつけなく沈んでしまつた。」とありますが、なぜそんなに早く沈んだのでしよう。それを示すのはつぎのどれですか。一つだけえらんで上に○をつけなさい。

1　はじめての航海に船出した。
2　大西洋でものすごいきりにおそわれた。
3　お客と乗組員あわせて二千二百人。
4　フルスピード(全速力)で大氷山に正面しようとつ。

**4**

つぎの文を読んで、——のついたところについてあとの問にこたえなさい。

私のうちは、子ども五人をいれて、八人家族です。ことしの正月で、まん八十五歳になつたおばあさんは、おとうさんのおかあさんです。目と耳が、かなり不自由ですが、とてもやさしいので、私たちからすかれています。

(一)おじいさんが、おとうさんの九つのときなくなつてから、ひとりで苦労して、(二)子どもを育てたのだそうで、おとうさんは、とてもだいじにします。

おとうさんは、おばあさんに話をするときは、「おかあさん。」「おかあさん。」といつて、「おばあちやん。」(三)とは、けつしてよびません。おかあさんには、おとうさんの氣持がよくわかつているので、おばあさんの食事、身のまわりいつさいに注意して、いつしんにつくしています。おばあさんも、「ふみ子さん、(四)ふみ子さん。」とよんで、毎日の苦労をいたわつています。

おかあさんは、これだけ大ぜいのせわで、朝から夜おそくまで、せつせと働いています。若いころ(五)、あまりからだが丈夫でなかつたそうですが、お客さまに、「いそがしくて、病氣するひまがありません。」と笑つて話します。

次の問の答として、あつているものに一つだけ〇をつけなさい。

（一）ここで子どもというのはだれをさしていますか。

1 私たち　2 おかあさん　3 おとうさん

（二）だれが育てたのですか。

1 おとうさん　2 おばあさん　3 おじいさん

（三）「おばあちゃん」とよぶのはだれですか。

1 おとうさん　2 だれとも書いてない　3 私たち

（四）ふみ子さんとはだれのことですか。

1 おかあさん　2 おばあさん　3 私

（五）だれの若いころですか。

1 おばあさん　2 おとうさん　3 おかあさん

5

つぎの「犬の子に、」の作文の中に、（　）のところが五つあつて、そのどれにも1・2・3三とおりの書き方が出してあります。みなさんがこの作文をしあげるとして、どの書き方が一ばんよいと思いますか。

三つのうちいちばんよいと思うものの上に一つだけ〇をつけなさい。

犬の子

大山くんの家では、かわいい犬の子が五匹も生まれた。そのうち一匹は、㈠｛1 一ばん　2 かなり　3 とくべつ｝大きい。一ばん小さいのはその半分ほどしかない。

五匹の子犬は、ビールの空箱のわらの中でごそごそと動いていた。どれも耳のところと、せなかのところに、黒いもんのような模様のある子犬ばかりで、生まれたばかりのむく毛が、息をしただけでも、鳥の胸毛のように㈡｛1 ふわふわ動いて　2 ふさふさして　3 ふるえて｝いた。

一ばん大きいのをできあげてやると、まだあかない目のふちを動かして、ぶるぶると㈢｛1 ふるえています。　2 ふるえている。　3 ふるえました。｝クンクンないて落ちそうになつたので、思わずしつかりだくと、大きく「クーンクーン」というようにないた。

大山くんは、「あんまり、そんなに強くだくなよ。」といつたので、ぼくは㈣｛1「どうして。」　2「ごめんね。」　3「落すと思つたからだよ。」｝と言いわけをしながら、こんどは、そつとせなかを下に向けて兩手でだいじにだいて、箱の中に入れてやると、子犬のにおいが㈤｛1 して　2 ぷうんとして　3 におつて｝きた。

6

つぎの五つの文には、正しくない言い方のところが一か所ずつあります。わかつたらその部分の右がわに、――を引いて、そこをうまくなおしなさい。

（一）「おもしろそうですね。わたくしもなかまに、はいらさせてください。」

（二）「勉強もしずに遊んでばかりいて、まつたくこまつた子だ。」

（三）「知らない土地へ來て、思いがけなくあなたにお目にかかれて、ほんとにうれしいでした。」

（四）「わたくしがこの間さしあげた手紙は拝見してくださいましたか。」

（五）「わたくしは、そういう意味で言つたのではなかつたのですが、ことばがたりませんでした。あの人がおこるのは、あたりまえです。わたくしは悪かつたのです。」

7

（　）の中に漢字の読みがなをつけなさい。

1 態（　）度（ど）　5 適（　）当（とう）　9 滅（　）る

2 印（いん）刷（　）　6 低（　）い　10 絶（　）える

3 準（じゅん）備（　）　7 確（　）かめる

4 事（じ）務（　）　8 燃（　）える

8

(　　)の中に漢字を書きなさい。

〔漢字の書き方に二通りあるものは、なるべく國語の教科書に出ている字を書きなさい。〕

1 (　こう　)通(つう)がはげしい
2 一(いっ)分(ぷん)と十、(　びょう　)
3 (　にわ　)の草(くさ)
4 空(そら)が(　は　)れる
5 鳥(とり)が(　と　)ぶ
6 太(たい)(　よう　)がのぼる
7 科学(かがく)の(　けん　)究(きゅう)
8 人(ひと)に(　せき　)をゆずる
9 規則(きそく)を(　まも　)る
10 船(ふね)が(　すす　)む

れんしゅう

(一) いまきいたお話で、みなさんにとつてだいじなことはなんですか。つぎの四つの中から二つだけえらんで上に○をつけなさい。

1 きようのひるの食事のあとで先生がたのお話がある。
2 衛生週間は春・夏・秋・冬一年中やつてもよい。
3 夏はあせをかくから、からだがよごれやすい。
4 今週はつめを切つたり、かみの毛をあらつたりして、身のまわりをきれいにする。

(二) この話をきいてから、みんなで話し合つているうちに、つぎのようないろいろな話がでました。このうち、たしかにそう言つていたものの上には○、はつきりしないものとか、ちがつているものの上には×をつけなさい。

1 この学校では、衛生週間は一年中毎月ある。
2 衛生週間には、いつもよりていねいにそうじをする。
3 衛生週間の掲示を六年生がかく。
4 衛生に注意することは、いつでもたいせつである。

小　國　　結果記入票

| 問題番號 | | | 反應 | 判定 正 | 誤 | 無・他 | 採點 |
|---|---|---|---|---|---|---|---|
| 1 | (一) | 1 | | | | | 6 |
| | | 2 | | | | | |
| | | 3 | | | | | |
| | | 4 | | | | | |
| | (二) | 1 | | | | | 3 |
| | | 2 | | | | | |
| | | 3 | | | | | |
| | | 4 | | | | | |
| 2 | (一) | 1 | | | | | 5 |
| | | 2 | | | | | |
| | | 3 | | | | | |
| | | 4 | | | | | |
| | (二) | 1 | | | | | |
| | | 2 | | | | | |
| | | 3 | | | | | |
| | | 4 | | | | | |
| 3 | (一) | | | | | | 4 |
| | (二) | 1 | | | | | |
| | | 2 | | | | | |
| | | 3 | | | | | |
| | | 4 | | | | | |
| | (三) | 1 | | | | | |
| | | 2 | | | | | |
| | | 3 | | | | | |
| | | 4 | | | | | |
| 4 | (一) | 1 | | | | | 2 |
| | | 2 | | | | | |
| | | 3 | | | | | |
| | (二) | 1 | | | | | |
| | | 2 | | | | | |
| | | 3 | | | | | |
| | (三) | 1 | | | | | |
| | | 2 | | | | | |
| | | 3 | | | | | |
| | (四) | 1 | | | | | |
| | | 2 | | | | | |
| | | 3 | | | | | |
| | (五) | 1 | | | | | |
| | | 2 | | | | | |
| | | 3 | | | | | |
| 5 | (一) | 1 | | | | | 3 |
| | | 2 | | | | | |
| | | 3 | | | | | |
| | (二) | 1 | | | | | |
| | | 2 | | | | | |
| | | 3 | | | | | |
| | (三) | 1 | | | | | |
| | | 2 | | | | | |
| | | 3 | | | | | |
| | (四) | 1 | | | | | |
| | | 2 | | | | | |
| | | 3 | | | | | |
| | (五) | 1 | | | | | |
| | | 2 | | | | | |
| | | 3 | | | | | |
| 6 | | 1 | | | | | 3 |
| | | 2 | | | | | |
| | | 3 | | | | | |
| | | 4 | | | | | |
| | | 5 | | | | | |
| 7 | | 1 | | | | | 1 |
| | | 2 | | | | | |
| | | 3 | | | | | |
| | | 4 | | | | | |
| | | 5 | | | | | |
| | | 6 | | | | | |
| | | 7 | | | | | |
| | | 8 | | | | | |
| | | 9 | | | | | |
| | | 10 | | | | | |
| 8 | | 1 | | | | | 1 |
| | | 2 | | | | | |
| | | 3 | | | | | |
| | | 4 | | | | | |
| | | 5 | | | | | |
| | | 6 | | | | | |
| | | 7 | | | | | |
| | | 8 | | | | | |
| | | 9 | | | | | |
| | | 10 | | | | | |
| 計 | | | | | | | |

小学校　　年　　組

番　　男・女　　氏名

小　算

| 学校番號 | |
|---|---|

昭和２８年度

# 小・中学校学力水準調査問題

## 算数科

　　　　小学校　　　年　　　組

　　　番　　男・女　　氏名

### 注　意

(1) 机の上には必要なものだけ（えんぴつ、消しゴムなど）を用意してください。
(2) 先生が「始め」といつたら始め、「やめ」といつたら、そのまますぐやめて、手をひざの上においてください。
(3) 答は、かならず、きめられた □ の中に、書き入れてください。
(4) 計算は、あいているところにやつてください。
(5) まちがつたときは、かならずきれいに消してから、新しい答を書いてください。
(6) むずかしい問題があれば、とばしてやつてもよろしい。
(7) 印刷などについて質問があれば、だまつて手をあげてください。
(8) えんぴつや消しゴムをかしたり、かりたりしてはいけません。
(9) 時間は50分で、じゆうぶんありますから、おちついてやつてください。

小　算

## 調査結果記入票

児童番號　　　番

| 問番 | 題號 | 結果 | 判定 |
|---|---|---|---|
| 〔1〕 | (1) | | |
| | (2) | | |
| | (3) | | |
| | (4) | | |
| | (5) | | |
| | (6) | | |
| | (7) | | |
| | 判定 | | |
| 〔2〕 | | | |
| 〔3〕 | (1) | | |
| | (2) | | |
| | (3) | | |
| | (4) | | |
| | (5) | | |
| | (6) | | |
| 〔4〕 | (1) | | |
| | (2) | | |
| 〔5〕 | (1) | | |
| | (2) | | |
| | 判定 | | |

| 問番 | 題號 | 結果 | 判定 |
|---|---|---|---|
| 〔6〕 | (1) | | |
| | (2) | | |
| | 判定 | | |
| 〔7〕 | (1) | | |
| | (2) | | |
| | (3) | | |
| | (4) | | |
| | (5) | | |
| | (6) | | |
| 〔8〕 | (1) | | |
| | (2) | | |
| | (3) | | |
| | (4) | | |
| 〔9〕 | (1)(1) | | |
| | (1)(2) | | |
| | (2)(3) | | |
| | (2)(4) | | |
| | 判定 | | |
| 〔10〕 | | | |

| 問番 | 題號 | 結果 | 判定 |
|---|---|---|---|
| 〔11〕 | (1) | | |
| | (2) | | |
| | (3) | | |
| | (4) | | |
| | (5) | | |
| 〔12〕 | (1) 1 | | |
| | (1) きめ方 | | |
| | 判定 | | |
| | (2)(1) | | |
| | (2) きめ方 | | |
| | 判定 | | |
| | (3)(1) | | |
| | (3) きめ方 | | |
| | 判定 | | |
| 〔13〕 | | | |
| 〔14〕 | | | |
| 〔15〕 | (1) | | |
| | (2) | | |
| | (3) | | |
| | 判定 | | |
| 〔16〕 | (1) | | |
| | (2) | | |
| | (3) | | |

| 問番 | 題號 | 結果 | 判定 |
|---|---|---|---|
| 〔17〕 | (1)(1) | | |
| | (1)(2) | | |
| | (1)(3) | | |
| | (1)(4) | | |
| | (1)(5) | | |
| | 判定 | | |
| | (2)(1) | | |
| | (2)(2) | | |
| | (2)(3) | | |
| | (2)(4) | | |
| | 判定 | | |
| 〔18〕 | (1)(1) | | |
| | (1)(2) | | |
| | 判定 | | |
| | (2)(3) | | |
| | (2)(4) | | |
| | 判定 | | |

集　計

| | | |
|---|---|---|
| 正 | | |
| 誤 | | |
| 無 | | |
| 計 | | |

# 二、問題　算数

〔1〕 つぎの文は、分数のよせ算をするときの考え方を書いたものです。

□の中には整数、▭の中には分数を書き入れなさい。

$3\frac{1}{5}$は□(1)と▭(2)のことであつて、$1\frac{3}{5}$は□(3)と▭(4)のことです。それで

$3\frac{1}{5}+1\frac{3}{5}$は□＋□(5)と▭＋▭(6)とをあわせたものになります。

だから $3\frac{1}{5}+1\frac{3}{5}$ の答は▭(7)です。

〔2〕 1時間に24kmの速さで走る自動車があります。この自動車が、この速さで走るとして、2時間にどれだけ進みますか。

こたえ ▭

| | |
|---|---|
| 小学校　　年　　組 | |
| 番　男・女 | 氏名 |

〔3〕 つぎの計算をしなさい。

(1) $1\frac{1}{7}+3\frac{5}{7}$　こたえ ▭

(2) $3\frac{4}{5}+3\frac{3}{5}$　こたえ ▭

(3) $2\frac{1}{5}\times 4$　こたえ ▭

(4) $10\frac{6}{7}\div 2$　こたえ ▭

(5) $1-\frac{4}{7}$　こたえ ▭

(6) $1\frac{2}{7}-\frac{5}{7}$　こたえ ▭

〔4〕 めもりのきざみ方に氣をつけて、つぎのはりや、矢じるしのさしているめもりをよみなさい。

(1) (はかり)

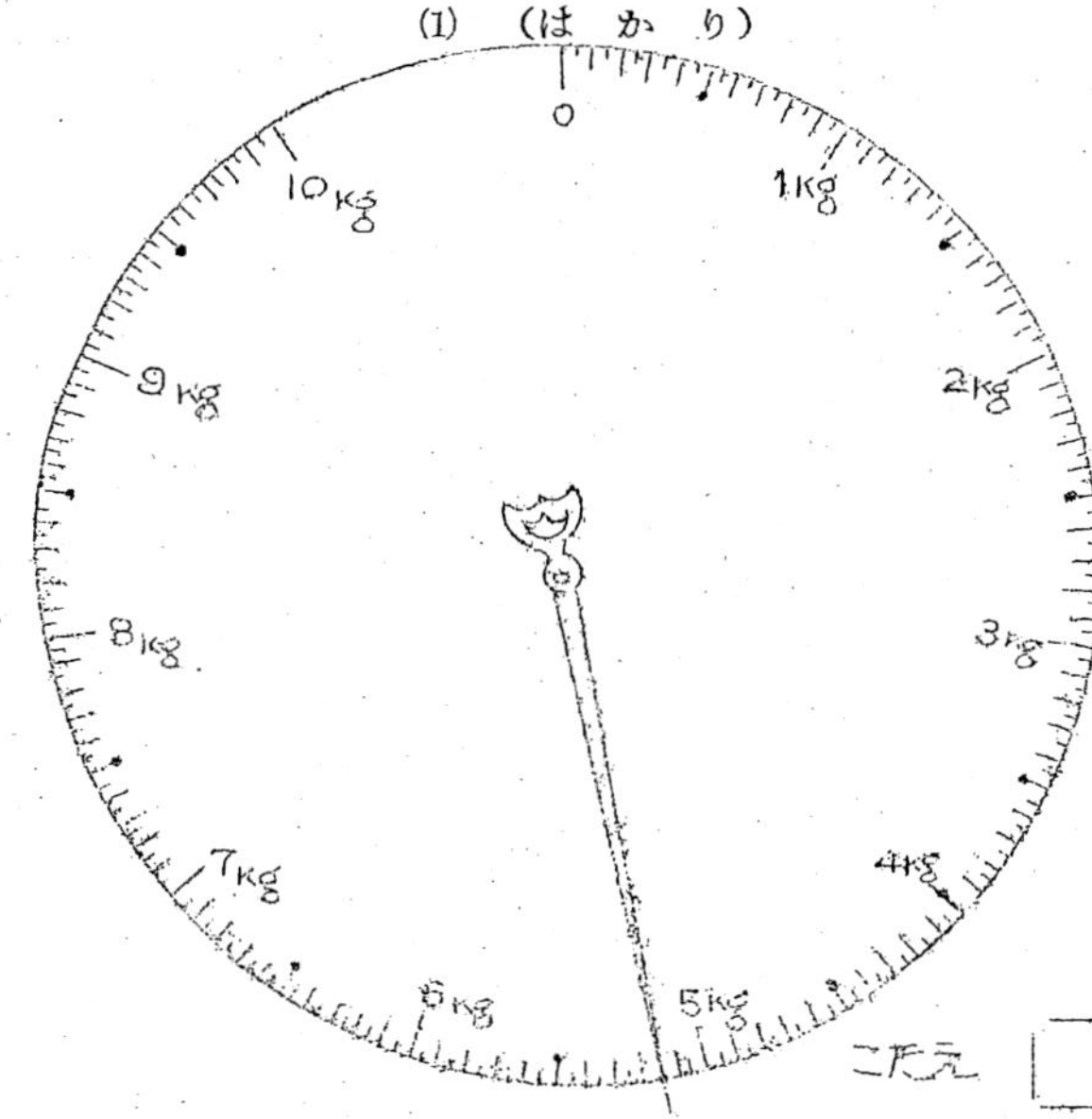


こたえ ▭

(2) (ものさし)

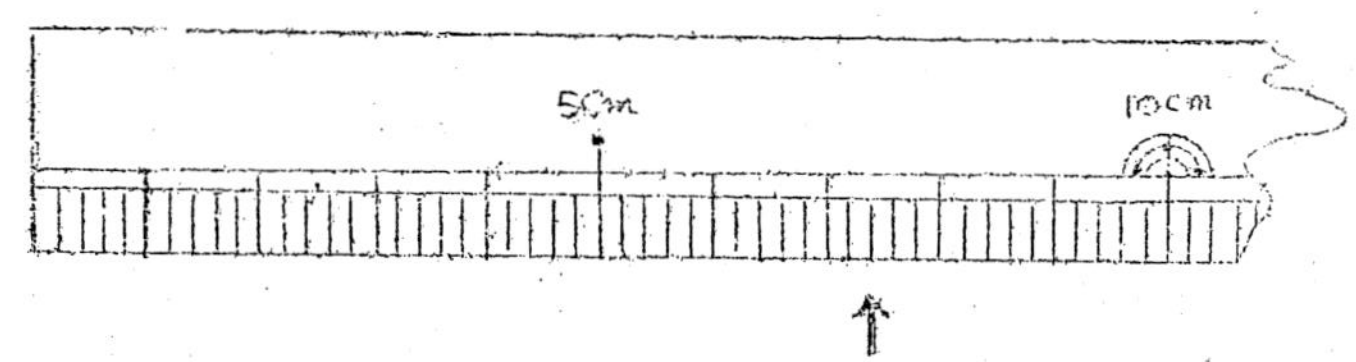


こたえ ▭

〔5〕 ここに、30*cm* のものさしと、1*m* のものさしと、30*m* のまきじやくがあります。学校の運動場に、ドッジボールのコート（場所）を作ろうと思いますが、どれを使つたらよいでしょう。一ばんよいものには、□ の中に○を書き入れなさい。

(1)
- (1) □ 30*cm*のものさし
- (2) □ 1*m*のものさし
- (3) □ 30*m*のまきじやく

そのわけが、下に書いてあります。よいものを一つえらんで □ の中に○を書き入れなさい。

(2)
- (4) □ 短かくて、使いやすいからです。
- (5) □ はかるものの大きさからみて、手ごろだからです。
- (6) □ いつも使つているからです。

〔6〕 つぎの（い）、（ろ）二つの長方形の面積をくらべましよう。

下にかいてあるくらべ方のうちで、よいと思うものを一つえらんで、□ の中に○を書き入れなさい。

(1) （い）たて 56*cm*　　よこ 29*cm*
　　（ろ）たて 29*cm*　　よこ 48*cm*

くらべ方
- (1) □ たて、よこの長さをみくらべただけで、（い）の面積の大きいことがわかる。
- (2) □ たて、よこの長さをみくらべただけで、（ろ）の面積の大きいことがわかる。
- (3) □ 計算してみないと、どちらともいえない。

(2) （い）たて 38*cm*　　よこ 15*cm*
　　（ろ）たて 36*cm*　　よこ 29*cm*

くらべ方
- (4) □ たて、よこの長さをみくらべただけで、（い）の面積の大きいことがわかる。
- (5) □ たて、よこの長さをみくらべただけで、（ろ）の面積の大きいことがわかる。
- (6) □ 計算してみないと、どちらともいえない。

〔7〕 つぎの □ の中に、てきとうな数を書き入れなさい。

(1) 1*m* ＝ □ *cm*　　(2) 1*kl* ＝ □ *l*

(3) 1*kg* ＝ □ g　　(4) 1 *l* ＝ □ *dl*

(5) 1*cm* ＝ □ *mm*　　(6) 1*km* ＝ □ *m*

〔8〕 たて 4 m、よこ 5 m の長方形の面積は、どれだけですか。あつているものには○、まちがつているものには×を □ の中に書き入れなさい。

(1) □ 18$m^2$　　(2) □ 18*m*　　(3) □ 20*m*　　(4) □ 20$m^2$

〔9〕 つぎの（　）の中で、大きい方を○でかこみなさい。また、そのちがいを □ の中に書き入れなさい。

| 例　（5*km*、（6*km*））　[1] *km* |
|---|

（1）　（1*l*、18*dl*）(1) □(2) *dl*　　（2）　（2*l*、18*dl*）(3) □(4) *dl*

〔10〕 帯のような長い形をした紙があります。それは、はばが 4 センチメートルで、長さが 2 メートルです。長さの単位に氣をつけて、この紙の面積を計算しなさい。

こたえ □

〔11〕 つぎの□の中に、てきとうな数を書き入れなさい。

(1) 1 $a$ = □ $m^2$　(2) $1m^3$ = □ $l$　(3) $1km^2$ = □ $ha$

(4) $1ha$ = □ $a$　(5) $1l$ = □ $cm^3$

〔12〕 つぎの文をよんで、□ の中に分数を書き入れなさい。

また、そのきめ方について、｛　｝の中の一つをえらんで、□ の中に○を書き入れなさい。

（1） $\left(1\frac{1}{5},\ \frac{11}{12}\right)$ では、□(1) の方が大きい。

そのきめ方は
- □(2) このままで、分子の大小をくらべる。
- □(3) 分母をそろえてくらべる。
- □(4) 小数になおしてくらべる。
- □(5) このままで整数に目をつける。

（2） $\left(23\frac{3}{4},\ 24\frac{1}{4}\right)$ では、□(1) の方が大きい 。

そのきめ方は
- □(2) このままで、分子の大小をくらべる。
- □(3) 分母をそろえてくらべる。
- □(4) 小数になおしてくらべる。
- □(5) このままで、整数に目をつける。

（3） $\left(\frac{5}{7},\ \frac{4}{5}\right)$ では、□(1) の方が大きい。

そのきめ方は
- □(2) このままで、分子の大小をくらべる。
- □(3) 分母をそろえてくらべる。
- □(4) 小数になおしてくらべる。
- □(5) このままで、整数に目をつける。

〔13〕 ここに $1l$、$5dl$、$1dl$ の三つのますがあります。これをつかつて、およそ $2l$ はいるびんに水を $18dl$ 入れたいと思います。下のはかりかたのうちで、よいと思うものを一つえらんで、□ の中に○を書き入れなさい。

(1) □ $1l$ ますと $5dl$ ますで、1 かいずつ入れ、それから $1dl$ ますで 3 かい入れる。

(2) □ $1l$ ますで 1 かい、$1dl$ ますで 8 かい入れる。

(3) □ $1l$ ますで、2 かい入れて、$1dl$ ますで 2 かいとる。

(4) □ $5dl$ ますで 3 かいと、$1dl$ ますで 3 かい入れる。

〔14〕 1分間に50$m$ の割合で進むと、2時間には何キロメトル進むでしよう。

こたえ □

〔15〕 つぎの（い）、（ろ）二つの汽車のはやさをくらべましよう。どちらがはやいかは、計算しなくてもわかるかどうかを考えて、□ の中に○を書き入れなさい。

(1)

| 汽車の名まえ | 走つた道のり | かかつた時間 |
|---|---|---|
| （い） | 101.9$km$ | 2 時 間 17 分 |
| （ろ） | 101.9$km$ | 1 時 間 49 分 |

(1) □ 時間と道のりをくらべて、(い) のはやいことがわかる。
(2) □ 時間と道のりをくらべて、(ろ) のはやいことがわかる。
(3) □ はやさを計算してみないと、どちらともいえない。

(2)

| 汽車の名まえ | 走つた道のり | かかつた時間 |
|---|---|---|
| (い) | 130.4 km | 2時間5分 |
| (ろ) | 145.7 km | 2時間20分 |

(4) □ 時間と道のりをくらべて、(い) のはやいことがわかる。
(5) □ 時間と道のりをくらべて、(ろ) のはやいことがわかる。
(6) □ はやさを計算してみないと、どちらともいえない。

(3)

| 汽車の名まえ | 走つた道のり | かかつた時間 |
|---|---|---|
| (い) | 101.9 km | 1時間30分 |
| (ろ) | 123.5 km | 2時間55分 |

(7) □ 時間と道のりをくらべて、(い) のはやいことがわかる。
(8) □ 時間と道のりをくらべて、(ろ) のはやいことがわかる。
(9) □ はやさを計算してみないと、どちらともいえない。

〔16〕 (1) 二つの長方形 (い)、(ろ) があります。(い) は (ろ) にくらべてよこの長さは $\frac{1}{2}$ たての長さは4倍になつています。

(い) の面積は、(ろ) の面積の何倍ですか。

こたえ □

(2) 二つの長方形 (は)、(に) があります。(は) は (に) にくらべて、たては3倍、よこは2倍になつています。

(は) の面積は (に) の面積の何倍ですか。

こたえ □

(3) 二つの直方体 (ほ)、(へ) があります。(ほ) は (へ) にくらべて、たては2倍、よこは3倍、高さは5倍になつています。

(ほ) の体積は (へ) の体積の何倍ですか。

こたえ □

〔17〕 つぎの □ の中に、てきとうな数を書き入れなさい。

(1) $1m^2$、$1a$、$1ha$、$1km^2$ の大きさの正方形があります。

これらの正方形の一辺の長さは、

じゆんに (1)□ m、(2)□ m、(3)□ m、(4)□ m、になつています。それで、その面積は、

じゆんに (5)□ 倍になつています。

(2) $1cm^3$、$1l$、$1m^3$ の大きさの立方体があります。

これらの立方体の一りようの長さは、

じゆんに (1)□ cm、(2)□ cm、(3)□ cm、になつています。それで、その体積は、 じゆんに (4)□ 倍になつています。

〔18〕 つぎの□の中に、面積や容積の単位の名まえだけを書き入れなさい。
数をかき入れないように工夫しなさい。

(1) たて20m、よこ30mの長方形の土地の面積は、

2×3と計算して6 □(1) とわかります。それは、たて・よこ10mの

正方形の面積は1 □(2) だからです。

(2) うちのりが、たて20cm、よこ30cm、深さ40cmのいれものがあります。

その容積は2×3×4と計算して24 □(3) とわかります。

それは、うちのりの、たて・よこ・深さが、それぞれ10cmの立方体のますの容積は1 □(4) だからです。

# 一、実施要領

## 1 一般的注意事項

(イ) 学校当局や父兄等に対して、この調査は、決してその学校や児童の評價を目的とするものでなくその学級の児童をサンプルとして調査することによつて、現在の学習指導の改善に資するためにおこなうものであることを説明してほしい。

(ロ) 調査者は児童に無用の不安や緊張をおこさせることがないよう指示の與えかたや態度などに十分注意されたい。

## 2 実施前になすべき事項

(イ) 学校に連絡して調査の前日に、調査をうける児童に対しては番號を確認させておく。この番號は全教科を通じて共通のものとする。

(ロ) 前もつて調査問題用紙の種類、部数をそろえ落丁、乱丁、などの有無を点検しておく。

(ハ) 学校に連絡して調査実施する教室内の掲示物などで、調査内容に影響があると考えられるものは、あらかじめ取除くか又は見えぬようにしておく。例えば、國語科における新出漢字表、算数科における各種の単位関係や計算の公式を示す表、各種測定器具の目盛を示す図、社会科における歴史年表、地図等、なお調査実施の直前にこれをはっきり確認しておくこと。

(ニ) 児童はできるだけ一つの机に一人ずつ座らせるようにする。机毎に児童の番號をつけておくとよい。

(ホ) 児童が出來るだけ好條件で調査をうけるように採光、通風、煖房、防音などに留意する。

(ヘ) 児童には教室に入る前に便所に行かせ、又筆記用具を點檢させておく。

## 3 実施の指針

### 國語科

(イ) 児童の着席

(ロ) 児童が問題用紙に手をふれないように注意してから配布する。

(ハ) 次に児童に、学校の名まえ、学年、組、児童の番號と氏名をかきこませる。この際、児童が自分の番號をおぼえているかどうかを確認する。男・女は○でかこませる。以上を一つずつ説明して書かせ、書いたことを確認してから次を書かせるようにする。

(ニ) 最後の頁の結果記入票は児童には関係のないことを注意する。

(ホ) 問題用紙の表紙に書いてある「注意」の事項をゆつくりと読んできかせる。

(ヘ) 問題は[1]から[8]まで8問ある。それを
(1) 聞きとりの練習（裏表紙参照）
(2) 第1問（聞きとり）
(3) 第二問から第八問までの三つに区分して実施する。

(ト) 以上注意したこと、その他について質問をうける。このとき始まつてからは質問を許さないことを注意する。以下、次の順序に従つて実施する。

(チ) (1) 聞きとりの練習
「このテストは全部で8題ですが、一番はじ

めに聞きとりのテストがあります。そのやりかたがわからないといけないからはじめにやりかたの練習をします。」

「いま先生がお話をよみます。みんなはそれをだまつて聞いていて、そのお話について、この裏表紙に「れんしゆう」と書いてあるところの質問に答えるのです。では裏表紙の方を出してください。」

「まだそこを読んではいけません。お話を聞いてから読むのです。お話は一回しかよみません。鉛筆は持たないで樂な、よい姿勢で聞いていてください。」

「では、はじめます。」

聞きとり（れんしゆう）—≡は休止を示す。
きようから≡この学校の—衛生週間が≡はじまつています。≡衛生週間というと≡夏に—することが—多いですね。≡夏は—あせをかいて—からだがよごれるし、≡バイキンの仂きも—かつぱつになるから≡衛生に注意することが≡特に大切です。≡しかし—衛生ということは、≡夏だけでなく、≡秋でも—冬でも、≡また夏でも、≡一年中いつでも—大切なことです。≡それで—この学校では≡一年を通じて、≡時々≡衛生週間をすることに—なつているのです。」
この週間中に、—学校では、≡衛生に関する—お話をしたり、≡提示を出したり—します。≡みなさんとしては、≡学校の中を≡いつもよりも—よく≡お掃除をして—ください。≡それから、≡つめを切つてきたり、—かみの毛を—あらつて來たりして、≡身のまわりを—きれいに—することです。」
きようの—おひる休みに、≡校長先生や—ほかの先生がたから、≡衛生週間の仕事について、≡もつと—くわしい≡お話が≡あります。≡それですから、≡食事が終つたら—静かに—運動場に出て、≡いつもの通り—整列してください。≡お知らせは≡これで—終ります。」

1分四〇秒

「はい、鉛筆をとつて、」「はじめ。」（四分）

「やめ。」「鉛筆をおいて、」「正しい姿勢になります。」

「これは練習ですから、正しい答を言います。自分の書いた答を見ていてください。」

（問題㈠とI、2、3、4を読む）

「さあこれで、みなさんにとつてだいじなことというのは1と4ですね。ほかは、いまみなさんがしなければならない、だいじなことではありませんね。ですから1と4に〇のついたのがいい。できた人は手をあげてごらんなさい。……よろしい。」

「失敗した人はこんどのほんとうの時に氣をつけてください。つぎは。」

（問題㈡と1、2、3、4をよむ）

「1は×、2は〇、3は×、4は〇ですね。そういうふうにできた人は手をあげてごらんなさい。……よろしい。」

「練習はこれで終ります。答案用紙の表の方を出してください。」

「ほんものの時もいまのように、あんまりこまかい問題は出ません。それから〇をいくつつけるのか、〇だけか、×もつけるのか、よく問題をよんでから答を書くのですね。」
(2)「では、こんどはほんとうのお話を読みます。」
（聞きとり問題教師用を読む）

問題1　聞きとり
これは、≡ある朝、≡先生が≡話してくださつた—ことです。≡では、—はじめます。」
みなさんは、—防火週間ということを≡知つているでしよう。≡きようは、≡その防火週間の—第一日です。≡けさ、—学校の掲示板に≡「火の用心」というポスターが≡はつて—あつたのを≡見たでしよう。≡みなさんの家にも、≡消防のおじさんたちが≡「火の用心」—と書いたビラを≡配つて行くことに—なつています。
みなさんは≡建物が火事になつて—燃えているのを—見たことも—あるでしよう。≡ついこの間も、≡長野県の学校が—火事になつて、≡生徒たちの—勉強するところが—なくなつて≡こまつている—ということが、≡新聞に—出て—いましたね。≡その写真を—見た人も—あるでしよう。≡日本の建物は—木と紙で—作つてあるので—火事になりやすいのです。」
　寒くなると、＝みなさんのうちでは、＝火鉢を出したり、—こたつを作つたり—するでしよう。＝学校でもストーブを—たきますね。＝火を使うことが—多くなります。＝防火週間にあたつて、＝みんなで、—火に氣をつけて＝火事をおこさないように、＝五、六年生で—「火の用心」のポスターを—作ることになりました。＝あしたの—三時間目が＝ちようど＝図画の時間ですから、＝どんなポスターを—作つたらよいか＝考えてきて—ください。＝ですから、＝図画の用意を＝忘れないように—しましよう。＝できあがつたら、—みんなの書いた—ポスターを—町に貼つて＝町中の人たちが＝「火の用心」を—するように、＝わたくしたちも、—消防のおぢさんたちに—力を—合わせましよう。」
　話は—これで—終ります」
（所要時間2分5秒）

「第1ページ、第2ページのところを開いて。問題[1]を出しなさい。」
「開きましたね。はじめ。」（7分）
「やめ」
問題2—8（四三分）

(3)「それでは、これからあとは、全部続けてやります。時間はたつぷりありますから余りあわてないでおやりなさい。第3ページ、第4ページのところを開いてください。これができたらそのつぎも自分で勝手に開いてどんどん先をやつてよいのです。では鉛筆をとつて。」「はじめ。」（43分）[2]—[8]

(リ)「やめてください。」問題用紙を回収して、部数を点検する。

## 算数科

(イ) 児童の着席

(ロ) 児童が問題用紙に手をふれないように注意してから配布する。

(ハ) 問題用紙の表紙に書いてある「注意」の事項をゆつくりと読んできかせる。
(5)を読むときは、(10)と板書して消して見せた上、二本棒で、はつきり消すか、消しゴムで消して、書くことを具体的に説明する。
(9)を読む時には、時間が終らないうちに問題を全部やり終つても、しらべなおしながら待つているように注意する。

(ニ) 表紙の裏の結果記入票は児童に関係のないことを注意する。

(ホ) 以上注意したことその他について、質問をうける。この時、始つてからは、質問を許さないことを注意する。

(ヘ) 次に児童に学校の名まえ、学年、組、児童の番號と氏名を書きこませる。
この際、児童が自分の番號をまちがいなくおぼえているか、どうかを確認する。

男・女は○でかこませる。以上を一つずつ説明して書かせ、書いたことを確認してから次をかかせるようにする。

次に第1頁の問題の下にある学校の名まえ、学年組、児童の番號、氏名、男、女を同様に書かせる。この時、氏名を書き終つたものは、すぐ表紙をとじて待つているように注意する。

全部が書き終つたのを見届けてから「では始めましよう」といつて表紙をあけさせて始めさせる。

—50分—

(ト)「やめてください。」問題、用紙を回収して、部数を点検する。

# 三、結果の処理

各教科の学力調査が終了したならば、次はその結果の基礎的整理の段階に進むわけであるが、この整理の仕事には必ず調査者が直接に當るようにしてほしい。結果の整理に當つては、次に示す各教科毎の整理様式に従つて行うようにする。

　調査結果記入票への記入の仕方

國語科、問題用紙の表紙の3（裏表紙）に、結果記入票がついている。この結果記入票は、
(一) 反應　(二) 判定　(三) 採点
の三つの欄に分れている。

1　反應の記入　たとえば[1]でいえば右表のように、用紙の上の方に被験者が○や×をつけたその通りに書く。したがつて○を一つだけつけるように書いてあるにもかかわらず、二つつけて、下の右表のような場合も生じて來るがこれもその通りに記入す

る。或る項について無反應の場合は空欄となる。

| ㈠ | | | | ㈡ | | | |
|---|---|---|---|---|---|---|---|
| 1 | 2 | 3 | 4 | 1 | 2 | 3 | 4 |
| ○ | | | | ○ | ○ | × | × |

| ㈠ | | | |
|---|---|---|---|
| 1 | 2 | 3 | 4 |
| ○ | | ○ | |

7 8 の漢字に對する反應のところは、正誤にかかわりなく手をつけたものにはVじるしをつける。

2 判定の記入　別項の「正答表」にしたがつて、左の表のように記入する。

| 問題 | | | 反應 | 判定 正 | 誤 | 無・他 |
|---|---|---|---|---|---|---|
| 一 | ㈠ | 1 | ○ | | | |
| | | 2 | | | | V |
| | | 3 | ○ | | | |
| | | 4 | | | | |
| | ㈡ | 1 | ○ | V | | |
| | | 2 | ○ | | V | |
| | | 3 | × | V | | |
| | | 4 | × | | V | |

上の表のように一つだけ○をつけるべきであるのに、二つ以上つけた場合は、その一つが正であつても、「無他」の欄に記入する。

問題 1 の㈡において全部が×、全部○をつけたもの有効とし、正答表にしたがつてそれぞれ正誤を判決する。

3 採點の記入　採點は次のような軍みづけをする

| 問題 | 配點 | 滿點 |
|---|---|---|
| 1 ㈠ | 6 | 6 } 18 |
| ㈡（1、2、3、4） | 各3 | 12 |
| 2 ㈠ ㈡ | 各5 | 10 |
| 3 ㈠ ㈡ ㈢ | 各4 | 12 |
| 4 ㈠ ㈡ ㈢ ㈣ ㈤ | 各2 | 10 |
| 5 ㈠ ㈡ ㈢ ㈣ ㈤ | 各3 | 15 |
| 6 ㈠ ㈡ ㈢ ㈣ ㈤ | 各3 | 15 |
| 7 1……10 | 各1 | 10 |
| 8 1……10 | 各1 | 10 |
| 計 | | 一〇〇 |

4 注意事項　結果記入票には児童の番號氏名の記入を忘れないようにすること。

國語科（小学校）　　正答表

| 問題番號 | | 答 |
|---|---|---|
| 1 | ㈠ | ○3　（備考）○を二つ以上つけたとき，一つ合つていても「無・他」と判定し，○点とする。 |
| | ㈡ | ○1　×2　×3　○4 |
| 2 | ㈠ | ○3　（備考）1 ㈠と同じ。（以下同様） |
| | ㈡ | ○2 |
| 3 | ㈠ | 1（一千九百十二年）<br>2（しかし　）<br>3（これは　）<br>（備考）(ロ)(ハ)(イ)でもよい。三つとも完全にできたものだけを正と判定する。 |
| | ㈡ | ○2 |
| | ㈢ | ○4 |
| 4 | ㈠ | ○3 |
| | ㈡ | ○2 |
| | ㈢ | ○2 |
| | ㈣ | ○1 |
| | ㈤ | ○3 |
| 5 | ㈠ | ○3 |
| | ㈡ | ○1 |
| | ㈢ | ○2 |
| | ㈣ | ○3 |
| | ㈤ | ○2 |

算数科

調査結果記入票は、問題毎に、児童の個人別反應を正確に写しとるためにつくつてある。

(イ) 児童が、問題用紙の答の□の中に記入した数字や、○をつけた選択肢の番號（問題〔5〕〔6〕、〔13〕〔15〕、及び〔12〕の「きめ方」）をそのまゝ「結果記入票」の該当欄に写しとる。

（無答の場合は結果欄に斜線をひく）

算数科（小学校）

# 正　答　表

| 問題番號 | | 正答 | 備考 |
|---|---|---|---|
| 〔1〕 | ① | 3 | ①から⑦まで全部正答のときにかぎり(1)を正答とする。 |
| | ② | $\frac{4}{5}$ | |
| | ③ | 1 | |
| | ④ | $\frac{3}{5}$ | |
| | ⑤ | $\boxed{3}+\boxed{1}$ | |
| | ⑥ | $\boxed{\frac{1}{5}}+\boxed{\frac{3}{5}}$ | |
| | ⑦ | $4\frac{4}{5}$ | |
| 〔2〕 | | 48km | キロメートルとかいてもよい |
| 〔3〕 | ① | $4\frac{6}{7}$ | |
| | ② | $\frac{1}{5}$ | |
| | ③ | $8\frac{4}{5}$ 又は $\frac{44}{5}$ | |
| | ④ | $5\frac{3}{7}$ 又は $\frac{38}{7}$ | |
| | ⑤ | $\frac{3}{7}$ | |
| | ⑥ | $\frac{4}{7}$ | |
| 〔4〕 | ① | 5.15kg, 5.150km 5.150g, 5kgと150g | 單位名は假名でかいてもよい |
| | ② | 7.4cm　74mm 7cm　4mm | |
| 〔5〕 | ① | ③と⑤の兩方に○をつけたもの | |
| 〔6〕 | | ①と⑤の兩方に○をつけたもの | |
| 〔7〕 | ① | 100 | |
| | ② | 1000 | |
| | ③ | 1000 | |
| | ④ | 10 | |
| | ⑤ | 10 | |
| | ⑥ | 1000 | |
| 〔8〕 | ① | ☒ | |
| | ② | ☒ | |
| | ③ | ☒ | |
| | ④ | ◯（枠内） | |
| 〔9〕 | (1) ① | 18 l | ①から④まで全部正答のときにかぎり(9)を正答とする |
| | (1) ② | 8 | |
| | (2) ③ | 2l | |
| | (2) ④ | 2 | |
| 〔10〕 | | 800 $cm^2$ | 平方センチメートル（メートル）平方cm（m）とかいてもよい。 |
| | | 0.08 $m^2$ | |
| 〔11〕 | (1) | 100 | |
| | (2) | 1000 | |
| | (3) | 100 | |
| | (4) | 100 | |
| | (5) | 1000 | |
| 〔12〕 | (1) | $1\frac{1}{5}$と⑤の兩方できたもの | (1)の③④と(2)の④については「問題のねらいと解釋の要領」 |
| | (2) | $24\frac{1}{4}$との兩方できたもの | |
| | (3) | $\frac{4}{5}$と③或は④の兩方できたもの | |
| 〔13〕 | | (1)又は③ | |
| 〔14〕 | | 6km | キロメートルとかいてもよい |
| 〔15〕 | | (2)⑥⑦三つそろってできたもの | |
| 〔16〕 | | 2 | 「倍」をつけてもよい。 |
| | | 6 | |
| | | 30 | |
| 〔17〕 | (1) ① | 1 | (1)から⑤まで全部できたものにかぎり(1)を正答とする。 |
| | (1) ② | 10 | |
| | (1) ③ | 100 | |
| | (1) ④ | 1000 | |
| | (1) ⑤ | 100 | |
| | (2) ① | 1 | ①から④まで全部できたものにかぎり(2)を正答とする。 |
| | (2) ② | 10 | |
| | (2) ③ | 100 | |
| | (2) ④ | 1000 | |
| 〔18〕 | (1) ① | a | ①②兩方できたものを(1)の正答③④兩方できたものを(2)の正答とする。 |
| | (1) ② | a | |
| | (2) (3) | 1 | |
| | (2) (4) | 1 | |

| | | （正　答　例） | （誤　答　例） |
|---|---|---|---|
| 6 例以外の反應は正否にかかわらず見ない。この箇所に示した箇所だけを問題にする。 | (一) | はいらさせて → はいらせて<br>はいらして<br>いれて<br>はいらさせて → せ<br>はいらさせて → して<br>はいらさせてください → いれてもらおう<br>いれてちょうだい | はいらさせて → はいらせて<br>（はいらせててとなるから誤答となる） |
| | (二) | しずに → せずに　せづに<br>せず　しないで<br>→ やらず　やらないで<br>やらずに<br>できないのに<br>できないで<br>しずに → ないで<br>しずに → せ | しずに → せずに　しないで |

| | | | |
|---|---|---|---|
| | (三) | うれしいでした → うれしいです<br>うれしかつた<br>うれしく思います<br>うれしく思いました<br>うれしいことです<br>うれしいと思います<br>うれしいわ<br>うれしゆうございます<br>うれしいのです<br>うれしいでした → す | うれしいでした → うれしいかつた |
| | (四) | 拝見してくださいましたか → 見て<br>よんで、ごらん | 拝見してくださいましたか → 見<br>拝見してくださいましたか → 見たか<br>見てくれたか |
| | (五) | わたくしは悪かつた → わたくしが<br>わたくしも | |

| | | （正　答） | （誤　答　例） | 備　考 |
|---|---|---|---|---|
| 7 | 1 | たい | たえ，たひ | ※ かたかな，ひらがなの混用はかまわない。かなづかいは問題にしない。<br>※ 問題6では文字や表記の誤は許容する。たとえば，うれしゆうございます，をうれしゆうござゐますとしても正答とする。 |
| | 2 | さつ | | |
| | 3 | び | | |
| | 4 | む | | |
| | 5 | てき | | |
| | 6 | ひく | しく，ひくい | |
| | 7 | たし | たしか | |
| | 8 | も | もえ，もえる | |
| | 9 | へ | へる，え | |
| | 10 | た | たえ | |

| | | （正　答　例） | （誤　答　例） |
|---|---|---|---|
| (8)（字体は新字体でも旧字体でもよいとする） | 1 | 交　交　交　交 | 交　文　行　公 |
| | 2 | 秒　秒　秋 | 杪　秒　粆 |
| | 3 | 庭　庭　庭　庭 | 庭　庭　庭　庭　庭 |
| | 4 | 晴　晴　晴　晴 | 晴 |
| | 5 | 飛　飛　飛　飛 | 飛　飛　飛　飛 |
| | 6 | 陽　陽　陽 | 陽　陽　陽 |
| | 7 | 研　研　研 | 研　研　研 |
| | 8 | 席　席　席　席 | 席　席 |
| | 9 | 守　守 | 守　守　守　守 |
| | 10 | 進　進　進　進　進 | 進　進　進　進 |

# 四、結果の解釈

## 算　数　科

### 1、問題の構成

この調査でとりあげられた問題の数学的な内容をあげると次の如くである。

A　分　数

イ　分数の記数法の大小

ロ　同分母の分数計算の方法上の原理とその應用

B　測　定

イ　量に対する感覺

1．測定を正しくしかも能率のあがるようにするために計器を選択すること。

2．量の大きさをわかりやすくするために單位を適当に選択すること。

3．量の大きさを示す数値をまとめこれを用いて量の大小を判定すること。

ロ　單位の概念

1．量の種類と單位の名称

2．メートル法の單位の相互関係

ハ　実　測

1．計器の目盛をよむこと。

ニ　計算を用いての測定

1．計算の單位に氣をつけること。

2．單位をそろえてから計算にとりかかること。

### 2、解　　釈

問〔1〕　$3\frac{1}{5}+1\frac{3}{5}$ の思考過程を分析的にテストしたもので．完全に理解しているものが24.8%で機械的に計算出來るものが28.5%もある。結果的に答だけ見れば53.3%の大多数が計算出來るということになるが正解の大多数が機械的に計算したに過ぎない。

思考過程を分析して見て真に理解しているのは24.8%である。

〔2〕　道のりが計算で求めることがわかつているかどうかを見る問題で69.7%の正答率であるが．この程度の問題は六年としてもう少し高率であるべきでなかろうか。

〔3〕　問〔3〕の六つのうち①②③④は帯分数の記数法を活用して計算出來るかどうかを見るためのもので．①②の加減算は割合高率を示めし③④の乘除算は低率である。⑤⑥は繰下りのある場合における計算の方法上の原理がわかつているかどうかをみるためのものである。之は50%以上である。

①の問題で誤答19.4%のうち分数計算の全然出來ないもの．帯分数の整数．分子．分母をそれぞれ加えて計算しているものが2%近くもある。

②では正答51%で誤答のうちには整数部．分母．分子をそれぞれ減じて $\frac{1}{0}$ としたものが2%あり、真分数ならば計算出來るが．帯分数になると整数の処理が出來ないで計算の出來ないものが1.5%もある。

③では正答率51%．誤答では整数部のみを乘じたもの2%分母．分子．整数の部分の各々に乘じたもの1.5%分母のみに乘じたもの4.2%分子のみに乘じたもの12.6%、計算の誤り20.6%となつている。

④の割算になると正答率が著しく減つて24.8%という数を示している。分数の四則計算では一番低率を示し最も困難を感じている。誤答のうち分数を整数で割る計算では單に分母にかければよいと機械的計算に流れ分数を複雑にしているのがある。

⑤⑥の繰下りのある場合の計算ではそれぞれ58.0　50.7%しめしている。

〔4〕　計器の目盛りを読むとき．その一目盛がどれだけ示すかについて氣をくばつているかを見るものであるが一目盛の量に氣がくばられていない。

①の場合5kg－6kgの間を10等分と早合点して5.3kgと解答したのが．29.3%もある。（実際は20等分で51.5kgになる）

②の場合でもそうである。実際1目盛2mm單位を1mmと早合点したものが32.3%もある。

之を要するに計器に接觸する機会が少ない関係もあつて．正答率は極めて低い。もつと計器を使つて実測する学習や．計器を見るときにその一目盛はどれだけになつているかについて．氣を配るような態度をつくるべきである。

〔5〕　測るものの大きさを直視して．それに対する計器を選択する能力を見ようとするもので．正答率43.2%である。

大きさに対する直觀でなくて習慣的に使つているからと解答したものが27.7%もある。尙このような問題は測定する態度による関係上．ペーパチストだけでは不十分である。

〔6.〕 長方形の面積の大小に対して直觀がどの程度仂くかをみようとしている。

(1)(2)共に直觀で判定出來るものが21.6% ①は直觀で②は計算で判定出來るものが 4.1%、兩方共に計算しなくてはわからないものが30.4%となつている。実際問題として学習したことが少く觀念的に学習している事になる。

〔7〕 メートル法の單位の相互関係で日常生活に使われているもの程よい率を示めし長さ．重さ．体積の單位の順になつている。

| | | |
|---|---|---|
| 1 | 72.5 | 1 m |
| 2 | 42.5 | kl |
| 3 | 64.8 | kg |
| 4 | 53.6 | 1 l |
| 5 | 70.6 | cm |
| 6 | 64.0 | km |

〔8〕 正解 42.2%

面積の單位に氣をつけてないために單に面積の出し方の方法のみを知つているものが14.2%面積の算出の方法が知らないもの45%

〔9〕 lとdlの大小關係が十分わかつていない。

正答率12.1% 〔13〕の問題に比べて．正答率が低いのは問題形式になれていないためであろう。

〔10〕 センチメートル．メートルの二つの單位が用いられておりしかも問題にゝ長さの單位に氣をつけてゝとあるにもかゝわらず單位よりも数値に先に目をつけて計算してしまうことが意外に多い。

(21.6%) メートルをセンチメートルになおして計算しているが．面積の單位に氣をつけなくて單に800としたり800cmとしたりしたのが．7%もある。

〔11〕 〔7〕〔9〕と共にメートル法の單位の相互関係を理解しているかどうかをみようとするものであるが．〔7〕のように長さに対する單位については相當の正答率であるにもかゝわらず面積や体積の單位については芳ばしくない。特に体積関係は悪い。

〔12〕 分数の大小の比率であるが．① の $1\frac{1}{5}$ と $\frac{11}{12}$ の比較であるが．正答中．そのきめ方はゝ整数に目をつけるゝの正答11%に対し．ゝ小数になおしてくらべるゝが19.9%になつている。②の $23\frac{3}{4}$ と $24\frac{1}{4}$ ではゝ整数に目をつけるゝの正答18.8%に対して．ゝ小数になおしてくらべるゝでは13.1%となつている。③の $\frac{5}{7}$ と $\frac{5}{4}$ ではゝ分母をそろえて……ゝの正答21.0%に対して、ゝ小数になおしてくらべるゝの方が8.5%となつている。

こゝでも〔1〕〔3〕の所でふれたように真分数の場合は割合よいが帯分数になると正答率が低くなり帯分数の基本的な事項の理解が不充分である。

〔13〕 1 l 5 dlの三つのますを使つて18dlをはかる方法であるが．〔9〕の場合には1 lと18dlの大小のちがいを知つているのは少いが〔13〕の場合の正答率は39.9%となつている。これからいうとlとdlの大小を知つてこれら三つのますをよく使いこなすものが39.9%もあるということになる。ところが〔9〕の項でlとdlの大小の判断のつくものは12%となつていることから〔9〕の項でもふれたように問題形式になれていなかつたのではなかろうか又〔13〕の場合は四つの選択肢に対して．正答が二つもあるのでまぐれあたりの確率は大きくなる。39.9%は〔13〕のまぐれあたりとみるか？未だその原因は究明してない。

〔14〕 單位に氣をつけて速さについての処理をする問題であるが．計算によつての求め方は〔2〕69.7%．〔8〕42.2%によつてわかる。

又單位に氣をつけているかどうかは〔10〕7.3%によつて知ることが出來る．之によると〔14〕正答率（13.3%）が低いのは計算よりも單位に対する配慮が足りなかつたとみることができる。

更に〔14〕の誤答を検討して見ると、上の推察は正しいことが解る。即ち．時間の單位はなおしてあるが．mとkmをごつちやにした誤りが8%もあり倘又時間の單位も距離の單位もそのまま計算したものが7.4%もある。

〔15〕 量の大きさを計算によつて測定する場合に量の大きさについての直觀が仂いて測定しているものが4.5%形式的な計算によつて始めて測定出來るものが8.5%である。

〔16〕 辺や積の割合から面積や体積の割合をみるものであるが．面積の場合が体積の場合に比べて正答率は高い。

1、 24.4%　　2、 25.7% ……面積
3、 18.0% …… 体積

〔17〕 面積や体積のメートル單位の系列が理解されているかどうかを見るものであるが $1m^2$, 1a. 1ha, $1km^2$ の正方形の辺の割合を完全にわかつている

ものが0.2%で極めて悪い。又，1cm$^2$, 1l, 1m2の立方体の稜の関係を理解しているものの0.11%で之も極めて悪い。

〔18〕 面積や体積を計算するときその大きさを見通して適当な単位に變換していくことが出来るかどうかを見ようとするものでその正答率0.46で極めて悪い。

以上をまとめてみると分数では帯分数の基本的な事項についての理解が不十分で，四則計算では加減は半分以上は理解しているが乗除は低率で除算は極めて悪い。測定については，重さ，長さの単位関係については相当の正当率を示しているのに目盛の読みになると8.9—15.1%と悪くなっている。

面積については大小の比較は21.6%で直觀的にその大いさをとらえることは出来ない。

単位系列についての理解も殆どない。

体積については大小の比較，倍関係を見る能力や単位系列の理解は殆どない。

測定の問題を通じて一般的に觀念的で形式的な計算問題はよく出来るのに対し，実際問題については余り芳しくない、この辺にいろいろな問題が残されているようだ。

## 各問題の正答率とねらい

| 番號 | 正答率 | 問題 | 問題のねらい |
|---|---|---|---|
| 1 | 24.8 | $3\frac{1}{5} + 1\frac{3}{5}$ | 帯分数の基本的な理解<br>帯分数の整数単位と分数単位がわかつて寄算をすることが出來るか |
| 2 | 69.7 | 1時間に24kmの速さの自動車が2時間に進む距離はいくらか | 児童が測定単位に氣をつけて作業をするか<br>道のりを計算で求めることが出來るか |
| 3 | 52.3 | 帯分数の計算<br>(1) $1\frac{1}{7} + 3\frac{5}{7}$ (2) $3\frac{4}{5} - 3\frac{3}{5}$<br>(3) $2\frac{1}{5} \times 5$ (4) $10\frac{6}{7} \div 2$<br>(5) $1 - \frac{4}{7}$ (6) $1\frac{2}{7} - \frac{5}{7}$ | 帯分数の四則計算ができるか |
| 4 | 12.0 | 50gまでよめる秤、2mmきざみの物差をそれぞれ図示してよむ | 計器の目盛をよむときに一目盛はどれだけになつているかをたしかめるかどうか |
| 5 | 43.2 | ドッジボールコートを測るために，30cm 1mの物差と30mの巻尺の中どれを使うか | 測る量の大きさによつて計器を選択することができるかどうかをみる。量の大きさ特に単位の大きさに対する直觀力がはたらくか |
| 6 | 21.6 | 二つの長方形の面積の大小を比較する<br>{たて 56cm よこ 29cm と {たて 29cm よこ 48cm の比較<br>{たて 38cm よこ 35cm と {たて 15cm よこ 29cm の比較 | 長方形の面積の大小に対して直觀がどのようにはたらくか |
| 7 | 61.5 | 1m = □ cm　1kl = □ l<br>1kg = □ g　1 l = □ dl<br>1cm = □ mm　1km = □ m | メートル法の単位の相互関係を知つているかどうか |

| | | | |
|---|---|---|---|
| 8 | 42. 2 | たて4m. よこ5m の長方形の面積はどれだけかあつているものに○をつけよ<br>□ 18m² □ 18m<br>□ 20m □ 20m² | 面積の単位に氣をつけているかどうか<br>計算で面積を求めることができるかどうか |
| 9 | 12. 1 | 1l と18 dl ではどちらが何 l 大きいか<br>又 2l と18dl では | メートル法の単位の關係<br>l と dl の關係 |
| 10 | 7. 3 | 巾4cm長さが2mの長い紙があります長さの單位に氣をつけて. 面積を計算しなさい | 測定の單位に氣をつけてしごとをするかどうかセンチメートルとメートルの二つの單位に氣をつけて計算するかどうか |
| 11 | 19. 5 | □の中に適当な數を入れなさい<br>1 a ＝□ $m^2$ 　$1m^3$ ＝□ l<br>$1km^2$＝□ ha 　1ha ＝□ a<br>1 l ＝□ $cm^3$ | メートル法の單位の相互關係をしているかどうか |
| 12 | 20. 0 | 分数の大小の判断<br>$\left(1\frac{1}{5}\right.$ と $\left.\frac{11}{12}\right)\left(23\frac{3}{4}\right.$ と $\left.24\frac{1}{4}\right)$<br>$\left(\frac{5}{7}\right.$ と $\left.\frac{4}{5}\right)$ その大小のきめ方を選択肢で出してある | 分数の大小の判定ができるかどうかをみるためのもので(1)(2)はともに分數の記数法を活用して直接に大小を判定出來るかどうか. (3)は單位分数の異なる場合. 單位を揃えて比較できるかどうか |
| 13 | 39. 9 | 1l. 5dl. 1dlの三つのますで2lはいるびんに水を18dl入れたいがどんな方法がよいか. 四つの方法を選択肢で示してある | 測る量の大きさによつて適当な計器を選択することができるかどうか |
| 14 | 13. 3 | 1分間に50mの割合で進むと. 2時間には何キロメートル進むか | 單位に氣をつけて速さについての問題を処理することが出來るかどうか |
| 15 | 4. 5 | (い)(ろ)の二つの汽車の速さの比較<br>　　道程　　　　時間<br>い　101. 9km　　2 時間17分<br>ろ　101. 9km　　1 時間49分<br>上の表によつて計算しなくてもわかるかどうか. その方法が三つの選択肢で示されている。同様な問題が三つある | 量の大きさを測定する場合に直觀が働くかどうか |
| 16 | 22. 7 | 辺や稜の割合から長方形の面積. 直方体の体積の割合を見る。（たては$\frac{1}{2}$でよこは4倍の長方形の面積の比較等） | 面積や体積の概念に關係のあるものであつて辺や稜の割合から面積や体積の割合を導き出す |
| 17 | 0. 15 | $1m^2$. 1a. 1ha. $1km^2$の大きさの正方形の一辺の長さはじゆんに□m □m □m □m になつています<br>その面積はじゆんに□倍になつています等（2題） | 面積. 体積の単位の系列は辺の長さとの關係がどのようになつているか、いわばメートル法の単位系列のよさを知つて単位をしつているかどうかを見るためのものである |
| 18 | 0. 46 | 単 位 の 変 換<br>□の中に面積の單位の名を入れなさい<br>たて20m. よこ30mの長方形の土地の面積は2×3と計算して6 □ とわかりますそれはたてよこ10mの正方形の面積は1 □ だからです　他 1 題 | 面積や体積を計算するときその大きさを見とおして単位を選択することが出來るかどうか |
| 平均 | 25.5% | 全國豫想正答率 ５０％ | |

# 算　数　科

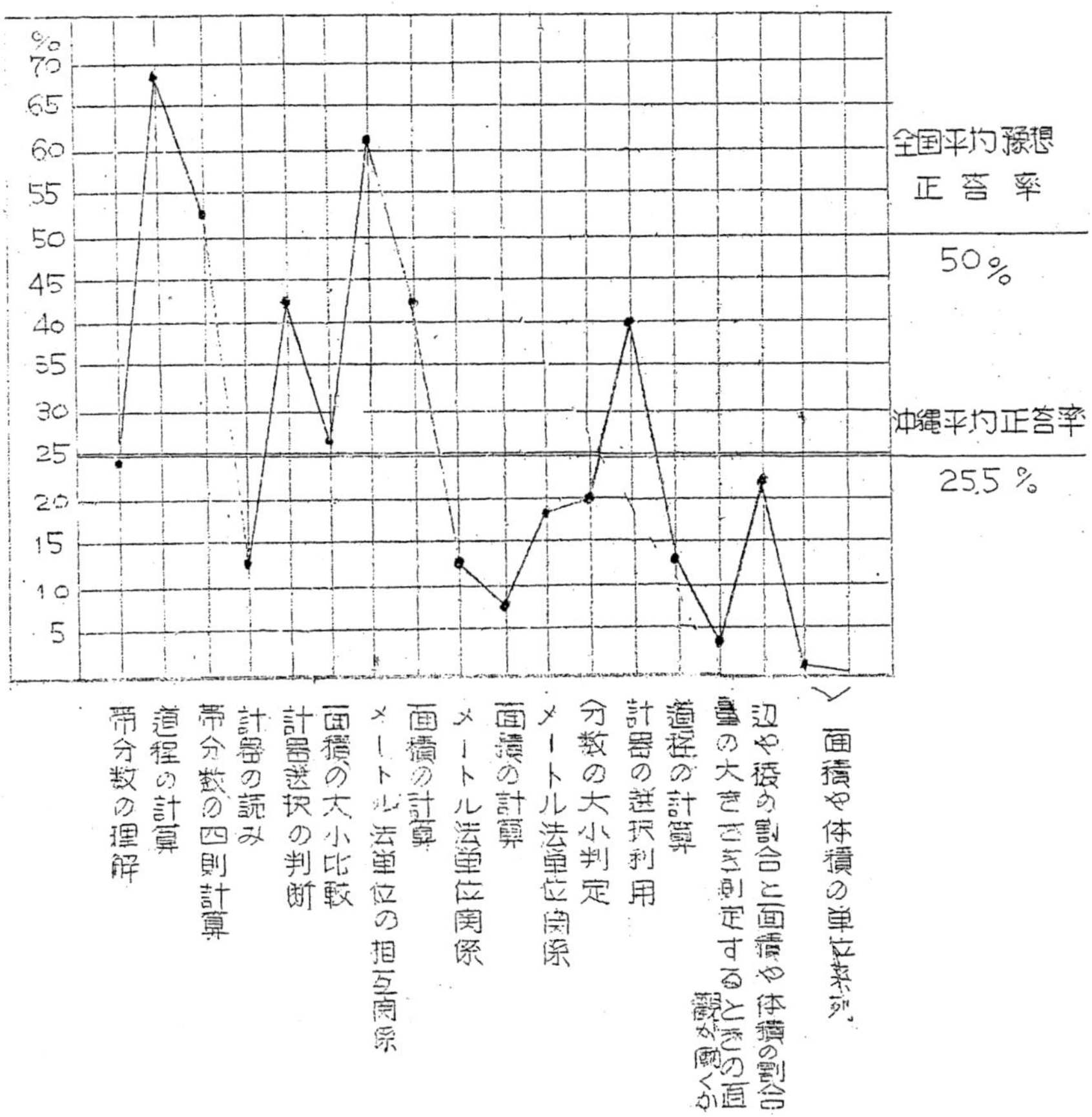


| 問題番號 | 豫想正答率 | 正答率 | 問題領域 |
|---|---|---|---|
| 1 | 高 | 24. 8 | 帯分数の理解 |
| 2 | 高 | 69. 7 | 1時間に24kmの速さの自動車が2時間に進む距離 |
| 3 | 高 | 52. 3 | 帯分数の計算 |
| 4 | 中 | 12. 0 | 計器の讀み |
| 5 | 高 | 43. 2 | 計器選択の判断 |
| 6 | 中 | 21. 6 | 長方形の面積の大小を比較 |
| 7 | 高 | 61. 5 | メートル法の單位の關係（長さ、重さ） |
| 8 | 高 | 42. 2 | 面積の計算 |
| 9 | 高 | 12. 1 | lとdlの關係 |
| 10 | 中 | 7. 3 | 面積の計算 |
| 11 | 中 | 19. 5 | メートル法單位の關係（面積、体積） |
| 12 | 高 | 20. 0 | 分数の大小判断 |
| 13 | 中 | 39. 9 | 計器の選択利用 |
| 14 | 中 | 13. 3 | 1分間50mの割で進むと2時間に何キロメートル進むか |
| 15 | 中 | 4. 5 | 道程と所要時間から速さを比較する |
| 16 | 低 | 22. 7 | 辺や稜の割合から面積や体積の割合をみる |
| 17 | 低 | 0. 15 | 面積や体積の單位系列 |
| 18 | 低 | 0. 46 | 同　上 |

平均正答率　　25.5%　　　豫想正答率　　50%

# 國語科

問〔1〕正答率から云えば8問中最高の62.5%を示し他の表現力や読解力．漢字力よりも聞きとる能力がすぐれていることを示している。この様なテストの試みは始めてであつたと推測されるが割合によい成績と思われる。

問〔2〕ことばの作法は㈠の訪問するときの言葉は．41%の正答率で半数以上の生徒が使いこなせない状態で殊に㈡の來客のとりつぎの言葉は全然使えない状態である。

問〔3〕文章読解力について㈠の文の組立の出來るものの2.32%．㈡の文のねらいのつかめるもの36.4.%．㈢の文の敍述を正確につかむもの56.7%である。㈢の56.77%に．㈡㈠の30%台は要するに本を読んだり．文章の意味の学習指導は．おろそかにされているのではなかろうか？

問〔4〕文章読解力の文脈に注意して読むことが余り出來ない。わづか37.6%の正答率である。こゝでも学習指導上考えさせられる問題がある。

問〔5〕文脈に合せて語句を推こうする問題であるが小問ごとの正答率をあげると次の通りである。

㈠ 51.0%　㈡ 61.0%　㈢14.2%

㈣ 14.2%　㈤ 46.0%　㈥

問〔6〕ことば使の問題

正答率19.0%で極めて悪い。これはその児童のすんでいる地域がいわゆる標準的な言葉づかいをしているか．地方的な特色のある言葉を持つているかによつても相当違いがあると思われる。この問題についてはそうした地域の事情を調査した後でないとはつきりした事は云えないが．19%はあまりに低率である。話言葉の指導が痛感される。

問〔7〕漢字の読みの問題であるが．小問毎の正答率は次の通りである。

㈠ 17.4%　㈡ 52.7%　㈢ 40.0%

㈣ 40.0%　㈤ 55.5%　㈥ 54.6%

㈦ 45.8%　㈧ 41.7%　㈨ 10.8%

㈩ 43.8%

問〔8〕漢字の書き取りの問題で小問毎の正答率は次の通りである。

㈠ 56.4%　㈡ 34.3%　㈢ 58.2%

㈣ 58.0%　㈤ 38.6%　㈥ 46.2%

㈦ 58.8%　㈧ 42.6%　㈨ 35.7%

㈩ 55.7%

以上國語科は綜合的に解釋すると．聞きとり62.0%表現力30%　読解力42%　漢字力44%となつている。

此處で問題になるのは表現力の基礎的なことについての問題の正答率が非常に悪いことである。即ち言葉の作法．ことばづかい．作文推こう．作文完成．文法等に関する正答が低率である。之は何を意味するか？　教科書を読んだり．漢字をおぼえたりする学習に比べて．話し．作る．学習がなおざりにされていることを示すものとして．よい資料である。

各問題のねらいと正答率

| 問題番號 | 正答率 | 仕事 | 材料 | 検査する学力 |
|---|---|---|---|---|
| 〔1〕 | 62.5 | ききとり | 防火週間の説明と指示 | ㈠ 要点をききとる。<br>㈡ 1. 2. 3. 4正しくききとる。 |
| 〔2〕 | 27.4 | ことばの作法 | 友人宅訪問のしかた。<br>來客のとりつぎ。 | ㈠ ことばの作法。<br>㈡ ことばの作法。 |
| 〔3〕 | 46.5 | 文章の読解 | タイタニツク號沈没の記事 | ㈠ 文の組立てがわかる。<br>㈡ 文のねらいをつかむ。<br>㈢ 文の敍述を正確につかむ。 |
| 〔4〕 | 37.6 | 文章の読解 | おかあさんを主題とした兒童文 | ㈠ — ㈤<br>文脈に注意して読む。 |
| 〔5〕 | 43.3 | 作文推こう | 犬ころを主題とした作文 | ㈠ — ㈤<br>文脈に合せて語句を推こうする。 |

| | | | | |
|---|---|---|---|---|
| 〔6〕 | 19. 0 | ことばづかい | 日常会話文 | (一) — (五)<br>まちがつたことばづかいに氣が付く |
| 〔7〕 | 40. 1 | 漢字の読み | 教育漢字 | (一) — (十)<br>語にかなをつける。 |
| 〔8〕 | 58. 5 | 漢字の書き | たいていの教科書で5年までに提出済みの教育漢字 | (一) — (十)<br>語を句の中に書きこむ。 |

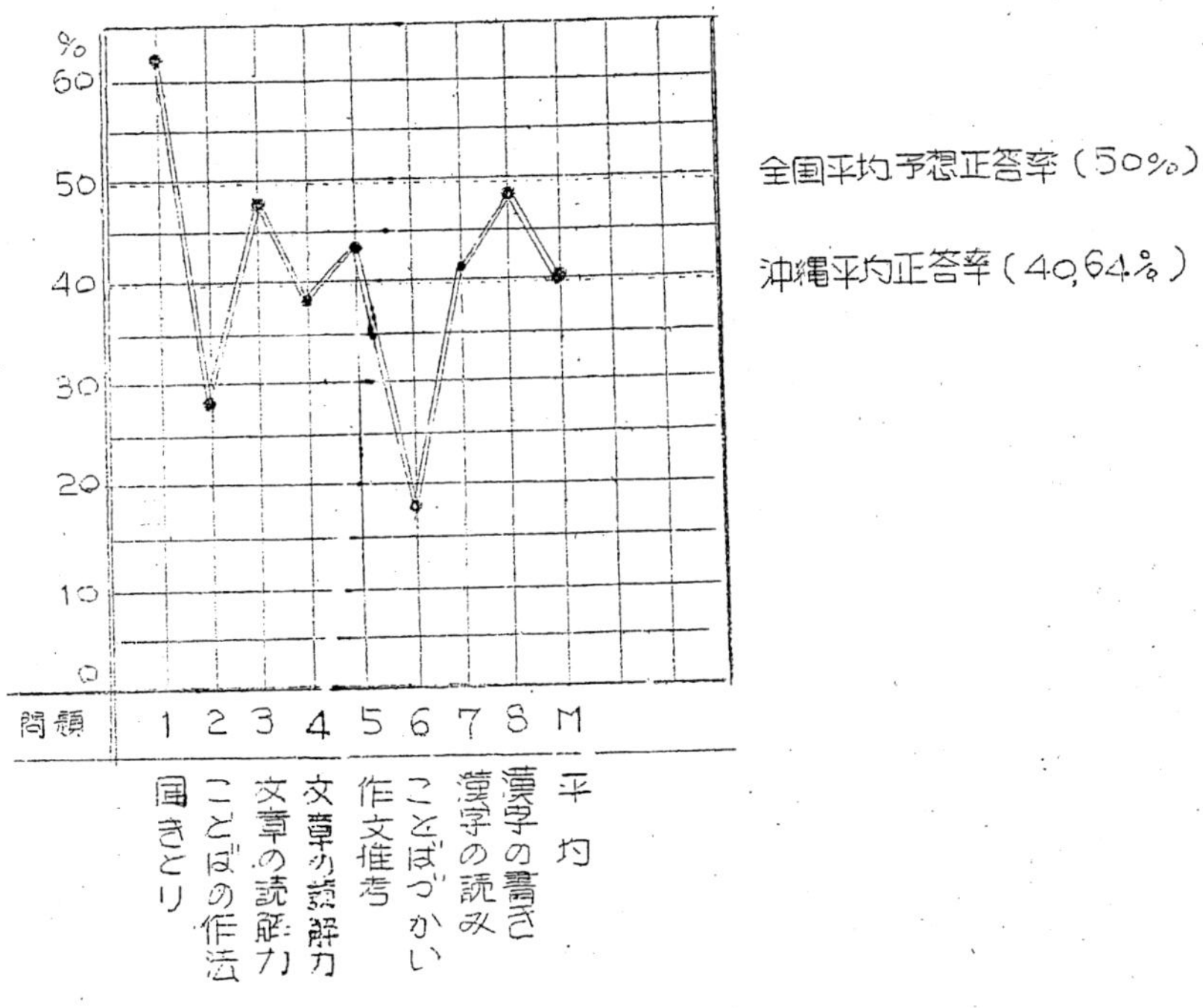


統計 2

| 問題番號 | 平均得點 | 正答率 | 問題領域 |
|---|---|---|---|
| 1 | 10. 52 | 62. 52 | 聞きとり |
| 2 | 2. 7 | 27. 4 | ことばの作法 |
| 3 | 3. 72 | 46. 55 | 文章読解力 |
| 4 | 4. 05 | 37. 66 | 文章読解力 |
| 5 | 6. 51 | 43. 32 | 作文の推こう |
| 6 | 2. 86 | 19. 02 | ことばづかい |
| 7 | 3. 98 | 40 .13 | 漢字の読み |
| 8 | 4. 83 | 48. 45 | 漢字の書き |
| 平 均 | 38. 17 | 40 .64 | |

# —中学校之部—

## 一、問題

### 國語

中國

学校番号

昭和28年度

## 小・中学校学力水準調査問題

國語科

中学校　　年　　組

番　　男・女　　氏名

注意

(1) 先生から「始め」の合図があるまで、この用紙に手をふれてはいけません。

(2) このテストは一問ずつ時間をきめてやります。ですから、先生のさしずにしたがつて、きめられた所だけやります。先の方をあけてみたり、すんだところをまたひつくりかえしてみたりしてはいけません。

(3) やりかたについては、一つ一つ説明することはしませんから、問題をよく読んでやり方をまちがえないようにしてください。

(4) 字の見えない所など質問があつたら手をあげなさい。質問する時に、問題を声を出して読んではいけません。

(5) 机の上には必要なものだけ(えんぴつ、消しゴム、小刀、したじきなど)用意して、いらないものはしまいなさい。

1

一、いま聞いたお話について、次の(一)(二)の問に答えなさい。あつているものの上に一つだけ○をつけなさい。

(一) 三年生の学級委員はどこに集まりますか。

1 図書室。　2 音楽室。　3 校長室。

(二) いつ集まりますか。

1 今すぐ。　2 二時間の終り。　3 昼休み。

二、このお話を聞いてから、みんなで話し合つているうちに、次のようないろいろの話がでました。中には聞きちがいもあるようです。このお話でたしかにそう言つたものの上には○、お話とはちがつているものの上には×をつけなさい。

1 労働を安全にして工場の能率をあげようとするのが労仂安全週間だ。

2 日本の工場は世界で一ばん安全率が低い。

3 労仂安全週間は日本中で行われている。

4 労仂安全週間中は中学生が工場を見学することがかんげいされている。

5 三年生は今週中にたばこ工場をしらべに行く。

三、三年生の正男君が、いま聞いたお話をうちへ帰つてからおかあさんにつたえるとして、次の1・2・3・4の四つの中で、だいじなことをぬかさないで、まとまつているのはどれですか。一ばんよいと思うものを一つだけえらんで、○をつけなさい。

1 「おかあさん、労仂安全週間つて知つてる？ 日本の工場はとても危険なんですつて。一、二年は工場を見学するけれど、ぼくたちは、たばこの生産のことを調べるんです。」

2　「おかあさん、いま労仂安全週間なので、学校でたばこ工場を見学することになりました。一、二年生はあさつてですが、ぼくたちは今週中はたばこの生産のことを調べておいて來週行くのです。日はまだきまつていません。」

3　おかあさん、ぼくたち來週中にたばこ工場を見学に行くのです。一、二年生はあさつてですが、工場の方のつごうで、ぼくたち三年生は、今週中は、たばこの生産のことを調べておいて來週行くのです。」

4　「おかあさん、きようはなんの日だか知つていますか。日本の工場は設備が悪くてあぶないでしよう。ですから全國で労働安全週間を実施して、工場を安全にするのですよ。きよはその労仂安全週間の第一日ですつて、学校でお話を聞いてきました。」

**2**

次の［　　］の中にことばを入れて、五つの作文をしあげなさい。（時間がきまつていますから、早くやりなさい。）

（一）　汽車はトンネルの中を長い間ごうごうと音をたてて走つた。七八分もたつたかと思うころ、暗いやみの世界から急にあかるい海岸の景色の中に［1　　］。いそいであけた窓からさわやかなしお風が吹きこんで、［2　　］言えないいいきもちである。北の海の色の青さについては聞いていたが、［3　　］こんなに青いとは思わなかつた。

（二）　だいぶ寒くなつてきましたが、あいかわらず お元氣ですか。ことしもいよいよ残り少なくなりましたね。学校の休みで中村君が東京から帰つてくるそうですので、中村くんを迎えて、みんなでクラス会をたしいと思います。二十八日の午後四時からで、［4　　］はぼくの家、会費は百円です。準備のつごうがありますから、［5　　］二十七日までに、［6　　］をお知らせ下さい。

（三）　お正月を迎えたと思うまもなく三月になつた。陽春というにはまだ、［7　　］が、花屋の店先にかざられている草花は、すでに春を［8　　］。春の花にはいろいろあるが、この季節を［9　　］ものは、なんといつても三月の節句にちなむ桃の花であろう。

（四）　第二時限の國語は、みなよく勉強した。数学の時、コンパスを忘れて來て隣りのへやへ借りに行くものがある。その日の道具は［10　　］そろえる習慣をつけたいものだ。

今週は、「清掃週間」ということになつていたが、まだまだ［11　　］花をかざるよりで、來週も続けて注意しなければ、教室は［12　　］。花をかざるより、紙くずを散らさないことの方がたいせつだと思う。

（五）　もし私たちが二種以上の新聞を読んで、そこに出た同じ材料の記事を、あれこれくらべてみると、事実は一つであるにもかかわらず、記事は意外にもひどく違うことがある。だから、一つの新聞の［13　　］の記事だけで、これが唯一の［14　　］と信じてしまうことは［15　　］

**3**

次の文を読んで、下の問に答えなさい。

アメリカの教育の委員会が、最近、「あきめくら」を三通りにわけて、第一のあきめくらは、一字の字さえも全然読むことのできないまつたくの無学文盲とし、第二のあきめくらは、学校に通つている間は教科書を読むけれども、学校を出てしまうと、何も読まなくなるものであるとし、第三のあきめくらは学校を出てからも本を読むことは読むが、價値のあるのを選ばず、安つぽいくだらない本に滿足しているものとしている。第一類のあきめくらは、教育がゆきわたつたので、非常に少なくなつた。けれども、第二、第三の類のあきめくらはまだまだとても多いということを言つている。わが國では、全文盲はほとんどなくなつたけれども、半文盲や弱文盲は

（一）　アメリカの教育の委員会が言つたのは、この文のどこまでですか。正しいと思うものの上に一つだけ○をつけなさい。

1　「滿足している」まで

2　「非常に少なくなつた」まで

3　「多いということをいつている」まで

4　「多いのではあるまいかと思われる」まで

（二）　「全体」というのはな

かえつてもつと多いのではあるまいかと思われる。

読書調査の結果をながめても、ある調査では、小学校児童の二〇%は教科書以外に読書を全然していない。中学校の生徒ではそれがふえて二七%になつている。工場労仂者の調査では、女子三〇歳、男子は四〇歳になると、読書をするものがほとんど無くなつてしまつている。家庭の母では　全然読書の時間を持たないものが八七%あり、全体の一日平均読書時間はわずか十三、四分である。このように文字が全く読めないのではなく、読めても読まないものが、おとなになると相当に多い。またかりに読んでも、ろくなものしか読まないものは、さらに多いのではないかと思われる。

私はなお第四の類の文盲があると思う。それは、価値のある本は読むけれども、その深い意味を正しくとらえることができないで、うすつぺらな解釋をしたり、時にはまちがつた意味をつかんで氣づかないような類である。これもほんとうには字が読めないのであるから、やはりあきめくらに違いない。

われわれはこういう「あきめくら」にならないように、國語の時間に、しつかりと読書のしかたを身につけていきたいものである。

んの全体ですか。あつているものの上に一つだけ〇をつけなさい。

1　男子、女子の全体
2　家庭の母の全体
3　小学校、中学校、工場労働者、家庭の母の全体
4　日本人の全体

(三)　作者が最後に「こういうあきめくらにならないように」と言つている。それは第何類のあきめくらですか。よいと思うものの上に一つだけ〇をつけなさい。

1　第一類の文盲
2　第二類の文盲
3　第三類の文盲
4　第四類の文盲

## 4

次の文を読み、――を引いた部分について、あとの問に答えなさい。

私は昔から繪が好きだつたので、いろいろの画家の繪を集めたり、じぶんでも繪をかいたりして樂しんでいる。若い時、私はミレーの繪がだれのよりも好きだつた。ゴツホは、このミレーの影響を深く受けたもののようである　(一)初期の作品はミレー式だ。かれはミレーを幾枚も模写している。ゴツホのミレーの模写は、ほとんどゴツホの創造のように、りつぱな繪となつている。全く(二)じぶんのものとなつているが、似ていることも非常だ。かれは熱情をささげてミレーの模写をしている。このあいだも複製展覧会でミレーの原作を思わせるように精巧な模写を見たが、これには驚いた。それは美しくけだかく、藝術の勝利に輝いていた。レンブラント式のけだかさをもつていた。レンブラントは美術家の中でも精神的な人で、他の画家よりも心においてすぐれた画家だ。(三)心の画家、心靈の画家である。ゴツホもその点は全く同じだ。(四)現実的ではあるが写実的でなく、写実で終らず、精神力を傳える画家で、(五)その繪は他の画人の画布に欠けている魂を有している。

次の五つの問について、1・2・3・4のうち、合つているものに一つだけ〇をつけなさい。

(一)　「初期の作品」とはだれのですか。

1　私　2　ミレー　3　ゴツホ　4　いろいろの画家

(二)　「じぶん」というのはだれのことですか。

1　ゴツホ　2　ミレー　3　私　4　レンブラント

(三)　「心の画家」「心靈の画家」とはだれをさしているのですか。

1　ゴツホ　2　ミレー　3　レンブラント　4　他の画家

(四)　「現実的ではあるが」とは、だれの繪をさしているのですか。

1　ミレー　2　ゴツホ　3　レンブラント
4　レンブラントとゴツホ

(五)　「その繪」はだれの繪ですか。

1　ミレー　2　レンブラント　3　ゴツホとレンブラント　4　ゴツホ

## 5

文集にのせる詩を次の四つから選ぶことになりました。四つともみな「風」をうたつたものです。今までに、思想的な詩や、生活のうたや、美しい感じをうたつた詩をえらびましたので、こんどは、思いきり空想に富んだ、たのしい軽快なをとりたいと思います。その條件で、どれをとつたらよいかと思いますか。よいと思う詩を一つだけえらんで、その番號の上に〇をつけなさい。

1

こおろぎの声だけ林にひびく。

こんな静かな夜は、

風はどこかでそつとしている。

そしてあしたは神社の落ち葉をとばし、

あさつては校庭の紙くずを巻きあげ、

やのあさつては、

空いつぱいに雲をとばそうと考える。

2

ヒユー、ヒユー、ガタガタガタ、
ゴトゴトゴト、
風は夜まわりだ。
あつちの家をガタガタ、
こつちの家をゴトゴト、
そしてぼくたちには聞えぬが、
（あま戸は、きつちり
しまつてますか。）
（窓のよろい戸は、
ちやんと、おろしてありま
すか。）
と、ささやきながら
通るのだろう。

3

風は大きな頭をした丸坊主だ。

手もなく、胴だけで、

象のようにのろのろと歩いているが、

すばやいやつだ。

あしの葉の二三本茂つた中にもかくれ、

浅い水の上にも消えうせる。

風はよくとぼけたり、

いたずらをしたりする。

見よ。水の上にかくれた風が、

すぐむこうの土手にあらわれ、

大きな頭をもち上げて、

なんだかにこにこ笑つている。

4

風には色はないだろうと思つた。
それからあるだろうと思つた。
天氣のよい日、
風が吹いて緑の木の葉をゆすぶれば、
そのゆれる色が風の色だと思つた。
大風の大雨の日、
雨を横の方にふきやつた時の雨の色を、
風の色と思つた。
また、稲の黄色い穂を、
ざざ――つと、
波のように揺れさせた時の、
その黄色い光つた色が、
風の色で足あとだと思つた。
風はどんな色をしていて、
どんな形をしているかわからないから、
小さい時はひとりでこのように考えた。

---

6

（一）この道を行く**と**駅に出ます。

この**と**と同じ使い方の**と**を次の四つの文の中からさがして、その番號の上に一つだけ○をつけなさい。

1 雪がとけはじめる**と**道が悪くなります。
2 数人の友だち**と**アルプスに登山しました。
3 かれが何と言おう**と**ぼくにはそんなことはできない。
4 ひまわりの花は大きいが、美しい**と**は言えない。

（二）高校へ行つたら、バレーをやつてみ**よう**と思います。

次の三つも右と同じやり方で、やりなさい。

1 毒でも使い**よう**で薬になるものです。
2 にいさんはおべんとうを忘れていつた**よう**ですよ。
3 あなたがたは花で言えばつぼみの**よう**なものです。
4 門をあけ**よう**としたら、とたんに犬がとびかかつてきた。

（三）そんなことは、子供**でも**知つている。

1 この水は、飲ん**でも**さしつかえない。
2 お正月のような休みの時**でも**郵便はちやんと配達される。
3 入場券は前賣りですが、当日会場**でも**賣ります。
4 いちおうやつてはみましよう。それ**でも**できないかもしれません。

（四）読書の時間**の**ないことをなげく人は、時間があつても勉強しない人だ。

1 ぼくら**の**教室には、いつもきれいな花がかざつてある。
2 あの人は、会議の司会者をする**の**に適しています。
3 学級文庫のこの全集は、卒業生**の**残してくれたものです。
4 私が行つてはどうしていけない**の**。

7

（　）の中に漢字の読みがなをつけなさい。

1 承（しょう）認（　）
2 必（ひつ）（　）需品（ひん）
3 （　）歓喜（き）
4 （　）兼ねる

5 （　）減る
6 貯（ちょ）蓄（　）
7 （　）延期（き）
8 （　）穀物（もつ）

9 （　）厳重（じゅう）
10 （　）移す

8

（　）の中に漢字を書きなさい。（漢字の書き方に二通りあるものは、なるべく國語の教科書に出ている字を書きなさい。）

1 話題（わだい）に対する（きょう）味
2 水害（すいがい）の対（たい）（さく）を考える
3 幼児（ようじ）を保（ほ）（ご）する
4 内（ない）（よう）がおもしろい
5 この好ましい（たい）度（ど）

6 わかい者と（ろう）人（じん）
7 卒業（そつぎょう）の記（き）（ねん）
8 右（みぎ）（がわ）を通る
9 まるく（かこ）む
10 六に三を（くわ）える

れんしゅう

一、このお話でみなさんにとつてだいじなことはなんでしよう。あつているものの上に○をつけなさい

（一） 避難訓練は何時間目にありますか。
答　1　一時間目。　2　二時間目。　3　三時間目。

（二） 避難訓練の合図にはなにが鳴りますか。
答　1　かね。　2　サイレン。　3　ベル。

（三） 避難訓練が終つてからどうしますか。
答　1　話がある。　2　教室にもどる。　3　かいさんする。

二、このお話で、たしかにそう言つていたのには○。そんなことは言つていない時には×をつけなさい。

1 学校から火事が起るとすれば宿直室から起る。
2 避難する時にひとのからだにさわつてはいけない。
3 避難の時はすべて先生のさしずにしたがう。

中國　結果記入票

| 問題 | | 番号 | 反應 | 判定 正 | 判定 誤 | 判定 無・他 | 採点 |
|---|---|---|---|---|---|---|---|
| 1 | 一（一） | 1 2 3 | | | | | 2 |
| | 一（二） | 1 2 3 | | | | | |
| | 二 | 1 2 3 4 5 | | | | | |
| | 三 | 1 2 3 4 | | | | | 5 |
| 2 | | 1 2 3 4 5 6 7 8 9 10 11 12 13 14 15 | | | | | 1 |
| 3 | （一） | 1 2 3 4 | | | | | |
| | （二） | 1 2 3 4 | | | | | 4 |
| 3 | 三 | 1 2 3 4 | | | | | |
| 4 | （一） | 1 2 3 4 | | | | | |
| | （二） | 1 2 3 4 | | | | | |
| | （三） | 1 2 3 4 | | | | | |
| | （四） | 1 2 3 4 | | | | | |
| | （五） | 1 2 3 4 | | | | | 2 |
| 5 | | 1 2 3 4 | | | | | 6 12 |
| 6 | （一） | 1 2 3 4 | | | | | 3 |
| 6 | （二） | 1 2 3 4 | | | | | |
| | （三） | 1 2 3 4 | | | | | |
| | （四） | 1 2 3 4 | | | | | |
| 7 | | 1 2 3 4 5 6 7 8 9 10 | | | | | 1 |
| 8 | | 1 2 3 4 5 6 7 8 9 10 | | | | | 1 |
| 計 | | | | | | | |

中学校

年　組

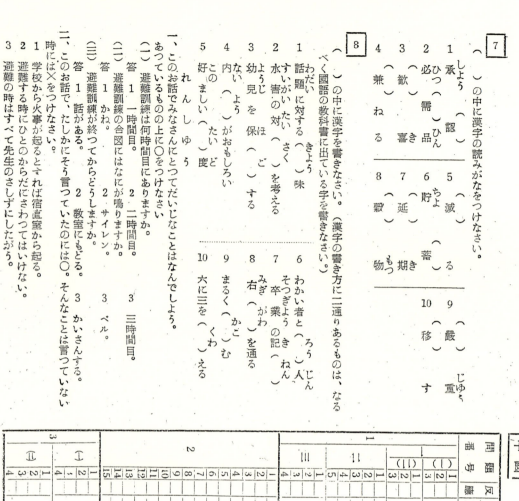

番　男・女　氏名

中　数

| 学番<br>校號 | |
|---|---|

昭　和　2　8　年　度

# 小・中学校学力水準調査問題

## 算　数　科

＿＿＿＿＿＿中学校＿＿＿＿年＿＿＿＿組

＿＿＿＿番＿＿男・女＿＿氏名＿＿＿＿＿＿

### 注　　意

(1) 机の上には必要なものだけ（えんぴつ、消しゴムなど）を用意してください。

(2) 先生が「始め」といつたら始め、「やめ」といつたら、そのまますぐやめて、手をひざの上においてください。

(3) 答は、かならず、きめられた□や、（　）の中に書き入れてください。

(4) 計算は、あいているところにやつてください。

(5) まちがつたときは、かならずきれいに消してから、新しい答を書いてください。

(6) むずかしい問題があれば、とばしてやつてもよろしい。

(7) 印刷などについて質問があれば、だまつて手をあげてください。

(8) えんぴつや消しゴムをかしたり、かりたりしてはいけません。

(9) 時間は 50分で、じゆうぶんありますから、おちついてやつてください。

中　数

## 調　査　結　果　記　入　票

生徒番號＿＿＿＿番

| 問題番號 | | | 結果 | 判定 |
|---|---|---|---|---|
| 〔1〕 | (1) | | | |
| | (2) | | | |
| | (3) | | | |
| | (4) | | | |
| 〔2〕 | (1) | | | |
| | (2) | | | |
| | (3) | (1) | | |
| | | (2) | | |
| 〔3〕 | (1) | | | |
| | (2) | | | |
| | (3) | | | |
| | 判　定 | | | |
| 〔4〕 | (1) | 関係 | | |
| | | 理由 | | |
| | | 判定 | | |
| | (2) | 関係 | | |
| | | 理由 | | |
| | | 判定 | | |
| | (3) | 関係 | | |
| | | 理由 | | |
| | | 判定 | | |
| | (4) | 関係 | | |
| | | 理由 | | |
| | | 判定 | | |
| | (5) | 関係 | | |
| | | 理由 | | |
| | | 判定 | | |
| | (6) | 関係 | | |
| | | 理由 | | |
| | | 判定 | | |
| | (7) | 関係 | | |
| | | 理由 | | |
| | | 判定 | | |
| | (8) | 関係 | | |
| | | 理由 | | |
| | | 判定 | | |
| 〔5〕 | (1) | 円 | | |
| | (2) | m | | |
| | (3) | 円 | | |
| | (4) | 円 | | |
| | (5) | | | |
| 〔6〕 | (1) | 計算を示す式 | | |
| | | 意味 | | |
| | | 判　定 | | |
| | (2) | 計算を示す式 | | |
| | | 意味 | | |
| | | 判　定 | | |
| | (3) | 計算を示す式 | | |
| | | 意味 | | |
| | | 判　定 | | |
| | (4) | 計算を示す式 | | |
| | | 意味 | | |
| | | 判　定 | | |
| 〔7〕 | (1) | (1)関係 | | |
| | | (2)aの意味 | | |
| | | 判　定 | | |
| | (2) | (1)関係 | | |
| | | (2)aの意味 | | |
| | | 判　定 | | |
| | (3) | (1)関係 | | |
| | | (2)aの意味 | | |
| | | 判　定 | | |
| | (4) | (1)関係 | | |
| | | (2)aの意味 | | |
| | | 判　定 | | |
| | (5) | (1)関係 | | |
| | | (2)aの意味 | | |
| | | 判　定 | | |
| | (6) | (1)関係 | | |
| | | (2)aの意味 | | |
| | | 判　定 | | |
| 〔8〕 | (1) | (1) | | |
| | | (2) | | |
| | | (3) | | |
| | | (4) | | |
| | | 判　定 | | |
| | (2) | (5) | | |
| | | (6) | | |
| | | (7) | | |
| | | (8) | | |
| | | 判　定 | | |
| 〔9〕 | (1) | | | |
| | (2) | | | |
| | (3) | | | |
| | (4) | | | |

集　計

| | | |
|---|---|---|
| 正 | | |
| 誤 | | |
| 無 | | |
| 計 | | |

## 中数

〔1〕 つぎの計算をしなさい。答は □ の中に書き入れなさい。

(1) 3.5 ÷ 2.8　答 □　　(2) 9600 ÷ 0.8　答 □

(3) 150000×1.12　答 □　　(4) $18 \times 2\frac{1}{3}$　答 □

〔2〕 つぎの問題の答を □ の中に書き入れなさい。

(1) AはBの5倍のお金をもつている。
BはAの何倍もつているか。　答 □ 倍

(2) 甲は乙の $\frac{2}{3}$ のお金をもつている。
乙は甲の何倍もつているか。　答 □ 倍

(3) A組の生徒数とB組の生徒数との比は 4:7 である。

(1) A組の生徒数はB組の生徒数の何倍か。　答 □ 倍

(2) B組の生徒数はA組の生徒数の何倍か。　答 □ 倍

| | | |
|---|---|---|
| 中学校 | 年 | 組 |
| 番 | 男・女 | 氏名 |

〔3〕 三つのコツプA，B，Cにそれぞれ水がはいている。これに同じえのぐを入れてよくまぜるとき，どれがいちばん水の色が濃くなるかをしりたい。
つぎの(1). (2). (3) の三通りの場合について，どんな方法で調べるのがいちばん簡単ですか。
右側の調べる方法の中から一つをえらんで，その番號を答の □ の中に書き入れなさい。

(1) A，B，Cにはいつている水の量が同じで，入れるえのぐの量がちがうとき
答 □

(2) A，B，C にはいつている水の量がちがつていて，入れるえのぐの量が同じであるとき。
答 □

(3) A，B，C にはいつている水の量も入れるえのぐの量もちがうとき
答 □

調べる方法

1. （えのぐの量）÷（水の量）の値がどれがいちばん大きくなるかをしらべる。
2. （えのぐの量）÷（水の量）の値がどれがいちばん小さくなるかをしらべる。
3. えのぐの量がどれが一番多いかをしらべる。
4. えのぐの量がどれが一番少いかをしらべる。
5. 水の量がどれが一番多いかをしらべる。
6. 水の量がどれが一番少いかをしらべる。

〔4〕 つぎに示された二つの数量の関係について，正比例ならば正の字を，反比例ならば反の字を，どちらでもなければ×の印を，（　）の中に書き入れなさい。
そしてその理由を一つえらんで □ の中に○を書き入れなさい。

問題

(1) $y = 3x$ のとき
$y$ と $x$ との関係（　）(1)

理由
(2) □ (イ) 二つの数量の比が一定であるから。
(3) □ (ロ) 二つの数量の積が一定であるから。
(4) □ (ハ) 一方の数量がふえると他方の数量もふえるから。
(5) □ (ニ) 一方の数量がふえると反対に他方の数量がへるから
(6) □ (ホ) (イ), (ロ)のどちらの場合にもならないから。
(7) □ (ヘ) (ハ), (ニ)のどちらの場合にもならないから。

(2) $y = \frac{3}{x}$ のとき
$y$ と $x$ との関係（　(1)

理由
- (2) ＿＿＿ (イ) 二つの数量の比が一定であるから。
- (3) ＿＿＿ (ロ) 二つの数量の積が一定であるから。
- (4) ＿＿＿ (ハ) 一方の数量がふえると他方の数量もふえるから。
- (5) ＿＿＿ (ニ) 一方の数量がふえると反対に他方の数量がへるから
- (6) ＿＿＿ (ホ) (イ), (ロ)のどちらの場合にもならないから。
- (7) ＿＿＿ (ヘ) (ハ), (ニ)のどちらの場合にもならないから。

(3) $xy = 16$のとき

$y$と$x$との関係 ((1)　)

理由
- (2) ＿＿＿ (イ) 二つの数量の比が一定であるから。
- (3) ＿＿＿ (ロ) 二つの数量の積が一定であるから。
- (4) ＿＿＿ (ハ) 一方の数量がふえると他方の数量もふえるから。
- (5) ＿＿＿ (ニ) 一方の数量がふえると反対に他方の数量がへるから
- (6) ＿＿＿ (ホ) (イ), (ロ)のどちらの場合にもならないから。
- (7) ＿＿＿ (ヘ) (ハ), (ニ)のどちらの場合にもならないから。

(4) $\dfrac{A}{B} = 0.8$

BとAとの関係 ((1)　)

理由
- (2) ＿＿＿ (イ) 二つの数量の比が一定であるから。
- (3) ＿＿＿ (ロ) 二つの数量の積が一定であるから。
- (4) ＿＿＿ (ハ) 一方の数量がふえると他方の数量もふえるから。
- (5) ＿＿＿ (ニ) 一方の数量がふえると反対に他方の数量がへるから
- (6) ＿＿＿ (ホ) (イ), (ロ)のどちらの場合にもならないから。
- (7) ＿＿＿ (ヘ) (ハ), (ニ)のどちらの場合にもならないから。

(5)

| | | | | | | |
|---|---|---|---|---|---|---|
| A | 1 | 2 | 3 | 4 | 5 | … |
| B | 12 | 11 | 10 | 9 | 8 | … |

BとAとの関係 ((1)　)

理由
- (2) ＿＿＿ (イ) 二つの数量の比が一定であるから。
- (3) ＿＿＿ (ロ) 二つの数量の積が一定であるから。
- (4) ＿＿＿ (ハ) 一方の数量がふえると他方の数量もふえるから。
- (5) ＿＿＿ (ニ) 一方の数量がふえると反対に他方の数量がへるから
- (6) ＿＿＿ (ホ) (イ), (ロ) のどちらの場合にもならないから。
- (7) ＿＿＿ (ヘ) (ハ), (ニ) のどちらの場合にもならないから。

(6)

| | | | | | |
|---|---|---|---|---|---|
| $x$ | 15 | 18 | 21 | 24 | … |
| $y$ | 10 | 12 | 14 | 16 | … |

$y$と$x$との関係 ((1)　)

理由
- (2) ＿＿＿ (イ) 二つの数量の比が一定であるから。
- (3) ＿＿＿ (ロ) 二つの数量の積が一定であるから。
- (4) ＿＿＿ (ハ) 一方の数量がふえると他方の数量もふえるから。
- (5) ＿＿＿ (ニ) 一方の数量がふえると反対に他方の数量がへるから
- (6) ＿＿＿ (ホ) (イ), (ロ) のどちらの場合にもならないから。
- (7) ＿＿＿ (ヘ) (ハ), (ニ) のどちらの場合にもならないから。

(7)

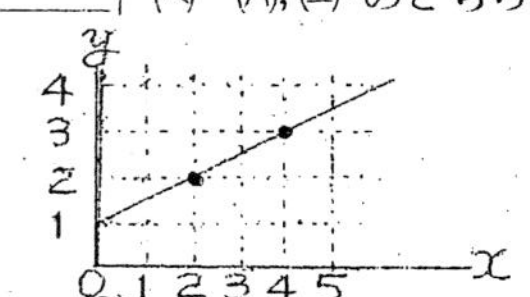


$y$と$x$との関係 ((1)　)

理由
- (2) ＿＿＿ (イ) 二つの数量の比が一定であるから。
- (3) ＿＿＿ (ロ) 二つの数量の積が一定であるから。
- (4) ＿＿＿ (ハ) 一方の数量がふえると他方の数量もふえるから。
- (5) ＿＿＿ (ニ) 一方の数量がふえると反対に他方の数量がへるから
- (6) ＿＿＿ (ホ) (イ), (ロ) のどちらの場合にもならないから。
- (7) ＿＿＿ (ヘ) (ハ), (ニ) のどちらの場合にもならないから。

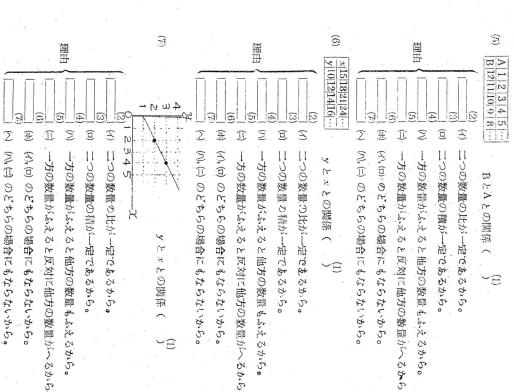

(8)

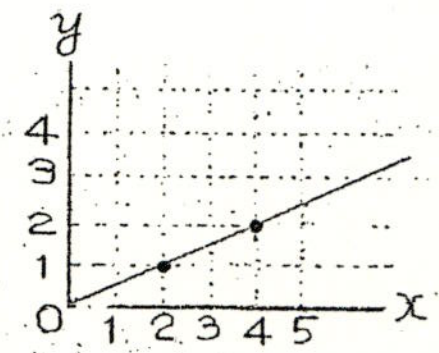

$y$ と $x$ との関係（　(1)　）

理由
- (2)□ (イ) 二つの数量の比が一定であるから。
- (3)□ (ロ) 二つの数量の積が一定であるから。
- (4)□ (ハ) 一方の数量がふえると他方の数量もふえるから。
- (5)□ (ニ) 一方の数量がふえると反対に他方の数量がへるから
- (6)□ (ホ) (イ),(ロ) のどちらの場合にもならないから。
- (7)□ (ヘ) (ハ),(ニ) のどちらの場合にもならないから。

〔5〕 つぎの問題の答を□の中に書き入れなさい。

答は何メートルというように，きちんとした数値であらわせないこともあります。そのときは「………」の２倍の長さというように，問題の中にある量をもとにして，割合をつかつて答えてもかまいません。

(1) 洋服の生地を2.8ヤール買つたところ，その値段は700円であつた。この生地を3.5ヤール買えば何円になるか。

答□円

(2) トラツク一台の砂利で，5メートルの幅の道路ならば，18メートルしくことができる。3メートルの幅の道路に，これと同じ厚さにしけば何メートルしくことができるか。

答□m

(3) ある店の大賣り出しで，洋服は2割引で賣つていた。このときに9,600円で買つた洋服は，定價どおりに買つたらいくらになるか。

答□円

(4) 山田君の学校の生徒会のことしの豫算は15万円である。來年は生徒もふえるので豫算額を，ことしの112%にすることにした。來年の豫算額は何円になるか。

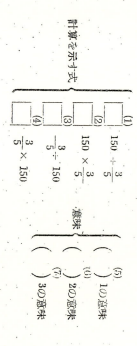

答□円

(5) 甲地から乙地に行くのに20分歩いたら，甲地から全体の $\frac{1}{4}$ の地点まで來た。これでは豫定より遅れるので，あと40分で乙地に着きたいと思う。これからあとはいままでの速さをどうかえたらよいか。

答□

〔6〕 つぎの問題にはそれぞれ計算を示す式と意味が書いてあります。計算を示す式の中から正しいと思うものを一つえらんで，□の中に○を書き入れなさい。

そしてそのえらんだ式の意味は，下の｛　｝の中に書いてある1,2,3のどれにあたりますか。意味の（　）の中に○を書き入れなさい。

1，15 ÷ 3　この式は，たとえば3人分が15円ならば，ひとり分はいくらになるかを求める式です。これはひとり分，すなわち割る数の1にあたる量を求める意味です。

2，15 ÷ 3　この式は，たとえば15円は3円をいくつあつめたものかを求める式です。これは3円，すなわち一方をもとにして他方を割合で表す意味です。

3，5 × 3　この式は，たとえば5円の3倍にあたる量は何円か，ということを求める意味です。

問　題

(1) 山田君は，毎月おこづかいを150円もらつている。このうち $\frac{3}{5}$ は本を買う費用にしている。本を買う費用は何円か。

計算を示す式
- (1)□ $150 \div \frac{3}{5}$
- (2)□ $150 \times \frac{3}{5}$
- (3)□ $\frac{3}{5} \div 150$
- (4)□ $\frac{3}{5} \times 150$

意味
- （　(5)　）1の意味
- （　(6)　）2の意味
- （　(7)　）3の意味

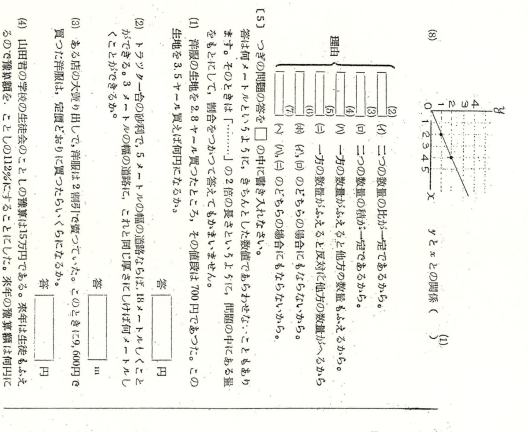

(2) A村の面積は約755町歩で，そのうち耕地面積は約564町歩である。これは全体の面積の何割何歩にあたるか。

計算を示す式
- (1) □ 755×564
- (2) □ 755÷564
- (3) □ 564×755
- (4) □ 564÷755

意味
- (5) (　　) 1の意味
- (6) (　　) 2の意味
- (7) (　　) 3の意味

(3) ある会合で385人の参会者があつた。これは豫定の7割に当るという。豫定の参会者数は何人か。

計算を示す式
- (1) □ 0.7×385
- (2) □ 385÷0.7
- (3) □ 0.7÷385
- (4) □ 385×0.7

意味
- (5) (　　) 1の意味
- (6) (　　) 2の意味
- (7) (　　) 3の意味

(4) 山田君の家から学校までは540 mある。駅までは1350mある。学校までの距離を基準にすると駅までの距離はその何倍あるといえるか。

計算を示す式
- (1) □ 540÷1350
- (2) □ 1350×540
- (3) □ 1350÷540
- (4) □ 540×1350

意味
- (5) (　　) 1の意味
- (6) (　　) 2の意味
- (7) (　　) 3の意味

〔7〕 問題の中の二つの数量 $y$ と $x$ の関係を表す式を考えて，(イ),(ロ),(ハ)に示すように，下の例にならつて答えなさい。

(イ) $y = ax$（ただし $a$ は一定の数）という関係があれば，(　　)の中に正とかき，そのときの $a$ の意味がどんな量であるかを□の中に書き入れなさい。

(ロ) $xy = a$（ただし $a$ は一定数）という関係があれば，(　　)の中に反とかきそのときの $a$ の意味がどんな量であるかを□の中に書き入れなさい。

(ハ) (イ),(ロ) のどちらでもなければ，(　　) の中は×をかき □ はそのままにしておきなさい。

| (例) 一定の速さで自動車が走つたときの | |
|---|---|
| $y$………走つた距離（km） | |
| $x$ ….. 時　　間（時） | |
| 関係（正） | $a$の意味 その自動車の速さ |

問　題

(1) ある年利で一年間お金を借りたときの
$y$………利　息（円）
$x$………元　金（円）
(1) 関係（　　）　　(2) $a$ の意味 □

(2) 総建築費がきまつているときの
$y$………坪当り建築費（円）
$x$……… 建　　坪　　（坪）
(1) 関係（　　）　　(2) $a$ の意味 □

(3) $y$………1日のうちのひるの長さ（時）
$x$………1日のうちのよるの長さ（時）
(1) 関係（　　）　　(2) $a$ の意味 □

(4) $y$………立方体の体積（$m^3$）
$x$………一稜の長さ（m）
(1) 関係（　　）　　(2) $a$ の意味 □

(5) 水道でプールに注水するときの

$y$…………1時間に水道から出る水の量（m3／時）

$x$…………満水するまでの時間　　　（時）

(1) 関係（　　）　　(2) $a$ の意味 [　　　]

(6)

$y$…………太さのきまつた針金の重さ（kg）

$x$…………針の長さ　　　（m）

(1) 関係（　　）　　(2) $a$ の意味 [　　　]

〔8〕 つぎのグラフは，濕度の異つた空氣の中で同じ種類の線香を燃やした場合燃える時間と線香の長さとの関係を示したものです。
つぎの頁の間に答えなさい。

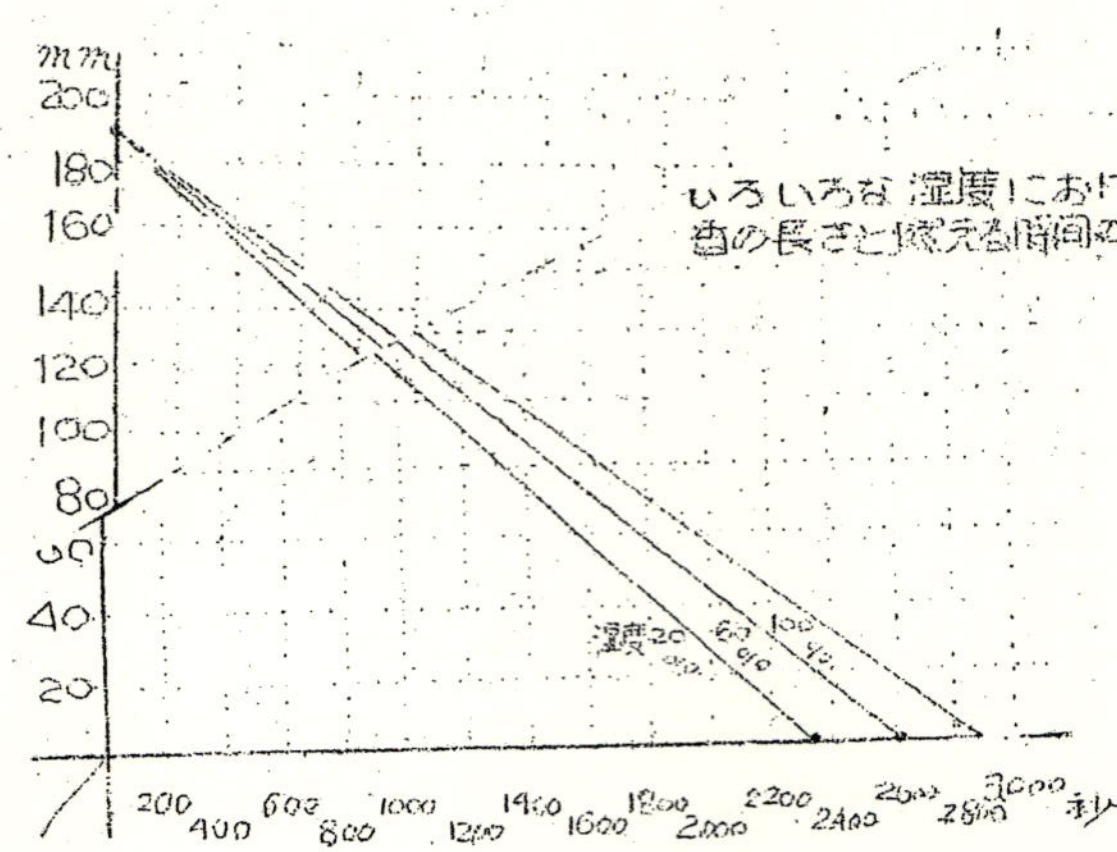


前の頁のグラフをもとにして考えて，下にあげた文章のうち正しいものには○を，正しくないものには×を [　] の中に書き入れなさい。

(1) ○濕度が一定のときには，線香の殘つている長さは

燃えた時間に { 反比例する。 (1) [　　] / 正比例する。 (2) [　　] }

○濕度が一定のときには，線香の燃える速さは

一定である。 (3) [　　]

○濕度が一定のときには，線香の燃えた部分の長さは

燃えた時間に正比例する。 (4) [　　]

(2) ○濕度が大きくなれば

線香の燃える速さは { 大きくなる。 (5) [　　] / 小さくなる。 (6) [　　] }

○線香の燃える速さは

濕度に { 反比例する。 (7) [　　] / 正比例する。 (8) [　　] }

〔8〕 つぎの [　　] の中に数を書き入れなさい。

A君のクラス会で定員40人のところ，出席した人は34人であつた。

(1) このクラス会の出席率について，A君は0.85であるといつている。
これは40人を [　　] と考えたことになる。

(2) このクラス会の出席率について，B君は85%であるといつている。
これは40人を [　　] %と考えたことになる。

(3) このクラス会の出席率について，C君は8割5分であるといつている。
これは40人を [　　] 割と考えたことになる。

(4) このクラス会の出席率について，D君は $\frac{17}{20}$ であるといつている。
これは40人を [　　] と考えたことになる。

# 二、調査実施要領

## 1 一般的注意事項

(イ) 學校当局や父兄等に対して、この調査は決してその学校や生徒の評價を目的とするものではなく、その学級の生徒をサンプルとして調査することによつて、現在の学習指導の改善に資するためにおこなうものであることを説明してほしい。

(ロ) 調査者は生徒に無用の不安やきん張をおこさせることがないよう指示の與えかたや態度などに、じゅうぶん注意されたい。

## 2 実施前に準備すべき事項

(イ) 学校に連絡して調査の前日に、調査をうける生徒に対しては番號を確認させておく、この番號は全教科を通じて共通のものとする。

(ロ) 前もつて調査問題用紙の種類、部数をそろえ落丁乱丁などの有無を點檢しておく。

(ハ) 学校に連絡して調査を実施する教室内の掲示物などで、調査問題に関係があると考えられるものはあらかじめ取除くか又は見えぬようにしておく、例えば、國語科における新出漢字表、数学科における各種の單位関係や歩合計算及び比例関係の公式を示す表等。

尚調査実施の直前にこれをはつきり確認すること。

(ニ) 生徒はできるだけ一つの机に一人ずつ坐らせるようにする。机毎に生徒の番號をつけておくとよい。

(ホ) 生徒ができるだけ好條件で調査をうけるように、採光、通風、煖房、防音などに留意する。

## 3 実施の指針

### 國語科

(イ) 生徒の着席

(ロ) 生徒が問題用紙に手をふれないように注意してから配布する。

(ハ) 次に生徒に、学校の名まえ、学年、組、生徒の番號と氏名をかきこませる。

この際生徒が自分の番號をまちがいなくおぼえているかどうか確認する。

男・女は○でかこませる。以上を一つずつ説明して書かせ、書いたことを確認してから次を書かせるようにする。

(ニ) 最後の頁の結果記入票は生徒には関係のないことを注意する。

(ホ) 問題用紙の表紙に書いてある注意の事項をゆつくりと読んできかせる。

(ヘ) 問題は①から⑧まで8問ある。それを

(1) 聞きとりの練習（裏表紙參照）

(2) 第1問（聞きとり）

(3) 第2問から8問まで

の三つに区分して実施することを説明する。

(ト) 以上注意したこと、その他について質問をうける。このとき、始つてからは質問を許さないことを注意する。

(チ) (1)聞きとりの練習

「このテストは全部で8題ですが、一番はじめに聞きとりのテストがあります。そのやりかたがわからないといけないから、はじめにやりかたの練習をします。」

「いま、先生がお話を読みます。みんなはそれをだまつて聞いて、そのお話について、この裏表紙に練習と書いてあるところの質問に答えるのです。ではその裏表紙の方を出してください。」

「まだそこを読んではいけません。お話を聞いてから読むのです。お話は一回しか読みません。鉛筆は持たないで、楽な、よい姿勢で聞いて下さい。」

「でははじめます。」

聞く（れんしゅう）一＝ は休止を示す。

これは一ある朝一勉強のはじまる前に＝先生が一みんなに話した＝お話です。」

きようは一これから＝避難訓練を一します＝学校に火事がおこることなどは一めつたにないことですが＝もし学校に火事が起つたときには＝どういうように避難するか＝という一練習です＝火事だ！といつて＝みんながめいめい勝手に廊下に一飛出したり一階段を一かけ降りたりしたら＝どうでしょう＝廊下を東の方へ逃げようとする人と＝西の方へ一逃げようとする人とあつたら＝どうなるでしょう＝みんなが一勝手に飛び出すと＝ぶつかり合つて＝非常に一危険ですね＝そういう時こそ＝落ちついて＝先生のさしずの通りに＝動かなければ一なりません＝ことに＝かけ足は一いけません＝前の人を押したりしては一いけません＝きようは＝そういう練習を一することに一します＝この訓練は一三時間目の授業で一教室へはいつた時に＝やります＝火事は一小使室の一わきのところから一起つたことに一します＝サイレンがなつたら＝先生のさしずで一勉強の道具を一しまつて一できるだけ早く一できるだけ落ちついて＝廊下にならびます

そしてまん中の出入口から裏の運動場に出ます学校中の者の避難が終つてから表の運動場に集つて校長先生のお話があります。

お話はこれで終ります。


（所要時間1分40秒）

「はい鉛筆をとつて」「はじめ」（4分）

「やめ。」「鉛筆をおいて」「正しい姿勢になります」

「これは練習ですから、正しい答を言います。自分の書いた答えを見ていてください。」

（問題(一)と1を読む）

「1、一時間目。2、二時間目。3、三時間目。三時間目でしたね。3に○です。」

（問題(一)の2を読む）

「1、かね。2、サイレン。3、ベル。サイレンでしたね。2に○です。」

（問題(一)の3を読む）

「1、話がある。2、教室にもどる。3かいさんする。校長先生のお話がありますといつていましたね1に○です。」

「さあこれで(一)の方は3、2、1、に○のついた人がいいのですが、全部できた人は手をあげて……よろしい。問題(二)の方は。」

（問題(二)のIを読む）

「これはどうでした。こんなことは言つていませんでしたね。ですから×。」

（問題(二)の2を読む）

「これも少しちがつていますね。人をおしてはいけないといつていて、さわつてはいけないとまではいわない。ですから×」

（問題(二)の3を読む）

「これはそういつていましたね。ですから○。それで(二)は××○ですね。みんなできた人は手をあげて……よろしい。失敗した人も、こんどほんものの時には失敗しないようにしましょう。」

「練習はこれで終り、答案用紙の表の方を出してください。」
(2)「では、こんどはほんとうのお話を読みます。」
（聞きとり問題教師用を読む）

聞きとり

これは朝の集りの時の副校長の先生のお話です
みなさんは三年生のつもりできいて下さい。」

きようは労仂安全週間の第一日です。」

みなさんは工場で火事が起つたり爆発があつたりして仂いている人がけがをしたり死んだりするのを時々新聞で読むことがあるでしょう工場の設備が悪かつたり仂く人がつかれてついうつかりしているとこんな事故が起りやすいものですそういうことがたびたびあると仂く人も落ちついて仂けず生産の能率もあがらないということになりますところが日本の工場はアメリカなどとくらべてそういう事故が起りやすく安全率が低いといわれています労仂安全週間はできるだけそういう事故の起らないようにして安全なあかるい能率のあがる職場を建設しようというのが目的です。」

この週間中全國各地の工場でいろいろな催しもあるようですが学校でもこの機会にたばこ工場を見学させてもらうことになりました。」工場の都合で一、二年生だけはあさつて二十三日水曜日ときまりましたが三年生は來週になります日はまだはつきりきまりません三年生は今週中にたばこの生産のことをよく調べてその調べたことを図案室に掲示して一、二年生にもわかるようにしてください。」

この指導は高橋先生がして下さいますから三年生の学級委員は今すぐではなく二時間目の終りに校長室に集つてください一年生、二年生にはきようの晝の時間にめいめいの教室で学級主任の先生からお話があります。」（終り）

（所要時間2分20秒）

「第一ページ①のところを開いて。」「開きましたね。そこは右も左も全部やるのです。」「はじめ。」（1分）
「やめ。からだを起して、よく聞いて下さい。」
(3)「こんどは作文のテストですが、これは、短い文をどんどん読んでゆくと、所所がぬけている。そのぬけている所に、文の意味が通るように書きこんでゆくのです。これは5分でやります。途中でも「やめ」と言います。そしていくつできたか調べるのです。だからみんな書いた方がいいが、まちがつたのを書いてもしかたがない。5分といえばかなりの時間でふつうにやればだいたいはやれる時間ですから、あわてないでやつてください。それから、あまりきたなく書いてわからないようなのもいけない。」
「ではその第3ページ4ページを開いて、②をやりましょう。」

「はじめ」（5分）「やめ」
(4)「もうあと6題ですが、あとはどの問題も時間がじゆうぶんにありますから、落ちついてやつてください。第5、第6ページを開いて、③をやりましょう。」「はじめ」（10分）「やめ」
「第七、第八ページを開いて、④をやりましょう。」

「はじめ」（7分）「やめ」

「第九、第十一ぺジを開いて、こんどは⑤です。」「はじめ」（7分）「やめ」

「第十一、第十二ページを開いて、⑥をやりましょう。」「はじめ」（6分）「やめ」

「第十三ページを開いて。ここは⑦⑧と2題ありますが、これはいつしよにやります。これで全部終りますね。」「はじめ」—10分—

(リ)　「やめてください」といつて問題用紙を回収して、部数を点検する。

数　学　科

1　生徒の着席

2　生徒が問題用紙に手をふれないように注意してから配布する。

3　問題用紙の表紙にかいてある「注意」の事項をゆつくり読んできかせる。⑤を読む時には、（一〇）と板書して消して見せた上、二本棒で、はつきり消すか、消ゴムで消して、書くことを具体的に説明する。⑨を読む時には、時間が終らないうちに問題を全部やり終つても、しらべなおしながら待つているように注意する。

4　表紙の裏の結果記入票は生徒に関係のないことを注意する。

5　以上注意したことその他について、質問をうけるこの時、始まつてからは質問を許さないことを注意する。

6　次に生徒に学校の名まえ、学年、組、生徒の番號と氏名を書きこませる。この際、生徒が自分の番號をまちがいなくおぼえているかどうかを確認する。

男・女は〇でかこませる。

以上を一つずつ説明して書かせ、書いたことを確認してから次を書かせるようにする。

次に第一頁の問題の下にある学校の名まえ、学年・組、生徒の番號・氏名、男、女を同様に書かせる。

この時氏名を書終つたものは、すぐ表紙をとじて待つているように注意する。

7　全部が書き終つたのをみ届けてから「では始めましよう」と云つて表紙をあけさせて始めさせる。

—50分—

## 三、結果の基礎的整理

各教科の学力調査が終了したならば、次はその結果の基礎的整理の段階に進むわけであるが、この整理の仕事には必ず調査者が直接当るようにしてほしい。結果の整理に当つては、次に示す各教科ごとの整理様式に従つて行うようにする。

調査結果記入票への記入のしかた

國　語　科

問題用紙表紙の3に、結果記入票がついている。この結果記入票は、(1)反應 (2)判定 (3)採点の三つの欄に分れている。

(1)　反應の記入

たとえば、1 についていえば、表のように、用紙の上の方に被験者が〇や×をつけた、その通りに記入する。したがつて〇を一つだけつけるようにかいてあるにもかゝわらず二つつけた場合は、この欄には二つつけておく。ある項について無反應の場合は空欄となる。7 8 の漢字に対する反應のところは、正誤にかゝわりなく、手をつけたものにはVじるしをつける。

| 問題 | | | 反應 |
|---|---|---|---|
| 一 | ㈠ | 1 | |
| | | 2 | 〇 |
| | | 3 | |
| | ㈡ | 1 | 〇 |
| | | 2 | |
| | | 3 | |
| 二 | | 1 | 〇 |
| | | 2 | 〇 |
| | | 3 | × |
| | | 4 | × |
| | | 5 | × |

(2)　判定の記入

別項の「正答表」にしたがつて次表のように記入する。次のように、一つだけ〇をつけるべきであるのに二つ以上つけた場合は、その一つが正しい場合でも「無・他」の欄に記入する。問題 1 の㈢の〇×をつける問題については全部に〇、全部に×をつける者があつても、それはでたらめなつけ方をしたのでなく、そう考えてつけたものとして正答表にしたがつて判定する。問題 5 については、反應の(3)を正答、(2)を正答に準ずるものと見ることにしているから、どちらも判定の正答欄に記入することとし記號はVを正答、(V)を正答に準ずるものとする。

| 問題 | | | 反應 | 判定 正 | 判定 誤 | 判定 無・他 |
|---|---|---|---|---|---|---|
| 一 | (一) | 1 | | | | |
| | | 2 | ○ | | V | |
| | | 3 | | | | |
| | (二) | 1 | | | | |
| | | 2 | ○ | | | V |
| | | 3 | ○ | | | |
| | (三) | 1 | ○ | V | | |
| | | 2 | ○ | | V | |
| | | 3 | × | | V | |
| | | 4 | × | | V | |
| | | 5 | × | | V | |

(3) 採點の記入

若し採点をする場合は次のような重みづけをする。

| | | 配点 | 滿点 |
|---|---|---|---|
| 〔1〕 | 一(一)(二) | 各2 | 4 |
| | 二1 2 3 4 5 | 各2 | 10 |
| | 三 | 5 | 5 |
| 〔2〕 | 1 — 15 | 各1 | 15 |
| 〔3〕 | (一)(二)(三) | 各4 | 12 |
| 〔4〕 | (一)(二)(三)(四)(五) | 各2 | 10 |
| 〔5〕 | 3につけた者 | 12 | 12 |
| | 2につけた者 | 6 | 6 |
| 〔6〕 | (一)(二)(三)(四) | 各3 | 12 |
| 〔7〕 | 1 — 10 | 各1 | 10 |
| 〔8〕 | 1 — 10 | 各1 | 10 |
| | | 計 | 100 |

(4) 注意事項　結果記入票には生徒の番號氏名の記入を忘れないようにする。

数　学

調査結果記入票は、問題毎に生徒の個人別反應を正確に写し取るためにつくつてある。生徒が問題用紙の□又は（　）の中に記入した数字や記號又は○をつけた選択肢の番号をそのまゝ記入票の該当欄に写し取る。但し〔7〕の「aの意味」は正答表に従つて正、誤を判定し、正答は○、誤答は×をかきこむ。（無答の場合は結果欄に斜線を引く。）

## 國語科　　正　答　表

| 問題番號 | | 正答 | |
|---|---|---|---|
| (1) | 一 | (一) ○ 3、(二) ○ 2　（備考）○を二つ以上つけた時、一つ合つていても、「無・他」と判定し、○點とする。 | |
| | 二 | ○ 1　× 2　○ 3　× 4　× 5 | |
| | 三 | ○ 3　（備考）　一と同じ、（以下同様） | |
| (2) | | （注意）書きかたがきたなくても、誤字があつても、意味が通ればよいとする。文のよしあしを問わない。しかし、敬体と常体の文体を混用して書きこんだものは誤答とする。また、下に續くことばを無視して、助詞を入れたり、入れるべき助詞をぬかしたりしたもの、言い切りになるところを、中途はんぱにしたものなどは誤答とする。 | |
| | | （正　答　例） | （誤　答　例） |
| | (一) | 1　出た出た。（これも正答とみなす。以下これに準ず）　ぁらわれた　出て來た　走り出た | 出ました　走つた |
| | | 2　なんとも | なんと　くる　とても　ほんとに |
| | | 3　まさか　よもや　まつたく　海が　私は | 海　海の色　ここの色　□の中にだけいれたもの |
| | (二) | 4　場所　会場　する所　集まる所 | クラス会　中村君　参加者 |
| | | 5　きたる　かならず　なるべく　お忘れなく　なにとぞ　十二月 | クラス会は　人員は　会費　早め　一月　おかねを |
| | | 6　出席の有無　出席か欠席か　参加するかしないか　返事　希望 | ぼくの家へ（まで）　もつて來て　お手紙（はがき）で |
| | (三) | 7　早い　少し早い　寒い　まがある | 早いが　きまつていません　長い　冬の花 |
| | | 8　告げている　むかえている　まつている　きちくたびれている　おもわせる | すごした　すぎていた　開いた　むかえて |
| | | 9　代表する　かざる　あらわす　物語る | さかせる　いう　しのがせる　代表 |
| | (四) | 10　前の日のうちに　前の日に　きちんと　ちやんと　忘れないで　みんな | 前の日　その日に |
| | | 11　不十分　不潔　実行できないの　行きとどかないの　守らないの　きたないの | きたない　きたないので　來週の |
| | | 12　きれいにならない　美しくならない　滑潔にならない　きたなくなる　よごれている　よごれているだろう | きれいな（に）　道具は　みんなで　美しくなる　なおこの問題（12）は（11）との關連において甚しく不適当なものは誤答にする |

| | | | | |
|---|---|---|---|---|
| | | (五) | 13 ただ一つ 一つ 一回 そなか<br>事件に対する意見 ニース<br>14 真実 事実 記事 論評 正しいもの<br>15 危険である あぶない あやまりである<br>いけない | 重要 写真 みだし<br>正しい 新聞 材料<br>大切である いうまでもない<br>いけません まちがいです |
| ③ | (一) | ○3 | | |
| | (二) | ○2 | | |
| | (三) | ○4 | | |
| ④ | (一) | ○3 | | |
| | (二) | ○1 | | |
| | (三) | ○3 | | |
| | (四) | ○2 | | |
| | (五) | ○4 | | |
| ⑤ | | ○3 | | |
| ⑥ | (一) | ○1 | | |
| | (二) | ○4 | | |
| | (三) | ○2 | | |
| | (四) | ○3 | | |

| | | (正　答) | (誤 答 例) | (備　考) |
|---|---|---|---|---|
| ⑦ | 1 | にん | じゆう | かたかな、ひらがなの混用はかまわない<br>かなづかいは問題にしない。 |
| | 2 | じゆ じゆ ぢゆ ぢゆ | | |
| | 3 | かん くわん | | |
| | 4 | か | かね かねる | |
| | 5 | へ | へる え | |
| | 6 | ちく | | |
| | 7 | えん ゑん | へん | |
| | 8 | こく | | |
| | 9 | げん | | |
| | 10 | うつ | うつす い | |

| | | 正　答　例 | 誤　答　例 |
|---|---|---|---|
| ⑧<br>（字体は新字体でも旧字体でもよいとする） | 1 | 興. 興. | 興. 興. 興. 興. |
| | 2 | 策. 策. 策. 策. | 策. 策. 策. |
| | 3 | 護. 護. 護. | 護. 護. |
| | 4 | 容. 容. 容. 容. 容. | 容. 容. 客. 容. 容. 容. |
| | 5 | 態. 態. | 態. 態. 態. 態. 体. |
| | 6 | 老. 老. 老. 老. 老. | 老. 考 |
| | 7 | 念. 念. 念. | 念. 念. 念. 念. |
| | 8 | 側. 側. 側. | 側. 側. 側. 則. |
| | 9 | 囲. 囲. 圍. 圍. | 囲. 囲. |
| | 10 | 加. 加. 加. | 加. |

| 問番 | 題號 | 正答 | | 註 |
|---|---|---|---|---|
| 〔1〕 | ① | 1.25 | | 数値が正しければ、形はこれと異つてもよい。 |
| | ② | 12.000　$12\times10^3$等 | | |
| | ③ | 168.000　$168\times10^3$等 | | |
| | ④ | 30 | | |
| 〔2〕 | (1) | $\frac{1}{5}$　0.2 | | □の中に倍を書き入れた場合も正答とする。(3)①と②を小数で答えた場合小数点以下二ケタまで正しければよい。 |
| | (2) | $\frac{3}{2}$　$1\frac{1}{2}$　1.5 | | |
| | (3)① | $\frac{4}{7}$　0.57 | | |
| | (3)② | $\frac{7}{4}$　$1\frac{3}{4}$　1.75 | | |
| 〔3〕 | ① | 3 | | ①.②.③全部正答のときに限り〔3〕を正答と判定する。 |
| | ② | 6 | | |
| | ③ | 1 | | |
| 〔4〕 | | ①yとxとの関係（B）（A） | 理由 | 関係と理由との両方が正答のときに限り各小問を正答と判定する。 |
| | (1) | （正） | ② | |
| | (2) | （反） | ③ | |
| | (3) | （反） | ③ | |
| | (4) | （正） | (2) | |
| | (5) | （×） | ⑥ | |
| | (6) | （正） | (2) | |
| | (7) | （×） | ⑥ | |
| | (8) | （正） | ② | |
| 〔5〕 | ① | 875（円） | | ⑤は「はじめの速さの$\frac{1}{2}$(0.5)だけを速くする」というように事柄が正しく書いてあれば正答とする。倍はついていない場合でも1.5 ($1\frac{1}{2}$) が明示してあれば正答としてよい。 |
| | ② | 30（m） | | |
| | ③ | 12000（円）$12\times10^3$（円）等 | | |
| | ④ | 16800（円）$168\times10^3$（円）等 | | |
| | ⑤ | 1.5倍　1倍半　$1\frac{1}{2}$倍　$1\frac{1}{2}$等 | | |

| 問番 | 題號 | 正答 | | 註 |
|---|---|---|---|---|
| 〔6〕 | | 計算を示す式 | 意味 | 計算を示す式と意味の両方が正答のときに限り各小問を正答と判定する。 |
| | (1) | ② | ⑦ | |
| | (2) | ④ | ⑥ | |
| | (3) | ② | ⑤ | |
| | (4) | ③ | ⑥ | |
| 〔7〕 | | 関係 | aの意味 | (1)のaの意味は利率歩合でもよいことにする。その他aの意味は事柄の内容が正しければよい。関係とaの意味の両方が正答のときに限り各小問を正と判定する。 |
| | (1) | 正 | 年利率 | |
| | (2) | 反 | 総建築費 | |
| | (3) | × | | |
| | (4) | × | | |
| | (5) | 反 | プールの容積 | |
| | (6) | 正 | 1mの針金の重さ | |
| 〔8〕 | (1)① | × | | ①.②.③.④ 全部正答のときに限り(1)を正答と判定する。⑤.⑥.⑦.⑧ 全部正答のときに限り(2)を正答と判定する。 |
| | ② | × | | |
| | ③ | ○ | | |
| | ④ | ○ | | |
| | (2)⑤ | × | | |
| | ⑥ | ○ | | |
| | ⑦ | × | | |
| | ⑧ | × | | |
| 〔9〕 | ① | 1 | | □の中に%とか割を書き入れても正答とする。①で1.00　1.0はよいとする。④で$\frac{1}{1}$　$\frac{20}{20}$　$\frac{40}{40}$などはいけない。 |
| | ② | 100 | | |
| | ③ | 10 | | |
| | ④ | 1 | | |

# 四、結果の解釈

## 数　学　科

1、問題構成及び問題別正答率

| 問題番號 | | 正答率 | 問題領域 | 構成別 | 備考 |
|---|---|---|---|---|---|
| 1 | 1 | 24.7 | 3.5 ÷ 28 | 計算 | |
| | 2 | 3.41 | 9600÷0.8 | | |
| | 3 | 17.0 | 150000÷1.12 | | |
| | 4 | 12.47 | $18 \times 1\frac{2}{3}$ | | |
| 2 | 1 | 27.5 | AはBの5倍のお金を持つている BはAの何倍持つているか | 基準と割合 | |
| | 2 | 18.43 | 甲は乙の $\frac{2}{3}$ のお金を持つている 乙は甲の何倍か | | |
| | 3 1 | 15.9 | AとBの数の比は417である Aの数はBの数の何倍か | | |
| | 3 2 | 16.9 | Bの数はのA数の何倍か | | |
| 3 | | 6.18 | 濃度を調べることに比を用いる | 比の意味 | |
| 4 | 1 | 8.2 | X・yの関係を式よつて知る　y ＝3X | 正比例反比例の意味 | |
| | 2 | 3.14 | 〃　$y = \frac{3}{x}$ | | |
| | 3 | 3.75 | 〃　yx＝ 16 | | |
| | 4 | 5.65 | 〃　$\frac{B}{A} = 0.3$ | | |
| | 5 | 4.76 | x・yの関係を数表からみる | | |
| | 6 | 6.28 | 〃 | | |
| | 7 | 4.9 | x・yの関係をグラフから知る | | |
| | 8 | 12.25 | | | |
| 5 | 1 | 33.6 | 2.8ヤールが700円のとき3.5ヤールでは | 正比例反比例の使い方 | |
| | 2 | 35.7 | 5m×18m＝3m×X | | |
| | 3 | 45.0 | 15万円の112%は | | |
| | 4 | 34.7 | 20分で $\frac{1}{4}$ 歩いた　40分で $\frac{3}{4}$ をいくための速さはもとの何倍か | | |
| | 5 | 2.47 | | | |
| 6 | 1 | 10.4 | 150円の $\frac{3}{5}$ は何円か | 比の計算の意味 | |
| | 2 | 16.2 | 564町歩は　755町歩の何倍か | | |
| | 3 | 7.4 | 7割が385人である　もとの人数は | | |
| | 4 | 16.7 | 1350mは　540mは何倍か | | |
| 7 | | 17.1 | 利息と元金との関係式 | 比例定数と比例式 | |
| | | 16.6 | 坪当り建築費と建坪 | | |
| | | 12.7 | 一年のよると，ひるの長さ | | |
| | | 5.01 | 立方体の体積と一稜の長さ | | |
| | | 13.8 | 一時間に水道から出る水の量と，満水の時間 | | |
| | | 0.74 | 太さのきまつた針金の重さと長さ | | |
| 8 | 1 | 0.16 | 濃度一定のとき線香のもえる場合 | 比例式のグラフ | |
| | 2 | 0.85 | 濃度が大になつた場合線香のもえかげん | | |
| 9 | 1 | 9.6 | 定員40人　出席34人について出席率0.85は40人をどう考えたか | 比と比割合の表わし方 | |
| | 2 | 26.4 | 定員40人　出席率85%は40人をどう考えたか | | |
| | 3 | 19.7 | 定員40人　出席率5割5分は40人をどう考えたか | | |
| | 4 | 5.45 | 定員40人　出席率 $\frac{17}{20}$ は40人をどう考えたか | | |
| 計 | | 13.00 | | | |

## 解　釋

問題〔1〕　小数分数の計算技能（形式的）を見るものであるが小問ごとの正答率をみると下記の通りである。

1，24.7　　2，3.41　　3，17.0　　4，12.47

以上は以外にも低率を示している。これは真の理解をともなわしめぬ計算形式指導と練習不足を物語るものではなからうか。尙〔1〕については〔5〕の結果と照し合せて吟味する。

問題〔2〕　基準と割合の結果を理解し、基準を変えて割合を表すことが出來るかを調査したのであるが、小問別の正答率は下記の通りである。

1、27.5　　2、18.43　　3、の1　15.9　2　16.9

基準と割合の關係についての理解の程度は、比の値が整数の場合は 27.5 の正答率で、これが分数になると 18.43 の低率となつている。基準を変えて割合を表すのは 15.9 の正答率でいづれも著しく低率で國研豫想水準の 50.0 にはるかに及ばない。比の理解不十分を物語るものだと思われる。

問題〔3〕　割合を考えるとき基準の量を考えて比が使えるかを見るのであるが、（比の意味の理解）小問1、2、3、とも正解したものがわずかに 6.18 で真に比の意味を理解したのは極めてすくない。此の 6.18 は場面に應じて適切な量を基準にとることが出來るものと見てよい。

問題〔4〕　二つの数量の關係が式、数表、グラフで與えられたとき正比例、反比例との關係が解るか又其の理由が理解されているかを調査したものである。

小問の1、4、6、8、は正比例であり、正比例である理由として②を選んだのが正解者であるが、其の正答率は平均 8.08 の低率、尙正比例と云う關係は理解しているが關係する二つの数量間に比例定数の在る事は考えず安易な解釋をして『一方が増加すれば他方も増加する』と云う程度で正比例と解したのが 34.8の高率を示している。此の現象は指導の段階で比に対する真の理解をさせてないことに原因しているのではなかろうか。

關係が数表で與えられた時、正比例、反比例を見分けることの出來るのは 6.28 關係がグラフで與えられた時、正 比例、反比例を見分けることの出來るのは、12.25 でこれも亦比の理解不十分を示している。

安易な解釋で正比例、反比例を区別したのが、数表のとき 25.02 、グラフのとき24.3 の高率を示している。

關係が式で與えられた時反比例を見分ける事の出來るのは極めてすくなく 3.5 の低率である。尙又正比例、反比例の意味を十分理解して、正比例、反比例のどちらでもない場合、比例する條件に適しないと判断出來るのはわずか4.69である。

以上は正比例、反比例の意味の理解について分析したのであるがこれを概觀すると正比例、反比例の意味を比例定数を考えて真に理解しているのは非常にすくなく（式のときは 8.08 数表のとき 6.28 グラフのとき 12.25 正比例、反比例どちらでもないとき 4.6）安易な解釋で区別するのが非常に多い。真の理解が必要である。

問題〔5〕　事実問題で比及び比例が使いこなせるかどうかを見るのであるが、計算〔1〕と組合せて吟味する。問題〔5〕の各小問の正答率は下記の通りである。

1、33.6　　2、35.9　　3、45.0　　4、34.7　　5、2.47

事実問題では比及び比例の使い方はかなり出來ている方である。

問題〔4〕の比の意味と対しよして考えると〔4〕の如く抽象化したものは極めて低率であるが、問題〔5〕の如く具体的なものは良好である。沖繩の中学校に於ける数学教育は具体から抽象化する段階に欠點が多いのでなからうか。具体は具体的取扱いで終り、抽象的なものはすぐ抽象的取扱いと云う様な事が多いのでなからうか。かゝる傾向が問題〔5〕の正答率平均 34.0 問題〔4〕の正答 7.8と云う様相を示す原因になつたのであろう。小問5は割合だけを使つて考える問題でかなり高度なものであるが、これが出來ていれば比及び比例は一應使えると見る事が出來る。しかし其の正当率は 2.47 の極小である。次に〔1〕と〔5〕を組合せて解釋する。

○〔5〕の1をまちがえて〔1〕の1の出來るものは 7.56 でこれは〔5〕の1を解く形式的計算は出來るが問題を解くのに正比例の使えないものである。

○〔5〕の2をまちがえて〔1〕の4が出來るもの 2.72 これは〔5〕の2を解く形式的計算は出來るが問題を解くのに反比例を使えないものである。

○〔5〕の3をまちがえたもので〔1〕の2が出來ているもの 0.75 でこれは比の第三の用法が使えないものである。

○〔5〕の４をまちがつて〔1〕の3が出來ているもの4.9で、これは比の第Ⅱの用法が使えないものである。

尙〔5〕の１・２・５は文章の形で與えられた実際の場面でかくれている比例する量を見出す事が出來るかと見るのであるが其の正答率は、

1 33.6　　2 35.9　　5 2.47

で割合正答率が高い。

〔5〕３・４・５は比を用いる実際の場面で基準になつている量を見出すことが出來るかを見るのであるが其の正答率は、

3 45.0　　4 34.0　　5 2.47

でこれも割合正答率が高い。

問題〔6〕 事実問題で比の三用法が使いこなせるかどうか、乗法の意味が計算式と結びついているかを見るのであるが、各小間の「計算を示す式」だけについての正答率は、

1 28.0　　2 36.3　　3 24.5　　4 42.8

であり、○比の第一の用法は、(2) 26.0　(4) 42.8 の正答率

○比の第二の用法は、(1) 28.0 の正答率

○比の第三の用法は、(3) 24.5 の正答率を示している。

用法が複雑になるにしたがい、率も降るのは当然であろう。

各小間の「計算を示す式」と「意味」との兩方とも正答なものは、

1 10.4　　2 16.2　　3 7.4　　4 16.7である。

これは乗法、除法の意味の上に立つて比の計算が理解出來ていると見られるものである。

問題〔7〕 実際場面で正比例・反比例の関係を式で表わすことが出來るか。又其の時の比例定数の意味が理解出來ているかを見るのであるが各小間の「関係」と「意味」との兩方の正答なものは次の通りである。

1 7.2　　2 4.9　　3 12.8　　4 8.4

5 2.01　　6 2.77

以上の率の示すだけは文章の形で與えられた実際の場面で、かくれている比例する量を見出すことが出來、又実際の場面で比例定数が何であるかを見出すことが出來、尙正比例・反比例を式で表わすことの出來るものである。しかし甚だ低率である。問題〔4〕の結果からしてもこれが是く低率である理由がうかがわれる。

問題〔8〕 グラフの形で與えられた事実問題からかくれている比例関係が見出せるかどうかを見る問題であるが其の正答率は、小間の(1)で 0.16 小間の(2)で 0.85 で極端な程低率である。(1)(2)とも正答したのは０で殆どがグラフの形で與えられた比例関係が実際の場面で使えないと見られる。

問題〔9〕 割合を小数、分数、歩合、百分率で表わすとき基準の大きさはどうなるかについての理解の狀態を見るのであるが其の正答率は下記の通りである。

1 小数で表わしたとき 9.6

2 百分率で表したとき 26.0

3 歩合で表した時 19.7

4 分数で表した時 5.45

いづれも低率であるが、小数と分数は一層低率である。

以上９項目を問題別に色々組合せて解釋したのであるが、形式的計算の能力著しく悪く計算方法は簡單でも数が大きくなると誤りやすい傾向にある。比の意味正比例・反比例の意味は原理を正確にとらえて理解しているのは、非常にすくない。指導方法の面で工夫改善の必要があると思われる。

関係や意味を読み取る事が出來ないことや、基礎原理を理解していないのに事実問題が出來たりすることは現在数学教育の通弊だと思われる。理解の段階は能力的且具体的に徹底せしめ、理解したことは計画的に反復練習させ完全に抽象化させるよう指導を行うべきではなかろうか。

最後に、学力水準調査数学科の平均正答率は 13.0 で著しく低率である。

國語の場合 42.78 兩者に著しい相違がある。

島根県の場合もやはり数学は悪く兩者の平均の差 32.2 、山口県に於ても 25.6 のひらきを見せている。かく日本々土に於ても数學と國語は其の平均正答率に於て著しいひらきがあるがこれは中学の数学が抽象化した内容を持ち更に、それに対して生徒の能力差が甚だしくなつて來る関係にもあると思う。

尙又、数学は國語に比してより系統的で有ることも其の要因だと思われる。

## 学力水準調査　数学科問題別正答率のグラフ

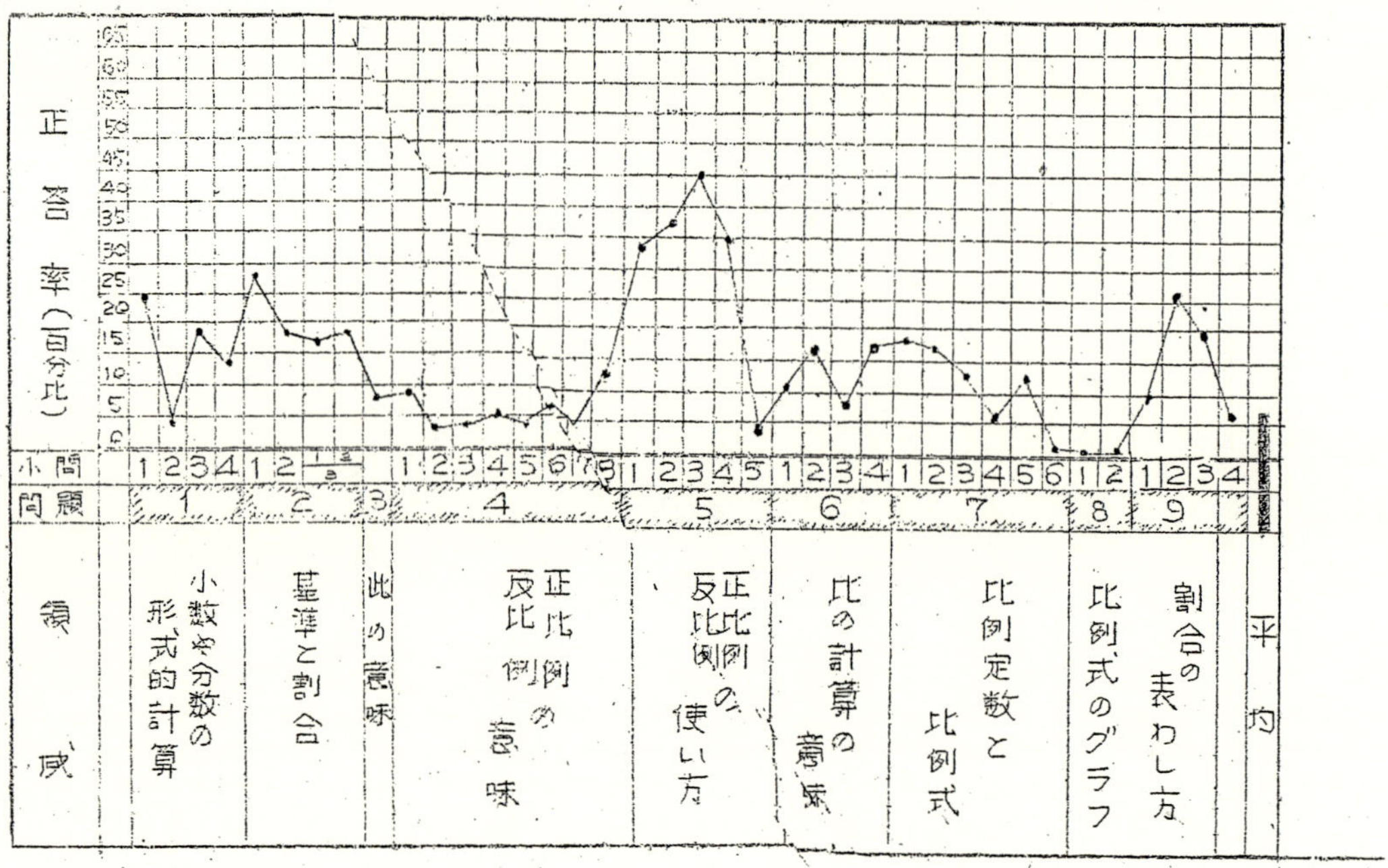


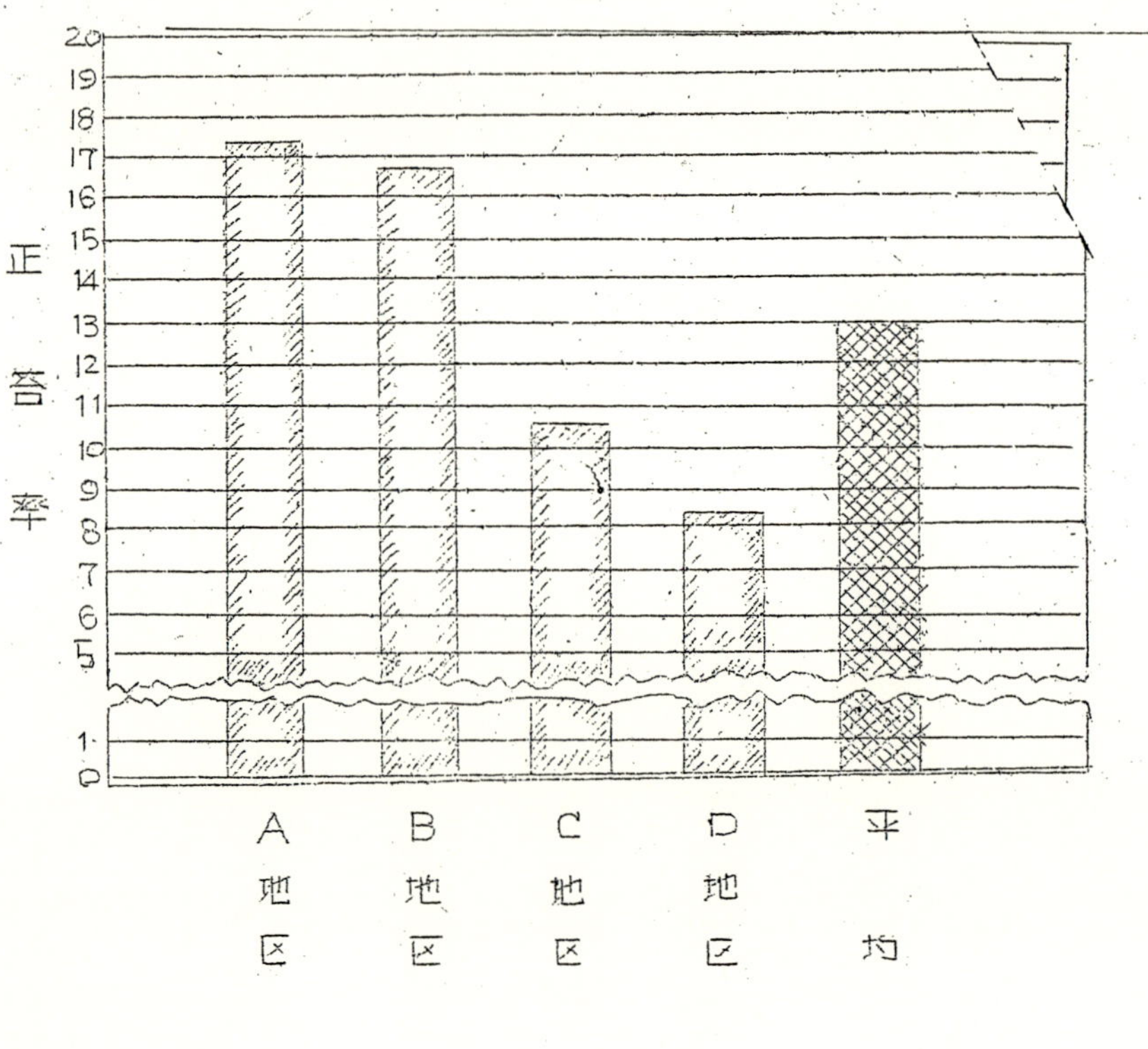

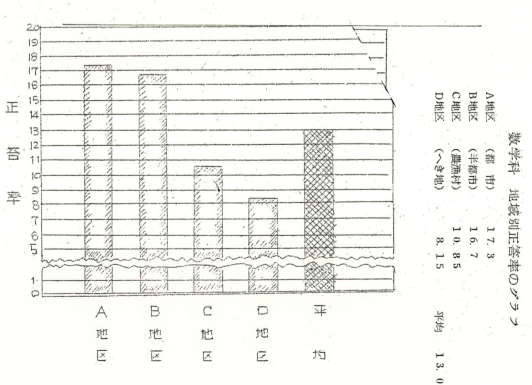

**数学科　地域別正答率のグラフ**

A地区（都　市）　17.3
B地区（半都市）　16.7
C地区（農漁村）　10.85
D地区（へき地）　8.15　　平均　13.0

# 國　語　科

I　問題の構成

| 問題番號 | | 仕事 | 材料 | 検査する学力 | 備考 |
|---|---|---|---|---|---|
| ① | 一<br>二 | 聞きとり | 工場安全週間の説明と指示 | (一) 要点を聞きとる。<br>(二) 1.2.3.4.5.を正しく聞きとる。 | |
| | 三 | 話し方 | | (三) 聞きたいことを他人に傳えるときの心得。 | |
| ② | | 作文完成 | 短い紀行文、手紙、随筆、記録、議論の文 | (一)—(五) 文のぬけているところを出來るだけ早く正しく仕上げる。 | |
| ③ | | 文章読解 | 「あきめくらに」について論じた。学問的解説文 | (一) 文脈を正確につかむ。<br>(二) 敍述を正確につかむ。<br>(三) ねらいをつかむ。 | |
| ④ | | 文章読解 | 「ゴツホ」に関する随筆的評論 | (一)—(五) 文脈に注意してよむ。 | |
| ⑤ | | 文学鑑賞 | 「風」を主題に四つの詩 | 詩の感情、調子をつかむ。 | |
| ⑥ | | 文法 | 必要な語をふくむ短い文 | (一)—(四)「と」「の」「でも」「よう」の使い方の異同を見出す。 | |
| ⑦ | | 漢字の読み | 教育漢字とそれ以外のやさしい漢字 | 1 — 10 | |
| ⑧ | | 漢字の書きとり | 教育漢字 | 1 — 10 | |
| 計8題 | | | | 計 46項 | |

問題構成は上表の如く、8題、46項で聞きとり、話し方、作文完成、文章読解、文学鑑賞、文法、漢字の読み、漢字の書きとり等について調査するようになつている。（尙くわしくは問題參照のこと）

2　問題別正答率

ここで正答率というのは問題毎に、対象となつた学級又は集團の被検者数に対する正答者数の百分率を意味する。沖縄の総平均正答率 42.78 で、島根県の総平均正答率 55.8 、山口県の 53.6 と比例してみると面白い(？)。

次表は問題別の正答率である。

| | | | 領域 | 正答率 |
|---|---|---|---|---|
| ① | 1 | 1 | ききとり | 81.7 |
| | | 2 | | 70.6 |
| | 2 | 1 | ききとり | 68.0 |
| | | 2 | | 51.0 |
| | | 3 | | 32.6 |
| | | 4 | | 66.2 |
| | | 5 | | 46.1 |
| | 3 | | 話し方 | 42.4 |
| ② | 1 | | 作文完成 | 21.7 |
| | 2 | | | 66.1 |
| | 3 | | | 23.2 |
| | 4 | | | 28.9 |
| | 5 | | | 10.2 |
| | 6 | | | 4.58 |
| | 7 | | | 24.9 |
| | 8 | | | 19.4 |
| | 9 | | | 11.6 |
| | 10 | | | 21.7 |
| | 11 | | | 14.7 |
| | 12 | | | 8.65 |
| | 13 | | | 1.94 |
| | 14 | | | 4.36 |
| | 15 | | | 3.94 |

| | | 領域 | 正答率 |
|---|---|---|---|
| ③ | 1 | 文章解読 | 35.5 |
| | 2 | | 34.6 |
| | 3 | | 66.9 |
| ④ | 1 | | 39.9 |
| | 2 | | 52.6 |
| | 3 | | 71.1 |
| | 4 | | 44.0 |
| | 5 | | 34.2 |
| (5) | | 文章鑑賞 | 30.7 |
| ⑥ | 1 | 文法 | 20.8 |
| | 2 | | 36.2 |
| | 3 | | 46.2 |
| | 4 | | 45.1 |
| ⑦ | 1 | 漢字の読み | 63.0 |
| | 2 | | 43.6 |
| | 3 | | 78.1 |
| | 4 | | 53.3 |
| | 5 | | 41.4 |
| | 6 | | 69.5 |
| | 7 | | 21.0 |
| | 8 | | 50.4 |
| | 9 | | 31.1 |
| | 10 | | 68.8 |

| | | 領域 | 正答率 |
|---|---|---|---|
| ⑧ | 1 | 漢字の書き | 48.2 |
| | 2 | | 21.0 |
| | 3 | | 44.1 |
| | 4 | | 58.2 |
| | 5 | | 49.6 |
| | 6 | | 74.0 |
| | 7 | | 73.3 |
| | 8 | | 60.7 |
| | 9 | | 48.6 |
| | 10 | | 62.8 |
| 総平均 | | | 42.78 |

| 問番 | 題號 | 正答率 | 検査する学力 | 領域 | 備考 |
|---|---|---|---|---|---|
| ① | 一 | 76. 3 | 要點をききとる | ききとり | |
| | 二 | 52. 06 | 正確にききとる | 〃 | |
| | 三 | 42. 4 | 聞いたことを他人に傳える | 話し方 | |
| ② | 一 | 36. 4 | 紀行文 | 作文完成 | |
| | 二 | 14. 6 | 手紙文 | 〃 | |
| | 三 | 16. 5 | 随筆 | 〃 | |
| | 四 | 15. 1 | 記録 | 〃 | |
| | 五 | 3. 41 | 論文 | 〃 | |
| ③ | 一 | 35. 5 | 文脈を正確につかむ | 文章読解 | |
| | 二 | 34. 6 | 敍述を正確につかむ | 〃 | |
| | 三 | 66. 9 | ねらいを正確につかむ | 〃 | |
| ④ | | 48. 4 | 文脈に注意して読む | 〃 | |
| ⑤ | | 30. 7 | 詩の感情、調子をつかむ | 文章鑑賞 | |
| ⑥ | 一 | 20. 8 | 「と」の使い方の異動を見出す | 文法 | |
| | 二 | 36. 2 | 「よう」 〃 | 〃 | |
| | 三 | 46. 2 | 「でも」 〃 | 〃 | |
| | 四 | 45. 1 | 「の」 〃 | 〃 | |
| ⑦ | | 50. 9 | 教育漢字とそれ以外のやさしい漢字 | 漢字のよみ | |
| ⑧ | | 54. 2 | 教育漢字 | 漢字の書き | |

## 解　　釈

問題〔1〕　これは三つの部面に分類調査されるが、㈠は工場安全週間の説明と指示を行い、それの要点を聞きとる事が出來るかどうかについての調査である。

これに対して 76.3 %の正答率を示し、他人の話しの要點を聞きとると云う事に於ては良好である。しかし島根県の 85.2 %と比較したとき、まだまだの感がする。

㈡は「正確に聞とることが出來るか」についての調査であるが、正答率はぐつと下つて 52.6 %を示し、㈢の「聞いたことを他人に傳える力」になると（話し方）42.4 の低率を示している。

以上問題〔1〕の傾向は割合正常な形を示しているが正答率を引き上げるべく努力する必要があると思う。

問題〔2〕　作文完成により読み以外の言語能力を調査するのであるが、問題は材料別に分類され、㈠は紀行文で其の正答率 36.4 %島根県のそれが 54.1% である。㈡は手紙文で其の正答率は著しく下つて 14,6 を示しているが、島根県のそれは 35.7 %を示し、㈢は随筆で 16.5 %の正答率を示しているが、島根県のそれは 40.1 %を示している，㈣は記録で正答率 15,1 で島根県のそれが 35.0 %である。㈤は論文であるが、最も低率で正答率が僅かに 3.41 %を示しているにしかすぎない　島根県は 11.8 %を示している。

作文完成が、かく著しく低率であるのは、色々理由があると思われるが、中でも言葉の貧弱が最も大きな原因ではなかろうか。

問題〔3〕　「あきめくら」について論じた学問的解説文を通じて文章読解力を調査するのであるが、次の如く3に分類されている。

㈠は「文脈を正確につかむ」ことが出來るかについての調査で正答率 35.5 %を示している。読解力の低調さを物語るものと思われる。㈡は「敍述を正確につかむ」ことが出來るかについての調査で正答率は 34.6 ㈢は「ねらいを正確につかむ」ことが出來るかについての調査では、正答率は上昇して 66.9 %を示している。

以上の様な傾向は島根県の傾向と形態的には類似しているが、率がはるかに及ばない。語彙の貧弱さと読書と云う事が日常化していなく、且つ意味を考えつつ読むという練習の不足を物語つているのではなかろうか」

問題〔4〕「ゴツホ」に関する随筆的評論を通して「文脈に注意して読む」能力（読みを中心とする能力）を調査するのであるが、其の正答率は 48.4 %を示している。國立研究所の豫想正答率 50.0 %に比べるとわづかにしたまわつている。

問題〔5〕風を主題にした〔4〕の詩を通して「詩の感情、調子をつかむ」ことが出來るか、（文学鑑賞）についての調査であるが、正答率 30.7 %で、國立研究所の豫想正答率 50.0 %にははるかに及ばず、島根県のそれが 72.3 %でこれと比較すると著しく低率である。其の原因は語彙の貧弱、読解力の欠除等々数多く擧げられるが最も大きな原因は語感が出來ていない事きはなかろうか。

各種多様の数多くの詩に接せしめ充分語感をねる必要があると思う。

問題「6〕必要な語を含む短い文を通して文法（助詞、助動詞）の力を調査するのであるが、問題は次の如く4に分類されている。

㈠は「と」の使い方の異動を見出す問題で正答率僅かに 20.8 國立研究所の豫想正答率 50.0 %には遙かに及ばない。㈡は「よう」の使い方の異動を見出す調査で正答率僅かに 36.2 %である。㈢は「でも」の使い方の異動を見出す調査で、正答率 46.2 %を示している。㈣は「の」の使い方の異動を見出す調査で正答率 41,1 %を示している，

問題〔6〕は概して著しく低率であり、其の最大の原因は、生活化しない標準語にあると思われる。尙文法方面の指導に何か欠除しているものはなかろうか。

問題〔7〕は漢字の読みを教育漢字とそれ以外のやさしい漢字について調査したものであるが、正答率は 50.9 を示している。低率とは云えないが島根の67.5 %には及ばない。

問題〔8〕漢字の書きを教育漢字について調査したものであるが、正答率は54.2 %を示している：島根の 65.2 %と比較するとまだまだである。

以上は問題別に概觀したのであるが、聞きとる力が最もよく平均 64.2 %、次に漢字の読み及び書きの 52.5 %、文章解読の 45.6 %等がよい。おとるのは、作文完成の平均 17.2 で、中でも論文体ともなればわずかに 3.41 %である。次に文法及び文章鑑賞等が劣る。

尙問題群に分けてみると次のようになる。

⑧＋④＋⑤＝読みを中心とする能力

①＋②＋⑥＝読み以外の言語能力

⑦＋⑧＝漢字力　これによつて学力型を調べてみると、

| | | | | |
|---|---|---|---|---|
| ※ | 読みを中心とする能力 | 45.6＋48.4＋30.7＝124.8 | 平均 41.62 | 2 |
| ※ | 読み以外の言語能力 | 56.92＋17.2＋37.07＝111.19 | 平均 37.06 | 3 |
| ※ | 漢字力 | 50.9＋54.2＝105.1 | 平均 51.05 | 1 |

沖繩の学力の型として浮び上つてくるのは、漢字力がよく次に読みを中心とする能力最も学習効果のあがらないものは読み以外の言語能力である。

## 國語科　地域別正答率（百分比）のグラフ

A 地区　（都　市）……………… 46.8
B 地区　（半都市）……………… 52.2
C 地区　（農漁村）……………… 38.4
D 地区　（へき地）……………… 44.1
平　均　……………………………… 42.7

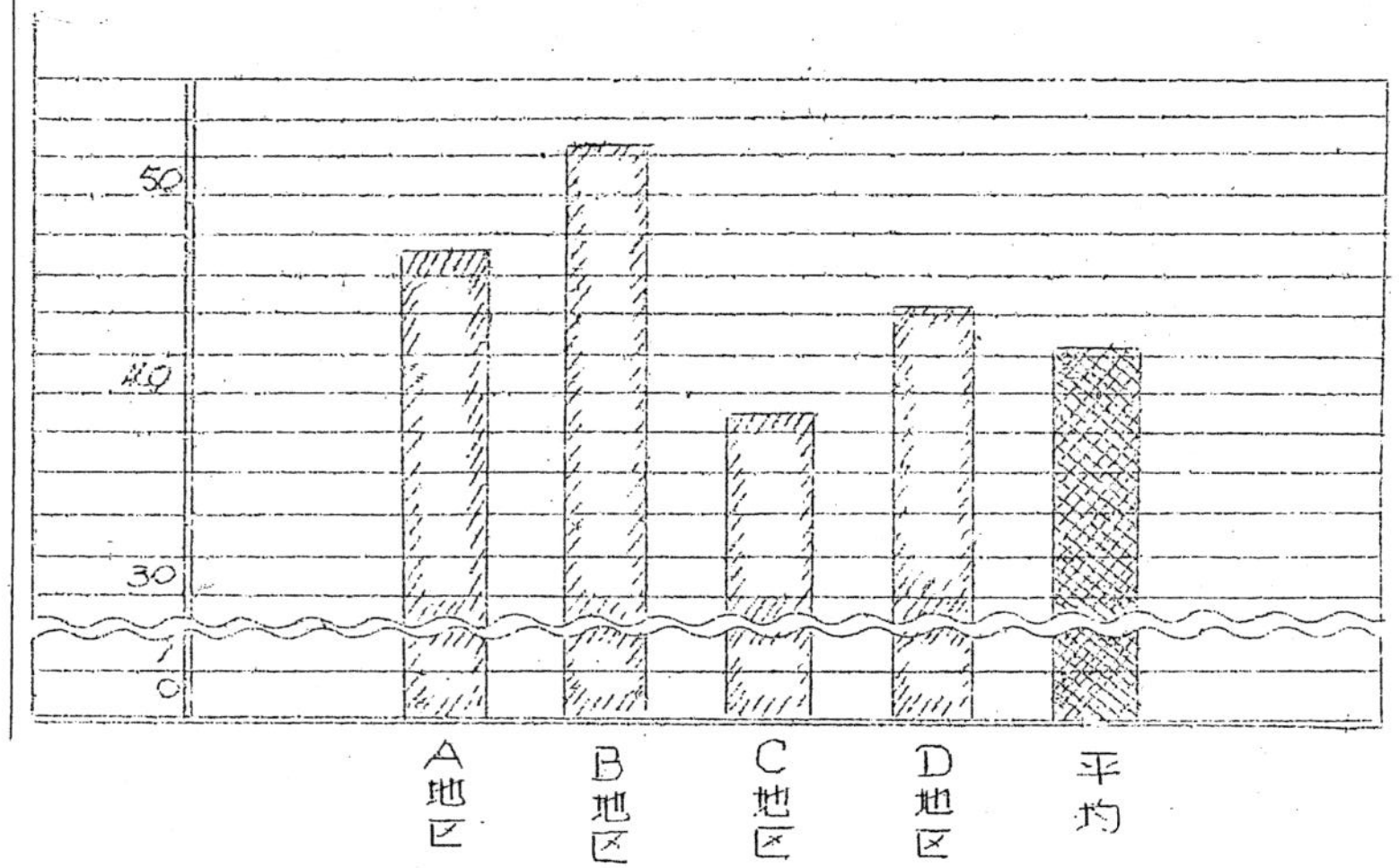

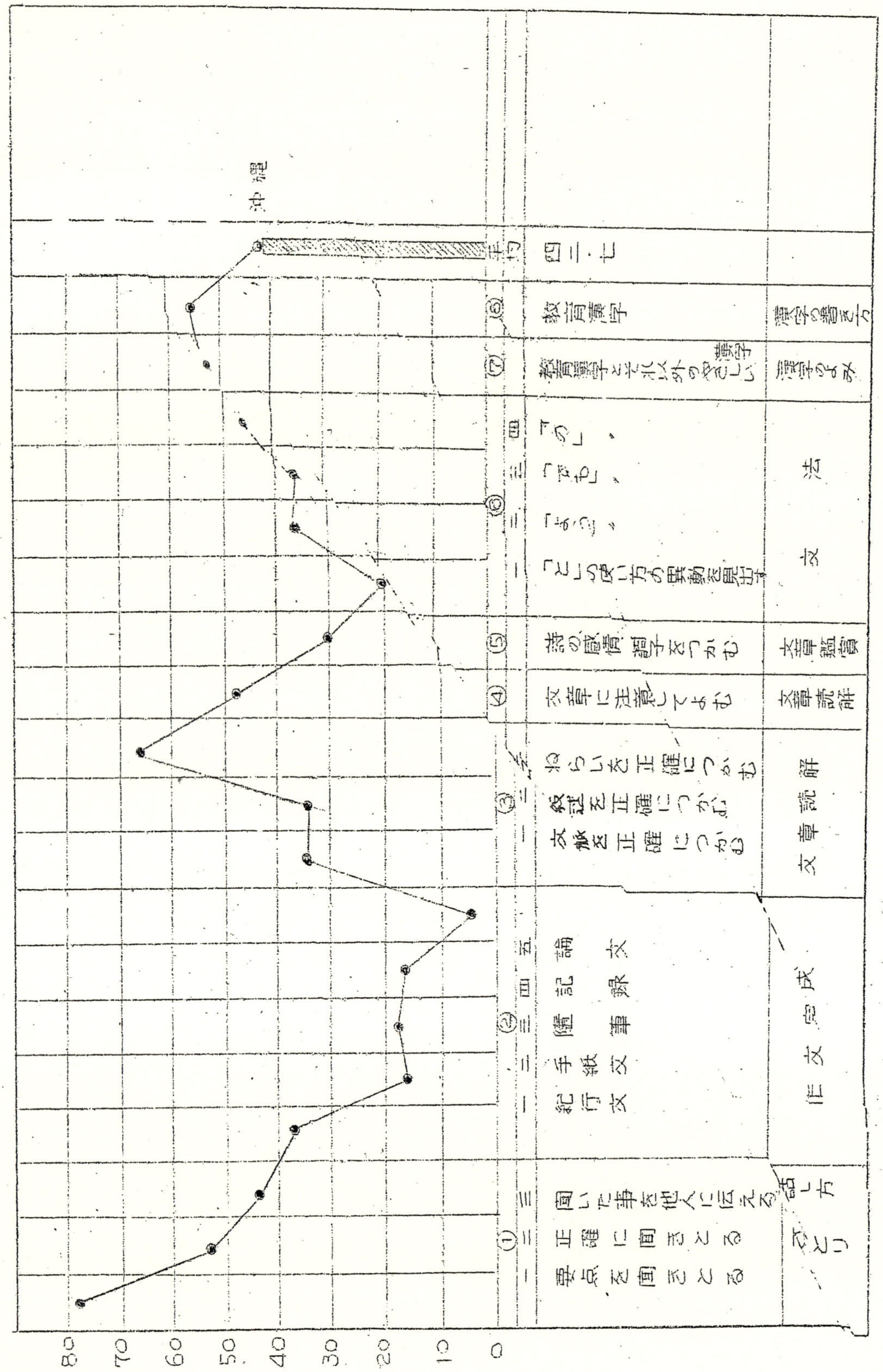

きき取り
話し方
要点を聞きとる
正確に聞きとる
聞いた事を他人に伝える
作文
紀行文
手紙文
随筆
記録
論文
文章読解
文脈を正確につかむ
叙述を正確につかむ
ねらいを正確につかむ
文章読解
文章に注意してよむ
文章鑑賞
詩の感情調子をつかむ
文法
「と」の使い方の異動を見出す
「よう」
「でも」
「の」
漢字のよみ
教育漢字とそれ以外のやさしい漢字
漢字の書き方
教育漢字
平均
四二・七
沖縄
0
10
20
30
40
50
60
70
80

# 学力水準調査を終えて

研究調査課　知念繁

今回の調査は全琉の小中校の学力の実態を明らかにし学習指導上の問題点を究明して今後の教育改善の方策を検討樹立しようとするのがねらいであつた。

この學力調査に於ける「学力とは」何かの問題であるがここでは一應学習指導要領の目標を認めてそこに共通のシークエンス・スコープの標準的なものが求め得られるという立場をとつた。そしてこのようなものが求められた時に、始めて如何なる地域に成育して行く児童生徒であつても、同程度の教育を受け得ることになるし、一方、教育をする側にあつても標準学力が示されているならば安心して学力涵養のための適切な方法、手段を発見し得るし、目標に向つて努力して行くことができるのである。

標準学力を設定するためには二つの方法が考えられる。第一は現在の現実の学力を測定して、被検者の最低過半数が共通的にもつているものを標準学力とする仕方、第二は一定の立場に立つて要求されるべき学力を設定し、この要求された学力がどの程度であるかの実態を明らかにし、その結果に基いてその妥当性を検討することによつて標準学力を決定して行く仕方である。しかしながらこの第二の場合は假定であつて、結果的には、この假定が純正妥当なものかどうかは検討されねばならない。ところが現状では、児童生徒の学力の実態が少くとも全般的に低下しているという豫想のもとに、全琉的にその実態を明らかにし、又同じ学習指導要領に依つている日本々土の学力と如何程の開きがあるかをも知ることによつて、今後我々が考えねばならぬ問題点を発見出來ると思うわけである。それ故に本調査においては標準学力の設定を將來に希求しながら、まず学力の実態を明らかにすることを企図したのである。それで調査主題を標準学力とも、学力実態ともせず学力水準としたゆえんである。

勿論、実態を測定する尺度（即ち問題）は、学習指導要領に準拠して作成された日本の國立教育研究所発行のものではあるが、そこに示された学力はあくまでも一定條件下に於けるそれであり、更に今回は國語と算数の二教科だけであるので学力の全部を示すものでは決してない。従つて学力の実態を明らかにするとは、種々の尺度による調査を積み上げて行つて学力の全体に近づこうとするものだと言える。

しかし限られた範囲であるが、同一尺度（問題）により同一方法によつて実施した今回の調査の結果は遥かに大きな開きを示しているのは事實である。

この低下の事実は、この戦争によつて人的（教師の質に関係する）にも物的（教育施設）にも徹底的に叩きのめされ、九ヶ年の今だに十分回復してないし、それに伴う社会的混乱による即ち社会的質の低下によるものと言える。なぜなら教育効果は学校のみでなく社会全般の條件によつて左右されるからである。故に学力低下の問題は單に教育関係者だけのものでなく社会全般の問題でなければならない。むしろ現職の教師達は戰後の悪條件下にありながら毎日の教壇實践に血みどろの苦斗を続けて來たのである。

しかし今回の調査によつて明らかにされた問題のうちで、学習指導の面に於ては、直接的である教師達の反省と改善方策が研究されねばならないであろう。又、児童生徒の学力云々と共に、或はその前に教師個個の実力というものも大きな問題でなければならない。指導技術の前に自己の実力を、ということが先決問題であるといえる。

教師の実力養成は、教師個人の問題でもあるが、それを助成する政策を立てる必要がある。又現実に行われている教育活動がいかなる教育効果をあげているか、いかなる教育條件のもとでは、教育効果が助長され、或は阻害されているかという、換言すれば学力と教育條件の関係を究明するのでなければ妥当な教育行政を打立てることは出來ない。

以上のような見地から教育の客体的條件について廣く学校及び一般を対象としてその実態調査の実施を計画している。この調査の結果によつて又新しい問題が出て來るものと期待している。

最後に今回の学力水準調査に標本校として御協力下さつた学校に対し深甚の謝意を表すると共に、又新しく御依頼申上げる教育條件の実態調査についても御協力下さる様お願い致します。

〃座談会〃

# 研究教員の見た本土の教育

## ―第四回研究教員を囲んで―

一挨拶（中山興真）

四月の初めにこのような会をもつ計画を立てゝいましたが、皆さんが全部揃う時期を待つていました。教職員会でもこのような催しをされているので、二度の会合をもつことになるので甚だ御迷惑とは思いますが、第一回から第三回まで皆さま方の研究報告を文教時報にのせて報告していますが、会をかさねるにしたがつて、向上の一途を示し、たしかに研究教員派遣制度は、成功していると思います。皆さんは寒い時期にいかれてずいぶん苦労された事と思いますが、皆さんが元氣でお帰りになりましたので、その苦労に対して感謝申し上げます。今日は、多くさんの問題がありますのでそれについて皆さんにおきゝしたいのですが、私の方で問題を示めしてそれについて話しを進めていきたいと思います。先づ最初に配置校の特色に就いてこの席の順に御発表願いたいのです。

中山（埼玉）

私は、学校施設をテーマにしていつたのですが、私が配置された学校は、実に完備した生徒の学校生活を考慮した学校で、特に便所等の配置が各棟につき、木造建築の二階建が主でありました。この学校は文部省の木造建築のモデルケースとしての指定校で、玄関もかた苦しいものではなかつた。私がそこへ配置されたわけもあとでわかりました。

教科の面では、川口プランによつて計画され、月一回、学期一回、川口市の各学校代表が集つて反省と研修をしている。校長が、社会科の部長で研究深く、社会科部員にも文理大や高等師範卒業がおつて研究しているので特色をもつていた。そのプランは問題解決学習で、一例をバスケット指導にとると、最初ルールを教えず、疑問をもたしてからルールの指導をするという方法を用いていました。其の外は川口プランによる地域プランによつて教育計画がなされていた。

具志堅（大阪）

私は、大阪市の育和小學校に行きましたが、その学校は、七〇年の歴史をもつた古い学校で、美しくはないが時代の特色をそなえた学校でした。大阪では設備は悪い方だが、二四学級に対して便所が四ヶ所にもあるというふうでありました。校長先生はすべてを和に結びつけて教育を進めていて、職員会議等でも親和を重にていました。

教員組織もよく、二四学級に対して三二人というゆとりのある組織で職員の卒業校も、高等師範学校或は大学卒業で臨免は一人しかおりませんでした。この学校は、市の指定校で毎日校内研究をなし、大阪市でも有名な学校で参觀人がいつでも來ていました。私は家庭科の勉強をしようと思つていましたが小学校でありましたので、むしろ社会科を勉強してきました。音樂の方では、あまり差が大きく短い期間ではどうにもなりませんでした。

その外、P・T・Aの協力は、うらやましいかぎりで、毎月十五日が定例參觀日で、殆ど在籍数の半数以上集るという熱心ぶりで、その方々が、花を生けたり、いろ／＼子供たちのことに相談をもちかけていました。

伊藝（東京）

私が、配置された育英小学校は、東京都でもほこりをもつている学校で、P・T・A等も非常に協力しているので、優秀校の評判でした。校長先生が、先に指導主事をされたこともある人で、特に習字、図工、工作等も相当なものでした。その外に、能力別学習指導で成果を擧げていますので、東京近くや、遠くは九州からも參觀人が來るという立派な学校でした。

教育組織は三六人中、男二五人、女一一で、三七才の先生を頭にして、若い先生方が多く、ほんとに心身氣鋭の方々ばかりでした。先生方は、私の事にも計画を立ててくれましたので、割に氣樂で勉強することが出來ました。短い六ヶ月ではありましたがほんとに樂しく勉強することが出來、有意義だつたと思つております。

崎間（長野県長野市立西部中学校）

私の配置された学校は、長野県でも学校設備の完備した学校で、私が特に感じたことを二三申し上げますと、学校の運営も県の行事計画があり、それに從つて学校の計画があるので、ほんとに自主的に行事を運營し、授業を絶対にかかさないように、年度初めに計画されていた。それを生徒指導のよい、機会をとらえているところは私たちの考えるべき点だと思われました。即ち計画的な指導と生徒の自発活動の面に計画性があつた。次は、教師の生徒に対する態度でありますが、教育の眞理をよく極め、眞におちついた地味な授業でありました。私がいた間に劣等生という一言もきいたことがありませんでした。

與那嶺（静岡県浜松市中部中學校）

私が配置された中部中学校は、職員数五一名で二八学級、静岡でも大きい充実した学校でありました。学校の経営ですが、年度初めに計画され、行事の為に絶対に授業を欠かないという根本方針であるとのことでした。一例を運動会にとりますと、練習は放課後に実施し、自主的に生徒会が中心になり、運動会の前日迄、午前中は、授業をしているというふうでした。それと生徒会活動が充実しているのでほとんど生徒が実施していました。その外に、図工科の教師が三人もいて、勤務年数二八年という教師が非常に熱心で、展覧会等にも出品されるし、学校でも毎学期展覧会を催し、優秀作品に賞品等もやつていました。

学習面や、計画は、殆んど学年単位に主任が集つて話し合つていた。

渡久地（名古屋市立白金小学校）

私が、配置された白金小学校は、中商、工業地帯である名古屋市の新設校で、しかも政黨色の強い環境にあるため、校長は、常に職員の和を強調していました。学校も新しい上に、職員も皆若い方々で、私より年輩は、二人しかいないという心身氣鋭の先生方で組織されていた。

この学校は、市の五科目の研究指定校で卒業式の前日迄研修するという熱心な学校で、果して卒業式が出來るかと思われるぐらいでした。

宮里（東京都台東区下谷中学校）

学校の特色と致しましては、文部省の指導要領を忠実にまもつて新教育の実践をしている学校で、教科は、單元学習で相当成果を挙げ、教育大学につぐといわれていました。中でも社会科は、相当なものだとの評判を拍し、そのあらわれとして、学校図書館は一萬册以上の図書を揃え、充実したものでした。又單元の中にも、図書館利用がもられているし更に学級数一八に対し特別教室が二三教室もあつて学校の標榜する新教育を進めていく上にほんとに恵まれた学校だと思いました。

学校長が、非常に嚴格で、職員をぐい／＼引張るという狀態で、細事に至るまで皆校長がするという一風變つた学校でした。

又道徳教育に取組んで成果を収めているということでも有名な学校であるとの事でした。教育事務の事でも非常に嚴格で、期限内には、必ず出來る上るという狀態で生徒の學習活動にも絶対に空白をつくらないというところに特色を示し、自主的な学校運營をしているということゝ、新教育の批判が起るや基礎学力の研究に取組むという熱心さで、常に新しい教育の歩みと共に新しい方向に進んでいくというところでした。

比嘉（静岡県熱海市立第一小学校）

私の配置校は、觀光地で、一日に二萬人の觀光客が來るという狀態で、地域から躾教育をテーマにして研究し、常に「物事を科学的に処理せよ」という学校長の方針にしたがつて全職員、研修に一生懸命でした。

照屋（埼玉県浦和市立仲町小学校）

私は、浦和市の仲町小学校にいきましたが、この学校は、東京と近い関係で、東京と殆んど變るところがないように感じました。特に校舎等は、設備も整い、近代的で立派なものだつた。

私は、國語の研究をテーマにしていきましたが、幸いに校長先生が、國語の指導主事をされた経驗をもつておられたので、私も大ぶん助かり、或る程度研究も出來ました。

教員組織は、三一名で男一〇人、女二一人で、経歴をみるとあまりよい方ではなかつたが、特に先生方が真剣に國語教育の実践について三ヶ年計画で研究していました。子供たちは、殆んど勤め人の子供で、発表力もあり、素質は、たしかに優秀と感じました。授業をしても、はき〳〵とよく発表していました。全体としては、晴れな授業でなく、むしろ地味な方で、埼玉大の附属校として指定されていました。

喜名（千葉県銚子市清水小学校）

この学校は、海と関係の深い地域にある為に、地域の特色を生かし、特に理科方面に重きをおいて研究しているようでありました。感じた事を二、三擧げますと、子供たちが、常に運動場で遊んでいるということでした。それで毎日おかしい〳〵と思いながら、一ヶ月、二ヶ月たつうちに成程とその意味がわかりました。それは、時間割に休み時間がないという事でした。ちやんと週の計画があつてなされていた　職員室も特別になく、打合せはあるが、生徒の生活指導のために職員は生徒につききりで指導していた。その外に、学校放送と關連をもたして教科の指導がスムースに行われていた。

この学校は、理科教育が、相当進んでいるので、毎日のように、参観人が來る有様で、とくに設備の面では、実験室、氣象室と教具方面も相当に揃つていた。

クラブ活動について申しますと、この地域では、氣象が生活と密接な関係をもつているので、子供たちも海と氣象に関心をもち、こゝに資料をもつて參りましたが、五年から六年までの一ヶ年間、颱風の研究をなし、颱風の進路を一つびとつ記入している。特に颱風十三號が関係深いという意味ですべて記入してある。その他、氣象の研究をクラブ活動であらゆる面から研究しているようでした。先づ地質班、科学班、氣象班、機械班、生物班と六班に分れて研究していました。

中山（司会）

皆さんがそれ〴〵自分の配置校の特色を発表されましたが、その中で職員室がなかつたということを発表されましたが、沖縄でも特に教室不足の折柄、果して職員室が必要であるかどうか、再検討を要する時期だと感じます。それから伊藝さんが言われた能力別指導は、その学級で班別にわけて指導しているということですね。

伊藝　同一教室で能力差に應じたやり方で学級間でグループに分けて指導していました。

中山（司会）

学校運營の民主化について

特に民主的な仕組とか、活動狀況を皆さんがお感じになつた事を思い〳〵に発表して下さい。

中山　計画性をもつた生徒会が中心になり、各学年から運營委員が選抜され、これらがすべての面で活動しているので教師は指導助言といつた工合でありました。

比嘉　教師は、行事表を作製して記入するだけで運營委員が各學級、学年で検討してやつているようです。委員長は相当訓練され司会の仕方や考え方が真に研究しているので吾々でも負けるぐらいである。

渡久地　父兄の学校に対する親切なことは、到底沖縄ではみられない。特に新設校ということであつたかも知らないが、とにかく何んでも協力してくれました。

中山（司会）

学期初めの方針とか、学級編成とか、そういう面で一つおつたえ願います。

渡久地　学級編成は、三月頃になされ、父兄に対して学級編成等について意見をきゝ、それを職員会で検討して編成している。

中山（司会）

科学教育を重點的に実施するとき、父兄の意見がどのぐらいきかれていますか。

喜名　地域の実態をつかんでいる。調査によつて実態を把握し、委員会にかけて委員会の方針として決定している。

中山（司会）

教科書の選定について

喜名　市で教科書選定委員を出し、そこで検討して決定しているようでした。それについて父兄の意見でありましたが、むしろ県でやつた方がよいという事でありました。その理由としては、轉校した際に困るという事が主な理由でした。

中山（司会）

職員会のもち方について、どのような組織、形態になつているか、その面から一つ

比嘉　職員会は別に開いておりませんでした学年主任会をもち、全体会は一ヶ月一回程度でありました。前以て問題を提出しておいて、それを二、三日後に学年会を開いて学年主任が検討していました。

渡久地　名古屋では、職員会という名でやつていましたが、自己の研究テーマとか、生徒の学習指導面の議題を何時迄に提出して貰うとの連絡をし、それを皆んなで検討していました。

與那嶺　学校全体の職員会の場合は、学校運営委員会が主体になり、月一回程度でありました。その外は、学年会があつて殆どそれが主な会合でありました。

中山（司会）
　沖縄でも、三〇学級の学校も相当ありますので学年会を強化していく必要を感じますね、その外に事務面を打合せる会合も必要なことゝ思われます。

中山（司会）
　職員会に出席された事と思いますが、どうですか意見は活発ですか。

崎間　時間が経つのも忘れて討議しているようです。主任が合図して終る状態でした。

中山（司会）
　校内研修の状況について

比嘉　職員一人〳〵が、研究テーマをもつている。一例を申しますと、漢字の頻度数の研究で、この字は何年迄に指導しないといけないという結果を出していました。それから研究授業は、テーマを授業の中で行つていた。例へば理科等で試験管の取扱い方を授業の中で指導していくという方法ですね。

喜名　学校でグラフを作製して、順番に研究授業をしていた、そのとき校長、主任、指導主事が参加しているようでした。

崎間　教師が自分の担当教科について進んで研究していますね、協同研修は、毎週、或は毎月やつていますが、テーマも非常に小さく、しかもなごやかなうちに話し合いを進めていて、一例を申しますと、僕はこの事がよくわからない、その取扱い方法はどうしたらよいかというように、非常に具体的な事柄について研究しているようです。

照屋　一人一研究を一ヶ年、二ヶ年と連続して研究していて、研究会には、自分が現在研究している事を発表していました。

中山（司会）
　自己の研修を真に身となり血となるように研修しているのですね。その場限りでなしに、真に熱意があることがうかがわれます。

中山（司会）
　個人の読み物についてお感じになつた點をおつたえ下さい。

比嘉　読み物は、殆んど文学もので、電車や汽車の中でよくよんでいる。全集ものもよんでいるようでしたが、専門〳〵の本を多くよんでいるようです。

中山　最近の学者の意見では、専門書だけをよむよりも、あらゆる面のものをよむ傾向になるであらうと言つていますね。

中山（司会）
　子供の状況について何か

宮里　生徒が問題を解決する為に統計を出し、それをグラフに書き究明するという面は沖縄より遙かに進んでいると感じました。それ故、図でも正確に、しかも速く書けるし、問題をとらえることも確実でありますね。生徒がより多くのものを見ているので、授業を進めていく場合でも、はかどるわけです。

中山（司会）
　結局、先生方の真剣さ、研修の方法、家庭での生活、学校の設備等が大きく影響してこのような子供たちが出来るわけですね。

中山（司会）
　遅進児の指導について

喜名　私がいた学校では数学のみを同一学級の生徒をA・B・Cに分けて指導していました。

渡久地　同一学級の生徒を三つのグループに分けて、しかも同一教材で指導していましたが、あまり効果を擧げているようではなかつた。

伊藝　私がいた学校では、同一学級で能力別に指導していましたが、教師の熱心な指導で、よい成績をあげているようでした。

中山（司会）
　沖縄の教育に望む點から皆さんのお感じになつたことをおつたえ下さい。

渡久地　授業に対する考え方で、出來るだけ多くの本を読ます方法を考えること、教師の研修の必要を痛感しました。その為に安心して研究が出来る待遇の改善をなすべきである。それから言葉の問題で、もつと日常化されたものにしたい、日本では、その点から恵まれている、学藝会等でも改めて指導の必要がないのは羨ましい事でした。

中山（司会）
　言葉の問題以外に内容の面で何を言うかと云う事もありますね。

照屋　沖縄の場合は、言葉の二重生活が子供の発表力に相当影響しているように思われます。その他いろいろな原因はあると思われますが、それから日本の子供たちは、自主的な学習によつて日々向上しつゝあるに比べて、沖縄の場合は、先生方があまり親切すぎはしないかという感じをもちます。今少し子供たちに発表の機会をもたしたいものだと痛感致します。その面から言葉の問題や発表力の問題にも相当に影響していると思います。

宮里　自主的な授業をする為には、日本に於ける自発活動には、今一段の距離があるように思う。沖縄の場合は、学校の生活と家庭、社会と生活が相当の相違があるので教師の筋の通つた規律を堅持することも肝要なことだと思われます。

照屋　沖縄の場合は、運営の面でも、その他教科の面時間の面にも無理のない教育計画が急務であることを痛感する。

中山（司会）卒業式等にも列席された事と思いますが、賞品、賞状の件について

渡久地　私がいた学校では、六ヶ年皆勤賞だけ与えていました。

崎間　長野県では、戦前から賞品は與えていないとの事でした。

照屋　賞を與えるに学期末等のように一定せず時期と機会をとらえて、その都度與える方法には賛成です。

中山（司会）進学指導についてどのように考えていますか

照屋　進学指導には、非常に真劍で、或学校では、三年生はクラブ活動や、いろ〳〵な学校行事から除外して専念させている状態で、むしろ地方の学校が新教育に徹底しているのではないかという感じがした。

崎間　長野では、進学指導は別にやつていませんでした。最初、父兄から何故進学指導はしないのかと云う事もあつたようですが、学校の方針としてやつていないし、県全体としてもやつていないので、別に父兄からも意見はないようでした。

中山（司会）小学校の場合、男女の比率はどんなものですか

喜名　女が多いようです。千葉県では、女が六七%、男が三三%でした。

阿波根（那覇教育長）罰はどんなものですか

宮里　案外嚴格ですね。

中山（司会）映画の見学については、自由に見せているのですか、

渡久地　自由に見せているようです。その際、見学の指導をなし、月三回ぐらいのようです。

中山（司会）皆さん忙しいところ、わざ〳〵御出席下さいまして、しかも長い時間にわたつて研究されたことや、お感じになつたことをお聞かせ下さいましてまことに有難とうございました。時間の都合もございますのでこの辺でお終りたいと思います。

**第四回研究教員座談会出席者**

| 氏　名 | 配置府県 | 現任学校名 |
|---|---|---|
| 宮里　朝吉 | 東　京 | 北谷中学校 |
| 伊藝　ヨシ | 〃 | 金武小学校 |
| 照屋　寛功 | 埼玉県 | 首里中学校 |
| 中山　重信 | 〃 | 文　教　局 |
| 喜名　盛敏 | 千葉県 | 玉城中学校 |
| 比嘉松五郎 | 静岡県 | 上田小学校 |
| 與那嶺善一 | 〃 | 大里中学校 |
| 崎間　義郷 | 長野県 | 嘉数中学校 |
| 具志堅三重 | 大　阪 | 知念小学校 |
| 渡久地　繁 | 愛知県 | 稲田小学校 |

文教局指導課長、学務課長
文教局指導課研究調査課各主事
那覇地区教育長

---

# 「基準教育課程（小学校）について」

此の度待望の基準教育課程が印刷製本を終へ各学校へ配本の段階に達しましたので其の性格及び活用法について略記します。尚構成にあたつては各教科構成委員の諸氏が延七拾数回の分科委員会を行い、真に献身的な努力がはらわれた事を附記します。

A　基準教育課程の性格と構成経過について

一、基準の意義について
1、現場の要望として生れたこと。
2、「沖縄」という「地域」として、一應拠るべき処を示したに過ぎない。
3、あくまでも参考案であること。（画一化をさけること）

二、指導要領に基準をおいて、各教科で沖縄の特性を生かしたこと。

三、現行教科書との関係について
1、学習における教科書の位置を考えたこと。
2、教科書の単元に多少の變更が加えられたがこれはそれぞれ沖縄の特性から考えられたこと。

四、構成の経過について（削除）

B　基準教育課程の活用法と地域及び学校教育課程構成法について

一、教師の手びき又は參考案として活用すること。
（各教科篇　序文及び「はしがき」）

二、基準教育課程自体に検討を加えて貰いたい。
1、構成の経過に見るような拙速主義が、この編集に多くの欠陥を豫想させる。
2、基準は全体の教育者の要望又は責任においてよりよきものに修正さるべきものであること。

三、地域や各学校の特性を充分に生かすこと。
1、基準教育課程一辺倒は、教育畫一化への道であつて教育の民主化はその地域その学校の特性を充分考えるところにある。
2、指導要領一般篇參照
3、この基準案は、地域や各学校の教育課程の形態や構造については、決して特定のものを要求しているのではない。

四、地域や各学校の教育課程構成上の問題について
1、教育課程構成上の困難点は、どこにあるだろうか。
2、今後の問題について。

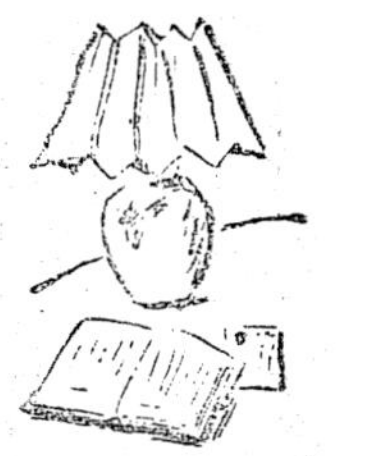

# 英語学習指導の実際を訪ねて

永山政三郎

## まえがき

今日の英語教師程、種々雑多な出身から構成されているものはない。そして可なり多数の英語教師が満足な状態では、教職課程を踏んでいないのだから、特殊の問題をはらんでいると云わざるを得ない。

私が高校にいた頃の校長は、英語専攻でオーラル・メソツドを強調していられた。教師は悉く型破りで、主任は帝大法科であつたし、帝大理科を出て化学を教える傍英語を担当している人、高商出の人、それに教員拂底の時勢でなければ決して教職などにつけなかつた私。

ところで、校長から「今後の英語教育はオーラル・メソツドで」と示唆された主任の法科君は「私にはできないから、主任はごめん」と謙遜したら、「できるだけその線で」と校長が譲歩した。一方、理科君は忠実に英語のみで授業（恐らくは自己流の方法）を終始して、さらぬだに、英語恐怖症の生徒達をして、悲鳴をあげさせていた。そしてこれとは全く対蹠的にこれ亦徹底した文法中心訳読式で授業を楽しんでいたのが高商君であつた　文字通り楽しんでいた。私の如きは全く冷汗ものであつた。

元來教師養成の課程を経ていない連中だから、「指導法何するものぞ」位の鼻意氣をもつていて、学力さえあれば方法は自ら生れるんだと決めつけていた。だがこのグループに共通の悩みがあつた。それは発音であつた。初めてきく米人の話には、情ない位みじめさを感じた。そして益々いけないのは、戦後米人或は二世から仕込まれた若い教師との発音上の対立であつた。

新しい指導法の登場におびえ、何とかこれを採用しなければと思いながらも割り切れぬ氣持ちが戦後の英語教育界を支配しているのではないだろうか。

それで戦後の英語教師はまず、米人について発音を学ぶことに血眼になつた。それも人を得なければ、豫期の收穫は得られなかつたりして、今では下火になつた。それから夏季大学や現職教育の教科取扱法の講座に殺倒したが、学力の補充程度の結果に終るのが多かつた。今日では下火になつたが、研究授業が各地で頻繁に行われた。入門扱いの部分では、演出もよろしく派手なオーラル・メソツドが見られたが、それ以上のことはやはり所謂舊教授法を一歩も出なかつた。

研究授業といえば、私にも思い出がある。それは各地から參觀者があるというので、私は当今言葉のオーラル・メソツドをお目にかけなければと意氣込んだはよかつたが、上級の教材では手のつけようもなく、苦心した結果芝居をすることにした。即ち出來のよい子を仕込んでおいて関所にはこんな生徒を登場させることにした。全く以ての外の公開授業であるが、オーラル・メソツドに取組んだ教師の姿の一つであつた。

今日では、教師の自発的な指導の面への開拓も進んできたし、何よりも有難いことには、本土の一流学者や実際家の著書も比較的入手し易くなつたので、叙上のような状態とは聊かちがうようになつた。それでもやはり大勢は英語教師諸氏の悩みは依然として切実なものがある。

本土でも、能率の上がらないものの一つは英語であろうかと思うが、沖縄でもやはりそのような氣がする。新教育の生命である生徒中心の学習や生徒中心の学習などという命題との間に横たわるギャップに対する悩みは深刻なものであるにちがいないが、私が痛感することの一つは、英語教育の目標が如何ように確立され、実践されているだろうかという疑問と更に英語教育が学校教育の中でどのような地位が与えられ、それがどの程度尊重されているかという疑問である。

# 一、普通教育に於ける英語教育

## 1　沖縄の英語教育の特殊性

沖縄の学校に於ける英語教育の特異點は、小學校（四年以上）から課されていることと、中學校では目下のところ必修教科であることである。従つて、この特殊性に対する疑問と、これからくる悩みも現場に於いては見逃せない問題であろう。

即ち、小学校から課している點に対しては、米國当局による強制ではないかとの疑惑、従つて自主性を傷けられたという卑屈感がなきにしも非ずという印象を受けることもある。過去においてはいざ知らず、現在では当局による強制干渉は全くないのであり、自主的にこれを採入れ、自主的人間の育成をこそ狙つているのであつて、卑屈感はこれを一擲せねばならないと思う。が然し、小学校に英語を課すことの可否は尙議論の余地を残していると思うので、これに対する現場の忌憚ない意見が歓迎される。

次に中学校ではこれを必修としているが、これは主として、沖縄のもつ特殊な社会環境の故に、國民教養の一つとして必要だと思つている。中学校の卒業生が社会に出た場合に、直接なり間接なり外人乃至は外國文化との交渉をもたずに、生活することは考えられない。又土地事情や人口問題の関係上、いづれは多くの人たちが海外に発展することが期待される。ざつとこんなことを考えただけでも、中学校の卒業者が有為の社会人となるために、又國民教養の向上という立場から英語の学習が凡ての中学校生徒に必須のものであると考えられてよいと思う。但し必修故に学習効果の點から起る疑惑は認められねばならぬし、絶えず檢討を加えていくべき事だと思う。

更に蛇足を加えると、日本の中学校で英語科が選択になつていることについては、可なり批判もあるわけで、いづれこれが戰前同樣に必修にならないとも限らない。又小学校にこれが加えられるだろうと見る教育者もいる位である。

そして注意すべきは、これは全く推測ではあるが、日本の中学校で英語が選択であるということは、六三三制の採用に当つて、そのまま米國の中学校の教科目を受入たのではなかろうかということである。当時の当事者はこれを否定するかも知れないが、若し米國で外國語が選択なるが故に、日本でもそうしたとすると、ここに問題がある。

それは外國語教育の目的が日米においては、根本的に本質的に相異することである。米國において、近代外國語を授ける主な目的は、目先の実用にある。然るに日本の学校では、終局において教養的價値を目ざしており、外國文化の吸収の手段として外國語教育があるのである。詳しいことは後章にゆずるとして、このように日米兩國の近代外國語教育に本質的相異があり、國情に相異があるからには、日本の中学校では必修にすることが望ましいと考え、切にこの実現を期待するものである。

## 2　カリキユラムに於ける英語科の地位

とにもかくにも、小学校にこれを課し、中学校にこれを必修としているからには、それ相應に、普通教育に於ける英語教育の地位が確立されなければならないわけである。

文教局発行、基準教育課程目標篇の目標3、「平和的にして、文化的な國家社会の在り方を理解し、そのよき建設者の一員となる。」という目標の達成のため英語科が協力せねばならない部面は極めて廣い。殊に三七頁の22から25までの目標に於いて然りである。

新教育実施以來、特に國際性の強調が目立つている。これこそ外國語教育の助けなくして果せるものではない、むしろ外國語教育はその主役をなさねばならない。外國を知つている者のみが真に我が國を理解する者である。従つて外國語教育が國際性の涵養を目ざす面に於いては、これはとりもなおさず新しい愛國教育に通ずることを知らねばならない。

勝俣銓吉郎氏は「漢学を外國視しなかつた過去の日本人の精神を、今日に生かしてみれば、即ち英語は日本語の一部であるということに落着く。」といつているが、これはあまりに飛躍しすぎる論理であるとしても、これに近い体感を無視することはできない。

過去の中学教育において、漢学が生徒に與えた影響は、その功罪は別として、大きなものがあつた。今日漢学に代つて、生徒に新時代に即したメンタル・バックボーンを與えるのは英語教育でなければならないと思う。

## 3　英語教育は尊重されているか

終戦後の沖縄において、「英語は大切だから、これを大事にせねばならない。」ということは合言葉となつた。然しこの言葉を注意してみると、教育的見地に立つものというよりは、むしろ身近な特殊事情への実利的欲求を充たす手段として、英語が尊ばれたにすぎない。

教育が社会の要求に應えることは当然であり、実利主義も非難される理由はなく、英語が何事かの手段であることを否定するものではない。が然し、あまりにも短見的なあまりにも露骨な実利の手段として考えられるならば、学校に於ける英語教育ほどその存在理由のみすぼらしいものはない。

その本然の姿を歪曲されて尊ばれたことは不幸ではあつたが、今日尚英語教育尊重の呼び声の高いのは幸である。けれども問題は、そのような呼び声ではなく実際において英語教育が尊重されているであろうかということである。

では一体、英語教育振興のために、不幸となつている事柄は何であろうか。これを立場を変えて、英語教育振興のために考慮すべき事柄を捉えてみたい。

㈠、従來英語教育及び英語教師が時流の寵兒の觀を呈して、甘やかされすぎはしなかつたか。教育行政又は学校管理の立場にある人が、他の教科に対する如く英語教育に理解をもつていただきたいこと。英語を知れということでは勿論ない。教育としての英語を愛情を以て見守つていただきたいということである。

そんな事を申し上げると、目玉の出る程お叱りを受けるかも知れないが、指導の立場にある人が、英語を解せないが故に、英語教師の行う英語教育に無関心の示し方が足りないことはなかつたか。然し社会科の専攻でないが故に、社会科の教育に無関心でいられる指導者はいないと思う。それと同じような愛情が欲しいというのである。

「うちの英語の先生は軍作業で会話を身につけているから」と安心なさる校長先生は、教育としての英語に関心のないのが普通である　教育には経験の浅い英語教師の多い今日、教育長、指導主事や校長先生方はその透徹した教育眼を以て、指導助言していただかなければならないだろう。

㈡、指導者の少いこと

英語教師相互の研修活動は、他教科に比べて低調である。これは推進力になる人が少いためであろう。中央においても甚だ至らない私が一人いるだけであり、地区において英語の專任指導主事をもつているところは皆無であろう。

制度として、指導主事のいるいないよりも、現場からの湧き出づる力によらねば、この種研究活動は強力なものとはならない。地方に英語教育を指導し、教員の研究團体をリードし得る人材がいないかというとそうではない。そういう人材がいやに謙遜なのだから困る。

㈢、英語教師論

沖縄の英語教師の形式的素質（資格別）について、調査したことはないが、大体の想像はつくので、假に次の分け方に従つてみると、

1　正規（文部省免許及び新制大学）の英語教師……極く少数
2　師範卒で英語をもつている人……少数
3　外語校（沖縄）卒……多数
4　文教、教訓卒……多数
5　その他雑多な出身……最も少数

この推察には錯誤があるかも知れないが、大多数は3、4に属する若き世代で、それだけに將來の発展を期待されるが、少くとも現在の状態は、教養及び專門共に大いに勉強しなければならない時期にあり、円熟せる教師の多い他教科に自ら一歩を譲つている所以である。

從來退職による異動の最も烈しいのが英語教師であつた。一時の腰かけ的の人が少くなかつたし、更にこれを当然のことと容認する周囲の空氣はなかつたろうか。英語の教師に最も望まれるのは（大方の反感を買うかも知れないが、）教育者的自覚である。これは英語教育を単なる言語指導であるという短見を去り、言語の背影をなす文化の開眼であり、英語教師はその先導なりという自覚とそれに應わしい指導力を備えることにより生れる。文化の教師たる自覚と実踐――これが普通教育に於ける英語科の地位を確立するといえば、過言であり、又は誤謬であろうか。

然し学校を訪問して、時に3、4に属する教員たちの真剣なるが故の苦悩に接しては頭の下る思いがするのである。私自身若いのであるが、これらの人達は私よりも一廻りも若い、言わば私の生徒であつた人達の年代で、それだけに限りない親しみを覚える。そのあまり言葉の過ぎた點は容赦ねがわねばならない。

# 二、英語学習指導の大勢と今後の方向

## 1 沖縄に於ける英語学習指導の大勢

ラテン語やギリシヤ語の死語を教授する方法として廣く採用された文法中心の訳読式方法（舊教授法と呼んでおく）が、近代語の教授にも採用され、その成果がはかばかしくないところから、幾多の改革案が提唱された。これらの改革案は、大同小異の理論の上に立つていると思うので、その一切を新教授法と呼んでおく。ついでに断つておくが、英語では原語の関係上、今日でも「教案」とか「教授法」とかいう用語が廣く使われているが、精神において「指導案」や「指導法」と何ら区別されるものではない。

改革案が叫ばれて長い歴史を持つているに拘わらず戦前の日本では、目ざましい影響はなかつたというのが実情ではなかつたろうか。然し戦後いかにも当然のように（実際にそうではあるが）顔を出してきたのが新教授法である。

生徒の実力は、何でも新教授法でというわけで、もてはやされたが、もてはやされた程に浸透していない、というよりか、舊教授法を一歩も出ていないというのが沖縄の大勢ではなかろうか。

## 2 新教授は何故行われないか

新教授法が十分紹介されていないことと、その狙うところが正しく理解されていないところから、その実施が億劫なものとなつている。十分紹介されていない結果、やりたくてもやれない、或は甚だ不徹底なものに終つている場合が多い。

次にその狙うところが、正しく理解されていない結果、自分は会話が苦手だから、自分には出來ないと匙をなげている人がいる。この人は新教授法即会話教授と決めている人である。然し新教授法の唱導されるのは、言語の本質に鑑み、言語指導の原則を打立てるときに、それが必要だということで会話に上達することは副次的の目的又は産物にすぎない。

ここでは、その理論を説くのが目的ではないし、又それは私のよくなし得るところではないが、英語教育の終局の目的は、新教授法を採用しようと舊教授法を採用しようと「読解力」を附與してやることである。ここに欧米における近代語教授とはその目的を異にすることを知らねばならない。

欧米において、新教授法が成功したというのはその方法が優れていたということよりは、むしろこれを採用した教師の熱意にあつたと云われている。

新教授法の實行されないもう一つの理由は、進度の問題である。新教授法によれば進度がおくれると、一般に思われている。然し實驗の結果は、その反対を報告している。成程初めのうちはおそい、然し一年、二年と継続している中に、ぐんぐん早くなるというのである。實驗を信じて継続的にやつてみることである。

最後に見逃すことの出來ないのは、入学試験に実際の音声によるテストの少ないことである。けれども新教授法による指導を受けた生徒がペーパーテストにもよい結果を示しているという報告を注目せねばならない。

## 3 今後の指導法に対する私見

今まで新教授法の肩を持つてきたが、それは沖縄の現状で敬遠されているから、それ程敬遠すべきでないとの意向を含んでいる。

教授法は天降りではいけないし、「教師が教授法である」とデユイーはいつている。唯一無二の教授法というものはない、それで中道を歩むのが最も無難だと思う。折衷案が最もよいと思うのだが、その折衷案を生み出すためには、やはり新教授法をわきまえていなければならない。

そこで、よい教授法とは「学習心理を基礎として、言語の性格に適應した、しかも、読書力を中心として他の凡ゆる部門を万遍なく発達させるという英語教授の目的に副うような方法である。」（石橋幸太郎教授）に従い、且沖縄の現状を勘案して、私は次の圖を書いてみた。

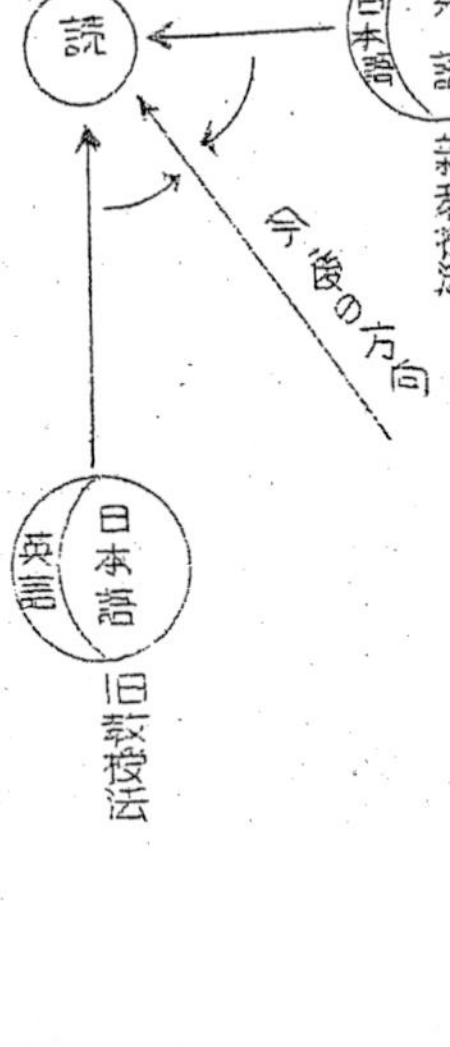

# 三、學習指導に対する私見

## 1　学習指導に表われた弱点と教師の悩み

學校を訪問すると、学習指導上相当苦心が拂われて効果をあげている例をみる。こゝでは、弱点を診断し、それに対する処方を考えてみたい。弱点と思われる例を、順序や問題の軽重を考慮することなく、拾いあげてみると、

(1) 目標の把握が不明確である。
(2) 読みの指導に始まつて、訳をつけることで終つている。
(3) 單語の指導から入り、文の指導が後になつている。
(4) 英語学習雰囲氣の醸成に対する考慮が足りない。
(5) 多数の生徒を学習に参加させる工夫が足りない。
(6) 視聽覺教具の利用を著意している教師が少い。
(7) 指導に計画性が欠けている。

などが挙げられると思う。

次に日頃、教師が指導に当つて、悩んでいる主な点をあげると、

(1) 自発学習ということと、生徒中心主義を如何に取上げるか。
(2) 文法はどのように取扱うか。
(3) 進度の問題
(4) クラブ活動の問題
(5) 現職教育と研究團体

などであろう。

## 2　指導案の改善

前節の諸問題に対する處方を、本節で一括して考えてみたい。

(1) 單元の指導目標

指導案を拝見して驚くことがある。それは、

△英語らしく読めるようになる。
△会話がすらすら出來るようになる。
△正しく書けるようになる。

といつたような、目標のたて方をみることである。これは極端な例ではあるが、これに類似のものはざらにある。

このような目標の設定では何もならない。單元の目標であるならば、その單元独特の目標をうちたてなければならない筈である。そこで教材に適應した目標は如何にしてうちたてるかが問題になる。

まづ目標は、（A）語法上から、（B）内容上から、（C）ドリルの主眼点、の三点から具体的に検討していかなければならない。

（A）は言語の機能の面から目標を拾い上げていくことで、生きた言語としての特質を考えることが必要である。（B）は所謂文化教養的價値の面から、目標を考えるのであるが、これが遺憾なく取上げられて始めて、英語教育といえるのである。從つて学校英語においてはこれは非常に尊重されなければならない。

（C）は何をドリルするかを考えるのである。言語の修得程度には、単に照合（アイデンティフイケイション――文字をみて意味を理解し、又は音をきいて意味を思い出す程度）に留めてよいものと、融合（フイユージョン――活用の域まで進める）にまでもつて行くべきものとがある。（C）では融合の域にもつて行くべき、語又は語法についてドリルするのである。

(2) 指導過程

（a）新単語の発音指導、（b）範読、（c）……といつたようなものが多い。そして徹底するまで読ましてそれから訳をつけていくのだという。

比較的新しくリーディング・メソッドというのが唱えられてはいる。これは母國語と同一語族に属する外國語の指導には有効かも知れない。我々が外國語を学ぶ場合「読書百遍意自ら通ず」ではないのであつて、内容を把握してこそ読み方らしい読み方ができるのである。

それで、文字を見せる前に、即ち視覺に訴える前に、聽覺に訴えて内容を理解させることが必要である。そして聽覺を通じての理解の度をたしかめるために口頭による問答が行われなければならない。

今日一般に廣く提唱されている指導の過程は、

（a）復習　初等英語の段階においては特に大切であると考える。　四技能の面から復習活動を考えていく。

（b）新教材の口頭による提示　英語で内容を把握

させようという狙いであるが、母國語の使用を禁止するものではない。

（c）内容の理解度をたしかめる問答　最もやさしい形式の問（エスかノーで答えられる）を発していく。

（d）読みの指導　言語は文章本位に覚えていくものであるので、特に新出單語を抽出して、指導するやり方よりまず文章を指導し適宜に単語の指導を行う。範読、追読、個人読という順序で指導していく。

（e）内容解説　直読直解の習慣を養うように、読み下し式に意味をとつていくようにする。この方を（d）に先行すべきだという人もいる。

（f）整理　四技能の面から、内容の面から。

×　　×　　×

さて以上、目標や指導過程の実際について、例示出來ないのを殘念に思うが、幸いこれについては、良書も出ていることなれば、御研究をねがいたいと思う。

## 3　文法の取扱い

中学校における文法形式を教える順序として、東京教育大学附属高校石川光泰教諭のお説をそのまゝ掲載することにする。

第一学年（初級学年）

1．名詞・代名詞

数：　單数――複数

格：　（…が　…の　…を，に）

人称：　第一人称，第二人称，第三人称

2．形容詞・副詞

冠詞：　**a, an, the**

比較法：　原級，比較級（**-er**）最上級（**-est**）

3．動詞

時制：　現在，進行形，未來，過去

活用：　現在形，過去形，過去分詞形

助動詞：　**can, will, shall**

4．前置詞（**in, on, at, dy, to, with, etc,**）

5．接続詞（**and, but, or**）

6．文

種類：　平敍文，疑問文，命令文，感歎文

要素：　主語　述語　目的語（補語　修飾語）

第二学年及び第三学年（上級学年）

（※印は特に二年をさす）

1．名詞

種類：　普通名詞，固有名詞，抽象名詞，物質名詞，集合名詞

格：　主格　所有格　目的格

数：　單数――複数

性：　男性，女性，中性

2．代名詞

種類：　人称代名詞，指示代名詞，関係代名詞，疑問代名詞，※不定代名詞

人称：　第一人称，第二人称，第三人称

3．形容詞

用法：　連體用法　敍述用法

比較法：　原級　比較級　最上級（特に　**more, most**　をつけるもの及び不規則なもの）

4．副詞

※比較法：　形容詞に準ず

※関係副詞：　**where, when,**（**why, how**）

5．動詞

種類：　自動詞，他動詞（完全・不完全）

※活用：　現在，過去，過去分詞

時制：　現在――※完了形――※進行形

※過去――完了形――進行形

未來――完了形――進行形　話法

法：　假定法

※態：　受動態，能動態

助動詞：　※**will, shall**（意志未來の用法を含む）

**would, should**　の特別用法

※**may, must**

準動詞：　不定詞，分詞，動名詞

6．前置詞

7．接続詞

種類：　等位接續詞，從位接続詞

8．間投詞

9．文

種類：　單文，複文，重文

※要素：　主語，述語動詞，目的語，補語，修飾語

句と節：　名詞句（節）　形容詞句（節）　副詞句（節）

〔註〕　教える順序は，教科書に従つてきめる。

以上の表に対して教授上の注意を補つてみると，

○文法用語は出來るだけ避ける。特に初学年においては，例えば文の形式にしても「…は…である」とか，「…は…する…を」といつたように，日本語の助詞の變化によつて，教えてゆく。要は，文法用語の羅列でなく，内容を数多くの練習によつて習得させる。「進行形とは」という代りに，その類例による問答，その他の方法により，自然と「進行形」の形及び意味を悟らせるようにする。

○入門期には，文法的説明は絶対にさける。問答の繰返しにより，例えば **I** と **am, he** と **is** の結合を会得させる，文の暗誦は特に奬勵する。

○一年は二年の基礎であり、二年は三年の基礎であることを絶えず念頭において重複を厭わず反復練習させる。文法事項は断片的であつても、三年の後期には必ず、プリントその他の手段を講じて、整理統合するよう配慮する。

以上大ざつぱな計畫をたてては見たものの、とに角中学校では、あまり文法事項にこだわらぬ方がよいと思つて見たりする。餘りこだわりすぎると、つい餘計なことまで教えて見たくなる。その結果は、生徒の消化不良をひきおこす。終には英語に対する興味が全然なくなつて了うということにでもなれば、折角の骨折も無駄になろうというもの。

文法はあくまで生徒の理解を助ける一つの手段として、教えられなければいけないと思う。

ところで最初のA君の質問はどう処理したらよいのだろうか。自分のような氣の弱い者には、とても彼の質問には應ずることが出來ない。というのは楊子で重箱のすみをほじくる式のやり方に、A君を陥入れるのは可哀相だから。不必要な苦労に悩まされずのびのびと英語を勉強させてやりたい。それでもA君が不服なら、もう一辺自分のやり方を反省しようと思つている。（東京教育大附屬高校教諭）石川光泰

## むすび

ここまで書いてくると、私は他の累積した仕事のことが氣になりだした。それで甚だ要を得ない、まとまりのないものとなつているが、一應この辺でむすんでおきたい。

当初の考えは、沖縄に於ける英語学習指導の諸問題を隈なく取上げて、検討したいと思つたが、ここまで書いてくると、当初の意氣込みは何ら発揮されていない。加うるにこれまで書いた部分も推こうされていないが、取敢えず、これを第一線の英語担任者各位におくり、いくらかでも參考になれば幸である。

まだ問題は多数残されている。

△クラブ活動を如何にするか

△英語教室（的教室）の経營

△英語的劣等児（好ましい言葉ではない）を如何に学習せしめるか

など、沢山あるが、これらはいづれ機会毎に私見を述べていきたいと思う。

# 辺土名地区教育懇談会より

文教局はじめての試みである教育懇談会は、当局の指導方針を各地区にくわしく理解して貰うと云う意図と尚、当局として各地区の特異性をはつきり聴取し地域即應の指導プランの樹立と云う二つの意義をもつて先づ辺土名地区を皮切りに開催された。

四月五日、初夏を思わせるさわやかな微風が山々の若葉をゆすらぎ、朝もやの消えゆく中に静かに山ぶところに囲まれた辺土名に定刻よりも早く教育長、各「学校長、各村長、教育委員、地区PTA会長等々の參加者がつめかけた。

流石に此の地区はオリエンタル、タイムでないらしい。

教育長事務所の時計が十時を報ずると同時に開会、先づ辺土名地区教育長の「沖縄の再建は政治、経済、財政、教育と各方面から考えられるべきものであるが教育現場にある我々は教育に主力を注ぐべきであり文教局の指導指針をよく理解し地区教育の方針を樹立して再建の一翼たり度い。文教局の此の催しに感謝する」との挨拶があり引き続き文教局大城指導主任の文教局特に指導課として教育懇談会を開催した主旨についての説明及び本日の懇談会運營についての説明と挨拶があり次いで司会者の選出にうつゝた。司会者に教育長事務所の上原氏が選出された。

十一時十分前いよいよ懇談事項に入る。

進行の関係上大城指導主任が指導指針を各項ごとに解説して質疑を受け懇談を進めると云う事になつた。

尚、年前の部で指導課との懇談を終了し午後の部は各課より問題事項を提出し質疑懇談を行う事にきまる。

「以下指導指針項目にしたがつて懇談内容を略記する」

一九五四学年度学校教育指導指針の「一、指導の態度」「二、指導の目標」に於ては教育計画の確立と計画実践について力説して計画と実践の一体化こそ現在の沖縄教育を飛躍させるものであると結語して「三、指導の力点」について懇談を進めた。

## 1. 教育計画の確立と実践について

大城主任の説明後次の様な質問や意見が活発に行われた。

a 日本の教育計画と沖縄のそれとを比較して欲しい。

b 沖縄では毎学年度教員数や学級数の變動が甚しく他府県のように年度末に新年度の計画を樹立するのが困難だ、何とかして教育財政を十分確保して教員数等の變動が少いように局としても考慮してほしい。

c 辺土名地区は校長は学校経營案を学級主任は学級経營案を是非持つようにきめてある。

次で司会上原先生の「校長が教育計畫を樹立する場合最も困難の点が有つたら発表下さい」との発議に対して

a、年間計畫は出來たが実践が出來ない。

これは立案者が一部の教師で多数を占める実施者は計畫に参加しないので実践の熱意がなく又計畫内容に対する不明さから來るものと思われる。個々の教員に自主的に計畫させる必要が有る。

○生徒会等の運營計畫、生徒会豫算編成、運營等は生徒兒童の可能な範囲に於て彼等に自主的計畫をさせる必要が有る。

○ガイダンスの年間計画、実踐は困難が多いが計畫が粗漏であるからではなかろうか。

等の質問意見が續出した。

日本本土の学校の教育計畫については指導課金城主事より次の如き説明があつた。「郡部都市の学校を通じて地域にふさわしい教育計畫を樹立しているが概略を申し上げると教科指導のカリキュラム、特別教育活動のカリキュラム、生活指導のカリキュラム等の各部面の年間計畫を持ち学期末に学年として又学校全体として指導研究会を開催し反省討議を行い最後に年間の反省、研究会を持ち各計畫実踐の綜合評價そして次年度への參考に供して行くつまり年次的に仕上げて行く健実な歩をしている、」

尚又沖縄の教育計畫の実踐をさまたげるものに学校行事の繁雜さと高校入試準備等が議論の対象となつたが学校行事の件は簡素化、統一化でまとまつたが高校入試の件は結論を得るに至らなかつた。

## 2. 学習指導の改善工夫について

此の問題は小さな学校の多いしかも複式学級の多い辺土名地区としては切実なものである、大城主任の解説後

○小さな学校の教師研修のあり方は?

○複式学級に於ける生徒、兒童の自発活動はどうあるべきか

○複式指導に於けるカリキュラム編成は考慮出來ないか

○小さな学校への助言も数多くやつてほしい

等の質疑意見がもたらされた。小さな学校の教師研修のあり方については最寄りの二、三校が一緒になつて実踐すると研究意欲を旺盛にし互に刺戟しあつてよいとの結論を得、複式学級に於ける兒童生徒の自発活動及び複式指導に於けるカリキュラム構成に就ては能力差卽應の指導と云う事を重点として考慮し尚教科間の横の連絡を十分考えて立案すればよいとの助言に及ぶ

## 3. 教師の資質の向上については

次の如き意見が発表された。

○研究教員、視察教員、は一地区に編入しない様に考慮してほしい。

○休みの講習は財政的負担が多すぎて特に当地区としては首里、那覇に出て行くのは重大問題だから地区で開催出來るように取計つてほしい

○講習（認定）は琉大のみならず局をしても指導課を中心にして開催してほしい。

## 4. 自主的態度の確立については

教師と政治活動の問題が活発に論ぜられ一市民としての場合と教育者（公務員）としての場合の兩立を論じ話がまとまつた。

## 5. ガイダンスの强化については

同日指導が討議の中心となり職員室の廃除論も出た休み時間も教師にとつてはガイダンスのよき対象であり、そしてガイダンスの対象となつた総ての事項は即刻記録して指導に役立てるべきだとの意見が多かつた

尚次の諸点も強く論ぜられた

○出席簿の裏面は兒童生徒の行動記録に役立てるよう、要すれば是を指導要録にまとめて轉記しよう

○指導要録をもつと指導面に利用し度い

○補助記入簿を全教師持つ必要がある

○ガイダンスの年間計画を是非樹立する

○道徳教育についてもつと具体的に計画を樹立すべきだ

6. 職業教育の振興については

大城主事の解説後、次の諸点について質問及び意見が出された。

○実業高校の充実と地方の中学校職業家庭科の充実を至急考究して欲しい

○職業家庭科指導に於ける現教科書の取扱いについて説明して欲しい

○現教科書は生徒全部に持たさないといけないか

これに対して山内主事及び大庭主事より現教科書をそのまゝ指導せよとの意図でなく、教科書指導の方法、指導内容の分析の方法等最もよく示しているので其の方法を參考にして地域に即するように計畫立案しなさいとの意図であり、つまりよき資料として考えて欲しいとの回答がもたらされた。

7. 健康敎育の强化については

徒手体操の場合の號令の使用の可否について論ぜられ號令は教育効果を高めるものと考え、尚行動開始への合図と解釋して使用すべきだとの結論を得た。其他発達段階に卽した指導とか運動競技参加の機会均等。施設、用具の件等について意見交換が行われた。

以上七の項目について指導課を中心として意見の交換、尙指導助言、質疑等が行われたが參加者全員の真劍な態度と解決意欲は時の過ぎるのを忘れ司会者の上原先生は進行を規正するのにたじ〳〵であつた。

十二時四五分午前の部を終了した。

午後は文教建次長、学務課長、庶務課長、社会教育課長の來席を待て豫定通り各課より問題を提出し懇談を進める事になつた。

先づ小波藏次長の挨拶として教育行政面の解説、現場教育への要望、教育懇談会の意図及び參会者への謝意等が述べられた、次いで

比嘉学務課長より学令簿整備に関する件、常欠児童生徒に関する件、教職員服務規定に関する件等たついて解説と要望事項があり其の部面についての質疑に入る。

辺土名地区としては教職員服務規定はすでに地区として立案中であるとの発表があつた。社会教育課としては公民館の運営問題、成人学校、青年学級等の運營問題についての説明と要望がなされた。辺士名地区は公民館運營と青年学級の件で最も進歩的であるらしく意見も多く運營経驗の発表も多かつた。

研究調査課からは学力水準検査への協力と文教時報の利用について要望があり庶務課からは教育補助金についての豫算運営説明が具体的になされた。中でも教育補助金の件については質疑、意見百出し、最も関心の深いものの一つである事を実證した。沖縄教育の財政的背景の貧弱さを示すものでもあろう。

かくて午後四時三十分懇談会を終了する事になつたが沖縄本島の北端やゝもすると僻地と考えられがちではあるが事教育については進歩的であり、集つた人々の真劍な態度と表情にはいさゝかも僻地らしい暗い所も見えず教育に誇りを持ちたゆまず進展して行く辺士名地区の姿がうかゞわれた。

(仲真記)

---

# おすゝめしたい図書

郷土の先輩仲原善忠先生の御來島を機会に歴史学に関するいろ〳〵の図書の中から手頃な參考書として次のような図書を推薦して戴いた。

考古学 一、日本考古学概説(小林行雄)二五〇円 創元社

人類学 二、日本史の黎明(八幡一郎) 三〇〇 有斐閣

三、人 類 学 (杉浦健一) 三〇〇 ?

〃 〃 (三森定男) 三四〇 法律文化社

四、日本人の祖先(長谷部言人) 一八〇 岩 波

日本史 五、京大日本史(一―六)(京大諸家)各一八〇創元社

六、日本史便要(創元社編) 一三〇円 創元社

×七、現代日本小史(上・下)(矢内原 大内)外五人 各 二〇〇円 ?

×八、日本に於ける近代國家の成立(E・Hノーマン 大窪原二訳) 一〇〇円 時事通信社

沖縄史 九、地方史研究必携(地方史研究協会)二八〇岩波

十、沖縄研究概觀(民族学協会) 三三〇円 民族学協会

沖縄研究に必要な書目「おきなわ」三二号に出ている

歴史理論及び教育 十一、現代史学批判(家長三郎)二五〇円 和光社

十二、歴史教育の理論(大塚史学会) 二八〇円 誠文堂

×十三、ベルン、ハイム、歴史とは何ぞや (坂口昂訳) 一八〇円 岩波文庫

十四、試練に立つ文明(深瀬喜寛訳) 三〇〇円 社会思想社

右の内、×印は文庫本が出ている

松浦 静山 甲子長話

# 本校の視聴覚教育の歩み

平良第一小学校

## はじめに

視聴覚教育ということは、今に始まつた事ではなく、過去に於て吾々が経験して來た教育方法のうちにも、視聴覚教育と言われるべきものが多々あつた。それが新教育の実践に当り、よりよき効果をあげる為には、好むと好まざるとに関わらず、是非共研究されねばならない一大課題として登場して來た。

視聴覚教育ということは、視覚を訓練し、聴覚を訓練するという事では勿論ない。教育の効果を増大し、学習することをよりよく効果的ならしめるための教育の方法である。

教育が、遠大な目標の下に行われる意図的な人間の動きである以上、凡ゆる方法を講じ、五感を総動員して教育の効果をあげ、子供達の人格完成を期さねばならない。

本校が貧弱ながらも、視聴覚教具の利用の実際について、研究実践の結果を発表することは、日夜営々として研究に励まれる同行の諸賢に、研究資料の一端ともなり、將來に於て共々に理想的な教具と利用法についての研究の成果を念願するからである。

## △本校の学校図書館

### (一) 本校図書館教育の目標

教育の目的を示す教育基本法第一條は、学校教育に於ては 各個人の人格を完成させて、平和的民主々義社会建設の一つの原動力となるように目標をもたねばならないことを掲げている 本校に於ては、地域の特殊性と児童の生活の現実に即して、次の通り、やゝ具体的な目標を設定して努力している。

1 素直な子供に育てる。
2 責任を重んずる子供に育てる。
3 自主的に行動する子供を養う。
4 親切で、豊かな情操をもつ子供に育てる。
5 素質を伸ばしつゝよく仂く子供にする。

以上のような目標は、教育の目的から割り出されたものにほかならず、本校の教育活動のすべては、この目標に合致するよう周密なる計画ねのもとに遂行されるものである。

本校図書館教育の目標も言うまでもなく学校教育のそれと不離一体のものであるが、圖書館と限定した場合、その教育目標を一そう具体的にし、図書館教育の完璧を期すため、次のように一般目標を設定した。

1 豊かな個性の育を目ざし、自発的な学習態度をもち、常に図書によつて新しい知識を得、自分で問題を解決しようとする態度をもたせる。
2 図書及び図書館を利用する技術を習得し、生活の必要に應じられるようにする。
3 図書を愛し、文化を理解する態度、及び読書習慣を養う。
4 公共物や、友人に対する望しい社会性を養う。
5 目的に應じて、いろいろな図書館資料を効果的に利用する方法に習熟せしめる。
6 文学に対する豊かな鑑識力をもち、價値の高い文学を読む力を養う。
7 余暇を読書によつて健全に過せるようにする。

⊙学年目標

(イ) 理解

| 一・二年 | 三・四年 | 五・六年 |
| --- | --- | --- |
| 1 本校図書館がどんなことをしているかがよくわかる。 | 1 同上 | 1 本校図書館のしくみがわかる。 |
| 2 図書を大切に取扱わねばならないわけがよくわかる。 | 2 カードの利用法がよくわかる。 | 2 図書館資料の利用法がよくわかる。 |
| 3 どんな図書があるかがだいたいわかる。 | 3 図書が分類されていることをよく知つている。 | 3 目録の利用法がわかる。 |
| 4 図書館は自分にとつて有用であることがよくわかる | 4 本校図書館が学習の上に役立つことがよくわかる。 | 4 文化財としての図書の価値を知つている。 |
| | 5 分類法がだいたいわかる。 | 5 図書の分類法をよく理解する。 |
| | | 6 図書ができるまでの過程について理解する |

(ロ) 態度

| 一・二年 | 三・四年 | 五・六年 |
| --- | --- | --- |
| 1 図書館にしたしみいつでも出入りする。 | 1 公共物としての図書を愛する。 | 1 規則がよく守れる。 |
| 2 館内でさわがず読書する。 | 2 読書作法が守れる。 | 2 同上 |
| 3 図書館で余暇をたのしむ。 | 3 図書によつて問題を解決しようとする。 | 3 学習、娯樂調査のためによく図書館を利用する。 |
| 4 書架を乱さない。 | 4 掲示物によく注意を拂う。 | 4 図書館の仕事によく協力する。 |
| | | 5 館内でよく下級生をいたわる。 |

(ハ) 技能

| 一・二年 | 三・四年 | 五・六年 |
| --- | --- | --- |
| 1 目録を利用すればむだの省けることがわかる。 | 1 目録の利用ができる。 | 1 目録の利用ができ読みたい本を速くさがし出せる。 |
| 2 読んだことをお互いに話し合うことができる。 | 2 辞書や百科事典の利用ができる。 | 2 各種の辞書をひくことができる。 |
| 3 おもしろい図書を見つけ出すことができる。 | 3 読書の結果をまとめることができる。 | 3 読書の結果をまとめ発表することができる。 |
| | 4 新聞が作れる。 | 4 文集や新聞が作れる。 |
| | | 5 上手なノートのとり方ができる。 |

## (二) 本校図書館の設備

(イ) 概要

1 図書室　一二三・七五坪
2 書架　四台
3 雑誌架　二台
4 閲覧机腰かけ　四八人分（一学級分）
5 掲示板　二
6 黒板　一
7 図書資料　雑誌類を除き一四〇〇余冊
8 視覚資料　多数（多く職員の手に成る）
9 映写機一式
10 幻灯器　一
11 テープコーダー　一
12 蓄音器　二
13 スピーカー　二九
14 レコード　三〇枚
15 フイルム　八巻

16 スクリーン　一
17 トランス　一
18 ラジオ　一

以上のようであつて、至つて不備、計画の実践に支障を來すのであるが、物事は一朝にして実現できるものではない。学校図書館のように種々の教育計画をもつ施設に於ては、特に長年月のたゆまざる努力と忍耐によつて、其の充実をみることができるのである。

本校に於ても年次計画にしたがい除々に設備の充実を図つているのであつて、圖書館らしい図書館たらしめるためには、本校児童、職員、並びに学区民の今後の精進努力がなくてはならないのである。

学校図書館に於ても其の設備を整えることが最も重要である。しかし、図書館をして面目あらしめるものは設備ではなく、それを活動せしめる「人」であることをわれわれは銘記せねばならない。そして其の次に、利用すべき人々に対する熱意ある指導を忘れてはならない。

### (ロ) 運営方針

学校図書館は、教育の目標であるところの、「人格の完成を目ざし、平和國家及び社会の形成者」を育成する学校施設の中心として、本校教育の目標を達成するための総括的な場として、読書指導を行い、人間性を作り上げるものである。

本校図書館は奉仕機関としての面から次のことを考えて、運営指導に当る。

1 本校教育の目標を達成するために必要な図書資料を収集し整理する。
2 図書館を全教育機関の共有機関とする。
3 備え付けてある図書資料は、利用者に最も簡便に利用できるようにする。
4 読書の興味と必要に應じた図書資料を選ぶように指導助言を與える。
5 学校のガイダンス計画に必要な資料を提供し、又児童の市民性訓練のために、適当な機会を用意する。
6 児童の学習に應ずる図書資料を提供する。
7 児童の読書の意欲を高め、研究態度を身につけしめる。
8 児童の読書能力を発達させる。
9 図書や図書館を生活上の用具として、利用する技術を指導する。
10 図書を愛し、文化を理解する態度習慣を養う。

### (ハ) 運営組織

学校長―館長―運営委員会―主任―受入係・整理係・調査係・宣傳係・修理係
　　　　副館長　　図書選定委員会
　　　　　　　　　研究部委員会
　　　　　　　　　　　　　　　　　児童部員

## (四) 本校図書館の生い立ち

一九四八年度

戦災のために散逸せる図書の収集につとめ、これを校長室に保管す。殆ど全部の圖書が、戦後の教育に、参考として不適なため、教材や其の指導に適合せず、新教育の実践に役立たないもので廃棄の止むなきに至り、本校の圖書資料は皆無の状態となつて図書の購入は急務中の急務となつた。

一九四九年度

教育の六三制は布かれて一年を過ぎ、漸次安定をとりもどしつゝある中に、新教育は、教師にとつても児童にとつても多くの図書資料を必要とすることが痛感せられたのである。学校は図書館を設置して一般社会の戦後の教育に資す事をも企図し、全力をあげて、経済上の隘路を開拓して、新刊図書の購入につとめた。しかし其の数は雑誌類を除いては、三〇をこえることは出來ない状態で、教育関係の図書の入手は至難なことであつた。

一九五〇年度

一意図書資料の購入に全力を傾注、六月、学校長の本土出張を機として、新刊書八〇余冊の購入をみることができ、読みものに渇していた職員児童は、新しい本の香に、暗夜に光明を見出したように狂喜し、感激に浸つたのである。

学校では、新たに文庫係を設け、図書の貸出しを行うこととなつた。當時の八〇餘册の図書は、万金にもかえることのできないものであつた。

一九五一年度

図書の購入収集は、本校の一大事業としてすゝめられ、一般社会の復興に伴い、本土との交通も開けるに及んで、新刊書が町の店頭を飾るとまではいかないにしても、或る程度入手が容易となり、図書資料は増加していつた。

一九五二年度

かくして文庫係の手によつて取扱われる図書は二百餘册に増加し、学校では図書貸出規則を作り、其の利用に意を用いると共に、図書の紛失防止につとめなお収集に鋭意努力した。学級文庫に勧めて献本奨励を行い、若干の児童よみものをそろえることのできたのもこん年の十二月である。

一九五三年度

図書資料の獲得に不断の努力を拂い、其の他の資料の收集にも意を配り、幻灯器一基とフイルム五本が入手できた時を期して図書館開設を議し、音楽室を改造して図書館とし、古机を修理していよいよ四月十八日、本校図書館の開館となり、職員、児童、多年の宿望が達せられたことを祝したのである。

1 音楽室を図書館への改造
2 図書二百餘冊
3 雑誌 若干
4 書架 三
5 幻灯器 一器
6 机、こしかけ 三十人分

これが当初の設備で、ただこれだけの武器をもつて学校図書館を名乗つて出たのである。恰もヨツトを駆つて太平洋へ乗り出したことに似ている。しかし、このヨツトは中途で引き返すことは考えもしなかつた。

資料の少いことは別問題としても。学図書館に対する実際運営上の認識も浅い上に。理論的な考究も不充分のまゝに、学校図書館は門出の日を迎えたのである。しかし、「意あれば則ち通あり」「学校図書館に対する利用の方法や、運営の方法は、本校の一研究課題として、研究が続けられることになつた。物事は先ず手を着けること。一度手をつければ物事自体が、仕事を教えてくれるものである。

開館より現在まで

1 音楽室を図書館に改造
2 書架の購入作製
3 閲覧机の購入
4 図書の購入、分類
5 カード箱の作製
6 映写機の借入
7 幻灯器の購入
8 テープコーダの購入
9 スクリーンの取付け
10 標本類の蒐集
11 掲示板の取付け
12 学校図書館學の研究

このように、六三制実施六年の歳月を費したのであるが、事は思うに任せず、其の完備の日はなお遠く、本校の全力をあげての努力を要することである。

われわれは一冊の図書が、すでに図書館誕生の母胎であることを忘れてはならない。この事は、本校が身を以て体験したことである。

## (四) 本校図書館の活動

学校図書館は、学校の中心施設として、其の活動自体が、學校教育の成果の尺度たらざるを得なくなつてきたと言われている。

思うに現在のわれわれたに欠けていることは、われわれが如何ほど図書館の必要を感じているかと言うことであり、次には、学習指導に於て如何に図書館を利用させようと意図しているかと言うことであろう。

学校図書館は、お飾りであつてはならないし、又、娯楽室に止まつてもならない。

学校図書館の活動は各方面にわたるものであつて、之を一々述べるわけにはいかないが本校図書館はどんな事をしているか、其の一二三の例をあげる事にしよう。

### (1) 國語科指導への奉仕

國語科は学校図書館と深い関係を有つていると言われるが、それはどうしてであるか、又どんな関係にあるかをはつきりしなければ、國語教育も、図書館教育も、其の目標を達成することはできないであろう。

さて、國語学習は、あらゆる学習の基礎となるものであり、國語は、社会生活を向上させ、人間を形成する動力であつた。この國語教育は

1 話すこと　2 聞くこと
3 読むこと　4 書くこと（作ることを含む）

の四つの部面を身につけて、其の技術が社会生活に有効に參加する時、國語科のもつ社会的課題は果たされるのであるが、この四つの中の「読むこと」が学校図書館と深い関係をもつものである。國校科が図書館に期待することは実に大きい。「読むこと」。其の経験学習は、國校科の中に大きく分野を占めている。

今日の世界は読む世界である。今日の世界に生きるためには、どうしても読まなくてはならない。実際、読むことをはなれて生活は成り立たない。そうして図書は読むもので見るものではなかつた。

図書資料は、遠いところからながめたのでは何の役にも立たない。猫が小判の價値を知つたらきつと「かつおぶし」を買つて食べるだろう。人が図書の價値を知つたらきつと開いて読むだろう。

しかし、「読め」と、言つただけで、子供たちは読むものではない。「読め」とは読ませようとする意圖のあることをあらわすことばである。が、単に読ませようとしたのでは、効果のあがるものではないことをわれわれは、よく知つている。

学校図書館はあらゆる手段をつくして、喜んで読めるような環境を作つて子供たちに與え、彼らの國語生活の向上に寄與せねばならないのである。

子供の読書環境は、彼らの読書実態を基礎にして整備せられる。実態調査の問題がここに存するのである。本校図書館では、この事に深い関心を拂い、効果的な指導の方法を考え出そうとしている。

　読書指導とは、とりもなおさず國語指導であつて、図書館が國語科指導に奉仕するというのは、読書指導をとおしてである。

(イ)　読書調査

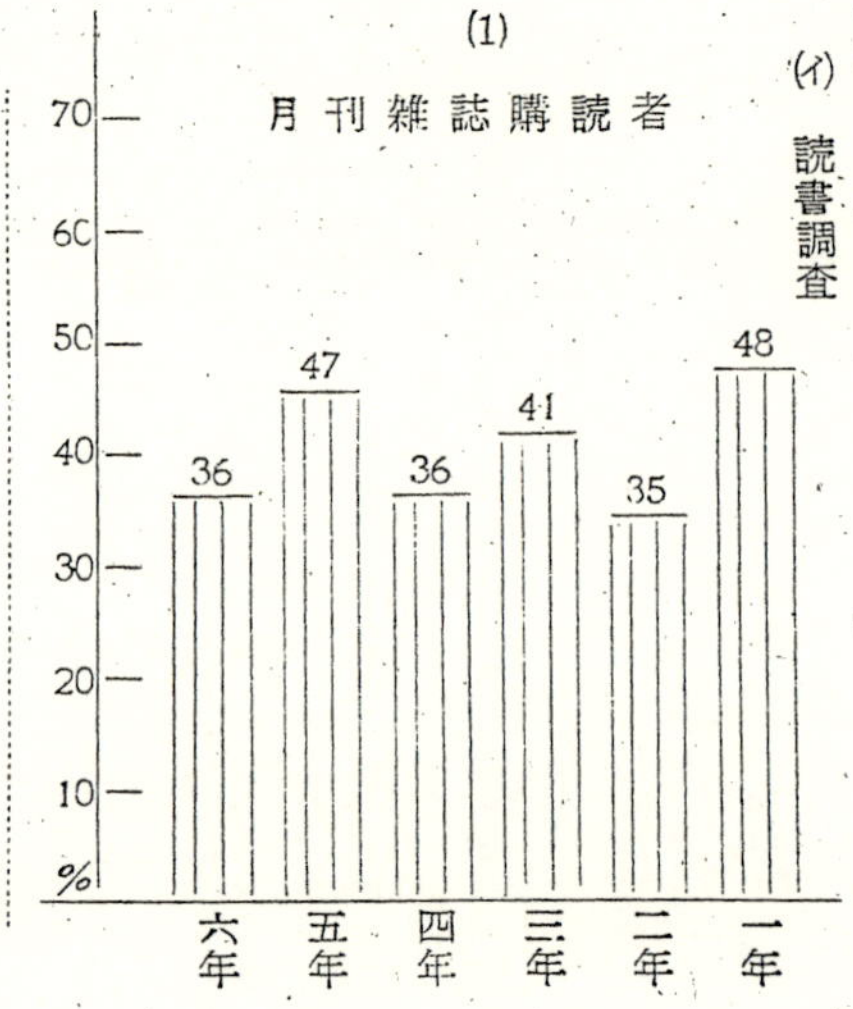


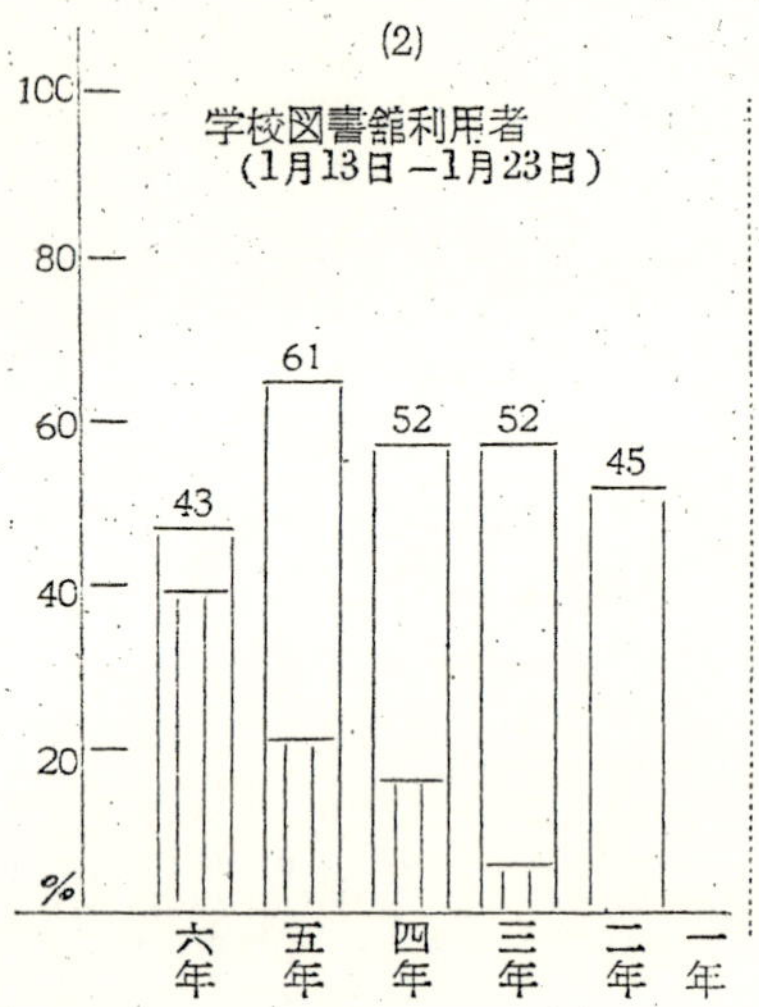


この二つの表によつて本校児童の読書生活のあらましをうかがうことができる。月刊雑誌購入の統計に於て一年生の多いのは、かわいさ盛りであるからむりもないことであろうが、六年の少ないのは、文化会館や、学校圖書館の利用によつてか、或いは他の単行本購入の方へ移つていつたか何れかである。

　右の表で黒い部分が単行本を読んだ割合で、白い部分は月刊雑誌其の他を読んだ人である。この表では学年を追うて單行本をよむ子供がふえているのは、望ましい傾向であろう。

　この表によつて一週間に平均五〇パーセントの子供が圖書館に出入したことになつて、全校児童一、三〇〇の中、七五〇名、一日平均七七名が図書館に來たことになる。これは延人員であつて実際にはその三分の二程度であろう。

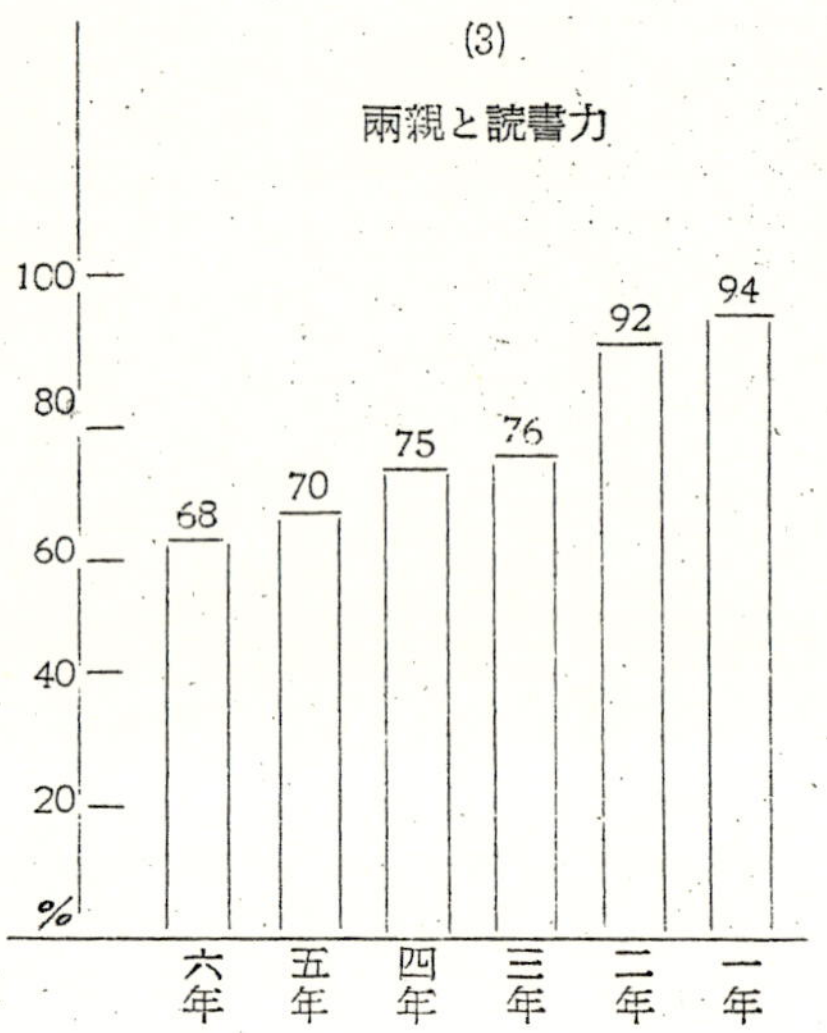


　右の表は読書力のよい子供について兩親の有無を調査したものである。この表は兩親のある子供が、ない子供より多いことを示している。兩親がそろつていることは家庭生活とも深い関係があり、家計と読書の時間とは比例するもののようである。

　又、兩親があれば、子供の学習の上にも、それだけの注意が拂われるからでもあろう。

　なお、この表は六ヵ年の間に兩親、或はその何れかが死亡した割合をも示していると言えよう。学習成績（読書力）の上に兩親の及ぼす、えいきようは、実に大きいものである。

(4)　國語の教科書が読める

次の表は指名されたら何とか読める子供も含めた割合で黒い部分がすらすらよめるものである。

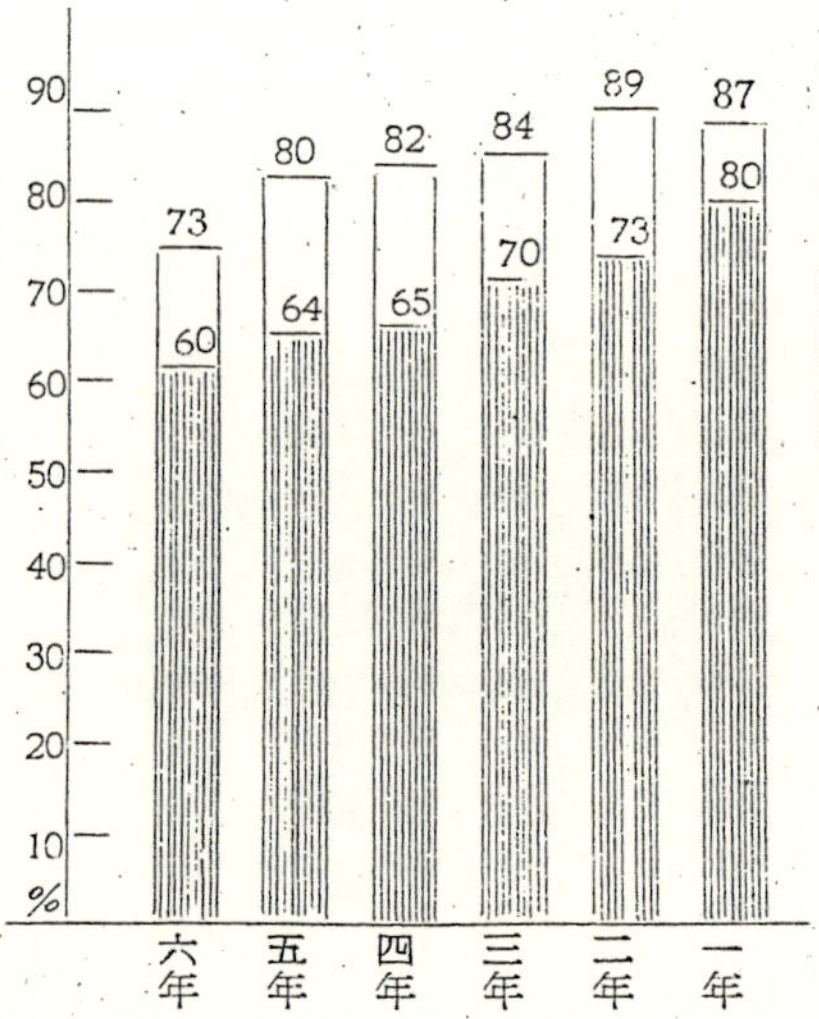


どの学級も、六〇パーセント以上の子供が國語の本が読めることになつていて本校児童の読書力の程度は、そう低いものではないと言えよう。しかし、これは、單に「読める」ということであつて、「読んでよくわかつているか。」「新しい語いを理解しているか」は、更にくわしい調査によらなければ明らかではない。

(5) 読書の場所

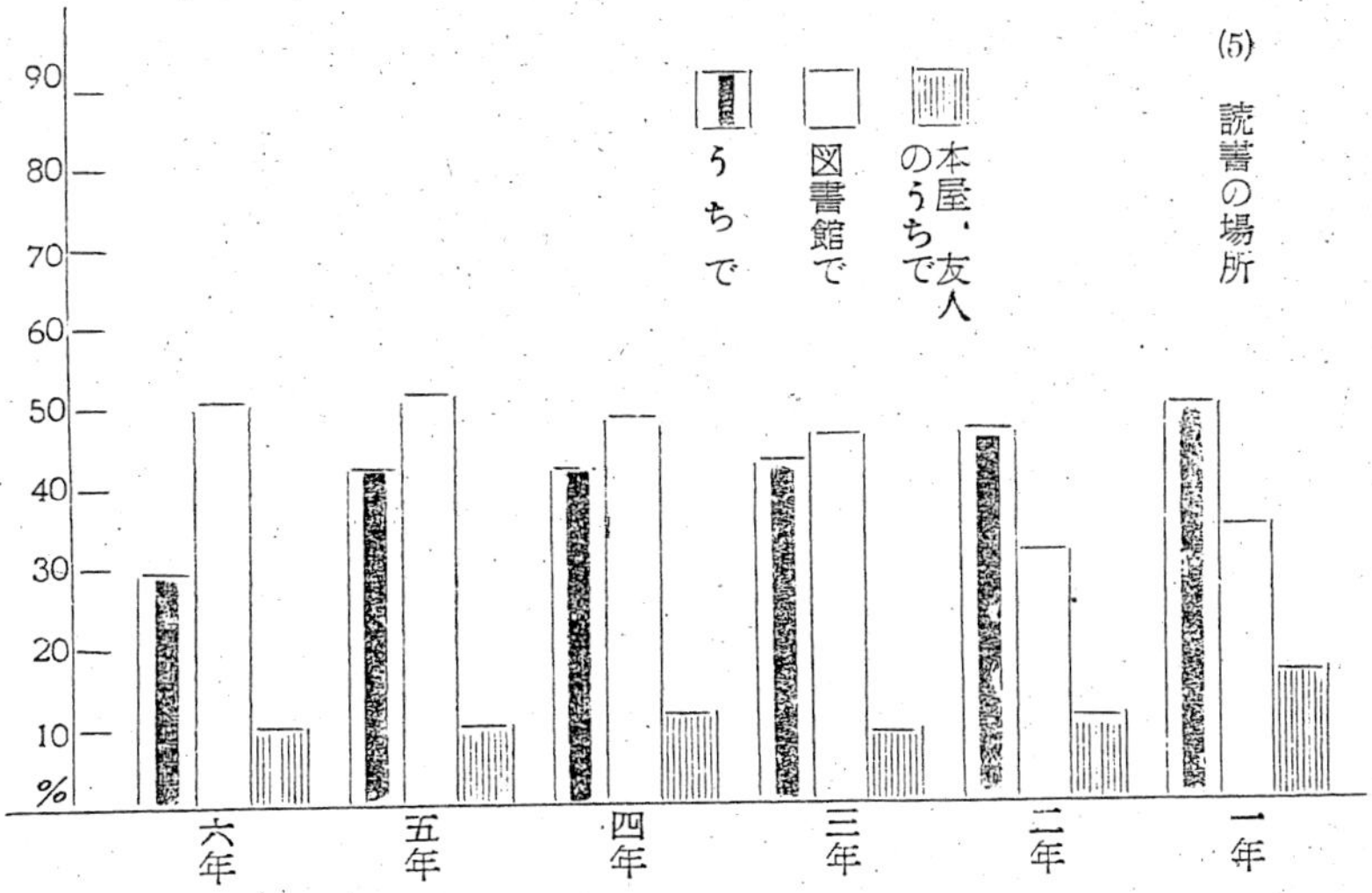


上の表によっては、本校児童が公共図書館や学校図書なしには読書生活が満足にいかないことがわかる。自宅で読書する子供は学年を追うて減少し、圖書館の利用者が増加していることはよい傾向である。本校児童にとつては、図書館はどうしても必要である。彼らの多くは、余暇を楽しむために、圖書館へ行くのであるが、それ以上のことは望まなくても、図書館に親しんでいるうちに、自ら、其の利用の方法や、図書館の価値といつたようなものを体得するであろう。しかし、図書館は、そうなることを待つていてはならない。あらゆる方法をつくして、圖書館を、子供たちのものにしなくてはならない。

子供たちの要求する図書資料を豊富に備えることがそのための最もよい手段である。本校図書館では、できるだけ、子供の読みものの購入収集に努力し、子供たちへの奉仕を完うしようとしている。童話を低学年に、ものがたりを中学年に、そうして傳記ものを高学年に与えて図書館を彼らに楽しませようと考えている。

(ロ) 藏書の配分率

藏書の比率がどうなつているか、又どのような比率にしたらよいかは圖書館営上深く考えねばならない問題である。

本校図書館では、図書館基準の示す配分率を参考に次のような、基準比率を決定して、藏書がこれに近づくよう努力している。

| 分類 | | 基準比率 | 現在比率 | 冊数 |
|---|---|---|---|---|
| 00 | 一般 | 5 | 4 | 55 |
| 10 | 哲学宗教 | 2 | 1 | 13 |
| 20 | 歴史地理 | 15 | 11 | 150 |
| 30 | 社会、公民、文化 | 17 | 27 | 376 |
| 40 | 理科 | 13 | 17 | 239 |
| 50 | 工業工作 | 5 | 2 | 26 |
| 60 | 産業 | 5 | 0 | 0 |
| 70 | 藝術 | 5 | 15 | 230 |
| 80 | ことば | 3 | 2 | 25 |
| 90 | 文字 | 30 | 21 | 295 |

30は基準よりはるかに多く、90は基準に満たず、60は〇パーセントとなつて、現在藏書の配分はその完成までに幾多の難関をひかえている。しかし、それは年次の計畫によつて遠からず基準に達するであろう。なおこの基準配分率は月刊雑誌や新聞等を入れない場合のものである。

以上困難指導に奉仕する図書館活動の一端をながめて來たのであるが、要するに國語指導は図書館の重要な任務であり、圖書館ができたおかげで、國語教育はより効果的となり、完全性が望めるものだと言えよう。読む經驗学習は図書館がなかつたら、どのように展開され、それが児童の生活にどのように應じて行くかなどおぼつかないであろう。現代は、読書の習慣を有たなければ落伍してしまう時代である。そうして、この習慣を児童に体得させるためには、学校図書館が最良の場である。

(2) 社会科指導への奉仕

児童が社会科の学習を展開するに当つて、従來しばしばつきあたつた障壁の一つは、新しい單元の學習が開始となつて、取組むべき問題が提出されて、研究調査の段階に到達した時、解決の第一の手がかりである適当な図書資料が手許に十分に用意されていない事であつた。そのために指導の様相が一切教授の方式へ流れがちであつたのである。

さて、この場合問題がよりよい解決の方へ導かれて行くためには、関係する図書資料がおちなく百パーセントに活用されて行くよう導くことが必要である。ところが児童はおうおうにして、安易に、そして手つ取り早く解決を求めていくために、関係資料が学校図書館に幾種類かにわたつて用意されている場合でも、一冊だけを取り上げてすませる向きが見られる。

本図書館ではこの事に留意し、多くの資料を提供すると共に、資料の利用法の指導に当つている。

子供たちは、よい資料が目の前にあつても、字がむずかしいために利用しようとしない場合もある。読書指導との問題かここにも藏されている。しかし図書館の奉仕は図書資料の提供のみではない。特に社会科に於ては、見学、実習ということが重要な問題であつてそのために、映画の利用計畫が必要となつてくる。例えば「アメリカの工業」について調べる場合、其の概要は知識として脳裡におさめられるのであるが、それは、とこまでも「知つている」というのみで、体験した、見学したということにはならない。

子供たちはスクリーンに映る情景によつて、完全に「アメリカの工業」のありさまを見学したことになる。

社会科と視覚教具、（映画）。われわれは、この教具の活用によつて、社会科学習が効果的な発展を遂げるものであることを再び思い起そう。このように考えてみると、図書資料なり視覚教具なりを一堂にあつめた学校図書館は、社会科学習の上にも亦、最良の場であるということができるのである。

(3)　算数科への奉仕

教科指導と学校図書館の関係に於て、最も関係のうすいと考えられるものは、算数と、体育であろう。中でも算数は、通常、無関係だとも考えられている。これは読書といえば、何人も考えつくこと、すなわち、文学や書を読むことによつて、彼らに豊かな人間性をかちとらせる、ためのものと、考えるからであろう。しかしながら算数科に於ては、教科本來の使命をとおしの、その独自のもののあることを忘れてはならない。

算数科に於て、本を読むということは、其の本來の目標、すなわち、日常生活を数量的に処理し得る人間の育成のために読むのであつて、國語科に於けるそれとは異つた意味を含んでいなければならない。

では算数科に於て、読書指導が必要であるか。然り大いに必要である。しかし算数科に於る読書指導は他の教科とは趣きがちがう。算数科に於ても問題解決ということが大きな課題となつてくる。しかもそれは教科書の問題の解決に止まるのではなく、廣く彼らの生活領域の中から問題を見つけ出し、更にそれを数的に処理しようというのである。（ここに解決の基礎技能として、計算能力が考えられる）しかし何と言つても教科中の書かれた問題の解決が先ずできなくてはならない。

この書かれた問題のできない原因は、解決の第一段階、すなわち問題を把握することができないことである。それ故に、次の段階たる、條件の選択や結びつけができなくなり、計算したり吟味したりする段階に到達する前に、行き詰つているのである。この行き詰りの原因は

1　漢字がむずかしくて読めない。

2　数学的な文章表現になれていない。

3　読解力がない。

ということが考えられる。一口にいえば、読む力がないのである。算数に於て、「読む」ということは、簡潔な文章の中に含まれる一句一句をかみしめ、そこにかくれている数と、数字を見つけ出すことなのである。それ故、算数に於ては本を読んで、知識や情報を得ることではなく、文章の意味すること自体を正確に理解するという面の読書指導がなされねばならないのである。

(4)　理科学習指導への奉仕

理科教育が観察と実験を主体とする、理科知識、技能の習得と、生活に於ける科学的態度の養成にあることとは、言を俟つまでもないことである。しかしながらそれらのことは、実驗と觀察によつてのみ習得し得るとは言えない。又それが随時可能であるわけでもない。すなわち

1　学校教育施設、資料の現況から、すべての理科指導を、実験と観察の過程のみで完遂することはできない。

2　実験、観察の事前指導として、図書館資料の利用は最も効果的である。

3　実験観察の終了後、整理の段階に於ては、どうしても図書を必要としないわけにはいかない。

4　実驗、觀察によらぬ理科指導に於ては、図書館資料の利用がぜひとも必要になつてくる。

5　図書館には、幻灯及び映画の設備がある。これを利用して、学習意欲や興味を喚起することができる。

このように学校図書館は理科指導の面にも多大の貢献をすることのできる余地を有つている。

本校図書館もこの面に意を用いているのであるが、フイルム等の入手は困難であるため、文化会館のフイルムを借入れるなりして少々でも理科教育の振興に寄與せんことを期している。

なお理科関係図書資料の購入には特に力を注いで、その充実に努力している。

(5)　音楽科への奉仕

音楽科の性質上、単にたくさんの本が用意してあると云う従來の図書館では、十分に音樂科への奉仕はできない。新しい形の図書館、学校文化の中心としての図書館は多くの視聽覚教育に必要な資料や教具が用意

されてはじめて中心たり得るのである。

本校図書館に於ては映写機をはじめ幻灯器等の視覚教具があり、レコード、蓄音器、テープコーダー等の聴覚教具があつて、子供たちの目と耳を楽しませている。

登校する子供たちに朝の挨拶を送るスピーカーの声たのしい音楽、毎日十二時にはじまる放送の時間、子供たちの心がのびのびと育つて行く。心が豊かになつていく。音楽学習の素地と興味はこうして育てられ、やがて豊かな情操がみがかれるのである。

1、朝の音楽放送
2、午の放送の時間
3、音楽会
4、歌くらべのどじまん
5、朝の体操

これらは本校図書館の毎日の日課のようなもので、子供たちはいつも楽しいしらべに包まれてすくすく育つて行くのである。

其の他の学科に対しても、それぞれ奉仕の道があるべきであつて、本校図書館では、図書を以て奉仕する以外の奉仕の手段、方法等研究中である。本校図書館が待ちわびているものは、図書館経営の専門的技術家であるが、現在の制度ではどうしても職員を共同の責任に於ける運営ということ以上には望むことができない。

開館一年の成果は見るに足らないものであるが、これとても多くの人々の力の結集によつてできたものであることを思えば、尊いもののように感ぜられるのである。

× ×

## △学校図書館を作るためには

学校図書館が新教育の構想（理念）から生れ学校にはどうしてもなくてはならないものであることは、其の道の権威ある専門家たちによつて余すところなく説きつくされた。われわれは、今、この事について云々する時ではない。

郡下の学校は、大小を問わず、圖書館の設置を企図して居られることであろう。そして、図書館を作るのには、いろいろな困難が伴うものであることも、すでに、十分経験なさつたことであるから、今更申し述べるまでもないが、本校が、過去六年間　戦いぬいて來た中から、体験したこと、考えさせられたことどもを述べてみたいと思う。

1　職員が心から図書館の必要を感じていなくてはならない。

すべて物事は必要から生れるものであつて必要でないものは、生れてもすぐ、形を消してしまわねばならない運命をどうすることも、できなかつたのである。科学も、藝術も、道徳も、人間生活の必要から生れたのである。

学校図書館も、学校の（職員、児童、P・T・A）の心からの要求によつて生れる。

職員が、校長以下、其の必要に迫られ、児童も亦、学習のために、図書を求め、父兄もこの事に深い関心を拂う。そこに学校図書館が作れないわけはないのである。

すべて、「意あれば道あり」。そして、「道は近きにあり」。である。

学校の校長が図書館の必要を感じている度によつて学校図書館がはやくできるか否かは決まるものである。

2　一冊の本は図書館を作る礎石である。

一冊の本を見つけて読みおわつた。
次に他の一冊を見つけて読んだ。
その時には、最初見つけた本の行方がわからなかつた。

このようなことは、われわれが往々にして経験することである。どうして、人間はそんなに、ずぼらなものなのかと反省させられる。

図書館は図書のあるところである。たとえ、一冊の本でも、図書資料として、りつぱに役立たないわけはないはずである。だのに、その本を粗末にしがちなのが、人間なのである。いやほんとうにそうなのだろうか。本校図書館は、最初二十余冊の本をあつめて満足することができた。われわれが、学校圖書館を作ろうと企圖しているのなら、一冊の本でも千金にあたいするものである。職員と児童が、古雑誌でよい、まず一冊ずつ持ちよつてみよう。りつぱに図書はできあがつたのである。

3　図書分類法を理解していること。

図書が数十冊も収集できてから、分類法を研究しようとしたのでは、はじまらない。一冊本でも分類番號を與えるのには一日を費すのである。まず、大まかにでもよいから、読んでみなくてはならないからである。又、読まなくては目録カードを作ることもできない。

本校では二百余冊の本を分類し、カードを作るのに三十人が二週間を要した。これは、児童向きのものが多かつたために、目をとおすだけですむものがあつたので短日で、できたのであるが、そのために目録カードに多くの欠陥を生じている。

4　P・T・Aの協力は常時求めねばならぬ。

「図書館を作つたから今後御協力下さい」。
「図書館を來年作るから、今御協力下さい」。

だれでも後者をえらぶことであろう。図書館に限つて、きよう、あすのために協力を求めることはいけない。一年後、三年後のために求めることが賢明である。本校ではたえず父兄の協力を求めて六年目に図書館ができたのである。

5　職員の図書館学研究がなされていなくてはならない。

図書館について、或る程度の知識をもつていなければ、図書館利用の方法がわからなく、せつかくの図書館が役に立たないことになる。このことについてはかつて本校職員が体験したことである。

6　利用できるように子供たちを指導しておかなければならない。

図書館は子供たちが利用するものである。であるから、図書館の利用のし方は或る程度、職員の協力によつてなされていなければならない。指導を受けてだいたいわかつた子どもでなければ図書館を利用させてはならないだろう。なぜなら、わからない子どもは、図書の取扱いが粗暴であり、書架を紊すことになるにきまつているからである。書架がみだれては図書資料の利用ができないことになる。

7　常に機ある毎に資料をあつめること。

図書館資料とは、図書はもちろん、標本、模型、レコード、ラジオ等々、視聴覚資料をも含めての総称である。これらのものは、一時に購入することはむずかしいものである。であるから、機を逸せず求めておかなくてはならない。

8　図書を利用する態度をつくつておくこと。

この態度は図書館がなくても、身につけさせることはできないことはない。この心がけがなかつたら、図書がいくら書架を埋めても、飾りものとなるばかりである。

9　図書調査をすること。

これによつて購入せねばならぬ図書が何であるかを明らかにすることができる。

○このような諸準備ができれば開館第一日から多くの収穫が得られるであろう。

## △本校に於ける校内放送の実践

### 一、放送時間

◉朝の音楽

日課表に示されているように八時二〇分から八時三〇分迄が朝の音楽で、週番の技術係、演出係の児童によつて毎朝実施されており児童は快い音楽と共に元氣よく登校し明るい心で今日の学習をスタートするのである。

◉朝会行事

八時五〇分から九時迄の兒童朝会は、その重要性に鑑み肉声を使うようにしているが、月、水、金、土の校庭朝会の時には行進及び体操にレコードを使用し、朝会のテーマ音樂が児童をし、快よく元氣にみちて集る仕組みになつている。

◉校内放送

校内放送はすべて全校向け放送で十一時三〇分より五十分迄の二十分間毎日行われている。

### 二、プログラム編成

月間プログラム、週間プログラムを作ること、この二つはどうしてもしなければ、効果ある放送を行うことはできない。

校内放送は、放送が専門でなく放送すること、聽取することという両者に教育的なねらいを持つているので一学期とか一年とかの豫定番組を編成してもそれはうまくいくものでもなくまた出來るものでもない。それで毎月下旬に放送番組編成会議を開いて來月一ヵ月分の出演学年のみを割当てておく。そして週末の会議で、子供放送班員と担任教師の意見を聞いて公平に割当てるようにしている。

その決定の結果は放送及び子供放送班員を通じて児童に連絡し、放送に対する種々の準備ができるようにする。

要は中学年、高学年に於ては、教師と児童との話し合いにより、学年の出演種目と題目をきめることが放送を円滑に行う第一條件である。

### 三、校内放送の内容

本校に於ける校内放送の内容をあげてみると

△ニュースの放送

臨時ニュースをのぞいて毎週月曜日の「ラジオ平一新聞」の時間に放送され、週番の放送班員と編集部の児童が当つている。

ニュースの主な内容は

○学校生活ニュース

○社会ニュース
○季節の話題
○行事の豫定等
△自治活動の放送
△児童の善行表彰
△読書案内
△音　楽
△レコード鑑賞
△朗　読
△童　話
△研究発表
△録音によるクラス、スケッチ

以上の内容がいろいろと構成をされて一年生から六年生までを対象として放送される。どこの学校でも同じことだと思うが全校児童はもちろん教師も興味をもつて耳をかたむける。実際ニュースほど廣範囲の聽取者をもつているものはあるまい。この点一般社会に於けるニュースと同じであろう。

けれども校内放送は一般社会に於けるそれと違いその学校の子どもたちばかりというせまい範囲を対象とするのでニュースそのものに親近愛と真実味がまして校内の自治や児童の知識生活の向上に大きな指導力をもつ、又放送する立場からいえば、放送技術の習得や児童の企画性や自治力をのばす方法にもなる。このように校内放送に於けるニュースの取り上げ方は、そのやり方によつて生活指導、教科指導への両面にわたり学校の教育の上に大きな影響を持つものである。全校ニュースは一年から六年までの全児童を対象とするので、当面の標準をどこにおくかという事でずい分研究したが、現在三年生を標準に行つている。

この三年生標準というのを守るのは非常に難かしい事でこの点で担当職員が絶えずニュース内容、言葉の使い方等に苦労するわけで、六年の子どもの放送であるから、自然、内容も言葉づかいも六年生向きとなり、たまには、いやにお兄さん、お姉さんぶつた放送になつてしまう場合があります　三年生を標準にしたのは聽取効果の判定の結果きめたもので、地域的な内容も充分考慮して当面の対象をはつきりきめてかかる必要がある。

1　自治活動に於ける放送の利用

ニュース放送についで日常活潑に放送を利用するものの中に自治活動の分野がある。放送を利用すれば場所の制限もなく、どんなに離れていようとも、同時に同じ問題を考えることができる。更に他のクラスの自治活動の状況を子どもたちは教室にいて充分に知ることもできるようになつたのである。現在どのように利用しているかというと

◎児童会の決定事項を知らせたりその実踐を促進する。
◎学級相互の自治生活の状況を交換する。

等が行われている。

これらの放送の時間はニュース放送にひき続いて行われるが學校自治の状況の交換などは放送部の企畫にもとづいて行われる。尚、單一学年対象の場合は学年主任の発意で行われる場合がある。所要時間の傳達は五分、学級自治スケッチは十分をあてる。

2　実踐を促進するための放送

自治活動の重要な点は実踐の生活にある。けれどもなかなか難かしい。学校児童委員会で討議して決めた目標もいろいろた困難にぶつかる。それで各学級で成功した話、失敗した話をとりまとめて放送で流すのである。又放送部員が記者となつて録音ニュースで実踐の進捗状況を放送しているのであるが、これは学級の自治活動に放送するという一つの事実を通して清新の氣を注入するという効果を持つものである。

実踐上の工夫や失敗や成功の過程を交換することを通して実践上の各級へのはげましとなることは、いうまでもない。

3　子どもの善行表彰としての放送

表彰ということは、なかなか難かしい問題であるが放送班を通して子どもたちが、お互にその善行を全校の子どもに発表するということは非常に効果があり又容易にできることである。学級の希望を入れて取り上げる方法や善行ポストによる方法、職員の見聞したこと等、よく検討して放送する。

4　読書案内の放送

図書館活動の中で放送を利用する部面が次第にふえてきた、図書館にどんな本が入つたか先ず知りたい所であろう。放送することによつてそれを満たしてくれるということが、そもそものはじまりであるが、現状からして単に本の紹介や読書上の注意という意味ばかりでなく本質的な子どもの読書意欲を高めるという方向に向つていることは、喜ばしいことである。

放送で（図書館だより）新刊紹介をした後では、今きいた新しい本を読もうとして、きそつて図書館にかけつけ書架の本に眼を輝かせている子どもたちの姿がみられる。

先程も觸れたように読書意欲を燃えたたせることが

肝心な仕事で、そのため紹介すべき本をよく読んでどんな学習に利用されるか、どんな興味をその内容に含んでいるか。そして、どの學年の子どもに読めるか、といつたことを知らさなくてはならない。更に紹介が新味を持つためには教師によるもの子どもによるもの、教師と子どもの合作でいくもの、説明式で行うもの、対話式で行うもの等いろいろの方法を用いる。

△新刊その他本の紹介

これは單に紹介するだけでなく、新刊書又はすでに前から図書館に入つている本について、あらたに読書対象をとらえさせ読書生活の継続と発展、研究調査に必要な資料を示してやることが意図せられている。

△図書館だより

児童委員会の一つの部である圖書部がきめたその月の目標の実践状況を折にふれて発表し注意を促したり次のような事柄を放送したりする。

○図書館に寄贈された本と寄贈者
○図書館の開館時間の変更
○臨時休館のお知らせ
○カードの新作されたもの等

以上のように放送によつて読書指導の一部面を援助しているのである。

5 音楽番組の放送

(イ) 音樂鑑賞

校内放送による音樂鑑賞はどうあるべきかということは大きな問題であり、実践の方法もいろいろあるようだが、私達の從來考えていた音樂鑑賞はレコードによる名曲鑑賞が中心であつた。つまり大人の世界が現実に於てそうであるから、無意識に音樂鑑賞といえばこうしなければいけないと頭からきめてかかつていた。こうした見地から実施されたので、当然そこには次の問題が起つてきた。全学年の子どもが放送の対象となるのであるから選曲の範囲がかなり狭くなつてその反面多くの樂曲が必要になるのであるが、数枚のレコードの持ち合せしかなく變化に富んだ興味ある放送の実施が困難となり鑑賞教育の重要性は痛感しながらもこうした障害にぶつかつて研究の段階に入つたのである。がここにテープレコーダーの購入によつて活路が開かれるようになつた。即ち放送部の教師と児童によつてラジオの音樂番組が録音され、必要な時に再生して流すのである。又レコードは近くの学校や父兄、文化会館から借用しこれもテープレコーダーに録音しておいて利用している。資材の蒐集は以上のような方法によるわけであるが音樂鑑賞はレコードによる名曲鑑賞だけでよいものだろうか?レコード音樂を常にきいている子どもには、流れてくる音樂に自然と興味を持つであろうが、そういう子どもは級に何人もいない、つまり永続きのせぬ放送の種目となつてしまう。私達が校内放送でとりあげるべき音樂鑑賞はやはり子どもの音樂が中心でなければならぬ。即ち子どもが日常耳にし、口ずさんでいる音樂がもられなければならない。

このような意味で、この時間には、有名な樂曲を耳できくとともに自分たちの歌を口で思いつきり歌うという、耳と口による音樂鑑賞という立場で進めてきたわけである。現在は火曜日を音樂鑑賞の時間として放送番組に加え、担当の教師と児童によつて、この時間のプログラム編成と解説や、歌唱指導がなされている。そしてこの時間に鑑賞されたレコード音樂は次週までの日々の放送のテーマ音樂となつだりする。解説については、子どもの知つている曲は終つてから曲名や作曲者の時代に觸れる程度で特別の樂曲に対しては、できるだけ子どもがその樂曲を理解できるようにする。

6 クイズ番組

現在放送されている種目の中で最も人氣があるのが番組クイズである、このクイズ番組が何故聴取者に人氣があるかというと、それは他の放送と違つて放送台本を使用しないで即席に行われ、從つて聴く者にどうなつて行くかという期待感、自分もその問に対して放送者と共に推理し思考して行く楽しみ、又その問を自己が解決し得た喜び等から興味がもたれるからである。この推理に就て児童の心理は幼い児童では論理的概念や價値感情は十分発達していないが八才頃から空間及び時間の大小、全体と部分の関係の把握が現われ九才頃からは論理的推理が可能となり、十二才前後になると論理的に考えたり判断して行くことができるといわれている。このように推理は小学校の低学年の頃から現われ、推理遊びや読みものに興味をもつてくる。「児童がよく「なぞなぞ」式の遊びや読みものにふけつているのを見かけることであるが、これを第三者の立場に立つてその影響を考えるとおおまかに云つて思考力の養成、推理力の発展に役立つことがわかる。或る一つの謎、未知の問に対してそれを自ら解決しようとする努力、それが思考力となりその発展が推理力となつて現れてく

るのである。その未知の問を解決した喜びは、ますます推理に対する興味を増して行く、そのやり方には

○司会者の左右に紅白、四人の解答者を置き正確な解答を採點し、紅白でお互に点数を競争するもの

○七つのヒントを與えて解答を求めるもの

○音による計算等いろいろある

こうして子供が興味をもつて聽取しながら計算力、推理力、想像力、表現力を高めてゆくのがこの番組の目的である。

そして想像力や知識の獲得が中心となる学習、算数科に於ける推理を解決する学習、理科の因果法則の発見等の学習に多少とも役立つのではないかと思われる。

この番組の内容を教育的に取り扱つて行くことによつて、児童に興味を持たせつつ教育的効果をあげることも出きる。

例えば「二十の扉」「私は誰でしよう」は各学年相應の社会科、理科、家庭科等から問題を拾い出してやるのである。

このようにクイズ番組は決して興味本位のものだけでなく廣い意味での教養放送であり推理力、思考力を養成すると共にその放送内容を工夫することによつて教育的意義も又存在すると云える訳である。

児童の思考、推理の發達を考えて現在は、低学年（一－三年）と高学年（四－六年）の二つに分けて放送班の司会により実施しているのであるが、学年別に行われる場合もある。

7　劇の放送

放送劇の実施上困難な点の一つとしてあげられることは放送台本の選定ということである。学校の生活行事等に関連してこのような内容を持つ台本がほしいと思つてもなかなか見つからないし教科の指導に関連した台本をと思つても、これ又困難である。たとえ見つかつたとしても本校の実生活とは縁遠い内容のものが多く折角の興味も半減してしまう状態で子どもに適した放送台本を作るために子どもと教師の努力が拂われているのである。

次に問題になるのは効果音である。無台劇は出演者の演技、せりふの外、大道具、小道具それに効果音を以て構成される綜合藝術であるが放送劇の場合はそれらの中から当然視覺的な要素が取り除かれてしまう。しかも視覺的な要素が取り除かれてしまう。

しかも視覺的な要素の欠除は同時にその効果音の性格についてより具体的にと要求されることになる。

例えば無台劇中の犬の遠吠えが多少の遠近の相違や拙劣さがあつても現に目の前に犬がいて吠えればなんとなく真実味が加わり、その動作によつて觀客は演出者の企図する犬の遠吠えを諒解する。しかし放送劇中での犬の遠吠えは真に迫つた距離感と重量感がなければ聽取者は納得しない。即ち耳を意識した音の表現によつてのみ計画が成功するのである。校内放送は一般放送と異なり放送内容の完全把握を要求される場合が多いので場景描写、心理描写のための効果は單に雰囲氣の納得可能程度にした方がよいと云われている。効果音を出すには

録音によるもの──→擬音では出せない複雑な効果音が出せる。

擬音によるもの──→修正やり直しがきかないが迫実感を抱かせる。

の二つがあるが擬音のレコードは一枚もなく教師と児童の創意工夫による擬音をうまく利用する他に方法がない。

擬音を集める方法としては、物まねコンクールを開き入選者を放送班の擬音係に編入するのである。

現在利用されている擬音についてのべよう。

(イ)　風の音

円型の水車型をした木製のものに一端を固定したやや、固目の布（ズツク布の類）をかぶせ、ハンドルを廻すと木片と布片との軋り合うことによつてヒューヒューと風の音が出る。車型の周りに木片を水車風に固定しその木片が、かけられた布とこすれ合つて音を発するものである。

(ロ)　雨の音

しゆう雨、暴風、小雨、あまだれ等、雨には、いろいろな姿態があつて、その表現方法は異るが古い太鼓の中に小石を入れ両手にもつて斜にし、中の小石を轉がして雨の音とする暴風の場合は傾斜を激しくすれば、小石は勢よく音を出してザザザーという強い雨音になる。あまだれは、雨樋から落ちる水音を表現するものであるから下にバケツを中間に樋に似せた筒を置き、薬罐の水を小量ずつ落せばポツンポツンとあまだれになり、充分効果が上る。

(ハ)　波の音

柳行李の中へ小豆又は小石を入れて揺り動かしてもいい、潮騒ぎは、雨の時に利用した古太鼓の中に小石又は小豆の類を入れ、傾斜させるとザーという打ちよせる波の音がでる。

更に間をはかつて…… 波の長さによつてその間も

ちがうが……ポンと太鼓をはね上げると波の崩れる所が描かれ、更に潮尻の音をかすかに残すために余りの小石をころがしサラサラと餘韻を流すものである。

(ニ) 車の走る音

これは馬車の車輪と道路の小石との軋り音を出すもので風の音の時に使つた水車式のものの外側にくさりを置きハンドルで車を廻し、くさりと木片とのこすり音によつて表現する。

(ホ) 赤ん坊の泣き声

アダンの葉で作つた笛を用いる。一端を掌にあてたり放したりしてンアーンアーのアクセントをつける。

何れの放送劇にも情景描写、心理描写になまの音楽、或はレコードによる音楽が用いられるが音楽を主体とした劇の場合を除いては伴奏的な地位を保つにすぎない。

校内放送の場合は、レコードだけで充分間に合うといわれている。そこで參考までに日本放送協会資料室提供による音盤使用の際の情景描写、心理描写の一例を掲げる。

(1) 情景描写、心理描写の音盤

(イ) 時の表現

○夜明け・朝

グリーグ 「ペールギュント」組曲「朝」

ロツシーニ 「ウイリアム・テル」序曲「夜明け」

エルガー 「朝の歌」（ヴァイオリン）

ドルドラ 「思い出」（ヴァイオリン）

○静かな夜

マーラ 「アダージェット」…深夜の静けさ

リヤードフ 「キキモラ」
リヤードフ 「魔の湖」 ｛妖しく不氣味な夜

ベートーヴェン 「月光奏鳴曲」（管弦樂編曲）

ドヴォルシヤック 「新世界交響曲」第三樂章—荒野の夜の寂寥

(ロ) 場所を現わしたもの

○森林の中

ウエーバー 「魔弾の射手」序曲の一部

リスト 「森のささやき」（ピアノ）

ワーグナー 「ジークフリート」森の囁き

○海、海岸

ドビユッシー 交響組曲「海」地中海の明るい海

リムスキーコルサコフ 「シユベラザード」組曲より—大いなる波

ワーグナー 「さまよえるオランダ人」序曲—嵐の海

ゴーベール 「海の歌」

○山、壮大な山

イツポリトフ・イヴアーノフ組曲 「コーカスの風景」

コープランド 「アパラチアの春」

グローフ 「大峡谷」

リスト交響詩 「山にて開ける」

(ハ) 感情の表現

○悲しみ

ベートーヴェン 「第七交響曲」第二樂章

ヴオルフ・フエルラリ 「マドンナの宝石」間奏曲第二、三番

ヴエルデイ 「椿姫」前奏曲

モーツアルト 「幻想曲」ハ短調、ニ短調

チヤイコフスキー 「ヴアイオリン協奏曲」第二樂章

○さびしさ

シベリウス 「悲しき円舞曲」

シベリウス 「トウオネラの白鳥」

トーメ 「サンプルアヴー」

グリーグ 「逝く春」

チヤイコフスキー 「交響曲第六番」第三樂章

ブラームス 「交響曲第四番」第一樂章

○よろこび

ベートーヴェン 「スプリング・ソナタ」第一樂章（ヴアイオリン）

ベートーヴェン 「交響曲第二番」ラルゲツト

○激情

ベートーヴェン 「熱情奏鳴曲」第三樂章

チヤイコフスキー 「交響曲第六番」第三樂章

バツハ 「トツカータとフーガ」ニ短調の一部

ショパン 「ポロネーズ」

○感情の昂まり

ワーグナー 「トリスタンとイゾルテ」前奏曲

ブラームス 「交響曲第一番」第二樂章

○苦しみ

ブラームス 「交響曲第四番」第二樂章

チヤイコフスキー 「交響曲第六番」第一樂章 第一主題

ベートーヴェン 「ピアノ奏鳴曲」変イ長調作品一一〇 第三樂章

○爽快

ハイチンス 「セレナーデ」

ベートーヴェン 「皇帝協奏曲」（ピアノ）

シユーマン 「ライン交響曲」

ヘンデル 「王宮の花火の音樂」

ワーグナー　「タンホイザー」序曲
ヘンデル　「水上の音樂」

(ニ)　動作の表現

○死

リスト　「フエーネライ」（ピアノ）
ベルリオーズ　「断頭台の行進」
ワーグナー　「トリスタンとイゾルデ」愛の死
ベートーヴェン　「葬送行進曲」
ショパン　「葬送行進曲」

○戦い

ベートーヴェン　「戦争交響曲」
グレーナー　「戦いの舞」
チャイコフスキー序曲「一八一二年」

(2)　劇に使われる音楽

校内放送に限らず一般に劇の中で音樂が使われる場合はごく大ざつぱに云つて大体次の六つに分けられる。

(イ)　場面轉換
(ロ)　情景描写
(ハ)　心理描写
(ニ)　言葉や感情などの強調
(ホ)　音響効果の代りに使う
(ヘ)　主題のモチーフを表わす

最後の主題のモチーフを表わすというのは、テーマ音樂のことで放送の一番初めに出る音樂である。ラジオでも夫々のテーマ音樂をもつている。長さは時間にして約十秒から二十五秒位までが大体標準になつている。

それ以上長く續いても大低は、アナウンスの裏に流れるようになつている。此の音樂はその番組の象徴する意味を短時間に最もよく表現するものでなくてはいけないとされている。

(イ)の場面轉換は或る場合からの次の場面に移る場合間に挿入される音樂で聽く人に音樂のみに依つて場面が移つた事を知らせるものである。

(ロ)は情景をのべる解説や情景の織込まれたセリフの裏に流す時などに使うものできく人にとつては、音樂によりひとしお深くその情景が想像されてくるわけである。

(ハ)の心理描写は感情の切迫や喜び、悲しみなど人物の心理をセリフと共に表現する場合に用いられる音樂である。

(ニ)は、いわゆるコードで感情の高まりとか言葉の強調に使われる短い音樂である。セリフ—↓音樂—セリフ—音樂とたたみかけていく方法でこれはあまり四数が多いと効果がなく大体三回位がよいとされている。

(ホ)は、いうまでもなく音響効果と違つた効果を出すため時に使われるものである。

次に音樂の入れ方であるが、これにもいろいろな方法があつて例えば音樂が入つてくる場合にもしのび込むように入つてくる場合も急に大きく入つてくる場合とあり、消える時もいつのまにか消える時と、急に音樂が止む場合があり、そうかと思うと静かに入つてから大きくなり、また小さくなつてセリフや解説の裏を流れて行く場合もある。

又或る時は音樂が外の音樂、又は音響効果と交叉しながら入れかわる場合がある。その他今まで流れていた音樂が間発を入れずに、全然違つたほかの音樂に變つて流れる場合、それから音響効果と一しよに出たり消えたりする場合など様々な使い方があるわけであるが複雑な音響効果の使用は徒らに児童の頭を混乱させる結果をまねく事になるので校内放送の劇に使われる音樂は場面轉換（ブリッジ）とか演出上どうしても使わねばならない場合に限り最小限にとどめている。

(3)　演出指導の実際

(イ)　演出の心得

放送劇は　單なる藝人を　作ることが　ねらいではない。

放送活動という学習形態を通して子どもの理想的な人間像を完成するというのが最終のねらいで、そこに普通の舞台人、演出家と違つて独得の領域のあることを承知してかからなければならない。能力差のある子ども、マイクの前に立つのは、いやだという子ども。それらの子どもをマイクという一つの文化財を通してともかくも自主的、自律的な態度の訓練、他人との協力、他人や社会への奉仕の態度の発達、きまりや秩序の觀念の発達、更に個人的なその子どもの特殊な能力や興味や趣味の発達、言語や藝術心の満足というような教育的な諸價値を学級やその子どもに実現しなければならない。この根本的な演出の上に立つてはじめて放送の演出をするのだという一般演劇人と違う点を認識してかかることが教師の演出技術の出発点である。

(ロ)　放送室の静粛

放送室では絶対静粛でなければならないが、これがなかなか守られない。低学年の放送などで十二三人も放送室に入れると此の点で教師はまず苦労するのであるが放送室に入る前に「放送室ではぬすびとさん」の言葉を子どもにとなえさせると効果があるものである。

(ハ) 注目のしつけ

放送室に入つたら教師自身真剣さがあふれていなければならない。注目して教師の一挙一動に行動するしつけとして（先生はおしです。てまねを見ましよう）を理解させる。教師が放送前に余りにこにこし過ぎるとどうも注意が散漫になる。時折スイッチを切つて注意を喚起しなければならないはめになる。テーマの相違によつて教師の表情にも差異があることは当然である。「手まね」をあらかじめきめておく必要がある。これには一般化された方式というものはなく適当に学校できめてよいことになつている。小学校であるから余り多くきめないことにした。大切なものは、放送をはじめる合図、大きすぎるからもつと小さな声での合図、又その反対等の合図である。

(ニ) 放送のさせ方

（放送もお芝居だ）これは子どもに放送の技術が本当に身につくかつかぬかの基本的な要素だ。せりふについても文章を読む子どもと話す子どもがこの指導の如何によつて判然としてくる。文章を読むのでなくて文章を話す子どもになつてくれれば、もうたいていの台本はこなせる。低学年の指導において「放送もお芝居だ」のしつけをしつかり身につけさせる。それには指導にあたつて教師が熟演することが唯一の指導法である。

高學年になつたら『「口で放送するな、手と足で放送しよう」ということばをモットーにかかげて指導に当ること等うまい方法だ。放送台本は必ず左手に持たせること、右手はセリフに対して当然でてくる表現に自由に動くように配慮する。話し相手に対し注目を忘れない。台本を見ながらも相手とは常に意志が通ずる目の配り方が大切である。更にマイクに対して出演者は円形に待機して一米以上はなれて、当面の出演者が自由に演技できるように空間をつくつておく。普通マイクは二本を使用するが現状だから特にこのような配置が考慮されなければならない。出演者は自分のセリフの番がまわつてきたらマイクに静かに接近し演技が終ると後退してもとの待機していた位置にもどる。常にマイクを中心にしてこのような機作がスムースに行われると放送が生き生きとしてくる。こんな意味でマイクは天井からつるしておくとかマイクの高さを子どもの口の高さに保つておくように注意する。この演技ができれば子どもが不必要にマイクに口を近づけたりすることがなくなり音質がすばらしくきれいに機械に入つてくる。教師の位置は校内放送においては調整室のぜいたくな設備などは、のぞまれないので機械の調整や音樂効果、音響効果の合圖をしたりする関係上、放送機械とマイクの中間をしめることが便利である。聽き手が理解しやすいためには放送速度は遅いほどよいわけだがあまり遅すぎると興味を失うおそれがある。放送内容によりいろいろの差があるがだいたい一分間に九〇語—一七〇語が聽取し易く普通では一二〇語—一五〇語位が適当だといわれており、これを基準として指導を進めているのである。

## 録音機（テープコーダー）の利用につて

現在録音機は、いろいろな面に使われているが一番多く活用され、しかも能率をあげているものに校内放送がある。

1 効果音の録音

前にも述べたように放送劇を生かすためには、効果音が必須條件となるのであるが複雑なものになると到底擬音だけでは表現が不可能となる場合もあり得るわけでこうした複雑なものは、放送班の録音係が実際の音をテープに納めておき必要に應じて再生するものである。

2 音樂の録音

音樂鑑賞や情景描写、心理描写等にレコードが用いられるのであるが限られた僅少のレコードでは變化に富んだ興味ある放送の實施が困難であつたがレコーダーの活用によつてこれも取り除かれた。即ち放送部の教師と兒童が一緒になつてラヂオから放送される名曲や校内放送に関連のある音樂を録音したり借用してきたレコードを録音しておいて利用するのである。本機は、ポータブルの小型で持ち運びが容易でありしかも操作が簡單なので兒童でも充分使いこなせるようになつた。

3 學校放送の録音と一般放送の録音

學校放送が一定の時間に放送されるために都合によつては、聞けない場合がある。その際にそれを録音して、あとの適当な時間に再生して聽取したり兒童に関係のある放送を録音しておいて校内放送の時間に織り込んで利用したりするのである。又教科指導

の面では

(イ) 言語指導の方法として

私達は自分の言語を客観的に聞く事はできないが録音機の活用によつて、これが可能となる。速さや問読の切り方・間の置き方など、読みの矯正にアクセントやなまりなど話し言葉の指導に大いに利用しているのである。

(ロ) 音楽指導の方法として

自分の発声もきくことができ、強弱、高低についての指導がこれによつて適當になされる。

(ハ) 英語学習指導の方法として

繰り返し再生することによつてアクセントやイントネーションの矯正などに利用して効果をあげている。

(ニ) 発言、会議の持ち方指導の方法として

学級児童会の発言の仕方に指導を要する部面があるがこれを録音することによつてなつとくのいく指導ができる。

その他、幻燈の解説を録音しておき幻燈とレコーダーを結びつけて使用する方法もある。

## 放送設備

放送設備の根本問題は先ず何よりも音質がよいこと。次に故障が少く堅牢であることの二つを具備することが最も大切である。

やはり最初に多少金額は嵩んでも最初からしつかりした計画を立てて完全なものを備えた方が後になつて故障その他で苦労することが少くてすむのではなかろうか。

本校に於ては、P・T・Aの方々の積極的な御援助により次のような施設を整えることができた。

1、全校式受信機………(一三、〇〇〇、〇〇)円

(イ) 最大出力 六〇ワット(固定バイアス、低音補償四路付)

(ロ) 使用球 6SJ7 2本 6F6 1本 5U4 1本 6AC7 1本 6L6 4本 5Y3 2本 計11球

(ハ) 堅型可搬式

2、附属装置 (仕入値段)

▲レコードプレヤー 一台 二、五〇〇円〇〇

▲ピックアップ 一 一、〇〇〇、〇〇

(コロンビヤのマグネチック)

▲マイクロホン 三 三、六〇〇、〇〇

ダイナミック卓上 一

クリスタル 床上 二

▲スピーカー 三〇 一三、五〇〇、〇〇

(室内用六、五吋パーマネント)

スピーカー 一 六、〇〇〇、〇〇

(室外用二五Wのトランペット)

ユニット 一 三、〇〇〇、〇〇

(二五Wトランペットの豫備)

▲ラジオ 一 六、五〇〇、〇〇

(マジックアイ付五球スーパー)

▲テープコーダー 一 二五、〇〇〇、〇〇

(R—型)

▲オート、トランス 一 三、五〇〇、〇〇

(二キロワット)

▲レシーバー 一 二〇〇、〇〇

3、樂器

オルガン (山葉) 二 一五、〇〇〇、〇〇

太鼓 一 四、〇〇〇、〇〇

小太鼓 一 二、〇〇〇、〇〇

シンバル 一

ハンドカスタ 一〇 一五〇、〇〇

ジングルベル 八 二四〇、〇〇

レコード 五六 五、六〇〇、〇〇

ピアノ 一 ?

4、電源(自家発電)

▲ヤンマー六馬力 一 三〇、〇〇〇、〇〇

▲交流発電機二、五キロワット 五、〇〇〇、〇〇

▲発電所(コンクリート建三、七五坪)

5、校内配線

配線設備費 七、三〇〇、〇〇

二線式で並列にスピーカーを入れ各学年のスイッチ切替は放送室で行うようになつている。

現在は補償抵抗付の制禦板がないため音量に変化をきたす時があるが將來こうした設備も整えたいと思う。

6、放送室

校内放送をする場合に最も多くの学校で悩むのは放送専用の室を設けることである。

當校では最初宿直室の一部(三坪半)をこれにあてていたのであるがその中に親受信機からレコード整理棚、映写機、トランス、幻燈機等を置くと、精々五、六人以内の演出しかできず不自由だらけであつたが、最近ようやく拡張し五坪の独立した放送室をもつことができた。

將來は防音装置やスタジオなども設置したい。

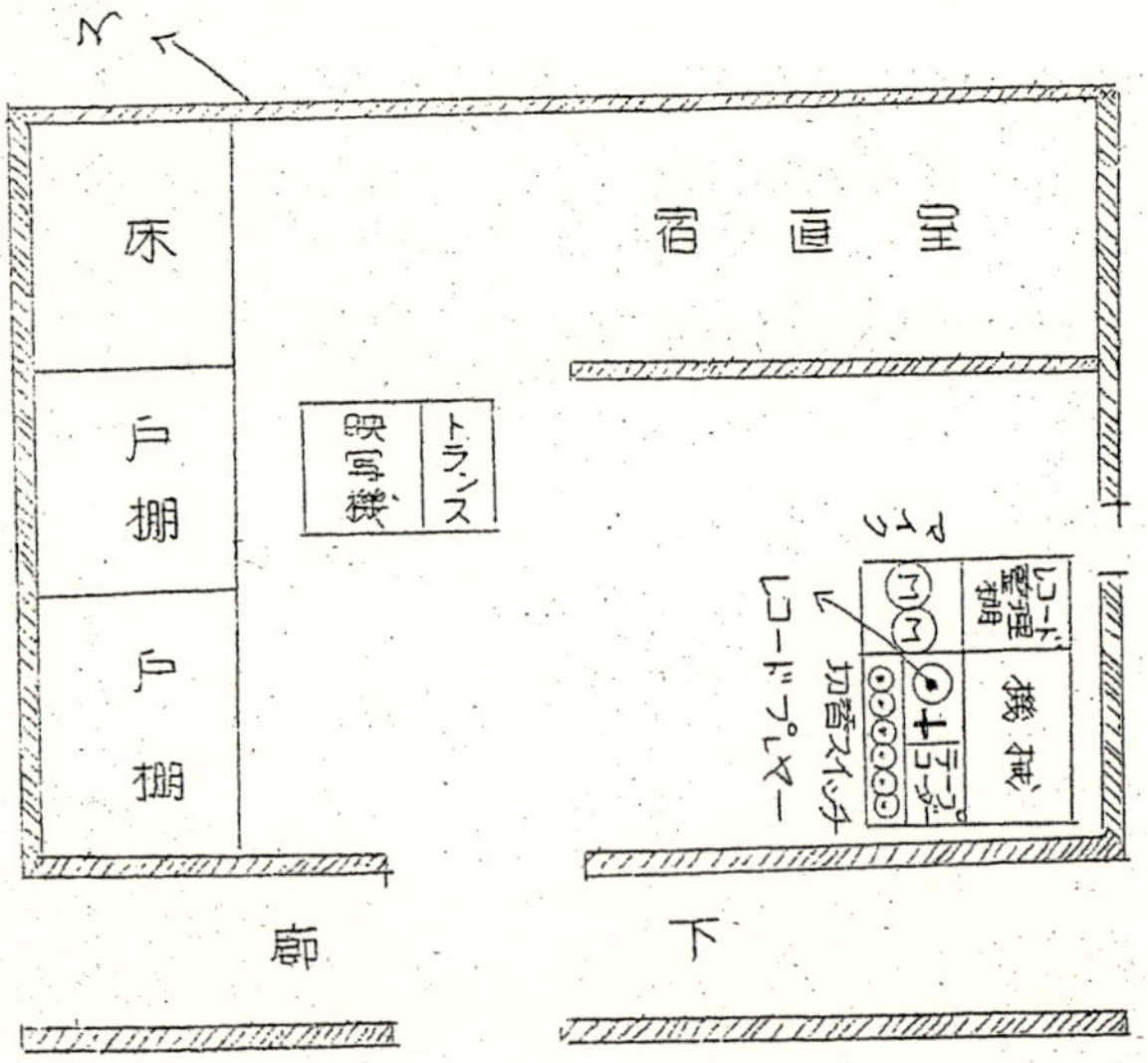


7、ラジオ調査

| | ラジオ | 親子ラジオ | ない人 | 計 |
|---|---|---|---|---|
| 一年 | 19 | 58 | 137 | 214 |
| 二年 | 6 | 39 | 93 | 138 |
| 三年 | 20 | 52 | 143 | 213 |
| 四年 | 13 | 62 | 144 | 219 |
| 五年 | 21 | 68 | 159 | 248 |
| 六年 | 18 | 50 | 152 | 220 |
| 全校 | 97 | 329 | 828 | 1252 |
| 百分率 | 8% | 26% | 66% | |

## △本校の掲示教育

オルセンは視覚教具は複雑な事柄や資料を単純化した姿で直観的に与えて、これによつて複雑的な自然的社会的及び美的な事態をよりたやすく理解させ、尚視覚教具により過去を現実化せしめ、これらを理解させるのに時間を節約すると言つている。

このように視覚教具による視覚教育が生徒の学習活動の上に尚生活経験を豊かにする上にも重要な問題として採り上げられるに従つて掲示教育も重要視され本校に於ても苦心しましたが、掲示の使命である『子供の学習効果をあげるために単元に副つた動的な掲示を継続して実施することは、なかなか困難なことであるが、そうだからと言つて逃避するわけにはいかない困難にうち克つてこそ、来るべき成果を期待することができるのである。これから述べようとすることも本校が「いかにして難事をのりこえたか」の小さな体験の記録である。理論はその道の専門家に任すこととして本校が過去一年有半計畫して実施してきたことの中から拾い上げて二、三述べることにしよう。

### ㈠ 教室経営

人間は常になんらかの環境の中に生活している。自己と環境との相互関係によつて我々の行動は規定される。児童の成長発達にとつて学校や教室がどのような環境であるかは極めて大きな問題である。

このような重大な教室環境を整備するために次のような点をねらいとしています。

△教室は生徒の学習の行われる実践の場であるために一切の施設は児童生徒の意義ある経験を豊かに導くものでなければならない

学年や児童の発達段階によつて、その環境施設は違うべきである

△教室は学習の刺戟体である

△教室は単元に副つて常に動かなければならない

△教室は子供教師の協同計畫や工夫によつて環境構成すべきである

△健康的で美的でありたい

教具設備上の條件

△いつも利用できる位置にある

△平板性よりも構造性のある教具設備

△活動の過程の累積がよく示されるもの

△季節的環境の絶えず教室内に交流できるもの

△自学自習の立場を助長するもの

△児童自身の考案も大いに加味した性質のもの

△学習の展開に無駄なく繋るもの

### ㈡ 壁面の掲示

(1) 学習資料の掲示

学習資料の掲示については次の三つの條件を考えている。

△單元の導入段階

単元について子供に学習動機を喚起する。写真、繪畫、実物等を用意して、それを中心に話し合つて学習の導入をはかる

△学習の発展段階に於ける掲示（展示）

その内容をはつきりさせるために亦学習にうまく利用されるために必要な材料が展示される

△終末段階に於ける掲示（展示）

子供の学習作品を単元の目標によつてまとめて展

示し、発表会をかねて子供の相互の理解の深化をはかる

作品をつくつた子供はこの展示によつて自分の仕事を全員に発表する機会をあたえられ、しかもこの展示は運営が有効であれば、自分の作品や他の作品を学習の目標によつて評價するよりよき場をあたえることにもなる

学習資料の展示は以上のように三つの段階にそつて行われる

前の二つは教師による展示で後の方は子どもの手による展示といずれもその方法と形式が学習の評價を左右するものであります

有効なる展示をするために次の諸点に注意をしなければならない。

△展示は主題（単元）の目標を中心に考えること
△平面的より立体的な方向を持たせること
△個々の作品についても組合せを考えること
△補助材料（テープ、紙）によつて視覚的印象を強くする工夫をさせること
△説明よりも視覚的な印象を第一とすること
△解説が必要なるものには文章の簡明、字体、表現形式、色彩等を印象第一に工夫すること

(2) 黒板

絶えず使用出來るという點からすれば視覺教具の中で黒板の右に出るものはないだろう。

使用價値の多い黒板は次のような目的をもつていると考えられます。

△文字を書き言葉を傳え学習事項の大要を示したり指示したりする
△あらゆるものを視覺表現化するため繪、図、地図、表、グラフ等に無限の使用價値を有している

使用上の注意

一般的な視覺教具である黒板を最も有効的に使用することは教師の勤であり教育技術上の教師の資格でもあると考えられます。

教師は生徒の学習に當つて如何なる学習段階に如何なる方法で黒板を使用するかを考えることであろう。本校では左のような點に注意しています。

△黒板は読み易い状態にする
例えば位置、高さ、角度、光線の反射等について先ず第一に注意する
何時でもよく拭れていなければならない
△餘り多くのことを書き過ぎないこと
○時間の労費を防ぐため
○印象的でなくなるため
○特に低学年の生徒は非常に心身共に疲労するおそれがある
△必要な場合には道具を用いること
コンパス、分度器、定規等
△色チョークの使用は印象的で効果があるからよく利用すること
△学年相應に字の大きさ、字配り等に注意すること

背面黒板

○掲示板及び生徒の生活活動並に行事等にも使用しています
○子供にも、うんと利用させる
学校兒童会の傳達並注意事項
各クラブの連絡事項等
○低学年には自由な発表能力を養うために利用させる黒板は大いに必要だが現在は餘り黒板が小さかつたり、或はその数が少いために効果をあげていません
○掲示板（背面黒板）
成績品或は新聞等はここでは掲示していません
ここで掲示するのは黒板を印用しての板書事項だけです
学習の補助になることや兒童会の約束事項やニュース、自由研究のようなものなど自由に子供に利用させています
○子供に利用させるのですから掲示板の位置及び高さは子供本意にしています

(3) 兒童の成績品展示

○側面や背面の空間を利用して成績品の掲示をしています
成績品といつても図畫、習字、図表平面工作など平面的な物を掲示しています
掲示にさいして次のような點に注意してやつています。
○むやみにべた〱掲示するのでなく美的構成の上から留意してやること
○掲示するには、ゆつたりと感じよく觀察、鑑賞出來るように注意すること
○掲示物は常に新らしくそして又指導性のあることが必要である
即ち掲示する成績品には、その作品の批評をわかり易く記入すること
(兒童はその作品の評によつて自然に手法構図、彩色、文字などが上達します。尚同時に鑑賞眼が次第に向する)
又努力の跡の著しいものに対しても讃辞をかき加

えて発表すると学習活動に好影響をもつものです

○掲示はどこまでも生長への一段階一断面である意味から次への発展に役立たせるようにしたい

○成績品は成るべく一部に偏しないように、できるだけ全児を刺戟するように多数の生徒の作品を掲示すること

特に低学年では自分の作品が掲示されたのと掲示されないのとでは次の活動に大きな影響をもたらすものであります。

(4) 恒常掲示

児童にとつては文明社会に適合するための科学的知識を自ら学びとる必要にこたえる自然環境とみるべきであると同時に系統的なものの学習は、おろそかになるおそれがありますので次のよう恒常物(常掲)の掲示が必要だと考えられます。

一年 (1) 五十音図表(繪入り)…… 國語
(2) 数図表(繪入り)並数表、算数
(3) 数の分解合成表…… 算数
(4) よい子の一日……社会
(5) 学区の繪図(学区内の公共施設)東西南北の指導に必要
(6) 郷土の地図

二年 (1) 五十音表(かたかな)國語
(2) 学区の繪図
繪地図の見方、書方、方向、内会(区)公共施設、主な道路等が指導される
(3) 度量衡単位表
(4) よい子の一日 お掃除、お使い等の生活訓練
(5) 郷土地図(市町村名)

三年 (1) 学区の施設図 公共施設区(内会)方向(地図の読み方と関連する)道路、地図上の自分の家の位置を知らしめる。となりの部落の認識
(2) 郷土地図 各学校の配置 市町村名 主な産物
(3) 漢字の「へん、つくり、かんむり」表
(4) 度量衡単位表
(5) 方位板

四年 (1) 郷土地図 市町村名、街道、各学校配置主な都市、部落名
(2) 日本行政区分図
(3) 年表(日本歴史年表)
(4) 世界地図(六大洲)
(5) 漢字「へん、つくり、かんむり」表
(6) 方位板
(7) 度量衡単位表

五年 (1) 郷土地図 宮古全図 沖縄(市町村)
(2) 日本地図 行政区分図
(3) 世界地図
(4) 白地図(世界)
(5) 年表(社会科年表)
(6) 漢字の「へん、つくり、かんむり」表
(7) 度量衡單位表
(8) アルファベット表

六年 (1) 郷土地圖 宮古全圖 沖縄地図
(2) 日本行政区分図
(3) 世界地図
(4) 漢字、「へん、つくり、かんむり」表
(5) 度量衡単位表
(6) アルファベット表
(7) 年表
(8) 換算表

(5) 学級新聞

本校の学級新聞は三、四、五、六年が実施しています。

△新聞のもつ社会的意義を理解し、慎重な計画と協力的な態度を養う。

△新聞をつくることによつて言語、数量形、表現、鑑賞等の基本的能力を養う。

△児童の好奇心を満足せしめ、日常生活を豊かにするような態度をつくる。

△記事の内容や編集の技能がよくなり、これを批判する能力が生れてくる。

内容

△社会ニュース 雑誌、又は新聞の記事や切抜

△校内ニュース 校内に於ける行事、催物、出來ごと。週間行事の日程、内容、実施の状況、感想等

△学級ニュース 学年、学級行事、学習豫定、学習記事

△学習成果 研究物、問題、作文、俳句、詩

△娯楽 漫画

△読物 童話、傳記、小説

△その他 季節的なもの

作成の方法

学級会を中心にして新聞係が編成する。即ち学級会で全員の相談により新聞に対する希望がとりあげられる。但し記事は全員が投書するようになつていて編集、発行は新聞係がすることになつています。

発行数 毎週一回(四年以上)三年生は月三回

保 管 図書室に保管する。

(6) 其の他

兒童の精神の統一、快適な学習環境をつくるためには以上の他に、花びんの花、カレンダーが美的に構成されねばならない。

花びん　各学級に備えつけられています。

級　訓

一年　みんないい子、よいしせい、もつとよい子になりましよう。

毎月かえる評語　風の子、つよい子、寒さにまけるなもう、すぐ二年生、早寝早起、働くよい子

二年　げんきな　あかるいこ
三年　あかるい　すなおな子
四年　一組　正しく明るい素直な子
二組　明るく正しい子　素直なよい子
三組　正しく明るい素直な子
四組　素直な心　丈夫なからだ
五組　正しく明るい素直な子
五年　一組　自律　協力
二組　自律　忍耐
三組　自律　協力
四組　自律　協力
五組　自律　友愛
六年　一組　自治　忍耐
二組　協力　忍耐
三組　自治　忍耐
四組　自治　協力
五組　勤労　友愛

## (三) 学校新聞

本校の生徒活動による刊行物として発行されるのが学校新聞であります。運営は文藝部の生徒によつてなされています。

紙名　子供ニュース（発行月三回）

学校新聞の機能

(1) 子供ニュースは学校の出來ごとを全校生徒によますことが出來る。
(2) 多数の生徒の意見を集成指導する事ができる。
(3) 学校生活の樂しみや生徒相互の思想表明に役立たせることが出來る。
(4) 校風の向上進歩改善に役立たせる事が出來る。
(5) 学校と地域社会との結びつきを固くすることが出來る。

編集上の留意点

(1) 要点を端的に記録すること。
(2) 難語を避け平易な表現をすること。
(3) 功利的、私利的な記事を避け全校や多くの人々のためにかくこと。
(4) 矛盾した事柄やとるに足りない記事をとりあげないようにすること。
(5) 興味あるユーモアや、事件、或は漫畫なども採入れた方がよい。
(6) 文字の大きさ、字配り、排列等に注意すること。
(7) 印刷は明瞭で印象深くなる様に注意すること。

内容　△時事問題の解説△社会ニュース
△学校ニュース（行事なども、はいる）
△読物△頓智問答△漫画

## (四) 学校掲示板

掲示教育が單に教室内のみに、とどまるものならば子供の視覚的経験を豊かにし、掲示教育の使命を果すことは困難であろう、即ち掲示教育は学校に於ては学校全体が彼等の視覚の対象であつて、教室、廊下、運動場等が生活経験を豊かにし、学習の補助物となるように動いていなければならないと思います。

そうした点に於て学校掲示板は是非共必要な視覚教具であります。本校に於ては三箇所に設備してあります。

(1) 掲示板の位置

児童の多く往來する場所を選定する

玄関（表）の壁……五・六年生用
第三號校舎の東壁（朝会場）全校生徒用
第五號校舎と第六號校舎との間の廊下の壁　四年以下用

(2) 運　營

五、六年用　五、六年の受持
四年以下用……四年以下の受持
全校生徒用……教員の週番

毎週二回掲示替えしています。（火曜日、金曜日）
但て掲示物により、いくらか變動があります。

(3) 内容　△社会、学校ニュース（行事）
△生活指導　△告知事項
△各科目の問題（常識）　△図書案内
△其の他

(4) 掲示にさいし注意すべき点

△人目をひき、読む價値に富む材料を備えること。
△どういう種類の資材を掲示すべきか、いつ掲示すべきか、又いつとりはずすべきかについて、綜合的な計画をたててやること。
△掲示は掲示しようとする事項をたんに貼るだけではなく、掲示物が人目を惹く様に工夫すること。

例　色とか形、大きさを考えてあらわすこと。

例えば内容が興味あるもので充実したものであつても、小さな文字を、たくさんかいてある場合と印象的に略畫等を挿入したり、色チョークをつかつたりしたものに対して子供はよく惹きつけられる

△説明或はニュースなどは平易でかくこと

## ㈤　展示板

展示板の位置は掲示板と同じで、ねらいも同じく児童の生活的体驗を與え、又各教科学習の補助教材ともなし、校内美化にも大いに役立ち掲示板と同じく明るい樂しい学校生活を釀成することであります。

ただ展示の實際は図工科教諭が各教科教諭の協力によつてやつていることがいくらか違います。

内　容

△生徒の図畫作品、習字作品

△生徒の研究調査物　　△各種ポスター

△各種写真　　△名畫

△生活指導上の參考品（写真、繪など）

△各地の風物史写真、繪

△スポーツニュース

留意点

△位置、高さによく注意すること

△展示は美しく新鮮で魅力的であるように工夫すること。

△展示期間がながすぎて魅力を失わないように注意すること（一週間毎にとりかえる）

△資料の種類が偏しないように工夫すること

△説明は簡單にして平易に記すこと（終り）

# 一年生の図画指導

美東小学校

笠井美智子

特別な研究も致して居りませんが、一年生を受持つて現在やつている事を申し上げて、諸先生の御批評と御指導を頂きたいと存じます。

私共小学校教師はいわゆる何でも屋でありまして、自分が不得意な学科であろうが、得意なものであろうが、とにかくすべて指導致さねばなりません。

繪の描けない私が、クレヨンをさわるのも始めてで描写生活の扉の全く開かれていない未分化の子どもの指導に当つて、私が繪を一生懸命習うことよりも、どうしたら繪の好きな児にし、どうしたら造形表現への芽を育てゝ行くかと云う事の指導の研究が第一だと思います。

先ず始め、私の組、在籍四十六名中、入学前にクレヨンで何かしら少しでも描いた事のある者が僅かに七人で、展覧会等見た事もなければ色の名で知つているのは、「赤、黄、黒、白」だけで、みどりも、青も、空色も全部「青」で紫の言葉を知つているのは一人もありませんでした。

全くの白紙の児童に一齊にクレヨンを渡し畫用紙を配つて、默つて描かして、十分程して集めて見ると、「人」、「あひる」、「家」等、やつと形を持つたものが十二枚、形のない線だけのなぐり書きが十五枚で残りは全く描いてありませんでした。

クレヨンの持ち方さえ知らない子、横の線一本でもこわ〴〵引く児、この生徒をなれさせる為に、先ず線遊びをしました。「大波、小波」とか、「まるまるまる」とか云つて渦巻とか、波形とか、ジグザグ線、又、丸や三角をくり返したり、8の字、l の字を続けたりしながら、それに面白いふしや、おかしな云葉をつけて、笑いながら描いて行つて、クレヨンになじむ様にして、クレヨンの持ち方を指導して行きました。そして、ここで少しぬり繪をしましたが、これはクレヨンに馴れる為でして、ぬり繪は、創作への指導としては、あまりしない方がよいと思います。

新入児の指導には特に学習環境の構成と云う事は大事なことで、先ず、教室の壁には、同学年の描いたよい作品、いろいろな動物の繪、乗物や遊びの繪等を明るく簡單に描かれているものを集めて貼つておきました。

又、部屋の後の方に黒板を床の所まで下げてチョークを置いて、子どもが立つたり坐つたりして、自由に何時でも何でも描けるようにしておきました。これは描く人がかたよらないようにグループで交替と云うこ

とにしてあります。

又、各自何でも氣の向いた時、自由に描く自由画帳（落書帳）を持たしました。

次に私達のお教室を美しくしましようと、みんなで色紙のくさりを作つて壁を飾り、日の丸の旗が日本の旗であることを知らして、描かし、又短形の紙をいろいろに折り、好きな色でぬらして旗をつくり、碁盤目に好きな色をぬり、クレヨンの色名をおぼえさせながら、出來上つたら糸に貼つて教室の対角線に飾りました。

又空箱一つ教室の隅に置いて、いろいろな包紙や美しい切れ、布切れ等とにかく色のついたものならなんでも入れて置きました。子ども等は自由に出したり入れたりして勝手にいじつていましたが次第に「私の家にもありました」「私の家にも」といろいろきれいなのが集り、これは、「色集め」「色ならべ」「同色系統の分類」等と色彩の学習になりました。

こうして明るく飾つた教室で暫くは自由に何でも好きな畫を、いつでも賞めて、励まして、描畫が好きになる様につとめました。みんな喜んで繪を描き、描畫が好きになる事がよい指導になるのではないでしようか。これには決して形に対しても、色に対してもとやかく云わない事です。うつかり「手のない人ね」とか、「みどり色の猫つているか知ら」なんて云つたらもう子どもは自信を失つて描きたがらなくなります。こうして線や色で想像的な模様風のものや繪を描く事に馴れてきました。

次に「お友達の繪を描きましよう」と畫用紙を配り思い思いに人の繪を描きました。手のないもの、足のないもの、目、鼻、口のはつきりしないもの、顔の下に三角をかいてすべてになつているもの これをみんな鋏で切り抜いて、一枚の大きな紙に貼りました。これで大勢が遊んでいる繪になりました、「先生、運動場でみんな遊んでいるね」、と云つた者、「那覇の街の様だ」とか、各自の経驗によつて思い思いの事を云います。これで生活経驗の繪が畫面一杯に発展する指導になります。

次にグループに分れ、大きな紙に道の形を大まかに入れ、めいめい自由に人や自動車や家を切りぬいて貼りました。これはどんなに下手な兒でも劣等感を持たずに喜んでやつています。

次からは樂しく体操をして畫を描き、遠足して繪を描き、社会科でまゝごととして描くと云つた具合に各科と連絡し、かならず経驗させて描く様にしました。すぐには描けない子にはヒントを與え、略畫で示し、又やさしい方法によつて表現された作例を示す様にしています。

又、時々童話をしていますが、その後、その話の繪を思い思いに描く様にしています。これは次第に発展して一つの物語りをいくつかの場面に分けて、グループで描いて、繪物語りを作つたり、紙芝居等にも発展させたいと思つています。

描畫は力強くはつきりするので直接クレヨンで描く様にしています。鉛筆で描いてから色をぬる事はあまり細まかになりすぎる様ですし、又一年生の注意の集中は長く続かないので、いざ色をぬる時になるともうあきが來て、未完成になることが多い様です。

又、草や木の葉や花等あつめて、自然の色とクレヨンの色とくらべたり、標準色の掛図によつて正しい色をおぼえるようにしています。

写生の学習はこの年令の兒童に本当の写生を要求するのは未だ早いが兒童はそれを望みますのでその第一歩を進めています。静物は「りんご」とか「おもちや」とか、兒童に身近いもので色も形も単純でしかも魅力のある、明るく美しいものをえらび、黒板におゝまかに構図を示し、ヒントを與える程度で常に教え過ぎないように注意して、自由に描かします。教師も共に写生をするより机間巡視で賞めて勵ます方が遥かに効果があつたように思いました。

風景畫の方は第一日目、お辨当持参で近くの丘へ行きましたら兒童が喜びすぎて、氣が散つてうまく行きませんでした。二度目には行く前に參考品を鑑賞させてから絵の勉強だと云つたら熱心に描き、よかつたと思います。写生の時、必ずしもその通りでなくともとがめてはならないと思います。記憶、想像が入ることがあります。

子どもの描畫時間は現在のところ三十分程です。出來上り次第、部屋の壁に全作品を貼つて「好きな繪」「おもしろい繪」「きれいな繪」と云うことで兒童の直感を卒直に発表させています。そして、あまり悪い部面は見ないで、よい部面を見つける様な態度に導く様につとめて居ります。

私としては、一年生らしい、生き生きとして、自由にのびのびと描かれ、畫面一杯に樂しさ、誠実さのあふれたものをよい繪として居ります。最初の内は教えばえのしない一年生より、上級生としつかり勉強した方がよいと思いましたが、現在では一年生担当のみが味える、一年生の繪の樂しさを満喫して居り、繪かきの目からは何と云われるか知れませんが、一人〳〵の個性のあらわれた、畫面一杯、喜びと樂しさのあふれた繪を眺めて、一人で笑つてたのしんで居ります。

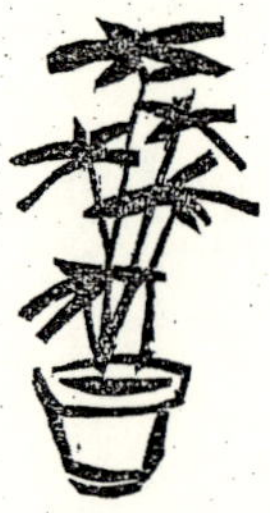

# 〃静岡の友達を迎えて〃

## ―名護における交歓会―

研究調査課

一、挨　拶（司会）

静岡の皆様長いたびのつかれもみせず元氣でおいで下さいまして感謝致しております。それでは、只今から交歓会を開きます。

二、花束贈呈

三、沖縄代表挨拶

静岡の皆様ようこそおいで下さいました、はるばる海を越えて私たち北部のものと今日こゝに会う事が出來まして、非常によろこんでおります。新聞で皆様がおいでになることを知つて何時來るかいつくるかで待つていました。今日も豫定の時間よりおそくなつて心配しておりましたが、幸いに元氣でいらつしやいましたので、非常に嬉しく思います。沖縄も終戦後、日本との交通も不便になりたやすく行くことは出來ませんが、皆さんが、元氣でおいで下さいましてほんとによろこんでおります。今後は、皆さんとお互いに手を握りあつていきたいと思います。どうぞよろしくおねがいいたします。

四、静岡代表挨拶（生徒）

静岡の一同にかわりまして御挨拶申し上げます。私たち一同は、四月九日に沖縄に着きましたが、ただ今迄に九回の交歓会をもちます。その間、いつでも感激で一ぱいでありました。

日本も最近だいぶん復興してきているのでありますが、未だ十分と迄はいつておりません。私たち今度の催しで、沖縄に參りまして、沖縄の学生の皆さんが元氣でしかも朗らかに勉強している様子を見て心強く頼母しく思いました。最初沖縄についた時、「きれいだなあ」と思いましたが、上陸してあちこち見学致しまして、校舎の復興は未だ〳〵であるという感をいだきました。しかしやがては、日本に復帰するのでありますからその間、どんな苦しい事にもお互いに手を取り合つて頑張つていきましよう。

五、名護地区教育長挨拶

静岡の皆さんようこそいらつしやいました。北部での日程は、忙しい日程ですが、今日こゝに皆さんをお迎えすることが出來まして、感激で胸一杯であります。先に國会の代表の四名議員を迎えましたがそのときも感激で一杯でしたが、今の度若い日本の將來を担う皆さんを迎えた感激はそれ以上でございます。沖縄は終戦後草花一つなかつたのですが、今日ここで皆さんに贈呈致しました草花は、吾々の苦労と涙でつくつた草花でございます。

皆さんは、沖縄をアメリカのように、あるいはハワイのように思われたかもしれませんが、沖縄にはいろいろの困難な問題がたくさんあるのでありますから皆さんが成人なされたときにお互いに手をとり合つてそれらの難問題の解決にあたつて下さい。

今日ここで交歓会が出來ます事は、お互いに非常に意義深い事と思います。

大人の力ではどうにもならないものを皆さんが成人されたときに、必ず解決して下さい、如何なる偉人を迎える以上に感激をもつております。一つ將來の平和と人類の幸福の為に頑張つて下さい。

六、静岡引率代表挨拶

只今はていちような挨拶を教育長さんからいただき感謝しています。ありがとうございました。四月の九日に沖縄につきましたが、多数の知名士と学校代表からていちようなお迎えをうけて子供と一緒に涙をうかべたのであります。これと一緒に沖縄南部の戦蹟をお参りしたときに、金城和信先生の説明を受け、涙を流しました 私も息子をサイパン島でさゝげた一人でありましてほんとになかされたのであります。金城さんも姫百合の塔に二人の娘をさゝげられておるとの事で、一句一句涙をもつておきき至しました。

その外に私たちの郷土の先輩、藤野第一中学校長が、若い人々と一緒になくなられたとの事で、私たちそれを きゝましたときに なかされたので あります。そのようにはげしい戦いの後で父母兄弟を失つた子供たちも多くいると思いますが、子供たちが朗かでありますのでそれでも父母をなくしているのかと不思議なくらいでございました。

実際子供たちには、罪はないのでありまして校舎は悪くとも設備は不充分でも必ずや立派な子供たちが出來ると思います。そのような環境にもまけず育つ子供こそ精神的に実に強固な意志のもちぬしで、そのような人々が、成人したときに、立派な人々が出來る事を確信するものでをります。今日の催しで子供たちの一言一句は、ほんとに忘れる事の出來ないことで意義深いことだと思います。

本日又、この席上でこの百合の花をいただきまことに意義深く感謝致しております、このように盛大にお迎え下さいまして有難とうございました。

七、新里氏挨拶（教職員会）

吾々のこのもよほしに協力下さいました皆様に感謝とお禮を申し上げます。皆さんはこのみぢかい子供たちの交歓会でも感激されていることと思いますが、ほんとに意義深いことだと思います。今日はほんとに有難とうございました。

# 分科交歓会（中学校）

司会　今日は、はるばる海をわたつてこられた皆さんとここで会う事が出來て喜んでおります。私たちの悲願である日本復帰も未だならず、せめて教育だけでもと思つています。琉球の古人が、琉球人は日本人であると断言していますが、少々色は黒いが何も變るところはありません。今日は皆さんと心ゆくまで教育面や文化面、その他、或は感想等について交歓致したいと思います。どうぞお互いに手を握り合つてお友だちにして下さい。

司会（沖縄）静岡県はお茶で有名ですが、茶の研究をする専門学校がありますか。

静岡　農業学校はありますが専門学校はありません。お茶の研究には、商人が取組んでいるようです。その外に茶業試験場で品種の改良をやつています。

沖縄　私は二ヵ年前からクリスチャンになつていますが、沖縄では米國人の宣教師が殆んどでありますが日本ではどうですか

静岡　日本では、米國人ばかりでなくフランス人もドイツ人も おります。しかし一般には 仏教が 盛んであつて家庭内でも父母は仏教、子供はキリスト教という事もありますがその間に何にも矛盾がないようです。

沖縄　小学校、中学校、高等学校等において、沖縄では、長髪やパーマ等をかけているのもおりますが、静岡ではどうですか

静岡　別に学校でどういうふうにするという事はございませんが、小学校ではちよいちよいありますが、中学校にいくと周囲の者があまりかけていませんので皆自分で切つてしまうようです。

沖縄　交通機関についてお話をお伺いしたいのですが

静岡　先づ自動車について申しますと、沖縄では出入口が右側にありますが、私たちのところでは、左側にあります，その外に静岡のバスは、前が突出ていないものがあつてそれが普通の乗合バスや遊覧バス等に使用されています。それよりも静岡では、自轉車が有名で男子も女子も皆んな自轉車を乗りまわしているということであります。日本一だということであります。乗用車でも沖縄みたいに多くさんはありませんが、小型のものが多く利用されています。道路は補装されていますが、沖縄のように立派にはされていません。

引卒者　道路は、戦前から完備されていたのでありますが、米國のように車の重量が重いところでは耐久性があるようにされていますが日本の場合はそうでない、それでこわれやすくあちこち、でこぼこになつています。

沖縄　富士山に登られた感想を一つおねがいします。

静岡　いつも見ていますが、未だ登つた事はございません。しかし富士山に一度登らぬ者は馬鹿だそうです。二度登るのも馬鹿だそうです。おそらくここにいる静岡の者は、殆んど登つていないと思います。今はバスが二合目までは登りますので、そこまではいけますが、未だ頂上まで登つたことはございません。

園長　私は、富士山に四度ぐらい登りましたが、静岡から一ヵ所、愛知から一ヵ所登り口がありますが、登りは愛知がこむし、下りは、静岡がこむようです。頂上に登ると氣分が悪くなつて來て、どうしても睡

れませんでしたので、登るような機会があつても、頂上に宿ることはやめて下さい。私は、大馬鹿の方ですが……

沖繩　体育面について静岡では、どのように行われていますか

静岡　体育クラブが主となつてやつております。その外に、後援団体もあります。練習は、クラブの生徒が中心になつて休みとか、放課後、やつて授業は、絶対にかかないようになつています。対抗試合の時でも、クラブ員が参加するだけです。

静岡　沖繩では、どのようにして行われていますか。

沖繩　学校代表が出たら、学校が授業を休んで應援するところもあるようです。未〳〵研究の餘地があると思います。

静岡　文化面でのセンターはどうなつていますか。

沖繩　文化面では、米軍の文化会館があつて、それを中心にいろ〳〵な行事が行われています。

司会　話はいつまでもつきないと思いますが、時間の都合がありますので、この辺で交歓会を終り、レクリエションに移りたいと思います。

## 静岡縣交歓学生名簿

| 学年 | 氏名 | 住所 | 学校名 | 保護者 | 職業 |
|---|---|---|---|---|---|
| 高一 | 石井正明 | 静岡市上沓町十五番地 | 県立静岡高等学校 | 石井重正 | 公務員 |
| 中三 | 高福　隆 | 〃　小黒町一丁目十一番地 | 市立豊田中学校 | 高福　栄 | 工業 |
| 中二 | 佐塚玲子 | 〃　安東町二ノ三三 | 〃　城内中学校 | 佐塚義作 | 公吏 |
| 中二 | 福島伊玖子 | 〃　上沓町十三 | 静大附属中学校 | 福島重雄 | 公務員 |
| 中二 | 竹内陽子 | 〃　上沓町二ノ二 | 市立城内中学校 | 竹内武雄 | 会社員 |
| 中一 | 佐藤昌代 | 〃　宮本町一ノ四八 | 静岡英和女学院 | 佐藤忠次 | 銀行 |
| 小六 | 菅野幸子 | 〃　八番本町一丁目三ノ四 | 市立傳馬町小学校 | 菅野三郎 | 会社員 |
| 小六 | 須釜由紀子 | 〃　宮本町一ノ五三 | 〃 | 須釜仙之助 | 宗教 |
| 小六 | 陰山孝夫 | 〃　小黒町一ノ七六 | 静大附属小学校 | 陰山小夜子 | 商業 |
| 小六 | 宮林聖一郎 | 〃　小黒町一ノ八九 | 〃 | 宮林武雄 | 教員 |
| 小五 | 牧野賀博 | 〃　二番町六十三 | 市立三番町小学校 | 牧野　英 | 重役 |
| 小五 | 前田育子 | 〃　柳町九十九 | 〃 | 前田駒治郎 | 製材 |
| 園長 | 井田可吉 | 〃　御幸町五 | 子供クラブ連絡会長 | 県子供会理事長 | 民政委員 |
| 副園長（指導者） | 井上光一 | 〃　上沓谷町十二 | 〃　副会長 | 〃　幹事 | 重役 |
| 指導者 | 早川充教 | 〃　安東町二ノ二十 | 〃　書記長 | 〃　理事 | 会事務長 |
| 〃 | 松田英美 | 〃　北番町五十一 | 〃　企畫委員 | 〃　ボーイスカウト理事 | 教員 |
| 〃 | 疋田茂木 | 〃　上沓谷町十三 | 〃　企畫委員 | 指導者 | 会社員 |

# 名護における交歓会をみて

研究調査課　與那嶺　進

四月九日静岡の子供たちと共に、名護の交歓会場に向つた。途中バスの中で、種々の事柄について質問するので話し合つたのでありますが、子供たちの朗かな中にも究明的な研究態度と、言葉遣いのハキ〳〵した事には、全く感心致しました。一例を申し上げますと子供たち各自が手帳をもち、感じたことがらや引卒者から説明される事柄を、メモしている。名護に行く途中、萬座毛に立寄つたのでありますが、そこで引卒者の説明の前に「ここはどういういわれのあるところですか、古からそのままの形ですか」等と説明を求める態度、又一方では、スケツチ〳〵と叫んで早速ノートに納めるという研究態度は、吾々が学ぶべきことではないでしょうか、引卒者が説明すると、真剣な眼を集中してメモするのでした。子供たちがこのようにして求める態度さえ堅持しておれば、教科の指導の面でも猶一層の成果が期待されると思います。私に、この萬座毛にちなんだ歌はありませんかと尋ねるので、恩納ナビーという詩人が、「風の声も止まれ、波の声も止

まれ、首里天がなし、美顔希ま」という歌をよんだということ、ノートに書くのでした。それから十分ぐらい休けいして、再びバスで名護に向つて出発しました。幸いにバスの中には、沖縄代表の子供たちも同席していましたので、そこではお國自慢の話しでもち切りでしたが、子供たちがすぐ遠慮せず語る、したしい雰囲氣がかもされているので、最初は、不思議に感じましたが、そこで何か吾々に学ぶべきことがあるように感じました。子供たちは、子供なりの世界で何か相通ずるものを発見しているのでしよう。來てみたら標準語は使用しているし、服装も何も全く違うところはない。やつぱり吾々は、お互に日本の子供であるという再確認が、しからしめたものと推察されました。吾々を乗せたバスは、いつの間にか名護にさしかかつた。

子供たちは、歌をやめ、町をバスの窓越しに眺めている。やがて東江小学校の門の前で停車した。一同は名護の子供たちの花束を受け、各自の荷物をもつて日の丸の波に迎えられた、その顔々には、喜びと感激に満ち、一時緊張の色は見えたが、やがて休けい室で準備をととのえ、交歓会場に向つた。

豫定より時間が少し遅れたためか、会場には、既に父兄の方々、來賓の方々が一ぱい、笑みと感激で子供たちを待つておりました。司会者の歓迎の挨拶の後、各代表の挨拶、祝辞が述べられ場内は一入感激に満ちて來ました。次々とプログラムをおうて会を進めているのでありますが、二時、三時と時は経過し、晝食を取つていないことを知つている私は、ちよつと氣になつたのですが、食事も忘れて意見の交換に無中で、喜びと感激にひたつている子供たちの姿には、並居る父兄、來賓、皆感激で目をうるませているのでした。

私は、幸いにもこの意義深い交歓会に出席することが出來、喜びと感激を共に分ち、又いろ〳〵な面で、反省を無言のうちに要求されているような氣になり、決意を新たにしたのであります。子供たちが、友情で結ばれ、しかも今後の信頼と協力を促進出來た事を考えましたときに、やがてこの子供たちが、成人し、日本を或は沖縄を背負うとき、この友情、この感激がどんなに意義深いものであつたかを再び感謝するでありましよう。

今度のこの催しに御盡力下さいました方々に厚く感謝申し上げます。

# 新潟市雑感

〔研究教員のメモ〕

新潟市立二葉中学校
富名腰義幸

北陸の雄都新潟市は、日本の穀倉越後平野をうるおす信濃川の川口に細長くひろがる人口二十三万餘の都市である。東京上野駅から信越線準急で八時間、東京大阪の大都市とちがつて実に落ついた街である。都心部は古町十字路という、一名新潟銀座と呼ばれる古町通りは、兩側に一間ずつの人道、中は三間位の車道といつたかつこうの通りで、兩側には陳列技巧をこらした店が約二千近くにわたつてならんでいる。道行く人々の表情は実にゆつたりしたもので、この人々のかもし出す雰囲氣がそのまゝ新潟市全体の雰囲氣と言つてもよいのではなかろうか。

新潟はバスの街である。ふんだんにつかつても三、四百年分はあるといわれている天然ガス（打込みポンプみたいに地中に鉄管を打込むとその管を通してガスが噴出して來るのである。農村では家の前の田や畑の中に打込みふんだんに天然ガスを使用している。）を使用しているので、市内どこまで乗つても一系統十円である。

物價は米をのぞいては一般に東京より高いとの事である。米一升百二十円（闇）、卵一個十円、牛乳一合十三円、マグロ百匁六十円、学校の歓送迎会三五〇円の会費で酒三本、二膳、全くすばらしい。（以上いずれも日本円）

港新潟に海岸の欠壊という大きな悩みがある信濃川の水量調節のために放水路を開いたため海岸近くの潮流に變化が生じ、六十年間位に三百米以上も侵蝕されているとの事、以前測候所だつたあたりが今は海中に没し去つてこのまゝ放置すると新潟市全体が海中に没するおそれがあるらしい。それで突堤を築くやら護岸工事をするやらで防止につとめていないとの事である。

新潟に「男の子と杉の木は育たない」という諺がある。カフェー、バー、料理屋、待合等が多く、これらは主に西堀という堀にそつて立ちならんでいる。堀の両岸はしだれ柳の並木で、その下をしやなりしやなりと往き交う藝者の姿は新潟名物との事、中学を卒業するとすぐ藝者に出るのも相当居るらしい。藝者の街新潟でもあるわけだ。

或席で次のような話をして呉れた教員が居つた。

「新潟人はとつゝきはわるいが実に人情味たつぷりですよ」と、つづけて

「新潟三助と人は笑います。米つき人夫にも出ます。こういう地味な、人のいやがる仕事でも黙々とやるのが新潟人なんです。一つのねばりとでも言いましようか。やりはじめたらとことんまで頑張るんです。ですから東京や大阪に出ても大方の人が成功しますよ。」と雪の國新潟人のねばり強さは評判らしい。市の周辺の田舎に行くと面白い言葉がきかれる。

「ツアツア、ハンギリもつてケー」（お父さん、たらいもつて來て下さい）

言葉は発生地を中心に同心円をえがいてひろがつていくという。郷土の言葉と比較して考えてみると面白い。

教育界はなかなか活潑に活動している。

市の学校教育課及び教育研究所等が中心となつて、研究に、対策に、現職教育に力を入れている。時に視聴覚教育、保健教育は相当な実績をあげている。委員会予算によつてどの学校にも映写機がそなえつけられ市のフイルム、ライブラリー（市立白山小学校内にあつて各科教材用フイルム教員の自作、合作によるフイルム、幻燈用フイルム等をそなえ、適当に各学校に貸出す仕組みになつている）と連絡をとり、実績をあげつゝあるとの事である。

保健の面では各校に校医、歯科医、眼科医、養護教諭、学校薬剤師等があり、教育委員会と医師会との契約によつてほとんど奉仕的に児童生徒の保護にあたつている。教員は春秋二回レントゲンにより結核の早期発見につとめている。結核死亡率全國平均以上の新潟であるだけに、その面について児童生徒、教員共に細心の注意をはらつているようである。

市内には大学、高校をはじめ中学校十三校、小学校二十七校があり、各々特色をもつている。一例をあげると、鏡淵小学校の保健教育（レントゲン設備あり）白山小校の視聴覚教育、舟栄中学の特殊教育（中村学級―中村與吉教諭は高等小学校卒で検定をとつた努力家、その方の熱意により全國にさきがける遅進児教育を取上げ、現在全國的に有名）白新中学の職業教育、二葉中の図書館運営、その他美術教室、数学教室等と各々その学校独特の風格をそなえている。

今年は「道徳性の高揚」を市の努力目標としてかゝげると共に「学校教育実践上の留意事項」をパンフレットにし、各教師に配り、教育効果の向上を期している。又教育研究所から（紀要）という研究冊子を発行し、教育指針をあやまらせないよう、各方面からの資料を提供している。

こつこつと教育道を進んでいく新潟の空氣は力強いものを感じさせる　うらやましいと思う。

次に教員の俸給をのぞいてみよう。

俸給は男女の差は全くない。それと同時に校務の面でも女教師だからという事はあまり氣にして居ないようである。

昭和十年師卒の基本給が二二、〇〇〇円、昭和二十八年京大卒が九、六〇〇円、半年毎に増俸するとの事だ。それでは昭和十年師卒で子供三人の教員の収入を計算してみよう。

1　基本給二二、二〇〇〇円
2　家族手当（妻、子三計四名）二、〇〇〇円
3　基本給十家族手当の一〇%の地域手当二、四〇〇円

計　二六、四〇〇円毎月の俸給額

4　年間二回の期末手当俸給の二〇割
（六月七五%、十二月一二五%）
5　年間一回の寒冷地手当俸給の六割

右の計算でいくとB円に換算して一ヶ月一一、一〇〇円程度になる。物價指数等を考え合わせると現在の沖縄の約二倍位にあたるのではなかろうか。

その他産休十二週間、結核に限り二年の休養（俸級は現職のまゝ、治療費不要）年間二〇日の有給休暇（欠勤を含む）P・T・A教育委員会からの研究費補助等とみていくと、春秋二回職員旅行で温泉行きを楽しむこともうなづけるわけである。そういう落つきの中から仕事に対する生氣が湧いて來るのであろうか教員は非常によく勉強する。教材研究、自己研修、生徒への迫力等実にすばらしい。新教育ということについてはあまりむつかしく考えて居ないようである。所謂理論だおれして居ないと言つた方がよいかも知れない。舊態依然たるつめ込みをやつているかと思うと、同じ教師が、グループ活動のための事前交渉のために市役所交通公社、八百屋、デパート、農家等をかけまわつて居たりする、とにかく教師一人一人が、生徒一人一人の成長のためにがむしやらにつき進んでいるといつた姿である。

新潟県でも教員の都市集中熱がさかんのようである。ために市の教員組織はすばらしいとの事だ、一例として二葉中学校の職員組織をあげてみると、職員五四名中大学、専門学校出身者二十九名、師範出身者一九名、後の六名が高女、商業、舊中学卒となつている。又市内の小中校の教務主任で一番若い方が四十九歳（大正十五年新潟師卒）だということに至つては郷里に比して隔世の感がある。一寸變つた制度として講師という職がある。それは高令者、高給者を一たん退職させ、俸給を下げて講師として採用する方法である。二葉中学にも、校長の職を退き、恩給をうけ乍ら月俸九、六〇〇円で講師として勤務している方がある。

以上一通り、人情やねばりの新潟、藝者の新潟、教育の新潟と素通りしたが、後四、五ケ月、もつと深く教育に、民情に、ふれてしつかりしたものをつかみたい。

終りに新潟の一面の参考までに（教育民報）という新聞の一部を抜き書きしてみよう。

（校長教頭異動—当局としては刷新の為校長等に退職勧告の意志もあるようであるが、少くとも退職金を五割増し位にせねば納得しない模様なので大異動も結局出來まい」

「新潟市の教育委員には教員出身が一人も居ない。僧呂、神職がおそろしく勢力をもつており（中略）次の機会には教育畑から一、二名代表を送る必要があると思う」

「教頭という職制はいつから設けられたのか、教頭は教務主任であるのか。教頭と教務主任は別な人物だといけないのか。教務主任は学校内における訓育主任とか指導主任とか体育主任というような学校内の事務分掌ではないのか。教育委員会が教務主任だけ指定してくれて他の主任を指定してくれないのは片手落ではないか、とにかく變なんだよ」

（新教組発行 *The TaYori* より）以上。

**研究教員だより**

# 熊本の職業高校をみて

熊本農業高校　石垣長三

熊本農業高校は、県下一二農業高校の中、歴史的にみても又学校施設や職員陣容からしても、県の代表的存在で、農業クラブ県連事務所も本校におかれ、幹事長、会長等も此処から出ているので、県下のクラブ活動の実態を握るにも非常に好都合な立場にあります。

学校長の要望で農業クラブの顧問教師として、勉強しながら運営指導に当ると云う事になつております。別に教科は担当させられて居りませんので各学校視察や研究会等にも機会多く出られます。

学校長が非常に理解のある方で、県下の各種会合には欠かさずに連れていつて貰つて居ります。

四月の暇々に大体県下の農業学校の視察をすませ、或る程度其の実態をつかむことが出來ましたから、來月に宮崎県下の綜合高校と大分県の一部の学校を見て來たいと思つて居ります。今まで見て感じましたことは、

1、綜合農業の研究が各県共長期にわたつて研究され綜合農業指導要領や綜合農業指導計畫等が殆どの県で作成され、更に之に基ずいて各学校が独自のカリキュラムを編成し、然もそれが年と共に修正されて將來完全に近いものに仕上げようと云う研究が間断なく続けられていると云う状況には相当教えられるところがあります。

本校も文部省研究指定校として二年前から營農コースの研究をしていますが、期限が切れたのにも拘らず、第二次試験を学校独自の力でやろうと意氣込んで居ります。

本土に於ける教員の研究熱は教員そのものの質的問題や、その構成問題に因があるようですが、最も大きな原因は刺戟が多くてぼやぼやして居れないという環境的な問題が研究への必然性を生み出しているように見受けられます。

2、綜合農業の研究が相当長期にわたつて研究され、何れの学校に於ても、自營者養成のためにはこれでなくてはいけないという確信を持つているようですが、綜合農業の特色とも称すべき、肝心のホームプロゼクトは期待した程の活動も余り見られず、理想であり、又教育内容の一つになつているからと云うような考えから取り上げたに過ぎないと思われるような学校も相当あるようです。ホームプロゼクトが多くの学校でこのような活動しかみられないのは、舶來品をその儘とり入れた関係で、日本の農業や農

村の実情から其の実施指導や等に相当の障壁があるようで、それを除去して日本的なホームプロゼクトを作る研究が余りなされなかつたことに依ると思料されます。

而し特定の学校では徹底的にこの問題を取り上げて研究している学校もあります。

3、農業クラブの活動は経験を踏んで來ただけあつて生徒が一人立ちで何んでもやつています。顧問教師は必要に應じ助言をすると云う立場にある学校が多いので、其の點は羨しく思われます。而し田舎の学校に行くと級位検を実施していない所もあるし、又有名校でクラブ活動を活潑にしていても、評價を余りしていないと云う所があつて、未だ未だ完全な基礎の上には立つていないという感を深くしました。

4、綜合高校は、文部省中等課長補佐官の話では毎年減少の一途を辿つているとのことです。

実際熊本でも十二校の中、四校が綜合だつたようですが、中二校は一昨年独立し、後の二校も綜合のままでは経営が出來かねると云うので、独立申請をしているようです。

商業と普通は成功するが、普通と工業、特に農業とは成功の可能性がうすいと云うことを経験者は語つて居ります。

綜合性に於ける農業コースの不成功の原因として次のことが言われています。

◎生徒が卑屈になりやすい。

◎第二志望として農業コースが多い、為に入学後すべての面、特に実習等の意欲がうすく非能率的である。

◎農業科は季節又は天候等で時間割が一定しない場合が多いので、普通科と歩調を合わせ得ず経営と不合理が生ずる。

◎農業コースの職員が少いのですべての面で普通科に圧倒される。等々

まだ書くのもありますが、この次にゆずることにして今日は之で失礼致します。

# 社会科の指導計画に関する資料

教材等調査研究会社会科小委員会の協力によつて社会科学習指導要領の改訂を進めてきた文部省は、今回次のような指導計畫の大綱を定めたので各学校でもこの資料を利用して研究を進められたい。

小学校社会科における「各学年の主題と基本的目標および内容の概略」

第一学年

主題「学校や家庭の生活」

基本的目標

一 自分の考えや希望をすなおに表現するとともに、ほかの人の立場もよく考えて協力しようとする氣持を育て、自分たちが学校や家庭の一員として毎日の生活をしていることに氣づかせる。

二 学校や家庭では、だれがどんな仕事をしているかそれらの仕事は自分とどんな関係があるかを理解させ、人々の仕事に協力しようとする態度や、自分の仕事を最後までやりとげようとする態度を育てる。

三 家庭や学校で使う道具や施設、飼育、栽培している動植物などは、みんなのために役だつていることを理解させ、自分の持ち物ばかりでなく、集団の共有物の正しい取扱いができるようにする。

四 自分たちは乗物や道路を利用して他の土地へ行き來しているが、その利用にあたつては安全に注意することや他人に迷惑をかけないことが大切であることを理解させ、これらの事が実行できるようにする。

五 家庭や学校のような集團生活では自分ばかりでなくみんなの健康や安全がたいせつであり、みんなが樂しみ合う機会が必要であることを理解させ、健康や安全のために必要な習慣や各種の行事に進んで参加しようとする態度などを養う。

内容の概略

学校における人・施設・行事などの仂き、学校生活における人間関係、登下校に関することがら、家族の仕事や家庭における人間関係、家庭の行事、家庭の仕事に対する協力、となり近所との交際、乗物や遊び場の利用などを内容としてとりあげ、家庭や学校の生活を中心とした集團生活が安全にしかも正しく送れるようにする。

第二学年

主題「近所の生活」

基本的目標

一 自分たちの毎日の生活には、家庭や学校の人だけでなく、そのほかのいろいろな人々との交渉があることに氣づかせ日常生活に関係の深い人々に対する

望ましい接し方ができ身近な施設の利用について協力や工夫ができるようにする。

二　世の中には自分たちの生活に必要な物資の生産や輸送に従事している人々のいることを理解させ、それらの人々の勞苦を考え、また日常生活における諸物資の利用のしかたについても深い関心をもつようにする。

三　自分たちの生命や財産が、警察官、消防官、医師などの仂きや各種の施設をとおして守られていることを理解させ、学校、家庭、近所の生活などにおける健康や安全についての工夫や協力ができるようにする。

四　家庭や学校では、いろいろな行事や施設の利用にあたつて付近の人々と協力したり、乗物や通信機関の利用によつて、離れた土地の人々と連絡して、毎日の生活を送つていることを理解させ、近所の人々との交際や交通通信機関の利用についての関心を高める。

五　学校や家庭の生活における季節的變化などに関心をもたせ、人々の生活が自然と関係のあることに氣づかせる。

内容の概略

児童の身近な生活環境の中でも特に関係の深い人々や施設、たとえば農家の人々、工場・商店などに仂く人々、道や乗物、郵便集配人、警官、消防官、医師などの役割、となり近所の人の交際や協力などを内容としてとりあげ、自分達の日常生活が家族以外の多くの社会の人々の仂きとつながりあつてなりたつていることを理解させ、これらの人々や施設に対する望ましい接し方や利用ができるようにする。

## 第三学年

### 主題「町や村の生活」

基本的目標

一　町や村の生活はいろいろな人々の仂きが相互に関連しあつてなりたつており、学校や家庭での生活もこれらと切り離しては考えられないことに氣づかせ自分たちの住む町や村の生活に対する関心や愛情を深める。

二　町や村の人々は、その土地の地形、氣候、資源や工場、交通機関などを考えて暮しの立て方を工夫していることを理解させ、人間はその努力によつて生産のしかたや暮し方を改善することのできることに氣づかせる。

三　人々の協力やきまり、各種の公共施設などが、町や村の人々の生活を豊かにするために大切な働きをしていることを理解させ、町や村の公共施設の利用のしかたについて考えたり、お互に協力しあつていく態度を養う。

四　人々はその仕事や暮しの上でさまざまなかたちで道や交通通信機関を利用し、他の町や村の人々とも深いつながりをもつて生活していることを理解させ他の町や村の人々やその生活に対する関心を深め自分の町や村の人々と同じような氣持で接することができるようにする。

五　人々は協力しあい助けあつて今日の町や村を築きあげてきたことを理解させ、自分たちの町や村をよりよくするために必要なことを進んで考えようとする氣持を育てる。

内容の概略

自分の住む町や村の自然環境と人々の仕事や暮しのようす（動植物その他の資源の利用・愛護を含めて）、公共施設の仂きや人々の協同活動、道路や交通機関の役割などについて他の町や村の生活との依存関係や比較に留意して学習を進め、自分の住む町や村の生活のなりたつているありさまを自然環境や人々の仂きを通して具体的に理解させ、自分の住む土地への愛情を深める。

## 第四学年

### 主題「郷土の生活」

基本的目標

一　学校、家庭、町や村の生活は相互に密接な関連をもつているばかりでなく付近の町村やもつと廣い地域の生活と深いつながりをもつていることに着目させ、郷土の生活に関する理解を基礎に自己の行動や身近な問題を考えることができるようにする。

二　郷土の人々の仕事や暮しは、その地形、氣候、資源、交通や都市の分布などのようすと深い関連をもつて營まれていることを理解させ、これらの觀點から現在の郷土の生活を觀察したり、その昔のようすを考えたり、また郷土の中における自分の町や村の生活の特色を知ろうとする態度を育てる。

三　郷土の人々は、その地域全体の人々の生活のために必要な公共施設を作つたり、協同活動のしくみを考えて暮していることを理解させ、施設の充実やその利用、その他郷土の生活の改善向上についての関心を高める。

四　郷土の生活は、交通、通信機関などの利用による物資や文化の交流をとおして、他の地域の人々の生活と深くつながつていることを理解させ、他の地域の人々の暮し方と比較して郷土の生活の特色やその改善すべき點を考えようとする態度を養う。

五　現在の人々の衣食住や仕事のしかた交通などのありさまは、先人のくふうや協力によつて昔とは違つてきていることを理解させ、郷土の發展や身近な生活の改善の上で郷土の人々のこれまでの經驗や新しい創意くふうをどのように生かしたらよいかについて考えようとする氣持を育てる。

内容の概略

　自分たちの住む地域（自分たちの住む町や村を中心として、かなり廣い範囲）の自然環境の特色や暮しのようす、他地域の人々の暮し方および自分たちの地域の生活との比較（自分たちの地域についての学習を進めるに必要な程度に應じて）、昔の人々の素朴な衣食住のありさま、日常生活用具や交通などの昔と今の違い、地域の生活の昔との違いや國内他地域とのつながりに着目させ、さまざまな土地における生活が人々のくふうや協力、人と自然との交渉のしかたを通して營まれ、現在の自分たちの生活に大きな意義を持つていることを理解させ、郷土の生活の向上改善に對する積極的な關心を養う。

第五学年

主題「産業の發達と人々の生活―日本を中心として―」

基本的目標

一　日常生活における身近な問題でも、それらが國全体としての生活と結びついており、自分たちは家庭学校、町や村などの一員としてばかりでなく國民の一人として生活している事に着目させ、一層廣い視野に立つて自己の責任を果そうとする態度を養う。

二　わが國のおもな産業の現狀や、人々の生産活動と交通、運輸、交易などの働きとの關連などについて理解させ、これからの日本の産業の發展について考えたり、合理的な消費生活を營もうとする態度を養う。

三　わが國の生活は、地形、氣候、資源などを生かしたそれぞれの地域の特色ある生産活動や、これらの深いつながりあいを中心になり立つていることを理解させ、わが國の自然環境の特色からみて、資源の保全や自然に對する積極的な仂きかけのたいせつなことに氣づかせる。

四　いろいろな生産に從事する人々の仕事の特色やその勞苦、これらの人々の安全や厚生慰安の問題などについて理解させ、これらの人々の仕事と自分たちの生活との關係を考えて、自分たちでできる協力方法をくふうしようとする態度を養う。

五　人々の生産のしかたや衣食住の生活は、科学、技術の發達に伴い運輸、交易などの働きと關連しあつてしだいに改良されてきたことを理解させ、今日のわれわれの生活が先人の發明發見その他の努力に負うところが大きいことを考えて、これからも科学の成果を人々の幸福のために役だてなければならないという氣持を育てる。

内容の概略

　生産方法の變遷（特に手工業と機械生産の違いやその特質）、運輸・交易方法などの發達、日本の自然環境・生産・交通などのようす、いくつかの他地域における人々の生産活動（わが國についての学習を進める必要な程度に應じて）などを内容としてとりあげ、現在の日本の生活を中心に資源の愛護や自然への積極的な仂きかけの重要なことを理解させ國民生活の現狀に對する關心を深める。

第六学年

主題「日本と世界」

基本的目標

一　現在のわれわれの生活は物資や文化の交流をとおして世界の國々と相互に密接に關係しあつていることを理解させ、國民どうしはもちろん國や生活の樣式を異にする人々とも互に人間として尊敬しあい、平和的な方法で問題の解決につとめることがたいせつであることに着目させる。

二　人々はいろいろな集團生活において、みんなの幸福を高めるために、いろいろなしくみやきまりを考えて協力しており、このような政治の仂きが、われわれの日常生活に深くつながつた重要なものであることを理解させ、それぞれの集團生活に積極的に參加し、自主的に協力しようとする態度を養う。

三　わが國の政治のしかたや國民の生活は、昔と今とでは異なるばかりでなくそれぞれの時代の特色をもつて今日に及んでいることを理解させ、わが國の生活の發展に貢献した人々の業績について考えたり、現在の自分たちの生活をその歴史的背景と結びつけて考えようとする態度を育てる。

四　交通通信機關や貿易の仂きが、人々の相互の理解を深め、知識を豊かにしわれわれの經濟生活に深い關係をもつていると同時に、これらの發達が現在の社会生活を特色づける大きな原因になつていることを理解させ、他地域の人々の生活や社会のできごとに對する積極的な關心を深める。

五　世界には、いろいろな國があつて、それぞれ特色のある生活が營まれていることを理解させ、廣い視野からわが國の生活や文化の特色、さらに今後の発展について考えようとする氣持を育てる。

内容の概略

われわれの日常生活と政治とのつながり、わが國における政治の移り変りのあらまし、通信報道機関の仂きやこれによる世界の結びつき、これまでの日本と諸外國との関係や現在のようす、わが國と関係の深いおもな世界の國々のようすなどを内容としてとりあげ、現在のわれわれの生活がよりよい社会をつくろうとする人々の仂きによつて進められてきたことや世界の國々の生活ときり離しがたく結びついていることを理解させ、國民としての自覚や國際理解の基礎を養う。

（備考）

一　ここに掲げた各学年の基本的目標は、その学年の社会科学習全体をとおして達成すべき重要な事項を重点的に整理したものであり、各項目ごとにそれぞれ別個の単元が作られることを豫想しているものではない。

二　特に各学年の一に該当する目標は、他の目標の中に含まれる具体的内容の学習の総合的成果として達成さるべき基本的なねらいを示したものであり、その意味で他の目標（二から五まで）に比較してやや性格の異なる点に留意されたい。

三　ここに掲げた「各学年の主題と基本的目標および内容の概略」を基礎にして今後各学年の単元や具体的理解事項などに関して研究を進める予定である。

（近着の初等教育資料より）

# 文教時報原稿募集

○教育実践記録
学習指導・生活指導・問題児の指導
特別教育活動　その他

○研究論文　論説

○教育計画
学校経営・学級経営・特別教育活動
学習計画　その他

○調査報告

○地方だより
教育委員会・学校・地域社会等の特筆記事・かくれた教育者の紹介

○読者文藝　随筆・小品・詩
短歌・俳句・笑話

（投稿要領）
1　記事の掲載は当方に一任のこと
2　原稿はかえさないのをたてまえとする
3　掲載者には本誌を呈します
4　送先　文教局研究調査課
文教時報編集係宛

## 編集後記

◇お元氣ですか！新しい学級の経営も軌道にのつてなにか一峠を越えてホッとしたような氣持で明日への期待と希望でお過しのことと思います。

本號は学力テストの處理で忙しくつい延び延びになつて豫想以上におくれてしまいました。

◇小中学校の学力水準テストの結果がまとまりました。いろ〳〵話題を巷間に提供しているようであります。私たちはどのような點を改善し、どんな點に力を注がなければならないか？指導上の參考になると思います。

◇校内放送や図書舘経営も大分賑やかになつて、いろいろの声がきこえて參ります。担当の方々にはプログラムの編成演出、或は図書の管理にいろ〳〵の悩みもあることと思います。聴視覺教育の実験学校としてその成果をあげつゝある。平良第一小学校の研究の一部を紹介します。他山の石として下さいますよう。

◇懸案の小学校カリキュラムの印刷製本が終りました本誌が届くころは皆の手に渡つていることと思います。委員の方々は現場での検討を熱望しています。使つてみての感想なり、或は構成の方法なり、その他について、どし〳〵御寄稿下さい。皆で立派なカリキユラムに育てあげましよう。

◇いつも編集子の考えて居りますことは、皆さんに愛して戴ける様にということです。ときには眠氣さましに、ときには、一〇分の休憩時間に皆様が引つぱり合つて読んでいただける様な軟いものもと思つて居りますが、原稿難で、固いものばかりになつてしまいました。各方面からの投稿をお願いします。

◇玉稿を戴きました方々に厚く御礼を申上げると共に読者の御愛読をお願いします。

一九五四年六月二十五日印刷
一九五四年六月 十五 日発行

発行所　琉球政府文教局
研究調査課
（非賣品）

印刷所　合資会社　ひかり印刷所
那覇市三區十二組
（電話一五七番）

復刻版　文教時報（ぶんきょうじほう）　第1回配本
（第1巻～第3巻＋別冊）
2017年9月25日　第1刷発行
揃定価（本体64、000円＋税）
編・解説者　藤澤健一・近藤健一郎
発行者　小林淳子
発行所　不二出版
東京都文京区向丘1-2-12
TEL 03(3812)4433
印刷所　栄光
製本所　青木製本
乱丁・落丁はお取り替えいたします。

第2巻　ISBN978-4-8350-8065-9
第1回配本（全4冊 分売不可 セットISBN978-4-8350-8063-5）